# 막막한 합격의 길,
# 길잡이 해커스 임용이 준비한 깜짝쿠폰

JN370698

**HACKERS COUPON**

해커스 임용 전 단과 이론 인강 **10% 할인쿠폰**

T687K563R522U105

유효기간 : ~ 2017.12.31 / 타 쿠폰과 중복사용 불가

**HACKERS COUPON**

---

**HACKERS COUPON**

해커스 임용 프리패스 **10만원 할인쿠폰**

E645U717G132Y233

유효기간 : ~ 2017.12.31 / 1년 프리패스에 한함 / 타 쿠폰과 중복사용 불가

**HACKERS COUPON**

---

**HACKERS COUPON**

해커스 임용 전국모의고사 **2회 응시권**

A741U172G460R131
X669I332N522S276

유효기간 : ~ 2017.12.31

**HACKERS COUPON**

---

## 쿠폰 사용 안내

해커스 임용 사이트 teacher.PASS.com에 접속 후 로그인
▶ 마이페이지 ▶ 결제관리 ▶ 포인트/쿠폰 등록

→ 강좌/프리패스 구매 및 모의고사 응시 시 사용

*쿠폰 유효기간을 확인해 주세요.
*한 ID 당 1회에 한해 등록 및 사용 가능

---

해커스임용 Pass.com | teacher.PASS.com

2018·대·비·최·신·판
해커스임용

# 최병해
# 현대시

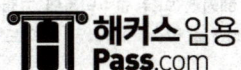

### 최병해

**약력**

영남대학교 대학원 문학교육학 박사, 문학평론가, 시인
현 | 해커스 임용 전공국어 (문학) 전임교수
  영남대학교 국어국문학과 및 국어교육과 강의교수
전 | 코리안에듀 전공국어 전임교수
  교사임용전문 서울G고시학원 전공국어 (문학) 전임교수

**저서**

해커스 임용 최병해 문학내용학, 해커스패스
해커스 임용 최병해 현대소설, 해커스패스
해커스 임용 최병해 고전시가, 해커스패스
해커스 임용 최병해 고전산문, 해커스패스
해커스 임용 최병해 문학 영역별 문제풀이, 해커스패스
해커스 임용 최병해 문학 기출문제분석집, 해커스패스

# 해커스 임용
# 최병해
# 현대시

| | |
|---|---|
| 초판 1쇄 발행 | 2017년 6월 7일 |
| 지은이 | 최병해 |
| 펴낸곳 | 해커스패스 |
| 펴낸이 | 박규명 |
| 주소 | 서울특별시 강남구 강남대로 428 해커스패스 |
| 고객센터 | 02-566-6860 |
| 교재 관련 문의 | teacher@pass.com |
| | 해커스 임용 사이트(teacher.PASS.com) 교재 Q&A 게시판 |
| 학원 및 동영상 강의 | teacher.PASS.com |
| ISBN | 979-11-5658-788-0 (13370) |
| Serial Number | 01-01-01 |

저작권자 ⓒ 2017, 최병해

이 책의 모든 내용, 이미지, 디자인, 편집 형태는 저작권법에 의해 보호받고 있습니다. 서면에 의한 저자와 출판사의 허락 없이 내용의 일부 혹은 전부를 인용, 발췌하거나 복제, 배포할 수 없습니다.

**해커스 임용(teacher.PASS.com)**
- 풍부한 무료강의 및 학습자료를 통한 완벽 실전대비
- 임용 합격을 앞당기는 해커스 임용 교수님들의 고퀄리티 강의
- 교수님의 1:1 답변 서비스로 맞춤 학습상담 & 피드백 제공

# 저자의 말

### 꿈의 대가(代價)
― 교사를 꿈꾸는 분들에게

최 병 해

그물을 펴지 않는 어부에게
만선이 저절로 깃들지 않는다
한 발 한 발 다가서는 준비 없이
사람 사이 장미향기도 피울 수 없다
꿈은 길양이처럼 방치할 때 한갓 망상일 뿐
검지 중지에 볼펜 살 잡히지 않은 꿈
지짐처럼 눌어붙다 뱃살 허벅지살 앓아보지 않은,
치질꽃 한번 피워보지 않은 꿈이 꿈이겠는가

그대 꿈으로 오르다 주저앉았는가
한 번 실패하고, 다시 실패하고
소주 한 잔에 뚝 떨구던 눈물 일지만 모른다.
입구는 크게 출구는 한없이 좁혀
깔때기 같은 이 땅 교사 임용의 틀 속에
노력만 하면 되지 않느냐는 주위의 기대,
생각만 해도 숨이 막히는 수십 대 일의 경쟁
댓잎 같던 기세 고사리 순 되어
죄 없이 죄인인 마음도 알지만 알지 못한다.

그대 꿈은, 눈망울을 꽃으로 피우는 길
유능한 교사를 꿈꾸던 어제,
땀방울로 눈물로 담금질하는 오늘,
그리고 물수제비 발걸음의 첫 출근도 여기에 있는 것
아는가,
이 길만이 그 꽃 열매로 빚을 수 있음을
그래서 가시를 다듬을 오늘의 단련과
상처를 보듬을 영혼의 충만을 요구하는 것.

주저앉은 그곳을 베이스캠프 삼아
그대여 꿈의 무게 다시 당당히 받들고 가라
한 걸음은 자랑스럽다, 또 한 걸음은 할 수 있다
교생시절 산정의 그 에델바이스 눈빛을 향해
오직 거기 있다, 비상을 꿈꾸는 네 나래는.

# 목차

이 책의 활용법 10
임용시험 안내 12
1차 시험 미리보기 14
전공국어 문학 기출 경향 분석 16
학습 성향별 맞춤 학습법 20

## 제1편 문학 평가에 대한 이해 및 대응 방법

### 제1장 서답형 문학 평가에 대한 이해
- 제1절 기입형 시험의 출제 방향과 대응 방법 26
- 제2절 서술형 시험의 출제 방향과 대응 방법 32
- 제3절 논술형 시험의 출제 방향과 대응 방법 40

### 제2장 현대시 접근 방법 및 주요 작품
- 제1절 임용시험 현대시에 대한 접근 방법 54
- 제2절 개정 교육과정에 따른 문학 14종 수록 작품 57
- 제3절 임용시험 현대시 기출문제 작품 72

## 제2편 현대시의 흐름 이해 및 작품 감상

### 제1장 현대시의 흐름
- 제1절 현대문학사 80
- 제2절 개화기 81
- 제3절 1920년대 83
- 제4절 1930년대 ~ 일제 암흑기 88
- 제5절 해방 직후 96
- 제6절 1950년대 98
- 제7절 1960년대 100
- 제8절 1970 ~ 1980년대 102
- 제9절 1990년대 이후 104

### 제2장 현대시·현대시조 감상
- 제1절 현대시 108
  - 이필균 01 애국하는 노래 108
  - 이중원 01 동심가(同心歌) 111
  - 작가미상 01 독립군가 113
  - 최남선 01 해(海)에게서 소년에게 116
  -         02 꽃 두고 120
  - 김 억 01 봄은 간다 125
  - 주요한 01 불놀이 128
  - 김동환 01 국경(國境)의 밤 133
  -         02 산 너머 남촌에는 141
  - 이장희 01 봄은 고양이로다 144

| 이상화 | 01 나의 침실로 | 147 |
| --- | --- | --- |
|  | 02 빼앗긴 들에도 봄은 오는가 | 151 |
| 한용운 | 01 복종 | 155 |
|  | 02 님의 침묵 | 157 |
|  | 03 논개의 애인이 되어 그의 묘에 | 161 |
|  | 04 알 수 없어요 | 164 |
|  | 05 당신을 보았습니다 | 167 |
|  | 06 찬송 | 170 |
|  | 07 꽃싸움 | 172 |
| 김소월 | 01 진달래꽃 | 177 |
|  | 02 가는 길 | 183 |
|  | 03 산 | 186 |
|  | 04 접동새 | 188 |
|  | 05 길 | 194 |
|  | 06 산유화 | 199 |
|  | 07 초혼(招魂) | 204 |
|  | 08 바라건대는 우리에게 우리의 보습 대일 땅이 있었다면 | 207 |
|  | 09 서도 여운(西道餘韻) – 옷과 밥과 자유 | 210 |
| 변영로 | 01 논개 | 213 |
|  | 02 봄비 | 219 |
| 박팔양 | 01 밤차 | 222 |
| 박세영 | 01 산제비 | 225 |
| 정지용 | 01 바다 | 228 |
|  | 02 바다 9 | 230 |
|  | 03 고향 | 233 |
|  | 04 향수 | 236 |
|  | 05 유리창 1 | 240 |
|  | 06 백록담–한라산 소묘 | 243 |
|  | 07 장수산 1 | 247 |
|  | 08 호랑나비 | 251 |
|  | 09 인동차 | 253 |
| 임 화 | 01 우리 오빠와 화로 | 258 |
| 김영랑 | 01 모란이 피기까지는 | 262 |
|  | 02 끝없는 강물이 흐르네 | 266 |
|  | 03 내 마음을 아실 이 | 272 |
|  | 04 독(毒)을 차고 | 275 |
|  | 05 춘향(春香) | 277 |
| 심 훈 | 01 그 날이 오면 | 281 |
| 신석정 | 01 그 먼 나라를 알으십니까 | 286 |
|  | 02 슬픈 구도(構圖) | 289 |
|  | 03 꽃덤불 | 292 |
| 김상용 | 01 남으로 창을 내겠소 | 295 |
| 김동명 | 01 파초 | 299 |
|  | 02 내 마음은 | 301 |
| 이용악 | 01 낡은 집 | 304 |
|  | 02 두만강 너 우리의 강아 | 308 |
|  | 03 풀벌레 소리 가득 차 있었다 | 311 |
|  | 04 우라지오 가까운 항구에서 | 314 |
|  | 05 오랑캐꽃 | 319 |
|  | 06 전라도 가시내 | 322 |
| 신석초 | 01 바라춤 | 329 |
| 박용철 | 01 떠나가는 배 | 333 |
| 이 상 | 01 오감도(烏瞰圖)–시 제1호 | 342 |
|  | 02 거울 | 349 |
|  | 03 운동(運動) | 352 |
|  | 04 가정(家庭) | 356 |

| 김기림 | 01 태양의 풍속 | 358 |
| | 02 바다와 나비 | 360 |
| 김광균 | 01 외인촌 | 366 |
| | 02 추일서정 | 371 |
| | 03 설야(雪夜) | 376 |
| | 04 성호 부근(星湖附近) | 379 |
| | 05 와사등(瓦斯燈) | 382 |
| 장만영 | 01 달·포도·잎사귀 | 385 |
| 서정주 | 01 자화상(自畫像) | 388 |
| | 02 국화 옆에서 | 390 |
| | 03 추천사(鞦韆詞) | 393 |
| | 04 꽃밭의 독백(獨白) | 396 |
| | 05 신부(新婦) | 400 |
| 유치환 | 01 바위 | 403 |
| | 02 생명의 서(書) | 409 |
| | 03 깃발 | 412 |
| | 04 일월 | 415 |
| | 05 울릉도 | 418 |
| 함형수 | 01 해바라기의 비명(碑銘) | 421 |
| 노천명 | 01 사슴 | 426 |
| | 02 남사당(男寺黨) | 428 |
| 오장환 | 01 성벽(城壁) | 430 |
| | 02 고향 앞에서 | 431 |
| | 03 병든 서울 | 436 |
| 백 석 | 01 여승(女僧) | 439 |
| | 02 여우난 곬족(族) | 446 |
| | 03 모닥불 | 449 |
| | 04 고향(故鄕) | 450 |
| | 05 팔원(八院) | 454 |
| | 06 목구(木具) | 458 |
| | 07 국수 | 460 |
| | 08 남신의주 유동 박시봉방 (南新義州柳洞朴時逢方) | 462 |
| 윤동주 | 01 서시(序詩) | 468 |
| | 02 십자가(十字架) | 472 |
| | 03 쉽게 씌어진 시 | 475 |
| | 04 참회록(懺悔錄) | 479 |
| | 05 간(肝) | 482 |
| | 06 별 헤는 밤 | 485 |
| | 07 길 | 489 |
| | 08 또 다른 고향 | 495 |
| 이육사 | 01 절정 | 498 |
| | 02 광야 | 502 |
| | 03 교목 | 505 |
| | 04 청포도 | 511 |
| | 05 꽃 | 515 |
| | 06 자야곡 | 518 |
| 박목월 | 01 나그네 | 521 |
| | 02 산도화 | 524 |
| | 03 청노루 | 528 |
| | 04 불국사 | 533 |
| | 05 하관 | 536 |
| | 06 이별가 | 541 |
| | 07 가정 | 546 |
| 조지훈 | 01 승무 | 549 |
| | 02 고풍의상 | 553 |
| | 03 봉황수 | 556 |
| | 04 완화삼―목월에게 | 559 |
| | 05 민들레꽃 | 561 |
| | 06 산상의 노래 | 566 |
| 박두진 | 01 향현 | 569 |
| | 02 도봉 | 572 |
| | 03 청산도 | 575 |

| | 04 해 | 581 |
| --- | --- | --- |
| | 05 어서 너는 오너라 | 584 |
| | 06 꽃 | 589 |
| 김상훈 | 01 아버지의 창 앞에서 | 592 |
| 박인환 | 01 살아 있는 것이 있다면 | 595 |
| 구 상 | 01 초토의 시 8 – 적군 묘지 앞에서 | 598 |
| 김춘수 | 01 꽃 | 602 |
| | 02 꽃을 위한 서시 | 610 |
| | 03 능금 | 614 |
| | 04 나의 하느님 | 616 |
| | 05 샤갈의 마을에 내리는 눈 | 619 |
| 이형기 | 01 낙화 | 622 |
| | 02 폭포 | 626 |
| 김광섭 | 01 성북동 비둘기 | 629 |
| | 02 저녁에 | 632 |
| | 03 산 | 637 |
| 김종삼 | 01 북치는 소년 | 641 |
| | 02 민간인 | 644 |
| 김규동 | 01 나비와 광장 | 648 |
| | 02 두만강 | 652 |
| 이동주 | 01 강강술래 | 654 |
| 김남조 | 01 설일 | 659 |
| | 02 정념의 기 | 663 |
| | 03 겨울 바다 | 666 |
| 김현승 | 01 눈물 | 669 |
| | 02 플라타너스 | 672 |
| 박재삼 | 01 울음이 타는 강 | 678 |
| | 02 추억에서 | 681 |

| | 03 봄 바다에서 | 684 |
| --- | --- | --- |
| 전봉건 | 01 피아노 | 688 |
| 박남수 | 01 새 | 691 |
| | 02 종소리 | 696 |
| | 03 아침 이미지 | 701 |
| 이수복 | 01 봄비 | 704 |
| 정한모 | 01 나비의 여행 | 707 |
| | 02 가을에 | 712 |
| | 03 새벽 1 | 716 |
| 박봉우 | 01 휴전선 | 718 |
| 천상병 | 01 귀천(歸天) | 726 |
| 김수영 | 01 눈 | 731 |
| | 02 폭포 | 738 |
| | 03 사령(死靈) | 743 |
| | 04 푸른 하늘을 | 745 |
| | 05 어느 날 고궁(古宮)을 나오면서 | 748 |
| | 06 풀 | 754 |
| 신동엽 | 01 껍데기는 가라 | 759 |
| | 02 봄은 | 766 |
| | 03 산에 언덕에 | 769 |
| | 04 누가 하늘을 보았다 하는가 | 771 |
| | 05 금강(錦江) | 774 |
| | 06 종로 5가 | 776 |
| 신경림 | 01 농무(農舞) | 781 |
| | 02 목계 장터 | 785 |
| | 03 가난한 사랑 노래 | 790 |
| | 04 파장(罷場) | 795 |
| 정희성 | 01 저문 강에 삽을 씻고 | 800 |
| | 02 길 | 803 |

| | | | | | | |
|---|---|---|---|---|---|---|
| 조태일 | 01 | 국토 11 | 806 | 강은교 | 01 | 우리가 물이 되어 | 898 |

| | | | |
|---|---|---|---|
| 조태일 | 01 국토 11 | 806 |
| 이성부 | 01 벼 | 808 |
| | 02 봄 | 813 |
| 김종길 | 01 성탄제(聖誕祭) | 816 |
| 고 은 | 01 눈길 | 819 |
| | 02 문의(文義)마을에 가서 | 822 |
| | 03 성묘(省墓) | 828 |
| | 04 머슴 대길이 | 831 |
| 곽재구 | 01 사평역(沙平驛)에서 | 837 |
| | 02 은행나무 | 841 |
| | 03 전장포 아리랑 | 843 |
| 김명인 | 01 동두천(東豆川) 1 | 845 |
| 김용택 | 01 섬진강 1 | 847 |
| | 02 교실 창가에서 | 850 |
| | 03 농부와 시인 | 852 |
| 문병란 | 01 직녀(織女)에게 | 854 |
| 김명수 | 01 하급반 교과서 | 861 |
| 박노해 | 01 노동의 새벽 | 864 |
| 김남주 | 01 조국은 하나다 | 868 |
| | 02 함께 가자 우리 이 길을 | 872 |
| 오규원 | 01 프란츠 카프카 | 875 |
| | 02 시인 구보씨의 일일(一日)·1 | 880 |
| 황동규 | 01 풍장(風葬) 1 | 883 |
| | 02 기항지(寄港地) 1 | 885 |
| | 03 즐거운 편지 | 887 |
| | 04 조그만 사랑 노래 | 891 |
| | 05 나는 바퀴를 보면 굴리고 싶어진다. | 894 |
| 강은교 | 01 우리가 물이 되어 | 898 |
| | 02 일어서라 풀아 | 901 |
| 정현종 | 01 풀잎 | 904 |
| | 02 모든 순간이 꽃봉오리인 것을 | 905 |
| 김광규 | 01 희미한 옛사랑의 그림자 | 907 |
| | 02 상행(上行) | 917 |
| | 03 젊은 손수 운전자들에게 | 920 |
| 김지하 | 01 황톳길 | 922 |
| | 02 타는 목마름으로 | 926 |
| | 03 서울길 | 931 |
| 이성복 | 01 그날 | 934 |
| | 02 꽃피는 시절 | 938 |
| 장정일 | 01 라디오와 같이 사랑을 끄고 켤 수 있다면 | 941 |
| | 02 하숙(下宿) | 944 |
| 김대규 | 01 야초(野草) | 946 |
| 복효근 | 01 토란잎에 궁그는 물방울같이는 | 948 |
| 김기택 | 01 바퀴벌레는 진화 중 | 950 |
| | 02 멸치 | 952 |
| | 03 유리에게 | 953 |
| 정호승 | 01 내가 사랑하는 사람 | 956 |
| | 02 슬픔이 기쁨에게 | 958 |
| | 03 나팔꽃 | 959 |
| 황지우 | 01 새들도 세상을 뜨는구나 | 962 |
| | 02 너를 기다리는 동안 | 966 |
| | 03 무등 | 971 |
| | 04 겨울—나무로부터 봄—나무에로 | 973 |
| | 05 한국생명 보험회사 송일환 씨의 어느 날 | 977 |

| 도종환 | 01 흔들리며 피는 꽃 | 983 |
| --- | --- | --- |
| | 02 담쟁이 | 984 |
| 정일근 | 01 바다가 보이는 교실 | 987 |
| 안도현 | 01 모닥불 | 990 |
| | 02 연탄 한 장 | 992 |
| | 03 너에게 묻는다 | 995 |
| | 04 간격 | 996 |
| 기형도 | 01 엄마 걱정 | 999 |
| | 02 빈집 | 1002 |
| | 03 바람의 집-겨울판화·1 | 1004 |
| 최두석 | 01 성에꽃 | 1005 |
| 고정희 | 01 상한 영혼을 위하여 | 1010 |
| | 02 우리 동네 구자명 씨 | 1012 |
| 김선우 | 01 낙화, 첫사랑 | 1017 |
| | 02 단단한 고요 | 1019 |
| 나희덕 | 01 뿌리에게 | 1021 |
| 송수권 | 01 산문(山門)에 기대어 | 1025 |
| | 02 세한도(歲寒圖) | 1028 |
| 함민복 | 01 광고의 나라 | 1030 |
| | 02 눈물은 왜 짠가 | 1036 |
| 하종오 | 01 밴드와 막춤 | 1037 |
| | 02 신분 | 1040 |
| 렴형미 | 01 아이를 키우며 | 1042 |
| 이문재 | 01 산성눈 내리네 | 1044 |
| | 02 광화문, 겨울, 불꽃, 나무 | 1048 |
| 박라연 | 01 서울에 사는 평강 공주 | 1054 |
| 문정희 | 01 겨울 일기 | 1059 |
| 나태주 | 01 사는 일 | 1061 |
| 한명희 | 01 힘내라, 네팔-외국인을 위한 한국어 초급반1 | 1063 |

제 2 절 현대시조 1065

| 김상옥 | 01 사향(思鄕) | 1065 |
| --- | --- | --- |
| 이호우 | 01 개화(開花) | 1068 |
| | 02 달밤 | 1071 |
| | 03 살구꽃 핀 마을 | 1074 |
| 장순하 | 01 고무신 | 1076 |
| 정완영 | 01 조국 | 1079 |
| 이영도 | 01 낙화 | 1082 |

# 이 책의 활용법

## 현대문학사의 흐름 파악으로 현대시 완벽 대비하기

개화기부터 1990년대 이후의 현대문학사를 시대별로 구분하고, 시대마다 '시대 배경 – 문학사 – 시사 – 시 유파의 특징' 순으로 정리하였습니다. 사회문화적 및 문학사적 맥락, 시 유파의 특징 등을 묻는 문제들은 실제 시험에서도 많이 출제되므로 이러한 출제경향에 대비할 수 있도록 구성하였습니다.

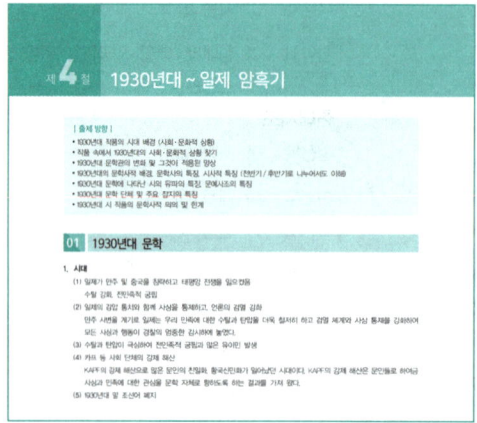

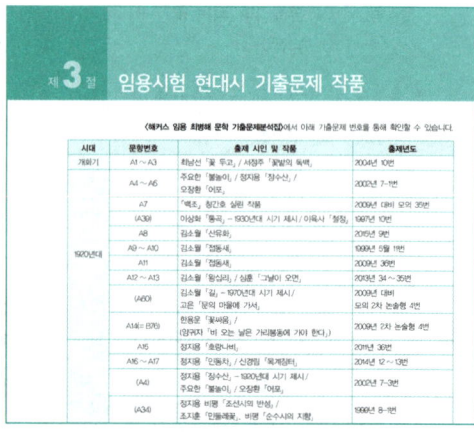

◇ 현대문학사의 흐름 파악

현대문학사의 흐름을 시대별로 구분하고, 각 시대별 시 문학 및 유파의 특징을 체계적으로 정리하여 현대시사를 보다 쉽게 이해할 수 있습니다.

◇ 기출문제 작품 정리를 통한 출제경향 대비

1996 ~ 2017학년도까지 실제 시험에 출제되었던 현대시 작품들을 현대문학사의 흐름에 따라 하나의 표로 정리하였습니다. 각 시대별 출제 작품을 통해 출제경향 파악이 가능하며 꼭 알아두어야 할 작품들을 중점적으로 학습할 수 있습니다.

## 시인의 특징을 파악하여 작품에 체계적으로 접근하기

현대문학사의 흐름에 따라 시인을 분류한 후, 시인의 특징을 작품보다 먼저 제시하였습니다. 이를 통해 개별 작품을 학습할 때, 시인의 특징에 따라 작품을 보는 안목을 향상시키는 데 도움이 될 수 있도록 구성하였습니다.

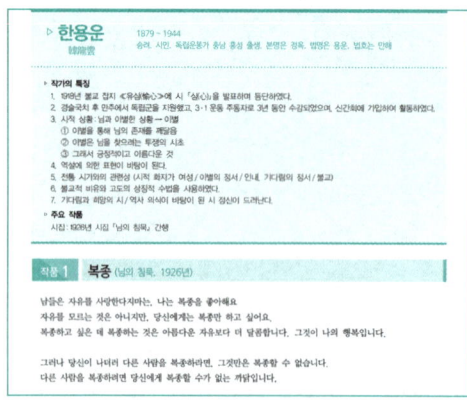

◇ 다양한 현대시 작품을 작가별로 수록

다양한 현대시 작품들 중 중요한 작품들을 선정하여 시인별로 작품들을 모아 볼 수 있습니다. 시인이 주로 사용하는 문체, 어조나 주로 다루는 내용 등 핵심적인 특징을 정리하여 시인과 작품을 보다 쉽게 이해할 수 있습니다. 이를 통해 시인의 문학 세계에 대한 이해를 높여 작품을 보다 심층적으로 파악할 수 있습니다.

해커스 임용
최병해 현대시

## 3 다양한 요소를 통하여 현대시 작품을 분석적으로 학습하기

교재에 수록된 모든 현대시 작품의 주요 특징들을 작품, 핵심정리, 작품감상의 구조, 감상의 길잡이, 중요 내용 정리의 순으로 제시하여 현대시 작품들을 보다 효율적으로 학습할 수 있도록 구성하였습니다.

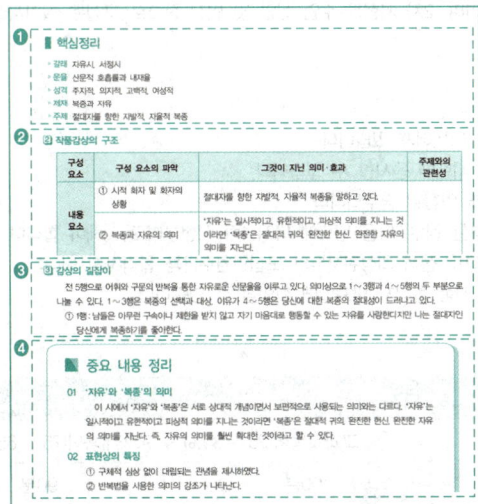

**❶ 핵심정리**

작품을 갈래, 운율, 성격, 제재, 주제, 표현, 특징 등으로 구분하여 정리하였습니다. 이를 통해 작품의 핵심적인 특징들을 정확하게 짚고 넘어갈 수 있습니다.

**❷ 작품감상의 구조**

시의 구성 요소를 내용, 형식, 표현 요소로 나누어 작품에 나타난 구성 요소를 찾고, 그것의 의미와 효과를 제시하여 효과적인 감상을 할 수 있게 하였습니다.

**❸ 감상의 길잡이**

작품의 창작 배경과 작품의 전반적인 내용에 대해 파악할 수 있습니다.

**❹ 중요 내용 정리**

작품 속 다양한 소재들의 특징들을 자세히 설명하여 작품에 대한 심층적인 이해가 가능하며, 작품의 문학사적 의의 및 한계에 대해 정리하여 작품에 대한 이해의 폭을 넓힐 수 있습니다.

## 4 기출문제 및 예상문제로 실전 감각 향상하기

기출문제를 통해 현대시 영역의 출제 방향을 파악하고, 작품과 문제를 연결하여 현대시 작품을 분석할 수 있는 능력을 기를 수 있습니다. 또한 출제경향에 비추어 보았을 때, 출제가능성이 높은 중요 작품에 대해 다양한 예상문제와 예상답안을 제공하여 임용시험에 완벽하게 대비할 수 있습니다.

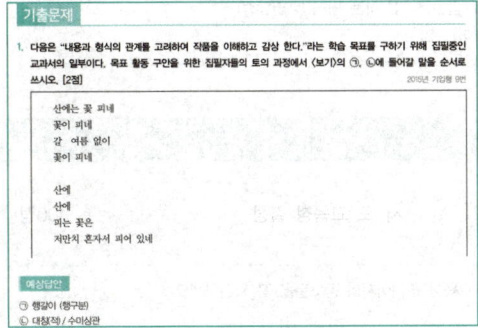

◇ **기출문제 · 예상답안**

1996 ~ 2017학년도 기출문제를 수록하여 현대시 작품의 출제방향을 알 수 있습니다. 출제 의도와 문제 분석을 바탕으로 한 예상답안을 제시하여 정확도 높은 답안을 작성할 수 있습니다.

◇ **예상문제 · 예상답안**

출제가 예상되는 각 작품과 관련한 예상문제를 수록하여 문제를 풀어 봄으로써 실전 감각을 향상시킬 수 있습니다. 이를 바탕으로 서답형 시험에 완벽 대비할 수 있습니다.

# 임용시험 안내

※ 임용시험에 관한 자세한 정보는 시·도 교육청별로 상이하므로, 응시하고자 하는 시·도 교육청 홈페이지의 공고문을 꼭 확인하세요.

## 1. 임용시험이란?

- 임용시험(중등교원)은 "중등학교 교사 임용후보자 선정 경쟁시험"의 준말로, 교사로서의 전문적인 능력을 평가하여 공립(국, 사립) 중등학교 교사를 선발하는 시험입니다.
- 임용시험에 응시하기 위해서는, 2개의 자격증(교원임용자격증, 한국사능력검정시험 3급 이상)이 반드시 필요합니다.
- 임용시험은 1년에 한 번만 진행되며, 1차 시험 합격 시 2차 시험에 응시할 수 있습니다.
- 1차 시험은 논술형·기입형·서술형으로 구성된 필기시험이며, 2차 시험은 수업 실연 및 면접 등으로 구성된 실기시험입니다.

## 2. 시험 유형 및 배점

- 임용시험은 1차 시험(필기시험)과 2차 시험(실기시험)으로 나뉘어져 있습니다.
- 1차 시험에서 과락하면 시험에서 불합격하게 되므로 2차 시험에 응시할 수 없습니다.
- 과락의 기준은 만점의 40% 미만 점수를 얻은 과목이 1개 이상일 경우입니다.
- 부득이한 사정으로 2차 시험에 응시하지 못하거나 불합격한 경우, 다음 년도에 다시 1차 시험부터 응시해야 합니다.
- 최종점수는 [1차 시험 성적 + 2차 시험 성적]으로 결정되며, 성적 최상위자부터 모집인원수만큼 합격하게 됩니다.
- 1차 시험 성적은 1차 합격자 발표일에, 2차 시험 성적은 최종 합격자 발표일에 확인할 수 있습니다.

### 1) 1차 시험 (필기시험)

| 교시 | 1교시: 교육학 | 2교시: 전공 A | | 3교시: 전공 B | | |
|---|---|---|---|---|---|---|
| 출제 분야 | 교육학 | 교과교육학(25~35%) + 교과내용학(75~65%) | | | | |
| 시험 시간 | 60분<br>(09:00~10:00) | 90분<br>(10:40~12:10) | | 90분<br>(12:50~14:20) | | |
| 문항 유형 | 논술형 | 기입형 | 서술형 | 서술형 | | 논술형 |
| 문항 수 | 1문항 | 8문항 | 6문항 | 5문항 | 2문항 | 1문항 |
| 문항 당 배점 | 20점 | 2점 | 4점 | 4점 | 5점 | 10점 |
| 교시별 배점 | 20점 | 40점 | | 40점 | | |
| 총 배점 | 100점 | | | | | |

- 논술형: '서론 – 본론 – 결론'의 전체적으로 이어지는 하나의 틀을 가지고 답안을 작성하는 방식
- 기입형: 주로 풀이과정을 작성하라는 별도의 지침 없이, 단답으로 답안을 작성하는 방식 (= 단답형)
- 서술형: 2~3가지의 답이 이어지도록 문장의 형태로 답안을 작성하는 방식

### 2) 2차 시험 (실기시험)

| 시험 과목 | 시험 시간 | 총 배점 |
|---|---|---|
| 교직적성 심층면접,<br>수업능력 평가(교수·학습 지도안 작성, 수업실연),<br>실기·실험 | 시·도 교육청 결정 | 100점 |

* 2차 시험은 시도별·과목별로 다르므로, 응시하고자 하는 시·도 교육청 홈페이지의 공고문을 꼭 확인하세요.

## 3. 시험 과목

| 구분 | | 시험 과목 |
|---|---|---|
| 1차 시험 | 교육학(1교시) | • 교육학은 공통 과목이므로, 모든 응시자가 응시해야 합니다.<br>• 2012년 12월 28일 임용시험이 개정된 이후, 교육학 과목의 시험 형태가 객관식에서 논술형으로 변경되었습니다.<br>• 교육학 세부과목은 교육학개론, 교육철학 및 교육사, 교육과정, 교육평가, 교육방법 및 교육공학, 교육심리, 교육사회, 교육행정 및 교육경영, 생활지도 및 상담입니다. |
| | 전공 A, B<br>(2, 3교시) | • 전공 A(2교시)는 '기입형 + 서술형', 전공 B(3교시)는 '서술형 + 논술형' 문제 유형으로 출제됩니다.<br>• 전공과목은 ⓐ 교과교육학(출제비율 : 25~35%)과 ⓑ 교과내용학(출제비율 : 75~65%)으로 구성되어 있습니다.<br>ⓐ 교과교육학 : 교과교육학(론)과 임용시험 시행 공고일 당일까지 국가(교육부 등)에 의해 고시되어 있는 교육과정까지<br>ⓑ 교과내용학 : 교과교육학(론)을 제외한 과목<br>※ 외국어 과목은 해당 외국어로 출제 |
| 2차 시험 | 교직적성 심층면접, 수업능력 평가<br>(교수·학습 지도안 작성,<br>수업실연), 실기·실험 | • 외국어 전공과목인 경우, 해당 외국어로 평가가 실시됩니다. |

## 4. 응시원서 접수 안내

### 1) 응시원서 접수 방법
- 응시원서는 지자체별 '온라인 채용시스템'을 통하여 인터넷으로만 접수가 가능하며, 방문/우편 접수는 불가합니다.
- 접수기간 내에는 24시간 접수하며, 접수마감일은 18:00까지 접수가 가능합니다.
- 응시원서 접수 마감시간에 임박하여 지원자의 접속 폭주로 인하여 사이트가 다운되거나 속도가 저하되는 등 마감시간까지 접수를 완료하지 못할 수 있으므로 미리 접수하는 것이 좋습니다.

### 2) 접수 준비물

| 교원자격증 | 졸업자 : 교원자격증<br>졸업예정자 : 교원자격취득예정증명서 또는 과목이 표기된 교직과정이수예정확인서 |
|---|---|
| 한국사능력검정시험<br>3급 이상 | 국사편찬위원회에서 주관하는 한국사능력검정시험의 3급 이상 시험 성적이 필요하며 제1차 시험 예정일로부터 역산하여 5년이 되는 해의 1월 1일 이후에 실시된 검정에 한함 |
| 사진 | 최근 6개월 이내 촬영한 3.5cm × 4.5cm의 여권용 컬러증명사진으로 jpg와 gif만 등록 가능 |
| 응시료 | 지자체별로 상이함 |

- 스캔파일 제출 대상자는 원서 접수 시 입력내용과 동일한 각종 증명서류를 스캔하여 반드시 파일 첨부로 제출해야 함

⚠ **응시원서 중복 지원 금지**
- 아래 17개 시·도 교육청 중 본인이 응시하기 원하는 1개의 지역에만 지원 가능합니다. (중복 지원 불가)
  17개 시·도 교육청 : 서울특별시 교육청, 부산광역시 교육청, 대구광역시 교육청, 인천광역시 교육청, 광주광역시 교육청, 대전광역시 교육청, 울산광역시 교육청, 경기도 교육청, 강원도 교육청, 충청북도 교육청, 충청남도 교육청, 전라북도 교육청, 전라남도 교육청, 경상북도 교육청, 경상남도 교육청, 제주특별자치도 교육청, 세종특별자치시 교육청

# 1차 시험 미리보기

## ■ 1차 시험 진행 순서

| | |
|---|---|
| 시험장 가기 전 | • '수험표, 신분증, 검은색 펜, 수정테이프, 아날로그 시계'를 반드시 준비합니다. (디지털 전자시계는 반입 불가)<br>• 중식시간 없이 시험이 진행되므로, 필요할 경우 간단한 간식(물, 초콜릿, 에너지바 등)을 준비합니다.<br>　[참고] · 유효 신분증: 주민등록증, 운전면허증, 여권, 장애인등록증<br>　　　　· 수험표: 이면지를 사용하여 출력할 수 없고, 컬러로 출력해야 하며, 수험표 앞/뒷면에 낙서 및 메모 금지<br>　　　　· 검은색 펜: 지워지거나 번지지 않는 동일한 종류의 여분의 흑색 필기구, 연필/사인펜 금지 |
| 시험장(시험실) 도착 및 착석 | • 시험 당일 오전 8시 30분까지 입실 완료하여 지정된 좌석에 앉아야 합니다.<br>• 시험장 입구에서 수험번호, 선발과목을 확인한 후 시험실 위치를 확인합니다.<br>• 시험실에 부착된 좌석배치도를 확인하여 착석합니다. |
| 시험 준비 및 대기 | • 매 교시 시험 시작 후에는 입실과 퇴실이 금지되므로, 화장실을 미리 다녀옵니다.<br>• 시험실에 모든 전자기기(휴대폰, 태블릿PC, 넷북, 스마트워치 등)를 포함한 소지(반입)금지물품을 반입한 경우, 감독관에게 제출합니다. (시험장 내에서 이를 사용 또는 소지할 경우 부정행위자로 간주됨)<br>• 소지품, 책 등은 가방 속에 넣어 지정된 장소에 두어야 합니다.<br>• 보조기구(귀마개, 모자 등)는 착용이 불가합니다. |
| 답안지 및 시험지 배부 | • 감독관의 지시에 따라 시험지의 인쇄상태를 확인합니다. (인쇄상태 확인 후 시험 시작 전에 계속 시험지를 열람하는 행위는 부정행위로 간주됨)<br>• 감독관의 지시에 따라 답안지의 상단 부분을 작성합니다. |
| 시험 시간 | • 총 3교시로 나눠서 시험이 진행됩니다.<br>　1교시 교육학 09:00 ~ 10:00 (60분)<br>　2교시 전공 A 10:40 ~ 12:10 (90분)<br>　3교시 전공 B 12:50 ~ 14:20 (90분)<br>• 답안지 작성 시간이 시험 시간에 포함되어 있으므로 시험 시간을 고려해가며 문제를 풀고 답안을 작성합니다.<br>• 시험 종료종이 울리면 답안지를 제출합니다. (시험지는 제출하지 않으며, 시험지에 볼펜사용 등과 관련한 특별한 규정은 없음) |
| 쉬는 시간 | • 총 2번의 쉬는 시간이 있습니다.<br>　1교시 후 쉬는 시간 10:00 ~ 10:40 (40분)<br>　2교시 후 쉬는 시간 12:10 ~ 12:50 (40분)<br>• 쉬는 시간에는 화장실을 다녀오거나, 준비해온 간식을 먹으며 휴식합니다.<br>• 다음 시험이 시작하기 전 미리 착석하여 대기합니다. |
| 시험 종료 | • 전체 시험이 종료되면 감독관의 지시에 따라 퇴실합니다.<br>• 시험 전 제출한 '소지(반입)금지물품'이 있을 경우, 물품을 받은 뒤 퇴실합니다. |

## ■ 전공국어 시험 답안지(OMR) 작성 시 유의사항

| 답안지 관련 정보 | • 답안지는 총 2면이 제공되며, 답안지 수령 후 문제지 및 답안지의 전체 면수와 인쇄 상태를 확인하여야 합니다.<br>• 답안지 사이즈는 B4사이즈이며, 답안지 용지 재질은 OMR 용지입니다. |
|---|---|
| 작성 시간 | • 별도의 답안 작성 시간이 제공되지 않으므로, 시험 종료 전까지 답안 작성을 완료해야 합니다.<br>• 시험 종료 후 답안 작성은 부정 행위로 간주됩니다. |
| 답안란 상단<br>작성 / 수정 | • 답안지 모든 면의 상단에 성명과 수험번호를 기재하고, 검은색 펜을 사용하여 수험번호를 해당란에 '●'로 표기해야 합니다.<br>• '●'로 표기한 부분을 수정하고자 할 경우에는 반드시 '수정 테이프'를 사용해야 합니다.<br>• 답안을 작성하지 않은 빈 답안지에도 성명과 수험번호를 기재·표기한 후, 답안지를 모두 제출합니다. |
| 답안란 작성 | • 답안은 지워지거나 번지지 않는 동일한 종류의 검은색 펜(연필이나 사인펜 종류 제외)을 사용하여 작성해야 합니다.<br>• 답안의 초안 작성은 문제지 여백을 활용할 수 있습니다.<br>• 문항에서 요구하는 내용의 가짓수가 제한되어 있는 경우, 요구한 가짓수까지의 내용만 답안으로 작성해야 합니다. (첫 번째로 작성한 내용부터 문항에서 요구한 가짓수에 해당하는 내용까지만 순서대로 채점함)<br>• 답안 작성 시, 해당 답안란 내에서 가로 선을 그어 답안란의 줄을 추가하거나 세로 선을 그어 답안란을 다단으로 구분할 수 있습니다.<br>• 답안지에는 문항 내용을 기재하지 않습니다.<br>• 아래에 해당하는 답안은 채점하지 않습니다.<br>  – 다른 문항의 답안란에 작성한 부분 (문항 번호를 임의로 수정하는 경우, 맞바꿔 작성한 부분을 화살표로 표시하는 경우 등)<br>  – 문항에 대한 답안 내용 이외의 것 (답안의 특정 부분을 강조하기 위한 밑줄이나 기호 등)<br>  – 답안란 이외의 공간(옆면, 뒷면 등)에 작성한 부분<br>  – 내용이 지워지거나 번지는 등 식별이 불가능한 부분<br>  – 연필로 작성한 부분, 수정 테이프 또는 수정액을 사용하여 수정한 부분<br>  – 개인 정보를 노출하거나 암시하는 표시(성명 및 수험 번호 기재란 제외)가 있는 답안지 전체 |
| 답안 수정 | • 답안을 수정할 때에는 반드시 두 줄(=)을 긋고 수정 내용을 작성해야 합니다.<br>• 수정 테이프 또는 수정액을 사용하여 답안을 수정할 수 없습니다.<br>• 답안지 교체가 필요한 경우, 답안 작성 시간을 고려해야 합니다.<br>  [주의] · 종료종이 울리면 답안을 일절 작성할 수 없음<br>           · 답안지 교체 후, 교체 전 답안지는 폐답안지로 처리함 |

\* '전공국어 전용 답안지(OMR)'는 해커스 임용 사이트(teacher.PASS.com)의 [해커스 임용] 〉 [임용연구소] 〉 [기출문제자료실]에서 무료로 다운받으세요.
\* 더 자세한 답안지(OMR) 작성 시 유의사항은 교육과정평가원 홈페이지에서 확인하세요.

# 전공국어 문학 기출 경향 분석

##  국어 시험의 영역별 배점 및 문항 구성 비율

- 국어 교사 임용 1차 시험에서 국어의 비중은 전체 100점 중 80점입니다.
- 국어 시험은 크게 국어교육학, 문법, 문학 영역으로 나누어지며 각 영역의 비중은 30% : 30% : 40%입니다. 이에 따라 국어교육학 24점, 문법 24점, 문학 32점의 비중으로 출제하기를 권고하고 있습니다.
- 하지만 2016～2017년의 최근 경향을 보면 비중이 조금 달라져 국어교육학 26점, 문법 21점, 문학 33점의 비중으로 출제되었는데, 이 비중은 가변적일 수 있습니다.
- 국어 임용 1차 시험에서 문학 문제는 기입형, 서술형, 논술형 문제로 출제되며, 논술형 문제는 주로 문학 시험에서 출제됩니다.
- 위의 비중에 따라 문학, 문법, 국어교육학의 각 영역별로 기입형, 서술형, 논술형 문제는 아래의 표와 같이 제시됩니다.

### 1. 시험 유형에 따른 제시

| 구분 | 유형 | 배점 | 문항수 | 세부 영역별 출제 현황 | | |
|---|---|---|---|---|---|---|
| | | | | 영역 | 배점 (총점) | 문항수 |
| 전공A | 기입형 | 16 | 8 | 국어교육학 | 2(6) | 3 |
| | | | | 문법 | 2(4) | 2 |
| | | | | 문학 | 3(6) | 3 |
| | 서술형 | 24 | 6 | 국어교육학 | 4(8) | 2 |
| | | | | 문법 | 4(8) | 2 |
| | | | | 문학 | 4(8) | 2 |
| | 소계 | 40 | 14 | | | |
| 전공B | 서술형 | 30 | 7 | 국어교육학 | 4(12) | 3 |
| | | | | 문법 | 4(4)　　5(5) | 2 |
| | | | | 문학 | 4(4)　　5(5) | 2 |
| | 논술형 | 10 | 1 | 문학 | 10(10) | 1 |
| | 소계 | 40 | 8 | | | |
| 합계 | | 80 | 22 | 국어교육학 | 26 | 8 |
| | | | | 문법 | 21 | 6 |
| | | | | 문학 | 33 | 8 |

### 2. 영역에 따른 제시

| 구분 | 전공 A | | 전공 B | | 전체 | |
|---|---|---|---|---|---|---|
| | 배점 | 문항수 | 배점 | 문항수 | 배점 | 문항수 |
| 국어교육학 | 14 | 5 | 12 | 3 | 26 | 8 |
| 문법 | 12 | 4 | 9 | 2 | 21 | 6 |
| 문학 | 14 | 5 | 19 | 3 | 33 | 8 |
| 합계 | 40 | 14 | 40 | 8 | 80 | 22 |

## 2 문학 영역 각 과목별 배점

    교사 임용 국어 시험에서 문학 분야는 2015년까지 국어 전체 80점 중 40%인 32점의 비중으로 출제되었는데, 2016 ~ 2017년에는 33점의 비중으로 출제되었습니다. 그리고 2015년까지는 현대시, 현대산문, 고전시가, 고전산문의 각 과목별로 8점씩 고전과 현대가 각각 16점으로 균등하게 출제되었습니다. 그런데 현대와 고전의 비중은 2016년 21 : 12, 2017년 19 : 14의 비중으로 달라졌으며 최근 시험에서는 현대문학의 출제 비중이 높아지고 있음을 알 수 있습니다. 그래서 최근 시험에서는 현대문학에 더 비중을 두고 공부를 해야 효과적으로 준비할 수 있습니다.

### 1. 2017년 시험의 경우

| 구분 | 영역 | 전공 A | 전공 B | 배점 (총 33점) |
|---|---|---|---|---|
| 영역 | 현대시 | 13. 현대시 (서술) | 8. 현대시 / 고전시가 (논술) | 9 |
| | 현대산문 | 5. 현대소설 (기입)<br>14. 현대소설 (서술) | 4. 현대소설 (서술) | 10 |
| | 고전시가 | 7. 고전시가 (기입) | 8. 고전시가 / 현대시 (논술) | 7 |
| | 고전산문 | 8 고전산문 (기입) | 7. 고전산문 (서술) | 7 |

### 2. 2016년 시험의 경우

| 구분 | 영역 | 전공 A | 전공 B | 배점 (총 33점) |
|---|---|---|---|---|
| 영역 | 현대시 | 8. 현대시 (기입 2) | 7. 현대시 (서술 5)<br>8. 현대시 / 현대소설 (논술 10) | 12 |
| | 현대산문 | 14. 현대소설 (서술 4) | 8. 현대시 / 현대소설 (논술 10) | 9 |
| | 고전시가 | 6. 고전시가 (기입 2)<br>12. 고전시가 (서술 4) | | 6 |
| | 고전산문 | 7. 고전산문 (기입 2) | 4. 고전산문 (서술 4) | 6 |

# 전공국어 문학 기출 경향 분석

## 3. 문학 영역별 문항 및 출제 근거

문학 영역별 문제를 보면 현대시, 현대산문, 고전시가, 고전산문의 네 과목에서 각각 문제를 내고 있지만, 그 문제들은 각 과목의 내용만으로 문제를 풀어가기 어렵습니다. 그러한 문제의 바탕에는 모두 문학내용학의 지식이나 감상원리가 바탕이 되어 있으며, 2017년의 경우 모든 문제에서 문학내용학이 적용되어 있습니다. 최근 감상능력을 중시하는 문제가 많이 출제되기 때문에 감상능력의 원리와 바탕이 되는 문학내용학을 잘 이해해야 문학의 모든 문제를 효과적으로 풀어갈 수 있습니다. 문학내용학의 바탕 위에서 현대시, 현대산문, 고전시가, 고전산문의 각 과목을 공부하는 것이 효과적입니다.

### 1. 2017년 문학 영역의 하위 분야별 문항 분석

| 영역 | 문항 | 강의관련 교재 | 영역별 학습 분야 | 출제 작품 | 문제 내용 |
|---|---|---|---|---|---|
| 현대시 | A 서술형 13 | 문학내용학 현대시 | 시적화자 관련 문제 | 송수권「산문에 기대어」, 박재삼「봄바다에서」 | • 공간 배경의 의미<br>• 표현 효과를 고려한 시적 화자의 인식 |
| | B 논술형 8 | 문학내용학 현대시 고전시가 | 한국 문학의 특질 - 자연관 | 윤선도「오우가」, 김현승「푸라타나스」 | • 자연물의 덕목 및 인간상<br>• 푸라타나스 화자에게 어떤 의미<br>• 자연물에 대한 인식 공통점과 차이점<br>• 자연관 중심으로 한국 문학 특질 |
| 현대 산문 | A 기입형 5 | 문학내용학 현대산문 | 소설의 문체 (문어체 → 구어체) | 이광수「무정」, 김동인「마음이 여튼자여」, 염상섭「암야」 | • 근대 초기 우리 소설의 문체 변화의 특징 및 예 적용 |
| | A 서술형 14 | 문학내용학 현대산문 | 함축적 의미와 서술자의 태도 | 이태준「토끼 이야기」, 「해방 전후」 | • '헌 책'과 비슷한 사물 4가지 및 그것의 함축적 의미<br>• '김 직원'에 대한 서술자의 태도 |
| | B 서술형 4 | 문학내용학 현대산문 | 공간적 배경의 의미 | 윤후명「원숭이는 없다」 | • '그곳'의 공간적 특성, '그곳'에서 인물이 느낀 감정과 그 이유, 그리고 '그곳'에서 유발된 인물의 인식 변화 |
| 고전 시가 | A 기입형 7 | 문학내용학 고전시가 | 화자의 태도 파악 | 송순「면앙정가」 | • 내적문맥과 외적맥락에 따른 화자의 태도(풍류(자연친화)/유교 윤리) |
| | B 논술형 8 | 문학내용학 고전시가 | 화자의 태도 파악 | 송순「면앙정가」 | • 내적문맥과 외적맥락에 따른 화자의 태도(풍류(자연친화)/유교 윤리) |
| 고전 산문 | A 기입형 8 | 문학내용학 고전산문 | 서술자의 개입 | 작자 미상「숙영낭자전」 | • 서술자 개입의 예 찾기와 독자에 미치는 효과 |
| | B 서술형 7 | 문학내용학 고전산문 | 작품의 미적 특성 (미적범주) | 안석경「검녀」, 작자 미상「임장군전」 | • 주인공의 말을 중심으로 미적 특성의 공통점, 그것이 구현되는 양상의 차이점 |

## 2. 2016년 문학 영역의 하위 분야별 문항 분석

| 영역 | 문항 | 강의관련 교재 | 영역별 학습 분야 | 출제 작품 | 문제 내용 |
|---|---|---|---|---|---|
| 현대시 | A 기입형 8 | 문학내용학 현대시 | 시의 맥락 | 박목월 「산도화」 | • 작품의 탈속적 성격<br>• 문학사적 맥락 |
| | B 서술형 7 | 문학내용학 문학교육 현대시 | 학생 반응 교정 활동 | 김춘수 「꽃」 | • 시어의 부적절한 해석 찾아 교정<br>• 내용의 부적절한 이해 교정 |
| | B 논술형 8 | 문학내용학 문학교육 현대시 현대소설 | 인물의 삶 이해 – 자신의 성찰 | 김광규 「희미한 옛사랑의 그림자」, 안수길 「제3인간형」 | • 상징의 의미, 인물이 성찰한 내용<br>• 인물 평가 위한 토의 주제<br>• 학습자 자신의 삶 평가 |
| 현대 산문 | A 서술형 14 | 문학내용학 현대소설 | 작품의 사회·문화적 맥락 | 김정한 「모래톱 이야기」, 이문구 「일락서산」 | • '모래톱 이야기'와 '일락서산'에 나타난 정서와 그 정서의 원인 |
| | B 논술형 8 | 문학내용학 현대시 현대소설 | 인물의 삶 이해 – 자신의 성찰 | 김광규 「희미한 옛사랑의 그림자」, 안수길 「제3인간형」 | • 상징의 의미, 인물이 성찰한 내용<br>• 인물 평가 위한 토의 주제<br>• 학습자 자신의 삶 평가 |
| 고전 시가 | A 기입형 6 | 문학내용학 문학사 고전시가 | 하위 갈래 성격 파악 | 작자 미상 「가시리」, 작자 미상 「정석가」 | • 고려 속요가 민요에서 궁중으로 유입된 내용 |
| | A 서술형 12 | 문학내용학 시 이론 고전시가 | 자연(공간)의 의미 | 성혼 「말 업슨~」, 위백규 「서산에~」 | • 자연의 의미<br>• 화자의 지향 |
| 고전 산문 | A 기입형 7 | 고전산문 문학사 | 고전 소설의 환상성 | 작자 미상 「조웅전」 | • 천상계(하늘)의 개입과 조력자 역할 |
| | B 서술형 4 | 문학내용학 고전산문 | 소통 관련 활동 / 사회문화적 맥락 | 이옥 「심생전」 | • 소통의 맥락<br>• 사건에 담긴 시대적 의미 |

# 학습 성향별 맞춤 학습법

###  개별학습 혼자 공부할 때, 학습효과가 높다!

- **자신에게 맞는 학습계획을 세운다.**
  교재의 목차를 참고하여 자신에게 맞는 학습계획을 세워 시간을 효율적으로 활용할 수 있도록 합니다. 월별/주별/일별로 계획을 구체적으로 세워 스스로 점검합니다.

- **교재를 꼼꼼히 학습한다.**
  해커스 임용 교재로 핵심 내용을 꼼꼼히 학습합니다. 학습 중 교재에 관하여 궁금한 사항이 생기면, 해커스 임용 사이트의 [교재 Q&A] 게시판에 질문합니다.

- **해커스 임용 사이트를 적극 활용한다.**
  해커스 임용 사이트(teacher.PASS.com)를 적극적으로 활용하면 임용정보, 기출문제 등 참고자료를 얻을 수 있습니다. 또한, 학습 시 부족한 부분은 해커스 임용 동영상 강의를 통해 보충할 수 있습니다.

### 스터디학습 여러 사람과 함께 공부할 때, 더 열심히 한다!

- **자신에게 맞는 스터디를 선택하고 준비한다.**
  자신의 학습 성향 및 목표에 맞는 스터디를 선택하고, 스터디원들끼리 정한 학습 계획에 따라 공부해야 할 내용을 준비합니다.

- **스터디 구성원들과 함께 학습하며 완벽하게 이해한다.**
  개별적으로 학습하면서 이해가 어려웠던 개념을 스터디를 통해 서로 설명해 주며 완벽하게 이해합니다. 또한, 학습 내용 및 시험 관련 정보를 공유하며 학습효과를 높입니다.

- **스터디 자료 및 부가 학습자료로 개별 복습한다.**
  스터디가 끝난 후, 팀원들의 자료와 자신의 자료를 비교하여 스터디 내용을 복습합니다. 또한, 해커스 임용 (teacher.PASS.com) 사이트에서 제공하는 시험 정보 및 학습자료를 활용하여 학습내용을 더욱 풍부하게 만듭니다.

## 📱 동영상학습 자유롭게 시간을 활용해 강의를 듣고 싶다!

- **자신만의 학습플랜**을 세운다.

  해커스 임용 사이트(teacher.PASS.com)의 샘플강의를 통해 교수님의 커리큘럼 및 강의 스타일을 미리 파악해 보고, 수강할 동영상 강의 커리큘럼을 참고하여 스스로 학습계획을 세웁니다.

- [내 강의실]에서 **동영상 강의를 집중해서 학습**한다.

  학습플랜에 따라 공부해야 할 강의를 듣습니다. 자신의 학습속도에 맞게 '(속도) 배수 조절'을 하거나, 놓친 부분이 있다면 되돌아가서 학습합니다.

- [교수님께 질문하기] **게시판을 적극 활용**한다.

  강의 수강 중 모르는 부분이 있거나 질문할 것이 생기면 해커스 임용 사이트의 [교수님께 질문하기] 게시판에서 교수님께 직접 문의하여 확실히 이해하도록 합니다.

## 학원학습 선생님의 생생한 강의를 직접 듣고 싶다!

- **100% 출석**을 목표로 한다.

  자신이 원하는 학원 강의를 등록하고, 개강일부터 종강일까지 100% 출석을 목표로 빠짐없이 수업에 참여합니다. 스터디가 진행되는 수업의 경우, 학원 수업 후 스터디도 참여합니다.

- **예습과 복습**을 철저히 한다.

  수업 전에는 그날 배울 내용을 미리 훑어보고, 수업이 끝난 후에는 그날 학습한 내용을 철저하게 복습합니다. 복습 시 이해하기 어려운 부분은 선생님께 직접 질문하여 완벽하게 이해할 수 있도록 합니다.

- **수업에서 제공하는 자료**를 적극 활용한다.

  수업 시 교재 외 부가 학습자료를 제공하는 경우가 많으므로, 해커스 임용 선생님의 노하우가 담긴 학습자료를 자신만의 방식으로 정리 및 암기합니다.

임용고시 합격의 기준,
해커스 임용 teacher.PASS.com

해커스 임용 최병해 현대시

# 제 1 편
## 문학 평가에 대한 이해 및 대응 방법

임용고시 합격의 기준,
**해커스 임용 teacher.PASS.com**

해커스 임용 최병해 현대시

# 제 1 장
# 서답형 문학 평가에 대한 이해

제1절 기입형 시험의 출제 방향과 대응 방법
제2절 서술형 시험의 출제 방향과 대응 방법
제3절 논술형 시험의 출제 방향과 대응 방법

## 제1절 기입형 시험의 출제 방향과 대응 방법

### 01 기입형 문제란?

기입형은 국어에 대한 지식이나 이해의 수준, 적용 능력 등을 측정하는 문항 형식이다. 기입형은 문항에서 요구하는 답을 핵심어나 핵심 어구 등으로 작성하는 경우에 사용할 수 있다. 중등교사 임용시험에서는 완성형과 단답형을 기입형 문항으로 출제한다. 완성형이란 질문을 위한 문장의 처음, 중간 또는 끝에 여백을 두어 응답을 유도하는 문항 형식이며, 단답형이란 질문에 대해 짧은 단어, 구, 절 혹은 수, 기호 등 제한된 형태로 답하는 문항 형식이다.

### 02 기입형 문제에 대한 대응 방법

1. **문제 파악 중요**
   (1) 출제자의 의도가 무엇인지, 출제자가 무엇을 묻는 건지 잘 고려해야 한다.
   (2) 문제에서 제시한 조건을 잘 고려하여 거기에 맞게 대응해야 한다.
   (3) 표의 경우 위쪽이나 왼쪽에 제시된 의미를 잘 고려하여 답해야 한다.
   (4) 작품 전체인지, 제시된 예문인지, 아니면 특정한 부분(밑줄, 단락)인지 잘 고려해야 한다.

2. **핵심어 제시**
   기입형 문제에서는 길게 표현하지 말고 핵심어를 제시하며 간략하게 답해야 한다.

3. **신중하게 접근**
   점수 배점이 낮아 가볍게 생각하고 답을 작성하기 쉬우므로 정답을 작성하기 위해 최선을 다할 필요가 있다.

4. **답안 작성 시 주의**
   (1) 문제에서 몇 가지 조건인지, 답을 쓸 때 몇 가지로 해야 하는지 잘 파악하여 답을 작성해야 한다.
   (2) 정해진 칸을 초과하지 말고 그것에 맞게 답을 작성하는 습관을 길러야 한다.

## 03 기입형 문제의 유형

**1. 공란 제시 형태에 따른 문제의 유형**

(1) **줄글 형태** : 1~2줄을 비워 둔 유형
(2) **표 안 제시형** : 표의 빈 칸을 비워 둔 유형
(3) **문장 빈 곳 채우기** : 문장이나 설명에서 빈 칸을 제시하고 그것을 채워 넣는 유형

**2. 문제의 내용에 따른 문제의 유형**

| 구분 |
| --- |
| ① 핵심어로 간략하게 작성(= 단답형) |
| ② 예문 찾기 : 하나의 단어 또는 구절, 문장(제목, 행, 연) 등을 조건에 맞게 제시 |
| ③ 문학 구성 요소의 특징이나 예문의 내용 또는 의미에 대한 간략한 설명 |
| ④ 작품 또는 일부 예문에 대한 간략한 분석 또는 감상 내용 작성 |
| ⑤ 비교 및 대조 : 내용의 공통점, 차이점 간략하게 제시 |
| ⑥ 내용 파악 후 조건을 고려하여 제시 |
| ⑦ 문학사·문학일반·사회문화적 맥락 등을 적용한 간략한 설명 |

※ 기입형 문제는 보통 2점 배점이므로, 위의 ①~⑦의 문제들이 하나만 나올 수도 있지만, 2가지가 뒤섞여 나오는 경우도 많으므로 각각의 특징을 잘 고려하여 답할 필요가 있음

## 기출문제

**1.** 다음은 최 교사가 준비한 수업 자료이다. 괄호 안의 ㉠, ㉡에 해당하는 말을 순서대로 쓰시오. [2점]

2016년 기출 기입형 8번

| 학습 목표 | 다양한 맥락에서 작품을 이해하고 감상할 수 있다. |
|---|---|
| 활동 제재 | 山은<br>九江山<br>보랏빛 石山<br><br>山桃花<br>두어송이<br>송이 버는데<br><br>봄눈 녹아 흐르는<br>옥같은<br>물에<br><br>사슴은<br>암사슴<br>발을 씻는다.<br><br>— 박목월, 「산도화(山桃花) 1」 |

| 감상 맥락 | 활동 자료 | 중심 활동 |
|---|---|---|
| 사회·문화적 맥락 | 일제 강점기 말기의 사회상이 생생하게 드러난 사진 자료 | 이 시의 시적 공간이 갖는 ( ㉠ )적(的) 성격과 당대 상황을 대비하여 창작 의도 추측하기 |
| ( ㉡ )적(的) 맥락 | 청록파 시인들의 시적 경향을 분석한 비평문 | 자신이 읽은 시 작품 중 이 시의 시적 경향과 유사한 작품을 찾아 계승 관계 파악하기 |
| 상호텍스트적 맥락 | 이백, 「산중문답(山中問答)」 | 두 작품에 공통적으로 나타난 '도화' 이미지를 중심으로 작품 감상하기 |

### 예상답안

㉠ 탈속, (이상(향))
㉡ 문학사

2. 다음은 "내용과 형식의 관계를 고려하여 작품을 이해하고 감상 한다."라는 학습 목표를 구하기 위해 집필중인 교과서의 일부이다. 목표 활동 구안을 위한 집필자들의 토의 과정에서 〈보기〉의 ㉠, ㉡에 들어갈 말을 순서로 쓰시오. [2점]

2015년 기출 기입형 9번

> 산에는 꽃 피네
> 꽃이 피네
> 갈 봄 여름 없이
> 꽃이 피네
>
> 산에
> 산에
> 피는 꽃은
> 저만치 혼자서 피어 있네
>
> 산에서 우는 작은 새요
> 꽃이 좋아
> 산에서
> 사노라네
>
> 산에는 꽃 지네
> 꽃이 지네
> 갈 봄 여름 없이
> 꽃이 지네
>
> — 김소월, 「산유화(山有花)」

〈목표 활동〉

활동 1. 다음 활동을 통해 이 시의 운율이 갖는 효과를 파악해 보자.
    (1)
    (2)
활동 2.

〈보기〉

| 집필자 A | 활동 1의 세부 활동 (1)로는 끊어읽기를 통해 음보율을 파악하는 활동이 먼저 제시되어야 하겠지요? |
|---|---|
| 집필자 B | 그러면 세부 활동 (2)에서는 음보율과 시의 의미 사이의 관계를 다루는 것이 좋지 않을까요? 가령 '산에/산에' 같은 표현은 ( ㉠ )을/를 통해 음보율 실현에 변화를 줌으로써, 대상의 고립감을 부각시킨 것으로 볼 수 있어요. |
| 집필자 C | 활동 2는 형태상의 특징을 중심으로 내용과 형식의 관계에 주목하는 활동이 좋을 것 같습니다. 이 시는 ( ㉡ ) 구조를 통해 완벽한 균제미(均齊美)를 얻고 있어서, 자연의 조화로운 원리와 잘 어울리는 것 같아요. |

※ 이 문제는 김준오의 『시론』(개정판, 151쪽)이란 책을 바탕으로 낸 문제임. ⓒ은 대칭 구조와 수미상관 구조가 모두 답이 될 수 있는데, 『시론』에 제시된 '대칭 구조'로 한정하면 문제가 될 수 있음. 그리고 특정한 책의 내용을 그대로 제시하여 답을 한정하는 것은 바람직하지 않음

### 예상답안

㉠ 행갈이(행구분)
㉡ 대칭(적) / 수미상관

※ (3~4) 다음 작품을 읽고 3번과 4번의 두 물음에 답하시오.

(가)
　　노주인(老主人)의 장벽(腸壁)에
　　무시(無時)로 인동(忍冬) 삼긴 물이 나린다.

　　자작나무 덩그럭 불이
　　도로 피어 붉고,

　　구석에 그늘 지어
　　무가 순 돋아 파릇하고,

　　흙 냄새 훈훈히 김도 사리다가
　　바깥 풍설(風雪) 소리에 잠착하다*.

　　산중(山中)에 책력(册曆)도 없이
　　삼동(三冬)이 하이얗다.

* 잠착하다 : '참척하다'의 원말. 한 가지 일에만 정신을 골똘하게 쏟아 다른 생각이 없다.

　　　　　　　　　　　　　　　　　　　　- 정지용, 「인동차(忍冬茶)」

(나)
　　하늘은 날더러 구름이 되라 하고
　　땅은 날더러 바람이 되라 하네.
　　청룡 흑룡 흩어져 비 개인 나루
　　잡초나 일깨우는 잔바람이 되라네.
　　뱃길이라 서울 사흘 목계 나루에
　　아흐레 나흘 찾아 박가분 파는
　　가을볕도 서러운 방물장수 되라네.
　　산은 날더러 들꽃이 되라 하고
　　강은 날더러 잔돌이 되라 하네.
　　산서리 맵차거든 풀 속에 얼굴 묻고

물여울 모질거든 바위 뒤에 붙으라네.
민물 새우 끓어넘는 토방 툇마루
석삼 년에 한 이레쯤 천치로 변해
짐부리고 앉아 쉬는 떠돌이가 되라네.
하늘은 날더러 바람이 되라 하고
산은 날더러 잔돌이 되라 하네.

– 신경림, 「목계장터」

**3.** 다음은 위 시들을 이해하기 위해 두 시인의 시 세계를 비교한 것이다. ㉠과 ㉡에 들어갈 (가)와 (나)의 두드러진 표현상의 특징을 쓰시오. [2점]

2014년 기출 기입형 12번

| 구분 | (가) | (나) |
|---|---|---|
| 창작 연대 | 1930년대 | 1970년대 |
| 시인의 주요 관심 요소 | 회화성 | 음악성 |
| 관심 요소의 구체화 | ㉠ | ㉡ |

**예상답안**

㉠ 방 안의 붉은색·파릇한 색(생명, 정신)과 방 밖의 흰색(차가움, 일제하 현실)의 색채 이미지 대비에 의한 감각적 묘사
㉡ 4음보 율격 및 각운의 요소

**4.** (나)를 시상 전개에 따라 세 부분으로 나눌 때 중간 부분의 처음과 끝 어절을 쓰고, 그 중간 부분에서 (가)의 화자에게 시의 공간적 배경인 '방 안'이 갖는 의미와 유사한 역할을 하는 시구 3가지를 찾아 쓰시오. [2점]

2014년 기출 기입형 13번

**예상답안**

① 첫 어절과 끝 어절: 산은 ~ 되라네
② '방 안'이 갖는 의미와 유사한 역할을 하는 시구: ㉠ 풀 속
㉡ 바위 뒤
㉢ 토방 툇마루

# 제2절 서술형 시험의 출제 방향과 대응 방법

## 01 서술형 문제란?

　서술형은 문제 인식, 추리, 예상, 결론 도출, 인과관계, 상관관계, 문제해결 과정 등의 사고 능력을 측정하며 문장 형태의 답안을 요구하는 문항 형식이다. 서술형은 기입형 문항보다 심층적이거나 상세한 내용을 물을 때 사용할 수 있다. 중등교사 임용시험에서는 상기의 사고 과정을 바탕으로 한 응답 결과를 1~3문장 정도로 기술하는 문항을 서술형으로 출제한다. 분량을 고려할 때 간략하게 서술하는 약술형에 가까운데, 기입형에 비해 설명, 분석, 감상 등의 내용이 더 요구되며, 논술형보다는 분량이 적다는 점에서 차이가 있다.

## 02 서술형 문제에 대한 대응 방법

### 1. 문제 파악 중요
(1) 출제자의 의도가 무엇인지, 출제자가 무엇을 묻는 건지 잘 고려해야 한다.
(2) 문제에서 제시한 조건을 잘 고려하여 거기에 맞게 대응해야 한다.

### 2. 답안 작성 방법 중요
　작품의 감상·분석·의미 파악 / 공통점·차이점 / 이론의 적용 / 틀린 이유 찾기 및 교정 등 다양한 문제 유형이 있으므로 문제에 맞춰 답안을 작성해야 한다.

### 3. 핵심어를 포함하여 답을 쓸 것
　핵심어를 사용하여 정해진 분량에 맞게 서술해야 한다. (핵심어를 모르면 그 내용을 보충할 수 있는 말로 바꾸거나 풀어서 서술)

### 4. 답안 작성 시 주의
(1) 문제에서 몇 가지 조건인지, 답을 쓸 때 몇 가지로 해야 하는지 잘 파악하여 답을 작성해야 한다.
(2) 배점이 보통 3~4점이므로 배점을 잘 고려하면서 정해진 분량을 지켜 답을 작성해야 한다.
　　(출제위원들이 적당한 답의 양을 제시하므로 그에 맞춰 답을 작성하면 효과적임)

## 03 서술형 문제의 유형

| 구분 |
| --- |
| ① 작품의 구성 요소 및 작품 전반에 대한 감상, 분석, 의미, 주제 파악 |
| ② 작품 내용, 구성 요소, 맥락 등의 공통점·차이점에 대한 설명 |
| ③ 문학 이론(문학 교육·문학사·문학일반·사회문화적 맥락)을 적용한 간략한 설명 |
| ④ 문학사나 사회·문화적 배경(시대배경)에 대한 설명 또는 그것을 작품에 적용하여 설명 |
| ⑤ 학생 활동에 대한 평가, 평가의 근거, 교정할 내용 서술 |
| ⑥ 작품 분석, 감상 등 조건에 따라 활동한 결과를 몇 가지로 서술 |

※ 위의 ①~⑥의 문제들이 하나만 나올 수도 있지만, 2가지 이상 뒤섞여 나오는 경우도 많으므로 각각의 특징을 잘 고려하여 답할 필요가 있음

## 기출문제

**1.** 다음을 읽고 작품에 대해 해석한 내용을 〈작성 방법〉에 따라 서술하시오. [4점]  
2017년 A형 13번

(가)
　　누이야
　　가을산 그리메에 빠진 눈썹 두어 낱을
　　지금도 살아서 보는가
　　정정(淨淨)한 눈물 돌로 눌러 죽이고
　　그 눈물 끝을 따라가면
　　즈믄 밤의 강이 일어서던 것을
　　그 ⊙강물 깊이깊이 가라앉은 고뇌의 말씀들
　　돌로 살아서 반짝여오던 것을
　　더러는 물속에서 튀는 물고기같이
　　살아오던 것을
　　그리고 산다화 한 가지 꺾어 스스럼없이
　　건네이던 것을
　　누이야 지금도 살아서 보는가
　　가을산 그리메에 빠져 떠돌던, 그 눈썹 두어 낱을 기러기가
　　강물에 부리고 가는 것을
　　내 한 잔은 마시고 한 잔은 비워두고
　　더러는 잎새에 살아서 튀는 물방울같이
　　그렇게 만나는 것을
　　누이야 아는가
　　가을산 그리메에 빠져 떠돌던
　　눈썹 두어 낱이
　　지금 이 못물 속에 비쳐옴을.
　　　　　　　　　　　　　　－ 송수권, 「산문(山門)에 기대어」

(나)
　1
　ⓒ화안한 꽃밭 같네 참.
　눈이 부시어, 저것은 꽃핀 것가 꽃진 것가 여겼더니, 피는 것 지는것을 같이한 그러한 꽃밭의 저것은 저승살이가 아닌것가 참. 실로 언짢달것가. 기쁘달것가.
　거기 정신없이 앉았는 섬을 보고 있으면,
　우리가 살았닥해도 그 많은 때는 죽은 사람과 산 사람이 숨소리를 나누고 있는 반짝이는 ⓒ봄바다와도 같은 저승 어디쯤에 호젓이 밀린 섬이 되어 있는 것이 아닌것가.

　2
　우리가 소시(少時)적에, 우리까지를 사랑한 남평 문씨 부인은, 그러나 사랑하는 아무도 없어 한낮의 꽃밭 속에 치마를 쓰고 ⓔ찬란한 목숨을 풀어헤쳤더란다.

확실히 그때로부터였던가. 그 둘러쌌던 비단치마를 새로 풀며 우리에게까지도 ⓜ 설레는 물결이라면 우리는 치마 안자락으로 코 훔쳐주던 때의 머언 향내 속으로 살달아 마음달아 젖는단것가.

\*

돛단배 두엇, 해동갑하여 그 참 흰나비 같네.

— 박재삼, 「봄바다에서」

―〈작성 방법〉―

○ ㉠과 ㉢이 (가), (나)의 시적 화자에게 지니는 공통된 의미를 설명할 것
○ ㉡과 ㉤의 표현 효과를 고려하여 ㉣에 대한 시적 화자의 인식을 서술할 것

### 예상답안

(가)의 시적 화자는 ㉠의 '강물'에서 죽은 누이를 떠올리고, (나)의 시적 화자는 ㉢의 '봄바다'에서 죽은 남평 문씨 부인을 떠올린다. 모두 과거 시인의 삶에서 겪은 사별과 그 한을 불러일으키는 공간의 의미를 지닌다.

※ 위의 두번째 문제는 ㉡과 ㉤의 표현이 무엇을 의미하는가에 따라 답이 달라질 수 있음. '화안한'은 시적허용이 되지만, '설레는'은 시적허용이 아니고, '설레는'은 감정이입이 되지만, '화안한'은 단어가 무엇인가에 따라 감정이입이 될 수도 그렇지 않을 수도 있음. 그래서 첫째, 표현의 의미를 단순히 '이미지'로 접근하거나, 둘째, 죽음을 아름답게 여기는 역설적 인식으로 접근하거나, 셋째 감정이입(의인화)으로 접근할 수 있음. 이에 따라 아래와 같은 답으로 드러낼 수 있다고 생각함

첫째의 경우 ㉡은 바다를 밝고 환한 이미지로 드러내었고, ㉤은 물결을 기쁜 이미지로 드러내었다. 이를 통해 시적 화자는 ㉣에서 죽음을 밝고 긍정적인 것으로 인식하고 있다.

둘째의 경우 ㉡은 남평 문씨 부인이 죽은 장소를 아름다운 공간으로 그렸고, ㉤은 남평 문씨 부인의 죽음의 느낌을 설레는 마음으로 느끼고 있다. 이를 통해 시적 화자는 ㉣에서 죽음을 찬란하다고 여기는 역설적 인식(= 한을 밝고 아름다운 것으로 승화시켜 이중적인 인식)으로 드러내고 있다. (첫째와 유사)

셋째의 경우 ㉡의 '화안한 꽃밭(화안하다 ~ 기쁜 낯을 하다)'이나 ㉤의 '설레는 물결'은 모두 대상에 감정이입(의인화)한 표현이며, 이를 통해 대상에 대해 친근하고 기쁜 마음으로 느끼게 한다. 이로 인해 시적 화자는 ㉣에서 남평 문씨 부인의 죽음을 슬프게 여기지 않고 밝고 아름다운 것으로 인식하고 있다.

---

**2.** 다음은 대화 중심 문학 수업의 한 장면으로, (가)는 횡적 대화 단계에서 이루어진 대화의 일부이며, (나)는 종적 대화 단계의 교사 발화이다. 교사의 지도 내용을 〈작성 방법〉에 따라 서술하시오. [5점]　2016년 B형 7번

―〈수업 자료〉―

내가 그의 이름을 불러 주기 전에는
그는 다만
하나의 몸짓에 지나지 않았다.

내가 그의 이름을 불러 주었을 때
그는 나에게로 와서
꽃이 되었다.

내가 그의 이름을 불러 준 것처럼
　　　나의 이 빛깔과 향기에 알맞는
　　　누가 나의 이름을 불러다오.
　　　그에게로 가서 나도
　　　그의 꽃이 되고 싶다.

　　　우리들은 모두
　　　무엇이 되고 싶다.
　　　너는 나에게 나는 너에게
　　　잊혀지지 않는 하나의 눈짓이 되고 싶다.

　　　　　　　　　　　　　　　　　　　　　　　　　－ 김춘수, 「꽃」

(가)
형도 : 이 시는 내가 고등학교에 와서 읽은 시 중 제일 마음에 드는 시야. 나는 이름이 좀 어려운 편인 데다가 조용한 성격이어서 새 학년에 올라오면 내 이름을 기억해서 불러 주는 친구가 별로 없어. 가끔은 내 자신이 너무 존재감이 없다는 생각이 들어서 속이 상했는데, 이 시를 읽고 나니까, 내가 먼저 친구들의 이름을 불러 주어야겠다는 생각이 들었어. 그리고 "우리들은 모두 무엇이 되고 싶다."라고 해서 나 말고도 우리들 모두 서로에게 의미 있는 존재가 되고 싶어 한다는 걸 알게 되었어.

지우 : 나도 이 시가 마음에 들어. 그런데 의미 있는 존재라는 게 무엇인지는 좀 생각해 봐야 할 것 같아. 이 시의 마지막 부분이 원래는 "하나의 의미가 되고 싶다."라고 되어 있었는데, 나중에 시인이 "하나의 눈짓이 되고 싶다."로 고쳐서 발표했다고 선생님께서 알려 주셨잖아. 사실 이 시인은 누군가에게 의미가 된다는 것이 부담스러웠던 게 아닐까 싶어. 그래서 마음속으로는 서로가 서로에게 무언가가 되고 싶은 욕망이 있지만, 결국은 '꽃'이 되고 의미가 되는 건 부담스러우니까, '눈짓' 정도로 가벼운 관계에 만족하는 건 아닐까. 나는 이 시가 적당히 가볍고 일회적인 관계를 노래하는 것 같아서 좋아.

수경 : 너희들은 모두 이 시를 좋아하는구나. 나는 이 시가 썩 좋지는 않아. 내가 시 쓰기를 좋아해서 그런지 몰라도, 나는 이 시가 시인이 시 쓰기 과정에서 고민한 내용을 담고 있는 것같이 느껴졌어. 시를 통해 세상에 존재하는 대상들의 이름을 불러 줌으로써 그것들의 참 의미가 드러난다는 것으로 읽혀. 그런데 나는 시를 쓰면서 대상의 빛깔과 향기에 알맞은 표현을 하려고 무척 애를 써도, 번번이 시를 완성하고 나면 '이게 아닌데…….'하는 생각이 들어. 참 의미에서 점점 멀어지는 느낌 때문이야. 하지만 시인은 이름을 불러 주면 의미 있는 존재가 된다고 너무 확실하게 말하는 것 같아서 마음에 들지 않아.

(나)
교사 : 여러분 모두 시 작품을 적극적으로 감상했군요. 그런데 몇 명에게는 질문을 좀 하고 싶어요. 혹시 ㉠시어의 의미 관계는 충분히 살펴보았나요? 시어와 시어 사이의 수식 관계나 유의 관계 등에 주목해서 꼼꼼히 읽으면 시의 전체적 의미를 더 타당하게 읽어 낼 수 있습니다. 음…, 그리고 ㉡보조 자료로 배부해 준, 같은 시인의 「꽃을 위한 서시」도 읽어 보았나요? "나는 시방 위험한 짐승이다. / 나의 손이 닿으면 너는 / 미지의 까마득한 어둠이 된다."로 시작하지요.

─────────〈작성 방법〉─────────
- ㉠의 질문 의도를 고려하여 '지우'가 부적절하게 해석한 부분을 제시하고 타당한 해석과 근거를 서술할 것
- '수경'의 반응과 관련하여 ㉡의 질문 의도를 서술할 것. 단, 교사가 제시한 보조 자료를 활용하여 그 근거를 밝힐 것

### 예상답안

㉠ 질문에서 시어의 의미 관계를 고려할 때, '지우'는 시어 '눈짓'을 잘못 해석했다. 이 시에서 '눈짓'은 시어의 유의 관계를 고려할 때, '꽃'과 같이 긍정적 의미를 지니고 있으며, 마지막 행에서 '잊혀지지 않는'이라는 수식 관계 및 시적 화자가 반복해서 '되고 싶다'는 지향 의지를 드러내기 때문에 '존재의 본질', 혹은 '의미 있는 존재'로 해석할 수 있다.

'수경'의 말에서는 이름을 불러주어도 참 의미가 드러나지 않는 경우가 많은데, 시인은 이름을 불러주면 의미 있는 존재가 된다고 너무 확실하게(= 쉽게) 말하는 것 같다고 비판했다. 이에 대한 교사의 ㉡ 질문은 수경의 위의 비판이 잘못된 이해(= 오독)임을 지적하기 위한 의도가 있다. 「꽃을 위한 서시」의 인용 부분에서 '위험한 짐승'은 준비되지 않은 자세, '까마득한 어둠'은 존재의 본질에서 멀어진 상태를 의미하여 존재의 본질 인식이 결코 쉽지 않다는 점을 시인이 인식하고 있기 때문에 수경의 해석이 적절하지 않기 때문이다.

3. 다음은 시의 상징을 이해하기 위한 수업 자료이다. 교사의 지도 내용을 〈보기〉의 지시에 따라 서술하시오. [5점]

2015년 A형 서술형 4번

(가)
간밤에 부든 브룸에 ㉠눈서리 티단 말가
낙락장송(落落長松)이 다 기우러 가노미라
허물며 못다 픤 곳이야 닐너 무슴 ᄒᆞ리요
― 유응부

천한(天寒)코 ㉡설심(雪深)ᄒᆞᆫ 날에 님을 싸라 태산(泰山)으로 넘어갈 졔
갓 버셔 등에 지고 보션 버셔 품에 품고 신으란 버셔 손에 들고 천방지방(天方地方) 지방천방(地方天方)
ᄒᆞᆫ 번도 쉬지 말고 허위허위 넘어가니
보션 버슨 발은 아니 스리되는 여러 번 념편 가슴이 산득산득ᄒᆞ여라
― 작자 미상

(나)
눈 내려 어두워서 길을 잃었네
갈 길은 멀고 길을 잃었네
사람도 없는 겨울밤 이 거리를
찾아오는 사람 없어 노래 부르니
눈 맞으며 세상 밖을 돌아가는 사람들뿐
등에 업은 아기의 울음소리를 달래며
갈 길은 먼데 함박눈은 내리는데
사랑할 수 없는 것을 사랑하기 위하여

용서받을 수 없는 것을 용서하기 위하여
　　눈사람을 기다리며 노랠 부르네
　　세상 모든 기다림의 노랠 부르네
　　눈 맞으며 어둠 속을 떨며 가는 사람들을
　　노래가 길이 되어 앞질러가고
　　돌아올 길 없는 길 앞질러가고
　　아름다움이 이 세상을 건질 때까지
　　절망에서 즐거움이 찾아올 때까지
　　함박눈은 내리는데 갈 길은 먼데
　　무관심을 사랑하는 노랠 부르며
　　눈사람을 기다리는 노랠 부르며
　　이 겨울 밤거리의 눈사람이 되었네
　　눈이 와도 녹지 않을 ⓒ눈사람이 되었네

　　　　　　　　　　　　　　　　　　　　　　　　　- 정호승, 「맹인 부부 가수」

〈보기〉

(1) (가)의 ㉠, ㉡이 공통으로 상징하는 의미와 (나)의 ㉢이 상징하는 의미를 밝힐 것
(2) ㉠, ㉡을 관습적 상징, ㉢을 개인적 상징이라고 할 때, 개인적 상징과 구별되는 관습적 상징의 성격을 서술할 것

※ 고전시가와 현대시가 결합된 문제로, 과거에는 시가나 현대시를 결합한 문제가 없었는데, 고전과 현대를 결합하여 제시한 것은 문학사의 연속성 이해를 위해 좋은 시도라고 생각함.
　　문학내용학 현대시 분야의 표현 중 '상징'을 바탕으로 한 문제이다. 의미 파악과 상징의 종류 및 특징 등을 묻는 문제이며 문제도 분명하고 좋은 문제임.

### 예상답안

　㉠은 '시련, 고난, 어려움' 등의 의미가 있고, ㉡은 '타인에 대한 배려(사랑), 희망, 따뜻한 인정'의 의미가 있다.
　㉠, ㉡의 관습적 상징은 ㉢과 같은 개인적 상징과 달리 첫째, 관례적이고 공공성을 띠어 공동체(대중)가 함께 향유한다는 점, 둘째, 널리 사용되어 그 의미를 쉽게 이해할 수 있다는 점, 셋째, 표현면에서 새로움이나 참신함이 적고 상투적 표현이 된다는 점 등이 그 특징이다.

4. 다음 작품을 1930년의 문학 경향과 관련지어 이해하려고 한다. 〈보기〉의 지시에 따라 서술하시오. [5점]

2015년 B형 서술형 3번

(가)
　추레한 지붕 썩어가는 추녀 위엔 박 한 통이 쇠었다.
　밤서리 차게 내려앉는 밤 싱싱하던 넝쿨이 사그라붙던 밤. 지붕 밑 양주는 밤새워 싸웠다.
　박이 판판히 굳고 나뭇잎새 우수수 떨어지던 날, 양주는 새 바가지 뀌어 들고 추레한 지붕, 썩어가는 추녀가 덮인 움막을 작별하였다.

　　　　　　　　　　　　　　　　　　　　　　　　　- 오장환, 「모촌(暮村)」

(나)

[앞부분 줄거리] 이발소에서 일하는 소년은 시간이 날 때마다 이발소 유리창을 통해 천변을 지나다니는 사람들을 바라본다.

　소년의 관찰에 의하면, 그의 중산모는 그의 머리 둘레에 비하여 크도 작도 않은 것임에 틀림없었다. 그러나 신사는, 결코 그것을 보는 사람의 마음이 편안할 수 있도록 깊이 쓰는 일이 없었다. 그는, 문자 그대로, 그것을 머리에 사뿐 얹어놓은 채 걸어 다녔다. 어느 때고 갑자기 바람이라도 세차게 분다면, 그의 모자가 그대로 그곳에 안정되어 있을 수 없을 것은 분명한 일이다. 소년은 그것에 적잖이 명랑한 기대를 가졌다. 그러나 모든 기대가 그러한 것과 같이, 이것도 그리 쉽사리 실현되지는 않았다……

　오늘도 소년은 신사의 뒷모양을, 그가 배다리를 건너 골목 안으로 사라질 때까지 헛되이 바라보고 나서, 고개를 돌려 천변 너머 맞은편 카페로 눈을 주었다.

　밤이 완전히 이르기 전, 이 '평화'라는 옥호를 가진 카페의 외관은, 대부분의 카페가 그러하듯이, 보기에 언짢고, 또 불결하였다. 그나마 안에서 내비치는 전등불이 없을 때, 그 붉고 푸른 유리창은 더구나 속되었고, 창밖 좁은 터전에다, 명색만으로 옹색하게 옮겨다 심은 두어 그루 침엽송은, 게으르게 먼지와 티끌을 그 위에 가졌다.

　소년은, 그러나, 이루 그러한 것에 별 느낌을 가지고 있는 것이 아니었다. 그는 지금, 바로 조금 아까부터 그 밖에 서서, 혹 열려 있는 창으로 그 안도 기웃거려보며, 혹 부엌으로 통한 문의, 한 장 깨어진 유리 대신, 서투른 솜씨로 발라놓은 얇은 반지가 한 귀퉁이 쭉 찢어진 그 사이로, 허리를 굽혀 그 안을 살펴도 보며 하는, 이미 오십 줄에 든 조그맣고 늙은 부인네에게 호기심을 가졌다. 그이는 그 카페의 여 '하나꼬'의 어머니다.

〈중략〉

　소년은 눈을 돌려, 두 집 걸러 신전 편을 바라보았다. 이월 이라, 물론 파리야 있을 턱이 없는 일이지만, 이를테면, 저러한 것을 가리켜 '파리만 날리고 있다'—그게 말하는 것일 게 다. 아까부터 보아야 누구 하나 찾아들지 않는 쓸쓸한 점방에 머리 박박 깎은 큰아들이 신문만 뒤적거리고 있었다. 그것도 한약국 집에서 얻어온 어저께 신문일 것이다. 이 집에서 신문 을 안 본 지도 여러 달 된다.

— 박태원, 「천변풍경」

〈보기〉

(1) (가)와 (나)가 형상화하고 있는 현실의 모습을 각각 제시할 것
(2) (가)와 (나)의 현실 제시 방식의 공통점을 제시하고, 이러한 현실 제시 방식이 1930년 문학의 경향과 어떻게 관련되는지 설명할 것

※ 현대시와 현대소설이 결합된 문제임
　문학내용학의 문학사 중 1930년대 문학의 전반적 특징을 설명하는 문제로, 앞의 문제는 작품에 반영된 현실을 파악하해야 하고 뒤의 문제는 1930년대 문학관의 변화(문학사)를 읽어낼 수 있어야 함. 1920년대와 달리 1930년대는 일제의 강압 통치가 이루어지면서 '주제(현실)'에서 '방법(기법)'으로 전환되는 경향을 보여줌

### 예상답안

(가)는 일제 강점기 가난한 농민들이 터전을 잃고 유이민으로 떠돌게 되는 상황을 제시했고, (나)는 일제 강점기 도시의 주변부인 청계천변에서 살아가던 중산층과 서민의 세태와 풍속을 제시했다.

(가)와 (나)는 모두 1930년대 일제 강점기의 현실 문제를 깊이 있게 드러내지 못하고 제3자적 입장에서 피상적으로 관찰하여 제시한 것이 공통점이다. 이러한 경향은 (가), (나)가 지어진 시대에 일제의 강압통치로 인해 '주제(현실)'에서 '방법(기법)'으로 문학관의 방향 전환이 있었기 때문이며, 이로 인해 일제 식민지의 본질적인 문제를 드러내지 못하고, 당대 현실을 피상적으로 관찰하거나 기법(방법)에 치중하는 경향을 보이는데, (가), (나)는 이러한 경향에서 나타난 작품으로 볼 수 있다.

5. 다음 시를 읽고 화자가 '유리'를 두려워하는 이유를 찾아 쓰고, '유리'와 '유리에 대비되는 것들'의 내포적 의미를 각각 밝힌 후, 이를 토대로 이 시의 주제를 서술하시오. [3점]   2014년 기출 서술형 6번

> 네가 약하다는 것이 마음에 걸린다
> 작은 충격에도 쉬이 깨질 것 같아 불안하다
> 쨍그랑 큰 울음 한번 울고 나면
> 박살 난 네 몸 하나하나는
> 끝이 날카로운 무기로 변한다
> 큰 충격에도 끄떡하지 않을 네가 바위라면
> 유리가 되기 전까지 수만 년
> 깊은 땅속에서 잠자던 거대한 바위라면
> 내 마음 얼마나 든든하겠느냐
> 깨진다 한들 변함없이 바위요
> 바스러진다 해도 여전히 모래인 것을
> 그 모래 오랜 세월 썩고 또 썩으면
> 지층 한 무늬를 그리며 튼튼하고 아름다운
> 다시 바위가 되는 것을
> 누가 침을 뱉건 말건 심심하다고 차건 말건
> 아무렇게나 뒹굴어다닐 돌이라도 되었으면
> 내 마음 얼마나 편하겠느냐
> 너는 투명하지만 반들반들 빛이 나지만
> 그건 날카로운 끝을 가리는 보호색일 뿐
> 언제고 깨질 것 같은 너를 보면
> 약하다는 것이 강하다는 것보다 더 두렵다
>
> — 김기택, 「유리에게」

### 예상답안

시적 화자는 2행에서 유리가 쉽게 깨질 것 같고, 또 5행에서 그것이 깨어져 날카로운 무기가 되기 때문에 두려워한다. '유리'는 쉽게 깨어지는 것으로 '약한 존재' 또는 '깨어지며 위험을 내포한 존재', '물성이 쉽게 변하는 존재' 등의 의미이다. '유리와 대비되는 것들'은 '바위, 모래, 돌' 등이 있다. '바위' 등은 '강한 존재', '깨어져도 위험하지 않은 존재', '물성이 쉽게 변하지 않는 존재' 등의 의미이다. ('모래'나 '돌'은 바위가 깨어진 것으로 '단단하지만 위험하지 않은 존재'의 의미임) 이를 토대로 이시의 주제는 '약한 존재가 지닌 위험에 대한 경계와 강한 존재가 지닌 든든함에 대한 추구'로 볼 수 있다.

# 제 3 절 논술형 시험의 출제 방향과 대응 방법

## 01 논술형 문제란?

논술형은 논리적 기술 능력, 분석 능력, 비판 능력, 문제해결 능력, 창의력 등 고차적이고 종합적인 사고 능력을 측정하는 문항 형식이다. 논술형은 답안을 논리적이고 설득력 있게 조직·작성해야 할 때 사용할 수 있다. 중등교사 임용시험에서는 상기의 사고 과정을 바탕으로 한 응답 결과를 주어진 답안 분량 내에서 기술하는 문항을 논술형으로 출제한다.

주의할 것은 서론, 본론, 결론을 갖춘 논술형이 아니라, 앞의 서술형과 문제 내용은 크게 다르지 않으면서 좀 더 길게 서술하여 답을 완성하는 문제이다. 서술형보다 문항 수를 많게 하거나, 조건을 구체화·세분화하여 답을 쓰게 하거나, 좀 더 깊이 있는 분석이나 감상을 요구하는 문제, 단계형 문제가 나올 수 있다.

## 02 논술형 문제에 대한 대응 방법

### 1. 문제 파악 중요
  (1) 출제자의 의도가 무엇인지, 출제자가 무엇을 묻는 건지 잘 고려해야 한다.
  (2) 문제에서 제시한 조건을 잘 고려하여 거기에 맞게 대응해야 한다.
  (3) 큰 문제와 가지 문제의 관계를 잘 이해해야 한다.
  (4) 단계형 문제인지 아닌지 잘 고려하여 답을 써야 한다.

### 2. 서론, 본론, 결론에 제시할 내용
  (1) 서론
    ① 문제(과제)와 관련한 현상 또는 과제의 의미 해설
    ② 과제 해결을 위한 분석
    ③ 문제 제기
  (2) 본론 : 과제의 구체적 내용(조건으로 제시되는 경우가 많음)
  (3) 결론
    ① 본론 내용 간략한 정리
    ② 과제의 의의
    ③ 과제를 통한 확장

### 3. 답안 작성 방법 중요
  큰 문제와 가지 문제 / 단계형 문제 / 작품의 감상·분석·의미 파악 / 공통점·차이점 / 이론의 적용 / 틀린 이유 찾기 및 교정 등 다양한 문제 유형이 있으므로 문제 유형에 맞춰 답안을 작성해야 한다.

### 4. 핵심어를 포함하여 답을 작성할 것
  핵심어를 사용하여 정해진 분량에 맞게 서술해야 한다. (핵심어를 모르면 그 내용을 보충할 수 있는 말로 바꾸거나 풀어서 서술)

### 5. 답안 작성 시 주의
  (1) 문제에서 몇 가지 조건인지, 답을 작성할 때 몇 가지로 해야 하는지 잘 파악하여 답을 작성해야 한다.
  (2) 문학의 경우 배점이 보통 8~10점이므로 배점을 잘 고려하면서 정해진 분량을 지켜 답을 작성해야 한다.
    (출제위원들이 적당한 답의 양을 제시하므로 그에 맞춰 답을 작성하면 효과적임)

## 03 논술형 문제의 유형

### 1. 문제의 형식에 따른 문제의 유형
(1) **큰 문제와 가지 문제의 관계 고려**: 큰 문제 중심 / 가지 문제 중심
(2) **단계형 문제**: 가지 문제들이 연관성을 지니면서 앞의 가지 문제가 뒤의 가지 문제의 바탕이 되는 문제
(3) 서론, 본론, 결론의 구조를 고려하여 조건에 맞게 제시

### 2. 문제의 내용에 따른 문제의 유형

| 구분 |
| --- |
| ① 작품에 대한 감상, 분석, 의미 파악 |
| ② 작품 내용, 구성 요소, 맥락 등의 공통점·차이점에 대한 설명 |
| ③ 문학 이론(문학 교육·문학일반·사회문화적 맥락)을 적용한 간략한 설명 |
| ④ 문학사나 사회·문화적 배경(시대배경)에 대한 설명 또는 그것을 작품에 적용하여 설명 |
| ⑤ 학생 활동에 대한 평가, 평가의 근거, 교정할 내용 서술 |
| ⑥ 작품 분석, 감상 등 조건에 따라 활동한 결과를 몇 가지로 서술 |

※ 위의 ①~⑥의 문제들이 2가지 이상 뒤섞여 나오므로 각각의 특징을 잘 고려하여 답할 필요가 있음

# 기출문제

1. 다음은 "자연관을 중심으로 한국 문학의 특질을 파악한다."라는 학습 목표를 달성하기 위하여 선정한 작품들이고, 〈보기〉는 이와 관련된 학습 활동이다. 학습 활동의 교수·학습 내용을 〈작성 방법〉에 따라 한 편의 글로 논술하시오. [10점]

   2017년 B형 논술형 8번

   (가)
   구룸 빗치 조타 호나 검기를 주로 혼다
   보람 소리 묽다 호나 그칠 적이 하노매라
   조코도 그츨 뉘 업기는 믈뿐인가 호노라       〈제2수〉

   더우면 곳 퓌고 치우면 닙 디거늘
   솔아 너는 얻디 눈서리를 모르는다
   九泉의 블희 고든 줄을 글로 호야 아노라       〈제4수〉

   자근 거시 노피 떠서 萬物을 다 비취니
   밤듕의 光明이 너만 호니 또 잇느냐
   보고도 말 아니 호니 내 벋인가 호노라       〈제6수〉

   – 윤선도, 「오우가」

   (나)
   꿈을 아느냐 네게 물으면,
   푸라타나스,
   너의 머리는 어느덧 파아란 하늘에 젖어 있다.

   너는 사모할 줄을 모르나,
   푸라타나스,
   너는 네게 있는것으로 그늘을 느낀다*.

   먼 길에 올제,
   호을로 되어 외로울제,
   푸라타나스,
   너는 그 길을 나와 같이 걸었다.

   이제 너의 뿌리 깊이
   영혼을 불어 넣고 가도 좋으련만,
   푸라타나스,
   나는 너와 함께 신(神)이 아니다!

   수고론 우리의 길이 다하는 어느날,
   푸라타나스,

너를 맞어 줄 검은 흙이 먼 — 곳에 따로이 있느냐?
나는 오직 너를 지켜 네 이웃이 되고 싶을뿐,
그곳은 아름다운 별과 나의 사랑하는 창(窓)이 열린 길이다.

– 김현승, 「푸라타나스」

*느린다 : 늘인다.

〈보기〉

**학습 활동**

1. (가)와 (나)에서 자연(물)에 대한 시적 화자의 인식을 파악해 보자.

   (1) (가)의 주요 소재들이 인간의 특정한 덕목을 표상하고 있다면, 각각이 어떤 인간상을 찬양하고 있는지 파악해 보자.

   (2) (나)의 주요 소재가 시적 화자에게 어떠한 의미인지를 파악해 보자.

   (3) (가)와 (나)에서 자연(물)에 대한 시적 화자의 인식이 어떻게 같고 다른지를 비교해 보자.

2. (가)와 (나)에 나타난 자연관을 중심으로 한국 문학의 특질을 파악해 보자.

〈작성 방법〉

- 서론에서는 제시된 학습 목표의 문학 교육적 의의를 밝힐 것
- 〈보기〉에 제시된 '학습 활동'의 모범적인 답을 포함할 것
- 서론, 본론, 결론의 형식을 갖추되, 결론은 생략 가능함

※ 여기서 '특질'은 '전통'과 유사한 의미로 사용한 듯함. 아래 서론에서 ⓒ, ⓒ이 문학교육적 의의이며, 서론은 ⓒ, ⓒ, ⓔ의 내용 중 하나와 ⓜ을 제시하면 될 듯함

### 예상답안

1. 서론

　㉠우리 문학은 고전문학이나 현대문학 모두 자연을 제재로 한 작품이 많으며, 이런 작품에는 나름의 자연관이 나타난다. ㉡고전시가와 현대시에 나타난 자연관을 비교하여 공통점과 차이점을 파악하면 한국문학의 특질이 무엇인지 알 수 있고, ㉢우리 조상과 현대인의 자연에 대한 인식이 어떻게 변화되거나 전승되는지 알 수 있다. ㉣그리고 고전문학과 현대문학의 연속성을 확인하여 이식문화론을 극복할 수 있다. ㉤(가)와 (나)에 나타난 자연물을 중심으로 한국문학의 특질을 살펴보자.

2. 본론 (편의상 번호를 붙였음)

　①-(1) (가)의 '제2수'는 구름이나 바람과 달리 늘 변함없이 흘러가는 물을 통해 근면, 성실, 부지런함의 덕목을 드러내며 부지런하고 성실한 인간상을 찬양한다. '제4수'는 눈서리를 모르고 늘 푸른 소나무를 통해 지조, 절개 등이 덕목을 드러내고 지조 있고 강직한 인간상을 찬양한다. '제6수'는 달이 세상을 널리 비추는 것과 세상을 보고도 말 안하는 것을 통해 광명과 밝음의 덕목 및 침묵과 신중함의 덕목을 함께 드러낸다. 밝고 건강하면서도, 신중하고 사려 깊으며 침묵할 줄 아는 인간상을 찬양한다. ①-(2) (나)의 '푸라타나스'는 꿈을 지니고 있으면서 남을 도울 줄 아는 인물이며 늘 나와 같이 살아왔고 또 살아갈 친구, 동반자 또는 이웃의 의미를 지닌 존재이다.

※ 아래 ①-(3)의 경우 공통점은 2가지 차이점은 3가지를 제시했는데, 차이점의 경우 앞의 2가지가 핵심적인 답이 될 수 있음

　①-(3) (가)와 (나)에서 첫째, 시적 화자는 모두 자연물을 의인화하여 나의 친구로 인식하고 있다는 점, 둘째, 시적 화자에게 바람직한 삶이나 가치(덕목)에 대해 일깨워주는 긍정적 존재라는 점이 공통점이다. 하지만 첫째, (가)에서 시적 화자는 자연물을 멀리 또는 밖에 있으면서 우러러보는 존재로 인식하고, (나)의 시적 화자는 자연물을 가까이 있으면서 함께 어울려 살아가는 존재로 인식한다는 점에서 차이가 있다. 둘째, (가)의 시적 화자는 자연물을 일상이나 생활과 유리된 관념적 존재로 인식하고 있고, (나)의 시적 화자는 자연물을 생활이나 일상과 관련된 구체적 대상으로 인식한다는 점에서 차이가 있다. (셋째, (가)의 시적 화자는 자연물을 흠이 없는 완벽에 가까운 이상적(도덕적, 당위적) 존재로 인식하고, (나)의 시적 화자는 자연물을 흠이 있고 실수가 있는 현실적 존재로 인식한다는 점이 차이점임)

※ 아래 ②의 경우, 2가지 모두 답이 된다고 생각하며 이 두 가지를 결합해도 답이 될 수 있음

　② (가), (나)의 자연관을 중심으로 볼 때, 첫째, 우리문학은 자연물을 소재로 하되 그것을 의인화하여 자연에 대한 친근감을 드러냈다는 점, 둘째, 자연물 자체가 지닌 외형이나 속성을 바탕으로 그와 관련 있는 인간적 가치를 부여하여 인간화된 자연으로 표현하고 있다는 점이 한국문학의 특질이다.

3. 결론 - 생략 가능 (채점에 포함 안 됨)

　위에서 (가), (나)에 나타난 자연물이 지닌 의미 및 그에 담긴 인식의 공통점과 차이점을 살펴보았고, (가), (나)에 나타난 자연관을 중심으로 한국문학의 특질을 살펴보았다. 이를 통해 고전시가와 현대시에서 자연물에 대한 인식이 어떻게 같고 다른지 알 수 있었고 자연관과 관련된 한국문학의 특질을 파악할 수 있었다. 이 과제를 이 작품외의 다른 다양한 작품에도 이러한 과제를 적용하면 자연관에 관한 우리문학의 특질을 더욱 깊이 이해할 수 있을 것이다.

2. (가)와 (나)를 활용하여 "작품 속 인물들의 삶과 생각을 이해하고 평가하면서 자신을 성찰한다."라는 학습 목표를 구현하기 위한 학습 활동을 구안하고자 한다. 〈작성 방법〉에 따라 한 편의 글로 논술하시오. [10점]

2016년 B형 논술형 8번

(가)
4·19가 나던 해 세밑
우리는 오후 다섯 시에 만나
반갑게 악수를 나누고
불도 없이 차가운 방에 앉아
하얀 입김 뿜으며
열띤 토론을 벌였다
어리석게도 우리는 무엇인가를
정치와는 전혀 관계없는 무엇인가를
위해서 살리라 믿었던 것이다
결론 없는 모임을 끝낸 밤

혜화동 로터리에서 대포를 마시며
사랑과 아르바이트와 병역 문제 때문에
우리는 때 묻지 않은 고민을 했고
아무도 귀 기울이지 않는 노래를
누구도 흉내 낼 수 없는 노래를
저마다 목청껏 불렀다
돈을 받지 않고 부르는 노래는
겨울밤 하늘로 올라가
별똥별이 되어 떨어졌다
그로부터 18년 오랜만에
우리는 모두 무엇인가 되어
혁명이 두려운 기성세대가 되어
넥타이를 매고 다시 모였다
회비를 만 원씩 걷고
처자식들의 안부를 나누고
월급이 얼마인가 서로 물었다
치솟는 물가를 걱정하며
즐겁게 세상을 개탄하고
익숙하게 목소리를 낮추어
떠도는 이야기를 주고받았다
모두가 살기 위해 살고 있었다
아무도 이젠 노래를 부르지 않았다
적잖은 술과 비싼 안주를 남긴 채
우리는 달라진 전화번호를 적고 헤어졌다
몇이서는 포커를 하러 갔고
몇이서는 춤을 추러 갔고
몇이서는 허전하게 동숭동 길을 걸었다
돌돌 말은 달력을 소중하게 옆에 끼고
오랜 방황 끝에 되돌아온 곳
우리의 옛사랑이 피 흘린 곳에
낯선 건물들 수상하게 들어섰고
플라타너스 가로수들은 여전히 제자리에 서서
아직도 남아 있는 몇 개의 마른 잎 흔들며
우리의 고개를 떨구게 했다
부끄럽지 않은가
부끄럽지 않은가
바람의 속삭임 귓전으로 흘리며
우리는 짐짓 중년기의 건강을 이야기했고
또 한 발짝 깊숙이 늪으로 발을 옮겼다

- 김광규, 「희미한 옛사랑의 그림자」

(나)

[이전 줄거리] Y학교 교사인 '석'에게 6·25 발발 이후 소식을 몰랐던 친구 '조운'이 갑자기 나타난다. 개성이 뚜렷하고 자존심이 강한 작가였던 '조운'은 전쟁을 겪으며 성공한 사업가로 변신하여 '석'의 앞에 나타난 것이다. '석'은 '조운'으로부터 그동안 '조운'이 겪었던 일과 그를 따르던 작가 지망생 '미이'에 관한 이야기를 듣게 된다. 부유한 집안의 딸로서 재기발랄했던 '미이'는 항상 검정 넥타이를 매고 다니던 '조운'에게 화려한 무늬의 넥타이를 선물한다. 전쟁 중에 헤어졌던 이들은 전쟁 후 우연히 만나게 되는데, '조운'은 그동안 '미이'의 집안이 몰락한 사정을 알게 되고 그녀를 도와주려 한다.

　나는 미이의 가족을 구해야겠다는 생각이 더욱 간절했네. 그러나 미이와 자주 만나는 사이 처음의 순수했던 생각보다도 야심이 더 앞을 섰다는 것을 고백하네. 술과 계집이 마음대로였던 내 생활이라, 미이에 대해 밖으로 나타나는 태도도 좀 다르다고 미이 자신이 눈치 챘을 것일세.
　나는 다방을 하나 차려 줄 것에 생각이 미치었네. 이것이면 내 힘으로 자금 유통이 되고, 미이의 명랑성도 센스도 살릴 수 있고, 수입 면도 문제없다고 생각했네. 이 계획을 말했더니, 처음에는 그럴싸하게 듣고, 얼굴에 희망의 불그레한 홍조까지 떠올리던 미이였으나, 다음 날 5일간의 생각할 여유를 달라는 것이었네. 더 생각할 여지도 없는 일일 터인데 망설이는 것이 수상쩍었으나, 그러마 하고 나는 동아 극장 옆에 있는 마침 물려주겠다는 다방 하나를 넘어 맡기로 이야기가 다 되었었네. 그 닷새 되는 날이 오늘이고, 정한 시각에 연락 장소인 다방엘 갔더니, 레지*가 내민 것이 종이 꾸러미였었네. 펴 보고 놀라지 않을 수 없네. 다른 길과 달라 간호 장교이고 보니, 생활 방편을 위한 것이 아님이 대뜸 짐작이 갔고, 더욱 나의 뒤통수를 때린 것이 검정 넥타이였었네. 그러면 미이가 첫날 다방에서 '사명 운운' 했던 것은 그 길을 말함이었던가? 나는 부끄럽기 짝이 없었네. 검정 넥타이를 들고 나는 비로소 3년 동안 내가 정신적으로 타락의 길을 걷고 있었다는 것을 뼈아프게 느끼었네. 미이가 말하는 그 사명을 찾는 길, 사명을 다하는 일을 나는 사변이라는 외적인 격동 때문에 포기하고 만 것일세. 가장 잘 생각하는 척하던 나는 가장 바보같이 생각했고, 부박하다고 세상을 모른다고 여기었던 미이는 사변에서 키워졌고 굳세어졌고, 올바른 사람이 된 것일세. 이렇게 생각하자 나는 천야만야한 낭떠러지를 굴러 떨어지는 듯했네. 구르면서 걷어잡으려고 한 것이 친구의 구원이었네. 자네를 찾은 것은 이 때문일세……
　조운의 긴 이야기를 듣고 난 석은, 여기 올 때까지 그렇게 호기심을 끌었고 기대의 대상이 되었던 그에게는 이젠 아무런 흥미도 가지지 않았다. 더욱이 그의 고민 같은 것은 문제도 아니었다.
　석의 뇌와 마음은 강렬한 미이의 인상으로 꽉 차 있었다. 그리고 미이가 조운의 마음에 던져준 충격 이상의 충격을 석도 받지 않을 수 없었다.
　안주가 좋아서만이 아니었다. 그 강렬한 배갈*도 석을 취하게 하지 못했다.
　역시 마음이 미이로 말미암아 팽팽 차 있었기 때문이었다. 조운의 차로 집에 돌아와서도 석은 큰소리를 탕탕 치거나 울거나 하지 않았다. 얌전하게 자리에 들어가 가족들을 들볶지 않았다.
　그의 엄숙한 태도에 가족들은 술을 먹었다고 잔소리를 할 수 없었다. 자리에 누워 그는 생각하였다.
　'조운의 말로 조운은 사변의 압력으로 그의 사명을 포기했고, 사변을 통하여 미이는 용감하게 시대적 요구에 응할 수 있는 사람으로 변하다. 그러면 나는?'
　눈을 감았다 뜨며 석은 중얼거렸다.
　"사명을 포기치도 그것에 충실치도 못하고 말라가는 나는? 나도 사변이 빚어낸 한 타입이라고 할까?"
　　　　　　　　　　　　　　　　　　　　　　　　　　　　　　　　　　　　　　　　　- 안수길, 「제3인간형」

* 레지: 다방 종업원
* 배갈: 고량주. 국술의 일종

─〈작성 방법〉─
- (가)의 '넥타이'와 (나)의 '검정 넥타이'의 내포적 의미를 포함하여 (가)의 화자와 (나)의 '조운'이 자신의 삶에 대해 성찰하는 내용이 무엇인지 설명할 것
- (가)의 화자와 (나)의 '조운'의 삶의 태도를 평가하기 위한 학습 활동으로 독서 토의를 하려고 할 때, 설정할 수 있는 토의 주제 1가지를 의문문 형식으로 제시하고 그 이유를 밝힐 것
- (가), (나)를 읽고 학습자가 자신의 삶을 성찰할 수 있게 하는 구체적 학습 활동을 1가지 제시하고 그 이유를 밝힐 것
- 서론 1문단, 본론 3문단으로 구성하되, 결론은 생략할 것

### 예상답안

※ 2, 3번째 조건 복수 답안 제시

문학 작품에는 다양한 인물들의 삶과 생각이 담겨 있다. 그래서 문학을 읽으면 그 사람들을 둘러싼 사회·문화적 배경과 그들이 처한 삶의 환경을 이해할 수 있다. 또, 그 인물들의 행동이나 생각에 대해 나름의 관점으로 평가를 해 볼 수 있다. 이러한 활동은 곧 독자 자신의 삶에 대한 성찰로 이어지고, 내면화를 통해 인간과 세계에 대한 바람직한 태도를 형성할 수 있다.

(가)의 '넥타이'는 '현실에 얽매어 살아가는 삶, 현실에 안주하는 삶'을 의미하며, 시적 화자는 순수한 젊은 날의 가치와 열정을 잊어 버리고 넥타이를 매고 현실에 안주하는 소시민적 태도에 대해 성찰하고 있다. (나)의 '검정 넥타이'는 문학에 대한 자부심과 작가의식을 지닌 채 작가의 길을 걷던 삶을 의미하며, '조운'은 문인의 길을 버리고 세속적 성공을 거둔 상황에서 자신이 과거에 지니고 있던 작가의 사명인 '검정넥타이'의 가치를 잃어버린 점에 대해 성찰하고 있다.

① (가)의 화자와 (나)의 '조운'의 삶의 태도를 평가하기 위한 토의 주제로 '인물들이 처음 지녔던 의지나 가치를 유지하고 있는가?'로 설정할 수 있다. (가)의 시적 화자는 순수했던 젊은 날의 열정을 상실한 채 소시민이 되어있고, (나)의 '조운'은 전쟁 후 작가의 길을 버리고 세속적 성공에 안주하는 인물이 되어 있기 때문이다. ② (가)의 화자와 (나)의 '조운'의 삶의 태도를 평가하기 위한 토의 주제로 '인물들이 어떻게 변했으며, 변화한 이유가 무엇인가?'로 설정할 수 있다. (가)의 시적 화자는 순수한 열정을 상실한 채 소시민이 되어있는데 그 원인은 현실에 얽매이다 세상에 길들여졌기 때문이고, (나)의 '조운'은 세속적 성공에 안주하는 인물이 되어 있는데, 한국전쟁을 겪으면서 작가의 길을 버렸기 때문이다.

① (가), (나)를 읽고 학습자가 자신의 삶을 성찰할 수 있도록 학습 활동은 '학습자 자신의 삶에서 의지(가치)를 정해놓고 지키지 못한 사례에 대해 발표하기(글(반성문, 감상문)로 쓰기)'를 제시할 수 있다. (가)의 시적 화자와 (나)의 '조운'이 상황의 변화에 따라 처음의 의지를 상실했기 때문에 그 점에 초점을 맞추어 나의 삶을 성찰할 수 있다. ② (가), (나)를 읽고 학습자가 자신의 삶을 성찰할 수 있도록 학습 활동은 '학습자 자신이 현재 추구하는 가치는 무엇이고, 그 가치가 흔들릴 때 어떤 대응이 필요한지 발표하기(글로 쓰기)'를 제시할 수 있다. (가)의 시적 화자와 (나)의 '조운'이 상황의 변화에 따라 처음의 의지를 상실했기 때문에 학습자는 그러한 변화의 상황을 미리 알고 그 상황이 되면 어떻게 대응할지 생각하면서 나의 삶에 대해 성찰할 수 있다.

**3.** 다음 작품을 읽고, 〈보기〉의 지시에 따라 한 편의 글로 논술하시오. [10점]  2015년 B형 논술형

(가)

　　만력 임진년(1592)의 난리에 정생은 사군(射軍)으로 뽑혀서 왜적을 막는 데 들어갔다. 정유재란(1597) 때에 총병(總兵) 양원(楊元)이 남원에 주둔하고 있었다. 정생은 남원 성중에 있었다. 홍도 또한 남복을 하고 남편을 따라다녔는데 군에서는 그녀가 여자인 것을 알지 못했다. 당시 아들 몽석은 할아버지를 따라서 지리산 속으로 피난을 가 있었다. 남원성이 왜군에게 함락당할 때 정생은 총병의 군대를 따라 빠져나와서 홍도와는 서로 헤어지게 되었다. 정생은 홍도가 명군을 따라갔으려니 짐작하고 명군을 따라서 중국으로 들어갔다. 구걸을 하며 두루 찾아 절강(浙江) 땅에까지 이르렀다.

[중략 부분 줄거리] 남장한 홍도는 왜적에게 붙잡혀 상선을 타고 돌아다니며 조선으로 돌아올 기회를 찾고 있었다. 강에서 재회한 정생과 홍도는 거기 정착해 둘째 아들 몽진을 낳았다. 이후 정생은 다시 명나라 군사로 참전해 죽을 위기를 겪고 간신히 고향으로 돌아갈 수 있었다.

　　한편, 중국에 남아 있던 홍도는 1년 후에 가산을 전부 팔아 조그만 배 한 척을 사서 아들 몽진과 며느리를 데리고 강을 떠났다. 중화, 왜, 조선의 세 나라 복색을 미리 준비해 두었다. 바다에서 중국 사람을 만나면 중화 복색을 하고 중국 사람이라 자칭하고, 왜인을 만나면 왜의 복색을 하고 왜인이라 자칭하며, 한 달하고 스무닷새를 걸려서 제주의 추자도 바깥 바다의 가가도란 곳에 정박하였다. 양식은 겨우 여섯 홉밖에 남아 있지 않았다. 홍도가 아들 몽진에게 말했다. "우리가 배 가운데서 굶어 죽으면 필야 고기밥이 될 터이니, 섬에 올라가 목매어 자결하느니만 못하다." 그 며느리는 기어이 말렸다. "우리가 한 홉의 쌀로 미음을 끓여 마시면 하루의 주림을 면할 수 있을 것입니다. 그러니 남은 양식으로 6일은 버틸 수 있습니다. 동쪽 하늘을 바라보니 은은히 비치는 것이 육지가 멀지 않은 듯하니 굶주림을 참고 살기를 구하는 것이 옳습니다. 요행히 지나가는 배라도 만나 육지에 닿는다면 십중팔구 살 수 있지요." 몽진 모자는 이 말을 따랐다. 5, 6일이 지나서 마침 통제 사수선(斜水船)이 닿았다. 홍도는 남편과 남원에서 헤어지게 된 경로부터 강에서 다시 만난 사실, 그리고 남편이 출정을 했다가 전사하게 된 일까지 두루 이야기하니, 사수선의 사람들이 듣고 모두들 놀라움을 금치 못했다. 그리고 홍도의 작은 배를 사수선 후미에 매달고 항해하여 순천 땅에 내려주었다.

　　　　　　　　　　　　　　　　　　　　　　　　　　　　　　　　　　　　　　　　　　　　- 유몽인, 「어우야담(於于野談)」

(나)

　　내가 이제 옛날 처녀의 본을 받아 내 몸을 팔아 돈만 얻으면 아버지와 오라버니는 옥에서 나오시렷다. (옥에서 나오시면 나를 칭찬하시렷다.) 세상 사람이 나를 효녀라고 칭찬하렷다. 옛날 처녀 모양으로 책에 기록하여 여러 처녀들이 읽고 나와 같이 울며 칭찬하렷다. 그러나 내가 내 몸을 팔아 부모와 형제를 구원하지 아니하면 이 어른과 세상 사람이 다 나를 불효한 계집이라고 비웃으렷다. 그 동안 이 집에 있어 보니 그 부인도 본래 기생이요, 그 처녀도 지금 기생 공부를 한다 하매 매일 놀러 오는 기생들도 다 얼굴도 좋고 옷도 잘 입고 마음들도 다 착한데 …… 하였다. 기생이란 다 좋은 처녀들 이어니 하였다. 더구나 그 기생들이 다 글씨를 잘 쓰고 글을 잘 아는 것을 보고, 기생들은 다 공부도 잘한 처녀들이라 하였다. 그래서 영채는 결심하였다. 그러고 그 사람께, "저는 결심하였습니다. 저도 기생이 되렵니다. 저도 글을 좀 배웠습니다. 그래서 그 돈으로 아버지를 구원하려 합니다." 하고 영채는 알 수 없는 기쁨과 일종의 자랑을 감각하였다. 그 사람은 영채의 등을 만지며, "참 기특하다. 효녀로다. 그러면 네 뜻대로 주선하여 주마" 하였다.

　　이리하여 영채는 기생이 된 것이라. 영채는 결코 기생이 되고 싶어서 된 것이 아니요, 행여나 늙으신 부친을 구원할까 하고 기생이 된 것이라. 기실 제 몸을 판 돈으로 부친과 형제를 구원치만 못할 뿐더러

주선하여 주마 하던 그 사람이 영채의 몸값 이백 원을 받아 가지고 집과 아내도 다 내어버리고 어디로 도망을 갔건마는, 또 영채가 그 부친을 구하려고 제 몸을 팔아 기생이 되었단 말을 듣고 그 아버지가 절식 자살을 하였건마는 — 그러나 영채가 기생이 된 것은 제가 되고 싶어 된 것이 아니라, 온전히 늙으신 부친과 형제를 구원하려고 하였다.

- 이광수, 「무정」

(다)
　어느 사이에 나는 아내도 없고, 또,
　아내와 같이 살던 집도 없어지고,
　그리고 살뜰한 부모며 동생들과도 멀리 떨어져서,
　그 어느 바람 세인 쓸쓸한 거리 끝에 헤매이었다.
　바로 날도 저물어서,
　바람은 더욱 세게 불고, 추위는 더해 오는데,
　나는 어느 목수네 집 헌 삿을 깐,
　한 방에 들어서 쥔을 붙이었다.
　이리하여 나는 이 습내 나는 춥고, 누긋한 방에서,
　낮이나 밤이나 나는 나 혼자도 너무 많은 것같이 생각하며,
　딜옹배기에 북덕불이라도 담겨 오면,
　이것을 안고 손을 쬐며 재 위에 뜻 없이 자를 쓰기도 하며,
　문밖에 나가지두 않고 자리에 누워서,
　머리에 손깍지베개를 하고 굴기도 하면서,
　나는 내 슬픔이며 어리석음이며를 소처럼 연하여 쌔김질하는 것이었다.
　내 가슴이 꽉 메어올 적이며,
　내 눈에 뜨거운 것이 핑 괴일 적이며,
　내 스스로 화끈 낯이 붉도록 부끄러울 적이며,
　나는 내 슬픔과 어리석음에 눌리어 죽을 수밖에 없는 것을 느끼는 것이었다.
　그러나 잠시 뒤에 나는 고개를 들어,
　허연 문창을 바라보든가 눈을 떠서 높은 천장을 쳐다보는 것인데,
　이때 나는 내 뜻이며 힘으로, 나를 이끌어가는 것이 힘든 일인 것을 생각하고,
　이것들보다 더 크고, 높은 것이 있어서, 나를 마음대로 굴려 가는 것을 생각하는 것인데,
　이렇게 하여 여러 날을 지나는 동안에,
　내 어지러운 마음에는 슬픔이며, 한탄이며, 가라앉을 것은 차츰 앙금이 되어 가라앉고,
　외로운 생각만이 드는 때쯤 해서는, 더러 나줏손에 쌀랑쌀랑 싸락눈이 와서 문창을 치기도 하는 때도 있는데,
　나는 이런 저녁에는 화로를 더욱 다가 끼며, 무릎을 꿇어보며,
　어니 먼 산 뒷옆에 바우 섶에 따로 외로이 서서,
　어두어오는데 하이야니 눈을 맞을, 그 마른 잎새에는,
　쌀랑쌀랑 소리도 나며 눈을 맞을,
　그 드물다는 굳고 정한 갈매나무라는 나무를 생각하는 것이었다.

- 백석, 「남신의주 유동 박시방」

───────────────〈보기〉───────────────
(1) (가)~(다)에서 '홍도', '영채', '나'가 처한 상황의 공통점을 파악한 후, 그 상황에 대한 인물의 대응 방식을 각각 서술 할 것
(2) 문학 작품을 통해 다양한 인물의 삶의 방식을 이해하는 활동이 갖는 교육적 의의를 서술할 것

※ 이 문제에서 문제가 되는 것은 첫째 문제에서 (가)의 경우 전체 작품을 대상으로 할 때와 제시된 예문만을 대상으로 할 때 답이 달라질 수 있다는 것임. 최근 문제가 제시된 예문만을 바탕으로 하기 때문에 예문을 위주로 답해야 하지만, 이러한 혼란이 발생하지 않게 문제 및 지문을 엄선하여 제시할 필요가 있음. (다)의 경우도 '운명에 굴복 수용'이라는 점과 마지막 부분의 '결심, 의지' 모두 답이 될 수 있음. 문제를 좀 더 구체적으로 한정할 필요가 있음

### 예상답안

(가)는 임진왜란이라는 전쟁 중에 가족과 이별한 홍도 일가가 겪는 고난의 상황을 드러냈고, (나)는 아버지와 오빠가 감옥에 갇혀 있는 상황에서 자신을 희생하려는 상황이 드러나 있으며, (다)는 일제 강점기 가족과 헤어진 유이민의 방황과 고뇌가 드러나 있다. (가)~(다)는 모두 가족과 이별한 상황에서 인물들이 겪는 수난이나 내적 고민을 드러내고 있다.

인물의 대응 방식에서 (가)의 '홍도'는 수난의 상황에 맞서지 못하고 좌절한 채 포기하려는 태도를 보이고 있다. (홍도는 전체 작품에서는 적극적 성격이지만 제시된 예문에서는 포기하려고 하고 오히려 며느리가 적극적 태도를 보임) (나)의 '영채'는 아버지와 오빠를 위해 자신을 희생하여 문제를 적극적으로 해결하려는 태도를 보인다. (다)의 '나'는 자신이 처한 문제에 대해 좌절하다가 그것을 운명으로 알고 수용하려는 태도를 보이고 있다. (마지막 행에 초점을 맞추면 '극복의 의지, 결심' 등으로 해석할 수도 있음)

(가)~(다)를 통해 다양한 인물의 삶의 방식을 이해하는 활동을 하면 첫째, 독자가 겪어보지 못한 다양한 삶을 간접적으로 체험(추체험)하여 세계와 인간에 대한 인식의 폭을 넓힐 수 있다. 둘째, 다양한 인물의 삶에서 문제 해결의 지혜를 배우고, 독자 자신의 삶에 대해 성찰하며 바람직한 삶의 양상에 대해 생각할 수 있다. 그리고 셋째, 타자(상대)의 처지에 대해 이해하고 공감하고 배려할 수 있으며, 이를 통해 공동체의 유대감을 형성할 수 있다.

임용고시 합격의 기준,
**해커스 임용 teacher.PASS.com**

임용고시 합격의 기준,
**해커스 임용 teacher.PASS.com**

해커스 임용 최병해 현대시

# 제 2 장

## 현대시 접근 방법 및 주요 작품

제1절 임용시험 현대시에 대한 접근 방법
제2절 개정 교육과정에 따른 문학 14종 수록 작품
제3절 임용시험 현대시 기출문제 작품

# 제1절 임용시험 현대시에 대한 접근 방법

시(시가)는 소설 분야와 함께 중요한 부분이다. 최근 시험에는 첫째, 시의 구성 요소를 파악하고 그 의미나 효과 및 한계를 묻는 문제나 직접적인 감상 능력을 묻는 문제가 많이 출제되고 있다. 그래서 시론에 해당하는 부분을 미리 공부를 하고, 개별적으로 이해 감상 및 적용 능력을 기르도록 하는 것이 좋다. 이것은 2015개정 교육과정을 바탕으로 접근하는 것이 좋다. 둘째, 교사의 수업 지도 능력 및 교육 능력에 관한 부분도 중요하므로 이 분야에 대응하는 것도 중요하다. 지금까지의 현대시 분야 문제를 다음과 같이 나눠서 설명할 수 있다.

## 01 유형1 : 시에 대한 일반적 지식

### 1. 세부 유형

(1) 현대시에 대한 일반적 이론 (작품의 내용·형식·표현 요소)
(2) 문학사의 흐름
(3) 작품의 배경(문학사)과 시인(작자)에 관한 문제

### 2. 접근 방향

유형 1은 그 자체로도 많은 문제로 출제되면서 아래 유형 2, 유형 3의 문제를 위해 반드시 필요한 지식이 된다. 문제 유형을 살펴보면 대체로 유형 1의 내용을 바탕으로 출제되므로 미리 잘 이해하도록 한다.

시의 내용적·형식적 특징을 세밀히 살펴보고, 그것을 바탕으로 그 작품의 의의를 공부한다. (시의 갈래·구조·요소(시어, 기법, 이미지, 비유·상징, 운율, 어조, 서정적 자아) 등). 그리고 시대적 배경이나, 문학사적 배경 등도 주목해야 하고, 시인이 속한 단체의 배경, 시인의 속한 유파나 전기적 사실과 문학론 등을 살펴보고, 다른 시인과의 영향 관계 등을 파악한다.

(1) 현대시 감상에 필요한 이론 (구성 요소의 종류, 개념, 특징 및 감상의 방법)
(2) 현대 시사의 흐름 및 현대시 유파의 특징 – 문학사 도표 및 교재 참고

## 02 유형2 : 시 작품에 대한 감상 능력

### 1. 세부 유형
작품의 내용·형식·표현의 의미·효과 파악 및 다른 작품과의 비교 (작품에 대한 감상 및 텍스트 상호성에 의한 접근)

### 2. 접근 방향
시의 감상 능력과 유형1의 시의 구성 요소에 대한 기본적 이론을 바탕으로 개별 작품의 내용적·형식적·표현적 특징을 세밀히 파악하고, 그것에 담긴 의미와 효과 및 한계를 생각하며 감상하면서, 그 작품이 지닌 의의를 이해한다. 그리고 그 작품과 내용·형식·표현의 측면에서 관련이 있는 다른 작품을 제시하여 서로 비교하고 그 공통점과 차이점을 파악해 보도록 한다.

(1) 현대시 유파와 작자를 고려한 주요 작품의 내용, 형식, 표현 요소의 파악
(2) 현대시 주요 작품이 지닌 의미·효과 및 한계의 파악을 통한 감상 및 창조적 감상
(3) 개별 작품 끼리 텍스트 상호성 : 내용, 형식, 표현의 장르별, 시대별 상호 관련성 및 공통점·차이점 파악
　① 내용 : 소재, 주제, 정서, 시적 화자, 시적 상황, 이미지
　② 형식 : 운율, 행, 연, 구조
　③ 표현 : 비유, 상징, 반어, 역설
(4) 시가 및 시 감상의 주요 요소 및 용어 정리

| 구분 | | | 세부 내용 | | 고등 국어의 개념 | |
|---|---|---|---|---|---|---|
| 작품 외적 | | | 작자 | | 표현론 | |
| | | | 사회적 배경, 내용과 관련지어 | | 반영론 | |
| | | | 독자 | | 효용론 | |
| 작품 내적 | 내용 | | 시적 화자 및 시적 화자의 상황, 내용 전개, 소재(제재), 주제, 정서, 어조, 미적 범주 등 | | | 소통론 |
| | | | 이미지(감각) | 형상성 | | |
| | 형식 | 형식 | 운율(음보율, 음위율(각운), 반복(단어, 통사구조), 대구, 열거, 문장부호, 의성어·의태어 등) | 음악성 | 구조론 | |
| | | | 시어, 행, 연 등 시상 전개 방식(형태) | | | |
| | | 표현 | 비유, 상징, 반어, 역설, 감정 이입 등의 시적 표현, 이미지(표현 방법) | 함축성 | | |

## 03 유형3 : 시 교육에서 교사의 학습 지도 능력 및 교육 능력

### 1. 세부 유형
　(1) 작품의 지도 내용
　(2) 작품과 관련된 교수·학습 방법: 학습지도안과 관련하여 이해

### 2. 접근 방향
　　유형 3의 분야는 유형1의 지식과 유형2의 감상 능력을 바탕으로 하면서 그것을 교수·학습 상황에서 학생들에게 어떻게 적용하여 지도하는가에 관한 문제이다. 이 분야의 문제는 교육과정을 참고하는 것이 좋다. 이러한 유형은 뒤섞여 나타나는 경우가 많다. 이 분야는 1차, 2차 시험에서 모두 중요하고, 특히 2차 시험에서 동점일 경우 당락을 결정하므로 공부를 하면서 미리 생각해 보아야 한다.
　　(1) 학습 목표에 관한 문제
　　(2) 수업 단계에 관한 문제: 도입 – 전개(읽기 전, 중, 후 활동) – 정리 – 평가
　　(3) 교사 – 학생 활동의 구분 및 학생의 활동 유도에 관한 문제
　　(4) 수업에서 적절한 학습의 형태에 관한 문제
　　(5) 단계별 적절한 자료 및 매체에 관한 문제
　　(6) 교수·학습 시 지도상의 유의점에 관한 문제
　　(7) 학습의 단계별 교사의 발문에 관한 문제
　　(8) 학생 질문에 대한 예상 답변에 관한 문제
　　(9) 학생 활동에 대한 진단, 평가 및 교정하는 문제
　　(10) 내면화 및 창조적 문학 체험에 관한 문제

# 제2절 개정 교육과정에 따른 문학 14종 수록 작품

## 01 현대시 : 개화기

● 본문 제재    ■ 본문 외 제재

| | 작품명 | 미래엔 | 교학(윤) | 교학(조) | 두산 | 비상(유) | 비상(박) | 신사고 | 지학(권) | 지학(최) | 창비 | 천재(고) | 천재(김) | 천재(정) | 해냄 |
|---|---|---|---|---|---|---|---|---|---|---|---|---|---|---|---|
| 1 | 애국하는 노래 … 이필균 | | ■ | | | ■ | | | | | ● | ■ | | | |
| 2 | 동심가 … 이중원 | | | | | | | ■ | | | | | | | |
| 3 | 해에게서 소년에게 … 최남선 | | | | ● | ● | ● | | | ■ | | | | ■ | |
| 4 | 맑은 물 … 최남선 | | | | | | | | | | ■ | | | | |
| 5 | 경부 철도가 … 최남선 | | ● | | | | | | | ● | | | | ● | |
| 6 | 창의가 … 신태식 | | | | | | | | | | | | | ■ | |
| 7 | 독립군가 … 작자 미상 | | | | | | | | | | | | | ■ | |
| 8 | 불놀이 … 주요한 | | ● | | | | | | | | | | | ■ | |

## 02 현대시 : 1920년대

● 본문 제재    ■ 본문 외 제재

| | 작품명 | 미래엔 | 교학(윤) | 교학(조) | 두산 | 비상(유) | 비상(박) | 신사고 | 지학(권) | 지학(최) | 창비 | 천재(고) | 천재(김) | 천재(정) | 해냄 |
|---|---|---|---|---|---|---|---|---|---|---|---|---|---|---|---|
| 9 | 인형의 가(家) … 나혜석 | ■ | | | | | | | | | | | | | |
| 10 | 먼 후일 … 김소월 | | | | ■ | | | | | | | ■ | | | |
| 11 | 개여울 … 김소월 | | | | ● | | | | | | | | | | |
| 12 | 금잔디 … 김소월 | | | | | | | | | ■ | | | | | |
| 13 | 엄마야 누나야 … 김소월 | | | ■ | | | | | ■ | | | | | | |
| 14 | 나의 침실로 … 이상화 | | | | | | | | | | ● | | | | |
| 15 | 가는 길 … 김소월 | ■ | | | ● | | | | | | | ● | | | |
| 16 | 접동새 … 김소월 | | | | | | ■ | | ● | | | | | ● | |
| 17 | 봄은 고양이로다 … 이장희 | | | | | | | | | ■ | | | | ■ | |
| 18 | 길 … 김소월 | | | | | | | ● | | | | | | | |
| 19 | 바라건대는 우리에게 우리의 보습 대일 땅이 있었다면 … 김소월 | | | | | | | | | | | | | ■ | |
| 20 | 국경의 밤 … 김동환 | | | | ■ | | | | | | | | | | |

| | 작품명 | 미래엔 | 교학(윤) | 교학(조) | 두산 | 비상(유) | 비상(박) | 신사고 | 지학(권) | 지학(최) | 창비 | 천재(고) | 천재(김) | 천재(정) | 해냄 |
|---|---|---|---|---|---|---|---|---|---|---|---|---|---|---|---|
| 21 | 진달래꽃 … 김소월 | | | | ■ | | | | ■ | ■ | | ■ | | ■ | ● |
| 22 | 초혼 … 김소월 | ● | ■ | | | | | | | | | | | | |
| 23 | 산유화 … 김소월 | | | ● | | | ● | | | | ● | ● | | ● | |
| 24 | 가장 비통한 기욕(祈慾) … 이상화 | | | | ■ | | | | | | | | | | |
| 25 | 님의 침묵 … 한용운 | ● | | ■ | ● | | | | ■ | | | | | | ● |
| 26 | 알 수 없어요 … 한용운 | | | | | ● | ● | ■ | | | ● | | ● | ■ | |
| 27 | 타고르의 시를 읽고 … 한용운 | | | | | | | | | | | | | ■ | |
| 28 | 빼앗긴 들에도 봄은 오는가 … 이상화 | | | | ● | | ● | | | | ● | ● | ■ | ● | |
| 29 | 봄(춘망을 번역한 시) … 김소월 | ● | | | | | | | | | | | | | |
| 30 | 바다 2 … 정지용 | | | | | | ● | | | | | | | | |
| 31 | 발열 … 정지용 | | | | | | | | | ■ | | | | | |
| 32 | 별 … 정지용 | | | | | | | | | | ● | | | | |
| 33 | 향수 … 정지용 | | | | ■ | | | | | | | | ● | ● | |
| 34 | 연분홍 … 김억 | | | | | | | ■ | | | | | | | |

## 03 현대시 : 1930년대

● 본문 제재   ■ 본문 외 제재

| | 작품명 | 미래엔 | 교학(윤) | 교학(조) | 두산 | 비상(유) | 비상(박) | 신사고 | 지학(권) | 지학(최) | 창비 | 천재(고) | 천재(김) | 천재(정) | 해냄 |
|---|---|---|---|---|---|---|---|---|---|---|---|---|---|---|---|
| 35 | 호수 … 정지용 | | | | | ■ | | | | | | | | | |
| 36 | 떠나가는 배 … 박용철 | | ■ | | | | | | | | | | | ■ | |
| 37 | 유리창 1 … 정지용 | | ■ | | | | ■ | | | | ■ | ■ | | | |
| 38 | 돌담에 속삭이는 햇발 … 김영랑 | | | | | ■ | ■ | | | | | | | | |
| 39 | 끝없는 강물이 흐르네 … 김영랑 | | ■ | | | | | | | ● | | | ■ | | |
| 40 | 오매 단풍 들것네 … 김영랑 | | | | | | | | | | | ■ | ■ | | |
| 41 | 내 마음을 아실 이 … 김영랑 | | | | | | | | | | | | ● | | |
| 42 | 고향 … 정지용 | | | | | | | | | | | | | ■ | |
| 43 | 거울 … 이상 | | | | | | | | | | ● | | ● | | |
| 44 | 남으로 창을 내겠소 … 김상용 | | | | | | ● | | ■ | ■ | | ■ | | ■ | |
| 45 | 오감도 시 제1호 … 이상 | ● | | | | | | | | | | | | | |
| 46 | 바다 6 … 정지용 | | | | | | ■ | | | | | | | | |
| 47 | 바다 9 … 정지용 | | | | | ● | | | | | | | | ■ | |

| 번호 | 작품명 | 미래엔 | 교학(윤) | 교학(조) | 두산 | 비상(유) | 비상(박) | 신사고 | 지학(권) | 지학(최) | 창비 | 천재(고) | 천재(김) | 천재(정) | 해냄 |
|---|---|---|---|---|---|---|---|---|---|---|---|---|---|---|---|
| 48 | 다시 해협 … 정지용 | | | | | | ■ | | | | | | | | |
| 49 | 모란이 피기까지는 … 김영랑 | | ■ | | | | | ● | ● | | | ■ | | ■ | ● |
| 50 | 여우난곬족 … 백석 | ● | | | | | | | | | ■ | | | ● | |
| 51 | 비 … 백석 | | | | | | ■ | | | | | | | | |
| 52 | 주막 … 백석 | | | | | | | | | | | ■ | | | |
| 53 | 외인촌 … 김광균 | | | | | | | | | ■ | | | | | |
| 54 | 그리움 … 유치환 | | | | | | | | | | | | | ■ | |
| 55 | 가정 … 이상 | | | | | | | ■ | | | | | | | |
| 56 | 달·포도·잎사귀 … 장만영 | | | | | | | | | | | | | ■ | |
| 57 | 모닥불 … 백석 | | | | | | | | ● | ■ | ● | | ● | | |
| 58 | 여승 … 백석 | | ■ | | | | | | | | | | | | |
| 59 | 해바라기의 비명 … 함형수 | | | ■ | | | | | | ■ | | | | | |
| 60 | 백접(白蝶) … 조지훈 | | | | | | | | | | ■ | | | | |
| 61 | 유리창 … 김기림 | | | | | | | | | | | ● | | | |
| 62 | 노정기 … 이육사 | | | ● | | ● | | | | | | | | | |
| 63 | 내 마음은 … 김동명 | | | | | | ■ | | | | | | | ■ | |
| 64 | 풀벌레 소리 가득 차 있었다 … 이용악 | ● | | | | | | | | ● | | | | | |
| 65 | 낡은 집 … 이용악 | | | | | | | | | | | | | ● | |
| 66 | 현해탄 … 임화 | | | | | | | | | | | ■ | | | |
| 67 | 차중(車中) – 추풍령 … 임화 | | | | | | | | | | | | | | ■ |
| 68 | 사슴 … 노천명 | | ■ | | | | | | | | | | | | |
| 69 | 웃은 죄 … 김동환 | | | | ■ | | | | | | | | | | |
| 70 | 파초 … 김동명 | | | | | | | | | ■ | | | | | |
| 71 | 와사등 … 김광균 | | | | | ■ | ■ | | | | | | | | |
| 72 | 깃발 … 유치환 | | | | | | | | | ■ | | | ● | | |
| 73 | 바다와 나비 … 김기림 | | | | | | | | | | ● | | | | |
| 74 | 데생 … 김광균 | | | | | | | | | | | | | ■ | |
| 75 | 승무 … 조지훈 | ■ | | | | | | | | | | | | ● | |
| 76 | 오랑캐꽃 … 이용악 | | | | | ● | | | | | | | | | |
| 77 | 장수산 1 … 정지용 | | ● | | | | | | ● | ● | | | | ■ | ■ |
| 78 | 자화상 … 윤동주 | | | | | | | | | | | | | ● | |
| 79 | 성탄제 … 오장환 | | | | | | ■ | | | | | | | | |
| 80 | 자화상 … 서정주 | | | | | | | | | ■ | | | ■ | | |
| 81 | 팔원 … 백석 | | | | | | | | | ■ | | | | | |

| | 작품명 | 미래엔 | 교학(윤) | 교학(조) | 두산 | 비상(유) | 비상(박) | 신사고 | 지학(권) | 지학(최) | 창비 | 천재(고) | 천재(김) | 천재(정) | 해냄 |
|---|---|---|---|---|---|---|---|---|---|---|---|---|---|---|---|
| 82 | 오월 … 김영랑 | ● | | | | | | | | | | | | | |
| 83 | 독을 차고 … 김영랑 | | | | | | | | | ■ | | | | | |
| 84 | 설야 … 김광균 | | | | | | | | ■ | | | | ■ | | |
| 85 | 거리 … 박남수 | | | | ● | | | | | | | | ■ | | |

## 04 현대시 : 1940년대

● 본문 제재   ■ 본문 외 제재

| | 작품명 | 미래엔 | 교학(윤) | 교학(조) | 두산 | 비상(유) | 비상(박) | 신사고 | 지학(권) | 지학(최) | 창비 | 천재(고) | 천재(김) | 천재(정) | 해냄 |
|---|---|---|---|---|---|---|---|---|---|---|---|---|---|---|---|
| 86 | 교목 … 이육사 | | | | | | | | | ■ | | | ■ | | ● |
| 87 | 고향 앞에서 … 오장환 | | | | | | | | | | ■ | | | | |
| 88 | 화사 … 서정주 | | | | | | | | | ● | | | | | |
| 89 | 별 헤는 밤 … 윤동주 | | ● | | | | | | | | | | | | |
| 90 | 절정 … 이육사 | ● | | | | ● | ■ | ■ | ■ | ■ | | ● | | ● | |
| 91 | 바라춤 … 신석초 | | | | | | | | | | | | | ■ | |
| 92 | 비 … 정지용 | ● | | | | | | ● | | | | | | | |
| 93 | 국수 … 백석 | | | | | | ● | | | | | | | | ● |
| 94 | 꽃구름 속에 … 박두진 | | | | | | | | | | | | ● | | |
| 95 | 바위 … 유치환 | | | ■ | | | | | | ■ | | | | | |
| 96 | 인동차 … 정지용 | | | | | | | | | | | ● | | | |
| 97 | 흰 바람벽이 있어 … 백석 | | | | | | ● | | | | | | | | |
| 98 | 부인 근로대 … 노천명 | | | | | | | | | | | | | ■ | |
| 99 | 서시 … 윤동주 | | | | | | | | | ■ | | | | | ■ |
| 100 | 산상의 노래 … 조지훈 | | | | | | ● | | | | | | | | ■ |
| 101 | 조찬(朝餐) … 정지용 | | | | | | | | | | | | | | ● |
| 102 | 그대들 돌아오시니 – 재외 혁명 동지에게 … 정지용 | | | | | | | | | | | | ■ | | |
| 103 | 광야 … 이육사 | ■ | | | ■ | | | | | | | | | | |
| 104 | 꽃덤불 … 신석정 | | | | | | ● | | | | ● | | ■ | ■ | |
| 105 | 나그네 … 박목월 | | | | | | | | | | | | ■ | | |
| 106 | 완화삼 … 조지훈 | | | | | | | | | | | ■ | | | |
| 107 | 낙화 … 조지훈 | | | | | | | | | | | | | | ● |

| 작품명 | 미래엔 | 교학(윤) | 교학(조) | 두산 | 비상(유) | 비상(박) | 신사고 | 지학(권) | 지학(최) | 창비 | 천재(고) | 천재(김) | 천재(정) | 해냄 |
|---|---|---|---|---|---|---|---|---|---|---|---|---|---|---|
| 108 산이 날 에워싸고 … 박목월 | | | | | | ■ | ■ | | | | | | | |
| 109 산도화 … 박목월 | | | | | | | | | ● | | | | ● | |
| 110 봄비 … 박목월 | | | | | | | | | | | | ■ | | |
| 111 어서 너는 오라 … 박두진 | | | | | | ● | | | | | | | | |
| 112 해 … 박두진 | | ■ | | | | ■ | | | | | ■ | ■ | ■ | |
| 113 청산도 … 박두진 | | | | | | | | | ● | | | | | |
| 114 귀촉도 … 서정주 | | | | | | ● | | | | | | | ● | |
| 115 생명의 서 … 유치환 | ■ | | | | | | | | | | | | | |
| 116 국화 옆에서 … 서정주 | | | | | | ■ | ■ | ■ | | | | | | |
| 117 들길에 서서 … 신석정 | | | | | | | | ■ | | | | | | |
| 118 전라도 가시내 … 이용악 | | | | | | | | | ● | | | | | |
| 119 수선화, 그 환한 자리 … 고재종 | | | | | | | | | | | | | ■ | |
| 120 바람이 불어 … 윤동주 | | | | ● | | | | | | | | | | |
| 121 남신의주 유동 박시봉방 … 백석 | | | | ● | | | ● | | ● | | ● | | | |
| 122 간 … 윤동주 | | | | | | | | ■ | | | | ■ | | |
| 123 길 … 윤동주 | | | | | | ● | | | | | | | | |
| 124 또 다른 고향 … 윤동주 | ● | | ● | | | | | | | | | | | |
| 125 참회록 … 윤동주 | | | | | | ● | ● | ● | | | | ● | ■ | |
| 126 쉽게 씌어진 시 … 윤동주 | | | | | | | | | ● | | ■ | ■ | | ● |
| 127 견우의 노래 … 서정주 | | ■ | | | | | | | ● | | | | | |
| 128 울릉도 … 유치환 | | | | | | | | | | | | ■ | | |
| 129 그날이 오면 … 심훈 | | | | | | | ■ | | | | | | | |

## 05 현대시 : 1950년대

● 본문 제재    ■ 본문 외 제재

| 작품명 | 미래엔 | 교학(윤) | 교학(조) | 두산 | 비상(유) | 비상(박) | 신사고 | 지학(권) | 지학(최) | 창비 | 천재(고) | 천재(김) | 천재(정) | 해냄 |
|---|---|---|---|---|---|---|---|---|---|---|---|---|---|---|
| 130 풀잎 단장 … 조지훈 | | | | | ■ | | | | | | | | | |
| 131 꽃 … 김춘수 | ■ | ● | | | ■ | | ■ | | | | ■ | ■ | ● | |
| 132 행복 … 유치환 | | | | ● | | | | | | | | | ● | |
| 133 플라타너스 … 김현승 | | | | | | | | ● | ■ | | | | ● | |
| 134 무등을 보며 … 서정주 | | ● | | | | | | | | | | | | |

| 작품명 | 미래엔 | 교학(윤) | 교학(조) | 두산 | 비상(유) | 비상(박) | 신사고 | 지학(권) | 지학(최) | 창비 | 천재(고) | 천재(김) | 천재(정) | 해냄 |
|---|---|---|---|---|---|---|---|---|---|---|---|---|---|---|
| 135 강강술래 … 이동주 | ■ | | | | | | | | | | | | | |
| 136 목마와 숙녀 … 박인환 | | | | | | | | | ● | | | | | |
| 137 달 … 박목월 | | | | | ■ | | | | | | | | | |
| 138 보리피리 … 한하운 | ■ | | | | | | | | | | | | | |
| 139 광화문 … 서정주 | | | ■ | | | | | | | | | | | |
| 140 봄비 … 이수복 | | | | | | | | | | | ■ | ■ | | |
| 141 눈 … 김수영 | ● | | | ● | | | ● | ● | | | | | | |
| 142 오색 … 황동규 | | | | | | | | | | | | ■ | | |
| 143 파랑새 … 한하운 | | | | | | | | | | ■ | | ■ | ■ | |
| 144 추천사 – 춘향의 말 1 … 서정주 | ■ | | | | | | | | | | ● | | | |
| 145 춘향 유문 – 춘향의 말 3 … 서정주 | | | | | | | | | | ■ | | | | |
| 146 초토(焦土)의 시 1 … 구상 | | | | | | ■ | | | ● | | | | | |
| 147 초토(焦土)의 시 15 – 휴전 협상 때 … 구상 | ● | | | | | | | | | | | | | |
| 148 낙화 … 이형기 | | | | | | ■ | | | | | ■ | ■ | | |
| 149 폭포 … 김수영 | | | | | | | | | | | | | ● | |
| 150 눈물 … 김현승 | ● | ● | | | | | | | | | | | | |
| 151 가을의 기도 … 김현승 | | | | | | | | | | | | | ■ | |
| 152 휴전선 … 박봉우 | | | | | | | ■ | | | | | | | |
| 153 눈길 … 고은 | ■ | | | | ● | | | ● | | | | | | |
| 154 즐거운 편지 … 황동규 | | | | ■ | | | | | | | ■ | ■ | ■ | |
| 155 구부정 소나무 … 리진 | | ● | | | | | | | | | | | | |
| 156 능금 … 김춘수 | | | | | | | | | | ● | | | | |
| 157 울음이 타는 가을 강 … 박재삼 | | | | | | ● | | | | ● | ● | | ■ | |
| 158 하관(下官) … 박목월 | ■ | | | | | | | | | | | | | |
| 159 꽃을 위한 서시 … 김춘수 | | | ■ | | | | | | | | | | | |

## 06 현대시 : 1960년대

● 본문 제재   ■ 본문 외 제재

| | 작품명 | 미래엔 | 교학(윤) | 교학(조) | 두산 | 비상(유) | 비상(박) | 신사고 | 지학(권) | 지학(최) | 창비 | 천재(고) | 천재(김) | 천재(정) | 해냄 |
|---|---|---|---|---|---|---|---|---|---|---|---|---|---|---|---|
| 160 | 푸른 하늘을 … 김수영 | | | | | ■ | | | | | | | | | |
| 161 | 수정가(水晶歌) … 박재삼 | | | ● | | | | | | | | | | | |
| 162 | 흥부 부부상 … 박재삼 | | ■ | | | | | | | | | | | | |
| 163 | 추억에서 … 박재삼 | ● | | | | | | ● | ● | | ■ | | ● | | |
| 164 | 강 2 … 박두진 | | ● | | | | | | | | | | | | |
| 165 | 찬송 … 한용운 | | ■ | | | | | | | | | | | | |
| 166 | 폭포 … 이형기 | | | | | | | | | | | | | ■ | |
| 167 | 나무 … 박목월 | | | ● | | | | | | | | | | | |
| 168 | 어느 날 고궁을 나오면서 … 김수영 | ■ | | | | | | | | | ■ | | | | |
| 169 | 의자 … 조병화 | | | | | | | ● | | | | | | | |
| 170 | 자수(刺繡) … 허영자 | | | | ● | | | | | | | | | | |
| 171 | 동천(冬天) … 서정주 | | ● | | | | | ■ | | | | | | | |
| 172 | 기항지(寄港地) 1 … 황동규 | | | ● | | | | | | | | | | | |
| 173 | 껍데기는 가라 … 신동엽 | ■ | | | | | ■ | | ● | | | ■ | ■ | | |
| 174 | 겨울 바다 … 김남조 | | | | | | | | | ● | | | | | |
| 175 | 사랑 … 전봉건 | ● | | | | | | | | | | | | | |
| 176 | 채전(菜田) … 유치환 | | | | | | ■ | | | | | | | | |
| 177 | 종로 5가 … 신동엽 | | | | | | | | | | ● | | | | |
| 178 | 수로 부인의 얼굴 … 서정주 | | | | | ■ | | | | | | | | | |
| 179 | 이별가 … 박목월 | ● | | | | | | | | | | | | | |
| 180 | 일상사 … 박목월 | | | | | | | | | | | ■ | | | |
| 181 | 산 … 김광섭 | | | | | | | | | | | ■ | | | |
| 182 | 멍든 계절 … 김윤 | | | | ■ | | | | | | | | | | |
| 183 | 누가 하늘을 보았다 하는가 … 신동엽 | | | | | ● | | | | ■ | | | | | |
| 184 | 우울한 샹송 … 이수익 | | | | | | | | | | | ■ | | | |
| 185 | 시인 … 김광섭 | | ■ | | | | | | | | | | | | |
| 186 | 저녁 눈 … 박용래 | | | | | | | | | | | ■ | | | |
| 187 | 장편(掌篇) 2 … 김종삼 | | | | | | ■ | | | | | | | | |
| 188 | 성탄제 … 김종길 | | | | | | | | | | | | | ■ | |
| 189 | 묵화(墨畵) … 김종삼 | | | | | | | | | | | ■ | | | ■ |
| 190 | 성북동 비둘기 … 김광섭 | ■ | | | | | | ● | | | | | ● | | |

| | 작품명 | 미래엔 | 교학(윤) | 교학(조) | 두산 | 비상(유) | 비상(박) | 신사고 | 지학(권) | 지학(최) | 창비 | 천재(고) | 천재(김) | 천재(정) | 해냄 |
|---|---|---|---|---|---|---|---|---|---|---|---|---|---|---|---|
| 191 | 가을 편지 … 고은 | | | | | | | | | | | | ■ | | |
| 192 | 저녁에 … 김광섭 | | | | | ■ | | | | | | | | | ■ |
| 193 | 메밀꽃 … 박성룡 | | | | | | | | | | | | | | ■ |
| 194 | 거산호 2 … 김관식 | | | | | ■ | | | | ■ | | | | | |
| 195 | 감꽃 … 김준태 | | | | | | | | | | | ■ | | | |
| 196 | 숲 … 정희성 | | | | | | | | | | | ■ | | | |

## 07 현대시 : 1970년대

● 본문 제재　■ 본문 외 제재

| | 작품명 | 미래엔 | 교학(윤) | 교학(조) | 두산 | 비상(유) | 비상(박) | 신사고 | 지학(권) | 지학(최) | 창비 | 천재(고) | 천재(김) | 천재(정) | 해냄 |
|---|---|---|---|---|---|---|---|---|---|---|---|---|---|---|---|
| 197 | 서울 길 … 김지하 | | | | | | | | | | | | | ■ | |
| 198 | 오적 … 김지하 | | ■ | | | | | | | | | | | | |
| 199 | 그 이튿날 … 오규원 | ● | | | | | | | | | | | | | |
| 200 | 농무 … 신경림 | ● | | ■ | | ● | ■ | | | | ● | | ● | ● | ● |
| 201 | 이제 이 땅은 썩어만 가고 있는 것이 아니다 … 신경림 | | | | | | | | ■ | | | | | | |
| 202 | 파장 … 신경림 | | | | | | | | | | ● | | | | |
| 203 | 슬픔이 기쁨에게 … 정호승 | | ● | | | ■ | | | | | | | ■ | ■ | |
| 204 | 가을 운동회 … 이성교 | | | | ● | | | | | | | | | | |
| 205 | 봄 … 이성부 | | | | | ● | ● | | | | | | | | |
| 206 | 벼 … 이성부 | | | | | | | | ■ | | | | ■ | | |
| 207 | 풀 … 김수영 | | | | ■ | ■ | | | | | ● | | ■ | ● | ■ |
| 208 | 성묘 … 고은 | | | | | | | | | | | ■ | | | |
| 209 | 사랑법 … 강은교 | | | | | | ■ | | | | | | | | |
| 210 | 외할머니의 뒤안 툇마루 … 서정주 | | ■ | | | | | | | | | | | | |
| 211 | 신선 재곤이 … 서정주 | | | | | | | | | | | | ● | | |
| 212 | 타는 목마름으로 … 김지하 | | | | | ● | ■ | | ■ | | | | ● | | |
| 213 | 월훈(月暈) … 박용래 | | | | | | ■ | | | | | | | | ■ |
| 214 | 목계 장터 … 신경림 | | | | ● | | | | | | | | | | |
| 215 | 샤갈의 마을에 내리는 눈 … 김춘수 | | | | | ● | ● | ■ | | ● | | | | | |
| 216 | 참깨를 털면서 … 김준태 | | | | | ■ | | | | | | | | | |
| 217 | 떨어져도 튀는 공처럼 … 정현종 | | | | | | | | | | ■ | | | | |

| 작품명 | 미래엔 | 교학(윤) | 교학(조) | 두산 | 비상(유) | 비상(박) | 신사고 | 지학(권) | 지학(최) | 창비 | 천재(고) | 천재(김) | 천재(정) | 해냄 |
|---|---|---|---|---|---|---|---|---|---|---|---|---|---|---|
| 218 저문 강에 삽을 씻고 … 정희성 | | | | ● | | ■ | | | ■ | | | | ■ | ■ |
| 219 조그만 사랑 노래 … 황동규 | | | | | | | ● | | | | | | | |
| 220 화살 … 고은 | ● | | | | | | | | | | | | | |
| 221 사람이 풍경으로 피어나 … 정현종 | | | | | | ■ | | | | | | | | |
| 222 섬 … 정현종 | | | | | ■ | | | | | | | ■ | | |
| 223 귀천 … 천상병 | ■ | | | | | ■ | | | | | ■ | ■ | ■ | |
| 224 갈매기 … 천상병 | | | | ■ | | | | | | | | | | |
| 225 맹인 부부 가수 … 정호승 | | | | | | | | | | | | ■ | | |
| 226 동두천 1 … 김명인 | | | | | | | | | | | ■ | | | |
| 227 희미한 옛 사랑의 그림자 … 김광규 | | | | | | | | | | | | | ■ | |
| 228 묘비명 … 김광규 | | | ● | | | | | | | | | | | |

## 08 현대시 : 1980년대

● 본문 제재   ■ 본문 외 제재

| 작품명 | 미래엔 | 교학(윤) | 교학(조) | 두산 | 비상(유) | 비상(박) | 신사고 | 지학(권) | 지학(최) | 창비 | 천재(고) | 천재(김) | 천재(정) | 해냄 |
|---|---|---|---|---|---|---|---|---|---|---|---|---|---|---|
| 229 피아노 … 전봉건 | | | | | | | | | ■ | | | | | |
| 230 북어 … 최승호 | | ● | | | | | | | | | | | ● | |
| 231 직녀에게 … 문병란 | | | | | | | | ■ | | | | | | |
| 232 하급반 교과서 … 김명수 | | | ■ | | | | | | | | | | | |
| 233 사평역에서 … 곽재구 | ● | | | | ■ | ■ | | | | | ■ | ● | ■ | ■ |
| 234 바다 1 … 박남수 | | | | | | | | ■ | | | | | | |
| 235 또 기다리는 편지 … 정호승 | | | | | | | | | | | | ■ | | |
| 236 우리가 어느 별에서 … 정호승 | | | | | | | | | ■ | | | | | |
| 237 기념 식수 … 이문재 | | | | | | | | | | | ● | | | |
| 238 여승 … 송수권 | | | | | | | | | | | ■ | | | |
| 239 섬진강 … 김용택 | | | | | | | | | | | | | ● | |
| 240 섬진강 3 … 김용택 | | | | ● | | | | | | | | | | |
| 241 섬진강 15 … 김용택 | | | | | | | | ■ | | | | | | |
| 242 상행 … 김광규 | | | | | ● | ● | | | | | | | | |
| 243 대설 주의보 … 최승호 | | | | ● | | | | | | | | | | |
| 244 한국생명 보험회사 송일환 씨의 어느 날 … 황지우 | ● | | | | | ● | | | | | | | ■ | |

| | 작품명 | 미래엔 | 교학(윤) | 교학(조) | 두산 | 비상(유) | 비상(박) | 신사고 | 지학(권) | 지학(최) | 창비 | 천재(고) | 천재(김) | 천재(정) | 해냄 |
|---|---|---|---|---|---|---|---|---|---|---|---|---|---|---|---|
| 245 | 심인(尋人) … 황지우 | | | | | | | | | ● | | | | | |
| 246 | 새들도 세상을 뜨는구나 … 황지우 | | | | | | | | | | | | ● | | |
| 247 | 상한 영혼을 위하여 … 고정희 | | ● | | | ■ | ● | | | | | | ● | | |
| 248 | 노동의 새벽 … 박노해 | | | | | | | | | ● | | | | | |
| 249 | 연필로 쓰기 … 정진규 | | | | | | | | | | | | ■ | | |
| 250 | 겨울-나무로부터 봄-나무에로 … 황지우 | | | | | | | | ● | | ● | ● | | | |
| 251 | 엄마 걱정 … 기형도 | | | | | | | | | | | | ■ | | |
| 252 | 무등 … 황지우 | | | | | | | | ■ | | | | | | |
| 253 | 모순의 흙 … 오세영 | | | ■ | | | | | | | | | | | |
| 254 | 노을 … 신달자 | | | | | | | | | | | ■ | | | |
| 255 | 전장포 아리랑 … 곽재구 | | | | | | | | | | | | | | ● |
| 256 | 무화과 … 김지하 | ● | | | | | | | | | | | | | |
| 257 | 서시 … 이성복 | ● | | | | | | | | | | | | | |
| 258 | 꽃피는 시절 … 이성복 | | | | | | | | | | ● | | | | |
| 259 | 창 … 김현승 | | | ■ | | | | | | | | | | | |
| 260 | 젊은 손수 운전자에게 … 김광규 | | | | ● | | | | | | | | | | |
| 261 | 옥수수밭 옆에 당신을 묻고 … 도종환 | | | | | | | | | | | | | | ■ |
| 262 | 선제리 아낙네들 … 고은 | | | | | | | | | | | ■ | | ■ | |
| 263 | 매미가 없던 여름 … 김광규 | | | | | ■ | | | | | | | | | |
| 264 | ㄱ 씨와 ㅈ 양이 … 강은교 | | | | | | | | | ■ | | | | | |
| 265 | 단오 … 이수익 | | | | | | | ■ | | | | | | | |
| 266 | 강 … 구광본 | ■ | | | | | | | | | | | | | |
| 267 | 감자 먹는 사람들-삽질 소리 … 정진규 | | | | | | | | | | | ■ | | | |
| 268 | 라디오같이 사랑을 끄고 켤 수 있다면 … 장정일 | ■ | | | | | | ■ | | | | ■ | ■ | ■ | |
| 269 | 가을비 … 도종환 | | | | | | | | ■ | | | | | | |
| 270 | 비 … 황인숙 | | | | | ● | | | | | | | | | |
| 271 | 저녁 그림자 … 최하림 | | | | | | | | | | | ■ | | | |
| 272 | 녹을 닦으며 … 허형만 | | | | | | | ■ | | | | | | | |
| 273 | 지금도 지금도 … 최영철 | ■ | | | | | | | | | | | | | |
| 274 | 편지2-이중섭 화가께 … 신달자 | ● | | | | | | | | | | | | | |
| 275 | 우리 동네 구자명 씨 … 고정희 | | | | | | | | | ● | | | | ● | |
| 276 | 모닥불 … 안도현 | ● | | | | | | | | | | | | | |

| | 작품명 | 미래엔 | 교학(윤) | 교학(조) | 두산 | 비상(유) | 비상(박) | 신사고 | 지학(권) | 지학(최) | 창비 | 천재(고) | 천재(김) | 천재(정) | 해냄 |
|---|---|---|---|---|---|---|---|---|---|---|---|---|---|---|---|
| 277 | 술래잡기 … 김종삼 | ■ | | | | | | | | | | | | | |
| 278 | 질투는 나의 힘 … 기형도 | | | | | | ■ | | | | | | | | |
| 279 | 홀린 사람 … 기형도 | | | | | | | | | | ● | | | | |
| 280 | 빈 집 … 기형도 | | | | | | | ● | | | | | | | |
| 281 | 흙냄새 … 정현종 | | | | | | ■ | | | | | | | | |
| 282 | 20년 후의 가을 … 곽재구 | | | | | | | ■ | | | | | | | |

## 09 현대시 : 1990년대

● 본문 제재   ■ 본문 외 제재

| | 작품명 | 미래엔 | 교학(윤) | 교학(조) | 두산 | 비상(유) | 비상(박) | 신사고 | 지학(권) | 지학(최) | 창비 | 천재(고) | 천재(김) | 천재(정) | 해냄 |
|---|---|---|---|---|---|---|---|---|---|---|---|---|---|---|---|
| 283 | 장자(莊子)를 빌려 – 원통에서 … 신경림 | | | | | | | | ■ | | | | | | |
| 284 | 성에꽃 … 최두석 | ● | ● | ■ | | | | | | | | ● | | ■ | |
| 285 | 사과 한 알 … 조인선 | | | | | | | | | | | | ■ | | |
| 286 | 놀고 있는 햇볕이 아깝다 … 정진규 | | | | | | | | | ■ | | | | | |
| 287 | 서해 … 이성복 | | | | | | | | ■ | | | | | | |
| 288 | 서울에 사는 평강공주 … 박라연 | | | | | | | | | | ● | | | | |
| 289 | 광고의 나라 … 함민복 | | | | | | ■ | | | | | | | | |
| 290 | 고향에 대한 민요 시편들 1 … 박산운 | ■ | | | | | | | | | | | | | |
| 291 | 한 그리움이 다른 그리움에게 … 정희성 | | | | | | | ● | | | | | | | |
| 292 | 어떤 기쁨 … 고은 | | | | | | | | | | | | | | ● |
| 293 | 가을 떡갈나무 숲 … 이준관 | | | | | | | | | | | ● | | | |
| 294 | 겨울 일기 … 문정희 | | | | | | | | | | | ■ | | | |
| 295 | 고백 … 고정희 | ■ | | | | | | | | | | | | | |
| 296 | 세한도 … 송수권 | | | | | ● | | | | | | | | | |
| 297 | 강원도의 돌 … 마종기 | | | | ● | | | | | | | | | | |
| 298 | 뿌리에게 … 나희덕 | | | ● | | | | | | | | ■ | | | |
| 299 | 일어서라 풀아 … 강은교 | | | | | ● | | | | | | | | | |
| 300 | 대숲 바람 소리 … 송수권 | | | ■ | | | | | | | | | | | |
| 301 | 까치밥 … 송수권 | | ● | | | | | | | | | | | | |
| 302 | 산성눈 내리네 … 이문재 | | | | | | | | | | | | ■ | | |

| 작품명 | 미래엔 | 교학(윤) | 교학(조) | 두산 | 비상(유) | 비상(박) | 신사고 | 지학(권) | 지학(최) | 창비 | 천재(고) | 천재(김) | 천재(정) | 해냄 |
|---|---|---|---|---|---|---|---|---|---|---|---|---|---|---|
| 303 들판이 적막하다 … 정현종 | | | | | | | | | | | | ● | ■ | |
| 304 이 사진 앞에서 … 이승하 | | ● | | | | | | | | | | | | |
| 305 두만강 돌멩이 … 윤청남 | | | | | ■ | | | | | | | | | |
| 306 푸른 곰팡이-산책시 1 … 이문재 | | | | | | | | | | ■ | | | | |
| 307 광화문, 겨울, 불꽃, 나무 … 이문재 | | | | | | | ● | | | | | | | |
| 308 너에게 묻는다 … 안도현 | | | | | | ■ | | | ■ | | | | | ■ |
| 309 멸치 … 김기택 | | | | | | | | ■ | | | | | | |
| 310 겨울 노래 … 오세영 | | | ■ | | | | | | | | | | | |
| 311 흑백 사진-7월 … 정일근 | | | | | | | | | | | | | | ● |
| 312 연탄 한 장 … 안도현 | | ■ | | | | ■ | | | | ● | | | | |
| 313 흔들리며 피는 꽃 … 도종환 | | | | | | | | | | | | ■ | | |
| 314 김광섭 시인에게 … 김유선 | | | | | | | ■ | | | | | | | |
| 315 프란츠 카프카 … 오규원 | | | | | | | | | ■ | | | | | |
| 316 옛 노트에서 … 장석남 | | | | | | | | | | | ■ | | | |
| 317 석류 … 이가림 | | | | | | | | | | | ■ | | | |
| 318 야초 … 김대규 | | | | | ■ | | | | | | | | | |
| 319 성숙 … 고재종 | | | | ● | | | | | | | | | | |
| 320 밑그림 … 김명수 | | | | | | | | | | | ■ | | | |
| 321 두물머리 … 김남주 | | | | | | | | | | | ■ | | | |
| 322 물증 … 오규원 | | | | | | | | | | | ■ | | | |
| 323 눈물은 왜 짠가 … 함민복 | | | | | | ■ | | | ■ | | | ■ | | |
| 324 성에꽃 … 문정희 | | | | ● | | | | | | | | | | |
| 325 한계령을 위한 연가 … 문정희 | | ● | | | | | | | | | | | | |
| 326 들길에서 마을로 … 고재종 | | | | | | | | | | | ■ | | | |
| 327 겨울 강가에서 … 안도현 | | | | | | | | | | | ■ | | | |
| 328 햄버거에 대한 명상 … 장정일 | | | | | | | | | | ■ | | | | |
| 329 천장호에서 … 나희덕 | | | | | ■ | | | | | | | | | |
| 330 갈대의 시 …김선태 | | | | | ■ | | | | | | | | | |
| 331 솔개-안동에서 … 김종길 | | | | | | | | | | | ■ | | | |
| 332 작은 부엌 노래 … 문정희 | | | | | | | | | | | | | ■ | |
| 333 그림엽서 … 김남조 | | | | | | | | | | | ● | | | |
| 334 외길 … 천양희 | | | | | | | | ● | | | | | | |
| 335 왜요? … 천양희 | | | | | | | | | | | ■ | | | |
| 336 풍경 달다 … 정호승 | | | | | | | | | | | | ■ | | |

| 작품명 | 미래엔 | 교학(윤) | 교학(조) | 두산 | 비상(유) | 비상(박) | 신사고 | 지학(권) | 지학(최) | 창비 | 천재(고) | 천재(김) | 천재(정) | 해냄 |
|---|---|---|---|---|---|---|---|---|---|---|---|---|---|---|
| 337 사는 일 … 나태주 | | | | | | | ■ | | | | | | | |
| 338 손 … 김남주 | ■ | | | | | | | | | | | | | |
| 339 길이 된 섬 … 정민나 | ■ | | | | | | | | | | | | | |
| 340 떨어지는 감알 … 전병구 | | | | | | | | | | | ■ | | | |
| 341 바퀴벌레는 진화 중 … 김기택 | | | | | ● | | | | | | | | | |
| 342 다리 저는 사람 … 김기택 | | | | | | | | | | | ● | | | |
| 343 지구 … 박용하 | | | | | | | | ■ | | | | | | |
| 344 비망록 … 문정희 | ● | | | | | | | | | | | | | |
| 345 음지의 꽃 … 나희덕 | | ■ | | | | | | | | | | | | |
| 346 스위치백 … 복효근 | | | | | | ■ | | | | | | | | |
| 347 백담사 … 이성선 | | | ■ | | | | | | | | | | | |
| 348 내가 사랑하는 사람 … 정호승 | | ■ | | | | | | | | | | | | |
| 349 민지의 꽃 … 정희성 | | | | | | | | | | | ■ | | | |
| 350 밤나무들의 소망 … 김윤배 | | | | | | | | | | ■ | | | | |
| 351 산길에서 … 이성부 | | | | | | | | | | | ■ | | | |
| 352 엘리베이터 … 나희덕 | | | | | | | | | | | ● | | | |
| 353 촉 … 나태주 | | | | | | | | | | | | ■ | | |

## 10 현대시 : 2000년대

● 본문 제재    ■ 본문 외 제재

| 작품명 | 미래엔 | 교학(윤) | 교학(조) | 두산 | 비상(유) | 비상(박) | 신사고 | 지학(권) | 지학(최) | 창비 | 천재(고) | 천재(김) | 천재(정) | 해냄 |
|---|---|---|---|---|---|---|---|---|---|---|---|---|---|---|
| 354 어린 시절이 기억나지 않는다 … 김기택 | | | | | | | | | | ■ | | | | |
| 355 순간의 꽃 … 고은 | | ● | | | | | | | | | | | | |
| 356 데드마스크 … 허만하 | | ● | | | | | | | | | | | | |
| 357 모비 딕 … 이형기 | | | | | ■ | | | | | | | | | |
| 358 시가 내게로 왔다 … 김용택 | ■ | | | | | | | | | | | | | |
| 359 힘내라, 네팔 – 외국인을 위한 한국어 초급반 1 … 한명희 | | | | | | | | | | | | ■ | | |
| 360 절규 … 이장욱 | | | | | | | | | | | ● | | | |
| 361 우포늪 왁새 … 배한봉 | | | | | | | | ● | | | | | | |
| 362 아이를 키우며 … 렴형미 | | | | | | | | | | ● | | | | |

| 작품명 | 미래엔 | 교학(윤) | 교학(조) | 두산 | 비상(유) | 비상(박) | 신사고 | 지학(권) | 지학(최) | 창비 | 천재(고) | 천재(김) | 천재(정) | 해냄 |
|---|---|---|---|---|---|---|---|---|---|---|---|---|---|---|
| 363 사랑은 야채 같은 것 … 성미정 | | | | | | | | | | | ■ | | | |
| 364 묵죽 … 손택수 | | | ■ | | ■ | | | | | | | | | |
| 365 단단한 고요 … 김선우 | | | | | | | | | | | ● | | | |
| 366 감자 먹는 사람들 … 김선우 | | | | | | | | | | | | | | ● |
| 367 귀로 쓴 시 … 이승은 | | | | | ■ | | | | | | | | | |
| 368 간격 … 안도현 | | | | | | | | | | | ● | | | |
| 369 무식한 놈 … 안도현 | | | | | | | | | | | | | ■ | |
| 370 맨발 … 문태준 | | | | | ■ | | | | | | | | | |
| 371 둥근, 어머니의 두레밥상 … 정일근 | | | | | | | | ■ | | | | | | |
| 372 찬밥 … 문정희 | | | | | | | | ● | | | | | | |
| 373 흙 … 문정희 | | | | | | | | | ● | | | | | |
| 374 첫사랑 … 고재종 | | | | | | | | | | | | | | ● |
| 375 딸에게 … 오세영 | | | | | | | | | | | ■ | | | |
| 376 떡집을 생각하며 … 권혁웅 | | | | | | | | | | | ■ | | | |
| 377 오늘은 일찍 집에 가자 … 이상국 | | | | | | | | | ■ | | | | | |
| 378 석류 … 안도현 | | | | ● | | | | | | | | | | |
| 379 소 … 김기택 | | | | | | | | | | | | ■ | | |
| 380 벽 … 김기택 | | | | | | | | | | | | | | ■ |
| 381 그림자 … 함민복 | ■ | | | | | | | | | | | | | |
| 382 사과를 먹으며 … 함민복 | | ■ | | | | | | | | | | | | |
| 383 밭 … 정우영 | ● | | | | | | | | | | | | | |
| 384 스테이플러 … 윤성택 | | | | | | | | | | | ■ | | | |
| 385 연변 1-천지꽃과 백두산 … 석화 | | | | | | | | ■ | | | | | | |
| 386 연변 2-기적소리와 바람 … 석화 | | | | ■ | | | | | | | | | | |
| 387 불법 체류자들 … 박후기 | | | | | | | | | | | ■ | | | |
| 388 퇴근 시간 … 문정희 | | | | | | | | ● | | | | | | |
| 389 잡풀 … 리상각 | | | | | | | | | | | ● | | | |
| 390 낙화, 첫사랑 … 김선우 | | | | | | | | | | | ● | | | |
| 391 원어(原語) … 하종오 | | | | | | ■ | | | | | ■ | ● | | |
| 392 붉은 얼굴로 국수를 말다 … 신용목 | | | | | | | | | | | ■ | | | |
| 393 4·3의 노래 … 문충성 | | | | | | | | | | | ■ | | | |
| 394 골목길 … 하종오 | | | | | ■ | | | | | | | | | |
| 395 동승 … 하종오 | | | | | | | | | ● | | | | | |
| 396 나팔꽃 … 정호승 | | | | | | | | | | | ■ | | | |

| | 작품명 | 미래엔 | 교학(윤) | 교학(조) | 두산 | 비상(유) | 비상(박) | 신사고 | 지학(권) | 지학(최) | 창비 | 천재(고) | 천재(김) | 천재(정) | 해냄 |
|---|---|---|---|---|---|---|---|---|---|---|---|---|---|---|---|
| 397 | 새장 같은 얼굴을 향하여 … 최승호 | ■ | | | | | | | | | | | | | |
| 398 | 흥보가 … 윤제림 | | | | | | | | | | | ■ | | | |
| 399 | 세한도 … 도종환 | ■ | | | | | | | | | | | | | |
| 400 | 별을 굽다 … 김혜순 | | | | | | | | | | | ● | | | |
| 401 | 밴드와 막춤 … 하종오 | ● | | | | | | | | | | | | | |
| 402 | 신분 … 하종오 | | | | | | | | ● | | | | | | |
| 403 | 시내 버스 정류장에서 … 하종오 | | | | | | | | | | | ● | | | |
| 404 | 새와 산 … 이오덕 | | | | | | | | | | | ■ | | | |
| 405 | 아름다운 위반 … 이대흠 | | | | | | ■ | | | | | | | | |
| 406 | 벽, 멈추어 서 버린 그곳 – 하관 … 오남구 | | | | | | | | | ■ | | | | | |
| 407 | 탄생 … 박현수 | | | | | | | | | ■ | | | | | |

## 11 현대시조

● 본문 제재    ■ 본문 외 제재

| | 작품명 | 미래엔 | 교학(윤) | 교학(조) | 두산 | 비상(유) | 비상(박) | 신사고 | 지학(권) | 지학(최) | 창비 | 천재(고) | 천재(김) | 천재(정) | 해냄 |
|---|---|---|---|---|---|---|---|---|---|---|---|---|---|---|---|
| 408 | 뵈오려 못 뵈는 님 … 이은상 | | | | | | | | | | | | ■ | | |
| 409 | 가고파 … 이은상 | | | | | | | | | | | | | ■ | |
| 410 | 송별 … 이병기 | | | | | | | | | | | ■ | | | |
| 411 | 난초 4 … 이병기 | ■ | | | ● | | | | | ● | | ■ | | | |
| 412 | 박연폭포 … 이병기 | | | | | | | | | | | | | ● | |
| 413 | 야시 … 이병기 | | | | | | | | | ● | | | | | |
| 414 | 달밤 … 이호우 | | | | | ■ | | | | | | | | | |
| 415 | 백자부 … 김상옥 | | | | ■ | | | | | | ● | | | | |
| 416 | 상치 쌈 … 조운 | | | | | | | | | | | | | | ● |
| 417 | 난초 잎 … 조운 | | | | | | | | | | | ■ | | | |
| 418 | 서해상의 낙조 … 이태극 | | | | | | | ● | | ■ | | | | | |
| 419 | 개화 … 이호우 | | | ■ | | | | | | | | | | | |
| 420 | 고무신 … 장순하 | | | ■ | | | | | | | | | ■ | | |

# 제3절 임용시험 현대시 기출문제 작품

〈해커스 임용 최병해 문학 기출문제분석집〉에서 아래 기출문제 번호를 통해 확인할 수 있습니다.

| 시대 | 문항번호 | 출제 시인 및 작품 | 출제년도 |
|---|---|---|---|
| 개화기 | A1 ~ A3 | 최남선 「꽃 두고」 / 서정주 「꽃밭의 독백」 | 2004년 10번 |
| 1920년대 | A4 ~ A6 | 주요한 「불놀이」 / 정지용 「장수산」 / 오장환 「어포」 | 2002년 7-1번 |
| | A7 | 『백조』 창간호 실린 작품 | 2009년 대비 모의 35번 |
| | (A39) | 이상화 「통곡」 - 1930년대 시기 제시 / 이육사 「절정」 | 1997년 10번 |
| | A8 | 김소월 「산유화」 | 2015년 9번 |
| | A9 ~ A10 | 김소월 「접동새」 | 1999년 5월 11번 |
| | A11 | 김소월 「접동새」 | 2009년 36번 |
| | A12 ~ A13 | 김소월 「왕십리」 / 심훈 「그날이 오면」 | 2013년 34 ~ 35번 |
| | (A60) | 김소월 「길」 - 1970년대 시기 제시 / 고은 「문의 마을에 가서」 | 2009년 대비 모의 2차 논술형 4번 |
| | A14(= B76) | 한용운 「꽃싸움」 / (양귀자 「비 오는 날은 가리봉동에 가야 한다」) | 2009년 2차 논술형 4번 |
| 1930년대 | A15 | 정지용 「호랑나비」 | 2011년 36번 |
| | A16 ~ A17 | 정지용 「인동차」 / 신경림 「목계장터」 | 2014년 12 ~ 13번 |
| | (A4) | 정지용 「장수산」 - 1920년대 시기 제시 / 주요한 「불놀이」 / 오장환 「어포」 | 2002년 7-3번 |
| | (A34) | 정지용 비평 「조선시의 반성」 / 조지훈 「민들레꽃」, 비평 「순수시의 지향」 | 1999년 8-1번 |
| | A18 ~ A19 | 김영랑 「끝없는 강물이 흐르네」 / 「동백닢에 빗나는 마음」 / 「오-매, 단풍 들것네」 | 2005년 19 ~ 20번 |
| | A20 ~ A21 | 김영랑 「끝없는 강물이 흐르네」 | 2012년 35 ~ 36번 |
| | A22 | 박용철 비평 「기교주의설의 허망」 | 2009년 대비 모의 33번 |
| | A23 | 김기림 「바다와 나비」 | 2009년 대비 모의 36번 |
| | A24 ~ A25 | 김기림 「바다와 나비」 / 「세계의 아침」 | 2001년 10-1 ~ 10-2번 |
| | (A1 ~ A3) | 서정주 「꽃밭의 독백」 - 개화기 시기 제시 / 최남선 「꽃 두고」 | 2004년 10번 |
| | (A12) | 심훈 「그날이 오면」 / 김소월 「왕십리」 | 2013년 34 ~ 35번 |
| | A26 ~ 27 | 이용악 「우라지오 가까운 항구에서」 / 기형도 「바람의 집 - 겨울 판화1」 | 2011년 34 ~ 35번 |
| | A28(= B18) | 이용악 「전라도 가시내」 / 염상섭 「삼대」 | 2012년 2차 논술형 4번 |
| | A29 ~ A30 | 백석 「고향」 | 2009년 33번 |
| | A31 (= B5, D20) | 백석 「남신의주유동박시봉방」 / (이광수 「무정」 / 어우야담 '홍도') | 2015년 B형 논술형 2번 |

| | | | |
|---|---|---|---|
| | A32<br>(= B30) | 오장환 「모촌」 / (박태원 「천변풍경」) | 2015년 서술형 3번 |
| | (A4) | 오장환 「어포」 – 1920년대 시기 제시 /<br>주요한 「불놀이」 / 정지용 「장수산」 | 2002년 7-2번 |
| 1940년대<br>및<br>해방직후 | A33 | 조지훈 「승무」 | 2012년 33번 |
| | A34 ~ A35 | 조지훈 「민들레꽃」, 비평 「순수시의 지향」,<br>정지용 비평 「조선시의 반성」 | 1999년 8번 |
| | A36 | 박목월 「산도화」 | 2016년 기입형 8번 |
| | A37<br>(= B70) | 윤동주 「길」 / (문순태 「징소리」) | 2010년 2차 논술형 4번 |
| | A38 | 이육사 「청포도」 | 2010년 38번 |
| | A39 | 이육사 「절정」 / 이상화 「통곡」 | 19997년 10번 |
| | A40<br>(= B63) | 이육사 「교목」 / (이호철 「큰 산」) | 2013년 2차 4번 |
| | A41 ~ A42 | 이용악 「막차 갈 때마다」 /<br>황지우 「너를 기다리는 동안」 | 2008년 21 ~ 22번 |
| 1950년대 | A43 ~ A44<br>(= B50 ~ B51) | 박봉우 「휴전선」 / (손창섭 「비 오는 날」) | 2010년 35 ~ 36번 |
| | A45 | 김종삼 「민간인」 | 2013년 36번 |
| | (A67) | 김현승 「플라타나스」 | 2017년 B형 논술형 8번 |
| | A46 | 김춘수 「꽃」, 「꽃을 위한 서시」 | 2016년 B형 서술형 7번 |
| 1960년대 | A47 ~ 48 | 박목월 「이별가」 | 2007년 21 ~ 22번 |
| | A49 | 박목월 「이별가」 | 2009년 대비 모의 34번 |
| | A50 | 서정주 「신부」 | 2010년 34번 |
| | (A68) | 박재삼 「봄바다에서」 / 송수권 「산문에 기대어」 | 2016년 B형 논술형 8번 |
| | A51 | 김수영 「풀」 | 1998년 10번 |
| | A52 | 김수영 비평 「시여, 침을 뱉어라」 | 2011년 33번 |
| | A53 ~ A54 | 신동엽 「껍데기는 가라」 | 2000년 9-1 ~ 9-2번 |
| | A55 | 신동엽 「종로 5가」 | 2012년 34번 |
| 1970년대 | A56 | 황동규 「조그만 사랑 노래」 / 「더 조그만 사랑노래」 | 2009년 35번 |
| | A57(= B22) | 황동규 「즐거운 편지」 / 이태준 「복덕방」 | 2011년 2차 4번 |
| | A58 | 황동규 「기항지」 / 신경림 「가난한 사랑노래」 | 2003년 9-1번 |
| | (A68) | 송수권 「산문에 기대어」 / 박재삼 「봄바다에서」 | 2016년 B형 논술형 8번 |
| | A58 ~ A59 | 신경림 「가난한 사랑노래」 / 황동규 「기항지」 | 2003년 9-1 ~ 9-2번 |
| | (A16 ~ A17) | 신경림 「목계장터」 – 1930년대 시기 제시 /<br>정지용 「인동차」 | 2014년 12 ~ 13번 |
| | A60 ~ A61<br>(= B9 ~ B10) | 고은 「문의 마을에 가서」 / 김소월 「길」 /<br>(염상섭 「만세전」) | 2009년 대비<br>모의 논술형 4번 |
| 1980년대 | A62 | 김광규 「희미한 옛사랑의 그림자」 | 2006년 23번 |
| | A63(= B55) | 김광규 「희미한 옛사랑의 그림자」 /<br>(안수길 「제3인간형」) | 2016년 B형 논술형 8번 |

|  |  |  |  |
|---|---|---|---|
|  | A64 | 황지우 「새들도 세상을 뜨는구나」 | 2013년 37번 |
|  | (A42) | 황지우 「너를 기다리는 동안」 /<br>이용악 「막차 갈 때마다」 – 해방직후 시기 제시 | 2008년 21 ~ 22번 |
|  | A65(= C55) | 정호승 「맹인 부부 가수」 / 유응부 「간 밤에 부는」 /<br>사설시조 「천한코 설심한 날에 –」 | 2015년 4번 |
|  | (A26) | 기형도 「바람의 집 – 겨울 판화1」 / 이용악<br>「우라지오 가까운 항구에서」 – 1930년대 시기 제시 | 2011년 34번 |
| 1990년대 | A66 | 김기택 「유리에게」 | 2014년 A형 서술형 6번 |
| 기타 | A67 | 김현승 「플라타나스」 | 2017년 B형 논술형 8번 |
|  | A68 | 송수권 「산문에 기대어」 / 박재삼 「봄바다에서」 | 2017년 A형 논술형 13번 |

〈보충〉 현대시 시대·유파·시인에 따른 출제 작품 찾아보기

| 시사의 흐름 | 유파 | 시인 | 출제 시인 및 작품 |
|---|---|---|---|
| 개화기 | 계몽주의 | 최남선 | 「꽃 두고」(A1 ~ A3) |
| 1920년대 | 상징주의·자유시 | 주요한 | 「불놀이」(A4, A62) |
|  | 낭만주의 | – | 『백조』 창간호(A7) |
|  | 낭만주의·카프 | 이상화 | 「통곡」(A39) |
|  | 김소월 | 김소월 | 「산유화」(A8), 「접동새」(A9 ~ A10), 「접동새」(A11), 「왕십리」(A12 ~ A13), 「길」(A60) |
|  | 한용운 | 한용운 | 「꽃싸움」(A14 = B76) |
| 1930년대 | 이미지즘<br>(모더니즘) | 정지용 | 「장수산」(A4), 「호랑나비」(A15), 「인동차」(A16 ~ A17),<br>비평 「조선시의 반성」(A34 ~ A35) |
|  | 시문학파 | 김영랑 | 「끝없는 강물이 흐르네」, 「동백닙에 빛나는 마음」, 「오–매, 단풍 들것네」(A18 ~ A19), 「끝없는 강물이 흐르네」(A20 ~ 21) |
|  |  | 박용철 | 비평 「기교주의설의 허망」(A22) |
|  | 모더니즘 | 김기림 | 「바다와 나비」(A23), [바다와 나비], 「세계의 아침」(A24 ~ A25) |
|  | 인생파 | 서정주 | 「꽃밭의 독백」(A1 ~ A3), 「신부」(A50) |
|  | 저항시 | 심훈 | 「그날이 오면」(A12) |
|  | 자오선 동인 | 오장환 | 「모촌」(A32 = B30), 「어포」(A4) |
|  | 유파 외의 시 | 백석 | 「고향」(A29 ~ A30), 「남신의주유동박시봉방」(A31 = B5) |
|  |  | 이용악 | 「우라지오 가까운 항구에서」(A26 ~ A27), 「전라도 가시내」(A28 = B18), 「막차 갈 때마다」(A41 ~ A42) |
| 1940년대 및<br>해방직후 | 저항시 | 윤동주 | 「길」(A37 = B70) |
|  |  | 이육사 | 「청포도」(A38), 「절정」(A39), 「교목」(A40 = B63), |
|  | 청록파 | 조지훈 | 「승무」(A33), 「민들레꽃」, 비평 「순수시의 지향」(A34 ~ A35) |
|  |  | 박목월 | 「산도화」(A36), 「이별가」(A49), 「이별가」(A47 ~ A48) |
| 1950년대 | 모더니즘 | 김종삼 | 김종삼 「민간인」(A45), 김현승 「플라타나스」(A67) |
|  |  | 김춘수 | 「꽃」, 꽃을 위한 서시」(A46) |
|  |  | 김현승 | 「프라타나스」(A67) |
|  | 참여시(분단) | 박봉우 | 「휴전선」(A43 / A44(B50 / B51)) |

| 연대 | 사조 | 작가 | 작품 |
|---|---|---|---|
| 1960년대 | 순수시 | 박재삼 | 「봄바다에서」(A68) |
| | 참여문학 | 김수영 | 비평 '시여, 침을 뱉어라'(A50), 「풀」(A51) |
| | | 신동엽 | 「껍데기는 가라」(A53 ~ A54), 「종로 5가」(A55) |
| 1970년대 | 민중·민족 문학 | 신경림 | 「목계장터」(A16 ~ A17), 「가난한 사랑노래」(A56) |
| | | 고은 | 「문의마을에 가서」(A60 / A61(B9 / B10)) |
| | 모더니즘·기타 | 황동규 | 「조그만 사랑 노래」, 「더 조그만 사랑노래」(A56), 「즐거운 편지」(A57(B22)), 기항지(A58) |
| | | 송수권 | 「산문에 기대어」(A68) |
| 1980년대 | 민족문학 (모더니즘 포함) | 김광균 | 「희미한 옛사랑의 그림자」(A62) 「희미한 옛사랑의 그림자」(A63(B55) |
| | | 황지우 | 「너를 기다리는 동안」(A42), 「새들도 세상을 뜨는구나」(A64) |
| | | 정호승 | 「맹인 부부 가수」(A65(C55)) |
| | 모더니즘 | 기형도 | 「바람의 집 – 겨울 판화1」(A26) |
| 1990년대 | 모더니즘 | 김기택 | 「유리에게」(A66) |

임용고시 합격의 기준,
**해커스 임용 teacher.PASS.com**

해커스 임용 최병해 현대시

# 제2편
## 현대시의 흐름 이해 및 작품 감상

임용고시 합격의 기준,
**해커스 임용 teacher.PASS.com**

해커스 임용 **최병해 현대시**

# 제 1 장

## 현대시의 흐름

제1절 현대문학사
제2절 개화기
제3절 1920년대
제4절 1930년대 ~ 일제 암흑기
제5절 해방 직후
제6절 1950년대
제7절 1960년대
제8절 1970 ~ 1980년대
제9절 1990년대 이후

# 제 1 절 현대문학사

## 기출문제

〈해커스 임용 최병해 문학 기출문제분석집〉에서 아래 기출문제를 통해 확인할 수 있습니다.

| 문제 유형 | 문제 번호 |
| --- | --- |
| 현대문학사 일반 문제 | A2 / B39 / B6 ~ B7 / B13 / A24 / A16 / B23 / B17 / B26 / B45 / A7 |
| 문학사적 의의 관련 문제 | B4 / A13 / B56 |

# 제 2 절 개화기

> | 출제 방향 |
> - 개화기 작품의 시대 배경 (사회·문화적 상황)
> - 작품 속에서 개화기의 사회·문화적 상황 찾기
> - 개화기의 문학사적 배경, 시가사적 특징
> - 개화기 문학에 나타난 시가의 유파 또는 갈래의 특징, 자유시의 형성 과정
> - 개화기 주요 시가 작품의 문학사적 의의 및 한계

## 1. 시대
(1) 역사적 격동기 : 갑오개혁 이후 ~ 을사조약 ~ 1910년 경술국치에 이르는 시기였다.
(2) 근대화와 문호 개방의 소용돌이 : 근대식 교육 기관의 설립과 신문·잡지의 발행으로 사회적 변혁의 분위기가 고조되었다.
(3) 독립된 주권 국가의 자주권 확보를 위한 노력이 있었다.
(4) 급박한 시대에 대응하려는 지식인의 계몽 의식이 확산되었다.

## 2. 문학
(1) 계몽적 이념성을 강조하는 내용이 주를 이룬다.
(2) 애국계몽기(1905~1910) 문학 : 민족 의식 및 반봉건 의식이 강하게 표출되었다.
(3) 소설 및 서사 문학
  ① 문명개화 및 자주 독립에 대한 인식
  ② 문어체에서 언문일치에 가까운 문장
(4) 시가 : 새로운 장르를 모색하였다.
  예 개화가사, 창가, 신체시
(5) 자유시와 근대 소설에 대한 모색이 이루어진다.
(6) 서구 문학의 영향으로 고전 문학의 갈래들이 급격히 쇠퇴하였다.

## 3. 개화기 시가
(1) 개화가사
  ① 4음보 가사체에 개화기의 새로운 사상을 노래하였다.
  ② 전문적 지식 없이 누구나 쓸 수 있고, 우리 사회의 쟁점과 변화에 민감하게 반응할 수 있어서 분량이 많다.
  ③ 내용
    ㉠ 「독립신문」의 애국가류 – 문명개화 찬미
    ㉡ 「대한매일신보」의 우국가류 – 날카로운 현실 비판, 애국 계몽과 자주 독립, 냉혹한 국제 질서에 대한 반성 촉구

④ 형식
- ㉠ 「독립신문」의 애국가류 – 4음보를 유지하며, 새로운 형식의 모색으로, 전대의 가사보다 길이를 짧게 하거나, 분절체로 드러내거나, 후렴을 붙이는 경우가 있음
- ㉡ 「대한매일신보」의 우국가류 – 4음보로 길게 이어지는 전통 가사 형식의 장편 시가

⑤ 의의: 가사와 창가의 징검다리 역할, 전래의 형식을 시대에 맞게 새로운 형태로 드러냈다.

### (2) 창가
① 가창을 전제로 한 시 형식이다.
② 개화가사의 변모 과정에서 기독교 찬송가와 서양 음악 등과 결합하여 형성된 노래이다.
③ 형식: 초기에는 4음보가 있었지만, 주로 층량 3보격(6·5, 7·5, 8·5조)으로 이루어졌다.
④ 내용: 문명개화의 필요성, 신교육 예찬, 새로운 사조를 예찬하고 선전한다.
⑤ 개화가사와 신체시를 연결하는 구실을 한다.

### (3) 신체시
① 새로운 형식의 노래라는 의미 – 새로운 형식은 음보의 정형률에서 벗어나 자유시를 지향하는 성격을 의미한다.
② 정형시에서 자유시로 넘어가는 과도기적 형태이다.
③ 새 시대에 대한 의욕, 소년에 대한 계몽 등의 계몽적 내용을 다룬다.
④ 대표작: 최남선 「해에게서 소년에게」, 「구작 3편」, 「꽃 두고」, 이광수 「우리 영웅」 등이 있다.
⑤ 한계
- ㉠ 여섯 연이 똑같은 구조로 정형시적 특징을 가진다.
- ㉡ 개인의 정서가 아닌 문명 개화라는 사회적 이념을 노래했다.

---

**기출문제**  〈해커스 임용 최병해 문학 기출문제분석집〉에서 아래 기출문제를 통해 확인할 수 있습니다.

| 시대 | 유파 | 작가 | 출제 작품 | 문제 번호 |
|---|---|---|---|---|
| 개화기 | 계몽주의 | 최남선 | 꽃두고 | A1 ~ A3 |

# 제3절 1920년대

> **| 출제 방향 |**
> - 1920년대 작품의 시대 배경 (사회·문화적 상황)
> - 작품 속에서 1920년대의 사회·문화적 상황 찾기
> - 1920년대의 문학사적 배경, 문학사의 특징, 시가사적 특징
> - 1920년대 문학에 나타난 시의 유파의 특징, 문예사조의 특징
> - 1920년대 문학 동인지의 특징
> - 1920년대 시 작품의 문학사적 의의 및 한계

## 1. 시대

(1) 3·1 운동의 실패
전민족적 역량이 분출되었고, 실패로 인해 좌절감을 느꼈으나, 민족 해방운동의 새로운 방향을 모색하는 계기가 되었다.

(2) 일제 강점기 정책과 민족 탄압
토지의 상실, 유이민의 발생, 궁핍한 삶의 현실을 나타낸다.

(3) 사회단체의 결성과 사회주의 사상을 수용한 문학의 등장
다양한 단체가 나타난다.

## 2. 문학

(1) 3·1 운동 실패로 인한 문학 전반에 좌절, 우울의 분위기가 강하게 나타남
(2) 서구 문예사조가 일본을 통해 유입되고, 많은 동인지가 발간되면서 동인지 중심의 문예활동이 이어짐
(3) 1910년대 강조되던 계몽성을 지양하고 시와 소설에서 순문학적 태도를 취함
(4) 근대 사실주의 소설이 확립되었고, 문체 면에서 김동인에 의해 언문일치가 완성됨
(5) 시인들에게서 자유시에 대한 인식이 나타남
(6) 문학인의 저변 확대
  ① 동인지의 속출
  「폐허」를 필두로 하여 「장미촌」, 「백조」, 「금성」, 「영대」, 「조선문단」 등의 문학 동인지가 속출하고, 종합지인 「개벽」과 「동아일보」, 「조선일보」 등이 발간됨으로써 전문적인 문학인의 수가 급격히 늘어났다.
  ② 문학 의식의 심화
  동인지의 속출에 따라 유파가 형성되고, 본격적 비평 활동을 포함한 장르별 분화가 뚜렷해지는 등 문학 의식이 심화되고, 다양한 활동이 전개되었다.
(7) 본격적 현대문학의 대두
  ① 앞 시대에 싹트기 시작했던 교훈주의적 문학에 대한 반발이 뚜렷해져서 예술로서의 문학의 본격적인 현대성이 추구되었다.
  ② 서구문학의 본격적 수용이 더욱 활발해지고, 이와 아울러 우리의 전통문학의 계승 의지도 뚜렷이 나타나게 되었다.

(8) 계급 문학의 대두 : 중반 이후에는 신경향파, 카프문학이 나타나 많은 영향을 미쳤다.
  ① 카프(KAPF)의 결성
    1920년대 초부터 사회주의 문학사상의 수용으로 인한 신경향파 문학 운동이 산발적으로 전개되다가, 카프(KAPF)의 결성과 함께 조직적 계급 문학 운동으로 형성되었다.
  ② 국민 문학파의 대립
    문학을 정치에 예속시키고 예술의 독자성을 부인하는 카프의 경향에 반발을 일으켜 국민 문학파가 등장하였고 이에 문학론의 대립 현상이 나타났다. 후에 이것은 우리 문학의 발전에 중요한 계기가 되었다.

> **참고**
>
> 1. 1920년대 전반
>    ① 앞 시대의 교훈주의적 문학에 대한 반발이 뚜렷해져서 예술로서의 문학에 대한 인식이 일어났다.
>    ② ≪태서문예신보≫ 등의 잡지 간행과 일본 유학생들에 의해 서구 문학에 대한 이해가 심화되었다.
>    ③ 시에서 상징과 음악성이 중시되고, 작시법에 관심을 기울였으며, 이미지에 의한 표현 등이 나타났다. → 상징주의
>    ④ 3·1 운동의 실패로 좌절, 우울, 슬픔, 상실, 방황 등을 담은 애상, 감상적 퇴폐적 성격을 지닌 낭만주의 경향이 나타났다.
>    ⑤ 동인지가 유행하여 문단이 형성되었으며, '창조', '폐허', '장미촌', '백조' 등의 동인지 활동이 이루어졌다.
>    ⑥ 이광수를 지나면서 김동인에 이르러 근대적 소설 문체가 확립되었으며, 소설 기법이 발전했고, 사실주의 경향이 강하게 대두되었다.
>
> 2. 1920년대 후반
>    ① 카프가 결성되면서 목적의식에 의해 계급문제를 다룬 시와 소설이 창작되었다.
>    ② 양주동, 염상섭 등이 민족주의 문학관과 계급주의 문학관의 절충론을 제시했다.
>    ③ 외국문학을 공부하던 유학생들이 '해외문학' 기관지를 내며 해외문학파를 결성했다.
>    ④ 훈민정음 반포일을 가갸날로 정하고 이광수, 박종화 등에 의해 역사 소설 창작이 이루어졌다.
>    ⑤ 전통적인 문화 유산의 계승과 역사 탐구를 강조하고, 민족 정체성 회복의 중요성을 주장하여 복고적 성향을 강하게 지닌 시기였다.
>    ⑥ 민족주의 계열 ≪조선문단≫, 절충주의 계열 ≪문예공론≫, 카프 계열 ≪조선문예≫ 등의 종합문예지가 발간되었다.

## 3. 1920년대의 시

(1) 1920년대 초기
  ① 좌절, 우울, 슬픔의 내용을 지닌 상징주의가 있었다.
  ② 애상적, 감상적 퇴폐적 성격을 지닌 낭만주의 경향을 보였다.
    예 박영희, 홍사용, 이상화 등의 〈백조〉 동인
(2) 1920년대 중반 : 사회주의 사상을 바탕으로 한 신경향파, 카프시
  ① 노동자 농민의 궁핍한 삶을 드러냈다.
  ② 계급 간의 대립, 민족 문제를 드러냈다.
  ③ 어려운 현실 속 결의를 전망한다.
(3) 신경향파, 카프에 대한 반동으로 국민주의 문학 형성
(4) 김소월·한용운의 시가 가장 성과를 보임

## 4. 시의 유파

### (1) 자유시 운동 (근대시)
① 이전의 정형시에서 벗어나 자유로운 시 형태를 지향 – 서구 문학을 소개한 ≪태서문예신보≫ 등의 잡지 간행과 유학생들에 의한 서구 문학에 대한 이해의 심화에 힘입어 자유시에 대한 관심이 고조되었다.
② 내용면에서 전 시대의 계몽의식으로부터 탈피하여 (근대적) 개인의 정서를 담았고, 형식면에서 정형성(음보율)을 탈피한 시이다.
③ 운율에 대한 새로운 모색과 실험 정신을 추구했다.
④ 관습적 형태에서 벗어나 미의식의 표현에 집착했다.
⑤ 서구의 상징주의 시와 시론의 소개를 통해, 개성적 내면 탐구와 사물에 대한 감각적 조응의 시적 태도를 지닌다.
→ 상징주의 시운동과 밀접한 관련
⑥ 외래적 : 창가, 신체시 → 자유시 / 내재적 : 사설시조, 잡가 → 자유시
⑦ 주요한, 황석우, 김억 등의 활동 – 김억의 「봄은 간다」, 주요한의 「불놀이」를 최초의 자유시로 보기도 한다.

### (2) 상징주의
① 프랑스 상징주의를 일본을 통해 수용했다.
② 김억의 ≪태서문예신보≫(1918)가 중요한 역할을 했으며, 황석우, 주요한 등도 함께 수용했다.
③ 상징주의의 특징은 다음과 같다.
  ㉠ 상징적 표현 중시
  ㉡ 시의 음악성(운율) 중시
  ㉢ 자유시 운동을 일으킴
  ㉣ 작시법에 의한 시 창작
  ㉤ 이미지에 의한 표현 등
④ 당시 수용 주체들이 '상징'의 의미를 '무언가 모호한 것, 불명확한 것' 등으로 인식하여 김억, 주요한, 황석우 등의 초기 시는 시적 상황이 모호한 것으로 나타난다.

### (3) (애상적) 낭만주의
① 서구의 낭만주의는 개인의 개성(감성)을 어떠한 인위적 제약도 없는 상태에서 자유롭게 발현시키는 것을 위주로 했다. 그래서 개인 중심적이며, 따라서 개인의 정서, 정열 등을 중시하고, 감상적이고 주관적인 색채가 두드러진 자유분방한 문체를 위주로 하며, 상상력을 극단적으로 옹호하고 위대한 개인, 즉 천재를 숭배하는 경향을 지니며, 반항 정신과 이상주의를 강하게 지닌다.
② 우리나라에서는 일본을 통해 수용되었고, 3·1 운동의 실패로 인한 민족적 좌절감 속에서 개인주의적, 감상적, 퇴폐적 경향을 보이는데, 이것은 일제 식민지하의 좌절 및 도피의 양상 또는 개인주의 및 자유주의가 팽배하는 양상을 다룬 것이다.
③ 이전 시기와 비교할 때, '민족', '계몽' 등의 내용을 벗어나 '개인의 감정'을 위주로 한다.
④ 상실, 현실 부정, 죽음, 꿈, 무덤, 밀실, 동굴, 침실, 장미촌 등의 소재가 많으며, 산문투의 서술적 문체와 영탄적 어조가 두드러진다.
⑤ 퇴폐적, 유미적, 허무적, 감상적 경향과 함께 자연으로의 도피 및 체념과 무상감을 드러낸 경우가 많다.
⑥ ≪창조≫, ≪폐허≫지에 이은 ≪장미촌≫, ≪백조≫ 등의 시 동인지에서 많이 나타났으며, 박영희 「월광으로 짠 병실」, 황석우 「장미촌의 향연」, 이상화 「나의 침실로」, 홍사용 「나는 왕이로소이다」, 박종화의 「사의 찬미」, 「흑방비곡」 등의 작품이 있다.

### (4) 신경향파시, 카프시
① 형성 배경
  ㉠ 국내 지식인들의 일본 유학을 통한 사회주의 사상이 유입되었다.
  ㉡ 3·1 운동 이후 일제에 저항하려는 다양한 사회단체가 결성되었다.
  ㉢ 카프의 결성과 사회주의 문학 이론이 도입되었다.

② 특징
　　㉠ 1920년대의 낭만주의 문학을 비판하며 사회주의 색채를 띤 시이다.
　　㉡ 노동자, 농민의 빈궁한 삶을 소재로 했다.
　　㉢ 계급 간의 대립을 드러내거나 식민지하 민족의 비참한 상황을 담고 있다.
　　㉣ 어려운 현실 속 결의나 미래에 대한 전망을 담아낸다.
　　㉤ 현실에 대한 막연한 울분으로부터 조선의 당대 현실에 대한 인식과 저항 의식으로 확대된 시적 인식을 보여주지만, 사회주의 사상의 주입·선전을 목적으로 하는 선전·선동의 구호나 개념 표현이 많다.
　　㉥ 시에서는 신경향파시와 카프시를 크게 구분하지 않는다.
　　　　예 임화 「우리 오빠와 화로」·「네거리의 순이」, 김기진 「한 개의 불빛」, 박팔양 「밤차」, 박세영 「산제비」 등

(5) 민족주의 문학
　① 계급주의 문학에 대하여 민족주의 문학을 주장하던 계열에서 전통적 가치를 존중한 국민문학 운동을 말한다. 1926년 훈민정음 반포 기념일을 '가갸날'로 (1928년 한글날로 고침) 제정하고 국어연구와 시조 부흥 운동을 전개했다. 이광수, 김동인, 염상섭, 양주동 등이 있다.
　② 신경향파, 카프 문학에 대한 대항 의식에서 성립했으며, 카프 문학이 세계주의를 표방함에 대해 '국민 문학', 또는 '민족주의'를 내세웠다.
　③ 전통적인 문화 유산의 계승과 역사 탐구를 강조하고, '조선적인 것', '조선혼'을 탐구하며 국수주의적, 복고적 성향을 강하게 지녔다. 민족 정체성 회복의 중요성을 주장했으나, 민족 역량의 창조적 계승에는 실패했다.
　④ 민중적 정서와 향토적 정조를 표현한 민요시 운동을 일으켰다.
　⑤ 최남선, 이병기, 이은상 등이 시조 부흥 운동을 일으켰고, 박종화 이광수 등은 역사 소설을 창작했다.
　⑥ 양주동, 염상섭 등은 '절충주의'를 주장했지만, 넓게는 이 경향에 포함되는 것으로 보기도 한다.
　⑦ 특징
　　㉠ 문학의 비계급성 주장 – 계급문학의 이념 중시에 대해 민족적인 문학 옹호
　　㉡ 문학의 전통성 옹호 – 전통 문학인 시조 부흥론의 전개와 시조 창작
　　㉢ 역사소설 창작 – 이광수에 의한 역사소설 「마의태자」, 「단종애사」 등
　　㉣ 국어에의 관심 – '가갸날'의 첫 제정 및 한글 애호 운동 전개, 국어 문법 연구 등
　　　　예 최남선, 이광수, 이병기, 이은상, 박종화, 이광수, 주요한, 정인보 등

(6) 근대적(전통적) 서정시
　① 민족적 현실에 대한 자각을 전통적인 시 정신에 입각하여 형상화하려고 했으며, 1920년대 시에서 가장 높은 형상화를 보여준다.
　② 한용운, 김소월, 김동환 등을 들 수 있다.

(7) 절충주의 문학
　　1929년 창간한 ≪문예공론≫을 중심으로 양주동, 염상섭의 태도, 계급주의의 내용과 민족진영의 형식론을 중심으로 절충을 주장하였다.
　① 절충주의: 민족주의 문학관과 계급주의 문학관의 절충론을 말한다.
　② 활동문대: 주로 ≪문예공론≫을 통해서 이론을 전개했다.
　③ 참여자: 양주동, 염상섭 등이 있다.
　④ 경과: 계급주의 계열 내부에서 시작된 형식·내용론은 김기진과 박영희의 논쟁에 절충파가 가담해 오히려 가열되었다가 결국 김기진과 박영희의 결별로 이어지고, 박영희는 카프에서 탈퇴하게 되었다. 그러나 이러한 일련의 과정은 우리 문학의 비평성을 획득하는 데 공헌하였다.

(8) 해외문학파

1926년 동경에서 외국문학을 공부하던 유학생들이 결성한 해외문학 연구에 참가한 사람들을 말한다. 김진섭, 손우성, 이하윤 등이 참가하여 기관지 ≪해외문학≫을 펴내고 장기체, 김광섭, 이헌구 등이 후에 동인으로 가담했다. 1931년에는 극예술연구회를 조직하여 1937년경까지 외국 근대극을 번역, 공연하여 신극에 공헌했다. ≪해외문학≫을 펴내면서 순수성을 옹호하였다. 이들 해외문학파는 우리나라의 현대 수필의 정립에도 공헌하게 되었다.

① 해외문학 연구회 : 1926년 도쿄에 유학중인 외국 문학 전공자들이 조직한 것으로 외국 문학을 번역·소개하기 위한 것이다. 이들을 해외문학파라 한다.
② 참여자 : 김진섭, 손우성, 이하윤, 정인섭 등이 창립 회원이고, 뒤에 이헌구, 하대훈, 김광섭 등이 동인으로 참가했다.
③ 기관지 : 1927년 기관지 ≪해외 문학≫을 창간하였다.
④ 1931년에 이들이 주축이 되어 '극예술연구회'를 조직하여 근대극 운동을 벌였고, 이들의 일부는 ≪시문학≫, ≪문예 월간≫에도 참여하였다. 1930년대 문학의 순수성 성립에 크게 작용했다.
⑤ 문학사적 공적 : 해외문학의 번역과 소개로 우리 문학의 시야를 넓혔고, 또 문학의 순수성을 옹호 및 근대극 발전에 기여했다.

## 기출문제

〈해커스 임용 최병해 문학 기출문제분석집〉에서 아래 기출문제를 통해 확인할 수 있습니다.

| 시사의 흐름 | 유파 | 시인 | 출제 시인 및 작품 |
|---|---|---|---|
| 1920년대 | 상징주의·자유시 | 주요한 | 「불놀이」(A4, A62) |
| | 낭만주의 | · | 『백조』 창간호(A7) |
| | 낭만주의·카프 | 이상화 | 「통곡」(A39) |
| | 김소월 | 김소월 | 「산유화」(A8), 「접동새」(A9~A10 / A11), 「왕십리」(A12~A13), 「길」(A60) |
| | 한용운 | 한용운 | 「꽃싸움」(A14 = B76) |

# 제4절 1930년대 ~ 일제 암흑기

> **| 출제 방향 |**
> - 1930년대 작품의 시대 배경 (사회·문화적 상황)
> - 작품 속에서 1930년대의 사회·문화적 상황 찾기
> - 1930년대 문학관의 변화 및 그것이 적용된 양상
> - 1930년대의 문학사적 배경, 문학사의 특징, 시사적 특징 (전반기 / 후반기로 나누어서도 이해)
> - 1930년대 문학에 나타난 시의 유파의 특징, 문예사조의 특징
> - 1930년대 문학 단체 및 주요 잡지의 특징
> - 1930년대 시 작품의 문학사적 의의 및 한계

## 01 1930년대 문학

### 1. 시대
(1) 일제가 만주 및 중국을 침략하고 태평양 전쟁을 일으켰음
    수탈 강화, 전민족적 궁핍
(2) 일제의 강압 통치와 함께 사상을 통제하고, 언론의 검열 강화
    만주 사변을 계기로 일제는 우리 민족에 대한 수탈과 탄압을 더욱 철저히 하고 검열 체계와 사상 통제를 강화하여 모든 사상과 행동이 경찰의 엄중한 감시하에 놓였다.
(3) 수탈과 탄압이 극심하여 전민족적 궁핍과 많은 유이민 발생
(4) 카프 등 사회 단체의 강제 해산
    KAPF의 강제 해산으로 많은 문인의 친일화, 황국신민화가 일어났던 시대이다. KAPF의 강제 해산은 문인들로 하여금 사상과 민족에 대한 관심을 문학 자체로 향하도록 하는 결과를 가져 왔다.
(5) 1930년대 말 조선어 폐지

### 2. 문학
(1) 일제의 탄압으로 인하여 민족주의 세력은 순수문학을 지향하게 되었으며 좌익 세력은 크게 위축되었음 (1930년대 초의 문학적 특징과 1930년대 중·후반의 문학적 특징 구분)
(2) 일제의 탄압으로 KAPF 해산과 구인회 형성 및 해외문학의 영향으로 계급성이 퇴조하고, 순수성 옹호 분위기가 팽배했고, '무엇'에서 '어떻게' 문제로 관심이 이전되게 됨 → 문학이 언어예술임을 자각하여 「방법상 문제」임을 주장
(3) 1930년대에 이르러 다양한 조류로 문학적 경향 분화 → 문학의 현대성 확립
(4) 시의 음악성 강조
    시문학파를 중심으로 하여 문학의 정치성이나 목적 의식을 배제한 순수 문학의 본격적인 활동이 시작되었다.
(5) 이미지즘, 모더니즘시 창작
    주지주의 문학 이론이 도입되었고, 김기림을 중심으로 한 모더니즘(modernism) 운동이 전개되었다.
(6) 정세의 경화에 따라, 생명파와 청록파가 등장하였으며, 소설에서는 현실 도피적인 태도의 농촌 소설과 우리의 현실적 문제를 구체화한 다양한 소설 등장
(7) 소설의 내면 심리를 발견하고, 다양한 소설 출현
    이상, 박태원, 이태준 등의 소설에서 내면 심리를 추구하였다. → 소설의 현대성 확립에 기여했다.

(8) 현대극의 성립 (「극예술연구회」)
    1920년대의 해외문학파들을 중심으로 현대극 운동이 활발히 전개되었다. 사실주의 연극이 정립되었다.
(9) 본격적으로 수필 문학 시작
(10) 일제의 지속적인 탄압으로 친일적 경향을 보이는 경우가 많았으며, 그 후 조선어의 폐지로 해방 시기까지 암흑기로 이어짐

> **참고**

1. 1930년대 전반
   ① 일제의 탄압으로 인하여 민족주의 세력은 순수문학을 지향하게 되었으며 좌익 세력은 크게 위축되어 다양한 경향으로 분화하는 계기가 되었다.
   ② KAPF가 유명무실해지면서 문인들이 '무엇'에서 '어떻게'의 문제에 관심을 갖기 시작했다.
   ③ 문학의 목적성을 비판하면서 등장한 시문학파의 활동으로 문학의 언어미에 대한 자각이 있었다.
   ④ 1933년 모더니즘을 추구한 문인들에 의해 구인회가 결성되어 문학의 순수성 및 모더니즘 문학을 추구했다.
   ⑤ 시와 소설에서 모더니즘에 대한 논의가 있었고, 그것을 바탕으로 다양한 창작이 이루어졌다. (1930년대 전·중반)
   ⑥ 인생파나 전원파의 활동이 있었고, 풍자 소설, 농민 소설 논의와 함께 작품이 나타났다. (1930년대 중반)

2. 1930년대 후반
   ① 최재서가 월간 문예지 '인문평론'을 통해 주지주의 비평 활동에 주력했으며, 해외 작품을 많이 소개했다.
   ② 청록파에 의하여 비로소 자연이 그 자체로서 독립된 정서와 의미를 가지고 표현되기 시작했다.
   ③ 이용악, 백석 등에 의해 일제하 민족 현실과 민중들의 생활 감정을 사실적으로 드러낸 시가 나타났다.
   ④ 이병기에 의해 월간 종합 문예지 「문장」이 발간되었으며, 신인 추천 제도를 통해 많은 문인이 발굴되었다.
   ⑤ 일제의 강압에 의해 조선어가 폐지되면서 우리 문학이 암흑기에 접어들었다.
   ⑥ 1940년대 들어 이육사와 윤동주의 저항시가 우리 문학의 흐름을 이었다.

3. 시
   (1) 순수 서정시 등장
       '시문학파'를 중심으로 시어의 조탁과 음악성에 치중하는 경향이 대두되었다.
   (2) 모더니즘시의 등장
       시각적 이미지를 중시하여 도시 문명의 비판 등 지성을 중시하는 시를 추구하는 시인들이 등장하였다.
   (3) 반주지적(反主知的) 생명성 탐구
       생명의 깊은 고뇌와 삶의 근본 문제를 추구하는 시들이 ≪시인 부락≫을 중심으로 시도되어, 시의 새로운 국면으로 나타났다.
   (4) 자연과 친화를 노래
       ≪문장≫지를 통해 등단한 박목월·박두진·조지훈 등에 의해 자연과의 친화를 노래하는 시적 경향이 대두되었다. 해방 후 『청록집』이 간행되었다.
   (5) 일제 강점하의 민족 현실과 민중들의 생활 감정을 사실적으로 드러냄   예 백석, 이용악
   (6) 저항과 참회의 시
       이육사는 일제에 대한 저항과 당당한 대결 정신을, 윤동주는 암담한 시대 상황에 대한 철저한 인식의 바탕 위에 식민지 지식인으로서의 고뇌, 끊임없는 자아 성찰을 노래했다.

## 4. 시의 유파

(1) 시문학파
① 1920년대 중반 이후 프로 문학과 민족주의 문학의 대립으로 인한 이념적 문학 풍토에 반발하는 경향이 대두되었다.
② 박용철·김영랑의 주도로 ≪시문학≫(1930), ≪문예 월간≫(1931), ≪문학≫(1934) 등 순수시 잡지가 간행되고, '구인회' 및 '해외 문학파'와 같은 순수 문학 동인이 결성되었다.
③ 정치적·현실적 내용을 배제하고, 순수 서정의 세계나 언어미에 치중한 시를 추구했다.
④ 시의 음악성을 강조했다.
⑤ 아름다운 시어의 사용과 시어의 조탁이 두드러진다.
⑥ 이미지에 의한 표현을 중시했다.
⑦ 의의: 우리 시의 표현, 형식 면에서 발전을 가져왔다.
⑧ 한계: 당대의 정치, 역사적 현실과 유리된 경향을 보인다.
⑨ 김영랑, 정지용, 박용철, 이하윤, 신석정이 있다.

| 시인 | 경향 | 대표작 |
|---|---|---|
| 김영랑 | 투명한 감성의 세계를 운율감 있는 고운 시어로 표현 | 「모란이 피기 까지는」, 「내 마음을 아실 이」 |
| 박용철 | 감상적인 가락으로 삶에 대한 회의를 노래 | 「떠나가는 배」, 「싸늘한 이마」 |
| 정지용 | 감각적 인상을 세련된 시어와 향토적 정취로 표현 | 「유리창1」, 「향수」, 「바다」 |
| 이하윤 | 해외 시의 소개를 통한 서정시론의 수용 | 「들국화」, 「물레방아」 |

(2) 모더니즘시
① 1920년대 감상적 낭만주의, 편(偏)내용주의와 같은 전근대적 요소를 배격하고 현대적인 시의 면모를 확립하려 했다.
② 서구의 신고전주의 철학 및 초현실주의·다다이즘·입체파·미래파·이미지즘 등 현대적 문예사조의 이념이 본격적으로 수용됐다.
③ 서구에서는 자본주의 문명에 대한 비판적 인식을 새로운 형식과 기법으로 드러냈으며, 정서보다는 지적 인식에 바탕을 두고 있다. 그러나 우리 시에서는 서구 모더니즘시의 문제의식이 부족하고, 형식과 기법 면의 수용에 치우쳤다.
④ 이미지즘, 주지시, 입체파, 미래파, 다다이즘, 초현실주의 등 다양한 경향으로 나타난다.
⑤ 감상적 낭만주의와 카프시, 시문학파시 등을 배제하고, 근대적 시의 면모를 추구했다.
⑥ 특징
　㉠ 객관적이고 과학적인 시학에 의한 시의 창작
　㉡ 구체적 이미지에 의한 즉물적이고 지성적인 시 강조
　㉢ 현대 도시 문명에 대한 상황적 인식과 비판적 감수성 표출
　㉣ 전통에 대한 거부와 언어에 대한 실험 및 내면의식 탐구
⑦ 의의
　㉠ 우리 시에서 새로운 내용과 형식이 나타남
　㉡ 시의 창작 방법에 대한 과학적 인식
⑧ 한계
　㉠ 서구의 모더니즘이 지닌 문제의식이 없었음
　㉡ 당대의 정치적·현실적 문제와 유리되었음

⑨ 이상, 김기림, 김광균, 정지용, 장만영 등이 있다.

| 시인 | 경향 | 대표작 |
|---|---|---|
| 김기림 | 해학과 기지를 동반한 감각적 시어로 현대 문명을 현상적으로 관찰 | 「태양의 풍속」, 「바다와 나비」 |
| 이상 | 전통적 관습에서 벗어난 초현실주의적 언어 실험의 난해시 | 「오감도」, 「거울」 |
| 김광균 | 회화적 이미지의 구사로 도시적 서정과 소시민 의식을 표현 | 「와사등」, 「외인촌」, 「추일서정」 |
| 장만영 | 농촌과 자연을 소재로 감성과 시각을 기교적으로 표현 | 「달·포도·잎사귀」, 「바다로 가는 여인」 |

(3) 구인회
① 일제 식민지 체제 확립기인 1933년 서울을 중심으로 하는 도시 거주 지식인 문인들에 의해 결성된 문학 단체로 도시 거주 문인들에 의한 도시 문학의 성격을 지녔다.
② 개인차가 있지만, 정치적 문학과의 거리를 유지하면서 문학주의(순수문학)를 표방했다.
③ 모더니즘을 바탕으로 새로운 문학운동으로서 문학 양식의 혁신과 실험정신을 추구했다.
④ 문학적 대상에 대한 인식의 전환을 통해 미적 가공기술의 혁신과 언어의 세련성을 추구했다.
⑤ 이상과 박태원이 중심이 되어 ≪시와 소설≫이라는 기관지를 펴냈다.
⑥ 김기림, 정지용, 이상, 박태원, 김유정, 이태준, 이효석, 이무영 등이 있다.

(4) 전원파
① 배경
1930년대 후반 일제의 탄압 아래에서 도피하려는 의식과 서구 의존적 시각에서 벗어나 동양적 세계관을 중시하려는 의식에서 대두됐다.
② 이상향으로서의 전원생활에 대한 동경과 안빈낙도의 세계관을 담고 있다.
③ 신화화되고 미화된 자연: 자연 친화적이며 관조적인 태도를 보인다.
④ 서경적 묘사를 토대로 한 자족적 정서를 드러냈다.
⑤ 의의
  ㉠ 1930년대 후반 우리 시의 명맥을 이으면서 우리 시의 내용을 풍부하게 함
  ㉡ 자연친화적 전통을 계승
⑥ 한계: 당시의 정치적, 현실적 문제에 대한 도피
⑦ 신석정, 김상용, 김동명 등

| 시인 | 경향 | 대표작 |
|---|---|---|
| 신석정 | 자연 친화의 목가적 시풍으로 이상향에의 동경을 노래 | 「슬픈 구도」, 「그 먼 나라를 알으십니까」 |
| 김동명 | 낭만적인 어조로 전원적 정서와 민족적 비애를 표출 | 「파초」, 「진주만」, 「내 마음은」 |
| 김상용 | 농촌 귀의의 태도와 동양적인 관조의 세계를 표현 | 「남으로 창을 내겠소」, 「마음의 조각」 |

(5) 인생파
① 배경: 1930년대 중·후반 시문학파, 모더니즘, 카프 등에 대한 반발 및 시문학 침체를 타개하기 위한 노력에서 비롯되었다.
② 〈시인부락〉(1936), 〈자오선〉(1937), 〈생리〉(1937)지를 중심으로 한 시인들이 부각되었다.
③ 삶(생명)에 대한 깊은 고뇌와 본원적 생명력의 탐구 정신을 강조했다.
④ 토속적인 소재와 전통적 가치의식을 촉구했다.
⑤ 보들레르와 니체의 영향을 받았다.

⑥ 의의
    ㉠ 당대 시 흐름의 문제의식을 일부 극복 (생명의식 추구)
    ㉡ 우리 시의 흐름을 풍부하게 함
⑦ 한계 : 당시의 정치적·현실적 문제에서 유리되었다.
⑧ 서정주
    ㉠ 원시적 생명 의식과 전통적 정서에 의거한 인생 문제
    ㉡ 강렬하고 독특한 본능적 욕구 (원죄 의식)
⑨ 유치환
    ㉠ 삶의 허무와 본원적 생명에 대한 열애와 형이상학적 탐구
    ㉡ 치열한 윤리의식에 바탕을 둔 시 정신
    ㉢ 무기교의 기교 속에 시심과 사유를 조화시키고자 노력

| 시인 | 경향 | 대표작 |
| --- | --- | --- |
| 서정주 | 원시적 생명 의식과 전통적 정서에 의거한 인생 | 「화사」, 「자화상」, 「국화 옆에서」 |
| 유치환 | 삶의 허무와 본원적 생명에 대한 형이상학적, 사변적 탐구 | 「깃발」, 「울릉도」, 「생명의 서」, 「일월」 |

(6) 청록파
① 형성 배경
    ㉠ 일제 말 군국주의에 따른 문인들의 소극적 대처와 당시 전원적 목가적 시풍의 유행
    ㉡ 물질문명에 대한 거부로써 은둔과 관조의 태도 형성
    ㉢ 모더니즘시의 퇴조 이후, 김상용·김동명·신석정 등이 목가풍의 전원시 창작
    ㉣ 〈문장〉지를 통해 순수 서정을 지향하는 시인들의 등단
② 자연을 소재로 한 자연 친화적인 태도를 표출하였다.
③ 향토적, 목가적 정서와 전통회귀의 정신을 강조
④ 청록파에 와서 자연이 독립된 정서와 미의식을 지니고 표현하였다.
⑤ 의의
    ㉠ 청록파에 의하여 비로소 자연이 그 자체로서 독립된 정서와 의미를 가지고 표현되기 시작
    ㉡ 자연을 통하여 고향을 잃어버린 민족에게 아름다운 고향을 마련해 주었음
    ㉢ 전통적 시 세계의 계승
    ㉣ 일제 강점기 말기 우리 시의 명맥을 이음
⑥ 한계 : 정치적·현실적 세계와 유리되었다.
⑦ 박목월
    ㉠ 향토적 정서
    ㉡ 민요적 율조
    ㉢ 짧은 서정시 형태 지향
    ㉣ 동양화의 기법
⑧ 조지훈
    ㉠ 고전적 아름다움
    ㉡ 불교의 선적인 미
    ㉢ 유교적 도덕주의 지향

⑨ 박두진
  ㉠ 자연은 단순한 목가적 세계가 아니라 인간과 사회에 대한 윤리의식 내포
  ㉡ 기독교적 사랑
  ㉢ 민족적 현실에 대한 굳은 의지와 감개
  ㉣ 산문적인 어법의 시

| 시인 | 경향 | 대표작 |
|------|------|--------|
| 박목월 | 민요적 율조에 의한 정서의 표현 | 「산도화」, 「윤사월」, 「나그네」 |
| 조지훈 | 고전적 감성을 바탕으로 옛것에 대한 신적(神的) 관조를 노래함 | 「고풍 의상」, 「승무」 |
| 박두진 | 이상향으로서 자연에 대한 신앙과 생명력 넘치는 교감의 표현 | 「도봉」, 「묘지송」, 「향현」, 「해」 |

(7) 저항시
① 일제 강점기 말 암흑기에 일제에 대한 저항 의지를 승화한 시를 지칭한다.
② 현실에 대한 철저한 내면적 인식과 미래에 대한 전망을 예언자적인 자세로 표현하여 정신적 시의 영역을 구축하였다.
③ 1920년대의 한용운, 김소월, 이상화의 시적 전통을 이어받았다.
④ 의의
  ㉠ 일제 강점의 암흑기 현실 속에서 일제에 대한 저항 의식 형상화
  ㉡ 민족의 위기 상황에서 문학의 대응 양상을 보여줌
⑤ 한계 : 직접적이고 치열한 대응 의식은 부족하다.
⑥ 윤동주
  ㉠ 일제의 강압 통치 시 저항 의식을 적극적으로 드러내지 못하는 자신의 삶에 대한 반성
  ㉡ 어두운 시대 속 순수하게 살아가고자 하는 개인의 내면을 드러냄
  ㉢ 자신의 체험을 역사적 경험으로 확장
⑦ 이육사
  ㉠ 죽음을 초월한 저항 의식
  ㉡ 남성적이고 대륙적인 시풍
  ㉢ 고전적인 선비 의식
  ㉣ 고도의 상징성 및 절제된 언어

| 시인 | 경향 | 대표작 |
|------|------|--------|
| 심훈 | 격정적 언어와 예술적 어조를 통해 해방의 열망을 노래함 (시의 정치적 기능) | 「그날이 오면」 |
| 이육사 | 고도의 상징성 및 절제된 언어, 남성적 어조로 불굴의 지사적 기개와 강인한 대결 정신을 노래 | 「광야」, 「절정」, 「청포도」, 「교목」, 유고 시집 「육사 시집」 |
| 윤동주 | 일제 강점기 저항하지 못하는 자신의 삶에 대한 반성, 순수한 삶과 해방에 대한 소망을 담아냄 | 「서시」, 「자화상」, 「참회록」, 「또 다른 고향」 |

(8) 유파 외의 시
① 1930년대 중반 카프의 해산 이후, 민중들의 삶을 소재로 식민지 현실을 견디는 생활 현실과 정서를 그려내고자 하는 경향을 드러내면서 서사적 경향을 보이기도 했다.
② 전통적 현실주의와 맥이 닿는 시의 흐름을 보이기도 했다.
③ 백석: 민속적 소재와 서사적 구조로 향토적 정서와 공동체 의식 추구했다.
④ 이용악: 일제 강점기하 유이민 생활 현실과 감정을 체험적이고 사실적으로 표현하여 민중시적 전통을 확립했다.

| 시인 | 경향 | 대표작 |
|---|---|---|
| 백석 | 민속적 소재와 서사적 이야기시의 구조로 향토적 정서와 공동체 의식을 추구 | 「산중음(山中吟)」, 「남행 시초(南行 詩抄)」 |
| 이용악 | 일제 강점기하 만주 유이민 생활 현실과 감정을 체험적이고 사실적으로 표현하여 민중시적 전통을 확립 | 「분수령」, 「낡은 집」, 「오랑캐꽃」 |

## 02 일제 암흑기 문학

### 1. 시대
1940년 ~ 해방 직전까지 일제의 전시체제하에서 우리말을 금지했던 시기이다.

### 2. 내용
(1) 순수 문학
자연 친화, 현실 도피의 경향이 나타난다.
(2) 일제에 대한 협력, 친일의 경향이 나타남
(3) 저항의지의 표출
  예 이육사, 윤동주

### 3. 특징
(1) 시나 소설에서 모두 순수 문학을 추구하거나 일제를 옹호하는 내용으로 변화
(2) 우리말이 금지된 이후에는 절필하거나 친일하는 내용을 드러냄
(3) 우리 문학의 암흑기로 인식하며, 이육사나 윤동주 외에는 의의를 두지 않음

## 기출문제

〈**해커스 임용 최병해 문학 기출문제분석집**〉에서 아래 기출문제를 통해 확인할 수 있습니다.

| 시사의 흐름 | 유파 | 시인 | 출제 시인 및 작품 |
|---|---|---|---|
| 1930년대 | 이미지즘 (모더니즘) | 정지용 | 「장수산」(A4), 「호랑나비」(A15), 「인동차」(A16 ~ A17), 비평 「조선시의 반성」(A34 ~ A35) |
| | 시문학파 | 김영랑 | 「끝없는 강물이 흐르네」(A18 ~ A19 / A20 ~ 21), 「동백닢에 빗나는 마음」, 「오 - 매, 단풍 들것네」(A18 ~ A19) |
| | | 박용철 | 비평 「기교주의설의 허망」(A22) |
| | 모더니즘 | 김기림 | 「바다와 나비」(A23 / A24 ~ A25), 「세계의 아침」(A24 ~ A25) |
| | 인생파 | 서정주 | 「꽃밭의 독백」(A1 ~ A3), 「신부」(A50) |
| | 저항시 | 심훈 | 「그날이 오면」(A12) |
| | 자오선 동인 | 오장환 | 「모촌」(A32(B30)), 「어포」(A4) |
| | 유파 외의 시 | 백석 | 「고향」(A29 ~ A30), 「남신의주유동박시봉방」(A31(B5)) |
| | | 이용악 | 「우라지오 가까운 항구에서」(A26 ~ A27)), 「전라도 가시내」(A28(B18)), 「막차 갈 때마다」(A41 ~ A42) |

제 4 절 1930년대 ~ 일제 암흑기

# 제 5 절  해방 직후

| 출제 방향 |
- 해방 시기 작품의 시대 배경 (사회·문화적 상황)
- 작품 속에서 해방 시기의 사회·문화적 상황 찾기
- 해방 시기 좌-우 문학관의 대립 양상 및 그것이 반영된 작품
- 해방 시기의 문학사적 배경, 문학사의 특징, 시사적 특징
- 해방 시기 문학에 나타난 시의 특징
- 해방 시기 시 작품의 문학사적 의의 및 한계

## 1. 시대
(1) 8·15 해방

우리 민족의 회생(回生)을 가져 온 역사적 전환점이다.

(2) 38선을 기준으로 남북의 분단과 좌·우익의 이념적 갈등이 나타나 사회가 혼란했으며, 문학을 바라보는 시각에 있어서도 민족 문학 진영 대 계급 문학 진영의 치열한 분열과 대립을 가져옴

(3) 미군정의 실시, 해방으로 인한 귀향민 증가, 친일파 청산 문제, 토지 문제 등 여러 가지 문제가 제기됨

## 2. 문학
(1) 문단의 양분 현상 심화

① 좌익 성향〈조선 문학가 동맹〉

② 우익 성향〈조선청년 문학가 협회〉

(2) 해방에 대한 기쁨과 새로운 선전·선동시, 헌시, 찬가, 기념시가 많이 등장

(3) 소설

일제하의 체험과 귀향의식, 혼란스런 사회상의 반영, 민족의 분단에 관한 인식이 나타났다.

## 3. 시
(1) 형성 배경

① 8·15 해방의 감격과 역사적 의미에 대한 시적 인식이 보편화되었다.

② 문단이 정치적 상황에 민감하게 대응하여 '조선 문학가 동맹', '청년 문학가 협회' 등에 의해 좌·우익의 이념적 대립이 첨예화되었다.

③ 문학가 동맹(좌)과 청문협(우)의 대립 → 1948년 이후 우익(순수 문학) 중심으로 전개되었다.

(2) 특징

① 해방의 현실에 대한 시대적 소명 의식을 예언자적 목소리로 표출한다.

② 직접적 체험에 의한 열정적 정서 표출과 급박한 호흡의 언어를 구사한다.

③ 해방 전사(戰士)를 추모하는 헌사(獻詞)나 찬가(讚歌)의 성격을 띤 대중적인 시형을 가진다.

④ 인생에 대한 관조와 전통 정서의 추구한다.

⑤ 창작의 집단화 경향이 두드러진 「해방 기념 시집」(1945), 「햇불」(1946), 「연간 조선 시집」(1947) 등의 합동 시집이 간행되었다.
⑥ 좌익 – 강렬한 투쟁 의식과 선전·선동의 정치성 짙은 이념적 작품을 창작하였다.
  예 오장환 「병든 서울」, 임화 「찬가」, 김상훈, 유진오 등
⑦ 우익 – 순수 서정시를 창작하였다.
  예 박두진·박목월·조지훈의 「청록집」, 김상옥 「초적」, 유치환 「생명의 서」, 신석정 「슬픈 목가」, 서정주 「귀촉도」 등
⑧ 유고 시집
  예 심훈 「그날이 오면」, 윤동주 「하늘과 바람과 별과 시」

(3) 좌익 진영의 시
① 인민 민주주의 노선에 의거하여 강렬한 투쟁 의식과 선전·선동의 정치성 짙은 이념적 작품 창작하였다.
② 시의 창작 방법론은 과도적 사회에서 문학의 적극적 현실 참여를 강조하려는 목적 아래 혁명적 낭만주의를 계기로 한 진보적 리얼리즘 문학 노선에 따른다.
③ 대표 시집
  예 오장환 「병든 서울」(1946), 「나 사는 곳」(1947), 임화 「찬가」(1947), 이용악 「오랑캐꽃」(1947), 박아지 「심화(心火)」(1946), 설정식 「종(種)」(1946) 등

(4) 우익 진영의 시
① 이념적·정서적 색채를 동반하지 않은 순수 서정시 계열의 작품 및 민족적 전통적 문화 유산과 가치관을 옹호하려는 입장을 취했다.
② 인생에 대한 관조와 전통 정서의 탐구로 집약되는 순수 서정시의 성격은 분단 이후 시단의 주도적 흐름이 형성되었다.
③ 주요 잡지
  예 〈중앙 순보〉(중앙문화협회), 〈예술 부락〉, 〈죽순〉(청년 문학가 협회)
④ 대표 시집
  예 박두진·박목월·조지훈의 「청록집」(1946), 김상옥 「초적(草笛)」(1947), 유치환 「생명의 서」(1947), 신석정 「슬픈 목가」(1947), 서정주 「귀촉도」(1948) 등

## 기출문제

〈해커스 임용 최병해 문학 기출문제분석집〉에서 아래 기출문제를 통해 확인할 수 있습니다.

| 시사의 흐름 | 유파 | 시인 | 출제 시인 및 작품 |
|---|---|---|---|
| 해방 직후 | 저항시 | 윤동주 | 「길」(A37(B70)) |
| | | 이육사 | 「청포도」(A38), 「절정」(A39), 「교목」(A40(B63)), |
| | 청록파 | 조지훈 | 「승무」(A33), 「민들레꽃」, 비평 「순수시의 지향」(A34~A35) |
| | | 박목월 | 「산도화」(A36), 「이별가」(A49), 「이별가」(A47~A48) |

# 제 6 절 1950년대

| 출제 방향 |
- 1950년대 작품의 시대 배경 (사회·문화적 상황)
- 작품 속에서 1950년대의 사회·문화적 상황 찾기
- 1950년대 한국전쟁이 반영된 양상 이해
- 1950년대의 문학사적 배경, 문학사의 특징, 시사적 특징
- 1950년대 시의 흐름 및 특징
- 1950년대 시 작품의 문학사적 의의 및 한계

## 1. 시대
(1) 한국전쟁은 우리 민족의 삶을 황폐화시켰으며, 사회·경제·문화 등 모든 분야에 커다란 상처를 입혔음
(2) 국제 정세에서 냉전 체제 강화로 지식인들 사이에 냉전 의식과 반공 이데올로기가 확산
(3) 이승만 정권의 독재와 부패가 만연했고, 사회가 혼란함
(4) 한국전쟁 후 주지주의 문학과 전통 지향적인 순수 문학의 맥이 형성됨
(5) 전후 문학과 서구 실존주의의 경향
   전쟁 체험과 전후의 사회 현실에 대한 인식을 바탕으로 한 문학이 등장하였으며, 인간 존재의 해명을 담은 작품이 나타났다.

## 2. 문학
(1) 직접적인 전쟁 체험을 담은 문학과 전후의 혼란스런 현실 및 전후 사회의 부조리 등을 드러낸 문학이 많이 나타남
(2) 새로운 문인들의 등장
   전후의 다양한 현실 인식을 드러냈다.
(3) 시
   서구 모더니즘 문학과 전통 지향적인 순수 문학의 맥이 형성되었다.
(4) 소설
   실존주의 작품이 나타났다.
(5) 휴머니즘 추구
   전쟁의 충격과 그 치유 방식을 모색하고, 인간 실존의 의미에 골몰하였다.

## 3. 시의 형성 배경 및 특징
(1) 시의 형성 배경
   ① 전쟁으로 인한 정치적·문화적 불모성이 심화되었다.
   ② 역사와 현실, 개인과 사회, 시대와 공간 사이의 역학 관계에 대한 새로운 시적 인식의 필요성이 부각되었다.
   ③ 본격 문예지인 〈현대 문학〉(1952), 〈문학 예술〉(1955), 〈자유 문학〉(1956) 및 종합 교양지 〈사상계〉(1952) 등의 발간으로 시문학의 현대적 성격이 새롭게 확보되었다.

(2) 시의 특징
① 전쟁 체험과 전후의 사회 인식을 바탕으로 한 시적 소재의 영역이 확산되었다.
② 현실 참여적인 주지시와 전통 지향적인 순수시의 대립이 나타났다.
③ 실존주의의 영향에 따른, 존재에 대한 형이상학적인 통찰 및 휴머니즘의 회복이 강조되었다.
④ 풍자와 역설의 기법과 현실에 대한 지적 인식을 통한 비판 정신의 확립되었다.

4. 시의 유파
(1) 전쟁 체험의 시
① 동족 상잔의 비극적 체험을 시인이 내면적 인식으로 수용하여 시대에 대한 적극적인 대응 방식을 모색하였다.
② 절망적 인식을 개인적 비극에 국한시키지 않고 민족적 차원으로 끌어올려 시적 보편성을 획득하였다.
   예 신석정 「산의 서곡」, 유치환 「보병과 더불어」, 조지훈 「다부원에서」, 구상 「초토(焦土)」 시

(2) 모더니즘시
① '후반기' 동인을 중심으로 1930년대 모더니즘의 방법과 정신을 계승하려 노력하였다.
② 지적인 내면의식
   사회 현상에 대해 비판적으로 대응하려는 주지적 성향과 전후의 허무의식으로부터 벗어나 새로운 질서를 회복하려는 내면적 의지를 드러낸다.
③ 현대 도시 문명과 그 속의 어두운 의식적 단면을 감각적 이미지와 실험적 형태를 통해 표현하였다.
④ 의의
   ㉠ 전후 현실 속 새로운 시의 실험
   ㉡ 1930년대 모더니즘시보다 현실의 문제에 더 관심을 보임
⑤ 한계
   모더니즘에 대한 인식을 시 속에 깊이 있게 담아내지 못했고, 현실에 대한 인식의 내용이 형식과 조화를 이루지 못해 1930년대의 수준에도 미치지 못한다는 평가를 받기도 한다.
   예 김경린, 조향, 박인환, 김규동, 송욱, 김춘수 등

(3) 전통적 서정시
① 휴머니즘적 지향
   전쟁으로 인한 인간성 상실을 반성하고, 삶의 본질에 대한 사색과 소생의 의지를 안정된 언어로 표현한다.
   예 이형기 「비」, 박남수 「새」, 정한모의 「가을에」 등
② 고전주의적 지향
   전통적인 정서와 한(恨)의 가락이 결합되어 전아(典雅)하면서도 정적(靜的)인 깊이를 지닌 순수 서정을 표현
   예 박재삼 「울음이 타는 가을 강」, 이동주 「강강술래」, 박용래 「저녁눈」 등

## 기출문제

〈해커스 임용 최병해 문학 기출문제분석집〉에서 아래 기출문제를 통해 확인할 수 있습니다.

| 시사의 흐름 | 유파 | 시인 | 출제 시인 및 작품 |
|---|---|---|---|
| 1950년대 | 모더니즘 | 김종삼 | 「민간인」(A45) |
| | | 김춘수 | 「꽃」, 「꽃을 위한 서시」(A46) |
| | | 김현승 | 「플라타너스」(A67) |
| | 참여시(분단) | 박봉우 | 「휴전선」(A43 ~ A44(B50 ~ B51)) |

# 제 7 절  1960년대

| 출제 방향 |
- 1960년대 작품의 시대 배경 (사회·문화적 상황)
- 작품 속에서 1960년대의 사회·문화적 상황 찾기
- 1960년대의 문학사적 배경, 문학사의 특징, 시사적 특징
- 1960년대 시의 흐름 및 특징 (순수시 – 참여시 – 한국적 모더니즘 시)
- 1960년대 시 작품의 문학사적 의의 및 한계

## 1. 시대
(1) 4·19 혁명과 5·16 군사 쿠데타로 인한 군사 정권 수립 등의 정치적 사건이 일어난 시기
(2) 민중적 시민의식과 비판적 지성주의 고양: 4·19 혁명 후 자유와 역사의 주체에 대한 인식이 부각되고, 자유를 억압하는 독재 정권에 대한 비판과 저항의식이 팽배했다.
(3) 경제 개발 계획, 산업화로 인해 외형적 경제 성장과 함께 사회적 문제의식이 심화되었음
   (산업화의 진전과 사회적 갈등)  예 인구의 도시 집중, 농촌의 궁핍화 심화, 인간 소외, 빈부 갈등, 환경 파괴, 개인주의의 심화

## 2. 문학
(1) 현실 참여적 성격의 문학 대두 – 사회 부조리·비인간화 현상에 대한 비판과 저항 의식
(2) 민족의 비극과 분단 현실에 대한 심화된 인식
(3) 사실주의적 경향과 서정주의 및 문학적 기교를 추구하는 문학이 동시에 전개
(4) 민족·민중의 주체성에 대한 인식 – 신동엽, 김수영 등의 시를 통해 민중에 대한 인식이 일어남

## 3. 시
(1) 형성 배경
   ① 4·19 혁명과 5·16 군사 쿠데타로 이어지는 정치적 격동기를 겪으며 자유와 평등의 가치 지향과 시대정신이 형성되었다.
   ② 경제적 근대화에 따른 표면적인 문화 안정과 그로 인한 민주적 시민 의식의 성숙되었다.
   ③ 식민지적 교육 세대를 대치한 새로운 전후 세대와 4·19 세대의 진출로, 해방 후 시도되었던 시의 다양한 모색들이 정착되고 본격적인 현대시의 성격이 확보되었다.
   ④ 신춘문예의 활성화와 시 동인지들의 다량 발간으로 시의 대중화가 촉진되었다.
(2) 특징
   ① 근대화로 인한 사회적 모순과 비인간화에 대한 비판과 저항이 드러난다.
   ② 한국 전쟁의 상흔과 민족 분단의 비극에 대한 역사적 관심과 성찰이 나타난다.
   ③ 서정주의와 시적 언어에 대한 집착으로 시문학의 본질적 영역 탐구
   ④ 현대 시조 창작의 활성화
      예 김상옥, 이호우, 정완영, 이영도 등
   ⑤ 체계적인 시론의 탐구와 연대시의 성격 규명 작업 본격화 되었다.

⑥ 시의 흐름
  ㉠ 현실 참여시: 시민의식의 각성과 현실 모순 비판
    예 박봉우 「휴전선」, 김수영 「푸른 하늘을」, 「폭포」, 「풀」, 신동엽 「껍데기는 가라」, 「금강」 등
  ㉡ 순수 서정시
    • 휴머니즘적 서정시
      예 조병화 「의자」, 김남조 「너를 위하여」 등
    • 전원적 서정시
      예 이동주 「혼야」, 「강강술래」, 박재삼 「춘향이 마음」, 「울음이 타는 가을 강」 등
  ㉢ 한국적 모더니즘시
    예 정한모 「가을에」, 「아가의 방」, 김현승 「눈물」 등

4. 시의 유파 (참여시)
  (1) 배경
    ① 4·19 혁명과 5·16 군사 쿠데타로 이어지는 격동기를 겪으며 자유와 평등의 가치 지향과 시대정신이 형성되었다.
    ② 산업화, 근대화에 따른 문제의 대두와 민주적 시민 의식 성장 하였다.
  (2) 근대화로 인한 사회적 모순과 비인간화에 대한 비판과 저항
  (3) 한국 전쟁의 상흔과 민족 분단의 비극에 대한 역사적 관심과 성찰 및 민중적 역사의식 형상화
  (4) 서정주의를 벗어나 (2)와 (3)의 시를 추구하면서 문학의 현실 참여를 강조하는 경향의 시
  (5) 의의
    ① 시의 순수적 편향성을 극복하였다.
    ② 문학과 현실의 관계를 인식하고 회복하였다.

### 기출문제

〈해커스 임용 최병해 문학 기출문제분석집〉에서 아래 기출문제를 통해 확인할 수 있습니다.

| 시사의 흐름 | 유파 | 시인 | 출제 시인 및 작품 |
|---|---|---|---|
| 1960년대 | 참여문학 | 김수영 | 비평 '시여, 침을 뱉어라'(A50), 「풀」(A51) |
| | | 신동엽 | 「껍데기는 가라」(A53 – A54), 「종로 5가」(A55), |

## 제 8 절  1970 ~ 1980년대

> **| 출제 방향 |**
> - 1970 ~ 1980년대 작품의 시대 배경 (사회·문화적 상황)
> - 작품에 반영된 1970 ~ 1980년대의 사회·문화적 상황 찾기
> - 1970년대의 민중 문학, 1980년대의 민족 문학의 특징 이해
> - 1970 ~ 1980년대의 문학사적 배경, 문학사의 특징, 시사적 특징
> - 1970 ~ 1980년대 시의 흐름 및 특징
> - 1970 ~ 1980년대 시 작품의 문학사적 의의 및 한계

### 1. 시대
(1) 1970년대 박정희 정권의 유신 체제, 1980년대 전두환 군사 정권 등 비민주적이고 억압적인 현실 상황이 지속되었다.
(2) 국가 주도 경제 개발의 지속적 시행으로 외형적인 성장이 나타났다.
　　정경 유착, 대기업 중심의 산업 구조, 물질 만능주의의 팽배, 산업화로 인한 인간 소외, 인구의 도시 집중, 농촌의 궁핍화 현상, 빈부의 갈등, 전통적인 것의 소멸 등의 여러 가지 사회 문제가 나타났다.
(3) 이러한 상황 속 민중들의 삶의 현실을 소재로 삶의 애환과 전망을 그리려는 민중 문학과 좀 더 큰 문제인 민족의 현실(독재, 분단 등)을 주목한 민족 문학이 대두했다.
(4) 유신체제 붕괴: 노동, 농민, 학생, 재야 운동 등이 일어나 박정희 정권이 붕괴되었으며, 지속적인 민주화 운동과 반독재 투쟁이 이어졌다.
(5) 1980년 광주 민주화 운동은 우리 사회 전반에 민주와 자유에 대해 각성하고, 그것을 우리 사회에 구현하는 중요한 계기가 되었다.
(6) 1980년대 이후 민주화가 어느 정도 달성되면서 1990년대에 이르러 사이버 공간의 문학이 새롭게 등장하였다.

### 2. 문학
(1) 민중 문학의 대두: 민중들의 삶의 현실을 소재로 삶의 애환과 전망을 그렸다.
(2) 민족 문학의 대두: 민중 문학에서 시각을 확대하여 민족 분단의 원인과 통일에 대한 인식, 우리 사회의 자유와 민주에 대한 인식 등을 담아냈다.
(3) 시 – 모더니즘시: 지성과 정서가 결합되어 나타났다.
(4) 소설
　　① 독재 정치 현실 비판 및 노동자·농민의 저항을 드러낸 문학이 나타났다.
　　② 분단의 원인에 대한 탐구와 그것의 극복에 대한 인식을 담은 문학이 나타났다.
(5) 사실주의 문학 심화: 역사와 사회에 대한 주지적 인식의 바탕에서 현실을 객관적으로 묘사하였다.
(6) 1980년대 '민족문학 작가회의'가 결성되어 '한국문인협회'와 함께 진보와 보수가 균형을 이루었다.
(7) 탈춤·민속극·판소리 등을 활용한 다양한 극이 나타났다.

> **참고  1970년대의 문학**
> 1. 박정희 정권의 유신 체제에 대한 저항과 비판의 내용이 문학 작품 속에 다양하게 나타났다.
> 2. 혼란한 정치 상황 속에서 민중들의 고달픈 삶을 다양하게 형상화한 시와 소설이 나타났다.
> 3. 국가 주도 경제 개발의 지속적 시행으로 외형적인 성장이 나타났지만, 정경 유착, 대기업 중심의 산업 구조, 인구의 도시 집중, 농촌의 궁핍화 현상, 전통적인 것의 소멸 등의 여러 가지 사회 문제가 나타났다. (이 항목은 1980년대도 유사함)

4. 억압적인 사회 현실과 그 속에서 살아가는 삶의 모습을 풍자나 우의를 통해 드러냈다.
5. 산업화 속에서 노동자 계층의 뿌리 뽑힌 삶과 일용직 노동자로 유랑하는 삶을 드러냈다.

## 3. 시
(1) 형성 배경
  ① 비민주적이고 억압적인 현실 상황 인식
  ② 대중화된 사회의 변동에 대한 비판적 반성
  ③ 청년 문화와 지적 엘리트주의의 형성
(2) 작품 경향
  ① 민중·민족 문학: 사회적 혼란(독재 권력, 산업화, 민중 소외)에 대한 비판적 현실 인식 및 이와 대결하여 극복하려는 능동적이고 의지적인 인간상을 형상화했다.
    ㉠ 민중의 현실적 삶과 정서의 형상화를 드러낸 시
      예 신경림 「겨울밤」, 「농무」, 조태일 「국토」, 이성부의 「전라도」, 「백제」 등
    ㉡ 정치·사회적 현실 비판하는 시
      예 김지하 「타는 목마름으로」, 「오적」, 정희성 「저문 강에 삽을 씻고」, 김남주 「사랑」 등
    ㉢ 열악한 노동 현실과 소외된 사람들에 대한 관심을 드러낸 시
      예 박노해 「노동의 새벽」, 백무산 「장작불」, 정호승 「맹인 부부 가수」, 김창완 「인동일기」 등
    ㉣ 분단에 대한 비판과 통일에 대한 지향
      예 조태일 「국토 11」, 김남주 「조국은 하나다」
  ② 한국적 모더니즘시
    ㉠ 대상의 지적 파악과 회화적 감성의 울림을 융합, 존재의 의미에 대한 진지한 사색을 드러내는 시 (지성과 서정의 조화)
      예 황동규 「기항지」, 오세영 「그릇」 등
    ㉡ 현대적 언어 탐구를 보여주거나 사물을 개인의 내면 심리로 해체하여 드러내는 시
      예 정현종 「사물의 꿈」 등
    ㉢ 1980년대 형식의 파괴와 실험
      예 황지우 「새들도 세상을 뜨는구나」, 이성복 「남해 금산」, 장정일 「햄버거에 대한 명상」, 오규원 「프란츠 카프카」 등

### 기출문제

〈해커스 임용 최병해 문학 기출문제분석집〉에서 아래 기출문제를 통해 확인할 수 있습니다.

| 시사의 흐름 | 유파 | 시인 | 출제 시인 및 작품 |
|---|---|---|---|
| 1970년대 | 민중·민족 문학 | 신경림 | 「목계장터」(A16 ~ A17), 「가난한 사랑노래」(A56) |
| | | 고은 | 「문의마을에 가서」(A60 ~ A61(B9 ~ B10)) |
| | 모더니즘 | 황동규 | 「조그만 사랑 노래」, 「더 조그만 사랑노래」(A56), 「즐거운 편지」(A57(B22)), 기항지(A58) |
| | | 송수권 | 「산문에 기대어」(A68) |
| 1980년대 | 민족 문학 (모더니즘 포함) | 김광균 | 「희미한 옛사랑의 그림자」(A62 / A63(B55)) |
| | | 황지우 | 「너를 기다리는 동안」(A42), 「새들도 세상을 뜨는구나」(A64) |
| | | 정호승 | 「맹인 부부 가수」(A65(C55)) |
| | 모더니즘 | 기형도 | 「바람의 집 – 겨울 판화1」(A26) |

# 제 9 절 1990년대 이후

| 출제 방향 |
- 1990년대 작품의 시대 배경 (사회·문화적 상황)
- 작품에 반영된 1990년대의 사회·문화적 상황 찾기
- 문학사적 정리보다 구체적 작품 중심으로 접근할 것
- 1990년대 시의 흐름 및 특징

## 1. 시대
(1) 동구 사회의 몰락과 소비에트 공산주의의 붕괴
   1990년대에 접어들면서 사회주의 및 독재적 군사 정권이 몰락하고 자본주의가 득세하게 되었다.
(2) 정보통신의 발전이라는 세계사적 변화와 독재적 군사 정권이 종식되는 국내의 정세 변화가 나타남
(3) 탈이데올로기, 탈중심의 경향
   광복 이후 지속되어 온 이념 문제나 중심을 바탕으로 외부로 확대해 가는 근대적 사고방식으로부터 벗어나 탈이데올로기, 탈중심의 경향으로 나아갔다.
(4) 근대적 거대 담론이 퇴조하면서 기존 시의 경향에 그간 소외되어 온 환경, 여성, 다문화 등과 같은 근대의 '타자'들에 대한 관심이 반영되었음

## 2. 시의 특징
(1) 역사나 시대에 대한 관심과 같은 거대 담론이 퇴조하고, '나'에게서 시작하는 일상적 삶과 생활 감정과 같은 미시 담론이 주목받게 되었음
(2) 정치적 억압과 긴장이 뚜렷했던 전 시대의 문학과 달리 1990년대에는 개인의 실존적, 문화적 경험이 중시
(3) 1930년대부터 지속되어 오던 전통적 서정시, 리얼리즘 시, 모더니즘시 간의 삼원적 분류의 견고했던 틀이 느슨해지면서 1990년대 이후 다원화된 양상을 보임
(4) 그동안 소외되어 온 여성, 환경, 지방 등과 같은 근대의 '타자'들에 대한 관심이 높아지고, 그러한 경향을 반영한 시 경향이 등장

## 3. 생태주의시
(1) 배경
   ① 서구에서는 1970년대 환경 운동의 일환으로 등장하여 문학 운동으로 성장하였으나, 한국에서는 정치적 상황에 의해 주목을 받지 못하였다.
   ② 1990년대 이후 군사 정권의 통치하에서 은폐되어 왔던 환경오염의 실태가 보도되기 시작하면서 관심을 받게 되었다.
   ③ 생태계의 위기에 대한 불안은 환경오염 문제를 중요한 사회 문제로 인식하게 하였다.
(2) 특징
   ① 자연을 수단으로 한 성장과 개발 이데올로기의 폐해를 비판하고 인간·이성 중심으로 지탱되었던 근대적 기획들을 극복하고자 하는 성격을 띤다.
   ② 환경오염, 인간성의 황폐화, 전쟁과 재해 등의 표면적 문제의 근원에 자리 잡고 있는 인간의 욕망과 같은 철학적 문제까지 관심을 둔다.

③ 궁극적으로 독자로 하여금 비판 의식과 개혁 의지를 갖도록 하여 상생과 포용의 정신을 일깨우고자 한다.
예 고진하「굴뚝의 정신」, 김지하「중심의 괴로움」, 정현종「헤게모니」 등

### 4. 여성주의시

(1) 이전의 여성주의 운동이 과격하고 급진적이었던 것과 달리 억압받던 여성 주체를 비롯하여 인간 일반의 문제로 심화시켜 나가는 변화를 보였다.
(2) 단순히 시 쓰기의 주체가 여성임을 뜻하는 것을 넘어 이성, 권력, 남성 중심의 근대적 사유 체계가 감성, 다양성, 생명 중심적으로 탈바꿈되는 인식적 전환을 의미한다.
(3) 그동안 금기시되어 오던 여성의 육체적 욕망을 표출하여 실존적 삶 속에서 여성의 몸을 당당하게 주장하였다.
(4) 에코 페미니즘 운동과 결합하여 이념으로 변화할 가능성도 제기되었다.
예 나희덕「뿌리에게」, 최영미「서른, 잔치는 끝났다」 등

**참고** 에코 페미니즘 운동

생태학과 여성론이 결합한 용어로 여성과 자연 간의 동일성을 근본 전제로 '여성 / 자연', '남성 / 문화'에 대한 직시, 그리고 여성의 피지배성과 자연의 피지배성 사이의 상호 연관성에 관심을 둔다.

### 5. 포스트모더니즘시

(1) 배경
① 20세기 후반 등장한 포스트모더니즘 사상에 관해 '시대를 해명하는 가장 적극적인 대안', '한국적 특수성을 매몰시키고 주체적 시각을 몰각시키려는 수상쩍은 움직임'이라는 입장이 동시에 존재했다.
② 상업주의가 팽배해지고, '나'에게서 시작하는 일상적 삶과 생활 감정과 같은 미시 담론에 대한 관심이 높아졌다.

(2) 특징
① 시인이 언어를 통한 권력을 개별적으로 '해체'하는 방법론으로 활동되는 경향을 보였다.
② '해체'의 연장선상에서 스스로의 글쓰기에 대한 자기 질문적 성찰을 보이는 메타시의 경향도 등장하였다.
③ 대안적 글쓰기의 경향으로서 '죽음'의 문제에 집중적으로 착목하는 '묵시록적 글쓰기' 방식이 나타나기도 했다.
④ 정신주의나 서정주의에 치중한 우리 시의 시적 전통에 반기를 들고, 그간 억압받았던 육체의 본질과 의미에 착목하는 '몸'의 시학이 나타나기도 했다.
예 김언희「탈수중」, 남진우「죽은 자를 위한 기도」, 이승훈「이승훈씨를 찾아간 이승훈씨」, 정진규「몸시」 연작 등

### 기출문제

⟨해커스 임용 최병해 문학 기출문제분석집⟩에서 아래 기출문제를 통해 확인할 수 있습니다.

| 시사의 흐름 | 유파 | 시인 | 출제 시인 및 작품 |
|---|---|---|---|
| 1990년대 | 모더니즘 | 김기택 | 「유리에게」(A66) |

임용고시 합격의 기준,
해커스 임용 teacher.PASS.com

해커스 임용 최병해 현대시

# 제 2 장
## 현대시·현대시조 감상

제1절 현대시
제2절 현대시조

# 제1절 현대시

> ▷ **이필균**  ?~?
> 당시 학부 주사(學部主事)라는 사실 이외에는 알려진 바가 없음

▷ **작가의 특징**
1. 애국·독립가로 개화 사상을 기조로 하고 애국 사상과 자주 독립 정신을 고취하였다.
2. 분절체와 선후창의 형식을 계승하였다.

## 작품 1 애국하는 노래 (독립신문, 1896년)

아셰아에 대죠션이 ᄌᆞ쥬 독립 분명ᄒᆞ다.
　(합가) 이야에야 이국ᄒᆞ세 나라 위ᄒᆞ 죽어 보세.　〈1절〉

분골ᄒᆞ고 쇄신토록 츙군ᄒᆞ고 이국ᄒᆞ세.
　(합가) 우리 정부 놉혀 주고 우리 군면 도와 주세.　〈2절〉

깁흔 잠을 어서 ᄭᆡ여 부국 강병(富國强兵) 진보ᄒᆞ세.
　(합가) 놈의 쳔ᄃᆡ 밧게 되니 후회막급 업시ᄒᆞ세.　〈3절〉

합심ᄒᆞ고 일심되야 셔셰 동졈(西勢東漸) 막아 보세.
　(합가) ᄉᆞ롱공샹(士農工商) 진력ᄒᆞ야 사ᄅᆞᆷ마다 ᄌᆞ유ᄒᆞ세.　〈4절〉

남녀 업시 입학ᄒᆞ야 셰계 학식 빅화 보자.
　(합가) 교육히야 ᄀᆡ화되고, ᄀᆡ화히야 사ᄅᆞᆷ 되네.　〈5절〉

팔괘 국긔(八卦國旗) 놉히 달아 륙ᄃᆡ쥬에 횡힝ᄒᆞ세.
　(합가) 산이 놉고 물이 깁게 우리 ᄆᆞ음 밍셰ᄒᆞ세.　〈6절〉

## ■ 핵심정리

▷ **갈래** 개화가사
▷ **운율** 외형률, 음수율, 4·4조의 4음보
▷ **성격** 계몽적, 교훈적, 목적문학적
▷ **어조** 직설적, 설득적 어조
▷ **주제** 애국과 개화를 통한 자주 독립

▷ **특징** ① 4·4조의 4음보 외형률, 분연체
　② 민요의 선후창 형식을 본받아 각 절의 뒷부분을 합가로 하고 있음
　③ 직설적이며 설득적인 어조
　④ 계몽적 의도가 드러나는 청유형 어미 사용

## 이해와 감상

### 1 짜임 분석

- 1연 – 자주 독립의 역설과 애국심 고취
- 3연 – 개화를 통한 부국강병의 실현
- 5연 – 서구식 교육으로 새로운 지식을 얻음
- 2연 – 애국·충군 정신 고취
- 4연 – 외세 침략 저지를 통한 주권 수호
- 6연 – 국력 배양을 통한 자주권 확보

### 2 작품감상의 구조

| 구성 요소 | 구성 요소의 파악 | 그것이 지닌 의미·효과 | 주제와의 관련성 |
|---|---|---|---|
| 내용 요소 | ① 시적 화자 및 화자의 상황 | 개화기 나라를 걱정하는 화자가 등장하여 독자에게 애국심과 자주독립 사상을 지닐 것을 당부하고 있다. | 개화, 자주 독립 사상과 애국심 고취 |
| | ② 목적 의식이 전면에 드러났음 (계몽주의) | 나라에 대한 애국과 자주 독립이라는 내용이 전면에 드러나 형상화가 부족하다. (민중을 계몽하고 사회의 각성을 촉구하고자 하는 의도가 강하게 드러남) | |
| | ③ 외세 침략 경계의 내용 | 개화와 애국 및 외세의 침략을 경계하는 내용이 있어 주제 의식이 두드러진다. | |
| 형식 요소 | ① 4음보의 운율 | 이 시기는 전통시가의 율격인 4·4조 4음보를 사용하여 교훈적 내용을 효과적으로 드러내고 있다. | |
| | ② 분절체 | 가사이면서도 적절하게 분절하여 표현하려는 내용을 효과적으로 드러내고 있다. | |
| | ③ 선후창의 합가 형식 | 선창자가 사설을, 후창자가 후렴을 하여 함께 노래를 하면서 그 내용을 수용하도록 구성했다. | |
| 표현 요소 | ① 청유형의 사용 | '~세'의 청유형을 사용하여 독자에게 말하고자 하는 바를 효과적으로 표현하고 있다. | |
| | ② 열거법 | 자주독립된 국가를 수립하기 위해 해야 할 일들을 열거하고 있다. | |

### 3 감상의 길잡이

개화기 우리 민족의 역사적 과제는 대내적으로는 반봉건, 대외적으로는 반외세였다. 이 노래는 이 중에서 개화 의식을 고취하는 내용 외에도 외세의 침략을 경계하는 내용까지 담고 있다. '합가' 부분으로 한 사람이 선창을 하면 여러 명이 합창으로 후창을 하는 형식으로 만들어, 노래로 불리는 것을 전제로 했다. 이것은 민요의 가창 방식 중 앞소리와 뒷소리가 있는 선후창을 본받은 것으로 볼 수 있다.

이 작품은 대표적인 애국·독립가로 개화 사상을 기조로 하고 애국 사상과 자주 독립 정신을 고취하고 있다. 그러한 주제 의식은 작품에 사용된 단어나 구절을 통해 직접적으로 제시되고 있다. 이러한 주제 의식으로 보아 이 작품과 같은 애국·독립가류는 당시의 시대 상황의 산물인 것을 알 수 있다. 말하자면 문학 작품을 통해 민중을 계몽하고 사회의 각성을 촉구하고자 하는 의도가 강하게 드러나고 있다.

이 노래가 신문에 투고된 독자의 작품이라는 것도 두 가지 점에서 특별한 의미를 지닌다. ① 전환기인 이 시기에 신문과 잡지가 문학 작품의 유통에 매우 큰 역할을 담당했다는 점. ② 노랫말을 지어 투고하는 독자의 시가관이 계몽과 민족 수호의 두 방향으로 전개되었던 그 당시의 정신적 동향을 담고 있다는 점이다.

격동의 전환기에서 민족 자주와 교육 개화를 노래로 강조하였던 삶의 모습을 확인하는 것이 작품을 이해·감상의 핵심이다.

## ▰ 중요 내용 정리

### 01 형식상의 특징
① 4·4조, 4음보의 전통 가사의 율격을 그대로 유지하고 있다.
② 전달하는 내용을 분명하게 독자가 집중할 수 있도록 각 행 4음보, 2행 1연의 분연체로 이루어졌다.
③ 가장 강조하는 자주권 수호와 문명개화를 언급하고 있는 부분은 '분명ㅎ다', '사롭되네'와 같은 단정적 어조를, 나머지 부분은 '-세'와 같은 청유형 어미를 사용하여 계몽적 의도를 드러냈다.
④ 각 연의 후절을 '합가'라 하여 민요의 선후창 형식으로 노래할 것을 제안하고 있으나, 가사의 율격을 벗어나지 못했고, 악보를 제시하지 못했다는 점에서 '창가'로 분류하기에는 무리가 있다.
⑤ 앞절은 선창자가 주장하는 바를 제시, 뒷절은 나머지 사람들이 그 내용을 구체화 하는 방식으로 전개하여 개화의 구체적 방법을 제시하고 합가 부분을 통해 대중의 동의와 결단을 유도하는 데 효과적으로 기여하고 있다.

### 02 악장 문학과의 공통점 – 시대적 배경을 중심으로
왕조 교체 시기, 전쟁, 외세의 침입으로 국난을 맞이하는 시기 등 사회 질서가 혼란에 빠졌거나 혼란이 수습되는 역사적 전환기에는 새로운 제안이 등장하고, 새로운 사회에 대한 기대가 나타나게 된다.

이러한 시기를 배경으로 하여 등장한 조선 전기 악장 문학은 주로 교훈적 의도를 담고 있다. 「용비어천가」 등이 대표적인데, 여기에는 조선 건국의 정당성과 함께 임금이 갖추어야 할 통치의 태도, 덕목 등이 드러나 있다. 그 외의 악장 작품들도 새로운 도읍을 찬양하거나 임금의 덕을 예찬하는 경향을 보여주어 개화기의 개화가사와 같이 계몽적, 교훈적 의도를 분명하게 드러내고 있다. 또한 향유되었던 기간이 과도기 시기에 국한되어 짧다는 점도 공통된 측면으로 볼 수 있다.

### 03 한국 문학의 연속성
갑오개혁을 전후한 시기는 우리나라에 대한 서구 열강의 간섭이 노골화되고, 주권이 위기에 처했던 시기였다. 이러한 시기에 우리 시가는 주체적인 입장에서 민족 의식을 고취시키고 현실에서 우리 민족이 취할 행동을 제시하고 있었다.

형태면에서는 시조, 가사 등의 전통 시가 양식을 계승하는 한편, 부분적 변모를 꾀하면서 시대 의식과 개화, 계몽 사상을 담기에 적당한 형태로 서서히 변모해 가고 있었던 것이다.

이러한 점을 통해 근대 문학이 서구나 일본 문학을 무조건 이식하거나 모방한 것이 아니라 주체적이고 능동적으로 형성되었음을 보여 주는 것이어서 개화가사는 고전 문학과 현대문학의 연속성을 이해하는 데에 중요한 단서가 될 수 있다.

## ▷ 이중원  ? ~ ?
≪독립신문≫에 투고자로 양주 사람이라고만 소개되어 있음

▷ **작가의 특징**
전래의 가사 형식에 새로운 시대 정신을 담고 있는 개화가사의 대표적인 예로서, 민족의 단합과 함께 문명개화의 중요성을 내세운 작품이다.

### 작품 1  동심가(同心歌) (독립신문, 1896년)

잠을 씨세, 잠을 씨세,  
ᄉ쳔 년이 꿈 쇽이라.  
만국이 회동(會同)ᄒ야  
ᄉ히(四海)가 일가(一家)로다.  

구구셰졀(區區細節) 다 ᄇ리고  
샹하 동심(同心) 동덕(同德)ᄒ셰.  
ᄂᆞᆷ으 부강 불어ᄒ고  
근본 업시 회빈(回賓)ᄒ랴.  

범을 보고 개 그리고  
봉을 보고 ᄃᆞᆰ 그린다.  
문명(文明) 기화(開化)ᄒ랴 ᄒ면  
실샹(實狀) 일이 뎨일이라.  

못셰 고기 불어 말고  
그믈 미ᄌ 잡아 보셰.  
그믈 밋기 어려우랴  
동심결(同心結)로 미ᄌ 보셰.  

잠을 깨세, 잠을 깨세,  
사천 년이 꿈속이라.  
모든 사람이 한 곳에 모여  
세상이 한 집안을 이루었도다.  

구구하고 번거로운 일들을 모두 버리고,  
위·아랫사람이 한 마음으로 덕을 함께 닦으세.  
남의 부강함을 부러워하면서  
근본이나 바탕이 없이 제 주장대로 할 수 있겠는가?  

범을 보고 개를 그리고,  
봉황새를 보고 닭을 그린다.  
문명을 개화하려면  
실제 일이 그대로 제일이다.  

연못의 고기를 부러워만 하지 말고,  
그물을 매어서 잡아보세.  
그물을 만들기가 어렵겠는가?  
마음을 모아서 그 한마음이 된 뜻으로 만들어 보세.  

### ■ 핵심정리

▷ **갈래** 개화가사
▷ **운율** 4·4조의 4음보
▷ **성격** 계몽적, 교술적, 목적문학적, 설득적
▷ **주제** 문명개화를 위한 일치단결

## 이해와 감상

### 1 짜임 분석
- 1연 – 개화의 고취
- 2연 – 개화의 성격
- 3연 – 개화의 본질
- 4연 – 개화의 자세

### 2 작품감상의 구조

| 구성 요소 | 구성 요소의 파악 | 그것이 지닌 의미·효과 | 주제와의 관련성 |
|---|---|---|---|
| 내용 요소 | ① 시적 화자 및 화자의 상황 | 문명개화를 주장하는 화자가, 독자들에게 봉건적인 것을 모두 버리고 일치단결하여 문명개화를 이루자 주장하고 있다. | 문명개화를 위한 일치단결 |
| | ② 목적 의식이 전면에 드러났음 (계몽주의) | 문명개화를 이루자는 내용이 전면에 드러나 있으나 이전의 개화가사보다는 형상화되었다. | |
| 형식 요소 | ① 4음보의 운율 | 이 시가는 전통시가의 율격인 4·4조의 4음보를 사용하여 교훈적 내용을 효과적으로 드러내고 있다. | |
| | ② 분절체이면서 전체가 짧은 형식 | 전체 4절로 이루어진 분절체여서 내용을 분명하게 제시하였으며, 보통의 가사보다 그 형식을 짧게 제시하여 독자들에게 전달력을 높이고 있다. | |
| 표현 요소 | ① 청유형의 사용 | '~세'의 청유형을 사용하여 문명개화를 효과적으로 드러내었다. | |
| | ② 대구법 | 비슷한 어구의 반복으로 리듬감을 형성하고 있다. | |
| | ③ 은유법 | '범 – 개', '봉 – 닭' 등의 시어를 통해 실상과 허상을 효과적으로 표현했다. | |
| | ④ 상징 | '잠', '범', '개', '봉', '닭', '그물' 등의 상징적 표현을 통해 봉건 구습을 배척하고 문명개화로 나아가야 함을 드러내었다. | |

### 3 감상의 길잡이

개화가사는 전통적인 4음보 율격의 분절체 노래로서, 새로운 시대 정신을 담은 계몽기의 시가 양식이다. 이 계열의 작품들은 1896년 ≪독립신문≫부터 시작해서 1900년대 후반의 ≪대한매일신보≫까지 대량으로 지어졌다.

이 작품은 그 중에서도 초기의 것으로 문명개화에 대한 낙관적인 희망을 고취하고 있다. 작가는 사해 동포주의의 시기가 도래하였는데도 다툼과 공론만을 일삼고 있는 자들에게 잠을 깰 것을 촉구한다. 그러면서 남의 부강을 부러워하지 말고 단결하여 나아갈 것을 그물과 동심결의 비유로 나타내고 있다.

4음보격은 우리 시가의 가장 보편적인 리듬이어서 독자들에게 친숙해졌을 뿐 아니라, 계몽적 이념을 전달하기에도 적절한 호흡이었다. 당시의 신문 제작을 맡은 계몽적 지식인들은 이러한 작품을 통해 민중의 자각을 촉진하고자 했다.

## ▷ 작가미상

▷ **작가의 특징**
해외에서 활동하던 독립군의 사기 고취와 광복의 희망에 대한 염원을 나타냈다.

### 작품 1   독립군가 (독립신문, 1920년)

나아가세 독립군아 어서 나가세.
기다리던 독립 전쟁도 돌아왔다네.
이 때를 기다리고 십 년 동안에
갈았던 날랜 칼을 시험할 날이
나아가세 대한 민국 독립 군사야.
자유 독립 광복할 날 오늘이로다.
정의의 태극 깃발 날리는 곳에
적의 군세 낙화같이 쓰러지리라.          〈1절〉

독립군의 백만 용사 달리는 곳에
압록강 어별들이 다리를 놓고
독립군의 붉은 피가 내뿜는 때에
백두산 굳은 바위 길을 열리라.
독립군의 날랜 칼이 빗기는 날에
현해탄 푸른 물이 핏빛이 되고,
독립군의 벽력 같은 고함 소리에
부사산 솟은 봉이 무너지노나.          〈4절〉

### ■ 핵심정리

▷ **갈래** 개화가사, 군가
▷ **율격** 7·5조(8·5조), 3음보
▷ **구성** 전 6절, 각 8행 구성
▷ **성격** 애국적, 진취적
▷ **표현** 직유법, 대구법, 대조법
▷ **주제** 독립군의 기상과 광복의 소망

## 이해와 감상

### 1 짜임 분석
- 1절 – 독립 전쟁에 참가할 것을 종용함
- 4절 – 독립 전쟁이 일어나는 광경에 대한 상상

### 2 작품감상의 구조

| 구성 요소 | 구성 요소의 파악 | 그것이 지닌 의미·효과 | 주제와의 관련성 |
|---|---|---|---|
| 내용 요소 | ① 시적 화자 및 화자의 상황 | 독립을 염원하는 사람(독립군)을 시적 화자로 하여 독립군이 일제에 맞서 용감하게 싸워 조국 광복을 이룰 것을 주장하고 있다. | 독립군의 기상과 광복의 희망 |
| | ② 일제에 대한 항거 | 일제에 대한 항거 및 저항 의식을 주제로 하여 다른 시가보다 항일의 주제 의식이 두드러진다. | |
| | ③ 주제 의식이 전면에 드러남 | 전반적으로 직설적인 표현을 통하여 독립군의 사기를 고취하는 계몽적 내용이며, 형상화가 부족하다. | |
| | ④ 설화의 모티프 차용 | '압록강 어별들이 다리를 놓고'는 주몽 신화를 차용한 것으로 하늘의 도움을 받고 있다는 정의감과 자신감을 드러내었다. | |
| 형식 요소 | ① 3음보 운율 | 층량 3보격(뒤가 긴 3음보, 7·5조)을 바탕으로 하여 경쾌하고 밝은 리듬으로 광복의 희망을 효과적으로 표현했다. | |
| | ② 분절체이며 노래로 부름 | 분절체로 되어 있어 내용을 분명하게 드러내고, 노래로 가창하기 쉽다. | |
| 표현 요소 | ① 청유형의 사용 | '나아가세 독립군아. 어서 나가세'의 시구를 통해 독립을 위한 의지를 강하게 표현하고 있다. | |
| | ② 상징에 의한 표현 | '칼', '태극 깃발', '압록강 어별', '백두산 굳은 바위', '현해탄 푸른 물', '부사산 솟은 봉'은 모두 상징이며, 그 의미를 파악하면 주제가 잘 드러난다. | |
| | ③ 대조에 의한 표현 | '압록강 어별', '백두산 굳은 바위'와 '현해탄 푸른 물', '부사산 솟은 봉'을 대조적인 심상으로 제시하여 항일 독립의 의지를 잘 드러내었다. | |

### 3 감상의 길잡이

　이 노래는 해외에서 활동하던 독립군의 기상을 드높이고 광복의 희망을 꿋꿋이 간직하기 위해 만들어졌는데, 독립군의 의지가 잘 나타나 있다. 전반적으로 의지를 표명하고 있다. 그럼에도 불구하고 '압록강 어별', '백두산 굳은 바위'와 '현해탄 푸른 물', '부사산 솟은 봉'을 대조적인 심상으로 그려 놓음으로써, 항일 독립의 꿈을 그려 놓은 점이 훌륭하다. 8행씩 6절이나 되어 노래의 가사로서는 분량이 아주 많은 편이다.

## 중요 내용 정리

### 01 「독립군가」의 내용

전체 8행 6절로 이루어져 있는데, 노래의 가사로서는 분량이 매우 많은 편이다. 노랫말은 보편적으로 4·4·5조로 되어 있다. 전반적으로 표현이 직설적인데, 이를 통하여 독립군의 의지를 표명하고 있다. 내용을 보면 제1절에서는 광복을 위한 항일 투쟁 정신을 나타냈고, 제2절에서는 역사를 회고하였고, 제3절에서는 독립군의 투지를 고취하였고, 제4절에서는 항일 독립의 꿈을 표현하였고, 제5절에서는 신명의 도움과 승리의 확신을 보였고, 제6절에서는 조국이 광복되는 순간의 환희를 노래하였다.

### 02 작품의 의의

해외에서 활동하던 독립군의 사기 고취와 광복의 희망에 대한 염원이 잘 나타난 작품으로, 독립군의 대표적인 노래로 민족 항일기에 조국의 독립과 광복을 위해서 조직된 독립군들이 불렀다. 즉 1910년대부터 만주에서 부른 대표적인 독립군가로, 1940년대까지 독립진영에서 애창되었다. 이는 해외 망명 문학의 대표적인 예로 꼽힌다.

독립군가의 효시는 민요 '새야 새야 파랑새야'의 가락에 맞추어 부른 「의병창의가(義兵倡義歌)」와 「의병격중가(義兵激衆歌)」다. 이는 1907년 우리나라 군대가 일제에 의하여 강제 해산되자, 이에 분격하여 일어난 의병들에 의하여 불렸다. 그 후 「독립군가」를 비롯하여 「용진가」, 「독립운동가」, 「항일전선가」, 「최후의 결전」 등 많은 군가가 지어져 불렸다. 이 노래들은 현재 한국 군가의 모체가 되었다.

## 최남선 崔南善

1890~1957
호는 육당(六堂). 서울 출생. 사학자·시조시인·문화운동가
≪소년≫ 발간

▷ **작가의 특징**
1. 1908년 소년을 개화, 계몽하기 위해 종합잡지 ≪소년≫을 창간하고, 창간호에 「해에게서 소년에게」를 실어 한국 근대 시사에서 최초로 신체시를 선보였다.
2. 1919년 3·1 만세운동 때는 독립 선언문을 작성하였다.
3. 신문관의 설립·운영과 ≪소년≫, ≪붉은 저고리≫, ≪아이들 보이≫, ≪청춘≫ 등의 잡지를 발간하였다.
4. 창가·신체시 등 새로운 형태의 시가들을 발표해 한국 근대 문학사에 새로운 시가 양식이 발붙일 터전을 닦았다.
5. 시조부흥운동을 일으켰고, 근대 수필을 개척했다.

### 작품 1  해(海)에게서 소년에게 (소년, 1908년)

1
처……ㄹ썩, 처……ㄹ썩, 척, 쏴……아.
때린다, 부순다, 무너 버린다.
태산(泰山)같은 높은 뫼, 집채 같은 바윗돌이나,
요것이 무어야, 요게 무어야,
나의 큰 힘 아느냐, 모르느냐, 호통까지 하면서,
때린다, 부순다, 무너 버린다.
처……ㄹ썩, 처……ㄹ썩, 척, 튜르릉, 콱.

2
처……ㄹ썩, 처……ㄹ썩, 척, 쏴……아.
내게는, 아무것, 두려움 없어,
육상(陸上)에서, 아무런, 힘과 권(權)을 부리던 자(者)라도,
내 앞에 와서는 꼼짝 못하고,
아무리 큰 물건도 내게는 행세하지 못하네.
내게는, 내게는, 나의 앞에는.
처……ㄹ썩, 처……ㄹ썩, 척, 튜르릉, 콱.

3
처……ㄹ썩, 처……ㄹ썩, 척, 쏴……아.
나에게 절하지 아니한 자(者)가,
지금(只今)까지 있거든, 통기하고 나서 보아라.
진시황(秦始皇), 나팔륜, 너희들이냐.
누구 누구 누구냐, 너희 역시(亦是) 내게는 굽히도다.
나하구 겨룰 이 있건 오너라.
처……ㄹ썩, 처……ㄹ썩, 척, 튜르릉, 콱.

4
처……ㄹ썩, 처……ㄹ썩, 척, 쏴……아.
조그만 산(山)모를 의지(依支)하거나,
좁쌀 같은 작은 섬, 손뼉만한 땅을 가지고,
고 속에 있어서 영악한 체를,
부리면서, 나 혼자 거룩하다 하는 자(者),
이리 좀 오너라, 나를 보아라.
처……ㄹ썩, 처……ㄹ썩, 척, 튜르릉, 콱.

5
처……ㄹ썩, 처……ㄹ썩, 척, 쏴……아.
나의 짝 될 이는 하나 있도다.
크고 길고, 너르게 뒤덮은 바 저 푸른 하늘.
저것은 우리와 틀림이 없어,
작은 시비(是非), 작은 쌈, 온갖 모든 더러운 것 없도다.
조따위 세상(世上)에 조 사람처럼,
처……ㄹ썩, 처……ㄹ썩, 척 튜르릉, 콱.

6
처……ㄹ썩, 처……ㄹ썩, 척, 쏴……아.
저 세상(世上) 저 사람 모두 미우나,
그 중(中)에서 똑 하나 사랑하는 일이 있으니,
담(膽)크고 순정(純情)한 소년배(少年輩)들이,
재롱(才弄)처럼, 귀(貴)엽게 나의 품에 와서 안김이로다.
오너라 소년배(少年輩) 입맞춰 주마.
처……ㄹ썩, 처……ㄹ썩, 척, 튜르릉, 콱.

## ■ 핵심정리

▷ **갈래** 신체시
▷ **성격** 계몽적, 미래지향적, 진취적, 예찬적
▷ **제재** 바다(새로운 문명), 소년
▷ **주제** 소년의 시대적 각성과 의지

▷ **의의** ① 신체시 효시 작품
② 근대 자유시 형성에 영향을 줌
③ 담화체 형식
④ 연마다 동일한 패턴의 율격 반복

## 이해와 감상

**1 짜임 분석**

- 1연 – 바다의 위용
- 2연 – 바다의 위력
- 3연 – 바다의 기개
- 4연 – 바다의 호통
- 5연 – 바다의 속성 (순수성)
- 6연 – 바다의 소년에 대한 사랑

## ② 작품감상의 구조

| 구성 요소 | 구성 요소의 파악 | 그것이 지닌 의미·효과 | 주제와의 관련성 |
|---|---|---|---|
| 내용 요소 | ① 시적 화자 및 화자의 상황 | 바다를 화자로 하여 바다가 지닌 강한 위력과 순수함을 소년이 배워 각성을 이루기를 바란다. (1연만 화자가 관찰자이고, 나머지 연은 모두 '바다'가 화자) | 바다가 지닌 파도 소리를 통해서 소년의 시대적 각성과 의지를 효과적으로 표현 |
| | ② 계몽적 내용 | 바다(문명개화)가 소년에게 들려주는 이야기를 통해 새로운 시대에 대한 각성과 의지를 교훈적으로 제시했다. (내용면에서 완전한 자유시에 이르지 못함) | |
| | ③ 근대적 의미를 지닌 소재 | ⊙ 바다 – 소재나 발상이 영국 바이런의 시「소년 해롤드의 순례」중 끝부분 '대양'과 흡사하다.<br>ⓒ 나팔륜 – 서양의 인물이다. | |
| 형식 요소 | ① 운율의 정형성을 벗어남 | 전대의 시가 지닌 음보의 정형성을 벗어나 자유로운 형태를 추구했다는 점에서 신체시의 효시가 되었다. | |
| | ② 같은 형태의 연 반복 | 같은 형태의 연을 여섯 번 반복하였는데, 이는 또 다른 정형시를 시도하는 의도로 볼 수 있어서 완전한 자유시로 보기 어렵다. | |
| | ③ 화자가 청자에게 말하는 형식 (제목, 내용) | 화자가 청자에게 말하려는 내용을 효과적으로 드러낼 수 있다. | |
| 표현 요소 | ① 직유법 | '태산 같은', '좁쌀 같은' 등 여러 부분에서 바다의 거대함과 위력을 효과적으로 표현하였다. | |
| | ② 의성어의 반복 | 의성어는 파도의 생생함을 불러일으키고, 그것은 단순한 서경이 아니라 바다의 위용이 연상시키는 사상과 관념에 연결됨으로써 이 시의 교훈을 강렬한 감정의 파도에 실어 표현한 효과를 준다. | |
| | ③ 구어체의 사용 | '요것이 무어야, 요게 무어야'처럼 직접 말을 건네는 듯한 구어체의 사용은 이 시의 계몽성을 생경하지 않게 해주는 데 기여한다. | |
| | ④ 현재 시점의 표현 | '부순다', '바린다' 등의 현재적 표현으로 생동감 있고, 현장감 있게 표현하였다. | |

## ③ 감상의 길잡이

작가는 바다를 의인화하여 소년과 말을 건네는 형식을 취하여 바다의 거침없는 위력과 기개를 대담한 어조로 표현하고 있다. 특히 마지막 연에서 바다가 사랑하는 담 크고 순정한 소년이라고 말함으로써 바다와 소년을 대응시키고 있다. 여기서 바다는 문명개화를 통하여 도달하고 싶은 동경의 공간이며, 소년은 그 문명개화를 실현해야 할 미래의 주역이라고 할 수 있다.

시적 화자는 의인화된 바다인데 바다는 힘세고 순정한 것을 그 속성으로 하며 이러한 속성을 가진 바다가 사랑하는 대상 역시 담 크고 순정한 소년들이다. 이 시는 결국 힘 있고 순정한 소년들에 대한 기대와 믿음을 노래한 것으로 볼 수 있다. 이와 같이 개인적 정서를 표현한 것이라기보다 구시대의 잔재를 청산하고 문명개화 된 시대를 맞이하자는 사회적 이념을 노래한 작품이란 점에서 서정시가 되지 못하는 신체시로서의 한계를 갖는다.

이 작품은 매 연 7행, 전체 6연으로 되어 있다. 각 연의 처음과 끝 행은 모두 의성어로 이루어져 있다. 나머지 각 행의 음수율은 3·3·5 / 4·3·4·5 / 3·3·5 / 4·3·4·3 / 3·3·5를 기준으로 매 연 반복되고 있다. 이렇게 볼 때, 3음보·4음보·5음보가 혼합되어 있는 음보율을 지니고 있음을 알 수 있다. 그리고 매 연을 독립해서 보면 자유시의 형태를 띠지만 전체를 보면 독특한 정형시라고 할 수 있다.

각 연의 앞과 뒤에 의성어를 반복적으로 활용하여 감각의 구체성을 실현하고 있는 점 등은 이 작품의 특징이다.

전대의 시가 지닌 정형성을 깨뜨리고 자유로운 형태를 추구했다는 점에서 신체시의 효시가 되었다. 미래 지향적인 순결한 소년에 대한 믿음을 노래하고 있는데, 시대와 관련시켜 본다면 바다는 세계이고, 소년은 무한한 가능성을 지닌 새 시대의 주인공이라 할 수 있다. 작품에서 드러나는 시어의 생경함과 구어식 산문투의 거친 표현은 신체시의 과도기적 한계를 보여 준다. 그러나 기존의 정형시에서 벗어나 자유로운 율조를 구사해 본 것, 의성어를 도입하여 새로운 느낌을 부여한 것 등은 참신한 시도라 할 수 있다.

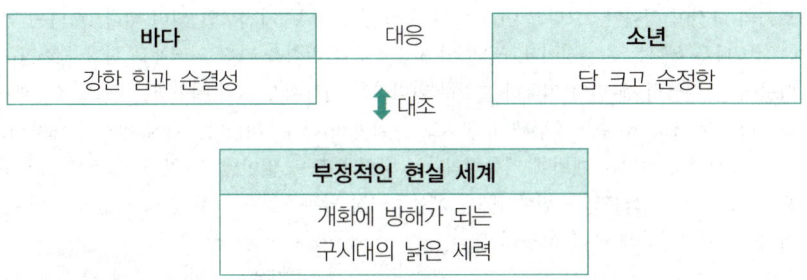

## 중요 내용 정리

### 01 육당 최남선의 낙관주의에 대한 비판

바다와 소년의 대응은 '힘'과 '순결성'으로 집약되고, 그 바탕에는 낙관적 계몽주의가 깔려 있다. 아울러 바다와 소년의 대응은 일종의 화해 관계에 놓여 있는데, 여기서 무엇을 위한 힘이며 순결인가 하는 물음이 제기된다. 이른바 방향성이 결여된 상태이며, 이러한 방향성이 결여된 힘은 결국 없는 것보다 못하기 때문이다. 따라서 최남선의 계몽주의는 미래를 조망하지 않은 채 이루어지는 계몽으로서 막연한 낙관주의일 따름이다.

### 02 창가와 대비할 때 신체시의 의의

신체시는 근대 정신의 산물로써 신체시 이전까지의 개화가사 내지 창가의 율조에서 벗어나 산문화한 자유시로 이행되어 온 과도기적 형태의 장르이다. 시사적으로 볼 때 창가와 자유시 사이에 신체시가 놓인다. 또한 고시가와 현대시의 교량이 된다는 점에서 혁신적이나 그 내용이나 형식 등 문학적 수준에서는 예술적 가치가 높게 평가되지는 못하고 있다. 형식, 주제, 문체면에서 과도기적인 특성을 잘 보여 주고 있다.

### 03 신체시의 특징

① 개요 : 신체시는 창가와 자유시 사이에 위치하는 시가 양식으로 이전의 시조나 가사와는 달리 당시의 속어를 사용하고 서유럽의 근대시나 일본 신체시의 영향을 받은 한국 근대시의 초기 형태이다.
② 형식의 특징 : 시조나 가사 및 개화가사, 창가 등과 달리 음보율에서 벗어난 새로운 형식의 시이다.
③ 내용(주제) : 계몽사상(개화 의식, 자주 독립 정신, 신교육, 남녀 평등 사상 등)을 나타낸다.
④ 효시 : 신체시의 효시는 일반적으로 1908년 11월 잡지 ≪소년(少年)≫의 창간호에 게재된 육당 최남선(崔南善)의 「해에게서 소년에게」로 본다.
⑤ 의의 : 전통시가와 근대 자유시의 징검다리 역할을 한다.

    ⑥ 대표작
        ㉠ 1905년에 발표된 「아양구첩(峨洋九疊)」, 「원백설(怨白雪)」, 「충혼소한(忠魂訴恨)」이 최초의 신체시로 밝혀졌으나, 이 시들의 작가는 모두 알려지지 않았다.
        ㉡ 최남선의 「구작삼편」(1909), 「신대한소년」과 이광수의 「말듣거라」, 현상윤의 「웅커리로서」 등이 있다.

### 04 '바다'의 의미

> 이 시에서 바다는 의인화되어 있고, 그 의인화된 바다가 화자로 되어 있다. 따라서 바다는 사물로서의 그것이 아니다. 그리고 이 바다의 속성은 단지 두 가지로만 되어 있다. 하나는 힘이 세다는 것, 다른 하나는 순결성이다. 달리 말해 순결성과 위력을 가진 인격체로 바다를 파악하고 있을 따름이다. 지극히 센 힘과 지극히 순결한 바다라는 인격체가 오직 사랑하는 것은 '소년배(少年輩)' 뿐이다. 담 크고 순정한 소년배와 힘세고 순결한 인격체 '바다'는 이에 완전히 대응되고 있다. 이 도식에서 우리는 대번에 계몽주의자 육당의 의도를 읽어낼 수 있다. 그것은 힘과 순결성만으로 집약된다. 그리고 그 밑바닥에는 계몽주의적 낙관주의가 너무 짙게 노출되어 있다. 소년과 바다의 대응은 화해 관계에 놓여 있다.
>
> — 김윤식, 「한국 근대 작가 논고」 중에서

## 작품 2 꽃 두고 (소년, 1909년)

나는 꽃을 즐겨 맞노라.
그러나 그의 아리따운 태도를 보고 눈이 어리며
    그의 향기로운 냄새를 맡고 코가 반하여
정신(精神) 없이 그를 즐겨 맞음 아니라.
다만 칼날 같은 북풍(北風)을 더운 기운으로써
    인정 없는 살기(殺氣)를 깊은 사랑으로써
대신(代身)하여 바꾸어
뼈가 저린 얼음 밑에 눌리고 피도 얼릴 눈구덩에 파묻혀 있던
억만(億萬) 목숨을 건지고 집어 내어 다시 살리는
봄바람을 표장(表章)하므로
나는 그를 즐겨 맞노라.

나는 꽃을 즐겨 보노라.
그러나 그의 평화(平和) 기운 머금은 웃는 얼굴 흘리며
    그의 부귀(富貴) 기상 나타낸 성한 모양 탐하여
주착(主着)없이 그를 즐겨 봄이 아니라.
다만 걸 모양의 고운 것 매양 실상이 적고
    처음 서슬 장한 것 대개 뒤끝 없는 중
오직 혼자 특별(特別)히

약간 영화(若干榮華) 구안(苟安)치도 아니고, 허다 마장(許多魔障)
겪으면서도 굽히지 않고
억만(億萬) 목숨을 만들고 늘여 내어 길이 전(傳)할 바
씨 열매를 보육(保育)하므로
나는 그를 즐겨 보노라.

## 핵심정리

▷ **갈래** 신체시
▷ **형식** 음보율의 정형성을 벗어났지만, 같은 연의 형태가 반복되어 완전한 자유시로 보기 어려움
▷ **주제** 문명개화(꽃)에 대한 찬양

## 이해와 감상

### 1 짜임 분석

- 1연 – 꽃을 즐겨 맞는 이유
- 2연 – 꽃을 즐겨 보는 이유

### 2 작품감상의 구조

| 구성 요소 | 구성 요소의 파악 | 그것이 지닌 의미·효과 | 주제와의 관련성 |
|---|---|---|---|
| 내용 요소 | ① 시적 화자 및 화자의 상황 | 화자는 꽃을 완상하는 사람(또는 개화론자)이며, 꽃의 외형적 모습보다 꽃이 지닌 본질을 좋아하여 꽃(문명개화)을 맞이한 다고 제시했다. | 문명개화에 대한 찬양 |
| | ② 내용면의 한계 | ㉠ 주제 의식과 계몽적 내용이 전면에 드러난다.<br>㉡ 새로운 문명에 대하여 일방적 찬양과 무비판적 대응 자세를 가진다.<br>㉢ 서구 문명의 수용에 대한 자신의 태도를 적극적으로 합리화하는 비주체적, 비역사적 시대 의식을 보여 주고 있다. | |
| | ③ 제재 | 꽃 (문명개화, 서구 문명) | |
| 형식 요소 | ① 운율의 정형성을 벗어남 | 고전시가나 창가의 음보율에서 벗어났다. | |
| | ② 같은 형태의 연 반복 | 같은 형태의 연을 반복하여 형식적인 자유로움을 완전히 드러내지 못했다. | |
| | ③ 담화체 형식 | 화자가 청자에게 말하려는 내용을 효과적으로 드러낼 수 있다. | |
| 표현 요소 | ① 상징에 의한 표현 | '꽃'은 새로운 서구 문명을 상징하며, 주제를 효과적으로 드러냈다. | |
| | ② 비교·대조 | '아리따움', '향기로움', '평화로움', '부귀함' 등이 갖는 현상적 아름다움과 '더운 기운', '깊은 사랑', '씨 열매' 등이 갖는 본질적 속성을 비교하여 본질적이고 실용적인 아름다움을 추구한다. | |

③ 감상의 길잡이

　이 시는 신체시 「해에게서 소년에게」 이후에 나타난 신체시로 보고 있으며, 우리의 자유시 형성에 기여하는 작품으로 본다. 정형적인 음보율을 벗어났고, 시적 발상과 행간의 처리 등에 있어서는 전대에 비해 한결 발전한 모습을 보이고 있지만, 1~2연의 형태 및 자수율이 동일하여 완전한 자유시로 보기 어렵고, 표현도 진부한 설명의 차원에 머물러 형상화가 부족하다.

　교훈적이고 계몽적인 내용의 이 시는 1연에서는 꽃을 즐겨 맞는 이유를, 2연에서는 꽃을 즐겨 보는 이유를 노래하고 있다. 시적 자아가 꽃을 즐겨 맞는 이유는 '아리따운 태도'와 '향기로운 냄새'라는 꽃의 표면적 아름다움 때문이 아니라, '더운 기운'과 '깊은 사랑'으로 대표되는 꽃의 내면적 의미 때문이다. 다시 말하면, 꽃은 '칼날 같은 북풍을 더운 기운으로써' 대신해 주고, '인정 없는 살기를 깊은 사랑으로써 대신하여' 주는 존재로서 따스한 기운과 깊은 사랑으로 우주 만물을 소생시켜 주기 때문이다.

　또한 그가 꽃을 즐겨 보는 이유는 '평화 기운 머금은 웃는 얼굴', '부귀 기상 나타낸 성한 모양'이라는 꽃의 순간적 아름다움 때문이 아니라, '씨 열매'가 표상하는 꽃의 구원한 아름다움 때문이라고 한다. 그러므로 그는 꽃의 두 가지 속성, 즉 '아리따움', '향기로움', '평화로움', '부귀함' 등이 갖는 현상적 아름다움과 '더운 기운', '깊은 사랑', '씨 열매' 등이 갖는 본질적 아름다움 중에서, 본질적이고 심층적 아름다움을 추구한다는 것을 알 수 있다.

　여기서 '꽃'은 새로운 서구 문명을 상징하는 것으로 볼 수 있고, 이 시의 주제는 새로운 문명에 대한 참다운 가치를 발견해야 한다는 것으로 볼 수 있다. 그러나 개화라는 거센 물결에 편승하여 여과 없이 유입되고 있던 서구 문명에 대하여 시적 자아는 거의 무비판적으로 대응하고 있을 뿐 아니라, 나아가 최상급의 수식어로써 예찬하고 있다. 아울러 서구 문명의 수용에 대한 자신의 태도를 적극적으로 합리화하는 비주체적, 비역사적 시대 의식을 보여 주고 있다. 이것이야말로 육당이 가지고 있던 현실 인식의 수준을 보여주며, 육당을 위시한 당시 개화론자들의 한계를 드러내는 것으로 볼 수 있다.

## ▰ 중요 내용 정리

### 01 「꽃 두고」의 내용 이해

　이 시는 두 연이 모두 꽃에 대한 찬미의 내용을 주로 하고 있다. 첫 연에서는 꽃을 화자가 즐겨 맞고 있는데, 그 까닭은 그의 아리따운 태도나 향기로운 냄새에 매혹되어서가 아니라 더운 기운과 깊은 사랑으로 억만 목숨을 다시 살리는 봄바람을 표장하기 때문에 꽃은 즐겨 맞는 것이라 한다.

　둘째 연에서는 1연과 거의 비슷한 통사구조를 가진 채 꽃을 화자가 즐겨 보는 내용이 나온다. 그 까닭 역시 그의 웃는 얼굴이나 풍성한 모양 때문이 아니라 억만 목숨 늘여 내고 길이 전할 씨 열매를 기르기 때문에 그를 즐겨 본다고 한다.

### 02 '꽃'의 상징성

　화자에게 꽃은 생명의 상징이라고 할 수 있는데, 이 작품에서 시적 대상으로 다루고 있는 '소년'의 이미지와 비슷하다. 한 시대를 이끌어 가는 생명으로서의 봄바람과 씨 열매를 키우고 기르는 것이 꽃이라고 봄으로써 그것의 진취적 기상과 생명 지향의 속성을 예찬하고 있는 작품이다.

　교술적인 최남선의 입장이 충분히 불식되지 못한 점이 있지만 그래도 「해에게서 소년에게」보다는 율격이나 주제면에서 한결 자유시로 나아간 작품이라고 평가할 수 있다.

### 03 「꽃 두고」의 의의

　이 시는 〈소년〉(1909년 5월호)에 발표된 신체시로, 외형률에 충실한 틀은 어느 정도 완화되어 있지만, 두 연을 구성하고 있는 통사구조가 거의 유사하고 자수도 비슷하여 정형시와 자유시의 중간 단계에 있는 준 자유시 성격의 신체시라고 할 수 있다. 「해에게서 소년에게」가 가지고 있던 짙은 교술성이나 계몽 의지는 많이 가셔 있지만 그대로 관념이 우세하고 화자의 시적 발상이 서정으로 용해되지 못하고 있다.

## 기출문제

※ (1~2) 다음 글을 읽고 물음에 답하시오. [총 8점]

(가)
　나는 꽃을 즐겨 맞노라.
　그러나 그의 아리따운 태도를 보고 눈이 어리며
　　　그의 향기로운 냄새를 맡고 코가 반하여
　정신(精神) 없이 그를 즐겨 맞음 아니라.
　다만 칼날 같은 북풍(北風)을 더운 기운으로써
　　　인정 없는 살기(殺氣)를 깊은 사랑으로써
　대신(代身)하여 바꾸어
　뼈가 저린 얼음 밑에 눌리고 피도 얼릴 눈구덩에 파묻혀 있던
　억만(億萬) 목숨을 건지고 집어 내어 다시 살리는
　봄바람을 표장(表章)하므로
　나는 그를 즐겨 맞노라.

　나는 꽃을 즐겨 보노라.
　그러나 그의 평화(平和) 기운 머금은 웃는 얼굴 흘리며
　　　그의 부귀(富貴) 기상 나타낸 성한 모양 탐하여
　주책[主着]없이 그를 즐겨 봄이 아니라.
　다만 겉 모양의 고운 것 매양 실상이 적고
　　　처음 서슬 장한 것 대개 뒤끝 없는 중
　오직 혼자 특별(特別)히
　약간 영화(若干榮華) 구안(苟安)치도 아니고, 허다 마장(許多魔障) 겪으면서도 굽히지 않고
　억만(億萬) 목숨을 만들고 늘여 내어 길이 전(傳)할 바
　씨 열매를 보육(保育)하므로
　나는 그를 즐겨 보노라.

　　　　　　　　　　　　　　　　　　　　　　－ 최남선, 「꽃 두고」

(나)
　노래가 낫기는 그 중 나아도
　구름까지 갔다간 되돌아오고,
　네 발굽을 쳐 달려간 말은
　바닷가에 가 멎어 버렸다.
　활로 잡은 산(山)돼지, 매[鷹]로 잡은 산(山)새들에도
　이제는 벌써 입맛을 잃었다.
　꽃아. 아침마다 개벽(開闢)하는 꽃아.

　네가 좋기는 제일 좋아도,
　물낯바닥에 얼굴이나 비취는

```
헤엄도 모르는 아이와 같이
나는 네 닫힌 문(門)에 기대 섰을 뿐이다.
문(門) 열어라 꽃아. 문(門) 열어라 꽃아.
벼락과 해일(海溢)만이 길일지라도
문(門) 열어라 꽃아. 문(門) 열어라 꽃아.
  * 사소(娑蘇) : 사소(娑蘇)는 신라(新羅) 시조(始祖) 박혁거세(朴赫居世)의 어머니. 처녀(處女)로 잉태(孕胎)하여, 산으로 신선
     수행(神仙修行)을 간 일이 있는데, 이 글은 그 떠나기 전 그의 집 꽃밭에서의 독백(獨白)
                                                        - 서정주, 「꽃밭의 독백 - 사소(娑蘇) 단장(斷章)」
```

## 1. (가)와 (나)의 꽃 이 각각 상징하는 바를 쓰시오. [2점]

2004년 기출 10-1번

### 예상답안

① (가)의 꽃 : 근대 (서구) 문명(= 문명 개화; 강한 힘과 의지, 절대적 가치)
② (나)의 꽃 : 영원한 생명 (순수한 생명의 세계, 구도(仙, 禪)의 세계)

## 2. (나)와 비교할 때 (가)를 본격적인 현대시로 보기 어렵다면, 그렇게 판단할 수 있는 근거를 3가지만 쓰시오. [2점]

2004년 기출 10-2번

――――〈조건〉――――
작품의 관련 부분을 언급하며 설명할 것

### 예상답안

① 형식면
  ㉠ (나) 작품과 달리 (가)는 1~2연의 형태가 같으며, 같은 형태의 연이 반복되고 있다는 것은 또 다른 정형시를 시도하는 것으로 볼 수 있으므로 완전한 현대시(자유시)에 이르지 못했다.
  ㉡ (나) 작품과 달리 (가)는 1연의 3행과 6행, 2연의 3행과 6행에서 행을 자의적으로 들여쓰기 하여 현대시의 행에 대한 인식이 부족함을 드러낸다.
  ㉢ (나) 작품은 내용을 간결하게 압축하여 드러냈지만, (가)의 내용은 각 연의 2~11행까지 하나의 문장으로 '꽃'에 대해 길게 서술하여, 산문처럼 설명을 하듯이 드러내고 있기 때문에 본격적인 현대시로 보기 어렵다.

② 내용면
  ㉠ (나)는 개인의 정서를 드러냈지만, (가)는 '꽃'의 의미가 문명개화이며, 1연과 2연의 전체 내용이 문명개화에 대한 예찬과 그것에 대한 지향을 권고하는 계몽적, 교훈적 내용을 드러내기 때문에 본격적인 현대시로 보기 어렵다.
  ㉡ (나)는 주제를 내용, 형식, 표현의 다양한 요소를 통해 형상화하여 드러냈지만, (가)는 상징의 의미만 파악하면 주제가 바로 드러나게 되며, 현대시처럼 형상화하여 드러내지 못했다.
  ㉢ (나)는 감정이 잘 절제되어 있고, 구체적 사물로 드러나 있지만, (가)는 첫 행과 끝행에서 감정이 직접 드러나고, 또 '정신, 인정, 사랑, 평화, 부귀, 영화' 등 추상적·관념적 시어가 많아서 본격적인 현대시로 보기 어렵다.

## ▷ 김 억
金億

1896 ~ ?
호는 안서(岸曙). 평북 곽산 출생. 서구 상징주의를 소개한 선구자

▷ **작가의 특징**
1. 1910년 동경 유학생 기관지인 ≪학지광≫에 시를 발표하기 시작한 후, 민요 율격에 바탕을 둔 시 창작을 통해 근대시와 민요를 접목시키고자 노력하였다.
2. ≪태서문예신보≫(1918)를 발간하여 상징주의 시를 수용하는 데 기여하였다.
3. 상징파의 퇴폐성을 보이는 등 시인으로서 그다지 성공적인 성과를 이루지 못하였으나, 제자인 김소월에게 상당한 영향과 도움을 주었다.

▷ **주요 작품**
시집 : 『해파리의 노래』(1923), 『봄의 노래』, 『먼동이 틀 때』 등

### 작품 1  봄은 간다 (태서문예신보, 1918년)

밤이도다
봄이다.

밤만도 애달픈데
봄만도 생각인데

날은 빠르다.
봄은 간다.

깊은 생각은 아득이는데
저 바람에 새가 슬피 운다.

검은 내 떠돈다.
종소리 빗긴다.

말도 없는 밤의 설움
소리 없는 봄의 가슴

꽃은 떨어진다.
님은 탄식한다.

### ■ 핵심정리

▷ **성격** 감상적, 상징적, 낭만적
▷ **표현** 대구법, 감정이입
▷ **제재** 봄밤
▷ **주제** 봄밤의 애상

## 이해와 감상

### 1 짜임 분석
- 기(1~3연) - 고뇌 속의 봄 밤
- 서(4~5연) - 침묵하는 자연
- 결(6~7연) - 깊어 가는 절망감

### 2 작품감상의 구조

| 구성 요소 | 구성 요소의 파악 | 그것이 지닌 의미·효과 | 주제와의 관련성 |
|---|---|---|---|
| 내용 요소 | ① 시적 화자 및 화자의 상황 | 시적 화자가 봄날 밤에 봄이 빨리 지나가는 것을 서러워하고 있는 내용인데, 시적 상황이 분명하게 드러나지 않는다. | 밤이라는 상징적 시어를 사용하여 봄을 상실한 자의 설움과 탄식을 효과적으로 드러냄 |
| | ② 압축된 시상 전개 | 간결하고 압축된 시상 전개로 빠르게 지나가는 봄의 속도감을 표현하였다. | |
| | ③ 내용면의 한계 | 상황이 분명하지 않은 애상의 정서를 드러내어 근대적이고 주체적인 개인의 정서를 담아내지 못했고(애상적 낭만주의 시와 유사), 화자의 감정이 직접 드러나 있어서 형상화가 부족하다. | |
| 형식 요소 | ① 음보율의 정형성에서 벗어남 | 음보율을 벗어나 자유시에 가까운 느낌을 준다. | |
| | ② 한 연을 2행씩 구성 | 한 연을 반드시 2행씩 고정 배분하여 규칙성과 정돈미를 느끼게 한다. | |
| | ③ 각운의 사용 | '-데', '-다' 등 각운의 사용으로 운율감을 형성한다. | |
| | ④ 형식면의 한계 | 1, 3, 5, 7연에서 각운의 사용이나, 2행 형식을 고정 배분한 것 등은 정형률에 대한 집착을 완전히 벗어나지 못한 것으로 볼 수 있다. | |
| 표현 요소 | ① 감정이입에 의한 표현 | '-새가 슬피 운다' 부분에서 새에 화자의 슬픈 감정을 이입하여 표현했다. | |
| | ② 감각적 심상 | ㉠ 시적 화자가 느끼는 암담한 정서를 검은 내와 종소리라는 감각적 이미지를 통해 표현했다.<br>㉡ '종소리 빗긴다'는 공감각적 표현이다. | |
| | ③ 독백체의 표현 | 봄밤에 느끼는 애상의 정서를 독백체로 표현하여 시적 화자의 정서가 잘 드러났다. | |

### 3 감상의 길잡이
형태적인 배열과 율격에 대한 관심을 많이 가미한 7연 14행의 서정적 자유시이다.
① 1~3연 : 봄밤을 배경으로, 밤이라는 것만으로도 애달프고 봄이라는 것만으로도 많은 생각이 일어나게 하는 상황인데 화자로 하여금 더욱 못 견디게 하는 어떤 것이 있다. 그것이 바로 세월의 무상함이다. 날이 빠르게 지나 그 봄이 벌써 간다는 사실이 화자로 하여금 못 견디게 한다. 덧없이 흘러가는 봄에 대한 애상감과 아쉬움이 가득하다.
② 4~5연 : 그러한 무상감으로 생각은 더욱 많고 아득하기만 한데 슬픈 새 울음소리가 들린다. 여기에 그의 생각을 뒷받침하는 분위기들이 제시된다. 즉 검은 밤안개와 비껴가는 종소리이다. 시대적인 상황의 상징으로도 볼 수는 있겠지만 썩 적당한 것은 아니다. 첫 부분의 무상함의 반복이라고 보아도 무방하다.

③ 6~7연 : 말로 드러내어 표현할 수 없는 애달픈 밤의 서러움과 소리 내어 말할 수 없는 안타까운 봄에 대한 애상으로 꽃은 떨어지고 임은 탄식한다. 마치 지금까지 표현된 감정의 주체가 화자가 아니라 임이라는 듯이 위장하고 있지만 그것은 어디까지나 위장일 뿐이다. 임이 곧 화자인 것이다. 이것은 서정시인 쉴라이어마허의 표현대로라면 독백일 수밖에 없기 때문이다. 자기가 자기에게 말하는 방식만큼 감정에 예민한 말하기의 방식이 또 어디에 있을까.

1918년 11월 ≪태서문예신보≫에 발표된 이 시는 그 시기만큼이나 과도기적인 성격을 보여주는데 그 중 제일 먼저 눈에 띄는 것이 형태적인 고려라 할 것이다. 즉 이 시의 1, 3, 5, 7연에는 어김없이 '–다' 형태의 평서형 종지부가 나타남으로써 일종의 각운에 의한 율격 효과를 노리는 것이라든지, 한 연을 반드시 2행씩 고정 배분함으로써 얻어지는 정돈미 또한 작가의 정형률에 대한 집착을 증거로 할 수 있다. 그러나 그렇다고 하여 이 시가 정형시가 아님은 물론이며 당시로서는 완전히 일반화된 형태는 아니었지만 자유시로의 이행을 보여주는 대표적 예라 할 수 있다. 즉 개화기의 창가, 개화가사 그리고 신체시를 비롯한 좀 더 정형적인 시 형태에서 완전한 자유율로 나아가기 위한 일종의 과도적 과정을 보여주고 있는 셈이다.

실상 이 시는 그러한 역사적 의미 이외에, 오늘날의 관점으로 시적 성취도를 따진다는 것은 불가능해 보인다. 다만 당대의 여타 시인들이 아직 신시의 양식에 관한 자각을 하고 있지 못하던 때에 나름대로 독특한 형태적 관심 아래 시를 썼다는 것, 그리고 전통적 정서를 현대화하려 했다는 것, 무엇보다도 섣부른 관념의 생경한 노출이나 한자어의 과도한 나열이 아니라 한글시를 정착시키려 노력했다는 점 등이 의미 있는 성과로 받아들여져야 할 것으로 보인다. 또 하나의 의미는 그의 전통 서정시에 대한 관심이 제자인 소월 김정식에게 그대로 전수되어 우리 시단 초기의 중요한 성과로 나타난다는 점을 들어야 할 것이다.

## 중요 내용 정리

### 01 민요조의 서정시
민요조의 서정시는 개인의 정감을 주로 담고 있는데 김억이 선구자적인 역할을 했다. 민요조 서정시의 특징은 순수한 우리말에 생명력을 부여하고 고유의 정감을 살렸으며, 새로운 시어를 만들었다는 데 있다.

### 02 시사적 의의
이 시는 시간의 흐름을 인식하는 한 화자가 등장하여 애상적 정조를 바탕으로 당시의 어두운 시대 상황을 토로하고 있다. 특히 신체시가 지녔던 계몽성을 탈피하여 개인적 서정을 노래하면서도 그 이면에는 시대의 어려운 상황을 인식하고 있는 점, 순수한 우리말의 미감을 잘 살려 쓴 점, 공감각적인 이미지 속에 정서를 함축시킨 점, 2행을 1연으로 묶어 나간 연에 대한 배려와 '–다, –데, –ㅁ'의 각운이 뚜렷하게 나타나 있는 점, 정형적 리듬을 벗어난 자유시인 점 등에서 한국 근대 시사상 특별한 의의를 지니고 있다.

### 03 시간적 배경의 제시
'밤이도다 / 봄이다.'는 시간적 배경을 제시한 부분이다. 밤은 암담한 시대 현실에 대한 상징으로 볼 수 있으며 봄은 희망을 주는 계절이라고 할 수 있다. 이 작품에는 이 둘 사이의 대조를 통해서 느끼게 되는 봄밤의 미묘하고 섬세한 정서가 그려져 있다.

### 04 상징주의의 특징
1920년대의 상징주의 시는 음악성과 암시성, 이상향에의 동경, 공감각적 심상 중시, 시적 상황의 불명확성 등을 특징으로 하면서 시의 새로운 의미를 창출한다. 전체적으로 볼 때 이 시의 시적 상황은 모호하고 애매함을 알 수 있는데 이 또한 암시, 몽롱, 음울, 절망의 비조를 특징으로 하는 상징주의적 시의 특징이다.

'밤 / 애달픈데 / 깊은 생각 / 새가 슬피 운다 / 검은 내 / 밤의 설움 / 꽃은 떨어진다 / 님은 탄식한다' 등의 구체성 없는 이미지와 사물의 연쇄에서 상징주의의 특성을 발견할 수 있다.

## 주요한 朱耀翰

1900 ~ 1979
평양 출생. 호는 송아(頌兒). 시인. 언론인. 정치인
소설가 주요섭의 형

▷ **작가의 특징**
1. 시작 활동은 1919년 1월에 간행된 《학우》 창간호에 「에튜으트」라는 큰 제목으로 창작시 「시내」, 「봄」 등 5편을 발표하였다.
2. 1919년 김동인 등과 더불어 《창조》 동인에 가담하면서부터 본격적으로 전개하였다.
3. 초기에는 애상적이고 낭만적인 상징주의적인 민요풍의 시를 썼으나, 점차 민족 문학의 제창과 함께 모국어에 대한 사랑을 통하여 향토적이고 민요적인 서정시로 변모하였다.
4. 한국 근대시의 형성기에 선구자적 공적을 남긴 시인으로 평가되고 있다.

▷ **주요 작품**
시집 : 『아름다운 새벽』(1924), 『3인 시가집』(1929), 『봉사꽃』(1930) 등
대표시 : 「불놀이」, 「빗소리」 등

## 작품 1 불놀이 (창조, 1919년)

　아아, 날이 저문다. 서편 하늘에, 외로운 강물 위에, 스러져 가는 분홍빛 놀……. 아아, 해가 저물면, 해가 저물면, 날마다 살구나무 그늘에 혼자 우는 밤이 또 오건마는, 오늘은 4월이라 파일날, 큰 길을 물밀어 가는 사람 소리는 듣기만 하여도 흥성스러운 것을, 왜 나만 혼자 가슴에 눈물을 참을 수 없는고?

　아아, 춤을 춘다. 시뻘건 불덩이가 춤을 춘다. 잠잠한 성문(城門) 위에서 내려다보니, 물 냄새, 모래 냄새, 밤을 깨물고, 하늘을 깨무는 횃불이 그래도 무엇이 부족하여 제 몸까지 물고 뜯을 때, 혼자서 어두운 가슴 품은 젊은 사람은, 과거의 퍼런 꿈을 찬 강물 위에 내어 던지나, 무정한 물결이 그 그림자를 멈출 리가 있으랴?―아아, 꺾어서 시들지 않는 꽃도 없건마는, 가신 임 생각에 살아도 죽은 이 마음이야. 에라 모르겠다. 저 불길로 이 가슴 태워 버릴까, 이 설움 살라 버릴까? 어제도 아픈 발 끌면서 무덤에 가 보았더니, 겨울에는 말랐던 꽃이 어느덧 피었더라마는, 사랑의 봄은 또다시 안 돌아오는가, 차라리 속 시원히 오늘밤 이 물 속에……. 그러면 행여나 불쌍히 여겨줄 이나 있을까……. 할 적에 '퉁, 탕' 불티를 날리면서 튀어나는 매화포, 펄떡 정신을 차리니, 우구구 떠드는 구경꾼의 소리가 저를 비웃는 듯, 꾸짖는 듯, 아아, 좀더 강렬한 정열에 살고 싶다. 저기 저 횃불처럼 엉기는 연기, 숨막히는 불꽃의 고통 속에서라도 더욱 뜨거운 삶을 살고 싶다고 뜻밖에 가슴 두근거리는 것은 나의 마음……

　4월달 따스한 바람이 강(江)을 넘으면 청류벽(淸流壁-대동강 가에 있는 절벽), 모란봉(牡丹峰) 높은 언덕 위에 허어옇게 흑이는 사람 떼, 바람이 와서 불 적마다 불빛에 물든 물결이 미친 웃음을 웃으니, 겁 많은 물고기는 모래 밑에 들어박히고, 물결치는 뱃슭에는 졸음 오는 '이즘'의 형상(形像)이 오락가락-어른거리는 그림자, 일어나는 웃음소리, 달아 논 등불 밑에서 목청껏 길게 빼는 어린 기생의 노래, 뜻밖에 정욕(情欲)을 이끄는 불구경도 인제는 겁고, 한 잔 한 잔 또 한 잔 끝없는 술도 인제는 싫어, 지저분한 배 밑창에 맥없이 누우면, 까닭 모르는 눈물은 눈을 데우며, 간단(間斷-잠시 끊어짐) 없는 장고 소리에 겨운 남자들은, 때때로 불이는 욕심에 못 견디어 번득이는 눈으로 뱃가에 뛰어나가면, 뒤에 남은 죽어 가는 촛불은 우그러진 치마깃 위에 조을 때, 뜻있는 듯이 찌걱거리는 배젓개 소리는 더욱 가슴을 누른다…….

　아아, 강물이 웃는다, 웃는다. 괴상한 웃음이다. 차디찬 강물이 껌껌한 하늘을 보고 웃는 웃음이다. 아아, 배가 올라온다. 배가 오른다. 바람이 불 적마다 슬프게 슬프게 삐걱거리는 배가 오른다…….

저어라, 배를. 멀리서 잠자는 능라도(綾羅島)까지, 물살 빠른 대동강을 저어 오르라. 거기 너의 애인이 맨발로 서서 기다리는 언덕으로, 곧추 뱃머리를 돌리라. 물결 끝에서 일어나는 추운 바람도 무엇이리요. 괴이(怪異)한 웃음소리도 무엇이리요. 사랑 잃은 청년의 어두운 가슴 속도 너에게야 무엇이리요. 그림자 없이는 '밝음'도 있을 수 없는 것을……. 오오, 다만 네 확실한 오늘을 놓치지 말라. 오오, 사르라, 사르라! 오늘밤! 너의 빨간 횃불을, 빨간 입술을, 눈동자를, 또한 너의 빨간 눈물을…….

## ▌핵심정리

- ▷ **갈래** 자유시(산문시), 서정시
- ▷ **성격** 감상적, 낭만적, 상징적, 격정적, 영탄적
- ▷ **특징** ① 산문 형태에 가까우나 반복에 의한 율동감을 형성
  ② 대립적 심상을 통해 강렬한 인상을 줌
- ▷ **제재** 4월 초파일의 불놀이
- ▷ **주제** ① 죽음과 삶 사이에서 방황하는 청년의 고뇌 또는 그것을 극복하려는 의지
  ② 임(조국)을 잃은 슬픔과 그 극복 의지

## 이해와 감상

### 1 짜임 분석

- 1연 – 4월 초파일: 시적 자아가 처한 심리적 상황의 제시
- 2연 – 임을 상실한 시적 자아의 슬픔, 고뇌: 불놀이를 보면서 죽음에 대한 충동과 삶에 대한 의욕 교차
- 3연 – 불놀이 뒤 격정이 지나간 뒤의 화자의 허탈감
- 4연 – 자신의 무력감에 대한 자조
- 5연 – 새로운 생명에의 의욕, 현실과의 갈등을 초극하여 강한 삶의 의욕으로 치달음

### 2 작품감상의 구조

| 구성 요소 | 구성 요소의 파악 | 그것이 지닌 의미·효과 | 주제와의 관련성 |
|---|---|---|---|
| 내용 요소 | ① 시적 화자의 상황 | 사랑하는 사람을 잃은 한 청년이 초파일의 화려한 불놀이를 보면서 슬픔과 좌절을 노래하고 있다. (조국을 잃은 상황에서 지식인이 슬픔과 좌절을 드러낸 것으로 보기도 함) | 죽음과 삶 사이에서 방황하는 청년의 고뇌와 그것의 극복 의지를 대립적 심상을 통해 효과적으로 표현하였음 |
| | ② 내용의 특징 | 신체시에서 나타나는 계몽주의적 입장이나 목적 의식을 과감하게 배제하고 순수한 예술적 가치를 추구한 시로 어두운 현실의 괴로움과 슬픔과 고뇌를 극복하려는 의지를 절규하듯 표현했다. | |
| | ③ 내용면의 한계 | ㉠ 감정의 직접적 제시, ㉡ 감상적, 영탄적 어조, ㉢ 시적 상황의 일관성 부족과 불명확, ㉣ 근대적이고 주체적인 개인의 정서를 드러내지 못했다. | |
| 형식 요소 | ① 시상 전개 | '현재 – 과거 회상 – 현재'로 전개된다. | |
| | ② 음보율에서 벗어났음 | 음보율을 벗어나 산문시의 형태로 드러내고 있으며, 자유시 형성에 중요한 기여를 했다. | |
| 표현 요소 | ① 우리말의 미감 | 생경한 한문투의 사용을 줄이고, 우리말의 미감을 살려 표현하였다. | |
| | ② 대립적 심상을 통한 주제의 제시 | 삶과 죽음, 밝음과 어둠, 기쁨과 슬픔, 고뇌와 비상(飛翔), 혹은 초월과 같은 관념적 심상의 대립에 의해 구조화되어 있는 것이 특징이다. | |

| | ③ 서구 상징주의 시의 흔적 | 감상적, 애상적 내용, 이미지의 대립에 의한 전개, 시적 상황의 불명확함, 자유시와의 관련성 등을 지적할 수 있다. |
|---|---|---|

### ③ 감상의 길잡이

전5연으로 된 산문시로 1연에서 4연까지는 현실의 세계를 그리고 있고, 5연은 환상을 그리고 있다.

감정의 직접적 노출이 단점으로 지적되고 있으나, 현대시의 조건을 거의 완벽하게 구비한 자유시의 선구자격으로 평가받고 있다.

시적 화자는 임을 잃고 난 후 죽음에 대한 유혹과 사월 초파일의 흥겨운 불꽃놀이로 나타나는 삶의 열정으로서의 현실 사이에서 고통을 받고 있는 존재이다. 사월 초파일, 강물에 몸을 던져 죽을 생각을 하다가 매화포 터지는 소리와 함께 하늘을 수놓는 시뻘건 불덩이를 보며 '고통 속에서도 더욱 뜨거운 삶을 살고 싶다'는 삶의 의욕을 갖게 된다.

삶의 올바른 방향을 확실히 포착하지 못한 상태에 있는 서정적 자아의 심리적 격동이 불놀이의 장면과 조응을 이루고 있다.

## ▲ 중요 내용 정리

### 01 시사적 의의

이 시의 산문 형식으로 된 리듬의 강렬한 연속은 절제되지 않은 시적 자아의 격렬한 감정을 자유롭게 표현하는 방식으로 채택되었다. 3음보 또는 4음보의 외형적 율격에서 벗어나 있다는 점에서 앞 시대의 시에 비해 확실히 형식의 면에서 진보했다. 또 계몽의 목소리가 아닌 개인적 정서의 세계를 표현하고 있는 점도 앞 시대의 시와는 다른 점이다. 그리고 생경한 한문 투의 시어를 사용하지 않고 우리말을 발굴하여 구사한 점도 시인의 민족 의식과 함께 높이 평가된다. 그러나 '외로움', '눈물', '설움' 등 감상적인 시어를 사용한 감정의 직접적 노출은 대상에 대한 시적 형상화가 부족함을 나타내고 있다.

### 02 '님'의 의미

주요한은 당대의 현실을 주관적으로 토로했으며 그러한 주관은 민족적 공감을 불러 일으켰다. 따라서 여기에서의 '님'은 개인을 절망과 좌절에 빠뜨리는 민족적, 역사적 상황과 연결된 무엇이라고 할 수 있다. 즉 개인적 차원을 넘어선 보다 집단적이고 당대의 현실과 밀접한 관련이 있는 '님'이라고 할 수 있다.

### 03 시적 정조와 역사적 상황

이 시의 주된 정조는 감상적·영탄적이다. 이러한 애상적 분위기는 국권 상실이라는 시대적 상황에 크게 기인한다. 식민 지배로 불안과 절망을 노래하는 퇴폐시로 향하게 한다. 이 세기말적 징후는 서구 상징주의 문학의 유입과 함께 당시 젊은 지식인들에게 강한 영향을 끼쳤다. 특히 1920년대 박영희, 홍사용, 이상화를 주축으로 한 백조 동인의 시에는 3·1 운동의 좌절로 인한 절망과 세기말적 풍조의 영향으로 퇴폐적이고 애상적인 분위기가 증폭되어 나타난다.

### 04 대립적 심상

이 작품에는 일련의 대립적 요소들이 있다. 가장 중요한 것은 죽음과 삶의 대립이다. 주인공은 사랑하는 이의 죽음과 주위 사람들의 흥겨운 놀이로 표현된 삶의 사이에 있다. 또 다른 대립은 어둠과 밝음, 물과 불의 대립이다. 어둠은 죽음에, 밝음은 삶에 해당하며, 물은 죽음을, 불은 삶을 암시한다. 이 상반되는 욕망이 서로 다투기 때문에 이 작품의 시상은 때로는 혼란을 일으킨다.

## 기출문제

※ (1~2) 다음 글을 읽고 물음에 답하시오. [총 9점]

(가)
　아아, 춤을 춘다. 춤을 춘다, 시뻘건 불덩이가 춤을 춘다. 잠잠한 성문(城門) 위에서 내려다보니, 물 냄새, 모래 냄새, ① 밤을 깨물고, 하늘을 깨무는 횃불이 그래도 무엇이 부족하여 제 몸까지 물고 뜯을 때, 혼자서 어두운 가슴 품은 젊은 사람은, 과거의 퍼런 꿈을 강물 위에 내어던지나, 무정한 물결이 그 그림자를 멈출 리가 있으랴? – 아아, 꺾어서 시들지 않는 꽃도 없건마는, 가신 임 생각에 살아도 죽은 이 마음이야. 에라 모르겠다. 저 불길로 이 가슴 태워 버릴까, 이 설움 살라 버릴까 어제도 아픈 발 끌면서 무덤에 가 보았더니, 겨울에는 말랐던 꽃이 어느덧 피었더라마는, 사랑의 봄은 또다시 안 돌아오는가? 차라리 속 시원히 오늘밤 이 물 속에……그러면 행여나 불쌍히 여겨 줄 이나 있을까……. 할 적에 '퉁, 탕' 불티를 날리면서 튀어나는 매화포, 펄떡 정신을 차리니, 우구구 떠드는 구경꾼의 소리가 저를 비웃는 듯, 꾸짖는 듯, 아아, 좀더 강렬한 정열에 살고 싶다. 저기 저 횃불처럼 엉기는 연기, 숨막히는 불꽃의 고통 속에서라도 더욱 뜨거운 삶을 살고 싶다고 뜻밖에 가슴 두근거리는 것은 나의 마음…….

　　　　　　　　　　　　　　　　　　　　　　　　　– 주요한, 「불놀이」

(나)
　어포의 등대는 鬼類의 불처럼 음습하였다. 어두운 밤이면 안개는 비처럼 나렸다. 불빛은 오히려 무서웁게 검은 등대를 튀겨놓는다. 구름에 지워지는 하현달도 한참 자옥한 안개에는 등대처럼 보였다. 돛폭이 충충한 박쥐의 나래처럼 펼쳐 있는 때, 돛폭이 으스름한 해적의 배처럼 어른거릴 때, 뜸 안에서는 고기를 많이 잡은 이나 적게 잡은 이나 함부로 튀전(鬪牋)을 뽑았다.

　　　　　　　　　　　　　　　　　　　　　　　　　– 오장환, 「漁浦」

(다)
　伐木丁丁 이랬거니 아람도리 큰솔이 베혀짐즉도 하이 골이 울어 맹아리 소리 쩌르렁 돌아옴즉도 하이 다람쥐도 좇지 않고 묏새도 울지 않어 깊은산 고요가 차라리 뼈를 저리우는데 눈과 밤이 조히보담 희고녀! 달도 보름을 기달려 흰 뜻은 한밤 이 골을 걸음이란다? 웃절 중이 여섯 판에 여섯 번 지고 웃고 올라간 뒤 조찰히 늙은 사나이의 남긴 내음새를 줏는다? 시름은 바람도 일지 않는 고요에 심히 흔들리우노니 오오 견디란다 차고 兀然히 슬픔도 꿈도 없이 장수산 속 겨울 한밤내–

　　　　　　　　　　　　　　　　　　　　　　　　　– 정지용, 「장수산 1」

1. (가)의 앞머리에 '춤추는 불'의 이미지가 나온다. '춤추는 불'은 밑줄 친 ①에서 보듯 다른 형상, 내용의 불로 변용되고 있다. 그것들을 (가)에서 4개만 찾아 쓰시오. [3점]
　　　　　　　　　　　　　　　　　　　　　　　　　2002년 기출 7번

〈조건〉
'_____는 불' 또는 '_____의 불'의 형식으로 바꾸어 쓸 것

### 출제기관 채점기준

※ 점수 부여
  3점 – 3개 이상인 경우
  2점 – 2개인 경우
  1점 – 1개인 경우

### 예상답안

① 제 몸까지 물고 뜯는 불    ② 이 가슴 태워 버리는 불    ③ 이 설움 살라버리는 불
④ 강렬한 정열의 불           ⑤ 숨막히는 고통의 불         ⑥ 더욱 뜨거운 삶을 살고 싶은 욕망의 불

2. (나)는 가난한 갯마을의 현실을 소재로 한 시이다. '안개'가 상징하는 바를 50자 내외로 쓰시오. [3점]

2002년 기출 7번

### 출제기관 채점기준

※ 점수 부여
  3점 – 미래의 희망을 기대할 수 없는 절망의 상황(현실)과 자포자기한 어민들의 어두운 내면이라는 두 내용을 모두 담고 있고 정확한 문장인 경우
  2점 – 한 내용만 담고 있고 정확한 문장인 경우
  1점 – 한 내용만 담고 있고 문장이 명료하지 않거나 단답형으로 답한 다음과 같은 경우
    예 절망의 현실, 어민들의 절망감 등으로 답한 경우

### 예상답안

사방을 가리는 안개는 미래의 희망을 기대할 수 없는 절망의 상황(현실)과 희망을 잃고 자포자기한 어민들의 어두운 내면을 상징한다. 일제 시대 속에서 이것은 우리 민족을 억누르는 일제의 식민지 정치 또는 그로 인한 우리 민족의 암울한 현실을 의미하기도 한다.

## ▷ 김동환
### 金東煥
1901~1958
함경북도 경성 출신. 시인

▶ 작가의 특징
1. 1924년 ≪금성≫ 5월호에 시 「적성을 손가락질하며」를 처음 발표하면서부터 문학 활동을 시작했다.
2. 그 뒤 ≪조선지광≫, ≪조선문단≫, ≪신민≫, ≪동광≫, ≪삼천리≫, ≪신동아≫, ≪조광≫, 〈조선일보〉, 〈동아일보〉, 〈중앙일보〉 등 당시의 신문이나 잡지에 시, 소설, 희곡, 수필, 평론 등 많은 작품을 발표했다.
3. 김동환의 시는 남성적이고 북방적인 성격이 특징이며, 최초의 근대 서사시 「국경의 밤」과 많은 민요시가 있다.
4. 김동환의 민요시는 김억이나 김소월과 달리 밝고 남성적이며 건강한 서정의 세계를 보여 주며, 사적이고 주관적인 감정보다 빈민과 유랑민의 향수 등의 보편적인 체험을 드러내었다.

▶ 주요 작품
1925년 제1시집 『국경의 밤』과 제2시집 『승천하는 청춘』 2권을 간행

## 작품 1  국경(國境)의 밤 (국경의 밤, 1925년)

제1부

1장
"아하, 무사히 건넜을까,
이 한밤에 남편은
두만강(豆滿江)을 탈없이 건넜을까?
저리 국경 강안(江岸)을 경비하는
외투(外套) 쓴 검은 순사(巡査)가
왔다— 갔다—
오르명 내리명 분주히 하는데
발각도 안 되고 무사히 건넜을까?"
소금실이 밀수출(密輸出) 마차를 띄워 놓고
밤새 가며 속 태우는 젊은 아낙네,
물레 젓던 손도 맥이 풀려서
'파!' 하고 붙는 어유(魚油) 등잔만 바라본다.
북국(北國)의 겨울밤은 차차 깊어 가는데.

2장
어디서 불시에 땅 밑으로 울려 나오는 듯,
"어—이" 하는 날카로운 소리 들린다.
저 서쪽으로 무엇이 오는 군호(軍號)라고
촌민(村民)들이 넋을 잃고 우두두 떨 적에,
처녀(妻女)만은 잡히우는 남편의 소리라고
가슴을 뜯으며 긴 한숨을 쉰다.
눈보라에 늦게 내리는
영림창(營林廠) 산림(山林)실이 벌부(筏夫)떼 소리언만.

3장
마지막 가는 병자(病者)의 부르짖음 같은
애처로운 바람 소리에 싸이어
어디서 '땅' 하는 소리 밤하늘을 쨴다.
뒤대어 요란한 발자취 소리에
백성들은 또 무슨 변(變)이 났다고 실색하여 숨죽일 때,
이 처녀(妻女)만은 강도 채 못 건넌 채 얻어맞는 사내 일이라고
문비탈을 쓰러안고 흑흑 느껴 가며 운다.
겨울에도 한삼동(三冬), 별빛에 따라
고기잡이 얼음장 끊는 소리언만.

4장
불이 보인다, 새빨간 불빛이
저리 강 건너
대안(對岸)벌에서는 순경들의 파수막(把守幕)에서
옥서(玉黍)장 태우는 빠알간 불빛이 보인다.
까아맣게 타오르는 모닥불 속에
호주(胡酒)에 취한 순경들이
월월월, 이태백(李太白)을 부르면서.

5장
아하, 밤이 점점 어두워 간다.
국경의 밤이 저 혼자 시름없이 어두워 간다.
함박눈조차 다 내뿜은 맑은 하늘엔
별 두어 개 파래져
어미 잃은 소녀의 눈동자같이 깜박거리고,
눈보라 심한 강 벌에는
외아지 백양(白楊)이
혼자 서서 바람을 걸어 안고 춤을 춘다.
아지 부러지는 소리조차
이 처녀(妻女)의 마음을 핫! 핫! 놀래 놓으면서.
　　　　〈중략〉

　　　　　　　　　　　제2부
28장
멀구 광주리 이고 산기슭을 다니는
마을 처녀떼 속에
순이라는 금년 열여섯 살 먹은 재가승(在家僧)의 따님이 있었다.
멀구알같이 까만 눈과 노루 눈썹 같은 빛나는 눈초리
게다가 웃을 때마다 방싯 열리는 입술
백두산 천지 속의 선녀같이 몹시도 어여뻤다.
마을 나무꾼들은

누구나 할 것 없이 마음을 썼다.
될 수 있으면 장가까지라도! 하고
총각들은 산에 가서 '콩쌀금'하여서는 남몰래 색시를 갖다 주었다.
노인들은 보리가 설 때 새알이 밭고랑에 있으면 고이고이 갖다 주었다.
마을서는 귀여운 색시라고 누구나 칭찬하였다.
　　　〈중략〉

　　　　　　　　　　　제3부
58장
　　　　　〈전략〉
— 처녀
"가요, 가요, 인제는 첫 닭 울기,
남편이 돌아올 때인데
나는 매인 몸, 옛날은 꿈이랍니다!"
그러며 발을 동동 구른다.
애처로운 옛날의 따스하던 애욕에 끌리면서.
그 서슬에 청년은 넘어지며
낯빛이 새파래진다. 몹시 경련하면서

"아, 잠깐만 잠깐만"
하며 닫아 맨 문살을 뜯는다.
그러나 그것은 감옥소 철비(鐵扉)와 같이 굳어졌다.
옛날의 사랑을, 태양을, 전원을 잠가 둔
성당을 좀처럼 열어 놓지 않았다.
"아, 여보 순이! 재가승의 따님
당신이 없다면 8년 후도 없구요,
세상도 없구요."
　　　〈중략〉

68장
여러 사람은 여기에는 아무 말도 아니 하고 속으로
"흥! 언제 우리도 이 꼴이 된담!"
애처롭게 앞서가는 동무를 조상할 뿐.

69장
얼마를 상여꾼들이
땀을 흘리며 흙을 뒤지더니,
삽날소리 딸까닥 날 때
노루잡이 함정만한 장방형 구덩 하나가 생겼다.

70장
여러 사람들은 고요히
동무의 시체를 갖다 묻었다
이제는 아무것도 할 수 없다는 듯이.

71장
거의 묻힐 때 죽은 병남이 글 배우던 서당집 노훈장이,
"그래도 조선땅에 묻힌다!"하고 한숨을 휘—쉰다.
여러 사람은 또 맹자나 통감을 읽는가고 멍멍하였다.
청년은 골을 돌리며
"연기를 피하여 간다!" 하였다.

72장
강 저쪽으로 점심 때라고
중국 군영에서 나팔소리 또따따 하고 울려 들린다.

— 끝 —

## ■ 핵심정리

▷ **갈래** 자유시, 서사시
▷ **운율** 내재율
▷ **성격** 민족주의적, 서사적, 비극적
▷ **어조** ① 사건, 인물, 배경을 객관적으로 서술하는 어조
　　　　② 북녘 사투리의 남성적 어조
▷ **표현** 설명과 대화 중심, 전지적 해설을 사용하는 서사적 특성이 드러남
▷ **제재** 일제 강점기 국경 지방에서의 불안한 삶
▷ **주제** 국경 지방 한 여인의 비극적 삶과 애절한 사랑
▷ **특징** ① 서사와 서정의 내용이 함께 나타남
　　　　② 자유시이지만, 산문적 진술에 치중한 면이 있음
　　　　③ 일부는 대화에 의한 전개를 보여줌 (극시의 실험)

## 이해와 감상

### 1 짜임 분석

| | | | |
|---|---|---|---|
| 제1부<br>(1 ~ 27장) | 1 ~ 7장 | 밀수출 나간 남편에 대한 걱정 | 현재<br>(저녁 → 밤)<br>두만강변 |
| | 8 ~ 10장 | 마을을 배회하는 낯선 청년 | |
| | 11장 | 요약 반복 | |
| | 12 ~ 16장 | 순이의 옛사랑 회상 | |
| | 17 ~ 27장 | 순이와 옛사랑 청년의 재회 | |
| 제2부<br>(28 ~ 57장) | 28 ~ 35장 | 수난받는 여진족의 후예인 순이의 내력 | 과거 회상<br>산곡(山谷) 마을 |
| | 36 ~ 46장 | 순이와 청년의 사랑 | |
| | 47 ~ 57장 | 신분 차이에 의한 순이와 청년의 이별 | |
| 제3부<br>(58 ~ 72장) | 58장 | 감격적인 재회와 청년의 구애에 대한 순이의 거절 | 현재<br>(밤 → 새벽 → 낮)<br>두만강변 → 산곡 마을 |
| | 59 ~ 62장 | 마적의 총에 맞아 시체로 돌아온 남편 | |
| | 63 ~ 72장 | 이튿날 고향(산곡)에 남편의 시신을 매장하는 순이 | |

## ② 작품감상의 구조

| 구성 요소 | 구성 요소의 파악 | 그것이 지닌 의미·효과 | 주제와의 관련성 |
|---|---|---|---|
| 내용 요소 | ① 서사시 | 사건을 드러낸 서사시이다. | 조국을 상실한 민족의 애환과 비애를 한 여인의 비극적인 삶을 통해 효과적으로 드러냄 |
| | ② 배경과 소재 | '시간 – 1920년대 일제 식민지 시대', '공간 – 두만강 유역 국경 지역의 겨울 밤'을 통해 일제 강점기 시대 국경 지방의 비극적 현실을 드러내었다. | |
| | ③ 등장인물(여인)이 겪는 이중의 갈등 상황 | ㉠ 개인과 사회 – 밀수를 하며 살아가는 여인 부부와 국경 지역에서 식민지를 억압하는 일제와의 갈등이다.<br>㉡ 개인과 개인 – 남편과 옛 애인 사이에서 갈등하는 여인 내면의 갈등이다. | |
| | ④ 여성의 인물상 | 일제 강점기 수난을 겪는 여인 – 개인의 수난이지만 우리 민족 전체로 확대되어 민족의 수난사를 드러냈다. | |
| | ⑤ 심리와 분위기 묘사 | 여인의 불안한 심리와 전반적인 분위기를 잘 묘사하였다. | |
| | ⑥ 플롯 구조 | 소설과 같이 플롯과 극적 갈등의 요소가 드러나 있다. | |
| 형식 (표현) 요소 | ① 역순행적 구조 | '현재 – 과거 – 현재'의 역순행적 구조로 이루어져 있어 인물 사이의 관계를 잘 드러냈다. | |
| | ② 설명과 대화 위주의 표현 | 설명과 대화에 치중함으로써 상징이나 비유 등의 표현이 적다. (직유는 부분적으로 나타남) | |
| | ③ 전지적 작가 시점에 의한 서술 | 전지적 작가 시점에 의해 등장인물의 심리와 사건 전개를 효과적으로 나타냈다. | |
| | ④ 일부 대화에 의한 전개 | 대화에 의한 전개를 통해 갈등을 두드러지게 나타냈다. | |
| | ⑤ 산문적 진술 | 자유시이지만 산문적 진술이 많다. | |

## ③ 감상의 길잡이

3부 72장(절)의 서사시로, 이 시는 하룻밤과 이튿날 낮까지의 시간을 현재로 하고 그 중간에 주인공의 소녀시절을 과거 회상으로 끼워 넣으면서 일제 시대 두만강변의 암울하고 참담한 민족의 생활과 고향 산골 마을의 추억을 엮어 놓았다.

① 1부 : 현재의 상황으로 국경지대에서 밀수를 하는 남편을 걱정하는 아내의 모습이 드러난다. 그리고 고향 마을 청년이 아내를 방문한다.
② 2부 : 과거 회상의 장면으로 아내 순이와 청년의 사랑이야기가 이어진다.
③ 3부 : 다시 현재의 상황으로 아내는 함께 떠날 것을 제안하는 청년의 권유를 거부하고 남편을 기다리지만 남편은 비극적인 죽음을 맞게 된다.

일제 강점기 우리 민족의 참담한 현실과 쫓기는 자, 소외된 자의 비극적 좌절 체험을 국경 지방 한 겨울 밤의 삼엄하고 음울한 분위기 속에서 극적인 상황 설정을 통해 제시하고 있다.

## 중요 내용 정리

### 01 시사적 의의
　　작가가 스스로 서사시로 지칭한 이래 최근까지 「국경의 밤」은 거의 일반적으로 서사시라고 공인되어 오다가 근래에 이르러서야 장르의 문제가 본격적으로 제기되었다. 우선 서사시 부정론이 제기되었는데 그 이유로, 영웅이 없고 서사적 탐색이 보이지 않으며 청중 앞에 낭송되지 않는 등 초기 영웅시의 전통을 견지하고 있지 못하다는 점이 지적되었다. 단지 제3자에 의해 기술되는 나래이티브 문학이라는 점만 부합되므로 「국경의 밤」은 서사시가 아니라 서정시이며 그 하위 양식에 있어서는 개인 창작의 발라드 혹은 그에 유사한 서술적 서사시라고 보아야 한다는 것이다.

### 02 표현상의 특징
　　문체에 있어 작가는 상당히 시적인 점을 배려한 것으로 보인다. 이 시에서 등장인물의 행위 하나하나가 상징적인 효과를 가지며 짧은 표현 속에 많은 변화가 있었음을 암시해 보여준다. 그런가하면 복잡한 내면의 감정들을 단일하게 묶어버린 경우도 있고, 있었으리라고 짐작되는 많은 이야기들을 아예 생략해 버린 듯한 경우도 있다.

　　「국경의 밤」에서 찾아볼 수 있는 비유적 표현은 대부분 직유이다. 직유의 과다한 사용은 1920년대 초반의 대부분의 한국시가 갖는 격정성이라든가 혹은 지나친 감각적 표현의 일반적 추세와 관련하여 생각해 볼 수 있다. 또 반복어구의 사용도 눈에 띄는데 이것은 사건의 진행에 일시적인 제동을 걸어 그 정황을 확대시키거나 강조하여 주는 효과적인 기법이라 할 수 있다.

### 03 극시의 특징
　　이 작품에는 극시의 요소도 많이 포함되어 있다. 그 증거로 그의 시집에는 실험적 극시 형태의 작품이 많이 수록되어 있고 특히 3부는 거의 전부가 대화로 이루어져 있다. 그는 동경 유학 시절 그리스 비극에 심취되어 있었으며 작품 전면에 흐르는 거역할 수 없는 운명에 굴복하는 인간의 모티프가 희랍 비극을 연상시키기도 한다.

### 04 순이의 비극적 사랑 얘기가 우리에게 암시하는 의미
　　이 작품에서 주인공 순이는 관습 때문에 첫사랑인 청년과 헤어지고 식민지라는 역사적 상황에 의해 남편과 사별하게 된다. 이러한 철저한 빼앗김은 단지 순이에게만 국한된 것으로 볼 수 없다. 나라 잃고 부쳐먹을 땅조차 빼앗긴 채 비참한 목숨을 연명해야 했던 우리 민족의 자화상으로 확대 해석될 수 있다. 이 점에서 김동환의 예리한 현실 의식과 강렬한 민족 의식이 담겨 있다고 볼 수 있다.

## 예상문제

※ (1~2) 다음 작품을 읽고 물음에 답하시오.

제1부

1장
"아하, 무사히 건넜을까,
이 한밤에 남편은
두만강(豆滿江)을 탈없이 건넜을까?
저리 국경 강안(江岸)을 경비하는
외투(外套) 쓴 검은 순사(巡査)가
왔다 — 갔다 —
오르명 내리명 분주히 하는데
발각도 안 되고 무사히 건넜을까?"
소금실이 밀수출(密輸出) 마차를 띄워 놓고
밤새 가며 속 태우는 젊은 아낙네,
물레 젓던 손도 맥이 풀려서
'파!' 하고 붙는 어유(魚油) 등잔만 바라본다.
북국(北國)의 겨울밤은 차차 깊어 가는데.

〈중략〉

제3부

70장
여러 사람들은 고요히
동무의 시체를 갖다 묻었다
이제는 아무것도 할 수 없다는 듯이.

71장
거의 묻힐 때 죽은 병남이 글 배우던 서당집 노훈장이,
"그래도 조선땅에 묻힌다!"하고 한숨을 휘—쉰다.
여러 사람은 또 맹자나 통감을 읽는가고 명명하였다.
청년은 골을 돌리며
"연기를 피하여 간다!" 하였다.

72장
강 저쪽으로 점심 때라고
중국 군영에서 나팔소리 또따따 하고 울려 들린다.

− 끝 −
− 김동환, 「국경의 밤」

1. 위의 작품이 나타난 시기 시사의 동향에 대해 4가지를 설명하라. [2점]

**예상답안**

① 문학 유파가 형성되고, 본격적 비평 활동을 포함한 장르별 분화가 뚜렷해지는 등 문학 의식이 심화되었다.
② 서구문학의 본격적 수용이 활발해지고, 이와 아울러 우리의 전통 문학을 계승하려는 의지도 뚜렷이 나타났다.
③ 시에서 상징과 음악성이 중시되고, 작시법에 관심을 기울여 그것을 바탕으로 창작하려는 활동이 있었다.
④ 러시아와 일본의 영향을 받아 '염군사(焰群社)'와 '파스큐라(PASKYURA)' 등의 신경향파 문학이 나타났다.

2. 위의 시와 〈보기〉의 시를 비교하여 시인의 작품 세계 및 시의 갈래의 차이를 파악하는 활동을 하려고 한다. 표의 ①~③의 빈 칸에 예와 같이 각각 적절한 기준 및 차이에 대한 지도 내용을 제시하시오.

〈보기〉

새벽마다 고요히 꿈길을 밟고 와서
머리맡에 찬물을 쏴— 퍼붓고는
그만 가슴을 디디면서 멀리 사라지는
북청 물장수

물에 젖은 꿈이
북청 물장수를 부르면
그는 삐꺽삐꺽 소리를 치며
온 자취도 없이 다시 사라져버린다

날마다 아침마다 기다려지는
북청 물장수

- 김동환, 「북청 물장수」

**예상답안**

| 구분 | 차이를 드러낼 기준 | 두 작품의 차이에 대한 지도 내용 |
|---|---|---|
| 예 | 시에 반영된 현실을 통해 시인의 현실 인식 파악하기 | (가)는 일제 식민지 시대 우리 민족이 겪은 수난이라는 현실을 반영하여 일제 현실에 대한 비판적 인식이 드러나고, 〈보기〉는 특정한 현실 인식을 바탕으로 하지 않아 현실 인식이 드러나지 않는다. |
| ① | 시의 어조를 통해 작품의 성격을 파악하기 | (가)는 우울하고 어두운 목소리로 여인의 삶을, 〈보기〉는 밝고 활기찬 목소리로 북청 물장수의 삶을 그렸다. |
| ② | 시에 나타난 배경을 통해 작품의 분위기를 파악하기 | (가)는 식민지 시대 국경 지역을 배경으로 하여 급박하면서 무거운 느낌을, 〈보기〉는 일상생활의 일부를 소재로 하여 차분하면서 경쾌한 느낌을 준다. |
| ③ | 갈래 특성을 통해 시의 특징 파악하기 | (가)는 서사시여서 제3자인 서술자가 여인의 이야기를 전달하는 구조이고, 〈보기〉는 서정시여서 시적 화자인 '나'가 겪은 정서를 드러내는 구조이다. |

## 작품 2 산 너머 남촌에는 (조선문단, 1927년)

1
산 너머 남촌에는 누가 살길래
해마다 봄바람이 남으로 오네.

꽃피는 사월이면 진달래 향기
밀 익는 오월이면 보리 내음새,

어느 것 한 가진들 실어 안 오리.
남촌서 남풍(南風) 불 제 나는 좋대나.

2
산 너머 남촌에는 누가 살길래
저 하늘 저 빛깔이 저리 고울까.

금잔디 너른 벌엔 호랑나비 떼
버들밭 실개천엔 종달새 노래,

어느 것 한 가진들 들려 안 오리.
남촌서 남풍 불 제 나는 좋대나.

3
산 너머 남촌에는 배나무 있고
배나무 꽃 아래엔 누가 섰다기,

그리운 생각에 재에 오르니
구름에 가리어 아니 보이네.

끊었다 이어 오는 가는 노래는
바람을 타고서 고이 들리네.

### 핵심정리

- **갈래** 자유시, 서정시
- **율격** 3음보 (층량 3보격, 7·5조)
- **성격** 민요풍, 낭만적, 향토적
- **어조** 그리움, 영탄의 어조
- **제재** 남촌
- **주제** ① 남촌에 대한 그리움
  ② 순수한 세계의 갈망
- **특징** ① 동일한 시행을 반복하여 사용함
  ② 향토적인 시어를 사용함
  ③ 김규환 작곡의 노래로 널리 불리기도함

## 이해와 감상

### 1 짜임 분석
- 1연 – 남촌의 봄바람에서 느끼는 풍요로움과 흥겨움
- 2연 – 남촌의 자연에서 느끼는 아름다움과 평화로움
- 3연 – 남촌에 있는 임에 대한 그리움과 안타까움

### 2 작품감상의 구조

| 구성 요소 | 구성 요소의 파악 | 그것이 지닌 의미·효과 | 주제와의 관련성 |
|---|---|---|---|
| 내용 요소 | ① 시적 화자의 상황 | 봄과 남촌을 그리워하는 여성 화자를 등장시켜 남촌의 아름다운 분위기를 묘사하고 있다. | 남촌을 배경으로 하여 이상향에 대한 그리움을 민요풍의 리듬으로 형상화하고 있음 |
|  | ② 소재 | 남촌에 대한 모습과 동경이다. |  |
|  | ③ 김동환의 다른 시와 비교 | ③ 김동환의 다른 시가 북방의 억센 사투리와 강한 남성적 이미지를 지니는데, 이 시는 부드러운 언어 구사와 여성적 어조로 나타냈다.<br>ⓒ 춥고 어두운 겨울을 배경으로 하지 않고, 겨울이 없는 이상세계인 남촌을 드러냈다. |  |
| 형식 요소 | ① 3음보의 민요적 운율 | 3음보의 민요적 율격을 통해 토속적 분위기를 잘 표현하였다. |  |
|  | ② 비슷한 형태의 반복 | 1~2연은 연의 구조가 비슷한 형태로 반복되어 남촌에서 남풍을 타고 오는 것의 아름다움을 잘 드러냈다. |  |
| 표현 요소 | ① 감각적 이미지 | 후각, 청각, 시각 등 다양한 감각적 이미지를 이용하여 봄의 이미지를 효과적으로 표현했다. |  |
|  | ② 비유와 상징 | '남촌', '진달래 향기', '보리 내음새' 등은 상징으로 볼 수 있고 '진달래 향기', '보리 내음새' 등은 '봄'의 제유로도 볼 수 있다. |  |
|  | ③ 토속적 어휘 | '보리 냄새, 배나무 꽃' 등과 '오데, 좋데나, 섰다가' 등의 어휘를 사용해 토속적 분위기를 조성하고 있다. |  |
|  | ④ 의도적인 줄임말 | '오데, 좋데나, 섰다가' 등 의도적인 줄임말의 사용으로 운율감을 형성하고 있다. |  |

### 3 감상의 길잡이
산 너머 남촌은 한 번도 가보지 못한 곳이지만, 그 때문에 남촌에 대한 상상은 더욱 더 자유롭고 다양하게 이루어진다. '진달래 향기', '보리 내음새' 등의 냄새와 '금잔디의 호랑나비와 종달새의 노래'인 소리로 맡아지고 들려오면서 그 그리움은 더욱 생생하게 깊어진다. 소리와 냄새로 생생하게 자극되고 느껴진 그리움으로 화자는 '배나무 꽃' 아래에 선 누군가를 보러 남촌이 보일만한 언덕에까지 오르지만 구름에 가리어 그 누군가는 보이지 않는다. 그러나 화자는, 첫 수와 둘째 수에서 불러온 자신의 노래에 담긴 그리움이 남촌에서 불어오는 바람과 남쪽 하늘빛과 화자가 언덕에서 부르는 노래를 통해 서로에게 전달되고 있다는 믿음과 소망을 가지고 있다. 보이지 않는 그 누군가에게 전하는 자신의 노래가 '고이' 전해지리라는 것을 믿는 소박한 마음이 더욱 커다란 그리움과 인상으로 남는다. '남으로 오네', '좋대나', '섰다가' 등의 토속적 어휘와 의도적인 줄임말은 자수율 조정을 위한 축약이기도 하지만 화자의 애틋하고 수줍은 마음을 여운으로 표현하는 데 적절하게 사용되었다.

## 중요 내용 정리

### 01 김동환의 다른 작품과의 비교

이상향을 추구하는 시인의 욕구가 자연과 융합되어 자연의 운율적 질서와 동화됨으로써 민요적 리듬을 창출하고 있는 이 작품은, 「국경의 밤」과 「북청 물장수」에서 보여 준 북방의 억센 사투리와 강한 남성적 이미지와는 대조적으로 섬세하고 부드러운 언어 구사와 여성적 어조로 표현되어 있어, 시인의 또 다른 일면을 보여 주고 있다. 「국경의 밤」, 「눈이 내리느니」와 같은 작품에서는 북방의 춥고 어두운 겨울을 배경으로 암울한 시대 상황을 상징적으로 그려내고 있는 데 반해, 이 시에서는 겨울이 없는 '남촌'을 무대로 하여 그가 그리워하는 이상향을 제시하고 있다. 그러므로 '진달래 향기', '보리 냄새', '호랑나비 떼', '종달새 노래'로 대표되는 사랑과 평화의 낙원으로서의 '남촌'이 지니고 있는 희망과 사랑의 이미지는 시인으로 하여금 배나무 꽃 아래 서 계실 '님'이 비록 구름에 가려 보이지는 않더라도, 내게 전해 주는 사랑의 노래는 봄바람을 타고서 계속 들려오는 것으로 믿게 하는 것이다.

### 02 「산 너머 남촌에는」의 음악성

가보지 못한 산 너머 남쪽 마을에 대한 막연한 그리움을 자연물과 자연 현상으로 표현한 이 시는 노래로도 잘 알려져 있는데 이는 이 시가 노래로 제작되기에 알맞은 음악성을 가지고 있다는 뜻일 것이다. '산 너머 / 남촌에는 / 누가 살길래 // 해마다 / 봄바람이 / 남으로 오네'처럼 한 행이 세 마디로 끊기고 그것이 반복되는 세 마디짜리 리듬으로 드러나는 음악성에, '봄바람', '하늘 빛깔', '배나무' 등을 각 수에 배치한 변화는 안정되어 있으면서도 생동감 있는 시의 구성을 보여준다. 이러한 반복과 변화에, 미지의 마을에 대한 막연한 그리움과 그 곳에 사는 사람(아마도 이성(異性)일 듯한)에 대한 애틋한 그리움이 어우러져 활달하면서도 정다운 정서를 보여 준다.

### 03 남촌의 성격

이 시의 남촌은 화자가 머릿속에서 상상하는 곳이다. 과거에 직접 가봤다든지, 구체적으로 어디에 위치한다든지 하는 곳이 아니라, 시인 또는 화자의 마음속에 선험적으로 존재하는 곳이다. 이처럼 남촌은 미지의 세상이기에 그 곳에 대한 화자의 상상은 더욱 활달하고, 그리움의 정서는 더욱 커진다. 진달래 향기 등의 냄새와 종달새의 노래를 상상의 세계 속에서 맡고 들음에 따라 그리움은 더더욱 짙어만 간다. 그리고 남촌에 대한 그리움은 배나무 꽃 아래에 선 누군가에 대한 그리움으로 더욱 간절하다.

### 04 '봄'의 의미

이 시는 온건하고 소박한 시적 묘사에도 불구하고 강력한 저항시인 이상화의 「빼앗긴 들에도 봄은 오는가」와 정서적 배경이 맞물린다. 3연에서 봄의 소식을 전해 주는 임은 보이지 않지만 그 임의 희미한 소리를 들으며 희망을 버리지 않는다는 것은 이 시가 그저 단순히 봄의 아름다움을 노래한 그 이상의 의미가 있음을 알 수 있다.

## ▷ 이장희 李章熙

1900 ~ 1929
시인. 경북 대구 출생

▷ **작가의 특징**
1. 1924년 「청천의 유방」, 「실바람 지나간 뒤」를 ≪금성≫ 3호에 발표하고 시작 활동을 시작했다.
2. 1920년대 일반적인 시와 다른 경향 – 시의 길이가 간결하고, 묘사 위주의 감각적인 시어를 사용하여 개인적 서정을 섬세하게 드러냈다.
3. 이러한 이장희의 시의 특징들은 당시 우리 시단에서 새로운 기법으로 인식되었고, 그 시기의 데카당스 혹은 예술지상주의와 차이가 있다.

▷ **주요 작품**
「봄은 고양이로다」, 「청천의 유방」, 「오후의 구도」, 「봄철의 바다」, 「고양이의 꿈」 등

### 작품 1  봄은 고양이로다 (금성, 1924년)

꽃가루와 같이 부드러운 고양이의 털에
고운 봄의 향기(香氣)가 어리우도다.

금방울과 같이 호동그란 고양이의 눈에
미친 봄의 불길이 흐르도다.

고요히 다물은 고양이의 입술에
포근한 봄의 졸음이 떠돌아라.

날카롭게 쭉 뻗은 고양이의 수염에
푸른 봄의 생기(生氣)가 뛰놀아라.

### ■ 핵심정리

▷ **갈래** 자유시, 서정시
▷ **성격** 감각적, 즉물적, 낭만적
▷ **제재** 고양이
▷ **주제** 고양이를 통해 본 봄의 생명력과 감각미

▷ **특징** ① 각 연이 유사한 통사구조
② 사상보다는 대상의 감각적 표현에 주력함
③ 정적 이미지와 동적 이미지를 대칭시킴
④ 1930년대 이미지즘 시와 유사하고 낭만주의 시와도 유사함

## 이해와 감상

### 1 짜임 분석

- 1연 – 고양이의 털 : 봄의 향기 (정적)
- 3연 – 고양이의 입술 : 봄의 나른함 (정적)
- 2연 – 고양이의 눈 : 봄의 생명력 (동적)
- 4연 – 고양이의 수염 : 봄의 생기 (동적)

### 2 작품감상의 구조

| 구성 요소 | 구성 요소의 파악 | 그것이 지닌 의미·효과 | 주제와의 관련성 |
|---|---|---|---|
| 내용 요소 | ① 시적 화자와 상황 | 시적 화자는 고양이에 대한 섬세한 묘사와 관찰을 통해 봄을 노래하고 있다. | 고양이를 통해 본 봄의 생명력과 감각미 |
| | ② 소재 | 고양이의 모습과 봄의 이미지 | |
| | ③ 즉물적 경향의 시 | 봄의 정서를 고양이의 특징적 모습과 결부시켰으며, 사상성보다는 사물의 감각적 모습을 뚜렷이 형상화한 즉물적(卽物的) 경향이 강한 시이다. | |
| 형식 요소 | ① 각운의 사용 | '-도다, -아라' 등의 각운을 사용하여 형식적 통일성을 꾀하였다. | |
| | ② 비슷한 통사구조의 반복 | 1~2연의 구조가 비슷하고, 3~4연의 구조가 비슷하게 전개되어 리듬감을 드러낸다. | |
| 표현 요소 | ① 이미지의 대립 | 1, 3연의 정적 이미지와 2, 4연의 동적 이미지를 대비시켜, 시적 긴장감을 유발하고 있다. | |
| | ② 섬세한 묘사와 이미지에 의한 감각적 표현 | 고양이의 모습을 섬세하게 묘사하면서 봄을 여러 가지 이미지를 통해 표현하였다. | |

### 3 감상의 길잡이

각 연이 2행으로 된 4연 8행의 자유시이다. 고양이를 통해 봄이 주는 감각을 집약적으로 잘 드러낸 작품으로 평가된다. 봄의 정서와 고양이의 특징적 모습과의 연관성은 시인의 뛰어난 감각과 예리한 관찰력을 한껏 느끼게 해 준다. 봄과 고양이의 유사성을 연상적 감각에 의존하여 '같다'라고 표현하지 않고, 봄과 고양이를 완전히 일치시켜 버리는 독특한 방법을 구사하고 있다.

구체적으로 살펴보면, 제1연에서는 '고양이의 부드러운 털'과 '봄'은 '곱고 향기로운' 점에서 유사하다. 그런데 그것을 '고양이의 부드러운 털은 봄과 같이 곱고 향기롭다'고 표현하지 않고, '부드러운 고양이의 털에 / 고운 봄의 향기가 어리우도다'라고 표현한다. 제2연에서는 '호동그란 고양이의 눈'과 '미친 봄의 불길'을 비유적으로 쓰지 않고, '호동그란 고양이의 눈에 / 미친 봄의 불길이 흐르도다'라고 표현한다. 제3연에서도 '고양이의 입술에 / 포근한 봄 졸음이 떠돌아라'라고 표현하고, 제4연에서도 '고양이의 수염에 / 푸른 봄의 생기가 뛰놀아라'라고 표현한다. 그것은 제목이라고 예외가 아니다. '고양이는 봄과 같다'고 하지 않고, '봄은 고양이로다'라고 매우 감각적으로 표현하고 있다.

형식상 1~2연과 3~4연이 각각 유사한 구문으로 되어 있으며 음수율도 거의 동일하다. 그런데 이들은 그 이미지에 있어 각각 대조적이다. 1연과 3연이 곱고 부드러운 여성적 어조를 바탕으로 정태적 이미지로 구성된 반면 2연과 4연은 다소 거칠고 과격한 동태적 이미지로 구성되어 있다.

## ◤ 중요 내용 정리

### 01 작품의 성과와 한계
　이 시는 뛰어난 연상을 통해 봄을 감각적으로 체득하고 있으며 완벽에 가까운 구조적 통일성을 지니고 있다. 주관의 범람과 감상적 낭만주의가 풍미하던 1920년대 당시에 객관적이고 사실적인 묘사와 즉물적인 감각의 수사법을 구사하는 시인의 시풍은 신선한 것이었다. 그러나 내면세계나 의식의 깊이를 드러내지는 못하고 있다.

### 02 운율
　각 연을 '～도다', '～아라' 등의 영탄조의 어미로 끝맺음으로써 음악적 리듬감을 살리고 있으며, 1, 2연과 3, 4연의 통사구조를 같게 하여 리듬감을 형성하고 있다.

### 03 '봄'과 '고양이'의 이미지 결합
　봄과 고양이의 유사점이 시인의 감각에 의해 하나로 묶였다. 고양이의 털, 눈, 입술, 수염에 각각 봄의 향기, 불길, 졸음, 생기가 연결되어 있다. 전혀 상관도 없는 것처럼 여겨지던 봄과 고양이가 시인의 예리한 감각과 섬세한 기교로 결합되어 완전한 조화를 이루고 있는 것이다. 이 시를 감상할 때는 봄의 다양한 이미지를 결합시키는 것이 중요하다.

### 04 이장희의 시 세계
　이장희의 시는 1920년대 백조파 낭만주의자들이 보여 주었던 주관의 범람이나 감상의 과잉과는 다른 특징을 보인다. 우선 시의 길이가 간결하고, 개인적 서정을 섬세하게 드러낸다. 그리고 묘사 위주의 감각적인 시어를 사용한다. 이상의 특징들은 당시 우리 시단에서 새로운 기법으로 받아들여졌으며, 이장희가 1920년대의 시 문학사에서 독특한 자리를 차지하는 요인이 된다. 또 1930년대에 출발한 감각적 모더니즘의 정지용이나 김광균보다 한발 앞선 자리에 이장희를 놓는 이유이기도 하다.

## ▷ 이상화
李相和

1901~1943
시인. 호는 상화(尙火). 경상북도 대구 출생

▷ **작가의 특징**
1. 낭만주의 지향의 ≪백조≫(1922) 동인으로 활동하다가 1925년 ≪파스큐라≫, ≪카프≫ 등의 사회주의 문학 단체에 가입하여 활동했다.
2. 작품은 전반적으로 회의와 좌절의 경향을 보이는 것이 많다.
3. 낭만성의 지향, 사회 개혁과 일제에 대한 저항, 계몽주의와 로맨틱한 혁명 사상의 경향을 보인다.

▷ **주요 작품**
1. 초기 : 감상적 낭만주의 경향 예 「나의 침실로」(1922)
2. 중기·후기 : 신경향파시, 저항시 예 「빼앗긴 들에도 봄은 오는가」(1926)

### 작품 1  나의 침실로 (백조 3호, 1923년)

― 가장 아름답고 오랜 것은 오직 꿈속에만 있어라 : 내말

'마돈나' 지금은 밤도 모든 목거지에, 다니노라 피곤하여 돌아가려는도다.
아, 너도, 먼동이 트기 전으로, 수밀도(水密桃)의 네 가슴에, 이슬이 맺도록 달려 오너라.

'마돈나' 오려무나, 네 집에서 눈으로 유전(遺傳)하던 진주(眞珠)는, 다 두고 몸만 오너라.
빨리 가자, 우리는 밝음이 오면, 어딘지 모르게 숨는 두 별이어라.

'마돈나' 구석지고도 어둔 마음의 거리에서, 나는 두려워 떨며 기다리노라.
아, 어느덧 첫닭이 울고 ― 뭇 개가 짖도다. 나의 아씨여, 너도 듣느냐.

'마돈나' 지난 밤이 새도록, 내 손수 닦아둔 침실로 가자, 침실로!
낡은 달은 빠지려는데, 내 귀가 듣는 발자욱 ― 오, 너의 것이냐?

'마돈나' 짧은 심지를 더우잡고, 눈물도 없이 하소연하는 내 마음의 촛불을 봐라.
양털 같은 바람결에도 질식(窒息)이 되어, 얄푸른 연기로 꺼지려는도다.

'마돈나' 오너라. 가자, 앞 선 그리메가, 도깨비처럼, 발도 없이 이곳 가까이 오도다.
아, 행여나 누가 볼는지 ― 가슴이 뛰누나, 나의 아씨여, 너를 부른다.

'마돈나' 날이 새련다, 빨리 오려무나, 사원(寺院)의 쇠북이 우리를 비웃기 전에.
네 손이 내 목을 안아라. 우리도 이 밤과 같이, 오랜 나라로 가고 말자.

'마돈나' 뉘우침과 두려움의 외나무다리 건너 있는 내 침실, 열 이도 없느니!
아, 바람이 불도다. 그와 같이 가볍게 오려무나, 나의 아씨여, 네가 오느냐?

'마돈나' 가엾어라, 나는 미치고 말았는가, 없는 소리를 내 귀가 들음은…….
내 몸에 파란 피 — 가슴의 샘이, 말라 버린 듯, 마음과 몸이 타려는도다.

'마돈나' 언젠들 안 갈 수 있으랴, 갈 테면, 우리가 가자, 끄을려 가지 말고!
너는 내 말을 믿는 '마리아' — 내 침실이 부활(復活)의 동굴(洞窟)임을 네가 알련만…….

'마돈나' 밤이 주는 꿈, 우리가 얽는 꿈, 사람이 안고 궁구는 목숨의 꿈이 다르지 않으니.
아, 어린애 가슴처럼 세월(歲月) 모르는 나의 침실로 가자, 아름답고 오랜 거기로.

'마돈나' 별들의 웃음도 흐려지려 하고, 어둔 밤 물결도 잦아지려는도다.
아, 안개가 사라지기 전으로 네가 와야지, 나의 아씨여, 너를 부른다.

## ▌핵심정리

▷ **갈래** 서정시, 낭만시
▷ **성격** 낭만적, 감각적, 상징적, 격정적, 퇴폐적
▷ **어조** 간절하게 호소하는 어조
▷ **표현** 미지의 아름다운 세계를 동경하는 시인의 세계관을 표현

▷ **제재** 마돈나, 침실
▷ **주제** ① 아름답고 영원한 안식처의 희구
　　　　② 현실 도피와 아름다운 이상세계의 동경
▷ **특징** ① 행의 처음에 '마돈나'의 반복을 통한 간절한 표현
　　　　② 감상적 낭만이 주된 내용
　　　　③ 직설적 표현과 반복 수법으로 긴박한 리듬감 창조

## 이해와 감상

### 1 짜임 분석

- 1~2연 – 마돈나와 만나기를 바람
- 4연 – 침실로 가기를 원함
- 6연 – 시간의 흐름
- 8연 – 침실의 위치
- 10연 – 새로운 행동에 대한 결의
- 12연 – 마돈나와 만나기를 원함
- 3연 – 먼동이 트기 전에 만나기를 원함
- 5연 – 초조함과 실망감
- 7연 – 이상향에 대한 지향
- 9연 – 초조함과 기다림
- 11연 – 초시간적 공간인 침실로 가기를 원함

### 2 작품감상의 구조

| 구성 요소 | 구성 요소의 파악 | 그것이 지닌 의미·효과 | 주제와의 관련성 |
|---|---|---|---|
| 내용 요소 | ① 시적 화자 및 화자의 상황 | 시적 화자는 암울하고 열악한 현실 상황에 처해 있으며, 그 속에서 구원의 여인과 함께 이상향에 가기를 바란다. | 현실 도피와 아름다운 이상세계에 대한 동경 |
| | ② 소재 | 침실, 마돈나 | |
| | ③ 내용면의 한계 | ㉠ 감정의 직접적 표현이 드러난다.<br>㉡ 애상적, 감상적, 퇴폐적 내용 – 1920년대 낭만주의 시의 특징이 잘 드러난다.<br>㉢ 적극적 저항 의식의 부족이 드러난다. (좌절과 슬픔에 빠져 현실을 도피하려 함) | |

| 형식 요소 | ① 2행 1연 구조의 반복 | 2행 1연 구조의 반복을 통해 이루어진 2행시의 중첩이다. 전체 12연이지만, 구성상 합리적이거나 치밀한 짜임이나 순서는 드러나지 않는다. |
|---|---|---|
| | ② 각 연의 앞에 '마돈나'의 반복 | '마돈나'의 반복을 통해 전체적 시상의 통일을 기하고 있다. |
| 표현 요소 | ① 반복에 의한 표현 | 비슷한 어구의 반복을 통해서 더욱 절실하고 간절함을 표현하였다. |
| | ② 영탄조 | '오너라, 안아라' 등의 영탄조의 표현은 화자가 드러내려는 주제를 더욱 부각시켰다. |
| | ③ 상징에 의한 표현 | ㉠ 마돈나 : 안식처로서 사랑하는 여인, 구원의 여인상, 조국<br>㉡ 침실 : 이상, 꿈의 공간으로 도피처, 조국의 광복, 부활의 장소로 안식과 위안을 주는 장소 |

### ③ 감상의 길잡이

이 작품은 '마돈나', '침실', '수밀도의 네 가슴' 등의 감각적 시어를 근거로 하여 남녀 간의 애정을 노래한 작품으로 보기도 한다. 하지만 시적 화자가 '마돈나'와 함께 가고자 하는 '침실'이 마음의 안식과 활력을 부여하는 부활의 장소임을 고려했을 때, 남녀 간의 애정을 소재로 아름답고 영원한 안식처를 갈구하는 내용임을 알 수 있다.

이 시의 전반부에 해당하는 1~6연에서 시적 화자는 주로 '밤'이 지나가는 것에 대한 초조함과 불안감을 드러내고 있다. 이 시에서 '밤'은 꿈을 꿀 수 있는 시간이며, 시적 화자가 절대적 구원의 존재인 '마돈나'와 만나고자 하는 시간으로 나타난다. 시적 화자 자신의 정신과 육체가 피폐해질 정도로 간절히 소망하는 이상적 세계가 현실에서 이루어질 수 없다는 인식은 이 작품의 현실 도피적 성격을 보여준다.

후반부에 해당하는 7~12연은 화자가 지향하는 장소인 '침실'의 공간적 의미를 나타낸다. '침실'이란 현실의 번민을 극복한 초월의 공간이자 새로운 희망이 잉태되는 곳이며, 순수함이 남아 있는 부활의 공간이다. 이를 통해 '침실'을 향하는 시간인 '밤' 또한 새로운 아침을 기다리는 부활을 위한 시간으로 의미가 확장된다. 시적 화자가 마지막까지 '마돈나'를 간절하게 부르는 것은 '침실'이 제 의미를 찾기 위해서는 구원의 힘을 지닌 절대적 존재인 '마돈나'가 있어야 하기 때문이다.

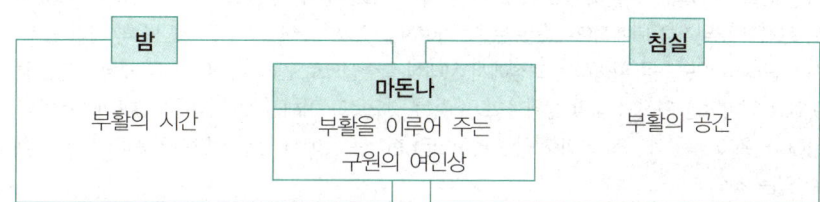

전체가 12연으로 된 것으로 보기보다는 하나의 시상을 전연으로 전개하되 2행씩 짝지어 놓은 일종의 2행시의 중첩으로 보는 편이 좋다. 이상화의 시에는 이 시에서처럼 구성상 합리적이고 치밀한 짜임이나 순서를 염두에 두지 않는 특징적 표현이 많이 나타난다. 즉 그저 감정을 솟아오르는 대로 방출함으로써 행 구분의 효과가 배제된 산문투의 서술을 주로 한 형태를 보이는 것이다. 그러나 한편으로 이 시는 연 첫머리에 '마돈나'라는 화자의 부름이 반복해서 쓰임으로써 전체적 시상의 통일을 기하고 있다는 점에서 주목된다.

① 1연 : 밤이 깊었으니 마돈나에게 새벽이 되기 전에 빨리 내 곁으로 달려오라고, 사랑을 갈망하는 연인으로서의 대상을 제시하고 화자의 초조한 심정을 보여준다.
② 2연 : 모든 것을 다 버리고 가장 소중한 마돈나의 몸만 오라고, 1연의 상황을 강조하며 '어둠 속의 삶'이라는 상황의 의미를 암시적으로 제시한다. '눈으로 유전하던 진주'는 시각적 가치, 즉 표면적 가치밖에 없는 사물을 가리킨다.
③ 3연 : 밤의 한 구석에서 외롭게 두려움에 떨며 마돈나가 오기만을 기다린다고, 자기 존재의 위기 의식을 드러내면서 구원의 대상으로서 마돈나를 기다리는 안타까운 심정을 보여준다.

④ 4연: 마돈나가 오는 듯 하여 내가 준비해 둔 침실로 가자고, 즉 어둠 속에서 삶의 위안을 찾고자 한다.
⑤ 5연: 마돈나를 기다리는 화자의 초조감과 실망감을 깜박이는 촛불과 짧은 심지로 비유하여 표현한다.
⑥ 6연: 컴컴한 밤이지만 누가 볼까 두려워 숨어서 마돈나 오기를 기다린다. 산그림자가 드리운 것조차 도깨비가 쫓아 오는 것으로 느낄 만큼 강박관념에 사로잡혀 있음을 보여준다.
⑦ 7연: 이 밤이 새기 전에 어서 와서 나의 침실로 가자고, '오랜 나라'란 곧 영원한 삶을 누릴 수 있는 공간을 뜻한다.
⑧ 8연: 후회나 두려움 따위는 벌써 초월한 나의 비밀한 침실로 오라고, 마돈나를 기다리는 작은 흥분과 설렘이 나타난다.
⑨ 9연: 그러나 오는 듯 오지 않는 마돈나를 기다리는 초조함에 미칠 것 같은 심정이다. 시상이 극도로 고조되는 상태이다.
⑩ 10연: 나의 침실이 새로운 삶을 만들 수 있는 미지의 아름다운 세계라는 믿음을 강조하여 서로가 가지 않을 수 없는 운명임을 다짐한다. 화자의 확신과 의지가 엿보인다.
⑪ 11연: 우리의 새로운 삶의 꿈은 밤의 꿈이자 생명의 꿈이니 이것을 실현하기 위해 나의 침실로 가자고 다시 한 번 권고한다.
⑫ 12연: 날이 새려 하니 이 밤이 가기 전에 마돈나가 오기를 기다리며 안타까이 부른다.

전체의 시상은 표면상 같은 내용의 무의미한 반복 내지 나열에 그치고 있지만, 대체로 1~3연까지의 시상의 발단, 4~9연까지의 3연, 10~11연의 절정과 마지막 연의 결말과 같은 흐름을 가지고 있다. 특히 이러한 시상은 밤부터 새벽이라는 시간적 추이와 연결되어 감정의 기복을 나타낸다는 점에서 의미가 있다.

## 중요 내용 정리

### 01 시적 정조와 시대적 상황

1920년대 초반 우리 근대시에 낭만주의적 흐름을 주조로 한 것은 무엇보다도 1919년 3·1 운동이 실패로 끝난 데 대한 지식인들의 좌절 및 피해 의식이 그 사회적 배경을 이룬다고 할 수 있다. 이런 의미에서 이상화의 시를 비롯한 백조파 시인들의 시에 나타난 화자의 현실 도피적인 태도는 전망이 보이지 않는 시대 상황에 처한 당시 시인들의 내면적 의식 상태를 반영하는 것이다. 그리고 현실을 떠나 아름다운 이상세계를 찾고자 하는 시인들의 욕망은 이상화의 경우 관능적인 것에 탐닉하는 모습으로 나타난 바, '수밀도의 네 가슴에 이슬이 맺도록'과 같은 비유적 표현이나 '침실로 가자'는 유혹의 진술들은 모두 시의 전체적 분위기를 퇴폐적으로 만드는 데 기여하고 있다. 그러나 이러한 낭만주의 시의 한 단면은 우리 시가 근대적인 모습을 확립하는 과정에서 시대적 특수성으로 인해 시인이 시적 개성을 마음껏 분출하지 못하고 억압당한 의식의 내면 상황을 보여 주는 것으로도 이해할 수 있다. 즉 '밤'과 '어둠'의 이미지를 통해 '부활'이라는 개인적 삶의 자각을 추구하려 한다는 뜻에서 당시 낭만주의 시의 시대적 의미를 찾을 수 있는 것이다.

### 02 '마돈나'와 '침실'의 상징적 의미

마돈나는 기독교의 마리아일 수도 있고, 서정적 자아가 사랑하는 젊은 여성을 의미할 수도 있으며, 시대 상황에 미루어 보면 잃어버린 조국을 상징할 수도 있다. 이에서 알 수 있는 공통적 의미는 구원의 여인상이다. 20대 청년의 격정적 감정, 충동과 나라 잃은 민족적 울분이 복합되어 아름답고 안온한 안식처로서 사랑하는 여인이 마돈나로 표상되었으리라 여겨진다.

한편, 침실은 '오랜 나라', '부활의 동굴', '어린애 가슴처럼 세월 모르는', '아름답고 오랜 거기' 등으로 변주(變奏)되어 있다. 이러한 침실의 의미는 밀실, 도피처, 안식처, 조국의 광복 등 여러 가지로 해석될 수 있다. 그러나 10연과 11연에서 표현되듯 침실의 세계는 뉘우침과 두려움의 결단을 통해 접근할 수 있는, 외나무다리 저편의 꿈과 부활의 동굴로서의 의미를 가지고 있다. 즉 절망적인 상황으로 인해 피폐해진 정신에 안식과 활력을 주는 재생의 장소가 바로 침실인 것이다.

### 03 이상화의 작품 세계

① 〈제1기〉 감상적 낭만주의의 시 (1922 ~ 1924)
「말세의 희탄」, 「나의 침실로」 등 감상, 도피, 퇴폐적이고 병적인 경향을 보였다.
② 〈제2기〉 저항적 민족주의의 시 (1924 ~ 1926)
「빼앗긴 들에도 봄은 오는가」, 「逆天」 등 민족적 울분과 일제의 침탈에 대한 저항 의식을 표현하였다.
③ 〈제3기〉 민족적 비애와 국토 예찬의 시 (1926 이후)
「금강송가(金剛頌歌)」, 「비 갠 아침」, 「반딧불」 등 자연에 대한 사랑과 예찬을 주제로 하여 〈제1기〉 시에서 보인 감상, 허무주의적 경향으로부터 민족주의적 경향으로 시적 전환을 시도하였으며, 이 시기부터는 향토의 자연에서 취한 소재로 시를 썼다.

## 작품 2  빼앗긴 들에도 봄은 오는가 (개벽, 1926년)

지금은 남의 땅 – 빼앗긴 들에도 봄은 오는가?

나는 온몸에 햇살을 받고,
푸른 하늘 푸른 들이 맞붙은 곳으로,
가르마 같은 논길을 따라 꿈 속을 가듯 걸어만 간다.

입술을 다문 하늘아, 들아,
내 맘에는 내 혼자 온 것 같지를 않구나!
네가 끌었느냐, 누가 부르더냐. 답답워라. 말을 해 다오.

바람은 내 귀에 속삭이며,
한 자욱도 섰지 마라, 옷자락을 흔들고.
종다리는 울타리 너머 아씨같이 구름 뒤에서 반갑다 웃네.

고맙게 잘 자란 보리밭아,
간밤 자정이 넘어 내리던 고운 비로
너는 삼단 같은 머리를 감았구나. 내 머리조차 가뿐하다.

혼자라도 가쁘게나 가자.
마른 논을 안고 도는 착한 도랑이
젖먹이 달래는 노래를 하고, 제 혼자 어깨춤만 추고 가네.

나비, 제비야, 깝치지 마라.
맨드라미, 들마꽃에도 인사를 해야지.
아주까리 기름을 바른 이가 지심 매던 그 들이라 다 보고 싶다.

내 손에 호미를 쥐어다오.
살진 젖가슴과 같은 부드러운 이 흙을
발목이 시도록 밟아도 보고, 좋은 땀조차 흘리고 싶다.

강가에 나온 아이와 같이,
짬도 모르고 끝도 없이 닫는 내 혼아,
무엇을 찾느냐, 어디로 가느냐, 웃어웁다, 답을 하려무나.

나는 온몸에 풋내를 띠고,
푸른 웃음, 푸른 설움이 어우러진 사이로,
다리를 절며 하루를 걷는다. 아마도 봄 신령이 지폈나 보다.

그러나 지금은 — 들을 빼앗겨 봄조차 빼앗기겠네.

## 핵심정리

▷ 갈래 자유시, 서정시
▷ 성격 저항적, 상징적, 격정적
▷ 제재 빼앗긴 들(국토)
▷ 주제 ① 국권 회복에의 염원
　　　② 조국 상실의 울분과 회복에의 염원

▷ 특징 ① 함축적, 향토적 시어 사용
　　　② 여성적 심상
　　　③ 역설적 의문을 통해 긴장감을 줌

## 이해와 감상

### 1 짜임 분석

① 대칭적 구성 (1−11연, 2−10연, 3−9연, 4−8연, 5−7연으로 서로 대응됨)
- 1연 ~ 6연 – 낭만적·환상적 세계 → 기쁨이 고조
- 7 ~ 11연 – 암담한 현실의 세계 → 슬픔이 고조

② 내용의 짜임
- 1연 – 주권을 빼앗긴 조국의 현실에 대한 인식
- 2연 – 아름다운 봄 경치에 이끌림
- 3연 – 침묵하는 조국에 대한 답답한 심정
- 4 ~ 6연 – 봄을 맞은 국토의 활기찬 모습
- 7 ~ 8연 – 국토에 대한 애정
- 9 ~ 10연 – 암담한 현실에 대한 재인식
- 11연 – 빼앗긴 조국의 현실에 대한 재인식: 국권 회복에 대한 염원

### 2 작품감상의 구조

| 구성 요소 | 구성 요소의 파악 | 그것이 지닌 의미·효과 | 주제와의 관련성 |
|---|---|---|---|
| 내용 요소 | ① 시적 화자 및 화자의 상황 | 독립을 염원하는 시적 화자가 '들'을 잃은 국권 상실의 상황에서 들길을 걸으며 '봄'(조국의 독립)을 염원하는 상황이다. | 반어적 의문과 뒤의 행이 길어지는 율독을 통해 조국 상실의 비애와 광복에 |
| | ② 작가의 이전의 작품과 내용 비교 | ㉠ 순한글로 지은 시이다.<br>㉡ 애상적 낭만주의를 극복하고, 민족 현실의 성찰과 미래에 대한 희망을 드러냈다. | |

| | | |
|---|---|---|
| 형식 요소 | ③ 화자의 시각 | 화자가 자연을 바라볼 때는 명랑하지만 현실을 생각할 때는 고뇌에 찬 자세를 드러내어 현실의 상황을 잘 드러냈다. |
| | ① 각 연의 길이 및 운율 | ㉠ 1행보다 2행이, 2행보다 3행이 길어지며, 3음보와 4음보를 기초로 하고 있다.<br>㉡ 행이 바뀌면서 길어지는 것은 시적 화자의 의지를 효과적으로 드러냈다. |
| | ② 대칭에 의한 구성 | 전반부와 후반부의 대칭을 통해 낭만적 인식에서 현실적 인식으로 돌아와 주제를 효과적으로 드러냈다. |
| | ③ 수미상관의 구성 | 질문과 대답의 형식으로 수미상관을 이루고 있으며, 작품 구조를 안정시키고, 주제를 효과적으로 드러냈다. |
| 표현 요소 | ① 반어적(역설적) 의문 | 이러한 의문을 통해 봄이 온다는 의지를 강조했다. |
| | ② 다양한 상징 | '들', '봄' 등의 상징이 주제를 효과적으로 드러냈다. |
| | ③ 다양한 비유 | 직유(2연), 의인화(3연), 의인화·감정이입(4연), 직유·의인화(5연) 등 다양한 비유가 나타난다. |

대한 염원의 주제를 효과적으로 드러내고 있음

### ③ 감상의 길잡이

시는 '빼앗긴 조국'과 '조국의 해방'을 각기 뜻하는 '들'과 '봄'의 상징을 통해 조국 독립에의 염원과 일제에 대한 저항 의지를 표현한 작품으로, 민족의 현실에 대한 자각을 바탕으로 국권 회복에 대한 염원을, 향토적 소재를 통해 서정적으로 그리고 있다.

총 11연으로 구성된 이 시는 1연의 의문문과 그것을 변화시킨 11연의 단일 문장이 서로 수미상관을 이루면서 전체적 시상의 흐름을 대칭적 구도로 만들고 있다는 점이 특징적이다. 이 시에서 시적 화자의 정서의 흐름은 '고통스러운 현실 인식 → 몽상의 상태 → 국토의 아름다움 발견 → 국토에 대한 애정 → 일하고 싶은 충동 → 현실 재인식 → 절망감'으로 요약할 수 있다. 즉 시적 화자의 정서가 점진적인 상승과 급격한 하강의 흐름을 보여 주고 있다.

1연은 '빼앗긴 들에도 봄은 올 수 있는가'라는 의문으로 시작하고 있다. 2~3연에서 시적 화자는 몽상의 상태에서 자신도 모르게 봄의 들판으로 나섰으나 곧 몽상에서 벗어나 자신이 들판에 서 있는 까닭을 묻는다. 4~6연은 이런 상태에서 눈앞에 모든 사물이 활기찬 모습으로 되살아나고 있는 아름다운 봄의 정경이 전개된다. 7~8연은 자연 속에서 화자의 국토에 대한 애정이 드러난다. 그러나 9~10연에서 시적 화자는 현실을 재인식하면서 절망감에 빠지게 된다. '다리를 절며'라는 표현은 화자의 내면 감정의 불균형 상태를 나타낸다. 11연에서는 1연에 대한 답을 하면서 시상을 마무리 했다.

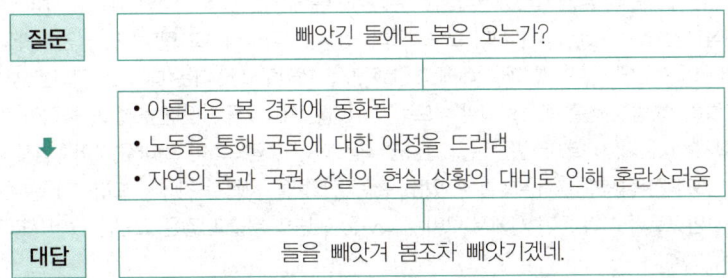

1926년 ≪개벽≫지에 발표된 이 시는 이상화의 초기 시에 나타났던 퇴폐적이고 감상적인 취향에서 벗어나 민족 현실에 대한 자각을 바탕으로 긍정적이고 미래지향적인 자세를 보여주고 있다는 점에서 주목된다.

## 중요 내용 정리

### 01 빼앗긴 들에 대한 화자의 인식 변화
① 봄 들판에 서서 화자는 '지금은 남의 땅 – 빼앗긴 들에도 봄은 오는가?'라는 의구심을 갖는다.
② 질문에 답하기 위해 화자는 들판을 걷는다. 그의 눈에 비친 들판은 한국인의 삶의 터전으로 애정이 가는 공간이다.
③ 하지만 화자는 들판을 걸어가면서 '빼앗긴 들'을 거닐고 있다는 사실에 마음이 아프다. 그는 '입술을 다문 하늘, 들'과의 대화를 시도하면서도 자기 영혼을 '짬도 모르고 끝도 없이 닫는 내 혼'이라고 자조 섞인 고백을 한다.
④ 그러나 '들놀이' 끝에 '봄 신령이 지폈나 보다'고 표현하며 시의 첫 부분에 제기한 물음에 대한 답을 스스로 구한다.

### 02 표현상의 특징
'바람', '종달새', '보리밭', '도랑', '나비', '제비' 등의 많은 자연적 소재와 '가르마 같은 논길', '삼단 같은 머리', '마른 논을 안고 도는 착한 도랑', '맨드라미 들마꽃', '아주까리 기름을 바른 이'와 같은 향토적 정서를 환기시키는 토속적 표현을 선택, 선명한 이미지의 비유적 심상으로 노래함으로써 민족과 국토에 대한 소중함과 애정을 드러낸다.

3·4음보를 기조로 3행 1연이 한 단위가 되어 각 시행이 점점 길어지는 점층 구조의 규칙성을 보이고 완급률을 형성함으로써 국권 회복 의지를 품고 빼앗긴 들을 걷는 시적 자아의 발걸음과 독자의 발걸음을 같게 하여 국토에 대한 소중함과 애정을 공유할 수 있도록 해준다.

### 03 첫 행과 끝 행의 구조와 그 의미에 대한 이해
'지금은 남의 땅 빼앗긴 들에도 봄은 오는가?'와 '그러나 지금은 들을 빼앗겨 봄조차 빼앗기겠네'는 물음과 답의 구조로 특이하게 구성되어 있다. 첫 행은 '지금은 남의 땅이지만 일제 강점기의 현실을 극복할 수 있겠는가'라는 의구심과 기대감이 반영인 질문이다. 끝 행의 답은 '들의 회복은 고사하고 봄을 누리는 자유마저도 제한당할 수 있다'는 민족의 현실을 깨우쳐 보여주고 이를 통해 우리가 조국 해방을 위해 더욱 주의하고 노력하자는 의미를 지닌 것으로 볼 수 있다.

### 04 시사적 의의와 한계
1920년대 초반의 낭만주의를 거치면서 우리 시인들에게는 일제 치하의 어두운 시대 상황에 대한 냉철한 인식과 민족의 미래상의 제시가 요구되었다. 이 시는 감상적이고 퇴폐적인 낭만주의적 경향을 극복하고, 민족의 현실에 대한 성찰과 미래에 대한 희망을 제시하고 있다는 데서 큰 의의를 지닌다. 이러한 모습은 특히 '바람', '종달새', '보리밭', '도랑', '나비', '제비' 등 자연물을 살아 움직이는 친근한 존재로 형상화시킨다든가, '가르마 같은 논길', '삼단 같은 머리', '맨드라미, 들마꽃', '아주까리 기름 바른 이'와 같은 향토적인 정서를 불러일으킬 수 있는 토속적 표현을 사용한 것에서 드러난다. 아울러 평이한 시어를 구사함으로써 그의 초기 시에서 보이는 과도한 관념의 분출과 같은 요인은 많이 사라진 모습도 보인다.

그러나 이 시에 나타난 화자 및 그의 어조를 볼 때 현실 극복의 강한 의지나 투철한 전망은 찾아볼 수 없다는 점을 유의할 필요가 있다. 즉 화자는 시의 마지막 부분에 이르러 자신의 기쁨이 하나의 환상에 불과함을 깨닫고 현실에 다시금 절망하는 모습을 보이며, 그것을 감상적 어조로 표출하고 있다는 점에서 이상화의 초기시가 지닌 낭만주의적 요소가 완전히 극복된 것이 아님을 알 수 있다. 그럼에도 불구하고 이 시가 시대적, 현실적 의미를 갖는 것은 1920년대 중반에 이르러 비로소 일제 치하의 현실이 민족 전체에게 주는 의미가 무엇인가를 뚜렷하게 인식하게 되는 단계를 보여주기 때문이다.

## ▷ 한용운 韓龍雲

1879 ~ 1944
승려. 시인. 독립운동가 충남 홍성 출생. 본명은 정옥. 법명은 용운. 법호는 만해

▷ **작가의 특징**
1. 1918년 불교 잡지 ≪유심(惟心)≫에 시 「심(心)」을 발표하며 등단하였다.
2. 경술국치 후 만주에서 독립군을 지원했고, 3·1 운동 주동자로 3년 동안 수감되었으며, 신간회에 가입하여 활동하였다.
3. 시적 상황: 님과 이별한 상황 → 이별
   ① 이별을 통해 님의 존재를 깨달음
   ② 이별은 님을 찾으려는 투쟁의 시초
   ③ 그래서 긍정적이고 아름다운 것
4. 역설에 의한 표현이 바탕이 된다.
5. 전통 시가와의 관련성 (시적 화자가 여성 / 이별의 정서 / 인내, 기다림의 정서 / 불교)
6. 불교적 비유와 고도의 상징적 수법을 사용하였다.
7. 기다림과 희망의 시 / 역사 의식이 바탕이 된 시 정신이 드러난다.

▷ **주요 작품**
시집: 1926년 시집 『님의 침묵』 간행

## 작품 1  복종 (님의 침묵, 1926년)

남들은 자유를 사랑한다지마는, 나는 복종을 좋아해요
자유를 모르는 것은 아니지만, 당신에게는 복종만 하고 싶어요.
복종하고 싶은 데 복종하는 것은 아름다운 자유보다 더 달콤합니다. 그것이 나의 행복입니다.

그러나 당신이 나더러 다른 사람을 복종하라면, 그것만은 복종할 수 없습니다.
다른 사람을 복종하려면 당신에게 복종할 수가 없는 까닭입니다.

### ■ 핵심정리

▷ **갈래** 자유시, 서정시
▷ **운율** 산문적 호흡률과 내재율
▷ **성격** 주지적, 의지적, 고백적, 여성적
▷ **제재** 복종과 자유
▷ **주제** 절대자를 향한 자발적, 자율적 복종

### 이해와 감상

① **짜임 분석**
- 1연 – 당신에게 복종하는 것이 나의 행복 (복종의 선택과 대상, 이유)
- 2연 – 당신에 대한 복종의 절대성

## 2 작품감상의 구조

| 구성 요소 | 구성 요소의 파악 | 그것이 지닌 의미·효과 | 주제와의 관련성 |
|---|---|---|---|
| 내용 요소 | ① 시적 화자 및 화자의 상황 | 절대자를 향한 자발적, 자율적 복종을 말하고 있다. | 절대자에 대한 복종의 기쁨 |
| | ② 복종과 자유의 의미 | '자유'는 일시적이고, 유한적이고, 피상적 의미를 지니는 것이라면 '복종'은 절대적 귀의, 완전한 헌신, 완전한 자유의 의미를 지닌다. | |
| 형식 요소 | ① 산문시의 내재율 | 형식에 구애받지 않는 산문시의 내재율을 지녔다. | |
| 표현 요소 | ① 대조 | 자유와 복종의 대조적인 의미를 사용하여 뜻을 강조하고 있다. | |
| | ② 반복 | '복종'이라는 시어와 '자유'의 시어를 반복적으로 사용하여 의미를 강조하고 있다. | |
| | ③ 표현의 특징 | 구체적 심상 없이 대립되는 관념을 제시하였다. | |

## 3 감상의 길잡이

전 5행으로 어휘와 구문의 반복을 통한 자유로운 산문율을 이루고 있다. 의미상으로 1~3행과 4~5행의 두 부분으로 나눌 수 있다. 1~3행은 복종의 선택과 대상, 이유가 4~5행은 당신에 대한 복종의 절대성이 드러나고 있다.

① 1행: 남들은 아무런 구속이나 제한을 받지 않고 자기 마음대로 행동할 수 있는 자유를 사랑한다지만 나는 절대자인 당신에게 복종하기를 좋아한다.
② 2행: 자발성과 주체성이 결여된 일시적이고 유한적인 의미의 자유보다는 자발적이고 주체적인 의미의 복종을 절대자인 당신에게 하고 싶다.
③ 3행: 자발적인 욕구에 의한 복종은 명목뿐인 자유보다 행복하다.
④ 4행: '복종'은 '절대자에 대한 헌신적인 귀의'이므로 다른 사람에게는 복종할 수 없다. 여기서 다른 사람은 '당신'과 상대가 되는 개념으로 '다른 종교', '다른 나라', '유사 종교' 등을 뜻한다.
⑤ 5행: 다른 사람에게 복종하면 당신을 향한 복종, 즉 완전한 자유를 얻을 수 없다는 불복종의 이유를 밝히고 있다. 사랑하는 '당신'에게만 복종하겠다면서 '당신'에 대한 영원한 사랑을 맹세하고 있다. 이 시에서 사랑하는 '당신'에 대한 '복종'은 강요에 의한 굴종이나 속박이 아닌, 자발적이며 능동적인 행위로 나타난다. 따라서 여기에서의 '복종'은 사랑을 위한 희생이며 헌신이라는 긍정적인 의미를 지니는 것이다. 시인의 다른 작품에서 이별이 더 크고 빛나는 만남을 위한 전제가 되듯 자발적 복종은 진정한 의미의 자유와 행복을 위한 전제 조건이 된다.

## ▣ 중요 내용 정리

### 01 '자유'와 '복종'의 의미

이 시에서 '자유'와 '복종'은 서로 상대적 개념이면서 보편적으로 사용되는 의미와는 다르다. '자유'는 일시적이고 유한적이고 피상적 의미를 지니는 것이라면 '복종'은 절대적 귀의, 완전한 헌신, 완전한 자유의 의미를 지닌다. 즉, 자유의 의미를 훨씬 확대한 것이라고 할 수 있다.

### 02 표현상의 특징

① 구체적 심상 없이 대립되는 관념을 제시하였다.
② 반복법을 사용한 의미의 강조가 나타난다.
③ 연가풍의 여성적 어조로 낭만적 분위기를 드러낸다.

## 작품 2 님의 침묵 (님의 침묵, 1926년)

님은 갔습니다. 아아, 사랑하는 나의 님은 갔습니다.
푸른 산빛을 깨치고 단풍나무 숲을 향하여 난 작은 길을 걸어서, 차마 떨치고 갔습니다.
황금(黃金)의 꽃같이 굳고 빛나던 옛 맹서(盟誓)는 차디찬 티끌이 되어서 한숨의 미풍(微風)에 날아갔습니다.
날카로운 첫 키스의 추억(追憶)은 나의 운명(運命)의 지침(指針)을 돌려 놓고, 뒷걸음쳐서 사라졌습니다.
나는 향기로운 님의 말소리에 귀먹고, 꽃다운 님의 얼굴에 눈멀었습니다.
사랑도 사람의 일이라, 만날 때에 미리 떠날 것을 염려하고 경계하지 아니한 것은 아니지만, 이별은 뜻밖의 일이 되고, 놀란 가슴은 새로운 슬픔에 터집니다.
그러나 이별을 쓸데없는 눈물의 원천(源泉)으로 만들고 마는 것은 스스로 사랑을 깨치는 것인 줄 아는 까닭에, 걷잡을 수 없는 슬픔의 힘을 옮겨서 새 희망(希望)의 정수박이에 들어부었습니다.
우리는 만날 때에 떠날 것을 염려하는 것과 같이, 떠날 때에 다시 만날 것을 믿습니다.
아아, 님은 갔지마는 나는 님을 보내지 아니하였습니다.
제 곡조를 못 이기는 사랑의 노래는 님의 침묵(沈默)을 휩싸고 돕니다.

### ■ 핵심정리

▷ **갈래** 자유시, 서정시
▷ **성격** 불교적, 구도적, 의지적, 낭만적
▷ **표현** 상징적 기법 구사
▷ **제재** 임과의 이별
▷ **주제** 임을 향한 영원한 사랑 (존재의 회복을 위한 신념과 희구)

▷ **특징** ① 역설적 표현
② 불교적 비유와 고도의 상징이 돋보임
③ 여성적 어조와 경어체 사용

### 이해와 감상

① 짜임 분석
- 기(1~4행) – 임과의 이별 (이별의 상황)
- 승(5~6행) – 이별 후의 슬픔, 고통
- 전(7~8행) – 새 희망을 향한 의지
- 결(9~10행) – 임에 대한 영원한 사랑

→ 연의 구분이 없이 산문 형식의 진술로 표현된 이 작품은 전 10행이 시상의 흐름에 따라 '기-승-전-결'의 논리적 구조를 가지고 있다. 즉, 1~4행에서 이별의 상황을 제시하고, 5~6행으로 이별 후의 슬픔과 고통을 토로하며, 7~8행에서 슬픔을 희망으로 전이시키는 모습을 보여 주다가, 9~10행에서 다시 만나리라는 확신으로 미래를 예견한다는 점에서 극적 구성 방식을 취하고 있다.

## ② 작품감상의 구조

| 구성<br>요소 | 구성 요소의 파악 | 그것이 지닌 의미·효과 | 주제와의<br>관련성 |
|---|---|---|---|
| 내용<br>요소 | ① 시적 화자와 상황 | 이 시의 시적 화자는 여인, 구도자, 우국지사 등으로 볼 수 있으며, 이별(상실)을 안타까워하는 상황에서 그것을 극복하고자 하는 화자의 간절한 소망을 드러내었다. | 역설적 표현과<br>여성의 어조를<br>통해 임에<br>대한 영원한<br>사랑을<br>효과적으로<br>표현하고 있음 |
| | ② 화제의 전환 | 7~8행에서 화제의 전환이 일어나 슬픔의 상황에서 희망으로 전이된다. | |
| | ③ 여성적 어조 | 연가풍의 여성적 어조로 화자의 소망을 효과적으로 표현하였다. | |
| 형식<br>요소 | ① 기승전결의 구조 | '기-승-전-결'의 짜임을 통해 화자가 전하려는 내용을 논리적이고 효과적으로 드러내고 있다. | |
| | ② 산문시의 리듬 | 산문시의 리듬은 깊은 의미를 지닌 주제를 효과적으로 표현하였다. | |
| 표현<br>요소 | ① 역설적 표현 | 님은 갔지만 나는 님을 보내지 않았다는 역설적 표현을 통해 시적 화자의 의지와 주제를 더욱 효과적으로 드러냈다. | |
| | ② 다양한 상징 | ㉠ 님은 '조국, 민족, 연인, 부처, 진리' 등의 의미를 상징한다.<br>㉡ '푸른 산길, 황금의 꽃, 옛 맹서, 첫 키스의 추억, 새 희망의 정수박이, 제 곡조를 못 이기는 사랑의 노래, 님의 침묵' 등은 모두 상징이며, 주제를 효과적으로 표현하였다. | |
| | ③ 비유 | 3행에서 비유적 표현이 나타난다. | |

## ③ 감상의 길잡이

전 10행으로 된 산문 경향의 자유시이다. 이 시는 제5행이나 마지막 행을 볼 때 종교적인 경지에서의 절대자에 대한 신앙을 노래한 것처럼 보이지만, 전체적으로 볼 때 잃어버린 조국의 광복에 대한 불굴의 의지와 신념을 노래한 것으로 파악해야 할 것이다. 그 유력한 근거가 되는 것이 '님은 갔다'라는 표현의 반복이다. 이 표현은 '조국의 상실'이라는 의미로 해석하는 것이 타당할 듯하다. 이 시의 작가 한용운이 3·1 운동 당시 33인 중 불교계의 대표로 참여한 사실을 미루어 보건대, 그의 이러한 애국 사상이 이 같은 시를 산출케 한 유력한 근거가 된다. 즉, 제목 '님의 침묵'이 뜻하는 바는 '나'에게 절대적인 존재의 상실을 의미하며, 당시 우리 역사와 결부시켜 보면 바로 조국의 상실이 되는 셈이다.

제1행에서 '님은 갔습니다'를 두 번 반복함으로써 조국을 잃은 원통함을 강조한다.

제2행에서 '푸른 산빛을 깨치고' 임이 사라졌다고 함으로써, 이 시의 임이 표상하는 바가 단순히 사랑하는 연인이 아니라 '조국'임을 감지할 수 있다. 즉, '푸른 산빛을 깨치고'는 임이 떠남으로 인해 그 가는 길의 푸른 산빛도 무색하게 되어 버렸음을 뜻한다. 우리는 어떤 민족적인 또는 거국적인 큰 슬픔을 당했을 때, 항용 "그 날엔 산천도 무색하였다"라는 표현을 쓰곤 하는 것이다. 이와 같이 이 시의 님, 곧 조국은 푸른 산빛도 무색하게 만들고 조락(凋落)의 단풍 숲을 향하여 뚫린 작고 외로운 길을 걸어서 차마 떨쳐 버리지 못할 겨레를 떨쳐 버리고 갔다고 함으로써, 시적 화자는 조국을 잃었던 때의 삭막함을 노래하고 있다. '차마 떨치고 갔습니다'에서 '차마'라는 부사의 용법은 문법적으로 뒤에 부정어를 동반하는 것이 보통이나 여기서는 그렇지 않는데, 원래의 의미라면 '차마 떨치지 못할 것을 떨치고 갔습니다.'가 되어야 할 것이다. 그러나 그렇게 하면 시의 리듬이 깨어지고 산문적인 표현으로 떨어지고 만다. 여기서는 문법을 무시함으로써 오히려 시적인 묘미와 리듬감을 살린 것이다. 이는 시적인 표현에서만 가능한 일이라 하겠다.

제3행은 비유로서, 임과 같이 있을 때의 행복한 상태와 떠난 뒤의 불행한 상태가 얼마나 다른지를 절실하게 표현하고 있다. 황금은 이 세상에서 굳은 물질이다. 그러한 황금이 한숨에도 날아갈 만한 티끌이 되었다면, 그것은 엄청난 변화인 셈이다. 함께 있자던 그같이 굳은 맹세가 이제는 티끌과 같이 허무하게 되어 버렸다. 날카로우리 만치 자극적이었던 첫 입맞춤은 지금은 오직 추억으로 남아 있을 뿐. 겨레의 운명은 마침내 완전히 불행한 상태로 뒤바뀌고 말았다고 제4행에서 노래하고 있다.

그러나 제5행의 표현은 마지막 행과 더불어 이 시에서 가장 뛰어난 시적 기교를 보여주고 있는 곳이다. 이러한 시적 기교를 가리켜 '역설'이라고 하는데, 역설의 특징은 표면상으로는 사리에 어긋난 듯 하나 그 내면에서는 정상적인 표현보다도 더 진실에 가깝다는 데 있다. 따라서 역설적 표현의 이면에는 함축성이 감겨져 있다. '나는 향기로운 님의 말소리에 귀먹고'라는 표현은 얼핏 보면 사리에 맞지 않는 듯하다. 임의 말소리를 들으면 오히려 귀가 즐거울 터인데. 그러나 이 경우의 임은 사랑을 속삭이는 한낱 연인이 아니다. 이 임은 시적 화자에게는 절대자, 즉 조국인 것이다. 너무나 절대적인 존재이기에 그 향기로운 말소리는 귀를 먹게 할 만큼 황홀한 것이다. '꽃다운 님의 얼굴에 눈멀었습니다'도 마찬가지이다. 눈을 멀게 할 만큼 조국의 빛나는 얼굴은 곧 시인에게 있어 절대적인 존재인 것이다. 그런데 이처럼 절대적인 존재인 임을 뜻밖에 잃어버렸으니, 제6행과 같이 시적 화자의 가슴은 슬픔에 터지지 않을 수 없다. 그러한 엄청난 슬픔에도 불구하고 제7행에서는 그 슬픔으로 인하여 눈물이나 흘리고 있는 것은 결국 임과의 사랑이 깨어져 영원한 이별이 되고 말지도 모른다는 시적 화자의 자각을 보여준다. 이 7행부터 시상의 전환이 일어나는데, 여기에는 임과의 이별에서 오는 절망과 슬픔을 새로운 희망과 기다림으로 극복하고자 한다. 그러므로 제7행에서는 슬픔을 슬픔으로만 받아들여 절망하지 않고 오히려 그것을 희망으로 바꾸려는 강한 의지로 발전해 간다. '새 희망의 정수박이에 들어부었습니다'는 매우 강력한 표현이라 할 수 있는데, 이 강력한 주관적 의지를 압축적으로 드러내는 시어는 '정수박이'이다. '정수박이'는 머리 꼭대기로서, '정수리, 뇌천(腦天), 정문(頂門)'이라고도 한다. 이처럼 제7행은 시적 전환이 일어나는 부분이다.

따라서 슬픔을 희망으로 승화시키려는 시적 화자의 강한 의지는 마침내 제8행과 같은 깊은 불교적 각성과 통찰을 통하여 달관적 태도에 이르게 된다. 이는 불교적인 표현으로 빌자면 바로 '회자정리(會者定離) 거자필반(去者必返)'인 것이다.

이 '회자정리'라는 철리(哲理)에 대한 믿음은 그리하여 제9행에서와 같은 결구를 이끌어 낸다. 임은 비록 떠났지만, 다시 말해 조국은 일제에 의해 빼앗기고 말았지만, '나는 님을 보내지 않았다'고 함으로써 조국 독립에 대한 시적 화자의 강력한 의지를 집약적으로 보여 준다. 제9행의 표현은 평범한 것이지만 그 내면에는 강렬성을 함축하고 있다. 그리하여 마지막 10행에서 보듯이 '제 곡조를 못 이기는 사랑의 노래', 즉 조국에 대한 견딜 수 없는 사랑과 독립에 대한 강한 의지는 '님의 침묵', 즉 조국의 상실에 대해 맞서서 싸우지 않을 수 없음이다. 여기서 '님의 침묵'은 곧 '임의 부재'를 뜻하는데 그것은 바로 임이 없는 공간이다. 다시 말해 땅은 있으나 그 땅의 주인으로서 마음껏 자유를 누릴 수 있는 권리를 상실한 것으로 주권을 상실한 조국인 셈이다. 결론적으로 보아 이 시에 나타난 정신은 종교적 경지로까지 승화시킨 애국의 신앙이라 하겠다.

## ■ 중요 내용 정리

### 01 표현상의 특징

이 시는 무엇보다도 역설적 표현으로 된 점이 눈에 띈다. '님은 갔지마는 나는 님을 보내지 아니하였습니다.'가 그 대표적인 구절이다. 삶에 있어서 헤어짐과 만남은 하나라는 역설적 진리를 담아내고 있으며, 밝음과 어둠. 슬픔과 희망 등의 서로 모순되는 시어를 대응시켜 대립의 통일을 추구하고 있다. 이것은 근본적으로 '색즉시공 공즉시색(色卽是空 空卽是色)'의 불교적 진리를 시적인 명상(瞑想)을 통해 구현함으로써 이루어진 것이다. '향기로운 말소리에 귀먹고, 꽃다운 얼굴에 눈 머는' 것이나, '만날 때에 떠날 것을 염려하고, 떠날 때 다시 만날 것을 믿는' 것은 겉으로 보면 말이 되지 않는 것처럼 느껴지지만, 곰곰이 생각해 보면 실제로 그러하며, 참 오묘한 진리임을 느끼게 된다. 이런 표현은 시인이 인간 본질을 깊이 꿰뚫고 있음을 보여 주며, 영원한 있음도 영원한 없음도 없다는 불교적 깨달음을 지니고 있음을 보여 준다.

## 02 '님'의 상징적 의미

만해의 님은 어떤 고정된 실체라기보다는 섣불리 하나로 규정할 수 없는 포괄적 존재이다. 만해의 님은 조국일 수도 있고, 부처일 수도 있으며, 중생일 수도 있고 애인일 수도 있다. 나란 존재가 무수한 관계 속에서 규정되고 그 관계 속에서 나의 실천적 요구가 형성되듯이 님 또한 그와 같은 관계 속에서 구체화 되는 것이다.

## 03 '님의 침묵'의 의미

'우리는 만날 때에 떠날 것을 염려하는 것과 같이 떠날 때에 다시 만날 것을 믿습니다'. 만남은 곧 헤어짐이요 헤어짐은 곧 만남이라는 것. 다시 말해 님과의 헤어짐은 새로운 만남의 전제 조건이라는 역설적 진리를 깨닫는 데서 슬픔을 새로운 희망으로 역전시키는 힘이 나온다. 그것을 깨닫는 순간 떠났다고 생각했던 님은 사실을 떠난 것이 아니라 다만 침묵하고 있을 뿐임을 알게 되고, 그 침묵하고 있는 님을 위해 스스로 주체할 길 없는 사랑의 노래를 부르게 되는 것이다.

## 04 역설적 구조

역설은 시의 표면적 진술과 그것이 가리키는 내적 의미 사이에 모순이 있는 표현이다. 즉 겉으로 보기에는 모순되고 진리에 어긋나는 것 같지만 사실은 그 속에 진리를 품은 시적 진술을 말한다. 한용운의 시에서 가장 효과적으로 이용되는 수법이 역설법인데 이 시는 전체적으로 역설적인 의미 구조를 가지고 있다. 즉 밝음과 어둠, 슬픔과 희망, 헤어짐과 만남은 순환 구조를 갖는 하나의 우주라는 역설적 진리를 담고 있는 것이다.

## 05 시상의 전환

이 시는 '님은 갔습니다.'라고 하여 임과의 이별을 확인하는 말로 시작된다. 1~6행까지는 사랑하는 '님'과의 이별로 인한 슬픔과 괴로움을 묘사하다가, 7행의 '그러나'라는 접속어에 의해 시적 상황이 급전하게 된다. 즉, 화자의 정서가 이별의 '슬픔'에서 '희망'으로 전환되는 것이다. 여기서 슬픔을 희망으로 역전시킬 수 있는 힘은 삶에 있어서의 만남과 헤어짐의 실상을 깊이 있게 깨닫는 데서 비롯되고 있다.

## 06 한용운의 '임'과 김소월의 '임' 비교

김소월의 시에 나타나는 임은 죽었거나 아주 멀리 가서 돌아올 가망이 없는 사람이다. 그의 시가 대체로 애절한 슬픔과 한의 정조를 담고 있는 것은 이런 이유 때문이다. 아무리 기다려도 사랑하는 임은 다시 돌아올 가능성이 없다고 느낄 때, 그 기약 없는 기다림이 절망적인 비탄으로 옮겨 가는 것은 지극히 자연스러운 일이다.

한편, 한용운의 시에서 임은 비록 지금 여기에 있지 않다 하더라도 언젠가는 반드시 다시 돌아올 것이고, 또 돌아오지 않다 하더라도 언젠가는 반드시 다시 돌아올 것이고, 또 돌아오지 않을 수 없는 존재이다. 임과의 재회를 믿기 때문에 그의 시는 절망에만 빠져 있지 않고 결국은 이별의 슬픔을 극복하고 희망으로 전환된다. 즉, 만해의 시는 슬픔과 절망보다는 언젠가는 반드시 돌아올 임에 대한 기다림과 그를 향한 변함없는 사랑에 초점을 맞춘다. 이런 차이의 가장 중요한 요인은 두 시인이 현실과 역사를 보는 시각과 의식이 달랐다는 점에서 찾을 수 있을 것이다.

### 작품 3 | 논개의 애인이 되어 그의 묘에 (님의 침묵, 1926년)

날과 밤으로 흐르고 흐르는 남강(南江)은 가지 않습니다.
바람과 비에 우두커니 섰는 촉석루(矗石樓)는 살 같은 광음(光陰)을 따라서 달음질칩니다.
논개(論介)여, 나에게 울음과 웃음을 동시(同時)에 주는 사랑하는 논개여.
그대는 조선의 무덤 가운데 피었던 좋은 꽃의 하나이다. 그래서 그 향기는 썩지 않는다.
나는 시인으로 그대의 애인이 되었노라.
그대는 어디 있느뇨. 죽지 않은 그대가 이 세상에는 없고나.

나는 황금의 칼에 베어진 꽃과 같이 향기롭고 애처로운 그대의 당년(當年)을 회상(回想)한다.
술 향기에 목맺힌 고요한 노래는 옥(獄)에 묻힌 썩은 칼을 울렸다.
춤추는 소매를 안고 도는 무서운 찬바람은 귀신 나라의 꽃수풀을 거쳐서 떨어지는 해를 얼렸다.
가냘핀 그대의 마음은 비록 침착하였지만 떨리는 것보다도 더욱 무서웠다.
아름답고 무독(無毒)한 그대의 눈은 비록 웃었지만 우는 것보다도 더욱 슬펐다.
붉은 듯하다가 푸르고 푸른 듯하다가 희어지며 가늘게 떨리는 그대의 입술은 웃음의 조운(朝雲)이냐 울음의 모우(暮雨)이냐 새벽달의 비밀이냐 이슬꽃의 상징(象徵)이냐.
뼈비 같은 그대의 손에 꺾이우지 못한 낙화대(落花臺)의 남은 꽃은 부끄럼에 취(醉)하여 얼굴이 붉었다.
옥같은 그대의 발꿈치에 밟히운 강 언덕의 묵은 이끼는 교긍(驕矜)에 넘쳐서 푸른 사롱(紗籠)으로 자기의 제명(題名)을 가리었다.

아아, 나는 그대도 없는 빈 무덤 같은 집을 그대의 집이라고 부릅니다.
만일 이름뿐이나마 그대의 집도 없으면 그대의 이름을 불러 볼 기회가 없는 까닭입니다.
나는 꽃을 사랑합니다마는 그대의 집에 피어 있는 꽃을 꺾을 수는 없습니다.
그대의 집에 피어 있는 꽃을 꺾으려면 나의 창자가 먼저 꺾어지는 까닭입니다.
나는 꽃을 사랑합니다마는 그대의 집에 꽃을 심을 수는 없습니다.
그대의 집에 꽃을 심으려면 나의 가슴에 가시가 먼저 심어지는 까닭입니다.
용서하여요 논개여, 금석(金石)같은 굳은 언약을 저버린 것은 그대가 아니요 나입니다.
용서하여요 논개여, 쓸쓸하고 호젓한 잠자리에 외로이 누워서 끼친 한(恨)에 울고 있는 것은 내가 아니요 그대입니다.
나의 가슴에 '사랑'의 글자를 황금으로 새겨서 그대의 사당에 기념비를 세운들 그대에게 무슨 위로가 되오리까.
나의 노래에 '눈물'의 곡조를 낙인(烙印)으로 찍어서 그대의 사당에 제종을 울린대도 나에게 무슨 속죄가 되오리까.
나는 다만 그대의 유언대로 그대에게 다하지 못한 사랑을 영원히 다른 여자에게 주지 아니할 뿐입니다. 그것은 그대의 얼굴과 같이 잊을 수가 없는 맹세입니다
용서하여요 논개여, 그대가 용서하면 나의 죄는 신에게 참회를 아니한대도 사라지겠습니다.

천추(千秋)에 죽지 않는 논개여,
하루도 살 수 없는 논개여,
그대를 사랑하는 나의 마음이 얼마나 즐거우며 얼마나 슬프겠는가.
나의 웃음이 겨워서 눈물이 되고 눈물이 겨워서 웃음이 됩니다.
용서하여요 사랑하는 오오 논개여.

## 핵심정리

▷ **갈래** 자유시, 추모시
▷ **율격** 내재율 (유장한 산문의 리듬)
▷ **성격** 회상적, 예찬적, 추모적, 애도적, 상징적
▷ **어조** ① 예찬적 태도로 추모하는 경건한 어조
　　　　② 영탄적 어조
　　　　③ 자책감이 서린 어조
▷ **표현** ① 산문적 진술의 형태
　　　　② 역설적인 기법을 이용하여 중심 생각을 표현
　　　　③ 적절한 상징과 비유로 대상의 의미를 구체화
　　　　④ 대구(對句)와 대조(對照)의 방법을 이용
▷ **제재** 논개
▷ **주제** ① 논개의 우국충정에 대한 추모와 참회
　　　　② 논개에 대한 예찬과 역사적, 실천적 삶의 다짐

## 이해와 감상

### 1 짜임 분석

- 1연(기) – 논개에 대한 추모와 애정 (현재)
- 2연(승) – 논개의 순국 장면 회상 (과거)
- 3연(전) – 논개의 희생에 부응하지 못하는 '나'의 참회와 영원한 사랑의 맹세 (현재)
- 4연(결) – 논개의 넋에 대한 사랑의 의지 (현재)

### 2 작품감상의 구조

| 구성 요소 | 구성 요소의 파악 | 그것이 지닌 의미·효과 | 주제와의 관련성 |
|---|---|---|---|
| 내용 요소 | ① 시적 화자 및 화자의 상황 | 논개의 우국충정을 추모하면서 현재 그렇게 살지 못하고 있는 자신의 삶을 반성하고 논개에 대한 마음을 변치 않겠다고 결의를 다지고 있다. | 논개의 우국충정에 대한 추모와 참회 |
| | ② 소재 | 역사적 인물인 논개를 소재로 하여 민족의 현재를 반성하였다. | |
| | ③ 어조 | 강한 독백의 어조로 화자의 의지를 더욱 강하게 표현하고 있다. | |
| 형식 요소 | ① 대구 | 대구를 통해서 리듬감을 형성하고 있다. | |
| | ② 기승전결 | '기–승–전–결'의 짜임을 통해 화자의 마음을 효과적으로 드러내고 있다. | |
| | ③ 다양한 종결어미 | 다양한 종결어미를 택해 폭넓은 감정을 드러내고 있다. | |
| 표현 요소 | ① 영탄법 | 논개라는 역사적 인물에 대한 작가의 심정을 강한 영탄과 독백을 통해 주관적 감정을 그대로 드러내 보이고 있다. | |
| | ② 대조법 | 논개의 삶과 나의 삶을 대비하여 현재의 나를 반성하고 논개와 같은 삶을 지향하기를 바란다. | |
| | ③ 역설적 기법 | 다양한 역설적 표현을 통해 논개의 우국충정과 애국심을 추모하였다. | |
| | ④ 감각적 표현과 다양한 비유, 상징 | 감각적 표현과 다양한 비유, 상징을 통해 역사적 인물을 더욱 생생하게 인식하게 한다. | |

## 중요 내용 정리

### 01 역설적 표현의 의미
　한용운의 시에서는 '역설'의 미가 자주 나타난다. 역설은 사실이 아니지만, 시적 진실의 진술은 독자에게 큰 충격과 함께 깊은 감동을 준다. 예를 들어 '낮과 밤으로 흐르는 남강은 가지 않습니다'라는 진술은 사리에 맞지 않는 것처럼 보이기도 한다. 그러나 400년 전의 비극의 현장은 오늘날에도 우리의 눈앞에 그냥 있기 때문이다. '촉석루는 살 같은 광음을 따라서 달음질칩니다'라는 구절도 마찬가지이다. 거기 서 있는 촉석루를 어디론지 줄달음친다고 표현했다. 세월의 강물에 밀려서 존재하는 모든 것들이 가고 있기 때문이다. 빛 바랜 단청, 깨어진 기왓장에 돋아난 잡초, 트고 금간 기둥, 풍화되어 가는 초석이나 석계, 모두 어디론지 가고 있는 것이다. '나에게 울음과 웃음을 동시에 주고 있는 논개여'라는 부분도 그러하다. 논개의 순국 당시 나이는 21세였으며, 꽃다운 나이였다. 그에게도 소녀 시절이 있었을 것이지만, 이러한 것들은 모두 사상되고, 우리에게 기억되는 것은 화려한 의상으로 치장된 논개가 왜장을 껴안고 의암에서 투신하는 장면일 것이다. 그래서 '천추에 죽지 않는 논개'는 '하루도 살 수 없는 논개'이기도 하다. 이와 같이 모순되고 앞뒤가 당착된 진술은, 한용운의 시학의 핵심 원리를 이루는 것이다. 이러한 역설적 표현은 평이한 표현보다 사물의 본질을 깨닫게 하는 힘이 더 큰 것이다.

### 02 한용운의 다른 시와는 달리 이 시에 나타나는 특징
　먼저, 이 시는 만해의 다른 시와 달리 남성적 어조로 되어 있다는 점이 특징이다. 『님의 침묵』에 수록되어 있는 다른 시들이 여성적 어조로 되어 있는데, 이 시는 다른 작품들보다 더 강렬한 현실 부정 정신과 저항 의지를 담고 있다. 둘째, 만해의 시는 대부분 역설적 표현으로 되어 있는데, 이 시는 특히 인간의 본질적 모순에 의한 표현법으로서의 역설이 잘 드러난다. 셋째, 이 시는 다른 작품에서와 달리 만해가 추구하는 임을 우리의 일상적인 삶에서 많이 언급하고 있는 '논개'라는 역사상 실존했던 구체적인 대상으로 바꾸어 노래하여 우리의 삶과 밀접한 내용을 지녔다.

### 03 이 시의 미적 가치
　먼저, 조국을 위해 목숨을 버릴 수 있는 삶의 방식을 가치 있는 것으로 여기는 태도에서 '숭고미'를 찾을 수 있다. 그리고 논개에게 용서를 빈다는 말의 이면에는 논개처럼 살지 못한 지금까지의 삶을 반성하고 앞으로 논개와 같은 삶을 살겠다는 다짐을 하는 것이다. 자신이 목숨을 버려서 가치 있는 일을 하겠다는 것은 '비장미'를 드러낸다. 있어야 할 것은 논개의 희생적 태도이고 있는 것은 자신의 삶이므로, 있어야 할 것에 의한 상반을 드러내며 이것은 비장미를 드러낸다.

### 04 작가의 작품 세계
① 부정적 사유와 비극적 세계를 인식하고 있다. ('못한다, 아니한다, 없다, 말라' 등의 부정적 종지법을 사용하여 당대 현실을 모순의 시대로 파악하고 있음)
② 기다림과 희망의 시이다.
③ 민중 정신의 반영이 드러난다.
④ 전통의 계승이 드러난다.

### 05 남성적 어조
　식민지 시대의 조국을 어머니로 설정하고 조국을 찾기 위해서 남성으로 상징되는 폭력적인 일제와 직접 맞서 싸우는 방식을 택해 주로 작품을 쓴 시인들은 육사나 청마가 있다. 그런데 만해는 다른 작품들과는 달리 여성적 어조로 시를 썼다. 즉 이 시가 만해의 다른 작품들과는 달리 남성적 어조로 되어 있다는 것은 자신의 다른 작품들보다 더 강렬한 현실 부정 정신과 저항 의지를 담고 있다는 것을 나타내는 것이다.

### 작품 4   알 수 없어요 (님의 침묵, 1926년)

　바람도 없는 공중에 수직(垂直)의 파문(波紋)을 내며 고요히 떨어지는 오동잎은 누구의 발자취입니까?
　지리한 장마 끝에 서풍(西風)에 몰려가는 무서운 검은 구름의 터진 틈으로, 언뜻언뜻 보이는 푸른 하늘은 누구의 얼굴입니까?
　꽃도 없는 깊은 나무에 푸른 이끼를 거쳐서, 옛 탑(塔) 위에 고요한 하늘을 스치는 알 수 없는 향기는 누구의 입김입니까?
　근원(根源)은 알지도 못할 곳에서 나서 돌부리를 울리고, 가늘게 흐르는 작은 시내는 구비구비 누구의 노래입니까?
　연꽃 같은 발꿈치로 가이 없는 바다를 밟고, 옥 같은 손으로 끝없는 하늘을 만지면서, 떨어지는 해를 곱게 단장하는 저녁놀은 누구의 시(詩)입니까?
　타고 남은 재가 다시 기름이 됩니다. 그칠 줄을 모르고 타는 나의 가슴은 누구의 밤을 지키는 약한 등불입니까?

### ■ 핵심정리

- ▷ **갈래** 자유시, 상징시
- ▷ **성격** 명상적, 신비적, 관조적, 관념적, 구도적, 역동적, 역설적
- ▷ **어조** 연가풍의 여성적 어조
- ▷ **표현** 상징법, 반복법, 은유법
- ▷ **주제** ① 절대자를 향한 구도적 염원
  ② 님에 대한 동경과 구도 정신
- ▷ **특징** ① 경어체 사용과 어구 반복
  ② 자연적 심상의 의인화
  ③ 상상력의 비약으로 의미 심화

## 이해와 감상

### 1 짜임 분석

- 1~5행 – 신비하고 아름다운 자연 현상을 통해 드러나는 님의 존재(모습)
  - 1행: 떨어지는 오동잎 = 임의 발자취 ┐
  - 2행: 푸른 하늘 = 임의 얼굴              │
  - 3행: 알 수 없는 향기 = 임의 입김        ├ 낮
  - 4행: 작은 시냇물 소리 = 임의 노래      ┘
  - 5행: 저녁놀 = 임의 시                      ─ 저녁
- 6행 – 임을 향한 끝없는 구도 정신 (절대적 존재를 위한 희생 의지)    ─ 밤

## ② 작품감상의 구조

| 구성 요소 | 구성 요소의 파악 | 그것이 지닌 의미·효과 | 주제와의 관련성 |
|---|---|---|---|
| 내용 요소 | ① 시적 화자 및 화자의 상황 | 시적 화자는 구도자의 입장에서 자연의 신비로움 뒤에 숨어 있는 절대적 존재인 임에 대한 자아의 그리움을 간절한 물음과 기원을 통해 노래하고 있다. | 절대적 존재에 대한 구도의 정신 |
| | ② 자연 현상과 님을 대응시켜 표현 | 1~5연에서 자연 현상과 님을 대응시켜 표현하여 자연의 아름다움 속에 숨은 님의 신비함을 강조하였다. | |
| | ③ 소재 | 다양한 자연 현상을 의인화하였다. | |
| 형식 요소 | ① 경어체 사용과 각운 | '~입니까?'라는 경어체를 사용하여 공손함을 드러내며, 각운의 효과로 리듬감을 드러냈다. | |
| | ② 선문답의 형식 | 화두를 제시하는 선문답의 형식을 반복 사용하여 님에 대한 신비와 예찬을 잘 드러내고 있다. | |
| | ③ 아름다운 우리말의 사용 | 섬세하고도 순수한 우리말을 구슬처럼 엮어서, 선(禪)의 세계를 바탕으로 한 구도적(求道的) 염원을 나타냈다. | |
| 표현 요소 | ① 설의법 | 의문형 종결어미로 시구를 끝맺음으로써 여운을 주고 주제를 강조하고 있다. | |
| | ② 상징에 의한 표현 | 1~5행의 상징과 6~7행의 '타고 남은 재, 기름, 밤' 등 상징을 통해 주제를 효과적으로 드러내고 있다. | |
| | ③ 역설 | 타고 남은 재가 다시 기름이 된다는 역설을 통해 윤회사상을 드러내고 있다. | |
| | ④ 의인화 | 자연적 심상을 의인화하여 표현하여 구체적으로 느끼게 한다. | |

## ③ 감상의 길잡이

이 작품은 문장 구조가 같은 질문의 반복으로 이루어져 있다. 이 질문은 한결같이 'A는 누구의 B입니까?'의 형식을 나타내고 있다. 일견 단순해 보이는 이 질문은 자연 현상에 대한 세밀한 관찰력에 의존하고 있다. 그러나 이 질문 속에는 '나'의 모습이라곤 전혀 나타나 있지 않다. '나'는 오직 자연 현상을 관찰하는 자일뿐이다. 이 자연 현상이 '님'의 현신임은 말할 나위 없다. '나'는 자연 현상 속에 드러나 보이는 '님'의 모습을 통해 자기 삶을 되돌아보는 기회를 삼는다.

이렇게 의문형으로 끝나는 몇 개의 행이 계속되다가 마지막 한 행에서는 '타고 남은 재가 다시 기름이 됩니다'라는 진술이다. 이것은 이 작품 전체에서 유일하게 의문형으로 끝맺지 않은 문장일 뿐만 아니라 이 시의 주제를 이해하는데 열쇠를 쥐고 있는 것이다.

마지막 행은 님을 향한 간절한 그리움의 고백이다. '나'는 그 '님'의 밤을 지키기 위하여 자기 스스로를 태우는 등불이다. 여기서 '밤'은 '님'이 존재하지 않는 상태의 어둠의 시간이며, 모든 아름다운 것들이 사라진 괴로운 시대에 해당한다. 이 어둠의 시대에 '나'는 자기 자신을 태워서 어둠과 싸우며 '님'이 사라진 세상을 조금이나마 밝히고자 한다. 그 불태움은 한 번에 끝나지 않고 타고 남은 재가 다시 기름이 되는 지속적인 것이다.

물론 이 작품의 기본 바탕은 불교의 윤회 사상과 연기설(緣起說), 그리고 색즉시공(色卽是空)과 깊은 관련을 맺고 있지만, 그 심오한 진리가 작품 속에 완전히 용해된 탓으로 조금도 설법(說法)의 냄새를 풍기지 않고, 도리어 감각적 실체로만 나타나 있어 만해의 뛰어난 시적 능력을 감지(感知)할 수 있다.

## 중요 내용 정리

### 01 시상의 전개

　　이 시는 크게 두 부분으로 나누어진다. 앞부분은 자연 현상을 통해 나타나는 '임'의 모습을 보여주고 뒷부분인 마지막 행에는 '임'은 없고 '나'만 있다. '임'이 없는 상황을 어두운 '밤'으로 제시하고 있다. 즉 '임'을 느낄 수 있는 밝은 분위기의 1~5행과 임이 부재한 어두운 분위기의 6행으로 시상이 전개되고 있다.

　　또한 이 시는 시간적 순서에 따른 구성 방식을 취하고 있다. 1행부터 4행까지는 낮, 5행은 저녁, 6행은 밤에 해당된다. 이 같은 시간적 진행 속에서 여러 가지 자연 현상을 매개로 하여 님의 모습이 드러난다. 그러나 이 자연 현상들이 님의 모습을 온전하게 드러내주지는 않는다. 밤이 오면서 님은 사라지고 나에게 있어서 님은 여전히 추구되어야 할 어떤 존재로 남아 있는 것이다. 그리하여 마지막 행에서 나는 스스로 등불로 타오르면서 님이 사라진 밤을 지킨다. 이 등불은 어둠이 물러가고 님의 온전한 모습이 드러나기까지 그칠 줄 모르고 타게 되는 것이다. 이처럼 이 시는 불교적 인연설과 윤회 사상을 바탕으로 자연 소재들을 동원하여 님을 향한 구도의 정열을 형상화 하고 있다.

### 02 표현상의 특징

① 선문답(禪問答)의 형식: 화두의 제시와 그것의 반복으로 짜여져 있다. 그리고 그것은 모두 인간과 자연의 상응으로 나타나며 '누구의 ~ 입니까'라는 의문형 종결로 맺어져 있다. 이것은 대자연에 대한 탐구 의지의 반영이며 인간 존재에 대한 근원적 물음에 기초한 것이다.

② 은유법의 중첩: '오동잎 / 푸른 하늘 / 향기'는 '발자취 / 얼굴 / 입김'과, '시내 / 저녁놀'은 '노래 / 시'와 '재 / 가슴'은 '기름 / 등불'과 각각 비유적 대응 관계를 형성한다. 이러한 은유의 활용은 자연과 인간, 현상과 본질, 무(無)와 존재를 하나로 연결해 줌으로써 시적 초월과 극복의 동기를 마련한다.

### 03 약한 등불의 의미

　　'타고 남은 재가 다시 기름이 됩니다. 그칠 줄을 모르고 타는 나의 가슴은 누구의 밤을 지키는 약한 등불입니까?' 자기 소멸을 통해 새로운 생성을 암시하며, 약한 등불의 상징은 자신을 희생하여 님이 부재하는 암울한 현실을 지켜내려는 시적 자아의 희생 정신과 구도자의 자세를 표현한 것이다. 즉, 님과의 이별이 보다 더 큰 만남을 위한 일시적 현상이라는 불교적 변증법의 원리이다.

### 04 '누구'의 속성

| 원관념 | 보조관념 | 속성 |
| --- | --- | --- |
| 발자취 | 고요히 떨어지는 오동잎 | 보이지 않으나 엄연히 존재하는 실재 |
| 얼굴 | 언뜻언뜻 보이는 푸른 하늘 | 권태, 공포의 순간 드러나는 진리의 표상 |
| 입김 | 알 수 없는 향기 | 인간의 예지로는 파악될 수 없는 근원성을 가진 존재 |
| 노래 | 가늘게 흐르는 작은 시내 | 세상을 즐겁게 해주는 존재 |
| 시(時) | 떨어지는 해를 곱게 단장하는 저녁놀 | 인간의 삶에 아름다운 의미를 부여하는 충만한 존재 |

## 작품 5  당신을 보았습니다 (님의 침묵, 1926년)

당신이 가신 뒤로 나는 당신을 잊을 수가 없습니다.
까닭은 당신을 위하나니보다 나를 위함이 많습니다.

나는 갈고 심을 땅이 없음으로 추수(秋收)가 없습니다.
저녁거리가 없어서 조나 감자를 꾸러 이웃집에 갔더니, 주인(主人)은 "거지는 인격(人格)이 없다. 인격이 없는 사람은 생명(生命)이 없다. 너를 도와 주는 것은 죄악(罪惡)이다."고 말하였습니다.
그 말을 듣고 돌아 나올 때에, 쏟아지는 눈물 속에서 당신을 보았습니다.

나는 집도 없고 다른 까닭을 겸하야 민적(民籍)이 없습니다.
"민적 없는 자(者)는 인권(人權)이 없다. 인권이 없는 너에게 무슨 정조(貞操)냐." 하고 능욕(凌辱)하려는 장군(將軍)이 있었습니다.
그를 항거한 뒤에, 남에게 대한 격분이 스스로의 슬픔으로 화(化)하는 찰나에 당신을 보았습니다.

아아 왼갖 윤리(倫理), 도덕(道德), 법률(法律)은 칼과 황금을 제사 지내는 연기(煙氣)인 줄을 알았습니다.
영원(永遠)의 사랑을 받을까, 인간 역사(人間歷史)의 첫 페이지에 잉크칠을 할까, 술을 마실까 망서릴 때에 당신을 보았습니다.

### ■ 핵심정리

▷ **갈래** 자유시, 서정시
▷ **율격** 내재율, 산문투의 긴 호흡
▷ **성격** 명상적, 상징적, 산문적
▷ **제재** 당신

▷ **주제** ① 조국 광복에 대한 열망과 일제에 대한 끈질긴 저항 의식
② 굴욕적인 삶에 대한 거부와 삶의 진정한 가치에 대한 모색
▷ **특징** ① 불교적 세계관 바탕
② 산문에 가까운 호흡으로 침통한 분위기를 잘 표현
③ 대화 내용의 인용과 직설적 표현

### ■ 이해와 감상

#### ① 짜임 분석

① 구성
- 1연 – 절망적 현실 인식 : 삶의 지표로서의 당신 (조국)
- 2연 – 당신 존재의 확인 계기 : 주인의 모멸로 인한 치욕의 순간에 발견한 당신
- 3연 – 당신 존재의 확인 계기 : 장군의 능욕(凌辱)으로 인한 격분과 슬픔의 순간에 발견한 당신
- 4연 – 절망의 순간에 발견한 영원한 당신

② 아래와 같이 3연으로 파악하기도 함
- 1연 – 절망적 현실 인식
- 2연 ~ 3연의 3행 – '당신' 존재의 확인 계기
- 3연의 4 ~ 5행 – 절망 속에서의 깨달음

## ② 작품감상의 구조

| 구성 요소 | 구성 요소의 파악 | 그것이 지닌 의미·효과 | 주제와의 관련성 |
|---|---|---|---|
| 내용 요소 | ① 시적 화자 및 화자의 상황 | 유이민이 되어 떠도는 화자가 일제 치하에서 온갖 고난을 겪으며, 잃어버린 당신(조국)을 생각하는 상황이다. | 조국광복에 대한 열망과 일제에 대한 끈질긴 저항 의지 |
| | ② 시대 배경이 잘 드러남 | 2, 3연의 내용에서 일제 치하의 고난의 현실이 드러나 반영론으로 접근할 수 있다. | |
| | ③ 여성 화자 | 이 시에서 '눈물, 정조, 능욕, 슬픔, 사랑' 등의 단어를 통해 시적 화자인 '나'는 여성으로 볼 수 있다. | |
| 형식 요소 | ① 유장한 호흡 | 산문에 가까운 긴 호흡의 시구를 구사함으로써 유장하고 침통한 느낌을 준다. | |
| | ② 일상적 시어의 사용 | 일상적 시어를 사용하여 화자가 처한 현실을 더욱 구체적이고 현장감 있게 느낄 수 있다. | |
| 표현 요소 | ① 뛰어난 상징 | ㉠ '주인, 장군, 칼, 황금, 연기' 등에서 상징적 표현을 통해 주제를 효과적으로 표현하고 있다.<br>㉡ 4연의 마지막 행에서도 상징이 나의 상황과 주제를 효과적으로 드러낸다. | |
| | ② 대화 인용과 직설적 표현 | 대화를 인용하고 직설적 표현을 구사하여 더욱 절실한 느낌을 준다. | |

## ③ 감상의 길잡이

3연의 자유시이다.

① 1연: 이 시의 '당신'은 만해의 다른 시에 흔히 나타나는 '님'과 같은 존재이다. 당신은 나를 떠났고, 나는 당신을 잊을 수가 없다. 당신이 없음으로 하여 나는 사람다운 삶을 부인당하는 치욕 속에 있기 때문이다. 사람다운 삶, 인간적 존엄을 부인당하는 치욕은 일제 치하의 민족적 치욕이라 할 수 있다. 그러한 치욕의 양상은 제2연과 제3연에 잘 나타나 있다. 나를 떠난 당신을 잊을 수 없는 것은 당신이 나의 삶의 지표가 되기 때문이다. 그래서 '당신을 위하나니 보다 나를 위함이 더 많'다고 한 것이다.

② 2연 및 3연: 나에게는 땅과 집과 민적이 없다. 이러한 '나'에게 부자인 '주인'과 압제자인 '장군'은 인간적 존엄('인격'과 '인권')을 박탈하고 능욕을 가한다. '나'와 '주인'(또는 '장군')의 대립은 보편적으로 보면 없는 자와 가진 자 사이의 대립이고, 역사적으로 보면 우리 민족과 일제와의 대립을 뜻한다. 여기서 내가 일방적으로 치욕을 당하는 상황은 바로 인간 세계의 타락을 암시한다. 다시 말하면 그것은 우리 민족의 삶과 존엄이 박탈당한 식민지 상황을 의미한다. 그러한 치욕의 순간마다 '나'는 '당신'을 본다. 특히 제3연의 3행에서 '능욕하려는 장군'에게 '항거'한 뒤에 다가오는 '남에게 대한 격분', 즉 일제에 대한 분노는 '스스로의 슬픔'이 된다. 바로 그 순간 '당신'(진정한 삶의 가치 혹은 진리)를 본다. 그 슬픔은 조국을 잃어버린 데 대한 자책감에서 오는 비애이다. 그러므로 여기서 항거는 3·1 독립운동이라 보아도 될 것이다.

③ 4연: 이러한 타락한 세계 또는 치욕적인 삶 속에서 나는 윤리니, 도덕이니, 법률이니 하는 것이 허위이며 권력('칼')과 부('황금')에 봉사하는 허망한 것('연기')임을 깨닫는다. 윤리, 도덕, 법률이란, 사실은 강자나 부자의 이익을 위한 것이고 약자나 가난한 자들을 억압하는 수단에 지나지 않는다는 것을 '당신'을 매개로 하여 나는 각성케 된다. 이러한 각성 이후에 내가 취해야 할 길이 제시되고 있다. '영원의 사랑을 받을까, 인간 역사의 첫 페이지에 잉크칠을 할까, 술을 마실까'하는 세 갈래의 절망적인 선택들 사이에서 망설이고 방황한다. 영원의 사랑을 받는다는 것은 이 세상 안에서 가치 있는 삶을 이룰 수 없다는 생각에서 종교적 초월적 세계에로 비약하는 일이며, 역사의 첫 페이지에 잉크칠을 한다는 것은 사람들이 만들어 온 역사적 과정의 의의를 송두리째 부정하는 행위, 즉 역사의 진보를 부정하

는 절망적 행위이다. 또 술을 마신다는 것은 현실의 터전에서 깨어 있는 의식으로 살아가기를 포기하고 몽롱한 도취의 삶을 선택하는 것이다. 이 세 가지 선택이 뜻하는 바는 역사적 삶의 가치와 그 가능성을 부인하는 것으로 요약될 수 있다. 이같이 현실적 역사적 삶의 가능성에 절망한 선택의 양식들 사이에서 흔들리며 망설일 때에 그 모두를 부인하는 지표로서 '당신'이 나의 앞에 떠오른다. 즉 나는 이 모든 것을 넘어서 있는 '당신'을 발견한다. 이때의 '당신'은 세상이 온통 타락해 있다 하더라도 사람은 바로 현실과의 싸움을 거치지 않고는 어떠한 선이나 정의에 도달할 수 없음을 암시하는 계시적 존재이다. 현실의 역사가 부정적이기는 하나 오히려 그 역사 안에서 진정한 삶의 가치를 찾으려는 모색을 계속해야 한다는 것이다.

이러한 '당신'의 발견에서 우리는 만해의 독립운동가로서의 면모를 능히 짐작할 수 있을 것이다. 따라서 '당신'은 영원의 사랑, 인간 역사의 부정, 술에의 탐닉 등에 대립하는 진정한 삶의 원리인 것이자, 이러한 참된 삶의 가치를 보장해 주는 해방되어야 할 조국인 것이다.

## ▌중요 내용 정리

### 01 한용운의 '임'

한용운은 시집 『님의 침묵』의 서문 「군말」에서 다음과 같이 말하고 있다.

> "님 만이 님이 아니라, 기룬 것은 다 님이다. 중생이 석가의 님이라면, 철학은 칸트의 님이다. 장미화(薔薇花)의 님이 봄비라면, 맛치니의 님은 이태리이다. 님은 내가 사랑할 뿐 아니라, 나를 사랑하느니라.
> 연애가 자유라면 님도 자유일 것이다. 그러나 너희는 이름 좋은 자유의 알뜰한 구속을 받지 않느냐. 너에게도 님이 있느냐. 있다면 님이 아니라 너의 그림자니라.
> 나는 해 저문 벌판에서 돌아가는 길을 잃고 헤매는 어린 양이 기루어서 이 시를 쓴다."

이처럼 한용운에게 있어 '임'은 이 세상의 모든 존재라는 의미를 가진다. 즉, 그것은 단순히 사랑하는 사람일 수도 있고, 조국일 수도 있고, 부처일 수도 있지만 그러한 것들은 개별적으로 파악되는 것이 아니라, 상징을 통해 직관적으로 파악되는 절대적 존재로서 '그리움'의 대상인 것이다.

### 02 표현상의 특징

① 불교적 세계관을 바탕으로 깔고 있다.
② 산문에 가까운 긴 호흡의 시구를 구사함으로써 유장하고 침통한 느낌을 준다.
③ 대화체의 직설적 표현을 사용하여 더욱 절실한 느낌을 준다.

### 03 여성 화자

만해 시의 서정적 자아의 목소리는 대체로 여성적이다. 이 시에서도 '나'는 여성을 표상한다. 이 시에 나오는 '눈물, 정조, 능욕, 슬픔, 사랑' 등의 단어는 여성 화자인 '나'의 정서에 해당하는 언어들이다. 반면 이러한 '나'(= 여성)가 절대자의 존재로서 갈망해 마지않는 '당신'(또는 '님')은 남성적 상징이다.

## 작품 6  찬송 (님의 침묵, 1926년)

님이여, 당신은 백 번이나 단련한 금(金)결입니다.
뽕나무 뿌리가 산호(珊瑚)가 되도록 천국의 사랑을 받읍소서.
님이여, 사랑이여, 아침 볕의 첫걸음이여.

님이여, 당신은 의가 무겁웁고 황금(黃金)이 가벼운 것을 잘 아십니다.
거지의 거친 밭에 복(福)의 씨를 뿌리옵소서.
님이여, 사랑이여, 옛 오동의 숨은 소리여.

님이여, 당신은 봄과 광명(光明)과 평화(平和)를 좋아하십니다.
약자(弱者)의 가슴에 눈물을 뿌리는 자비(慈悲)의 보살(菩薩)이 되옵소서.
님이여, 사랑이여, 얼음 바다에 봄바람이여.

### ■ 핵심정리

▷ **갈래** 자유시, 송축시
▷ **성격** 송축적, 기원적, 불교적, 산문적
▷ **어조** 예찬적, 열정적, 여성적 어조
▷ **표현** ① 대상의 속성을 사물에 비유
　　　　② 통사구조의 반복에 의해 운율 형성
▷ **제재** 임에 대한 믿음과 사회 정의 실현에 대한 기원
▷ **주제** 임에 대한 송축과 기원

## 이해와 감상

### 1 짜임 분석

① 구성
- 기(1연) – 임의 위대한 능력과 아름다움 송축 : 지고(至高)한 님
- 서(2연) – 임의 판단력에 대한 신뢰와 희구 : 의로운 님
- 결(3연) – 임의 지향에 대한 믿음과 기원 : 자비로운 님

② 각 연의 구조 (세 연이 동일한 구조)
- 1행 – 님의 고귀한 품성 예찬
- 2행 – 님에 대한 서정적 자아의 희구
- 3행 – 님의 존재를 은유를 통해 영탄적으로 제시

## 2 작품감상의 구조

| 구성 요소 | 구성 요소의 파악 | 그것이 지닌 의미·효과 | 주제와의 관련성 |
|---|---|---|---|
| 내용 요소 | ① 시적 화자 및 화자의 상황 | 시적 화자가 다양한 비유와 상징으로 님을 송축하면서 사회 정의의 실현을 기원하였다. | 임에 대한 송축과 기원 |
| | ② 소재 | '님. 백 번이나 단련한 금결. 옛 오동의 숨소리. 아침 볕의 첫 걸음. 얼음 바다에 봄바람' 등의 소재를 통해 님을 찬양하는 주제를 효과적으로 드러냈다. | |
| 형식 요소 | ① 병렬 구조 | 각 연이 님을 찬양하는 유사한 내용으로 짜여진 병렬 구조를 이루어 주제를 효과적으로 드러냈다. | |
| | ② 유사한 통사구조의 반복 | 각 연에 유사한 통사구조가 반복되어 나타나 시어의 의미를 강조하고 리듬감을 잘 살려 준다. | |
| | ③ 대화체 | 임을 청자로 설정하여 그를 예찬하고 그에게 나의 소청을 기원하고 있다. | |
| 표현 요소 | ① 다양한 상징 | 다양한 상징을 통해 님에 대한 찬양을 효과적으로 드러내고 주제를 강조하였다. | |
| | ② 돈호법과 영탄법 | '-여', '-소서'라는 돈호법과 영탄법을 반복적으로 사용하여 의미를 강조하고 있다 | |
| | ③ 역설 | '뽕나무 뿌리가 산호가 되도록', '얼음 바다에 봄바람이여' 등에서 역설이 나타나며 주제를 효과적으로 표현하였다. | |

## 3 감상의 길잡이

　이 시는 대상('임')을 여러 가지 사물에 비유하여 표현하고 있다. '임'의 속성을 은유적으로 표현한 시구를 정리하면 '임'은 '백 번이나 단련한 금결'이며, '아침 볕의 첫걸음'이고, '얼음 바다에 봄바람'이다. 즉 '임'은 금과도 같이 단련된 고귀한 영원 불멸의 존재라는 것이다. 또한 '임'은 어둠을 이기고 진리의 편에 서는 존재이며, 세상의 냉혹함을 이겨 내는 자비로움의 표상이라고 말한다. 세상이 어떻게 변해도 '임'은 천국의 사랑을 받으실 분이며, 오동나무에 감추인 소리처럼 신비로운 존재이다. 한편 시적 화자는 자신의 '임'이 세상의 가난하고 학대받는 사람들에게 따뜻하고 자비로운 존재가 되기를 기원하고 있다. 다시 말하면, 시적 화자는 정의가 살아 있고 자비가 살아 있는 세상을 갈구하고 있는 것이다. 거꾸로 표현하면 이렇게 살아가는 존재야말로 진정 영원한 찬미를 받을 바로 그 '임'이 될 수 있는 것이다.

　한용운은 자신의 임을 세상의 속됨과 세속의 시간을 초월한 영원한 존재로 인식한다. 그러나 이 절대의 '임'은 절대의 공간에 갇혀 홀로 유유자적하는 존재가 아니라 가장 나약하고 가난한 사람들과 함께하고 있는, 그래서 어쩌면 가장 나약해 보이는 존재이기도 하다. 한용운의 역설적 인식이다.

　이 시는 제목 그대로 '임'에 대한 송시(訟詩)이나, '임'의 실체는 그 비유로 어림이 가는 어떤 존재일 뿐 명확히 드러나지는 않는다.

　한용운은 시집 서문에서 "님만이 님이 아니라 기룬 것은 다 님이다."라고 말한다. 그것은 사랑하는 사람일 수도 있고, 부처일 수도 있고, 우주의 근본 원리일 수도 있으며, 독립 운동가로서의 그의 면모에 비추어 보면 조국이나 민족일 수도 있는 그 어떤 존재일 터이다. 그런 '임'이 세상이 어떻게 변하더라도 영원토록 천국의 사랑을 받기를 찬송하며, 물질적, 정신적으로 가난할 수밖에 없는 중생 혹은 암흑 속에 핍박받는 우리 민족에게 복을 내리는 자비의 보살이 되어 줄 것을 당부하고 있는 것이다.

## ■ 중요 내용 정리

### 01 구조적 특징
이 시는 단순 병렬 구조로 되어 있다. 각 행은 '~ㅂ니다', '~ㅂ소서', '~이여'로 종결되는데, 1행은 임에 대한 화자의 인식, 2행은 임에 대한 축복과 회원, 3행은 임에 대한 예찬을 각각 노래한다. 제2행들 중 1연만은 다른 연들과는 달리 축원의 태도가 드러나는 점을 뺀다면, 이 시는 완전히 병치된 구조를 가지고 있다. 즉 각 연의 1행은 1행끼리, 2행은 2행끼리, 3행은 3행끼리 서로 같은 구조로 되어 있다는 것이다.

### 02 시어의 의미
① 백번이나 단련한 금결 : 순수하고 강인한 존재
② 아침 볕의 첫걸음 : 어둠을 극복한 새로운 세계를 시작하는 존재
③ 옛 오동의 숨은 소리 : 신비하고 숭고한 존재
④ 얼음 바다에 봄바람 : 겨울을 물리치고 봄의 따뜻함을 가져다주는 구원의 존재

### 03 '님'의 속성 – '금(金)'
이 시에서 임은 금으로 표현된다. 금이 고귀함, 불변의 가치를 상징한다는 것은 어렵지 않게 알 수 있는 일이다. 한용운의 '금' 역시 크게 다르지는 않다. 다만 그것이 온갖 티끌 속에서 정련(精鍊)되어 마침내 금에 이른다는 과정에서 유추되어 수행의 길과 그 결과를 의미하는 상징으로 표현된다. 불교적으로 말하면 금은 곧 관세음보살이다. 그러나 한용운은 여기에서 한 걸음 더 나아가 이 광물성의 이미지를 다시 녹여 '아침 볕의 첫걸음'으로 변용시킨다. 빛의 이미지로 환원된 임은 한 개인의 소유물이나 장식물에 그치지 않고 세상을 위한 불성으로 거듭난다. 가장 불변의 속성을 지닌 이 금은 마침내 가장 가변적이며 나약하게 보이는 봄바람으로 변용된다. 그러나 이 시적 변용이야말로 얼음과 같은 시대의 고통을 녹이는 힘인 것이다.

---

## 작품 7  꽃싸움 (님의 침묵, 1926년)

당신은 두견화를 심으실 때에 '꽃이 피거든 꽃싸움하자'고 나에게 말하였습니다.
꽃은 피어서 시들어 가는데 당신은 옛 맹세(盟誓)를 잊으시고 아니 오십니까.

나는 한 손에 붉은 꽃수염을 가지고 한 손에 흰 꽃수염을 가지고 꽃싸움을 하여서 이기는 것은 당신이라 하고 지는 것은 내가 됩니다.
그러나 정말로 당신을 만나서 꽃싸움을 하게 되면 나는 붉은 꽃수염을 가지고 당신은 흰 꽃수염을 가지게 합니다.
그러면 당신은 나에게 번번이 지십니다.
그것은 내가 이기기를 좋아하는 것이 아니라 당신이 나에게 지기를 기뻐하는 까닭입니다.
번번이 이긴 나는 당신에게 우승의 상을 달라고 조르겠습니다.
그러면 당신은 빙긋이 웃으며 나의 뺨에 입 맞추겠습니다.
꽃은 피어서 시들어 가는데 당신은 옛 맹세(盟誓)를 잊으시고 아니 오십니까.

## 핵심정리

▷ **갈래** 자유시, 송축시
▷ **성격** 애상적, 희망적, 희구적
▷ **제재** 꽃싸움
▷ **주제** 떠나간 당신에 대한 간절한 그리움
▷ **표현** ① 아이들 놀이인 꽃싸움을 통해 당신에 대한 그리움을 표현
② 경어체를 사용해 여성적 어조를 드러냄

## 이해와 감상

### 1 감상의 길잡이

꽃싸움은 봄에 아이들이 꽃을 가지고 노는 놀이로 두견화(진달래꽃)의 꽃술을 뽑아서 서로 마주 걸어 당겨 상대편의 꽃술을 끊는 놀이이다. 꽃의 암술과 수술을 가지고 하는 놀이인데, 일반적으로 수꽃술보다는 암꽃술이 더 굵고 단단해 싸우는 데 좋다. 화자는 진달래꽃만 보면 사랑하는 '당신'이 생각난다. 진달래꽃은 당신에 대한 그리움을 불러일으키는 소재로 객관적 상관물로 볼 수 있다. 꽃싸움을 혼자 하면서 '당신'과 하면 얼마나 좋을까 하는 상상과 실제 '꽃싸움'을 할 적 '이기는 나'와 '지면서도 기뻐하는 당신'의 모습을 생각한다. 화자의 상상에 의해 시상이 전개되고 있고, 당신이 오지 않는 현실에 대한 안타까움이 느껴지는 시이다.

## 기출문제

1. (가)~(다)를 제재로 하여 문학 작품의 말하는 이(화자 / 서술자)와 말하는 방식에 대한 이해 정도를 평가하고자 한다. 〈조건〉에 따라 평가 계획을 서술하시오. [20점]
2009년 2차 기출 논술형 4번

> (가)
> 
> 　당신은 두견화를 심으실 때에 '꽃이 피거든 꽃싸움하자'고 나에게 말하였습니다.
> 　꽃은 피어서 시들어 가는데 당신은 옛 맹세(盟誓)를 잊으시고 아니 오십니까.
> 
> 　나는 한 손에 붉은 꽃수염을 가지고 한 손에 흰 꽃수염을 가지고 꽃싸움을 하여서 이기는 것은 당신이라 하고 지는 것은 내가 됩니다.
> 　그러나 정말로 당신을 만나서 꽃싸움을 하게 되면 나는 붉은 꽃수염을 가지고 당신은 흰 꽃수염을 가지게 합니다.
> 　그러면 당신은 나에게 번번이 지십니다.
> 　그것은 내가 이기기를 좋아하는 것이 아니라 당신이 나에게 지기를 기뻐하는 까닭입니다.
> 　번번이 이긴 나는 당신에게 우승의 상을 달라고 조르겠습니다.
> 　그러면 당신은 빙긋이 웃으며 나의 뺨에 입 맞추겠습니다.
> 　꽃은 피어서 시들어 가는데 당신은 옛 맹세(盟誓)를 잊으시고 아니 오십니까.
> 
> – 한용운 「꽃싸움」

(나)
 "아빠, 아빠. 우리도 태극기 달아요, 소라네 집이랑 정미네 집도 태극기 달았어요."
 그러고 보니 오늘이 광복절이었다. 창밖으로 고개를 내밀고 살펴보니 띄엄띄엄 하얀 국기가 펄럭이고 있었다. 아이의 성화에 국기를 내어 걸고 나자 은혜는 자랑이라도 하려는지 깡총거리며 또 밖으로 뛰어나갔다. 목욕탕에서는 계속 두들겨 부수는 작업이 한창이고 아내는 없는 물을 아껴 가며 점심을 하려니까 진땀이 나는지 연신 선풍기 방향을 돌려가면서 부엌에서 허둥대고 있었다.
 "오늘 끝내기는 어렵겠죠?" 아내는 내일까지 일이 계속된다는 게 벌써부터 지겨운 듯했다.
 "그럴 거야." 움직일 때마다 발부리에 차이는 세간들을 이리저리 옮겨 놓으며 그는 건성으로 대답했다. 그 비슷한 말을 임 씨에게 해 보았더니 임 씨 역시 건성이었다.
 "사장님이야 며칠이 걸려도 아무 상관없지요. 견적 뽑은 대로만 주시는 거니께요, 나머지는 지가 백날이 걸려도 하자 없이 해 놓을 일만 남은 셈입니다."
 임 씨 말대로라면 당일로 끝낼 속셈은 아닌 듯싶었다. 젊은 인부는 삼십 분쯤 일하고 나면 담배 한 대에 냉수 한 컵하는 식으로 일을 질질 끌고, 젊은 녀석 단속하랴 자신이 하는 일에 신경 쓰랴 입으로 한몫하랴 임 씨 속도도 그가 보면 더디기 짝이 없었다. 하기야 뭐 이런 공사가 국수 가닥 뽑아내듯 쑥쑥 뽑혀 나오는 재미를 주는 일이야 아니겠지만 깨고 들어내고 긁어 대고 하는 일은 한참 후에 들여다보아도 그게 그 모양이었다. 그렇다고 감독관마냥 문 앞에서 버티고 서서 잔꾀 부리지 않도록 감시하고 있을 수도 없는 일이어서 그는 어슬렁거리며 집안 이곳저곳을 기웃거렸다.
 "왔다 갔다 하지만 말고 가서 지켜보세요. 일꾼들이란 원래 주인이 안 보면 대충대충 덮어 버리는 못된 구석이 있다구요."
 시금치나물을 무치면서 아내가 행여 들릴까 봐 낮은 소리로 소곤거렸다.
― 양귀자, 「비 오는 날이면 가리봉동에 가야 한다」

(다)
 울고 있는 아이의 모습은 우리를 슬프게 한다.
 정원의 한 모퉁에서 발견된 작은 새의 시체 위에 초가을의 따사로운 햇빛이 떨어져 있을 때, 대체로 가을은 우리를 슬프게 한다. 게다가 가을비는 쓸쓸히 내리는데 사랑하는 이의 발길은 끊어져 거의 한 주일이나 혼자 있게 될 때.
 아무도 살지 않는 고궁, 그 고궁의 벽에서는 흙덩이가 떨어지고 창문의 삭은 나무 위에는 "아이세여, 내 너를 사랑하노라……."라는 거의 알아보기 어려운 글귀가 씌어 있음을 볼 때.
 숱한 세월이 흐른 후 문득 발견된 돌아가신 아버지의 편지. 편지에는 이런 사연이 씌어 있었다. "사랑하는 아들아, 네 소행들로 인해 나는 얼마나 많은 밤을 잠 못 이루며 지새웠는지 모른다.……" 대체 나의 소행이란 무엇이었던가. 하나의 치기 어린 장난, 아니면 거짓말, 아니면 연애 사건이었을까. 이제는 그 숱한 허물들도 기억에서 사라지고 없는데, 그때 아버지는 그로 인해 가슴을 태우셨던 것이다.
― 안톤 슈나크, 「우리를 슬프게 하는 것들」

─〈조건〉─
1) '(1) 평가 요소표'는 '(예)'를 참고 하여 평가 요소를 상세화 하되, 평가 영역별로 제시한 번호만큼 나열할 것
2) '(2) 제재의 특성'은 (가) ~ (다)의 말하는 이와 말하는 방식을 분석하여 서술할 것
3) '(3) 평가 시행 계획'은 평가 요소 중 '문학 작품의 작가, 말하는 이, 등장 인물을 구별하기'에 대하여 서술형 평가 시행 계획을 세우되, (나)로 제재를 한정하여 ① ~ ③의 내용을 서술할 것
4) '(1) 평가 요소표'의 내용은 평가 영역별로 나열하고, '(2) 제재의 특성'과 '(3) 평가 시행 계획'은 각각 10(±2)줄로 작성할 것

(1) 평가 요소표

| 평가 목표 | 평가 영역 | 평가 요소 |
|---|---|---|
| 문학 작품의 말하는 이(화자 / 서술자)와 말하는 방식에 대한 이해 정도를 평가한다. | 지식 | ㉠<br>㉡<br>㉢ |
| | 기능 | 예 문학 작품의 작가, 말하는 이, 등장 인물을 구별하기<br>㉠<br>㉡<br>㉢<br>㉣ |
| | 태도 | ㉠<br>㉡ |

(2) 제재의 특성
(3) 평가 시행 계획
　　① 평가 문항 (서술형 1문항)
　　② 예시 답안
　　③ 채점 기준 ('상, 중, 하'로 나누어 기술)

### 출제기관 채점기준

비교적 평이한 문제이며, 평가와 관련한 내용이 새롭지만, 선택형이나 논술형에 이미 다룬 유형이다.
※ 점수 부여
　(1) 9점 – 항목별로 그 내용이 각각 맞으면 각각 1점
　(2) 2점 – (가) 말하는 이와 말하는 방식이 각각 맞으면 각각 1점
　　 2점 – (나) 말하는 이와 말하는 방식이 각각 맞으면 각각 1점
　　 2점 – (다) 말하는 이와 말하는 방식이 각각 맞으면 각각 1점
　(3) 1점 – 문항이 맞으면 1점
　　 1점 – 답안이 맞으면 1점
　　 3점 – 상, 중, 하 채점기준이 맞으면 각각 1점

**예상답안**

(1) 평가 요소표

| 평가 목표 | 평가 영역 | 평가 요소 |
|---|---|---|
| 문학 작품의 말하는 이 (화자 / 서술자)와 말하는 방식에 대한 이해 정도를 평가한다. | 지식 | ㉠ 화자 / 서술자의 개념·기능(역할) 알기<br>㉡ 작가와 화자 / 서술자 및 화자 / 서술자와 등장인물의 관계 알기<br>㉢ 화자 / 서술자를 구분하는 방법 알기<br>㉣ 화자 / 서술자가 말하는 방식 알기 |
| | 기능 | 예 문학 작품의 작가, 말하는 이, 등장인물을 구별하기<br>㉠ 화자 / 서술자가 누구인지 파악하기<br>㉡ 작가와 화자의 관계 파악하기<br>㉢ 화자가 누구에게 말하는지 파악하기<br>㉣ 화자가 서술자에게 말하는 방식 파악하기<br>㉤ 작가가 화자 / 서술자를 선택한 효과 파악하기 |
| | 태도 | ㉠ 시의 화자(소설의 서술자)를 파악하고 작품을 감상하는 태도를 기른다.<br>㉡ 시의 화자(소설의 서술자)가 말하는 방식에 유의하며 감상하는 태도를 기른다. |

(2) 제재의 특성 – 말하는 이와 말하는 방식

　(가)에서 말하는 이는 **작가가 아니라 작자가 임의로 설정한 1인칭 '나'**이며 '여인'으로 볼 수 있다. 1인칭 주인공인 '나(여인)'가 드러내는 것은 정서이며, 청자인 연인과 있었던 과거의 추억과 맹세 및 그 맹세가 지켜지기를 바라는 심리를 호소하고 원망하는 내용으로 드러내었다.

　(나)에서 말하는 이는 작가가 아니라 **작가가 임의로 설정한 전지적인 제3자인데, 부분적으로 등장인물인 '그'가 말하**는 내용으로 나타나기도 한다. '말하는 이'는 '그'라는 주인공과 '임씨' 사이의 이야기를 다루면서 사건과 등장인물들의 심리까지 모두 독자들에게 알려주는 말하기 방식을 취하고 있다.

　(다)에서 말하는 이는 '나'인데, 여기서 '나'는 곧 작가 자신으로 볼 수 있어서 위의 두 작품과 다르다. 작가는 자신의 체험이나 생각을 독자에게 고백적으로 모두 알려주는 방식을 취하고 있다.

(3) 평가 시행 계획

① 평가 문항 (서술형 1문항)
　(나)를 대상으로 작가, 말하는 이, 등장인물을 구별하여 설명하라.
　(또는 "작가, 말하는 이, 등장인물의 개념을 설명하고, (나)에 적용하여 그것을 구별하여 설명하라.")

② 예시 답안
　(나)의 작가는 양귀자이고, 말하는 이는 작가가 임의적으로 설정한 인물인데 작품 속에 등장하지 않는 전지적 제3자이며, 등장인물은 작가가 이야기 속에서 창조한 인물로 '그'와 그의 가족 및 일하는 인부들인데, 그 중 주인공은 '그'로 볼 수 있다. (작가, 말하는 이, 등장인물의 개념 및 위의 예시 답안)

③ 채점 기준 ('상, 중, 하'로 나누어 기술)
　• 상 : (나)를 대상으로 작가, 말하는 이, 등장인물의 3가지 요소를 모두 맞게 구별하여 설명한 경우
　• 중 : (나)를 대상으로 작가, 말하는 이, 등장인물의 3가지 요소를 모두 일부 내용만 구별하여 설명한 경우
　• 하 : (나)를 대상으로 작가, 말하는 이, 등장인물의 3가지 요소를 모두 구별하여 설명하지 못한 경우

▷ **김소월**
金素月

1902 ~ 1934
시인. 평안북도 구성 출생. 본명은 정식

▷ 작가의 특징
1. 오산학교 시절에 조만식을 교장으로 김억 등에게 배웠으며, 김억이 그의 시에 절대적 영향을 끼쳤다.
2. 1920년 ≪창조≫에 시 「낭인의 봄」, 「야(夜)의 우적(雨滴)」 등을 발표했고, ≪개벽≫을 무대로 활약했다.
3. 민요적 전통(3음보(또는 층량 3보격)가 두드러짐)을 계승 발전시켰다.
4. 전통적인 한의 정서를 여성적 정조로 드러냈고, 여성 화자의 목소리를 통해 향토적 소재와 설화적 내용을 드러냈다.

▷ 주요 작품
1. 만나고 떠나는 사랑의 원리 예 「진달래꽃」, 「예전엔 미처 몰랐어요」, 「먼 후일」 등
2. 삶에 대한 깨달음 – 피고 지는 생명 원리, 생성하고 소멸하는 존재의 원리 예 「산유화」, 「금잔디」 등
3. 후기시 – 현실 인식과 민족주의적인 색채가 나타남 예 「들노리」, 「건강한 잠」, 「바라건대는 ~」 등

## 작품 1  진달래꽃 (개벽, 1922년)

나 보기가 역겨워
가실 때에는
말없이 고이 보내 드리오리다.

영변에 약산
진달래꽃
아름 따다 가실 길에 뿌리오리다.

가시는 걸음 걸음
놓인 그 꽃을
사뿐히 즈려 밟고 가시옵소서.

나 보기가 역겨워
가실 때에는
죽어도 아니 눈물 흘리오리다.

■ **핵심정리**

▷ **갈래** 서정시, 자유시
▷ **율격** 3음보(층량 3보격)의 민요적 율격 (7·5조의 음수율)
▷ **성격** 전통적, 애상적, 민요적
▷ **시적 화자** 젊은 여인이 이별하는 상황
▷ **시상 전개** 기승전결, 수미상관
▷ **표현** 반어적 표현
▷ **제재** 이별
▷ **주제** 승화된 이별의 정한

# 이해와 감상

## 1 짜임 분석

① 기 – 승 – 전 – 결의 짜임
- 기(1연) – 사랑의 체념을 통한 이별의 정한
- 승(2연) – 떠나는 임에 대한 축복
- 전(3연) – 원망을 초극한 고귀한 사랑
- 결(4연) – 인고의 의지로 이별의 정한을 극복

② 변형된 수미상관의 짜임

## 2 작품감상의 구조

| 구성 요소 | 구성 요소의 파악 | 그것이 지닌 의미·효과 | 주제와의 관련성 |
|---|---|---|---|
| 내용 요소 | ① 시적 화자 및 상황 | 시인이 '젊은 여인'을 시적 화자로 설정하고, 애절하게 이별하는 상황을 설정하여 주제를 효과적으로 표현했다. | 승화된 이별의 정한 |
| | ② 소재 | 이별 상황에서 '진달래꽃'을 뿌리겠다고 하여 애절함을 강조했다. | |
| | ③ 전통성 | 우리 시가에서 전통적으로 이어지는 '이별의 정한'을 노래했다. | |
| 형식 요소 | ① 3음보 (층량 3보격, 7·5조) | 민요적인 3음보(층량 3보격)의 운율은 남녀 간의 사랑과 이별이란 주제를 잘 드러낼 수 있다. | |
| | ② 각운 | 일정한 위치에 '오리다'의 각운을 사용하여 리듬감을 강조하고 님에 대한 공손한 태도를 효과적으로 표현했다. | |
| | ③ 기승전결의 짜임 | 기승전결의 짜임을 통해 시적 화자의 마음을 설득력 있게 효과적으로 전달했다. | |
| 표현 요소 | ① 상징 | 진달래꽃은 상징으로 '사랑, 환영' 등의 의미를 지니는데, 이것을 뿌린다고 하여 주제를 효과적으로 표현했다. | |
| | ② 반어 | 죽어도 눈물을 흘리지 않겠다는 표현은 반어이며, 슬픈 마음을 슬프지 않게 표현하여 한을 승화시켰다. | |
| | ③ 역설 | '나 보기가 역겨워 가실 때에는 ~ 진달래꽃을 뿌리오리다'는 부분은 역설로 볼 수 있으며, 님에 대한 사랑을 더 강조하고 있다. | |

## 3 감상의 길잡이

4연으로 이루어진 자유시다. 음수율은 2연의 '영변에 약산 / 진달래꽃'이라고 표기된 부분만이 4·4조에 가까울 뿐 거의 7·5조를 그냥 배열하지 않고 변화를 주어 2행으로 된 7·5조와 1행으로 된 7·5조를 반복해서 배열하고 있다. 음보격은 역시 3음보격에 바탕을 두고 있다. 1연에서 4연에 이르기까지 모두 2음보 1행과 1음보 1행으로 된 3음보격 하나와, 1행으로 된 3음보격 하나로 되어 있다. 따라서 음수의 자유로움을 제외한다면 거의 정형률을 유지하고 있는 시라고 할 수 있겠다.

1연은 자기가 싫어서 떠나는 임을 아무런 비난이나 원망을 하지 않고 고이 보내주겠다는 서정적 자아의 의지가 드러나고 있으며, 2연에서는 그러한 마음의 표현으로 영변의 깊은 산골인 약산에 핀 진달래꽃을 한 아름 따다가 뿌리겠다는 것이다. 3연은 부디 그 꽃을 사뿐사뿐 짓밟고 가라는 것이며, 4연에서는 떠나는 임을 결코 원망하지 않겠다는 서정적 자아의 진정이 다시 한 번 강조되고 있다.

　이 시는 한국적 정한의 세계를 시적으로 승화한 작품이다. 우리 전통 시가의 맥을 이루는 '정한'의 세계는 고려 가요 「가시리」나 「서경별곡」 그리고 전통 민요인 「아리랑」으로 이어져 내려온 정서이다. 그리고 이 시가 결코 천박한 이별의 슬픔을 보여주지 않는 것은 그 한을 스스로 숨기기 때문이다.

　한편 이 시가 널리 읽히는 이유는 주제적인 측면 외에도 다음과 같은 표현상의 특징을 들 수 있다. 첫째, 형식적인 면에서 볼 때 풍부한 음악성을 지니고 있다. 1920년대의 시는 자유시라고는 하나 아직 과거의 정형시의 습성에서 완전히 벗어나지 못하고 있어서 반복적인 리듬과 음악성을 다분히 지니고 있다. 간결을 생명으로 한 소월의 시에서는 구성의 분석에서도 살펴본 바와 같이 그러한 경향이 더욱 짙었다. 때문에 이 작품은 정형시의 리듬이 그대로 우러나 시의 음악성에 익숙한 독자들에게 친근감을 안겨 주기에 족했다. 둘째, 이 시는 토속어를 아주 효과적으로 구사하고 있다. 1연과 4연에 나타난 '역겨워'라는 시어와 3연에 나타난 '즈려'라는 시어는 평안북도의 사투리이다. '즈려'는 '짓밟고'의 '짓'에 해당한다. 만약 '즈려 밟고'를 표준어인 '짓밟고'로 썼다면 그 어감이 너무 강렬하여 그 위의 '사뿐히'라는 시어와 도저히 어울릴 수 없다.

　그리고 이 시에 나타난 매력 가운데 가장 주목할 만한 것으로는 상상력의 과장을 들 수 있다. 사실과는 관계없이 낭만주의 시는 과장을 적절히 구사하여 미적 효과를 발휘하고 있다. 소월이 임의 떠나는 발길에 꽃을 깔아준다는 것은 사실에 바탕을 둔 것이라기보다는 과장된 상상력의 소산임에 틀림없다. 그러나 거기에서 우리는 독특한 미와 감동을 느끼게 된다.

　정서에 있어서도 이 시는 매력적이다. 자기를 버리고 가는 임에게 취할 수 있는 보편적 태도는 어떤 것일까? 원망, 저주, 횡포, 애걸 아마 그런 것들이 가장 흔한 태도이리라. 그런데 그 가운데 어느 것도 인간적인 품위와 여운을 남길 수 없다. 그러한 경우 참된 인간이 취할 수 있는 길이란 체념뿐이다. 소월은 체념의 태도를 취하고 '말없이 고이 보내 드리오리다', '죽어도 아니 눈물 흘리오리다'라고 서술한다. 이러한 행위는 진정한 용기와 이성에 바탕을 둔 것이어서 사랑을 잃을지언정 인간적 승리는 거둘 수 있는 최선의 길이다.

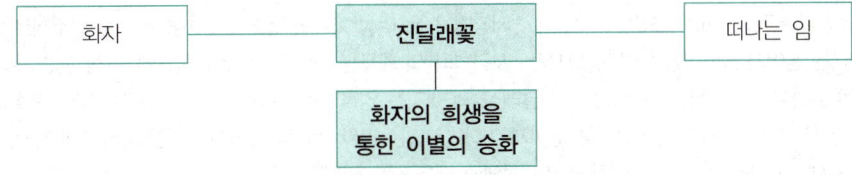

## ▶ 중요 내용 정리

### 01 김소월 시와 민요적 특질

민요와 김소월의 시와의 관계를 우선 그 근사치에서부터 찾아보면 3·4음보의 율격을 적절히 활용한다는 형식적 측면 외에도 우리 민요의 대체적인 모티프가 되고 있는 불행과 비극의 생활, 생활의 애환 중에서 (김소월의 시에서도 후기에 들어서면 '생활과 애환'이 나타나기 시작하지만) 대부분의 시들은 채워지지 않은 사랑과 그리움, 그리고 그 이별의 애환이 모티프가 되고 있다는 점을 들 수 있다. 그리고 이러한 정감을 개인적인 입지에서 노래하고 있으면서도 주관적인 감상에 떨어지지 않고 이를 극복하고 있는 성공적인 작품들이 적지 않다. 이것은 모티프가 되고 있는 애환의 정감을 당사자가 아닌 시인의 처지에서 허구의 정감으로 노래하고 있기 때문이다. 민요의 경우에도 주관적인 감상이 아니고 충분히 객관화된 정감의 노래여야만 공동체에 널리 채용되고 그만큼 보편성을 갖게 된다.

### 02 표현상의 특징

① 전통적 정서와 율격, 향토적 제재로 민요풍 시의 한 전형(典型)을 이루었다.
② 호소하는 듯 애조를 띤, 여성적인 간절한 목소리로 독자의 마음을 사로잡는다.
③ 도치, 반복, 반어, 명령법 등이 쓰였다.
④ '-오리다'라는 종결어미를 반복적으로 사용하였다.

### 03 고려속요와 「진달래꽃」의 시적 화자의 태도 비교

「진달래꽃」과 고려 속요인 「가시리」, 「서경별곡」은 여성 화자의 목소리로 이별의 정한을 주제로 하고 있다는 점에서 공통점을 보인다. 하지만 「서경별곡」의 화자는 가는 임에 대해 하소연, 다짐, 원망, 그리고 질투심까지 나타내지만 「가시리」, 「진달래꽃」의 화자는 임을 고이 보내드린다는 점에서 일단 구별된다. 또한 「가시리」는 임이 돌아오기를 끝까지 기다리겠다는 강한 의지를 보이지만, 「진달래꽃」의 화자는 언제까지나 이별의 슬픔을 인내하겠다는 점에서 태도상의 차이를 보인다.

### 04 「진달래꽃」의 전통 시가와의 접맥

① 여성적 어조: 「가시리」나 「사미인곡」, 「속미인곡」 등에서도 볼 수 있듯이 전통 시가의 특징을 계승한 것이다.
② 중심 소재: '진달래꽃'은 「헌화가」, 정철의 「관동별곡」 등을 거쳐 한국 서정시의 줄기에서 두드러진 전통적 소재이다. 떠나는 임 앞에 '꽃을 뿌려 축복한다'는 '산화공덕'도 향가 「도솔가」와 상통한다.
③ 운율: 전통적인 3음보의 민요적 가락을 계승하고 있다.
④ 정서: 고려속요 「가시리」나 「서경별곡」, 황진이의 시조, 그리고 민요인 「아리랑」 등에서 공통적으로 드러나는 '이별의 정한(情恨)'이 한층 심화되어 계승되고 있다.

## 예상문제

※ (1~3) 다음 작품을 읽고 물음에 답하시오.

(가)
　　살어리 살어리랏다. 쳥산(靑山)애 살어리랏다.
　　멀위랑 ᄃᆞ래랑 먹고, 쳥산(靑山)애 살어리랏다.
　　얄리얄리얄리 얄랑셩 얄라리 얄라.　　　〈1장〉

　　　　　　　　　　　　　　　　　　　－ 정철, 「청산별곡」

(나)
　　나 보기가 역겨워
　　가실 때에는
　　㉠ 말없이 고이 보내 드리오리다.

　　영변에 약산
　　진달래꽃
　　아름 따다 가실 길에 뿌리오리다.

　　가시는 걸음 걸음
　　놓인 그 꽃을
　　사뿐히 즈려 밟고 가시옵소서.

　　나 보기가 역겨워
　　가실 때에는
　　죽어도 ㉡ 아니 눈물 흘리오리다.

　　　　　　　　　　　　　　　　　　　－ 김소월, 「진달래꽃」

(다)
　　우리가 눈발이라면
　　허공에서 쭈빗쭈빗 흩날리는
　　진눈깨비는 되지 말자.
　　세상이 바람 불고 춥고 어둡다 해도
　　사람이 사는 마을
　　가장 낮은 곳으로
　　따뜻한 함박눈이 되어 내리자.
　　우리가 눈발이라면
　　잠 못 든 이의 창문가에서는
　　편지가 되고
　　그이의 깊고 붉은 상처 위에 돋는
　　새살이 되자.

　　　　　　　　　　　　　　　　　　　－ 안도현, 「우리가 눈발이라면」

1. '문학 창작 능력 향상을 위한 방법'을 아래와 같이 제시하였다. 이 내용을 위의 각 작품에 적용할 때 지도할 내용을 조건에 맞게 제시하라.

―――――〈문학 창작 능력 향상을 위한 방법〉―――――
① 갈래별 구성 원리 이해
② 다른 작품의 수용 연습을 통해 창작 원리(내용, 형식, 표현) 익히기
③ 개작과 모작 등을 통해 창작에 대한 두려움 없애기
④ 일상생활 속에서 창작을 연습하기 (재미있게 말하기, 다르게 표현하기, 이야기 만들기 등)

### 예상답안

| 조건 | 지도할 내용 |
| --- | --- |
| 위의 ①을 (가) 작품에 적용할 때 지도할 내용 | - 갈래: 고려속요<br>- 민요의 성격, 3음보의 운율, 후렴의 제시 |
| 위의 ②를 (다)에 적용할 때, (다)에서 익힐 창작 원리를 구체적으로 1가지씩 제시하기 | - 내용: ㉠ 다른 사람과 아픔을 함께 나누려는 시적 화자와 상황의 설정, ㉡ 앞의 상황에 적절한 '함박눈, 편지, 새살' 등의 소재, ㉢ 힘든 현실과 그 속에서 서로 돕고 살려는 내용의 전개<br>- 형식: ㉠ 유사한 통사구조의 반복, ㉡ 가정법(조건문)과 청유형 어미의 사용, ㉢ 각운의 요소<br>- 표현: ㉠ '함박눈, 새살, 편지' 등 상징적 표현의 사용, ㉡ '함박눈 – 진눈깨비' 대립적인 시어의 사용 |
| 위의 ③을 (나) 작품을 개작할 때, 시의 형식면에서 고려해야 할 요소 2가지 제시하기 | ㉠ 4연의 기승전결 구조<br>㉡ 층량 3보격의 운율<br>㉢ 각운의 요소 |
| 위의 ④의 요소 중 하나를 선택하여 시 창작 수업에 도움이 되는 학습의 방법 제시하기 | ㉠ 요소: 다르게 표현하기 (비유와 유사)<br>㉡ 방법: 익숙한 사물을 다르게 표현하도록 유도하고, 그것이 비유의 과정과 유사함을 알게 하여 시의 비유적 표현을 연습하게 한다. |

2. 학생들에게 창작 수업을 지도할 때, 교사가 주의해야 할 점을 3가지 제시하라.

### 예상답안

① 학생들이 자신감을 갖고 창작하도록 유도할 것
② 처음부터 너무 수준 높은 것(전문적인 창작 활동)을 요구하기보다 창작에 흥미를 갖도록 유도할 것
③ 여러 가지 문학적 장치나 기교를 지나치게 강조하지 않도록 유도할 것
④ 중요한 것은 자신의 생각과 느낌을 솔직하게 표현하는 것임을 알고 창작하게 유도할 것
   (자신의 생각이나 느낌이 아니면 구체성이 없거나 현학적 표현이 되거나 남을 흉내 내기 쉽다는 것을 알게 함)

3. (나) 작품의 밑줄 친 ㉠, ㉡ 부분의 특징 및 그 효과에 대해 표의 조건에 맞게 각각 설명하라.

**예상답안**

| 조건 | 특징 및 그 효과 |
|---|---|
| ㉠ 부분의 운율의 특징 및 효과 | 원래는 '말없이∨고이∨보내드리오리다'이지만, 앞뒤 행과 같은 ① 율격적 관습에 의해 '말없이∨고이보내∨드리오리다'처럼 3음보(층량3보격)로 읽게 되어 이어지고 끊어지는 리듬을 살려 ② 음악성이 잘 살아나게 함 |
| ㉡ 부분의 표현의 특징 및 그 효과 ('반어'는 제외할 것) | 국어의 부정 부사는 수식어 앞에 사용되어야 하는데 이 부분은 그렇지 않아 ① 시적 허용으로 볼 수 있으며, 이를 통해 ② 부정의 의미를 더욱 강조하여 이별의 정한을 잘 드러냄 |

## 작품 2  가는 길 (개벽 40호, 1923년)

그립다
말을 할까
하니 그리워.

그냥 갈가
그래도
다시 더 한 번…….

저 산(山)에도 까마귀, 들에 까마귀,
서산(西山)에는 해 진다고
지저귑니다.

앞강물, 뒷강물
흐르는 물은
어서 따라 오라고 따라가자고
흘러도 연달아 흐릅디다려.

### 핵심정리

▷ **갈래** 서정시, 자유시
▷ **성격** 전통적, 민요적
▷ **운율** 3음보의 율격
▷ **제재** 가는 길
▷ **주제** 이별의 아쉬움과 그리움

▷ **특징** ① 간결한 구조와 탁월한 언어 구사
② 유음, 비음, 모음으로 된 시어의 사용을 통한 음악적 효과
③ 선정후경(先情後景)
④ 객관적 상관물을 이용하여 시적 화자의 정서를 표현

## 이해와 감상

### 1 짜임 분석

- 기(1연) – 내면적 갈등 ① : 그리움의 표현 – 그립다고 말하려 하니 그리움은 울컥 치솟는다.
- 승(2연) – 내면적 갈등 ② : 내면의 미련 – 그냥 가 버릴까 단념하면 그래도 미련 때문에 다시 되돌아보아진다.
- 전(3연) – 외면적 상황 ① : 떠나기를 재촉하는 듯한 까마귀 – 그래도 머뭇거리고 있는 화자에게 까마귀는 날이 저무니 어서 떠나자고 자꾸만 재촉한다.
- 결(4연) – 외면적 상황 ② : 떠나기를 재촉하는 듯한 강물 – 화자의 곁에서 흐르는 강물마저도 연이어 흐르면서 갈 길을 재촉한다.

### 2 작품감상의 구조

| 구성 요소 | 구성 요소의 파악 | 그것이 지닌 의미·효과 | 주제와의 관련성 |
|---|---|---|---|
| 내용 요소 | ① 시적 화자 및 화자의 상황 | 이별의 상황에서 머뭇거리는 여성을 화자로 설정하여 이별 상황에서의 머뭇거림과 아쉬움을 나타내고 있다. | 이별의 아쉬움과 그리움 |
| | ② 소재 | '흐르는 강물'과 '까마귀'를 통해 이별 상황을 효과적으로 표현하였다. | |
| 형식 요소 | ① 3음보 | 칠량 3보격(3음보)의 운율을 통해 이별하는 화자의 마음을 잘 드러내었다. | |
| | ② 분단에 의한 행 배열 | 칠량 3보격의 운율을 적절하게 분단한 행 배열을 통해 완급을 드러내어 운율의 효과를 살리면서, 시각적 효과도 드러내고 있다. | |
| | ③ 유음과 비음의 사용 | 유음과 비음을 사용하여 각운의 효과를 잘 살리고 있다. | |
| | ④ 선정후경 | 선정후경의 구성을 통해 먼저 정서를 드러내고 경치를 통해 그 상황의 급박함을 효과적으로 드러내었다. | |
| 표현 요소 | ① 객관적 상관물 | 까마귀와 강물은 객관적 상관물이며, 이별 상황의 안타까움과 슬픔의 정서를 환기시켰다. | |
| | ② 시적 허용 | 마지막 행의 '흐릅디다려'는 시적 허용으로 운율을 효과적으로 드러내는 표현이다. | |

### 3 감상의 길잡이

　김소월 특유의 7·5조 운율과 이별의 정한을 담고 있는 시이다. 7·5조의 시행 배치가 일률적이지 않고 다양하게 구사되어 있다. 즉 1∼2연에서는 음보 단위로 따로 떼어져 길게 읽혀지게 해 놓았고, 3∼4연에서는 빠른 템포로 읽혀지게 해 놓았다. 이는 작가의 내면적 심경과 밀접한 관련이 있다. 비단 이 시만이 아니라 소월의 시는 운율과 의미가 조화를 이루는 경우가 많다. 「진달래꽃」에서도 아쉬운 상황과 아픈 결의 태도를 각기 다른 배열로 구성하고 있음은 익히 알려진 일이다. 이 시의 화자는 지금 이별의 아픔에 젖어 있다. 시적 공간은 강가로 설정되어 있다. 전통적으로 강은 이별의 공간이다. 강물이 흘러가듯 사랑도 흘러간다. 그런데도 화자는 제자리를 지키고 서 있다. 흐르는 물과 서 있는 화자의 구도만으로도 설움에 잠긴 심정을 충분히 짐작할 수 있다.

　기·승·전·결의 전 4연으로 이루어진 이 시는 내용상 다시 전반부(제1∼2연)와 후반부(제3∼4연)로 나누어 볼 수 있게 한다. 전반부에서는 그리움과 망설임이 뒤섞인 화자의 내면적 갈등이 드러나 있고, 후반부에는 그러한 갈등을 불러일으키는 자연적 배경이 제시되어 있다. 이는 한시의 이른바 선경후정(先景後情)의 구성법이 도치된 형태로 이해할 수 있겠다. 아마도 이 시의 제3∼4연에 나오는 까마귀의 지저귐이나 물의 흐름은 날이 저물고 시간이 계속 흘러간다는 자연적 배경을 나타낸 것으로 보는 것이 온당할지 모른다. 그러나 달리 이해할 수도 있다.

사랑하는 임과 이별해야 할 순간이 오면 누구나 미련과 아쉬움에 발길이 떨어지지 않을 것이다. 해가 져서 헤어져야 할 시간, 안타까운 심정을 직접적으로 진술하는 대신 '까마귀'라는 객관적 상관물을 통해 간접적으로 표현해 낸 제3연을 깊이 음미해 볼 필요가 있다. '까마귀'가 화자의 모습으로 읽힐 수 있다면 제4연의 '흐르는 물'은 떠나가는 임의 모습으로 볼 수도 있겠다. 그 임이 흐르는 물처럼 떠나가면서 '어서 따라 오라고' 손짓하는 것은 아닐까? 그동안 하지 못했던 사랑한다는 말을 떠나는 이 순간에나마 불쑥 던져 보고 싶지만, 결국 아무 말도 못하고 돌아서야 하는 이는 감당하기 어려운 회한과 자책과 아쉬움에 마음이 아플 수밖에 없을 터이다.

## ▣ 중요 내용 정리

### 01 객관적 상관물로서의 '까마귀'와 '강물'

이 시에서 '까마귀'와 '강물'은 이별의 안타까움과 슬픔의 정서를 환기시키는 객관적 상관물이다. '까마귀'는 화자의 비관적인 생의 인식을 반영하고, 안타까운 이별의 시간이 다가오고 있음을 알려 주는 대상물로서 이별의 정한을 강화하고 있다. 흐르는 '강물' 역시 사랑하는 임을 따라가고 싶지만 그럴 수 없는 화자에게 '따라오라고 따라가자고' 재촉함으로써 이별의 아픔을 더욱 심화시키고 있다.

| 까마귀 | | 화자 | | 강물 |
|---|---|---|---|---|
| 서산에 해가 진다고 지저귐 | → 재촉 | 이별의 정한 심화 | ← 재촉 | 어서 따라오라며 흘러감 |

### 02 표현상의 특징

이 시의 독특한 특징으로는 1연에 나타난 '시행 걸침'을 들 수 있다. 1연의 시행을 통사적 분절로 끊어 본다면 '그립다 / 말을 할까 하니 / 그리워'로 볼 수 있다. 그런데 이 시에서는 '말을 할까 하니'로 표현한 것이 아니라 '하니'를 다음 행에 내려서 썼다. 이러한 운율적 표현은 독특한 의미를 자아낸다. 이것은 시행 걸침에 의해 시적 정서의 미묘한 변화가 나타나기 때문이다.

또 1~2연의 운율과 3~4연의 운율이 서로 대조적으로 표현됨으로써 시의 의미를 효과적으로 나타내고 있다. 1~2연은 3음보의 한 음보가 하나의 시행을 이루며 분절되었고 3~4연은 1연과 2행에 걸쳐 3음보가 실현되고 3행과 4행은 각각의 시행에서 3음보가 실현된다. 따라서 1연과 2연은 천천히 읽히고 3연과 4연은 점점 빠르게 읽힌다. 1~2연의 운율은 시적 화자의 망설임을 3~4연의 운율은 시적 화자의 심정적 촉급함을 효과적으로 드러내고 있다.

| 1~2연 | | 3~4연 |
|---|---|---|
| 짧은 시행, 느린 호흡 | → | 긴 시행, 빠른 호흡 |
| 망설임, 미련 | | 떠남의 재촉 |

### 03 화자의 성격

시의 내용에 비추어 볼 때, 시적 화자는 임을 그리워하면서도 '그립다'는 말조차 못하는 소극적인 존재이다. '지저귑니다'는 '지저귄다'보다 훨씬 부드럽고 온화한 인상을 주는 말이며, '흐릅디다려' 역시 '흐릅디다그려'의 준말로 온화한 느낌을 준다. 여기서 '-디다(그)려'라는 종결어미는 자신이 체험한 사실을 청자에게 다시 한 번 강조할 때 쓰는 말로, 이별의 상황에 대한 화자의 애상적인 감정이 내포되어 있다. 즉 '지저귑니다', '흐릅디다려'와 같은 말투는 시적 화자의 소극적인 태도와 대응되면서, 애상적인 분위기를 형성하고 있다.

### 작품 3 　산 (개벽, 1923년)

산새도 오리나무
위에서 운다.
산새는 왜 우노, 시메 산골
영(嶺) 넘어 가려고 그래서 울지.

눈은 내리네, 와서 덮이네.
오늘도 하룻길
칠팔십 리
돌아서서 육십 리는 가기도 했소

불귀(不歸), 불귀, 다시 불귀,
삼수갑산(三水甲山)에 다시 불귀.
사나이 속이라 잊으련만,
십오 년 정분을 못 잊겠네.

산에는 오는 눈, 들에는 녹는 눈.
산새도 오리나무
위에서 운다.
삼수갑산 가는 길은 고개의 길.

## 핵심정리

- **갈래** 서정시, 자유시
- **성격** 애상적, 민요적
- **표현** ① 반복을 통해 운율을 살림
  ② 대화체를 사용하여 동질감을 드러냄
  ③ 구성상의 특징과 그 효과: 수미상관 → 시상의 통일과 안정감, 운율감을 줌
- **제재** 산새
- **주제** ① 떠나야 하는 상황과 미련
  ② 이별의 정한과 비애

## 이해와 감상

### 1 짜임 분석

- 기(1연): 울고 있는 산새
- 전(3연): 떠나기를 주저하는 마음
- 승(2연): 눈길의 여정
- 결(4연): 삼수갑산에 대한 미련

## ② 작품감상의 구조

| 구성 요소 | 구성 요소의 파악 | 그것이 지닌 의미·효과 | 주제와의 관련성 |
|---|---|---|---|
| 내용 요소 | ① 시적 화자 및 화자의 상황 | 유랑의 길 속에서 다시 돌아올 수 없는 삼수갑산을 바라보며 이별의 정한을 노래하고 있다. | 떠나야 하는 상황과 미련, 이별의 정한과 비애 |
| | ② 산의 의미 | 산이 고개의 의미라면 시적 화자가 가는 길을 막는 의미이고, 산이 삼수갑산의 의미라면 화자의 고향, 화자의 지향이 된다. | |
| 형식 요소 | ① 대구 | 대구의 형식을 통해 운율감과 리듬감을 형성하고 있다. | |
| | ② 수미상관 | 수미상관을 통해 시상의 통일과 안정감, 운율감 형성에 기여한다. | |
| | ③ 동일 음에 의한 리듬 | '위에서, 울다, 왜 우노' 등 '우' 음(音)의 연속은 리듬감을 살려 준다. | |
| | ④ 반복 | 비슷한 통사구조의 반복, 'a-a-b-a' 등을 통해 운율감을 형성하고 주제를 강조한다. | |
| | ⑤ 3음보를 적절하게 분단하여 배열 | 3음보를 분단하여 배열하여 리듬감을 주고, 의미를 효과적으로 드러낸다. | |
| 표현 요소 | ① 상징에 의한 표현 | '산, 삼수갑산, 고개의 길' 등은 상징으로 주제를 효과적으로 표현한다. | |
| | ② 반복 | 표현의 측면에서 '불귀', '운다' 등의 반복은 의미를 강조하는 것으로 볼 수 있다. | |
| | ③ 회화체의 사용 | 1연의 자문자답이나, 2~3연의 회화체는 독자와의 동질감을 드러내어 친근하게 느끼게 하다. | |

## ③ 감상의 길잡이

이 시에서는 시적 화자와 오리나무 위의 새가 비슷한 정황에 놓여 있다. 오리나무 위에서 우는 새는 평화롭게 살 수 있는 깊은 산이 그리워 돌아가고자 한다. 그러나 높은 고개를 넘어야만 갈 수 있기에 가지 못하고 울고 있다. 시적 화자도 정든 삼수갑산을 떠나 있으나, 고향이나 다름없는 그곳을 못 잊어 마음속으로 울고 있다. 첩첩이 쌓인 눈길을 칠팔십 리나 걷지만 오히려 마음은 십오 년의 정분을 차마 못 잊어 뒷걸음쳐서 되돌아간다. 그러나 삼수갑산을 가는 길은 고갯길로 뻗어 있고, 한번 가면 다시는 돌아오지 못하는 것이다. '불귀(不歸), 불귀, 다시 불귀 / 삼수갑산에 다시 불귀'. 이 시에서 '영(嶺)'은 넘을 수 없는 대상이다. 그럼에도 불구하고 그것을 넘어가려는 데 시적 화자의 슬픔이 있고 한이 있다. 고개를 넘어야 하기 때문에 깊은 산 속으로 날아가지 못하는 산새와, 한번 가면 다시는 돌아올 수 없는 삼수갑산이기에 지나온 세월의 정을 떨쳐 버리지 못하는 주인공의 심정이 합치되어 나타나 있다. 고향으로 돌아가고자 하는 의지와 그것을 가로막는 현실 사이의 대립을 통해 유랑의 길을 떠나지 않으면 안 되었던 당시의 시대적 현실을 보여준다.

## 중요 내용 정리

### 01 이 시의 리듬
이 시에서 특징적인 것은 시의 리듬이다. '위에서', '울다', '왜 우노', '그래서 울지'에서 드러나는 '우'음(音)의 연속은 운의 효과를 드러낸 것이다. 또한, '산에는 / 오는 눈 / 들에는 / 녹는 눈'의 대구 형식은 민요시의 특징인 반복적 리듬감을 보인 것이다.

### 02 '산'의 운율감
이 시에서 특징적인 것은 시의 운율이다. '위에서', '운다', '왜 우노', '그래서 울지'에서 드러나는 '우'음(音)의 연속은 운의 효과를 드러낸 것이다. 또한 '산에는/오는 눈/들에는/녹는 눈'의 대구 형식은 민요시의 특징인 반복적 리듬감을 보인 것이다.

### 03 '산'과 '삼수갑산'
이 시는 소월의 다른 시 「삼수갑산」과 김억의 「삼수갑산」과 그 주제와 정서면에서 유사한 점이 있다. 그러나 세부적인 면에서 표현법이나 기교는 상당히 다르다. 이 시는 소월의 「삼수갑산」과 달리 배경이 구체적으로 묘사되어 있으며 감상적인 면이 두드러진다. 또한 김억의 시에 비하면 이 작품은 훨씬 정돈된 안정감과 균형미를 보이고 있다.

## 작품 4  접동새 (배재, 1923년)

접동  
접동  
아우래비 접동  

진두강(進頭江) 가람가에 살던 누나는  
진두강 앞 마을에  
와서 웁니다.  

옛날, 우리나라  
먼 뒤쪽의  
진두강 가람가에 살던 누나는  
의붓어미 시샘에 죽었습니다.  

누나라고 불러보랴  
오오 불설워  
시샘에 몸이 죽은 우리 누나는  
죽어서 접동새가 되었습니다.

아홉이나 남아 되던 오랩동생을
죽어서도 못 잊어 차마 못 잊어
야삼경(夜三更) 남 다 자는 밤이 깊으면
이 산 저 산 옮아가며 슬피 웁니다.

## 핵심정리

- **갈래** 서정시, 자유시
- **운율** 3음보의 율격
- **성격** 전통적, 민요적, 애상적
- **제재** 접동새 설화
- **주제** 현실의 비극적 삶을 초월하려는 애절한 혈육의 정
- **특징** ① 의성어를 통해 육친애의 정을 표출
  ② 통사적 구조 유사
  ③ 동음어나 유사음 반복

## 이해와 감상

### 1 짜임 분석

- 1연 – 접동새의 슬픈 울음소리
- 3연 – 의붓어미 시샘에 죽은 누나
- 5연 – 애절한 혈육의 정
- 2연 – 마을을 떠나지 못하는 누나
- 4연 – 누이의 화신인 접동새

### 2 작품감상의 구조

| 구성 요소 | 구성 요소의 파악 | 그것이 지닌 의미·효과 | 주제와의 관련성 |
|---|---|---|---|
| 내용 요소 | ① 시적 화자 및 화자의 상황 | 시적 화자가 의붓어미 시샘에 비극적으로 죽은 후, 접동새가 되어 우는 누나에 대한 그리움과 슬픔을 드러냈다. | 현실의 비극적 삶을 초월하려는 애절한 혈육의 정 |
| | ② 전통적 설화 사용 | 설화를 소재로 하여 비극성과 혈육의 정을 강조했다. | |
| 형식 요소 | ① 3음보 (증량 3보격) | 3음보 운율을 바탕으로 민중들의 삶의 애환을 효과적으로 드러냈다. | |
| | ② 시행의 다양한 배열 | 시행을 다양하게 배열하여 완급과 긴장감을 조절해 리듬감을 살리고 있다. | |
| | ③ 시적 화자가 독자에게 알려주는 구조 | 부분적으로 이야기를 담고 있어 화자가 독자에게 비극적 내용을 알려주는 구조를 취하고 있다. | |
| 표현 요소 | ① 의성음 | 접동새 울음소리의 청각적 이미지를 통해 육친에 대한 그리움을 표현했다. | |
| | ② 아우래비 접동 | '아홉 오래비'의 의미로 보기도 하고, '아우 오래비'의 의미로 보기도 한다. | |
| | ③ 상징 | 접동새는 상징의 의미로 사용되어 주제를 효과적으로 드러낸다. | |

### ③ 감상의 길잡이

우리 민족의 가장 보편적이며 전형적이라 할 수 있는 한(恨)의 정서를 주제로 하고 있다. 의붓딸에 대한 계모의 학대, 한을 지니고 죽은 혼의 접동새로의 환생 등 한(恨)이라는 주제를 표현하기 위해 고전 설화의 모티프를 차용한 소재들을 통해 소재와 정서면에서 우리 문학의 전통을 계승하고 있다.

화자는 2～3연에서 접동새에 얽힌 누나의 이야기를 객관적으로 제시하다가, 4～5연에 이르러서는 자신의 주관적 감정을 표출한다. '누나라고 불러 보랴 / 오오 불설워'라는 시구를 통해 동생들에 대한 애틋한 그리움과 안타까움으로 저승에 가지 못하고 접동새가 되어 떠도는 애절한 누나에 대한 정과 슬픔을 말하고 있는 것이다.

'아우래비'에서의 활음조 현상, '불설워', '오랩동생' 같은 방언의 활용에서 볼 수 있듯이 이 시는 시어의 선택과 활용을 세심하게 배려하여 원한과 애수의 정서를 극대화 하고 있다. 특히 접동새의 울음 소리를 의성화한 '접동 접동'의 반복과 '아홉 오래비'를 활음조시켜 '아홉 명의 남동생'과 '접동새의 한스러운 울음소리'를 동시에 뜻하는 '아우래비'라는 시어는 언어를 다루는 소월의 천재적 능력을 유감없이 보여준다.

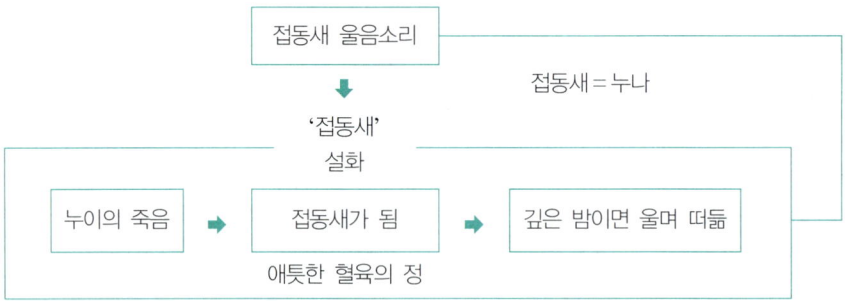

### ■ 중요 내용 정리

#### 01 아우래비 접동

이 시의 '아우래비 접동'이라는 구절에서 '아우래비'를 어떻게 볼 것이냐가 문제이다. 정한모 교수가 이것을 '아홉 오래비'의 활음조(euphony)로 본 이후 정설처럼 굳어져 버렸다. 이와 관련해 마지막 연에 나오는 '오랩동생'이라는 말을 주의해 볼 필요가 있다. 남동생을 일컫는 말이다. '아우래비'라는 말도 이와 같은 뜻은 아닐까? 이 말은 아마도 '아우 오래비'로 보는 것이 타당할 줄 믿는다. '아우 오래비'가 '아우래비'로 발음되는 것은 자연스러우나 '아홉 오래비'가 '아우래비'로 되는 것은 활음조로도 설명하기 곤란하기 때문이다.

#### 02 「접동새」의 시 정신

「접동새」의 기본 구조는 '죽음 – 비련 – 비탄'의 골격으로 짜여 있다. 여기서의 죽음은 '의붓어미 시샘'에서 비롯된 타의적 결과이다. 따라서 그것은 한을 품은 죽음으로서의 의미를 지닌다. 다시 말해 살아남은 자의 한이 아니라 죽은 자의 원(怨)이며, 동시에 그것을 말하는 자의 한(恨)이다.

## 기출문제

※ (1~2) 다음 작품을 읽고 물음에 답하시오. [총 8점]

(가)
접동
접동
아우래비 접동

진두강 가람가에 살던 누나는
진두강 앞마을에
와서 웁니다.

옛날, 우리나라
먼 뒤쪽의
진두강 가람가에 살던 누나는
의붓어미 시샘에 죽었습니다.

누나라고 불러보랴
오오 불설워
시새움에 몸이 죽은 우리 누나는
죽어서 접동새가 되었습니다.

아홉이나 남아 되던 오랩 동생을
죽어서도 못 잊어 차마 못 잊어
야삼경 남 다 자는 밤이 깊으면
이산 저산 옮아가며 슬피 웁니다.

– 김소월, 「접동새」

(나)
   국어 교육의 제반 활동은 사용으로서의 국어 활동이라는 원리와 문화로서의 국어 활동이라는 두 원리에 의해서 이루어진다. 이 중에서 문화로서의 국어 활동이라는 원리 차원에서 보면, 우리가 생활 속에서 만나게 되는 문화 예술이나 문학 작품이라는 것 역시, 어떤 천재적인 특정 개인의 독창적인 창조물이라기보다는 전통적인 문화적 유산을 창조적으로 계승한 결과의 산물이라는 것이다.

(다)
   시를 읽을 때에 가장 중요한 점은 '시의 화자(話者)는 누구인가?', '그는 어떤 처지에 있는가?', '그의 관심사는 무엇인가?'를 파악하는 것이다. 이 세 가지 점에 대하여 대체적으로 짐작하고 나면, 그 나머지 문제는 이것과의 연관 속에서 풀리게 된다. 이런 사항들을 알려 주는 실마리는 대개 작품 안에 있다.

– 김흥규, 「문학 작품의 이해와 감상」에서

1. (나)의 '문화로서의 국어 활동 원리'라는 관점에서 (가)의 시 작품을 감상할 때, 감상의 내용이 될 수 있는 전통적인 요소들 중 네 가지를 설명하시오. [4점]

1999년 5월 11번

### 출제기관 채점기준

1. 계모가 전처 소생을 구박하는 설화의 수용
2. 고전소설 「장화홍련전」의 모티프 수용
   ※ 문제점: 1, 2가 겹침 – 하나로 통합하여 제시하는 것이 좋음
3. 선과 악의 갈등에서 선이 승리하는 권선징악(勸善懲惡)의 주제
   ※ 문제점: 위 항목은 시의 내용과 관계가 분명하지 않음
4. 전통적인 한(恨)의 정서와 비애
5. 접동새라는 전통적 소재의 선택
6. 환생이나 윤회 모티프의 수용 등
※ 점수 부여
   4점 – 이상의 요소 중에서 4개 이상 제시할 경우
   3점 – 3개 제시할 경우
   2점 – 2개 제시할 경우
   1점 – 1개 제시할 경우
   ※ 이 외에도 문화적 요소의 수용이라는 관점에서 타당한 감상의 예를 제시하는 경우에 1점 정도의 부분 점수를 줄 수 있음

### 예상답안

「접동새」는 우리의 전통적인 문화 요소를 다양하게 수용하고 있다. 이 작품에서 전통적인 요소들은 ① 층량 3음보(7·5조) 율격의 사용, ② 접동새 등 전통적인 소재의 사용, ③ 계모가 전처 소생을 구박하는 설화 또는 소설을 차용하고 있다는 점, ④ 전통적인 한의 정서와 비애가 잘 드러난다는 점, ⑤ 향토적인 소재나 시어가 드러난다는 점 등을 들 수 있다. 이 밖에도 ⑥ 환생(還生)이나 윤회(輪回) 모티프와 같은 요소들이 이 시의 이해와 감상에 활용될 수 있다. 이 점들은 문화로서의 국어활동 원리로 설명할 수 있다.


2. (가)의 시 작품을 (다)의 관점에서 분석한 내용을 서술하시오. 단, 다음 〈조건〉을 포함할 것 [4점]

1999년 5월 11번

―――〈조건〉―――
시의 화자의 역할과 기능에 대한 설명을 포함할 것

### 출제기관 채점기준

1. 시의 화자의 역할과 기능: 시의 화자는 서술자, 시의 주체, 시의 대상으로 작용하며, 그 기능은 시의 이야기나 사건을 객관화하여, 이야기 내용의 사실성을 강화한다.
2. 이 시의 화자는 '나'로 죽은 누이의 동생으로 추정되지만, '우리'로 집단적인 화자로 이해할 수도 있다.
3. 이 시의 화자는 나의 누이에 얽힌 이야기를 객관화하여 이야기 내용의 사실성을 강화하고 있다.
4. 이 시의 화자는 계모의 시샘으로 죽은 누이를 두고 있으며, 누이에 대한 간절한 그리움을 가지고 있다.
   ※ 문제점: 명확하지 않은 채점 기준: 자의적 판단 가능 → 크게 차이남

※ 점수 부여
　4점 – 시의 화자의 역할과 서정적 갈래의 작품 원리를 적용할 경우
　3점 – 시의 화자의 역할에 대한 설명이 있고, 서정적 갈래의 작품 읽기 원리의 적용이 미흡한 경우
　3점 – 시의 화자의 역할에 대한 설명이 미흡하고, 서정적 갈래의 작품 읽기 원리를 적용했을 경우
　2점 – 시의 화자의 역할과 서정적 갈래의 작품 읽기 원리 중 하나를 적용했을 경우
　1점 – 시의 화자의 역할과 서정적 갈래의 작품 읽기 원리 적용이 미흡할 경우

### 보충답안

　시의 화자는 서술자, 시의 주체, 시의 대상으로 기능한다. 이러한 시적 화자가 설정되어 시인의 자아의 세계를 확대할 수 있게 해 주고, 이야기나 사건을 객관화하며, 이야기의 사실성을 강조한다. 한 편의 시가 통일성을 유지하게 해 주며, 일관성이 있는 표현이 되게 해 준다. 또한 위의 시에서와 같이 시의 배경을 묘사해 주며, 시의 작중 인물에 대한 정보를 제공해 준다.
　이런 점에서 김소월의 「접동새」의 시적 화자는 죽은 누이의 어린 동생으로 추정되는 '나'라고 할 수 있다. 그러나 이 시에는 '우리'라고 표현되어 특정한 개인이 아닌 집단적인 화자로도 볼 수 있다. 이 시의 화자는 서술자이기도 하지만, 시의 주체와 같은 역할을 하기도 한다. 서술자로서의 이 시의 화자의 경우에, 시의 화자가 나와 누이에 얽힌 이야기를 객관화하여 전달해 이야기 내용의 사실성을 강화시켜 주고 있다. 그래서 나는 의붓어미의 시샘에 의해 죽은 누이에 대한 그리움이 사무쳐서, 이산 저산을 옮겨가며 울고 있는 접동새를 서정적 자아의 누나와 동일시하며 표현하고 있다.

**3.** 다음 시를 이해하기 위해 활동 중심 수업을 구성하였다. 각 활동의 취지를 **잘못** 설명한 것은? 2009년 기출 36번

접동새<br>김소월(金素月)

접동
접동
아우래비 접동

津頭江(진두강) 가람가에 살던 누나는
진두강 앞 마을에
와서 웁니다.

옛날, 우리나라
먼 뒤쪽의
진두강 가람가에 살던 누나는
의붓어미 시샘에 죽었습니다.

누나라고 불러 보랴
오오 불설워
시샘에 몸이 죽은 우리 누나는
죽어서 접동새가 되었습니다.

아홉이나 남아 되는 오랍동생을
죽어서도 못 잊어 차마 못 잊어
夜三更(야삼경) 남 다 자는 밤이 깊으면
이 산 저 산 옮아가며 슬피 웁니다.

1. 시를 이해하고 감상해 보자.
　○ 활동 1 : 이 시의 창작 배경이 된 우리 고유의 설화를 조사하고 시와 비교해 보자.
　○ 활동 2 : 이 시를 운율에 맞추어 낭송해 보고, 그 느낌에 대해 말해 보자.
　○ 활동 3: 시 속의 인물인 '누나'에게 보내는 편지를 써 보자.

> 2. 시를 재구성하여 감상 체험을 확장해 보자.
>    ◦ 활동 4 : 시 속에 나타난 이야기를 토대로 하나의 완결된 이야기를 창조적으로 재구성해 보자.
>    ◦ 활동 5 : 시에 드러난 이미지를 중심으로 그림을 그리거나 사진을 찍어 보자.

① 활동 1 : 시 창작에 활용된 이야기를 파악하고, 시의 형상화에 기여하는 요소와 관련시켜 서정 양식의 구조를 이해하도록 한다.
② 활동 2 : 시의 음악성을 체험하고, 음악적 요소와 시적 정서의 관련성을 이해하도록 한다.
③ 활동 3 : 시 속의 인물에 대한 생각과 느낌을 표현하여 작품과 소통함으로써 시를 감상하는 능력을 심화하도록 한다.
④ 활동 4 : 서사 양식과 서정 양식의 차이를 이해하고, 창의적인 표현 활동을 통해 문학적 상상력을 고양시키도록 한다.
⑤ 활동 5 : 다양한 매체로 표현하는 활동을 통해 시적 언어와 시적 구조의 상관성을 분석적으로 이해하도록 한다.

정답 ⑤

## 작품 5  길 (문명, 1925년)

어제도 하로밤
나그네 집에
가마귀 가왁가왁 울며 새었소.
오늘은
또 몇 십 리
어디로 갈까.
산으로 올라갈까
들로 갈까
오라는 곳이 없어 나는 못 가오.
말 마소, 내 집도
정주(定州) 곽산(郭山)
차(車) 가고 배 가는 곳이라오.
여보소, 공중에
저 기러기
공중엔 길 있어서 잘 가는가?
여보소, 공중에
저 기러기
열 십자(十字) 복판에 내가 섰소.
갈래갈래 갈린 길
길이라도
내게 바이 갈 길은 하나 없소.

## 핵심정리

▷ **갈래** 자유시, 민요시, 서정시, 순수시
▷ **운율** ① 3음보의 민요적 율격, 3·4·5조의 음수율
② 동일 음운의 일정한 배열로 어두운(語頭韻)의 운율적 효과를 드러냄 (가마귀 가왁가왁, 갈래갈래 갈린 길)
▷ **성격** 전통적, 민요적, 애수적
▷ **어조** 하소연하는 넋두리, 절망적 어조
▷ **표현** ① 소박하고 일상적인 구어체를 구사하고 있음
② 자문자답식의 넋두리, 의미보다 정감, 어조, 운율에 의한 호소
▷ **제재** 길
▷ **주제** 나그네 (떠돌이의 비애, 나라 잃은 민족 전체의 비애어린 삶)

## 이해와 감상

### 1 짜임 분석

- 1연 – 떠도는 현실의 상황
- 4연 – 자기 위안과 연민
- 7연 – 유랑인의 비애 – 현실적 상황
- 2~3연 – 유랑인의 고달픈 신세와 방향 상실감
- 5~6연 – 방향 상실의 비애

### 2 작품감상의 구조

| 구성 요소 | 구성 요소의 파악 | 그것이 지닌 의미·효과 | 주제와의 관련성 |
|---|---|---|---|
| 내용 요소 | ① 시적 화자 및 화자의 상황 | 정처없이 떠돌며 나그네의 슬픔, 즉 나라 잃은 민족의 슬픔을 노래하고 있다. | 나그네의 비애, 나라 잃은 민족 전체의 비애어린 삶 |
| | ② 대비되는 소재 | '가마귀'와 '기러기'를 대비하여 고향으로 가지 못하는 존재와 자유롭게 고향으로 가는 존재를 잘 대비하여 표현했다. | |
| 형식 요소 | ① 3음보(층량 3보격) | 3음보(층량 3보격)의 민요적 율격을 통해 민요적인 분위기를 자아내고 있다. | |
| | ② 행의 배열 | ㉠ 2연은 다른 연에 비해 음보 단위가 적지만, 각 연을 모두 3행으로 배열하여 정돈된 느낌을 준다.<br>㉡ 음보 단위를 적절히 분단하여 행을 배열하여 리듬감을 살리고 있다. | |
| | ③ 두운 | '가마귀 가왁가왁', '갈래갈래 갈린 길' 등 동일 음운의 일정한 배열로 두운(語頭韻)의 운율적 효과를 드러낸다. | |
| 표현 요소 | ① 구어체 | 소박하고 일상적인 구어체를 사용하여 전통적 분위기를 효과적으로 표현하고 있다. | |
| | ② 자문자답 | 자문자답식 표현으로 유랑하면서 하소연하는 마음을 효과적으로 드러내고 있다. | |
| | ③ 상징 | 가마귀(구속, 암담한 마음), 기러기(자유, 향수의 정감), 길(끝없는 유랑의 인생), 공중(희망과 자유의 공간), 열 십자 복판(절망과 부자유의 갈림길) 등을 통해 주제를 효과적으로 표현한다. | |

### ③ 감상의 길잡이

　　이 시는 전통적인 7·5조의 3음보 율격을 바탕으로 하여 소월 특유의 일상적 언어와 자문자답(自問自答)의 독백 속에서 정처 없이 유랑(流浪)하는 시적 자아의 의지할 곳 없는 서글픈 심정과 고독을 형상화한 작품이다.

　　시적 자아의 암담한 마음을 '가마귀'로, 향수의 정감을 '기러기'로 표현했으며, 운명의 기로에서 방황하는 모습은 '열 십자'로, 끝없는 유랑의 인생은 '길'로 각각 제시하여 그의 서러운 마음과 모습을 효과적으로 보여주고 있다. 다시 말해, 목적지가 없는 시적 자아는 길이 없어도 잘 가는 기러기들의 모습을 선망하며, 희망과 자유의 공간인 '공중'에 비해 절망과 부자유의 갈림길인 '열십자 복판'에 서서 '갈 길 하나 없'는 자신의 고통스러운 삶을 서러워한다.

　　삶의 터전인 고향을 상실하고 유랑하는 시적 자아는 '오늘은 / 또 몇 십 리 / 어디로 갈까.', '오라는 곳 없어 나는 못 가오.', '내게 바이 갈 길은 하나 없소' 등의 시행에서처럼 실제 어느 한 곳에 정착하지 못하고, 이곳저곳을 유랑하고 살았던 소월 자신의 모습일 수도 있지만, 그것보다는 일제의 악랄한 식민지 수탈 정책으로 인해 농토를 빼앗기고 생존을 찾아 고향을 떠나 북간도로, 도회지로 떠났던 숱한 유랑인의 모습을 상징하고 있다고 보는 것이 더 타당할 것이다.

　　각 연 모두 3행의 구성으로 전 7연의 작품이지만, 내용상으로는 다섯 단락으로 나눌 수 있다. 첫째 단락(1연)은 시적 자아의 현실적 상황을 제시하는 도입 부분이며, 둘째 단락(2~3연)은 지향성 없는 삶의 모습을 보여주는 전개 부분이다. 그리고 셋째 단락(4연)은 서글픈 고향 자랑을 통해 자기 위안과 연민을 갖는 전환 부분이며, 넷째 단락(5~6연)은 자유롭게 날아가는 기러기를 바라보며 자신도 그처럼 안주(安住)하고 싶어하는 열망과 함께 '열 십자' 복판에 서서 어디로 가야 할지 모르는 자신의 방향 상실에 대한 비애감을 말하는 절정 부분이다. 마지막 다섯째 단락(7연)에서는 수없이 많은 길 가운데 자신이 가야 할 길은 어디에도 존재하지 않는다는 시적 자아의 방황을 보여 주는 정리 부분이다.

## 기출문제

1. (가)~(다)는 〈보기〉를 참고로, '길 모티프' 중심의 통합 수업을 하기 위해 선정한 제재이다. 아래 〈조건〉에 따라 (가)~(다)의 '길 모티프'를 각각 분석하여 '길'의 상징적 의미를 파악한 다음, 모티프 중심 통합 수업의 의의를 '가치 있는 경험의 확장'이라는 문학 교육의 목적과 관련하여 논술하시오. [10점]

2009년 대비 모의 2차 논술형 4번

(가)
　어제도 하로밤
　나그네 집에
　가마귀 가왁가왁 울며 새였소.

　오늘은
　또 몇 십 리
　어디로 갈까.

　산으로 올라갈까
　들로 갈까
　오라는 곳이 없어 나는 못 가오.

말 마소, 내 집도
정주(定州) 곽산(郭山)
차(車) 가고 배 가는 곳이라오.

여보소, 공중에
저 기러기
공중엔 길 있어서 잘 가는가?
여보소, 공중에
저 기러기
열 십자(十字) 복판에 내가 섰소.

갈래갈래 갈린 길
길이라도
내게 바이 갈 길은 하나 없소.

- 김소월, 「길」

(나)
겨울 문의(文義)에 가서 보았다.
거기까지 닿은 길이
몇 갈래의 길과
가까스로 만나는 것을.
죽음은 죽음만큼 길이 적막하기를 바란다.
마른 소리로 한 번씩 귀를 달고
길은 저마다 추운 쪽으로 벋는구나.
그러나 삶은 길에서 돌아가
잠든 마을에 재를 날리고
문득 팔짱 끼어서
먼 산이 너무 가깝구나.
눈이여 죽음을 덮고 또 무엇을 덮겠느냐.

겨울 문의에 가서 보았다.
죽음이 삶을 껴안은 채
한 죽음을 받는 것을.
끝까지 사절하다가
죽음은 인기척을 듣고
저만큼 가서 뒤를 돌아다 본다.
모든 것은 낮아서
이 세상에 눈이 내리고
아무리 돌을 던져도 죽음에 맞지 않는다.
겨울 문의여 눈이 죽음을 덮고 또 무엇을 덮겠느냐.

- 고은, 「문의(文義)마을에 가서」

(다)

　　부두를 뒤에 두고 서편으로 꼽들어서 전찻길을 끼고 큰길을 암만 가야 좌우편에 이층집에 쭉 늘어 썼을 뿐이요.

　　조선 사람의 집이라고는 하나도 눈에 띄는 것이 없다. 얼마도 채 못 가서 전찻길은 북으로 꼽들이게 되고 맞은편에는 극장인지 활동사진인지 울그데불그데한 그림 조각이며 깃발이 보일 뿐이다. 삼거리에 서서 한참 사면팔방을 돌아다보다 못하여 지나가는 지게꾼더러 조선 사람의 동리를 물어보았다. 지게꾼은 한참 망설이며 생각을 하더니 남쪽으로 뚫린 해변으로 나가는 길을 가리키면서 그리 들어가면 몇 집 있다. 한다. 나는 가리키는 대로 발길을 돌렸다. 비릿하기도 하고 고릿하기도 한 냄새가 코를 찌르는 해산물 창고가 드문드문 늘어선 샛골짜기를 빠져서 이리저리 휘더듬어 들어가니까, 바닷가로 빠지는 지지분하고 좁다란 골목이 나타났다. 함부로 세운 허술한 일본식 이층집이 좌우로 오륙 채씩 늘어섰는 것이 조선 사람의 집 같지는 않으나 이문 저문에서 들락날락하는 사람은 조선 사람이다. 이집 저집 기웃기웃하며 빠져나가려니까, 어떤 이층에는 장고를 세워 놓은 것이 유리창으로 비치어 보인다. 그러나 문간에는 대개 여인숙이라는 패를 붙였다. 잠깐 보기에도 이런 항구에 흔히 있는 그러한 너저분한 영업을 하는 데인 것이 분명하다. 그러나 아침결이 돼서 그런지 계집이라고는 씨알머리도 눈에 아니 띈다.

　　쓸쓸한 거리를 이리저리 돌다가 그 여인숙이란 데를 한 집 들어가 보고 싶은 호기심이 불쑥 났으나, 차시간이 무서워서 발길을 돌쳤다. 다시 큰길로 빠져나와서 정거장으로 향하다가, 그래도 상밥 파는 데라도 있으려니 하고 이 골목 저 골목 닥치는 대로 들어가 보았다. 서울 음식같이 간도 맞지 않을 것이요 먹음직할 것도 없겠지마는, 무엇보다도 김치가 먹고 싶고 숟가락질이 하여 보고 싶어서 찾아 다니는 것이다. 그러나 조선 사람 집 같은 것은 그림자도 보이지는 않는다. 간혹 납작한 조선 가옥이 눈에 띄기에 가까이 가서 보면 화방을 헐고 일본식 창틀을 박지 않는 것이 없다. 그러나 우스운 것은 얼마 되지도 않는 좁다란 시가지마는 큰 길이고 좁은 길이고 거리에 나 다니는 사람의 수효를 보면 확실히 조선 사람이 반수 이상인 것이다.

　　'대체 이 사람들이 밤이 되면 어디로 기어들어가누?'

　　하는 생각을 할제, 큰 의문이 생기는 동시에 그 불쌍한 흰 옷 입은 백성의 운명을 생각해 보지 않을 수 없는 것이었다.

- 염상섭,「만세전」

〈보기〉

　　문학은 인간의 가치 있는 경험을 언어를 통해 예술적으로 형상화한 것이다. 무엇을 인간의 가치 있는 경험으로 볼 것인가를 명확하게 규정하기는 어렵다. 하지만 인류 역사 속에서 지속적으로 반복되면서 삶에 의미를 부여해 온 경험이라면 '가치 있다'고 말할 수 있다. 이처럼 문학 작품 속에서 지속적으로 반복되어 제시되는 사물, 행위, 사건의 최소 단위를 모티프라고 부른다. 모티프는 인간의 보편적인 관심사이면서 개별적인 특성을 구현할 수 있다는 점에서, 주제론적 관점에서 문학 작품을 이해하는 데 중요한 역할을 한다. 대표적인 모티프에는 사랑, 입사, 변신, 꿈, 금기 위반, 낙원 상실, 희생양, 거울, 아비 찾기, 형제 갈등, 길, 귀향 등이 있다.

〈조건〉

1. (다)의 경우, 작품 전체를 대상으로 할 것
2. (가) ~ (다)의 '길 모티프'를 분석할 때 구체적인 예를 제시할 것
3. 답안은 20줄(±2줄)로 쓸 것

### 예상답안

　(가)의 경우 제 길 잘 가는 기러기와 달리 열십자 복판에 서서 방황하는 나와, 여러 갈래 길이 있지만 내가 갈 길은 없다는 내용에서 '길'은 '방황, 유랑, 방향 상실'의 의미를 지니며, 이를 당대 현실에서 보면 일제 식민지하에서 고향을 떠난 유이민들의 고통스럽고 절망적인 상황을 의미한다.

　(나)의 경우 1연의 7~9행과 2연의 2~6행에서 길은 걸어가는 자들의 세계이므로 '삶의 길'을 의미한다. 그러면서 그것이 향하는 곳을 생각하면 '죽음의 길'을 의미한다. 여기서 길은 '삶'이자, '죽음'이며, 또한 '삶과 죽음이 하나임'을 의미한다.

　(다)의 경우, 주인공은 화려하고 번화한 일본 사람들의 큰길(전찻길)의 삶과, 허술하고 너저분한 조선 사람들의 골목길의 삶 및 집이 없는 현실을 통해 조선 민중이 처한 현실을 보여준다. 즉, (다) 작품은 주인공이 여행을 하는 길(여로형 구조)을 통해 암담한 조선의 현실을 드러내며, 이 작품에서 길은 '식민지 현실의 발견과 그것을 통한 자아의 각성'이라는 의미를 지닌다.

　모티프 중심의 통합 수업은 인간의 가치 있는 경험의 확장이라는 문학교육의 목표를 효과적으로 달성하게 한다. 위의 예처럼 모티프에 관한 여러 작자들의 가치 있는 경험을 통합하여 수업하면 첫째, 작가들이 모티프에 대해 형상화한 다양한 의미와 그 공통점 및 차이점, 그리고 문학사의 전개 속에서 모티프의 반복과 재창조 등에 대해 파악할 수 있다. 둘째, 독자들이 추체험하기 쉬우며, 자신의 경험을 바탕으로 창작 활동을 할 때 도움을 받을 수 있다. 셋째, 제재(모티프)에 대해 다양한 관점에서 접근이 가능하므로 사회 문제 및 공동체의 문제에 대해 폭넓게 인식하게 함으로서 가치 있는 경험의 확장이라는 문학교육의 목표를 달성할 수 있다.

## 작품 6　산유화 (진달래꽃, 1925년)

산에는 꽃 피네
꽃이 피네.
갈 봄 여름 없이
꽃이 피네.

산에
산에
피는 꽃은
저만치 혼자서 피어 있네.

산에서 우는 작은 새여,
꽃이 좋아
산에서
사노라네.

산에는 꽃 지네
꽃이 지네.
갈 봄 여름 없이
꽃이 지네.

## 핵심정리

▷ **갈래** 서정시, 자유시
▷ **성격** 민요적, 전통적
▷ **제재** 산에 피는 꽃
▷ **주제** 인생과 자연의 근원적 고독

## 이해와 감상

### 1 짜임 분석

- 기(1연) – 존재의 확인 (탄생, 지속적)
- 승(2연) – 존재의 근원적 고독 (삶, 외로움·단독자)
- 전(3연) – 존재와의 화해 (어울림, 공동체)
- 결(4연) – 존재의 영원성 회복 (죽음, 지속적·순환적)

### 2 작품감상의 구조

| 구성 요소 | 구성 요소의 파악 | 그것이 지닌 의미·효과 | 주제와의 관련성 |
|---|---|---|---|
| 내용 요소 | ① 시적 화자 및 화자의 상황 | 시적 화자가 시에 직접 등장하지는 않고, 산에 피는 꽃을 바라보며 인생과 자연에 대해 생각하고 있다. | 존재의 근원적 고통 (피고 지는 존재의 원리) |
| | ② 소재 | 피고 지는 꽃, 산에서 우는 새를 통해 주제를 효과적으로 표현하고 있다. | |
| 형식 요소 | ① 3음보 | 3음보를 바탕으로 하여 민요조의 흐름을 통해 주제를 효과적으로 드러내었다. | |
| | ② 행갈이 (= 특이한 행 배열, 음보의 분단) | 3음보를 분단하여 1행 또는 2행 또는 3행으로 배열하여 피고 지는 존재의 대립적 측면을 잘 드러내고, 시각적 효과를 나타내고 있다. | |
| | ③ 수미상관 | 1연과 4연이 수미상관을 이루고 있어서 구조적 안정감과 주제를 잘 표현하였다. | |
| | ④ 대칭적 구조 | 1~2연과 3~4연이 행의 배열이란 측면과, 내용상의 대조란 측면에서 대칭 구조를 이루고, 이를 통해 피는 것과 지는 것의 의미를 잘 드러냈다. | |
| 표현 요소 | ① 객관적 상관물 | '산에 홀로 핀 꽃'은 고독하고도 순수한 우리의 삶의 모습을 드러내어 객관적 상관물로 볼 수 있다. | |
| | ② 시적 기교 | '가을'을 '갈'로 간결하게 표현하여 시적 허용이 나타나며 이를 통해 운율을 잘 드러내고 있다. | |

### 3 감상의 길잡이

산에 피고 지는 꽃을 소재로 하여 삶과 자연 모두에 스며 있는 근원적 고독을 노래한 시이다. 세 마디 가락의 정형률을 바탕으로 하면서 적절한 행 구분으로 운율상의 호흡을 조절하였다.

음수율은 대체로 3·4조를 기본으로 하고 있으며, 음보격은 3음보격이 구사되고 있다. 그런데 3음보격을 정상적으로 1행으로 처리하지 않고 다소의 변화를 주어 1행, 2행, 3행으로 처리하고 있다.

1연에서는 산에는 계절의 순환에 따라 끊임없이 꽃이 피고 있음을, 2연에서는 산에 피는 꽃들은 서정적 자아와 일정한 거리를 두고 저만치 혼자서 피어 있음을 서술하고 있다. 3연에서는 그러나 산새들은 인간들과는 달리 꽃과 어울려 산에서 살 수 있음을 부러워하고 있다. 4연에서는 계절의 변화에 따라 그 꽃들이 끊임없이 지고 있으며, 그것이 자연의 원리임을 암시하고 있다.

1연에서 표현 기교상 주목해야 할 곳은 '가을'을 '갈'이라고 표기한 부분이다. '가을'과 '갈'은 별 차이가 없어 보인다. 그러나 간결을 생명으로 하는 이러한 류의 시에서 '갈'을 '가을'이라고 썼다면 대단히 귀에 거슬리는 산문투의 음향을 유발했을 것이다. 일종의 무기교의 기교라고 할 수 있는 부분이다.

2연은 이 시에서 가장 중요하면서도 애매한 언어가 들어 있는 부분이다. '저만치'가 바로 그것이다. 보통은 거리를 나타내는 개념으로 해석하고 있으나 '저렇게'나 '저와 같은' 등을 의미하는 상태나 정황을 나타내는 개념으로 해석이 가능하다. 따라서 강한 긴장(tension)을 야기하는 언어로 시의 장치의 하나인 모호성(ambiguity)의 좋은 예가 될 수 있다. 그것을 거리라는 차원에서 보면 자기의 인생 혹은 사회와의 거리를 가장 함축적으로 표출한 언어이다. 모든 명리와는 저만치 떨어져서 모든 현실적인 문제와도 거리를 두고 홀로 사는 소월의 순수와 고독을 표상하는 언어라고 할 수 있다. 이 역시 무기교의 경지에 이른 언어구사라고 할 수 있다.

3연에 이르면 꽃과 새가 함께 어울린다. 이에 의해 꽃의 고독은 눈물겹도록 고조되고 한층 순화되기에 이른다.

4연은 '꽃이 피네'의 반대어인 '꽃이 지네'로 표기되고 있다. 꽃도 삼라만상이 그러하듯이 피었다가 사라지는 순환의 법칙을 따르고 있으며 보다 심오한 온전한 고독과 순수 속에 인간이 잠기게 될 수 있음을 서술한 것으로 보인다.

## ▎중요 내용 정리

### 01 객관적 상관물

「산유화」는 겉으로 보아서는 「진달래꽃」보다는 꾸밈이 없고 화려하지 못한 것 같다. 그러나 자세히 살펴보면 결코 「진달래꽃」에 못지 않은 작품임이 드러난다. 특히 시인이 자기의 감정을 직접적으로 토로하지 않고 객관적 상관물을 통해 감정을 객관화시키고 있는 점은 현대시로서 결코 손색이 없는 부분임에 틀림없다. 「진달래꽃」에서 '나보기가 역겨워 / 가실 때에는 / 말없이 고이 보내드리오리다'라고 자기의 이별을 아쉬워하고 안타까워하는 심정을 직접적으로 토로했다. 그러나 이 작품에서는 그러한 직접적인 감정의 토로 방법에서 벗어나 간접적인 묘사의 방법을 상당한 정도로 구사하고 있다. 자기의 감정이나 어떤 상태를 직접 노래하지 않고 그들을 객관화하여 간접적으로 보여주고 있는 셈이다.

이러한 방법은 지적인 것이며 묘사의 재료로서 이미지를 취하지 않으면 안 된다. 「산유화」는 객관적인 상관물을 끌어다가 자신의 외로운 심사를 뛰어나게 노래하고 있는 작품인 것이다.

### 02 율격

이 시의 율격은 3음보이지만 그것을 기계적으로 배열하지 않고 시상의 전개에 따라 각 시행에 적절하게 배분함으로써 단조로움을 피하고 있을 뿐 아니라 율격 질서가 시 전체의 의미 구조를 강화하는 데 이바지하도록 만들고 있다.

구체적으로 살펴보면 1연은 2음보 1행과 1음보 1행으로 이루어진 3음보격 2개를 4행으로 배열하고 있다. 2연은 3개의 1음보 1행으로 이루어져 있다. 3연은 3음보가 1행으로 된 3음보격 하나와 3개의 1음보 1행으로 이루어진 3음보격 하나로 이루어져 있다. 4연은 1연과 같은 음보배열을 하고 있다. 그런데 1연과 4연은 동일한 구조를 취하고 있고, 2연과 3연은 역의 대칭을 이루고 있는 점에서 소월이 시 형태에 세심한 배려를 하고 있었다는 사실을 발견할 수 있다.

## 03 꽃의 이미지

꽃은 모든 시인이 적어도 한 번쯤 탐미하고 노래하여 보았을 소재이다. 그러나 같은 꽃이라도 시인의 태도와 해석 방향에 따라 그 의미는 전혀 달라질 수 있다. 일반적으로 꽃은 아름다움을 표현하는 매개체로서 자연의 일부인 사물의 대유(代喩)로써 표현되고 있다. 그리고 한편으로는 존재론적 입장에서 사물의 내면적 의미 탐구의 대상으로 변용되기도 한다. 전자의 경우 김광균의 「외인촌」을 들 수 있다. '안개 자욱한 화원지(花園地)의 벤치 위엔 / 한낮에 소녀들이 남기고 간 / 가벼운 웃음과 시들은 꽃다발이 흩어져 있었다.'와 후자의 경우 김춘수의 「꽃」에는 '내가 그의 이름을 불러 주었을 때 / 그는 나에게로 와서 / 꽃이 되었다.'처럼 의미가 다름을 알 수 있다. 이처럼 꽃에 대한 다양한 시각과 인식에서 빚어지는 '꽃'의 개성적 의미는 소월 자신의 시에서도 극명하게 나타난다. 「진달래꽃」이 이별의 정한을 직접적으로 토로하는 가운데서 '꽃'은 헌신적 사랑의 이미지로 나타나는가 하면 「산유화」에서는 외로운 감정을 직접적인 묘사의 방법으로 노래함으로써 '꽃'은 자연 그 자체에서 더 나아가 존재의 객관적 상관물로서 의미를 띠게 된다. 즉 이 시에서의 '산유화'는 단순히 객관적 자연물이라기보다는 소월과 그의 주변에서 볼 수 있는 한국인들의 삶의 모습에 비유될 수 있는 하나의 영상으로서의 산유화인 것이다. '산유화'는 고독하고도 순수한 우리의 삶의 모습을 대신하는 것이다.

## 04 '작은 새'에 담긴 의미

'작은 새'는 '꽃'이 좋아 산에서 살지만, 그 '꽃'이 '저만치' 피어 있는 외로운 존재이기 때문에 '새' 역시 고독한 존재로 그려진다. 여기서 새는 화자의 분신이자 본질적으로 고독할 수밖에 없는 모든 존재를 상징한다고 볼 수 있는데, 이러한 새가 산에서 살기를 스스로 선택했다는 것은 모든 존재들이 지니는 고독감이 운명적인 것임을 드러내는 것이다. 한편, '새'를 화자와 동일시한다면 3연의 '작은 새여'에서 호격의 대상은 화자 자신이 된다. 홀로 피어 있는 꽃이 좋아 산에서 산다는 것은 화자의 삶의 자세를 나타낸 것이며, '우는' 것은 자연스러운 존재의 표현인 것이다. 즉 '작은 새'를 통해 운명적인 고독을 수용하는 화자의 삶의 자세를 엿볼 수 있다.

## 기출문제

1. 다음은 "내용과 형식의 관계를 고려하여 작품을 이해하고 감상 한다."라는 학습 목표를 구하기 위해 집필중인 교과서의 일부이다. 목표 활동 구안을 위한 집필자들의 토의 과정에서 〈보기〉의 ㉠, ㉡에 들어갈 말을 순서로 쓰시오. [2점]

2015년 기입형 9번

산에는 꽃 피네
꽃이 피네
갈 봄 여름 없이
꽃이 피네

산에
산에
피는 꽃은
저만치 혼자서 피어 있네

산에서 우는 작은 새요
꽃이 좋아
산에서
사노라네

산에는 꽃 지네
꽃이 지네
갈 봄 여름 없이
꽃이 지네

– 김소월, 「산유화(山有花)」

〈목표 활동〉

활동 1. 다음 활동을 통해 이 시의 운율이 갖는 효과를 파악해 보자.
  (1)
  (2)

활동 2.

〈보기〉

| 집필자 A | 활동 1의 세부 활동 (1)로는 끊어 읽기를 통해 음보율을 파악하는 활동이 먼저 제시되어야 하겠지요? |
|---|---|
| 집필자 B | 그러면 세부 활동 (2)에서는 음보율과 시의 의미 사이의 관계를 다루는 것이 좋지 않을까요? 가령 '산에/산에' 같은 표현은 ( ㉠ )을/를 통해 음보율 실현에 변화를 줌으로써, 대상의 고립감을 부각시킨 것으로 볼 수 있어요. |
| 집필자 C | 활동 2는 형태상의 특징을 중심으로 내용과 형식의 관계에 주목하는 활동이 좋을 것 같습니다. 이 시는 ( ㉡ ) 구조를 통해 완벽한 균제미(均齊美)를 얻고 있어서, 자연의 조화로운 원리와 잘 어울리는 것 같아요. |

※ 이 문제는 김준오의 『시론』(개정판, 151쪽)이란 책을 바탕으로 낸 문제이다. ㉡은 대칭 구조와 수미상관 구조가 모두 답이 될 수 있는데, 『시론』에 제시된 '대칭 구조'로 한정하면 문제가 될 수 있음. 또, 특정한 책의 내용을 그대로 제시하여 답을 한정하는 것은 바람직하지 않음

### 예상답안

㉠ 행갈이 (행구분)
㉡ 대칭(적) / 수미상관

## 작품 7  초혼(招魂) (진달래꽃, 1925년)

산산이 부서진 이름이여!
허공 중(虛空中)에 헤어진 이름이여!
불러도 주인 없는 이름이여!
부르다가 내가 죽을 이름이여!

심중(心中)에 남아 있는 말 한 마디는
끝끝내 마저 하지 못하였구나.
사랑하던 그 사람이여!
사랑하던 그 사람이여!

붉은 해는 서산(西山) 마루에 걸리었다.
사슴의 무리도 슬피 운다.
떨어져 나가 앉은 산(山) 위에서
나는 그대의 이름을 부르노라.

설움에 겹도록 부르노라.
설움에 겹도록 부르노라.
부르는 소리는 비껴가지만
하늘과 땅 사이가 너무 넓구나.

선 채로 이 자리에 돌이 되어도
부르다가 내가 죽을 이름이여!
사랑하던 그 사람이여!
사랑하던 그 사람이여!

## 핵심정리

▷ **갈래** 서정시, 자유시
▷ **성격** 전통적, 민요적, 격정적
▷ **제재** 임의 죽음
▷ **주제** 임을 잃은 슬픔과 그리움

▷ **특징** ① 설화적 모티프
　　　　② 반복과 영탄을 동반한 강렬한 어조
　　　　③ 7·5조 3음보의 전통적 민요조의 리듬

## 이해와 감상

### 1 짜임 분석

- 1~2연 – 죽은 임을 애타게 부르며 그리워 함 (주관적 탄식)
- 3~4연 – 아무것도 변하지 않은 냉혹한 현실 인식 (상황의 객관화)
- 5연 – 영원한 사랑의 다짐 (내면적 수용)

## 2 작품감상의 구조

| 구성 요소 | 구성 요소의 파악 | 그것이 지닌 의미·효과 | 주제와의 관련성 |
|---|---|---|---|
| 내용 요소 | ① 시적 화자 및 화자의 상황 | 사랑하던 임의 죽음을 금방 겪은 시적 화자가 임의 죽음에 안타까워하며 임이 돌아오기를 간절히 바라고 있다. | 임을 잃은 슬픔과 죽은 임에 대한 그리움 |
| | ② 소재 | '임의 죽음'을 통해 화자가 처한 상황을 잘 드러내고, '망부석'을 통해 임에 대한 재회의 마음을 잘 드러냈다. | |
| | ③ 시대 상황과의 관련 | 이 시에서 님을 '조국'의 의미로 이해할 때, 일제에 의해 나라를 잃은 설움과 해방에 대한 소망을 읽을 수 있다. | |
| 형식 요소 | ① 운율 | 전통적인 3음보의 율격과 2음보(층량 2보격) 그리고 층량 3보격(3음보, 7·5조)의 율격이 뒤섞여 있으며, 다양한 운율을 통해 화자의 격정적인 심리 상황을 잘 드러냈다. | |
| | ② 운율상 유사한 연의 반복 | 운율상 1~5연을 'A-B-A-C-B'로 볼 수 있으며 유사한 연의 반복을 통해 의미를 강조하고 주제를 효과적으로 드러내었다. | |
| | ③ 반복법 | '이름이여'라는 시 구절의 반복을 통해 죽은 임에 대한 안타까움을 더욱 절실하게 표현하고 있다. | |
| 표현 요소 | ① 영탄법 | 영탄적 어조를 통해 큰 슬픔과 강한 의지를 강조하였다. | |
| | ② 감정이입 | '사슴의 무리도 슬피 운다'의 감정이입을 통해 시적 화자의 감정을 다른 대상에 표현하여 드러냈다. | |
| | ③ 시적 역설 | '선 채로 이 자리에 돌이 되어도'의 표현을 통해 화자의 임에 대한 영원한 사랑을 잘 드러냈다. | |

## 3 감상의 길잡이

전 5연, 1연 4행으로 된 자유시이다. 음보율에 입각해서 보면 동량 4음 3보격(1연, 3연, 4연의 1~2행, 5연의 2행)과 층량 3보격(2연의 1~2행, 4연의 3~4행, 5연의 1행), 층량 2보격(2연의 3~4행, 5연의 3~4행)의 세 가지 율격을 활용한 것으로 볼 수 있다.

고복 의식의 특징을 고스란히 드러내고 있는 시로서, 1연에서부터 5연에 이르기까지 '이름이여!', '그 사람이여!', '부르노라' 등의 부름의 용어를 명백히 드러내고 있다. 1연에서는 '이름이여!'가 4행에 걸쳐 네 번 반복되고 있으며, 2연에서는 '그 사람이여!'가 두 번 반복되고 있다. 3연에서는 '부르노라'가 한 번 나타나며, 4연에서는 '부르노라'가 두 번에 걸쳐 반복되고 있다. 5연에서는 '이름이여!'가 한 번, '그 사람이여!'가 두 번 반복되고 있다.

1연은 이미 죽고 없는 사랑하는 임을 부르면서 자신의 한없는 슬픔을 격정적으로 표출한 대목이다. 2연에서는 임의 상실에서 오는 충격이 시적 자아에게 확산된다. 3연에서는 그것이 자연으로 표상되고 있는 세계 전반으로까지 확산된다. 4연에서는 그러한 상황을 어찌할 수 없는 시적 자아의 절박한 상황이 설정된다. 5연에서는 그럼에도 불구하고 좌절하기에는 너무 매서운 시적 자아의 의지가 표상된다.

죽은 혼백을 부르면서 서정적 자아의 처절한 슬픔이 뼈에 사무치도록 애절하게 드러나고 있는 시이다. 그의 시 중에서 드물게 보는 격정적인 작품으로 원래 '초혼'이라는 말은 고대 중국의 풍속과 관계가 있다. 그들은 사람이 몹시 놀라거나 슬픔에 부딪히면 그 혼백이 몸에서 떨어져 나간다고 믿어 무당을 시켜 넋을 부르는 의식을 올렸던 것이다. 그러나 소월의 「초혼」은 산 사람의 혼이 아닌 죽은 사람의 그것을 부르는 뜻이었던 모양이다. 제4연의 '하늘과 땅 사이가 너무 넓구나' 같은 표현이 그것을 보여 주며, 전체의 시구가 불러도 돌아올 가능성이 전무한 절망으로 차 있다. '이름이여!', '사람이여!' 등 영탄적 형식으로 비극미를 드러내고 있다. 이는 뚜렷이 구체적인 이름과 사람을 의미한다기보다 자기의 비애를 잃어버린 애인에 가탁하여 호소해 본 것이라 할 수 있다. 격정적인 데다 리듬이 명쾌하므로 오랫동안 애송되어 왔다.

## 중요 내용 정리

### 01 시적 대상
　이 시의 시적 대상은 '부서진 이름'과 '헤어진 이름' 그리고 '주인 없는 이름' 등을 통해 드러나고 있는 이 세상에는 이미 없고 저승에 존재하는 시적 대상은 서정적 자아의 연인일 수도 있으며 시대적 배경과 연관 지어 볼 때 잃어버린 조국이라고 할 수도 있다. 일반적으로는 소월이 민요조 서정시를 즐겨 쓴 시인이라는 점에서 전자일 가능성이 크다. 그러나 그의 몇몇 시들은 사회 의식과 역사 의식을 구현하고 있기도 해서 후자일 가능성도 전혀 배제할 수만은 없다. 그것이 무엇이든, 그 시적 대상은 서정적 자아에게 너무도 소중하고 안타까움만을 가중시켜 주는 존재임에 틀림없다. 때문에 그는 부르다가 부르다가 대답이 없으면 자신이 죽고 말 그런 존재임을 암시하고 있다.

### 02 시의 율격과 표현 기법
　이 시의 율격은 복합적이다. 소월 시의 기본 율격은 7·5조 3음보의 전통적 민요조 율격을 따르고 있으나 이 시에서는 3음보, 2음보, 그리고 7·5조의 율격이 뒤섞여 있다. 이러한 복합적 율격이 시상의 전개와 정감의 내용에 따라 자유롭게 선택, 배열되어 시상의 흐름에 따라 변화하는 미묘한 감정의 추이까지 생생하게 느끼게 해 준다. 또 반복과 영탄의 적절한 배합과 연쇄 형식의 구조는 서정적 자아의 슬픈 감정의 기복을 조절하며 리듬의 감각을 확보함으로써 낭송자의 호흡에 일치하도록 한다. 그리고 이 시의 시상은 연과 연이 잇달아 연속되는 일종의 연쇄적 형식으로 전개되는 특징이 있다.

### 03 '초혼(招魂)'의 의미
　반복과 영탄을 사용하여 화자의 슬픔을 직접적이고 강렬하게 표현하고 있다. 시인은 사랑하는 이의 죽음에서 오는 충격과 슬픔, 안타까움을 효과적으로 드러내기 위해 '초혼(招魂)'이라는 장례 의식을 소재로 삼았다.
　죽은 사람의 이름을 세 번 부름으로써 죽은 사람의 혼을 불러 다시 소생시키기 위한 간절한 소망에 의한 것이다. 사랑하는 임의 뜻하지 않은 죽음으로 인한 충격, 그 임을 마지막으로 보내기 직전의 허탈감과 절망감을 표현하는 이 의식은, 감정의 절제 속에서는 이루어질 수 없다. 한편으로 김소월의 다른 작품과 달리 이 시에서는 화자가 남성으로 설정되어 있는데, 남성 화자의 이러한 목소리가 공감대를 얻을 수 있었던 바탕에는 국권을 상실한, 우리 민족 모두가 상실감에 젖어 있던 시대라는 배경을 들 수 있다. 이 시에서 '초혼 의식'은 국권 상실에 대한 애절한 슬픔과 그리움의 객관적 상관물로 이해할 수 있다.

### 04 고복 의식(皐復儀式)
　고복 의식은 사람이 죽었을 때, 그 사람이 생시에 입던 저고리를 왼손에 들고 오른손은 허리에 대고 지붕이나 마당에서 '아무 동네 아무개 복(復)'하고 세 번 부르는 행위이다. 이는 죽은 이의 혼을 불러 그를 되살리려는 마음을 표현한 것이라 할 수 있는데, 죽은 사람이 살아날 수 없는 것이니 땅에 묻어야 하는 슬픔과 허탈감에서 나오는 마지막 몸부림일 것이다.

### 05 망부석 모티프
　이 작품의 망부석 모티브는 우리 문학의 한 전통이다. 「정읍사」나 『삼국사기』에 나오는 「박제상의 설화」 등에서 흔히 발견된다. 임과의 이별 상황에서 임을 애타게 부르고, 기다리고, 만나고자 하는 설움과 소망의 극한이 '돌'로 응축되어 있는 것이다. 즉, '돌'은 임이 죽은 사실을 결코 인정할 수 없다는 의지의 표현이자, 살아 돌아와야 한다는 비원(悲願)을 담은 한의 응결체인 것이다. 서정적 자아의 슬픔의 극한은 '돌'로 응축되어 나타나며, 돌아오지 않는 임을 기다리다 죽어 돌이 되었다는 망부석 설화가 작용하고 있다.

### 06 슬픔의 직접적 표출

이 시는 반복과 영탄을 사용하여 화자의 슬픔을 직접적이고 강렬하게 표현하고 있다. 시인은 사랑하는 이의 죽음에서 오는 충격과 슬픔, 안타까움을 효과적으로 드러내기 위해 '초혼(招魂)'이라는 장례 의식을 소재로 이용한 것이다. 사랑하는 임의 뜻하지 않은 죽음으로 인한 충격, 그 임을 마지막으로 보내기 직전의 허탈감과 절망감을 표현하는 이 의식은, 감정의 절제 속에서는 이루어질 수 없는 것이다.

한편으로 김소월의 다른 작품과 달리 이 시에서는 화자가 남성으로 설정되어 있는데, 남성 화자의 이러한 목소리가 공감대를 형성할 수 있었던 바탕에는 시대적 배경이 국권을 상실한 시대였기 때문이라고 보기도 한다. 말하자면, 이 시에서의 초혼 의식은 국권 상실에 대한 애절한 슬픔과 그리움의 객관적 상관물로 이해할 수도 있다는 것이다.

## 작품 8 바라건대는 우리에게 우리의 보습 대일 땅이 있었다면 (진달래꽃, 1925년)

나는 꿈꾸었노라, 동무들과 내가 가지런히
벌가의 하루 일을 다 마치고
석양에 마을로 돌아오는 꿈을,
즐거이, 꿈 가운데.

그러나 집 잃은 내 몸이여,
바라건대는 우리에게 우리의 보습 대일 땅이 있었다면!
이처럼 떠돌으랴, 아침에 저물손에
새라 새로운 탄식을 얻으면서.

동이랴, 남북이랴,
내 몸은 떠가나니, 볼지어다,
희망의 반짝임은, 별빛이 아득임은.
물결뿐 떠올라라, 가슴에 팔다리에.

그러나 어쩌면 황송한 이 심정을! 날로 나날이 내 앞에는
자칫 가늘은 길이 이어 가라. 나는 나아가리라
한 걸음, 또 한 걸음, 보이는 산비탈엔
온 새벽 동무들, 저 저 혼자…… 산경(山耕)을 김매이는.

### ■ 핵심정리

▷ **갈래** 서정시, 자유시
▷ **성격** 저항적, 의지적, 참여적
▷ **어조** 의지에 찬 남성적 어조
▷ **표현** ① 직설적인 시어 사용
② 일상적 상황을 들어 현실에 대한 인식을 보여줌
▷ **제재** 빼앗긴 국토
▷ **주제** 현실 극복의 의지

## 이해와 감상

### 1 짜임 분석
- 기(1연) – 즐거운 노동의 꿈
- 승(2연) – 유랑의 현실
- 전(3연) – 꿈의 아득함
- 결(4연) – 미래를 향한 의지

### 2 작품감상의 구조

| 구성 요소 | 구성 요소의 파악 | 그것이 지닌 의미·효과 | 주제와의 관련성 |
|---|---|---|---|
| 내용 요소 | ① 시적 화자 및 화자의 상황 | 일제 치하에서 유이민이 되어 떠도는 농민이 우리 땅을 찾아 농사짓기를 바라는 상황이다. | 국토를 잃은 절망적 현실과 현실 극복의 의지 |
| | ② 시대 배경이 잘 드러나 있음 | 일제에 의해 땅을 잃고 유랑하는 유이민의 현실을 잘 드러내었다. | |
| | ③ 내용면의 한계 | ㉠ 4연의 1~2행은 그 의미가 명확하지 않다.<br>㉡ 지나친 영탄과 직설적 표현으로 감정이 직접 드러나 있다. | |
| 형식 요소 | ① 기승전결의 구조 | 기승전결의 짜임을 통해 주제를 효과적으로 드러내고 있다. | |
| | ② 종결어미의 생략 | 종결어미를 생략하여 표현하면서 여운을 주고, 의미를 강조하고 있다. | |
| | ③ 산문적 진술 | 산문적, 설명적 진술로 리듬감이 부족하다. | |
| 표현 요소 | ① 상징과 비유 | '집', '별빛', '물결', '길' 등은 상징이 사용되었고, '보습'은 제유로 볼 수 있다. | |
| | ② 문장의 도치 | '나는 꿈꾸었노라, 동무들과 내가 가지런히'라는 식으로 도치법을 사용하여 리듬감과 의미를 강조하고 있다. | |
| | ③ 낭만적 아이러니 | 1~2연의 내용을 보면 낭만적 아이러니에 의해 현실의 상황과 바라는 바를 잘 대비시켜 드러내었다. | |

### 3 감상의 길잡이

강렬한 역사 의식과 현실 초극 의지가 드러나 있다. 일제 강점기에 우리 민족이 지니고 있던 심정의 일면을 노래한 것으로 국토를 빼앗긴 상황 속에서의 절실한 소망이 표현되어 있다

4연으로 된 자유시로 음수율이나 음보율을 적용하기 곤란할 정도로 그 형태가 자유로운 시이다. 행의 배열은 모두 4행으로 되어 있다. 각 연의 내용을 살펴보면 꿈과 현실의 대립 구조를 통해 현실의 암담함과 어둠을 드러내고 그 극복 의지를 제시하고 있다. 1연에서부터 3연까지는 서정적 자아가 처한 열악한 현실에 대한 냉철한 인식이 주조를 이루고 있으며, 4연에서는 열악한 현실을 초월하고자 하는 서정적 자아의 현실 대응 의지와 이상이 표출되고 있다.

① 1연 : 꿈을 빌어다가 지금은 잃어버리고 없는 행복한 삶을 서술하고 있다. 이웃과 함께 들판의 일을 마치고 저녁 노을을 받으면서 돌아오는 풍경은 농촌의 아름답고 평화로운 정경임에 틀림없다.
② 2연 : 자신이 집과 땅을 잃고 실제로 겪고 있는 슬픈 역사를 서술하고 있다. 만약, 서정적 자아에게 보습을 댈 땅이 있다면 그는 결코 탄식을 하고 떠돌지는 않았을 것이다.
③ 3연 : 어디에 가도 희망은 없고 가슴과 팔다리에 이는 것은 고통과 절망의 물결뿐임을 서술하고 있다.
④ 4연 : 나에게는 희망이 있고 그 길로 꾸준히 나아가겠다는 미래지향적인 희망이 제시되고 있다.

## 중요 내용 정리

#### 01 현실 비판적 작가 의식

이 시에는 소월의 시 세계에서는 흔치 않은 강렬한 역사 의식과 현실 초극 의지가 드러나 있다. 따라서 당대의 역사적 현실과 시인의 또 다른 일면을 엿볼 수 있는 시이다. 소월은 늘 세계의 횡포에 대해 비애와 한의 서정을 노래했다. 그런데 이 시에서는 그와는 다른 시적인 경향을 보여주고 있다. 절망적 상황 속에서도 좌절하지 않고 땅을 되찾으려는 꿈을 잃지 않는 시적 화자의 모습을 보여준다. 씨를 뿌리고 가꿀 땅이 없다는 것은 삶이 송두리째 뽑혔음을 의미하며, 그것을 일인칭보다는 복수 화자인 '우리'를 사용함으로써 공동체 모두에게 다가온 위기임을 말하고 있다. 개인의 감정의 유로가 아닌 우리 민족과 동포의 비참한 모습을 땅의 상실이라는 아주 구체적인 현실에 바탕을 두고 드러내고 있는 것이다. 「초혼」이나 「접동새」에서 다소 막연하고 추상적으로 나타나던 현실에 대한 비판과 저항성이 보다 구체적으로 나타나는 작품이다. 이러한 계열에 드는 작품으로는 「밭고랑 위에서」가 있다. 두 작품의 시적 상황은 다소 다르다. 「바라건대는 우리에게 우리의 보습 대일 땅이 있었다면」의 상황이 땅도 없고 집도 없는 절망적인 상황이었던데 반해서 「밭고랑 위에서」의 상황은 땅도 있고 또 그 땅을 경작하고 있는 상황이다. 그러나 궁극적으로 두 작품의 시적 자아는 역사적 현실을 초월하는 현실 대응 의지를 공통적으로 보여 준다.

#### 02 의미의 모호성

시에 쓰이는 언어는 일상적 언어이지만 일상적 의미를 벗어나 독특한 시적 효과를 얻게 된다. 이렇게 시에서 읽는 사람에 따라 다양하게 해석될 수 있는 표현을 모호성 또는 애매성, 중의성이라고 한다. 이 시에서는 '날로 나날이 내 앞에는 / 자칫 가늘은 길이 이어 가라. 나는 나아가리라 / 한 걸음, 또 한 걸음. 보이는 산비탈엔 / 온 새벽 동무들, 저 저 혼자…… 산경을 김매이는.'에 이르는 구절에서 이러한 모호성을 강하게 느낄 수 있다.

#### 03 김소월의 현실 인식의 변화

김소월의 시가 개인적인 이별의 정한을 노래하는 틈틈이 이런 현실 인식의 변화를 키워가고 있었음은 놀라운 일이다. 노동의 꿈을 앗아가 버린 현실 — 식민지 치하의 고통을 시인은 꿈으로 보상하려 한다. 꿈을 잃지 않고 언젠가는 친구들과 함께 산비탈을 김매는 그런 행복한 날을 잊지 않으려 한다. 이 점에서 이상화의 「빼앗긴 들에도 봄은 오는가」가 놀랍고 아름다우며 비장하기까지 한 서정적 묘사에도 불구하고 터질 듯한 봄날 한낱 구경꾼의 낭만적 감성이 넘치는 데 비하여 이 시는 상대적으로 모호하고 거친 시적 완성도에도 불구하고 땅을 빼앗긴 노동자의 꿈과 소망을 그리고 있다는 점에서 그 차이점을 발견한다.

## 작품 9  서도 여운(西道餘韻) - 옷과 밥과 자유 (동아일보, 1925년)

공중에 떠다니는
저기 저 새여
네 몸에는 털 있고 깃이 있지.

밭에는 밭곡식
논에는 물벼
눌하게 익어서 수그러졌네!

초산(楚山)지나 적유령(狄踰嶺)
넘어선다.
짐 실은 저 나귀는 너 왜 넘니?

### 핵심정리

▷ 갈래  자유시, 서정시
▷ 성격  대조적, 정한적
▷ 제재  옷과 밥과 자유, 생존과 자유
▷ 주제  ① 생존권을 상실한 하층민의 비애
　　　　② 삶의 터전을 잃은 유랑민의 애환
▷ 특징  ① 대조적 이미지
　　　　② 대화체의 사용
　　　　③ 절제된 언어를 통해 효과적으로 주제를 표현

### 이해와 감상

#### 1 짜임 분석

- 1연 – 새의 옷(털, 깃) 있음 (시적 화자에게는 옷이 없음)
- 2연 – 밭과 논에 곡식이 있음 (시적 화자에게는 밥이 없음)
- 3연 – 나귀의 자유 없음 (시적 화자와 동일한 처지)

## 2 작품감상의 구조

| 구성 요소 | 구성 요소의 파악 | 그것이 지닌 의미·효과 | 주제와의 관련성 |
|---|---|---|---|
| 내용 요소 | ① 시적 화자 및 화자의 상황 | 유이민인 시적 화자가 옷과 밥과 자유를 모두 빼앗긴 채 식민지 조국의 현실 속에서 괴롭게 살아가는 상황이다. | 식민지 조국의 암담한 현실을 드러냄 |
| | ② 부제의 의미 | 부제 '옷과 밥과 자유'는 옷과 밥과 자유를 모두 잃어버린 상황을 드러내며, 부제를 통해 각 연의 의미를 쉽게 파악할 수 있다. | |
| | ③ 짐 실은 나귀 | 시적 화자는 짐 실은 나귀를 바로 자신의 모습과 동일시하여 표현했다. | |
| 형식 요소 | ① 3음보 율격 | 전통적인 3음보(층량 3보격)의 율격을 통해 리듬감을 잘 드러냈다. | |
| | ② 3음보의 적절한 분단 | 3음보를 분단해 배열하여 리듬감을 주고, 의미를 효과적으로 드러냈다. | |
| | ③ 간결하고 절제된 언어의 사용 | 절제된 언어를 통해 주제를 효과적으로 드러낸다. | |
| 표현 요소 | ① 대조적 전개 | 1~2연은 표별 보조사를 사용하여 제시한 상황과 화자의 상황을 대조적으로 표현해 화자의 암담한 현실을 잘 드러내었다. | |
| | ② 설의법 | 의문문의 형식으로 시를 마무리하여 독자에게 여운을 주고 스스로 생각하게 한다. | |
| | ③ 상징 | '새', '논', '밭', '짐 실은 나귀'는 상징으로 주제를 효과적으로 드러낸다. | |

## 3 감상의 길잡이

김소월은 「엄마야 누나야」와 같은 소박한 전원시 또는 동시적(童詩的) 경향과 「예전엔 미처 몰랐어요」류의 애틋한 사랑시, 그리고 「삭주구성(朔洲龜城)」, 「길」 등의 향토적 서정시, 「부모」로 대표되는 가족주의 시, 「접동새」와 같은 설화적 민속시 모두를 망라하고 있어, 그야말로 서정시의 다양한 세계를 보여준 시인이었다. 그러나 「서도여운 – 옷과 밥과 자유」같은 현실에 대한 비판적 인식이나 저항 의지가 담긴 또 다른 시 세계를 보여 주기도 하였다.

이 시는 '새', '곡식', '나귀'를 바라보는 관찰자로서 등장하는 시적 화자의 '옷과 밥과 자유'를 상실한 절망감과 탄식을 그려내고 있다. 제목과 직접적인 관련이 없는 시어의 선택으로 인해 다소 모호한 것처럼 보이지만, 시인은 우회적이고 간접적인 표현을 통해 '새'에서 '옷'을, '곡식'에서 '밥'을, '나귀'에서 '자유'를 유추시키는 의도적인 구성 방법을 취하고 있다.

새에게는 '털 있고 깃이 있'어 마음대로 '공중에 떠다니'지만, 그것에 대응하는 '옷' 한 벌 갖지 못한 시적 화자는 한낱 미물(微物)에 불과한 '새'보다도 못한 식민지 백성들의 곤궁한 삶을 대변하고 있다. 그리고 일제의 악랄한 토지 수탈 정책으로 인해 농토의 빼앗긴 그들에게 있어서 '눌하게 익어서 수그러'진 '밭곡식'과 '물벼'는 이미 그림의 떡일 뿐이다.

또한 '초산 지나 적유령 / 넘어서'는 '나귀'는 고단한 삶을 살아가는 시적 화자의 고통스런 모습을 상징한다. '너는 왜 넘니?'라는 반문의 마지막 시행에서 굴레와 같은 코뚜레와 '짐'으로 표상되는 '나귀'를 통해 '자유'를 잃고 고달픈 삶을 살아가는 백성들의 비극적 모습을 유추할 수 있다. '옷'과 '밥'과 '자유'라는 최소한의 생존권마저 빼앗기고 살아가던 당시의 식민지 상황을 충분히 짐작하고도 남음이 있다.

– 양승준, 양승국 공저 『한국 현대시 400선』

## 중요 내용 정리

**01 시적 자아가 처해 있는 상황과 정서 표출의 방법**

시적 자아가 처해 있는 상황은 옷도 밥도 자유도 다 빼앗긴 상황이다. 즉 헐벗고, 굶주리고, 자유가 없는 식민지 조국의 현실을 노래한 것이다.

김소월은 주로 자신의 심정을 자연물에 의탁하여 표현한 경우가 많았는데, 이 시도 자연과의 대비를 통해서 시적 화자의 절망감과 탄식을 잘 드러내고 있다. 직접 밥과 옷과 자유는 이야기하지 않으면서 새와 밭곡식, 물벼, 나귀라는 대상을 통하여 현실 속에서 옷과 밥과 자유가 없는 인간의 모습을 환기시키고 있다.

**02 각 연의 구체적 의미**

1연에서는 새는 옷을 가진 존재이지만 자신은 옷이 없음을 나타내고 있다.

2연에서는 밭곡식과 물벼가 잘 익기는 했지만 그것은 시적 화자의 손길이 미치지 않는 즉 그림 속의 떡에 지나지 않음을 감탄형으로 표현하였다.

3연에서는 구속받는 가운데 고달픈 삶을 살아가는 나귀의 모습을 통해 자신 역시 자유가 없음을 나타내었다.

## ▷ 변영로
卞榮魯

1897 ~ 1961
호는 수주(樹州). 서울 출생

▷ **작가의 특징**
1. 1920년 ≪폐허≫ 동인으로 문단에 데뷔. 1922년 이후 ≪개벽≫을 통해 해학이 넘치는 수필과 발자크의 작품 등을 번역해서 발표했다.
2. 우리말의 아름다움과 순화에 기여했다
3. 높은 시 정신과 민족적 저항 의식을 드러냈다.

▷ **주요 작품**
시집 : 『조선의 마음』(1924), 영시집 『진달래꽃』(1947), 『명정(酩酊) 40년』 등

### 작품 1  논개 (신생활, 1923년)

거룩한 분노는
종교보다도 깊고
불붙는 정열은
사랑보다도 강하다.
아! 강낭콩꽃보다도 더 푸른
그 물결 위에
양귀비꽃보다도 더 붉은
그 마음 흘러라.

아리땁던 그 아미(蛾眉)
높게 흔들리우며
그 석류(石榴) 속 같은 입술
죽음을 입맞추었네.
아! 강낭콩꽃보다도 더 푸른
그 물결 위에
양귀비꽃보다도 더 붉은
그 마음 흘러라.

흐르는 강물은
길이길이 푸르리니
그대의 꽃다운 혼(魂)
어이 아니 붉으랴
아! 강낭콩꽃보다도 더 푸른
그 물결 위에
양귀비꽃보다도 더 붉은
그 마음 흘러라.

## 핵심정리

- ▷ **갈래** 자유시, 서정시
- ▷ **운율** 4음보의 율격
- ▷ **성격** 민족주의적, 예찬적, 추모적
- ▷ **심상** 시각적 심상 (푸른 색과 붉은 색의 대조)
- ▷ **어조** 경건하고 도도한 어조 (감정의 상승 효과를 노리면서도 절제함)
- ▷ **표현** 반복적, 대조법, 비교법, 영탄법
- ▷ **주제** ① 민족의 역사에 길이 빛날 논개의 희생적 애국심
  ② 헌신적 애국심 찬양
- ▷ **의의** 민족주의적 열정과 도도하면서도 유유한 어조와 색채의 대비를 통한 시각적 심상의 예술적 승화
- ▷ **특징** ① 색채 이미지 사용 (푸른색 – 붉은 색)
  ② 시 형태가 고전적인 균형미 구축
  ③ 후렴구 (민요 특성과 유사)
  ④ 1923년 3월 발표 : 민족성 확인, 대일 저항 정신
  ⑤ 배열관계 : 동기 → 행위 → 의의

## 이해와 감상

### 1 짜임 분석

- 1연 – 논개의 분노와 애국적 정열 (동기)
- 2연 – 논개의 의로운 죽음 (행위)
- 3연 – 논개의 충혼 추모 (의의)

### 2 작품감상의 구조

| 구성 요소 | 구성 요소의 파악 | 그것이 지닌 의미·효과 | 주제와의 관련성 |
|---|---|---|---|
| 내용 요소 | ① 시적 화자 및 상황 | 시적 화자는 일제치하의 암담한 상황에서 옛날 왜침에 저항했던 논개의 애국심과 충절을 기리고 있다. | 민족주의적 열정과 도도한 어조 및 시각적 이미지의 대비를 통해 '역사에 길이 빛날 논개의 의로운 죽음과 헌신적 애국심'을 드러냄 |
| | ② 소재의 특징 | ㉠ 당시 ≪백조≫ 동인들이 퇴폐적·감상적 시를 쓰고 있을 때 논개를 소재로 하여 민족정신을 드러낸 작품이어서 의미가 크다.<br>㉡ '강낭꽃', '아미', '석류' 등 토속적이고 전통적인 소재를 통해 주제를 효과적으로 드러냈다. | |
| | ③ 내용 전개 | 각 연이 '논개의 동기 → 논개의 행위 → 논개의 의의' 등으로 드러나 내용이 구조적으로 잘 짜여 있다. | |
| 형식 요소 | ① 후렴 | '아! 강낭콩꽃보다도 ~ 그 마음 흘러라'의 후렴구를 반복하여 주제를 강조하였다. 민요의 영향을 받은 것으로 볼 수 있다. | |
| | ② 4음보 위주의 운율 | 4음보의 장중하고 유장한 리듬을 통해 논개의 애국심에 대한 주제를 효과적으로 드러내고 있다. | |
| 표현 요소 | ① 색채의 대조와 반복 (시각적 이미지) | 푸른 물결과 붉은 마음의 시각적 이미지를 대립시키는 방법으로 논개의 정열을 강조하고 있다. | |
| | ② 대구법 | 1~2연의 1~2행과 3~4행이 같은 구조의 대구를 이루면서 논개의 애국적 정열을 잘 드러낸다. | |
| | ③ 비교법, 대조법, 반복법의 사용 | 비교와 대조 및 반복을 통해 논개의 애국심을 효과적으로 표현하고 있다. | |

### ③ 감상의 길잡이

시의 소재나 주제를 거의 충신, 열녀 등과 관련하여 선택하고 있는 것에서 알 수 있듯이 변영로의 시 세계의 특징은 민족애에 있다. 「논개」도 그러한 변영로의 시 세계를 드러내는 작품이다.

총 3연으로 구성되어 있는데 1연은 논개의 애국적 정열을 노래한다. 왜적에 대한 논개의 분노는 민족애에서 우러나온 것이기에 '거룩한 분노'라는 숭고미를 띠는 감정으로 표현하고 있다. 후렴구의 '푸른 물결'은 역사의 영원성을 상징하며 '붉은 마음'은 논개의 민족애를 상징한다. 따라서 '아! 강낭콩꽃보다도 더 푸른 / 그 물결 위에 / 양귀비꽃보다도 더 붉은 / 그 마음 흘러라.'는 민족사의 영원성과 동시에 논개의 충성심도 영원하리라는 찬양이다.

2연은 논개의 죽음의 순간을 표현하고 있다. '그 석류 속 같은 입술 / 죽음을 입맞추었네'는 죽음의 순간을 표현한 구절인데 논개의 죽음을 탐미적 기교로 미화하고 있다.

3연은 후렴구와 동일한 내용을 상이한 표현 속에서 반복하는데 그러한 반복 속에서 푸른 강물과 거기에 떨어진 여인의 붉은 정열이 선명하게 대조된다.

동일한 시대의 ≪백조≫ 동인들이 암울한 시대 상황 속에서 퇴폐적이고 감상적인 시를 쓰고 있을 때 발표된 작품이라 그 의미가 더욱 크다.

## ■ 중요 내용 정리

### 01 표현상의 특징

① **색채의 대조와 반복** : 민족사의 영원성, 논개의 민족애를 찬양하는 민족주의적 주제를 선명하게 부각시키기 위해 작품 전체에 일관되게 충성심 혹은 절개를 상징하는 '붉은 마음'을 '푸른 물결'과 대립시키는 방법으로 논개의 정열을 강조하고 있으며, 이 이미지가 각 연의 후렴에 반복적으로 나타나 이 시의 중심 이미지를 형성하고 있다.

② **대구법, 비교법** : '아! 강낭콩꽃보다도 더 푸른 / 그 물결 위에 / 양귀비꽃보다도 더 붉은 / 그 마음 흘러라.'라는 구절이 각 연에 반복되어 일종의 후렴구 역할을 하고 있으며, 1연과 2연의 1~4행 그리고 각 연의 후렴구가 모두 동일하게 대구법과 비교법이 사용되는 등 매우 강한 정형성을 가지고 있다.

③ **소재의 토속성** : 전통적인 주제를 다루고 있으면서도 '강낭콩꽃', '양귀비꽃', '아미', '석류'와 같은 토속적 분위기의 소재를 빌어 참신한 이미지 효과를 배가시키고 있다.

### 02 1920년대 초의 시대적 상황

1920년대 초 백조의 동인들은 일제 치하의 암울한 상황에 절망하며 퇴폐적이고 감상적인 시들을 썼다. 이때 300여년의 시간을 뛰어 넘어 '논개'를 노래한 변영로는 시를 통해 민족 의식을 고취시키려 했다. 이러한 저항적 색채 때문에 이 시가 실린 『조선의 마음』은 발간 직후 일제로부터 판매 금지 및 압수령을 받게 된다.

## 예상문제

※ (1~4) 다음 작품을 읽고 물음에 맞게 답하시오.

(가)
　　거룩한 분노는
　　종교보다도 깊고
　　불붙는 정열은
　　사랑보다도 강하다.
　　아! 강낭콩꽃보다도 더 푸른
　　그 물결 위에
　　양귀비꽃보다도 더 붉은
　　그 마음 흘러라.

　　아리땁던 그 아미(蛾眉)
　　높게 흔들리우며
　　그 석류(石榴) 속 같은 입술
　　죽음을 입맞추었네
　　아! 강낭콩꽃보다도 더 푸른
　　그 물결 위에
　　양귀비꽃보다도 더 붉은
　　그 마음 흘러라.

　　흐르는 강물은
　　길이길이 푸르르니
　　그대의 꽃다운 혼(魂)
　　어이 아니 붉으랴
　　아! 강낭콩꽃보다도 더 푸른
　　그 물결 위에
　　양귀비꽃보다도 더 붉은
　　그 마음 흘러라.

　　　　　　　　　　　　- 변영로, 「논개」

(나)
　　잃어버렸습니다.
　　무얼 어디다 잃었는지 몰라
　　두 손이 주머니를 더듬어
　　길에 나아갑니다.

　　돌과 돌과 돌이 끝없이 연달아
　　길은 돌담을 끼고 갑니다.

담은 쇠문을 굳게 닫아
길 위에 긴 그림자를 드리우고

길은 아침에서 저녁으로
저녁에서 아침으로 통했습니다.

돌담을 더듬어 눈물짓다
쳐다보면 하늘은 부끄럽게도 푸릅니다.

풀 한 포기 없는 이 길을 걷는 것은
담 저 쪽에 내가 남아 있는 까닭이고,

내가 사는 것은 다만,
잃은 것을 찾는 까닭입니다.

- 윤동주, 「길」

(다)
    그 날이 오면 그 날이 오면은
    삼각산이 일어나 더덩실 춤이라도 추고
    한강물이 뒤집혀 용솟음칠 그 날이
    이 목숨이 끊기기 전에 와 주기만 하량이면
    나는 밤하늘에 날으는 까마귀와 같이
    ㉠종로의 인경(人磬)을 머리로 들이받아 울리오리다.
    두개골은 깨어져 산산조각이 나도
    기뻐서 죽사오매 오히려 무슨 한이 남으오리까.

    그 날이 와서 오오 그 날이 와서
    육조(六曹) 앞 넓은 길을 울며 뛰며 딩굴어도
    그래도 넘치는 기쁨에 가슴이 미어질 듯하거든
    ㉡드는 칼로 이 몸의 가죽이라도 벗겨서
    커다란 북을 만들어 들쳐 메고는
    여러분의 행렬에 앞장을 서오리다.
    우렁찬 그 소리를 한 번이라도 듣기만 하면
    그 자리에 거꾸러져도 눈을 감겠소이다.

- 심훈, 「그날이 오면」

1. 위의 세 작품에서 공통되는 주제인 '애국심'을 각 작품에서 가장 두드러지게 표현한 요소와 그 예 및 그것의 효과를 각각 밝히시오.

   **예상답안**

   (가) ① 비교(대조) : '양귀비꽃보다 붉은 그 마음' / 또는 '불붙는 정열은 사랑보다 강하다'
   　　　효과 : 비교를 통해 어떤 대상보다 두드러지는 논개의 애국심을 잘 표현
   　　② 반복 : '아! 강낭콩꽃보다도 더 푸른 / 그 물결 위에 / 양귀비꽃보다도 더 붉은 / 그 마음 흘러라.' 또는 시의 구조
   　　　효과 : 반복을 통해 주제를 강조
   (나) 상징 : 하늘 – 해방, 이상(길 – 해방의 탐색 과정) / 쇠문(돌담) – 일제하의 암울한 현실
   　　　효과 : '돌담'이나 '쇠문'으로 막힌 일제 현실에서 '하늘'을 찾아가는 '길'을 통해 해방의 의지를 잘 표현하고 있음
   (다) 역설(시적 역설) : 삼각산이 일어나 더덩실 춤이라도 추고 / 한강물이 뒤집혀 용솟음칠 그 날이
   　　　효과 : 불가능한 상황(모순)의 설정을 통해 조국 광복에 대한 신념을 더욱 효과적으로 표현했음

2. (나)과 (다)는 시대적 배경과 주제가 비슷하지만, 어조가 다르다. 각 작품의 어조와 그것이 달리 나타난 이유를 밝히시오.

   **예상답안**

   ① 어조 : (나) 고뇌와 성찰 (= 반성적, 성찰적)
   　　　　(다) 격정과 환희 (= 격정적, 호소적, 의지적)
   ② 다른 이유 :
   　　(나)는 일제하의 현실에서 겪는 고난(갈등)을 드러내었고, (다)는 해방된 미래의 상황을 가정하여 드러내었기 때문 ((다)는 식민지라는 현실 상황 없이 그날의 열망을 드러내고 있음)

3. (나) 작품의 내용을 바탕으로 윤동주 시 전반을 이해할 수 있게 아래와 같은 표를 만들려고 한다. 아래 ①, ②에 적절한 내용을 각각 제시하라. (아래 항목에 제시)

   | 시적 상황 | 시인의 지향 | → | 개인적 : 소망하는 세계 동경<br>역사적 : 조국 해방에 대한 의지 |
   |---|---|---|---|
   | | ↑ | | |
   | | ① _____ | ← | 작품에 드러난 내용 |
   | | ↑ | ← | (치열한 자아성찰) |
   | | ② (괴로움의 원인) : _____ | | |

   **예상답안**

   ① 욕됨, 괴로움, 부끄러움을 느끼고 있음
   ② (괴로움의 원인) : 나라를 잃은 상황에서 적극적으로 저항하는 삶을 살지 못하기 때문

4. (다)에서 밑줄 친 ㉠, ㉡과 같은 표현(함께 묶어서)이 사용될 때, 그 효과와 한계에 대해 밝히시오. [2점]

> **예상답안**
> ① 효과 : 강렬한 애국적 열정과 희생정신을 잘 드러냄 – 치열한 저항성 부각
> ② 한계 : 섬뜩하고 격렬한 감정의 직접적 표출 – 현실적인 감각과 시적 균형감을 잃고 있음 (= 형상화되지 않은 표현)

## 작품 2  봄비 (신생활, 1922년)

나즉하고 그윽하게 부르는 소리 있어
나아가 보니, 아, 나아가 보니 —
졸음 잔뜩 실은 듯한 젖빛 구름만이
무척이나 가쁜 듯이, 한없이 게으르게
푸른 하늘 위를 거닌다.
아, 잃은 것 없이 서운한 나의 마음!

나즉하고 그윽하게 부르는 소리 있어
나아가 보니, 아, 나아가 보니 —
아렴풋이 나는 지난날의 회상같이
떨리는 뵈지 않는 꽃의 입김만이
그의 향기로운 자랑 앞에 자지러지노라!
아, 찔림 없이 아픈 나의 가슴!

나즉하고 그윽하게 부르는 소리 있어
나아가 보니, 아, 나아가 보니 —
이제는 젖빛 구름도 꽃의 입김도 자취 없고
다만 비둘기 발목만 붉히는 은실 같은 봄비만이
소리도 없이 근심같이 나리누나!
아, 안 올 사람 기다리는 나의 마음!

### ▌핵심정리

▷ **갈래**  자유시, 서정시
▷ **성격**  낭만적, 감상적, 기교적
▷ **특징**  ① 동일한 구절 반복
　　　　② 동일한 통사구조 활용
▷ **제재**  봄비
▷ **주제**  ① 봄비 속의 순수한 감회
　　　　② 봄비 속에서 오지 않을 사람을 기다리는 애타는 마음

## 이해와 감상

### 1 짜임 분석
- 1연 – 봄비가 오기 전 하늘의 모습
- 2연 – 봄비가 오기 전에 핀 꽃의 향기
- 3연 – 봄비 속에서 님을 기다리는 마음

### 2 작품감상의 구조

| 구성<br>요소 | 구성 요소의 파악 | 그것이 지닌 의미·효과 | 주제와의<br>관련성 |
|---|---|---|---|
| 내용<br>요소 | ① 시적 화자 및 화자의 상황 | 시적 화자는 봄비가 오기 전의 분위기를 드러내다가 봄비가 내리자 기다리는 사람에 대한 마음을 노래하고 있다. | 봄비 속의<br>순수한 감회,<br>봄비 내리는<br>날의 기다리는<br>마음 |
| | ② 봄비를 드러내는 소재 | '젖빛 구름, 꽃의 입김, 은실' 등은 모두 연약하고 부드러운 존재로 봄비의 이미지를 잘 드러내었다. | |
| | ③ 여성적 어조 | '서운하고, 아프고, 기다리는' 등의 내용을 통해 여성적 어조를 잘 드러냈다. | |
| 형식<br>요소 | ① 유장한 리듬 | 각 연의 첫 부분에 '나즉하고 그윽하게 부르는 소리 있어 나아가 보니, 아, 나아가 보니'를 반복하여 전체의 통일성을 주고 유장한 리듬감을 잘 살려 준다. | |
| | ② 명사형으로 끝맺은 각운의 효과 | 각 연을 명사형으로 끝맺어 리듬감을 주고, 여운을 잘 살려 준다. | |
| | ③ 유사한 형태의 연 반복 | 각 연의 1~2행과 6행은 유사한 통사구조를 지녀 전체를 통일성 있게 파악할 수 있다. | |
| 표현<br>요소 | ① 봄비의 형상화가 두드러짐 | '젖빛 구름, 꽃의 입김, 은실' 등은 가냘프고 연약한 봄비를 잘 형상화한 것이다. | |
| | ② 영탄법 | '– 누나!, 노라' 등의 영탄조의 의미 사용은 이 작품을 보다 더 낭만적 분위기로 만들어 주는데 기여하고 있다. | |
| | ③ 의인화, 비유 등의 사용 | '졸음을 실은', '꽃의 입김', '은실 같은' 등의 비유를 사용하여 주제를 효과적으로 드러내었다. | |

### 3 감상의 길잡이

1920년대 전반기 한국 서정시의 정상을 보여 주는 이 작품은 「논개」와는 달리 고요하고 잔잔한 시정(詩情)을 세련되고 섬세한 시어로서 유려하게 노래하고 있다.

이 시는 '소리도 없이 근심같이' 내리는 봄비를 바라보는 시인의 애틋한 감정을 실은 낭만적인 서정시이다. 봄날에 내리는 비를 보는 시인의 마음은 서운하기도 하고 또한 이유 없이 아프기만 하다. 그 이유는 제3연에서 밝혀져 있듯이 오지 않을 사람을 기다리는 심정 때문이다.

각 연의 1~2행에서는 공통적으로 '나즉하고 그윽하게 부르는 소리 있어 / 나아가 보니, 아 나아가 보니 ―'를 반복하여 봄비의 부름과 그에 대한 시인의 정감을 한 문맥에 접맥시키고 있으며, '– 노라', '– 누나!' 등의 영탄조의 의미 사용은 이 작품을 보다 더 낭만적 분위기로 만들어 주는 데 기여하고 있다. 또한 '나아가 보니, 아, 나아가 보니 ―'와 같은 반복구는 시의 리듬을 교묘하게 살리는 데 효과적인 표현법이 된다.

각 연의 마지막 행은 봄비 내리는 모습을 보고 느낀 시적 자아의 마음을 '서운하고', '아프고', '기다리는' 것으로 나타내고 있다. 그러므로 여성 편향적 어조와 함께 시인의 감각적인 통찰로 빚어진 이 작품의 아름다운 정감과 선율은 그윽하고 부드럽다. 은실같이 내리는 봄비를 보면서 오지 않을 누군가를 기다리는 작자의 마음을 형상화하고 있다.

## ▮ 중요 내용 정리

### 01 '봄비'의 의미

이 시에서 봄비는 푸른 하늘의 구름, 스스로를 뽐내는, 그러면서도 연약한 숨결을 느끼게 하는 꽃, 비둘기 발목을 붉히는 은실 등과 비슷하다. 이 시는 이러한 비교를 통해 봄비를 묘사한다. 물론 표면상으로 이것들은 봄비가 아니다. 그러나 그러한 혼동이 있었던 것은 유사성이 있었던 때문이다. 열거된 것들은 다같이 여리고 가냘픈 것들이다. 그리하여 그것들은 거의 존재하지 않은 것에 가깝다. 말하자면 그것들은 존재와 무의 접선에서 숨쉬고 있는 것들이다. 힘겨운 구름의 존재가 그러하고 '뵈지 않는 입김'을 숨쉬는 꽃의 모습이 그러하고, 소리 없이 내리는 봄의 이슬비가 그러하다.

### 02 세련된 수사들

변영로는 1920년대 초반의 시인들 사이에서, 능숙한 시어의 구사와 참신한 비유, 그리고 미묘한 형용과 세련된 기교로 시를 지었던 시인으로 알려져 있다. 「봄비」에 나타난 수사만 보더라도 1연의 3행과 5행 사이에서 직유와 복합되어 나타나는 활유, 2연의 3행 이하에서 보이는 직유와 복합된 은유, 그리고 마지막 연 중 가늘게 내리는 봄비의 묘사에서 보이는 참신한 비유와 언어의 절제미는 뛰어나다.

## 박팔양 朴八陽

1905 ~ ?
필명은 금려수(金麗水). 여수(麗水). 경기 수원 출생

▷ **작가의 특징**
1. 1940년 ≪문장≫지에 「봉선화」가 추천되고, 1941년 〈동아일보〉에 「낙엽」이 당선되어 등단하였다.
2. 전통적 제재를 취한 회고적 작품이 주류를 이루며, 섬세한 언어를 잘 구사하여 아취 있고 향수어린 독특한 시 세계를 형성하였다.

▷ **주요 작품**
시조집: 『초적』, 『이단의 시』, 『목석의 노래』 등

### 작품 1 밤차 (조선지광, 1927년)

추방되는 백성의 고달픈 백(魄)을 실고
밤차는 헐레벌떡어리며 달어난다
도망군이 짐싸가지고 솔밭길을 빠지듯
야반(夜半) 국경의 들길을 달리는 이 괴물이여!

차창밖 하늘은 내 답답한 마음을 닮었느냐
숨맥힐 듯 가슴 터질 듯 몹시도 캄캄하고나
유랑(流浪)의 짐 우에 고개 비스듬히 눕히고 생각한다
오오 고향의 아름답든 꿈이 어디로 갔느냐

비닭이*집 비닭이장같이 오붓하든 내 동리
그것은 지금 무엇이 되었는가
차바퀴 소리 해조(諧調)*마치 들리는 중에
희미하게 벌려지는 괴로운 꿈자리여!

북방 고원의 밤바람이 차창을 흔든다
(사람들은 모다 피곤히 잠들었는데)
이 적막한 방문자여! 문 두드리지 마라
의지할 곳 없는 우리의 마음은 지금 울고 있다

그러나 기관차는 야음(夜音)을 뚫고 나가면서
'돌진! 돌진! 돌진!' 소리를 질른다
아아 털끝만치라도 의롭게 할 일 있느냐
아까울 것 없는 이 한 목숨 바칠 데가 있느냐

피로한 백성의 몸 우에
무겁게 나려 덥힌 이 지리한 밤아
언제나 새이랴냐 언제나 걷히랴냐
아아 언제나 이 괴로움에서 깨워 일으키랴느냐

\* 비닭이 : 비둘기
\* 해조 : 아름다운 가락

## ■ 핵심정리

▷ **갈래** 자유시, 카프시
▷ **성격** 격정적
▷ **율격** 내재율
▷ **제재** 밤차, 유랑민
▷ **주제** 추방당하는 유랑민의 비애

## 이해와 감상

### 1 짜임 분석

- 1연 – 추방당하는 백성을 싣고 달리는 밤차
- 2연 – 하늘을 통해 보는 시적 자아의 심정
- 3~4연 – 과거에 살아왔던 곳에 대한 회상
- 5연 – 어둠을 뚫고 달리는 기차를 보며 의로운 일을 향한 결의를 다짐
- 6연 – 어둠에서 깨어나고 싶은 화자의 심정

### 2 작품감상의 구조

| 구성<br>요소 | 구성 요소의 파악 | 그것이 지닌 의미·효과 | 주제와의<br>관련성 |
|---|---|---|---|
| 내용<br>요소 | ① 시적 자아와 상황 | 일제 식민지 하에서 유이민이 되어 고향을 떠나는 기차에서 추방당하는 설움과 결의를 담고 있다. | 추방당하는<br>유랑민의 비애 |
| | ② 카프시의 내용과 서정성의 결합 | 농민의 빈궁한 삶, 일제 식민지 하에서 유이민이 되어 떠나는 상황, 암담한 현실 속 결의 전망을 담아내면서도 그것을 서정성 짙게 드러내어(3연) 일반적인 카프시와 차이를 보이기도 한다. | |
| 형식<br>요소 | ① 각운 | '~느냐'의 각운의 사용으로 운율감을 형성하고 있다. | |
| | ② 시어의 특징 | '괴물이여, 기차, 추방, 고달픈, 헐레벌떡거리며, 달아난다, 답답한, 숨맞칠 듯, 가슴 터질 듯' 등의 시어를 사용하여 피압박의 이미지를 드러내고 있다. | |
| 표현<br>요소 | ① 영탄법 | '괴물이여!, 꿈자리예!' 등의 영탄법을 사용하여 시적 자아의 고달픈 심정을 강하게 표현했다. | |
| | ② 비유와 상징 | 1~3연에서 부분적으로 직유가 나타나고, '밤' 등의 상징에 의한 표현이 나타나 주제를 잘 드러냈다. | |

## ③ 감상의 길잡이

김여수(金麗水)라는 이름으로도 많은 시를 발표한 박팔양은 임화를 중심으로 한 단편 서사시 계열과는 달리 서정성이 짙은 프롤레타리아 시를 주로 창작하였다. 이러한 서정성은 일찍이 ≪요람≫을 만들기도 하였던 시적 감수성이기도 한데, 이러한 성격에서 그는 초기 계급 문단에 관여하기도 하고 1930년대 중반 '구인회'에 가담하기도 한다.

이 시는 추방당하는 유랑민의 비애를 거친 호흡과 직설적인 어법으로 노래하고 있는 작품으로, 각 연의 영탄적 표현에서 보듯 박팔양의 젊은 시절의 낭만적 어조가 짙게 배어 있다. 이 시에는, '숨맥힐 듯 가슴 터질 듯'한 '추방되는 백성'의 회한과 '무겁게 나려 덥힌 지리한' 국경의 밤의 이미지가 '괴물' 같은 기차의 이미지와 연관되어 식민지 현실의 어두움이 짙게 깔려 있다. 주된 시어도 '추방', '고달픈', '헐레벌덕이며', '달어난다', '답답한', '숨맥힐 듯', '가슴 터질 듯', '캄캄하고나', '괴로운', '적막한', '피로한', '무겁게', '나려 덥힌' 등에서 보듯 피압박의 이미지가 직설적으로 드러나는 어휘들이 대부분이다.

이 시의 시적 자아는 '추방되는 백성'으로, 그는 '백성'이라는 시어에서 보듯 나 혼자만이 아닌 식민지 백성 전체를 대유한다. 그리하여 2연의 1행 '내 답답한 마음'은 4연 마지막 행의 '의지할 곳 없는 우리의 마음'으로 밤차를 타고 있는 모든 승객 모든 유랑객의 마음으로 확대되고 있다. 그들은 모두 '비닭이장' 같은 오붓한 고향을 등지고 '도망군'처럼 '솔밭길을 빠지듯' 정처 없는 유랑의 길을 나선 신세들이다. 그들은 새로운 땅을 찾아 밤차에 몸을 실어 낯선 북방의 산하를 헤맬 것이지만, 그 어디에도 그들을 따스하게 맞아 줄 '아름답든 꿈'은 없으리란 것을 그들 자신도 잘 알고 있다. 그들의 마음은 단지 '숨맥힐 듯 가슴 터질 듯 몹시도 캄캄'할 뿐이다. 모두 피곤히 잠들어 보이지만 사실 그들은 말없이 울고 있을 뿐인데, 차창에는 북국의 거친 바람이 부딪히고, '괴물' 같은 밤차는 이러한 백성들의 마음에는 아랑곳없이 그저 '돌진'할 뿐이다.

그러나 시적 자아는 이러한 추방된 백성으로 괴로워하면서도, 한편으로는 무엇인가 의롭게 할 일, '아까울 것 없는 이 한 목숨 바칠 데'를 찾는다. 그것만이 이 괴로움에서 백성들을 깨워 일으킬 수 있는 유일한 길이기 때문이다. 추방의 원인이, '고향의 아름답든 꿈'이 사라지고 '비닭이장' 같은 평화로운 고향이 지금은 황폐화된 것에서 보듯, 식민지 현실의 질곡에 있는 한, 시적 자아는 그러한 구조적 모순을 타파하는 데에 한 목숨을 바치려 할 것이다. 또한 이것이야말로 서정성 짙은 프롤레타리아 시를 통한 박팔양의 작품 행동인 것이다.

## ▷ 박세영 朴世永

1902~1989
시인. 경기도 고양 출생. 《염군》 동인. 카프에 참여

▷ **작가의 특징**
1. 1924년 9월 귀국하여 진보적 문화단체인 《염군》의 동인으로 참가했다.
2. 조선프롤레타리아예술가동맹(KAPF)에 가맹하여 프롤레타리아 시인으로 활동했다.
3. 시 「해빈의 처녀」(1925)를 내놓은 후 「타작」(1928), 「야습」(1930), 「산제비」(1936) 등을 발표했다.

▷ **주요 작품**
시집 : 『산제비』(1937)

### 작품 1   산제비 (낭만, 1936년)

남국에서 왔나,
북국에서 왔나,
산상(山上)에도 상상봉(上上峰),
더 오를 수 없는 곳에 깃들인 제비.

너희야말로 자유의 화신 같구나,
너희 몸을 붙들 자(者) 누구냐,
너희 몸에 알은 체할 자 누구냐,
너희야말로 하늘이 네 것이요, 대지가 네 것 같구나.

녹두만한 눈알로 천하를 내려다보고,
주먹만한 네 몸으로 화살같이 하늘을 꿰어
마술사의 채찍같이 가로 세로 휘도는 산꼭대기 제비야
너희는 장하구나.

하루 아침 하루 낮을 허덕이고 올라와
천하를 내려다보고 느끼는 나를 웃어 다오,
나는 차라리 너희들같이 나래라도 펴 보고 싶구나,
한숨에 내닫고 한숨에 솟치어
더 날을 수 없이 신비한 너희같이 돼보고 싶구나.

창(槍)들을 꽂은 듯 희디흰 바위에 아침 붉은 햇발이 비칠 때
너희는 그 꼭대기에 앉아 깃을 가다듬을 것이요,
산의 정기가 뭉게뭉게 피어오를 때,
너희는 맘껏 마시고, 마음껏 휘정거리며 씻을 것이요,
원시림에서 흘러나오는 세상의 비밀을 모조리 들을 것이다.

멧돼지가 붉은 흙을 파헤칠 때
너희는 별에 날아볼 생각을 할 것이요,
갈범이 배를 채우려 약한 짐승을 노리며 어슬렁거릴 때,
너희는 인간의 서글픈 소식을 전하는,
이 나라에서 저 나라로 알려주는
천리조(千里鳥)일 것이다.

산제비야 날아라,
화살같이 날아라,
구름을 휘정거리고 안개를 헤쳐라.

땅이 거북등같이 갈라졌다.
날아라 너희들은 날아라.
그리하여 가난한 농민을 위하여
구름을 모아는 못 올까,
날아라 빙빙 가로 세로 솟치고 내닫고,
구름을 꼬리에 달고 오라.

산제비야 날아라,
화살같이 날아라,
구름을 헤치고 안개를 헤쳐라.

## 핵심정리

▷ **갈래** 자유시, 카프시
▷ **성격** 상징적, 격정적
▷ **제재** 산제비
▷ **주제** 자유의 추구와 혁명적 낭만주의 이상의 구현

## 이해와 감상

### 1 짜임 분석

- 1~3연 – 하늘을 자유롭게 날면서 세상을 바라보고 있는 제비의 모습
- 4연 – 시적 자아의 산제비에 대한 동경
- 5~6연 – 자유, 신비의 형상인 제비
- 7~9연 – 자유와 해방의 추구에 대한 염원

## ② 작품감상의 구조

| 구성 요소 | 구성 요소의 파악 | 그것이 지닌 의미·효과 | 주제와의 관련성 |
|---|---|---|---|
| 내용 요소 | ① 시적 화자 및 화자의 상황 | 시적 화자는 식민지 상황 속에서 지성인이 추구해야 할 자유 의지를 산제비를 통하여 표출하고 있다. | 자유의 추구와 혁명적 낭만주의의 이상의 구현 |
| | ② 카프시의 성격 | 당대의 궁핍한 농촌 현실에 대한 인식, 일제 식민지로 인한 모순의 인식, 암울한 현실 속 결의·전망의 내용이 8연에 담겨 있다. | |
| | ③ 단편서사시(이야기시, 서술시)의 성격 | 카프에서 추구한 단편서사시(서술시)로서 이야기시 속에 카프 이념의 내용을 담아 제시했다. | |
| 형식 요소 | ① 어미의 변화에 따른 내용의 제시 | 1~4연은 감탄형으로 산제비의 모습에 대한 감탄을 드러내었고, 5~6연은 평서형으로 산제비에 대한 단정을 내렸으며, 7~9연은 명령형으로 산제비가 해야 할 일을 제시했다. | |
| | ② 전반부의 서술체와 후반부의 운문체 | '산제비'의 상징적 의미가 변화하는 것을 기준으로 전반부(1~6연)와 후반부(7~9연)로 나누는데, 그에 따라서 시의 문체도 전반부는 서술체이며, 후반부는 간결한 운문체로 변화한다. | |
| | ③ 반복법 | 일정한 통사구조의 반복, 즉 7연과 9연의 반복을 통해 의미를 강조하고 있다. | |
| 표현 요소 | ① 상징 | '산제비(자유의 화신, 신비에 찬 이상적인 형상, 해방을 몰고 올 전사, 사회주의)'를 통해 주제를 효과적으로 드러냈다. | |
| | ② 산제비의 인격화 | 자연물인 산제비에 인간적 가치를 부여하여 작자가 추구하려는 사상이나 이념을 제시하고 있다. | |

## ③ 감상의 길잡이

박세영은 초기에는 주로 서술시를 발표하여, 사회적인 이념이나 사상을 표출하고 민중의 아픔을 드러내는 데 주안점을 두었는데, 이러한 특징의 시들이 한데 모인 성과물이 바로 시집 『산제비』이다. 이 시집에서 박세영은 당대의 궁핍화된 농촌 현실에 대한 탄식과 식민지 시대의 박탈감을 짙게 드러내고 있는데, 이렇듯 그의 시는 당대의 현실에 대한 정확하고도 날카로운 응전력을 지니고 있는 것이라고 할 수 있다.

그의 대표작 「산제비」는 식민지 상황 속에서의 지성인이 추구하는 자유 의지를 '산제비'를 통하여 표출하는 데에 성공하고 있다. 그러나 이러한 자유 의지가 단순히 억눌린 상황 하에서의 억압으로부터의 해방에 그치는 것이 아니라, '그리하여 가난한 농민을 위하여 / 구름을 모아는 못 올까'에서 보는 바와 같이 당대의 농촌 현실에 대한 애정과 식민 통치에 대한 은근한 비판까지도 드러내고 있어서, 지식인의 민중 연대 의식 또는 공동체 의식까지를 넉넉히 담고 있는 것이다. '산제비'는 '자유의 화신'이자 '천리조'이지만, 그저 '녹두만한 눈알로 천하를 내려다보는' 장한 새일 뿐 아니라, 시인이 감히 도달할 수 없는 경지에서 시인 자신의 안일하고 나태한 허위 의식을 꿰뚫어 보는 역사 의식의 소유자이기도 한 것이다. 이 시는 일제하에서 현실을 극복하여 보고자 하는 시인의 의지를 '산제비'에 의탁하여 표현하는 데에 성공한 작품이다.

시의 전반부에서 '산제비'의 상징적 의미는 산의 정기를 받아서 자유롭고 장하며 신비로움으로 가득 찬 이상적인 형상으로 표상된다. 후반부의 '산제비'는 '땅이 거북등같이 갈라진' 가뭄과 '멧돼지'와 '갈범'으로 고통 받는 '가난한 농민'을 위해 해갈(解渴)과 해방의 비를 몰고 올 전사(戰士)로서의 상징적 의미를 지닌다. 7~9연에서 반복하여 나타나는 '날아라', '헤쳐라', '오라' 등의 명령형 어미는 '산제비'에게 부여된 현실적 과제의 급박함을 암시한다. 이러한 '산제비'의 형상은 한국 근대시 문학사에서 혁명적 낭만주의의 이상을 구현한 것으로 평가된다.

## ▷ 정지용 鄭芝溶

1902 ~ 1950
시인. 충청북도 옥천 출생

▷ **작가의 특징**
1. 대학 재학 당시 시「카페 프란스」,「Dahlia」,「바다」,「향수」등을 발표하여 신선한 감각과 이미지를 보여주었다.
2. 1930년대에는 박용철이 주재하는 ≪시문학≫ 동인으로 참가했다.
3. 이미지즘, 모더니즘 경향의 시(지성에 의한 감정의 절제, 이미지의 감각적 형상화)
4. 섬세하고 감각적인 시어와 선명한 이미지를 사용하였다.
5. 신선한 토착어의 활용하였다. 예 「향수」,「고향」
6. 후기시 – 자연 친화적이며 동양적 관조와 고독의 세계를 드러내었다.
7. 조지훈, 박목월, 박두진 등 청록파 시인을 ≪문장≫에 추천하였다.
8. 우리 현대시의 출발점 – 다양한 영향을 미쳤다.

## 작품 1　바다 (시원, 1935년)

오·오·오·오·오· 소리치며 달려가니,
오·오·오·오·오· 연달아서 몰아온다.

간밤에 잠 살포시
머언 뇌성이 울더니,

오늘 아침 바다는
포도빛으로 부풀어졌다.

철썩, 처얼썩, 철썩, 처얼썩, 철썩
제비 날아들 듯 물결 사이사이로 춤을 추어.

## ■ 핵심정리

▷ **갈래** 자유시, 서정시
▷ **성격** 감각적, 역동적, 회화적
▷ **제재** 바다
▷ **주제** 바다의 아름다움과 경이로움

▷ **표현** ① 의인법·직유법의 사용
② 청각적·시각적 심상으로 바다를 형상화
③ 비슷한 시어의 연첩
④ 생명력을 지닌 아침 바다의 모습을 역동적으로 형상화함

## 이해와 감상

### 1 짜임 분석
- 1연 – 밀려갔다 밀려오는 파도 → 시상의 제시 (파도의 반복적인 왕래)
- 2연 – 간밤에 들은 뇌성 → 시련 (바다의 아름다움에 대한 찬탄)
- 3연 – 포도빛으로 부푼 아침 바다 → 성숙 (바다에 대한 관찰)
- 4연 – 춤추듯 출렁이는 파도 → 기쁨 (바다에 동조되는 마음)

## 2 작품감상의 구조

| 구성 요소 | 구성 요소의 파악 | 그것이 지닌 의미·효과 | 주제와의 관련성 |
|---|---|---|---|
| 내용 요소 | ① 시적 화자 및 화자의 상황 | 아침 바다의 아름다운 모습을 바라보고 있다. | 바다의 아름다움을 감각적 심상을 사용하여 효과적으로 드러냄 |
| | ② 이미지즘의 특징 | '아침 바다의 아름다움'을 관찰하여 회화적·시각적 풍경으로 드러냈다. | |
| 형식 요소 | ① 의성어·의태어에 의한 운율 형성 | ㉠ '오·오·오·오·오·' 파도가 밀려오는 모습을 감각적으로 표현하기 위해 시어를 연첩시켜 리듬감을 형성하였다.<br>㉡ '철썩, 처얼썩'의 규칙적 반복을 통해 리듬감을 형성하였다. | |
| 표현 요소 | ① 의성어, 의태어 | ㉠ '오·오·오·오·오·' : 파도가 밀려오는 소리와 모습을 감각적으로 표현하여 바다의 생동감 있는 모습을 효과적으로 드러냈다.<br>㉡ '철썩, 처얼썩' : 파도가 치는 모습을 시각적으로 제시하여 바다의 생동감 있는 모습을 제시하고 있다. | |
| | ② 이미지에 의한 감각적 표현 | 1~2연은 청각적 심상, 3연은 시각적 심상, 4연은 청각적, 시각적 심상이 동시에 나타나 바다의 역동적인 모습을 보여주고 있다. | |
| | ③ 의인화, 비유에 의한 표현 | '달려가니, 몰아온다', '춤을 추어' 등에서 의인화가 나타나고, '제비 날아들 듯'에서 비유가 사용되어 주제를 효과적으로 드러냈다. | |

## 3 감상의 길잡이

① 1연 : 파도가 끊임없이 밀려오는 바다의 모습을 감각적으로 표현하기 위해 비슷한 시어를 연첩시켰다.
② 2연 : 깊은 잠을 이루지 못하고 멀리서 들려오는 뇌성까지 듣고 있는 화자의 모습이 드러난다.
③ 3연 : 간밤의 뇌성을 견딘 아침 바다는 선명한 포도빛에 비유될 아름다움을 지니고 있다.
④ 4연 : 바다의 물결이 제비가 날아들 듯한 시각적 모습으로 인식되고 있다. 바다에서 생명의 약동을 구체적 형상으로 파악하고 있다.

  1연과 2연은 청각적 심상, 3연은 시각적 심상, 4연은 청각적, 시각적 심상이 동시에 나타나 있다. 이러한 심상을 통해 파도가 끊임없이 몰려오는 바다의 역동적인 모습을 묘사하여 이미지즘 계열의 시 세계를 보여주고 있다. 섬세하고 예리한 감각을 동원하여 세련된 한국어를 구사하고 있다는 시인에 대한 평가에 걸맞게, 이 시에도 바다의 인상을 주로 청각적 심상으로 표현하고 있다. 즉, 바다를 '오·오·오·오·오·'나 '철썩, 처얼썩, 철썩, 처얼썩, 철썩'과 같이 비슷한 시어를 연첩시켜서, 파도가 끊임없이 밀려오는 모습을 감각적으로 그려내고 있는 것이다. 이런 심상 표현은 시인의 섬세한 감각과 정확한 표현력을 짐작하게 하는 것으로, 그의 시 세계에 비교적 일관적으로 나타나는 현상이다. 이런 언어 탐구를 통하여 시인은 우리 시와 언어를 지키려는 일제 강점기 시인의 '자기 지키기' 노력을 보여 주는 것이라는 해석도 가능하다.

## 작품 2  바다 9 (시원, 1935년)

바다는 뿔뿔이
달어날랴고 했다.

푸른 도마뱀떼 같이
재재발렀다.

꼬리가 이루
잡히지 않었다.

흰 발톱에 찢긴
산호(珊瑚)보다 붉고 슬픈 생채기!

가까스루 몰아다 부치고
변죽을 둘러 손질하여 물기를 시쳤다

이 앨쓴 해도(海圖)에
손을 씻고 떼었다.

찰찰 넘치도록
돌돌 구르도록

희동그란히 받쳐 들었다!
지구는 연닢인양 오므라들고……펴고…….

### 핵심정리

▷ **갈래** 자유시, 서정시
▷ **성격** 역동적, 감각적, 이미지즘
▷ **제재** 바다
▷ **주제** 바다의 감각적 이미지
▷ **표현** ① 다양한 비유 (환유)
　　　　 ② 다양한 음성 상징어 사용
▷ **특징** 대상에 대한 섬세한 묘사

### 이해와 감상

① **짜임 분석**
- 전반부(1~4연) – 움직이는 바다를 역동적으로 표현
- 후반부(5~8연) – 바다를 총괄적으로 관찰

## 2 작품감상의 구조

| 구성 요소 | 구성 요소의 파악 | 그것이 지닌 의미·효과 | 주제와의 관련성 |
|---|---|---|---|
| 내용 요소 | ① 시적 화자 및 화자의 상황 | 이 시의 상황은 두 가지로 볼 수 있는데 첫 번째는 화자가 육지에서 그냥 바다를 바라보는 것이고, 두 번째는 화자가 배를 타고 가면서 바다를 바라보는 상황이다. | 아름답고 신비한 바다의 이미지, 파도치는 푸른 바다의 모습 |
| 내용 요소 | ② 이미지즘 시의 특징 | '파도 치는 바다의 모습'을 관찰하여 회화적·시각적 풍경으로 드러냈다. | |
| 형식 요소 | ① 시상의 전개 1 | 바다를 바라보는 시선의 이동에 따른 구조로 짜여져 있어서 바다의 모습을 효과적으로 드러냈다. | |
| 형식 요소 | ② 시상의 전개 2 | 1~4연은 바다의 특정한 부분을, 5~8연은 바다의 전체적인 모습을 총괄하여 드러내었다. | |
| 형식 요소 | ③ 의성어·의태어의 사용 | 의성어·의태어를 적절히 사용하여 시의 리듬감을 잘 살리고, 바다의 모습을 생동감 있게 제시하고 있다. | |
| 표현 요소 | ① 아름다운 우리말의 사용 | '뿔뿔이', '재재발랐다', '산호보다 붉고 슬픈 생채기', '찰찰', '돌돌', '희동그란히' 등 아름다운 우리말을 사용하여 바다의 신비로운 모습을 잘 그려내었다. | |
| 표현 요소 | ② 이미지에 의한 감각적 표현 | 시 전체에서 이미지에 의한 감각적 표현을 잘 사용하여 바다의 모습을 효과적으로 드러내었다. | |
| 표현 요소 | ③ 다양한 비유 (환유) | 4연과 8연에서 환유에 의한 표현, 2연과 8연에서 직유에 의한 표현이 바다의 모습을 효과적으로 그려내고 있다. | |

## 3 감상의 길잡이

정지용의 초기 시에는 '바다'를 제목으로 했거나, '바다'를 소재로 하여 쓴 작품이 10여 편에 이른다. 이것들은 작품의 질도 우수하여 깊은 인상을 받는 것이 사실이다.

이 시인의 바다로 향하는 상상력은 놀라울 정도로 신선하고 쾌적하며, 신비롭게 펼쳐진다. 상식을 뛰어넘는 시적 경이감으로 가득 찬, 생명의 비의(秘義)를 드러내는 것이다.

전반부(1~4연)는 바다에 가득 차 움직이고 있는 물이랑을 '바다는 뿔뿔이 / 달아나려고 했다 // 푸른 도마뱀떼 같이 / 재재발랐다.'고 묘사한다. 시인은 달리는 배의 갑판 위에서 선미(船尾)에 부서지는 파도를 조망하는지도 모른다. 부서지는 파도가 뿔뿔이 달아나려고 하는 '푸른 도마뱀떼 같이' 무리 지어져 수다스럽고 어지럽게 보인다. 그 물이랑은 뱀처럼 아주 긴 것도 아니고, 그렇다고 일어났다가 금방 없어지는 것도 아닌 도마뱀의 길이다. 이 시의 비범성은 바로 '푸른 도마뱀'이라는 이미지로부터 오고 있다.

'재재발랐다'의 '재'는 '재빠르다'의 '재'처럼 뜻을 더 강하게 하여 주는 접두사로, 접두사 '재'를 두 번이나 거듭 묶어 '사뭇 재치있고 빠르다'(기본형 '재바르다')의 뜻을 표현하고 있어 접두사 묘미를 잘 살리고 있다.

날쌔고 재빠른 물이랑인지라, '꼬리가 이루 / 잡히지 않았다'이며, '흰 발톱에 찢긴 / 산호보다 붉고 슬픈 생채기!'는 물이랑이 이윽고 해변에 부딪쳐 부서지는 포말의 이미지인데, 어떤 의미의 암시보다는 포말의 이미지를 감각적으로 형상화한 것이다.

후반부(5~8연)는 아득히 먼 거리에서 달려온 파도는 해변에 이르자 기진하여 부서진다. 그래서 바다는 '가까스로 몰아다 부치고 / 변죽을 둘러 손질하여 물기를 시쳤다'고 파도의 무력감으로 표현된다.

그러나 그 다음 '이 앨쓴 해도에 / 손을 씻고 떼었다'는 표현은 시인의 상상력이 조형한 해도 구성(海圖構成)의 완료를 뜻하면서, 바다를 정적(靜的)인 세계로 떨어뜨린다. 이제 바다는 깊숙한 그의 깊이로 들어가려고 하는 것이다.

7연은 이른바 음성 상징으로, 바다의 넓은 면적감과 음감(音感)과 넉넉한 양감(量感)을 동시에 나타낸다. '찰찰'이 넘쳐나는 모양의 음감으로, '돌돌'이 가볍게 굴러가는 경쾌감으로, 거대한 바다는 순식간에 용량이 넘치는 포만의 존재가 된다. 이 시의 결구인 제8연은 뛰어난 압구(壓句)이다. 바다를 '희동그란히 받쳐 들었다! / 지구는 연닢인양 오므라들고……펴고…….'로 표현한 것은 상상을 넘어선 경탄의 시구라 할 만하다. 현실적으로는 지구가 있고 지구 위에 바다가 있는 것이지만, 이 시에서는 바다가 주체요, 지구는 어디까지나 바다를 위해서 '연닢인양 오므라들고……펴고…….' 할 뿐인 것이다. 바다와 합일된 시인의 무아경의 세계가 거기 있다. 창조적 상상력이 낳은 '새로운 언어'가 거기 있다.

김환태는 그의 『정지용론』에서 "이 얼마나 아슬아슬한 지성과 감각과 감정의 하모니냐. 우리는 그 속에서 벌써 지성과 감각과 감정을 따로 구별하지 못한다……하나하나가 모두 수정알처럼 완전한 결정(結晶)"이라 하였고, 문덕수 교수는 그의 『한국 모더니즘시 연구』에서 "이미지의 예술적 미감(美感)에서 어떤 조화와 쾌적을 느낄 수 있다."고 했다.

##  중요 내용 정리

### 01 시상 전개 과정

시인 특유의 감정을 배제한 태도, 대상과 일정한 거리를 두고 긴장감 있게 대상을 바라보는 시선, 감각적 이미지의 사용이 이 작품에서도 구현된다고 볼 때 풍경으로서의 바다를 근경과 원경으로 나누어 시상을 전개하고 있다고 볼 수 있다. 전반부는 주로 섬세한 관찰에 의해 대상을 형상화했다면, 후반부는 시인의 상상력에 의해 시선을 확장하여 바다를 지구 밖에서 조망하고 있다.

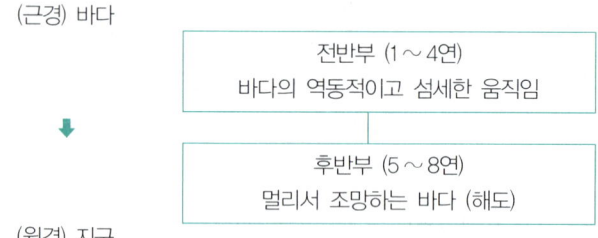

### 02 울림소리, 양성 모음의 사용을 통한 시각적 이미지의 강화

울림소리 'ㄹ'을 반복적으로 사용함으로써 푸른 도마뱀에 비유한 바다의 움직임에 생동감을 부여하고 있다. 특히, '찰찰 넘치도록 / 돌돌 구르도록'에서는 울림소리 'ㄹ'과 양성 모음 'ㅏ, ㅗ'를 반복하여 사용함으로써 역동적인 바다의 이미지를 시각적으로 강화하는 작용을 하고 있다.

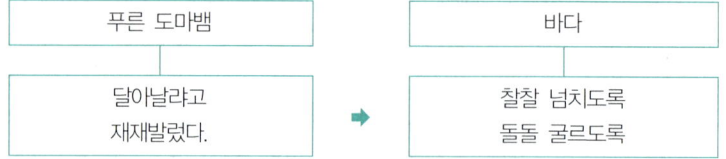

### 03 이 시의 해석상의 이견

이 작품을 어떻게 이해할 것인가에 있어 가장 중요한 것은 시를 어떻게 나누어 읽을 것인가 하는 문제이다. 일반적으로 1~4연과 5~8연으로 구분하여 1~4연은 움직이는 바다를 역동적으로 표현한 부분으로, 5~8연은 바다를 총괄적으로 관찰한 부분으로 나눈다. 또한 1연부터 8연까지의 행위의 주체를 모두 바다로 보는 견해와 1연에서 6연까지는 바다를 주체로, 7연과 8연은 지구를 주체로 보는 견해도 있다.

### 작품 3  고향 (동방평론, 1932년)

고향에 고향에 돌아와도
그리던 고향은 아니러뇨.

산꿩이 알을 품고
뻐꾸기 제철에 울건만,

마음은 제 고향 지니지 않고
머언 항구(港口)로 떠도는 구름.

오늘도 뫼 끝에 홀로 오르니
흰 점 꽃이 인정스레 웃고,

어린 시절에 불던 풀피리 소리 아니 나고
메마른 입술에 쓰디쓰다.

고향에 고향에 돌아와도
그리던 하늘만이 높푸르구나.

### 핵심정리

▷ **갈래** 자유시, 서정시
▷ **성격** 회고적, 낭만적
▷ **제재** 고향
▷ **주제** 고향 상실과 인생무상

### 이해와 감상

① **짜임 분석**
- 기(1연) – 고향에 돌아와 느끼는 고향에 대한 상실감
- 승(2~3연) – 변함없는 고향의 자연과 낯설게 느껴지는 마음
- 전(4~5연) – 변함없는 자연과 변해 버린 인간사
- 결(6연) – 고향에 돌아와서 느끼는 귀향의 허망함

## 2 작품감상의 구조

| 구성 요소 | 구성 요소의 파악 | 그것이 지닌 의미·효과 | 주제와의 관련성 |
|---|---|---|---|
| 내용 요소 | ① 시적 화자 및 화자의 상황 | 고향에 돌아왔지만, 옛날의 모습을 상실해 버린 고향에 대한 그리움과 서운함을 드러내고 있다. | 의인법과 자연적 상황을 통해서 고향에 대한 그리움과 인생무상을 효과적으로 노래하고 있음 |
| | ② 자연과 인간의 대조 | 불변의 자연(2, 4연)과 변해 버린 인간사(3, 5연)를 대비시켜 상실감을 더욱 부각해 주고 있다. | |
| | ③ '고향 상실'의 의미 | 화자가 그리던 고향은 '지난 시절의 꿈과 희망을 간직한 고향'인데, 그 고향이 사라졌다는 것은 실제의 고향이 사라졌다는 의미가 아니라 자신이 간직했던 삶의 의미가 사라졌다는 의미이다. | |
| 형식 요소 | ① 3음보 | '고향에 / 고향에 / 돌아와도'처럼 3음보의 운율을 통해 고향에 대한 아쉬움의 정서를 드러내고 있다. | |
| | ② 수미상관의 구조 | 첫 연과 끝 연을 비교하면 수미상관의 구조가 나타나 구조적 안정감을 주고, 주제를 효과적으로 드러내고 있다. | |
| 표현 요소 | ① 의인법 | '흰 점 꽃이 인정스레 웃고' 이 부분에서 꽃이 웃는다는 의인법을 사용하여 고향의 아름다움을 노래하고 있다. | |
| | ② 이미지에 의한 감각적 표현 | 시각과 청각을 통해 변하지 않은 고향의 모습과 변해버린 인간사를 잘 드러내었다. | |
| | ③ 머언 | 시적 허용을 통해 화자가 느끼는 정서적 거리를 더욱 강조하는 표현이다. | |

## 3 감상의 길잡이

첫 연과 끝 연이 '고향에 고향에 돌아와도'라는 시구로써 대응되면서 내용상으로도 '돌아와 보니 고향은 (시인이) 그리던 그 고향이 아니다'라는 대응을 이루고 있다. 2~3연과 4~5연 역시 대응관계에 있다. 2연과 4연은 그리운 고향의 옛 모습을 추억하는 부분이고, 3연과 5연은 그러나 돌아온 내게 고향은 이전과 같지 않다는 것을 읊조리고 있는 구절이다.

6연으로 되어 있는 꽉 짜여진 고전적인 분위기의 서정시이다. 어릴 때의 추억이 깃들어 있는 고향에 돌아왔지만 이미 그 자신의 추억 속에 담겨 있는 그 '고향'은 현실 속에서 붙잡을 수 없다는 것이 이 시의 내용이다. 자신의 고향에서조차 따스하게 품길 수 있는 '어머니'적인 공간을 발견할 수 없다는 것이 이 시에서 서정적인 비애감을 만들어 낸다. 어릴 때의 환경과 아무 것도 변하지 않은 고향, 그러나 시적 주인공의 영혼은 변했으며, 그것은 그 고향을 둘러 싼 세계의 광대함을 체험했기 때문이다. '마음은 제 고향 지니지 않고 / 머언 항구로 떠도는 구름'이라는 구절에서 우리는 식민지 시대 지식인들의 일반적인 정서의 하나에 마주치게 된다. 그것은 이제 이미 성장하면서 새로운 근대의 물결을 체험해 버린 영혼에게 자신의 '어머니'로서 고향은 그 '근원'에서부터 무너지고 없다는 것이다. 이러한 감정은 김소월에게도 백석에게도 있었다.

## 중요 내용 정리

### 01 고향의 의미

고향을 그리는 '향수'는 두 종류로 이해할 수 있다. 하나는 실재의 고향이 아니라 유토피아나 이상향에 대한 그리움 – 노스탤지어(nostalgia)이며 다른 하나는 실재의 고향을 그리는 홈시키니스(homesickness)이다. 정지용에게 있어 고향은 후자의 경우이다.

그런데 문제는 정지용이 강력한 향수 의식을 갖는 이유가 무엇이냐는 것이다. 그가 현실적으로 어디에 있든 고향에 돌아가고 싶다면 갈 수 있다. 귀향을 방해하는 조건이 있었던 것은 아니다. 이유는 보다 근원적인 곳에서 찾아야 한다. 고향은 실재하나 이미 자기의 고향이 아니라는, 고향 상실의 의식이 있는 것이다. 이 시의 '고향' 모티프는 이런 고향 상실의 의식에서 나왔다. 특히 일제 강점기인 1930년대에는 국가 상실이라는 현실이 이런 고향 상실의 모습으로 표현되는 경우가 많았다.

### 02 표현상의 특징

이 시에서는 '지금의 고향'과 '그리던 고향' 간의 대립이 표현되어 있다. 2, 4연은 지금의 고향을 3, 5연은 지금의 고향에 안주하지 못하고 방황하면서 이전의 고향을 그리워하는 모습을 보여주고 있다. 한편 2행씩 짝을 지어 한 연을 이루고 있으며 대구와 반복으로 리듬감을 조성하고 있다.

### 03 '향수'에서 '고향'으로

정지용에게 '고향'의 의미는 그의 작품 세계의 초기와 후기에 분명하게 구분되어 나타난다. 그리고 그 과정에 '향수'가 놓여 있다. '향수'는 분열된 근대적 자아가 추억할 수 있는 고향의 한 단면을 지니고 있으면서 다른 한편으로는 그곳에 안주할 수 없는 시적 자아의 방황이 함께 드러나 있다. 초기 시가 고향과의 합일된 세계를 드러낸다면, '고향'은 자아가 고향과 분리된 상태인 후기 시에 해당되며, '향수'는 그 분리 과정을 보여 주는 작품이다. 즉, 고향에의 합일과 일탈이라는 정지용의 고향 의식의 변화의 도정에서 '향수'를 발견할 수 있다.

### 04 1930년대의 문학적 상황

1930년대에 접어들면서 이미 문학 의식이 성숙된 독자들은 1920년대 목적 문학이 보여주었던 도식성, 정치성, 이념 지향성을 거부하고 좀 더 수준 높은 예술성, 보다 다양한 철학성의 문학을 요구하게 되었다. 그리고 여기에 부응하여 등장한 것이 1930년대 순수 문학이었으며 모더니즘 문학이었다.

특히 시 분야에서는 목적 문학과 순수 문학 특히 모더니즘 문학이 서로 논쟁을 벌이면서 경쟁적으로 발전하게 된다. 또 이런 문학을 발전적으로 계승한 1930년대 후반의 리얼리즘 문학의 경향들은 일제 파시즘에 대항하고자 했던 민족 문학의 다양한 모습이다.

## 작품 4  향수 (조선지광, 1927년)

넓은 벌 동쪽 끝으로
옛이야기 지줄대는 실개천이 휘돌아 나가고,
얼룩백이 황소가
해설피 금빛 게으른 울음을 우는 곳,

─그 곳이 차마 꿈엔들 잊힐 리야.

질화로에 재가 식어지면
비인 밭에 밤바람 소리 말을 달리고,
엷은 졸음에 겨운 늙으신 아버지가
짚베개를 돋아 고이시는 곳,

─그 곳이 차마 꿈엔들 잊힐 리야.

흙에서 자란 내 마음
파아란 하늘빛이 그리워
함부로 쏜 화살을 찾으려
풀섶 이슬에 함추름 휘적시던 곳,

─그 곳이 차마 꿈엔들 잊힐 리야.

전설 바다에 춤추는 밤 물결 같은
검은 귀밑머리 날리는 어린 누이와
아무렇지도 않고 예쁠 것도 없는
사철 발 벗은 아내가
따가운 햇살을 등에 지고 이삭 줍던 곳,

─그 곳이 차마 꿈엔들 잊힐 리야.

하늘에 성근 별
알 수도 없는 모래성으로 발을 옮기고,
서리 까마귀 우지짖고 지나가는 초라한 지붕,
흐릿한 불빛에 돌아앉아 도란도란거리는 곳,

─그 곳이 차마 꿈엔들 잊힐 리야.

## ▌핵심정리

▷ **갈래** 서정시, 자유시
▷ **성격** 감각적, 묘사적, 향토적
▷ **제재** 고향의 정경, 추억
▷ **주제** 고향에 대한 그리움

▷ **특징** ① 참신하고 선명한 시각적 표현
　　　　② 아름다운 우리말과 서정적 분위기의 조화로 압축된 시적 형상화를 이룸
　　　　③ 토속적이고 원초적인 심상으로 그리움을 부각

## 이해와 감상

### 1 짜임 분석

- 1연 – 평화롭고 한가로운 고향의 모습 : 낙(樂)
- 3연 – 어린 시절의 회상 : 낙(樂)
- 5연 – 단란한 고향 마을의 정겨운 모습 : 낙(樂)
- 2연 – 겨울 밤 풍경과 아버지에 대한 회상 : 고(苦)
- 4연 – 누이와 아내에 대한 회상 : 고(苦)

### 2 작품감상의 구조

| 구성 요소 | 구성 요소의 파악 | 그것이 지닌 의미·효과 | 주제와의 관련성 |
|---|---|---|---|
| 내용 요소 | ① 시적 화자 및 화자의 상황 | 시적 화자는 고향을 떠나 다른 곳에서 어린 시절 고향의 모습을 그리워하고 있다. | 시적 화자의 고향에 대한 그리움을 감각적인 심상을 통해 효과적으로 드러냄 |
| | ② 소재 | 어린 시절 고향을 드러내는 다양한 소재를 통해 고향에 대한 그리움을 잘 드러내었다. | |
| 형식 요소 | ① 후렴구 | '그 곳이 차마 꿈엔들 잊힐 리야'의 후렴구를 통해 고향에 대한 그리움의 정서를 강하게 표현하며 이미지의 통일성을 확보하였다. | |
| | ② 각운 | 각 연마다 우는 곳, 휘적시던 곳 등의 각운의 사용하여 운율감을 형성하였다. | |
| | ③ 삽화적 구성 | 고향에 대한 다섯 가지의 독립적인 추억을 나열하여 고향에 대한 그리움을 잘 드러내었다. | |
| 표현 요소 | ① 역동적인 이미지 | '전설 바다에 ~ 어린 누이와' 부분은 검은 머릿결의 묘사를 통해 사랑스럽고 구김살 없는 어린 누이의 모습을 표현하였다. | |
| | ② 토속적 시어 | 얼룩백이 황소, 풀섶 이슬 등 토속적인 시어를 사용하여 향토적인 분위기를 조성하고 있다. | |
| | ③ 감각적 이미지 | 시각적, 촉각적, 청각적 이미지와 공감각적 이미지 등 다양한 이미지를 통해 고향의 모습을 형상화하였다. | |

## 3 감상의 길잡이

　　정지용의 대표작으로, 고향을 떠난 서정적 자아의 고향에 대한 그리움이 물씬 느껴지는 서정시이다. 시상 전개는 5연이 모두 한컷 한컷의 장면 묘사로 이어져 있다. 그 장면들은 정확한 시어 구사와 절제 있는 감정의 흐름을 통하여 하나같이 사실적이고 원형에 가까운 우리 고향의 모습을 담고 있다. 서정적 자아는 고달프고 초라하지만 정답기 그지없었던 옛 정서를 형상화하고 있다.

　　5개의 연이 병렬적으로 이어지며 매 연마다 '그 곳이 차마 꿈엔들 잊힐 리야'가 반복되는 단순한 구조를 가진 시다. 각 연마다 제시되는 장면은 화자가 떠올린 과거와 현재의 모습이며 후렴구는 그런 정경을 떠올릴 때 치밀어 올랐던 감정의 직접 표출이다. 이미지와 감정이 적절히 섞이면서 시적 효과를 배가한다. 이런 효과 때문에 단순 반복 구조임에도 불구하고 짙은 향수의 감정을 극대화한다. 화자는 5개의 과거의 에피소드를 나열하고, 그것이 주는 강렬한 향수에 터질 듯한 그리움의 정서를 직설적으로 토로한다. 그것은 애달픈 영탄이다. 시에서는 감정의 직설적 노출이 하나의 금기가 되기는 하지만 이시는 그러한 감정을 노출하면서도 과잉에 빠지지 않고 있다. 그것은 각각의 에피소드가 제시하는 심상의 기발함과 잔잔함 때문이다. 이 시의 에피소드는 보편적이면서도 특수하다. 독자들은 누구나 그러한 경험을 가지고 있고, 시를 통해 과거를 환기한다. 그러나 이 시가 단순히 과거의 추억만을 환기시키는 효과만 주는 것은 아니다. 과거의 기억을 서술하는 묘사의 세련됨, 에피소드 선택의 적절함이 함께 어우러져 시적 감동을 배가하는 것이다.

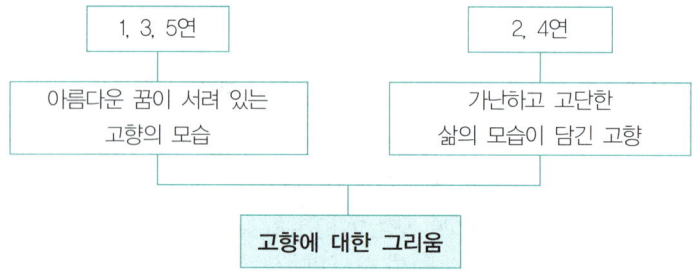

① 1연 : 고향의 정경이 제시된다. 멀리서 대상을 원경으로 포착했다. 굽이도는 실개천, 황소의 게으른 울음 등이 유발하는 이미지는 부드럽고 평화롭기만 하다.
② 2연 : 화자의 시선은 집으로 향한다. 겨울날 추운 바람이 불고 질화로에 재가 식어 가는 늦은 시각의 방안 아버지가 가벼운 졸음으로 베개를 다시 돋우어 베는 광경. 고향은 늙은 아버지가 계신 곳이라 그리움이 더한다.
③ 3연 : 고향은 유년의 꿈이 깃든 곳이다. 동경으로 꿈을 키우던 곳을 구체적 심상으로 제시했다. '파아란 하늘 빛이 그리워 / 함부로 쏜 화살'은 어린 날의 꿈과 좌절이다. 하늘을 향해 화살을 쏘는 행위는 더 넓은 세계를 향한 유년의 꿈의 반영이다. 그러나 멀리 떨어진 화살은 또한 좌절이기도 하다. 그 세계를 인상적인 감각 이미지로 표현하고 있다. 그러한 삶의 작은 아픔으로 괴로워했던 곳도 바로 고향이다.
④ 4연 : 누이와 아내가 평범하게 일상의 삶을 살던 곳, 그곳이 고향이다. 다투거나 욕심을 내지 않는 곳, 뛰어나거나 아름답지도 못한 그저 그런 곳이 고향이다. 고향은 욕심 없는 평화의 세계이다.
⑤ 5연 : 밤하늘, 우연히 길을 걸으며 상념에 잠기던 곳, 밤하늘에 가득한 별들이 마치 모래알 같아 그 모래로 성을 쌓는 상념으로 한참 길을 걸으면 서리 까마귀 소리에 쓸쓸히 바라보던 초라한 집들. 그렇기는 해도 흐릿한 불빛 속에 마을 사람들의 사랑이 있던 곳, 그곳이 바로 고향이다. 화자는 동경의 세계를 좇아 화려함을 좇아 도회로 왔는지도 모른다. 도회는 문명이다. 그 문명 속에서 고향을 떠올린다. 그곳은 성긴 별만이 깜박이는 쓸쓸한 곳이며, 희망을 실현시켜 주지도 못할 원시의 터전이며, 가난함이 있는 곳이다. 그런데 그런 곳을 못 잊어 한다. 도란거리는 사랑이 있기에 짙은 그리움에서 터져 나오는 영탄조의 반복 구조가 향수의 정을 더욱 짙게 하는 절실함을 준다. 시어의 아름다움, 심상의 세련됨, 에피소드 선택의 기발함은 이 시의 감동을 더욱 크게 한다.

## 중요 내용 정리

### 01 표현상의 특징
① 토속적이고 원초적인 심상(실개천, 얼룩백이 황소, 질화로, 짚베개 등)에 의해 고향의 정경을 재구성함으로써 그리움의 주제가 부각된다.
② 선명한 시각적 이미지의 사용 : 마음속의 고향을 구체적인 영상으로 전환시켜 준다.
③ 공감각 및 감각의 전이 기법을 통해 참신하고 선명한 시각적 표현을 보인다.
④ 아름다운 우리말의 해조가 서정적 분위기와 조화되어 고도의 압축된 시적 형상화를 이룬다.
⑤ 후렴구의 반복 : 문장의 주기적 반복을 통해 고향에 대한 그리움을 강조하고 형태적 안정감과 운율 형성의 효과를 가져 온다.

### 02 후렴구의 기능
이 시는 후렴구를 경계로 각 연이 분리되고 있다. 즉, 이 시의 후렴구는 각 연의 시상을 매듭지어 연과 연의 관계를 구별하는 기능을 한다. 또한 동일한 내용을 반복함으로써 운율감을 주고, 고향에 대한 화자의 그리움을 더욱 심화시키며, 시 전체에 통일성을 준다.

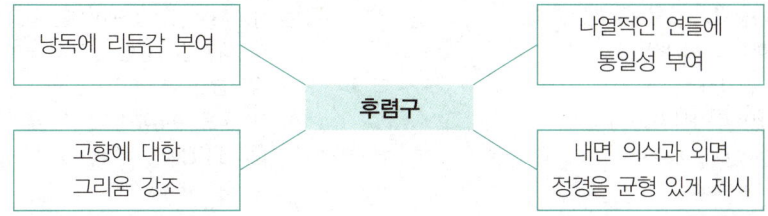

### 03 고향의 이미지
이 작품은 매 연마다 고향의 정경을 제시하고 있다. 마치 풍경화를 보는 듯한 느낌을 준다. 특히 색채어를 많이 구사하여 시각적 이미지를 부각시키고 있다. 이러한 시각적 이미지를 통해 고향의 모습을 재현하고 있는 것이다.

고향을 표상하고 있는 소재를 열거해 보면, '실개천과 얼룩백이 황소', '질화로와 아버지', '파아란 하늘', '어린 누이와 아내', '서리 까마귀와 초라한 지붕' 등으로, 고향의 평화롭고 아늑한 모습을 드러내 주고 있다.

### 04 감각적 이미지와 기능

| 공감적 이미지 | 옛이야기 지줄대는 실개천, 금빛 게으른 울음, 밤바람 소리 말을 달리고 | 시의 서정성을 극대화시키고, 고향에 대한 정서적 환기력을 높임 |
|---|---|---|
| 토속적 이미지 | 실개천, 얼룩백이 황소, 질화로, 짚베개 | 유년의 추억을 떠올리게 하고, 고향에 대한 향수를 불러일으킴 |

## 작품 5　유리창 1 (조선지광 89호, 1930년)

유리(琉璃)에 차고 슬픈 것이 어린거린다.
열없이 붙어서서 입김을 흐리우니
길들은 양 언 날개를 파다거린다.
지우고 보고 지우고 보아도
새까만 밤이 밀려 나가고 밀려와 부딪히고,
물 먹은 별이, 반짝, 보석(寶石)처럼 백힌다.
밤에 홀로 유리(琉璃)를 닦는 것은
외로운 황홀한 심사이어니,
고운 폐혈관(肺血管)이 찢어진 채로
아아, 늬는 산(山)ㅅ새처럼 날러갔구나!

### ■ 핵심정리

▷ **갈래** 서정시, 자유시
▷ **성격** 서정적, 회화적, 애상적
▷ **심상** 선명하고 감각적 이미지
▷ **어조** 감정 절제한 지성적 어조
▷ **표현** ① 주로 시각적 이미지를 사용
　　　　 ② 대위법을 통한 감정의 절제
▷ **제재** 유리창
▷ **주제** ① 죽은 아이에 대한 그리움과 슬픔
　　　　 ② 상실감에서 비롯한 슬픔을 관조하고 그것을 극복하고자 하는 의지

### 이해와 감상

① **짜임 분석**
- 기(1~3행) – 유리창에 어린 아이의 영상
- 승(4~6행) – 창 밖에 비치는 밤의 영상
- 전(7~8행) – 외롭고 황홀한 심사
- 결(9~10행) – 아이의 죽음에 대한 슬픔

## 2 작품감상의 구조

| 구성 요소 | 구성 요소의 파악 | 그것이 지닌 의미·효과 | 주제와의 관련성 |
|---|---|---|---|
| 내용 요소 | ① 시적 화자 및 화자의 상황 | 아버지가 유리창을 보며 죽은 자식을 간절하게 그리워하고 있다. | 죽은 아이에 대한 그리움을 감정의 절제와 상황을 통해 효과적으로 드러내고 있음 |
| | ② 소재 | 유리창으로 차단하는 존재이면서 동시에 연결하는 존재이고, 또한 아이의 모습이 맺히는 장막으로 드러나 주제를 효과적으로 표현했다. | |
| | ③ 감정의 절제 | 슬픔에 대한 표현을 직접적으로 드러내지 않고 감정을 절제하여 표현했다. | |
| 형식 요소 | ① 안정적인 통사구조 | 이 시는 연 구분이 없이 10행으로 이루어진 시이며, 주부-술부가 안정적이면서 순탄한 구조를 이루고 있다. | |
| | ② 4음보 위주의 리듬 | 이 시는 대체로 4음보의 안정된 운율을 나타내고 있는데 이러한 안정적인 4음보 또한 대상에 대한 화자의 차분하고 냉정한 마음을 표현한 것이라고 할 수 있다. | |
| | ③ 향가와 비교 | 형태적으로 10행으로 되어있다는 점, 그리고 낙구에 감탄사가 있다는 점이 사뇌가 형식과 유사하다. | |
| 표현 요소 | ① 감정의 대위법 | '차고 슬픈 것', '외로운 황홀한 심사' 등의 시구는 두 가지 상반된 정서가 어울려 감정 절제의 효과를 가져온다. | |
| | ② 역설법 | '외로운 황홀한 심사'에서 모순된 감정의 표현을 통해 감정을 절제하여 드러냈다. | |
| | ③ 이미지에 의한 감각적 표현 | 화자의 슬픔을 이미지에 의한 감각적 표현으로 제시하여 감정을 절제했다. | |
| | ④ 차가운 이미지 | '유리, 별, 보석' 등 차가운 이미지를 지닌 시어를 사용하여 감정을 절제하여 표현했다. | |

## 3 감상의 길잡이

어린 아이의 죽음이 자신과 그 아이의 세계를 가깝지만 멀게 갈라놓고 있다는 것이 이 시의 첫 부분에서 말하고 있는 것이다. 그것은 마치 유리처럼 투명하게 내다보이지만 그 너머로 갈 수 없는 곳에 있고, 끝도 없는 어둠의 파도 속에 잠겨 있다. 유리를 계속해서 닦는 것은 바로 그러한 세계, 어린 아이가 자신으로부터 떠나서 가버린 그 세계를 바로 보고자 하는 노력이다. 그러나 계속해서 밀려드는 '어둠'을 아무리 지워 버리고자 해도 그것은 지워지지 않는다.

이 시는 정지용의 모더니즘적인 특징을 이야기할 때 가장 먼저 이야기되는 시이다. 겉으로 차갑고 안으로 열(熱)하다는 그의 시론이 이 작품에서 가장 선명하게 드러났다고 할 수 있다. 전기적인 고찰에 의하면 이 시는 자신의 어린 딸을 잃고 지은 것이라고 한다. 이 시에서는 그러한 슬픔을 마구 토해 내거나 배설하는 것이 아니라, 조용히 차갑게 응결시킨다. 자신의 슬픔을 객관적인 이미지로 응결시키는 것이 이 시의 중요한 작업이었던 것처럼 여겨진다.

이 시에서 그 '어둠' 속 깊은 곳에서 반짝이는 '별'을 발견하게 된다는 것은 슬픈 감정의 승화를 말하는 것이다. 비애 속으로의 침잠 속에서 환상적으로 황홀한 아름다움을 체험하게 된다는 것은 삶의 우주적인 신비를 관조하는 정신에 의해 형성되었을 것이다.

> **참고** 모더니즘

1. 한국의 모더니즘

　　한국 모더니즘의 기점은 1926년으로 이때부터 영·미의 모더니즘이 소개되고 모더니즘 시 창작도 이루어진다. 이런 모더니즘은 1930년 중반기에 왕성한 양상을 보이고 1940년 전후에 일단 끝난다. 이 기간은 3·1 운동이 좌절된 후 탄압이 가중되는 일본제국주의와 맞서다 끝내 악화일로를 걷게 된 한민족의 저항적 민족주의의 투쟁이 전개되던 시기이다. 영·미 모더니즘의 도입 및 소개의 주역은 김기림이었고 정지용과 김광균은 창작에 더 주력하였다.

　　일반적으로 모더니즘은 이미지즘, 주지주의, 다다이즘, 초현실주의 등과 같은 경향을 통칭하는 개념이다. 영미에 있어서는 1910년대의 이미지즘과 1920년대의 모더니즘을 구별하고 있으며 후자는 E. 파운드, T.S 엘리엇 등의 주지주의가 주류를 형성하고 있다. 우리 시문학에서는 정지용과 김광균은 이미지스트의 일면도 있으나 주지주의 시인으로 규정하는 경우가 많다.

2. 이미지즘

　　1910년대 중반 E. 파운드를 비롯한 영미 시인들이 일으킨 시 운동으로, 낭만적이고 사색적인 언어가 아닌 현실의 생동감 있는 언어로 시를 쓰자는 운동이었다. 영·미시가 19세기적 전통을 벗어나 현대시로 넘어오는 데 결정적 역할을 한 것으로 인정되고 있다. 이들의 주장은 아래의 내용과 같다.

　① 일상의 언어를 사용할 것
　② 습관화된 표현을 피할 것
　③ 새로운 리듬을 창조할 것
　④ 구체적인 이미지를 제시할 것
　⑤ 집약을 통해 암시적인 시를 쓸 것

우리나라에서는 1930년대 초에 들어와 김광균, 이장희, 정지용 등에게 영향을 주었다.

# ▣ 중요 내용 정리

## 01 '유리창'의 이미지

　　정지용 시에서 가장 중요한 시어는 '창'이다. 그에게 창은 안과 밖을 단절시키면서 동시에 연결시켜 주는 역할을 한다. 창 안에서는 서정적 자아가 위치하고 있고 창 안에 있으면서 창 밖의 현실을 바라보고 관찰하며 느끼는데 그 자아가 창 밖, 곧 현실 세계로 직접 나서지는 않는다.

　　이 시에서도 유리창은 죽은 자식과 서정적 자아 사이를 가로막는 기능을 한다. 그렇다면 왜 유리창을 열지 않는가. 창을 열면 잃어버린 아이의 비유적 형상인 새의 영상마저도 볼 수 없기 때문이다. 여기서 유리창은 서정적 자아가 그리워하는 대상(죽은 아이)과 격리시키면서 동시에 영상으로 대면하게 해준다. 요컨대 유리창은 곧 창 안의 서정적 자아와 창 밖의 현실의 세계를 이어주는 통로이자 차단기인 셈이다. 그 때문에 시적 자아는 유리창을 열 수 없고 단지 '지우고 보거나', '유리를 닦는' 행위로 자신의 안타까운 심정을 표현할 수밖에 없는 것이다.

## 02 감정 절제의 표현 기법

　　아이를 잃은 부모의 마음이란 대단히 슬픈 법인데, 이 시에서는 감정이 엄격히 절제되어 있다. 슬픈 감정을 그대로 노출시키지 않고 절제하기 위해 다음과 같은 표현법이 사용되고 있다.

　① 감정의 대위법 : 문학에서 감정의 조절 또는 절제를 위해 상호 모순되거나 대립되는 시어를 결합하여 감정을 객관화시키는 방식이 있는데, 이를 '감정의 대위법'이라 한다. 이 시에서도 죽은 아이로 인한 외로움과 그 아이의 영혼과 교감하면서 느끼는 황홀함이 교차하는 순간을 '외로운 황홀한 심사'라고 하여 '외로운'이라는 감정 다음에 '황홀한'이라는 감정을 덧붙이고 있는데, 이렇게 함으로써 외로움의 감정이 황홀함의 감정에 의해 절제되고 있다. 또한 '차고 슬픈 것' 역시 슬픈 감정이

차가운 감각에 의해 절제되고 있다. 즉, 하나의 감정을 표현하면서 그와는 다른 감정이나 감각을 결합하여 그 감정에 빠져드는 것을 막는 수법이다.

② 선명하고 감각적인 이미지의 사용 : 이 시의 주제는 죽은 아이에 대한 그리움이지만 이 시에서 죽은 아이를 직접 표현한 시어는 하나도 없다. 모두 '언 날개', '물 먹은 별', '산새'와 같은 감각적인 사물로써 죽은 아이를 간접적으로 표현하고 있다. 그래서 우리는 이 시를 읽으면서 어떤 감정을 전달받기보다도 선명한 연상, 곧 이미지를 떠올리게 된다. 심지어 작품 내에서 그 영상을 떠올리게 하는 매개물도 '유리창'이라고 하는 선명한 이미지이고 아이가 죽은 이유도 '폐혈관이 찢어졌다'고 하는 구체적인 이미지로 표현되고 있는 것이다.

### 03 '별'과 '새'의 이미지

'별'은 죽은 자식의 영혼을 암시하는 이미지이다. 흔히 '별'은 '순수'라는 이미지를 내포한다. 시적 화자는 유리창을 통해 보이는 이 '별'과 영적인 교감을 나눈다. 이 때 '별'은 화자의 눈물을 머금은 눈에 비치므로 '물 먹은 별'로 형상화 된다. '새'도 마찬가지로 죽은 자식의 영혼을 암시한다. 3행의 '언 날개를 파다거리는 새'는 10행의 '산새'와 호응한다. 시적 화자는 죽은 아이를 내 품에 잠시 머무르다가 날아간 산새의 이미지를 빌어 형상화하면서, 폐 질환으로 죽은 자식에 대한 그리움과 슬픔을 미적으로 승화시키고 있다.

### 04 감정의 대위법

문학에서 감정의 조절 또는 절제를 위해서 상호 모순되거나 대립되는 시어를 결합하여 감정을 객관화시키는 방식이 있는데, 이를 가리켜 '감정의 대위법'이라고 한다.

이 시에서도 죽은 아이로 인한 외로움과 그 아이의 영혼과 교감하면서 느끼는 황홀함이 교차하는 순간을 '외로운 황홀한 심사'라고 하여 '외로운'이라는 감정 다음에 '황홀한'이라는 감정을 덧붙이고 있는데, 이렇게 함으로써 외로움의 감정이 황홀함의 감정에 의해 절제되고 있다. 또한 '차고 슬픈 것' 역시 슬픈 감정이 차가운 감각에 의해 절제되고 있는 표현으로 '감정의 대위법'에 해당한다고 볼 수 있다. 즉, 하나의 감정을 표현하면서 그와는 다른 감정이나 감각을 결합하여, 그 감정에 일방적으로 빠져드는 것을 막는 수법인 것이다.

## 작품 6  백록담 - 한라산 소묘 (문장, 1939년)

1

절정에 가까울수록 뻐꾹채 꽃키가 점점 소모(消耗)된다. 한마루 오르면 허리가 스러지고 다시 한마루 위에서 모가지가 없고 나중에는 얼굴만 갸옷 내다본다. 화문(花紋)처럼 판(版) 박힌다. 바람이 차기가 함경도 끝과 맞서는 데서 뻐꾹채 키는 아주 없어지고도 팔월 한철엔 흩어진 성신(星辰)처럼 난만(爛漫)하다. 산그림자 어둑어둑하면 그렇지 않아도 뻐꾹채 꽃밭에는 별들이 켜 든다. 제자리에서 별이 옮긴다. 나는 여기서 기진했다.

2

암고란(巖古蘭), 환약(丸藥)같이 어여쁜 열매로 목을 축이고 살아 일어섰다.

3

백화(白樺) 옆에서 백화가 촉루(燭淚)가 되기까지 산다. 내가 죽어 백화처럼 흴 것이 승없지 않다.

4
귀신도 쓸쓸하여 살지 않는 한모롱이, 도체비꽃이 낮에도 혼자 무서워 파랗게 질린다.

5
바야흐로 해발 육천 척(尺) 위에서 마소가 사람을 대수롭게 아니 여기고 산다. 말이 말끼리, 소가 소끼리, 망아지가 어미소를, 송아지가 어미 말을 따르다가 이내 헤어진다.

6
첫새끼를 낳노라고 암소가 몹시 혼이 났다. 얼결에 산길 백 리를 돌아 서귀포로 달아났다. 물도 마르기 전에 어미를 여윈 송아지는 움메 – 움메 – 울었다. 말을 보고도 등산객을 보고도 마구 매어달렸다. 우리 새끼들도 모색(毛色)이 다른 어미한테 맡길 것을 나는 울었다.

7
풍란(風蘭)이 풍기는 향기, 꾀꼬리 서로 부르는 소리, 제주 휘파람새 휘파람 부는 소리, 돌에 물이 따로 구르는 소리, 먼 데서 바다가 구길 때 쏴 – 쏴 – 솔소리, 물푸레 동백 떡갈나무 속에서 나는 길을 잘못 들었다가 다시 칡덩쿨 기어간 흰돌배기 꼬부랑길로 나섰다. 문득 마주친 아롱점말이 피(避)하지 않는다.

8
고비 고사리 더덕순 도라지꽃 취 삿갓나물 대풀 석용(石茸) 별과 같은 방울을 달은 고산식물을 색이며 취(醉)하며 자며 한다. 백록담 조찰한 물을 그리여 산맥 위에서 짓는 행렬이 구름보다 장엄(莊嚴)하다. 소나기 맞으며 무지개에 말리우며 궁둥이에 꽃물 익여 붙인 채로 살이 붓는다.

9
가재도 기지 않는 백록담(白鹿潭) 푸른 물에 하늘이 돈다. 불구(不具)에 가깝도록 고단한 나의 다리를 돌아 소가 갔다. 쫓겨온 실구름 일말(一抹)에도 백록담은 흐리운다. 나의 얼굴에 한나절 포긴 백록담(白鹿潭)은 쓸쓸하다. 나는 깨다 졸다 기도(祈禱)조차 잊었더니라.

## ▎핵심정리

▷ **갈래** 자유시, 서정시
▷ **율격** 내재율
▷ **성격** 산문적, 신비적, 묘사적
▷ **심상** 시각적, 후각적, 청각적
▷ **표현** ① 한라산을 등반하며 보이는 정경을 묘사
　　　　② 자연과의 합일(合一)
▷ **제재** 백록담
▷ **주제** 백록담의 신비로움과 몰입경

## 이해와 감상

### 1 짜임 분석

- 1연 – 산정에 올라 아름다운 모습을 확인하며 기진한 화자
- 2~4연 – 산정의 정경에서 신비로움을 느끼는 화자
- 5~6연 – 마소들을 보며 정을 느끼는 화자
- 7~8연 – 온갖 자연물에서 신비감에 한껏 젖은 화자
- 9연 – 백록담을 보며 감동에 젖은 화자

## 2 작품감상의 구조

| 구성 요소 | 구성 요소의 파악 | 그것이 지닌 의미·효과 | 주제와의 관련성 |
|---|---|---|---|
| 내용 요소 | ① 시적 화자 및 화자의 상황 | 한라산을 등반하면서 보이는 아름다운 정경과 백록담의 정경을 표현하였다. | 백록담의 신비로움과 몰입경 |
| | ② 정지용의 후기 시의 특징 | 정지용은 초기에 바다를, 후기에 산을 그렸는데, 산을 통해 암울한 현실에서 한발 물러서서 정신적 초월을 추구하는 경향을 보였다. | |
| | ③ 인간과 자연의 합일 | 자연과 인간이 동일시되거나 감정이입으로 표현하여 인간과 자연의 합일을 보여주는 경우가 많다. | |
| 형식 요소 | ① 산문시 | 정상에 오르는 도정과 보이는 정경을 산문시의 형식을 통해서 구체적으로 묘사하였다. | |
| | ② 번호를 붙여 연을 구분 | 길게 이어지는 내용을 효과적으로 끊어 간결하게 파악하고 내용을 나누어 제시하였다. | |
| | ③ 등반의 과정에 따른 전개 | 한라산을 등산하면서 낮은 곳에서 높은 곳으로 오르며 그 내용이 전개되고 있는데, 이것은 어떤 정신적 상승을 뜻하는 것으로 동양적 세계에 침잠한 그의 정신을 엿볼 수 있으며, 정지용 시의 마지막 도달점으로서의 가치를 지니고 있다. | |
| 표현 요소 | ① 묘사적 | 한라산 정경을 감각적으로 묘사하여 자연합일의 경지를 효과적으로 표현하였다. | |
| | ② 다양한 비유 | 다양한 비유를 통해 한라산의 아름다운 모습을 잘 그리고 있다. | |
| | ③ 백록담의 의미 | 시적 화자가 최후에 오른 '백록담'은 고요와 맑음의 상징이면서, 자연과 완전히 동화된 곳이며, 무욕(無慾), 무탐(無貪)의 무아지경(無我之境)을 드러낸다. | |

## 3 감상의 길잡이

정지용이 초기에 보여 준 다양한 시 형식의 실험은 후기에 와서 산문시와 2행 1연의 시로 정착되었으며, 운율도 후기에 올수록 산문화되어 간다. 중심 소재였던 바다도 산으로 전환되면서 이에 따라 평면적인 것에서 입체적인 것으로, 유동적인 것에서 고정적인 것으로, 감각적인 것에서 정신적인 것으로의 변모를 가져오게 되는데, 「백록담」은 「장수산(長壽山)」과 함께 이러한 후기시의 특징을 가장 잘 보여 주는 대표적인 작품이다.

'한라산 소묘'라는 부제가 붙어 있는 이 시는 독립된 아홉 개의 단락이 하나의 표제 아래 한 편의 시로 결합되어 한라산 백록담의 등반 기록을 보여 주고 있다. 그러나 그 기록은 단순한 여행의 기록이 아니라, 어떤 정신적 상승을 뜻하는 것으로 동양적 세계에 침잠한 그의 정신을 엿볼 수 있으며, 정지용 시의 마지막 도달점으로서의 가치를 지닌다. 정상에 오르는 도정을 구체적으로 표현하고자 시적 화자는 절정에 이르는 장면의 변화를 위해 서술의 초점을 '뻐꾹채꽃'에 두고 있다. 그 꽃이 어떤 꽃인지 분명치 않으나, 뻐꾹새와 꽃의 이미지를 동시에 불러일으키는 것으로 때론 이정표가 되기도 하고, 한편으로는 화자와 함께 오르는 동행물이라는 느낌을 주기도 한다. 이 꽃이 키가 없어지는 고산 지대에 이르러 꽃의 이미지는 별과 겹쳐지고, 화자는 정상에 도달하게 된다. 정상에 도달한 화자는 '나는 여기서 기진했다.'라는 지극히 간명한 진술로 등반의 소감을 밝힌다. 꽃에서 별로, 함경도에서 제주도까지 확장된 그의 의식 세계는 그를 자연에 동화시키고 일체화하게 만든다.

마지막 단락에서 정상을 향해 힘들게 올라온 궁극적인 목적이 제시된다. 그것은 바로 '백록담'으로 고요와 맑음의 상징이요, 객관적 세계에 대한 투명한 인식의 세계를 암시한다. 정상까지의 힘든 등반 과정 끝에 발견한 '백록담'은 '가재도

기지 않는' 고요가 있으며, '푸른 물에 하늘이 도는' 관조가 있는 곳으로 '나의 다리를 돌아 소가 갈' 정도로 화자는 자연과 동화되어 있다. 또한 그 곳은 '실구름 일말에도 흐리우는'만큼 청정한 곳으로 그 곳을 들여다보는 순간, 화자는 해체되어 백록담의 일부로 포개지는 완전한 동화를 이루게 된다. 마침내 '깨다 졸다 기도조차 잊은' 경지에 다다른 화자는 꿈과 현실의 구분이 없어지고 신에 대한 기도까지 망각한 무욕(無慾), 무탐(無貪)의 무아지경(無我之境)에 빠진 완전한 자연인이 되는 것이다.

## 중요 내용 정리

### 01 각 연의 내용상의 특성과 의미

① 1연: 화자가 산록에서 산정에 이르기까지의 등반 과정이 뻐꾹채꽃 줄기의 길이가 줄어드는 것으로 그려지고 있다. 꽃 키가 점점 줄어 나중에는 꽃무늬처럼 지면에 판 박힌 모습을 통해 백록담 가까운 산머리의 정경을 드러내며, 아울러 함경도 끝에서나 불 찬바람과 세기가 같아지는 꼭대기에서 꽃 키는 완전 소멸되면서 하늘의 별과 같은 이미지로 순간 만난다. 흩어져 핀 꽃을 8월 밤하늘의 성신에 비유한 것이지만, 이 결합은 꽃과 별을 이미지 통합하게 되어 산정에서의 흥취를 신비롭게 만든다. 산그림자 어둑해질 저녁 무렵, '별'로 비유한 꽃들이 자리를 옮겨 하늘의 별로 화하는 이 신비로움에 화자는 그만 정신을 잃고 마는 것이다.

② 2연: 기진했던 몸이 되살아난 것은 이 자연의 영약(靈藥)을 먹었기 때문이라 한다. 어여쁜 암고란(巖古蘭)의 그윽하고 신비한 열매를 마치 환약인 양 먹었다는 것에서 화자가 아름다운 광경에 얼마나 취했는지 알 수 있다. 바위 틈서리에 난 오래된 난초라 하여 일부러 신비적으로 그렸고, 또 실제로 난초 열매를 먹고 살아났다는 의미도 아니다. 그 황홀경을 그리기 위해 짐짓 아양을 부려 보는 것이다. 정신의 여유와 동양적 멋의 한 흥취이다.

③ 3연: 백화나무들 사이에 고사목이 된 백화나무들이 하얀 등걸을 드러낸 채 서 있는 정경이다. 그 죽은 나무의 하얀 몸뚱이를 촉루(해골)라 하여 흰빛의 이미지를 두드러지게 한다. 나무 이름이 '백화(白樺)'인 데다 촉루를 결합하여 신비롭고 정갈한 이미지를 생각하니, 보기 흉하지는 않겠다 여겨지기도 한다.

④ 4연: 도체비꽃이 파랗게 핀 정경이다. 정지용의 시에 푸르고 찬 이미지가 많이 보이는 것은 그것을 통해 감성보다는 지성적 성격을 돋보이게 하려는 의도 때문인데, 여기서도 도체비꽃이 핀 정경을 그리면서도 감상에 빠지지 않으려는 노력이 보인다. 쓸쓸한 정경과 파랗게 질렸다는 표현은 기막히게 잘 어울린다. 너무 쓸쓸하여 귀신(鬼神)도 살지 못하는 곳이라 해 놓고 거기에 귀신의 하나인 도체비(도깨비) 이름을 딴 꽃 피었다고 하여, 언뜻 모순되어 보이는 진술을 통해 쓸쓸함의 정도를 시각적으로 강화한다. 하여튼 이 절에서는 산정의 신비로움을 극대화한다.

⑤ 5연: 마소가 사람을 두려워하지 않고, 말과 소가 한데 어울려 사는 환상적 공간으로 그린다. 해발 6천 척만큼의 격차로 속세와의 단절된 거리를 드러내며, 신비로운 광경을 그린다.

⑥ 6연: 화자가 목격한 작은 사건이다. 첫 새끼를 낳느라 혼이 난 어미소가 놀라 달아나고, 새끼는 아무나 어미인 줄 알고 매달리는 사건이다. 저 송아지가 털빛 다른 어미에게서 길러질 것처럼 우리 아이들도 그렇게 된다면 하고 생각하니 송아지가 가여워 울고 만다는 것이다. 그런데 전달 의미에 비해서 문장의 길이가 매우 압축되어 있다. 산문시에서도 정지용이 언어를 아끼고 절제한 흔적이 역력하다.

⑦ 7연: 온갖 아름다운 정경들이 펼쳐진다. 후각과 청각의 다양한 감각 이미지를 동원하면서 산에서 맛보는 즐거움을 표출한다. 길을 잘못 든 것도 유쾌하게 받아들이며, 얼룩점박이 말도 피하지 않는 선경(仙境)으로 그리고 있다.

⑧ 8연: 온갖 식물들이 서로 벗하며 자라는 공간을 노래한다. 고산 식물인 데다 별 같은 이슬마저 머금었다는 것에서 신비로움은 더해 가는데, 이 고산 식물과 온갖 다른 식물이 벗하여 자라는 것을, 사귀다 취해서 잠드는 모습으로 그리는 데서 신비로움은 극에 달한다. 백록담 그 조찰한 물을 보려 행렬을 이룬 무리가 산맥 위에 장엄하게 둘러서 있고, 소나기를 노상 맞지만 무지개로 날이 개면 말리고, 미끄러져 엉덩이에 꽃물이 들고 살이 부은 채 백록담을 향해 가는 즐거움이 가득하다.

⑨ 9연: 백록담의 청정무구(淸淨無垢)한 모습이다. 그 맑은 호수에 한나절 나의 얼굴을 포개고 보는 일체화의 경지에 달한다. 물의 명징(明澄)함과 정신의 순일(純一)함이 합치되는 순간이다. 그 정신의 투명한 상태를 쓸쓸하다고 표현했다. 깨다 졸다 기도조차 잃은 몰아(沒我)의 경지에 빠지고 만다.

산정에 이르는 도정(道程)의 신비와 정겨움, 즐거움으로 그려지다 드디어 산정에 이르러 자아와 세계가 혼융(混融)하여 일체화되면서 등반의 과정은 절정에서 멈추며, 화자의 정신도 함께 멈추어 절대의 고요와 정신의 투명성이 만나 동양적 세계관을 드러내는 것이다.

## 작품 7   장수산 1 (문장, 1939년)

벌목정정(伐木丁丁) 이랬거니 아람도리 큰솔이 베혀짐즉도 하이 골이 울어 멩아리 소리 쩌르렁 돌아옴즉도 하이 다람쥐도 좇지 않고 묏새도 울지 않어 깊은 산 고요가 차라리 **뼈를 저리우는데** 눈과 밤이 조히보담 희고녀! 달도 보름을 기달려 흰 뜻은 한밤 이골을 걸음이란다. 웃절 중이 여섯 판에 여섯 번 지고 웃고 올라간 뒤 조찰히 늙은 사나이의 남긴 내음새를 줏는다. 시름은 바람도 일지 않는 고요에 심히 흔들리우노니 오오 견디랸다 차고 올연(兀然)히 슬픔도 꿈도 없이 장수산 속 겨울 한밤내—

### ■ 핵심정리

▷ **갈래** 산문시, 서정시
▷ **율격** 내재율
▷ **성격** 관조적, 자연 친화적
▷ **어조** 독백적

▷ **제재** 장수산
▷ **주제** ① 암울한 시대 현실에 대응하는 태도
② 겨울 장수산의 고요함

### 이해와 감상

① **짜임 분석**
- 벌목정정 이랬거니 ~ 냄새를 줏는다 – 번뇌를 이겨 내는 의지
- 시름은 바람도 ~ 겨울 한밤내 – 장수산의 고요함

## ② 작품감상의 구조

| 구성 요소 | 구성 요소의 파악 | 그것이 지닌 의미·효과 | 주제와의 관련성 |
|---|---|---|---|
| 내용 요소 | ① 시적 화자 및 화자의 상황 | 마음 속 번뇌를 지닌 시적 화자가 굳세게 겨울을 견디는 장수산을 보며 산의 모습을 자신과 동일시하고 있다. | 암울한 시대 현실에 대응하는 태도, 겨울 장수산의 고요함 |
| | ② 자연의 정경과 내면 의식의 조화 | 시적 대상은 겨울 달밤의 산중으로, 밤의 정밀과 고요는 눈 덮인 산중의 달밤을 하나의 깊은 정신적 공간으로 새롭게 형상화하고 있다. (고요한 자연의 정경과 깊은 내면 의식을 조화시켜 표현) | |
| | ③ 독백적 어조 | 내면 의식의 추이를 보여 주는 일종의 독백적 어투의 시적 진술을 활용하여 산의 모습과 화자의 마음을 잘 드러냈다. | |
| 형식 요소 | ① 산문시 | 행과 연의 구분이 없는 산문시로 산의 모습을 묘사하고 있다. | |
| | ② 고어의 사용 | 고어를 사용하여 산에 대해 전아한 느낌을 갖게 하고, 신비롭고 동양적인 분위기를 살려 준다. | |
| | ③ 마지막 시행 미종결 | 시행 종결을 의도적으로 거부하여 깊은 여운을 준다. | |
| 표현 요소 | ① 감정이입에 의한 표현 | 암울한 시대를 견디는 시적 화자의 정서가 겨울을 견디는 장수산에 이입되어 표현되었으며, 이를 통해 시인과 장수산을 일체화하고, 주제를 잘 드러낸다. | |
| | ② 순간의 포착 | 겨울밤을 견디는 장수산의 한 순간의 모습을 포착하여 그려냈다. | |
| | ③ 시각적 이미지에 의한 표현 | 겨울밤 장수산의 모습을 시각적 이미지를 통해 그려냈다. | |

## ③ 감상의 길잡이

　이 시는 산중의 시각적 심상을 통해 정밀하게 형상화를 하여 겨울 장수산의 순수하고 고요한 세계, 웃절 중이 풍기는 초월적 모습 등을 통해 탈속적 세계를 지향하는 화자의 의지가 드러나 있다. 이 작품의 시적 대상이 되고 있는 것은 겨울 달밤의 산중으로, 밤의 정밀과 고요는 눈 덮인 산중의 달밤을 하나의 깊은 정신적 공간으로 새롭게 형상화하고 있다. 즉, 이 작품은 고요한 자연의 정경과 깊은 내면 의식을 교묘하게 조화시켜 놓음으로써 시적 표현이 도달할 수 있는 하나의 성취를 보여 준다.

　이 시에서 가장 중요한 의미를 담고 있는 시어는 '고요'라는 말이다. '장수산'이라는 시적 대상을 하나의 정밀의 세계로 형상화하는 데에 있어서 '고요'라는 시어의 기능이 매우 중요하다. 이 말은 시적 대상과 대응하는 서정적 자아의 내면 의식과 함께 제시하고 있다. 장수산의 고요 속에서 오히려 서정적 자아의 내면 의식은 깊은 시름으로 빠져 든다. 그러나 그 시름을 견인(堅忍)의 정신으로 극복하고자 한다. 이 같은 의식은 인간과 자연이 일체화되는 과정이라고 할 수 있다. 이 시의 구성에서 의도적으로 시행의 종결을 거부하여 호흡을 지속시키고자 한 점이라든지, 내면 의식의 추이(推移)를 보여 주는 일종의 독백적 어투 등을 시적 진술의 방법으로 활용하고 있는 것은 모두 이 같은 과정을 형상화하기 위한 기법적 배려라고 할 수 있다.

### 중요 내용 정리

**01 '장수산'의 상징적 의미**

'장수산'은 다람쥐도 멧새도 보이지 않고, 하얀 눈과 달빛이 어둠을 사르고 있으며, 그 가운데 세월을 초월한 듯한 노승이 머무르는 작은 산사가 있는 절대 고요의 공간이다. 이곳에서 화자는 세상과 외롭게 단절되었다는 느낌으로 시름에 젖는다. 그리고 이러한 고적감은 '겨울 한밤'이라는 시간적 배경에 의해 더욱 강화된다. 즉, '장수산 속 겨울 한밤'은 세속적 가치와 단절된 오직 자연 속에 동화된 무욕의 삶을 상징하면서 탈속의 경지를 드러낸다.

**02 각 문장의 의미**

1문장 : 커다란 나무를 벨 때 울리는 쩌렁쩌렁한 소리를 뜻하는 '벌목정정'이라는 시구로 시작하고 있지만, 실제로 나무를 벤다는 뜻이 아니라 벨 때 그런 소리를 낼 만한 아름드리 나무가 울창한 산의 장엄함을 표현하고 있다.

2문장 : 그러한 나무가 쓰러졌을 때 그 소리가 메아리가 되어 쩌렁쩌렁 골짜기를 울리면서 돌아올 만큼 깊은 산골임을 말하고 있다.

3문장 : 그 골과 울창한 숲은 작은 짐승의 움직임조차 감지할 수 없을 만큼 고요하고, 눈 내린 밤은 종이보다 희어 그 적막감이 화자의 마음 깊이 사무치고 있다는 것이다.

4문장 : 화자는 오늘 같은 날 때를 맞추어 보름달이 떠오른 것은 지금 같은 밤 분위기와 어울리기 위해서가 아닌가 하고 생각한다.

5문장 : 화자는 여섯 판을 내리 지고도 여유 있게 웃고 돌아간 늙은 중의 맑고 깨끗한 모습을 생각하는데, 늙은 중의 탈속적 모습이 장수산의 또 다른 이미지가 되고 있다.

6문장 : 고요 속에 밀려오는 시름에 흔들리는 화자의 내면이 드러난다.

7문장 : 화자는 그 시름을 차갑고 의연하게 견디겠다고 말한다. 슬픔도 꿈도 모두 이 장수산 속의 겨울 한밤의 적막 속에 묻어 버리겠다는 것이다.

**03 의고형 어미 사용**

'~이랫거니', '~고녀', '~이랸다?', '~는다?', '~노니'와 같은 의고적 표현은 이 시의 형식적 특징으로 모두 영탄적 어조를 띠고 있다. 이를 통해 자연에서 받은 감흥을 직서적으로 드러낸다.

이같은 예스러운 어투는 일상으로부터 벗어나 신비로운 느낌을 주며, 시에 담겨 있는 작가의 내면세계인 동양적 정신세계와도 잘 어울린다.

## 기출문제

1. (다)를 제재로 감정이입을 통한 시 학습을 하고자 한다. 학생들이 시적 화자와 일치하는 경험을 할 수 있도록 이 시의 시적 상황과 화자의 심리를 100자 내외로 설명하시오. [3점]

   *2002년 기출 7번*

   > (가) 지문 생략
   >
   > – 주요한, 「불놀이」
   >
   > (나) 지문 생략
   >
   > – 오장환, 「漁浦」
   >
   > (다)
   > 伐木丁丁 이랬거니 아람도리 큰솔이 베혀짐즉도 하이 골이 울어 맹아리 소리 쩌르렁 돌아옴즉도 하이 다람쥐도 좇지 않고 묏새도 울지 않어 깊은산 고요가 차라리 뼈를 저리우는데 눈과 밤이 조히보담 희고녀! 달도 보름을 기달려 흰 뜻은 한밤 이 골을 걸음이란다? 웃절 중이 여섯 판에 여섯 번 지고 웃고 올라간 뒤 조찰히 늙은 사나이의 남긴 내음새를 줏는다? 시름은 바람도 일지 않는 고요에 심히 흔들리우노니 오오 견디란다 차고 兀然히 슬픔도 꿈도 없이 장수산 속 겨울 한밤내 –
   >
   > – 정지용, 「장수산 1」

### 출제기관 채점기준

※ 점수 부여
  3점 – 시적 상황에 대해 정확하게 파악하고 있고 화자의 심리를 시름으로 인한 흔들림과 의지라는 내용 요소를 통해 설명한 답안인 경우
  2점 – 시적 상황에 대해 정확하게 파악하고 있고 화자의 심리를 두 요소 가운데 하나만 들어 설명한 답안인 경우
  1점 – 시적 상황에 대해 정확하게 파악하고 있으나 화자의 심리를 제대로 설명하지 못한 답안인 경우

### 예상답안

① 시적 상황 : 화자는 깊은 산 속에서 뼈를 저리울 정도의 절대 고요 속에 혼자 놓여 있다.
② 화자의 심리 : 마음은 그런 고요 속임에도 불구하고 시름으로 깊이 흔들리고 있다. 화자는 '슬픔도 꿈도 없는' 상태에 이름으로써 그 같은 시름(개인적 번뇌 혹은 일제 식민지로 인한 어려움)을 다스리겠다는 정신적 상승(초월) 의지(화자의 심리)를 드러냈다.

### 작품 8 호랑나비 (문장, 1941년)

　화구를 메고 산을 첩첩 들어간 후 이내 종적이 묘연하다 단풍이 이울고 봉마다 찡그리고 눈이 날고 嶺 우에 매점은 덧문 속문이 닫히고 三冬내- 열리지 않았다 해를 넘어 봄이 짙도록 눈이 처마와 키가 같았다 大幅 캔바스 우에는 목화송이 같은 한 떨기 지난해 흰구름이 새로 미끄러지고 폭포소리 차츰 불고 푸른 하늘 되돌아서 오건만 구두와 안신이 나란히 놓인 채 연애가 비린내를 풍기기 시작했다 그날밤 집집 들창마다 夕刊에 비린내가 끼치었다 博多胎生 수수한 과부 흰 얼굴이사 회양 고성 사람들끼리에도 익었지만 매점 바깥주인 된 화가는 이름조차 없고 송화가루 노랗고 뻑 뻑국 고비 고사리 고부라지고 호랑나비 쌍을 지어 훨훨 청산을 넘고.

## 핵심정리

▷ **갈래** 산문시, 서정시
▷ **주제** 자연회귀의 소망과 영원한 순애 정신

## 이해와 감상

### 1 감상의 길잡이

　이 시는 산중에서 일어난 정사(情死) 사건을 다루고 있는 작품이다. 이름 없는 한 화가와 산장 매점의 주인이었던 한 과부가 한겨울 깊은 산 폭설로 인해 산속에 갇힌 채 다음 해 봄까지 나오지 않았다. 그리고 그들의 변사체가 봄이 되어서야 세상에 알려진다는 얘기다. 신문 기사로나 보도됨직한 하나의 사건이 소재로 다루어지고 있다. 어쩌면 신문에 보도된 이와 비슷한 사건이 이 작품을 만들게 된 계기가 되었을지도 모른다. 그런데 문제는 작자가 이 정사(情死) 사건에 대해 긍정적이고 호의적인 자세를 취하고 있다는 것이다.

　정지용은 이 연인들의 죽음을 넘어선 구원한 사랑을 청산으로 날아가는 호랑나비 한 쌍을 통해 암시하고 있다. 말하자면 이 「호랑나비」는 정지용의 청정무구한 자연회귀의 소망과 영원한 순애 정신이 구현된 것이라 할 수 있다. 작품 속에 등장한 화가는 곧 작자의 전이된 인물이다. 현실적으로 성취될 수 없는 작가의 욕망이 작품을 통해서 간접적으로 실현된 것이다.

## 기출문제

1. "시를 읽고, 작품에 드러난 작가의 개성을 이해할 수 있다."라는 학습 목표로 다음 시에 대해 토의하였다. 작가의 경향을 중심으로 시를 해석한 내용으로 적절하지 <u>않은</u> 것은? 2011년 기출 36번

   > 화구를 메고 산을 첩첩 들어간 후 이내 종적이 묘연하다 단풍이 이울고 봉마다 찡그리고 눈이 날고 嶺 우에 매점은 덧문 속문이 닫히고 三冬내- 열리지 않았다 해를 넘어 봄이 짙도록 눈이 처마와 키가 같았다 大幅 캔바스 우에는 목화송이 같은 한 떨기 지난해 흰구름이 새로 미끄러지고 폭포소리 차츰 불고 푸른 하늘 되돌아서 오건만 구두와 안신이 나란히 놓인 채 연애가 비린내를 풍기기 시작했다 그날밤 집집 들창마다 夕刊에 비린내가 끼치었다 博多胎生 수수한 과부 흰 얼굴이사 회양 고성 사람들끼리에도 익었지만 매점 바깥주인 된 화가는 이름조차 없고 송화가루 노랗고 뻑 뻑국 고비 고사리 고부라지고 호랑나비 쌍을 지어 훨훨 청산을 넘고.
   >
   > — 정지용, 「호랑나비」

   ① 정지용은 서구 지향적, 도회적 감각이 드러나는 작품을 썼다고 평가돼. 이러한 경향은 당시에는 새로운 문물과 관련된 시어를 살려 쓴 점에서 확인되지.
   ② 정지용은 섬세하고 감각적인 시어로 대상의 선연한 이미지를 형상화했다고 평가돼. 이러한 경향은 시각 심상을 위주로 시적 상황을 묘사한 데서 확인되지.
   ③ 정지용은 일제 강점기 상황에 대한 역사적 인식이 드러나는 작품을 썼다고 해. 이러한 경향은 산속 사람들이 신문을 통해 세상 소식을 접하는 부분에서 확인되지.
   ④ 정지용은 1930년대 중·후반에 이르러 근대의 풍경을 뒤로 하고 자연의 세계로 시선을 돌렸다고 해. 이러한 경향은 공간적 배경을 깊은 산골로 설정한 점에서 확인되지.
   ⑤ 정지용은 우리말을 갈고 다듬어 참신한 언어 세계를 창조해 냈다고 평가 받아. 이러한 경향은 동일한 음이 나타나는 시어를 연속적으로 배열한 언어 감각에서 확인되지.

   정답 ③

## 작품 9 　인동차 (문장, 1941년)

노주인(老主人)의 장벽(腸壁)에
무시(無時)로 인동(忍冬) 삼긴 물이 나린다.

자작나무 덩그럭 불이
도로 피어 붉고,

구석에 그늘 지어
무가 순 돋아 파릇하고,

흙냄새 훈훈히 김도 사리다가
바깥 풍설(風雪) 소리에 잠착하다.

산중(山中)에 책력(冊曆)도 없이
삼동(三冬)이 하이얗다.

### ■ 핵심정리

- **갈래** 자유시, 서정시
- **성격** 감각적, 회화적, 관조적, 탈속적
- **주제** 정신적 고결함을 지키면서 혹독한 현실을 견디는 삶의 자세
- **특징** ① 시적 화자의 감정을 절제하여 대상을 객관적으로 표현함
  ② 눈 내리는 겨울, 깊은 산중이라는 탈속의 공간을 배경으로 하고 있음
  ③ 풍경을 회화적, 감각적으로 묘사하고 있으며, 대상을 관조적으로 바라보고 있음

## 이해와 감상

### 1 짜임 분석

## ② 작품감상의 구조

| 구성 요소 | 구성 요소의 파악 | 그것이 지닌 의미·효과 | 주제와의 관련성 |
|---|---|---|---|
| 내용 요소 | ① 시적 화자 및 화자의 상황 | 시적 화자는 외부에서 노주인을 관찰하는 사람으로 볼 수 있지만, 노주인 자신을 시적 화자로 볼 수도 있는데 인동차를 마시며 혹독한 겨울을 견디고 있다. | 정신적 고결함을 지키면서 혹독한 현실을 견디는 삶의 자세 |
| | ② 소재 | 인동차 – 차의 이름이 겨울을 견디는 내용이다. (인동차 마시기 = 냉혹한 현실 견디기) | |
| 형식 요소 | ① 각 연 2행의 간결한 시행 | 각 연 2행이며 간결한 시행을 통해 압축미를 잘 드러냈다. | |
| | ② 방 안과 방 밖의 대비 | 방 안의 따뜻한 세계와 방 밖의 차가운 세계를 대비하여 제시했다. | |
| | ③ 노주인 – 방 안 – 방 밖 | 노주인에서 방 안, 그리고 방 밖으로 점차 확대되는 세계를 그리고 있다. | |
| 표현 요소 | ① 색채 이미지의 대비에 의한 묘사 | 방안의 붉고 푸른 따뜻한 이미지와 방 밖의 희고 차가운 이미지를 대조하여 표현했다. | |
| | ② 이미지에 의한 감각적 표현 | 풍경을 시각적 이미지에 의해 감각적으로 표현했다. | |
| | ③ 감정의 절제 | 감정을 절제하여 객관적으로 표현했다. (이미지에 의한 감정의 절제) | |

## ③ 감상의 길잡이

이 작품은 추운 겨울 산중에서 홀로 인동차를 마시며 겨울을 견디고 있는 노주인의 모습을 그리고 있다. '삼동(三冬)'이라는 추운 겨울을 시간적 배경으로 하고, 산중의 방 안이라는 폐쇄적인 공간을 설정하고 있는데, 이런 상황에서 노주인이 인동차를 마시는 행위는 몸과 마음의 건강을 지키려는 것으로 해석할 수 있다. 이 작품이 일제 강점기 말에 창작되었다는 점을 고려할 때, 작가는 노주인의 태도를 통해 바깥세상에 초연한 채 몸을 다스리고, 정신적 고결함을 지키면서 혹독한 현실을 견디고자 하는 의지를 드러내고 있는 것으로 이해할 수 있다.

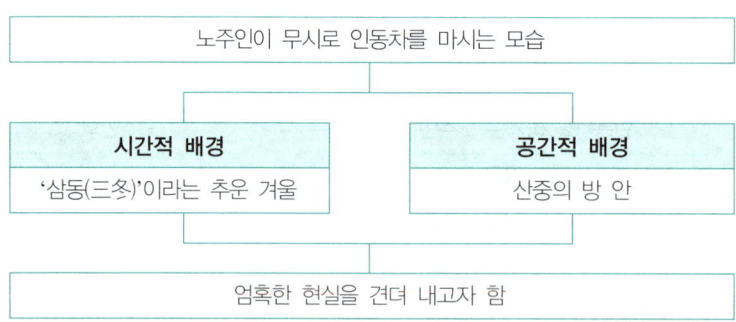

## ■ 중요 내용 정리

### 01 노주인의 삶의 태도를 통해 본 시적 화자의 삶의 자세

이 시가 발표된 시기는 일제 강점기로, 이 작품을 창작된 시대 배경과 연관지어 보면 이 시의 계절적 배경인 '겨울'은 일제 강점의 현실로 해석할 수 있다. '풍설 소리'와 '삼동'은 이런 일제 강점기의 혹독한 현실을 비유한 말로, 노주인은 이러한 현실에서 '인동 삼긴 물'을 마시며 몸과 마음을 다스리고 있다.

결국 작가도 노주인의 이러한 삶의 자세를 본받아 바깥세상에 흔들리지 않고 엄혹한 현실을 견뎌 내고자 하는 것이다.

| 노주인의 삶의 태도 | 시적 화자의 삶의 자세 |
|---|---|
| 추운 겨울을 견디며 인동차를 마심 | 하얀 눈이 내린 추운 겨울을 인내하며 세속의 시간을 넘어 맑고 고고하게 사는 노주인의 삶의 태도를 본받아, 화자 자신 역시 정신적 고결함을 지키면서 현실을 견디고자 하는 삶의 자세를 보여 준다. |
| 책력도 없이 바깥세상과 단절한 채 겨울을 지냄 | |

### 02 작품에 나타난 개성적 표현

| 표현 방법 | 개성이 드러난 표현 |
|---|---|
| 낯설게 하기 | '노주인의 장벽에 / 무시로 인동 삼긴 물이 나린다.'<br>→ '차를 마신다'는 평범한 사실을 낯설게 바꾸어 신선한 느낌을 준다. |
| 감각적 심상의 대비 | '덩그럭 불'의 붉은색과 '무순'의 푸른색, '하이얀 삼동(三冬)'의 흰색이 대비되면서 따뜻한 방 안과 눈이 몰아치는 외부 세계의 대비, 생명력 넘치는 봄과 얼어붙은 겨울의 대비를 통해 시의 의미를 확장시키고 있다. |

### 03 '인동차'에 나타난 한시(漢詩)의 차용

| 5연 | 산중에 책력도 없이 삼동이 하이얗다. |
|---|---|
| 태상은자<br>(太上隱者),<br>「답인(答人)」 | 山中無曆日 寒盡不知年<br>(산중무력일 한진부지년)<br>산중이라 책력도 없어 추위가 다하도록 해 가는 줄 모르네. |

정지용이 태상은자의 「답인(答人)」의 시구를 차용했으나 그 의미는 완전히 다르다. 「답인」의 화자는 시간의 흐름을 잊고 산중의 한적함을 즐기는 은자(隱者)라면, 「인동차」의 화자는 세속의 흐름을 잊고 긴 겨울을 이겨 내려는 인고의 강인함을 보여 준다.

## 기출문제

※ (1~2) 다음 작품을 읽고, 물음에 답하시오.

(가)
　　노주인(老主人)의 장벽(腸壁)에
　　무시(無時)로 인동(忍冬) 삼긴 물이 나린다.
　　자작나무 덩그럭 불이
　　도로 피어 붉고,
　　구석에 그늘 지어
　　무가 순 돋아 파릇하고,
　　흙 냄새 훈훈히 김도 사리다가
　　바깥 풍설(風雪) 소리에 잠착하다*.
　　산중(山中)에 책력(冊曆)도 없이
　　삼동(三冬)이 하이얗다.

* 잠착하다 : '참척하다'의 원말. 한 가지 일에만 정신을 골똘하게 쏟아 다른 생각이 없다.

　　　　　　　　　　　　　　　　　　　　　　　　　　- 정지용, 「인동차(忍冬茶)」


(나)
　　하늘은 날더러 구름이 되라 하고
　　땅은 날더러 바람이 되라 하네.
　　청룡 흑룡 흩어져 비 개인 나루
　　잡초나 일깨우는 잔바람이 되라네.
　　뱃길이라 서울 사흘 목계 나루에
　　아흐레 나흘 찾아 박가분 파는
　　가을볕도 서러운 방물장수 되라네.
　　산은 날더러 들꽃이 되라 하고
　　강은 날더러 잔돌이 되라 하네.
　　산서리 맵차거든 풀 속에 얼굴 묻고
　　물여울 모질거든 바위 뒤에 붙으라네.
　　민물 새우 끓어넘는 토방 툇마루
　　석삼 년에 한 이레쯤 천치로 변해
　　짐부리고 앉아 쉬는 떠돌이가 되라네.
　　하늘은 날더러 바람이 되라 하고
　　산은 날더러 잔돌이 되라 하네.

　　　　　　　　　　　　　　　　　　　　　　　　　　- 신경림, 「목계장터」

1. 다음은 위 시들을 이해하기 위해 두 시인의 시 세계를 비교한 것이다. ㉠과 ㉡에 들어갈, (가)와 (나)의 두드러진 표현상의 특징을 쓰시오. [2점]

2014년 A형 기입형 12번

| 구분 | (가) | (나) |
|---|---|---|
| 창작 연대 | 1930년대 | 1970년대 |
| 시인의 주요 관심 요소 | 회화성 | 음악성 |
| 관심 요소의 구체화 | ㉠ | ㉡ |

**예상답안**

㉠ 방 안의 붉은색·파릇한 색(생명, 정신)과 방 밖의 흰색(차가움, 일제하 현실)의 색채 이미지 대비에 의한 감각적 묘사
㉡ 4음보 율격 및 각운의 요소

2. (나)를 시상 전개에 따라 세 부분으로 나눌 때 중간 부분의 처음과 끝 어절을 쓰고, 그 중간 부분에서 (가)의 화자에게 시의 공간적 배경인 '방 안'이 갖는 의미와 유사한 역할을 하는 시구 3가지를 찾아 쓰시오. [2점]

2014년 A형 기입형 13번

**예상답안**

① 첫 어절과 끝 어절 : 산은 ~ 되라네
② '방 안'이 갖는 의미와 유사한 역할을 하는 시구
  ㉠ 풀 속
  ㉡ 바위 뒤
  ㉢ 토방 툇마루

## ▷ 임 화
### 林和

1908 ~ 1953
본명은 임인식(林仁植). 필명은 청로(靑爐). 김철우(金鐵友).
서울 출생. 카프 문학의 중심적 인물

▷ 작가의 특징
1. 1920년대 후반부터 프로시인과 비평가로서 본격적인 문단활동을 전개하였다.
2. 1929년 가을, 일본으로 건너가서 수학하다가 1931년 귀국해서 카프의 서기장을 역임하면서 프로문학운동을 실질적으로 주도했다.
3. 카프시의 내용을 짧은 이야기 시의 형태로 전개하는 단편 서사시를 창작했다.
4. 1935년 카프 해산 무렵부터는 시집 『현해탄』(1938)과 비평집 『문학의 논리』(1940)를 간행했다.

▷ 주요 작품
「네 거리의 순이」, 「우리 오빠와 화로」 등

## 작품 1  우리 오빠와 화로 (조선지광, 1929년)

사랑하는 우리 오빠 어저께 그만 그렇게 위하시던 오빠의 거북 무늬 질화로가 깨어졌어요.
언제나 오빠가 우리들의 '피오닐' 조그만 기수라 부르는 영남(永男)이가
지구에 해가 비친 하루의 모 — 든 시간을 담배의 독기 속에다
어린 몸을 잠그고 사 온 그 거북 무늬 화로가 깨어졌어요.

그리하여 지금은 화젓가락만이 불쌍한 우리 영남이하구 저하고처럼
똑 우리 사랑하는 오빠를 잃은 남매와 같이 외롭게 벽에 가 나란히 걸렸어요

오빠……
저는요 저는요 잘 알았어요.
왜 — 그날 오빠가 우리 두 동생을 떠나 그리로 들어가신 그 날 밤에
연거푸 말은 궐련[卷煉]을 세 개씩이나 피우시고 계셨는지
저는요 잘 알았어요 오빠.

언제나 철없는 제가 오빠가 공장에서 돌아와서 고단한 저녁을 잡수실 때 오빠 몸에서 신문지 냄새가 난다고 하면
오빠는 파란 얼굴에 피곤한 웃음을 웃으시며
……네 몸에선 누에 똥내가 나지 않니 — 하시던 세상에 위대하고 용감한 우리 오빠가 왜 그 날만 말 한 마디 없이 담배 연기로 방 속을 메워 버리시는 우리 우리 용감한 오빠의 마음을 저는 잘 알았어요.
천정을 향하여 기어 올라가던 외줄기 담배 연기 속에서 — 오빠의 강철 가슴 속에 박힌 위대한 결정과 성스러운 각오를 저는 분명히 보았어요. 그리하여 제가 영남이의 버선 하나도 채 못 기웠을 동안에
문지방을 때리는 쇳소리 마루를 밟는 거칠은 구두 소리와 함께 — 가 버리지 않으셨어요.

그러면서도 사랑하는 우리 위대한 오빠는 불쌍한 저의 남매의 근심을 담배 연기에 싸 두고 가지 않으셨어요.
오빠! 그래서 저도 영남이도
오빠와 또 가장 위대한 용감한 오빠 친구들의 이야기가 세상을 뒤집을 때
저는 제사기(製絲機)를 떠나서 백 장의 일 전짜리 봉통(封筒)에 손톱을 부러뜨리고

영남이도 담배 냄새 구렁을 내쫓겨 봉통 꽁무니를 뭅니다.
지금 — 만국 지도 같은 누더기 밑에서 코를 고을고 있습니다.

오빠 — 그러나 염려는 마세요.
저는 용감한 이 나라 청년인 우리 오빠와 핏줄을 같이 한 계집애이고
영남이도 오빠도 늘 칭찬하던 쇠 같은 거북 무늬 화로를 사 온 오빠의 동생이 아니예요?
그리고 참, 오빠, 아까 그 젊은 나머지 오빠의 친구들이 왔다 갔습니다.
눈물나는 우리 오빠 동무의 소식을 전해주고 갔어요.
사랑스런 용감한 청년들이었습니다.
세상에 가장 위대한 청년들이었습니다.

화로는 깨어져도 화젓갈은 깃대처럼 남지 않았어요.
우리 오빠는 가셨어도 귀여운 '피오닐' 영남이가 있고
그리고 모 — 든 어린 '피오닐'의 따뜻한 누이 품 제 가슴이 아직도 더웁습니다.

그리고 오빠……
저뿐이 사랑하는 오빠를 잃고 영남이뿐이 굳세인 형님을 보낸 것이겠습니까?
섧지도 않고 외롭지도 않습니다.
세상에 고마운 청년 오빠의 무수한 위대한 친구가 있고 오빠와 형님을 잃을 수 없는 계집아이와 동생
저희들의 귀한 동무가 있습니다.

그리하여 이 다음 일은 지금 섭섭한 분한 사건을 안고 있는 우리 동무 손에서 싸워질 것입니다.

오빠 오늘 밤을 새워 이만 장을 붙이면 사흘 뒤엔 새 솜옷이 오빠의 떨리는 몸에 입혀질 것입니다.

이렇게 세상의 누이동생과 아우는 건강히 오늘 날마다를 싸움에서 보냅니다.

영남이는 여태 잡니다. 밤이 늦었어요.

— 누이동생

## 핵심정리

▸ **갈래** 자유시, 서사단편시
▸ **성격** 서사적, 의지적, 선동적
▸ **표현** ① 편지 형식의 대화체 사용
　　　　② 서사적 요소를 도입하여 서정시의 주관성 극복
▸ **제재** 깨어진 화로와 오빠
▸ **주제** 오빠에 대한 그리움과 삶의 의지
▸ **특징** 계급 투쟁 의식을 고취시키는 목적 문학

## 이해와 감상

### 1 짜임 분석
- 1~2연 – 화로가 깨어진 일에 대한 안타까움
- 4연 – 오빠의 각오를 이해함
- 6~10연 – 강한 의지와 스스로에 대한 위로
- 3연 – 오빠의 심적 갈등
- 5연 – 시적 화자의 어려운 현실
- 11~12연 – 오빠에 대한 위로

### 2 작품감상의 구조

| 구성 요소 | | 구성 요소의 파악 | 그것이 지닌 의미·효과 | 주제와의 관련성 |
|---|---|---|---|---|
| 내용 요소 | | ① 시적 화자 및 화자의 상황 | 시적 화자인 누이동생이 감옥에 갇혀 있는 오빠에게 편지를 보내어 오빠에 대한 믿음과 격려를 보내고 있다. | 식민지 시대 노동자 일가의 수난과 극복 의지 |
| | | ② 소재 | 깨어진 화로를 통해 노동자 일가의 어려운 삶을 효과적으로 표현하였다. | |
| | | ③ 카프 문학 | 노동자의 빈궁한 삶을 소재로 하여, 계급 간의 대립을 다루면서, 어려운 현실 속에서 미래에 대한 결의 전망 등을 담고 있다. | |
| | | ④ 리얼리즘 시 | 노동자 일가의 빈궁한 상황과 처지를 객관적으로 표현하여 사실적으로 느끼게 하고 현장감을 준다. | |
| 형식 요소 | | ① 단편 서사시(이야기시) | 카프 문학의 내용(노동자 계급의 생활이나 감정, 투쟁 의지)을 담으면서 일정한 서사적 골격을 가지는 이야기로 형상화했다. | |
| | | ② 서간체의 형식 | 이 시는 편지글의 형태로 표현해 시적 화자의 상황과 시적 화자의 마음에서 진실성을 느낄 수 있다. | |
| 표현 요소 | | ① 상징 | '질화로'는 흩어진 가족을 의미하여 주제를 잘 드러낸다. | |
| | | ② 화자와 청자 | 카프 문학의 계급 투쟁에 관한 내용을 누이동생이 감옥에 간 오빠에게 이야기 하는 대화체로 제시하여 무거운 주제를 효과적으로 전달하고 있다. | |

### 3 감상의 길잡이

이 시는 시적 화자인 누이동생이 감옥에 갇혀 있는 오빠에게 편지를 보내는 형식으로 되어 있다. 남동생 영남이와 오빠와 함께 살고 있던 화자는, 오빠가 정치적인 이유로 구속되자 동생과 함께 근무하던 공장에서 쫓겨나서 봉투에 풀 붙이는 일로 연명해 나가고 있다. 그러던 중에 영남이가 사온, 오빠가 매우 아끼던 질화로가 깨어지고 만 것이다. 누이동생은 이 화로가 깨어진 것을 알려 주는 것으로부터 편지를 시작하고 있는데, 이 화로는 바로 오빠 또는 혁명가를 상징하는 것이라고 볼 수 있다. 또한 이 화로는 동생 영남이가 사온 것이기 때문에 이러한 혁명의 정신이 계속하여 젊은 세대로 계승되고 있음을 은연중 드러내 주고 있기도 한 것이다.

이러한 화로가 깨어졌음은 곧 오빠의 구속을 의미하는 것이지만, 혁명 전선에서의 패배까지를 의미하는 것은 아니다. 오히려 남은 누이동생과 영남이는 오빠의 투쟁 정신을 되새기며 더욱 큰 일을 위하여 마음을 가다듬는 것이다. 그것을 임화는 다음과 같이 표현하고 있다.

"화로는 깨어져도 화젓갈은 깃대처럼 남지 않었어요. / 우리 오빠는 가셨어도 귀여운 '피오닐' 영남이가 있고 / 그러고 모 — 든 어린 '피오닐'의 따뜻한 누이 품 제 가슴이 아직도 더웁습니다."

이러한 마음가짐은 모든 무산 계급의 혁명적 연대 의식으로 확대되어 누이동생은 '저뿐이 사랑하는 오빠를 잃고 영남이뿐이 굳세인 형님을 보낸 것'이 아니라는 확신을 지닐 수 있게 되는 것이다. 그리하여 '이 다음 일은 지금 섭섭한 분한 사건을 안고 있는 우리 동무 손에서 싸워질 것'을 다짐하는 것이다.

이 시는 한마디로 온갖 수탈과 질곡으로 가득 찬 일제 강점하의 현실 속에서 노동 계급의 저항 의식이 노동 사상과 저항 의식으로 구체화된 것이라고 할 수 있다.

## ▣ 중요 내용 정리

### 01 단편 서사시로서의 「우리 오빠와 화로」

이 시는 누이가 오빠에게 보내는 편지 형식을 취하고 있다. 다른 시에 비해 특이한 점은 12연 43행으로 짜여진 긴 호흡을 가진 시로 노동자 계급의 생활이나 감정, 투쟁 의지가 일정한 서사적 골격을 가지는 이야기로 시화하였다는 점이다. 이러한 특성에 착안하여 1929년 김기진은 이 시를 '단편 서사시'라고 명명한 바 있다. '단편 서사시'란 짧은 서사시로, 종래의 서사시가 영웅들의 세계를 노래한 반면 '단편 서사시'는 당시에 계급 투쟁에서 비롯되는 혁명적인 사건을 취급하여 서사적인 화자를 시 속에 끌어들여 표현하는 형식이다. 그러나 일정한 서사적 플롯을 형성하고 있지 못하다는 점을 들어 단편 서사시로 보는 것에 이의를 제기하는 견해도 존재한다.

### 02 표현상의 특징

이 작품은 몇 가지 새로운 표현 양식을 보여 준다. 누이라는 여성 화자와 서간체의 표현 방법은 명령형, 감탄형 어미 등으로 표현되던 당대 프로시에 하나의 신선한 자극을 던져주었던 것이다. 특히 최근에도 여성 화자가 불러일으키는 호소력과 하소연 조의 서간체가 풍기는 애틋한 정서, 그리고 거북무늬 화로가 지니는 상징성 등으로 인해 그 예술성이 제고되고 있다.

### 03 깨어진 '질화로'

거북은 전통적으로 길상(吉祥)을 표상하는 동물로 신성함과 영원함을 상징한다고 할 수 있다. 따라서 신성함과 영원함으로 둘러싸인 그 내면에 불을 담고 있는 화로는 어둠을 밝혀주며 추위를 이겨 내는 가정의 상징적인 수호신이다. 즉, '깨어진 질화로'는 화자의 단란한 가정의 파괴, 또는 오빠의 투옥으로 인한 계급 투쟁 조직의 약화 정도로 이해할 수 있다.

### 04 '화젓가락'

오빠가 잡혀감으로써 외롭게 남게 된 남매의 이미지를 연상시키는 시어이며, 동시에 '화로는 깨어져도 화젓갈은 깃대처럼 남지 않았어요.'라는 표현에서 계급 투쟁의 불씨를 다시 피울 미래에 대한 희망과 그를 위한 투쟁의 의지를 상징하고 있다.

## 김영랑 金永郎

1903 ~ 1950
시인. 전남 강진 출생. 본명은 윤식. 영랑은 아호

### 작가의 특징
1. 박용철, 정지용, 이하윤 등과 1930년에 창간한 《시문학》에 시를 발표하며 문학 활동을 시작했으며, 순수시의 대표 시인이다.
2. 순수 서정시 창작 – '내마음(순수 서정)'의 세계를 드러내었다.
3. 우리말을 아름다운 시어로 형상화했다. (시어의 조탁, 시어에 대한 깊은 인식으로 우리시를 발전시켰다는 평가를 받음)
4. 감정이나 분위기를 정밀하게 포착하여 형상화했다.
5. 우리말에 리듬을 실어 민요조 가락의 맥을 이었다.

### 주요 작품
『영랑시집』 외에 1949년 자선으로 중앙문화사에서 간행된 『영랑시선』이 있음

## 작품 1  모란이 피기까지는 (문학, 1934년)

모란이 피기까지는,
나는 아직 나의 봄을 기다리고 있을 테요.
모란이 뚝뚝 떨어져 버린 날,
나는 비로소 봄을 여읜 설움에 잠길 테요.
오월 어느 날, 그 하루 무덥던 날,
떨어져 누운 꽃잎마저 시들어 버리고는
천지에 모란은 자취도 없어지고,
뻗쳐 오르던 내 보람 서운케 무너졌느니,
모란이 지고 말면 그뿐, 내 한 해는 다 가고 말아,
삼백예순 날 하냥 섭섭해 우옵내다.
모란이 피기까지는,
나는 아직 기다리고 있을 테요, 찬란한 슬픔의 봄을.

### 핵심정리

▷ **갈래** 자유시, 서정시
▷ **성격** 유미적, 낭만적
▷ **제재** 모란
▷ **주제** ① 소망이 이루어지기를 기다림
② 존재의 초월과 상승

▷ **특징** ① 역설적 표현을 사용
② 수미상관의 구성 방식
③ 섬세하고 아름다운 언어의 조탁이 돋보임

## 이해와 감상

### 1 짜임 분석

① 소망의 시로 보는 경우 (주제: 소망이 이루어지기를 기다림)
- 기(1~2행) – 모란이 피기를 기다림 (소망, 이상을 추구함)
- 서(3~10행) – 모란을 잃은 슬픔 (부재하는 이상에 대한 슬픔과 이상 추구의 고통)
- 결(11~12행) – 모란이 피기를 기다림 (소망과 이상을 추구함)

② 존재론의 시로 보는 경우 (주제: 존재의 초월과 상승, 피고 지는 존재의 원리)
- 1~2행 – 생의 원리에 대한 깨달음 (피어남, 기다림)
- 3~10행 – 죽음이라는 생명의 숙명적 비극성에 대한 탄식 (짐, 소멸)
- 11~12행 – 생명의 원리에 대한 새로운 깨달음

### 2 작품감상의 구조

| 구성 요소 | 구성 요소의 파악 | 그것이 지닌 의미·효과 | 주제와의 관련성 |
|---|---|---|---|
| 내용 요소 | ① 시적 화자 및 화자의 상황 | 화자가 모란의 피고 지는 과정과 그 의미를 깊이 생각하면서 모란으로 표상된 소망이 이루어지기를 기다리고 있다. | 소망이 이루어지기를 기다림. 존재의 초월과 상승 |
| | ② 낭만적 분위기 | 간절하고 애상적인 표현을 통해 낭만적인 분위기를 드러내고 있다. | |
| | ③ 모란의 의미 | 모란은 순수서정의 세계, 이상의 세계이며, 김영랑 시에 나타나는 '내 마음의 세계'이기도 하다. 이 시에서는 조국 해방을 의미한다고 보기도 한다. | |
| 형식 요소 | ① 내용 전개 | 기(1~2행), 서(3~10행), 결(11~12행)의 구조를 통해 소망이 이루어지기를 기다리는 마음을 효과적으로 표현했다. | |
| | ② 대칭적 구조 | '기다림 – 설움 – 소멸' : '소멸 – 설움 – 기다림'의 대칭적 구조를 통해 기다림의 의미를 강조한다. | |
| | ③ 수미상관 | 1~2행과 11~12행은 수미상관을 통해 시 전체의 구조적 안정성을 잘 드러내며, 운율을 형성하고, 주제를 강조한다. | |
| 표현 요소 | ① 역설적 표현 | 찬란한 슬픔의 봄은 찬란하리만큼 승화된 슬픔의 경지를 보여주어 주제를 효과적으로 드러냈다. | |
| | ② 상징 | 모란은 봄의 상징적 표현으로 시적 화자가 소망하고 갈구하는 인생의 궁극적 의미와 보람, 절대적 미를 표현하고 있다. | |
| | ③ 아름다운 시어의 사용 | 아름다운 시어를 통해 모란의 세계 및 순수 서정의 세계를 잘 드러냈다. | |

### 3 감상의 길잡이

1934년에 발표된 시로, 영랑의 대표작이면서 1930년대 한국시를 대표하는 작품이다. 남도의 가락과 한의 정서가 은은하고 영롱하게 흐르는 서정성 짙은 시이다. 봄을 기대하는 마음과 봄을 보내는 서러움을 모란을 통해 표현함으로써 '기다리는 정서'와 '잃어버린 설움'을 대응시키고 모란으로 상징되는 소망의 실현에 대한 집념을 보이고 있다. 그러나 해석상의 논란의 여지도 적지 않은 작품이다. 12행으로 된 자유시로, 연 구분이 없다.

1~2행은 시적 화자의 소망이 미래 가정법의 형태로 제시되고 있다. 여기에서 '모란'은 대단히 의미심장한 시어이다. 내용상으로 보아서 계절이 이미 봄이지만 아직 모란이 피지 않음으로 해서 시적 자아가 봄을 느끼지 못했을 수도 있다. 때문에 그는 모란이 필 때까지는 '나의 봄을 기다리고' 있겠다는 의지를 보여준다.

3~4행에서는 '설움에 잠길 테요'라는 표현에서 화자는 이미 모란이 지고 난 후의 슬픔을 알고 있으며, 그 슬픔을 기꺼이 감당할 생각을 하고 있다는 사실을 짐작할 수 있다. '비로소'라는 시어는 '모란이 진 후에'라는 뜻이니, 모란이 질 때까지는 보는 기쁨만을 생각하고 지는 설움을 생각하지 않겠다는 뜻이다. 그러나 '뚝뚝'이라는 표현에서 모란이 질 때의 절망감을 얼마나 큰 것인지를 보여 주고 있다.

5~10행에서는 모란이 지고 난 후의 슬픔과 절망감은 시적 화자가 과거에 거듭 체험했던 일이었음이 드러난다. 모란이 지는 것은 봄의 마지막인 오월이다. 날씨가 더워지면 모란이 지고, 진 모란마저 시들고 말라 자라진다. 모란이 피었을 때의 '뻗쳐 오르던 보람'은 와르르 무너지고 지난 일 년 간 기다려 이루어졌던 소망이 덧없이 사라져 버린다. 그 슬픔에 화자는 '삼백예순 날'을 늘 울고 지낸다.

11행~12행은 1행과 2행의 어휘를 반복한 감은 있으나 그 내용은 전혀 다르다. 1행과 2행에서는 시적 화자의 소망이 제시되고 있을 뿐이라면 11행과 12행에서는 인생의 온갖 시련을 체험한 시적 화자의 소망이 제시되고 있다. 비록 모란이 피면 다시 질 것이고 그로 인하여 자신의 슬픔이 엄청난 것이 되겠지만 그래도 여전히 모란이 필 봄을 기다리겠다는 것이다.

### 심화 김영랑의 시 세계

1. **시문학기(1930~1935)**: 초기시 시대로서, 《시문학》을 간행. 시인으로서 출발인 동시에 자신의 시 세계를 정립하게 된다. 37편의 시를 발표할 만큼 시작 생활에 의욕적이었는데, 발표 지면은 극히 한정되어 그가 주재하는 《시문학》과 《문학》지에만 시가 실렸다. 이는 영랑의 결벽성이나 다른 시인에게 설득력이 없었다는 것이 원인이었다. 1935년에 이미 발표된 37편의 시와 새로 쓴 17편을 합쳐『영랑시집』을 발표하였다. 영랑의 초기 시 세계는 당대 어두운 식민지 현실에 의한 '비관적 세계 인식'과 민족의 장래에 대한 영랑의 이상적 신념에 의한 '이상세계 지향'으로 요약된다. 시정신은 지상에서의 삶의 고통스러움과 슬픔 때문에 '태양과 천상의 세계에로의 지향'으로 나타난다.

2. **저항문학기(1938~1940)**: 중기시 시대로서, 이 시기에는 2년 간의 휴지기가 있었는데 이는 시대 상황에 대한 평정의 인식이 무너지면서 시 창작의 유기성에 혼돈과 균열이 생겨 서정성과 내밀성을 유지해가기 어려워 중기시는 서정의 가락보다는 '죽음'과 '좌절감' 등으로 점철되어진 비판적 세계 인식 또는 저항 정신으로 전환된다. 이와 같은 변화는 일본 침략 정책의 극렬화로 망국민의 비애와 좌절감의 팽배 그리고 청년들의 징병과 징용 등의 당대 현실 때문이라 할 것이다. 이 시기의 작품들은 그가 어떤 자세로 응전하였는가를 보여준다. 문인들에 대한 것은 문인 보국단을 만들어 우리 작가들로 하여금 앞잡이 노릇을 강요하였다. 영랑은 민족주의 운동에 가담. 창씨개명반대 등 저항 의식을 보여주었고 저항 의지가 확고한 작품을 남겼다. 대상 세계와 미래에 대한 끝없는 절망을 노래하고 있는데 이는 그의 시정신이 조국과 민족의 장래에 확고한 신념을 가지냐는 물음에 대해 회의적인 대답을 하였다는 의미를 내포한다. 이후 식민지 말기의 극한 상황으로 또다시 휴지기를 갖게 되었다.

3. **광복문학기(1946~1950)**: 후기시 시대로서, 이 시기는 삶의 강한 의욕과 환희로 충만된다. 초기 시의 섬세한 감각, 서정의 정조와는 전혀 다른 적극적 사회참여의 일면을 보이게 된다. 그러나 한국 전쟁 중 파편에 맞아 중상을 입고 9월 29일 49세의 나이로 세상을 떴다. 이 시기의 시 작품은『영랑시선』에 수록된 19편이며 그밖에 5편의 시론과 산문이 있다. 이 작품들은 현실 참여 의지를 강하게 드러내고 있다. 한편 이념적인 이론과 갈등으로 인한 동족상잔의 사회 현상을 개탄하는 등 희망과 절망의 교차를 뚜렷하게 나타내고 있다.「새벽의 처형장절망」등이 그 대표적인 예이다. 후기시는 두 가지로 요약뇌는데, 하나는 생경한 감정의 분출로 인해 영랑시의 한계를 보여 주었다. 시인의 김정이 시정신 속에 여과·정제되지 않은 채 그대로 분출하였다. 둘째는 희망과 절망의 감정을 표출하고 있다.

## 중요 내용 정리

### 01 '모란'의 의미
이 시에서 '모란'은 개념적 의미를 넘어서는 문학적 언어이다. 따라서 팽팽한 긴장이 감도는 열린 언어이면서 애매한 언어이다.

우선, '모란'은 모란꽃 자체를 의미할 수 있다. 영랑의 집과 강진의 명물인 모란 자체가 시적 대상이 되었을 가능성을 전혀 배제할 수 없다. 이 때 우리는 그의 섬세한 감수성과 시적 정서를 확인할 수 있게 된다. 다음으로는 모란은 잃어버린 조국을 의미할 수 있다. 이를 통해 시인의 민족적 절개나 지조가 표출되고 있을 가능성이 크다.

두 가지 해석 모두 장단점을 지니고 있으며, 어느 것이 맞고 어느 것이 틀리다고 하기 어렵다. 때문에 두 가지 해석의 가능성이 있다는 점을 이해하는 것이 중요하다.

### 02 표현상의 특징
① 유성음의 시어 : 시어와 종지법이 유성음과 유성종지법으로 짜여서 시에 부드럽고 유려한 리듬감을 불러일으킨다.
② 수미상관의 기법 : 1~2행과 11~12행은 수미상관의 기법을 이용한 반복을 하고 있다. 목적어인 '찬란한 슬픔'을 뒤로 도치시켜 강조하고 있는 것도 주목되는 표현기법이다.
③ 모순어법 : '찬란함'과 '슬픔'이라는 모순되는 심상을 결합시키는 모순어법을 사용하고 있다. 모란이 피고 지는 것을 모순어법으로 표현함으로써 기쁨과 슬픔, 절망과 희망, 밝음과 어둠, 이별과 만남 등 인생의 양면성, 모순성, 비극성을 효과적으로 드러낸다.

### 03 「모란이 피기까지는」의 순환 구조
이 작품은 '봄에 대한 기다림 → 봄의 상실 → 봄에 대한 기다림'이라는 순환 구조를 보이고 있다. 모란이 피기를 기다리다 모란이 피면 기뻐하고, 모란이 지면 절망에 빠지고, 그러면서 또 모란이 피기를 기다리는 과정이 반복되는 것이다. 이것은 꽃이 지는 것은 영원히 사라지는 것이 아니며, 때가 되면 재생하는 것이고, 이러한 과정이 곧 삶 자체라는 깨달음을 바탕으로 하고 있다. 결국 화자에게 '삼백예순 날'은 모란이 피는 날과 모란이 피기를 기다리는 날이며, 이 모두가 보람 있는 날이라는 인식에서 비롯된 것이다.

### 04 '모란'에 대한 유미주의적 태도
모란은 시적 화자의 정신적 거처로서 소망의 실현에 대한 집념을 보여 주는 대상이다. 화자가 참고 기다리고 또 우는 것도 모두 모란이 피고지는 까닭에서인 것이다. 그러기에 화자에게 '봄'은 모란이 피는 기쁜 시간이지만 모란이 지기 때문에 슬프고 고통스러운 시간이기도 하다. '찬란한 슬픔의 봄'은 소멸의 미학이라고 할 수 있는 이러한 감정의 극치를 그대로 드러내고 있다. 화자는 모란이 피어 있는 잠깐의 시간을 위해 삼백예순 날의 기다림과 고통을 기꺼이 감수하겠다는 자세를 보여 주고 있는 것이다. 이는 '모란'으로 상징되는 미적 대상과의 조우, 혹은 완성을 위해 자신의 전생애를 바치겠다는 유미주의적 태도에서 비롯된 것이라고 할 수 있다.

### 05 김영랑과 순수시
우리나라의 순수시는 1930년대 박용철이 주재한 ≪시문학≫(1930)을 중심으로 김영랑, 정지용, 신석정, 이하윤 등에 의해 지향되었다. 이 중에서도 박용철과 김영랑이 중심인물이었다. 박용철은 그 자신이 적지 않은 시를 쓰기도 하였지만 작품보다는 순수시 운동을 뒷받침하는 이론에서 더 중요한 활동을 했고, 그가 내세운 이론에 어울리는 작품의 성과는 김영랑에 의해 이루어졌다. 그리고 정지용에 와서 우리 시는 완전히 현대적인 면모를 갖추게 되었다.

이들이 주장한 순수시란 시에서 일체의 이념적, 사회적 관심을 배제하고 오직 섬세한 언어의 아름다움과 그윽한 서정성이나 순수한 정서를 추구하는 시란 뜻이었다. 그 결과 지나치게 개인의 내면세계에만 편중되면서 말을 다듬는 데에 빠졌다는 결함은 있으나, 이들에 의해 우리의 현대시가 시의 언어와 형식에서 좀 더 세련된 차원으로 나아갔다는 점은 우리 시사(詩史)에 빛나는 업적이라 하겠다.

## 작품 2  끝없는 강물이 흐르네 (시문학, 1930년)

내 마음의 어딘 듯 한편에 끝없는
강물이 흐르네.
돋쳐 오르는 아침 날 빛이 빤질한
은결을 도도네.
가슴엔 듯 눈엔 듯 핏줄엔 듯
마음이 도른도른 숨어 있는 곳
내 마음의 어딘 듯 한편에 끝없는
강물이 흐르네.

## 핵심정리

▷ **갈래** 서정시, 낭만시, 순수시
▷ **성격** 유미적, 낭만적
▷ **제재** 내 마음
▷ **주제** 내면세계의 평화와 아름다움

▷ **표현** ① 수미상관적 구성
　　　　② 시각적 이미지 사용
　　　　③ 음악성의 추구 (유음, 비음의 사용, 각운, 음성 상징어)

## 이해와 감상

### 1 짜임 분석

- 1~2행 – 마음속에 흐르는 강물 (강물의 흐름)
- 5~6행 – 마음이 숨어 있는 곳 (강물의 위치)
- 3~4행 – 강물의 아름다운 모습 (강물의 모습)
- 7~8행 – 마음속에 흐르는 강물 (강물의 흐름)

## 2 작품감상의 구조

| 구성 요소 | 구성 요소의 파악 | 그것이 지닌 의미·효과 | 주제와의 관련성 |
|---|---|---|---|
| 내용 요소 | ① 시적 화자 및 화자의 상황 | 시적 화자가 자신의 마음속에 일어나는 생명력을 이미지를 통해 드러내었다. | 내면세계의 평화와 아름다움을 효과적으로 표현 |
| | ② 어조 | 차분하고 섬세한 여성적 어조를 통해 주제를 효과적으로 드러내었다. | |
| | ③ 내 마음의 세계 | '내 마음'은 김영랑의 시에 나타나는 순수한 서정의 세계, 이상향의 세계이면서 동시에 현실과 유리된 관념의 세계이다. | |
| 형식 요소 | ① 수미상관의 구성 | 1~2행과 1, 7행의 동일한 구조의 반복으로 시적 안정감을 갖추어서 리듬감을 느끼게 한다. | |
| | ② 각운의 효과 | '도도네, 흐르네' 등과 유음, 비음의 사용으로 음악성이 두드러진다. | |
| | ③ 3음보의 율격 | 전체적으로 3음보의 리듬을 규칙적으로 느끼게 하면서 그것을 변칙적인 행 구분을 통해 제시하여 리듬감을 느끼게 한다. | |
| 표현 요소 | ① 이미지를 통한 감각적 표현 | 시각적 이미지를 통해 마음의 세계를 효과적으로 표현하였다. | |
| | ② 순우리말의 시어 | '도른도른, 은결' 등의 순 우리말의 감각적 시어를 사용하였다. | |

## 3 감상의 길잡이

이 시는 1930년 ≪시문학≫에 발표된 것으로, 8행으로 된 자유시이다. 영랑의 시적 경향을 다시 한 번 확인할 수 있는 작품이다. 남도 사투리가 순화되어 예술적으로 승화됨으로 해서 생기가 감도는 가락은 짙은 지방색과 서정성을 느끼게 해준다. 특히 어구의 반복과 음악적인 리듬은 단조로움을 깨뜨리고 형식미를 더해주고 있다. 혹자는 세 마디 가락의 규칙적 리듬을 따르는 시로 설명하기도 하지만, 그 경우 작자가 설정한 행 구분의 중요성을 애써 무시한 것에 다름 아니다. 물론 이 시는 내재율이 구절구절 사이에 스며들어 있으며 자신의 체험을 내면화하고 있는 게 사실이다. 연 구분이 없는 점에서 「모란이 피기까지는」과 그 형태가 유사하다.

1~2행은 시적 화자의 마음 속 어디에선가 강물이 흐르고 있음을 노래하고 있다. 3~4행은 그 강물은 자연의 강물과 일치되면서 아름다움을 더하고 있다. 자신의 마음속에 흐르는 강물을 아침 햇살에 은빛 물결이 출렁이는 평화롭고 아름다운 강물의 모습과 연결시키고 있다. 5~6행에선 그 강물이 마음 속 어디엔가 있지만 그것은 가슴속에 있는지 사물을 관찰하는 눈 속에 있는지 혹은 핏줄기 속에 흐르고 있는지 알 수 없다고 서술한다. 그렇지만 '마음이 도른도른 숨어 있는 곳'이라면 거기에는 반드시 그 아름다운 강물이 있을 것이라고 부연한다. 여기에서 그 강물은 현실 속에 존재하지 않고 내면의 세계에 존재하고 있음이 드러난다. 결국 강물은 시적 자아 혼자만의 평화롭고 아름다운 심상인 셈이다.

7~8행에서는 1~2행의 내용을 다시 한 번 반복함으로써 자신의 내면에 흐르고 있는 평화롭고 아름다운 정경을 부각시키고 있다.

이 시에서 주목해야 할 시어는 '강물'이다. 이 역시 개념적 의미를 넘어서는 문학적 언어이다. 사전적인 의미를 넘어서 시인의 체험이 육화되어 나타난 팽팽한 언어이다. 그런데 분명한 것은 현실적으로 흐르는 자연의 강물이 아니라 '내 마음' 어딘가에 흐르고 있는 강물이다. 그것은 '내 가슴' 속에서일 수도 있고, 내 '눈 속'에서일 수도 있다. 혹은 내 '핏줄'에서일 수도 있다. 어쩌면 그 모든 것 속에 흐르고 있는 것일 수도 있다. 그것은 구체적으로 어떤 것을 의미하는 것일까? 어쩌면 그것은 근원적인 생명 자체를 의미하는 것인지도 모른다. 이에 대해서는 얼마든지 다른 해석이 가능하고 논란의 여지가 다분하다. 때문에 한 마디로 정의할 수 없고, 그로 말미암아 긴장(Tension)이 일어난다. 역시 '강물'도 애매한 언어(ambiguity)이다.

## 중요 내용 정리

### 01 '내 마음'의 세계
이 시에서 김영랑의 순수 서정의 세계는 마음속에 있다. 그러나 그 마음은 '내 마음'이지, 객관적 현실 세계가 아니다. 1930년대의 객관적 현실 세계와는 차단된 '내 마음'(실제 그의 시 70편 중 '내'에 속하는 시어가 61번이나 나옴)의 세계에서만 그의 순수 서정의 세계는 가능했던 것이다. 그래서 그의 서정 세계는 당시의 실제 현실과는 거리가 멀다는 점에서 비판을 받기도 한다.

### 02 표현상의 특징
① 음악성: 원래 ≪시문학≫지에 발표할 때는 2, 4, 8행을 바로 위의 행에 연속시켰는데, 『영랑시집』에 실을 때는 지금처럼 행을 바꾸어 놓아 3음보의 율격에 묘미 있는 변형을 가했다. 즉 1행과 7행의 '끝없는'과 3행의 '빤질한'은 그 밑의 행에 붙여 읽게 되는데, 이것을 통해 형태상의 변화를 꾀한 것이다. 그리고 2, 8행의 반복, '도도네, 도른도른' 등의 시어 선택 등이 여기에 조응하여 율동감을 느끼게 한다.

② 내용면: 이 시에서 시인은 강물이 끝없이 흐른다고 했는데, 이 강물은 어디에 실제로 존재하는 것이 아닌 시인의 마음 어딘가에 존재하면서 흐른다는 것이다. 이처럼 마음이 도른도른 숨은 곳에 아침 햇살이 은물결을 반짝이며 강물이 끝없이 흐르는 세계, 이것이 김영랑이 추구하는 순수 서정의 세계이며, 아름다움은 바로 여기에 있는 것이다.

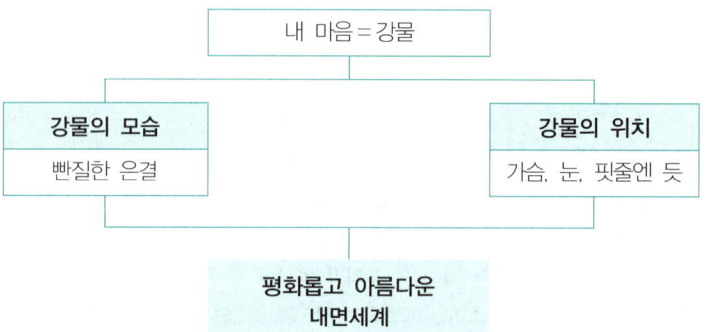

### 03 「동백잎에 빛나는 마음」
이 시는 1930년 ≪시문학≫ 창간호에 발표된 영랑의 등단작으로 음악성의 추구, 세련된 언어의 조탁, 고요한 내면세계의 표현이라는 영랑 시의 특징을 고스란히 보여주는 작품이다. 처음 「동백잎에 빛나는 마음」이라는 제목으로 발표되었고, 그 후 「동백잎」, 「끝없는 강물」 등으로 쓰이다, 현재의 제목인 「끝없는 강물이 흐르네」가 된 것이다. 이로 보아 영랑은 아침 햇살에 반짝이는 동백잎을 보다 은빛으로 출렁이는 강물의 이미지를 느끼면서 문득 자신의 내면에 일렁이는 아름다운 정서를 형상화한 것으로 보인다.

## 기출문제

※ (1~2) 다음 작품을 읽고 물음에 답하시오. [총 7점]

(가)
　내마음의 어듼듯 한편에 끗업는 강물이 흐르내
　도처오르는 아츰날빗이 쌘질한 은결을 도도내
　가슴엔듯 눈엔듯 쏘피ㅅ줄엔듯
　마음이 도른도른 숨어잇는곳
　내마음의 어듼듯 한편에 끗업는 강물이 흐르내

　　　　　　　　　　　　　　　　－ 김영랑, 「동백닙에빗나는마음」(1930)

(나)
　내마음의 어듼듯 한편에 끗없는
　강물이 흐르네
　도처오르는 아침날빗이 빤질한
　은결을 도도네
　가슴엔듯 눈엔듯 또 피ㅅ줄엔듯
　마음이 도른도른 숨어잇는곳
　내마음의 어듼듯 한편에 끗없는
　강물이 흐르네

　　　　　　　　　　　　　　　　－ 김영랑, 「끝없는 강물이 흐르네」(1935)

(다)
　「오-매 단풍들것네」
　장ㅅ광에 골불은 감닢 날러오아
　누이는 놀란듯이 치어다보며
　「오-매 단풍들것네」

　　　　　　　　　　　　　　　　－ 김영랑, 「오-매 단풍들것네」(1949)에서

1. (나)는 (가)를 개작(改作)하여 제목과 형식이 바뀌었다. 시인이 이 같은 개작을 통해서 얻고자 한 효과를 독자의 관점에서 설명하시오. [4점]

　　　　　　　　　　　　　　　　　　　　　　　　　　　2005년 기출 19번

- 제목을 바꾸어서 얻고자 한 효과
- 형식을 바꾸어서 얻고자 한 효과

### 예상답안

- 제목을 바꾸어서 얻고자 한 효과
　① 제목과 시 내용의 연관성을 더 잘 드러내고, ② 제목이 '내 마음의 생명력'을 더욱 감각적으로 표현하여 주제를 잘 드러냈으며, ③ 단순한 설명에서 마음을 강물에 비유하여 함축성이 잘 드러남 ④ 이 시가 3음보를 바탕으로 했음을 알게 함)

• 형식을 바꾸어서 얻고자 한 효과
① 길게 이어지는 형태에서 간결한 느낌으로 율독을 쉽게 하고 음악성(리듬감)이 잘 드러남. ② 'ㄴ, 네, ㄴ, 네, ㅅ, ㅅ, ㄴ, 네' 등으로 각 행의 끝에 각운의 효과가 잘 살아남. ③ 3음보 중첩과 분단과 효과가 잘 살아남 – 미묘한 느낌이 이어지고 끊어지는 것을 잘 선명하게 드러냈음

## 2. (나)와 (다)의 시어·화자·대상 표현 방식을 비교하시오. [3점]

2005년 기출 20번

### 예상답안

① (나)와 (다)는 아름다운 시어를 골라 사용했다. (나)에 비해 (다)는 전라도 방언의 사용이 두드러지게 나타난다. (나)는 함축적 언어, (다)는 일상적 언어가 사용되었다.
② (나)와 (다)의 화자는 모두 아름다움(순수함)을 추구한다. (나)는 여성 화자이고, (다)는 남성 화자로 볼 수 있다. (나)는 화자 자신의 마음, (다)는 다른 인물을 관찰했다.
㉠ (나)와 (다)는 경치의 묘사가 나타난다. (나)는 내면 세계(내 마음) 묘사 위주이고, (다)는 외부 세계(단풍) 서술 위주의 표현이다.
㉡ (나)와 (다)는 시각적 표현 위주, 의성어와 의태어가 나타난다. (나)는 비유적 표현, (다)는 서술적, 감탄적, 인용적 표현이 많다.
㉢ (나)와 (다)는 수미상관에 의한 표현 위주이다. (나)는 일상 대화가 없으나, (다)는 일상 대화를 사용한다.
㉣ (나)와 (다)는 감각적 표현 중시한다. (나)는 시각적이고, (다)는 청각적이다.

### 주의

출제 의도는 차이점을 묻는 듯한데 문제에서 용어는 '비교'로 되어 있기 때문에 각 답안의 앞부분 설명을 보충했음

※ (3 ~ 4) 다음 작품을 읽고 물음에 답하시오.

> 내 마음의 어딘 듯 한편에 끝없는 강물이 흐르네
> 돋쳐오르는 아침 날빛이 빤질한 은결을 돋우네
> 가슴엔 듯 눈엔 듯 또 핏줄엔 듯
> 마음이 도른도른 숨어 있는 곳
> 내 마음의 어딘 듯 한편에 끝없는 강물이 흐르네
> 
> – 김영랑, 「끝없는 강물이 흐르네」
> 
> ※ 원제목: 「동백닢에빗나는마음」

## 3. 위 작품에 대한 설명으로 적절하지 않은 것은? [1.5점]

2012년 기출 35번

① 개인보다는 집단적 향유에 잘 어울리는 전통 시가 율격을 사용하였다.
② '강물'은 실재하는 대상을 지시한 것이라기보다는 마음의 상태를 감각화한 것이다.
③ 시의 원제목은 작품의 착상이 구체적 사물에 대한 경험에서 비롯되었음을 시사한다.
④ 서정적 주체와 대상 간의 대립적 거리를 설정하지 않음으로써 순수 서정을 추구하였다.
⑤ 소리의 미묘한 음악적 효과들을 활용하여 평화롭고 아름다운 내면의 시적 체험을 드러내었다.

정답 ①

4. 위 작품을 제재로 하여 〈계획〉에 따라 국어 교과서를 개발하고 있다고 할 때, 의도한 학습 목표를 달성하기 위해 〈학습 활동〉에서 보완해야 할 내용으로 적절하지 <u>않은</u> 것은? (단, 보완 내용은 답지별로 독립적으로 판단할 것)

2012년 기출 36번

―〈계획〉―

단원 학습 목표 : 문학 작품의 아름다움과 가치를 파악한다.
단원 구성 원칙 :
　㉠ 대단원은 제시된 학습 목표에 근거하되 3개의 소단원으로 구성한다.
　㉡ 각 소단원별로 서로 다른 장르의 제재를 균형 있게 배치한다.
　㉢ 학습 활동은 학습자의 배경 지식과 수준, 흥미 등을 반영한다.
소단원 제재 : [1] 끝없는 강물이 흐르네

―〈학습 활동〉―

1. 시어와 관련하여 다음 활동을 해 보자.
　(1) 이 시에 나온 '강물'의 성격을 정리해 보자.
　(2) '강물'이 뜻하는 바가 무엇일지 말해 보자.
2. 표현과 관련하여 다음 활동을 해 보자.
　(1) 이 시에 나온 시구들의 표현상의 특징을 말해 보자.
　(2) 같은 시인의 작품들에서 공통적으로 발견되는 특징적 표현에 대해 알아보자.
　(3) 2, 4, 8행이 갖는 운율의 효과에 대해 생각해 보자.
3. 작품의 아름다움에 주목하여 다음 활동을 해 보자.
　(1) 이 작품에서 아름다움이 느껴지는 부분을 찾아보자.
　(2) 이 작품이 우리 삶에 어떤 가치를 지닐지 생각해 보자.

① 교육과정 내용 반영 : 활동 1과 활동 2를 각기 내용과 형식으로 범주화하여 작품에 대한 해석과 평가 활동을 하도록 수정한다.
② 학습 활동 지시의 적절성 : 활동 1에 '강물'이 어떤 문학적 표현 효과를 지니는지 파악하게 하는 활동을 추가한다.
③ 학습 활동 내용의 적합성 : 활동의 성격이나 목표가 학습의 흐름에 어울리지 않는 활동 2의 (2)를 삭제한다.
④ 학습 활동 방식의 구체성 : 활동의 효과를 높이기 위하여 활동 2의 (3)을 낭송과 같은 수행형 과제로 구체화한다.
⑤ 학습 활동 수준의 위계성 : 대단원 전체의 학습 과정을 고려하여 활동 3을 소단원 [2]로 이동한다.

정답 ⑤

### 작품 3  내 마음을 아실 이 (시문학, 1931년)

내 마음을 아실 이
내 혼자 마음 날같이 아실 이
그래도 어디나 계실 것이면,

내 마음에 때때로 어리우는 티끌과
속임 없는 눈물의 간곡한 방울방울,
푸른 밤 고이 맺는 이슬 같은 보람을
보낸 듯 감추었다 내어 드리지.

아! 그립다.
내 혼자 마음 날같이 아실 이
꿈에나 아득히 보이는가.

향 맑은 옥돌에 불이 달아
사랑은 타기도 하오련만
불빛에 연긴 듯 희미론 마음은,
사랑도 모르리, 내 혼자 마음은.

## 핵심정리

- **갈래** 서정시, 자유시, 순수시
- **성격** 유미적, 낭만적, 서정적, 여성적
- **표현** ① 비유와 상징을 사용하여 표현
  ② 가정과 자문자답의 형식
  ③ 꿈과 현실의 갈등 구조
- **제재** 내 마음
- **주제** 미지의 임을 향한 간절한 그리움

## 이해와 감상

### 1 짜임 분석

- 기(1연) – [가정] 정적 상황 제시 (내 마음을 아실 이가 있다면)
- 승(2연) – [대답] 마음의 다짐 (내 마음을 내어 드리지)
- 전(3연) – [물음] 만남에 대한 회의 (꿈에나 아득히 보이는가)
- 결(4연) – [대답·추측] 임에 대한 그리움 (사랑도 모르리, 내 혼자 마음은)

## ② 작품감상의 구조

| 구성 요소 | 구성 요소의 파악 | 그것이 지닌 의미·효과 | 주제와의 관련성 |
|---|---|---|---|
| 내용 요소 | ① 시적 화자 및 화자의 상황 | 여성 화자가 아직 누구인지 모르는 임에게 자신의 그리워하는 마음을 알리기를 바라고 있다. | 임에 대한 간절한 그리움 |
| | ② 순수 서정의 세계 | '내 마음'의 세계로서 순수 서정의 세계를 노래하였다. | |
| | ③ 가정을 통한 전개 | '내 마음을 아실 이가 계실 것이면'이라는 가정은 임에 대한 간절한 그리움의 표현임과 동시에 임이 현실에 부재한다는 현실 세계에 대한 비극적 인식의 표현이다. | |
| 형식 요소 | ① 기승전결의 짜임과 행의 배열 | 기승전결의 짜임을 통해 화자의 마음을 효과적으로 전달하고, 1·3연과 2·4연의 행을 같게 배열하여 반복되는 리듬감을 살리고 있다. | |
| | ② 3음보와 4음보의 적절한 조화 | 3음보와 4음보를 적절히 조화롭게 사용하여 리듬감을 형성하여 율독이 쉽도록 하였다. | |
| | ③ 모음과 유음의 빈번한 사용 | 모음과 유음의 빈번한 사용으로 부드러운 리듬감을 조성하였다. | |
| 표현 요소 | ① 비유와 상징 | '이슬 같은 보람'과 같은 비유와 '향 맑은 옥돌' 등의 상징을 통해 화자가 그리워하는 마음을 효과적으로 드러냈다. | |
| | ② 의도적인 조어 | '희미론'은 어간 '희미-'와 '-론'(롭+ㄴ→로운)의 결합으로 비문이지만, 희미하다는 의미 전달에 손상을 입지 않으면서 음악적 효과를 거두고 있다. | |
| | ③ 음운의 첨가 | '날같이(나+ㄹ+같이), 어리우는(어리+우+는), 하오련만(하+오+련만)'에서 음운을 첨가하여 부드러운 느낌을 준다. | |

## ③ 감상의 길잡이

1931년 ≪시문학≫ 3호에 발표된 김영랑의 시이다.

영랑 시의 가장 두드러진 특징은 음악성의 도입이라 할 수 있는데, 이 시도 대표작 「모란이 피기까지는」과 함께 섬세한 시정, 독특한 언어구사와 기교, 여기에 음악이 조화를 이룬 작품으로 평가되고 있다. 그의 시에 있어서 음악은 시의 형식일 뿐 아니라, 주제라고까지 해석된다.

또한 영랑의 시는 극도로 주관화된 내면의 정서를 유미적으로 즐기는 특색을 가지고 있다 했는데, 이 시도 마찬가지의 성격을 지닌다. 가정(假定)과 자문자답의 형태로 자신을 알아 줄 임에 대한 간절한 그리움을 표현하고 있다. 잘 다듬어진 시어와 적절한 도치법의 사용으로 여성적 정감이 잘 드러난다.

① 1~2연: 마음의 섬세한 정서를 나와 같이 아는 임이 계신다면 이 마음을 그대로 내어 드리겠다는 것이다. 그가 간직하고 있는 마음이란, 때때로 일어나는 번민, 애잔한 슬픔 따위인데, 맥락으로 보면 막연한 임에 대한 그리움이다. 애잔하고 서러운 그리움의 정서라고 하겠다. 그 슬픔의 눈물은 차라리 이슬같이 영롱한 것이기에 보람(기쁨)이 되는 성질의 것이다. 나만의 특이한 내면 체험은 바로 나만이 품은 것이기에 보배 같이 소중한 것이라는 데에서 영랑의 시에 보이는 나르시즘적 도취를 읽을 수 있다.

② 3연: 이런 섬세하기만 한 나만의 마음을 알 사람은 없는가? 그립다. 꿈에나 보일 건가? 현실에서 불가능한 것을 꿈에서 찾으려는 태도는 낭만성의 근본이다. 막연한 임을 그리워하고 그 때문에 생기는 여리고 아픈 상념을 노래하고 있다.

③ 4연: 향기로운 옥돌에 불이 달구어지듯 임에 대한 나의 사랑은 향기롭게 타오르건만, 불빛에 아롱거리는 연기인 양 희미하고, 여리고 슬픈 나 혼자만의 이 아픈 마음을, 그리는 사랑(임)마저도 모르리.

김영랑의 시 세계를 한 마디로 요약한다면 '내 마음'의 세계라 할 수 있다. 이 시 외에도 그의 작품 대부분에 '마음', '가슴'과 같은 시어가 등장하고 있고, '나'라는 말들이 나타나 있다. 여기에서도 등장하는 '내 마음'은 일단 '임에 대한 사랑'으로 해석될 수 있다. 그런데 그것은 '티끌'과 '눈물', '보람' 등을 감추고 있는 마음이다. 김영랑의 시 세계를 고려한다면 자신이 지키고자 하는 순수한 미적 세계의 추구라는 태도로 해석될 수 있다.

## 중요 내용 정리

### 01 김영랑의 시에 나타나는 '내 마음'

> 김영랑의 시에는 '내 마음'이라는 어휘가 유달리 많이 보이는데 그가 이 말을 많이 사용한 것은 내면의 순결성을 표현하려는 의도 때문이다. 그런데 그는 자신의 마음의 상태를 직접 제시하지 않고 대부분 자연의 이미지를 통하여 표현하였다. 그의 초기시에 반복되어 나타나는 맑고 깨끗하고 고요한 자연의 정경은 그의 내면세계를 표현하는 것들이다. 「끝없는 강물이 흐르네」에 제시된 아침 햇살처럼 빛나는 은빛의 강물, 「제야」에 제시된 맑은 샘물과 밤의 심상, 「가늘한 내음」에 제시된 보랏빛 노을의 고요한 아름다움, 「내 마음을 아실 이」에 나오는 향 맑은 옥돌의 심상 등은 모두 마음의 순결성을 나타내는 예들이다. 이렇게 맑고 깨끗하고 고요한 자연의 정경을 통하여 영랑은 자신이 추구하는 순결한 마음의 세계를 표현한 것이다.
>
> — 이승원

### 02 '내 마음'을 노래한 김영랑의 시들

김영랑의 시에는 눈물, 슬픔이라는 시어가 자주 등장한다. 그런데 이들 시어는 이전의 시인들처럼 영탄이나 감상에 기울어진 것이 아니라, 마음의 내부로 향해 있다. 그리고 면면한 율조로 극복되어 있다. 어린 나이에 김영랑은 부인과 사별하여 일찍부터 죽음의 비애 의식을 갖고 있었다. 그러나 영랑의 슬픔이나 눈물, 그리움은 모두 전통 시가나 민요 속에서 이어져 온 정한과 율조를 바탕으로 하는 것이다.

### 03 시어의 조탁(彫琢)

김영랑은 1930년대 일제의 문화적 탄압이 강화되는 상황 속에서도 모국어의 가치를 보존하고 다듬는 데 노력을 기울였다. 특히, 우리말을 조탁하여 시어의 음악성을 살리고 시적 정서와 표현 기교를 섬세하게 가다듬어 시를 예술의 경지로 끌어올리는 데 한몫을 다하였다. 「내 마음을 아실 이」에서도 그 특징이 잘 드러난다.

① 음악적 효과를 위한 음운의 첨가: '날같이(나 + ㄹ + 같이), 어리우는(어리 + 우 + 는), 하오련만(하 + 오 + 련만)'과 같이 모음이나 유음을 첨가하여 부드러운 낭독의 효과를 거둘 수 있도록 하였다.

② 인위적 조어(造語): '희미론'('희미한'이지만 '희미-'에 '-롭다'의 관형사형 어미 '-로운'을 축약시킨 듯한 '-론'을 사용하여, 유음의 부드러운 음악적 효과를 거두고 있음)과 같은 시적 허용어를 만들어 사용하고 있다.

## 작품 4 독(毒)을 차고 (문장, 1936년)

내 가슴에 독(毒)을 찬 지 오래로다.
아직 아무도 해(害)한 일 없는 새로 뽑은 독
벗은 그 무서운 독 그만 흩어 버리라 한다.
나는 그 독이 선뜻 벗도 해할지 모른다 위협하고,

독 안 차고 살아도 머지 않아 너 나 마주 가버리면
억만세대(億萬世代)가 그 뒤로 잠자코 흘러가고
나중에 땅덩이 모지라져 모래알이 될 것임을
'허무(虛無)한듸!' 독은 차서 무엇 하느냐고?

아! 내 세상에 태어났음을 원망않고 보낸
어느 하루가 있었던가 '허무한듸!' 허나
앞뒤로 덤비는 이리 승냥이 바야흐로 내 마음을 노리매
내 산 채 짐승의 밥이 되어 찢기우고 할퀴우라 내맡긴 신세임을

나는 독을 차고 선선히 가리라.
막음 날 내 외로운 혼(魂) 건지기 위하여.

### 핵심정리

- **갈래** 자유시, 서정시
- **성격** 의지적, 직설적, 저항적, 참여적
- **어조** 결연한 남성적 어조
- **미적 범주** 비장미, 숭고미
- **제재** 독
- **주제** ① 식민지 현실에 대한 대결 의식과 순결한 삶의 의지
  ② 일제의 식민 통치에 대한 비판과 저항 정신

### 이해와 감상

**1 짜임 분석**

'다짐 – 회의 – 다짐'의 구조
- 1연(다짐) – 벗과의 대화를 통한 나의 의지의 표명
- 2연(회의) – 벗의 회유와 충고
- 3연(회의) – 내가 독한 의지를 지닌 배경
- 4연(다짐) – 회유를 거절한 나의 결연한 현실 대결 의지

## ② 작품감상의 구조

| 구성 요소 | 구성 요소의 파악 | 그것이 지닌 의미·효과 | 주제와의 관련성 |
|---|---|---|---|
| 내용 요소 | ① 시적 화자 및 화자의 상황 | 시적 화자는 암담한 일제 현실에서 양심을 버리고 살아가라는 충고를 듣지만, 굳건한 의지로 현실과 맞설 것을 다짐하는 상황이다. | 독을 차는 행위는 일제에 대한 화자의 적극적인 저항 의지를 표상하는 동시에 고통스런 현실을 극복하고자 하는 순결한 내면 의식을 표현 |
| | ② 벗과 나의 차이 | 벗은 안일하게 순응적으로 적당히 살아가려는 태도를 지녔고, 나는 치열한 대결 의식을 통해 의지적으로 살아가려는 태도를 보인다. | |
| | ③ '독'의 의미 | ㉠ 독은 화자의 강한 의지를 표현하는 단어로, 죽음을 각오한다는 의지를 담고 있다.<br>㉡ 독은 남을 해하는 것이 아니라 자신의 혼을 구하기 위한 것이므로, 초기 시에 나타나던 순수성을 유지하고 있는 것으로 볼 수 있다. | |
| 형식 요소 | ① 시상의 전개 | '다짐 – 회의 – 다짐'의 구조를 통해 변하지 않는 화자의 의지를 잘 드러낸다. | |
| | ② 직설적인 표현의 사용과 리듬감의 상실 | 전체적으로 산문적이고 직설적인 표현을 사용하여 주제를 드러내지만, 이전의 시에 나타나던 리듬감을 찾기 어렵다. | |
| 표현 요소 | ① 상징 | '독', '모래알', '이리', '승냥이', '짐승', '혼' 등의 상징을 통해 냉혹한 현실과 화자의 의지를 잘 표현했다. | |
| | ② 대조법 | 벗과 나의 삶의 자세를 대조적으로 보여주면서 그것을 통해 주제를 더욱 부각시켜 드러냈다. | |

## ③ 감상의 길잡이

한결같이 고운 서정시만을 쓰던 김영랑은 유미주의적 성향의 시작론(詩作論)을 서문(序文)에서 밝힌 그의 『영랑시집』을 간행한 지 몇 년 지나지 않아. 그간의 작품들과는 확연히 구분되는 시 세계를 펼쳐 보인다. 이 작품은 순수한 서정과 미의 세계와는 다른 시인의 역사 의식이 뚜렷하게 드러난 작품이다. 독(毒)으로써 세계와 대결하겠다는 서정적 자아의 자세나 극한 상황을 설정한 것은 이 작품을 일제 말기 삶의 고통을 표현한 것이다.

'독(毒)'은 그가 자신의 마음 속에 결정한 죽음의 각오를, '이리'와 '승냥이'는 일제의 잔악한 모습을 상징한다. 그들이 앞뒤로 덤비며 마음을 노리고, 육신을 할퀴려고 하는 것을 알고 영랑은 스스로 독을 차고 나가겠다고 각오하는 것이다. 그러나 '독을 찬 지 오래' 되었다고 말하면서도 그 독을 누구에게도 사용해 본 적이 없는 그로서는 '그만 독을 흩어버리라'고 권유하는 벗에게 그 독으로 '해할지 모른다' 위협하기도 하지만, 그는 이내 '독을 차서 무엇하느냐?'하는 회의를 갖게 된다. 그러므로 '독 안 차고 살아도 머지 않아' 죽게 될 것이라는 감상주의에 빠져 그 동안의 팽팽하던 시적 긴장을 깨뜨리며 갑자기 머뭇거리는 나약함을 보이는 것이다. 그러다 그는 다시 결연해지며 삶의 허무에서 벗어나 '막음 날 내 외로운 혼 건지기 위하여', '독을 차고 선선히 가리라'며 재차 다짐하게 된다. '다짐 → 회의 → 다짐'의 구조를 통해 그의 의지가 더욱 새롭고 강인한 것으로 발전했다고도 할 수 있지만, 영랑은 결코 실천하는 행동주의자가 아닌, 언어적 사실만으로 저항 의지를 보여 주었을 뿐이며, '아무도 해한 일 없는' 그가 다만 이렇게라도 다짐할 수밖에 없었던 시대 상황을 우리는 충분히 짐작해 볼 수 있다.

이 시가 '앞뒤로 덤비는 이리 승냥이 바야흐로 내 마음을 노리'는 극한 상황 속에서 시인이 '내 마음'에 '독'을 찰 수밖에 없었던 나름의 이유와 그것을 통한 내면적 다짐을 노래함으로써 겉으로는 그의 초기 순수시와 다른 색채를 띠고 있지만, 사실은 그가 초기 시에서 보여 준 바 있는 내면적 순결성과 상통한다고 볼 수 있다. 왜냐하면, 지금까지 끈질기게 추구해 왔던 '내 마음'의 순수 세계가 행여 외부 세계로 하여금 파괴되거나 훼손될 것을 두려워한 나머지 자신의 내면 세계를 그대로 보존·유지하기 위해 '독'을 차는 것으로 볼 수 있기 때문이다. 다시 말해, 그가 '독'을 차는 최종 목적은 남을 해치는 데 있는 것이 아니라, '막음 날 내 외로운 혼 건지기 위하여'에 있기 때문이다.

## 중요 내용 정리

### 01 '독을 차고'가 시적 화자에게 지니는 의미

시적 자아가 가슴에 독을 차는 것은 곧 죽음을 각오함을 의미한다. 그것은 시적 자아에게 목숨을 걸면서라도 절실하게 지켜야 하는 내면적 순결함 때문이다. 따라서 시적 자아가 가슴에 독을 차고 가는 행위는 목숨을 걸면서까지 내면적 순결을 지키고자 하는 철저한 의지를 의미한다고 할 수 있다. 이는 일제말의 험난하고 궁핍한 생활과 그 속에 사는 시인 자신의 비판과 울분이 잘 나타난 것으로 볼 수 있다. 따라서 독을 차고 산다는 것은 신념과 저항 의식을 가지고 살아간다는 비장한 결의를 표출한 것임을 알 수 있다.

### 02 저항시로 보는 것의 한계

이 시를 한 편의 저항시로 보기에는 한계가 있다. 그것은 이 시에 나타난 시적 자아의 의지가 부정적인 현실과 대결하고자 하는 적극적인 것이라기보다는, 그와 같은 부정적인 현실 속에서 자신의 내면적 순결성을 지키고자 하는 자아중심적인 면모를 띠고 있기 때문이다. 다시 말해 이전의 순수 서정의 추구가 그것을 억압하는 외부 상황의 악화에 비례하여 비장함으로 동반하게 되었고 따라서 그 추구의 밀도가 보다 강렬하게 되었다고 할 수 있다. 이 시의 마지막 연에서도 드러나고 있듯이 시적 자아의 의지는 자신의 삶을 되돌아보는 생의 마지막 순간에 이르기까지 내면의 순결성을 지키고자 하는 외로운 혼을 지키는 싸움에 국한되어 있다.

## 작품 5 춘향(春香) (문장, 1940년)

큰 칼 쓰고 옥(獄)에 든 춘향이는
제 마음이 그리도 독했던가 놀래었다
성문이 부서져도 이 악물고
사또를 노려보던 교만한 눈
그 옛날 성학사(成學士) 박팽년(朴彭年)이
오불지짐에도 태연하였음을 알았었니라
오! 일편 단심(一片丹心)

원통코 독한 마음 잠과 꿈을 이뤘으랴
옥방(獄房) 첫날밤은 길고도 무서워라
서름이 사무치고 지쳐 쓰러지면
남강(南江)의 외론 혼(魂)은 불리어 나왔느니
논개(論介)! 어린 춘향을 꼭 안아
밤새워 마음과 살을 어루만지다

오! 일편 단심(一片丹心)

사랑이 무엇이기
정절(貞節)이 무엇이기
그 때문에 꽃의 춘향 그만 옥사(獄死)한단말가
지네 구렁이 같은 변학도(卞學徒)의
흉칙한 얼굴에 까무러쳐도
어린 가슴 달큼히 지켜주는 도련님 생각
오! 일편 단심(一片丹心)

상하고 멍든 자리 마디마디 문지르며
눈물은 타고 남은 간을 젖어 내렸다
버들잎이 창살에 선뜻 스치는 날도
도련님 말방울 소리는 아니 들렸다
삼경(三更)을 세오다가 그는 고만 단장(斷腸)하다
두견이 울어 두견이 울어 남원(南原) 고을도 깨어지고
오! 일편 단심(一片丹心)

깊은 겨울 밤 비바람은 우루루루
피칠해 논 옥 창살을 들이치는데
옥 죽음한 원귀들이 구석구석에 획획 울어
청절(淸節) 춘향도 혼을 읽고 몸을 버려 버렸다.
밤새도록 까무러치고
해돋을 녘 깨어나다.
오! 일편 단심(一片丹心)

믿고 바라고 눈 아프게 보고 싶던 도련님이
죽기 전에 와 주셨다 춘향은 살았구나
쑥대머리 귀신 얼굴 된 춘향이 보고
이도령은 잔인스레 웃었다. 저 때문에 정절(貞節)이 자랑스러워
"우리 집이 팍 망해서 상거지가 되었지야."
틀림없는 도련님, 춘향은 원망도 안했니라.
오! 일편 단심(一片丹心)

모진 춘향이 그 밤 새벽에 또 까무러쳐서는
영 다시 깨어나진 못했었다. 두견은 울었건만
도련님 다시 뵈어 한은 풀었으나 살아날 가망은 아주 끊기고
왼몸 푸른 맥도 홱 풀려 버렸을 법
출도 끝에 어사는 춘향의 몸을 거두며 울다
"내 변가보다 잔인 무지하여 춘향을 죽였구나"
오! 일편 단심(一片丹心)

# 핵심정리

▷ **갈래** 자유시, 서정시
▷ **율격** 내재율
▷ **성격** 비극적, 민족적, 비판적
▷ **표현** 후렴구 반복
▷ **제재** 춘향의 죽음
▷ **주제** ① 역사적 현실에 대한 분노와 번뇌
② 속악(俗惡)한 세계의 폭력성과 비극성

## 이해와 감상

### 1 짜임 분석

- 1연 – 마음이 독한, 태연한 춘향
- 3연 – 도련님 생각
- 5연 – 옥 안에서의 밤
- 7연 – 춘향의 죽음과 이도령의 후회
- 2연 – 논개와의 교감
- 4연 – 두견 소리와 춘향의 단장
- 6연 – 도련님과의 재회

### 2 작품감상의 구조

| 구성 요소 | 구성 요소의 파악 | 그것이 지닌 의미·효과 | 주제와의 관련성 |
|---|---|---|---|
| 내용 요소 | ① 시적 화자 및 화자의 상황 | 춘향이의 안타까운 죽음을 통해 속악한 세계의 폭력성과 비극성을 말하고 있다. | 역사적 현실에 대한 분노와 번뇌, 속악한 세계의 폭력성과 비극성 |
| | ② 춘향전을 소재로 했음 | 춘향전을 소재로 하여 독자들의 관심을 유발한다. | |
| | ③ 이야기시의 성격을 지님 | 춘향전의 내용으로 전개되면서 이야기시의 흐름을 지닌다. | |
| | ④ 춘향전에서 새롭게 발견한 의미 | 춘향의 죽음과 이도령의 반성이라는 내용으로 바꿈으로서 이도령마저도 폭력적이고 속악한 세계의 일부로 제시하여 그 현실에 대한 반성을 촉구하고 있다. | |
| 형식 요소 (표현 요소) | ① 운율의 특징 | 자유시의 행 구분으로 제시되어 있지만, 산문을 분단하여 제시하여 산문처럼 읽혀지는 느낌을 준다. | |
| | ② 후렴의 반복 | 각 연 뒤에 후렴을 반복하여 시상의 통일성을 기하고, 춘향의 정절과 그 정절의 덧없음을 함께 드러낸다. | |
| | ③ 영탄법 | 영탄법을 사용하여 산문으로 흩어지지 않게 했다. | |

### 3 감상의 길잡이

이 「춘향」은 《문장(文章)》(1940. 7)에 발표한 작품으로 순수 서정시를 주로 쓰는 김영랑이 산문율을 주로 해서 쓴 독특한 시이다. 이 시는 「내 마음 아실 이」와 「돌담에 속삭이는 햇발」 그리고 「모란이 피기까지는」과 같은 순수 서정시를 주로 《시문학》이나 《시원》 등에 발표해 오던 김영랑이 시문학파의 중심 멤버로 활동해 오다가 일본의 문화말살정책이 심해지면서 시각을 사회나 역사 쪽으로 확대하려는 것같이 보인다. 그렇게 말을 아끼고 서정적이면서도 비유나 반복법을 잘 쓰면서 서정시를 써오던 김영랑으로서는 거대한 변화라고 할 수 있다. 더구나 일제의 단압이 극심해지는 상황에서 사육신의 성삼문과 박팽년의 고고한 일편단심을 춘향의 그것으로 칭송하고, 적장과 촉석루에서 같이 남강에 빠져 순사(殉死)한 논개의 일편단심을 대응하여 노래하면서, 죽음을 무릅쓰고 일편단심을 지키는 춘향의 애틋한 정절을 노래하고 있는 것이 뚜렷한 변화로 보인다. '삼경을 세오다가 그는 고만 단장하다 / 두견이 울어 두견이 울어 남원고을도 깨어지고 / 오! 일편단심'에서도 볼 수 있듯이 3·4조를 기저로 해서 반복의 유창한 표현으로 각 연마다 '오! 일편단심'을 반복 강조하여 전통적인 기–승–전–결의 기법을 구사하여 붉게 핀 일편단심을 강조하여 노래하고 있다. 춘향이 변학도의 수청을 거부하고 옥에 갇혀 있는 데서 시작하는 이 시는 '쑥대머리 귀신 형용 – '하며 애절하게 시작되는 판소리 「춘향가」의 옥중가 대목을 연상시킨다.

 그러나 이 시는 말미에서 이몽룡의 출현이 오히려 춘향을 죽음에 이르게 함으로써 고전의 상식적 결말을 뒤집어 버린다. 비극적 결말의 역전을 통해 강조되는 것은 '일편단심'의 절대적 배타성이다. '일편단심'의 원래 의미가 유교적 덕목인 '불경이부(不更二夫)'임은 자명하나, 그것은 이몽룡을 위한 윤리이기에 앞서 자신을 노리개감이나 되는 기생 신분에 고정시키려는 세계에 대해 자존심을 지키려는 자아의 대결 윤리이다.

 그것은 또한 역사적으로 박팽년, 논개의 의기와 절개에 연결됨으로써 부당한 권력과 침략자에 대한 결연한 저항의 의지를 암시하기도 한다. 여기에서 독자들은 김영랑 시의 서정적 자아의 가장 적극적이고 이상화된 상태, 즉 시인의 소망이 투영된 자기 동일시적 욕망의 인물로서 춘향을 만나게 된다. 소설 「춘향전」은 해피엔딩으로 그 정절로 보상을 주지만, 영랑의 비극적 세계관은 그런 기만을 용납하지 않는다.

 이 시의 춘향에겐 변학도뿐 아니라 이몽룡까지도 속악한 세계의 폭력적 타인일 뿐이다. '이도령은 잔인스레 ~ 상거지가 되었지야.'라는 구절이나 '내 변가보다 잔인무지하여 춘향을 죽였구나.'라는 대목은 춘향의 절대 고립성을 잘 보여 준다. 미래의 구원에의 기대마저 저버린 채 실존적 주체의 '내 마음'을 지키기 위해 '독을 차고' 선선히 죽음을 받아들이는 상태, 그러므로 이 시는 김영랑의 후기시가 이른 한 극점을 보여 준다.

## 중요 내용 정리

### 01 표현상의 특징

「춘향」은 김영랑의 다른 시와는 그 표현이나 수사 기법이 많이 다른 것을 알 수 있다. '내 마음을 아실 이 / 내 혼자 마음 날같이 아실 이 / 그래도 어디나 계실 것이면'과 같이 3·4조와 3·5·3의 2, 3음보를 주로 한 「내 마음 아실 이」나 '돌담에 속삭이는 햇발같이 / 풀 아래 웃음짓는 샘물같이'의 3·4·4조를 기저로 한 3음보를 주로 하는 「돌담에 속삭이는 햇발」과 같이 가사나 민요에 바탕을 둔 정형적 음률의 표현과 달리 「춘향」은 자유율을 구사하여 시의 산문을 시도하고 있는 것이 그 특색이다. '큰 칼 쓰고 옥에 든 춘향이는 / 제 마음이 그리도 독했던가 놀래었다 / 성문이 부서져도 이 악물고 / 사또를 노려보던 교만한 눈 / 그 옛날 성학사 박팽년이 / 오불지짐에도 태연하였음을 알았었느니라 / 오! 일편단심'에서 볼 수 있듯이 정형적인 음률을 벗어나 산문에 가까운 표현을 하고 있다. '알았었느니라'나 '오! 일편단심'과 같은 영탄법을 써서 산문으로 흩어지는 것을 시적 표현으로 구속하고 있다. 김영랑의 이런 정형률에서의 이탈과 산문율에의 일탈(逸脫)은 서정적인 정형률에서 「모란이 피기까지는」에 이르는 성숙되어 가는 시의 변화의 한 과정으로 볼 수 있다. 원래 시는 응축(凝縮)이요, 산문은 확산(擴散)이라고 말해지고 있듯이 시와 산문은 그 말의 구사가 다르다. 이 다른 두 가지의 표현으로 자유시를 거쳐 산문시로 산문화해 가는 것을 볼 수 있으나, 그것은 결코 산문이 아니다. 산문시는 행은 산문이면서 행과 행 사이에 생략과 비약의 기법으로 시적인 효과를 거두고 있다.

또한 매연마다 끝 구절을 '오! 일편단심'으로 통일하여 시가 뜻하는 바를 강조하고 있다. 그러나 무엇보다도 한결같이 고운 가락의 서정시로 일관해 온 유미주의적 경향의 김영랑이 이처럼 격렬하고도 거친 표현을 서슴지 않게 된 데서 그의 또다른 변모를 볼 수 있다. 얼핏 의아스럽게 느껴질 법도 한 이러한 변모는 물론 일본 제국주의 말기의 발악적 횡포에 대항하는 분노와 번뇌에서 비롯된 것이다.

## ▷ 심 훈
沈熏

1901 ~ 1936
시인. 소설가. 영화인. 서울 노량진 출생
본명은 대섭. 호는 해풍

▷ **작가의 특징**
1. 1919년 3·1 운동에 가담하여 투옥, 퇴학. 행동적이고 저항적인 지성인이다.
2. 1920년 중국으로 망명하였다가 1923년 귀국하여 연극·영화·소설 집필 등에 몰두했다.
3. 그의 작품들에는 강한 민족 의식과 계급적 저항 의식 및 휴머니즘이 잘 드러난다.

▷ **주요 작품**
1. 시:「봄의 서곡」,「봄비」,「그날이 오면」 등
2. 소설:「상록수」

### 작품 1   그 날이 오면 (그 날이 오면, 1949년)

그 날이 오면 그날이 오면은
삼각산이 일어나 더덩실 춤이라도 추고
한강(漢江) 물이 뒤집혀 용솟음칠 그 날이
이 목숨이 끊기기 전에 와 주기만 할 양이면,
나는 밤하늘에 날으는 까마귀와 같이
종로(鐘路)의 인경(人磬)을 머리로 들이받아 울리오리다.
두개골은 깨어져 산산조각이 나도
기뻐서 죽사오매 오히려 무슨 한이 남으오리까.

그 날이 와서 오오 그 날이 와서
육조(六曹) 앞 넓은 길을 울며 뛰며 뒹굴어도
그래도 넘치는 기쁨에 가슴이 미어질 듯하거든
드는 칼로 이 몸의 가죽이라도 벗겨서
커다란 북을 만들어 들쳐 메고는
여러분의 행렬(行列)에 앞장을 서오리다.
우렁찬 그 소리를 한 번이라도 듣기만 하면
그 자리에 거꾸러져도 눈을 감겠소이다.

### ▌핵심정리

▷ **갈래** 서정시, 저항시
▷ **성격** 저항적, 의지적, 직설적, 지사적
▷ **어조** 간절한 호소와 강인한 의지가 담긴 격정적 어조
▷ **제재** 광복의 그 날, 민족의 해방
▷ **주제** 민족 해방에 대한 강렬한 열망

## 이해와 감상

### 1 짜임 분석
- 1연 – 조국 광복의 그날을 바라는 간절한 염원 (가정적 미래)
- 2연 – 조국 광복이 찾아온 그날의 감격 (가정적 현재)

### 2 작품감상의 구조

| 구성 요소 | 구성 요소의 파악 | 그것이 지닌 의미·효과 | 주제와의 관련성 |
|---|---|---|---|
| 내용 요소 | ① 시적 화자 및 화자의 상황 | 우국지사로 볼 수 있는 시적 화자는 일제 식민지 현실에서 자신의 모든 것을 희생하더라도 광복을 이루고 싶은 심정을 드러냈다. | 민족해방에 대한 강렬한 열망 |
| | ② 설화적 소재의 사용 | 까마귀가 인경을 울린다는 내용은 설화적 소재를 차용한 것으로 희생 정신과 광복의 의지가 굳건함을 강조하였다. | |
| | ③ 내용의 특징 | 이 시에서는 식민지라는 현실 상황에 대해서는 별다른 고려가 없이 곧바로 '그 날'에 대한 열망으로 치닫고 있어서 '그 날'을 준비하는 시적 자아의 의지는 부재하며 낭만적인 초월이 시 전면을 지배하고 있다. 이는 한계로 볼 수도 있다. | |
| 형식 요소 | ① 비슷한 연 구조의 반복 | 비슷한 연 구조를 반복하여 광복에 대한 의지를 더욱 강조하여 표현하고 있다. | |
| | ② 극한적인 시어의 사용 | 극한적 시어의 사용을 통해 자기희생과 조국 광복을 염원하는 화자의 소망을 강하게 표현했다. | |
| | ③ 대구와 반복 | 부분적으로 나타나는 대구와 반복을 통해 시의 리듬감이 잘 드러냈다. | |
| 표현 요소 | ① 경어체 종결 어법 | 경어체 종결 어법을 사용함으로써 조국 광복의 소중함과 신성함을 표현했다. | |
| | ② 다양한 역설 | 다양하게 나타나는 역설을 통해 시적 화자가 지닌 해방의 의지를 더욱 강조하고 있다. | |
| | ③ 가정법 | 가정법을 통해 그날이 왔을 때의 기쁨을 잘 표현할 뿐만 아니라 화자 자신의 희생 정신을 함께 잘 드러내고 있다. | |

### 3 감상의 길잡이

각 연 7행의 2연으로 된 시로 조국 광복의 그날을 염원하면서 쓴 것으로 조국 광복의 '그 날'이 찾아왔을 때 폭발하듯 터져 나올 격정과 환희의 모습에 초점을 맞추고 있다.

1연은 가정적 미래의 시점으로 조국 광복의 그 날을 바라는 간절한 염원을 절규에 가까운 격정적 어조로 노래하고 있다. '내 목숨이 다하기 전'에 '삼각산이 일어나 더덩실 춤이라도 추고 / 한강 물이 뒤집혀 용솟음칠 그 날이' 오기만 한다면, 나는 광복의 기쁜 소식을 알리는 인경을 새처럼 머리로 들이받아 울리다가 죽어도 좋으며, 머리가 깨어져 산산조각이 난다 하더라도 광복의 기쁨 속에서 죽을 수 있다면 여한이 없을 것이라는 것이다.

2연은 조국 광복이 찾아온 그 날의 감격과 환희를 가정적 현재의 시점에서 노래하고 있다. 전반부 '그 날이 와서 ~ 미어질 듯하거든'에서는 조국 광복의 '그 날'이 찾아왔을 때의 기쁨을 제시하고 있으며 후반부 '드는 칼로 ~ 눈을 감겠소이다'에서는 조국 광복의 '그 날'의 위해서라면 기꺼이 자기를 희생하겠다는 시적 화자의 간절한 바람이 죽음을 넘어선 선구자의 모습을 통해 생생하게 그려지고 있다.

이 시에서는 우선 산이 일어서고 강물이 뒤집혀 용솟음치고 하는 것처럼 불가능한 일에다 비유할 만큼 '그 날'을 학수고 대한다. 또 인경에 머리를 받아 두개골이 깨어져 산산조각이 나 죽을지라도 '그 날'이 온다면 아무런 한도 남지 않을 것이라고 하여 민족 해방을 향한 강렬한 애국적 열정과 지극한 자기희생을 노래하고 있다. 뿐만 아니라 해방이 온다면 너무나 기쁜 나머지 내 몸의 살가죽을 벗겨 그것으로 북을 만들고 해방의 행렬에 앞장서서 그 북을 우렁차게 울리고 그 소리를 한 번이라도 듣는다면 당장 그 자리에서 죽어도 좋다고 할 만큼 해방을 뜨겁게 갈망하고 있다.

이 시는 식민지라는 현실 상황에 대해서는 별다른 고려 없이 곧바로 '그 날'에 대한 열망으로 치닫고 있다. 그런 만큼 '그 날'을 준비하는 시적 자아의 의지는 부재하며 낭만적인 초월이 시 전편을 지배하고 있다. 도저히 주체할 수 없는 감정에 지배되어 있기 때문인데, 그만큼 해방에 대한 갈망이 엄청나다는 것을 강조하고 있는 것이다. 자기희생을 통해서라도 민족 해방의 '그 날'이 오기를 열렬히 갈망하는 극한적인 표현이 오히려 시적 절실성을 강화시켜 준다고 할 수 있다.

## ■ 중요 내용 정리

### 01 표현상의 특징

① **극한적인 시어의 사용**: 1연의 '종로의 인경을~산산 조각이 나도'와 2연의 '드는 칼로~들쳐 메고는'에서 드러나는 극한적 시어의 사용을 통해 자기희생과 조국 광복을 염원하는 화자의 소망을 강하게 드러내고 있다. 이는 격렬한 정서 표출로 시적 균형을 잃고 있는 측면도 없지 않으나 강인한 의지를 통해 일제에 대한 치열한 저항성을 부각시킴으로써 저항시로의 뛰어난 면모를 갖추게 하고 있다.

② **경어체 종결 어법**: '울리오리다', '남으오리까', '감겠소이다' 등의 경어체 종결 어법을 사용함으로써 조국 광복의 소중함과 신성함을 드러내고 있다. 이는 조국 광복을 위한 화자의 희생과 정성을 독자에게 호소력 있게 전달하기 위함으로 볼 수 있다.

③ **대구와 반복**: 전체적으로 직접적이고 거친 시어들을 사용하고 동일한 내용의 반복으로 이루어졌음에도 그 나름대로 수사적 질서를 구축하고 있는 것은 언어 자체가 서정적 자아의 주체할 수 없는 감정의 자연스런 분출로 형성된 것에 기인한다. 따라서 동일한 인식의 재현, 즉 반복은 그러한 인식에 대한 재다짐의 의미를 내포하며 그것이 시적 표현으로 형상화될 때 구조상 대구의 기법을 수반한다. '삼각산'과 '육조'는 모두 국가를 상징한다는 점에서 일치된 대상이며 '인경'과 '북' 역시 감격을 외침으로 표현할 수 있는 소리의 대상, 특히 전통과 관련된 사물이라는 점에서 일치한다. 주체의 의지에 대한 자기 확인의 방법으로써 역동적인 시상의 흐름에 형태화의 효과를 부여한 것이다. 또한 서정적 자아의 격렬한 어조는 일상적 언어의 사용과 비유의 배제를 통해 시의 현실성을 강화시켜 주고 있다.

### 02 이 시의 상황 설정 배경

이 시의 상황은 논리적으로는 불가능한 상황이며, 환각 속에서만 체험될 수 있는 상황이다. 어떤 계기가 시인에게 이런 놀라운 환각 체험을 가능하게 했을까. 심훈은 시마다 창작 시기를 명기해 놓았는데, 이 시는 1930년 3월 1일 작품으로 되어 있다. 그것은 이 시가 3·1 운동 10년 후 그리고 광주 학생 시위 사건 직후에 씌어졌음을 의미한다. 3·1 운동은 민족사적 사건일 뿐 아니라 심훈의 일생에 일대 전기가 된 사건이다. 이러한 역사적 배경에서 '그 날이 오면'이라는 적극적 염원의 가상현실이 상정되었다.

### 03 가진술(假陳述)

모든 문학이 그러하지만 특히 시가 말하는 내용은 사실 그 자체를 지시하지 않으며, 현실에서는 있을 수 없는 말도 서슴지 않는다. 이처럼 실제로는 있을 수 없는 말을 하는 것을 '가진술' 또는 '의사진술'이라 한다. 문학, 특히 시에서 가진술이 사용되는 것은 그 효용성보다도 문학의 본질 때문이다. 문학은 상상을 통한 허구적 형상화이며 시는 대상을 형상으로 파악하여 설명하지 않고 심상으로 제시한다. 그리고 심상은 어떤 모습을 그려내는 것이므로 실제의 사실이 아니라 다른 어떤 것을 대신하는 상징의 성격을 띠게 된다. 따라서 사실 그 자체보다는 그것이 함축하는 의미가 더 중요해진다. 그래서 사실이 아닌 것이라 할지라도 심상으로 제시하므로 가진술의 성격을 띠게 된다. 가진술의 이해·감상은 그것이 어떤 사실을 가리키느냐보다 어떤 성질의 진실을 말하느냐에 초점을 맞추는 것이 바람직하다.

### 04 「그 날이 오면」의 의의

일제 강점기에는 가혹한 검열 제도가 존재했다. 이 때문에 모든 문학 작품들은 검열을 통과해야만 발표될 수 있었다. 따라서 일제에 대한 비판과 저항의 의지를 담은 문학이 발표되기는 어려웠다. 「그 날이 오면」, 「통곡 속에서」와 같은 심훈의 시가 그 시대에 발표되지 못한 것도 이 때문이다. 그러나 발표 시기가 늦었다고 해서 이 시의 가치가 손상되는 것은 아니다. 오히려 그 비판의 강도와 저항성 때문에 검열을 통과할 수 없었던 사정 자체가 이 시의 가치를 역설적으로 말해 주기 때문이다.

특히 이 시에서는 조국의 미래에 대한 심훈의 긍정적 비전의 구체성에 주목하지 않을 수 없다.

## 기출문제

**1.** (가), (나)의 문학사적 의미를 이해한 것으로 가장 적절한 것은?  2013년 기출 35번

(가)
비가 온다
오누나
오는 비는
올지라도 한 닷새 왔으면 좋지.

여드레 스무날엔
온다고 하고
초하루 삭망(朔望)이면 간다고 했지.
가도 가도 왕십리(往十里) 비가 오네.

웬걸, 저 새야
울려거든
왕십리 건너가서 울어나다고
비 맞아 나른해서 벌새가 운다.

천안(天安)에 삼거리 실버들도
촉촉이 젖어서 늘어졌다데.
비가 와도 한 닷새 왔으면 좋지.
구름도 산마루에 걸려서 운다.

(나)
그날이 오면, 그날이 오면은
삼각산이 일어나 더덩실 춤이라도 추고
한강 물이 뒤집혀 용솟음칠 그날이,
이 목숨이 끊기기 전에 와 주기만 할 양이면,
나는 밤하늘에 나는 까마귀와 같이
종로의 인경을 머리로 들이받아 울리오리다.
두개골은 깨어져 산산조각이 나도
기뻐서 죽사오매 오히려 무슨 한이 남으오리까.

그날이 와서 오오 그날이 와서
육조 앞 넓은 길을 울며 뛰며 뒹굴어도
그대로 넘치는 기쁨에 가슴이 미어질 듯하거든
드는 칼로 이 몸의 가죽이라도 벗겨서
커다란 북을 만들어 들쳐 메고는
여러분의 행렬에 앞장을 서오리다.
우렁찬 그 소리를 한 번이라도 듣기만 하면
그 자리에 꺼꾸러져도 눈을 감겠소이다.

① (가)는 고전 시가 양식인 시조의 형식을 차용하여 시 양식의 측면에서 고전 문학의 형식적 전통을 이어받고 있다.
② (나)는 비유적 언어 사용을 의식적으로 배제하고 서술성을 강조함으로써 이야기 시의 본격적인 전개에 기여하였다.
③ (가), (나) 모두 지명을 통한 지역성과 향토성을 강조한 점에서 국토애와 민족주의에 입각한 전통적 문학 정신을 계승하고 있다.
④ (가)는 현실 세계에 동화하는 시적 자아가 나타나지만, (나)는 현실 세계와 대립하는 시적 자아를 보여 줌으로써 모더니즘 시로서의 면모를 획득하였다.
⑤ (가)의 근대적 개인의 정서를 표출하는 경향에 (나)의 일제 강점기 현실에 대한 역사적 인식을 담아내는 경향이 더해진 것은 이 시기 한국 시문학사의 변화 중의 하나이다.

정답 ⑤

## ▷ 신석정 辛夕汀

1907 ~ 1974
현대시인. 전북 부안 출생
시문학파. 전원파 시인

▷ **작가의 특징**
1. 1924년 4월 〈조선일보〉에 「기우는 해」를 발표하면서 시작 활동을 시작했고, 1931년 ≪시문학≫지에 시 「선물」을 발표하여 그 잡지의 동인이 되었다.
2. 이상향에 대한 상실감, 공허감을 나타냈다. (조국 상실과 동일시 할 수 있음)  예 「슬픈 구도」
3. 전원적, 목가적 이상향 추구하였다.  예 대부분의 전원파 시
4. 역사적 체험 속 역사 의식을 담아낸다.  예 「꽃덤불」
5. 후기 – 초기의 서정시로 복귀

▷ **주요 작품**
1939년에 첫 시집 『촛불』에 이어 1947년에는 제2시집 『슬픈 목가』를 간행

## 작품 1   그 먼 나라를 알으십니까 (촛불, 1939년)

어머니,
당신은 그 먼 나라를 알으십니까?

깊은 삼림대(森林帶)를 끼고 돌면
고요한 호수에 흰 물새 날고,
좁은 들길에 들장미 열매 붉어.

멀리 노루 새끼 마음놓고 뛰어다니는
아무도 살지 않는 그 먼 나라를 알으십니까?

그 나라에 가실 때에는 부디 잊지 마셔요.
나와 같이 그 나라에 가서 비둘기를 키웁시다.

어머니,
당신은 그 먼 나라를 알으십니까?

산비탈 넌지시 타고 내려오면
양지밭에 흰 염소 한가히 풀 뜯고,
길 솟는 옥수수밭에 해는 저물어 저물어
먼 바다 물 소리 구슬피 들려 오는
아무도 살지 않는 그 먼 나라를 알으십니까?

어머니, 부디 잊지 마셔요.
그때 우리는 어린 양을 몰고 돌아옵시다.

어머니,
당신은 그 먼 나라를 알으십니까?

오월 하늘에 비둘기 멀리 날고,
오늘처럼 촐촐히 비가 내리면,
꿩 소리도 유난히 한가롭게 들리리다.
서리까마귀 높이 날아 산국화 더욱 곱고
노오란 은행잎이 한들한들 푸른 하늘에 날리는
가을이면 어머니! 그 나라에서

양지밭 과수원에 꿀벌이 잉잉거릴 때,
나와 함께 그 새빨간 능금을 또옥똑 따지 않으시렵니까?

## ■ 핵심정리

▷ **갈래** 자유시, 서정시
▷ **성격** 전원적, 목가적, 낭만적
▷ **어조** 나직하고 호소하는 듯한 어조
▷ **제재** 이상향의 세계 (그 먼 나라)
▷ **주제** 이상향으로서의 자연에 대한 동경
▷ **특징** ① 자연친화적 태도
② 동일한 통사적 구조의 반복
③ 의문형 종결어미를 사용함으로써 산문체 시의 리듬을 살림

## 이해와 감상

### 1 짜임 분석

- 1~4연 – 자유롭고 평화로운 세계에 대한 동경
- 5~7연 – 순수한 자연 세계에 대한 동경
- 8~10연 – 풍요로운 세계에 대한 동경

### 2 작품감상의 구조

| 구성 요소 | 구성 요소의 파악 | 그것이 지닌 의미·효과 | 주제와의 관련성 |
|---|---|---|---|
| 내용 요소 | ① 시적 화자 및 화자의 상황 | 시적 화자는 자유롭고 평화로운 세계에 대해 이야기하면서 그 세계를 동경하고 있다. | 이상향으로서의 자연에 대한 동경 |
| | ② 소재 | 전원적, 자연적 소재를 통해 주제를 효과적으로 드러내었다. | |
| | ③ 신석정 – 전원파 | 1930년대 후반 일제의 억압이 강화되자 이상향으로서의 전원 생활에 대한 동경과 신화화되고 미화된 자연을 드러내었다. | |
| 형식 요소 | ① 반복적 형식 | 1, 5, 8연에서 반복적 구조를 보이는데 이는 주의 환기와 이상향에 대한 강한 열망을 나타내며, 시 전체가 통일성 있게 한다. | |
| | ② 어머니를 부르는 형식 | 어머니를 부름으로써 시상을 모으고 시의 내용을 분단하여 효과적으로 제시하는 기능이 있다. | |
| 표현 요소 | ① 의문형 어미(설의법) | 의문형 어미를 통해 화자의 주장을 강요하지 않으면서 화자의 바람을 더 강하게 드러내는 효과가 있다. | |
| | ② 색의 대조 | 흰색과 빨간색의 대조를 통해서 작가가 동경하는 먼 나라의 밝은 이미지를 증폭시키고 있다. | |
| | ③ 상징 | '어머니'는 자애와 평화의 구현자이며, 또한 순수한 사랑의 존재, 구원의 존재이며, 인도자이자 소망의 구원자, 그리고 잃어버린 조국을 의미하는 상징으로 주제를 효과적으로 드러낸다. | |

3 **감상의 길잡이**

전 연으로 내려 쓴 산문에 대화 형식으로 표현된 이 작자 특유의 전원 예찬시이다. 혹독한 시대에 오히려 피안의 이상을 꿈꾸는 서정이 잘 드러나며 신석정의 전원 경도의 경향을 잘 보여주는 시이기도 하다. 그가 희구하는 전원은 현실의 전원이 아닌 환상의 전원, 동경의 전원, 미래의 전원이다.

우리나라에 있어 1930년대 경부터 자연 예찬의 시를 개척하는 시인들이 적지 않게 배출되었다. 이 작품도 그 때 그러한 시의 조류에서 얻어진 것이다. 당시 자연은 현실의 부자유와 비애의 고뇌로부터 다소라도 위안을 얻기 위하여 시인들이 즐겨 시의 대상으로 삼았던 세계이다. 그러므로 이렇게 선택된 자연은 시에 있어서는 더욱 미화되고 신화화되어 목가로서 불리어졌다. 이 시에서도 그것을 '아무도 살지 않는 그 먼 나라'라고 표현하고 있다. 아무도 살지 않는 나라가 있을 수도 없지만 더욱 아름다운 이상의 자연을 만들기 위하여 이처럼 신화적인 표현을 한 것이다.

이 시는 반드시 이렇다 할 필연적인 배열이나 순서를 생각지 않고 마음에서 우러나오는 대로 자연 풍경의 아름다운 이모저모를 노래하고 있다. 다만 리듬 효과상 필요한 곳에서 '어머니'를 부른다. 그리고 물음꼴의 종지사를 사용하는 것을 볼 수 있는데 그 이유는 이런 형식의 산문체 시의 리듬을 살리기 위하여 필요하기 때문이다.

## 중요 내용 정리

### 01 표현상의 특징
① 규칙적 형식: 크게 세 단락으로 나눌 수 있는데 각 단락은 3연으로 되어 있으며, 각 단락의 첫째 연은 '어머니 당신은 그 먼 나라를 알으십니까?'라는 반복구로 되어있다. 그러한 반복은 시적 화자의 먼 나라에 대한 동경을 증폭시키며 시의 리듬감을 형성한다. 또 각 단락은 규칙적으로 2행, 5행, 다시 2행으로 구성된 연으로 되어 있어 시의 균형을 이루고 있다.
② 색의 대조: '흰 물새', '흰 염소', '열매 붉어', '새빨간 능금' 등 표현상 흰색과 빨간색의 대조를 통해 작가가 동경하는 먼 나라의 밝은 이미지를 증폭시킨다.
③ 산문체, 경어법, 청유형 등이 어머니와의 대화체로 표현됨으로 해서 목가적인 분위기의 부드러움과 그에 대한 간절함이 잘 전달된다.

### 02 '어머니'의 의미
신석정의 시에 나타난 '어머니'는 우리가 항상 만날 수 있는 어머니의 상과 밀접한 관련이 있다. 그 '어머니'는 순수한 사랑의 소유자이며 자애와 평화의 구현자이자 자기 구원을 요청하는 대상인 '어머니'이다. 즉 이 시에서 '어머니'는 인도자이고, 소망의 구원자이며 해결사로서의 '어머니'이다.

### 03 「그 먼 나라를 알으십니까」 속의 상징
이 시에는 '어머니, 당신은 그 먼 나라를 알으십니까?'가 세 번 나온다. 그것을 경계로 하여 이 시는 크게 세 부분으로 나누어진다. 첫째 부분은 '비둘기를 키웁시다.'로, 둘째 부분은 '어린 양을 몰고 돌아옵시다.'로, 셋째 부분은 '그 새빨간 능금을 또옥똑 따지 않으시렵니까?'로 끝난다.

'비둘기 – 어린 양 – 새빨간 능금'이 상징하는 바에 유의할 필요가 있다. '비둘기'가 '평화'라면, '어린 양'은 '순수'이고, '새빨간 능금'은 '풍성한 수확'이다. 이들 사이에 연관된 의미를 찾자면, '평화와 순수 속에서만 풍요로운 삶이 보장된다'는 뜻이 되겠다. 이 시는 우리에게서 평화롭고 풍요로운 삶을 앗아간 일제에 직접적으로 항의하지는 않지만, 은연중 그런 생각을 바닥에 깔고 있다.

### 04 이상향에 대한 동경을 노래한 시
① 서정주의 「추천사」: 그네를 타며 '저 하늘 / 머언 바다'라는 이상향에 대해 동경하는 춘향의 모습을 노래하였다.

② 신석정의 「그 먼 나라를 알으십니까」 : '먼 나라'로 표상되는 평화와 순수와 풍요의 이상 세계에 대한 동경을 노래하였다.
③ 박두진의 「돌의 노래」 : 바위에 앉아 바다를 바라보는 돌(인간)의 모습을 통해 이상향에 대한 동경을 노래하였다.
④ 노천명의 「사슴」 : '먼 데 산'을 바라보는 사슴(인간)의 모습을 통해 이상향에 대한 동경을 노래하였다.

## 작품 2  슬픈 구도(構圖) (조광, 1939년)

나와
하늘과
하늘 아래 푸른 산뿐이로다.

꽃 한 송이 피어 낼 지구도 없고
새 한 마리 울어 줄 지구도 없고
노루새끼 한 마리 뛰어다닐 지구도 없다.

나와
밤과
무수한 별뿐이로다.

밀리고 흐르는 게 밤뿐이오.
흘러도 흘러도 밤뿐이로다.
내 마음 둘 곳은 어느 밤하늘 별이드뇨.

### ■ 핵심정리

▸ **갈래** 자유시, 서정시
▸ **성격** 절망적, 비극적, 저항적, 주정적
▸ **어조** 참담한 현실을 가슴 아파하는 절망적 어조
▸ **표현** 반복을 통한 점층
▸ **제재** 식민지 조국의 참담한 현실
▸ **주제** 참담한 조국의 현실과 독립에의 소망

## 이해와 감상

### 1 짜임 분석

- 1연 – 절망적 현실 (국권을 상실한 조국)
- 2연 – 처절한 현실 (제국주의의 천지가 된 세계)
- 3연 – 별뿐인 밤 (국권을 상실한 암담한 조국)
- 4연 – 절망에 대한 절규 (참담한 식민지 조국의 현실)

### 2 작품감상의 구조

| 구성 요소 | 구성 요소의 파악 | 그것이 지닌 의미·효과 | 주제와의 관련성 |
|---|---|---|---|
| 내용 요소 | ① 시적 화자 및 화자의 상황 | 시적 화자는 일제 강점기의 암울한 시대 상황 속에서 조국을 잃은 참담한 슬픔과 외로움을 드러내었다. | 참담한 조국의 현실과 독립에의 소망 |
| | ② 소재 | 아무도 없는 푸른 산과 밤을 통해 주제를 효과적으로 드러내었다. | |
| 형식 요소 | ① 유사한 연의 반복 | 1~2연의 형태를 3~4연에서 다시 반복하여 시적 화자가 암담한 상황을 강조하여 표현했다. | |
| | ② 통사구조의 반복 | 1, 3연에서 통사구조의 반복을 통해 의미를 강조하고 리듬감을 형성하고 있다. | |
| 표현 요소 | ① 대구 | '꽃 한 송이 피워낼 지구도 없고 // 새 한 마리 울어 줄 지구도 없고'에서 대구의 형식으로 리듬감과 의미를 강조하고 있다. | |
| | ② 상징 | 하늘은 공허함을 꽃은 아름다움을, 새는 평화와 순수를 상징한다. 따라서 암담한 일제 치하 현실에서는 이와 같은 것들을 상실했음을 의미하여 주제를 효과적으로 드러낸다. | |
| | ③ 시어의 의미 차이 | 3연의 '별'은 부정적 현실을, 4연의 '별'은 이상적 세계를 의미하여 그 의미가 다르다. | |
| | ④ 보조사의 사용 | 표별 보조사 '뿐'과 협수 보조사 '도'를 사용하여 시적 화자가 강조하려는 고독감과 참담한 현실을 잘 드러내었다. | |

### 3 감상의 길잡이

1939년에 발표된 시로, 이 작품은 분량이 적을 뿐만 아니라 비슷한 구절이 반복되고 있기 때문에 형태상으로는 단순하다. 반면에 그러한 단순함으로 해서 표현은 더욱 뚜렷하며 강렬하다. 이미 이전의 시들에서 사용했던 상징어가 여기서도 사용되고 있는데 기존에는 이상향을 드러내거나 전원적이고 목가적인 분위기를 형성하는 데 기여해왔지만 이 시에서는 일제의 억압이 가중되는 시기의 절망을 나타내는 데 효과적으로 사용되고 있다. 특히 2연과 4연에서 보이는 현실 인식의 어두움은 결국 이 시가 개인의 문제에 그치는 것이 아니라 시대 상황 전체에 관한 것임을 보여준다.

## 중요 내용 정리

### 01 내용상의 특징

1연에서는 분열된 자아와 세계의 모습을 노래한다. 나와 하늘 사이에는 푸른 산만이 막막하게 놓여있다. 푸른 산뿐이라는 화자의 인식을 통해 볼 때, '푸른 산'은 부정적 이미지를 담고 있음이 드러난다. 따라서 '푸른 산'은 '꽃', '새', '노루새끼'가 뛰어노는 생명력 가득한 공간으로서의 요건을 상실한 세계라고 하겠다. 이 시가 쓰여진 당대의 시대 상황이 생명을 소멸케 하는 암담한 시기였음을 고려할 때, 시대에 대한 부정 의식이 드러난 구절로 보아도 무방할 것이다.

2연은 1연의 구체화이다. 생명의 터전인 지구에 꽃과 새와 노루 새끼가 없다면 이 지구는 죽은 것과 마찬가지이다. 이 절망의 상황을 화자는 '없다'라는 부정어를 통해 통렬하게 비판한다.

3연은 1연과 대응된다. 밤과 별들만이 가득한 막막한 공간에서 '내 마음 둘 곳'이 없는 화자의 비통함을 느낄 수 있다. 인식되는 것은 '나'를 둘러싼 '밤'과 하늘의 무수한 '별'이 이루는 구도이다.

4연에서 화자는 결국 '내 마음 둘 곳'을 찾지 못해 방황에 빠지고, 그 심정이 '별이드뇨'의 자기 질문으로 노출된다.

### 02 '내 마음'의 의미

문면을 통해 짐작되는 '내 마음 둘 곳'은 그가 부정한 세계를 역으로 유추해 볼 수 있다. 꽃과 새와 노루새끼가 있는 지구가 될 것인데, 요약하면 '생명의 환희가 넘치는 공간'이다. 이렇게 보면 '내 마음'은 '생명의 환희에 젖는 행복감'일 것이다. 화자는 이 생명의 환희를 부정하는 세계의 암담함 앞에 절망하고 있는 것이다. 쓰여진 시기를 고려할 때 이 시는 마땅히 누려야 할 민족의 생존과 자유가 억압되었던 식민지 시대의 어둠과 절망을 노래하고 있다고 이해될 수 있다.

## 작품 3  꽃덤불 (해방 기념 시집, 1946년)

태양(太陽)을 의논(議論)하는 거룩한 이야기는
항상 태양을 등진 곳에서만 비롯하였다.

달빛이 흡사 비오듯 쏟아지는 밤에도
우리는 헐어진 성(城)터를 헤매이면서
언제나 참으로 그 언제 우리 하늘에
오롯한 태양을 모시겠느냐고
가슴을 쥐어뜯으며 이야기하며 이야기하며
가슴을 쥐어뜯지 않았느냐?

그러는 동안에 영영 잃어버린 벗도 있다.
그러는 동안에 멀리 떠나 버린 벗도 있다.
그러는 동안에 몸을 팔아 버린 벗도 있다.
그러는 동안에 맘을 팔아 버린 벗도 있다.

그러는 동안에 드디어 서른여섯 해가 지나갔다.

다시 우러러보는 이 하늘에
겨울밤 달이 아직도 차거니
오는 봄엔 분수(噴水)처럼 쏟아지는 태양을 안고
그 어느 언덕 꽃덤불에 아늑히 안겨보리라.

## ■ 핵심정리

▷ **갈래** 자유시, 서정시
▷ **성격** 상징적, 서술적, 독백적
▷ **어조** 비판적, 관조적인 어조
▷ **표현** 반복법의 사용으로 표현 효과 증대
▷ **제재** 꽃덤불
▷ **주제** 광복의 기쁨과 새로운 민족 국가 수립

## 이해와 감상

### 1 짜임 분석

- 1연 – 일제하에서의 지하 독립 투쟁
- 3연 – 일제 시대의 비극적 상황에 대한 안타까움
- 5연 – 새로운 민족 국가 건설에 대한 기대
- 2연 – 독립을 위한 노력
- 4연 – 일제 식민지 36년이 지나감

## ② 작품감상의 구조

| 구성 요소 | 구성 요소의 파악 | 그것이 지닌 의미·효과 | 주제와의 관련성 |
|---|---|---|---|
| 내용 요소 | ① 시적 화자 및 화자의 상황 | 시적 화자는 해방된 상황에서 일제하의 고난을 회고하며 아직 혼란한 상황이지만 참된 민족국가의 건설을 추구하고 있다. | 광복의 기쁨과 새로운 민족 국가 수립의 염원 |
| 내용 요소 | ② 작자의 현실 인식 | 작자는 해방이 된 후 해방에 무조건 취할 것이 아니라 아직 혼란하므로 혼란을 극복한 진정한 민족국가를 건설해야 한다는 인식을 드러내었다. | |
| 형식 요소 | ① 시간적 구성 구조 | '과거 – 현재 – 미래'의 시간적 구성을 통해 과거의 반성과 미래에 대한 의지를 효과적으로 드러내었다. | |
| 형식 요소 | ② 통사구조의 반복 | '그러는 동안 ~ 벗도 있다.'에서 통사구조의 반복을 통해 의미를 강조하고 리듬감을 잘 드러낸다. | |
| 표현 요소 | ① 다양한 상징 | '태양'은 광명 또는 광복을, '밤'은 암울한 시대 상황을, '꽃덤불'은 새로운 민족 국가를 의미하여 주제를 잘 드러낸다. | |
| 표현 요소 | ② 역설 | 첫 연은 역설로 되어 있어서 지하에서의 독립 운동을 강조하고 주제를 잘 드러낸다. | |

## ③ 감상의 길잡이

　이 시는 해방 공간에서 쓰인 작품이다. 해방의 기쁨과 함께 새로이 삶이 열리기를 소망하는 마음이 격정적 호흡으로 표출되고 있다. 암울했던 과거의 삶을 되돌아보며 안타까움을 표출하고 이어서 진정한 평화가 올 날을 염원하는 마음이 노래되고 있다. 비교적 쉬운 언어로 표현되고 있어 이해가 용이한 편이다. 밝고 힘찬 이미지를 주는 시어와 어두운 이미지를 주는 시어로 나누어 읽어보자.

　태양은 광명을 의미한다. 시대적 상황에서 볼 때 광복과 관련된다. 광복에의 열정을 불사르며 함께 그 날을 위해 어떻게 행동할 것인가를 궁리하는 자리는 언제나 태양을 등진 암흑 속에서만 가능했다. 암울한 시대 상황의 압제를 피하여 은밀하게 행할 수밖에 없었다는 것이다. 밤은 또 암울한 시대 상황을 상징한다. 때로 달빛이 쏟아지는 상황, 태양이 비치는 완전한 광명이 아니더라도 얼마간의 광명이 우리에게 주어졌을 때도 헐어진 성터를 헤매며 광명의 그 날을 꿈꾸어야 했다. 헐어진 성터는 곧 황폐한 조국의 표상이다. 우리는 얼마나 긴 세월 동안 망국의 한을 달랠 길 없어 몸부림쳤고, 그 몸부림만큼 광복을 염원하며 비통함에 가슴을 쥐어뜯었던가.

　이 고통의 나날이 오래 지속됨으로서 우리는 더러 죽어 갔고, 머나먼 유랑의 길을 떠났고 또 변절하였다. 이런 상황이 36년간 지속되다 드디어 해방이 되었다. 우리가 그토록 기다리던 광복이다. 그러나 생각해 보면 얼마나 혹독한 세월이었던가?

　이런 수난과 우여곡절 끝에 해방은 왔고, 광복된 이 하늘을 우러러 기쁨에 젖지만 그러나 진정한 봄은 아직도 오지 않았다. 지난날의 고통과 절망처럼 아직도 겨울밤이 가시지 않았고 달빛은 차다. 이것은 해방 공간에서의 민족의 분열상을 가슴 아파하는 것의 표현이다. 좌우의 이념 대립이 몰아온 불신과 반목의 갈등을 극복하고 진정한 화합이 이루어지길 소망한다. 화자는 그로 인한 화해가 이루어질 것을 낙관하고 있다. 겨울 밤(절망적 상황)이 조금 남아있기는 하지만 곧 찾아올 새봄이라 보는 태도에서 긍정적인 인식을 엿볼 수 있다. 그리하여 새봄이 오면 광명은 무한히 쏟아질 것이며 진정한 화해와 평화의 터전에서 기쁨을 구가하자고 한다. 꽃덤불에 아늑히 안긴다는 표현은 가장 지극한 영광과 기쁨을 무한히 누린다는 의미이다.

## 중요 내용 정리

### 01 태양의 이미지와 시대적 의미

이 작품은 조국 광복의 기쁨 속에서 쓰였다. 광복이란 빛의 회복이다. 빛의 회복을 위해서는 태양이 다시 떠오르지 않으면 안 된다. 일제강점하를 암흑기라 한 것도 태양이 없었다고 보았기 때문이다. 그러므로 1연과 2연에서의 태양은 조국의 해방을 뜻한다. 2연 1행처럼 달빛이 비 오듯 쏟아지는 밝은 밤도 그것이 밤인 한 어둠이고 암흑이다. 그러기에 3연처럼 민족의 수난이 계속되었던 것이다. 이 수난은 조국이 해방되면서 끝난다. 그러나 해방 공간의 혼란과 갈등을 '겨울밤 달이 아직 차거니'라고 근심스럽게 바라보면서도 분수처럼 쏟아지는 태양을 안고 꽃덤불에 아늑히 안기는 순간을 기대하는 것이다.

| 원형적 이미지 | 빛, 밝음, 희망 |
|---|---|
| 상징적 이미지 | 조국 광복 |

### 02 '꽃덤불'의 의미

'꽃'이 주는 이미지는 '화려함, 생명, 희망' 등이다. 그것이 '덤불'을 이룬 상태이니 더욱더 그 이미지가 부각된다. 이 시에서 '꽃덤불'의 의미는 '겨울밤 달이 아직도 차거니'와 같이 생각해 보아야 한다. '겨울밤'에서 느껴지는 이미지는 '어둠, 시련, 죽음' 등이다. 그런 상황에서 시적 화자는 '꽃덤불'에 안겨 보겠다고 한다. 밝은 희망과 생명을 희구하는 것이다. '꽃덤불'은 '태양'과 연결시킬 때 그 의미가 더 커진다. '분수처럼 쏟아지는 태양'이라면 너무나 눈부시고 따뜻할 것이다. 그것과 함께 꽃덤불에 안긴다면 얼마나 행복할 것인가? 시적 화자가 해방 직후의 혼란(겨울밤) 속에서 민족 화해의 밝은 미래(꽃덤불)를 희구한다고 그 의미를 해석할 수 있다.

### 03 해방 전후 신석정 시의 특징

해방 전 신석정 시의 특징은 크게 세 가지로 요약될 수 있다. 첫째, 자연적인 것이 그의 시의 기조를 이루고 있다는 점이다. 그의 시에는 계절, 시간, 수목, 짐승의 생장, 소멸 과정이 '나'와 결부되어 나타나는 경우가 흔하다. 그에게 있어서 향토는 자연스럽게 국토가 되고 그것은 민족과 결부되면서 그가 평생 바란 지조에까지 확대, 심화되고 있다. 둘째, 그의 중심 이미지는 '꿈 → 촛불 → 밤 → 대(竹)'로 이어져 오고 있음을 볼 수 있다. 이와 아울러 시간적 전개에서 공간적 전개로 내면 모색에서 시선을 밖으로 돌리고 자아화에서 대타화로 옮겨가고 있다. 셋째, 모더니즘과 전통 지향의 관계로서 특히 기법이 모더니즘에서 전통 지향으로 넘어가고 있음을 볼 수 있다. 이에 비해 해방 이후에는 사회적 관심을 드러내는 작품과 관조적 성찰의 시를 많이 썼다.

## ▷ 김상용 金尙鎔

1902 ~ 1951
호는 월파. 경기도 연천 출생. 전원파 시인

▷ **작가의 특징**
1. 1930년 「무상(無常)」, 「그러나 거문고의 줄은 없고나」 등을 발표했고, ≪문장≫ 등에 주로 작품을 실었다.
2. 시 세계는 전원적이고 자연파적 경향을 띤다.
3. 소박하면서도 간결한 시어 구사가 특징이다.

▷ **주요 작품**
시집: 『망향(望鄕)』(1939)

### 작품 1  남으로 창을 내겠소 (망향, 1939년)

남(南)으로 창을 내겠소.
밭이 한참갈이
괭이로 파고
호미론 김을 매지요.

구름이 꼬인다 갈 리 있소.
새 노래는 공으로 들으랴오.
강냉이가 익걸랑
함께 와 자셔도 좋소.

왜 사냐건
웃지요.

## ■ 핵심정리

▷ **갈래** 자유시, 서정시
▷ **성격** 서정적, 전원적, 자연친화적
▷ **어조** 소박하고 겸손하고 친근한 회화(會話)조
▷ **제재** 전원에서의 생활
▷ **주제** 전원생활을 통한 달관의 삶
▷ **특징** ① '–소', '–요', '–오'의 반복을 통한 규칙적인 각운
② 향토적 정서를 표현, 토속적 언어 사용

## 이해와 감상

① **짜임 분석**
- 1연 – 소박한 전원생활에의 지향
- 2연 – 명리(名利)를 떠나 자연의 축복을 누리는 삶
- 3연 – 세속을 초월한 달관의 경지

## ② 작품감상의 구조

| 구성 요소 | 구성 요소의 파악 | 그것이 지닌 의미·효과 | 주제와의 관련성 |
|---|---|---|---|
| 내용 요소 | ① 시적 화자 및 화자의 상황 | 시적 화자는 자연 속에서 자연과 동화되어 소박하게 살아가는 삶을 지향한다. | 전원생활을 통한 달관의 삶 |
| | ② 향토적, 토속적인 소재 | 한참갈이, 괭이, 호미, 강냉이 등 토속적이고 일상적인 시어를 사용하여 전원적 삶에 대한 희구를 드러낸다. | |
| | ③ 전원파 시인 | 1930년대 일제의 탄압 아래서 현실을 도피하려는 의식과 서구 의존적 시관에서 벗어나 동양적 세계관을 중시했고, 안빈낙도의 세계관을 드러내었다. | |
| 형식 요소 | ① 대화체 | '매지요, 좋소, 웃지요' 등 대화체를 사용하여 내용을 효과적으로 드러내었다. | |
| | ② 각운 | '-소, -요, -오'의 각운을 통한 운율감을 형성한다. | |
| 표현 요소 | ① 상징 | ㉠ 구름 : 세속적인 욕망을 의미한다.<br>㉡ 남쪽 : 시적 화자가 지향하는 공간으로 따스한 이미지와 평화롭고 풍요로운 이미지를 준다. | |
| | ② 대조 | 구름과 괭이, 호미, 새 노래, 강냉이가 대조를 이루고 있다. | |
| | ③ 시적 허용 | '들오랴오'는 '-려-' 대신 '-랴-'를 씀으로써 명랑하면서도 해학적인 분위기를 드러낸다. | |

## ③ 감상의 길잡이

이 시는 우리나라 전원시의 대표적인 작품이다. 자연의 품으로 돌아가 흙과 더불어 살아가고 싶은 마음이 잘 드러나 있다. '남(南)'이 주는 밝고 건강한 이미지와 함께 시적 화자의 삶이 조화를 이룬다. 전원에서 안분지족(安分知足)하는 삶의 태도, 훈훈한 인정, 달관의 모습을 넉넉하게 보여 주고 있다.

전원으로 돌아가 자연과 더불어 소박하게 살아가려는 화자의 삶의 자세가 잘 형상화된 작품이다. 자연과 인간이 하나가 되어 조화를 이루며 살아가고 싶은 마음은 복잡한 도시 생활에 쫓기며 살아가는 현대인이라면 누구나 가지고 있는 일종의 모성 회귀(母性回歸)의 본능과 같은 것이다.

화자는 이 전원생활 속에서 스스로 만족을 느끼며 어떤 유혹이 있더라도 도시로 돌아가지 않겠다는 뜻을 '구름이 꼬인다 갈 리 있소'라고 말하고 있다. 땅을 일구고 자연을 벗하며 인정미 넘치는 삶의 여유와 관조가 회화조의 친근한 어조에 용해되어 시적 분위기를 형성하고 있다. 특히 삶의 의미를 묻는 질문에 잔잔한 웃음으로 답하는 모습은 삶에 대한 깊은 성찰에서 우러나오는 초월과 달관의 경지를 함축적으로 보여주는 시적 표현의 백미(白眉)라 할 수 있다.

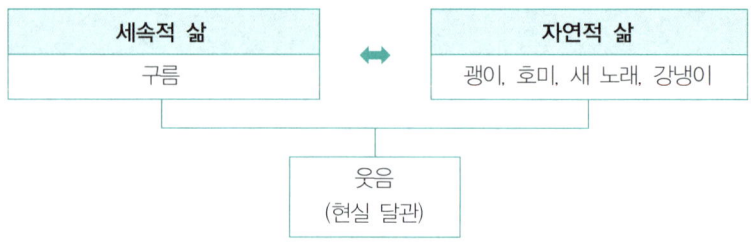

## 중요 내용 정리

### 01 동양적 자연관
이 시에 드러나는 시적 화자의 태도는 자연과 인간의 동화, 합일로서의 삶의 모습을 보여 준다. 그런데 이러한 자연 합일의 삶은 동양적인 삶의 한 전형이다. 동양적인 삶을 이해하는 기본은 자연과 인간의 관계에서 출발하기 때문이다. 자연을 정복하는 대상으로 다가서는 서양적인 자연관과는 다르게, 동양에서는 자연은 인간과 자연이 함께 울고 웃으며 공존 공생하는 대상이다. 자연이 인간이고 인간이 자연인 모습, 즉 자연과 인간이 하나되어 살아가는 삶의 흔적이야말로 아름다운 삶의 단면인 것이다. 옛 시가에는 흔히 자연 속에 하나되어 살아가는 삶의 모습들이 담겨 있다.

### 02 '왜 사냐건 웃지요'의 함축적 의미
인생의 의미에 대한 의문은 누구나에게 주어질 수 있다. 자연으로 돌아가, 흙을 바탕으로 살아가려는 사람이 있을 때, 주위에서 왜 당신을 이렇게 살아가느냐고 물을 수 있을 것이다. 그러나 대답하지 않고 웃는다는 것은 이미 묻고 답하는 수준을 초월한 경지임을 말해 준다.

### 03 작품에 드러나는 동양적 세계관
이 시에서 화자는 세속적인 현실을 떠나 전원 속에서 자연의 아름다움을 느끼면서 살아가는 삶을 중시하고 있는데, 이처럼 자연 친화적이고 현실 달관적인 여유 있는 삶이 바로 동양 정신이다. 또한 간결한 시 형태와 종결 부분에 나타난 비논리성도 동양적이다. 마지막 연의 '왜 사냐건 / 웃지요.'라는 부분은 이백의 시 '산중문답(山中問答)'의 두 번째 구절 '소이부답심자한(笑而不答心自閑)'과 상통하는 것으로, 삶의 허무 의식에서 벗어나 자연과 합일되어 무위의 상태에 다다른 시인의 인생관 내지 삶에 대한 태도를 함축적으로 보여 줌으로써, 1930년대 중반 유행처럼 번지던 서구적 취향의 모더니즘 시 세계와는 상반된, 다분히 한국적이면서 동양적인 세계관을 반영했다는 점에서 가치를 찾을 수 있다.

| | |
|---|---|
| 問余何意棲碧山 (문여하의서벽산) | "무슨 뜻으로 푸른 산 속에 사느냐?"고 나에게 묻기에, |
| 笑而不答心自閑 (소이부답심자한) | 웃으면서 대답하지 않으니 마음이 저절로 한가롭다. |
| 桃花流水杳然去 (도화유수묘연거) | 복사꽃이 물에 흘러 아득히 떠가니, |
| 別有天地非人間 (별유천지비인간) | 인간 세상이 아니라 별천지(別天地)로다. |

– 이백, 「산중문답(山中問答)」

→ 자연에 대한 동경과 낭만주의적 경향을 보인 이백의 한시로, 속세를 떠나 자연 속에 묻혀 한가로이 지내는 모습이 잘 드러나 있다.

### 04 '자연과 인간', '인간과 인간'의 관계
'새 노래는 공으로 들으랴오'라는 시구에서 '새 노래'는 자연이 인간에게 주는 모든 혜택의 대유적 표현으로 볼 수 있는데, 이를 공으로 듣겠다는 것은 자연과 인간과의 관계가 무상 행위로 설정되어 있음을 의미한다. 이러한 원리가 '강냉이가 익걸랑 / 함께 와 자셔도 좋소'라는 시구에서 인간과 인간 간의 관계에까지 확대, 발전적으로 적용되고 있다.

### 05 「남으로 창을 내겠소」의 회화조
이 시는 친근하게 바로 옆에서 말하는 듯한 어조(회화조)로 자연 친화적인 삶의 태도를 효과적으로 드러내고 있다. 전원생활에 대한 굳은 신념을 제시하면서도 이를 강조하거나 역설하지 않고, 소박하면서도 간결한 시어의 구사로 근면하고 성실한 농경 생활을 즐겁게 엮어 내고 있다. 특히, 표현상 간결하면서도 맑은 시어를 선택하고 있고, 민요조의 소박하고 친근한 가락에 진정한 삶을 위한 전원생활에의 동경을 싣고 있다.

구체적으로 살펴보면, '한참갈이'라든가, '꼬인다'와 같은 소박한 사투리를 사용하면서 작품 전체가 겸손하고 친근한 회화조로 되어 있어, 전원에 돌아가서 자연과 벗하면서 전원생활을 하겠다는 태도가 잘 드러나고 있다. 특히 끝부분에 '왜 사냐건 / 웃지요.'라는 짧은 두 행은 보통의 언어로는 풀이하기 힘든 삶에 대한 달관적인 태도와 사상을 미묘한 어조로써 암시하고 있다.

## 김동명 金東鳴

1900 ~ 1968
강원도 명주 출생. 호는 초허(超虛)
전원파 시인

▷ **작가의 특징**
1. 1923년 ≪개벽≫에 「당신이 만약 내게 문을 열어 주시면」이라는 탐미적인 시를 발표하면서 등단했다.
2. 일제의 탄압을 피해 농촌에 묻혀 전원적인 소재를 통해 민족의 비애와 고독, 향수 등을 투명한 서정적으로 노래했다.

▷ **주요 작품**
시집 : 『나의 거문고』(1930), 『파초』(1938년), 『삼팔선』(1947), 『하늘』(1948), 『진주만』(1954), 『목격자』(1957) 등

### 작품 1  파초 (조광, 1936년)

조국을 언제 떠났노.
파초의 꿈은 가련하다.

남국(南國)을 향한 불타는 향수(鄕愁).
너의 넋은 수녀(修女)보다도 더욱 외롭구나!

소낙비를 그리는 너는 정열(情熱)의 여인(女人),
나는 샘물을 길어 네 발등에 붓는다.

이제 밤이 차다.
나는 또 너를 내 머리맡에 있게 하마.

나는 즐겨 너를 위해 종이 되리니,
너의 그 드리운 치맛자락으로 우리의 겨울을 가리우자.

### ■ 핵심정리

▷ **갈래** 자유시, 서정시
▷ **성격** 상징적, 우의적, 의지적
▷ **제재** 파초
▷ **주제** 잃어버린 조국에 대한 향수

▷ **특징** ① 시적 화자는 파초와 자신을 동일시
② 시적 대상인 파초를 '너'로 의인화하여 감정 이입
③ '밤, 겨울' 등 식민지 현실을 상징하는 시어 사용

### 이해와 감상

① 짜임 분석
- 1~2연 – '나'와 '파초'의 동병상련(同病相憐)
- 3~4연 – '파초'에게 정성을 쏟는 시적 화자
- 5연 – 파초의 잎사귀로 냉혹한 현실을 가리고 싶음

### ② 작품감상의 구조

| 구성 요소 | 구성 요소의 파악 | 그것이 지닌 의미·효과 | 주제와의 관련성 |
|---|---|---|---|
| 내용 요소 | ① 시적 화자 및 화자의 상황 | 시적 화자가 고향을 떠나 온 파초를 바라보면서, 조국을 잃은 자신과 파초의 처지를 동일시하고 있다. | 잃어버린 조국에 대한 향수 |
| | ② 소재 | '파초'를 소재로 사용하여 조국을 잃고 타향을 떠돌아야 하는 자신의 처지를 잘 드러냈다. | |
| | ③ 전원파 | 일제의 탄압을 피해 농촌에 묻혀 전원적인 소재를 통해 민족의 비애와 고독, 향수 등을 투명한 서정적으로 노래했다. | |
| 형식 요소 | ① 행의 규칙적 배열 | 각 연이 모두 2행씩 배열되어 안정감을 준다. | |
| | ② 다양한 종결어미 사용 | '가련하다', '외롭구나', '있게 하마', '가리우자' 등 다양한 종결어미를 사용하여 문장을 종결했다. | |
| 표현 요소 | ① 상징 | '차가운 밤, 겨울'은 시련의 시련을 의미하며 시대의 의미를 잘 드러내고 있다. | |
| | ② 의인화 | '파초'를 '수녀', '정열의 여인'으로 의인화하여 표현하여 좀 더 친근하게 느끼게 한다. | |
| | ③ 감정이입 | '파초'에 자신의 감정을 이입하여 자신과 동일시하고 있다. | |

### ③ 감상의 길잡이

김동명의 제2시집 『파초』의 표제가 된 서정시로 감정 이입과 의인화가 두드러진 작품이다. 조국을 잃은 사람으로서 맛보는 서글픔을 같은 처지에 있는 파초에 의탁하여 쓴 작품이라 할 것이다. 곧 고향인 남국(南國)을 떠난 파초의 처지와 조국(祖國)을 잃고 비애의 삶을 영위(營爲)하는 시인의 처지는 자연스레 가깝게 다가설 수 있는 바탕이 될 터이다. 1~2연에서는 같은 처지의 파초의 발견과 동병상련의 정이, 3연부터 마지막 연까지는 파초를 자신의 분신처럼 애지중지하는 모습이 표현되어 있다.

파초와 시적 화자의 일체감이 5연에서는 '우리'라는 시어로 나타난다. 4연의 '밤'이나 5연의 '겨울'은 파초와 시적 화자 모두의 역경을 의미하는 시어이다. 이러한 역경을 함께 하면서 이제 파초는 나와 더불어 '우리'라는 시어로 표현되어 그 둘은 하나의 같은 운명에 처한 공동체임을 확인하는 것이다.

조국을 잃은 시인의 불행과 슬픔, 향수를 '파초'라는 구체적 사물의 영상을 통해 매우 효과적으로 그려내고 있는 작품이다.

## ▲ 중요 내용 정리

### 01 '파초'의 또 다른 해석

'파초'는 처음에 3인칭 대상이었다. 일정한 거리를 두고 있는 것이다. 그러다가 '파초'는 2인칭의 '너'로 불리고, 3~4연에서 시적 화자는 의인화된 '파초'에게 온갖 정성을 기울인다. '파초의 종'이 되겠다 하고, '머리맡에 두겠다'고 한다. 그러한 입체감은 마지막 연에서 '우리'라는 1인칭으로 드러난다. 완전히 '나 – 너'의 관계가 하나로 결합되어 있는 관계를 보여주고 있는 것이다. 그와 동시에 이방의 먼 땅에 있었던 대상이 그 거리가 축소되어 실내의 머리맡까지 이르고, 너의 발등 나의 머리맡은 하나의 치마로 가려진 따뜻한 하나의 공간으로 합쳐진다.

### 작품 2  내 마음은 (조광 3호, 1937년)

내 마음은 호수(湖水)요,
그대 노 저어 오오.
나는 그대의 흰 그림자를 안고, 옥(玉) 같이
그대의 뱃전에 부서지리라.

내 마음은 촛불이요,
그대 저 문을 닫아 주오.
나는 그대의 비단 옷자락에 떨며, 고요히
최후의 한 방울도 남김없이 타오리다.

내 마음은 나그네요,
그대 피리를 불어 주오.
나는 달 아래 귀를 기울이며, 호젓이
나의 밤을 새이오리다.

내 마음은 낙엽이요,
잠깐 그대의 뜰에 머무르게 하오.
이제 바람이 일면 나는 또 나그네같이, 외로이
그대를 떠나오리다.

## 핵심정리

▷ **갈래** 자유시, 서정시
▷ **성격** 서정적, 낭만적, 비유적
▷ **어조** 호소하는 독백적 어조
▷ **표현** 함축적 표현과 은유법
▷ **제재** 내 마음
▷ **주제** 사랑에 대한 내 마음의 상태 및 변화

## 이해와 감상

### 1 짜임 분석

동적 → 정적인 구성
- 1~2연 – 동적 이미지 : 사랑의 정열
- 3~4연 – 정적 이미지 : 사랑의 애달픔

## ② 작품감상의 구조

| 구성 요소 | 구성 요소의 파악 | 그것이 지닌 의미·효과 | 주제와의 관련성 |
|---|---|---|---|
| 내용 요소 | ① 시적 화자 및 화자의 상황 | 시적 화자가 님을 그리워하며 님에 대한 자신의 마음을 다양한 비유로 노래하고 있다. | 사랑에 대한 내 마음의 상태 및 변화 |
| | ② 소재 | 호수, 촛불, 나그네, 낙엽 등의 소재를 통해 자신의 마음을 드러내어 님을 그리는 마음을 잘 표현했다. | |
| | ③ 전통성 | 임이 내 마음에 오기를 헌신적으로 기다리고 있는 시적 화자의 모습에서 전통적인 한국 여인의 모습을 찾을 수 있다. | |
| 형식 요소 | ① 같은 형태의 연의 반복 | 같은 형태의 연을 반복하여 의미를 강조하고 구조적 통일성을 드러냈다. | |
| | ② 유사한 통사구조의 반복 | 각 연에서 유사한 통사구조의 반복을 통해 운율을 형성하고 님에 대한 그리움을 강조하였다. | |
| | ③ 시어 | 각 연의 1행은 '-요', 2행은 '-오', 4행은 '-리다'의 경어체 어미를 사용하여 운율을 형성하고, 시적 화자의 경건한 태도와 함께 임에 대한 사랑의 진실함을 드러냈다. | |
| 표현 요소 | ① 비유 | '내 마음'을 호수, 촛불, 나그네, 낙엽에 비유하고 있으며 이를 통해 화자의 마음을 잘 드러냈다. | |
| | ② 상징 | '호수, 촛불, 나그네, 낙엽'은 각각 상징으로 볼 수 있으며 화자의 마음을 세밀하게 잘 드러냈다. | |

## ③ 감상의 길잡이

이 시는 다양한 비유적 심상을 통해 사랑의 기쁨과 애상감을 노래하고 있다. 가곡으로도 널리 알려진 이 작품에는 시인의 간절하고 순수한 사랑의 마음이 형상화되어 있다.

이 작품의 전체적인 짜임새는 유사한 구조를 지닌 4연의 반복으로 되어 있다. 먼저 '내 마음'의 상태를 비유적으로 제시한 다음에 '그대'로 하여금 어떤 행위를 하게 만들고, 그런 다음에 화자의 행위를 드러내는 구조가 반복되고 있다. 시인은 이러한 유사한 통사구조의 반복을 통해 사랑의 마음 상태를 드러내고 있다.

이 작품에서 화자는 '내 마음'을 '호수', '촛불', '나그네', '낙엽'에 비유하고 있다. '호수'와 '촛불'은 그대와의 만남을 통해 느끼게 되는 열정적이고 헌신적인 사랑의 기쁨을 드러낸다. 그러나 '나그네'와 '낙엽'은 그대를 사랑하면서 겪게 되는 외롭고 쓸쓸한 마음을 함축한다. 즉 이 작품은 사랑을 하면서 보편적으로 체험하게 되는 두 가지의 상반된 정서, 즉 사랑의 기쁨과 외로움을 표현한 것이다.

## 중요 내용 정리

### 01 '내 마음'의 양면적 속성
어떤 이는 이 시가 애정의 한 국면을 집중적으로 노래한 것이 아니라, 있을 수 있는 사랑의 여러 국면을 나열하는 것으로 보기도 한다. 그러나 좀 더 유의해 보면, 시인은 사랑의 정열(전반부)과 사랑의 애수(후반부)를 드러낸 것이다. 그런데 이들 사이에 아무런 예고도 징검다리도 놓지 않는다. 그것이 의도적이라면 그 단절을 통해 시인은 충격적 효과를 노리고 있는 것으로 볼 수 있다. 그렇다면 이 시는, 사랑의 처음에는 즐겁고 불타오르는 것 같지만 결국은 외롭고 슬프게 끝나고 만다는 사랑의 무상함을 충격적으로 표현한 것이라고 해야 할 것이다.

### 02 「가시리」와의 비교
「가시리」나 「내 마음은」은 '임에 대한 사랑'을 표현한다는 공통점을 가지지만, 「가시리」는 이별에 즈음한 여인의 은근한 정서를 나타나 있음에 비해 「내 마음은」은 임에 대한 사랑을 남성적이고 정열적으로 표현하였다는 차이가 있다.

### 03 시적 화자의 '마음'
시적 화자는 임을 향한 자신의 마음을 '호수', '촛불', '나그네', '낙엽'에 비유하고 있다. 그리고 그대의 모습을 '호수'에 파문을 일으키는 '배', '촛불'에 바람을 일으키는 '비단 옷자락', 나그네의 모습을 더욱 외롭게 하는 '피리', 낙엽이 떨어지는 '뜰'에 비유하고 있다. 이러한 대응 구조로 볼 때, 시적 화자는 뱃전에 '옥같이' 부서지고 '고요히' 타오르는 '호수'와 '촛불'처럼 헌신적으로, 정열적으로 임을 사랑하지만, 임의 곁에 가지도 못하고 멀리서나마 '호젓이' 임의 피리 소리에 위안을 삼아야 하고, 잠시나마 임의 뜰에 '외로이' 머무르기를 소원할 수밖에 없는 '나그네'와 '낙엽'처럼 애처로운 사랑을 간직해야만 한다.

### 04 임에 대한 태도 비교
「가시리」의 화자는 임과의 이별로 인해 비애감을 노래하고 있다. 그러나 화자는 임을 원망하지 않고 있다. 오히려 이별을 수용하면서 다시 돌아오기를 간절히 바라고 있다. 그러나 「내 마음은」에서의 화자는 임과의 이별을 수용한다는 측면에서는 「가시리」의 화자와 비슷하다고 볼 수 있지만, 임을 기다리는 것이 아니라 화자 자신이 임의 곁을 떠난다는 면에서 「가시리」의 화자와 태도상의 차이를 보이고 있다.

「진달래꽃」과는 두 작품 모두 임에 대한 사랑을 노래하고 있다는 점에서는 공통적이다. 그러나 「진달래꽃」의 화자는 이별의 아픔을 내적 의지로 극복, 승화시키는 태도를 드러내는 반면, 「내 마음은」에서의 화자는 임에 대한 간절한 그리움의 정서만을 드러낼 뿐, 이별 극복의 의지 및 승화에 대한 태도는 나타나 있지 않다.

## ▷ 이용악 李庸岳

1914 ~ 1971
함경북도 경성에서 출생. 동경 상지대학 신문학과 졸업
해방 후 조선문학가동맹에 가입

▷ **작가의 특징**
1. 1935년 ≪신인문학≫에 「패배자의 소원」을 발표하여 등단. 초기에는 모더니즘의 세례를 많이 받은 듯한 시풍을 보이다가 나중에는 현실주의적 색채를 나타내었다.
2. 1930년대 후반에 우리 문단에 등단한 많은 시인들 가운데서 1930년대 일제 식민지 시대가 자아내는 비극적 슬픔을 사실주의적 기법으로 드러냈다.
3. 고향은 일제의 침탈과 피폐한 농촌 실상을 보여주며, 정신의 각성에 이르게 하는 시적 매개물이다.
4. 국내외 유이민의 비극적 삶을 통찰하고 민족 모순의 핵심으로 명확하게 인식·파악했다.
5. 이야기성과 서사 구조를 도입하여 경향시가 빠지기 쉬운 관념성을 극복했다.
6. 해방 후 조선문학가동맹에 가입했고, 한국 전쟁 때 월북했다.

▷ **주요 작품**
시집:『분수령』(1937),『오랑캐꽃』(1947),『현대시인전집 – 이용악집』(1949) 등

## 작품 1  낡은 집 (낡은 집, 1938년)

날로 밤으로
왕거미 줄치기에 분주한 집
마을서 흉집이라고 꺼리는 낡은 집
이 집에 살았다는 백성들은
대대손손에 물려줄
은동곳도 산호 관자도 갖지 못했니라.

재를 넘어 무곡을 다니던 당나귀
항구로 가는 콩실이에 늙은 둥글소
모두 없어진 지 오랜
외양간엔 아직 초라한 내음새 그윽하다만
털보네 간 곳은 아무도 모른다.

찻길이 놓이기 전
노루 멧돼지 족제비 이런 것들이
앞뒤 산을 마음놓고 뛰어다니던 시절
털보의 셋째 아들은
나의 싸리말 동무는
이 집 안방 짓두광주리 옆에서
첫울음을 울었다고 한다.

"털보네는 또 아들을 봤다우
송아지래두 불었으면 팔아나 먹지."
마을 아낙네들은 무심코

차가운 이야기를 가을 냇물에 실어보냈다는
그날 밤
저륵등이 시름시름 타 들어가고
소주에 취한 털보의 눈도 일층 붉더란다.

갓주지 이야기와
무서운 전설 가운데서 가난 속에서
나의 동무는 늘 마음 졸이며 자랐다.
당나귀 몰고 간 애비 돌아오지 않는 밤
노랑 고양이 울어 울어
종시 잠 이루지 못하는 밤이면,
어미 분주히 일하는 방앗간 한 구석에서
나의 동무는
도토리의 꿈을 키웠다.

그가 아홉 살 되던 해
사냥개 꿩을 쫓아다니는 겨울
이 집에 살던 일곱 식솔이
어디론지 사라지고 이튿날 아침
북쪽을 향한 발자국만 눈 위에 떨고 있었다.

더러는 오랑캐령 쪽으로 갔으리라고
더러는 아라사로 갔으리라고
이웃 늙은이들은
모두 무서운 곳을 짚었다.

지금은 아무도 살지 않는 집
마을서 흉집이라고 꺼리는 낡은 집
제철마다 먹음직한 열매
탐스럽게 열던 살구
살구나무도 글거리만 남았길래
꽃 피는 철이 와도 가도 뒤울안에
꿀벌 하나 날아들지 않는다

## 핵심정리

▷ **갈래** 서정시, 이야기시
▷ **성격** 향토적, 설화적, 서사적
▷ **제재** 폐허가 된 낡은 집
▷ **주제** 일제하 황폐해진 우리 농촌의 궁핍상

▷ **특징** ① 유이민의 가족사적 내용을 단편 서사시의 형식을 통해 표현
② 방언의 사용을 통해 설화적 분위기를 나타냄
③ 식민지 민중의 전형적 상황을 보여줌

## 이해와 감상

### 1 짜임 분석

- 1연 – 어른들이 들려 준 낡은 집에 대한 이야기
- 3~5연 – 뿌리 뽑힌 삶의 정황
- 7연 – 털보네 간 곳을 짚어 보는 이웃 어른들
- 2연 – 자취를 감춘 털보네 낡은 집의 모습
- 6연 – 털보네 가족의 이향(離鄕)
- 8연 – 황폐해진 낡은 집의 모습

### 2 작품감상의 구조

| 구성 요소 | 구성 요소의 파악 | 그것이 지닌 의미·효과 | 주제와의 관련성 |
|---|---|---|---|
| 내용 요소 | ① 시적 화자 및 화자의 상황 | 어린 아이를 시적 화자로 설정하여 친구의 아버지인 털보네 집을 소재로 일제 식민지하에서 농민의 가난한 삶과 그로 인한 유이민의 발생 및 폐허가 되어가는 고향의 모습을 객관적으로 전달하고 있다. | 일제하 황폐해진 우리 농촌의 궁핍상 |
| | ② 이야기시 (단편서사시) | 서정시이면서도 서사적 줄거리를 지닌 시이며, 노동자 농민의 빈궁한 삶과 유이민의 발생 등에 관한 이야기를 담고 있다. | |
| | ③ 리얼리즘 시 | 일제시대 가난과 궁핍으로 유이민이 발생하는 시대 상황 속에서 유이민으로 야반도주한 털보를 전형적 인물로 그려내어 당대의 상황을 사실적, 객관적으로 드러내었다. | |
| 형식 요소 | ① 액자식 구성 | 액자식 구성과 과거 회상 형식을 통해 시상을 전개하여 털보네의 상황과 주제를 효과적으로 드러냈다. | |
| | ② 내용 제시의 특징 | 시적 화자가 겪지 않은 이야기를 직접 제시한 1연, 시적 화자가 겪은 이야기를 직접 화법으로 제시한 2, 5, 6, 7, 8연과 들은 이야기 간접 화법으로 제시한 3, 4연으로 나누어진다. | |
| | ③ 구성의 특징 | ㉠ 한 가족의 비참한 삶을 시간의 순서에 따라 전개하고 있다.<br>㉡ 1~2연은 현재, 3~7연은 과거, 8연은 현재로 짜인 것으로 보기도 한다. | |
| 표현 요소 | ① 상징 | ㉠ '털보네' – 어느 한 가족의 모습이 아니라 우리 민족을 상징한다.<br>㉡ '낡은 집' – 북쪽으로 떠난 우리 민족이 버리고 간 고향 또는 조국을 나타낸다.<br>㉢ '항구, 찻길' – 일제의 수탈을 상징한다. | |
| | ② 시어의 특징 | 향토적인 시어를 사용했고, 방언을 사용하여 현실감을 주고 있다. | |

### 3 감상의 길잡이

    이 시는 폐허가 된 낡은 집을 소재로 일제 강점기의 비참한 현실을 사실적으로 보여주고 있다. 낡은 집에서 살다가 현실적 가난에 못이겨 이국 땅으로 떠나야 했던 털보네 가족의 이야기를 제재로 하고 있는데, 이 작품 속의 화자는 털보네 셋째 아들의 어린 시절 친구로 설정되어 있다.

    이 작품은 액자 구성 방식으로 짜여져 있다. 1~2연과 마지막 연은 털보네가 떠나가 버려 흉가가 된 낡은 집을 소개하고 있다. 그리고 중간에 삽입되어 있는 3~7연들은 털보네의 궁핍상과 유랑의 모습이 드러나 있다.

외부 액자에서 드러난 '낡은 집'은 털보네의 가난한 삶을 통해 일제 강점기를 살았던 우리 민족의 비극적인 모습을 전형적으로 보여 준다고 해석할 수 있다. 그리고 내부 액자 이야기는 털보네 가족의 빈궁한 삶의 모습을 사실적으로 형상화하고 있다. 특히 털보네 셋째 아들이자 '나'의 어린 시절 친구는 출생부터 축복받지 못할 정도로 가난한 환경에서 태어난다. 그리고 '도토리의 꿈'과 같은 작고 소박한 꿈을 간직하여 살아가려 하지만, 현실은 그것을 용납하지 않는다. 결국 털보네는 현실적 가난 때문에 야반도주를 하게 되는 것이다. 시인은 이런 털보네의 삶을 통해 일제 강점기를 힘들게 살아야 했던 우리민족의 삶을 드러내고 있다.

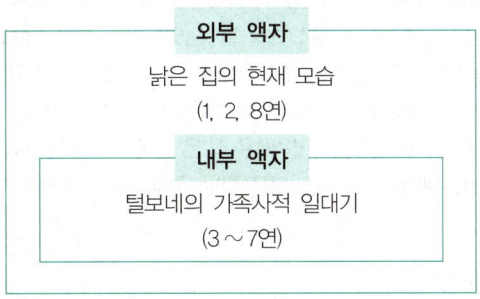

**참고** 카타르시스(catharsis)

1938년에 발간된 작자의 제2시집 『낡은 집』에 실려 있는 작품으로, 당대의 궁핍한 삶의 모습을 현실주의적으로 형상화하고 있다. 우리에게 익숙한 이야기 형식을 바탕으로 삼고 있다고 하여 '이야기시'라고도 부른다.

이런 종류의 시는 개인의 감정을 표현하거나 상대방에 대하여 무엇을 주장하는 것이 아니라, 있는 사실을 그대로 전달하려는 태도를 취하는 것이 특징이다. 사실에 대한 판단은 순전히 독자의 몫으로 남겨두고, 있는 현실의 수용에만 관심을 갖겠다는 이러한 태도를 우리는 현실주의라고 부를 수 있을 것이다. 대개 우리 시사의 1930년대 후반은 소위 현실주의 시인들의 활동 무대가 되는데, 그 이유는 열악해진 정치적 사회적 상황 때문에 카프 시절처럼 무엇인가를 주장한다는 것이 불가능해지고, 그렇다고 애초에 개인적 감정의 표현에 관심이 있는 것도 아니어서, 그들은 결국 우리 주변의 현실적 삶의 여러 모습들을 있는 그대로 그려만 내겠다는 소극적 리얼리즘의 자세를 취하게 했던 것이다. 이 시의 화자도 그러한 태도로 일관하고 있다. 어린 화자의 입을 통하여 그 또래쯤의 청자에게 진술하고 있는 내용은, 일제하 조선 농촌의 피폐화 과정을 표본적으로 건드리고 있다.

## 중요 내용 정리

### 01 삶의 객관적 형상화

이 시는 삶의 모습을 객관적인 시점을 통해 형상화하고 있다. 화자가 객관적인 시점을 유지한다는 것은 화제를 처리할 수 있는 역량이 커진다는 것을 의미하며, 이 같은 방식은 삶을 좀 더 사실적으로 담아낼 수 있다는 장점이 있다. 예를 들어 '털보네는 또 아들을 봤다우 / 송아지래두 불었으면 팔아나 먹지'와 같은, 마을 아낙네들이 무심코 던진 말의 인용은 이 객관적 시점 때문에 가능한 것인데, 이 구절 속에는 무엇이든지 팔아 먹어야 사는 당대의 참담한 민족적 현실이 압축되어 드러나 있다.

### 02 시적 화자의 역할

이 시의 대상은 '낡은 집'으로 표상되는 한 가족의 가난한 삶이다. 그것이 내 친구인 '털보의 셋째 아들'의 성장 과정을 중심으로 화자가 듣고 본 이야기를 자기 또래쯤의 청자에게 전달하고 있다. 전체적으로 볼 때 화자의 체험을 진술한 부분(2, 5, 6, 7, 8연)과 어른들로부터 화자가 전해들은 이야기를 직접적(1연)·간접적(3~4연) 화법을 통해 진술한 부분으로 나뉘어 구성되어 있다. 이러한 방식은 어린 화자를 통해서만 한 가족이 경험한 이야기를 진술하도록 할 때 생길지 모르는 부자연스러움을 방지하기 위해 사용된 것이다. 작가는 이 화자 – 청자 사이의 이야기를 구체적으로 보여 줌으로써 시에 직접 개입하지 않으면서도 담담한 가운데 대상을 사실적으로 형상화하고 있다. 또한 화자를 어린아이로 처리하여 화자의 판단이 시 속에 개입되는 것을 막고, 단지 전달의 기능만을 맡김으로써 독자의 상상력이 자유롭게 발휘되도록 하고 있다.

### 03 '낡은 집'의 의미

털보네는 궁핍한 생활을 면하기 위해 열심히 일했지만, 결국 집과 고향을 등지고 말았다. 그것은 '무곡을 다니던 당나귀', '콩실이에 늙은 둥글소'에서 알 수 있듯이 일제의 수탈로 인한 것이다. 그리고 '털보네' 집은 '초한 내음새가 그윽'한 '낡은 집'으로 남았다. 1연에서 시적 화자는 털보네 가족을 '그 집에 살았던 백성들'이라고 표현하고 있다. 털보네의 모습은 그저 일제 강점기 어느 한 가족의 모습이 아니라 우리 민족의 모습이기 때문이다. 그렇다면 '낡은 집'은 북쪽으로 떠난 우리 민족이 버리고 간 '조국'일 것이다. 시적 화자는 이렇게 낡고 초한 '낡은 집'을 통해 우리나라의 피폐하고 비참한 모습을 그리고 있다.

### 04 이용악의 시에서 '고향'

이용악의 시에서 '고향'은 자기 충족적인 세계가 아니며, 신비와 경이의 세계도 아니다. 거기에는 화해보다는 갈등이 자리하고 있다. 그것은 식민지 정치 상황을 비유하는 시적 징표이며 '정신의 각성에 머물게 하는 시적 매개물'로 작용한다. 그의 대표작 「낡은 집」에서는 하층민 가족이 몰락하여 마침내는 자신의 고향을 떠나게 되는 이야기를 매우 선명하게 그려냈다. 이 시는 털보네 가족이 살던 낡은 집은 그곳에 살던 백성들의 집으로 확장되면서 분명하게 한 계층과 빼앗긴 삶과 분노를 환기시키는 이미지이다. 거기에는 점점 틈이 벌어지기 시작하는 갈등의 세계가 노정되어 있다. 이용악에게 고향의 삶과 밀착된 존재들은 이제 그러한 갈등이 본격화된 세계에서 뿌리 뽑힘과 가난, 한(恨)을 의미화하기 위한 것이다. 고향에서 안정된 삶을 찾지 못하고 쫓겨난 자들의 한과 분노가 그의 서정적 시 세계의 특징을 이룬다.

## 작품 2 두만강 너 우리의 강아 (낡은 집, 1938년)

나는 죄인처럼 수그리고
나는 코끼리처럼 말이 없다.
두만강 너 우리의 강아.
너의 언덕을 달리는 찻간에
조그만한 자랑도 자유도 없이 앉았다.

아무것도 바라볼 수 없다만
너의 가슴은 얼었으리라.
그러나
나는 안다.
다른 한 줄 너의 흐름이 쉬지 않고
바다로 가야 할 곳으로 흘러내리고 있음을.

지금
차는 차대로 달리고
바람이 이리처럼 날뛰는 강 건너 벌판엔
나의 젊은 넋이
무엇인가 기다리는 듯 얼어붙은 듯 섰으니
욕된 운명은 밤 위에 밤을 마련할 뿐.

잠들지 마라 우리의 강아.
오늘밤도
너의 가슴을 밟는 뭇 슬픔이 목마르고
얼음길은 거칠다 길은 멀다.

길이 마음의 눈을 덮어 줄
검은 날개는 없느냐.
두만강 너 우리의 강아.
북간도로 간다는 강원도치*와 마주 앉은
나는 울 줄을 몰라 외롭다.

* 강원도치 : 강원도 사람

## 핵심정리

▷ **갈래** 자유시, 서정시
▷ **성격** 고백적, 남성적, 상징적
▷ **표현** 의인법, 돈호법, 반복법, 비유법
▷ **제재** 두만강

▷ **주제** 유이민의 욕된 운명에 대한 자괴심
▷ **특징** ① 두만강과 은밀한 대화 형식
② 점층적 확장 구조
③ 강의 상징성 부각

## 이해와 감상

### 1 짜임 분석

- 기(1연) – 자유도 없이 죄인처럼 사는 나의 굴욕적인 모습
- 승(2연) – 얼어붙은 강물 밑으로 흐름이 쉬지 않고 바다로 흘러가는 강을 자각하는 나
- 전(3~4연) – 욕된 운명의 밤
- 결(5연) – 북간도로 이민 간다는 강원도 사람과 마주 앉은 나

## ② 작품감상의 구조

| 구성 요소 | 구성 요소의 파악 | 그것이 지닌 의미·효과 | 주제와의 관련성 |
|---|---|---|---|
| 내용 요소 | ① 시적 화자 및 화자의 상황 | 두만강 다리를 건너가는 차 안에 있는 시적 화자는 유이민으로 떠도는 우리 민족의 운명에 죄책감마저 느끼며, 북간도로 간다는 강원도치와 마주 대하며 슬픈 감정에 사로잡혀 있다. | 유이민의 욕된 운명에 대한 자괴심 |
| | ② 제재 – 두만강 | 우리 민족을 상징하는 공간인 '두만강'을 제재로 하여 우리의 아픈 역사를 드러낸다. | |
| 형식 요소 | ① 회화체 | 시적 화자인 '나'가 '너'(두만강)에게 말하는 형식으로 이루어져 있다. | |
| | ② 기승전결의 구조 | 기승전결의 전통적 형식을 점층적 확장 구조 하에 사용하면서 시상을 전개하고 있다. | |
| 표현 요소 | ① 상징 | '두만강'은 우리 민족의 역사, 혹은 국토를 상징한다. | |
| | ② 의인화 | 두만강을 '너'라고 부르며 의인화하여 우리 땅을 떠나 만주 벌판으로 가는 자신의 처지에 대한 죄책감과 부끄러움을 표현하고 있다. | |
| | ③ 감정이입 | 시적 화자는 궁핍한 현실에 시달려 고국을 떠나야 하는 자신의 처지를 '두만강'에 감정이입하여 표현하고 있다. | |

## ③ 감상의 길잡이

　이용악 시의 우수성은 무엇보다도 일제 강점기 하에 대규모로 발생했던 국내외 유이민의 비극적 삶을 명확하게 인식함으로써 그들의 현실적 고통을 자기 것으로 내면화하여 튼튼한 서정성 위에 이를 작품으로 형상화했다는 점이다. 이 시의 화자도 역시 만주행 열차에 몸을 싣고 두만강 다리를 건너가는 유이민의 한 사람으로, 화자는 '너'로 의인화된 두만강과의 대화를 통해 유이민들의 서러운 운명에 대한 자괴심(自愧心)을 드러내고 있다. 두만강은 현재의 역사를 바라보는 증인일 뿐 아니라, 미래에의 전망을 향해 나아가는 존재로서의 상징적 의미를 갖고 있다.

　전 5연의 이 시는 기·승·전·결의 전통적 형식을 점층적 확장 구조 하에 사용하면서 시상을 전개하고 있다. 1연의 기에서 화자는 '죄인처럼 수그리고', '코끼리처럼 말이 없이', '언덕을 달리는 찻간에' 앉아 두만강을 바라보고 있다. 이 강을 건너가면 다시는 돌아올 수 없는 남의 나라 땅임을 아는 화자이기에 월경(越境)하는 자신의 행동을 부끄러워하며, 그저 '조그마한 자랑도 자유도 없이 앉아' 있을 수밖에 없음을 보여 주고 있다. 2연의 승에서 화자는 얼어붙은 강물 밑으로 바다를 향해 쉬지 않고 흘러가는 두만강을 자각하고, 강물처럼 흘러가는 도도한 역사의 현장으로 달려 나가겠다는 결연한 의지를 불태우고 있다. 3~4연의 전에서 화자는 '강 건너 벌판에 얼어붙은 듯 서 있는' 자신의 모습을 상상하며 '욕된 운명은 밤 위에 밤을 마련할 뿐'이라는 현실 인식을 갖게 됨으로써 마침내 '잠들지 마라 우리의 강아'라며 조국이 깨어 있기를 소망하게 된다. 비록 현실 상황은 '뭇 슬픔이 목마르고 / 얼음길은 거칠다 길은 멀다' 하더라도 언제까지나 깨어 있는 모습으로 조국의 고통을 기억하라고 외치는 데서 화자의 준엄한 자기 질책과 자기 반성적 태도가 잘 나타나 있다. 5연의 결에서 화자는 '길이 마음의 눈을 덮어 줄 / 검은 날개'를 희구하는 간절한 마음을 표출하고 있다. 그것은 절망적 현실을 더 이상 보고 싶지 않다는 뜻으로, 화자는 같은 운명에 처해 있는 강원도 사람과 마주앉아 생존을 위해 조국을 떠나는 자신의 처지가 눈물조차 나오지 않을 만큼 외롭다고 느끼고 있다.

## 중요 내용 정리

**01 '두만강'의 의미**

고향을 떠나는 시적 화자와 함께 '두만강'은 흐르고 있다. 즉, '두만강'은 시적 화자가 기쁠 때나 슬플 때, 그리고 고향을 떠나는 그 순간까지 시적 화자, 우리 민족과 함께 하고 있는 것이다. 조국이 주권을 빼앗기고 민족이 곤경에 처해 있는 지금 '두만강'의 가슴도 얼어 붙어 있다고 시적 화자는 여기고 있다. 그렇지만, '두만강'은 흐름을 멈추지 않고 가야할 곳, 바다로 흘러가고 있다. 이런 '두만강'의 모습을 보고 시적 화자는 현실을 극복할 수 있을까 하고 생각한다. 즉, '두만강'은 좌절감과 자책감에 빠져 있는 시적 화자에게 미약하지만, 가야할 길을 제시하고 있는 것이다.

**02 이 시와 「천치의 강아」(이용악)의 공통점과 차이점**

두 작품 모두 국경의 강이라는 공통점을 가지고 있으나 내용상에서 차이를 보인다. 「두만강」은 역사의 단절을 거부하고 역사에 대한 애정과 절망감을 이겨 내려는 의지의 강이고, 「천치의 강」은 비통하고도 무서운 민족의 현실을 외면하는 강이다.

### 작품 3 풀벌레 소리 가득 차 있었다 (분수령, 1937년)

우리집도 아니고
일가집도 아닌 집
고향은 더욱 아닌 곳에서
아버지의 침상(寢床) 없는 최후(最後)의 밤은
풀벌레 소리 가득 차 있었다.

노령(露領)을 다니면서까지
애써 자래운 아들과 딸에게
한 마디 남겨 두는 말도 없었고,
아무을만(灣)
설룽한 니코리스크의 밤도 완전히 잊으셨다.
목침을 반드시 벤 채.

다시 뜨시잖는 두 눈에
피지 못한 꿈의 꽃봉오리가 갈앉고,
얼음장에 누우신 듯 손발은 식어갈 뿐
입술은 심장의 영원한 정지(停止)를 가리켰다.
때늦은 의원(醫員)이 아모 말없이 돌아간 뒤
이웃 늙은이 손으로
눈빛 미명은 고요히
낯을 덮었다.

우리는 머리맡에 엎디어
있는 대로의 울음을 다아 울었고
아버지의 침상(寢床) 없는 최후(最後)의 밤은
풀벌레 소리 가득 차 있었다.

## ▌핵심정리

- ▷ **갈래** 서정시, 자유시
- ▷ **성격** 서사적, 모더니즘적
- ▷ **어조** ① 서글프면서도 절제된 어조
  ② 감정을 절제한 듯한 객관적인 어조
- ▷ **제재** 아버지의 죽음
- ▷ **주제** 아버지의 비참한 임종과 유랑민의 비애
- ▷ **특징** ① 수미상관 구성, 청각적 표현을 통해 비극성 강조
  ② 상황을 객관적으로 묘사

## 이해와 감상

### ① 짜임 분석
- 1연 – 아버지의 객사(客死)
- 3연 – 아버지의 죽음이 주는 비극
- 2연 – 유언 없이 죽은 아버지
- 4연 – 아버지의 죽음에 대한 가족의 슬픔

### ② 작품감상의 구조

| 구성 요소 | 구성 요소의 파악 | 그것이 지닌 의미·효과 | 주제와의 관련성 |
|---|---|---|---|
| 내용 요소 | ① 시적 화자 및 화자의 상황 | 아버지와 함께 유이민으로 떠돌던 시적 화자가 낯선 타향에서 아버지의 죽음을 맞아 슬퍼하는 상황이다. | 아버지의 비참한 임종과 유랑민의 비애 |
| | ② 소재 – 풀벌레 소리 | '풀벌레 소리'만 있는 타향에서의 죽음을 통해 아버지의 죽음을 더욱 비극적으로 느끼게 한다. | |
| 형식 요소 | ① 각운 | 각 연을 '– 다'로 종결하여 리듬감을 살리고 감정을 절제하여 드러냈다. | |
| | ② 수미상관적 구성 | 작품의 구조적 안정감을 느끼게 하고, 의미를 강조하며, 정서적 여운을 남기고 있다. | |
| 표현 요소 | ① 감정이입 | 아버지의 죽음 앞에서 시적 화자의 슬픈 감정을 풀벌레에 이입하여 표현했다. | |
| | ② 반어 | 아버지의 비극적인 외롭고 비참한 죽음을 두고 '풀벌레 소리 가득 차 있다'로 표현하여 비극성을 더욱 부각시키고 있다. | |
| | ③ 심상 | 아버지의 죽음을 시각적 심상과 청각의 시각화(공감각)를 통해 이미지로 표현했다. | |

### ③ 감상의 길잡이

　이용악은 서사적 구조 속에 민족적 아픔을 짙은 서정성으로 노래한 시인이다. 그는 서사성이 빠지기 쉬운 서정성의 함몰을 극복한 수준 높은 시를 창작했다. 서사적 구조를 주된 골격으로 하면서도 서정성과 고향의 정서를 적절히 배합했다는 점에서 백석(白石)과 비슷한 성격을 가지고, 한 사람은 평안도 정서를 그렸고, 한 사람은 함경도 정서를 노래했다는 점에서도 특징을 가지면서 두 사람은 당대 시단의 두 축으로 주목받았다.

　이 시에서도 이용악의 특징적 시 세계가 구현되고 있다.

이 시의 모티프는 아버지의 죽음이다. 아버지의 죽음은 이용악 시의 근간을 이루는 소재인데, 아버지의 죽음이 준 충격이 담담한 서술 속에 노정되면서도 짙은 슬픔을 충분히 전해 준다. 또한 아버지의 죽음에만 머무르지 않고, 당대 민족의 슬픔을 은연중 드러내고 있다. 그것은 2연에 의해 암시된다. 아버지의 죽음을 '노령(露領 – 러시아의 땅)'에서 맞게 된 것이다. 무엇 때문에 러시아 땅에서 죽게 되었는지는 자명하다. 그것은 먹고살기 위해서는 국외로 나돌아 다닐 수밖에 없었던 당대의 궁핍한 상황 때문이다. 이것은 개인 차원의 문제가 아니고 민족 차원의 문제였다. 따라서 시인 자신의 아픔은 때로 우리 민족의 슬픔으로 확대될 요건을 갖추고 있다는 것이다.

## ▰ 중요 내용 정리

### 01 아버지의 삶
시적 화자의 아버지는 '우리집도 아니고, 일가집도 아닌 집' 그리고 '고향'도 아닌 곳에서 죽음을 맞고 있다. 그것도 침상도 없는 맨바닥에서, 의원의 치료도 받지 못한 채 비참하게 죽어 가고 있다. 일제 강점기하의 수탈을 피해 어쩔 수 없이 국경을 넘었던 아버지는 가난과 궁핍한 삶 속에서도 안락한 가정을 만들겠다는 '꿈'을 간직하고 힘들게 자식들을 키워왔다. 하지만 그 꿈은 '피지 못한 꽃봉오리'가 되어 아버지의 죽음으로 막을 내리고 있다. 이러한 아버지의 삶은 아버지처럼 국경을 넘었던 1930년대 우리 민족의 비참한 삶의 실상을 대변하고 있다.

### 02 '풀벌레 소리'의 의미
이 시에서 '풀벌레 소리'는 아버지의 죽음을 맞이하던 밤을 가득 채우고 있다. 즉, 아버지의 죽음으로 인해 남겨진 가족들이 가졌을 법한 슬픈 정서를 대변하고 있는 것이다. 시적 화자는 이 시에서 아버지의 죽음으로 인한 슬픔을 표출하고 있지 않고, '풀벌레 소리 가득 차 있었다.'고만 표현하고 있는데, 이는 시적 화자의 슬픈 감정을 풀벌레에 대입하여 표현한 것으로 볼 수 있다. 또한 아버지의 죽음으로 인한 비극적인 분위기를 그와 반대되는 고요하고 평화스러운 느낌의 '풀벌레 소리 가득 차 있었다'로 표현하여 그 비극성을 높이고 있다. 즉, 시적 화자는 아버지의 죽음으로 인한 슬픔을 직설적으로 묘사하지 않고, 평화스러운 자연 현상을 통해 작품의 비극성, 유랑민으로서의 우리 민족의 비애를 부각시키고 있다.

### 03 유이민의 실태를 다룬 시
이용악은 서사적인 골격 속에 우리 민족이 겪은 공통적인 아픔을 담아내려 하였다. 이와 같은 시적 경향은 당연히 유이민들의 애환과 고통스러운 처지에 눈을 돌리게 하였다. 그래서 유이민들의 처참한 생활상과 민족적인 정서를 시화하여 1930년대의 폭압적인 현실을 사실감 넘치게 표현했다. 이런 경향의 대표작으로 「우라지오 가까운 항구에서」, 「두만강 너 우리의 강아」, 「전라도 가시내」 등이 거론되는데, 이용악처럼 유이민의 실태를 민족시의 한 영역으로 끌어들인 작가들로는 백석, 오장환 등이 있다. 백석이 모국어의 질감으로 평안도의 정서를 표출했다면 이용악은 함경도의 정서를 시의 배경과 분위기 속에 두루 수용하려 했다.

### 04 공간적 배경을 통해 알 수 있는 당대의 사회상
이 작품 속에는 러시아를 뜻하는 '노령'과 '아무을만', '니코리스크' 등의 러시아 지명을 나타내는 시어들이 등장하는데, 이를 통해 시적 화자가 현재 러시아에 있음을 알 수 있다. 작품의 배경이 되고 있는 1930년대에는 일제에 의한 수탈이 극심했던 시기로, 이를 피해 고향을 등지고 해외로 떠나는 사람들이 생겨났고, 또는 일제의 강제 징용에 의해 국외(일본 등)로 강제 이주되는 등 민중들의 국외 이동이 빈번했다. 특히 많이 이주한 지역으로는 만주(간도 지방 개척)와 일본(강제 징용), 구소련(사할린 연해주, 중앙아시아로 강제 이주)과 하와이(최초의 계약 이민, 사탕 수수 농장)등이 대표적이라고 할 수 있다. 이 시에 등장하는 가족 역시 그러한 당대인들의 삶을 그리고 있다고 볼 수 있다. 결국, 이 시는 일제 강점기에 타국을 유랑하던 한 가장의 비극적 죽음을 통해 우리 민족의 비극적 역사를 다루고 있는 것이다.

## 작품 4  우라지오 가까운 항구에서 (분수령, 1937년)

삽살개 짖는 소리
눈보라에 얼어붙은 섣달 그믐
밤이
얄궂은 손을 하도 곱게 흔들길래
술을 마시어 불타는 소원이 이 부두로 왔다.

걸어온 길가에 찔레 한 송이 없었대도
나의 아롱범*은
자욱 자욱을 뉘우칠 줄 모른다.
어깨에 쌓여도 하얀 눈이 무겁지 않고나.

철없는 누이 고수머릴랑 어루만지며
우라지오의 이야길 캐고 싶던 밤이면
울 어머닌

서투른 마우재* 말도 들려 주셨지.
졸음졸음 귀 밝히는 누이 잠들 때꺼정
등불이 깜빡 저절로 눈감을 때꺼정

다시 내게로 헤여드는
어머니의 입김이 무지개처럼 어질다.

나는 그 모두를 살뜰히 담았으니
어린 기억의 새야 귀성스럽다*.
기다리지 말고 마음의 은줄에 작은 날개를 털라.

드나드는 배 하나 없는 지금
부두에 호젓 선 나는 멧비둘기 아니건만
날고 싶어 날고 싶어.
머리에 어슴푸레 그리어진 그 곳
우라지오의 바다는 얼음이 두껍다.

등대와 나와
서로 속삭일 수 없는 생각에 잠기고
밤은 얄팍한 꿈을 끝없이 꾀인다.
가도오도 못할 우라지오.

* 우라지오 : 러시아의 블라디보스톡
* 아롱범 : 표범
* 마우재 : 러시아 사람
* 귀성스럽다 : 수수하면서도 마음을 끄는 맛이 있다

## 핵심정리

- ▷ **갈래** 자유시, 서정시
- ▷ **성격** 서정적, 회상적, 비유적
- ▷ **어조** 회상과 그리움에 잠긴 애상적 어조
- ▷ **제재** 우라지오 항구, 어린 시절과 현재의 삶
- ▷ **주제** 고향에 대한 그리움
- ▷ **표현** ① 향토색 짙은 시어 사용
  ② 비유적, 상징적 표현
  ③ '현재 – 회상 – 현재'로 시상 전개

## 이해와 감상

### ① 짜임 분석

- 1연 – 고향에 대한 불타는 향수 (현재)
- 3~5연 – 어린 시절에 대한 회상 (과거)
- 7~8연 – 고향으로 갈 수 없는 상황 (현재)
- 2연 – 인생 역정에 대한 회고
- 6연 – 어린 시절로 돌아가고 싶은 마음

### ② 작품감상의 구조

| 구성 요소 | 구성 요소의 파악 | 그것이 지닌 의미·효과 | 주제와의 관련성 |
|---|---|---|---|
| 내용 요소 | ① 시적 화자 및 상황 | 유이민인 시적 화자는 우라지오가 가까운 항구에서 어린 시절 고향의 누이와 어머니를 그리워하고 있다. | 고향에 대한 그리움 |
| | ② 소재 | 고향에 돌아갈 수 없는 자신의 모습과 자유로운 '멧비둘기'를 대비시켜 표현했다. | |
| 형식 요소 | ① 시상 전개 | '현재 → 회상 → 현재'의 시간 흐름에 따라 시상을 전개하여 그리움을 더욱 강조하였다. | |
| 표현 요소 | ① 상징 | '멧비둘기'는 고향에 돌아가고 싶은 시적 화자의 마음이다. | |
| | ② 대조 | 과거와 현재를 대비하여 고향에 대한 그리움 강조한다. | |
| | ③ 시어 | 방언과 토속어를 사용해 향토적 분위기를 드러냈다. | |

### ③ 감상의 길잡이

　이 시는 시베리아의 이국 땅을 떠돌던 화자가 고향으로 갈 수 있는 우라지오 가까운 항구에 찾아들어 고향과 가족을 그리워하는 내용이다. 그러나 고향으로 가는 길은 막혀 있다. 그렇기에 화자는 아무런 방해 없이 공중을 날아다니는 멧비둘기처럼 고향의 가족들에게 돌아가기를 간절히 바라고 있다. 이렇듯 이 시의 저변에 흐르는 정서는 고향을 절절히 그리워하는 마음이다. 시인은 고향에 갈 수 없는 화자의 이야기를 통해 일제 강점 하에 의해 가족 공동체가 해체된 우리 민족의 슬픔과 한(恨)을 형상화하고 있다.

　여기서 우라지오는 화자가 어린 시절 누이와 함께 어머니로부터 듣고 꿈꾸었던 동경의 대상으로 고향의 절박한 가난으로부터 벗어나기 위한 탈출구였다. 그러나 그 곳은 '찔레 한 송이'도 찾아 볼 수 없는 추위와 외로움만이 있는 절망의 현실만 있을 뿐이다. 화자는 그러한 현실과 당당히 맞서 후회 없는 삶을 살려고 노력한다. 하지만 고향의 가족에 대한 그리움은 점점 깊어만 가고, 화자는 우라지오 가까운 항구의 부두에서 바다를 바라보며, 멧비둘기가 되어 고향으로 날아가는 꿈을 꾼다. 그러나 우라지오의 바다는 두껍게 얼어붙어 있고 드나드는 배가 하나도 없는 지금, 화자가 고향으로 돌아갈 수 있는 길은 없다. 그래서 화자는 마지막 연에서 고향으로 돌아갈 수 없고, 이국 땅에서의 삶도 괴로운 자신의 처지를 '가도오도' 못한다고 가슴 아프게 토로하고 있다.

## ▸ 중요 내용 정리

### 01 「우라지오 가까운 항구에서」의 대립 구조

이 시는 고향을 떠나 있는 화자가 가족과 고향에 대한 그리움을 드러내고 있는 작품이다. 시상 전개는 '현재 → 과거 → 현재'의 순서로 구성되어 있는데, 여기서 화자의 과거와 현재의 삶이 대립적으로 드러나 있다.

과거에는 고향에서 우라지오를 동경하고, 현재는 우라지오에서 고향을 그리워하고 있다.

과거의 삶은 화자의 꿈 많던 유년 시절을 나타내고 있으며, 현재의 삶은 절망감에 빠진 성인으로서의 모습을 나타내고 있다. 그리고 화자는 어린 시절에 동경했던 우라지오의 그 항구에서 고향으로 돌아가지 못하는 절망감을 체험하고 있다.

### 02 「낡은 집」의 연관성

이용악은 이야기시(서사시)의 성격을 띤 「낡은 집」에서 궁핍하고 황폐화된 식민지 조선의 농촌을 사실적으로 묘사하였다. 그러한 점에서 이 시는 「낡은 집」의 연장선상에 있는 작품으로 읽히는데 시적 화자와 고향 간의 공간적 격리, 그리고 가족 공동체에서 벗어나 있는 시적 화자의 모습은 일제 강점기의 가족 해체 현상과 긴밀히 맞물려 있다.

### 03 '멧비둘기'의 기능

이 시에서 화자는 자유롭게 날아다니는 멧비둘기가 되어 자신이 그리워하는 고향으로 날아가기를 소망하고 있다. 여기서 멧비둘기는 화자에게 있어 부러움의 대상이자 고향으로 가고 싶어하는 화자의 심정을 구체적으로 형상화하여 보여 주는 사물이라 할 수 있다. 두보의 작품 「귀안(歸雁)」에 나타나는 '기러기'도 이와 유사한 기능을 지니는 소재이다. 「귀안」의 기러기는 화자에게 고향으로 돌아가고 싶은 마음을 고취시키는 존재이자 고향으로 돌아가고 싶은 화자의 마음을 표상한 사물이다. 「우라지오 가까운 항구에서」의 시적 화자는 자유롭게 날아다니는 멧비둘기가 되어 자신이 가고 싶은 고향으로 돌아가기를 바란다. 여기서 멧비둘기는 고향으로 돌아가고 싶은 화자의 심정을 구체적으로 형상화하여 보여 주는 사물이다.

> 보미 왯는 萬里(만리)옛 나그내는 / 亂(난)이 긋거든 어느 희예 도라가려뇨.
> 江城(강성)에 그려기 / 노피 正(정)히 北(북)으로 ᄂᆞ라가매 애를 긋노라.
> 
> – 두보 「귀안(歸雁)」

## 기출문제

※ (1~2) 다음 글을 읽고 물음에 답하시오.

(가)
　　삽살개 짖는 소리
　　눈포래에 얼어붙은 섣달 그믐
　　밤이
　　얄궂은 손이 하도 곱게 흔들길래
　　술을 마시어 불타는 소원이 이 부두로 왔다

　　걸어온 길가에 찔레 한 송이 없었대도
　　나의 아롱범은
　　자옥자옥을 뉘우칠 줄 모른다
　　어깨에 쌓여도 하얀 눈이 무겁지 않고나

　　철없는 누이 고수머릴랑 어루만지며
　　우라지오의 이야길 캐고 싶던 밤이면
　　울어머닌
　　서투른 마우재말도 들려주셨지
　　졸음졸음 귀밝히는 누이 잠들 때꺼정
　　등불이 깜박 저절로 눈감을 때꺼정

　　다시 내게로 헤여드는
　　어머니의 입김이 무지개처럼 어질다
　　나는 그 모두를 살틀히 담았으니
　　어린 기억의 새야 귀성스럽다
　　거사리지 말고 마음의 은줄에 작은 날개를 털라

　　드나드는 배 하나 없는 지금
　　부두에 호젓 선 나는 멧비둘기 아니건만
　　날고 싶어 날고 싶어
　　머리에 어슴푸레 그리어진 그곳
　　우라지오의 바다는 얼음이 두텁다

　　등대와 나와
　　서로 속삭일 수 없는 생각에 잠기고
　　밤은 얄팍한 꿈을 끝없이 꾀인다
　　가도 오도 못할 우라지오

　　　　　　　　　　　　　　- 이용악, 「우라지오 가까운 항구에서」

(나)
　　내 유년 시절 바람이 문풍지를 더듬던 동지의 밤이면 어머니는 내 머리를 당신 무릎에 뉘고 무딘 칼끝으로 시퍼런 무를 깎아주시곤 하였다. 어머니 무서워요 저 울음소리, 어머니조차 무서워요. 애야, 그것은 네 속에서 울리는 소리란다. 네가 크면 너는 이 겨울을 그리워하기 위해 더 큰 소리로 울어야 한다. 자정 지나 앞마당에 은빛 금속처럼 서리가 깔릴 때까지 어머니는 마른 손으로 좁잇장 같은 내 배를 자꾸만 쓸어 내렸다. 처마 밑 시래기 한줌 부스러짐으로 천천히 등으로 돌리던 바람의 한숨. 사위어가는 호롱불 주위로 방안 가득 풀풀 수십 장 입김이 날리던 밤. 그 작은 소년과 어머니는 지금 어디서 무엇을 할까?
　　　　　　　　　　　　　　　　　　　　　　　　　　　　　　　　　　　　- 기형도, 「바람의 집 - 겨울 版畵 1」

**1. (가)와 (나)의 특성을 비교한 내용으로 적절하지 않은 것은?**　　2011년 기출 34번

① (가)와 (나)에는 모두 시적 상황을 묘사하는 의인화된 표현이 나타나 있다.
② (가)와 (나)에는 모두 현재-과거-현재의 시간 흐름에 따른 장면이 나타나 있다.
③ (가)와 (나)에 나타난 회상 부분에는 모두 과거 정황과 관련된 청각적 심상이 나타나 있다.
④ (가)의 '어린 기억의 새'와 (나)의 '그 작은 소년'은 모두 어린 시절의 시적 화자를 환기시키고 있다.
⑤ (가)에서는 한 연을 들여 쓰는 형식을 통해 기억이 강조되고 있는 데 비해, (나)에서는 인물 간의 대화 형식을 통해 기억이 생생하게 드러나고 있다.

　　　　　　　　　　　　　　　　　　　　　　　　　　　　　　　　　　　　　　　　정답 ②

**2. (가)를 평가 자료로 〈보기〉와 같은 평가 방안을 마련하였다. 〈보기〉를 구체화하여 보완하기 위한 교사들의 말 중 옳지 않은 것은?**　　2011년 기출 35번

〈보기〉
○ 평가 대상 : ○○ 중학교 2학년 전체
○ 평가 목표 : 시에 나타난 사회·문화적 상황 파악하기
○ 문항 형태와 배점 : 서술형 1문항, 3점
○ 문항 설계 : 시어에 담긴 사회·문화적 의미를 다양한 측면에서 파악하도록 함.
　1. 시의 사회·문화적 상황과 관련되는 자료를 함께 제시한다.
　2. 사회·문화적 상황과 시적 화자의 상황을 연관 지을 수 있는 시어 3개를 찾고 그 의미를 서술하도록 한다.
○ 채점 기준 : 학생들이 찾은 시어의 의미 해석에 초점을 맞추어 채점한다.

① 평가 목표의 구체화 : 작가가 「두만강 너 우리의 강아」와 같이 비슷한 시적 상황이 나타난 작품을 여러 편 썼고 이 시도 그 연장선상에서 이해되므로 시에서 그러한 시적 상황을 잘 드러내는 시어를 골라 사회·문화적 맥락 속에서 읽어 낼 수 있는지를 평가해야겠네요.
② 문항 구성상의 유의점 : 시의 내재적 의미 파악에만 국한하지 않고 1930년대의 시대 상황과 연관 지어 시의 외재적 의미를 파악했는지를 평가할 수 있도록 구성해야겠어요.
③ 제시할 자료의 선정 : 일제의 수탈이 심해지자 사람들은 고향을 떠나 도시의 임금 노동자가 되거나 만주나 연해주 등으로 이주했지만, 삶의 질은 나아지지 않았다는 내용의 자료를 제시해야겠어요.
④ 모범 답안의 작성 : 시적 화자가 삶을 돌아보는 공간인 '부두', 당시 우리 민족이 많이 모여들던 공간인 '우라지오', 시적 화자가 지향하는 대상인 '등대' 등과 같은 시어의 의미가 포함되면 되겠어요.
⑤ 채점 기준의 상세화 : 학생이 해석한 시어의 개수, 사회·문화적 상황이 나타난 시어에 대한 학생의 이해 정도를 평가할 수 있는 채점 기준을 제시해야겠어요.

　　　　　　　　　　　　　　　　　　　　　　　　　　　　　　　　　　　　　　　　정답 ④

## 작품 5  오랑캐꽃 (오랑캐꽃, 1947년)

― 긴 세월을 오랑캐와의 싸움에 살았다는 우리는 머언 조상들이
너를 불러 '오랑캐꽃'이라 했으니 어찌 보면 너의 뒷모양이 머리채를
드리운 오랑캐의 뒷머리와도 같은 까닭이라 전한다. ―

아낙도 우두머리도 돌볼 새 없이 갔단다.
도래샘*도 띠집도 버리고 강 건너로 쫓겨 갔단다.
고려 장군님 무지무지 쳐들어와
오랑캐는 가랑잎처럼 굴러갔단다.

구름이 모여 골짝 골짝을 구름이 흘러
백 년이 몇백 년이 뒤를 이어 흘러갔나.

너는 오랑캐의 피 한 방울 받지 않았건만
오랑캐꽃,
너는 돌가마도 털메투리도 모르는 오랑캐꽃
두 팔로 햇빛을 막아 줄게
울어 보렴 목놓아 울어나 보렴 오랑캐꽃.

* 도래샘 : 빙 돌아서 흐르는 샘물. '도래'는 도랑의 함경도 방언.

### 핵심정리

▷ **갈래** 설
▷ **성격** 서정적, 서술적, 서사적
▷ **표현** ① 서두에 오랑캐꽃에 대한 자신의 해설적 설명을 제시
② 서정적 감정 처리 방식과 서사적인 표현 방식을 동시에 사용
③ 대상을 의인화했음
▷ **제재** 오랑캐꽃
▷ **주제** 일제에 의해 쫓겨난 유이민의 비극적인 삶과 비애

### 이해와 감상

1 **짜임 분석**
- 서두 – 오랑캐꽃말의 유래
- 2연 – 세월이 덧없이 흘러감
- 1연 – 고려 군사에게 쫓겨 간 오랑캐
- 3연 – 오랑캐꽃에 대한 연민과 슬픔

## ② 작품감상의 구조

| 구성 요소 | 구성 요소의 파악 | 그것이 지닌 의미·효과 | 주제와의 관련성 |
|---|---|---|---|
| 내용 요소 | ① 시적 화자 및 화자의 상황 | '오랑캐꽃'을 바라보며 그와 같은 아픔을 가진 우리 민족에 대해 일제 식민지하의 우리 민족에 대해 연민을 느끼고 있다. | 일제에 의해 나라를 잃고 떠도는 유이민의 비극적인 삶과 비애 |
| | ② 소재 | '오랑캐꽃'이라는 아픔을 가진 소재를 통해 우리 민족의 아픔과 등치시켰다. | |
| 형식 요소 | ① 종결어미에 나타나는 시간의 흐름 | 간접 화법의 종결어미 '갔단다'와 직접 화법의 종결어미 '흘러갔나'를 사용하여 시간의 경과를 나타낸다. | |
| | ② 반복 | '오랑캐꽃'를 반복하여 운율을 형성하고 주제를 강조한다. | |
| 표현 요소 | ① 객관적 상관물 | 이민족의 식민지 지배 아래에서 노예처럼 살아가는 우리 민족의 비극적인 삶과 슬픔을, 연약한 오랑캐꽃에 대한 연민에 담아 시로 형상화한 것이다. | |
| | ② 의인화, 감정이입 | 시적 대상인 '오랑캐 꽃'을 '너'라고 부름으로써 화자는 오랑캐꽃에 감정이입하고 있다. | |
| | ③ 상징 | 오랑캐와 전혀 관련이 없음에도 오랑캐꽃이라는 이름을 부여받은 오랑캐꽃은 역시 억울하게 식민 지배를 받고 있는 우리 민족을 의미한다. | |

## ③ 감상의 길잡이

일제의 수탈로 말미암아 소위 오랑캐땅으로 쫓겨난 유이민들의 비극적 삶을 고도의 상징적 수법으로 그려낸 이 작품은 서정주로부터 "망국민의 절망과 비애를 잘도 표현했다."는 절찬을 받은 바 있다.

이 시는 '오랑캐꽃'이라는 자연물을 통해 민족이 처한 비통한 현실에 대한 연민과 비애를 노래한 작품이다. 복잡한 비유 구조를 지니고 있어서 그 의미를 쉽사리 파악하기는 어렵지만, 일반적으로 연약하고 가냘픈 오랑캐꽃의 이미지와 그에 대한 연민을 통해 이민족의 지배 하에서 노예적인 삶을 살아가는 민족의 삶과 운명을 그린 작품이라 할 수 있다. 결국 이 시는 오랑캐꽃의 이미지와 고통 받는 민족의 현실을 등치(等値)시킴으로써 개인적인 서정을 그 시대의 보편적인 서정의 차원으로 끌어올리고 있다고 할 수 있다. 즉 오랑캐의 피 한 방울 받지 않았음에도 불구하고, 꽃의 형태가 오랑캐의 머리 모양을 닮았다는 외형적인 유사성 때문에 오랑캐꽃이라 불리는 것이나, 일제의 가혹한 탄압으로 인해 그 옛날의 오랑캐나 다를 바 없는 비참한 신세로 전락해 버린 민족의 처지가 동일하다는 현실 인식이 이 시의 주요 모티프를 이루고 있으며, 그에 기초하여 오랑캐꽃이라는 구체적인 사물에 대한 연민의 정을 민족이 처한 객관적 현실에로 확대시키고 있는 것이 이 시의 기본적인 구조가 된다.

이 시는 첫머리에서 '오랑캐꽃'의 명명(命名)에 대한 유래를 밝히고 있다. 1연은 오랑캐와 고려와의 싸움이라는 역사적 사실을 객관적으로 서술하고 있으며, 이어 2연에서는 그러한 역사적 사실이 상당 기간 지났음을 묘사적 표현으로 제시하고 있다. 3연은 화자의 주관적 인식과 그로부터 촉발되는 화자의 감정을 표출하고 있다. 화자는 '오랑캐의 피 한 방울 받지 않았'고, 또 '돌가마도 털메투리도 모르는' 오랑캐꽃에 대해 극도의 비애감을 느끼고 있다. 즉, 오랑캐와는 아무런 상관도 없으면서도 '오랑캐꽃'이라 불리게 된 데 대해 화자는 극도의 슬픔을 느끼고 있다. 그러한 감정은 마침내 '울어 보렴 목놓아 울어나 보렴'이라는 마지막 구절에 이르러 화자의 감정은 폭발되고 만다. '오랑캐꽃'이라는 잘못된 명명이 일종의 억울함이라면, 화자의 슬픔은 이러한 억울함에서 비롯된 것임을 알 수 있다. 그것은 바로 일제에 의해 오랑캐라고 천대받던 유이민들이자, 더 나아가 전 조선 민중의 억울함과 비통함을 암시하는 것이라 할 수 있다.

## 중요 내용 정리

### 01 '오랑캐꽃'의 의미
　　오랑캐는 우리 국토의 북방을 자주 침범하다가 고려 윤관 장군에 의해 쫓겨난다. 너무나도 강한 정벌이었기 때문에 '아낙도 우두머리'도 돌보지 못하고 허겁지겁 쫓겨난 것이다. 그리고 그 자리에 남겨진 '오랑캐'의 모습을 닮은 꽃에게 '오랑캐꽃'이라는 이름을 붙인 것이다. 시적 화자는 이런 '오랑캐꽃'을 보고 있다. 그리고 그를 통해 허겁지겁 쫓겨난 '오랑캐'를 떠올리고, 그 모습에서 다시 일제에 의해 떠나야 했던 우리 민족의 모습을 연상하고 있는 것이다. 즉, 시적 화자는 들에 외롭게 피어 있는 '오랑캐꽃'을 통해 일제에 고향을 빼앗기고 쫓겨난 우리 민족의 처량한 모습을 보고 있는 것이다.

### 02 「오랑캐꽃」의 「오랑캐꽃」과 「국경의 밤」의 '순이'
　　시인의 고향인 함북 경성에는 여진족의 무리가 있었다. 그들은 고려 때 윤관의 여진정벌 이후 천민집단으로 고립되어 자기들끼리만 결혼을 하면서 여러 대를 살고 있었던 것이다. 머리를 깎은 탓에 세상에서는 그들을 재가승이라 불렀다. 김동환의 '국경의 밤'에 등장하는 여주인공 '순이'가 바로 여진족의 여자로 등장하는데, '오랑캐꽃'이나 '순이'는 일제에 나라를 빼앗기고 식민지로 전락한 우리 민족의 당대적 현실 상황을 암유하는 것이다.

### 03 '오랑캐꽃'에 대한 화자의 정서적 태도 변화
　　화자는 처음에 오랑캐꽃에 대해 객관적인 태도를 취한다. 오랑캐꽃의 유래를 전하면서 '～이라 전한다', '갔단다'와 같은 간접화법을 취한다. 하지만 오랑캐꽃을 꽃이 아닌 유이민으로 여기게 되면서, 화자는 객관적인 시선을 거두는 대신 시적 대상과 정서적으로 교감하게 된다. 시적 대상을 '너'라고 부름으로써 화자는 오랑캐꽃에 감정이입하고, 이내 '울어보렴 목놓아 울어나 보렴'하고 그의 슬픔을 방조하는데까지 이른다. 오랑캐꽃의 심정에 공감하는 화자는 그의 울음을 자기 것으로 만듦으로써 슬픔을 일종의 카타르시스로 승화시키려는 것이다. 화자는 일제 강점하에서 고향을 등지고 북방 척박한 만주 땅으로 이주하거나 유랑할 수밖에 없었던 조선 유이민들의 운명 속에서 화자 자신을 보았기 때문인 것이다.

## 작품 6  전라도 가시내 (분수령, 1937년)

알룩조개에 입맞추며 자랐나
눈이 바다처럼 푸를 뿐더러 까무스레한 네 얼굴
가시내야
나는 발을 얼구며
무쇠다리를 건너온 함경도 사내

바람소리도 호개*도 인전 무섭지 않다만
어두운 등불 밑 안개처럼 자욱한 시름을 달게 마시련다만
어디서 흉참한 기별이 뛰어들 것만 같애
두터운 벽도 이웃도 못미더운 북간도 술막

온갖 방자의 말을 품고 왔다
눈포래*를 뚫고 왔다.
가시내야
너의 가슴 그늘진 숲속을 기어간 오솔길을 나는 헤메이자.
술을 부어 남실남실 술을 따르어
가난한 이야기에 고이 잠그다오.

네 두만강을 건너왔다는 석 달 전이면
단풍이 물들어 천 리 천 리 또 천 리 산마다 불탔을 겐데
그래도 외로워서 슬퍼서 치마폭으로 얼굴을 가렸더냐.
두 낮 두 밤을 두루미처럼 울어 울어
불술기* 구름 속을 달리는 양 유리창이 흐리더냐.

차알삭 부서지는 파도소리에 취한 듯
때로 싸늘한 웃음이 소리없이 새기는 보조개
가시내야
울 듯 울 듯 울지 않는 전라도 가시내야
두어 마디 너의 사투리로 때아닌 봄을 불러 줄게
손때 수줍은 분홍 댕기 휘휘 날리며
잠깐 너의 나라로 돌아가거라.

이윽고 얼음길이 밝으면
나는 눈포래 휘감아치는 벌판에 우줄우줄 나설 게다.
노래도 없이 사라질 게다.
자욱도 없이 사라질 게다.

\* 호개 : 호가(胡歌), 호인(胡人)들의 노랫소리
\* 눈포래 : 눈보라
\* 불술기 : 불수레, 즉 태양

## 핵심정리

▷ **갈래** 자유시, 서정시, 이야기시
▷ **성격** 서정적, 서사적, 애상적
▷ **표현** ① 서사적 요소를 삽입
　　　　② 토속적인 시어와 사투리의 사용
　　　　③ 감각적 시어 사용
▷ **제재** 전라도 가시내
▷ **주제** 북간도로 떠밀려 간 우리 민족의 비극적 삶

## 이해와 감상

### 1 짜임 분석

- 1연 – 전라도 가시내와 '나'(함경도 사내)의 만남
- 2연 – 북간도의 상황
- 3연 – 전라도 가시내의 이야기
- 4연 – 전라도 가시내의 비극적 삶
- 5연 – 전라도 가시내에 대한 연민의 정
- 6연 – 고통 극복의 다짐

### 2 작품감상의 구조

| 구성 요소 | 구성 요소의 파악 | 그것이 지닌 의미·효과 | 주제와의 관련성 |
|---|---|---|---|
| 내용 요소 | ① 시적 화자 및 상황 | 유이민으로 북간도를 떠돌고 있는 시적 화자가 전라도에서 온 또 다른 여인을 만나 그 비극적 상황을 들으면서 민족의 비극과 동포 의식을 느낀다. | 북간도로 떠밀려 간 우리 민족의 비극적 삶 |
|  | ② 이야기시 | 시적 화자가 일제하 유이민의 비극적 삶을 짧은 형식의 이야기로 제시했다. |  |
| 형식 요소 | ① 반복 | 4연에서 '천 리 천 리 또 천 리'와 '울어울어'에서 반복적인 표현을 통해 운율 형성하고 있다. |  |
|  | ② '가시내야'의 반복 | '가시내야'라고 부르는 말을 통해 시상을 집중하고, 여인에 대한 연민을 느끼게 한다. |  |
| 표현 요소 | ① 상징 | '전라도 가시내'와 '함경도 사내'는 고향을 잃은 우리 민족을 상징하고 있다. |  |
|  | ② 비유 | 인물의 서글픈 삶의 내력을 '그늘진 숲속'으로 비유적으로 표현하고 있다. |  |
|  | ③ 시어 | 토속적인 시어와 방언의 사용으로 향토적인 정서를 조성하였다. |  |
|  | ④ 의태어 | '나는 눈포래 휘감아지는 벌판에 우줄우줄 나설 게다'에서 의태어를 통하여 비장하고 결연한 의지를 보여주고 있다. |  |

### ③ 감상의 길잡이

　이 작품은 「낡은 집」, 「오랑캐꽃」의 연장선으로 두만강 '무쇠다리 건너온 함경도 사내'인 시적 자아와 그보다 석 달 먼저 두만강을 건너와 '두터운 벽도 이웃도 못미더운 북간도 술막'에서 작부(酌婦)로 전락해 술과 웃음을 팔아 살아가는 '전라도 가시내'가 어느 주막에서 마주쳐 이야기를 나누는 구조로 되어 있다. 각각 한반도 가장 북쪽과 남쪽에 위치하여 있는 이 함경도와 전라도로 두 인물의 고향이 설정된 것은 우리 민족 전체가 일제 강점하에서 핍박을 받고 있음을 나타내는 것이다. 또한 '북간도'라는 배경 설정은 특히 고향과 조국을 떠날 수밖에 없는 유이민들의 고통을 나타내기 위한 것이다.

　이 작품은 이야기의 서술 방식을 바탕으로 공간과 시간의 변화에 따라 의미 구조를 형성한다. 사내나 가시내와 같은 유랑민들에게 겨울은 더욱 굶주리고 고통스러운 시간이다. 또한 만주국이 세워진 뒤로 일본 밀정들에 의해 인심은 더욱 각박해져 있다. 이런 환경 속에서 사내와 가시내는 서로의 처지에 동병상련을 느끼고 고향을 떠나왔던 가을의 기억을 떠올리며 서로를 위로한다. 사내는 언젠가 고통스러운 시간이 지나고 고향으로 돌아가리라는 희망을 잃지 않고 가시내와 함께 언젠가 올 봄을 상상한다.

| 겨울 | 1~3연 : 고향을 잃어버리고 북간도에서 만난 함경도 사내와 전라도 가시내 |
| --- | --- |
| 가을 | 4연 : 일제 강점으로 인한 가난을 극복하지 못하고 두 낮 두 밤 기차를 타고 떠나온 고향 |
| 봄 | 5~6연 : 본래의 평화로움을 간직하고 있는 고향, 언젠가 조국이 해방되리라는 믿음 |

　이와 같이 이용악은 당시 유이민의 비극적인 생활상을 튼튼한 서사적 구조 아래 섬세한 서정성과 북방 정서를 바탕으로 하여 확고한 자기 시 세계를 구축한 시인이었다.

## 중요 내용 정리

### 01 이용악의 시 세계

　　1930년대 후반 서정주, 오장환과 함께 시 삼재로 손꼽혔던 이용악은 민족이 처한 비극적인 현실, 일제의 압제를 피해 조상 대대로 살던 고향을 버리고 생존을 위하여 만주나 시베리아 등지로 떠나야만 했던 숱한 유이민들의 비극적인 삶의 현실을 주로 다루고 있다. 「두만강 너 우리의 강아」, 「낡은 집」, 「오랑캐꽃」 등이 그러한 작품인데, 대부분의 시에서 모국어의 풍부한 질감과 공동체적인 정서를 느낄 수 있다. 그러면서 작가의 시선은 '오랑캐꽃' 같은 작은 것에서부터 일제 강점기의 생활에까지 다양하게 포괄하는데 작가 스스로가 일제의 식민지로 전락한 조선의 현실을 몸으로 느끼고 그에 대한 연민과 설움의 정조를 문학 속에 끌어 모으려 했다.

### 02 일제 강점하 유이민의 실상을 다룬 작품들

　　유이민의 실상을 다룬 이용악의 다른 시에는 「우라지오 가까운 항구에서」와 「풀벌레 소리 가득 차 있었다」가 있다. 앞의 시는 고향을 애타게 그리워하던 시적 화자가 우라지오 가까운 항구에 와 고향으로 떠나지 못하는 안타까움을 노래한 시이다. 그리고 뒤의 시는 이국을 떠돌다 아버지의 죽음을 맞고 만 시적 화자의 애통한 심정을 노래한 작품으로 시적 화자의 아버지는 일제의 통치에 의해 이국을 떠돌아야 했던 유이민들의 참담한 삶을 보여 주는 전형이라고 할 수 있다.

### 03 감각적 이미지를 통한 시적 상황의 형상화

이 시는 다양한 감각적 시어를 사용하여 북간도 유이민의 삶의 모습과 고향에 대한 그리움을 생생하게 그려 내고 있다. '알룩조개', '바다', '파도 소리' 등은 가시내의 고향이 전라도 어느 해변임을 떠올리게 하는 시어들이다. 가시내가 떠나야 했던 고향은 일제의 수탈에 의해 피폐해진 상황이지만, 아름다운 단풍으로 물든 모습으로 형상화함으로써 고향에 대한 그리움을 나타내고 있다. 반면, '바람 소리'나 '호개', '흉참한 기별' 등은 불안감이나 북간도에서의 고통스러운 삶을 형상화하고 있다. 이러한 삶 속에서 '너의 가슴 그늘진 숲속을 기어간 오솔길'을 걷는 화자의 모습은 우리 민족의 고단한 삶에 대한 연민을 감각적으로 나타내고 있다.

### 04 '북간도'에서 우리 민족의 삶

1932년 일본 관동군에 의한 만주국의 설립은 만주 지역에 삶의 터전을 잡고 있던 200만 명의 교포들의 생명과 재산을 위협한다. 간도 지역은 우리나라의 독립운동 기지의 역할을 하였지만 만주국 설립으로 근거지를 잃어버리고 만다. 이후 일본 관동군은 여러 테러 단체를 조종하여 한국 농민들을 살육하는 정책을 쓴다. 이러한 시대적 상황 속에서 '흉참한 기별'이 들려올까 두려워하며 살 수밖에 없는 사내와 가시내는 우연히 만났다 헤어져야 하는 손님과 술집 여자와의 관계가 아니다. 그들이 이국땅에서 겪어야만 했던 고난과 아픔은 단지 개인의 문제가 아니다. 그들이 서로의 처지와 그로 인한 설움을 공유하여 동병상련(同病相憐)의 감정을 함께 나눔으로써, 그들의 슬픔은 두 남녀의 슬픔이 아닌 우리 민족의 슬픔이 되는 것이다.

## 기출문제

1. (가)와 (나)를 활용하여 '문학을 통하여 타자의 삶의 방식과 조건을 이해한다.'라는 학습 목표로 수업을 하고자 한다. 〈조건〉에 따라 한 편의 글로 논술하시오. [20점]

   2012년 2차 기출 논술형 4번

   (가)
   알룩조개에 입맞추며 자랐나
   눈이 바다처럼 푸를뿐더러 까무스레한 네 얼골
   가시내야
   나는 발을 얼구며
   무쇠다리를 건너온 함경도 사내

   바람소리도 호개도 인전 무섭지 않다만
   어드운 등불 밑 안개처럼 자욱한 시름을 달게 마시련다만
   어디서 흉참한 기별이 뛰어들 것만 같애
   두터운 벽도 이웃도 못미더운 북간도 술막

   온갖 방자의 말을 품고 왔다
   눈포래를 뚫고 왔다
   가시내야
   너의 가슴 그늘진 숲속을 기어간 오솔길을 나는 헤매이자
   술을 부어 남실남실 술을 따러
   가난한 이야기에 고히 잠거다오

   네 두만강을 건너왔다는 석 달 전이면
   단풍이 물들어 천리 천리 또 천리 산마다 불탔을 겐데
   그래두 외로워서 슬퍼서 초마폭으로 얼굴을 가렸더냐
   두 낮 두 밤을 두루미처럼 울어 울어
   불술기 구름 속을 달리는 양 유리창이 흐리더냐

   차알싹 부서지는 파도소리에 취한 듯
   때로 싸늘한 웃음이 소리없이 새기는 보조개
   가시내야
   울 듯 울 듯 울지 않는 전라도 가시내야
   두어 마디 너의 사투리로 때아닌 봄을 불러줄게
   손때 수집은 분홍 댕기 휘 휘 날리며
   잠깐 너의 나라로 돌아가거라

   이윽고 얼음길이 밝으면
   나는 눈포래 휘감치는 벌판에 우줄우줄 나설 게다
   노래도 없이 사라질 게다
   자욱도 없이 사라질 게다

   – 이용악, 「전라도 가시내」

(나)

'돈 주고 양반을 사!'

이것이 상훈에게는 일종의 굴욕이었다.

그러나 조의관으로서 생각하면 이때껏 자기가 쓴 돈은 자기 부친이 물려준 천량에서 범용한 것이 아니라 자수로 더 늘린 속에서 쓴 것이니까 그리 아깝지도 않고 선고(先考)의 혼령에 대해서도 떳떳하다고 자긍하는 것이다. 저 잘나면 부조(父祖)의 추중(追贈)도 하게 되는 것인데 있는 돈 좀 들여서 양반 되기로 남이 웃기는새로에 그야말로 이현부모(以顯父母)가 아닌가 하는 요량이다. 어쨌든 4천 원 돈을 바치고 조상 신주 모시듯이 ××조씨 대동보소의 문패를 모셔다가 크나큰 문전에 달고 ××조씨 문중 장손파가 자기라는 듯싶이 버티고 족보까지 박게 되고 나니 이번에는 ××조씨 중시조인 ○○당 할아버지의 산소가 수백 년래에 말이 아니 되었으니 다시 치산(治山)을 하고 그 옆에 묘막보다는 큼직한, 옛날로 말하면 서원 같은 것을 짓자는 의논이 일어났다.

지금 상훈이가 창훈이더러 일거리가 없어져가니까 또 새판으로 일을 꾸민다고 비꼬는 말이 이를 두고 하는 말이다.

제절 앞의 석물도 남 볼썽사납지 않게 일신하게 해야겠고 묘막이니 제위답(祭位畓)이니 무엇무엇…… 모두 합하면 한 만 원 예산은 있어야 할 터인데 반은 저희들이 부담하겠지만 절반 5천 원은 아무래도 조의관이 내놓아야 하겠다는 것이다.

양자를 들어가면 재산 상속을 받을 권리도 있지만 없는 양부모면야 벌어서 봉양할 의무도 지는 것이다. 조씨 문중에 돈 낼만한 사람이 없고 또 벌이지 않았으면 모르거니와 벌인 일인 바에야 시종이 여일하게 깡그러뜨려야 할 일이다. 그러나 5천 원을 저희가 부담한대야 그것은 이 영감에게서 우려내려는 미끼로 하는 헛말임은 물론이요, 이 영감이 내놓은 5천 원에서 뜯어먹으려고나 안 했으면 다행이나 원체가 뜯어먹자는 노릇인 다음에야 더 말할 것도 없는 일. 어쨌든 뭇놈이 드나들며 굽실거리고 노영감을 쑤석대기도 하지만 아무래도 못하겠다는 말이 입에서 안 나와서 울며 겨자 먹기로 추수나 하면 내년 봄쯤 어떻게 해보자고 아직 밀어오는 판이다. 내년 봄이라야 음력 설만 쇠면 석 달이 못 가서 한식이다.

이 영감에게 제일 신임 있는 창훈이를 앞장세우고 요새로 부쩍 조르고 다니는 것은 어서 급급히 착수할 준비를 하여 한식 다례를 잡숫게 하고 어울려 일을 시작하자는 것이다.

〈중략〉

덕기로서는 도리로 보아도 그렇지만 공부를 집어치우고 살림꾼으로 들어앉을 수도 없는 일이었다.

"다시 간다고? 못 간다. 내가 살아난대도 다시는 못 간다. 잔소리 말고 나 하라는 대로 할 뿐이다."

하고 조부는 절대 엄명이었다.

"하던 공부를 그만둘 수야 있습니까. 불과 한 달이면 졸업인데요."

"공부가 중하냐? 집안일이 중하냐? 그것도 네가 없어도 상관없는 일이면 모르겠지만 나만 눈감으면 이 집 속이 어떻게 될지 너도 아무리 어린애다만 생각해 봐라. 졸업이고 무엇이고 다 단념하고 그 열쇠를 맡아야 한다. 그 열쇠 하나에 네 평생의 운명이 달렸고 이 집안 가운이 달렸다. 너는 열쇠를 붙들고 사당을 지켜야 한다. 네게 맡기고 가는 것은 <u>사당과 그 열쇠</u> - 두 가지뿐이다. 그 외에도 유언이고 뭐고 다 쓸데없다. 이때까지 공부를 시킨 것도 그 두 가지를 잘 모시고 지키게 하자는 것이니까 그 두 가지를 버리고도 공부를 한다면 그것은 송장 내놓고 장사 지내는 것이다. 또 공부도 그만큼 했으면 지금 세상에 행세도 넉넉히 할 게 아니냐."

- 염상섭, 「삼대」

―〈조건〉―
(1) (가) 시에서 '전라도 가시내'에 대한 시적 화자의 태도가 가장 잘 드러나는 시행 하나를 찾아 그 이유를 쓰고, 1~5연에서 작품 내적 근거를 들어 '전라도 가시내'의 삶의 여정을 서술할 것
(2) (나)의 밑줄 친 부분이 '조의관'과 '조상훈'에게 각각 어떤 의미인지 소설 전편을 고려하여 서술할 것. 단, 사회·문화적 의미도 포함할 것
(3) (가)와 (나)에 대한 이해를 바탕으로 학습 목표의 달성을 위한 지도 내용을 설계할 것. 단, (가)의 '함경도 사내'와 (나)의 '조덕기'의 성격, 환경(상황) 및 대응 방식을 중심으로 서술할 것

### 예상답안

(가)에서 시적 화자의 태도가 가장 잘 드러나는 시행은 5연 5행의 '두어 마디 너의 사투리로 때 아닌 봄을 불러 줄게'이다. 시적 화자는 3~4연에서 자신과 같이 조국을 떠나 온 유이민인 전라도 가시내의 슬픈 이야기를 듣고 동병상련의 마음을 느끼다가 5연 5행에서 전라도 가시내에 대한 위로와 연민의 태도를 가장 잘 드러내었다. 1연의 '알룩 조개~', '눈이 바다처럼 푸를~' 등을 통해 전라도 가시내는 바닷가에서 자라난 여인임을 알 수 있고, 3연의 '가난한 이야기'라는 부분을 통해 가난한 삶을 살다가 술집 작부로 팔려 우리나라에서 전전하다가 4연의 '석 달 전'이라는 부분에서 3개월 전에 북간도로 팔려 왔음을 2연의 '북간도 술막'이라는 표현을 통해 파악할 수 있다. 전라도 가시내는 일제 식민지 치하에서 가난을 겪다가 술집 작부로 팔려 북간도까지 오게 된 유이민 여성의 비극적 여정을 보여준다.

조의관에게 사당은 돈을 주고 산 양반 조상을 모신 곳으로 봉건적 가족주의를 의미하며, (금고의) 열쇠는 일제 치하에서 일제에 빌붙어 고리 대금 등 여러 가지 부정적인 방법으로 이룬 재산을 의미한다. 이 두 가지는 윤직원이 평생 목표로 하여 이룬 것이며, 당시 개화사상이 만연한 시대 분위기 속에서 윤직원이 지키려던 봉건적 가족주의를 드러낸다. 조상훈은 기독교를 믿는 개화파 지식인이므로 구시대적이고 봉건적인 것을 비판한다. 그렇기 때문에 조상을 모신 사당은 봉건 의식의 소산이어서 불필요하며 배척해야 할 대상이다. 그래서 사당은 봉건적인 구세대인 조의관과 새로운 문물을 수용한 기독교 개화파 조상훈 사이의 갈등의 원인이 된다. 하지만 열쇠(재산)가 지닌 가치는 조상훈도 조의관과 크게 다르지 않다. 조상훈도 안락하고 향락적인 삶을 위해 열쇠를 중시하는 태도를 보이며 사당에 관한 갈등도 결국 그 원인에는 재산 문제가 바탕이 되어 있기도 하다. 이런 사당과 열쇠에 대한 두 인물의 갈등을 통해 1920년대 말~1930년대 초 세대 간의 갈등이 일어나는 현실을 보여 주고 있다.

함경도 사내는 일제 치하 함경도에서 살다가 가난과 억압을 견디지 못해 조국을 떠나 두만강을 건너 북간도로 온 유이민이다. 어느 곳에 정착하지 못한 채 떠도는 상황이지만, 일제 치하의 비참한 조국 현실과 우리 민족의 고달픈 삶을 인식하고 있다. 그는 다른 사람의 고통과 슬픔에 동정심과 연민을 보이는 다정다감한 성격을 지녔으며, 암담한 일제하의 민족 현실에 비장하고 결연한 의지를 보여주는 인물이기도 하다. 일제 현실에 대해 직접적인 저항이나 행동을 보여주지는 못하지만 조국과 민족의 고난을 인식하고, 그것에 맞서려는 비장하고 결연한 의지를 보여준다.

조덕기는 일제 식민지 시대에 일본에 유학한 지식인으로 한편으로는 사당과 열쇠를 중시하는 봉건적 가족주의자인 할아버지와 기독교를 믿는 개화파 지식인인 아버지 사이에서 세대 간의 문제로 갈등하고, 또 한편으로는 일제 치하에서 우리 민족의 진로에 대해 사회주의와 민족주의 등 사회 운동에 관한 문제로 갈등하는 상황이다. 이러한 갈등의 상황에서 조덕기는 세대 간의 문제에서 개화파 지식인이면서 할아버지의 봉건적 가족주의를 수용하는 절충적 태도를 보이고, 사회 문제에서도 당면 문제를 벗어나 미래를 준비하는 태도를 보인다. 즉 당시 여러 가지 사회 문제에서 중간자적 성격, 동정자적 성격을 보이고 있다. 그래서 조덕기의 현실 대응 방식은 당대 현실의 여러 가지 문제점을 인식하지만 그것을 직접 바꾸려는 행동을 보이지 않는다. 그는 관찰자의 시선으로 현실을 바라보면서 현실에 대한 전망이나 가치 판단을 유보한 채 적극적인 해결 의지를 보여주지 않으며, 이것은 일제 시대 도산 안창호의 '준비론'과 관련지어 이해할 수 있다.

위에서 보듯이 (가)의 '함경도 사내'와 (나)의 '조덕기'를 통해 타자의 삶의 방식과 조건을 파악할 수 있다. 이러한 타자의 삶에 대한 이해를 바탕으로 문학을 읽으면서 독자는 자신의 삶과 가치관도 반성적으로 돌아보는 기회를 갖게 된다. 나아가 이를 바탕으로 타자를 배려하는 삶의 태도를 형성하고 타자와 더불어 사는 공동체적 삶의 방식과 태도를 기를 수 있다.

## ▷ 신석초 申石艸

1909 ~ 1975
시인. 본명은 응식. 충남 서천 출생

▷ **작가의 특징**
1. 시 동인지 ≪자오선(子午線)≫의 동인이다.
2. 초기에는 사회주의 사상의 영향을 받은 비평을 썼으나 후기에는 동양적 신비주의에 바탕을 둔 고전적 작품을 많이 썼다.

▷ **주요 작품**
 시집 : 『석초시집』, 『바라춤』, 『폭풍의 노래』 등

### 작품 1  바라춤 (바라춤, 1959년)

언제나 내 더럽히지 않을
티없는 꽃잎으로 살어 여려* 했건만
내 가슴의 그윽한 수풀 속에
솟아오르는 구슬픈 샘물을 어이할까나.

청산 깊은 절에 울어 끊인
종 소리는 아마 이슷하여이다.
경경히 밝은 달은
빈 절을 덧없이 비초이고
뒤안 으슥한 꽃가지에
잠 못 이루는 두견조차
저리 슬피 우는다.

아아, 어이 하리. 내 홀로
다만 내 홀로 지닐 즐거운
무상한 열반을
나는 꿈꾸었노라.
그러나 나도 모르는 어지러운 티끌이
내 맘의 맑은 거울을 흐리노라.

몸은 설워라.
허물 많은 사바(娑婆)의 몸이여!
현세의 어지러운 번뇌가
짐승처럼 내 몸을 물고
오오, 형체, 이 아리따움과

내 보석 수풀 속에
비밀한 뱀이 꿈어리는 형역(刑役)*의
끝없는 갈림길이여.

구름으로 잔잔히 흐르는 시냇물 소리
지는 꽃잎도 띄워 둥둥 떠내려가것다.
부서지는 주옥의 여울이여!
너울너울 흘러서 창해(滄海)에
미치기 전에야 끊일 줄이 있으리.
저절로 흘러가는 널조차 부러워라.

* 살어 여려 : 살아 가려
* 형역(形役) : 육신의 욕망에 의한 정신의 예속, 육체의 지배를 받음
* 바라춤 : 불전에 제를 올릴 때 추는 춤

## ▌핵심정리

▷ **갈래** 자유시, 서정시  
▷ **성격** 종교적, 명상적, 상징적  
▷ **표현** 불교 사상에 바탕을 둔 고전적 시풍  
▷ **제재** 바라춤  
▷ **주제** 속세의 번뇌와 종교적 승화를 위한 갈등

## 이해와 감상

### 1 짜임 분석

- 1연 – 이상과 현실 사이의 갈등
- 2연 – 갈등하는 나의 내면세계
- 3연 – 열반에 대한 지향과 세속적 번뇌 사이의 갈등
- 4연 – 세속적인 욕망에서 벗어날 수 없는 슬픔
- 5연 – 종교적 구원에 대한 염원

## 2 작품감상의 구조

| 구성 요소 | 구성 요소의 파악 | 그것이 지닌 의미·효과 | 주제와의 관련성 |
|---|---|---|---|
| 내용 요소 | ① 시적 화자 및 화자의 상황 | 시적 화자가 바라춤을 추면서 세속적인 번뇌와 종교적 구원 사이에서 느끼는 갈등과 그것을 벗어난 열반을 바라고 있다. | 속세의 번뇌와 종교적 승화를 위한 갈등을 효과적으로 표현함 |
| | ② 고전적 제재와 사상 | 불교에서 제를 올릴 때 사용하는 바라춤을 제재로 하여 불교 사상에 바탕을 두었으며, 5연의 끝 부분은 노장 사상을 바탕으로 한 것으로 볼 수 있다. | |
| 형식 요소 | ① 내용 전개 | 갈등(1, 2연) → 갈등의 심화(3, 4연) → 종교적 구원의 염원(5연)의 내용으로 짜여졌다. | |
| | ② 고풍스런 표현 | '이슷하여이다', '비초이고', '우는다', '흐리노라' 등 고어의 표현을 사용하여 예스런 멋을 느끼게 한다. | |
| | ③ 대립적 구도 | '욕망 – 초월, 육신 – 영혼, 번뇌 – 해탈'이라는 불교적 대립 구도를 통해 내용을 전개하고 있다. | |
| 표현 요소 | ① 상징적 표현 | '티 없는 꽃잎, 보석 수풀, 맑은 거울'은 세속에 물들지 않은 아름다움을 드러내고, '구슬픈 번뇌, 비밀의 뱀, 지는 꽃잎' 등은 번뇌를 드러내어 주제를 잘 드러내었고, 다른 다양한 상징이 사용되고 있다. | |
| | ② 영탄적 표현 | '아아 어이하리', '사바의 몸이예!', '주옥의 여울이여' 등의 표현을 통해 화자가 느끼는 감탄의 정서를 잘 드러냈다. | |
| | ③ 감정이입에 의한 표현 | 2연 '두견조차 / 저리 슬피 우는다'에서 화자의 감정을 두견에 이입하여 표현하여 슬픔을 강조했다. | |

## 3 감상의 길잡이

신석초는 1930년대 초반 카프에 가담하여 신유인(申唯仁)이란 이름으로 평론 활동을 한 바 있다. 그러나 그의 시 세계는 카프의 정치성과는 전혀 다른 정신 세계를 보여 준다. 그는 프랑스 상징주의, 발레리의 순수시 운동과 이백(李白), 두보(杜甫), 나아가 노장 사상의 영향을 받은 제1시집 『석초시집』의 허무주의적 세계관으로부터 제2시집 『신석초 시선』에 이르러 새로운 시적 질서를 획득하게 된다. 그 계기가 되는 작품의 장시 「바라춤」이다.

이 작품은 모두 402행으로 이루어진 장시로 1941년부터 발표하기 시작하여 1959년 시집 『바라춤』이 나오기까지 18번에 걸쳐 완성한 작품이다. '바라춤'은 승무(僧舞)의 일종으로, 부처에게 재(齋)를 올릴 때 천수다라니경을 외며 바라를 치면서 추는 춤으로 이를 소재로 하여 세속의 인연, 욕망, 번뇌와 그 고리를 끊고자 하는 종교적 구도(求道) 사이의 갈등을 그리고 있다. 조지훈의 「승무(僧舞)」와 제재 및 갈등 구조가 유사하지만, 「승무」와는 달리 이 작품에는 춤 동작에 대한 묘사가 없고, 내적인 갈등이 더 강하게 표출되고 있는 점이 다르게 나타난다. 인간의 신념 속에서 꿈틀거리고 있는 세속적 고뇌와 번민을 불교적 차원에서 깊이 있게 형상화하기 위하여 불교적인 시어를 골라 사용하였다. 이러한 불교적 시어의 사용은 고전적인 분위기를 조성한다.

특히 고전시가의 가락과 어투로 동양적 허무감을 노래했으며 자가는 깊은 밤 산사(山寺)에서 바라춤을 보면서 종교적 승화와 세속 사이의 갈등이라는 시의 모티프를 형성했을 것이다. 즉 이 작품을 인간의 원형적 본질을 신앙의 힘으로 억제하려고 하지만, 잡초처럼 무성하게 일어나는 어찌할 수 없는 번뇌를 잘 나타냈다고 하겠다.

## 중요 내용 정리

### 01 구성상의 특징

전 5연의 이 작품을 시상 전개 과정에 따라 나누면 기(起) – 서(敍) – 결(結)의 3단락이 된다.

첫째 단락(1~2연)에서는 일체의 세속에 물들지 않은 청정무구(淸淨無垢)한 삶을 살고자 하는 이상과 세속적 번뇌로 뒤덮여 있는 현실 사이에서 괴로워하는 시적 자아의 모습을 그리고 있다. 그는 '티없는 꽃잎'과 같은 맑고 아름다운 삶으로 일체의 세속에 물들지 않은 청정한 정신의 경지를 추구하나, 그의 가슴에선 언제나 '구슬픈 샘물'이 샘솟듯 끊이지 않고 흘러나온다. '구슬픈 샘물'은 '티없는 꽃잎'과 대립적 관계에 있는 세속적 번뇌에 해당하는 것이다. 그리하여 그는 '잠 못 이루는 두견'이 되어 울고 있는 것이다.

둘째 단락(3~4연)에서는 앞의 갈등 양상이 좀 더 확대되고 깊어진 모습이다. '무상한 열반'인 드높은 초월의 경지를 꿈꾸었지만, 그 꿈은 '어지러운 티끌' 같은 세속적 인연으로 인한 번뇌로 해서 마음의 고요함을 깨뜨린다. 그 근원적 이유는 '비밀한 뱀'으로 상징되는 육체적 욕망을 완전히 끊지 못한 데서 오는 괴로움 때문이다. 그래서 그는 '허물 많은 사바의 몸'을 원망하며 '형역의 끝없는 갈림길'에서 자신의 존재에 대해 괴로워하는 것이다. '형역'이란 육신의 욕망으로 인해 정신이 예속된다는 의미이다.

셋째 단락(5연)에서는 멈추지 않고 열반의 세계를 상징하는 창해로 흘러가는 꽃잎을 부러워하는 화자의 모습을 통해 종교적 구원을 갈망하며 자신도 온갖 번뇌를 끊고 열반의 경지를 얻고자 하는 염원을 유장(悠長)한 강물의 흐름을 통해 제시하고 있다. 강물에 떠가는 꽃잎에서 '무릉도원(武陵桃源)'의 도교적 색채를 느낄 수 있다.

여기에서 우리는 이 작품이 '열반, 사바, 번뇌' 같은 용어의 구사에서 불교적일 뿐만 아니라, 주제상으로도 '욕망 – 초월, 육신 – 영혼, 번뇌 – 해탈'이라는 대립 구도를 통한 불교적 관심을 주축으로 하고 있음을 확인하게 된다.

### 02 배경 사상

이 시는 불교 사상뿐만 아니라, 도가 사상에도 그 바탕을 두고 있다. 꽃의 자유로움을 부러워하는 시적 자아의 심정은 인간이 자연과 일체를 이룸으로써 최고선에 도달하고자 하는 무위 자연의 도가 사상과 상통한다. 또한 이 시가 불교의 영향을 많이 받았다는 사실은 시적 자아가 세속적인 번뇌로 갈등하는 모습을 불교적 언어를 통해 표현하고 있는 점에서 확인할 수 있다.

### 03 시적 자아의 갈등

열반의 세계에 이르지 못하는 시적 자아의 아픈 현실은 '구슬픈 샘물', '잠 못 이루는 두견' 등에서 잘 드러난다. 이것은 열반은 세계를 상징하는 '창해'로 흘러가는 꽃잎을 부러워하는 시적 자아의 심정과 대조를 이루며 현실과 이상 사이에서 갈등하는 시적 자아의 모습을 보여 준다.

## ▷ 박용철
### 朴龍喆

1904 ~ 1938
시인. 호는 용아(龍兒). 전남 송정리 출생

▷ **작가의 특징**
1. 1930년에 김영랑, 정지용, 이하윤과 함께 ≪시문학≫을 간행했고, 순수 서정의 세계를 지향하는 '시문학파'의 중심인물로서 활동했다.
2. 그의 재질은 시 창작에서보다 순수시의 가치를 옹호하는 시론에서 더 많이 발휘되었는데, 전통을 계승한 서정시를 추구했고, 계급주의 문학을 비판하며 순수성을 옹호했다.

▷ **주요 작품**
저서 : 『박용철 전집』(1939)

### 작품 1 떠나가는 배 (시문학, 1930년)

나 두 야 간다.
나의 이 젊은 나이를
눈물로야 보낼 거냐.
나 두 야 가련다.

아늑한 이 항군들 손쉽게야 버릴 거냐.
안개같이 물 어린 눈에도 비치나니
골짜기마다 발에 익은 묏부리 모양
주름살도 눈에 익은 아아 사랑하는 사람들.

버리고 가는 이도 못 잊는 마음
쫓겨가는 마음인들 무어 다를 거냐.
돌아다보는 구름에는 바람이 희살짓는다.
앞 대일 언덕인들 마련이나 있을 거냐.

나 두 야 가련다.
나의 이 젊은 나이를
눈물로야 보낼 거냐.
나 두 야 간다.

### ■ 핵심정리

▷ **갈래** 자유시, 서정시
▷ **성격** 서정적, 낭만적
▷ **표현** ① 수미상관의 구조
　　　　② 의문형 어미를 통한 감정 표출
　　　　③ 특이한 띄어쓰기로 정서 표현
▷ **제재** 이별 (망명으로 떠나는 배)
▷ **주제** ① 우울한 청춘과 벗어나고자 하는 의지
　　　　② 고향과 정든 사람들을 떠나는 슬픔

## 이해와 감상

### 1 짜임 분석
- 1연 – 현실을 벗어나고자 하는 결연한 의지
- 2연 – 고향에 대한 애착과 미련
- 3연 – 고향에 대한 애착과 미래에 대한 불안
- 4연 – 현실을 벗어나고자 하는 결연한 의지

### 2 작품감상의 구조

| 구성 요소 | 구성 요소의 파악 | 그것이 지닌 의미·효과 | 주제와의 관련성 |
|---|---|---|---|
| 내용 요소 | ① 시적 화자 및 화자의 상황 | 일제 강점하의 암담한 현실에서 시적 화자가 유이민이 되어 고향을 떠나가는 안타까움과 의지를 드러냈다. | 고향과 정든 사람을 떠나는 슬픔, 일제 강점기에 정든 고향을 떠나는 안타까움과 거기서 벗어나려는 의지 |
| | ② 두 가지 관점 | 1, 4연을 중심으로 보면 '우울한 청춘과 벗어나고자 하는 의지'를 드러내었고, 2~3연을 중심으로 보면 일제 강점기에 고향을 떠나는 안타까움과 거기서 벗어나려는 의지를 드러내었다. | |
| | ③ 목적지의 불명확 | 시적 화자가 떠난다고 하지만, 이 시에서 그 목적지가 제시되지 않아서, 어디로 무엇을 위해 떠나는지 명확하지 않다. | |
| 형식 요소 | ① 수미상관 | 수미상관을 통해 의미를 강조하고, 구조적 안정감과 운율감을 형성하고 있다. | |
| | ② 띄어쓰기 | 의도된 띄어쓰기를 통해 운율감을 형성하고 떠나고 싶지 않은 마음을 강조하고 있다. | |
| | ③ 반복법 | '– 인들, – 거냐'의 반복은 일종의 운율적 요소로 이 시의 음악성을 형성하고 있다. | |
| 표현 요소 | ① 내적 독백체 | 이 시의 시적 화자는 1인칭 시점의 독백체로 내용을 표현하여 떠나는 고뇌를 효과적으로 드러내고 있다. | |
| | ② 설의법의 사용 (의문형 어미) | 설의법을 통해 독자 스스로 생각하게 하고, 깊은 여운을 주고 있다. | |

### 3 감상의 길잡이

　4연의 자유시이다. 이 시에서 무의미하기가 짝이 없게 느껴지는 현실에 처한 젊은 나이의 서정적 자아는 목적지가 분명하지 않음에도 불구하고 어디론가 떠나겠다고 읊고 있다. 따라서 이 시가 상정하고 있는 시적 현실의 분위기는 대체로 어둡다. 시의 화자가 젊은 나이, 즉 청춘을 눈물로만 보낼 수 없다고 하고 있는 1연에서 그것은 그리 어렵지 않게 파악된다. 이 시가 1930년에 발표되었고 그 시기는 일제 강점기로 극히 우울한 시대였음을 감안한다면, 이 시가 기저에 깔고 있는 어두운 시대적 분위기는 충분히 이해된다. 그러나 이 시의 화자는 어두운 시대 때문에 울적해 하고 있지만은 않다. 오히려 어디론가 새로운 세계를 찾아 떠나겠다고 강렬하게 외치고 있다.

　① 1연: 이 시가 말하고 싶어 하는 것은 한마디로 '쫓겨가는 마음'이다. 그것은 파인(巴人) 김동환이 「눈이 내리느니」를 통해 보여준 정경, 이용악의 시에 나타나는 유랑민의 비애와 같이 우리 민족이 제 땅에서 유배당하듯이 북간도나 만주 등지로 떠돌 수밖에 없던 식민지 현실의 뿌리 뽑힌 삶의 모습을 연상케 한다. 시인은 젊은 나이를 눈물로만 보낼 수 없어 사랑하는 사람들을 두고 떠나야 하는 심정을 항구를 떠나는 배에 비유하여 노래한다. 인생은 끝없는 고해(苦海)와도 같은 것이라는 생각에 연유하는 비유일 터이다.

② 2연 : 그런데 막상 떠나려고 하니, 여러 가지 것들이 서정적 자아의 마음을 동요시키고 있다. 마치 그것은 이제 막 출항하려는 배가 정든 항구에 대해 지니는 안타까움 같은 것이다. 골짜기마다 눈에 익은 산이나 비록 주름져 있긴 해도 정이 깊이 든 사람들의 얼굴을 눈물어린 눈으로밖에 볼 수 없는 것은 이 때문이다.

③ 3연 : 이러한 미련을 뿌리치고 서정적 자아는 떠나야만 하는데, 왜냐면 돌아다보는 현실은 바람이 구름을 훼방하듯 날려보내는 모양으로 허무한 것이기 때문이다. 그렇다고 떠난다고 어디 의탁할 곳(앞 대일 언덕)이 있는 것은 아니기에, 그렇게 정처 없는 것이다. 떠나가는 마음이나 쫓겨가는 마음이나 다름이 없음은 이 때문이다.

④ 4연 : 그럼에도 불구하고 떠나야만 한다. 청춘을 허무하게 눈물로만 보낼 수 없기 때문이다.

이 시는 어두운 시대 인식을 저변에 깔고 있으면서, 거기로부터 벗어나고자 하는 열망을 의지적으로 노래하고 있다. 이러한 열망을 단순히 청춘기에 으레 보이는 낭만성 뿐만 아니라 시대적인 것과 연결시킬 수 있다는 점에서 의미가 있다. 하지만 그 의지나 미련만이 반복 강조되었을 뿐, 엄정한 현실 인식이 결여되어 있고 '떠남'의 방향성에 대한 고민을 심화시키지 못하는 한계를 드러내고 있다. 떠남에의 열망과 그것에의 주저함이 교차되고 있을 뿐, 떠남의 이유와 목적이 결여되어 다소 공허한 느낌을 주는 것은 이 때문이다.

이 시에서는 특히 '나 두 야'라고 띄어쓰기를 한 것이 눈에 띄는데, 이렇게 호흡을 느리게 한 것은 '아늑한 이 항구인들 손쉽게야 버릴 거냐'라는 구절과 연관하여 볼 때, 차마 떠날 수 없어 망설이는 심정이 표현된 것으로 보인다.

## 중요 내용 정리

### 01 당시의 시대 상황 ('시문학파'의 시적 경향)

근대적 자유시는 3·1 운동 이후 여러 동인지 활동을 통해 형성되기 시작했다. 이 시기의 시는 개성의 자각과 분출이라는 낭만적 흐름이 주조를 이루고 있었다. 그런데 1920년대 중반 이후 계급적 이데올로기를 중심으로 하는 이른바 카프 문학이 문단 중심으로 부상하면서 시에 있어서도 사회적 기능을 강조하는 프롤레타리아 시가 주류를 이루게 된다. 이와 같은 흐름이 새로운 단계로 접어드는 것은 1930년대 이후이며, 그 핵심적 역할을 수행한 것은 박용철, 정지용, 김영랑 등이 중심이 된 시문학파라고 할 수 있다. 시문학파의 공통적 특질은 시에 있어 이데올로기의 개입을 철저히 거부하고, 순수 서정의 추구와 시어에 대한 예술적 자각을 시작 활동의 바탕으로 삼았다는 점이다.

### 02 표현상의 특징

'나 두 야 간다 / 나 두 야 가련다.' 한글 띄어쓰기의 원칙대로라면 '나두야'라고 붙여야 한다. 그러나 시인은 이를 각각 띄어서 쓰고 있는데, 이는 시인의 의도가 포함된 것이라고 보아야 한다. 이 시어를 띄어 쓰게 되면 우선 '낯설게 하기'의 효과로 독자들의 시선을 집중시키고, 그 시어에 더 큰 의미가 포함되어 있는지 주의를 기울이게 한다. 또한 한 글자 한 글자를 또박또박 낭독하게 되어 시어에 담겨 있는 떠남에 대한 망설임을 더욱 효과적으로 드러낼 수 있다. 그리고 본래 시를 읽어 나가는 속도에 변화를 주어 상황을 강조하는 효과를 줄 수도 있는데, 이와 같이 낭독 속도에 변화를 주는 방법은 박목월의 '청노루' 등에도 사용되어 독자들에게 여운을 주는 효과가 있다.

### 03 시적 화자가 겪는 심리적 변모 과정

첫 연에서 시적 자아는 눈물과 비애 속에 흘러가 버리는 젊음을 안타까워하며 마침내 고향을 떠날 것을 결심한다. 그러나 막상 떠나는 배에서 돌아보는 고향은 아늑한 공간으로 느껴지고 다시 돌아올 기약 없는 고향에 대한 미련으로 시적 자아의 눈에는 눈물이 맺히고, 낯익은 고향과 사랑하던 사람들의 모습이 떠오른다. 그러나 시적 자아는 쫓겨 가는 심정으로 떠난 고향으로 다시 돌아갈 수는 없다. 그는 미련과 불안을 떨치고서 젊음을 어찌 눈물로만 보낼 수 있겠느냐고 새로운 길을 찾아 떠나겠다고 비장한 다짐을 한다.

## 기출문제

**1.** 다음 글이 지지하고 있는 문학적 입장과 가장 가까운 것은?  
　　　　　　　　　　　　　　　　　　　　　　　　　　　　2009년 모의 기출 33번

> 　　기술(技術)은 우리의 목적에 도달하는 도정(道程)이다. 표현을 달성하기 위하여 매재(媒材)를 구사하는 능력이다. 그러므로 거기는 표현될 무엇이 먼저 존재하는 것이다. 일반으로 예술 이전이라고 부르는 표현될 충동이 있어야 하는 것이다.
>
> 〈중략〉
>
> 　　구체적으로 시에 들어가 논의하자. 우리가 우리의 정신 가운데 귀중하다고 평가할 만한 상념이나 정념의 성립을 알았다 하자. 우리의 정신이 산맥 가운데 가끔 가다 불끈 일어서는 이 고봉(高峯)을 흔히 영감(靈感)이라고 부르는 것은 별반 거기 신비의 옷을 입힐래서가 아니라 그 성립을 자유로 조종할 수도 없고 또 예측할 수도 없는 까닭이다.
>
> 〈중략〉
>
> 　　우리는 시에서 엄격을 기할 수는 있어도 정확을 기할 수는 없는 것이다.
> 　　우리가 두 개 이상의 언어를 한자리에 모아 놓으면 그 의미를 가지고 또 음향을 가진 단어들은 충돌하기도 하고 어울리기도 하여서 그 한 단어의 의미나 몇 단어의 의미의 논리적 총화(總和)로서만은 측정할 수 없는 미묘하고 무한히 전파해 가는 효과를 우리 심리에서 일으킨다. 그것을 이론적으로 강조시킨 것은 분명히 현대시의 공적(功績)이다.
> 　　그러나 필자가 고집하는 관점은 이것이 우성적(偶成的)이 아니어야 한다는 것이다. 출발을 규정하는 목적 없이 그저 무엇이든 만들어 보라는 목적밖에는 없이 이것 저것을 맞추다가 '아, 이것 그럴 듯하구나.' 하는 식으로 이루어지는 것이 아니라 이미 정신 속에 성립된 어떤 상태를 표현의 가치가 있다고 판단하고 그것을 표현하기 위해서의 길로 가는 것을 말함이다.
>
> 　　　　　　　　　　　　　　　　　　　　　　　　　- 박용철, 「기교주의설의 허망」

① 감정을 초극하는 절대 이성이 시적 체험의 주체가 된다.  
② 시는 시적 체험보다 시적 표현이 본질적인 언어 형식이다.  
③ 체험을 시로 표현하기 위해서는 언어의 조탁이 반드시 필요하다.  
④ 시적 체험이 자연 발생적으로 표출되는 순간에 시적 언어가 완성된다.  
⑤ 시적 표현은 정교한 설계도와 같은 논리적 정확성을 지니고 있어야 한다.

　　　　　　　　　　　　　　　　　　　　　　　　　　　　　　정답 ③

## 예상문제

※ (1~3) 다음 글을 읽고 물음에 답하시오.

(가)
나 두 야 간다.
나의 이 젊은 나이를
눈물로야 보낼 거냐.
나 두 야 가련다.

아늑한 이 항군들 손쉽게야 버릴 거냐.
안개같이 물 어린 눈에도 비치나니
골짜기마다 발에 익은 멧부리 모양
주름살도 눈에 익은 아아 사랑하는 사람들.

버리고 가는 이도 못 잊는 마음
쫓겨가는 마음인들 무어 다를 거냐.
돌아다보는 구름에는 바람이 희살짓는다.
앞 대일 언덕인들 마련이나 있을 거냐.

나 두 야 가련다.
나의 이 젊은 나이를
눈물로야 보낼 거냐.
나 두 야 간다.

— 박용철, 「떠나가는 배」

(나)
추방되는 백성의 고달픈 백(魄)을 실고
밤차는 헐레벌떡어리며 달어난다
도망군이 짐싸 가지고 솔밭길을 빠지듯
야반(夜半) 국경의 들길을 달리는 이 괴물이여!

차창밖 하늘은 내 답답한 마음을 닮었느냐
숨맥힐 듯 가슴 터질 듯 몹시도 캄캄하고나
유랑(流浪)의 짐 우에 고개 비스듬히 눕히고 생각한다
오오 고향의 아름답든 꿈이 어디로 갔느냐

비닭이집 비닭이장같이 오붓하든 내 동리
그것은 지금 무엇이 되었는가
차바퀴 소리 해조(諧調)마치 들리는 중에
희미하게 벌려지는 괴로운 꿈자리여!

북방 고원의 밤바람이 차창을 흔든다
(사람들은 모다 피곤히 잠들었는데)
이 적막한 방문자여! 문 두드리지 마라
의지할 곳 없는 우리의 마음은 지금 울고 있다

그러나 기관차는 야음(夜音)을 뚫고 나가면서
'돌진! 돌진! 돌진!' 소리를 지른다
아아 털끝만치라도 의롭게 할 일 있느냐
아까울 것 없는 이 한 목숨 바칠 데가 있느냐

피로한 백성의 몸 우에
무겁게 나려 덥힌 이 지리한 밤아
언제나 새이랴나 언제나 걷히랴나
아아 언제나 이 괴로움에서 깨워 일으키랴느냐

— 박팔양, 「밤차」

(다)

ⓐ 김군! 내가 고향을 떠난 것은 오 년 전이다. 이것은 군도 아는 사실이다. 나는 그때에 어머니와 아내를 데리고 떠났다. 내가 고향을 떠나 간도로 간 것은 너무도 절박한 생활에 시든 몸이, 새 힘을 얻을까 하여 새 희망을 품고 새 세계를 동경하여 떠난 것도 군이 아는 사실이다.

──── 간도는 천부금탕이다. 기름진 땅이 흔하여 어디를 가든지 농사를 지을 수 있고 농사를 잘 지으면 쌀도 흔할 것이다. 삼림이 많으니 나무 걱정도 될 것이 없다.

농사를 지어서 배불리 먹고 뜨뜻이 지내자. 그리고 깨끗한 초가나 지어 놓고 글도 읽고 무지한 농민들을 가르쳐서 이상촌을 건설하리라. 이렇게 하면 간도의 황무지를 개척할 수도 있다.

이것이 간도 갈 때의 내 머릿속에 그리었던 이상이었다.

〈중략〉

3

김군! 그러나 나의 이상은 물거품으로 돌아갔다. 간도에 들어서서 한 달이 못 되어서부터 거친 물결은 우리 세 생령(生靈)의 앞에 기탄없이 몰려왔다.

나는 농사를 지으려고 밭을 구하였다. 빈 땅은 없었다. 돈을 주고 사기 전에는 일 평의 땅이나마 손에 넣을 수 없었다. 그렇지 않으면 지나인(支那人)의 밭을 도조나 타조로 얻어야 된다. 일년내 중국 사람에게서 양식을 꾸어 먹고 도조나 타조를 지으면 가을 추수는 빚으로 다 들어가고 또 처음 꼴이 된다. 그러나 농사라고 못 지어 본 내가 도조나 타조를 얻는대야 일년 양식 빚도 못 될 것이고 또 나 같은 시로도(아마추어)에게는 밭을 주지 않았다.

생소한 산천이요, 생소한 사람들이니, 어디가 어쩌면 좋을지? 의논할 사람도 없었다. H라는 촌거리에 셋방을 얻어 가지고 어름어름하는 새에 보름이 지나고 한 달이 넘었다. 그새에 몇 푼 남았던 돈은 다 불려 먹고 밭은 고사하고 일자리도 못 얻었다.

ⓑ 이때 내 머릿속에서는 머리를 움실움실 드는 사상이 있었다(오늘날에 생각하면 그것은 나의 전운명

을 결정할 사상이었다). 그 생각은 누구의 가르침에 일어난 것도 아니려니와 일부러 일으키려고 애써서 일어난 것도 아니다. 봄 풀싹같이 내 머릿속에서 점점 머리를 들었다.

───── 나는 여태까지 세상에 대하여 충실하였다. 어디까지든지 충실하려고 하였다. 내 어머니, 내 아내까지도 뼈가 부서지고 고기가 찢기더라도 충실한 노력으로 살려고 하였다. 그러나 세상은 우리를 속였다. 우리의 충실을 받지 않았다. 도리어 충실한 우리를 모욕하고 멸시하고 학대하였다. 우리는 여태까지 속아 살았다. 포악하고 허위스럽고 요사한 무리를 용납하고 옹호하는 세상인 것을 참으로 몰랐다. 우리뿐 아니라 세상의 모든 사람들도 그것을 의식하지 못하였을 것이다. 그네들은 그러한 세상의 분위기에 취하였었다. 나도 이때까지 취하였었다. 우리는 우리로서 살아온 것이 아니라 어떤 험악한 제도의 희생자로서 살아왔었다.

김군! 나는 사람들을 원망치 않는다. 그러나 마주(魔酒)에 취하여 자기의 피를 짜 바치면서도 깨지 못하는 사람을 그저 볼 수 없다. 허위와 요사와 표독과 게으른 자를 옹호하고 용납하는 이 제도는 더욱 그저 둘 수 없다.

───── 이 분위기 속에서는 아무리 노력하여도, 충실하여도, 우리는 우리의 생(生)의 만족을 느낄 날이 없을 것이다. 어찌하여 겨우 연명을 한다 하더라도 죽지 못하는 삶이 될 것이요, 그 영향은 자식에게까지 미칠 것이다. 나는 어미 품속에서 빽빽 하는 어린것의 장래를 생각할 때면 애잡짤한 감정과 분함을 금할 수 없다. 내가 늘 이 상태면(그것은 거의 정한 이치다) 그에게는 상당한 교양은 고사하고, 다리 밑이나 남의 집 문간에 버리게 될 터이니, 아! 삶을 받은 한 생령을 죄 없이 찌그러지게 하는 것이 어찌 애닯잖으며 분치 않으랴? 그렇다 하면 그것을 나의 죄라 할까?

김군! 나는 더 참을 수 없었다. 나는 나부터 살리려고 한다. 이때까지는 최면술에 걸린 송장이었다. 제가 죽은 송장으로 남(식구들)을 어찌 살리랴? 그러려면 나는 나에게 최면술을 걸려는 무리를, 험악한 이 공기의 원류를 쳐부수려고 하는 것이다.

나는 이것을 인간의 생의 충동이며 확충이라고 본다. 나는 여기서 무상의 법열(法悅)을 느끼려고 한다. 아니 벌써부터 느껴진다. 이 사상이 드디어 나로 하여금 집을 탈출케 하였으며, ×× 단에 가입하게 하였으며, 비바람 밤낮을 헤아리지 않고 벼랑 끝보다 더 험한 × 선에 서게 한 것이다.

— 최서해, 「탈출기」

1. "시 작품에 대해 비판적 관점에서 접근한다."는 내용으로 지도할 때, (가)와 (나) 두 작품에 공통적으로 나타나는 문제점을 2가지 제시하라.

> **예상답안**
>
> ① 감정을 직접 드러냈거나 설의적·영탄적 표현이 많음
> ② 주제가 직접적으로 제시되어 형상화가 부족함 (= 내용을 표현의 요소와 조화시켜 그려내지 못했음)

2. (다)를 바탕으로 신경향파 문학의 특징에 대해 교수·학습하려 한다. 아래 표에 제시된 신경향파 문학의 특징을 (다)에 나타난 구체적 내용을 통해 설명하라.

**예상답안**

| | 신경향파 문학의 특징 | (다)의 구체적 관련 내용 |
|---|---|---|
| ① | 노동자, 농민의 빈궁한 삶을 제재로 했음 | 조선에서 가난을 견디지 못해 간도로 떠나온 한 농민 일가의 빈궁한 삶을 담고 있음 |
| ② | 계급 간의 대립이나 유이민의 발생과 관련된 식민지의 모순을 다룸 | ㉠ 개인이 아무리 노력해도 벗어날 수 없는 험악한 사회 제도를 인식하고, 그 제도에 맞서려는 의식을 드러냈음<br>㉡ 일제 식민지의 착취·수탈로 인한 유이민의 발생과 유이민의 비극적 삶을 다루었음 |
| ③ | 살인이나 방화 등 전망 주재의 내용으로 끝남 – 이 부분은 (다)의 특징을 설명할 것 | ㉠ ××단(사회주의)에 가입하여 가난의 제도적 모순을 해결할 것을 다짐하는 소극적 전망을 드러내며, 이것은 ㉡ 다른 신경향파 소설과 차이를 보임 |

3. 아래의 대중가요와 (가) 작품을 관련지어 학습할 때, 〈표〉의 질문에 따라 간략하게 답하시오.

> 봄이 오는 캠퍼스 잔디밭에
> 팔베개를 하고 누워 편지를 쓰네
> 노랑나비 한마리 꽃잎에 앉아
> 잡으려고 손 내미니 날아가 버렸네
> 떠난 사랑 꽃잎 위에 못다 쓴 사랑
> 종이비행기 만들어 날려버렸네
> 나도야 간다 나도야 간다
> 젊은 나이를 눈물로 보낼 수 있나
> 나도야 간다 나도야 간다
> 님 찾아 꿈 찾아 나도야 간다
>
> 집으로 돌아갈 때 표를 사들고
> 지하철 벤치 위에 앉아 있었네
> 메마른 기침 소리 돌아보니까
> 꽃을 든 여인 하나 울고 있었네
> 마지막 지하열차 떠난 자리에
> 그녀는 간데없고 꽃 한송이 뿐
> 나도야 간다 나도야 간다
> 젊은 나이를 눈물로 보낼 수 있나
> 나도야 간다 나도야 간다
> 사랑 찾아 나도야 간다
>
> — 김수철, 「나도야 간다」

**예상답안**

| 구분 | | 질문 및 답변 |
|---|---|---|
| ① | 질문 | 위의 대중가요는 (가)의 몇 연을 주로 수용한 것이며 그 핵심 내용은 무엇인가? |
| | 답변 | ㉠ (4)연 수용, ㉡ 우울한 청춘과 떠남에 대한 의지 |
| ② | 질문 | 위의 대중가요와 (가)의 내용상 가장 중요한 차이점은 무엇인가? |
| | 답변 | ㉠ (가)가 구체성이나 방향성이 없이 막연한 떠나는 것이라면, 대중가요는 사랑하는 대상이나 젊은 날의 꿈을 찾아 떠나려고 함<br>㉡ (가)가 일제시대 유이민의 현실과 관련이 있다면, 대중가요는 80년대 대학가의 현실과 관련이 있음 |
| ③ | 질문 | 위의 대중가요를 시로 읽을 때와 노래로 부를 때 느낌상 어떤 차이가 있는가? |
| | 답변 | 시로 읽을 때는 '젊은 나이, 날아간 노랑 나비, 떠나간 여인, 눈물' 등을 통해 청춘의 좌절과 방황, 슬픈 분위기 등이 느껴지지만, 노래로 부를 때는 리듬감으로 인해 부드럽고 경쾌한 내용으로 느껴짐 |
| ④ | 질문 | 위 ③의 문제에서처럼 차이가 생긴 이유가 무엇인가? |
| | 답변 | 시는 ㉠ 시각적 감동이 이미지의 도움을 빌려 ㉡ 분석적이고, ㉢ 전체적이고, ㉣ 지적인 인식 능력의 지배를 받는 반면, 음악은 ㉠ 청각에 전해지는 ㉡ 즉흥적이고, ㉢ 부분적이고, ㉣ 감정적인 직관에 의해 지배를 받기 때문임 |

## ▷ 이 상
### 李箱

1910 ~ 1937
소설가·시인. 서울 출생
본명은 김해경

▷ **작가의 특징**
1. 초현실주의 시인이다.
   ① 무의식의 세계 지향 – 자동기술법
   ② 감각의 착란, 띄어쓰기의 거부 (전통, 습관의 거부)
   ③ 역설, 반어의 표현 기법
   ④ 언어유희 등
2. 한국시의 주지적 변화를 대변하며 새로운 세계를 개척했다.
3. 자의식 문학의 선구. 의식의 내면세계에 대한 해명 – '무력한 자아'를 작품의 중요한 주제로 다루고 있다.
4. 억압된 의식과 욕구 좌절의 현실에서 새로운 대상 세계로의 탈출을 시도했다.

## 작품 1  오감도(烏瞰圖)-시 제1호 (조선중앙일보, 1934년)

十三人의兒孩가道路로疾走하오.
(길은막다른골목이適當하오.)

第一의兒孩가무섭다고그리오.
第二의兒孩도무섭다고그리오.
第三의兒孩도무섭다고그리오.
第四의兒孩도무섭다고그리오.
第五의兒孩도무섭다고그리오.
第六의兒孩도무섭다고그리오.
第七의兒孩도무섭다고그리오.
第八의兒孩도무섭다고그리오.
第九의兒孩도무섭다고그리오.
第十의兒孩도무섭다고그리오.

第十一의兒孩도무섭다고그리오.
第十二의兒孩도무섭다고그리오.
第十三의兒孩도무섭다고그리오.
十三人의兒孩는무서운兒孩와무서워하는兒孩와그렇게뿐이모였소.
(다른事情은없는것이차라리나았소.)
그中에一人의兒孩가무서운兒孩라도좋소.
그中에二人의兒孩가무서운兒孩라도좋소.
그中에二人의兒孩가무서워하는兒孩라도좋소.
그中에一人의兒孩가무서워하는兒孩라도좋소.

(길은뚫린골목이라도適當하오.)
十三人의兒孩가道路로疾走하지아니하여도좋소.

## 핵심정리

▷ **갈래** 자유시, 초현실주의 시
▷ **성격** 주지적, 관념적, 심리적, 상징적
▷ **특징** 자동기술법 등의 실험적인 초현실주의 기법
▷ **제재** 실존적 삶의 모습
▷ **주제** 현대인(식민지 지식인)의 공포 의식과 좌절 의식

## 이해와 감상

### 1 짜임 분석

- 1연 – 13인의 아해의 질주
- 4연 – 무서운 아해와 무서워하는 아해
- 2~3연 – 13인의 아해가 느끼는 무서움
- 5연 – 13인의 아해가 질주하지 않아도 무방함

### 2 작품감상의 구조

| 구성 요소 | 구성 요소의 파악 | 그것이 지닌 의미·효과 | 주제와의 관련성 |
|---|---|---|---|
| 내용 요소 | ① 화자 및 화자의 상황 | 근대 문명과 그것에서 탈출이 불가능한 것에 대해 불안감을 느끼고 있다. <br> **주의** 열세 명의 아해가 도로를 질주하는 것은 구체적 상황을 진술하고 있는 것이 아니라, 서정적 자아의 내면세계에 자리잡고 있는 소외와 불안에 대한 상징임 | 현대인이 느끼는 공포 의식과 좌절 의식 |
| | ② 소재 | '13'이라는 불길한 숫자를 사용하여 인간의 불안 심리를 나타냈고, '도로'와 '질주'라는 말을 통해 도시문명을 드러냈다. | |
| 형식 요소 | ① 통사구조의 반복 | 동일한 통사구조의 반복을 통해 불안과 공포 상황을 심화·강조한다. | |
| | ② 초현실주의의 특징 | 내면 심리를 자동기술법으로 드러내었고, 띄어쓰기를 무시하거나 앞의 진술을 번복하는 등 전통에 대한 거부를 보여준다. | |
| | ③ 시상의 전개 | 공간의 이동과 시간의 흐름에 따라 시상을 전개했다. | |
| 표현 요소 | ① 상징 | ㉠ '오감도'는 '오(烏)자'의 부정적 이미지를 형성하며, '13', '도로', '질주' 등도 주제를 잘 드러냈다. <br> ㉡ '아해'라는 시어는 아이라는 낱말이 환기하는 언어의 일상적 습관성을 낯설게 만들려는 의도로 볼 수 있다. | |
| | ② 역설법 | 1연과 5연의 내용을 모순적인 대칭 구조로 배열하여 현실로부터의 탈출이 불가능함을 표현했다. | |
| | ③ 반복법 | 동일한 통사구문의 반복을 통해 공포 상황을 심화·강조했다. | |

### 3 감상의 길잡이

총 21행 4연의 자유시이자 연작시로, 1934년 7월 24일부터 8월 8일까지 ≪조선중앙일보≫에 연재되었다. 이 작품이 발표되자 독자들은 '무슨 개수작이냐'며 항의 투서가 수십 장씩 날아들었다고 한다. 그만큼 파격적인 작품으로 종래의 시의 고정관념을 크게 무너뜨린 작품이기도 했다. 「오감도 – 시 제1호」에 등장하는 '13인의 아해'는 최후의 만찬에 합석한

예수와 12제자를 상징한다는 해설도 있고, 무수(無數)를 표시하여 '13'으로 했다는 설명이 있으나 평자에 따라서는 얼마든지 다른 견해를 낳을 수도 있다. 그러나 어떻든 이 작품이 이성의 몰락에 의하여 파탄을 입은 객체인 현실의 부조리, 그 혼란과 모순을 언어의 도면으로 보여준 작품이라는 점에서는 이의가 없을 것 같다.

이 시는 독자들에게 전달하려는 메시지가 분명하게 드러나 있지 않아, 쉽게 이해하기 어려운 작품이다. 이 작품에 드러난 시적 상황은 단순하며, 심지어 말장난을 하고 있는 것처럼 보이기까지 한다.

이 작품에서 이해의 실마리를 찾을 수 있는 것은 '13인, 질주한다, 막다른 골목, 무섭대(무서운)' 등의 시어들이다. 그런데 이런 시어들은 모두 어떤 불안감이나 두려움과 관련이 있다. 우선 '13'이라는 숫자는 서양에서는 일반적으로 불길함을 상징하며, 또한 불안감이 감도는 예수의 최후의 만찬에 참석한 사람 수와 관계된다. 또한 이 작품에서 반복적으로 표현되어 있는 '무섭대(무서운)'에서도 이러한 심리적 태도를 엿볼 수 있다. 시적 공간으로 설정된 '막다른 골목'도 불안감을 보여 준다. 따라서, 이 시의 분위기는 막연한 불안감이나 두려움에 휩싸여 있다고 이해할 수 있다. 이런 분위기에서 벗어나려는 행위가 '질주한다'이다. 그러나 시인은 마지막 연에 가서 골목이 막혔든 뚫렸든, 아이들이 질주하든 안 하든, 무서운 아이이든 무서워하는 아이이든 상관없다고 말한다. 즉, 시인을 둘러싼 불안감이나 공포심은 상황이 어떻게 변해도 결국은 존재하게 된다는 것으로, 이것은 현대인들이 느끼는 심리적 정황과 유사하다.

## 중요 내용 정리

### 01 「오감도」의 '낯설게 하기' 기법

「오감도」는 '오감도(烏瞰圖), 아해(兒孩)' 등의 시어와 동일 동사 구문의 지나친 반복, 그리고 띄어쓰기를 무시하는 서술 방식을 택함으로써 '낯설게 하기' 기법을 사용하고 있다.

'오감도(烏瞰圖)'는 원래 조감도(鳥瞰圖)인데, 작가가 일부러 까마귀 오(烏)자를 사용함으로써 사람들에게 '낯섦'을 환기시키는 한편 불길함을 강조하고 있다. 또한 '아이'를 '아해'로 기술하고 있다. '아이'라는 낱말과 이 작품은 띄어쓰기를 파괴함으로써 기존 질서를 거부하려는 작가의 의도를 드러내고 있다. 이는 당대의 삶의 질서를 부조리한 것으로 인식하고 있는 데에서 연유한 것으로, 당대의 시단에 충격을 주고, 새로운 질서 체계를 추구하려는 의도로 해석할 수 있다.

### 02 표현상의 특징

이 작품은 대칭 구조로 되어 있다. 첫째 연과 마지막 연은 구조적으로 대립되어 있는데 구체적으로 그것은 역(逆)의 대구를 이룬다. 마지막 연의 두 시행이 자리만 바꾸고 있는 것이 아니라 의미와 이미지 또한 첫째 연과는 반대된다. 구체적으로 '막다른 / 뚫린', '질주하오 / 질주하지아니하여도좋소'의 대립이 그것이다. 이 중복된 역전이 이 작품이 지닌 형식적 특색이자 논리이다. 작가는 이와 같이 대립된 두 쌍을 긴장관계로 제시할 뿐 어느 편에도 강조점을 두지 않는다. 작가의 이러한 태도는 '13인의 아해가 왜 도로를 질주하는가', '도로는 막다른 골목인가, 뚫린 골목인가'가 중요하지 않다는 것을 말한다. 중요한 것은 아해들의 상태이다. 공포를 체험하면서 동시에 공포의 대상이 되기도 하는 존재들의 표상이 바로 '아해들'인 것이다.

### 03 식민지 지식의 불안 의식

이 시를 시인이 살았던 일제 강점기라는 시대 상황과 연관시켜 이해할 수도 있다. 이상은 시대를 앞서 갔던 인물이다. 게다가 자유와 개성을 추구했던 그로서는 모든 인간적 가치와 자유가 박탈된 식민지 상황을 제대로 수용할 수 없었을 것이다. 이처럼 비극의 시대를 살았던 식민지 지식인으로서의 고뇌와 방황, 벗어날 수 없는 절망적 현실에 대한 불안과 공포를 이상은 냉소적 인식과 표현을 통해 드러내고 있다.

이 작품 속의 '13인의 아해'는 당대 식민지인들의 자화상이자 작가 자신의 모습으로 볼 수 있고, '막다른 골목'과 '뚫린 골목'은 식민지 지식인의 공포와 좌절, 그리고 희망의 불꽃이라도 잡아 보려는 위기 의식의 역설적 표현으로 볼 수 있다. 또한 작품에 사용된 '낯설게 하기'의 기법도 이러한 불안한 삶의 조건 속에서 만들어진 것으로 이해할 수 있다. 즉, 절망적 시대 상황을 탈출하기 위한 이상 나름대로의 한 방식으로 해석할 수 있다.

### 04 13인에 대한 해석

① 최후의 만찬에 참석한 사람의 수, ② 위기에 당면한 인류, ③ 무수한 사람, ④ 해체된 자아의 분열, ⑤ 시계 시간의 부정, ⑥ 이상 자신의 기호, ⑦ 불길한 공포, ⑧ 성적 상징, ⑨ 원시적 자아로의 분화, ⑩ 신건축 이론 등의 해석은 현대 사회가 불확실한 시대임으로 해서 나타나는 인간의 불안 심리를 나타낸다는 점에서 모두 일치한다 하겠다.

### 05 초현실주의 시

초현실주의는 제1차 세계 대전 후, 합리주의와 자연주의에 반대하여 비합리적 인식과 잠재 의식 세계를 추구하고 표현의 혁신을 꾀한 프랑스 중심의 전위적 예술 운동이다. 이 운동은 일종의 전통적 예술 파괴 운동을 벌였던 다다이즘에서 발전한 것이다. 이것은 인간의 원초적인 욕망이나 욕구가 논리적인 통제를 받기 이전의 상태에서 꿈틀거리고 있는 무의식의 세계를 예술의 원리로 강조하는 경향으로, 꿈과 현실, 지상과 천상, 의식과 무의식, 현상과 본질의 대립과 통일을 목표로 한다.

이 경향은 말 그대로 사실주의에 대한 비판적 의미를 내포한다. 초현실주의자들은 인위적인 조작과 합리화의 과정이 지배하는 기존의 현실 속에서 진실을 발견하는 것은 불가능하다고 선언하면서 현실에서 벗어난 초현실의 세계, 즉 무의식의 세계의 탐구에 몰두한다. 지금까지 인간은 지성과 이성에 억눌려 생명의 약동하는 힘을 상실해 왔다고 생각한 초현실주의자들은 이를 극복하기 위해 다음과 같은 몇 가지 형식을 사용한다.

첫째, 당연하게 보이는 대상을 예기치 않은 관계에 떨어뜨림으로써 습관을 전복시킨다. 둘째, 현실을 떠나 몽상과 환상의 세계로 들어가 인간의 정서 자체를 표현하게 한다. 셋째, 나아가 현실과 상상의 종합인 광기의 정신 상태를 살펴 인식의 세계를 확대한다. 넷째, 자동기술법을 통해 무의식의 세계를 있는 그대로 드러낸다. 다섯째, 역설, 반어 상징 등 다양한 기법과 실험을 통해 전통적인 언어적 결합을 파괴하는 과정에서 사물에 대한 관습적이고 자아적인 비전을 탈피하고자 한다.

우리나라에서는 이상(李箱), 그리고 연희전문학교의 문과를 중심으로 하는 ≪삼사문학≫지의 이시우(李時雨), 신백수(申白秀) 등이 이 경향의 작품을 썼다.

### 06 자동기술법

자동기술법은 '초현실주의' 시인들이 흔히 쓰던 수법으로서, 꿈과 무의식의 내면세계에서 들려 오는 이미지를 그대로 기술하는 수법이며, 브르통(A. Breton)에서 시작되었다. 그는 프로이트의 심리학을 응용하여 정신병 환자에게서 들으려고 한 임상적인 테크닉을 자기에게 돌려 내면(內面)의 소리를 시로 옮겨 놓았는데, 이것이 바로 '자동기술법'이다. 이 같은 수법은 프루스트(M. Proust)나 조이스(J. Joyce)가 '의식의 흐름'과 '내적 독백'을 소설에서 표현한 것을 브르통은 시에다 썼다고 할 수 있다. 그러므로 초현실주의 시는 무의식적 이미지의 비논리적 몽타주가 계속되는 말의 덩어리라고 할 수 있으며, 이를 심하게 표현하면 몽유병자의 무의식적인 넋두리를 그대로 옮겨 놓은 것 같은 시라고 할 수 있다.

## 예상문제

※ (1~3) 다음 글을 읽고 물음에 답하시오.

(가)
十三人의兒孩가道路로疾走하오.
(길은막다른골목이適當하오.)

第一의兒孩가무섭다고그리오.
第二의兒孩도무섭다고그리오.
第三의兒孩도무섭다고그리오.
第四의兒孩도무섭다고그리오.
第五의兒孩도무섭다고그리오.
第六의兒孩도무섭다고그리오.
第七의兒孩도무섭다고그리오.
第八의兒孩도무섭다고그리오.
第九의兒孩도무섭다고그리오.
第十의兒孩도무섭다고그리오.

第十一의兒孩도무섭다고그리오.
第十二의兒孩도무섭다고그리오.
第十三의兒孩도무섭다고그리오.
十三人의兒孩는무서운兒孩와무서워하는兒孩와그렇게뿐이모였소.(다른事情은없는것이차라리나았소.)

그中에一人의兒孩가무서운兒孩라도좋소.
그中에二人의兒孩가무서운兒孩라도좋소.
그中에二人의兒孩가무서워하는兒孩라도좋소.
그中에一人의兒孩가무서워하는兒孩라도좋소.

(길은뚫린골목이라도適當하오.)
十三人의兒孩가道路로疾走하지아니하여도좋소.

— 이상, 「오감도(烏瞰圖)」

(나)
현기증 나는 활주로의
최후의 절정에서 흰나비는
돌진의 방향을 잊어버리고
피 묻은 육체의 파편들을 굽어본다.

기계처럼 작열한 작은 심장을 축일
한 모금 샘물도 없는 허망한 광장에서

어린 나비의 안막(眼膜)을 차단(遮斷)하는 건
　　투명한 광선의 바다뿐이었기에

　　진공의 해안에서처럼 과묵한 묘지 사이사이
　　숨가쁜 Z기의 백선(白線)과 이동하는 계절 속
　　불길처럼 일어나는 인광(燐光)의 조수에 밀려
　　이제 흰나비는 말없이 이즈러진 날개를 파닥거린다.

　　하얀 미래의 어느 지점에
　　아름다운 영토는 기다리고 있는 것인가
　　푸르른 활주로의 어느 지표에
　　화려한 희망은 피고 있는 것일까

　　신(神)도 기적도 이미
　　승천하여 버린 지 오랜 유역(流域)
　　그 어느 마지막 종점을 향하여 흰나비는
　　또 한 번 스스로의 신화와 더불어 대결하여 본다.

　　　　　　　　　　　　　　　　　　　　　　－ 김규동, 「나비와 광장(廣場)」

1. (가)와 (나)의 텍스트 상호성을 이해하기 위한 교수·학습 계획을 세울 때, 내용면의 공통점과 차이점을 각각 2가지씩 밝히시오. [4점]

### 예상답안

① 공통점:
　㉠ (인간과 사회에 대한) 지적 인식이 바탕이 되어 있음
　㉡ 현대 문명이 지닌 폭력성에 대한 비판적 인식
　㉢ 화자가 대상을 관찰한 것처럼 제시했음
　㉣ 兒孩(아해), 나비 → 연약한 존재
② 차이점:
　㉠ (가) 일제치하의 암울한 상황, (나) 한국 전쟁 속의 비극적 상황
　㉡ (가) 도시 속 인간의 상황을 직접 제시, (나) 나비의 상황을 통한 우의적 제시
　㉢ (가) 상황을 극복하려는 의지가 없음, (나) 희망을 갖고 상황을 극복하기 위해 대결하는 의지를 드러냈음

### 참고 　형식(표현)면

1. 공통점
　① 새로운 형식과 기법의 실험
　② 이미지에 의한 감각적 제시
2. 차이점
　① (가) 의식의 흐름을 자동기술법으로, (나) 감정이입(의인화): 흰 나비의 행위 속에 화자의 의식을 투영(알레고리에 의한 제시)
　② (가) 반복과 수미상관, (나) 상징, 설의법, 현재형 서술

2. 아래의 '감상하며 읽기' 단계에 위의 작품을 적용하여 교수·학습 할 때, 조건을 고려하여 교사의 지도 내용을 제시하라. [4점]

─────────────〈감상하며 읽기〉─────────────
㉠ 작품의 기본 내용 파악
㉡ 깊고 넓은 이해
㉢ 비판적인 생각
㉣ 자유로운 상상

─────────────〈조건〉─────────────
1. (가)에서 '초현실주의의 기법'을 ㉠의 측면에서 제시할 때 지도 내용 2가지
2. (가)에서 '주제와 관련된 시어 및 그 효과'를 ㉡의 측면에서 제시할 때, 지도 내용 (시어 2가지와 함께)
3. (나)에서 '현재형 어미의 서술 효과'를 ㉡의 측면에서 설명할 때의 지도 내용
4. (나) 작품에서 ㉢의 측면에서 제시할 수 있는 지도 내용 1가지

**예상답안**

① ㉠ 의식의 흐름을 자동기술법으로 드러내었으며, ㉡ 띄어쓰기를 하지 않음. ㉢ 특이한 반복과 대칭, 역설 등의 요소
② ㉠ 도로, 질주, 13인, 막다른, 무섭다
   ㉡ 현대 문명이 지닌 폭력성과 공포의식을 암시하여 주제를 효과적으로 드러냄
③ 나비가 처한 ㉠ 현재의 상황을 구체적(직접적)으로 묘사(제시)하여 ㉡ 전쟁의 비극성과 황폐함을 강조
④ ㉠ 관념적이고 어려운 한자어의 남용
   ㉡ 추상적, 관념적인 내용
   ㉢ 시적 긴장감 부족 (산문적 진술 위주)


3. (가)와 (나) 작품의 감상을 지도할 때, 독자에게 작용하는 상상력의 측면을 아래와 같이 나누었다. 그 중 '③ 초월적 상상력'에서 교사가 지도해야 할 내용을 각각 제시하라. [2점]

작품 감상에 작용하는 상상력의 단계 (상상력의 세련)

① 인식적 상상력
② 조응적 상상력
③ 초월적 상상력

**예상답안**

(가) 도시적 삶의 불안과 공포 의식의 극복
(나) 평화와 질서를 회복하며, 인간성(휴머니즘)의 회복 추구

### 작품 2   거울 (가톨릭 청년, 1933년)

거울속에는소리가없소
저렇게까지조용한세상은참없을것이오

거울속에도내게귀가있소
내말을못알아듣는딱한귀가두개나있소

거울속의나는왼손잡이요
내악수(握手)를받을줄모르는―악수(握手)를모르는왼손잡이요

거울때문에나는거울속의나를만져보지못하는구료마는
거울이아니었던들내가어찌거울속의나를만나보기만이라도했겠소

나는지금(至今)거울을안가졌소마는거울속에는늘거울속의내가있소
잘은모르지만외로된사업(事業)에골몰할게요

거울속의나는참나와는반대(反對)요마는
또꽤닮았소
나는거울속의나를근심하고진찰(診察)할수없으니퍽섭섭하오

### ■ 핵심정리

▷ **갈래** 자유시, 관념시, 초현실주의 시
▷ **성격** 주지적, 자의식적, 초현실주의적
▷ **표현** ① 고도의 상징을 통해 자아 분열의 세계를 그림
　　　　② 의식의 흐름을 자동기술법으로 드러냄
▷ **제재** 거울
▷ **주제** 현대인의 자아 분열과 그 갈등

### 이해와 감상

**1 짜임 분석**

- 1연 – 거울 속의 밀폐된 세계
- 2~3연 – 거울 속의 세계와 거울 밖의 세계의 단절(갈등)
- 4연 – 거울의 모순(이중성): 거울 때문에 '나'와의 대면이 가능함
- 5연 – 자아의 이중화
- 6연 – 분열된 두 자아

## ② 작품감상의 구조

| 구성 요소 | 구성 요소의 파악 | 그것이 지닌 의미·효과 | 주제와의 관련성 |
|---|---|---|---|
| 내용 요소 | ① 시적 화자 | 거울을 바라보며 거울 속의 나와 거울 밖의 나가 분열된 현실을 안타까워하고 있다. | 현대인의 자아 분열과 그 갈등 |
| 내용 요소 | ② 소재 – 거울 | 거울은 자의식의 세계를 보여주며 단절과 연결의 양면성을 지닌다. | 현대인의 자아 분열과 그 갈등 |
| 내용 요소 | ③ '나'와 거울 속의 '나' | '나'는 현실적, 일상적 자아이고, '거울 속의 나'는 내면적, 본질적 자아여서 자아의 분열상이 드러난다. | 현대인의 자아 분열과 그 갈등 |
| 형식 요소 | ① 행 | 마지막 연을 제외하고, 각 연을 2행씩 배열하여 규칙성을 느끼게 한다. | 현대인의 자아 분열과 그 갈등 |
| 형식 요소 | ② 반복 | '거울 속에는'을 각 연에 반복적으로 제시했다. | 현대인의 자아 분열과 그 갈등 |
| 형식 요소 | ③ 하오체의 종결 어미 | 화자는 독백체로 드러내면서 '하오체'를 사용하여 현상을 담담하게 객관적으로 제시하고 있으며, 각운의 효과를 살리고 있다. | 현대인의 자아 분열과 그 갈등 |
| 표현 요소 | ① 초현실주의 | 띄어쓰기를 하지 않고, 또 자동기술법을 사용하여 화자의 분열된 자의식을 효과적으로 표현했다. | 현대인의 자아 분열과 그 갈등 |
| 표현 요소 | ② 역설법 | 거울이 가지는 매개와 단절이라는 이중적 의미의 역설을 통해 주제를 잘 드러냈다. | 현대인의 자아 분열과 그 갈등 |
| 표현 요소 | ③ 상징 | 거울은 자의식의 세계를 보여주며, 단절과 연결의 양면성을 지닌다. | 현대인의 자아 분열과 그 갈등 |

## ③ 감상의 길잡이

　이 시는 이상의 작품 중 가장 완성도 높은 작품으로 인식되며, 자아 분열의 자의식 세계를 그리고 있다. 흔히 우리에게는 이상의 시가 어렵고 난해하다고 인식되어 왔고, 그래서 우리는 이 시를 읽으면서 단순히 거울 속 '나'의 모습을 이야기하는 게 아니라는 짐작을 하게 된다. 너무 쉬운 이야기 속에 담겨 있는 것, 이것이 이 시를 풀어가는 열쇠이다. 이 시는 우리가 거울을 보면서 알 수 있는 표면적인 이야기와 시인이 진실로 드러내고자 하는 것의 중의적인 구조로 되어 있다. 여기서 거울을 통해 드러내는 것은 본질적(이상적) 자아와 현실적(실존적) 자아의 분열이며, 그것을 잘 묘사한 것이다.

　이 시는 한 사람이 '거울'을 들여다보는 상황에 빗대어 주체적, 현실적 자아인 '거울 밖의 나'와 무의식적, 이상적 자아인 '거울 속의 나'로 표시되는 두 세계 간의 불화를 보여준다. 이를 통해 시인은 인간의 내면에 잠재해 있는 불안의식과 자기모순에서 오는 분열, 갈등 등을 훌륭하게 형상화하고 있다.

## 중요 내용 정리

### 01 표현 기법과 초현실주의

이 시는 행과 연 구분은 되어 있으나, 띄어쓰기를 무시하고 단어나 구절을 붙여 쓰고 있다. 즉 문장에 대한 전통적 기법이나 의식, 심지어 인생에 대한 상식적인 질서까지도 거부하는 측면이 있음을 느끼게 된다. 또한 뚜렷한 심상을 제시하지 않은 채 직설적 어조로 진술을 이어가고 있다. 이러한 기법으로 자아 의식의 세계를 서술하고 있는 시는 초현실주의적 특징을 지닌 시라고 할 수 있다. 초현실주의 시인들이 쓰던 시의 수법은 '자동기술법'인데 이는 꿈과 무의식의 내면세계에서 들려오는 이미지를 그대로 기술하는 수법이다.

### 02 이상과 거울 놀이

'거울'은 이상의 시 세계 안에서 중요한 역할을 하는 사물일 뿐만 아니라 또한 시인이 가장 좋아하는 사물의 하나이다. 거울을 소재로 쓴 시만 해도 5편이나 된다. 그의 거울 놀이는 나르시스트의 한 유희이면서 또한 시인의 존재 인식의 기본 자세로 보여진다. 소설 「날개」에서 드러나는 '골방 속의 거울 놀이'는 결국 시인 이상의 원천적인 '존재론적 유희'인 것이다.

### 03 「거울」의 심상

이 시는 거울이라는 일상적인 사물을 매개로 하여 '거울 속의 나'와 '거울 밖의 나'와의 관계를 인간 내면세계의 하나인 자의식의 세계(무의식 또는 잠재 의식)와 의식 세계로 비유하면서 독특한 이미지를 창출한다. 즉, '거울 – 거울 속의 나 – 거울 밖의 나 – 인간 의식 – 인간의 무의식'이라는 관계가 비유라는 연결 고리에 의해 묶여져 동일한 질서 속에 공존하고 있는 것이다.

사물의 실체와 그림자가 거울을 매체로 해서 이루어진 것과 같이 의식(자아)과 무의식(초자아)도 이러한 관계이다. 여기서 거울은 '거울 밖의 나'와 '거울 속의 나'를 만날 수 있게 하는 연결과 접촉의 매개체이며 악수를 불가능하게 하는 단절과 반접촉의 매개체의 역할을 동시에 하고 있다.

### 04 '거울 속의 나'에 대한 시적 화자의 정서

이상의 모든 작품에서 그렇듯이 이 작품의 시적 화자도 또 다른 자아인 '거울 속의 나'를 비판적이고 냉소적인 시각으로 바라보고 있다. 시적 화자는 일단 거울 속의 나를 만져볼 수 없지만, 그를 통해서 내면의 나를 들여다 볼 수 있는 것만으로 족하다고 말하고 있다. 이는 거울의 이중성을 통해 소통할 수 없는 내면의 자아의 발견을 밝힌 것이다. 그리고 시적 화자는 자신의 내면을 좀 더 깊이 들여다 볼 수 없음을 안타까워하고 있다. 즉 시적 화자는 내면의 자아에 좀 더 귀 기울이지 못하고 분열되어 있는 현재의 처지를 안타깝게 바라보고 있다.

## 작품 3  운동(運動) (조선과 건축, 1935년)

　일층(一層)우에있는이층(二層)우에있는삼층(三層)우에있는옥상정원(屋上庭園)에올라서남(南)쪽을보아도아무것도없고북(北)쪽을보아도아무것도없고해서옥상정원(屋上庭園)밑에있는삼층(三層)밑에있는이층(二層)밑에있는일층(一層)으로내려간즉동(東)쪽에서솟아오른태양(太陽)이서(西)쪽에떨어지고동(東)쪽에서솟아올라서(西)쪽에떨어지고동(東)쪽에서솟아올라서(西)쪽에떨어지고동(東)쪽에서솟아올라하늘한복판에와있기때문에시계(時計)를꺼내본즉서기는했으나시간(時間)은맞는것이지만시계(時計)는나보담도젊지않으냐하는것보다은나는시계(時計)보다는늙지아니하였다고아무리해도믿어지는것은필시그럴것임에틀림없는고로나는시계(時計)를내동댕이쳐버리고말았다.

### ■ 핵심정리

▷ **갈래** 자유시, 모더니즘시, 산문시
▷ **성격** 주지적, 관념적
▷ **운율** 내재율
▷ **표현** 띄어쓰기를 무시함
▷ **제재** 근대 도시 문명
▷ **주제** 규격화되고 단조로운 근대 문명의 거부

## 이해와 감상

### 1 짜임 분석

시간 – 공간의 이동에 따른 전개

- 전반부 (공간의 이동) – 일층(一層)우에 ~ 서(西)쪽에떨어지고: 백화점 위로 올라갔다 내려옴 (근대적 공간의 인식과 비판)
- 후반부 (시간의 이동) – 동(東)쪽에서솟아올라 ~ 말았다: 시계를 꺼내 보다 내동댕이침 (근대적 시간의 인식과 비판)

### 2 작품감상의 구조

| 구성 요소 | 구성 요소의 파악 | 그것이 지닌 의미·효과 | 주제와의 관련성 |
|---|---|---|---|
| 내용 요소 | ① 시적 화자 및 화자의 상황 | 시적 화자는 무의미하고 반복적인 운동을 강요하는 규격화되고 단조로운 근대 문명의 공간과 시간을 비판하고 있다. | 규격화되고 단조로운 근대 문명에 대한 비판 |
| | ② 소재 | '백화점, 시계'는 근대적인 도시 문명을 의미하여 주제를 드러내는 데 기여하고 있다. | |
| 형식 요소 | ① 초현실주의 | 의식의 흐름을 자동기술법으로 드러내면서 띄어쓰기를 거부하여 전통을 거부하려는 태도를 드러냈다. | |
| | ② 시상의 전개 | 공간과 시간의 이동에 따라 시상을 전개하고 있다. | |
| 표현 요소 | ① 상징 | 백화점과 시계는 근대적인 도시 기계문명을 상징한다. | |
| | ② 반복법 | 반복적 표현과 점층적 표현을 통해 리듬감을 형성하고, 근대 문명의 단조로움을 강조하여 표현하고 있다. | |

③ **감상의 길잡이**

　이 작품은 기하학적 상상력을 바탕으로 하여 근대 도시 문명의 공간과 시간을 상징하는 '백화점'과 '시계(時計)'를 시적으로 형상화하고 있다.

　이 시의 상상력은 건축가였던 이상(李箱)의 직업과 서로 관련을 가지고 있다고 하겠다. 1층과 2층, 3층 그리고 가장 위의 옥상 정원(庭園)으로 구성되어 있는 '백화점'은 단순하고 무의미하게 형성된 근대 도시 문명의 한 상징이라고 할 수 있다. 따라서 이러한 공간 속에서 살아가는 우리의 일상(日常)은 매일 '동(東)쪽에서솟아오른태양(太陽)이서(西)쪽에떨어지고' 하는 것이다. '시계(時計)' 역시 '백화점'처럼 근대 문명의 산물로 우리의 삶을 규격화시켜 나가고 있는 것이지만, 서정적 자아의 인생을 측정할 수는 없는 것이다. 그러므로 이 시의 마지막 부분에서 '시계(時計)를내동댕이쳐버리고' 마는 행위는 지루하고 단조로운 근대 문명의 일상(日常)을 거부하는 시적 화자의 저항으로 볼 수 있다. 이 작품은 띄어쓰기를 무시하고, 자동기술법의 방식으로 자신의 내면 의식을 드러냈던 이상의 특징이 여실히 드러나는 작품이다.

　한편 당시에는 호기심의 대상이기도 했던 백화점과 시계를 작품의 소재로 등장시키는데 이것들은 각각 규격화되고 단조로운 공간성과 시간성을 상징한다. 결국 이 시는 별다른 의미 없이 반복적인 운동을 거듭해야 하는 근대 문명에서의 규격화된 삶을 비판하는 작품으로, 근대 문명에 저항하려는 지식인으로서의 시인의 면모를 엿볼 수 있게 해 준다.

## ■ 중요 내용 정리

### 01 건축가로서의 '이상'

　이상은 경성 고등 공업학교 건축과의 유일한 한국인 학생이었고, 그 곳을 수석 졸업하였다. 또한 1930년 《조선과 건축》 표지 디자인 공모에서 독특한 디자인의 한문 제목과 아라비아 숫자를 이용한 기하학적 도안으로 1, 3등을 동시에 차지하기도 하였다. 건축가로서도 탁월한 재능을 갖고 있는 이상은 그것을 작품에도 반영하였다. 즉 현상을 기호적 속성으로 파악한 그의 상상력은 '운동', '건축무한 육면각체' 등을 창조해 냈다.

### 02 '백화점'과 '시계'

　이 시의 화자는 백화점을 오르내리고, 태양이 뜨고 지는 것을 바라보고, '시계'를 내동댕이치는 행위를 하고 있다. 시적 화자에게 '백화점'은 환상적인 인공 낙원이 아니라 그저 사각형과 문이 계속적으로 이어져 있는 폐쇄적 공간일 뿐이다. 또한 '시계'는 삶에 의미를 주지 못하고 끝없이 반복되고만 있는 답답한 물건인 것이다. 시적 화자는 무의미하며 단조로운 근대 문명의 일상에서 벗어나고자 하는 강렬한 의지를 드러내고 있다. 즉, 근대 문명을 상징하는 '백화점'에서 내려오고, '시계'를 버림으로 해서 시적 화자는 근대 문명에 비판적인 자신의 태도를 드러내 보이고 있는 것이다.

### 03 「운동」에 나타난 공간 형상화 방식 - 기하학적 상상력

　이 시에서 기하학적 상상력은 공간을 형상화하는 방식으로 작용하는데 즉, 1층 위에 있는 2층 식으로, 점증적으로 올라가거나 반대로 내려오는 식의 서술을 하였다. 이것은 공간의 단조로움과 무미건조함을 보여주려고 한 것이다. 동서남북이란 용어로 건물을 둘러싼 공간을 서술하는 것 역시 단조로운 공간의 형상화에 해당한다.

## 예상문제

※ (1~2) 다음 글을 읽고 물음에 답하시오.

(가)
　일층(一層)우에있는이층(二層)우에있는삼층(三層)우에있는옥상정원(屋上庭園)에올라서남(南)쪽을보아도아무것도없고북(北)쪽을보아도아무것도없고해서옥상정원(屋上庭園)밑에있는삼층(三層)밑에있는이층(二層)밑에있는일층(一層)으로내려간즉동(東)쪽에서솟아오른태양(太陽)이서(西)쪽에떨어지고동(東)쪽에서솟아올라서서(西)쪽에떨어지고동(東)쪽에서솟아올라서(西)쪽에떨어지고동(東)쪽에서솟아올라하늘한복판에와있기때문에시계(時計)를꺼내본즉서기는했으나시간(時間)은맞는것이지만시계(時計)는나보담도젊지않으냐하는것보담은나는시계(時計)보다는늙지아니하였다고아무리해도믿어지는것은필시그럴것임에틀림없는고로나는시계(時計)를내동댕이쳐버리고말았다.

– 이상,「운동(運動)」

(나)
　어둠은 새를 낳고, 돌을
　낳고, 꽃을 낳는다.
　아침이면,
　어둠은 온갖 물상(物象)을 돌려 주지만
　스스로는 땅 위에 굴복(屈服)한다.
　무거운 어깨를 털고
　물상들은 몸을 움직이어
　노동의 시간을 즐기고 있다.
　즐거운 지상의 잔치에
　금(金)으로 타는 태양의 즐거운 울림.
　아침이면,
　세상은 개벽(開闢)을 한다.

– 박남수,「아침 이미지」

(다)
　〈전략〉몽롱한 의식 속에 갓 지나간 대화가 오고 간다. 한 시간 후면 모든 것은 끝나는 것이다. 사박사박 걸음을 옮길 때마다 발 밑에 부서지던 눈, 그리고 따발총구를 등뒤에 느끼며 앞장서 가는 인민군 병사를 따라 무너진 초가집 뒷담을 끼고 이 움 속 감방으로 오던 자신이 마음속에 삼삼히 아른거린다. 한 시간 후면 나는 그들에게 끌려 예정대로의 둑길을 걸어가고 있을 것이다. 몇 마디 주고받은 다음, 대장은 말할 테지. 좋소. 뒤를 돌아보지 말고 똑바로 걸어가시오. 발자국마다 사박사박 눈 부서지는 소리가 날 것이다. 아니, 어쩌면 놈들은 내 옷에 탐이 나서 홀랑 빨가벗겨서 걷게 할지도 모른다.(찢어지기는 하였지만 아직 빛깔이 제 빛인 미 전투복이니까……) 나는 빨가벗은 채 추위에 살이 빨가니 얼어서 흰 둑길을 걸어간다. 수발의 총성, 나는 그대로 털썩 눈 위에 쓰러진다. 이윽고 붉은 피가 하이얀 눈을 호젓이 물들여 간다. 그 순간 모든 것은 끝나는 것이다. 놈들은 멋쩍게 총을 다시 거꾸로 둘러메고 본대로 간다. 발의 눈을 털고 추위에 손을 비며 가며 방안으로 들어들 갈 테지. 몇 분 후면 그들은 화롯불에 손을 녹이며 아무 일도 없었던 듯 담배들을 말아 피우고 기지개를 할 것이다.〈후략〉

– 오상원,「유예」

1. (가)와 (나)의 시행에 사용된 문장의 길이의 차이 및 각 작품에서 그 효과를 2가지씩 밝히고, (다) 작품은 (가), (나) 중 어떤 종류의 문장에 가까우며, 그 효과가 무엇인지 2가지 설명하라. [3점]

> **채점기준**
>
> ※ 점수 부여
> 　1점 – 긴 문장의 효과가 2가지 맞게 드러난 경우
> 　1점 – 짧은 문장의 효과가 2가지 맞게 드러난 경우
> 　1점 – (다)에 사용된 효과가 2가지 맞게 드러난 경우

> **예상답안**
>
> ① (가) 행 구분 없는 긴 문장의 사용:
> 　㉠ 조작이 가해지지 않은 의식의 흐름임을 잘 드러냄, ㉡ 독자의 시각을 오래 붙들어 둠, ㉢ 띄어쓰기를 하지 않아 전통적이거나 일상적인 것을 무시하는 태도를 드러내면서 ㉣ '규격화되고 단조로운 근대문명의 거부'라는 주제를 효과적으로 드러냄
> ② (나) 짧은 시행의 사용:
> 　㉠ 간결한 표현, ㉡ 독자에게 유추, 연상 등의 활발한 상상 작용이 일어나게 하여 ㉢ 활기찬 아침의 이미지를 잘 드러냄
> ③ (다)의 특징: 소설이면서 (나)와 비슷하게 짧은 문장을 사용
> 　㉠ 과감한 생략에 의한 간결한 표현
> 　㉡ 장면이 빨리 바뀌어 긴장감과 박진감을 느끼게 함
> 　㉢ 독자에게 유추, 연상, 비유 등의 활발한 상상 작용이 일어나게 함
> 　㉣ 시적인 느낌을 부여함

2. (가)와 (다)의 창작 기법상의 공통점을 밝히고, (나)에 사용된 종결어미에 나타난 시제의 특징을 밝히고, 그것이 지니는 효과를 설명하라. [2점]

> **예상답안**
>
> ① 의식의 흐름(초현실주의 기법)을 자동기술법으로 드러내었음
> ② (나) 현재 시제 선어말 어미의 사용
> 　㉠ 아침이 오는 과정(장면)을 구체적이고 생생하게 제시
> 　㉡ 특별한 상황이 전제되지 않은 일반적 진리의 내용이므로 현재 시제가 잘 어울림

## 작품 4  가정(家庭) (가톨릭 청년, 1934년)

門(문)을암만잡아다녀도안열리는것은안에生活(생활)이모자라는까닭이다. 밤이사나운꾸지람으로나를졸른다. 나는우리집내門牌(문패)앞에서여간성가신게아니다. 나는밤속에들어서서제웅처럼자꾸만滅(감)해간다. 食口(식구)야封(봉)한窓戶(창호)에더라도한구석터놓아다고내가收入(수입)되어들어가야하지않나. 지붕에서리가내리고뾰족한데는鍼(침)처럼月光(월광)이묻었다. 우리집이앓나보다그러고누가힘에겨운도장을찍나보다. 壽命(수명)을헐어서典當(전당)잡히나보다. 나는그냥門(문)고리에쇠사슬늘어지듯매어달렸다. 門(문)을열려고안열리는門(문)을열려고.

### ■ 핵심정리

▷ **갈래** 자유시, 초현실주의시, 산문시
▷ **어조** 독백적, 냉소적 어조
▷ **성격** 주지적, 관념적, 상징적, 심리적
▷ **상징** 가정의 이중성 (식구로서 보호받는 친밀함의 장소, 자신에 대한 혐오의 투영 장소)
▷ **제재** 가정, 일상적 삶
▷ **주제** ① 일상적 삶에의 동경
  ② 평범하고 소박한 가정에 대한 소망

### 이해와 감상

#### ① 짜임 분석

- 門(문)을암만 ~ 자꾸만滅(감)해간다 : 부끄러운 자신에 대한 인식
- 食口(식구)야封(봉)한 ~ 典當(전당)잡히나보다 : 가족과 가정의 어려움
- 나는그냥 ~ 門(문)을열려고 : 현실에서 벗어나고자 하는 마음

#### ② 작품감상의 구조

| 구성 요소 | 구성 요소의 파악 | 그것이 지닌 의미·효과 | 주제와의 관련성 |
|---|---|---|---|
| 내용 요소 | ① 시적 화자 및 화자의 상황 | 일상적인 가정을 이루지 못하고 가정에서 소외된 시적 화자가 일상적 가정을 이루고 평범하게 살아가기를 소망하고 있다. | 일상적 삶에 대한 동경 |
| | ② 소재 | '제웅'이라는 소재를 사용하여 현재 가정에서 소외당한 자신의 처지와 자의식을 드러내었다. | |
| | ③ 어조 | 자기 자신에 대해 냉소적(자조적), 독백적 어조를 사용하여 자신의 현재 삶에 대한 비판적 인식을 드러냈다. | |
| 형식 요소 | ① 초현실주의 기법 | 의식의 흐름을 자동기술법으로 드러내면서 띄어쓰기를 거부하여 전통을 거부하려는 태도를 드러냈다. | |
| | ② 산문적 진술 | 행과 연을 구분하지 않고 산문처럼 드러내어 의식의 흐름을 드러내고, 깊이 있는 생각을 잘 담아내고 있다. | |
| 표현 요소 | ① 비유 | 제웅, 문패, 밤, 월광, 쇠사슬 등 다양한 비유를 통해 시적 화자의 상황을 드러냈다. | |

| ② 객관적상관물 | 화자가 자신을 '제웅'이라는 대리인을 세워 독자에게 화자의 처지를 짐작하게 해 준다. |
|---|---|
| ③ 이미지에 의한 감각적 표현 | '제웅처럼자꾸만減(감)해간다', '뾰족한데는鍼(침)처럼月光(월광)이묻었다', '門(문)고리에쇠사슬늘어지듯매어달렸다.' 등의 부분에서 이미지에 의한 감각적 표현이 드러나며 나의 상황을 잘 드러냈다. |

## ③ 감상의 길잡이

이 작품은 이상(李箱)의 대표작으로 초현실주의시라 할 수 있다. 이 시를 이해하기 위해서는 초현실주의 시의 특징을 알아야 할 것이다. 초현실주의는 제1차 세계 대전 후, 합리주의와 자연주의에 반대하여 비합리적 인식과 잠재 의식 세계를 추구하고 표현의 혁신을 꾀한 프랑스 중심의 전위적 예술 운동이다. 이 운동은 일종의 전통적 예술 파괴 운동을 벌였던 다다이즘에서 발전한 것이다. 이것은 인간의 원초적인 욕망이나 욕구가 논리적인 통제를 받기 이전의 상태에서 꿈틀거리고 있는 무의식의 세계를 예술의 원리로 강조하는 경향으로, 꿈과 현실, 지상과 천상, 의식과 무의식, 현상과 본질의 대립과 통일을 목표로 한다.

이 시를 통해 보면 가정에서의 생활이 없다. 그는 단지 식구의 하나, 혹은 구경꾼에 불과하였던 것이다. 화자에게 있어 생활이 없는 가정이란, 그와는 아무 상관없이 생활이 돌아가는 공간이다. 그러므로 화자의 가정은 여기서 '문을 암만 잡아다녀도 안 열리는 곳'으로 묘사된다. 심지어는 식구들에게까지 어디 한 구석 좀 비워 달라고 하고 있다. 그러나 그를 버린 것은 그의 식구가 아니라, 사실 그 자신이다. 시적 화자는 철저한 독백으로 자신의 감정을 토로하고 있다. 그럼에도 주제 의식의 측면에서 보면 단순한 자의식적 관념을 드러내기만 하는 것은 아니다. 오히려 화자 자신의 삶의 일상에 대한 사색을 통해 고립되고 폐쇄된 생활과 현실을 극복하려는 내면적 의지를 보여 준다. 그러므로 이 작품은 일상적인 삶, 즉 가정을 이루고 평범하게 살아가는 일상적인 생활을 동경하고 있는 것으로 파악된다. 이것은 현실적 자아의 내면적 자아의 분열 현상을 화자의 자의식 내부에서 경험함으로써 나타난 결과이기도 하다.

## ▣ 중요 내용 정리

### 01 이상과 '제웅'

'제웅'은 희생물, 액막이의 의미를 지녔다. 이상은 어려서 백부의 양자로 입적한다. 이는 우리 민족의 '가문의식'가 관련된 것으로 이를 통해 이상을 스스로 '제웅'이라는 생각을 가졌을 것이다. 그로 인해 후에 작가로 활동하면서 '김'씨 성을 버리고 '이'씨 성을 사용하여 가문의 장자라는 혐오감을 드러낸다. 이러한 작가의 일상적이지 못한 기억들은 그의 작품 속에 기이한 시적 화자를 등장시키게 했고, 또 그 주위의 사람들은 그런 시적 화자를 냉소적으로 바라보면서 소통하지 못하는 것이다.

### 02 시적 화자와 이상의 관계

이 시의 시적 화자는 한 가정의 가장이다. 그러나 그는 자기 집에 떳떳하게 들어가지 못하고 대문 앞에서 안절부절못하고 있다. 집으로 들어가야 하는 밤이 두렵고, 또한 문패를 보면서 가장으로서의 역할을 제대로 하지 못한 것에 대해 지괴감을 느낀다. 그리고 무당 굿거리에서 보이는 제웅처럼 자신이 허수아비 가장이라고 느끼고 있다. 또한 식구들에게도 멀어져 쉽게 문을 열고 다가가지 못하고 있다. 하지만 시적 화자는 다시 한번 식구들에게 다가갈 의지를 다지고 있다. 그래서 안 열리는 문이지만, 늘어지듯 매달려 열려고 노력하는 것이다 이는 지금이 시적 화자에게는 어려운 현실이지만, 이 현실을 극복하겠다는 내면 의지를 행동으로 보여 주고 있는 부분이다.

## 김기림
金起林

1908 ~ ?
시인. 문학평론가. 영문학자
함경북도 성진 출생. 본명 인손(仁孫). 호는 편석촌

▷ **작가의 특징**
1. 일본 유학 후 귀국하여 1933년 구인회의 회원으로 가입하여 활동했으며, 해방 후 좌익계 조선문학가동맹에 가담했다가 한국 전쟁 때 납북되었다.
2. 서구 모더니즘 시의 이념을 도입하고 창작했으며, 과학적 방법에 의거한 시학의 정립을 위해 노력했고, 자연발생적인 시를 거부하고 의식적인 방법에 의한 제작을 강조했으며, 음악이나 감정보다는 이미지와 지성을 강조했고, 형·음·의미가 유기적으로 혼합된 전체로서의 시를 강조했다.
3. 회화성의 중시 - 전시대의 시들이 지나치게 리듬에 의존하는 것을 극복하고 회화체의 내재적 리듬에 의한 새로운 시 작법을 건설하려 했다.

▷ **주요 작품**
1. 시집 : 『기상도』(1936 : 재판 1948), 『태양의 풍속』(1939), 『바다와 나비』(1946), 『새노래』(1947)
2. 평론 및 저서 : 『시론』(1947), 『시의 이해』(1950) 등

### 작품 1  태양의 풍속 (시집 『태양의 풍속』, 1939)

태양아,
다만 한번이라도 좋다. 너를 부르기 위하여 나는 두루미의 목통을 빌려 오마, 나의 마음이 무너진 터를 닦고 나는 그 위에 너를 위한 작은 궁전(宮殿)을 세우련다. 그러면 너는 그 속에 와서 살아라. 나는 너는 나의 어머니 나의 고향 나의 사랑 나의 희망이라고 부르마. 그리고 너의 사나운 풍속을 좇아서 이 어둠을 깨물어 죽이련다.

태양아,
너는 나의 가슴 속 작은 우주의 호수와 산과 푸른 잔디밭과 흰 방천(防川)에서 불결한 간밤의 서리를 핥아버려라. 나의 시냇물을 쓰다듬어 주며 나의 바다의 요람을 흔들어 주어라. 너는 나의 병실을 어족들의 아침을 다리고 유쾌한 손님처럼 찾아오너라.

태양보다도 이쁘지 못한 시, 태양일 수가 없는 서러운 나의 시를 어두운 병실에 켜 놓고 태양아 네가 오기를 나는 이 밤을 새워 가며 기다린다.

### 핵심정리

▷ **갈래** 자유시(산문시), 서정시
▷ **율격** 내재율, 산문투의 긴 호흡
▷ **성격** 희구적, 상징적, 격정적, 의지적
▷ **제재** 시
▷ **주제** ① 새로운 시 세계를 향한 소망과 의지
  ② 새로운 삶의 방향(시)에 대한 지향

▷ **특징** ① 호격 조사 및 돈호법을 사용하여 자연물을 의인화
  ② 명령형 어미를 사용하여 화자의 의지를 강조하여 드러냄
  ③ 관념적 대상인 시 혹은 시의 세계를 비유, 상징 등의 이미지를 통해 제시함
  ④ 대립적 시어를 통해 자신이 처한 현실과 자신이 추구해야할 삶의 방향을 대조적으로 제시했음

## 이해와 감상

### 1 짜임 분석
- 1연 – 어둠을 죽이고 새로운 세계를 잉태하는 태양에 대한 추구
- 2연 – 태양이 찾아와 정신세계를 변화시키기를 소망함
- 3연 – 새로운 시 세계인 태양이 오기를 소망함

### 2 작품감상의 구조

| 구성 요소 | 구성 요소의 파악 | 그것이 지닌 의미·효과 | 주제와의 관련성 |
|---|---|---|---|
| 내용 요소 | ① 시적 화자 및 화자의 상황 | 시적 화자는 시인이며 자신의 시가 처해 있는 현실을 병식 혹은 어둠이라고 하여 부정적으로 인식하면서 그것을 극복할 태양과 같은 밝고 강한 시 세계를 소망하는 상황이다. | 새로운 시 세계를 향한 소망과 의지 |
| | ② 제재 – 시(김기림이 배척한 시와 지향한 시) | 김기림은 1920~1930년대 낭만주의 시에 나타난 감정의 무절제한 표현을 거부했으며, 이성과 지성을 중시한 모더니스트로서 I. A. 리처즈의 과학의 시(모더니즘시, 주지시)를 추구했다. | |
| | ③ 고사성어의 차용 | 두루미의 목통 – 학수고대(鶴首苦待)를 차용하여 기다림의 의미를 강조했다. | |
| 형식 요소 | ① 시상의 전개 | '태양이 오기를 소망함 – 태양에 대한 바람(태양의 역할) – 다시 태양이 오기를 강하게 소망함'을 통해 태양에 대한 기대와 소망을 강조했다. | |
| | ② 돈호법과 명령형 어미 | 태양에 대한 호격 조사를 사용하여 돈호법으로 드러내 자연물을 의인화하여 친근하게 드러냈으며, 그 뒤에 그 대상에게 명령형 어미를 사용하여 시적 화자의 의지를 더욱 강하게 제시했다. | |
| 표현 요소 | ① 다양한 상징과 비유를 통한 관념적 대상의 제시 | 관념적 대상인 시 또는 시의 세계를 다양한 비유와 상징을 통해 형상화하고 있다.<br>예 태양, 두루미의 목통, 무너진 터, 궁전 사나운 풍속, 어둠, 우주의~ 흰 방천, 불결한 간밤의 서리, 시냇물, 바다의 요람, 어족들의 아침, 병실 등 | |
| | ② 대립적 시어의 사용 | '어둠, 불결한 간밤의 서리, 어두운 병실 – 태양(태양의 풍속)' / '무너진 터 – 궁전'의 대비를 통해 시적 화자가 처한 현실과 시적 화자가 추구해야할 삶의 방향을 대조적으로 표현하여 주제를 강조한다. | |

### 3 감상의 길잡이

「태양의 풍속」이라는 제목에서 엿볼 수 있는 것은 태양 세계의 생활일 터인데 그 생활은 우선 밝을 것이고, 그런 밝은 세계를 어떻게 한다는 것인지 작품에서 확인하면 될 것 같다. 화자는 '태양'을 부르면서 단 한번만이라도 너(태양)의 사나운 풍속을 좇고 싶다고 간절히 소망한다. 이로 보아 '태양의 풍속'은 화자가 추구하고자 하는 세계라는 것을 알 수 있다. 태양이 추구하고자 하는 세계라면 '어둠'은 결별해야 할 세계라고 할 수 있다. 그러기에 1연에서 어둠(진부한 시)을 깨물어 죽인다고 표현하고 있다. 구체적으로 무엇을 추구하는 것일까? 3연에서 '이쁘지 못한 시, 서러운 시'를 써서 지금 병실에

있다고 했으니, 화자는 진부한 시에 갇혀 있는 시인이라 할 수 있다. 그러므로 태양의 풍속은 새로운 시 세계를 의미한다고 볼 수 있다. 결국 이 시는 새로운 시의 세계로 나아가고자 하는 시인의 의지를 '태양'(새로운 생활)이라는 이미지를 가지고 형상화한 작품이라 할 수 있다.

김기림은 낭만주의 감정의 무절제한 배설에 반발하여 이성과 지성을 중시한 모더니스트이다. 이 시 역시 그런 류의 작품으로 생각할 수 있다. 그런 새로운 시 세계에 대한 간절함을 화자는 여러 번 강조하고 있다. 화자가 생각하는 목소리가 지치지 않고 큰 두루미의 목통을 빌려서라도 부르고 싶고, 궁전을 세워서라도 태양을 맞이하고 싶다고 한다. 태양이 와서 현실의 냉혹함과 시의 진부함으로 상징되는 '서리'를 핥아버리고, 화자에게 '시냇물'과 '바다의 요람'이라는 새로운 시적 감수성을 부여할 것이라 기대하고 있다.

## 작품 2  바다와 나비 (여성, 1939년)

아무도 그에게 수심(水深)을 일러 준 일이 없기에
흰 나비는 도무지 바다가 무섭지 않다.

청(靑)무우밭인가 해서 내려갔다가는
어린 날개가 물결에 절어서
공주(公主)처럼 지쳐서 돌아온다.

삼월(三月)달 바다가 꽃이 피지 않아서 서글픈
나비 허리에 새파란 초생달이 시리다.

### ■ 핵심정리

▷ **갈래** 서정시, 주지시
▷ **성격** 주지적, 상징적, 감각적
▷ **어조** 객관적이고 간결하며 단호한 목소리
▷ **심상** 시각적 심상
▷ **제재** 나비, 바다, 초생달

▷ **주제** ① 새로운 세계에 대한 동경과 좌절감
　　　② 순진하고 낭만적인 꿈의 좌절과 냉혹한 현실에 대한 인식
▷ **특징** ① 감정을 절제한 객관적인 태도
　　　② 대상의 움직임에 대한 관찰을 통해 사건을 서술
　　　③ 상징적 시어의 사용
　　　④ 서글픔과 애처로움이 뒤섞인 관조적 미의식

### 이해와 감상

#### 1 짜임 분석

- 1연 – 새로운 세계에 대한 동경
- 2연 – 새로운 세계에 대한 모험과 시련
- 3연 – 새로운 세계에 대한 좌절감

## 2 작품감상의 구조

| 구성 요소 | 구성 요소의 파악 | 그것이 지닌 의미·효과 | 주제와의 관련성 |
|---|---|---|---|
| 내용 요소 | ① 시적 화자 및 화자의 상황 | 표면적으로는 나비가 청무우밭인 줄 알고 갔다가 실패하고 돌아오는 상황이지만, 이면적으로는 근대적인 것을 지향했다가 실패하고 돌아온 식민지 지식인의 쓰라린 경험을 담은 것으로 볼 수 있다. | 낭만적 꿈의 좌절과 냉혹한 현실 인식 |
| | ② '청무우밭'과 '바다' | '청무우밭'은 이상의 세계, 동경의 세계이고, '바다'는 냉혹한 현실의 세계를 드러낸 것으로 이것의 대비를 통해 주제를 잘 드러낸다. | |
| | ③ 즉물적 경향의 시 | 짧은 시간에 벌어지는 대상의 움직임에 대한 관찰을 통해 사건을 서술했다. | |
| 형식 요소 | ① 각운 | 각 연을 '-다'로 끝맺어 리듬감을 형성했다. | |
| | ② 행 배열 | 1연과 3연은 2행, 2연은 3행을 배치했다. | |
| 표현 요소 | ① 상징 | 흰나비(새로운 세계를 열망하는 존재), 바다(냉혹한 현실의 세계, 근대 문명의 삭막함), 청무우밭(나비가 동경하는 세계) 등을 통해 주제를 잘 드러냈다. | |
| | ② 색채 이미지의 대조 | 흰색의 나비는 순수, 낭만을 가진 시적 화자로, 청색의 바다, 청무우밭, 새파란 초생달은 냉혹한 현실, 거대한 근대 문명의 이미지로 주제를 잘 드러냈다. | |
| | ③ 이미지에 의한 감각적 표현 | 시각적 심상과 공감각적 심상을 사용하여 감각적으로 표현했다. | |
| | ④ 낭만적 아이러니에 의한 표현 | 2연 1행과 3연의 내용을 보면 이상적 세계에 대한 지향과 그 좌절을 낭만적 아이러니를 통해 효과적으로 드러내었다. | |

## 3 감상의 길잡이

1939년 《여성》에 발표된 3연으로 구성된 자유시로, 정제된 형식과 내용으로 해서 김기림의 시 가운데 손꼽히는 수작이다.

특히 '나비'의 이미지가 독특하다. 여기서 '나비'는 꿈을 가지고 여행을 하는 순진하고 가냘픈 존재를 이미지화한 것이다. 무섭게 들끓는 '바다'를 '청무우밭'으로 오인하는 낭만적 감정의 소유자로 '나비'는 설정되어 있다. 그 깊이를 미처 헤아리지 못하고, 그 거칠고 냉혹한 현실의 파도를 겪어보지 못한 낭만주의적 존재가 바로 그 '나비'이다. 1연에서는 바다의 두려움을 모르는 나비, 2연에서는 바다로 날아가다가 지쳐 돌아온 나비, 3연에서는 좌절을 겪은 서글픈 나비의 모습이 드러난다.

아마도 이 '나비'의 이미지는 김기림 자신의 청년기적 자아를 표상하는 것일지도 모른다. 그리고 나아가서 이 땅의 근대적 지식인들 일반이 가지고 있던 어수룩하고 순진했던 낭만주의를 가리키고 있는 것인지도 모른다.

'바다'는 우리가 근대화를 향해 나아가기 위해서 거쳐야 하는 모험과 시련 그리고 동경, 탐색의 공간이었다. 최남선의 「해에게서 소년에게」이후 이 '바다'는 우리 문학에서 근대화의 도정에 놓여있는 상징적인 이미지를 제공한다. 그런데 여기서는 그것의 단순한 꿈을 거부하고 그 꿈의 날갯짓을 꺾어버리는 아찔한 심연과 냉혹함을 내보인다. 마지막 연에서 '나비 허리'에 걸린 '새파란 초생달'은 바로 그렇게 좌절된 꿈, 냉혹한 현실의 우울한 겨울밤 풍경을 그려준다.

## 중요 내용 정리

### 01 '나비'의 좌절
　　나비는 깊이도 모른 채 바다에 뛰어든다. 하지만 꿈을 이루지 못하고 어린 날개가 바다의 소금에 절여지는 시련을 맞는다. 그리고 그러한 시련은 '나비'에게 '서글픈' 좌절로 남을 뿐이다. 바다라고 하는 '거대한 문명'에 연약한 나비는 혹독한 시련을 겪고, 그대로 주저앉아 버린 것이다. 1930년대 일제 강점기 하에서 근대 문명의 유입은 우리 민족에게 동경의 대상이 되기도 하였지만, 그로 인한 혼란을 생각할 때, 바다를 향해 가 보았지만 지쳐 돌아오는 나비의 모습은 거대한 문명 앞에 무릎을 꿇는 시적 화자의 모습을 표현한 것으로 이해할 수 있다.

### 02 시어의 대조적 이미지
　　이 시는 '바다'와 '나비'라는 대조될 두 이미지의 결합으로 이루어져 있다. 거대하고 강폭한 바다와 한 마리의 조그맣고 연약한 나비를 중심으로 바다의 청색과 나비의 흰색의 색채 대비가 선명하게 이루어지고 있다. 이런 점에서 이 시는 회화적 심상을 중시하는 모더니즘 시의 특징을 잘 보여 준다.

### 03 작품 창작의 시대 배경
　　1939년에 발표된 이 작품은 서구 모더니즘을 바탕으로 하고 있다. 이 시가 쓰여진 1939년은 제2차 세계대전의 발발로 '근대' 그 자체가 파산되는 양상을 보였으며 이 시기에서 '근대'의 초극이라는 세계사적 번민에 당시의 젊은 시인들은 마주치게 되었다. 이와 같은 문제에 가장 첨예하게 마주한 사람이 바로 김기림이며, 시「바다와 나비」이다. 1920년대 낭만주의의 병적인 감상성과 경향파의 정치적 관념성을 부정하는 시로 초기 시「기상도」등에서 자주 보이던 낯선 외래어의 사용이나 경박함이 배제되고 선명한 이미지를 제시하고 있다. 비유의 매개항인 '바다와 나비'를 통해 새 것을 찾아간 나비의 경망함에 대한 반성, 새로운 세계를 찾는 자가 필연적으로 맞게 되는 운명적 절망감을 드러내고 있다. 연약한 나비와 광활한 바다와의 대비를 통해 '근대'라는 엄청난 위력 앞에 절망할 수밖에 없었던 1930년대 후반 한국 모더니스트의 자화상을 엿볼 수 있다. 근대의 초극을 꿈꾸었던 김기림도 이러한 상황에서 '지친 나비'에 불과했던 것이다.

### 04 김기림의 시사적 업적
　　이양하, 최재서 등과 함께 서구 주지주의 이론을 도입, 자연발생적 시와 감상적 시를 배격하고 창작에서의 주지성과 문명 비평 정신을 앙양할 것을 주장했다. 한국에서 처음으로 모더니즘 문학 운동을 선언하는 한편, 그 이론에 입각한 시의 시도를 꾀했다.
　　그의 장시「기상도」는 T. S. 엘리엇의 영향을 받아 현대 문명의 파멸과 재생을 주제로 하여 모더니즘 이론에 충실하게, 회화성과 문명 비평적 태도 등의 이론을 한꺼번에 실현하려고 애쓴 시이다. 그러나 현대시의 특성인 주지성과 회화성을 담아내지 못하고 결과적으로는 문명 비평적 태도마저 이국적인 정서의 일종으로 떨어지고 말았으며 피상적인 서구적 문물과 사상에 대한 동경만이 두드러지게 나타나고 있을 뿐이라고 평가받고 있다.

### 05 색채 대비가 주는 효과
　　색채 대비를 통해 거대한 현실과 부딪치는 나비의 좌절을 보여주고 있다. '나비'에게는 동경의 대상이었던 '바다'였지만 식민지라고 하는 현실 속에서 근대 문명에 거의 무방비 상태로 노출된 채 맞이한 '바다'는 더 이상 동경의 대상만은 아닌 것이다. 시퍼렇고 거대한 '바다'와 만난 '나비'의 낭만적이고 순수한 꿈은 그대로 무너지고 만다. 2연의 청무우밭의 청색과 3연의 새파란 초생달은 모두 '나비'에게 냉혹한 현실인 것이다. 흰색의 나비는 순수, 낭만을 가진 시적 화자로, 청색의 바다, 청무우밭, 새파란 초생달은 냉혹한 현실, 거대한 근대 문명의 이미지로 형상화되며 주제를 부각시키고 있다.

## 기출문제

※ (1~2) 다음 작품을 읽고 물음에 답하시오. [6점]

(가)
비눌
돛인
海峽은
배암의 잔등
처럼 살아났고
아롱진 〈아라비아〉의 衣裳을 둘른 젊은 山脈들
바람은 바다에서 〈사라센〉의 비단幅처럼 미끄러웁고
傲慢한 風景은 바로 午前七時의 絶頂에 가로 누었다.
〈부분〉
― 김기림, 「세계의 아침」

(나)
아모도 그에게 水深을 일러준 일이 없기에
힌 나비는 도모지 바다가 무섭지 않다.

靑무우 밭인가 해서 나려갔다가는
어린 날개가 물결에 저려서
公主처럼 지쳐서 도라온다.

三月달 바다가 꽃이 피지 않아서 서거픈
나비허리에 새파란 초생달이 시리다.
― 김기림, 「바다와 나비」

**1.** 1920년대의 시와는 그 경향을 달리하는 1930년대 모더니즘 시의 일반적인 특성을 다음 〈조건〉에 따라 4가지 이상 쓰시오. [3점]

2001년 기출 10번

―〈조건〉―
위의 시를 참고하여 내용, 표현 두 영역에서 각기 두 가지 이상을 제시할 것

### 출제기관 채점기준

1. 내용
   ① 자본주의 도회 문명, 근대 문명의 수용
   ② 전통에서의 일탈, 과학 문명의 새로움에 대한 지향
   ③ (감상과 낭만, 센티메탈리즘) 배격한 객관적 지성의 강조
   ④ 편내용주의 배제 문학의 순수성(객관성) 옹호

2. 표현
   ⑤ 창작에 대한 의도적 제작의식과 그 방법론의 확립이라는 형식주의적 태도
   ⑥ 회화성(이미지즘)에 의한 사물의 객관화
   ⑦ 외래어 문명어의 자유로운 사용
   ⓐ 1920년대의 퇴폐적인 상징주의 시와 감상적 낭만주의 그리고 계급 문학의 이념성에 치우쳐 있던 한국 문학이 1930년에 접어들면서 20세기의 새로운 문학사조가 들어오고 식민지 파행적인 자본주의는 모더니즘을 생성케 하였다.
   ※ 문제점 : 위와 같은 문제의 경우 (가) 시의 지문 전체가 제시되어야 모더니즘 시의 특성을 파악할 수 있음

> **보충답안**

　1920년대의 퇴폐적인 상징주의 시와 감상적 낭만주의 그리고 계급 문학의 이념성에 치우쳐 있던 한국 문학이 1930년에 접어들면서 20세기의 새로운 문학사조가 들어오고 식민지 파행적인 자본주의 모더니즘을 생성케 하였다.
　김기림의 시에서 1920년대와 다른 1930년대 모더니즘 시의 특징은 내용면에서 첫째, (가)의 경우 세계 문명에 대한 인식을, (나)의 경우 모더니즘에 대한 추구와 좌절의 인식을 드러내어 모두 주지적 태도(지성)에 근거한 시의 창작(주지주의, 모더니즘)을 보여주며, 둘째, (가)의 경우 '아라비아, 사라센' 등 세계를 여행하면서 느낀 점, (나)의 경우 바다(근대)에 대한 동경을 통해 '서구 근대 문명에 대한 내용'을 드러냈다. 셋째, (가)와 (나)의 소재나 주제가 모두 1920년대의 낭만적·감상적 시 세계를 벗어나 있으면서, 문학의 순수성을 지향하며, (가)와 (나) 모두 1920년대 낭만주의 시의 감상적 경향과 카프의 이념성을 벗어나 서구 모더니즘에 바탕한 새로운 시 세계를 지향하고 있다.
　표현(형식)면에서 1920년대 시와 다른 점은 첫째, (가)에서 행의 배열, 마지막 연의 말줄임표, 대화의 삽입 등의 새로운 표현 기법이나 (나)에서 색채의 대비 등의 형식적 실험(형식주의)을 드러내고 있으며, 둘째, 시각(회화적 표현)·후각·청각 등의 다양한 이미지 사용이 나타나며, 그 중에서 특히 시각적(회화적) 이미지를 많이 사용한다. 그리고 파도를 배암의 잔등이라고 표현한 것, 색채의 대비 등 선명한 감각적 표현이 사용되었고, 시에서 '바다'(해협), '배암의 잔등', '바다', '나비' 등의 참신하고 낯선 비유의 사용, 운율(음악성)을 크게 중시하지 않았다. 넷째, (가)에서 외래어나 새로운 시어(문명어), 한자어 등이 많이 사용되고 있으며, '오전칠시(午前七時)의 절정(絕頂)' 등 사물의 수치화, 즉물적 표현 등 작품의 제작이라는 형식주의 특성 등의 방법론적 새로움을 말할 수 있다.

2. 「바다와 나비」를 읽고 '바다'와 '나비'가 대립에서 조화의 관계에 이르는 부분을 찾아 시적 의미를 해석하시오. 그리고 사물에 대한 시적 화자의 즉물적인 표현을 제시하고, 이를 설명하시오. [3점]　　2001년 기출 10번

> **출제기관 채점기준**

1. 1연 : '바다'와 '나비'는 '바다'의 무한함과 '나비'의 유한함 등으로 대립되는 개별적 존재로서의 모습이다.
2. 2연 : ⓐ 서로 다른 존재('바다'와 '나비')는 2연에서 상호 역동성(청무우 밭으로 날아들고, 청무우밭으로 유인하고, 날개가 바닷물에 절어 돌아오는 '가고', '오는' 상호 역동성)이다.
　3연 1행 끝의
　ⓑ '서거푼'이 '바다'와 '나비허리'(나비)를 이어줌으로써 마침내 3연에서 나비(나비 허리)에 바다(바다 ≒ 하늘 = 초생달)가 시린 감촉(촉감적 이미지 ≒ 접촉)으로 함께 병치, 조화된다.
　ⓒ 기승전결의 결구적(結句的) 성격으로도 3연이 종결의 조화 수렴 기능을 하여 이러한 운동을 가능하게 한다.
　　※ 문제점 : ⓐ - ⓑ에서 '조화'를 이룬다는 부분의 답은 객관성이 부족함
3. 즉물적으로 표현된 것(ⓓ '청무우 밭', '새파란 초생달', '3월달 바다' 등)과 현재 시제의 서술어('무섭지 않다', '도라온다', '시리다' : 과거의 주어져 있는 것이 없는, 미래의 기대가 보태지지 않은 존재 자체로서의 현재, 서술어의 구체성)의 지적
4. 앞에 찾아낸 것들의 즉물성이란, 즉 명료성, 구체성, 객관성 등을 말하는 것이다.

> **출제기관 제시답안**

　바다와 나비는 ① 무한히 큰 것과 극히 작은 한 점으로서 대립적 관계를 가진다. 동시에 ② 3연에서 초생달이 떠 있는 하늘과 맞닿은, 꽃도 피지 않는 서거푸고 차가운 바다는 무한한(어린) 나비의 촉각적 감감적 이미지(차가운, 시린)가 갖는 친화력(접촉)으로 대상과 병치되면서 조화를 꾀한다. 즉 대립에서 병렬적이자 조화의 관계로 전이된다.
　※ 문제점 : '조화'를 이룬다는 부분의 답은 객관성이 부족함
　③ '청무우 밭, 새파란 초생달, 3월달 바다' 그리고 '무섭지 않다, 도라온다, 시리다' 등을 현재형을 써서 감상과 낭만을 배제한 ④ 명징한 사물의 구체적(시각적) 이미지는 모더니즘의 객관화, 즉 주지적 시의식을 구현한다.

> **보충답안**
>
> 이 시에서 '바다'는 '나비'가 추구하는 이상향 또는 '근대'의 의미를 지니지만, 그것은 잔혹한 현실이며 무한성의 공간을 의미한다. '나비'는 시인 자신이며, 이상향이나 근대를 지향하지만, 나약한 존재이고, 유한성을 지닌 존재이다. 이 시의 1연에서 보면 바다와 나비의 상황이 드러나고, 2연에서 바다와 나비의 대립이 드러난다. 그러나 이러한 대립은 3연에서 이상향 추구에 대한 좌절과 현실의 냉혹함의 인식이라는 의미로 나타난다. (2연의 '청무우밭인가 해서는' 하는 부분과, 3연의 '도라온다'는 표현이나 '서거픈' 등의 표현을 통해 아주 부분적으로 조화의 의미를 발견할 수는 있겠지만, 이 시 자체가 조화의 의미를 드러내고 있다고 보기에는 객관성이 부족함)
>
> 시 「바다와 나비」는 나비가 바다로 날아가다 되돌아오는 짧은 시간에 벌어진 일을 시각적으로 구체적이고 감각적으로, 그리고 현재 시제의 어미로 드러냈다는 점에서 즉물적 표현이라 할 수 있다. 보통 시에서 사물의 움직임이나 풍경 등의 순간적인 선명한 인상을 감각적으로, 현재형으로 표현하는 것을 즉물적 표현이라 하는데, 이 시에서는 나비가 '청무우밭 – 3월달 바다 – 초생달' 등을 거치는 부분이 '무섭지 않다 – 도라온다 – 시리다' 등의 현재형 표현을 써서 감상과 낭만을 배제한 채 제시하고 있다. 이렇게 명징한 사물의 구체적(시각적) 이미지는 모더니즘의 객관화, 즉 주지적 시의식을 구현한다.

3. 다음 작품의 시인이 마지막 행을 어떻게 조직하고 구체화했을지 생각해 보았다. 작품 전체의 의미 맥락에 부합하지 <u>않는</u> 것은? [2.5점]

2009년 모의 기출 36번

> 아무도 그에게 水深을 일러 준 일이 없기에 / 흰 나비는 도무지 바다가 무섭지 않다.
>
> 靑무우밭인가 해서 나려 갔다가는 / 어린 날개가 물결에 저러서
> 公主처럼 지쳐서 돌아온다.
>
> 三月달 바다가 꽃이 피지 않아서 서글픈 / 나비 허리에 새파란 초생달이 시리다.

① 구조적인 통일성을 갖추려면, 1연과 3연이 대응 관계를 갖도록 구성해야겠어. 아무것도 모르는 순진한 '나비'의 심상을 고통스럽고 피로한 현실을 깨달아 버린 연약한 '나비'의 심상으로 전환시켜 대비해야지.
② 시의 회화성을 강화하려면, 정서를 직접 환기하기보다는 심상을 감각적으로 드러내야겠어. 어린 나비에 감정 이입한 시적 주체의 정서적 체험 내용을 '시리다'라는 감각적 심상으로 나타내야지.
③ 소재의 의미를 부각하려면, '바다'에 대한 '나비'의 착각을 '바다'의 심상 변화를 통해 드러내야겠어. 2연에서 '바다'의 심상에 희망이라는 의미를 부여했으니 3연에서는 '새파란 초생달'을 통해 고통의 의미를 부각해야지.
④ 주제를 선명하게 보이려면, '바다'가 갖는 이중적 의미를 대비시켜야겠어. '나비 허리'에 걸린 '새파란 초생달'이라는 심상의 결합을 통해 인정 없는 시대의 냉담함과 시적 주체의 서글픈 소외감을 나타내야지.
⑤ 이질적인 소재를 통합시키려면, '바다'와 '나비'로부터 떠올린 심상들이 서로 의미적 유사성을 갖도록 해야겠어. '公主'에서 '나비 허리'를 떠올리게 하여 '나비'의 연약함을 이끌어 내고, '靑무우밭'에서 파도를 거쳐 '새파란 초생달'을 떠올리게 하여 '바다'의 날카로움을 이끌어 내야지.

정답 ④

## ▷ 김광균
金光均

1914 ~ 1993
시인. 개성 출생
동인지 ≪자오선≫·≪시인부락≫ 등에서 활동

▷ **작가의 특징**
1. 1937년 신석초, 서정주, 이육사 등과 동인지 ≪자오선≫, ≪시인부락≫ 등에서 활동했다.
2. 서구 모더니즘의 영향을 보이고 있으나 이상·김기림의 다다이즘이나 초현실주의의 급진적이고 파괴적인 요소보다 온건하고 차분한 회화적인 이미지에 치중하여 이미지즘(모더니즘) 시 운동을 실천한 시인 – 김기림의 이론을 바탕으로 창작 활동을 하였다.
3. 작품은 시각적·회화적 이미지를 강조하여 관념이나 소리마저 시각화하려 했고, 소시민적 감각으로 근대 문명과 도시 풍경을 드러내거나 현대인이 느끼는 고독감과 삶의 우수를 표현한 경우가 많다.

▷ **주요 작품**
시집 : 『와사등』(1939), 『기항지』(1947), 『황혼가』(1957)

## 작품 1  외인촌 (조선중앙일보, 1935년)

하이얀 모색(暮色) 속에 피어 있는
산협촌(山峽村)의 고독한 그림 속으로
파아란 역등(驛燈)을 달은 마차(馬車)가 한 대 잠기어 가고,
바다를 향한 산마룻길에
우두커니 서 있는 전신주(電信柱) 위엔
지나가던 구름이 하나 새빨간 노을에 젖어 있었다.

바람에 불리우는 작은 집들이 창을 내리고,
갈대밭에 묻히인 돌다리 아래선
작은 시내가 물방울을 굴리고,

안개 자욱한 화원지(花園地)의 벤치 위엔
한낮에 소녀(少女)들이 남기고 간
가벼운 웃음과 시들은 꽃다발이 흩어져 있었다.

외인 묘지(外人墓地)의 어두운 수풀 뒤엔
밤새도록 가느다란 별빛이 내리고,

공백(空白)한 하늘에 걸려 있는 촌락(村落)의 시계(時計)가
여윈 손길을 저어 열 시를 가리키면,
날카로운 고탑(古塔)같이 언덕 위에 솟아 있는
퇴색(退色)한 성교당(聖敎堂)의 지붕 위에선

분수처럼 흩어지는 푸른 종소리.

# 핵심정리

▷ **갈래** 서정시, 주지시
▷ **성격** 회화적, 감각적, 묘사적
▷ **어조** 은근하고 정감어린 애상적 어조
▷ **심상** 시각적, 공감각적
▷ **표현** ① 회화적 이미지로 묘사, 공감각적으로 표현
　　　　② 시간의 변화(저녁→밤→아침)에 따라 시상 전개
▷ **제재** 외인촌의 풍경
▷ **주제** ① 이국적 정취를 통한 도시인의 고독과 우수
　　　　② 외인촌의 고독하고 쓸쓸한 풍경

## 이해와 감상

### 1 짜임 분석

시간 – 공간의 이동에 따른 전개
- 기(1연) – 고독한 산협촌의 저녁
- 전(4연) – 밤이 깊어 가는 고독한 외인 묘지
- 승(2~3연) – 어둠 속의 마을 풍경과 공허한 화원지의 저녁
- 결(5~6연) – 성교당의 아침 종소리

### 2 작품감상의 구조

| 구성 요소 | 구성 요소의 파악 | 그것이 지닌 의미·효과 | 주제와의 관련성 |
|---|---|---|---|
| 내용 요소 | ① 시적 화자 및 화자의 상황 | 시적 화자는 멀리서 외인촌의 풍경을 바라보며 고독함과 쓸쓸함을 느끼고 있다. | 이국적 정취를 통한 도시인의 고독과 우수 |
| | ② 이미지즘 시의 특징 | ㉠ 이미지에 의한 감각적 표현이 드러난다.<br>㉡ 외인촌의 풍경을 관찰해 시각적·회화적으로 제시했다. | |
| 형식 요소 | ① 시상의 전개 | ㉠ 시선의 이동(공간): 원경(1연)에서 근경(2~3연)으로 시상이 전개된다.<br>㉡ 시간의 흐름: 저녁(1연) – 밤(2~4연) – 아침(5~6연)으로 전개된다. | |
| 표현 요소 | ① 감정이입, 비유 | '고독한 그림'에서 감정이입이 나타나고, '여윈 손길'에서 의인법과 환유가 마지막 행에서 직유가 나타나 내용을 효과적으로 드러냈다. | |
| | ② 심상 | 시각적인 이미지와 공감각적 이미지('웃음이 흩어져 있었다', '분수처럼 흩어지는 푸른 종소리')를 사용하여 외인촌의 느낌을 효과적으로 표현하고 있다. | |

### 3 감상의 길잡이

　　이미지즘의 수법이 돋보이는 3연의 자유시로, 구성의 분석이라는 것이 크게 필요 하지 않은 이미지 나열 위주의 시이다. 전체적으로 서양화 세 폭을 시점의 이동에 따라 묘사해 내고 있는 듯한 시이다.
　　「추일 서정」과 「설야」에 비해 단순한 회화적 수법을 극도로 구사한 실험적 시이다. 앞의 두 시가 회화성 혹은 이미지 추구를 주로 하고 있음에도 불구하고 여전히 시 전체를 통어했던 것은 시인의 정의적 태도, 즉 감정적 대응이었다면 이 시에서는 그러한 태도를 찾아보기 힘들다. 화자의 정의적 태도를 드러내는 직접적인 언술 없이 이 시는 장면의 묘사에 치중한다.
　　이 시의 회화성이 지니는 또 다른 특이한 점은 그것이 이미지 위주로 구성되지 않고 있다는 점이다. 다시 말해 비유에 의해 이미지를 생성하는 대신에 그냥 그림을 그리듯 직설적으로 풀고 있을 뿐이다. 눈에 보이는 모습을 있는 그대로 묘사

하고 있을 뿐 특이한 재주를 피우지 않는다. 물론 청각조차 시각화하는 독특한 재주를 보여주는 시구 '분수처럼 흩어지는 푸른 종소리'와 같은 곳이 없는 것은 아니나, 이 시는 전체적으로 비유에 의존하고 있지 않음이 확실하다. 그럼에도 이 시가 현실감을 주지 않고 이질감을 주는 것은 화자가 보고 그리는 대상이 실제 현실이 아니기 때문일 것이다. 화자는 어떤 그림들 앞에 서 있거나 화집을 펼쳐보고 있는 중이다. 그의 눈앞에 펼쳐지는 서양 구상화의 가공된 이국적 정서가 그를 더없이 매혹시키고 있으며 그 느낌을 말로 그냥 풀어내고 있는 것이다.

## ▣ 중요 내용 정리

### 01 시상의 전개

이 시는 황혼에서 밤으로, 밤에서 다시 아침으로 옮아가는 시간 배경을 가지고 있다. 즉 저녁의 안개와 노을에 젖은 구름으로 형상화된 시간대를 지나 조그만 집들이 창문을 닫음으로써 '밤'으로 향하는 시간의 이행이 드러난다. 여기에서 어두운 밤은 어두운 시대 상황 혹은 작가의 음울한 내면 심경을, 그 속에 들어선 조그만 집들은 유폐된 낯선 공간의 분위기를 보여준다. 안개라는 불투명한 상황 속에서 현대인의 일종의 방향 상실감과 공허함을 느낄 수 있다. 그리고 다시 아침 10시가 되어 푸른 종소리가 흩어지는 모습을 제시하고 있다.

### 02 김광균의 작품 세계

김광균은 김기림, 정지용과 더불어 1930년대 모더니즘 시 운동을 실천한 대표적인 시인이다. 근대 도시적 소재를 바탕으로 공감각적 이미지나 강한 색채 이미지, 그리고 이러한 이미지를 공간적으로 배치하는 기법을 시에서 사용하였으며 특히 사물의 한계를 넘어 관념이나 심리의 추상적 차원마저 시각화시켰다. 이를 통하여 그는 근대 기계 문명의 황량함을 바탕으로 한 소시민적 서정과 문명 속에서 현대인이 느끼는 고독감과 삶의 우수와 같은 정서를 절실하게 표현하고 있다. 그러나 시 속에서 그려지는 현실이 추상적 공간일 뿐이고 역사적 공간이 아니며 감상과 연결된 수식어들도 내면의 구체적 경험과 연결된 감동의 세계로 이어지지는 못한다는 평가를 받고 있기도 하다.

### 03 1930년대의 모더니즘

모더니즘의 중요한 테마는 인간성 옹호에 있다. 지적으로 통제된 속에서 산업사회로 인한 인간 소외의 문제에 눈을 돌린 것이다. 이 시가 1930년대 모더니즘의 영향 하에서 쓰였다고 볼 때 외인촌은 우리가 살고 있는 삶터라고 볼 수 있다. 1930년대라는 일제하에서 우리의 모습은 정상적인 상태가 아닌 굴절된 모습이었을 것이고 따라서 이를 묘사하는 태도가 매우 애상적으로 나타났을 것이다.

낭만주의의 주된 정서인 애상과 우수가 모더니즘을 표방하는 작품에서 나타남은 아이러니가 아닐 수 없다. 이는 이미지즘을 내세우며 모더니티를 주장했지만 그 내용은 현실의 감상성을 감출 수 없는 1930년대 모더니즘의 한계가 아닐 수 없다.

## 예상문제

※ (1~3) 다음 작품을 읽고 물음에 맞게 답하시오.

(가)
하이얀 모색(暮色) 속에 피어 있는
산협촌(山峽村)의 고독한 그림 속으로
파아란 역등(驛燈)을 달은 마차(馬車)가 한 대 잠기어 가고,
바다를 향한 산마룻길에
우두커니 서 있는 전신주(電信柱) 위엔
지나가던 구름이 하나 새빨간 노을에 젖어 있었다.

바람에 불리우는 작은 집들이 창을 내리고,
갈대밭에 묻히인 돌다리 아래선
작은 시내가 물방울을 굴리고,

안개 자욱한 화원지(花園地)의 벤치 위엔
한낮에 소녀(少女)들이 남기고 간
가벼운 웃음과 시들은 꽃다발이 흩어져 있었다.

외인 묘지(外人墓地)의 어두운 수풀 뒤엔
밤새도록 가느다란 별빛이 내리고,

공백(空白)한 하늘에 걸려 있는 촌락(村落)의 시계(時計)가
여윈 손길을 저어 열 시를 가리키면,
날카로운 고탑(古塔)같이 언덕 위에 솟아 있는
퇴색(退色)한 성교당(聖敎堂)의 지붕 위에선

㉠ 분수처럼 흩어지는 푸른 종소리.

— 김광균, 「외인촌」

(나)
사람들이 착하게 사는지 별들이 많이 떴다.
개울물 맑게 흐르는 곳에 마을을 이루고
물바가지에 떠 담던 접동새 소리 별 그림자
㉡ 그 물로 쌀을 씻어 밥 짓는 냄새 나면
굴뚝 가까이 내려오던
밥티처럼 따스한 별들이 뜬 마을을 지난다.

사람이 순하게 사는지 별들이 참 많이 떴다.

— 도종환, 「어떤 마을」

1. (가)의 시인도 모더니즘 시를 지향했지만, 서구 모더니즘 시와 비교할 때 차이점이 있다. 위의 시를 통해 그 차이점을 2가지 제시하시오.

   #### 예상답안

   첫째, 서구 모더니즘은 지적 인식을 바탕으로 자본주의 문명의 폐해에 대한 비판적 인식과 새로운 전망을 제시하려고 노력했는데, (가)의 경우 이국적인 외인촌의 모습을 관찰하여 드러냈을 뿐, 그것의 폐해에 대한 비판적 인식이 드러나지 않는다. (형식적인 측면만 수용했음)
   둘째, 서구 모더니즘 시는 주지시로서 정서를 배제한 시를 지향했는데, (가)에서는 2행의 '고독한'이라는 부분에서 정서를 드러내고 있다.

2. (가)와 (나) 작품에 나타난 '마을'의 의미를 비교하여, 그 차이점을 3가지 밝히시오.

   #### 예상답안

   (가)의 경우 이국적인 마을 풍경을 담았고, (나)의 경우 전통적, 향토적인 마을 풍경을 담았으며, (가)의 경우 외롭고 고독한 마을의 이미지를 드러낸다면, (나)의 경우 따뜻하고 포근한 마을의 이미지를 드러낸다. 또 (가)의 경우 마을의 외형을 제시한 것이라면, (나)의 경우 마을과 함께 사람들의 삶까지 포괄하여 제시했고, (가)의 경우 외면의 풍경 관찰을 위주로 했다면, (나)의 경우 관찰 및 유추를 통해 내면의 세계까지 제시하고 있다.

3. 위의 밑줄 친 ㉠, ㉡에 나타난 부분을 이미지의 표현 방법과 감각에 따라 나누어 설명하고, (가)의 ㉠을 통해 시에서 이미지의 기능을 2가지 서술하시오

   #### 예상답안

   ㉠은 표현 방법에서 비유적 이미지이며, 감각의 종류에서 공감각적(청각의 시각화) 이미지가 드러난다. ㉡은 표현 방법에서 서술·묘사적 이미지이며, 감각의 종류에서 후각적 이미지가 드러난다.
   위의 시 (가)에서 ①은 '종소리가 들려온다'는 의미를 전달하고, ② '종소리가 퍼지는 모습'을 구체적이고 생생하게 표현하며, ③ '분수처럼 흩어지는 푸른 종소리'를 통해 정서적 감각적 쾌감을 준다. 그리고 ④ 이러한 이미지에 의한 표현은 '외인촌'의 고독한 모습이라는 주제를 잘 드러낸다.

## 작품 2  추일서정 (인문평론, 1940년)

낙엽은 폴란드 망명 정부의 지폐
포화(砲火)에 이지러진
도룬 시(市)의 가을 하늘을 생각케 한다.
길은 한 줄기 구겨진 넥타이처럼 풀어져
일광(日光)의 폭포 속으로 사라지고
조그만 담배 연기를 내뿜으며
새로 두 시의 급행 열차가 들을 달린다.
포플러 나무의 근골(筋骨) 사이로
공장의 지붕은 흰 이빨을 드러내인 채
한 가닥 구부러진 철책(鐵柵)이 바람에 나부끼고
그 위에 셀로판지(紙)로 만든 구름이 하나.
자욱한 풀벌레 소리 발길로 차며
호올로 황량(荒凉)한 생각 버릴 곳 없어
허공에 띄우는 돌팔매 하나.
기울어진 풍경의 장막(帳幕) 저 쪽에
고독한 반원(半圓)을 긋고 잠기어 간다.

### 핵심정리

▷ **갈래** 자유시, 서정시
▷ **성격** 회화적, 주지적, 감각적
▷ **어조** 쓸쓸하고 애상적인 어조
▷ **구조** 선경후정의 구조
▷ **제재** 가을풍경
▷ **주제** 가을의 애수어린 풍경과 고독감

### 이해와 감상

**1 짜임 분석**

- 1～3행 – 낙엽에서 느낀 쓸쓸함
- 4～7행 – 가을날 풍경에서 느낀 소멸감  ┐
- 8～11행 – 도시의 가을에서 느낀 황량함 ┘ 선경
- 12～16행 – 가을날의 고독과 애상 — 후정

## ② 작품감상의 구조

| 구성 요소 | 구성 요소의 파악 | 그것이 지닌 의미·효과 | 주제와의 관련성 |
|---|---|---|---|
| 내용 요소 | ① 시적 화자 및 화자의 상황 | 시적 화자는 삭막한 도시의 가을 풍경을 바라보다가 돌팔매질을 하지만 그것이 시적 화자를 더욱 고독하게 만드는 상황이다. | 가을의 애수어린 풍경과 고독감 |
| | ② 소재의 특징 | '폴란드 망명 정부의 지폐, 사라지는 길, 지나가는 급행열차, 공장 지붕, 구부러진 철책, 셀로판지 구름' 등 가을이 주는 애상감, 고독감을 잘 드러내는 소재를 사용했다. | |
| | ③ 이미지즘 시의 특징 | 이미지에 의한 감각적 표현이 나타난다. 가을의 고독한 풍경을 관찰하여 시각적·회화적으로 제시했다. | |
| 형식 요소 | ① 선경후정의 구조 | 1행~11행의 '선경'과 12행~16행의 '후정'으로 이루어져 있으며, 이러한 구조를 통해 화자의 고독한 정서를 잘 드러냈다. | |
| | ② 상실, 하강, 소멸의 시어 | 상실, 하강, 소멸의 이미지를 통해 가을의 황량함을 제시했다. | |
| 표현 요소 | ① 다양한 비유와 묘사 | 직유, 환유, 은유, 의인화(감정이입) 등 다양한 비유와 묘사를 통해 황량한 가을 풍경을 도시 문명의 이미지에 빗대어 표현했다. | |
| | ② 심상 | 다양한 시각적 이미지(셀로판지로 만든 구름)와 공감각적 이미지(자욱한 풀벌레 소리 발길로 차며)를 통해 가을 풍경을 감각적으로 표현했다. | |
| | ③ 감정이입 | 고독한 그림 등에서 작가의 정서를 사물에 투영하여 표현했다. | |
| | ④ 한계 – 기법적 차원의 수용 | 소재들이 파편화되고 의미의 통일성을 지니지 못해서 서구의 모더니즘 시와 같은 적극적 문명 비판을 드러내지 못하고, 단순한 기법 차원의 수용이 되었고 이는 김광균의 시 전반에 나타나는 특징이다. | |

## ③ 감상의 길잡이

  이 시는 단연으로 된 이미지즘풍의 시이다. 가을날의 서정을 다양한 이미지로 그려내면서 현대 문명의 황폐한 모습과 그 속에 놓인 인간 존재의 고독을 암시한다.
  이 시에서 드러나는 현대 문명의 모습은, 그 모습들 각각이 내적 연관이나 필연성으로 어떤 전체적 의도를 향해 집중됨으로써 전위적이거나 실험적인 의식을 가진 혁명 혹은 전복을 낳는 것이 아니라 단순한 파편적 소재로 떨어져 있을 뿐이다. 그러면서도 이 시가 당대의 문단에서 나름대로 위상을 확보할 수 있었던 것은 바로 이미지를 조작하는 시인의 새로운 능력 때문이라는 사실을 알 수 있다. '낙엽'과 '망명정부의 지폐', '길'과 '구겨진 넥타이', '공장의 지붕'과 '흰 이빨', '구름'과 '셀로판지'의 결합들이 빚어내는 이 시의 전체적인 이미지 처리가 당대에는 가히 획기적으로 신선했을 것이다. 그러나 한계도 비교적 뚜렷하다. 예를 들면 나치 독일에 의해 무참히 유린된 폴란드의 정세라는 좋은 소재마저도 일종의 암시적인 효과 외에는, 이 시에서의 전체적 의미 구조에 긍정적인 기능을 담당하지 못하고 표류한다. 이런 현상들은, 적어도 당대의 모더니즘 즉 이미지즘만으로 나타났던 새로운 문학 조류의 이론가가 그 이론의 원류인 유럽에서와는 다르게, 이념적인 전위성, 혁명성을 축으로 한 적극적 문명 비판의 모습으로서가 아니라, 단순한 기법적 차원으로만 도입되었음을 보여주는 증거라 할 것이다.

## 중요 내용 정리

### 01 표현상의 특징

이 시는 시각적 이미지를 독특한 비유를 통해 형상화시킨 이미지즘 계열의 작품이다. 특히 이 시는 사실적 서경의 표현보다 일상적 관념을 깨뜨리는 낯선 비유를 사용하고 있다는 점에서 상상력의 비약과 지적 인식을 요구한다. 즉, '낙엽'이 '망명 정부의 지폐'에, '길'이 '구겨진 넥타이'에 비유되는가 하면, 내리쬐는 햇살을 '일광의 폭포'라 하고 기차를 '조그만 담배 연기'와 연결시키는 등 비약적인 유추를 구사하고 있는 것이다. 한편 '폴란드 망명 정부의 지폐', '구겨진 넥타이', '담배 연기' 등 사물화된 이미지들은 근대화된 서구 도시 문명에 대한 관심의 표상이며, '나무'와 '공장'을 '근골'과 '흰 이빨'과 같은 기계적, 물질적 이미지로 비유한 것 역시 사회의 근대적 변화에 대한 날카로운 감수성을 보여 주고 있다. 따라서 이 작품에 나타난 황량한 풍경은 화자의 눈에 비치는 사물인 동시에 쓸쓸한 자신의 심리 상태가 투영된 것이며, 또한 그 중심된 정서는 기계 문명의 황량함을 바탕으로 소시민적 서정과 문명 속에서의 현대인이 느끼는 고독감과 삶의 우수라는 것을 짐작할 수 있다.

### 02 이미지즘

사상주의라고도 한다. 처음 이미지즘을 제창한 것은 영국의 철학자이며 비평가인 흄이며, 파운드는 흄의 예술론에서 암시를 얻어 '이미지즘'이란 말을 생각해 냈다고 한다. 이 운동의 목표는 ① 일상어의 사용, ② 새로운 리듬의 창조, ③ 제재의 자유로운 선택, ④ 명확한 사상을 줄 것, ⑤ 집중적 표현을 존중할 것 등이다. 이 시 운동은 프랑스의 상징주의를 계승한 것이지만, 그리스, 로마의 단시와 중국, 일본시의 영향도 받았음을 알 수 있다. 우리나라의 경우, 김기림, 김광균에 의해 주도되었는데, '시는 회화다'라는 이미지즘의 시론을 실천했다.

### 03 이 시에 대한 비판적 관점

1930년대 모더니즘 계열의 시들은 회화적인 표현을 통해 현대 문명 속에서 방황하는 인간의 모습을 그리고 있다. 모더니즘이 교회의 권위와 봉건성에 반항하며 생겨난 장르라는 특성을 고려할 때, 이러한 시들은 현대 문명의 비판으로 이어지고 있다. 하지만, 「추일서정」에서는 가을날의 황량함을 현대의 모습과 비유하며 그리고 있어, 시적 화자는 그 황량함 속에서 고독과 비애를 느끼고 있지만, 그러한 정서를 유발한 현대 문명에 대한 비판은 나타나 있지 않다.

## 예상문제

※ (1~2) 다음 작품을 읽고 물음에 답하시오.

(가) 대화 중심 학습방법의 절차와 주요 학습활동

| 절차 | 주요학습 활동의 예 |
|---|---|
| 시를 이해하는 데 필요한 지식 이해하기 | • 해당 시와 관련 있는 문학적 지식 이해하기<br>• 대화 중심 읽기 방식에 대한 안내 |
| 시 낭송하기 | • 시의 분위기나 어조 파악하기<br>• 낭독자의 목소리를 선택하여 시에 맞게 낭송하기<br>• 시의 의미 예측하기 |
| 〈대화 1〉<br>독자 개인의 내적 대화 | • 시 텍스트에 근거하여 시 이해에 필요한 질문을 스스로 생성하고 답하기<br>• 상호 경쟁적인 읽기 중 스스로 가장 타당한 근거를 제시할 수 있는 읽기(지배적 읽기)를 선택하기<br>• 독서 스토리 작성하기 |
| 〈대화 2〉<br>독자와 독자들 간의 대화 | • 타당한 근거를 내세울 수 있는 시의 해석과 다른 독자의 근거를 비교하며 대화 나누기<br>• 타당한 근거와 관련 있는 내용 찾아보기<br>• 모호한 내용을 명료화하며 각 근거의 설득력을 비교하며 타당한 해석 내용 판단하기 |
| 〈대화 3〉<br>교사(전문가)와 독자의 대화 | • 그동안의 대화 과정에서 제시되지 않은 새로운 관점 제시하기(교사)<br>• '대화 2'에서 오독이 발생한 경우 수정하기<br>• 여러 관점 간의 경쟁적 대화를 통해 좀 더 근거 있는 해석의 가능역 설정하기 |
| 시의 의미 정리하기 | • 가장 타당하다고 생각되는 시의 의미 정리하기<br>• 모작, 개작, 모방 시 창작하기<br>• 독서 스토리 완성하기 |

(나)
　낙엽은 폴란드 망명 정부의 지폐
　포화(砲火)에 이지러진
　도룬 시(市)의 가을 하늘을 생각하게 한다.
　길은 한 줄기 구겨진 넥타이처럼 풀어져
　일광(日光)의 폭포 속으로 사라지고
　조그만 담배 연기를 내뿜으며
　새로 두 시의 급행 열차가 들을 달린다.
　포플라나무의 근골(筋骨) 사이로
　공장의 지붕은 흰 이빨을 드러내인 채
　한 가닥 구부러진 철책(鐵柵)이 바람에 나부끼고
　그 위에 셀로판지(紙)로 만든 구름이 하나.

> 자욱한 풀벌레 소리 발길로 차며
> 호올로 황량(荒凉)한 생각 버릴 곳 없어
> 허공에 띄우는 돌팔매 하나.
> 기울어진 풍경의 장막(帳幕) 저쪽에
> 고독한 반원(半圓)을 긋고 잠기어 간다.
>
> — 김광균, 「추일서정」

1. 위의 (가)와 같이 '대화 중심 문학 교수·학습'을 계획할 때, '교사'와 학습자가 주의해야 할 점을 각각 2가지씩 제시하라. [4점]

### 예상답안

① 교사의 경우
  ㉠ 학습자가 일상적·관습적 사유 방식으로부터 벗어나게 새로운 문제를 제기하고, 반성적으로 성찰 할 수 있는 시각을 제공한다.
  ㉡ 상대방의 의견을 존중하면서 대화를 나눌 수 있도록 분위기를 조성하며, 해석의 다양성 측면에서 열린 마음을 지녀야 한다.
  ㉢ 문학적 대화를 진작시키기 위한 '질문 목록'이 중요하므로 교사는 대화를 유발하는 다양한 질문 목록을 준비한다.
  ㉣ 오독이 있을 경우 타당한 해석을 향해 나아가는 과도기적 과정이라는 점에서 접근하며 활발한 대화의 장으로 끌어 들이도록 한다.

② 학습자의 경우
  ㉠ 학습자는 상대방의 반응에 대해 사소한 부분을 꼬투리를 잡으면서 지속적으로 질문을 하지 않도록 한다.
  ㉡ 학습자는 자신의 해석이나 감상이 무조건 옳다는 생각에서 벗어나 다른 사람의 의견도 존중해야 한다.
  ㉢ 학습자는 대화에 적극적으로 참여하기 위해 철저히 준비하여 대화에 임하도록 한다.

2. 위의 (가)를 (나) 작품에 적용하여 학생들이 '〈대화 1〉 독자 개인의 내적 대화'에 필요한 질문 목록을 다음과 같이 만들어 왔다. 적절하지 않은 질문을 모두 골라 그 이유를 설명하라. [4점]

───────〈(나)에 대한 내적 대화의 목록〉───────
㉠ 이 시에 모더니즘(이미지즘) 기법은 어떻게 나타나 있는가?
㉡ 이 시의 주제가 무엇인가?
㉢ 이 시가 일제 시대의 도시에 대해 어떤 인식을 드러내었는가?
㉣ 이 시의 시적 화자가 고독함을 느끼는 이유가 무엇인가?
㉤ 이 시에는 일제의 억압적 현실이 어떻게 제시되었는가?
㉥ 이 작품에 어떤 이미지가 주로 사용되었는가?
㉦ 이 시에 나타난 비유의 종류와 그것의 효과가 무엇인가?
㉧ 도시문명에 대한 비판을 담았다는 의견의 문제점이 무엇인가?

**예상답안**

① 내적 대화 목록에서 주제를 한 마디로 묻고 답하는 것은 적절하지 않으므로 ⓒ이 적절하지 않다.
② 이 시에는 일제의 억압에 관한 내용을 찾기 어려우므로 ⓜ이 적절하지 않다.
③ 단순히 묻고 답할 수 있는 내용은 내적 대화의 목록으로 적절하지 않으므로 ⓗ이 적절하지 않다. (ⓒ과 유사)
④ ⓞ은 질문이 '독자들 간의 대화'에서 상대방의 논의에 대한 질문이므로 '독자 내적 대화'에서 적절하지 않다.

**참고** 내적 대화를 활성화하기 위한 질문 목록

내적 대화 단계에서 학생들은 자신의 내면에서 어떤 내적 대화를 나누어야 할지 잘 모를 수 있다. 다음 질문들을 통해 문학적 사유로 이어질 수 있도록 하되, 유의 사항이 무엇인지 분명하게 주지시킨다. 독자 스스로 내적 대화를 활성화 할 수 있는 방식을 교사가 시범을 보여줄 수도 있다.

① '문학 텍스트는 나에게 무엇을 말하고 있는가?'
　　이 대담은 소재 차원의 답변이나 문학 텍스트에 대한 객관적인 설명을 요구하는 것이 아니다. 또한 해당 작품의 주제를 한 마디로 말하라는 것도 아니다. 작품을 읽으면서 느꼈던, 문학 텍스트가 독자에게 어떤 말을 걸고자 하는가를 중심으로 내적 대화를 시작하도록 돕는 질문이다.

② '그것을 어떤 방식으로 말하고 있는가?'
　　이것은 시에 나타난 수사법을 단편적으로 생각해 보라는 의미가 아니다. 문학 텍스트가 독자에게 어떤 말을, '어떤 방식으로 걸고 있는가'를 중심으로 생각해 보라는 의미다. 그 대답을 수사법의 차원에서 할 수도 있겠지만, 그 경우에도 중요한 것은 그 수사법이 어떤 효과를 가지면서 텍스트의 의미 형성에 기여하는가 하는 점일 것이다.

③ '왜 그렇게 생각하는가', '무엇이 그런 생각을 가능하게 했는가?'
　　실질적인 근거를 만들기 위한 질문이다. 자신이 그렇게 생각하거나 해석한 이유에 대해 스스로 질문하면서 작품 해석의 근거를 정리해 보도록 한다.

## 작품 3　설야(雪夜) (와사등, 1939년)

어느 먼 — 곳의 그리운 소식이기에
이 한밤 소리 없이 흩날리느뇨.

처마 끝에 호롱불 여위어 가며
서글픈 옛 자췬 양 흰 눈이 나려

하이얀 입김 절로 가슴이 메어
마음 허공에 등불을 켜고
내 홀로 밤 깊어 뜰에 나리면

먼 — 곳에 여인의 옷 벗는 소리.

희미한 눈발
이는 어느 잃어진 추억의 조각이기에
싸늘한 추회(追悔) 이리 가쁘게 설레이느뇨.

한줄기 빛도 향기도 없이
호올로 차단한 의상(衣裳)을 하고
흰 눈은 나려 나려서 쌓여
내 슬픔 그 우에 고이 서리다.

## ■ 핵심정리

▷ **갈래** 자유시, 서정시
▷ **성격** 회화적, 애상적, 감각적
▷ **제재** 눈(雪)
▷ **주제** 눈 오는 밤의 정경과 애상적 그리움

▷ **표현** ① 회화적 심상에 의해 눈 내리는 밤의 정경을 묘사
② 눈에 여러 가지 비유를 대응하여 자신의 애상적 정서를 투영
③ 공감각적 표현의 사용

## 이해와 감상

### 1 짜임 분석

- 기 : 1연 – 한밤에 흩날리는 눈 (그리움)
- 전 : 5연 – 추회의 정서를 느낌 (후회)
- 결 : 6연 – 눈에 서리는 슬픔 (슬픔)

- 승 : 2연 – 흰 눈이 옛 추억을 환기시킴 (서글픔)
  3연 – 눈을 맞이하는 심정 (외로움)
  4연 – 눈 내리는 소리 (그리움)

### 2 작품감상의 구조

| 구성<br>요소 | 구성 요소의 파악 | 그것이 지닌 의미·효과 | 주제와의<br>관련성 |
|---|---|---|---|
| 내용<br>요소 | ① 시적 화자 및 화자의 상황 | 시적 화자인 '나'가 눈 내리는 풍경을 보면서 추억에 잠기게 되고, 슬픔을 느끼는 상황이다. | 눈 오는 밤의 정경과 애상적 그리움 |
| | ② 소재의 특징 | '눈'은 과거의 추억을 환기시키는 매개체이며, 그 추억으로 '나'는 슬픔에 젖게 된다. | |
| | ③ 이미지즘 시의 특징 | 이미지에 의한 감각적 표현이 나타났다.<br>눈 오는 밤의 풍경을 관찰하여 시각적·회화적으로 제시했다. | |
| | ④ 낭만성과 전통성 (이미지즘 시와 다름) | 첫째, '눈 오는 밤, 여인의 옷 벗는 소리' 등의 낭만적인 내용을 바탕으로 했고, 둘째, '눈, 호롱불, 전통적 여인' 등을 소재로 보통의 이미지즘 시와는 다른 특징을 보이고 있다. | |
| 형식<br>요소 | ① 기승전결의 짜임 | 1연(기) – 2~4연(승) – 5연(전) – 6연(결)의 짜임을 통해 화자의 정서를 효과적으로 드러냈다. | |
| 표현<br>요소 | ① 비유 | '눈'을 '그리운 소식, 서글픈 옛자취, 여인의 옷 벗는 소리, 잃어진 추억의 조각, 차단한 의상' 등에 비유하여 드러냈다. | |
| | ② 시적 허용 | '머언', '호올로' 등은 문법에서 벗어나지만, 이를 통해 서로 떨어져 있는 두 사람의 외로움을 잘 표현했다. | |
| | ③ 심상 | 시각적 이미지(호롱불 여위어 가며, 흰 눈, 하이얀 입김, 희미한 눈발 등), 후각적 이미지(향기도 없이), 공감각적 심상(먼 – 곳에 여인의 옷 벗는 소리) 등 다양한 심상을 사용하여 드러냈다. | |

③ 감상의 길잡이

1938년 〈동아일보〉 신춘문예에 당선되었고, 첫 시집 『와사등』(1939)에 수록된 작품이다. 내리고 있는 '눈'의 이미지를 배경으로 시적 화자의 고독과 추억을 감각적으로 형상화하고 있다.

김광균의 시를 이미지즘의 논리로 해설할 때 이 시는 그 자리에서 상당히 벗어나 있는 모습을 보여준다. 이 시는 다음과 같은 구절, 가령 '마음 허공에 등불을 켜고'나 '호올로 차단한 의상을 하고' 정도를 제외하면 거의 전 부분이 직설적 감정 토로에 의해 지탱되고 있다. 그 감정도 재래적 서정시가에서 주로 취급되던, 자칫 감상적이란 멍에를 뒤집어 쓸 수 있도록 다분히 나약한 면모를 지닌 것이다. 구체적인 슬픔의 원인이나 이유 같은 것을 제시하지 않고 있기 때문에 그러한 성격은 더욱 강화된다.

그러나 이러한 약점들에도 불구하고 우리는 이 시를 여전히 이미지즘의 범주에 넣어서 논의할 수 있겠다. 그 가능성은 우선 이 시의 목표가 감정을 표현하는 데 있지 않다는 점에서 찾을 수 있을 것이다. 즉 이 시는 서글픔의 감정을 전달하고자 하는 목표로 구성되어 있지 않다. 그보다 이 시는 눈 내리는 밤의 분위기 즉 밤눈이 오는 모습을 시각, 청각, 촉각 등 각종의 감각을 동원하여 형상화하는 것이 일차적인 목표인 것이다. 그것을 과거의 추억 그것도 후회와 결부시켜 마치 서글픔의 감염이 주목표인 듯 만든 것은 시인의 기질 탓이거나 일종의 과장이다. 그것이 구체적으로 화자의 실패한 옛사랑과 관계가 있다면 슬픔이 그토록 모호하게 처리될 턱이 없다. 요약컨대 과장된 슬픔의 감정 전달이 목표가 아니라 이 시는 애초부터 눈 오는 밤의 모습과 그 순간의 감정적 파장을 순간적이면서도 다각적으로 묘사해 보여주고자 하는 심상 중심의 시인 것이다.

##  중요 내용 정리

### 01 모더니즘 관점에서 바라본 「설야」

김광균은 모더니즘의 대표적인 시인으로 사물의 이미지화에 탁월한 능력을 보여주고 있다. 특히, 이 시는 '눈 내리는 밤의 정경'을 여러 감각적인 이미지를 통해 보여 주고 있다는 점에서 1930년대 모더니즘 경향의 작품으로 볼 수 있다. 그러나 우리의 전통적인 서정성을 바탕으로 하고 있다는 점에서 도시 문명을 소재로 하고 있는 김광균의 다른 작품과는 차이를 보이고 있다. 그렇기 때문에 김광균 시의 전반적인 특징을 모더니즘이라고 볼 때, 이 시를 그 이전의 작품으로 보는 견해도 있다. 또한 시에 나타나는 애상적 정서를 '추회'나 '슬픔' 등과 같은 시어를 통해 직접 드러내고 있다는 점도, 시인의 본격적인 이미지스트로서의 모습보다는 낭만적 서정 시인으로서의 모습을 보여 주는 작품으로 평가받게 하는 요소가 되고 있다.

### 02 화자의 정서 변화

이 작품은 한밤에 뜰에 내려 흩날리는 눈을 바라보며 화자가 느끼는 정서를 표현하고 있다. 특히 내리는 눈을 바라보며 화자는 과거의 추억을 떠올리고 있는데 이에 따라 화자의 감정도 정서 변화를 보인다. 그리고 이러한 감정을 나타내는 시어는 직접적으로 제시되어 있다. 1연에서는 눈을 먼 곳의 그리운 소식으로 비유하면서 '그리움'의 정서를 나타낸다. 2연에서는 눈을 '서글픈 옛 자취'로 비유하여 '서글픔'의 정서를 나타낸다. 그리고 5연에서는 눈을 '싸늘한 추회'로 표현하여 '후회, 뉘우침'의 정서를 드러내고 있다. 마지막 6연에서는 내려 쌓인 눈 위에 나의 '슬픔'이 곱게 서려 있다고 표현하고 있다. 이 때 6연에서 드러나는 슬픔은 과거의 추억으로부터 은은히 되살아오는 정화된 슬픔이라 할 수 있다.

### 03 '눈'의 이미지

'눈'을 비유하는 대상은 '과거'와 '현재'로 나누어지는데 '과거의 추억'은 '그리운 소식 / 서글픈 옛 자취 / 잃어진 추억의 조각' 등의 구절을 통해 나타나며, '현재의 슬픔'은 '차단한 의상'을 통해 나타난다.

### 04 눈 내리는 소리 = 여인의 옷 벗는 소리

관능적인 느낌마저 드는 표현이다. 그러나 그것은 결코 저급하지 않고 경건함마저 느끼게 한다. 눈 내리는 한밤중의 분위기와 거기에 이끌려 순결해진 영혼은 이미 그런 저급함과 속됨을 정화시키고도 남을 만하다. 특히 시인이 '눈'을 단순히 시각적인 것만이 아닌 청각적인 것으로 느끼는 것은 매우 뛰어난 감각을 보여 주고 있다. 시인은 '눈'을 '여인의 옷 벗는 소리'로 느낀 것이다. 시각적인 것을 청각적인 것으로 표현한 공감각적 이미지를 구사하고 있다.

### 05 김광균의 시 세계

김광균의 시는 한 폭의 산뜻한 그림을 연상시킨다. 그러나 이 그림은 매우 비사실적이고 작위적인, 시인의 주관적 감정에 의해 채색된 풍경화라는 것을 알 수 있다. 그의 시를 지배하고 있는 것은 그리움, 비애 등의 감상과 연결된 현란한 수식어들이다. 이러한 수식어들이 만드는 시각적 이미지들은 결국 산뜻한 눈요기로서의 풍경을 연출할 뿐, 내면의 구체적인 경험과 연결된 감동의 세계로 확대되지 못한다.

그는 분명 물질문명에 대한 비판과 그 속의 도시인의 방향 상실감을 노래하고 있으나, 시 속에 그려진 현실은 추상적 공간일 뿐 역사적 현실은 아니다. 그의 시 속에는 특이하게도 봉건적 질서를 파괴한 현대 문명의 여러 사물들과 봉건적 감정의 유물인 슬픔과 한탄 등이 아무런 갈등을 일으키지 않고 공존하고 있다.

## 작품 4  성호 부근(星湖附近) (조선일보, 1937년)

1
양철로 만든 달이 하나 수면(水面) 위에 떨어지고,
부서지는 얼음 소리가
날카로운 호적(呼笛)같이 옷소매에 스며든다.

해맑은 밤 바람이 이마에 내리는
여울가 모래밭에 홀로 거닐면
노을에 빛나는 은모래같이

호수(湖水)는 한 포기 화려한 꽃밭이 되고,
여윈 추억(追憶)의 가지가지엔
조각난 빙설(氷雪)이 눈부신 빛을 발하다.

2
낡은 고향의 허리띠같이
강물은 기일게 얼어붙고

차창(車窓)에 서리는 황혼 저 머얼리
노을은
나어린 향수(鄕愁)처럼 희미한 날개를 펴고 있었다.

## ▌핵심정리

▷ **성격** 회화적
▷ **어조** 아득하고 쓸쓸한 감상적인 목소리
▷ **표현** ① 공간의 이동에 따라 풍경을 묘사
　　　　② 화려한 색채를 느낄 수 있는 시각적 이미지 사용
▷ **제재** 호수
▷ **주제** 달빛이 비친 겨울 호수의 풍경

## 이해와 감상

### 1 짜임 분석

- 1 – 달빛이 비친 겨울 호수의 모습
  - 1 – 1연: 차가운 겨울 호수의 모습
  - 1 – 2연: 달빛 쏟아지는 호숫가를 거님
  - 1 – 3연: 추억을 떠올림
- 2 – 황혼 무렵의 차창 밖 풍경
  - 2 – 1연: 떠오르는 고향의 모습
  - 2 – 2연: 차창 밖 황혼 풍경과 어린 시절의 향수

### 2 작품감상의 구조

| 구성 요소 | 구성 요소의 파악 | 그것이 지닌 의미·효과 | 주제와의 관련성 |
|---|---|---|---|
| 내용 요소 | ① 시적 화자 및 화자의 상황 | 달빛이 비치는 겨울 호수와 차창을 통해 보이는 강물을 통해 추억과 고향을 그리워한다. | 달빛에 비친 겨울 호수의 풍경 |
| | ② 이미지즘 시의 특징 | 이미지에 의한 감각적 표현이 나타난다. 성호 부근의 풍경을 관찰하여 시각적·회화적으로 제시했다. | |
| 형식 요소 | ① 공간의 이동에 의한 전개 | 1~3연(호숫가) → 4, 5연(차 안)으로 이동하면서 시의 내용을 전개하고 있다. | |
| | ② 쓸쓸함과 소멸을 나타내는 시어 | '홀로 거닐면', '여윈 추억', '낡은 고향', '기일게 얼어붙고', '황혼 저 머얼리', '나어린 향수처럼 희미한 날개' 등에 드러나는 쓸쓸함과 소멸의 이미지를 지닌 시어가 화자의 서글픈 마음을 잘 드러낸다. | |
| 표현 요소 | ① 객관적 상관물 | '강물'은 향수를 불러일으키는 매개체이다. | |
| | ② 다양한 비유 | '호수'를 '양철로 만든 달', '부서지는 얼음소리'로 표현하는 등 감각적인 비유를 통해 생동감 있게 제시한다. | |
| | ③ 활유법 | '나어린 향수처럼 희미한 날개를 펴고 있었다'에서 화자의 정서를 생동감 있고 구체적으로 제시했다. | |
| | ④ 이미지에 의한 감각적 표현 | '여윈 추억의 가지가지엔'이란 시구에서 보듯 시각화 할 수 없는 것조차도 시각화하고 있다. | |
| | ⑤ 시적 허용 | '길게'를 '기일게'로 표현하여 리듬감의 효과와 함께 화자가 느끼는 그리움을 나타낸다. | |

## ③ 감상의 길잡이

　　김광균의 모더니즘 경향을 잘 드러낸 작품이다. 김광균의 시에는 도시 문명적 소재의 이미지가 두드러지게 나타나고, 그런 가운데 감상성이 짙게 깔려 있는 것이 특징이다. 모더니즘의 특징인 메마르고 단단한(dry-hardness) 이미지가 드러나면서도 잔잔한 애상도 함께 스며있다.

　　1장 1연에도 이 메마른 이미지가 드러난다. 강물에 비친 달을 양철로 만들었다고 하는 데서 달의 차가운 이미지를 구현하고, 비정적(非情的)이게 한다. 얼음장 갈라지는 날카로운 소리도 메마른 이미지를 강조한다. 그 소리는 호적(呼笛 – 여기서는 휘파람 소리를 뜻하는 듯함)같이 옷소매에 스며드는 것으로 감각화된다. 차갑고 날카로운 겨울의 이미지는 황량함과 고독감을 준다.

　　2~3연에서는 이 메마른 이미지가 부드러운 이미지로 변해 간다. 밤바람의 냉기는 1연의 차가운 이미지와 상통한다. 그 바람을 이마에 맞으며 물가 모래밭을 홀로 거닌다. 그러면 노을에 은모래가 화사하게 빛나듯이 강물은 화려한 꽃들로 가득 찬다. 얼음이 언 겨울 강이 갑자기 화려한 꽃밭이 된다고 한다. 그것은 달빛이 강에 반사되어 영롱하게 빛나는 광경을 읊은 것이다.

　　차가움의 이미지 속에 화려함의 이미지를 발견하게 된 것도 아마도 화자의 심적 상태 때문인 듯하다. 추억을 '여윈' 것으로 보고 있는 것에서 그가 아픈 추억에 잠겨 고독감에 빠져 있음을 보게 된다. 그러나 차가운 호수의 얼음 조각이 달빛을 받아 영롱하게 눈부시게 떠오르기도 한다. 그것은 자기 위안의 태도이다. 조각난 빙설이기에 더 화려한 빛을 발하듯 아픈 추억이기에 그것이 더 아름다운 것으로 여겨지는 것이다.

　　2장에서는 그러한 광경을 두고 떠나는 장면이다. '낡은 고향'은 떠나온 고향, 삶의 쓸쓸함에서 향수를 불러일으키는 먼 기억 속의 고향이다. 강물과 그 고향의 이미지가 교차한다. 허리띠처럼 가느다란 강물은 여위고 쓸쓸한 느낌을 주고, 이 소멸의 이미지는 고향의 낡은 이미지와 결부된다. 그것은 또 화자의 심적 상태를 반영한다. 떠나는 차 안에서 보는 황혼은 또 희미하게 펼쳐지면서, 어린 날의 아득한 향수를 쓸쓸히 떠오르게 한다.

　　위에서 특징적으로 드러나는 이미지는 쓸쓸함이다. '홀로 거닐면', '여윈 추억', '낡은 고향', '기일게 얼어붙고', '황혼 저 머얼리', '나어린 향수처럼 희미한 날개' 등에 드러나는 쓸쓸함과 소멸의 이미지가 화자의 서글픈 마음을 드러낸다. 아득히 사라지는 것으로 사물을 포착하고, 동시에 추억도 쓸쓸히 사라져가는 것임을 잔잔히 생각하는 것이다.

## 작품 5 와사등(瓦斯燈) (조선일보, 1938년)

차단한 등불이 하나 비인 하늘에 걸려 있다.
내 호올로 어딜 가라는 슬픈 신호(信號)냐.

기인 여름 해 황망히 나래를 접고
늘어선 고층, 창백한 묘석(墓石)같이 황혼에 젖어
찬란한 야경(夜景) 무성한 잡초인 양 헝클어진 채
사념(思念) 벙어리 되어 입을 다물다.

피부의 바깥에 스미는 어둠
낯설은 거리의 아우성 소리
까닭도 없이 눈물겹구나.

공허한 군중의 행렬에 섞이어
내 어디서 그리 무거운 비애를 지고 왔기에
기일게 늘인 그림자 이다지 어두워

내 어디로 어떻게 가라는 슬픈 신호기
차단한 등불이 하나 비인 하늘에 걸리어 있다.

## ▌핵심정리

- ▷ **갈래** 자유시, 모더니즘시
- ▷ **성격** 회화적, 감각적, 주지적
- ▷ **표현** ① 다양한 비유를 통한 시각적 이미지
  ② 공감각적 표현
  ③ 수미상관의 구성
- ▷ **제재** 와사등
- ▷ **주제** ① 현대인의 고독감과 불안 의식
  ② 도시 문명에 대한 현대인의 절망과 비애

## 이해와 감상

### 1 짜임 분석

- 1연 – 방향 감각을 상실한 현대인
- 3연 – 도시적 삶을 살아가면서 느끼는 비애
- 5연 – 현대인의 방향 감각 상실
- 2연 – 문명적이나 비인간화된 도시의 삶
- 4연 – 존재감을 상실한 슬픔

## ② 작품감상의 구조

| 구성 요소 | 구성 요소의 파악 | 그것이 지닌 의미·효과 | 주제와의 관련성 |
|---|---|---|---|
| 내용 요소 | ① 시적 화자 및 화자의 상황 | 시적 화자는 도시적인 삶 속에서 삶의 방향과 존재의 의미까지 상실한 채 도시 문명에 대한 절망과 비애를 느끼고 있다. | 도시에서 느끼는 현대인의 고독감과 불안 의식 |
| | ② 소재의 특징 | '늘어선 고층', '찬란한 야경', '신호기' 등 도시적이고 문명적인 소재와 그에 대한 비판을 통해 주제를 드러내었다. | |
| | ③ 모더니즘 시의 특징 | ⊙ 지적 인식 – 도시 문명의 미래를 부정적으로 보고 그것에 대한 인식과 깨달음의 내용을 담고 있다.<br>ⓒ 이미지즘 시가 도시 문명을 단순한 소재 차원에서 그렸다면, 이 시는 도시 문명이 지닌 문제점에 대한 비판이라는 주제를 여러 가지 이미지를 통해 제시하고 있다. | |
| 형식 요소 | ① 수미상관 | 첫 연과 마지막 연의 내용을 행을 바꿔 역대칭의 구조로 배치하여 구조적 안정감을 주고, 삶의 방향을 상실한 화자의 고독과 비애를 강조하였다. | |
| 표현 요소 | ① 다양한 상징 | 와사등, 고층, 묘석, 야경, 잡초, 공허한 군중의 행렬, '길게 늘인 그림자' 등은 도시 문명 또는 그것으로 인한 고독함(문제점)을 의미하여 주제를 잘 드러낸다. | |
| | ② 다양한 비유 | 고층 건물을 묘석, 찬란한 야경을 잡초, 사념을 벙어리로 비유하여 주제를 효과적으로 드러내었다. | |
| | ③ 이미지에 의한 감각적 표현 | 촉각적 이미지, 시각적 이미지, 공감각적 이미지 등을 사용하여 구체적이고 생생하게 드러내었다. | |

## ③ 감상의 길잡이

1938년 〈조선일보〉에 실린 시로, 김광균의 대부분의 시가 그렇듯이 이 시도 시각적 심상을 사용하여 사람의 의식이나 소리까지도 모양으로 바꾸어 놓은 회화적 특성을 드러낸다. 이 작품에 나타난 '등불'의 이미지를 두 가지로 생각할 수 있다. 어둠을 밝히는 시인 의식의 표출이면서 '떠남'과 관련되어 있다. 아무 것도 믿고 의지할 수 없는 1930년대 일제 강점기의 어두운 현실 속에서 어디론가 떠나가야만 하는 현대인의 고독과 슬픔의 신호라고 말할 수 있다. 이러한 떠남의 심상에는 도시적 상황 속에서의 현대인의 불안 의식이 나타나 있다.

① 1연 : 물질 문명 속에서 현대인의 갈 곳 모르는 슬픈 심정을 잘 그리고 있다.
② 2연 : 현대인의 슬픈 심정의 근거를 제시하였다. 다시 말하면, 개인적인 문제의 한계를 벗어나 시대적 상황으로 확대된 것이다. 특히 제2연에서 파악되는 여러 가지 특성은 이 시가 모더니즘의 영향을 받았다는 증거가 되기도 한다.
③ 3연 : 2연에서의 어둠의 정서를 이어받으면서 다시 개인의 문제로 축소되고 있다. '피부의 바깥에 스미는 어둠'은 시각을 촉각으로 전이시킨 공감각적 심상이다.
④ 4연 : 현대 문명으로 인한 종말 의식을 갖고 살면서 느끼는 중압감, 그리고 존재로서의 실체를 상실해 버린 슬픔을 나타내고 있다.
⑤ 5연 : 1연의 반복이다. 다만 행의 배열만 바꾸어 놓고 있다. 이것은 등불의 이미지를 선명히 하려는 배려이며 결국 현대인의 고독과 비애를 실감나게 하는 효과를 지니고 있다.

특징적 표현을 살펴보면, 어둠을 날개 접는 새에 비유한 '기인 여름 해 황망히 나래를 접고'라는 감각적 표현이 있다. 그리고 '고층 건물'을 '묘석'에 '찬란한 야경'을 '잡초'에 비유를 하면서 도회인의 고독감과 불안, 고민을 반영한 시각적 이미지를 드러내고, '피부 바깥에 스미는 어둠'을 통해 공감각적 이미지를 드러내고 있다.

## 중요 내용 정리

### 01 '떠남'과 '등불'의 이미지 처리
시집 『와사등』에 사용된 시어 중에 '기차, 기선, 등'과 관계되는 어휘들이 많다. 이 점은 '떠남'에의 열망을 통해 도시적 이미지 처리나 절망감으로부터 벗어나려는 의식의 소산이라 할 것이다. 그가 '떠남'에 대한 열망을 갖고 안쓰러운 눈으로 바라보는 도시는 한결같이 황혼이나 모색에 물들어 있어 다가오는 어둠을 예시해 준다. 그리고 '등불'의 이미지 처리는 어둠을 밝히는 시인 의식의 표출이면서 기차와 기선의 '떠남'과 연관되어 있다. 즉 '등불'은 떠남을 알리는 신호이기도 한 것이다.

### 02 시적 화자의 정서
이 시의 시적 화자는 도시적인 삶 속에서 삶의 방향과 존재의 의미까지 상실한 채 절망과 무거운 비애를 안고 있다. '고층', '묘석', '잡초'같은 야경들로 치장한 도시적인 현실은 시적 화자로 하여금 끝없이 고독하게 만들고 절망하게 만들며, 시적 화자는 불안함으로 고통스러워하고 있다.

### 03 슬픈 신호기, 차단한 등불
여기서 '등불'은 두 가지로 생각할 수 있다. 어둠을 밝히는 시인 의식의 표출이면서 '떠남'과 관련되어 있다. 그것은 떠남을 알리는 신호이기도 하기 때문이다. 아무것도 믿고 의지할 수 없는 1930년대 일제 강점기의 어두운 현실 속에서 어디론가 떠나가야만 하는 현대인의 고독과 슬픔의 신호라고 말할 수 있다. 이러한 떠남의 심상에는 도시적 상황 속에서의 현대인의 불안 의식이 나타나 있다.

### 04 김광균의 이미지즘에 대한 평가
이미지즘을 우리나라에 적극적으로 도입한 시인은 김기림과 김광균이다. 이론의 주청자라 할 수 있는 김기림의 활동을 고려할 때, 김광균의 시들은 독특한 면이 있다. 그는 사물을 시적 대상으로 끌어들일 때, 자신의 시를 통해 '고독감', '황량감', '우수', '외로움' 등을 김기림보다는 많이 드러내고 있으며 이러한 정서를 회화적인 이미지로 바꿔 표현한 김광균의 능력은 탁월한 것이다.

▷ **장만영**
張萬榮

1914 ~ 1975
시인. 호는 초애(草涯). 황해도 연백 출생

▷ **작가의 특징**
1. 1935년 전후 모더니즘 계열에 드는 신선한 시를 썼다.
2. 모더니즘의 영향을 받았으면서도 도시 대신 농촌이나 전원, 문명 대신 자연을 소재로 하여 그림과 같이 선명한 이미지를 구축한 맑은 서정시를 전원적인 정서를 통해 현대적인 감성으로 읊고 있었다.

▷ **주요 작품**
시집 : 『양』(1937), 『축제(祝祭)』(1939), 『유년송(幼年頌)』(1947), 『밤의 서정』(1956), 『저녁 종소리』(1957), 『장만영 선시집』(1958) 등

## 작품 1  달·포도·잎사귀 (시건설, 1936년)

순이, 벌레 우는 고풍(古風)한 뜰에
달빛이 밀물처럼 밀려 왔구나.

달은 나의 뜰에 고요히 앉아 있다.
달은 과일보다 향그럽다.

동해 바다 물처럼
푸른
가을
밤.

포도는 달빛이 스며 고웁다.
포도는 달빛을 머금고 익는다.

순이, 포도 넝쿨 밑에 어린 잎새들이
달빛에 젖어 호젓하구나.

## 핵심정리

▷ **갈래** 자유시, 서정시
▷ **성격** 서정적, 회화적, 주지적, 관조적
▷ **표현** ① 공감각적 이미지를 제시
② 3연의 파격 (4행으로 늘어난 시행 및 명사로 끝나는 종결법)
▷ **제재** 달밤의 고요한 뜰
▷ **주제** 가을 달밤의 정서

## 이해와 감상

### 1 짜임 분석
- 1연 – 달빛이 비치는 고풍한 뜰
- 3연 – 가을 밤의 정취
- 5연 – 달빛에 젖은 포도 잎새의 모습
- 2연 – 달의 맵시와 그 분위기
- 4연 – 달빛을 받아 익어가는 포도

### 2 작품감상의 구조

| 구성 요소 | | 구성 요소의 파악 | 그것이 지닌 의미·효과 | 주제와의 관련성 |
|---|---|---|---|---|
| 내용 요소 | | ① 시적 화자 및 화자의 상황 | 시적 화자는 가을 달밤이 비치는 뜰에서 달과 포도와 잎사귀를 보며 맑고 호젓한 정서를 느끼고 있다. | 가을 달밤의 아름다운 정서 |
| | | ② 이미지즘 시의 특징 | 이미지에 의한 감각적 표현. 가을 달밤의 풍경을 시각적·회화적으로 관찰하여 제시했다. | |
| | | ③ 전통적 정서 | 한국의 전통적 정서를 바탕으로 하여 이미지즘 시와 차이가 있으며, 이 시는 김광균의 시와 신석정의 시의 중간적 위치에 놓이는 것으로 볼 수 있다. | |
| 형식 요소 | | ① 3연에서 행 배열의 파격 | 3연에서 행을 짧게 끊어서 배치하여 시각적 효과를 나타내고, 시상을 '밤'에 집중하여 가을밤의 낭만적 정취를 환기시키고 있다. | |
| | | ② 시선에 따른 시상 전개 | 달 → 포도 → 잎사귀로 시적 화자의 시선에 따라 시상이 전개된다. | |
| | | ③ 문답 형식의 구성 | 문답 형식을 통해 시적 화자의 깨달음에 독자들을 동참시키고 호소력 있는 화법을 구사했다. | |
| 표현 요소 | | ① 감정이입 | '달빛에 호젓하구나'에서 시적 화자의 정서가 달빛에 이입되어 있다. | |
| | | ② 대조되는 세계 | 현실의 공간(들판, 야생 동물의 울음소리, 외적 성숙, 소음)과 낙원의 공간(뜰, 풀벌레 소리, 내적 성숙, 정적)을 대비시켜 표현했다. | |
| | | ③ 이미지에 의한 감각적 표현 | 다양한 시각적, 청각적, 공감각적 이미지('달은 과일보다 향그럽다')를 통해 가을 밤의 풍경을 구체적이고 생동감 있게 표현했다. | |

### 3 감상의 길잡이
　이 작품은 장만영의 시 세계와 그의 시적 특징을 대표하는 것으로 1930년대 모더니즘 시의 다른 한 측면을 반영하고 있다는 점에서 주목된다. 기법과 서정성 면에서는 김광균과 신석정의 작품 세계에 대한 중간적 위치에 있다고 평가된다. 자연을 소재로 한 한 폭의 그림같이 선명한 이미지를 그려내고 있다. 제1연과 제5연에 토속적인 느낌을 주는 '순이'라는 여인을 등장시켰다. 그 이름의 소박함이 달빛의 부드러움에 걸맞게 느껴진다. 달빛이 부드럽게 흐르는 밤, 벌레 울음소리는 고요한 뜰에 오히려 적막감을 감돌게 한다. 이런 밤이라면 그리운 누군가의 이름을 불러 보고 싶기도 하겠다. 더욱이 그를 불러 이 아름다운 가을 달밤의 정경 속에 함께 있고 싶을 터이다. 가운데 배치된 세 개의 연은 그리운 이와 함께 하고 싶은 정경을 감각적으로 묘사한다. 달빛이 밀물처럼 밀려드는 고요한 뜰에 포도는 달빛을 머금고 익어 간다. 그래서 가을은 동해 물처럼 푸르고 달은 과일보다도 향그럽다는 표현이 가능해진다. 작가의 시적 정서가 시간적·공간적 배경은 물론 작품 속의 소재들과 어울려 한 폭의 아름다운 풍경화를 빚어내고 있다.

## ■ 중요 내용 정리

### 01 가을 밤의 정취
이 시는 신선한 이미지의 사용이 돋보이는 작품으로 다양한 감각적 표현들이 사용되고 있다. '달은 과일보다 향그럽다'는 공감각적 표현은 시각적 이미지 '달'을 후각적으로 표현하여 가을 밤의 호젓한 분위기를 고조시키는 역할을 하고 있다. 그리고 가을 달밤의 서정을 의도적인 행갈이(푸른 / 가을 / 밤)와 시각적 심상을 중심으로 드러내 보임으로써 가을 색다른 느낌을 제공하고 있다. 또한 '순이'라는 인물을 처음과 마지막 연에 등장시킴으로써 가을 달밤에 흠뻑 취하고 있는 분위기는 낭만적으로 그려 내고 있다.

### 02 '달'의 의미
「정읍사」의 '달'은 기다림과 그리움의 정서, 이조년의 시조의 '달'은 봄밤의 애상적 정서를, 「찬기파랑가」의 '달'은 우러름의 대상을 나타내고, 이호우의 「달밤」의 '달'은 서정적 분위기를 조성한다.

이 시의 '달'은 이와 같은 전통적 정서를 계승하면서 더 참신한 감각과 결합해 있다. 포도와 그 잎사귀들에 스미고 젖는 싱그럽고 호젓한 달빛은 생명력과 미적인 생성력을 함축하며, 고요하고 애수 어린 느낌을 준다.

### 03 김광균의 「설야」의 비교
김광균의 「설야」는 눈 내리는 밤의 풍경을, 장만영의 「달·포도·잎사귀」는 달빛이 은은하게 비치는 가을 밤의 풍경을 형상화하고 있다. 두 시의 공통점은 겨울 밤과 가을 밤의 풍경을 감각적인 표현 즉, 모더니즘 기법을 이용해 드러내었다는 점이다.

그러나 「달·포도·잎사귀」가 가을 밤의 호젓한 분위기를 전달하는 데만 초점을 맞추고 있다면 「설야」는 애상적인 정서를 드러내는 데 초점을 두고 있다는 점에 차이가 있다.

### 04 이 시에 나타난 원형적 이미지
일제 강점기 우리 민족은 낙원 의식에 불 탈 수밖에 없었다. 지상 낙원의 회복 또는 느낌의 고향 찾기라는 두 가지 행위나 의식 지향을 보였는데, 전자는 '싸움'을, 후자는 '은둔'과 '초월'을 성취 수단으로 택하였다. 문학의 경우 1920년대 이후의 계급주의가 추구한 경향 문학, 사회주의 리얼리즘 문학은 후자에 속한다고 하겠다. 가령, 이상화는 느낌의 고향에서 현실의 고향, 지상 낙원 쪽으로 전향한 예에 속하고, 김광균과 장만영 같은 이는 느낌의 고향 쪽으로 후퇴한 모더니스트라 하겠다. 이 시는 모더니즘 기법의 시로, 이미지 제시에 충실한 작품이다. '도시와 기계 문명의 비판'이라는 서구 모더니즘의 정신과는 달리 이 시는 느낌의 고향, 꿈의 고향을 그리고 있다. 모더니스트의 전통 창조적 낙원의 한 전형으로서 존재 이유가 있다. 원형적 심상으로 보아도 달빛 넘치는 아름다운 정원은 낙원을 표상하고 있다.

## ▷ 서정주 徐廷株

1915 ~ 2000
시인. 호는 미당
≪시인부락≫ 동인. 인생파 시인

▷ **작가의 특징**
1. 1936년 시 「벽」이 〈동아일보〉 신춘문예에 당선. 시 동인지 ≪시인부락≫ 편집 겸 발행인으로 활동했으며, 동인은 김동리·이용희·오장환 등이다. 1938년 첫 시집 『화사』를 출간했다.
2. 제1기: 인생파(생명파) 시 – 원죄의 인식과 그것에 대한 대결 의지를 담고 있다. 예 1938년 『화사』
3. 제2기: 심화된 정서와 세련된 시풍으로 민족 정서와 선율을 읊었다. 예 1946년 『귀촉도』
4. 제3기: 불교 정신에 의한 전통성 바탕으로 시 정신을 심화했고, 샤머니즘 위에 신라의 설화를 제재로 동양적 사상을 그려냈다. 예 1960년 『신라초』-『꽃밭의 독백』
5. 제4기: 불교에서 배운 특수한 은유법, 인생과 인간을 관조하려는 태도가 드러난다. 예 1968년 『동천』
6. 제5기: 원시적인 샤머니즘을 설화적 수법을 통해 보여 준다. 예 1975년 『질마재 신화』

### 작품 1 자화상(自畵像) (화사집, 1941년)

애비는 종이었다. 밤이 깊어도 오지 않았다.
파뿌리같이 늙은 할머니와 대추꽃이 한 주 서 있을 뿐이었다.
어매는 달을 두고 풋살구가 꼭 하나만 먹고 싶다 하였으나…… 흙으로 바람벽한 호롱불 밑에
손톱이 까만 에미의 아들.
갑오년(甲午年)이라든가 바다에 나가서는 돌아오지 않는다 하는 외할아버지의 숱 많은 머리털과
그 커다란 눈이 나는 닮았다 한다.

스물세 해 동안 나를 키운 건 팔 할(八割)이 바람이다.
세상은 가도가도 부끄럽기만 하더라.
어떤 이는 내 눈에서 죄인(罪人)을 읽고 가고
어떤 이는 내 입에서 천치(天痴)를 읽고 가나
나는 아무것도 뉘우치진 않을란다.

찬란히 틔워 오는 어느 아침에도
이마 위에 얹힌 시(詩)의 이슬에는
몇 방울의 피가 언제나 섞여 있어
볕이거나 그늘이거나 혓바닥 늘어뜨린
병든 수캐마냥 헐떡거리며 나는 왔다.

### ■ 핵심정리

▷ **갈래** 자유시, 서정시
▷ **성격** 상징적, 자기 고백적, 자기 응시적
▷ **특징** ① 진솔하게 자기를 고백함
② 간접적인 묘사를 피하고 직접 서술 형태를 취함
▷ **제재** 자신의 인생 역정
▷ **주제** ① 과거에 대한 성찰과 치열한 삶의 의지
② 삶의 진정한 의미 인식과 초월의 의지

## 이해와 감상

### 1 짜임 분석
- 1연 – 어린 시절의 기억 (운명적인 가난)
- 2연 – 시련기를 살아온 삶을 돌아 봄 (삶에 대한 당당한 자기 긍정)
- 3연 – 고통스럽게 살아온 삶의 회고와 생명에 대한 욕구 (자기 긍정의 이유)

### 2 작품감상의 구조

| 구성 요소 | 구성 요소의 파악 | 그것이 지닌 의미·효과 | 주제와의 관련성 |
|---|---|---|---|
| 내용 요소 | ① 시적 화자 및 화자의 상황 | 시적 화자는 원죄를 지닌 채 방황과 광기로 살아 온 자신의 삶을 솔직하게 드러내면서 그것을 긍정하고 수용하는 태도를 보이고 있다. | 과거에 대한 성찰과 치열한 삶의 의지, 삶의 진정한 의미 인식과 초월의 의지 |
| | ② 어조 | 시적 화자는 회상적, 자기 고백적 어조로 차분하게 이야기를 풀어나가고 있다. | |
| 형식 요소 | ① 각운 | 대부분의 행이 '–다'로 종결되어 리듬감을 형성하고, 단정적 느낌을 지니게 한다. | |
| 표현 요소 | ① 상징 | '바람'은 시련과 방황을 상징하며, '시'는 인간다운 삶의 실현을 상징한다. '아침'은 새로운 인간관계의 지평이 열리는 혁명과도 같은 순간을 의미한다. | |
| | ② 비유 | 시적 화자 자신을 '죄인, 천치, 수캐' 등에 비유하여 자신의 삶에 대한 부끄러움과 함께 삶에 대한 치열한 의지를 드러냈다. | |

### 3 감상의 길잡이

서정주의 시적 편력 내지 시의 본질을 짐작케 하는 시이다. 이 시의 의미 구조를 파악할 때 가장 중요한 단서를 제공하는 단어는 '바람', '피' 따위가 될 것인데 이것들의 의미를 추적하는 일이 선행되어야만 해석이 쉬워질 것이다. '나를 키운 건 팔 할이 바람'이라는 구절은 시적 자아의 현재의 심리 상태를 알게 하며, 또한 과거의 도정을 일러준다. '바람'은 정체된 상태에 머무르는 일이 없어서 일관된 방향성을 지니지도 않으며 나름대로의 정연한 법칙성을 가지지도 않는다. 그것이 지니는 속성은 난폭함, 정처 없음, 무방향성, 광기, 무절제, 방종 등이라고 하겠다. 23세의 시인의 삶을 지배한 것이 바람이라고 한 상징적 표현을 통해 볼 때, 시인이 걸어온 도정은 바로 방황과 광기의 이력이라 해도 좋을 것이다.

그렇다면 무엇이 그로 하여금 이런 방랑의 광포함을 유발했는가. 문맥으로 보면 '피'라 하겠다. 이때, 피의 의미는 생명력인데 야수적, 육체적, 관능적인 속성의 열정이다. 그의 초기 시가 야만적 육성의 어조, 광란의 몸짓, 악마적 충동의 성격을 지니고 있는 점은 이 시에도 그대로 드러난다.

화자는 이중 구조의 심리 상태에 빠져 있다. 자신에게 욕정의 더러운 피가 흐르고 있음을 발견하고 나서 괴로워하고 고통을 받지만, 도리어 그런 탈문명적 야수성으로 그러한 죄의식을 떨쳐 버리려고 하는 기묘한 심리이다.

이 이중 구조가 드러나는 양상을 살펴보면, 「화사(花蛇)」에서 뱀을 징그러워하면서도 관능적 아름다움에의 도발적 충동을 가진 것이라든지, 이 시에서 자신의 내부에 흐르는 불순한 피를 저주하면서도 뉘우치지 않겠다는 당찬 오기를 가지는 것 등이 그것이다. 따라서 그의 시는 자기방기(自己放棄)와 자기긍정의 두 축이 충돌하는 긴장을 보여주면서 결국은 피(육체, 관능)를 택한다. 피는 숙명적으로 부여받은 것이며, 그것이 있는 데에서 생명의 참뜻은 실현되는 것으로 보고 있다.

## 중요 내용 정리

### 01  이 시의 바탕 정신
「자화상」은 개인과 역사에 가해지는 시련과 고통에 굴하지 않고 당당하게 맞서 대결하려는 서정적 자아의 적극적이고 치열한 삶의 자세를 드러내고 있다. 신분적 운명과 민족의 역사가 자신에게 내리는 굴레에 맞서 강한 생명력으로 투쟁하려는 강렬한 의지가 표출되었다.

### 02  시적 화자의 삶
'자화상'이라는 제목에서 알 수 있듯이 이 시에서 시적 화자는 자신의 과거와 현재의 모습, 그리고 미래의 삶의 태도를 밝히고 있다. 시적 화자의 과거의 삶은 '애비는 종이었다'로 단언할 수 있듯이 무척이나 가난하고 비천한 삶이다. 심지어 아이를 가진 엄마가 먹고 싶다던 '풋살구' 하나도 먹을 수 없을 만큼 말이다. 시적 화자는 23세의 삶을 살면서 모진 시련과 방황을 거듭했음을 고백하고 있다. 사람들이 자신을 가리켜 '죄인'이라고도 하고, '천치'라고도 하지만, '숱 많은 머리털'과 '커다란 눈'을 물려준 외할아버지처럼 굴욕적인 삶에 맞서려는 의지를 꺾지 않겠다고 말하고 있다. 그리고 시적 화자는 그 '삶의 의지'를 '시'로 승화시키고 있다. 새로운 삶의 지평인 '아침'에는 언제나 '몇 방울의 피'가 섞여 있듯이 자신도 진실된 삶 속에서 '시의 이슬'을 맺기 위해 '수캐' 마냥 삶의 강렬한 의지를 간직하고 있음을 밝히고 있다. 즉, 시적 화자는 '종 → 죄인, 천치 → 수캐'로 자신의 삶의 과정을 표현하고 있다.

### 03  '병든 수캐'와 '시'와 자화상
시적 화자가 선택한 삶은 시인의 삶이다. 그것이 남들의 눈에는 죄인이나 천치의 삶으로 비춰질지라도, 시적 화자는 시인으로서 고달프지만 치열하고 당당한 삶을 살아왔음을 고백하고 있다. 그러한 고달프면서도 당당하고도 의지적이며 신념에 찬 삶을 살아온 자신의 모습을 '병든 수캐'라는 자화상으로 그리고 있다. 따라서 '병든 수캐'의 자화상은 지금까지 경험해 온 과거의 모든 굴욕과 부끄러움으로 거부하거나 감추려 하기보다는 오히려 그러한 굴욕과 부끄러움이 묻어나는 진솔한 시를 씀으로써 더욱 치열하고 당당하게 살아왔으며 앞으로도 그러한 삶을 살아갈 것임을 밝히는 자기 선언이다.

## 작품 2  국화 옆에서 (경향신문, 1947년)

한 송이의 국화꽃을 피우기 위해
봄부터 소쩍새는
그렇게 울었나 보다.

한 송이의 국화꽃을 피우기 위해
천둥은 먹구름 속에서
또 그렇게 울었나 보다.

그립고 아쉬움에 가슴 조이던
머언 먼 젊음의 뒤안길에서
인제는 돌아와 거울 앞에 선
내 누님 같이 생긴 꽃이여.

노오란 네 꽃잎이 피려고
간밤엔 무서리가 저리 내리고
내게는 잠도 오지 않았나 보다.

## ■ 핵심정리

▷ **갈래** 자유시, 서정시
▷ **성격** 전통적, 상징적
▷ **구성** 기승전결의 4단 구성
▷ **제재** 국화
▷ **주제** ① 생명 탄생의 신비로움과 존엄성
　　　　② 고뇌와 시련을 통해 도달한 생의 원숙미

▷ **특징** ① 'a-a-b-a'의 형식으로 시상 전개
　　　　② 3음보 7·5조의 운율로 이루어짐
　　　　③ 불교적 세계관(인연설)을 바탕으로 함
　　　　④ 시간의 흐름에 따른 추보식 구성
　　　　⑤ 추측형 서술어('- 나 보다')를 반복적으로 사용

## 이해와 감상

### ① 짜임 분석

- 기(1연) – 생명 탄생을 위한 진통 ① : 소쩍새와의 인연
- 승(2연) – 생명 탄생을 위한 진통 ② : 천둥과의 인연
- 전(3연) – 인고 끝에 탄생한 아름답고 원숙한 생명 : 중년기의 원숙미
- 결(4연) – 생명 탄생을 위한 진통 ③ : 무서리 및 시인과의 인연

### ② 작품감상의 구조

| 구성 요소 | 구성 요소의 파악 | 그것이 지닌 의미·효과 | 주제와의 관련성 |
|---|---|---|---|
| 내용 요소 | ① 시적 화자 및 화자의 상황 | 오랜 시간 끝에 피어나는 국화를 바라보며 생명 탄생의 신비감을 느끼고 있다. | 생명 탄생의 신비로움과 존엄성 (고뇌와 시련을 통해 도달한 생의 원숙미) |
| | ② 소재 | 국화를 소재로 하여 그 피는 과정을 통해 주제를 효과적으로 드러낸다. | |
| | ③ 배경 사상 | 불교사상(인연설)과 향토적 정서가 잘 융화되어 있다. | |
| 형식 요소 | ① 3음보 | 층량 3보격(3음보, 7·5조의 운율)로 주제를 드러냈다. | |
| | ② 기승전결의 짜임 | 기(1연 : 봄) – 승(2연 : 여름) – 전(3연 : 가을) – 결(4연 : 겨울)의 짜임 구조를 가진다. | |
| | ③ 연의 구성 | 'a-a-b-a'의 구조를 통해 3연에 시상이 집중되고 주제를 드러냈다. | |
| 표현 요소 | ① 상징 | '소쩍새, 천둥, 무서리'는 국화꽃을 피우기 위한 시련을 상징한다. | |
| | ② 비유 | 누님을 '국화꽃'에 비유한다. | |
| | ③ 의인법 | 자연물을 통해 인간의 삶을 형상화한다. | |

### ③ 감상의 길잡이

　1947년에 경향신문에 발표된 시로 한 송이의 꽃이 피어나기까지 오랜 시간 동안 거쳐야 했던 아픔과 어려움의 과정을 비유적으로 형상화하면서, 그렇게 하여 이루어진 꽃의 모습에서 삶의 깊이와 생명의 본질적 모습을 읽어내고자 하는 심층적 주제 의식을 담은 시이다. 이러한 주제는 서정주가 초기 시에서 탐구한 생명성을 보다 인생론적 관점에서 심화시켜 보편적인 시적 정서로 승화시킨 결과라 할 수 있다.

　이 시의 심화된 주제 의식을 뒷받침해주는 요소는 세 가지 측면에서 살펴볼 수 있다. 먼저, 운율의 측면에서 보면 이 시는 3음보의 7·5조 율격을 바탕으로 안정되고 정형적인 형태를 취하고 있다. 이러한 전통적인 운율을 통해 우리 고유의 정서를 환기시키고 있는 것이다. 둘째로, 지적할 수 있는 것은 소재를 선택하고 다루는 태도의 측면이다. 우선 이 시의 중심 소재인 국화는 본래 동양에서는 4군자의 하나로 지조(志操)와 절의(節義)를 상징하는 꽃이다. 그러나 여기서 제시된 국화꽃의 모습은 풍상을 겪은 중년 여인인 '내 누님'으로 비유됨으로써 보다 일상적이면서도 인생의 의미에 대한 깊이 있는 성찰을 하게끔 해준다. 아울러 소쩍새와 천둥, 무서리 등의 자연적 소재를 통해 인간과 자연의 교감, 혹은 자연 속에 동화된 인간의 삶의 원형을 탐구하고 있음을 볼 수 있다. 세 번째 특징적인 측면은 그러한 소재에 투영된 세계관, 즉 작자의 인식의 측면이다. 이 시는 각 연의 전개 과정의 배경을 봄, 여름, 가을이라는 계절의 순환으로 제시하는 한편, 생명의 신비가 우주적 인연의 가능성에 맞닿아 있음을 보여줌으로써 인간사의 모든 일들이 어떤 인연에 따라 생겨난다는 불교적 윤회관 및 인연설을 떠올리게 해준다.

　이렇게 볼 때 이 시의 매력은 무엇보다도 생명의 신비함과 존엄성에 대한 깨달음을 수많은 괴로움과 시련의 결과로 파악하는 독특한 상상력에 있다고 할 수 있다. 이 시에서 제시된 누님의 모습은 확실히 어떤 성숙하고 은은한 동양적 아름다움을 느끼게 해준다. 그것은 곧 삶의 욕망을 격정적으로 노래했던 시인이 조화로운 삶의 원형을 회복하고자 하는 새로운 시적 경지를 확보했음을 뜻한다. 관조적이고 반성적인 어조의 시풍은 생명파로서 시인의 지속적인 자기 혁신을 잘 보여주고 있다.

## 📗 중요 내용 정리

### 01　생명파
　창작 활동의 중심 과제를 인간, 특히 그 생명 자체에 두고 항상 그것을 표현하고자 한 문학상의 유파를 가리킨다. 1936년에 발간된 ≪시인부락≫ 동인인 서정주, 김동리 등과 유치환에 의해 주로 전개되었다. 이들은 목적성을 강조하는 경향파, 감각적 기교에 흐른 주지파, 예술적 기교를 강조한 순수파 모두를 비교하고 인간의 근원적인 생명력과 삶의 고뇌를 노래함으로써 시의 새로운 경향을 개척했다.

### 02　서정주와 유치환의 시 세계 비교
　서정주는 초기에 악마적이고 원색적인 시풍을 가진 보들레르와 니체의 영향을 받았다가 후에 퇴폐적, 허무적 경지에서 벗어나 역사적이고 민족적인 것을 다루어 현대적으로 형상화하고 있으며 유치환은 그의 시 속에서 생에 대한 진지한 의지로 현실세계에서 자연의 미물과 함께 생명의 본질을 파악하려고 했다. 즉 그는 영겁을 추구했고 비정과 허무의 의지를 노래했으며 다른 시인들이 개인적인 정서를 읊은 것과 반대로 이념적인 것에 대한 의지를 산문적으로 서술한다.

### 03　불교의 인연설
　시적 화자는 '한 송이의 국화꽃을 피우기 위해', '소쩍새가 울고', '천둥이 울고', '무서리가 내렸다'고 말하고 있다. '소쩍새'는 전통적 소재로서 우리 민족이 지닌 한과 관련이 깊고, '천둥'은 젊은 날의 방황과 고통을 의미한다. 또한 '무서리'는 순수하고 전화된 생명의 탄생을 위한 마지막 시련으로 그려지고 있다. 즉, 한 생명이 태어나고 완성되기 위해 겪어야 했던 수많은 시련을 표현한 것이다. 그리고 마지막 연에서 시적 화자가 국화의 개화를 위해 잠을 설치는 것은 우주의 신비에 자신도 동참하고 있음을 의미하는 것으로 생명 탄생의 경이로움을 더욱 부각시키고 있다. 이 모든 것이 불교의 '인연설'을 바탕으로 하고 있기 때문이다.

### 04 '국화'와 '누님'의 관계

시적 화자는 '국화'를 젊은 날의 방황을 모두 거치고 어떤 유혹에도 흔들리지 않는 불혹의 나이에 접어든 '누님'에 비유하며, 생명 탄생의 고귀함과 중년 여인의 원숙미를 노래하고 있다. '소쩍새', '천둥', '무서리'는 모두 '국화'를 피우기 위한 시련이고, 이것은 '누님'이 원숙미를 갖추기 위해 지나왔던 '젊음의 뒤안길'과 그 의미가 통한다. '누님'은 '젊음의 뒤안길'의 방황과 번뇌를 끝내고 '거울' 앞에서 자기 자신을 되돌아보며 자기 성찰의 태도를 보이고 있는 것이다.

## 작품 3  추천사(鞦韆詞) (서정주 시선, 1956년)

– 춘향의 말 1

향단(香丹)아 그넷줄을 밀어라.
머언 바다로
배를 내어 밀듯이,
향단아.

이 다소곳이 흔들리는 수양버들나무와
베갯모에 놓이듯 한 풀꽃더미로부터,
자잘한 나비 새끼 꾀꼬리들로부터,
아주 내어 밀듯이, 향단아.

산호(珊瑚)도 섬도 없는 저 하늘로
나를 밀어 올려 다오.
채색(彩色)한 구름같이 나를 밀어 올려 다오.
이 울렁이는 가슴을 밀어 올려 다오!

서(西)으로 가는 달같이는
나는 아무래도 갈 수가 없다.

바람이 파도(波濤)를 밀어 올리듯이
그렇게 나를 밀어 올려 다오.
향단아.

## 핵심정리

▷ **갈래** 자유시, 서정시
▷ **성격** 낭만적, 이상적, 초월적, 동양적, 불교적
▷ **제재** 그네를 뛰는 춘향 – 「춘향전」의 모티브 차용
▷ **주제** 초월적 세계로의 갈망 (현실적 고뇌의 초극)
▷ **특징** ① 고전적 소재에 현대적 의미를 부여
② 현실과 이상의 대립과 갈등을 운율, 이미지, 어조 등과 유기적으로 조화시켜 치밀한 구조 형성
③ 통사구조의 반복으로 운율감 형성

## 이해와 감상

### 1 짜임 분석

- 1연 – 현실 초극 의지 (이상세계의 추구)
- 2연 – 아름다운 현실에의 애착과 초극 의지
- 3연 – 동경하는 세계에 대한 갈망
- 4연 – 인간의 운명적 한계 자각
- 5연 – 현실 초극 의지 (이상세계의 추구)

### 2 작품감상의 구조

| 구성 요소 | 구성 요소의 파악 | 그것이 지닌 의미·효과 | 주제와의 관련성 |
|---|---|---|---|
| 내용 요소 | ① 시적 화자 및 화자의 상황 | 춘향을 시적 화자인 나로 설정하여 '나'는 그네를 타며 초월적 세계를 갈망하다가 좌절한다. | 초월적 세계로의 갈망 (현실적 고뇌의 초극) |
| | ② 소재 | '그네'를 통해 현실에서 벗어나서 절대 자유의 세계로 나아가고자 하는 열망을 표현했다. | |
| | ③ 전통성 | 고전소설 「춘향전」의 춘향을 시적 화자로 삼고, '춘향'이 그네를 타고 있는 상황으로 시를 전개했다. | |
| | ④ 어조 | 이상향에 대한 동경을 간절한 호소 및 갈망의 어조를 통해 토로했다. | |
| 형식 요소 | ① 대화체의 형식과 명령법의 문체 | 대화체 형식과 명령법의 문체를 통해 소망의 간절함을 강조하였다. | |
| | ② 각운 | 1, 3, 5연의 마지막을 '향단아'로 끝내어 형식상의 안정감을 준다. | |
| 표현 요소 | ① 상징 | ㉠ '하늘', '서(西)' – 춘향이 지향하는 이상향<br>㉡ '그네' – 춘향의 현실적 괴로움과 운명을 벗어나려는 상징물 | |
| | ② 대조 | '수양버들나무', '풀꽃더미', '나비새끼' 등의 지상 세계를 상징하는 심상과 '하늘', '구름', '달'로 대변되는 천상 세계의 심상이 대립되어 화자의 내적 갈등을 극대화하였다. | |
| | ③ 낭만적 아이러니 | 춘향은 이상향인 '하늘'로 가고자 하나 '그네'가 묶여 있어 좌절하는 내용을 통해 이상과 현실의 괴리를 드러내고 있다. | |

### 3 감상의 길잡이

우리나라의 대표적 고전인 「춘향전」을 배경으로 하고 있다. 천기의 딸로 태어난 춘향이 양반 관료의 전형이라 할 수 있는 이도령과 맺어지기까지의 역경과 고난을 모르는 한국인은 없을 것이며, 소설이 아닌 다른 장르로의 변형, 재창조가 끊임없이 시도되고 있다. 이 시는 그런 의미에서 가장 한국적인 정서의 시적 형상화라 할 수 있으며, 춘향의 독백 형식을

취하고 있어 시의 화자가 뚜렷이 부각되어 있다. '춘향의 말'이라는 부제가 붙은 연작시 3편 중 첫 번째 시이다.

이 시는 그 부제가 보여 주는 바와 같이 춘향이 향단과 그네를 타면서 독백 형식으로 엮은 노래이다. 춘향전에 의하면 '그네'는 춘향과 이도령의 만남의 계기로 기능하고 있으며 서로 타인이었던 두 사람의 관계를 연인의 관계로 변화시키는 기능을 지니고 있다. 이 시에서도 역시 그네는 단순한 놀이 기구가 아닌, 춘향이 자기 자신의 괴로움과 운명을 벗어나려는 수단으로서, 즉 괴로움과 고통, 번민의 현실 세계로부터 벗어나 조화로운 이상세계에 도달하기 위한 매개체인 것이다.

그렇다면 춘향의 고통과 번민의 내용은 무엇일까?「춘향전」의 이야기 줄거리에 집착한다면 이는 기생의 딸로 태어난 신분상의 한계에서 비롯된 것이라고 볼 수 있다. 그러나 이 작품을 그렇게 도식적으로만 이해하려 든다면 그것은 매우 피상적인 견해가 될 것이다. 왜냐하면, 춘향이 벗어나고 싶어 하는 세상은 환멸의 대상이 아닌, 수양버들과 풀꽃더미, 자잘한 나비 새끼, 꾀꼬리 등으로 표현된 아름다운 곳으로서 오히려 애착의 대상일 수가 있으며 더욱이 현실을 벗어나 도달하려는 이상세계는 '산호도 섬도 없는 저 하늘'이며, '아무래도 갈 수가 없는' 곳이기 때문이다. 그러므로 이 시는 현실을 초극하려는 의지와 현실에 대한 애착 사이에 놓인 심리적 갈등을 그리고 있다고 보아야 할 것이다. '그네'는 바로 이들 사이를 왕복하게 한다. 천상 세계를 꿈꾸면서도 끝내 인간이 사는 지상을 떠날 수 없는 인간의 운명적 한계를 느끼게 한다.

따라서 춘향의 고통과 번민은 역설적으로 도저히 벗어날 수도 없고, 벗어나고 싶지도 않은 사랑의 아픔과 번민으로 해석하는 것이 더 나을 듯하다. 같은 맥락에서 파악할 수 있는 시「춘향 유문」과 마찬가지로 그 시적 모티프는 고전소설인「춘향전」에서 찾았으나 오히려「춘향전」에 얽매이지 않는 자유로운 상상력을 보여 준다. 즉, 이 시에서는 인물의 전형성을 부여하기보다는 우리들의 정감 속에 살아 있는 어떤 여인, 사랑의 괴로움과 갈등에 빠진 한 여인의 보편적 이미지로서 다가온다.

##  중요 내용 정리

### 01 미당 서정주의 시 세계

미당의 작품 세계는 흔히 5기로 나누고 있다.
① 제1기 : 《시인부락》에 발표한 시를 모아 1941년『화사집』을 낸 시기로 악마적이고 원색적인 시풍으로 당시 문단의 비상한 관심을 끌었다.
② 제2기 : 1948년 제2시집『귀촉도』의 시기로 초기의 악마주의적 생리에서 벗어나 동양적인 사상으로 접근했다. 가혹한 원죄 의식에서 벗어나 영겁의 사상을 읊은 인생파 시인으로 면목이 일신되어 심화된 정서와 세련된 시풍으로 민족 정서와 그 선율을 읊었다.
③ 제3기 : 1960년『신라초』의 시기로 불교 정신에 의한 전통성을 바탕으로 시 정신을 심화하였으며 샤머니즘적인 기조 위에 이루어진 신라의 설화를 제재로 보편적 진리의 세계인 영원주의의 이념과 동양적인 사상의 세계를 형성하였다.
④ 제4기 : 1968년 시집『동천』의 시기로 불교에서 배운 특수한 은유법의 매력에 크게 힘을 입어 신라와 불교의 선적인 유현을 통하여 인생과 인간을 관조하려는 신비한 색채를 보인 시기이다.
⑤ 제5기 : 1975년『질마재 신화』의 시기로 토속적인 인간 생명의 감동과 의식의 한계를 벗어난 원시적인 샤머니즘을 설화적 수법을 통해 보여 주었다.

### 02 '춘향'을 소재로 한 시들

| | |
|---|---|
| 강은교,「춘향이의 꿈노래」 | 춘향의 '꿈'을 소재로 죽음을 눈앞에 둔 춘향의 애절한 심정을 노래 |
| 김영랑,「춘향」 | 춘향의 '죽음'을 각오한 정절을 사육신의 충절과 논개의 애국심에 대응시켜 노래 |
| 박재삼,「자연」 | 춘향을 화자로 설정하여 마음속으로부터 자연스럽게 우러나오는 사랑을 꽃나무에 견주어 그린 작품 |
| 서정주,「춘향 유문」 | 춘향의 유언 형식으로 시공을 초월한 영원한 사랑과 정절을 노래 |

### 03 춘향의 의지와 좌절
　　춘향은 향단에게 계속해서 '밀어라', '밀어 올려 다오'라고 말하고 있다. 이는 이상세계로 가고자 하는 춘향의 의지와 간절한 마음을 보여 주고 있다. '춘향'은 이상적 세계로 가고자 하지만, 현실적 세계에 미련을 버리지 못하면서 갈등하고 있다. 이것은 인간이 가지고 있는 근본적인 한계이며 숙명을 의미한다. 결국 '춘향'은 이상적 세계에 갈 수 없는 숙명적 한계를 깨닫고 '나는 아무래도 갈 수가 없다'라고 말하며 좌절하고 있다. 그러나 이런 한계를 깨닫고도 '춘향'은 다시 그네를 밀어 올려 달라고 하는데, 이는 이상향을 향한 '춘향'의 굳은 의지의 표현이다.

### 04 '그네'의 의미
　　'그네'는 현실을 벗어나서 절대 자유의 세계로 나아가고자 하는 열망을 표현하지만, 근본적으로 그럴 수가 없는 존재이다. '그네'는 하늘을 향해 상승 운동을 하지만, 매어 있는 기둥으로 인해 다시 하강할 수밖에 없기 때문이다. 즉, '춘향'은 '그네'를 통해 모든 괴로움과 고통, 번민의 현실 세계로부터 벗어나 조화로운 이상세계에 도달하고자 하지만 인간이라는 숙명으로 인해 현실로 되돌아 올 수밖에 없는 것이다.

### 05 '이상향을 향한 의지'를 노래한 시
　　유치환의 「깃발」과 서정주의 「추천사」에는 이상향을 향한 인간의 본성과 이상향에 도달할 수 없는 인간의 한계가 나타나 있다. 또한 이상향에 도달할 수 없는 것을 알면서도 끊임없이 초극의 의지를 보이는 인간상을 보여 주고 있다.

## 작품 4　꽃밭의 독백(獨白) (신라초, 1960년)

– 사소(娑蘇) 단장(斷章)

노래가 낫기는 그 중 나아도
구름까지 갔다간 되돌아오고,
네 발굽을 쳐 달려간 말은
바닷가에 가 멎어 버렸다.
활로 잡은 산돼지, 매(鷹)로 잡은 산새들에도
이제는 벌써 입맛을 잃었다.
꽃아, 아침마다 개벽(開闢)하는 꽃아.
네가 좋기는 제일 좋아도,
물낯 바닥에 얼굴이나 비취는
헤엄도 모르는 아이와 같이
나는 네 닫힌 문에 기대 섰을 뿐이다.
문 열어라 꽃아. 문 열어라 꽃아.
벼락과 해일(海溢)만이 길일지라도
문 열어라 꽃아. 문 열어라 꽃아.

## 핵심정리

▷ **갈래** 자유시, 서정시
▷ **성격** 관념적, 상징적, 독백적
▷ **제재** 꽃
▷ **주제** 새로운 세계의 개벽에 대한 강렬한 소망

▷ **특징** ① 전통 설화를 창조적으로 변용하여 현대적으로 수용
② 한국의 전통적인 자연관과 종교 의식을 독특한 미적 표현으로 보여줌
③ 상징적 시어와 반복적 표현 사용

## 이해와 감상

### 1 짜임 분석

- 1~6행 – 인간 세계의 유한성
- 7~11행 – 인간 본질의 한계성
- 12행~끝 – 신생의 갈망

### 2 작품감상의 구조

| 구성 요소 | 구성 요소의 파악 | 그것이 지닌 의미·효과 | 주제와의 관련성 |
|---|---|---|---|
| 내용 요소 | ① 시적 화자 및 화자의 상황 | 시적 화자인 사소는 인간 세계의 유한성과 한계를 뛰어넘어 영원의 세계를 지향하는 열망과 구도의 정신을 노래하고 있다. | 초월적 세계에 대한 갈망 |
| | ② 설화의 모티프 | 고대 설화인 '사소 설화'의 모티프를 차용하여 창조적으로 변용하였다. | |
| 형식 요소 | ① 3음보 | 3음보 위주의 운율을 통해 리듬감을 형성하고 있다. | |
| 표현 요소 | ① 상징 | '꽃'은 화자가 추구하는 자연, 영원의 세계를 의미한다. | |
| | ② 반복 | '문 열어라 꽃아'의 반복을 통해 열망과 안타까움을 심화하고 끝없는 구도의 자세를 표현하고 있다. | |

### 3 감상의 길잡이

　이 시는 '사소 설화'를 모티프로 인간 세계의 유한성과 인간 본질의 한계를 뛰어넘으려는 구도(求道) 정신을 보여 주는 작품이다. 시인 자신이 원문에 덧붙여 기록한 바 있듯, 신라 시조 박혁거세의 어머니인 '사소'가 처녀의 몸으로 잉태하여 산으로 신선 수행을 가기 전 그녀의 집 꽃밭에서 한 독백을 가정하고 있다. 화자는 '구름'과 '바닷가'를 통해 넘어설 수 없는 경계를 경험하고, '산돼지'나 '산새'같은 인간 세계의 그 어떤 것에도 흥미를 보이지 않는다. 그러던 중 '개벽하는 꽃'이 화자의 눈에 띈다. 하지만 화자는 헤엄칠 줄 모르는 아이가 수면에 자신의 얼굴이나 비쳐 보듯, 그렇게 꽃의 '닫힌 문'을 뚫어져라 바라만 본다. 묵묵히 바라보기만 하던 화자는 결국 '꽃'을 향해 애타게 소리치게 되는데, 이 과정에서 '벼락과 해일'같은 형벌과 고통을 만난다 할지라도 감내하겠다는 것은, 상처를 입더라도 경계를 넘어서겠다는 뜨거운 열망의 표현이다.

## 기출문제

1. 시의 수용 양상을 평가하기 위하여, (나)를 〈보기 1〉과 같은 순서로 지도하고 (나)에 대한 생각을 말하도록 하였다. 〈보기 2〉의 두 학생에 대한 시 읽기 지도 방향을 제시하시오. [4점]   2004년 기출 10번

> (가) 지문 생략
>
> – 최남선, 「꽃 두고」
>
> (나)
> 노래가 낫기는 그 중 나아도
> 구름까지 갔다간 되돌아오고,
> 네 발굽을 쳐 달려간 말은
> 바닷가에 가 멎어 버렸다.
> 활로 잡은 산(山)돼지, 매[鷹]로 잡은 산(山)새들에도
> 이제는 벌써 입맛을 잃었다.
> 꽃 아. 아침마다 개벽(開闢)하는 꽃아.
>
> 네가 좋기는 제일 좋아도,
> 물낯바닥에 얼굴이나 비취는
> 헤엄도 모르는 아이와 같이
> 나는 네 닫힌 문(門)에 기대 섰을 뿐이다.
> 문(門) 열어라 꽃아. 문(門) 열어라 꽃아.
> 벼락과 해일(海溢)만이 길일지라도
> 문(門) 열어라 꽃아. 문(門) 열어라 꽃아.
>
> * 사소(娑蘇) : 사소(娑蘇)는 신라(新羅) 시조(始祖) 박혁거세(朴赫居世)의 어머니. 처녀(處女)로 잉태(孕胎)하여, 산으로 신선 수행(神仙修行)을 간 일이 있는데, 이 글은 그 떠나기 전 그의 집 꽃밭에서의 독백(獨白)
>
> – 서정주, 「꽃밭의 독백 – 사소(娑蘇) 단장(斷章)」

〈보기 1〉
1단계 : 시의 본문만 읽게 한다.
2단계 : '꽃밭의 독백 – 사소(娑蘇) 단장(斷章)'이라는 제목과 함께 읽게 한다.
3단계 : '사소(娑蘇)'에 대한 시인의 주석까지 함께 읽게 한다.

―〈보기 2〉―
영수: '사소' 얘기를 보니까, 처음에, 제가 시를 잘못 읽었다는 걸 알았어요. 저는 그냥 어떤 애가, 있잖아요, 헤엄도 모르는 아이, 그 애가 꽃밭에서 꽃이 피는 걸 그냥 기다리는 시인 줄 알았거든요. 그런데 아니더라고요. 시를 읽을 때는 그 배경이라든지 이 작품에서 어떤 점이 중요하다, 이런 방향으로 한번 읽어 봐라, 이런 걸 누가 좀 미리 알려 주면 좋겠어요. 그래서 전 해설이 붙어 있는 시집이 좋아요.
순희: 시에 '사소 단장'이라는 부제가 붙어 있는데, 그러니까 이 시는 '사소의 노래'로 읽어야 하는 거 아닐까요? '사소'가 '서정주'의 입을 빌려 가지고 처녀가 애를 배고, 또 산으로 들어가고, 그런 간절한 심정을 하소연한 작품인 것 같습니다. 그러니까 '사소'가 이 시를 썼다는 걸 모르면 이 시를 이해했다고 할 수 없는 거죠.

―〈조건〉―
학생 각각의 시 수용 양상에 대한 진단과 그에 따른 적절한 지도 방향을 언급할 것

1. 영수에 대하여:

2. 순희에 대하여:

### 예상답안

1. **영수에 대하여**: ②도 부분적으로는 가능할 듯
   ① 영수는 전문가의 의견이나 해설에 지나치게 의지하려 하고, 그것에 따라 시를 수용하려고 하는데, 이렇게 되면 주체적이고 창조적인 수용에 이르지 못하는 문제점이 있다. 영수에게 시 작품의 수용에서 무엇보다도 자신(독자, 학습자)의 느낌이나 생각이 중요하다는 것을 주지시키고, 사소한 실수가 있더라도 작고 쉬운 부분부터 스스로 감상하는 훈련을 통해 주체적이고 창조적인 수용을 할 수 있게 지도한다.
   ② 영수는 작품을 읽을 때 제목이나 작자 등의 배경지식이 부족하기 때문에 시를 제대로 읽지 못한 문제점을 드러낸다. 교사는 영수에게 시를 읽을 때, 배경지식의 중요성을 일깨우고, 배경지식을 통해 시를 좀 더 잘 이해할 수 있다는 것을 지도한다.

2. **순희에 대하여**:
   ① 위에서 순희는 '시적 화자(여기서는 창작에 대한 배경지식)'라는 한 가지 요소만 절대시하여 그것만으로 시를 해석하려 하고, 다른 요소들은 고려하지 못하는 문제점이 있다. 순희에게 이 시는 '시적 화자(여기서는 창작에 대한 배경지식)' 외에도 작자의 의도, 작품의 내용, 형식, 표현, 반영한 현실 등 다양한 요소로 이루어져 있다는 것을 알게 하고, 그 요소들을 종합적으로 고려하여 다양한 관점에서 접근하는 것이 좀 더 효과적인 감상 태도임을 알게 지도한다. (즉, 이 작품을 수용할 경우 '사소'가 썼다는 점을 아는 것은 이 작품을 이해하는 오직 하나의 감상 방법이 아니라, 다양한 수용 방법 중의 하나라는 것을 알게 지도함)
   (= (나)에서 순희는 작자를 중시한 '표현론'의 측면만 강조했다. 시는 표현론의 측면 외에, 반영론, 효용론, 구조론의 측면이 모두 중요하다는 것을 주지시키고, 그 요소들을 종합적으로 고려하여 작품 활동을 하도록 지도함)
   ② 위의 지문에서 '순희'는 "'사소'가 '서정주'의 입을 빌려 가지고 … 하소연한 작품"이라고 했는데, 오히려 작자인 서정주가 사소의 입을 빌려 드러낸 것이므로, 이것은 작자와 시적 화자의 관계를 제대로 이해하지 못한 것이다. 이 점을 지도하기 위해서는 시인과 시적 화자의 관계를 바로 알고, 시인이 주제를 보다 잘 전달하기 위해 허구적 대리인으로 내세운 것이 시적 화자라는 점을 작품을 통해 인식할 수 있게 지도한다.

### 작품 5  신부(新婦) (질마재 신화, 1975년)

신부는 초록 저고리 다홍 치마로 겨우 귀밑머리만 풀리운 채 신랑하고 첫날밤을 아직 앉아 있었는데, 신랑이 그만 오줌이 급해져서 냉큼 일어나 달려가는 바람에 옷자락이 문 돌쩌귀에 걸렸습니다. 그것을 신랑은 생각이 또 급해서 제 신부가 음탕해서 그 새를 못 참아서 뒤에서 손으로 잡아당기는 거라고, 그렇게만 알고 뒤도 안 돌아보고 나가 버렸습니다. 문 돌쩌귀에 걸린 옷자락이 찢어진 채로 오줌 누곤 못 쓰겠다며 달아나 버렸습니다.

그리고 나서 사십년인가 오십년이 지나간 뒤에 뜻밖에 딴 볼일이 생겨 이 신부네 집 옆을 지나가다가 그래도 잠시 궁금해서 신부방 문을 열고 들여다보니 신부는 귀밑머리만 풀린 첫날밤 모양 그대로 초록 저고리 다홍 치마로 아직도 고스란히 앉아 있었습니다. 안쓰러운 생각이 들어 그 어깨를 가서 어루만지니 그때서야 매운 재가 되어 폭삭 내려앉아 버렸습니다. 초록 재와 다홍 재로 내려앉아 버렸습니다.

## ■ 핵심정리

▷ **갈래** 산문시, 서정시
▷ **성격** 서술적, 토속적, 신화적
▷ **제재** 신부
▷ **주제** 신부의 절개와 한, 여인의 정절
▷ **특징** ① 서사적 내용의 시적 구성
② 초록, 다홍의 색채 대비
③ 비극적 설화를 바탕

## 이해와 감상

### 1 짜임 분석
- 전반부 – 오해가 빚은 비극
- 후반부 – 처절한 정한의 정서

### 2 작품감상의 구조

| 구성 요소 | 구성 요소의 파악 | 그것이 지닌 의미·효과 | 주제와의 관련성 |
|---|---|---|---|
| 내용 요소 | ① 시적 화자 및 화자의 상황 | 시적 화자인 제3자로 설정하여 제3자의 입장에서 신혼 첫날 신랑의 오해로 빚어진 이야기를 통해 신부의 한을 드러내었다. | 신부의 절개와 한 여인의 정절 |
| | ② 전통성 | 전통적 열녀를 등장시켜 한국 여인의 매운 정절과 한의 여운, 그리고 유교사상 특히 열녀사상을 잘 드러냈다. | |
| 형식 요소 | ① 이야기체의 형식 | 행 구분이 없는 산문적 구성으로 설화적 분위기를 풍긴다. | |
| 표현 요소 | ① 중의적 의미(상징) | '매운재'는 '일부종사의 신념'과 '원한'이라는 이중적 의미를 지닌다. | |
| | ② 상징 | '초록재와 다홍재'는 현세적 가치를 뛰어넘어 영원한 아름다움으로 승화되었음을 상징한다. | |

### ③ 감상의 길잡이

시집 『질마재 신화』의 맨 첫머리에 실린 작품이다. 『질마재 신화』는 미당(未堂)의 문학이 원숙기에 접어들어 초기의 퇴폐적, 상징적 원죄 의식에서 벗어나 신라와 불교에 대한 관심을 거쳐 가장 한국적이고 토속적인 정취에 몰입한 시기에 간행된 것이다.

이 시집에 담긴 대부분의 시는 대체로 형식에 얽매이지 않고 내용도 그야말로 보편적인 한국인의 질박한 삶 그 자체를 담고 있어 가장 안정된 느낌을 주는 바, 「신부」도 그러한 맥락에서 이해될 것이다.

한국 여인의 매운 절개를 놀랍도록 담담하고 짧은 이야기체로 엮었다. 여인의 절개란 어김없이 고통과 슬픔, 한(限)의 여운을 남기는데, 이 작품에서는 강렬한 정서를 담고 있으면서도 전혀 괴로움과 한(限)스러움이 느껴지지 않는 묘한 안정감을 준다.

시의 내용으로 미루어 보아 첫날밤의 신부가 신랑의 오해로 말미암아 소박을 당하였지만, 40년인가 50년(이 시간은 한 인간의 삶 전체를 의미)이 지난 뒤까지도 변함없는 모습으로 남아 있었고 우연히 들른 신랑의 손길이 닿고서야 매운재가 되어 폭삭 내려앉았다. 이로써 여인네의 정절의 삶이 완성된 것이다.

이 시의 강렬한 인상은 이미 생명이 없는 존재이면서도 고스란히 제 모습대로 앉아 있는 '초록 재와 다홍 재'의 신부에 연유한다. 오히려 철부지이며 지각없는 신랑에 비해 철저히 유교적인 일부종사(一夫從事)의 매서운 신념을 지닌 신부는 그러나 현실적인 열녀(烈女)의 세계를 뛰어넘는다. 신부는 '초록 재와 다홍 재'가 되어서도 예전의 모습 그대로 남아 있어 육(肉)의 세계를 넘은 영(靈)의 세계에 존재하기 때문이다.

이 시에서 우리는 서정주 문학의 독특한 미학(美學), 즉 현실적 세계관이었던 유교의 정절이 교묘한 토속적 심미 의식을 통해 신화적 세계관의 경지로 발전하고 있음을 알 수 있다.

백제 시대의 가요 「정읍사(井邑詞)」와 관련된 망부석 전설, 신라시대 박제상의 아내가 일본에 간 남편을 기다리다 치술령 고개 위에 선 채로 돌이 되었다는 전설과 비교해 볼 수 있을 것이다.

## ▮ 중요 내용 정리

### 01 화자의 역할

이 시의 화자가 누구인지는 분명하지 않지만, 독자들에게 이야기를 전해 주는 '이야기꾼'으로서의 역할을 하고 있다. 신부의 정절을 칭송하는 것이 아니라 능청스러우면서도 친근감 있는 어조로 신랑의 경솔함을 탓하는 듯한 분위기를 느낄 수 있다. 시인은 사건의 생략과 특정 부분의 강조를 통해 독자들의 상상력을 자극하면서, 원래 독자들이 알고 있던 전설을 시인의 의도에 맞춰 가공하여 재해석하여 전해 준다. 즉 화자는 독자들이 익히 알고 있는 이야기를 바탕으로 하면서도 그 틀을 새롭게 짜서 제시함으로써 독자들 스스로 작품의 주제를 새롭게 해석할 수 있게 해주는 역할을 하고 있다.

### 02 상징적 의미

① 여자의 기다림 : 수동적 반항이다.
② 비극성 : 신부의 수동적이고 침착한 기다림과 신랑의 조급성이 대립되어 처절한 비극이 유발되고 있다.
③ '초록 재'와 '다홍 재' : 신부의 영적 존재의 아름다움을 의미하는 것으로 이 작품을 한 차원 상승시키는 원동력이 되는 것이다.

### 03 '신랑'과 '신부'의 모습

신부의 '초록 저고리와 다홍 치마'는 현실적 세계를 보여 주는 것으로 육체를 지닌 이승에서의 모습이다. 그러나 40~50년이 흐른 후 신부가 입고 있는 '초록 재와 다홍 재'는 현실적 아름다움을 넘어서 정신적 아름다움을 보여주는 신화적 세계로 전이되었음을 나타내고 있다. 그리고 '신랑'은 성급하고 어리석은 행동으로 신부를 오해하고 '신부'는 그로 인해 죽음을 맞게 되는데, 이러한 '신랑'의 어리석음은 '신부'의 정절을 더욱 부각시키는 효과를 주고 있다.

### 04 「신부」에 담긴 설화적 성격

이 시에서 우리는 서정주 문학의 독특한 미학, 즉 현실적 세계관이었던 유교의 정절이 교묘한 토속적 심미 의식을 통해 신화적 세계관의 경지로 발전하고 있음을 알 수 있다. 그리고 백제의 가요 '정읍사'와 관련된 망부석 설화, 신라 시대 박제상의 아내가 일본에 간 남편을 기다리다 치술령 고개 위에 선 채로 돌이 되었다는 전설과 비교해 볼 수 있다.

## 기출문제

**1.** 〈자료〉를 활용하여 시인의 갈래적 특성에 관한 수업을 하고자 할 때, 활동 계획으로 적절하지 <u>않은</u> 것은?

2010년 기출 34번

―〈자료〉―

(가)

　서정주의 시는 개인의 정서와 음악성을 중시하는 운문 서정시의 전통을 따르는 동시에 그러한 시학적 전통을 파기하는 이중의 면모를 지닌다. 그 전형적인 예가 『질마재 신화』(1975)로서, 이 시집에서 그는 유년기의 기억을 신화적 서사로 재구성하여 산문시 형태로 표출한다. 그는 "시의 언어 구사법이 딴 산문 문학의 그것과 근본적으로 다른 점은 (……) 그 언어 배치의 妙를 얻는 데 있다."라고 하면서 시답지 않은 산문시가 유행하는 현상을 비판한 바 있는데, 『질마재 신화』는 그러한 비판에 이은 그 나름의 답안 제시라 할 수 있다.

(나)

　新婦는 초록 저고리 다홍치마로 겨우 귀밑머리만 풀리운 채 新郞하고 첫날밤을 아직 앉아 있었는데, 新郞이 그만 오줌이 급해져서 냉큼 일어나 달려가는 바람에 옷자락이 문 돌쩌귀에 걸렸습니다. 그것을 新郞은 생각이 또 급해서 제 新婦가 음탕해서 그 새를 못 참아서 뒤에서 손으로 잡아다리는 거라고, 그렇게만 알고 뒤도 안 돌아보고 나가 버렸습니다. 문 돌쩌귀에 걸린 옷자락이 찢어진 채로 오줌 누곤 못 쓰겠다며 달아나 버렸습니다. 〈후략〉

- 서정주,「신부(新婦)」

① 서정주의 초기 시와 후기 시를 비교하며, 운문 서정시가 근대성의 시적 발현이라는 점을 이해하게 한다.
② 서사무가와 기행가사 등을 예로 들어, 서정·서사의 양식과 운문·산문의 형식이 혼효된 갈래가 다양하게 존재함을 알게 한다.
③ 『질마재 신화』에서 유년기의 기억을 서사적인 산문시로 표출한 사례를 중심으로, 서사성의 구현에서 운문과 산문이 어떤 차이를 보이는지 분석하게 한다.
④ 「신부」와 같은 신화적 서사시를 임화 등의 리얼리즘적 단편서사시, 신동엽 등의 장편 서사시와 비교하며 현대 서사시의 다양성을 살펴보게 한다.
⑤ 「신부」의 시어의 선택과 배열, 이미지 형상화, 어조 등의 측면에서 분석하며, 산문이 '언어 배치의 妙'를 얻어 시적 가치를 얻는 양상을 살펴보게 한다.

정답 ①

## 유치환 柳致環

1908 ~ 1967
현대 시인. 경남 충무 출생. 호는 청마

▷ **작가의 특징**
1. 1931년 ≪문예월간≫에 시 「정적」을 발표하여 문단에 등단. 문예동인지 ≪생리≫를 주재하여 5집까지 간행했다.
2. 처음에 낭만적·상징적인 시를 주로 썼으나 그 뒤 '우주적 교감과 생명에 대한 열애'를 노래했다.
   ① 범신론적 자연애를 바탕으로 한 허무 의지 예 「바위」
   ② 원시적 생명력의 추구 예 「생명의 서」
3. 치열한 윤리 의식에 바탕을 둔 시 정신을 보여준다.
4. 시어의 조탁에 유의하지 않고, 개념에 충실한 시를 지향하였다.
   ① 무기교의 기교 속에 시심과 사유를 조화시키려 노력했다.
5. 한자어의 사용이 많은 점, 진술에 치우치는 경우가 많은 점 등은 문제점으로 지적된다.

▷ **주요 작품**
시집: 『청마시초』(1939), 『울릉도』, 『청령일기』, 『청마시집』, 『제9시집』, 『유치환선집』, 『뜨거운 노래는 땅에 묻는다』 등

### 작품 1  바위 (삼천리, 1941년)

내 죽으면 한 개 바위가 되리라
아예 애련(哀憐)에 물들지 않고
희로(喜怒)에 움직이지 않고
비와 바람에 깎이는 대로
억 년(億年) 비정(非情)의 함묵(緘黙)에
안으로 안으로만 채찍질하여
드디어 생명도 망각(忘却)하고
흐르는 구름
머언 원뢰(遠雷)
꿈꾸어도 노래하지 않고
두 쪽으로 깨뜨려져도
소리하지 않는 바위가 되리라.

### 핵심정리

▷ **갈래** 자유시, 서정시
▷ **성격** 상징적, 의지적, 남성적
▷ **특징** ① 대상을 의인화
② 단호하고 결의에 찬 남성적 어조
③ 생경한 한자 관념어 사용
▷ **제재** 바위
▷ **주제** ① 현실 초극에의 의지, 초극적인 삶의 추구
② 현실 극복과 허무 의지

## 이해와 감상

### 1 짜임 분석
- 1행 – 바위가 되고픈 화자의 의지 표명
- 2~7행 – 바위의 특성
- 8~10행 – 인생의 희로애락을 드러내지 않겠다는 의지
- 11~12행 – 삶의 허무와 운명적 비극성을 극복하려는 의지

### 2 작품감상의 구조

| 구성요소 | 구성 요소의 파악 | 그것이 지닌 의미·효과 | 주제와의 관련성 |
|---|---|---|---|
| 내용 요소 | ① 시적 화자 및 화자의 상황 | 시적 화자는 희로애락에 의해 좌우되는 인간적 삶을 부정하고 생명의 본질을 지닌 바위를 닮으려는 의지를 강하게 드러냈다. | 현실 초극에의 의지, 초극적인 삶의 추구, 현실 극복과 허무 의지 |
| | ② 소재의 특징 | '바위'를 소재로 하여 화자가 지닌 굳은 의지를 잘 드러내고 있다. | |
| | ③ 허무 의지의 표현 | 인간적인 가치를 허무한 것으로 여겨 부정하고, 그것에 대한 반성을 통해 굳건한 삶을 지향하려는 의지를 담았다. | |
| | ④ 어조 | 단호하고 강렬한 남성적 어조로 나타내어 의지가 결연함을 효과적으로 드러냈다. | |
| | ⑤ 인생파 시의 특징 | 삶의 현실에 존재하는 모순 앞에서 애련에 젖고 방황하지만 치열한 반성과 윤리의식을 통해 그것을 극복할 원시적 생명력을 추구하고 있다. | |
| | ⑥ 치열한 윤리의식 | 시적 화자의 삶에 대한 반성과 치열한 윤리의식을 통해 바람직한 가치를 지향하려는 자세를 드러냈다. | |
| 형식 요소 | ① 생경한 한자어의 사용 | ㉠ 장점 – 생경하고 관념적인 한자어를 많이 사용하여 시적 화자의 태도 및 시의 주제 구현에 무게를 실어준다.<br>㉡ 단점 – 시의 내용이 지나치게 관념으로 흐르게 되는 문제가 있다. | |
| | ② 수미상관의 구조 | 첫 행과 마지막 행은 변형된 수미상관으로 배치하여 시의 구조를 안정시키고, 주제를 강조한다. | |
| 표현 요소 | ① 다양한 상징 | '바위', '비와 바람', '떠도는 구름', '머언 원뢰' 등은 상징적 표현으로 화자의 의지나 화자에 관한 외부적 상황을 효과적으로 드러낸 것이다. | |
| | ② 대조 | 흔들리는 '애련, 희로'와 굳건한 '바위'를 대비하거나, 불변의 '바위'와 가변의 '구름'을 대비시켜 주제를 효과적으로 드러냈다. | |
| | ③ 의인화 | 바위를 의인화하여 화자의 의지를 더욱 구체적이고 생생하게 드러내고 있다. | |

### ③ 감상의 길잡이

1941년 ≪삼천리≫에 발표된 작품으로 연 구분이 없는 12행으로 된 자유시이다. 첫 행과 마지막 행은 '바위가 되리라'라는 시적 자아의 의지를 반복해서 보여주고 있다. '애련(哀憐)', '희로(喜怒)' 같은 감정이나 '비와 바람'으로 표현된 가혹한 시련 속에서도 결코 흔들리지 않는 초탈(超脫)의 경지를 나타내는 것이 '바위'라 하겠다. 바위를 소재로 절대적인 초월의 경지에 도달하고자 하는 결의를 노래한 작품으로 그 의지에 걸맞게 단호하고 강인한 남성적 어조가 인상적이다.

① 1행 : 시적 자아의 의지와 이 시의 주제를 극명하게 보여준다. 즉, 시적 자아는 현실의 자아를 초극하여 자신이 이상으로 설정한 또 다른 자아(바위)가 되겠다는 의지를 보여준다. '나'와 '바위' 사이에는 미래 가정법과 은유적 구조가 설정되어 있다. 그러나 현실적으로 '내'가 죽어서 바위가 될 가능성은 없다. 따라서 반(反)활유법과 역설법이 구사된 것으로 보아야 한다.

② 2행 : 현실에서 종종 일어나는, 남을 동정하거나 사랑하는 감정을 아예 거부하겠다는 의지를 은유적으로 표출하고 있다. 특히 '아예'라는 부사를 구사하여 그러한 애련의 거부가 절대적임을 보여준다.

③ 3행 : 현실에서 종종 일어나는 기쁨과 노여움을 억제하여, 기뻐도 기뻐하지 않고 노여워도 노여워하지 않겠다는 의지를 보여준다. 일종의 현실에 대한 역설적 의미를 드러낸 것으로 보아야 한다.

④ 4행 : 어떠한 시련과 어려움에도 그것을 그대로 감수하겠다는 의지를 보여준다. 여기에 나타난 '비와 바람'은 일종의 시련과 고통 혹은 어려움을 뜻한다. 그것은 바위가 된 연후의 일인데, 현실에서의 시적 자아의 의지를 보여준 것이거나 현실적으로 그것이 불가능하기 때문에 미래에 바위가 되어 그렇게 하겠다는 의지를 보여준 것으로 볼 수 있다.

⑤ 5 ~ 7행 : 현실적으로 그것이 불가능하겠지만 영원히 애련과 희로의 감정을 버린 채 목석과 같이 입을 다물고 지내면서 고행을 수행해 나가겠으며 끝내 생명까지도 망각하겠다는 시적 자아의 굳은 의지를 보여준다.

⑥ 8 ~ 10행 : 그러한 시적 자아의 각오를 표상하는 바위이기에 흐르는 구름을 보거나 멀리서 들려오는 우레 소리를 들으면서도 설령 그들을 그리워하거나 꿈꾸는 일은 있을지언정 결코 겉으로 드러내고 그러한 감정을 노래하지는 않겠음을 보여준다.

⑦ 11 ~ 12행 : 더 나아가 바위 자체가 두 쪽으로 깨뜨려지는 상황에서도 결코 현실의 고통을 토로하지 않는 그런 바위가 되겠다는 결연한 의지를 보여주고 있다.

> **참고** 생명파와 유치환

생명파는 시 동인지 ≪시인부락≫과 유치환이 주재한 시 동인지 ≪생리(生理)≫에 나타난 시적 관심의 공통점에 의해 붙여진 이름이다. 특히, ≪시인부락≫의 동인인 서정주, 오장환, 유치환 등의 시에서는 강렬하고 독특한 본능적인 욕구, 도덕적 갈등, 시대의 인식 등이 함께 융합되어 나타났다. 그러나 이들 중에서도 유치환은 형이상학적 경향이 두드러졌다. 우주적 교감과 생명에의 열애를 노래하면서 시대의 불행도 함께 의식한 시를 썼다. 특히, 유물론적 인간 의식이나 예술지상주의적 순수 의식을 반대하고 구체적인 삶 속에서 시의 가치를 이루려고 시도하였다.

그의 시는 치열한 윤리의식을 바탕에 깔고 생명의 내부와 삶의 현실에 존재하는 모순 앞에서 때로는 애련에 젖고, 때로는 의지로 맞서기도 하며, 허무에 사로잡히기도 하였다. 우리 현대 시사에서 인생과 사회의 부조리에 윤리의식으로 대결하며, 형이상학적 지향을 보인 최초의 시인으로 평가될 수 있다.

## ▣ 중요 내용 정리

### 01 유치환의 작품 세계

생명의 본질 파악에 궁극적 목적을 두었던 유치환의 시풍은 초기에는 낭만적·상징적 시풍을 띤 허무주의를 표방했으나 후기에는 범신론적 자연애를 바탕으로 동양적 허무주의의 세계와 강인한 원시적 생명력의 추구를 보여준다.

그의 시는 시어의 조탁을 무시하고 개념에 충실해 생경한 느낌을 주기도 하지만 무기교의 기교 속에 시심과 사유를 잘 조화시켜 관념과 직관 그리고 논리로써 지탱되는 독자적인 시의 영역을 구축하였다.

## 02 '바위'와 시적 화자

이 시에서 '바위'는 어떤 시련에도 흔들리지 않고 자신의 의지를 굳건히 지키고 있다. 공연한 애처로움과 안타까운 마음도 먹지 않고, 사소한 일에 기뻐하거나 노하지도 않고, 비가 오나 눈이 와도 그대로 받아들이고 있다. 심지어는 자신의 생명도 잊어버리고 하늘의 구름과 천둥소리도 감정의 동요 없이 그저 자연 현상으로만 받아들인 채, 꿈을 노래하지도 않고 자신의 몸이 산산히 부서져도 아무 소리하지 않는다. 시적 화자는 죽으면 이런 '바위'처럼 살겠다고 다짐하고 있다. 이는 시적 화자의 현실의 삶이 온갖 유혹과 시련에 흔들리고 있음을 암시하는 것이다. 그러는 한편 앞으로는 유혹과 시련에 흔들리지 않고 '바위'처럼 굳건하게 살겠다는 강한 의지로 이해할 수도 있다.

## 03 자연물에서 발견한 교훈적 의미를 노래하고 있는 작품

① 충담사의 「찬기파랑가」: 기파랑의 고매하고 고결하고 원만한 성품과 높은 인격을 여러 자연물에 대입하여 예찬하였다.
② 윤선도의 「오우가」: 물, 돌, 소나무, 대나무, 달을 의인화하여 각각의 교훈적 의미를 노래한 시조이다.
③ 김수영의 「풀」과 「폭포」: '풀'을 통해 민중들의 끈질긴 생명력과 강인한 저항 정신을, '폭포'를 통해서는 준열한 비판 정신을 끌어냈다.
④ 이성부의 「벼」: '벼'를 통해 민중의 강인한 생명력과 공동체적 유대감을 나타내었다.

## 예상문제

※ (1~3) 다음 작품을 읽고 물음에 답하시오.

(가)
내 죽으면 한 개 바위가 되리라.
아예 애련(愛憐)에 물들지 않고
희로(喜怒)에 움직이지 않고
비와 바람에 깎이는 대로
억 년 비정(非情)의 함묵(緘黙)에
안으로 안으로만 채찍질하여
드디어 생명도 망각하고
흐르는 구름
머언 원뢰(遠雷)
꿈꾸어도 노래하지 않고
두 쪽으로 깨뜨려져도
소리하지 않는 바위가 되리라.

— 유치환, 「바위」

(나)
　바위처럼 살아가보자
　모진 비바람이 몰아친대도
　어떤 유혹의 손길에도 흔들림없는
　바위처럼 살자꾸나
　바람에 흔들리는건
　뿌리가 얕은 갈대일뿐
　대지에 깊이 박힌 저 바위는
　굳세게도 서 있으니
　우리 모두 절망에 굴하지 않고
　시련 속에 자신을 깨우쳐 가며
　마침내 올 해방 세상 주춧돌이 될
　바위처럼 살자꾸나

― 「바위처럼」(가요)

1. (가)와 (나)는 공통적 주제를 담고 있지만, 세부 내용에서는 차이가 있다. 그 차이점을 '시적 화자' 및 '시적 화자가 지향하는 세계(가치)'라는 측면에서 밝히고 그 근거가 되는 부분을 작품에서 구체적으로 제시하라.

[3점]

### 예상답안

① (가)는 굳건한 삶(초극적 삶)을 살아가려는 개인의 의지를 드러내었고, (나)는 함께 힘을 모아 올바른 사회를 건설하려는 사회적 의지를 드러낸 것임
② 시적 화자
　(가) ― '내', (나) ― '우리'
③ 시적 화자의 지향
　(가) "안으로 안으로만 채찍질하여" / 또는 "바위가 되리라" (내적 성찰)
　(나) "마침내 올 해방 세상 주춧돌이 될" (사회적 활동 지향)

2. (가)를 교수·학습할 때, (나)와 같은 자료(매체)가 있다면 교수·학습의 각 단계에서 어떻게 활용할 수 있을지 아래 표에 각각 2가지씩 간략하게 제시하라. (아래 3단계에서 모두 (나)를 사용하는 것이 아니라 하나의 단계에서만 사용한다고 전제함) [3점]

**예상답안**

| 단계 | 활용 방안 |
| --- | --- |
| 도입 | ① 동기유발에서 직접 노래 부르게 함<br>② 동기유발에서 노래를 들려주며 의미를 생각하게 함<br>③ 동기유발에서 '바위'의 의미를 생각해보기 |
| 전개 | ① 갈래상의 공통점과 차이점을 비교하는 활동 (노래와 시의 비교)<br>② 내용상의 공통점과 차이점을 비교하는 활동<br>③ 독자의 수용 양상 및 독자에 대한 영향을 비교하는 활동 등<br>(각 내용을 구체적으로 제시해도 내용이 맞으면 맞게 할 것) |
| 정리 | ① (나)를 제시하고 공통점 차이점을 파악하는 과제를 제시하기 (텍스트 상호성에 의한 심화)<br>② (가)의 주제와 비교하며 노래 부르기 (내면화)<br>③ (가)와 비교하여 토의·토론하기 (심화)<br>④ (가)와 비교하여 삶의 양상을 비교하기 등 |

3. "작품 세계를 비판적으로 이해할 수 있다."는 내용으로 교수·학습할 때, (가)와 (나)에서 각각 지적할 사항을 1가지씩 밝히시오.

**예상답안**

① (가) : ㉠ 어려운 한자어의 사용
　　　　㉡ 관념적·사변적 내용
　　　　㉢ 당대 현실의 문제와 거리가 있는 내용임
② (나) : 교훈적 내용의 주제가 전면에 드러나는 부분이 있음

## 작품 2 | 생명의 서(書) (동아일보, 1938년)

나의 지식이 독한 회의(懷疑)를 구(救)하지 못하고
내 또한 삶의 애증(愛憎)을 다 짐지지 못하여
병든 나무처럼 생명이 부대낄 때
저 머나먼 아라비아의 사막(沙漠)으로 나는 가자.

거기는 한번 뜬 백일(白日)이 불사신(不死身)같이 작열하고
일체가 모래 속에 사멸(死滅)한 영겁(永劫)의 허적(虛寂)에
오직 알라의 신(神)만이
밤마다 고민하고 방황하는 열사(熱砂)의 끝.

그 열렬(烈烈)한 고독(孤獨) 가운데
옷자락을 나부끼고 호올로 서면
운명처럼 반드시 '나'와 대면(對面)케 될지니
하여 '나'란 나의 생명이란
그 원시(原始)의 본연(本然)한 자태를 다시 배우지 못하거든
차라리 나는 어느 사구(沙丘)에 회한(悔恨) 없는 백골(白骨)을 쪼이리라.

### ▮ 핵심정리

▷ **갈래** 자유시, 서정시
▷ **성격** 의지적, 관념적, 상징적
▷ **어조** 남성적, 독백적, 직설적
▷ **제재** 생명
▷ **주제** 삶의 본질을 추구하려는 강한 생명 의지

### 이해와 감상

**① 짜임 분석**
- 1연 – 삶의 본질 갈구 (방황하다 떠남) : 인생의 본질에 대한 회의
- 2연 – 시적 화자의 고행 현장 (고행) : 죽음과 고뇌뿐인 열사의 극한 상황
- 3연 – 시적 화자의 결연한 의지 (극복을 위한 의지) : 본연의 자아에 대한 추구

## ② 작품감상의 구조

| 구성 요소 | 구성 요소의 파악 | 그것이 지닌 의미·효과 | 주제와의 관련성 |
|---|---|---|---|
| 내용 요소 | ① 시적 화자 및 화자의 상황 | 시적 화자가 반성하는 삶을 살지 못하고 삶의 가치가 흔들려 방황할 때, 치열한 고민과 고행을 통해 다시 삶을 지탱할 원시적 생명력을 추구하고 있다. | 삶의 본질을 추구하려는 강한 생명 의지 |
| | ② 어조 | 죽음을 각오한 강인한 의지를 남성적 어조로 표현하고 있다. | |
| | ③ 인생파 시의 특징 | 삶의 현실에 존재하는 모순 앞에서 애련에 젖고 방황하지만 치열한 반성과 윤리의식을 통해 그것을 극복할 원시적 생명력을 추구하고 있다. | |
| | ④ 치열한 윤리의식 | 시적 화자의 삶에 대한 반성과 치열한 윤리의식을 통해 바람직한 가치를 지향하려는 자세를 드러냈다. | |
| 형식 요소 | ① 한자어의 사용 | 한자어를 많이 사용하여 시의 주제를 잘 드러내고, 한편으로는 시의 내용이 지나치게 관념으로 흐르게 되는 문제가 있다. | |
| | ② 시상 전개 | '떠남 → 고행 → 극복의 의지'로 이어져 주제를 효과적으로 드러내고 있다. | |
| | ③ 산문적 진술 | 시행의 구분은 있지만 전체가 산문적이어서 운율의 긴장감이 부족한 면이 있지만, 깊이 있는 생각을 드러내는 데는 장점이 있다. | |
| 표현 요소 | ① 다양한 상징 | '독한 회의'는 '반성, 윤리적 성찰'의 의미이고, '아라비아의 사막'은 자신을 되돌아 볼 수 있는 성찰의 공간이다. 그리고 '알라의 신'은 시련과 고난의 극한 상태인 아라비아 사막에 존재할 수 있는 절대자로, 시적 화자가 추구하는 가치를 대신하는 존재를 상징하여 주제를 드러내는 데 각각 기여한다. | |
| | ② 비유 | '병든 나무처럼'은 현실에서 생명의 본질을 구하지 못하여 괴로워하는 시적 화자를 비유했고, '불사신같이'는 순수 생명의 본질의 모습을 비유한 것이다. | |
| | ③ 시적 허용 | '나는 가자'는 1인칭인 '나'와 '가자'가 불일치함을 드러내지만, 나의 의지를 잘 표현하고, 또한 '호올로'에도 시적 허용이 쓰여 고독을 강조한다. | |

## ③ 감상의 길잡이

관념적인 사유를 통해 '생명'의 본원적 문제를 탐색하고 있다.
① 1연 : 나의 지식을 가지고도 인생의 본질이 무엇인가 하는 매우 심각한 회의를 해결하지 못하고 또는 생의 여러 가지 체험을 다 감당하지 못하여(인생의 본질을 파악하지 못하여), 삶 자체가 공허하고 불안할 때 그 근본 문제를 해결하기 위하여 인간의 기성관념의 때가 묻지 않은 원시 상태 그대로 있는 아라비아의 사막으로 가자.
② 2연 : 거기는 오직 태양만이 타고 모든 원시의 허적 가운데서 알라신마저도 생명의 본질을 해결하지 못하고 고민하고 방황하는 곳이다.
③ 3연 : 그 열렬한 사막의 고독 가운데 호올로 서면 이 순수한 세계에서는 사고나 체험을 흐리게 할 방해물이 없으므로 자신의 적나라한 모습을 바라볼 수 있으며 생의 본질도 알 수 있게 될 것이다. 그러나 이 열렬함 속에서 쇠약한 몸이 견디지 못한다면 차라리 사막에 묻혀 백골이 되고 말 것이다.

이 시에는 두 명의 '나', 곧 현상적인 자아와 본질적인 자아가 등장한다. 전자는 삶의 근본적인 회의와 애증으로 인해 참다운 생명력을 상실한 존재로 표상되어 있다. 그러나 그 '나'는 자신이 처한 현실로부터 '아라비아 사막'으로 표상되는 절대 고독의 공간으로 옮겨가 생명력이 회복을 추구한다. 이때 또 다른 '나' 혹은 '나의 생명'은 영겁의 허적과 고독을 통해 현실을 초극함으로써 도달하게 되는 본질적 자아이다. 이 본질적 자아는 작가가 이상으로 삼는, 작가의 내면적 의지를 표상하는 자아이다.

## ▌중요 내용 정리

### 01 표현상의 특징
표현적 측면에서 보면 이 시는 사변적, 의지적, 남성적 문체의 특징을 보여준다. '회의', '영겁의 허적' 등에서와 같은 관념적인 한자어의 사용, 강한 어감을 지닌 시어의 사용 등이 이 시의 중요한 문체적 특징이다. 따라서 유치환의 시는 흔히 시의 표현이 너무 진술에 치우치고 있다는 점에서 비판받기도 한다. 시적인 함축미보다는 일정한 내용을 전달하는 지시적 기능이 강하다는 의미이다.

### 02 나와 '나'의 의미
이 시에서 시적 화자를 가리키는 '나'의 함축적 의미는 변화하고 있다. 이는 시적 화자의 자아가 변화하고 있기 때문이다. 즉, 1연에서 '나'는 자신의 생의 본질을 찾지 못하고 있는 현실적 자아이다. 이 자아가 '열사의 끝' 사막에서 절대 고독의 시간을 보내고 난 후에 본질적 자아인 '나'를 만나게 되는 것이다. 즉, 3연의 '나'는 시적 화자가 추구해 온 생의 본질을 간직한 진실한 '나'인 것이다.

### 03 '사막'의 의미
시적 화자는 세속적 삶의 가치에 대해 회의를 느끼면서, '생명'의 진정한 모습을 성찰하기 위해 '사막'의 공간으로 스스로를 내몬다. '사막'의 공간으로 나아가겠다는 시인의 의지는 비장하고 단호하다. 시적 화자가 '생명'의 진정한 모습을 성찰하기 위해 설정한 그 '사막'의 공간은 세속적 가치가 소멸되어 버린 원초적 순수의 공간으로서 절대적 신만이 존재하는 장소이다. 아울러 그 공간 안에 인간이 던져졌을 때, 인간은 지독한 고독감을 느끼지 않을 수 없다. 그러나 원초적 순수함과 절대 고독만이 존재하는 그 사막의 공간에서 인간은 비로소 '진정한 자아'를 발견할 수 있게 된다. 그래서 시적 화자는 그 '사막'의 공간에서 '진정한 자아'를 발견하기 위해 '열렬한 고독'을 자청하고 있는 것이다. 그러나 시적 화자는 그러한 치열한 노력에도 불구하고 '진정한 자아'를 발견하지 못하면 차라리 죽음을 선택하겠다는 비장한 결의를 표명하고 있다.

### 04 시적 화자의 태도
시적 화자는 자신의 지식으로 삶의 본질을 해결하지도 못하고, 또한 삶의 애증을 털어내지 못한 채 '병든 나무'처럼 힘겨워하고 있다. 그때 시적 화자는 생명의 본질을 확인할 마지막 방법으로 '아라비아 사막'이라는 극한적 공간을 설정하고 있다. '한 번 뜬 백일이 불사신같이 작열하고, 일체의 모래 속에 사멸한 그 열사의 끝'에서 시적 화자는 자신의 본질을 찾고야 말겠다고 다짐한다. 즉, 자신을 둘러싼 온갖 것들을 그 '열사의 끝'에서 날려 보내고, 온전히 남은 '원시의 본연한 자태'를 만나겠다는 것이다. 이는 '본질적 자아'를 찾고자 하는 시적 화자에게는 생명을 건 모험으로, '본질적 자아'가 아닌 시적 화자에게 아무런 의미가 없다는 뜻이기도 하다.

### 05 떠남, 시련, 만남에의 의지

이 시는 '떠남(1연) → 시련(2연) → 만남(3연)'의 전개 과정을 보이고 있는데, 이런 과정은 모두 생명이나 삶의 본질적 모습을 추구하기 위한 수련으로 이해할 수 있다. 먼저 화자는 현실적 가치에 대한 문제를 제기하면서 그것으로는 생명의 본질을 깨우칠 수 없음을 자각한다. 그래서 화자는 원시 상태의 순수하고 본질적인 모습을 지니고 있는 '아라비아 사막'으로 떠난다. 여기서 '아라비아 사막'은 화자가 생명의 본질을 깨우칠 곳으로 설정한 가상 공간으로, 일체의 모든 것이 죽어 사라지는 극한 상황의 공간이다. 그래서 화자는 시련을 체험하게 된다. 이곳에서는 자신의 모든 것을 죽여서 버려야만 되기 때문이다. 그러한 시련을 통해 화자는 '원시의 본연적 자세'를 배울 수 있다고 믿고, 만약 그렇지 못할 경우에는 죽음을 선택하겠다고 말함으로써 생의 본질 추구에 대한 강한 의지를 보이고 있다.

## 작품 3  깃발 (조선문단, 1936년)

이것은 소리 없는 아우성
저 푸른 해원(海原)을 향하여 흔드는
영원한 노스탤지어의 손수건
순정(純情)은 물결같이 바람에 나부끼고
오로지 맑고 곧은 이념의 푯대 끝에
애수(哀愁)는 백로처럼 날개를 펴다.
아, 누구던가?
이렇게 슬프고도 애달픈 마음을
맨 처음 공중에 달 줄을 안 그는.

### ■ 핵심정리

▷ 갈래  자유시, 서정시
▷ 성격  상징적, 낭만적, 역동적
▷ 제재  깃발
▷ 주제  ① 이상향에 대한 동경과 좌절 및 비애
　　　　② 이념에 대한 향수와 그 좌절

▷ 표현  ① 역설적 표현
　　　　② 대상의 역동적 이미지를 잘 살려 표현함
　　　　③ 색채 대비를 통해 대상의 선명한 이미지 부각
　　　　④ 구체적 대상으로부터 추상적이고 관념적인 여러 대상으로 비유

### 이해와 감상

#### 1 짜임 분석

- 1~3행 – 깃발의 역동적 모습: 초월적 세계에 대한 갈망
- 4~6행 – 깃발의 순수한 열정과 애수: 도달할 수 없는 안타까움
- 7~9행 – 인간 존재의 동경과 좌절의 아픔: 좌절과 비애

## ② 작품감상의 구조

| 구성 요소 | 구성 요소의 파악 | 그것이 지닌 의미·효과 | 주제와의 관련성 |
|---|---|---|---|
| 내용 요소 | ① 시적 화자 및 화자의 상황 | 매달린 깃발과 그 깃발이 가고 싶어 하는 해원과의 관계를 이상향을 동경하지만 갈 수 없어 좌절하는 상황을 보여준다. | 이상향에 대한 동경과 좌절 및 비애, 이념에 대한 향수와 그 좌절 |
| | ② 이미지에 의한 표현 (표현 요소도 됨) | '깃발의 펄럭임'이라는 시각적 심상을 '아우성'이라는 청각적 심상으로 바꿔 표현하는 공감각적으로 표현하였고, '이념, 이상' 등의 관념을 '깃발', '손수건', '백로' 등의 구체어를 통해 감각적으로 표현하였다. | |
| 형식 요소 | ① 운율의 특징 | 전체적으로 3음보와 4음보 운율을 많이 사용하여 리듬감을 살리면서 감정이 고조되는 부분은 2음보를 유지하여 비탄의 감정과 비장미를 고조시키고 있다. | |
| | ② 역설적 구조 | 인간은 초월적 세계로 끊임없이 나아가고자 하나 결국 초월적 세계로 나아갈 수 없다는 인간 존재의 역설적 상황을 표현하였다. | |
| 표현 요소 | ① 비유와 상징 | '깃발'을 '소리 없는 아우성, 노스탤지어의 손수건, 마음, 물결, 백로'에 비유하여 표현함으로서 깃발의 의미를 효과적으로 드러냈고, '깃발'은 '이념, 이상, 향수, 애수, 순정'의 의미를 지니는 상징이다. | |
| | ② 도치법 | 7행과 8~9행의 순서를 도치하여 표현하여 의미를 강조하고 운율을 잘 살리고 있다. | |
| | ③ 역설 | '이것은 소리 없는 아우성'을 통해 깃발이 지닌 역동성을 강조하여 표현하였다. | |
| | ④ 낭만적 아이러니 | 이상적·낭만적 세계를 그리지만 현실은 그것에 이를 수 없는 상황을 제시하여 이상과 현실 상황과의 괴리를 드러냈다. | |
| | ⑤ 색채의 대비 | '푸른 해원'과 '백로'가 대비가 되어 대상의 이미지를 더욱 선명하게 부각시켰다. | |

## ③ 감상의 길잡이

「깃발」은 1939년에 나온 청마 유치환의 첫 시집 『청마시초』에 수록된 작품으로, 유치환의 대표작이다. 연의 구분이 없는 9행으로 이루어진 간결한 시로 이상향을 향한 인간의 보편적 욕망과 그 욕망의 좌절, 거기에서 비롯되는 비애를 '깃발'의 존재론적 조건과 상황을 통해 노래하고 있다.

'깃발'이라는 상징적 이미지가 전체적인 시상을 통어하고 있는 제1행에서는, '깃발'이 펄럭이는 시각적 이미지를 '소리 없는 아우성'이라는 청각적 이미지로 표현하고 있다. 그러한 공감각적 이미지 구사를 통해 깃발의 펄럭이는 모습이 힘차고 격렬하지만 상당한 거리를 두고 떨어져 있어서 소리를 들을 수 없는 상태임이 드러난다. 제2행과 제3행에서는 깃발을 다시 '푸른 해원'을 향해 흔드는 '노스탤지어의 손수건'으로 비유하고 있다. 이를 통해 독자들은 깃발이 바닷가에서 흔들리고 있음을 연상하게 되고, 나아가 그것이 바닷사람들과 무관하지 않음을 느끼게 된다. 제4행에서는 깃발은 '물결같이 바람에 나부끼는' 순정으로 비유된다. 그러니까 깃발은 제1행에서의 강렬한 이미지나 저돌적 은유에서 벗어나 아주 상식적인 차원으로 후퇴하고 있는 셈이다. 그러한 경향은 5행과 6행에서도 엿보인다. 여기에서 깃발은 '맑고 곧은 이념의 푯대 끝에'서 '백로처럼 날개를 펴'는 애수로 비유된다. 이상에 대한 동경과 그것을 성취하지 못하는 데서 오는 번민과 회의가 아주 잘 드러나고 있다. 특히 '맑고 곧은 이념의 푯대'와 '물결같이 바람에 나부끼는' 깃발의 대조를 통해 그것이 절정을 이룬다. 제7~9행까지는 다시 회의와 번민에서 벗어나 시인의 강렬한 의지를 보여주고 있으며, 우리 독자들에게 삶의 경이를 느낄 수 있게 해준다. 물론 여기에서 제기된 물음은 슬프고도 애달픈 마음을 공중에 맨 처음 달 줄을 안 사람이 누구인가가 아니라, 서정적 조화가 불가능한 초월적 세계에 대한 향수와 좌절이라는 근원적 문제에 대한 것으로 보인다. 비극적 세계관의 근원이 되고 근대를 특징지을 수 있는 자아와 세계, 이상과 현실, 현상과 초월이라는 근원적 조건을 표상하고 있는 것이 다름 아닌 이 시에 나타난 '깃발'로 보인다.

## 🔖 중요 내용 정리

### 01 표현상의 특징

① 율격을 통한 정서 표현: 전체적으로 4음보를 이루고 있으나 감정이 고조되는 부분마다 호흡을 빠르게 하는 2음보, 혹은 3음보격을 유지함으로써 비탄, 회의 감정과 비장미를 고조시키고 있다. 예를 들어 향수를 구체적으로 묘사하는 4~6행은 4음보로 처리한 반면, 감정이 고조되는 1, 3, 7행은 각각 3음보와 2음보로 처리해 비탄의 감정을 고조시킨다.

② 감각적 심상: '깃발의 펄럭임'이라는 시각적 심상을 '아우성'이라는 청각적 심상으로 바꿔 표현하는 등 감각의 전이가 돋보인다. 또한 초월적 세계에 대한 동경이라는 정신적 현상을 '깃발', '손수건', '백로' 등의 구체어를 통해 감각적 심상으로 바꾸는 데 성공하고 있다.

### 02 '깃발'의 의미

이상향을 향한 동경과 좌절을 의미하는 '깃발'은 여러 가지 비유어로 표현되고 있다. 시적 화자는 1행에서 '깃발'을 '소리 없는 아우성'이라고 했다. 이와 같은 역설적 표현을 통해 이상향으로 가고자 하는 '깃발'의 염원을 단적으로 표현한 것이다. 또한 3행의 '영원한 노스탤지어의 손수건'을 통해서는 자신이 떠나온 푸른 바다를 향한 향수와 동경을 드러내고 있다. 이러한 깃발의 '순정'은 물결같이 바람에 나부끼지만 이념의 푯대에 묶여 있는 한계 때문에 이루지 못하고 좌절하고 만다. 좌절감이 깃발에게 애수를 불러일으키고, 외롭고 고고한 백로처럼 퍼덕일 뿐이다. 동경과 좌절은 깃발에게 '슬프고도 애달픈 마음'으로 기억될 것이고, 이러한 깃발의 마음은 시적 화자의 마음이다. 이상향을 지향하지만, 운명적 한계로 인해 좌절할 수밖에 없음을 시적 화자는 안타까워하고 있는 것이다.

### 03 '깃발'이 있는 곳

'깃발'은 바다를 향해 날리고 있으나 바닷가에 정지된 상태로 있다. 일반적으로 바다나 하늘이 무한한 세계를, 육지가 유한한 세계를 상징하는 것임을 염두에 둘 때, '깃발'은 무한과 유한의 경계선에 서 있으면서 유한의 공간에 얽매여 무한한 세계를 동경하고 있음을 알 수 있다.

### 04 '아우성'의 의미

'아우성'은 소망하는 바가 이루어졌을 때 나오는 소리가 아니다. 소망하는 바가 장벽에 부딪히거나 소리를 내는 당사자에겐 실현되어야 할 당위성이 있음에도 그것이 불가할 때 터져 나오는 소리이다.

그런데 그 아우성은 '소리 없는' 것이다. 내면 속의 열망을 겉으로 드러내지 않는 아우성이다. 그 내면의 열망은 구체적으로 규정할 수 없는 다양한 대상을 향한 그리움으로 볼 수 있다. 그 그리움은 노스탤지어, 순정, 애수로 드러나다가 마침내 슬프고도 애달픈 마음으로 관념화되고 있다. 청각과 시각의 이미지 변용을 거쳐 관념의 직접적 표명에 이르며 시는 구체화된다. 그 직접적 표명을 근거로 하면 깃발에 스민 화자의 정서는 결국 슬프고도 애달픈 것이라고 볼 수 있다.

### 05 '현실 초월의 욕구'를 노래한 시

인간에게 있어 이상향은 포기할 수 없는 욕구이다. 이로 인해 인간은 항상 무언가를 그리워하고 또한 좌절하게 되는 것이다. 때문에 문학에서도 그 이상향을 향한 그리움은 자주 등장하는 주제가 되기도 한다.

> 바다 없는 곳에서 / 바다를 연모하는 나머지에 / 눈을 감고 마음 속에 / 바다를 그려 보다 / 가만히 앉아서 때를 잃고…… // 옛 성 위에 발돋움하고 / 들 너머 산 너머 보이는 듯 마는 듯 / 어릿거리는 바다를 바라보다 / 해지는 줄도 모르고……
>
> — 오상순, 「방랑의 마음」

「방랑의 마음」은 현실의 질곡을 벗어난 이상향을 그리워하며 정처 없이 떠도는 마음을 나타내고 있다. 그러나 그 곳은 '망망한 푸른 해원'으로 '눈을 감고 마음 속에' 그리는 바다일 뿐이다. 즉 현실의 바다라기보다는 시적 화자의 이상 속에 존재하는 바다요, 현실의 모든 고뇌로부터 떠난 자유와 안식의 바다이다.

## 작품 4 일월 (문장, 1939년)

나의 가는 곳
어디나 백일(白日)이 없을소냐.

머언 미개(未開)ㅅ적 유풍(遺風)을 그대로
성신(星辰)과 더불어 잠자고,

비와 바람을 더불어 근심하고,
나의 생명과
생명에 속한 것을 열애(熱愛)하되,
삼가 애련(哀憐)에 빠지지 않음은
――그는 치욕(恥辱)임일레라.

나의 원수와
원수에게 아첨하는 자에겐
가장 옳은 증오(憎惡)를 예비하였나니.

마지막 우러른 태양이
두 동공(瞳孔)에 해바라기처럼 박힌 채로
내 어느 불의(不意)에 즘생처럼 무찔리기로

오오, 나의 세상의 거룩한 일월(日月)에
또한 무슨 회한(悔恨)인들 남길소냐.

## 핵심정리

▷ **성격** 관념적, 의지적, 남성적
▷ **어조** 굳고 비장한 의지의 남성적 어조
▷ **특징** ① 강렬하고 원색적인 시어(한자어) 및 부사를 많이 사용함
② 영탄과 설의적 표현을 통해 직설적으로 정서를 표출함

▷ **제재** 일월 (본원적 생명)
▷ **주제** ① 본원적 생명적 의지의 지향
② 불의에 대한 증오와 대결 의식

## 이해와 감상

### 1 짜임 분석

- 1연 – 망명을 결행하여 광명의 지표를 찾음
- 3연 – 생명을 열렬히 사랑하되 시련에 빠지는 치욕을 거부함
- 5연 – 비참한 종말도 각오함
- 2연 – 미개 시대의 유풍대로 삶
- 4연 – 원수와 그에 아첨하는 자를 증오함
- 6연 – 회한이 없는 삶

### 2 작품감상의 구조

| 구성 요소 | 구성 요소의 파악 | 그것이 지닌 의미·효과 | 주제와의 관련성 |
|---|---|---|---|
| 내용 요소 | ① 시적 화자 및 화자의 상황 | 시적 화자는 부조리한 현실 속에서 생명을 열애하고, 부조리한 현실에 맞서 굴복하지 않고 대결하며 회한 없이 살기를 다짐한다. | 본원적 생명 의지의 지향, 불의에 대한 증오와 대결 의식 |
| | ② 어조 | 남성적이고 강렬한 어조를 통해 시적 화자의 의지를 효과적으로 드러내었다. | |
| | ③ 인생파 시의 특징 | 삶의 현실에 존재하는 모순 앞에서 애련에 젖고 방황하지만 치열한 반성과 윤리의식을 통해 그것을 극복할 원시적 생명력을 추구하고 있다. | |
| | ④ 치열한 윤리의식 | 시적 화자의 삶에 대한 반성과 치열한 윤리의식을 통해 바람직한 가치를 지향하려는 자세를 드러냈다. | |
| 형식 요소 | ① 연과 행의 배치 | 행과 연을 자유롭게 배치하고 있다. | |
| | ② 관념적 한자어의 사용 | 한자어를 많이 사용하여 시의 주제를 잘 드러내고, 한편으로는 시의 내용이 지나치게 관념으로 흐르게 되는 문제가 있다. | |
| | ③ 부사어의 사용 | '삼가', '가장', '마지막' 등 강한 의미를 지닌 부사를 사용하여 시적 화자의 의지를 강조한다. | |
| 표현 요소 | ① 다양한 상징 | '일월'은 시적 화자의 삶의 길을 비추어 주고 화자의 정신적, 이념적 지향이 되는 존재이다. 그 외에도 '백일, 성신, 비와 바람, 원수, 마지막 우르른 태양' 등 다양한 상징이 사용되었다. | |
| | ② 영탄법과 설의법 | 영탄법과 설의적 표현을 통해 시적 화자의 정서를 효과적으로 표출했다. | |

### ③ 감상의 길잡이

정의에 대한 신념과 강렬한 생명의식에 바탕을 둔 남성적 삶의 자세를 굳건히 견지하려는 의지가 드러나 있다.

1연의 일제하 암담한 현실에서 망명을 결행함은 진실과 자유가 있는 광명의 길을 찾아가기 위해서다. 낭만적인 도피나 방황이 아니라 고향도 사랑도 회의도 버리고 입명하려는 길이다. 2연은 동굴 생활을 하는 미개인의 풍습대로 살아갈 각오, 어떤 고생이라도 감수하겠다는 뜻과 원시의 순수한 삶을 살겠다는 각오가 동시에 함축되어 있다. 3연에서는 결의 강도가 더 강해진다. 일제 강점기에 고생하는 불쌍한 겨레를 진심으로 사랑하며 애련에 빠지는 것으로 치욕으로 생각하지 않겠다. 4연. 나의 전 존재에 대한 범적대자의 총칭. 나에게 죽음으로 보내려는 자 혹은 내게 속한 것으로 말살하려는 자를 증오하겠다는 결의가 나타난다. 5~6연은 원수와 원수에게 아첨하는 자. 여기서는 일제와 친일파에 대한 증오가 나타나 있다. 어느 순간에 뜻하지 않게 원수에게 무찔리어 죽을지언정 그 증오를 거두어들이거나 굴복하지 않겠다. 이것은 옳고 강하게 살다가 맞이하는 종말인데 어찌 회한을 남기겠는가.

그간 3연의 해석을 둘러싸고 많은 논란이 빚어졌는데, 우선 지배적인 해석은 생명에 속한 것으로 사랑하면서도 애련에 빠지지 않겠다. 그렇지 않으면 그것은 치욕이기 때문이라는 것이다. 애련은 약한 사람이나 어린이를 사랑하고 가엾게 여기는 일이므로, 그의 다른 작품에도 애련에 빠지는 것으로 경계하는 구절이 눈에 띤다. '내 죽으면 바위가 되리라 / 아예 애련에 물들지 않고 / 희로에 움직이지 않고'나 '내 애련에 피로운 날 / 차라리 원수를 생각하노라'가 그 예이다. 그것은 애련이 사모의 정과 연민이 깊을수록, 내게 진실하면 진실할수록 밑바닥 없는 늪처럼 시인의 발목으로 옭아매기 때문이다. 내가 거기에 빠져 약해짐은 상대적으로 원수를 강하게 만들고 원수에게 굴하지 않을 수 없게 한다는 것이다.

유치환은 인간의 본원적 생명 열애에 대한 욕망과 불가능한 현실 사이에서 갈등한다. 이 갈등은 당대의 민족적 현실과 맞물려 그 고뇌가 증폭되고 있으나 청마는 열애의 삶을 택하고 있다. 여기에서 작가가 선택한 사랑은 상대를 소유하려는 탐욕스러운 이기적 사랑이 아니다. 상대방에 대한 그리움과 애련을 자신의 내면에서 승화시키는 사랑이다. 요약하건대 「일월」은 작가가 일가를 이끌고 일제의 탄압을 피해 만주로 떠났을 때의 시대적 상황과 작가의 생명존중의 이중성(치열한 진술추구의 정신과 사랑하는 대상에 대한 진실로서의 애련)을 연결해야 올바로 해석될 수 있다.

## ■ 중요 내용 정리

### 01 '일월(태양)'의 상징적 의미

'일월'은 시적 화자의 삶의 길을 비추어 주고 화자의 정신적, 이념적 지향이 되어 주는 밝음과 광명의 표상이 되는 존재이다. 동시에 해와 달로서, 모든 생명 현상과 생명체들에게 생명의 에너지를 공급해 주는 생명력의 원천이다. 또한 하늘 높은 곳에서 시적 화자를 내려다보고 보살피는 거룩한 존재이기도 하다.

### 02 윤리의식에 기초한 시 정신

부정한 세력에 대한 질타의 범접하기 어려운 어조와 질감 있는 어휘. 도도한 윤리성에 기초한 이 시는 순수시파나 모더니즘파의 율격이나 심상의 해조보다 윤리의식을 기초로 한 시정신의 고양이란 점에서 더 큰 의의를 가진다. 그럼에도 이 시의 주제의식은 겉으로 드러난 것만큼 튼튼하지 않다. 불의부정한 원수를 향한 증오심이라는 것도 '애련'의 정감 때문에 동요할 수밖에 없다. 청마의 시가 끝내는 대결에 철저하지 못한 까닭이 여기에 있다. 이 시에도 그 같은 불안의 복선이 '애련'의 정감 속에 깔려 있다.

### 03 '백일', '태양', 그리고 '일월'

이 시에서는 해와 관련되는 어휘가 세 번 나온다. 1연에서의 '백일', 5연에서의 '태양', 6연에서의 '일월'이 그것이다. 해는 희망이나 지향을 뜻한다. '나의 가는 곳'은 백일이 있는 세계요, 지금 있는 곳은 '성신과 더불어 잠자'는 곳이다. '비와 바람을 더불어 근심하고', '나의 생명과 생명에 속한 것을 열애하'는 공간도 백일 아래서가 아니라 백일이 없는 곳이다. 6연의 '나의 세상의 거룩한 일월에서 알 수 있듯이 시적 화자는 '일월, 백일'과 같은 삶을 추구하고 있다. 그러나 '애련'과 '원수'가 이러한 삶을 방해하고 있다. 그래서 시적 화자는 '애련'과 '원수'를 경계하고 있는 것이다.

### 04 유치환의 시 세계와 서정주의 시 세계의 차이점

두 시인은 서로 다른 개성을 지니고 있다. 유치환이 생의 근원 속에 자리 잡고 있는 허무와 그 허무를 극복하기 위한 의지를 표현하는 데 주력하고 있다면, 서정주는 인간의 삶 속에 내재된 본능적 충동과 관능의 세계에 대한 강한 집착을 보여 주고 있다. 따라서 유치환이 사변적 성격이 강한 반면, 서정주의 시는 관능적인 성격이 강하게 드러나고 있다.

## 작품 5 울릉도 (울릉도, 1948년)

동쪽 먼 심해선(深海線) 밖의
한 점 섬 울릉도로 갈거나.

금수(錦繡)로 굽이쳐 내리던
장백(長白)의 멧부리 방울 튀어,
애달픈 국토의 막내
너의 호젓한 모습이 되었으리니,

창망(蒼茫)한 물굽이에
금시에 지워질 듯 근심스레 떠 있기에
동해 쪽빛 바람에
항시 사념(思念)의 머리 곱게 씻기우고,

지나 새나 뭍으로 뭍으로만
향하는 그리운 마음에,
쉴 새 없이 출렁이는 풍랑 따라
밀리어 오는 듯도 하건만,

멀리 조국의 사직(社稷)의
어지러운 소식이 들려 올 적마다,
어린 마음의 미칠 수 없음이
아아, 이렇게도 간절함이여!

동쪽 먼 심해선 밖의
한 점 섬 울릉도로 갈거나.

## 핵심정리

▷ **갈래** 서정시, 자유시
▷ **제재** 울릉도
▷ **성격** 현실 참여적, 상징적, 애국적
▷ **특징** ① 의인법, 감정 이입법의 사용을 통해 시적 대상에 대한 애정을 표현
② 수미상관의 수법을 통해 안정감을 꾀하고 있음
▷ **주제** 국토에 대한 사랑

## 이해와 감상

### 1 짜임 분석

- 1연 : 울릉도의 위치와 애틋한 그리움
- 2연 : 울릉도의 생성 과정
- 3연 : 울릉도를 보는 느낌
- 4연 : 본토에의 그리움
- 5연 : 난국(亂國)의 한
- 6연 : 애틋한 그리움

### 2 작품감상의 구조

| 구성 요소 | 구성 요소의 파악 | 그것이 지닌 의미·효과 | 주제와의 관련성 |
|---|---|---|---|
| 내용 요소 | ① 시적 화자 및 화자의 상황 | 시적 화자가 의인화된 시적 대상(울릉도)에 감정이입 되어 조국을 걱정하는 마음을 드러내고 있다. | 국토에 대한 사랑 |
| | ② 어조 | 의지적이고, 남성적인 어조를 통해 조국에 대한 걱정과 그리움을 드러냈다. | |
| | ③ 시대배경 | 광복 직후 좌우익의 대립이 첨예했던 어지러운 상황을 배경으로 하여 사회적 혼란에 대한 안타까움을 드러내었다. | |
| 형식 요소 | ① 수미상관 | 수미상관의 수법을 통해 시의 구조적 안정감을 꾀하고 있고, 울릉도에 대한 애틋한 마음을 잘 드러냈다. | |
| | ② 한자어의 사용 | 한자어를 많이 사용하여 시의 주제를 잘 드러내고, 한편으로는 시의 내용이 지나치게 관념으로 흐르게 되는 문제가 있다. | |
| 표현 요소 | ① 감정이입과 의인법 | 이 시에서 '울릉도'의 마음이 곧 시적 화자의 마음임을 알 수 있는데, 이런 감정 이입으로 인해 '울릉도'는 마치 살아있는 사람처럼 표현되고 있다. 이 시는 감정 이입과 의인법을 사용해서 시적 화자의 마음을 효과적으로 드러내고 있다. | |
| | ② 이미지에 의한 표현 | 울릉도의 모습을 시각적, 공감각적(쪽빛 바람) 이미지를 통해 구체적이고 생동감 있게 표현했다. | |

### 3 감상의 길잡이

　이 시에서 목소리는 화자의 심경을 드러내기는 하지만 화자가 대상에 감정 이입한 것이 아니다. 즉 대상을 의인화하여 그 대상을 바라보는 화자의 태도가 이 시의 목소리가 된다. 그러나 이 시에서의 주된 세계는 바로 대상이다. 대상을 그렇게 해석한 것이 화자이지만, 화자는 서술자와 같은 위치에서 대상의 처지를 전달하는 형식을 가지고 있다.
　1연에서 아마도 시인은 지도를 보다가 울릉도의 외따로 떨어진 모습에 연민을 가졌을 것이다. 이 점은 '심해선'을 보면 분명해진다. 바다의 깊이에 따라 색의 농도를 표시한 지도상의 표지가 심해선이기 때문이다. 심해선 밖 본토에서 멀리 떨어져 가물가물 물 속에 자맥질하는 작은 검에 연민을 보낸다. '갈거나'는 가려고 하는 행위의 표출이라기보다는 심정적

으로 다가가려는 연민과 애정의 표출이다. 이 연민과 애정으로 첫 연과 끝 연을 감싸는 시의 형태도 이 시의 우수함을 보여 준다. 이 수미상응(首尾相應)의 구조 안에 들어 있는 시상 전개는 의인화에 의해 이루어진다. 2연은 울릉도의 생성을 노래한다. 화자는 울릉도의 단순한 애달픔으로만 보지 않고, 그 근본의 고고함을 인식함과 아울러 연민의 정도 함께 느끼는 것이다. 쉽게 애련에 빠지지 않으려는 유치환의 남성적 어조가 여기서도 발현되고 있다. 3연에서는 현재의 상황이 그려진다. 거센 물굽이에 금방이라도 가라앉을 듯 조심스레 떠 있으면서, 머리는 항시 뭍을 향해 사념에 잠긴 모습을 한다. '사념'이란 본토에 대한 그리움이란 걸 짐작할 수 있다. 국토의 막내로 규정되었던 2연의 상황을 고려할 때, '막내'의 생각은 모성 회귀의 심정으로 볼 수 있다. 4연에서는 그리움의 정서가 한껏 고조되어 있다. 항시 뭍으로만 향하는 그리운 마음에 풍랑을 따라 본토로 밀려오는 듯도 한 것으로 화자는 바라본다. 5연에 이르면, 막내둥이의 가녀린 이미지는 사라지고 어른스러운 태도가 드러난다. 조국의 상황이 어렵다는 소식이 들려올 때마다 어리지만 사직을 염려하는 충정에 가슴 아파 한다고 했다. 6연은 1연과 동일한 시구를 반복하여 연민과 애정을 강조한다.

이 시는 지도상의 울릉도 모습을 국토의 막내로 보았고, 그 막내의 안쓰러운 모습을 형상화 한 것이다. 그러나 이 시가 훌륭한 점은 그 안쓰러운 모습의 형상화에 그치지 않고, 여린 이미지 속에 도사린 귀족적 품격을 발견함으로써 정신의 높이를 고양했다는 점이다.

## 중요 내용 정리

### 01 '울릉도의 마음'

시적 화자는 해방 직후 극으로 치닫는 나라의 혼란을 안타까운 시선으로 바라보고 있다. 그리고 자신의 그런 마음을 '울릉도'에 이입하여 표현하고 있다. 이 시에서 '울릉도'는 엄연한 백두의 정기를 이어받은 우리의 국토이고, 멀리 떨어져 있는 가녀린 막내이기에 어머니, 즉 본토에 대한 그리움은 강하다. 이념의 대립으로 나라가 어지러운 상황에서 어리고 멀리 떨어져 있어 선뜻 달려오지 못한 채 근심스럽고 그리운 마음만 간절할 뿐이다. 이러한 울릉도의 마음은 곧 시적 화자의 마음이기도 한 것이다.

### 02 표현상의 특징

이 시에서 시적 화자의 마음을 구체적으로 드러나 있지 않다. 시적 대상인 '울릉도'의 마음만 '근심스레', '그리운' 등으로 짐작할 수 있는 뿐이다. 하지만, 시를 이해하다 보면 이와 같은 '울릉도'의 마음이 곧 시적 화자의 마음임을 알 수 있다. 또한, 이런 감정 이입으로 인해 '울릉도'는 마치 살아있는 사람처럼 표현되고 있다. 심지어 시적 화자는 '울릉도'를 '국토의 막내'라고 해서 혈연적 유대감까지 드러내고 있다. 즉, 이 시는 감정 이입과 의인법을 사용해서 시적 화자의 마음을 효과적으로 드러내고 있는 것이다.

### 03 이 시의 한계

울릉도를 소재로 하여 애국심을 고양시키고자 한 것이 시인의 의도라 하더라도, 이 시는 관념적인 차원에 머물고만 느낌을 준다. 그것은 청마 시의 특징이기도 하지만 직접적인 울릉도 체험 없이 다만 지도책만 펴 놓고 시를 쓴 데 그 가장 큰 원인이 있을 것이다.

### 04 시대적 배경

광복 직후 좌우익의 대립이 첨예했던 어지러운 상황을 배경으로 한 이 시는 해방 직후 화우 이데올로기의 충돌로 내일을 예측하기 어려운 사회적 혼란을 멀리 떨어져 국토를 그리워하는 '울릉도'에 빗대어 걱정하고 있다.

## ▷ 함형수 咸亨洙

1916 ~ 1946
시인. 함북 경성 출생. 《시인부락》 동인

▷ **작가의 특징**
1. 서정주, 김동리 등과 《시인부락》 동인이며, 1932년 〈동아일보〉 신춘문예에 「마음」이 당선되었다.
2. 생명파(生命派)다운 열정과 기발한 시상을 보였다.
3. 발표된 그의 시는 10여 편에 불과하지만, 동경(憧憬)의 꿈과 소년적(少年的) 애수를 주조로 하는 개성 있는 시인으로 평가 받는다.

### 작품 1   해바라기의 비명(碑銘) (시인부락, 1936년)

– 청년 화가 L을 위하여

나의 무덤 앞에는 그 차가운 비(碑)ㅅ돌을 세우지 말라.
나의 무덤 주위에는 그 노오란 해바라기를 심어 달라.
그리고 해바라기의 긴 줄거리 사이로 끝없는 보리밭을 보여 달라.
노오란 해바라기는 늘 태양같이 태양같이 하던 화려한 나의 사랑이라고 생각하라.
푸른 보리밭 사이로 하늘을 쏘는 노고지리가 있거든 아직도 날아오르는 나의 꿈이라고 생각하라.

### ▌핵심정리

▷ **갈래** 자유시, 서정시
▷ **성격** 정열적, 낭만적, 비유적
▷ **어조** ① 정열적 삶을 원하는 젊은이의 낭만적 어조
　　　　② 강렬한, 단호한 명령형의 어조
▷ **표현** ① 시행이 점점 길어지는 형식을 취함
　　　　② 이미지의 대립을 통해 주제를 강조
▷ **제재** 해바라기
▷ **주제** 정열적인 삶에 대한 의지

### 이해와 감상

① **짜임 분석**
- 1행 – 죽음의 거부
- 3행 – 풍성한 생명력의 추구
- 5행 – 꿈의 의지와 소망
- 2행 – 생명의 의지
- 4행 – 정열적인 사랑의 추구

## 2 작품감상의 구조

| 구성 요소 | 구성 요소의 파악 | 그것이 지닌 의미·효과 | 주제와의 관련성 |
|---|---|---|---|
| 내용 요소 | ① 시적 화자 및 화자의 상황 | ㉠ 시적 화자가 청년 화가 'L'에게 감정이입 되었다.<br>㉡ 시적 화자(또는 'L')는 죽음 후의 무덤에 빗돌을 세우는 것보다 해바라기나 보리밭과 같이 정열적인 삶을 추구하겠다는 의지를 드러내었다. | 정열적인 삶에 대한 의지 |
| | ② 소재의 특징 | '해바라기'와 '보리밭'을 통해 정열적인 삶에 대한 의욕을 드러내었다. | |
| | ③ 이미지에 의한 표현과 색채의 대비 | ㉠ 정열적인 삶을 '노오란 해바라기'와 '끝없는 (푸른) 보리밭'의 감각적 이미지로 표현하여 구체적이고 생생한 느낌을 준다.<br>㉡ '해바라기'의 노란색과 '보리밭'의 푸른색의 선명한 색채 대비는 시적 화자의 의지를 선명하게 전달한다. | |
| | ④ 인생파 시의 특징 | 정열적인 삶(생명)에 대한 강한 열정을 드러내어 인생파 시의 특징을 드러냈다. | |
| 형식 요소 | ① 행 배열 | 시행의 길이가 점층적으로 길어지는 표현을 보여 화자의 강인한 삶의 의지를 드러내고 있다. | |
| | ② 각운 | 각 행의 끝이 모두 '말라, 달라, 하라'의 명령형으로 끝맺어 죽음 후의 상황 설정과 어우러져 시적 화자의 단호한 의지를 드러냈다. | |
| | ③ 시어의 특징 | 소박하고 전원적인 시어를 사용하여 젊음의 순수한 열정을 표현했다. | |
| 표현 요소 | ① 상징 | '해바라기'는 화려한 사랑을, '보리밭'은 생명력을, '노고지리'는 꿈을 각각 상징하여 주제를 효과적으로 드러낸다. | |
| | ② 대조 | '무덤, 차가운 비ㅅ돌'의 죽음, 차가움의 이미지와 '노오란 해바라기, 끝없는 보리밭, 태양, 노고지리'의 생명, 밝음의 이미지를 대조시켜 시적 화자가 추구하는 내용을 효과적으로 드러냈다. | |

## 3 감상의 길잡이

30대에 요절한 작가의 짧고 굵은 생명 의식이 잘 드러나 있다. 죽음을 거부하는 화자의 강한 의지가 드러나 있는데, 단호하고 단정적인 명령형의 어투로 죽음을 넘어서 생명에의 강한 의지를 자연적인 사물을 통하여 형상화해 정열적인 삶에 대한 의지를 5행의 짧은 글 속에 쏟아 넣었다. 5행을 모두 '말라, 달라, 생각하라'는 명령형 어미로 맺고 있어 시의 어조가 단호하고 힘이 있다. 화자는 젊은 화가다. 묘지의 모습은 한 폭의 살아 있는 그림이라 할 수 있다.

이 시는 '청년 화가 L을 위하여'라는 부제가 붙어 있다. 젊어서 죽은 청년 화가 L로 추측할 수 있다.

다섯 행 모두가 '말라', '달라', '생각하라' 따위의 단호한 명령형으로 종결되고 있고, '해바라기', '보리밭'같은 소재가 주는 강렬한 이미지와 어울려 정열적인 삶에의 의지가 표현된 작품이다. '빈센트 반 고흐'의 그림을 연상케 하는 면이 있다고 하겠다. 화자인 청년 화가 '나'는 자신의 무덤에 '차가운 빗돌'을 세우는 대신 '해바라기'를 심어 달라고 말한다. 죽음을 거부하고 정열적인 삶에의 의지를 드러내는 표현일 터이다. 해바라기 줄기 사이로 '보리밭'을 보여 달라는 당부도 강렬한 생명의 욕구를 나타낸 것이다. 계절을 달리하는 '해바라기'와 '보리'가 한 자리에 놓일 수 없는 것이기는 하다. 그러나 이는 시에서 별 문제가 되지 않는다. 중요한 것은 그 이미지들이 주는 강렬한 인상이고 육신의 죽음에도 아랑곳없는 끊임없는 삶에의 욕구이다.

그래서 화자는 '해바라기'가 '늘 태양같이 하던 화려한 나의 사랑'으로 기억되기를 바라며, '보리밭 사이로 하늘을 쏘는 노고지리'가 '날아오르는 나의 꿈'으로 생각되기를 바란다.

이러한 죽음을 넘어선 열정적인 삶의 추구의 모습은 이미지의 대립을 통해서도 드러난다. 죽음을 상징하는 차가움(하강)의 시어인 '무덤, 차가운 비ㅅ돌'의 시어와 그것을 거부하며 생명력을 상징하는 밝음(상승)의 시어인 '노오란 해바라기, 끝없는 보리밭, 태양, 노고지리'의 시어를 통해 이미지의 대립을 뚜렷하게 나타내고 있다.

### 참고  시인부락

1936년 12월 통권 2호로 종간되었다. 국판30면. 주요 동인은 서정주 외에 함형수, 김동리, 오장환, 김광균, 김달진, 여상현, 김상원, 김진세, 이성범 등이었다. 창간호의 편집 후기에서 서정주가 "사람은 본래 개성과 구미가 각각 달라 …… 우리는 우리 부락에 되도록 여러 가지의 식구들이 모여서 살기를 희망한다"고 밝혔듯이 ≪시인부락≫은 일정한 문학적 이념이나 방향 아래 모인 집단이라기보다는 각기 개성과 특성이 다른 시인들의 우호적인 집단이었다. 그러나 주로 인간 생명의 고귀함을 노래한 시들이 두드러졌으므로, 이 동인들을 '생명파'라고 부르기도 한다.

## ■ 중요 내용 정리

### 01 '비(碑)ㅅ돌'과 '해바라기'

이 시에서 핵심적인 이미지는 '차가운 비(碑)ㅅ돌'과 '해바라기'이다. '비(碑)ㅅ돌'은 '비생명적인 것'을 표상한다. '노오란 해바라기'와 '끝없는 보리밭'은 정열적이고 뜨거운 삶을 상징한다. 비생명적인 것을 거부하고 생명을 향한 강한 의지를 표출하고 있는 것이다.

'해바라기'는 화려하고 정열적인 사랑을, '보리밭'은 생명의 터전을, '노고지리'는 하늘을 날아오르는 꿈을 각각 상징할 뿐 아니라 지면, 지상, 공중에서 서로 대응되어 있음을 볼 수 있다. 또한 노란색과 푸른색의 색채 대조로 인하여 더욱 싱싱하고 강렬한 생명 의식을 느낄 수 있다.

이를 통해 시인은 자신의 삶의 지향점을 화려하고 밝고, 정열적인 시어를 통해 드러내고 있다.

### 02 「해바라기의 비명」의 부제 '청년 화가 L을 위하여'

이 시의 시적 화자인 '나'는 부제 '청년 화가 L을 위하여'를 고려해 볼 때, 죽은 청년 화가 L로 추측할 수 있다. 시적 화자는 자기 자신을 젊어서 죽은 화가로 인식하면서 자신의 무덤에 세워진 비석을 통해 자신이 추구하는 삶을 드러내고 있는 것이다. 따라서 이 시는 이미 죽은 '청년 화가 L'이 자신의 죽음을 노래하는 형식을 취함으로써 죽음을 초월한 그의 삶에의 열정과 의지를 형상화한 작품이라 할 수 있다. 그러므로 화자의 삶의 의지를 강조하기 위해 시행의 길이가 점층적으로 길어지는 표현 특징을 보이고 있다. 즉 화자는 육체적인 죽음을 거부하고 있기에 단호하게 말하고 있는 것인데, 그만큼 삶에 대한 화자의 의지가 강렬하다고 할 수 있다.

### 03 천상병의 「귀천」과 비교

천상병의 「귀천」에서 화자는 이 세상에서의 삶을 즐거운 소풍이었다고 하면서 이제는 소풍이 끝났으니 다시 하늘로 돌아가겠다고 한다. 즉 이시의 화자는 죽음을 삶의 연속선상으로 인식하며 담담하게 받아들인다. 반면 '해바라기'의 화가 L은 자신의 무덤에 '차가운 비ㅅ돌' 대신에 '노오란 해바라기'를 심어 달라고 함으로써 생명에 대한 열정과 삶에 대한 의지를 드러내고 있다.

## 예상문제

※ (1~2) 다음 작품을 읽고 물음에 답하시오.

(가)
꽃가루와 같이 부드러운 고양이의 털에
고운 봄의 향기가 어리우도다.

금방울과 같이 호동그란 고양이의 눈에
미친 봄의 불길이 흐르도다.

고요히 다물은 고양이의 입술에
포근한 봄 졸음이 떠돌아라

날카롭게 쭉 뻗은 고양이의 수염에
푸른 봄의 생기가 뛰놀아라.
─ 이장희, 「봄은 고양이로다」

(나)
─ 청년화가 L을 위하여

나의 무덤 앞에는 그 차거운 비(碑)ㅅ돌을 세우지 말라.
나의 무덤 주위에는 그 노오란 해바라기를 심어 달라.
그리고 해바라기의 긴 줄거리 사이로 끝없는 보리밭을 보여 달라.
노오란 해바라기는 늘 태양같이 태양같이 하던 화려한 나의 사랑이라고 생각하라.
푸른 보리밭 사이로 하늘을 쏘는 노고지리가 있거든 아직도 날아오르는 나의 꿈이라고 생각하라.
─ 함형수, 「해바라기의 비명」

1. (나) 작품은 시적 화자를 다양하게 파악할 수 있다. 시적 화자를 누구로 볼 수 있을지 모두 제시하시오.

### 예상답안

① 죽은 청년 화가 L
② 청년 화가 L을 추모하는 사람
③ 청년 화가 L이 정열적인 이미지로 기억되기를 바라는 사람
④ 청년 화가 L을 알고 있던 시인

2. 위의 두 작품을 통해 은유(비유)와 상징이 각각 함께 드러나는 문장을 (가)와 (나)에서 각각 2가지씩 제시하시오.

> **예상답안**
> 
> ① (가) 봄은 고양이로다(제목)
> ② (가) 금방울과 같이 호동그란 고양이의 눈에 / 미친 봄의 불길이 흐르도다. (또는 (가)의 2연)
> ③ (나) 노오란 해바라기는 늘 태양같이 태양같이 하던 화려한 나의 사랑이라고 생각하라. (또는 (나)의 4행)
> ④ (나) 푸른 보리밭 사이로 하늘을 쏘는 노고지리가 있거든 아직도 날아오르는 나의 꿈이라고 생각하라. (또는 (나)의 5행)

## ▷ 노천명 盧天命

1912 ~ 1957
여성시인. 황해도 장연 출생

### ▷ 작가의 특징
1. 1935년을 전후하여 ≪시원(詩苑)≫ 동인으로 데뷔했다.
2. 모윤숙과 함께 1930년대 여성 시단의 쌍벽을 이루었다.
3. 주로 향토적 소재를 무한한 애착을 가지고 애틋한 향수를 노래한 시를 썼다.

### ▷ 주요 작품
1. 대표작:「사슴」,「자화상」,「남사당(男寺黨)」,「춘향」 등
2. 시집:『산호림(珊瑚林)』(1938),『창변(窓邊)』(1945),『별을 쳐다보며』(1953),『사슴의 노래』(1958) 등

## 작품 1  사슴 (산호림, 1938년)

모가지가 길어서 슬픈 짐승이여,
언제나 점잖은 편 말이 없구나.
관(冠)이 향기로운 너는
무척 높은 족속이었나 보다.

물 속의 제 그림자를 들여다보고
잃었던 전설을 생각해 내고는
어찌할 수 없는 향수에
슬픈 모가지를 하고
먼 데 산을 바라본다.

## ■ 핵심정리

▷ **갈래** 자유시, 서정시
▷ **성격** 감상적, 관조적, 정태적, 상징적, 체념적
▷ **운율** 3음보(층량 3보격) 위주
▷ **어조** 내성적, 체념적, 독백적인 성격이 강한 여성적 어조
▷ **제재** 사슴
▷ **주제** 이상향에 대한 동경

## 이해와 감상

### ① 짜임 분석
- 1연 – 사슴의 외모(사슴의 정적인 특징): 고고하고 귀족적임
- 2연 – 사슴의 내면(사슴의 동적인 특징): 자아의 발견과 근원적 이상향에 대한 향수 (동경)

## 2 작품감상의 구조

| 구성 요소 | 구성 요소의 파악 | 그것이 지닌 의미·효과 | 주제와의 관련성 |
|---|---|---|---|
| 내용 요소 | ① 시적 화자 및 화자의 상황 | 시적 화자가 '사슴'이라는 대상을 통해 세파에 휘말리지 않고 고고하고 귀족적으로 살아가고자 하는 내면을 표현하고 있다. | 이상향에 대한 동경 |
| | ② 소재의 특징 | 시적 화자는 고위한 모습과 품위가 연상되는 '사슴'을 시인의 분신으로 드러내어 주제를 잘 드러냈다. | |
| 형식 요소 | ① 운율의 특징 | 3음보(측량 3보격) 위주의 운율로 화자의 정서를 간결하고 리듬감 있게 전달하고 있다. | |
| | ② 시상 전개 | 사슴의 외모에서 사슴의 내면으로 시상을 전개하여 외면과 내면을 동시에 드러냈다. | |
| 표현 요소 | ① 상징 | ㉠ '사슴' – 외부 세계와 단절된 화자의 고독한 내면으로 즉, 화자의 외로움을 상징한다.<br>㉡ '잃었던 전설' – 자아의 발견, 근원에 대한 향수이다.<br>㉢ '산' – 화자가 동경하는 이상향이다. | |
| | ② 감정이입 | '모가지가 길어서 슬픈 짐승이여'에서 '사슴'은 화자의 감정이 이입된 동물이며 화자의 감정을 객관화하여 표현했다. | |
| | ③ 비유(환유) | 사슴의 뿔의 모양을 '관'에 빗대어 표현하여 신선한 느낌이 들게 하였다. | |

## 3 감상의 길잡이

1연은 사슴의 특질이 간결하면서도 완벽하게 노래되고 있다. 즉 사슴은 '모가지가 길어서 슬픈 짐승'이며 그 슬픔이 '언제나 점잖은 편 말이 없구나'라는 시구에서 암시하듯 가슴속에 가둬져 더욱 그 강도를 배가시킨다. 즉 슬픔을 밖으로 드러내지 않고 가슴에 간직하게 되는데, 이는 다음에 이어지는 행인 '무척 높은 족속이었나 보다'의 고고함과 적절한 호응을 이룬다.

1연이 주로 사슴의 정적인 특성에 중점을 두어 시상을 전개한 데 비해서 2연은 사슴의 동적 행동에 초점을 맞추고 있다. 사슴은 '물 속의 제 그림자를 들여다보고 / 잃었던 전설'을 발견하게 된다. '잃었던 전설'의 발견은 자아 발견에 해당하는 것으로서 자신의 원초적 근원에 대한 탐구를 의미한다. 그러나 그 전설은 단지 생각할 수 있는 것에 불과할 뿐, 다시 그곳으로 돌아갈 수 있는 것은 아니다. 이에 시인은 '슬픈 모가지를' 하고 먼 산을 바라보며 향수에 잠길 수밖에 없다.

1연과 2연의 시상 전개를 살펴볼 때, 1연의 '모가지가 길어서 슬픈 짐승이여'와 2연의 '슬픈 모가지를 하고 / 먼 데 산을 바라본다.'가 유기적으로 잘 통합되어 있음을 알 수 있다. 1연에서 사슴의 외적 특성에 불과했던 '모가지가 긴' 것이 2연에 오면 원초적 근원에 대한 그리움을 모가지를 길게 빼서 먼 산을 바라보고 있는 사슴의 내적 특성을 묘사하는 데 사용하고 있는 것이다. 여기서 '모가지가 긴' 것은 슬픔과 외로움의 정도가 그만큼 강하다는 것을 의미한다.

이 시에 나오는 '모가지가 긴 사슴'은 바로 작자의 자화상이다. 즉 사슴에 의탁하여 시인 자신의 심정을 노래한 것이라 할 수 있다. 시인은 객관적 상관물인 사슴이라는 객체를 통해 사슴이 지니고 있는 고고하고 귀족적인 특질을 발견하는데 이것은 바로 시인의 특성과 직결되는 것이다. 여기서 시인과 대상의 일차적인 일체감이 획득된다. 하지만 사슴이 갖는 고고성과 귀족성은 작자 자신이 갖는 특성임과 동시에 모든 인간이 갖는 보편적 특성이다. 즉 이 시에서는 한 개체로서의 사슴이 인간의 보편적 특성을 지시하고 있는 대상으로 승화되어 있으며 여기서 우리는 사슴이라는 객관적 상관물을 통해서 시인이 나타내고자 하는 바를 충분히 이해할 수 있는 것이다.

## 중요 내용 정리

### 01 '사슴'의 슬픔
1연에서 시적 화자는 '사슴'을 '모가지가 길어서 슬픈 짐승'이라고 했다. 이 이유는 그 뒤에 이어진다. 말이 없는 '사슴'을 시적 화자는 점잖다고 말하고, '사슴'의 뿔을 귀족들이 쓰던 '관'에 비유한 것은 '사슴'이 과거에 아주 높은 신분이었을 것이라고 말하고 있다. 그렇다면 지금의 모습은 어떠한가? 2연에서 '사슴'은 물 속의 제 그림자를 보고 잃었던 전설을 기억해 내고, 향수에 젖고 있다. 즉 과거를 그리워하고 있는 것이다. 과거 높은 족속이었던 '사슴'이 향수를 느끼고 있다면, 그것은 과거의 평화로운 삶을 그리워하고 있다고 이해할 수 있다. 그러나 현재 '사슴'은 슬픈 모가지를 하고 있다. 즉 현재의 삶은 과거의 삶처럼 평화롭지 못한 시련의 시기라고 이해할 수 있다. 그런 이유로 '사슴'은 모가지를 길게 늘어뜨린 채 평화로웠던 과거를 그리워하며 먼 데 산을 바라보고 있는 것이다. 이것이 '사슴'이 슬픈 짐승인 이유이다.

### 02 '모가지'에 부여된 고결함
일상 언어 세계에서 '목'은 사람의 신체 부위를, '모가지'는 동물의 그것을 의미한다. 따라서 일반적으로 모가지는 목의 비속어인 셈이다. 하지만 이 시에서 '모가지'는 목의 비속어이기보다 오히려 격상된 의미를 지니고 있다. 3음절로 이루어진 이 단어는 연약함과 고결함을 동시에 지님으로써 사슴의 이미지를 형상화하고 있다.

### 03 「청노루」와 「사슴」의 이미지 비교
두 시의 관심이 현실이 아닌 자연(이상향)에 있다는 점은 같지만, 「청노루」는 풍경의 일부이며 이상향을 대표하는 하나의 정물로서 그려지고 있는데 비해, 「사슴」은 현실 속에서 이상을 추구하는 화자의 감정이 이입된 인격화된 동물이다.

---

## 작품 2 남사당(男寺黨) (삼천리 9호, 1940년)

나는 얼굴에 분칠을 하고
삼단 같은 머리를 땋아내린 사나이.

초립에 쾌자를 걸친 조라치들이
날나리를 부는 저녁이면
다홍치마를 두르고 나는 향단(香丹)이가 된다.
이리하여 장터 어느 넓은 마당을 빌어
램프불을 돋운 포장 속에선
내 남성(男聲)이 십분 굴욕되다.

산 넘어 지나온 저 동리엔
은반지를 사주고 싶은
고운 처녀도 있었건만
다음 날이면 떠남을 짓는

처녀야!
나는 집시의 피였다.
내일은 또 어느 동리로 들어간다냐.

우리들의 소도구를 실은
노새의 뒤를 따라
산딸기의 이슬을 털며
길에 오르는 새벽은
구경꾼을 모으는 날라리 소리처럼
슬픔과 기쁨이 섞여 핀다.

## 핵심정리

▷ **갈래** 자유시, 서정시
▷ **성격** 감상적, 고백적, 회상적
▷ **소재** 남사당
▷ **주제** 남사당 소년의 애환

▷ **특징** ① 여성 시인이지만 남사당을 시적 화자로 하여 건강한 정서를 드러냄
② 향토적 소재에 무한한 애착을 가지고 애틋한 정서를 드러낸 시인의 특징이 잘 드러나 있음
③ 감상에 흐르기 쉬운 소재이지만 절제된 시어를 통해 이를 극복함

## 이해와 감상

### 1 짜임 분석

- 1연 – 여자로 분장한 남사당패 사나이
- 3연 – 떠돌이 인생의 서글픔
- 2연 – 남사당패 사나이의 비애
- 4연 – 새벽길의 애환이 교차되는 감정

### 2 감상의 길잡이

'남사당'은 꼭두쇠라 불리는 우두머리를 비롯하여 보통 40～50명의 놀이꾼으로 구성되어, 경향 각지를 유랑하며 놀던 조선시대 말엽의 남자만의 유랑 예능 집단을 말한다. 그들은 모내기철부터 추수가 끝나는 늦가을까지 활동했으며, 불을 피워 놓고 밤새워 놀이를 벌였다. 남자들만의 집단인 관계로 여자의 배역을 맡을 사람이 필요했는데, 그들 중에 비교적 나이가 어리고 얼굴이 고운 자를 골라 여장을 시키고 그 역을 맡도록 하였다.

이 시의 화자는 시인이 가공적으로 설정한 남사당패의 일원이다. 이 같은 가공적 인물을 통해 자신의 삶을 노래하는 형식은 독자들로 하여금 설정되어 있는 허구적 삶을 구체적으로 느낄 수 있게 하는 효과를 갖는다. 또한 이 시는 남사당패의 삶을 보여 주는 만큼 그들의 생활과 밀접한 관계가 있는 시어들을 구사함으로써 그들의 삶을 한층 더 구체적으로 제시하고 있다. 한편, 이 시는 남사당패라는 남자들의 세계를 보여 주는 작품이면서도 작가인 여성으로서의 섬세함과 차분함이 잘 드러나 있어서, 그것은 자신의 이야기를 할 때 흔히 나타날 수 있는 센티멘탈리즘으로부터 벗어나 있어, 노천명의 시 가운데 예외적으로 건강미를 획득한 작품이다.

이 시의 화자는 '얼굴에 분질을 하고 / 삼단 같은 머리를 땋아 내린 사나이'이며 저녁이면 향단이 등의 배역을 맡아 여자 목소리를 내야 하는 자신을 서글프게 느껴 '내 남성(男聲)이 십분 굴욕되다'고도 말한다. 그러나 그것이 유랑 인생의 생업인 바에야 어쩌랴. 더욱 한스러운 것은 이런 놀이판이 끝나고 길을 떠나야 하는 처지이기에 인연을 두고 정착할 수도 없는 노릇이다. 시에서 드러나듯 '은반지 사주고 싶은 / 고운 처녀'를 만날 때도 있지만, 사랑하는 사람과 보금자리를 마련하여 정착하지 못하고 새벽이 되면 짐 실은 노새의 뒤를 따라 새로운 동리를 찾아 떠날 수밖에 없는 운명이다.

## 오장환 吳章煥

1918 ~ ?
충청북도 보은 출생. 초기 ≪시인부락≫ 동인
해방 이후 '조선문학가동맹' 가입

▷ **작가의 특징**
1. 1931년 〈조선일보〉에 시 「목욕간」을 발표하면서 등단했다.
2. 초기에는 모더니즘의 영향을 받아 문명비판적인 시와 보들레르적인 경향의 시를 많이 썼다.
3. 1940년을 전후하여 서정적인 사색을 기반으로 한 건강한 생명력을 추구하는 시를 썼고, 해방 이후 선명한 정치 노선을 드러내면서 현실 참여적 시를 활발히 발표하였고 이후 월북하였다.

▷ **주요 작품**
시집 : 『성벽』(1937), 『헌사』(1939), 『병든 서울』(1946), 『나 사는 곳』(1947)

### 작품 1 성벽(城壁) (시인부락, 1936년)

세세전대만년성(世世傳代萬年盛)하리라는 성벽은 편협한 야심처럼 검고 빽빽하거니 그러나 보수(保守)는 진보(進步)를 허락치 않아 뜨거운 물 끼얹고 고추가루 뿌리든 성벽은 오래인 휴식에 인제는 이끼와 등넝쿨이 서로 엉키어 면도 않은 턱어리처럼 지저분하도다.

## 핵심정리

▷ **갈래** 자유시, 서정시

## 이해와 감상

### 1 감상의 길잡이

오장환의 과거에 대한 부정은 그 대상이 '성벽'이 된다. '성벽'이란 '보수'의 상징이다. 성을 쌓을 때는 그 내부에서 누리고 있는 안온(安穩)한 질서를 영원히 유지하기를 의도한다. 즉, 성벽은 변혁을 거부하는 것이다. 그리하여 우리 조상들은, 외적이 침입하였을 때, 외래의 서구적 문명이 도전하여 왔을 때, 재래의 무기인 '뜨거운 물'과 '고추가루'로 그들을 물리쳐 보지만, 대세를 거역하기에는 역부족이다. 따라서 이제 더 이상 성벽의 존재 의의는 사라지고 만다. 그러한 성벽은 '오래인 휴식에 인제는 이끼와 등넝쿨이 서로 엉키어 면도 않은 턱어리처럼 지저분'할 뿐이다.

시인이 이 시를 통해서 비판하고자 하는 것은 '세세전대만년성(世世傳代萬年盛)하리라는 성벽'의 '편협한 야심'이 아니라, 우리 조상들이 성벽을 통해서 지키고자 하였던 보수적 세계관, 즉 폐쇄적이고 정적인 공간으로서의 성벽이 지닌 이데올로기(관념)이다. 그러나 실상 시인이 의도하고 있는 것은 그러한 보수적 이데올로기의 현실적 가치 여부가 아니라, 그것을 영원히 불변한 것으로 믿고 막무가내로 저항하려 한 조상들에 대한 비판이다. 그렇게 저항해 보았자, 얻은 것은 식민지 현실일 뿐인 것에 대한 모멸감, 자괴감에 오장환은 극단적인 전통 부정에 빠져 버리는 것이다.

## 작품 2 고향 앞에서 (인문평론, 1940년)

흙이 풀리는 내음새
강바람은
산짐승의 우는 소릴 불러
다 녹지 않은 얼음장 울멍울멍 떠내려간다.

진종일
나룻가에 서성거리다
행인의 손을 쥐면 따뜻하리라.

고향 가까운 주막에 들러
누구와 함께 지난날의 꿈을 이야기하랴.
양귀비 끓여다 놓고
주인집 늙은이는 공연히 눈물지운다.

간간이 잣나비 우는 산기슭에는
아직도 무덤 속에 조상이 잠자고
설레는 바람이 가랑잎을 휩쓸어 간다.

예제로 떠도는 장꾼들이여!
상고(商賈)*하며 오가는 길에
혹여나 보셨나이까.

전나무 우거진 마을
집집마다 누룩을 디디는 소리, 누룩이 뜨는 내음새…….

* 상고(商賈) : 장사

### 핵심정리

▷ **갈래** 자유시, 서정시
▷ **성격** 서정적, 낭만적, 감각적
▷ **어조** 회한과 자책 속에서 쓸쓸하고 애잔한 목소리가 드러남
▷ **표현** ① 다양한 감각적 표현
　　　　② 현재형 시제의 사용
▷ **제재** 고향
▷ **주제** 잃어버린 고향 앞에서 느끼는 향수, 그리움

## 이해와 감상

### ① 짜임 분석
- 1연 – 해빙이 될 무렵의 강가
- 3연 – 고향의 쓸쓸한 주막
- 5~6연 – 귀향하고 싶은 심정
- 2연 – 사람이 그리워 나룻가에서 서성거림
- 4연 – 마음을 설레게 하는 바람이 가랑잎을 휩쓸어 감

### ② 작품감상의 구조

| 구성 요소 | 구성 요소의 파악 | 그것이 지닌 의미·효과 | 주제와의 관련성 |
|---|---|---|---|
| 내용 요소 | ① 시적 화자 및 화자의 상황 | 나룻가에서 고향 사람들을 기다리고, 가까운 주막에 들러 주인집 늙은이와 이야기하며 고향을 그리워 한다. | 잃어버린 고향 앞에서 느끼는 향수, 그리움, 상실감 |
| | ② 소재 | 전나무가 우거진 마을, 집집마다 누룩을 디디는 소리, 누룩이 뜨는 내음새 등 고향에 대한 그리움을 나타내는 소재가 사용되었다. | |
| | ③ 시대 상황 | 고향으로 돌아가고 싶지만 돌아갈 수 없는 당시 우리 민족의 한을 담고 있다. | |
| 형식 요소 | ① 현재형 종결어미 | 현재형 종결어미로 실제감과 현실감을 주고 있다. | |
| 표현 요소 | ① 나열 | 마지막 행에서 고향의 모습을 나열하여 제시했다. | |

### ③ 감상의 길잡이

 이 시의 화자는 고향 앞에 있지만 고향을 버리고 살아왔기에, 혹은 고향을 상실했기에 고향으로 가지 못한다. 시적 화자는 고향 근처의 나룻가에 서성이며 행인의 손길에서 고향을 느끼려 한다. 또, 화자는 고향 근처의 주막에서 자신이 떠난 동안의 슬픈 고향 소식을 전해 들으며 집집마다 누룩을 띄워 술을 빚는, 전나무 우거진 고향 마을은 이미 이 지상에서 사라지고 없음을 실감한다. 변하지 않는 것은 조상의 무덤밖에 없다. 고향은 고향이로되 더 이상 시적 화자가 그리던 고향은 아닌 것이다. 완전한 고향을 찾지 못하고 고향을 바라보며 떠돌이 장꾼들에게 고향의 정취만이라도 확인하려는 화자의 모습이 눈물겹기만 하다. 독특한 감각적 표현을 바탕으로 고향에 대한 그리움의 정서를 잘 형상화한 시다.

 이 시는 처음 '향토 망경시'로 발표하였다가 후에 '고향 앞에서'로 제목을 바꾼 작품이다. 고향이란 무엇인가? 그것은 원초적 모성적 존재로, 오랜 세월이 흘러도 잊을 수 없고 늘 그리운 대상이다. '고향'엔 유년 시절의 추억이 서려 있고, 과거의 기억이 필름처럼 남아 있다. '고향'을 노래하는 것은 현재의 상황이 힘들고 고역스럽기 때문이다. '고향'을 통해 현재의 괴로움을 잊고 위로를 받고 싶은 심정이 시인들로 하여금 '고향'을 노래하게 만드는 것 같다. 과거란 시간은 돌아갈 수 없고 재현할 수 없기 때문에 아름다운 것이다. '고향'이라 해도 공간적으로 위치한 '고향'과 심정적으로 기억되고 있는 '고향'으로 나눌 수 있다. 고향을 버리고 살아온 시적 화자에게 공간적 고향이 있어도 갈 수 없는 쓸쓸한 모습이 이 시에 잘 나타나 있다. 일제 치하에서 친일하지 않은 몇몇 시인 가운데 한 사람인 오장환에게 있어 '고향' 상실의 의미는 시대 현실과 연관해서 주권 상실의 의미로 확대 해석할 수 있는 근거가 여기에 있다 하겠다. 따라서 이 시에는 관념 속에 머무르고 있는 '고향'을 찾을 수 없는 회한과 자책의 심정이 쓸쓸하고 애상적인 그리움의 정서로 표출되어 있다.

## 중요 내용 정리

### 01 시적 화자의 정서
일제 강점기에 어쩔 수 없이 고향을 떠나온 시적 화자는 고향으로 돌아가고자 한다. 하지만 나룻가를 서성이며 고향 소식을 들을 뿐 고향으로 돌아가지 못하고 있다. 이러한 처지 때문에 시적 화자는 쓸쓸하고 한스러울 뿐이다. 고향 가까운 주막에 들려 고향 소식을 들을까 바라기도 했지만, 시적 화자처럼 고향을 떠나온 주인집 늙은이의 눈물만 볼 뿐이다. 그리고 고향을 지나온 상인들에게 고향 소식이라도 듣고자 하는 바람을 간직하고 있다.

### 02 고향의 모습
일제 강점기 우리 민족은 일제의 수탈로 인해 고향을 떠나야만 했다. 시적 화자도 마찬가지였을 것이다. 그렇다면 왜 '고향' 앞에까지 와서 시적 화자는 '고향'에 가지 못하고 있을까? 그것은 지금의 고향이 시적 화자가 생각하는 옛날의 고향이 아니기 때문일 것이다. 즉 일제의 수탈로 인해 고향을 떠난 사람은 시적 화자뿐만이 아닐 것이고, 남은 사람들이라 하더라도 예전처럼 평화롭고 다정하게 지내지 못할 것이다. 시적 화자는 이런 고향의 모습을 상상하고 고향으로 돌아가기를 두려워하는 것이다.

### 03 화자의 귀향이 불완전한 이유
식민지 치하라는 시대적 상황 속에서 찾아야 할 대상이 내면적인 관념 속에 머무르고 있기 때문이다. 잃어버린 조국을 되찾지 못하는 한, 눈앞에 실재하는 고향 역시 과거 속의 기억으로만 존재할 뿐이다. 이러한 상황에서 이루어지는 화자의 고향 찾기는 불완전한 모습으로 귀결될 수밖에 없다.

### 04 '고향에 대한 그리움'을 노래한 시
고향을 떠나온 사람들에게 있어서 '고향'은 죽어서라도 돌아가고 싶은 곳이다. 하지만, 그곳에 갈 수 없다는 절망감은 사람들의 마음속에 한이 될 뿐이다.

> 장국밥으로 깊은 허기를 채우고 / 읍내로 가는 버스에 오르려네. / 쫓기듯 도망치듯 살아온 이에게만 삶은 때로 애닯기만 하리 / 긴 능선 검은 하늘에 박힌 별 보며 / 길 잘못 든 나그네되어 떠나려네
> – 신경림, 「고향길」

→ 「고향길」의 시적 화자는 고향을 찾지만, 길 잘못 든 나그네처럼 허둥지둥 고향을 빠져나온다. 여기에는 그리움을 못 이겨 애써 찾은 고향에서 안주하지 못하고 다시 떠나야 하는 이의 애달픈 마음이 나타나 있는 것이다.

## 기출문제

**1.** 다음 작품을 1930년의 문학 경향과 관련지어 이해하려고 한다. 〈보기〉의 지시에 따라 서술하시오. [5점]

2015년 B형 3번

(가)
　　추레한 지붕 썩어가는 추녀 위엔 박 한 통이 쇠었다.
　　밤서리 차게 내려앉는 밤 싱싱하던 넝쿨이 사그라붙던 밤. 지붕 밑 양주는 밤새워 싸웠다.
　　박이 딴딴히 굳고 나뭇잎새 우수수 떨어지던 날, 양주는 새 바가지 뀌어 들고 추레한 지붕, 썩어가는 추녀가 덮인 움막을 작별하였다.

　　　　　　　　　　　　　　　　　　　　　　　　　　　　　　　－ 오장환, 「모촌(暮村)」

(나)
[앞부분 줄거리] 이발소에서 일하는 소년은 시간이 날 때마다 이발소 유리창을 통해 천변을 지나다니는 사람들을 바라본다.

　　소년의 관찰에 의하면, 그의 중산모는 그의 머리 둘레에 비하여 크도 작도 않은 것임에 틀림없었다. 그러나 신사는, 결코 그것을 보는 사람의 마음이 편안할 수 있도록 깊이 쓰는 일이 없었다. 그는, 문자 그대로, 그것을 머리에 사뿐 얹어놓은 채 걸어 다녔다. 어느 때고 갑자기 바람이라도 세차게 분다면, 그의 모자가 그대로 그곳에 안정되어 있을 수 없을 것은 분명한 일이다. 소년은 그것에 적잖이 명랑한 기대를 가졌다. 그러나 모든 기대가 그러한 것과 같이, 이것도 그리 쉽사리 실현되지는 않았다……
　　오늘도 소년은 신사의 뒷모양을, 그가 배다리를 건너 골목 안으로 사라질 때까지 헛되이 바라보고 나서, 고개를 돌려 천변 너머 맞은편 카페로 눈을 주었다.
　　밤이 완전히 이르기 전, 이 '평화'라는 옥호를 가진 카페의 외관은, 대부분의 카페가 그러하듯이, 보기에 언짢고, 또 불결하였다. 그나마 안에서 내비치는 전등불이 없을 때, 그 붉고 푸른 유리창은 더구나 속되었고, 창밖 좁은 터전에다, 명색만으로 옹색하게 옮겨다 심은 두어 그루 침엽송은, 게으르게 먼지와 티끌을 그 위에 가졌다.
　　소년은, 그러나, 이루 그러한 것에 별 느낌을 가지고 있는 것이 아니었다. 그는 지금, 바로 조금 아까부터 그 밖에 서서, 혹 열려 있는 창으로 그 안도 기웃거려보며, 혹 부엌으로 통한 문의, 한 장 깨어진 유리 대신, 서투른 솜씨로 발라놓은 얇은 반지가 한 귀퉁이 쭉 찢어진 그 사이로, 허리를 굽혀 그 안을 살펴도 보며 하는, 이미 오십 줄에 든 조그맣고 늙은 부인네에게 호기심을 가졌다. 그이는 그 카페의 여 '하나꼬'의 어머니다.

　　　　　　　　　　　　　　〈중략〉

　　소년은 눈을 돌려, 두 집 걸러 신전 편을 바라보았다. 이월 이라, 물론 파리야 있을 턱이 없는 일이지만, 이를테면, 저러한 것을 가리켜 '파리만 날리고 있다'—그게 말하는 것일 게 다. 아까부터 보아야 누구 하나 찾아들지 않는 쓸쓸한 점방에 머리 박박 깎은 큰아들이 신문만 뒤적거리고 있었다. 그것도 한약국 집에서 얻어온 어저께 신문일 것이다. 이 집에서 신문 을 안 본 지도 여러 달 된다.

　　　　　　　　　　　　　　　　　　　　　　　　　　　　　　　－ 박태원, 『천변풍경』

―〈보기〉―
1. (가)와 (나)가 형상화하고 있는 현실의 모습을 각각 제시할 것
2. (가)와 (나)의 현실 제시 방식의 공통점을 제시하고, 이러한 현실 제시 방식이 1930년 문학의 경향과 어떻게 관련되는지 설명할 것

※ 현대시와 현대소설이 결합된 문제
    문학내용학의 문학사 중 1930년대 문학의 전반적 특징을 설명하는 문제임. 앞의 문제는 작품에 반영된 현실을 파악해야 하고 뒤의 문제는 1930년대 문학관의 변화(문학사)를 읽어낼 수 있어야 함. 1920년대와 달리 1930년대는 일제의 강압 통치가 이루어지면서 '주제(현실)'에서 '방법(기법)'으로 전환되는 경향을 보여줌

### 예상답안

  (가)는 일제 강점기 가난한 농민들이 터전을 잃고 유이민으로 떠돌게 되는 상황을 제시했고, (나)는 일제 강점기 도시의 주변부인 청계천변에서 살아가던 중산층과 서민의 세태와 풍속을 제시했다.
  (가)와 (나)는 모두 1930년대 일제 강점기의 현실 문제를 깊이 있게 드러내지 못하고 제3자적 입장에서 피상적으로 관찰하여 제시한 것이 공통점이다. 이러한 경향은 (가)와 (나)가 지어진 시대에 일제의 강압통치로 인해 '주제(현실)'에서 '방법(기법)'으로 문학관의 방향전환이 있었기 때문이며, 이로 인해 일제 식민지의 본질적인 문제를 드러내지 못하고, 당대 현실을 피상적으로 관찰하거나 기법(방법)에 치중하는 경향을 보이는데, (가)와 (나)는 이러한 경향에서 나타난 작품으로 볼 수 있다.

## 작품 3  병든 서울 (상아탑 창간호, 1945년)

8월 15일 밤에 나는 병원에서 울었다.
너희들은 다 같은 기쁨에
내가 운 줄 알지만 그것은 새빨간 거짓말이다.
일본 천황의 방송도,
기쁨에 넘치는 소문도,
내게는 곧이가 들리지 않았다.
나는 그저 병든 탕아(蕩兒)로
홀어머니 앞에서 죽는 것이 부끄럽고 원통하였다.

그러나 하루아침 자고 깨니
이것은 너무나 가슴을 터치는 사실이었다.
기쁘다는 말
에이 소용도 없는 말이다.
그저 울면서 두 주먹을 부르쥐고
나는 병원을 뛰쳐나갔다.
그리고, 어째서 날마다 뛰쳐나간 것이냐.
큰 거리에는,
네거리에는, 누가 있느냐.
싱싱한 사람 굳건한 청년, 씩씩한 웃음이 있는 줄 알았다.

아, 저마다 손에 손에 깃발을 날리며
노래조차 없는 군중이 '만세'로 노래를 부르며
이것도 하루아침의 가벼운 흥분이라면……
병든 서울아, 나는 보았다.
언제나 눈물 없이 지날 수 없는 너의 거리마다
오늘은 더욱 짐승보다 더러운 심사에
눈깔에 불을 켜들고 날뛰는 장사치와
나다니는 사람에게
호기 있이 먼지를 씌워주는 무슨 본부, 무슨 본부,
무슨 당, 무슨 당의 자동차.

그렇다. 병든 서울아.
지난날에 네가, 이 잡놈 저 잡놈
모두 다 술취한 놈들과 밤늦도록 어깨동무를 하다시피
아 다정한 서울아
나도 밑천을 털고 보면 그런 놈 중의 하나이다.
나라 없는 원통함에
에이, 나라 없는 우리들 청춘의 반항은 이러한 것이었다.
반항이여! 반항이여! 이 얼마나 눈물나게 신명나는 일이냐

아름다운 서울, 사랑하는 그리고 정들은 나의 서울아
나는 조급히 병원 문에서 뛰어나온다.
포장 친 음식점, 다 썩은 구루마에 차려놓은 술장수
사뭇 돼지구융 같이 늘어슨
끝끝내 더러운 거릴지라도
아 나의 뼈와 살은 이곳에서 굵어졌다.

병든 서울, 아름다운, 그리고 미칠 것 같은 나의 서울아
네 품에 아모리 춤추는 바보와 술취한 망종이 다시 끓어도
나는 또 보았다.
우리들 인민의 이름으로 씩씩한 새 나라를 세우려 힘쓰는 이들을……
그리고 나는 웨친다.
우리 모든 인민의 이름으로
우리네 인민의 공통된 행복을 위하야
우리들은 얼마나 이것을 바라는 것이냐.
아, 인민의 힘으로 되는 새 나라

8월 15일, 9월 15일,
아니, 삼백예순날
나는 죽기가 싫다고 몸부림치면서 울겠다
너희들은 모두 다 내가
시골구석에서 자식 땜에 아주 상해버린 홀어머니만을 위하야 우는 줄 아느냐.
아니다. 아니다. 나는 보고 싶으다.
큰물이 지나간 서울의 하늘이……
그때는 맑게 개인 하늘에
젊은이의 그리는 씩씩한 꿈들이 흰구름처럼 떠도는 것을……

아름다운 서울, 사모치는, 그리고, 자랑스런 나의 서울아,
나라없이 자라난 서른 해,
나는 고향까지 없었다.
그리고, 내가 길거리에 자빠져 죽는 날,
'그곳은 넓은 하늘과 푸른 솔밭이나 잔디 한뼘도 없는'
너의 가장 번화한 거리
종로의 뒷골목 썩은 냄새 나는 선술집 문턱으로 알았다.

그러나 나는 이처럼 살았다.
그리고 나의 반항은 잠시 끝났다.

아 그동안 슬픔에 울기만 하여 이냥 질척거리는 내 눈
아 그동안 독한 술과 끝없는 비굴과 절망에 문드러진 내 씰개
내 눈깔을 뽑아버리랴, 내 씰개를 잡아떼어 길거리에 팽개치랴.

## 핵심정리

▷ **갈래** 자유시, 서정시
▷ **구성** 전반부(1~5연)에는 해방 후의 혼란상에 대한 비판과 자신에 대한 반성이, 후반부(6연 이후)에는 새로운 국가 건설에 대한 소망이 담겨 있음

▷ **주제** 해방 후의 혼란성에 대한 비판과 인민이 주인 되는 새로운 국가 건설에 대한 소망
▷ **특징** ① 고백적인 어조와 산문투의 장황한 서술
② 해방 정국의 격정과 호흡을 적절히 가다듬게 하는 선동적인 리듬감이 조화를 잘 이룬 작품

## 1 감상의 길잡이

　오장환은 일제 말기에 붓을 꺾지 않으면서도 친일의 길을 걷지 않은 몇 안 되는 시인 중의 한 사람이다. 그가 초기 시에서 보여 주었던 유교적 인습에 대한 부정과 반항의 세계가, 해방 이후에는 이 시에서 보듯, 새 시대에 대한 전망과 기대의 이미지로 발전되어 나타나게 된다. 신장병으로 인해 8·15 해방을 병상에서 맞은 오장환은, 광복의 감격과 어수선한 해방 정국에서의 울분과 좌절을 이 시를 통해 '병든 서울'이라는 상징어로 토로하고 있는 것이다.

　시적 화자인 '나'로 대치된 시인이 8월 15일 병원에서 운 것은 단순히 기쁨 때문이 아니라, '탕아로 / 홀어머니 앞에서 죽는 것이 부끄럽고 원통'해서였다고 믿었지만, 하루가 지난 뒤 정신이 들고 보니 이는 실로 '너무나 가슴을 터치는 사실'임을 깨닫게 된다. 그리하여 날마다 병원을 뛰쳐나간다. 그러나 '싱싱한 사람 굳건한 청년, 씩씩한 웃음이 있는 줄' 알았던 네거리의 '병든 서울'은 단지 '눈깔에 불을 켜들고 날뛰는 장사치'와 '무슨 본부, 무슨 본부 / 무슨 당, 무슨 당의 자동차'만 가득할 뿐이다.

　그리하여 그는 '그렇다. 병든 서울아 / 지난날에 네가, 이 잡놈 저 잡놈 / 모두 다 술취한 놈들과 밤늦도록 어깨동무를 하다시피 / 아 다정한 서울아 / 나도 밑천을 털고 보면 그런 놈 중의 하나이다'라며 울부짖는다. 식민지 치하에서 '나'가 반항할 수 있었던 유일한 방안은 그저 술 먹고 돌아치는 것이었고, 여기에는 너도 나도 잡놈일 뿐이어서 서울은 오히려 다정할 수 있었다.

　그러나 친일파들이 다시 고개를 들고, 어제까지 황군(皇軍) 위문 공연을 다니던 문학인들이 오늘은 너도나도 민족 문학을 부르짖고, 정치를 한다는 사람들은 끼리끼리 모여서 정당을 구성하는 데에 혈안이 되어 버린 해방 정국은 이미 그가 꿈에 그리던 그러한 마음 속 고향이 아니었다. 그의 이상은 '아, 인민의 이름으로 되는 새 나라'의 건설이건만, 그리고 그것을 위하여 병원에서 뛰쳐나와 '인민의 이름으로 씩씩한 새 나라를 세우려 힘쓰는 이들'과 함께 '인민의 공통된 행복'을 위하여 노력하지만, 어느새 서울엔 다시금 '술취한 망종'이 다시 들끓고 있을 뿐이다. 잠시 동안 해방의 감격에 취해 있었던 그는 이제 '큰물이 지나간 서울의 하늘'과 '젊은이의 씩씩한 꿈들'을 보고 싶어서, '길거리에 자빠져 죽는 날'까지 다시금 반항할 것을 마음먹는다. 그리하여 그는 '그 동안 슬픔에 울기만하여 이냥 질척거리는' 눈을 뽑아 버리고, '그 동안 독한 술과 끝없는 비굴과 절망에 문드러진' 쓸개를 내팽개치겠다고 다짐하는 것이다.

　해방 정국의 감격과 울분을 노래하는 이 시는 이러한 격정이 호흡을 적절히 가다듬게 하는 선동적인 리듬감과 조화를 이루어, 거칠면서도 절제된 시인의 내면의 심상을 효과적으로 표현하는 데 성공한 작품이다.

## ■ 중요 내용 정리

### 01 표현상의 특징

　이 시에서는 고백적인 어조와 산문투의 장황한 서술이 특징적으로 부각된다. 이 시의 시적 화자는 반항의 의미를 해명한 후 그것의 무목적성과 무방향성을 스스로 비판한 후 미래에 대한 전망을 가슴에 새긴다. 이러한 자기반성의 시적 표현은 산문적 표현과 호응하는 것이다.

　한편, 전체 시에서 시적 화자의 사고는 세 부분으로 나누어진다. 3연까지는 해방 이후 시적 화자의 눈에 보이는 병든 서울의 모습이, 4연과 5연에서는 그 모습을 시적 화자의 것으로 인식하는 모습을 그리고 6연 이후에는 새나라를 건설하려는 밝고 활기찬 모습이 제시되어 있다.

## 백석 白石

1912 ~ 1995
시인. 평북 정주 출생

▷ **작가의 특징**
1. 1935년 〈조선일보〉 출판부에 입사하여 1936년 1월 첫 시집 『사슴』을 출간했다.
2. 식민지 현실 속 무너지고 상실된 자아의 정서를 그려냈다.
3. 모국어의 지역성과 향토성을 강하게 풍기며 식민 통치의 강압에 대해서 민족의 주체적 공간 의식을 토착어를 통해 암시하고 지켜나가는 방식으로 시를 썼다.
4. 수탈당한 농촌 현실에 대한 인식과 공동체 의식을 지향하는 내용을 담았다.

▷ **주요 작품**
「고방」, 「모닥불」, 「고야」, 「주막」, 「성외」, 「여승」, 「절간의 소 이야기」, 「정주성」 등과 1938년 ≪삼천리문학≫에 발표한 「추야일경」, 「석양」, 「고향」, 「절망」 등을 비롯, 「수박씨 호박씨」(1940), 「적막 강산」(1947), 「남신의주 유동 박시봉방」(1948) 등

### 작품 1  여승(女僧) (사슴, 1936년)

여승(女僧)은 합장(合掌)하고 절을 했다.
가지취의 내음새가 났다.
쓸쓸한 낯이 옛날같이 늙었다.
나는 불경(佛經)처럼 서러워졌다.

평안도(平安道)의 어늬 산 깊은 금점판
나는 파리한 여인(女人)에게서 옥수수를 샀다.
여인(女人)은 나어린 딸아이를 따리며 가을밤같이 차게 울었다.

섶벌같이 나아간 지아비 기다려 십 년(十年)이 갔다.
지아비는 돌아오지 않고
어린 딸은 도라지꽃이 좋아 돌무덤으로 갔다.

산(山)꿩도 설게 울은 슬픈 날이 있었다.
산(山)절의 마당귀에 여인(女人)의 머리오리가 눈물방울과 같이
떨어진 날이 있었다.

### 핵심정리

▷ **갈래** 자유시, 서정시
▷ **성격** 서사적, 애상적, 사실적
▷ **제재** 한 여자의 일생
▷ **주제** 한 여승의 비극적 삶

▷ **특징** ① 회상적 어조
② 역순행적 구성
③ 시상의 압축과 절제

## 이해와 감상

### 1 짜임 분석
- 1연 – 여승과 나의 만남
- 2연 – 처음 만났을 때의 여인의 모습
- 3연 – 여인의 비극적인 삶
- 4연 – 여인이 승려가 됨

### 2 작품감상의 구조

| 구성 요소 | 구성 요소의 파악 | 그것이 지닌 의미·효과 | 주제와의 관련성 |
|---|---|---|---|
| 내용 요소 | ① 시적 화자 및 상황 | 시적 화자는 관찰자의 입장에서 자신이 알고 있는 한 여인의 비극적인 인생사를 이야기하고 있다. | 한 여승의 비극적 삶 |
| | ② 내용 전개 | 가난 속에서 남편이 금점판에 떠난 후 자식과 함께 남편을 찾아왔으나 만나지 못하고 자식마저 잃은 후 여승이 되는 한 여인의 비극적 삶을 드러냈다. | |
| | ③ 소재 | 가지취, 금점판, 파리한 섶벌, 마당귀, 머리오리 등 향토적이고 토속적인 소재를 많이 사용하였다. | |
| | ④ 리얼리즘시 | 일제 식민지의 가난하고 궁핍한 현실 속에서 남편을 찾아 떠돌던 한 여인의 비극적 삶을 사실성적으로 그려냈다. | |
| | ⑤ 이야기시 | 유이민으로 떠돌던 여인의 비극적 일생이란 이야기를 담아낸 이야기시이다. | |
| 형식 요소 | ① 각운 | 각 행이 '–다'로 종결되어 운율을 형성한다. | |
| | ② 역순행적 구성 | 현재(1연) → 과거(2~4연)의 형식 또는 '① 3연 1행 → ② 2연 → ③ 3연 3행 → ④ 4연 → ⑤ 1연'의 시간 순서로 짜여져, 한편의 소설을 읽는 듯한 느낌을 주면서 읽는 이로 하여금 긴장감을 느끼게 한다. | |
| 표현 요소 | ① 전형적 인물 | 여인의 삶은 일제 강점의 현실에서 고통 받고 희생당한 우리 민족의 삶을 보여준다. | |
| | ② 감정이입 | '산꿩'을 통해 여승이 된 여인의 비극적인 삶에 대해 느끼는 시적 화자의 정서를 간접적으로 드러내고 있다. | |
| | ③ 반어에 의한 절제된 감정 표현 | 딸의 죽음을 '어린 딸은 도라지꽃이 좋아서 돌무덤으로 갔다'는 반어와 절제된 감정으로 표현하여 비극성을 더한다. | |

### 3 감상의 길잡이

　4연으로 된 자유시로 감각적인 어휘들을 일부 구사하여 시상을 절제 압축하여 표현하고 있다. 그리고 각 연이 시간성을 내포하고 있으나, 시간적 순서에 따라 배열되지 않고, 소설의 플롯과 같이 뒤섞여서 배열되었다.

　이 시는 한 여자의 일생을 제시하고 있다. 지아비와 지어미 그리고 딸아이로 구성된 한 가족이 있었다. 그들은 원래 농사를 지었을 것이다. 그러다가 농사일로 생계를 꾸릴 수 없어서 지아비는 집을 나가 광부가 되고, 아내는 십 년을 기다리다가 남편을 찾아 집을 떠나갔다. 금점판 등을 돌며 옥수수 행상을 하면서 남편을 찾으려 했던 것이다. 이런 고생을 못 이겨 딸은 투정을 부리고, 그 어미는 딸을 울면서 때리기도 한다. 그러다가 딸이 죽어 돌무덤에 묻히자, 그 여인은 삭발을 하고 가지취와 불경을 만지면서 여생을 보내는 여승이 된 것이다.

　이렇게 재구할 수 있는 이야기를 통하여 이 시는 농촌의 몰락을 중심으로 하는 일제 강점기의 민족 현실을 전형적으로 드러내고 있다. '섶벌'같이 훌쩍 떠나갈 수밖에 없는 민족의 현실, 그리고 그를 찾아 금점판을 헤맬 수밖에 없는 또 다른 우리 민족의 삶이 12행의 짧은 시 속에 융해되어 있는 것이다. '가을밤같이 차게' 울면서 자식을 때리는 어미의 모습이나 '도라지꽃'을 좋아하여 그 곁에 돌무덤을 만들어 딸의 죽음을 형상화하는 탁월함은 쉽게 가까이 가기 힘든 표현이다. 또 산꿩의 울음이 여인의 울음으로 형상화되고 있으며, 여인의 슬픔은 '눈물방울과 같이' 떨어지는 '머리오리'가 대체하기도 한다. 이를 통하여 슬픔을 초월하는 여인의 정서를 드러내고 있다. 아울러 '가지취'의 냄새가 나는 여승의 모습에서 '불경처럼 서러움'을 느끼는 시적 화자도 결국은 이런 부류의 사람에서 크게 벗어나지 않는 사람이리라.

이 시는 적절한 비유적 표현과 축약을 통하여 인물의 전형성과 상황의 전형성을 확보한 리얼리즘시의 대표작으로 평가되고 있다. 이는 일제 강점기 중에서 암흑기로 불리던 1930년대 후반의 민족 문학의 시적 성과가 백석의 경우만 보더라도 만만치 않았음을 보여주는 것이자, 백석 등의 해금시인들의 시작이 프로시의 한계였던 이념적 편향성을 극복하고 있는 실상을 확인시켜주는 예이기도 하다.

## ▣ 중요 내용 정리

### 01 시적 화자와 '여승' 사이의 거리

이 시는 한 많은 여인의 인생사를 들려 주는 서사적 형식으로, 소설의 1인칭 관찰자 시점을 취하고 있다. 즉, 이 시는 '여인'을 화자로 직접 삼지 않고 여인이 겪은 사건들을 중간에서 전달해 주는 '나'를 통해 '여인'의 고달프고 비극적인 삶을 객관적으로 표현하고 있다. 또한 시적 화자인 '나'는 여인의 고달픈 삶에 대해 주관적 평가를 배제하고 있는데, 이를 통해 '여인'의 비극적 삶을 읽는 이가 직접적으로 느끼게 하는 효과를 얻고 있다.

### 02 「여승」을 통해 알 수 있는 당시 우리 민족의 삶

먼저 「여승」의 주인공, '여인'의 삶을 살펴보자. 여인의 남편은 부지런한 농부였을 것이다. 하지만 일제의 수탈로 토지를 잃어버린 남편은 가족의 생계를 위해 돈을 벌러 금광으로 떠났다. 그러나 금광도 일제의 횡포에서 벗어날 수 없었을 것이고, 예상되는 가혹한 학대에 연락마저 끊어지고 만다. 그 동안 여인은 어린 딸을 데리고 힘겹게 살다 남편을 찾으러 금광으로 와 옥수수 행상을 하며 지낸다. 고향을 떠나 남편도 없이 어린 딸과 함께 하는 여인의 삶의 고되고 힘겨웠을 것이다. 그 와중에 어린 딸은 죽고 변변한 무덤도 가지지 못한 채 돌무덤 속으로 사라져 버렸다. 그리고 여인은 머리를 깎고 속세와 인연을 끊는다. 단란했던 한 가정이 서러운 끝을 맞이한 것이다. 이 여인의 삶은 한 개인의 삶이 아니라 일제 강점 하에서 우리 민족의 보편적 삶의 모습이다.

### 03 이야기 시

동서양을 막론하고 근대 이후 서사시는 소설에 그 자리를 내어 주고 점차 밀려 나게 된다. 예컨대, 우리나라에서도 김동환의 「국경의 밤」이나 신동엽의 「금강」 등 몇 안되는 작품으로 명맥을 유지하였다. 과거와 같은 웅혼하고 장엄한 영웅의 이야기를 담은 서사시는 사라지고 있는 것이다. 그런데 한편에서는 이야기를 함축하고 있는 시가 창작되었다. 그것이 바로 이야기 시이다. '단편 서사시'라고도 불리는 이것은 「여승」이외에도 「낡은 집」(이용악), 「모촌」(오장환) 등이 있다.

## 예상문제

※ (1~3) 다음 작품을 읽고 물음에 답하시오.

(가)
여승은 합장하고 절을 했다.
가지취의 내음새가 났다.
쓸쓸한 낯이 옛날같이 늙었다.
나는 불경처럼 서러워졌다.

평안도의 어느 산 깊은 금점판
나는 파리한 여인에게서 옥수수를 샀다
여인은 나 어린 딸아이를 때리며 가을밤같이 차게 울었다.

섶벌같이 나아간 지아비 기다려 십 년이 갔다.
지아비는 돌아오지 않고
어린 딸은 도라지꽃이 좋아 돌무덤으로 갔다.

산꿩도 섧게 울은 슬픈 날이 있었다.
산절의 마당귀에 여인의 머리오리가 눈물 방울과 같이 떨어진 날이 있었다.

– 백석, 「여승」

(나)
알룩조개에 입맞추며 자랐나
눈이 바다처럼 푸를 뿐더러 까무스레한 네 얼굴
가시네야
나는 발을 얼구며
무쇠다리를 건너온 함경도 사내

바람소리도 호개도 인젠 무섭지 않다만
어두운 등불 밑 안개처럼 자욱한 시름을 달게 마시련다만
어디서 흉참한 기별이 뛰어들 것만 같애
두터운 벽도 이웃도 못 미더운 북간도 술막

온갖 방자의 말을 품고 왔다
눈포래를 뚫고 왔다
가시내야
너의 가슴 그늘진 숲속을 기어간 오솔길을 나는 헤매이자
술을 부어 남실남실 술을 따르어
가난한 이야기에 고이 잠궈다오

네 두만강을 건너왔다는 석달 전이면
단풍이 물들어 천리 천리 또 천리 산마다 불탔을 겐데
그래두 외로워서 슬퍼서 치마폭으로 얼굴을 가렸더냐
두 낮 두 밤을 두리미처럼 울어 울어
불술기 구름 속을 달리는 양 유리창이 흐리더냐

차알싹 부서지는 파도소리에 취한 듯
때로 싸늘한 웃음이 소리 없이 새기는 보조개
가시내야
울 듯 울 듯 울지 않는 전라도 가시내야
두어 마디 너의 사투리로 때아닌 봄을 불러 줄께
손때 수줍은 분홍 댕기 휘 휘 날리며
잠깐 너의 나라로 돌아가거라

이윽고 얼음길이 밝으면
나는 눈포래 휘감아치는 벌판에 우줄우줄 나설 게다
노래도 없이 사라질 게다
자욱도 없이 사라질 게다

— 이용악, 「전라도 가시내」

1. (가) 작품을 대상으로 문학의 상상력을 작자의 측면과 독자의 측면으로 나누어 이해할 때, (가)의 '등장인물(여승)'과 '사회·문화적 배경'의 측면에서 작자의 상상력으로 설명할 요소와 독자의 상상력으로 설명할 요소를 아래 예와 같이 각각 제시하시오

| 구분 | 상상력 | 교사의 지도 내용 |
|---|---|---|
| (가)의 등장인물 (여승) | 작자의 측면 | 예 작자가 직접 체험했거나 상상한 여인의 비극을 바탕으로 하여 여승이 된 한 여인의 삶을 형상화했음(그려냈음) |
| | 독자의 측면 | ① |
| (가)의 사회·문화적 배경 | 작자의 측면 | ② |
| | 독자의 측면 | ③ |

### 채점기준

※ 점수 부여
   3점 – 표의 내용과 같이 ①~③의 내용이 각각 맞으면 각각 1점

### 예상답안

| 구분 | 상상력 | 교사의 지도 내용 |
|---|---|---|
| (가)의 등장인물 (여승) | 작자의 측면 | 예 작자가 직접 체험했거나 상상한 여인의 비극을 바탕으로 하여 여승이 된 한 여인의 삶을 형상화했음(그려냈음) |
| | 독자의 측면 | ① 독자가 제시된 여인의 삶의 과정(= 여승이 된 내력)을 읽고, 여인(여승)의 삶의 비극적 측면을 파악하게 됨 |
| (가)의 사회·문화적 배경 | 작자의 측면 | ② 작자가 1930년대 일제 치하의 가혹한 착취와 수탈을 겪거나 인식하고, 그것을 유이민이 된 여승 일가가 겪은 비극적 삶으로 형상화했음(그려냈음) |
| | 독자의 측면 | ③ 독자가 여승이 된 유이민 일가의 비극적 삶을 읽고, 그 원인이 1930년대 일제 치하의 가혹한 착취와 수탈에 의한 것임을 파악하게 됨 |

2. (가) 작품을 독자의 상상력에서 인식적, 조응적, 초월적 상상력에 맞게 그 내용을 파악할 때, 아래 〈조건〉에 적절한 내용을 ①, ②에 각각 제시하라.

─〈조건〉─
① (가)의 '인식적 상상력'의 요소 중 '형식'에 관한 내용을 1가지 제시할 것
② (가)의 '초월적 상상력'의 요소를 제시할 것

| 상상력의 종류 | (가) 작품에 적용할 때의 지도 내용 |
|---|---|
| 인식적 상상력 | ① |
| 조응적 상상력 | ㄱ. 현실과 작품 속 현실 – 적용 내용 생략<br>ㄴ. 구성 요소와 주제의 관계 – 적용 내용 생략 |
| 초월적 상상력 | ② |

### 예상답안

| 상상력의 종류 | (가) 작품에 적용할 때의 지도 내용 |
|---|---|
| 인식적 상상력 | ① ㉠ '–다'로 끝나는 각운의 요소<br>　　㉡ 소설과 유사한 플롯 구조 (시간 재배열)<br>　　㉢ 과거형의 서술 |
| 조응적 상상력 | ㄱ. 현실과 작품 속 현실 – 적용 내용 생략<br>ㄴ. 구성요소와 주제의 관계 – 적용 내용 생략 |
| 초월적 상상력 | ② ㉠ 비극적 현실을 초래한 식민지로부터 해방의 추구<br>　　㉡ 가난과 궁핍에서 벗어나 인간다운 삶의 지향<br>　　㉢ 온 가족이 함께 모여 행복한 삶의 추구 |

3. (나) 작품을 '소설'의 요소를 통해 이해하는 교수·학습 활동을 할 때, 아래 〈조건〉에 각각 적절한 답변을 제시하시오.

―〈조건〉―
① (나)에서 표에 제시한 소설의 요소와 관련 있는 부분 (1점)
② '시적 화자(나)'와 '전라도 가시내'의 성격이 가장 잘 드러나는 부분과 그 성격의 특징을 밝힐 것 (2점)
③ (나) 작품이 위와 같은 갈래 비교 수업이 가능한 근거를 밝힐 것 (1점)

**예상답안**

① (나)에서 표에 제시한 소설의 요소와 관련 있는 부분 (1점)

| 소설의 요소 | | (나) 작품의 내용 (연별로 제시할 것) |
|---|---|---|
| 인물(성격 제외) | | 1연 |
| 배경(공간) | | 2연 |
| 사건 | 외부 사건 | 3연, 5연, 6연 |
|  | 내부 사건 | 4연 |

② '시적 화자(나)'와 '전라도 가시내'의 성격이 가장 잘 드러나는 부분과 그 성격의 특징을 밝힐 것 (2점)

| 구분 | 성격이 잘 나타나는 부분 | 성격의 특징 |
|---|---|---|
| 시적 화자 | ⊙ 너의 가슴 그늘진 숲속을 기어간 오솔길을 나는 헤매이자<br>ⓒ 두어 마디 너의 사투리로 때아닌 봄을 불러 줄께 | 상대와 아픔(불행)을 함께 나누며, 이해심과 동정심, 위로심이 많은 성격 |
| 전라도 가시내 | 울 듯 울 듯 울지 않는 전라도 가시내야 | 많은 설움을 겪었지만, 감정에 흔들리지 않고, 의지가 굳은 성격 |

③ (나) 작품이 위와 같은 갈래 비교 수업이 가능한 근거를 밝힐 것 (1점)

이 시가 ⊙시적 화자를 통해 들려주는 서술의 형식 측면에서, 또, ⓒ유이민으로 떠도는 나와 전라도 여인의 삶을 담은 내용의 측면에서 ⓒ이야기시의 성격(서사성, 단편서사시)을 지니기 때문임

## 작품 2  여우난 곬족(族) (조광, 1935년)

명절날 나는 엄매 아배 따라 우리집 개는 나를 따라 진할머니 진할아버지가 있는 큰집으로 가면

얼굴에 별자국이 솜솜 난 말수와 같이 눈도 껌벅거리는 하로에 베 한 필을 짠다는 벌 하나 건너 집엔 복숭아나무가 많은 신리(新里) 고무, 고무의 딸 이녀(李女), 작은 이녀(李女)
열여섯에 사십(四十)이 넘은 홀아비의 후처(後妻)가 된, 포족족하니 성이 잘 나는, 살빛이 매감탕 같은 입술과 젖꼭지는 더 까만, 예수쟁이 마을 가까이 사는 토산(土山) 고무, 고무의 딸 승녀(承女), 아들 승(承)동이
육십리(六十里)라고 해서 파랗게 뵈이는 산을 넘어 있다는 해변에서 과부가 된 코끝이 빨간 언제나 흰 옷이 정하든, 말끝에 설게 눈물을 짤 때가 많은 큰골 고무, 고무의 딸 홍녀(洪女), 아들 홍(洪)동이, 작은 홍(洪)동이
배나무접을 잘 하는 주정을 하면 토방돌을 뽑는, 오리치를 잘 놓는, 먼 섬에 반디젓 담그러 가기를 좋아하는 삼춘, 삼춘 엄매, 사춘 누이, 사춘 동생들

이 그득히들 할머니 할아버지가 있는 안간에들 모여서 방 안에서는 새 옷의 내음새가 나고
또 인절미, 송구떡, 콩가루차떡의 내음새도 나고, 끼때의 두부와 콩나물과 뽂운 잔디와 고사리와 도야지비게는 모두 선득선득하니 찬 것들이다.

저녁술을 놓은 아이들은 오양간섶 밭마당에 달린 배나무 동산에서 쥐잡이를 하고, 숨굴막질을 하고, 꼬리잡이를 하고, 가마타고 시집 가는 놀음, 말타고 장가 가는 놀음을 하고, 이렇게 밤이 어둡도록 북적하니 논다.
밤이 깊어 가는 집 안엔 엄매는 엄매들끼리 아르간에서들 웃고 이야기하고, 아이들은 아이들끼리 웃간 한 방을 잡고 조아질하고 쌈방이 굴리고 바리깨돌림하고 호박떼기하고 제비손이구손이하고, 이렇게 화디의 사기방등에 심지를 몇 번이나 돋우고 홍게닭이 몇 번이나 울어서 졸음이 오면 아릇목싸움 자리싸움을 하며 히드득거리다 잠이 든다. 그래서는 문창에 텅납새의 그림자가 치는 아츰 시누이 동세들이 욱적하니 흥성거리는 부엌으론 샛문틈으로 장지문틈으로 무이징게 국을 끓이는 맛있는 내음새가 올라오도록 잔다.

### ▌핵심정리

▷ **갈래** 자유시, 서정시
▷ **성격** 회고적, 향토적
▷ **제재** 명절날 집안 풍경과 가족
▷ **주제** ① 삶의 순수성과 고향의 정취
　　　　② 공동체적 삶에서 나타나는 풍요로움
▷ **특징** ① 평북 지방 사투리 사용과 토속적 소재의 나열
　　　　② 반복, 나열, 언어 유희적 성격으로 사설시조나 민요의 기법을 사용
　　　　③ 산문적 성격

### 이해와 감상

**1 짜임 분석**
- 1연 – 명절을 쇠러 온 가족이 큰집으로 모임 (아침)
- 2연 – 큰집에 모인 친척들의 외모와 삶의 모습 (아침, 낮)
- 3연 – 명절의 설빔과 음식을 통한 흥성스런 분위기 (낮 → 저녁)
- 4연 – 가족 구성원이 모두 참여한 놀이 (저녁, 밤, 아침)

## 2 작품감상의 구조

| 구성 요소 | 구성 요소의 파악 | 그것이 지닌 의미·효과 | 주제와의 관련성 |
|---|---|---|---|
| 내용 요소 | ① 시적 화자 및 화자의 상황 | 시적 화자를 어린 아이로 설정하여, 그 아이의 눈을 통해 명절날 큰집에 모인 다양한 친척들과 음식 등을 이야기하고 있다. | 공동체적 삶에서 나타나는 풍요로움, 삶의 순수성과 고향의 정취 |
| | ② 소재 | 동식물, 음식, 놀이의 이름이 모두 전통적 소재여서 향토적인 서정을 잘 드러내었다. | |
| 형식 요소 | ① 산문적 서술 | 길게 산문적으로 서술하여 막힘없이 읽게 하여 어린 시절에 대한 그리움을 강조하고 있다. | |
| | ② 반복과 열거 | 반복과 열거를 통해 운율이 살아나 흥겨운 분위기를 조성하였다. | |
| | ③ 시간의 흐름에 따른 구성 | 명절날 큰집의 하루를 시간 경과에 따라 서사적으로 그려내었다. | |
| 표현 요소 | ① 이미지의 중첩 (수식 관계의 나열) | 친척들을 묘사하는데 한 인물에 대해 여러 가지 이미지를 중첩시켜 나열하는 식으로 묘사하고 있다. | |
| | ② 심상 | 전체적으로 시각적 심상이 주를 이루고 있다. | |
| | ③ 방언의 사용 | 화디, 텅납새 등 평안도 방언을 그대로 사용하여 어린 시절, 고향에 대한 그리움을 강조하고 있다. | |

## 3 감상의 길잡이

이 시는 명절날 여우난 골 부근에 사는 일가 친척들이 큰집에 모여 하루를 보내는 모습을 서사적으로 그려 내고 있다. 화자는 어린 아이로 설정되어 있는데, 유년 시절의 체험을 통해 고향 사람들과 명절 풍습을 보여 준다.

이 시의 시간적 배경은 명절 날 아침에서부터 그 다음날 아침까지이고, 공간적 배경은 마당과 부엌, 그리고 방이 설정되어 있다. 이러한 배경 속에서 명절 제사와 놀이, 이야기와 음식 만들기 등의 사건이 제시되어 있다. 시인은 어린 시절에 체험했던 공동체적 삶의 모습을 회상하여 화목한 인간애와 고향에 대한 그리움을 드러내고 있다.

4연으로 된 산문시로 기본적으로 내재율에 바탕을 두고 있으나, 비슷한 어휘의 반복을 통하여 경쾌한 시상이 전개되고 있다. 또 명절날 큰집에서 벌어지는 다양한 정경들을, 사투리와 토속적인 소재와 아동들의 다양한 유희를, 어린이의 시각에서 나열하고 있다.

백석 초기시의 대표작으로 평가되는 이 시는, 명절날의 풍경을 통하여 공동체적 삶의 모습을 사실적으로 형상화하고 있다. 즉 시적 화자가 직접 생활의 공간에 참여하여 그 공동체의 질서를 지켜가는 일원으로 참여하고 있다.

이 시는 축제를 즐기는 공동체의 풍요로움을 다양한 시적 대상을 동원하여 표현하였다. 즉 유년의 시각에서 본 동화적 민속적 세계의 형상화라고 할 수 있는 이런 형상은 다른 각도에서는 당대의 민중적 삶과는 유리된 것이라는 진단도 가능하리만큼 서정적이다. 그리고 이런 분위기를 형상화하기 위하여 후각적 이미지와 시각 등의 감각적 이미지를 적절히 구사하였으며 평북 지방 사투리와 토속적 소재를 나열하였다. 이를 통해 마음속에 보존되고 있는 순수성과 고향의 정취를 찾아내고 있다.

특히 다양한 유희와 음식을 등장시켜서 '그득히들' 모여서 살아가는 공동체의 신비한 삶을 드러내는 방식은, 고향을 상실한 시대에 백석의 시가 이룩한 가장 대표적 특성으로 지적되기도 한다.

## 중요 내용 정리

**01 등장인물**

이 시에서 2연에 제시된 여러 인물들은 여러 개의 이미지가 중첩되어 나열되는 식으로 묘사되고 있다. 이때 동원된 이미지들은 그 인물의 객관적인 성격이라기보다는 어린 시절 화자의 눈에 비쳤던 이미지이다. 즉, 시인은 철저하게 어린 소년의 눈으로 되돌아가 그 인물들을 묘사하고 있는 것이다. 그런데 여기서 주목할 점은 그러한 등장인들, 즉 곰보인 신리 고모, 홀아비의 후처가 된 토산 고모, 과부가 된 큰골 고모, 주정뱅이 삼촌 등 시적 화자가 그리워하는 고향 가족들 대부분이 잘나지 못하고 무언가 한 가지씩 결함을 가지고 있다는 것이다. 그럼에도 이들이 모인 공간은 그들의 결함을 덮어 버리는 화합의 공동체적인 공간으로 제시되고 있는데, 이를 통해 화자는 그러한 인물들과 공동체를 이루고 살아가던 유년기에 대한 그리움을 드러내고 있다.

**02 시어 선택의 기준**

이 시에서 사용된 시어의 가장 큰 특징은 평안도 지방의 사투리를 그대로 이용한다는 점이다. 더욱이 그 사투리들은 어른들의 것이라기보다는 어린 아이의 것이다. 어린 시절의 풍요롭고 평화롭던 공동체에 대한 기억을 최대한 살리기 위한 것으로 보인다. 그리고 그 시어들은 토속적인 사물들이다. 동식물의 이름이나 음식의 이름, 그리고 놀이 이름들이 모두 전통적이고 향토적인 냄새가 물씬 풍기는 것이다. 이것들은 향토적인 서정을 드러내는 데 이용되었다.

**03 '고향'의 의미**

이 시는 어린 소년을 시적 화자로 내세워 화자의 직접적인 체험을 통해 고향 사람들과 풍습을 다양하게 그려 내고 있다. 즉 이 시의 고향은 친족 간의 우애와 정이 넘치는 공동체적인 제의의 공간으로 형상화되고 있다. 특히 유년의 시각에서 본 동화적 가족 세계는 전체적으로 토속적이고 서정적 분위기를 자아낸다. 이러한 서정적 분위기를 형상화하기 위해 시각과 후각의 이미지를 적절히 구사하고 있고, 평북 지방 사투리와 토속적인 소재를 나열함으로써 고향의 정취를 표현하고 있다.

**04 근대시에 나타난 '고향'의 양상**

일제하의 우리 시에서 고향의 제재는 대체로 '떠난 곳, 또는 잃어버린 곳'으로서 상실감을 바탕으로 한 그리움의 정서와 밀착되어 있다. 정지용, 백석, 오장환, 이용악, 윤동주의 시는 모두 단순히 평화롭고 아름다운 공간이 아니라 마음속에 그리는 동경과 지향의 대상으로 나타난다.

이러한 동경의 태도는 정지용과 백석의 시에서 삶의 체험을 바탕으로 하여 인간적이고 순수한 세계를 공간적인 심상으로 재현시키는 방식으로 나타나며, 정서적으로 향토적인 서정을 토대로 한 점에서 공통적이다. 한편, 오장환과 이용악의 시에서는 실향 의식을 자아의 내면을 중심으로 한 존재 의식으로 심화시킨 데 특징이 있다.

그러나 이러한 차이에도 불구하고 1930년대 후반 우리 시의 주조를 이룬 '고향 상실'의 테마는 시에서 현실적 상황에 대한 인식을 심화시켜 주었다는 데 의의가 크다.

## 작품 3   모닥불 (사슴, 1936년)

새끼오리도 헌신짝도 소똥도 갓신창도 개니빠디도 너울쪽도 짚검불도 가랑잎도 머리카락도 헝겊조각도 막대꼬치도 기왓장도 닭의 도 개터럭도 타는 모닥불

재당도 초시도 문장(門長)늙은이도 더부살이 아이도 새사위도 갓사둔도 나그네도 주인도 할아버지도 손자도 붓장사도 땜쟁이도 큰 개도 강아지도 모두 모닥불을 쪼인다

모닥불은 어려서 우리 할아버지가 어미아비 없는 서러운 아이로 불상하니도 몽둥발이가 된 슬픈 역사가 있다

### 핵심정리

▷ **갈래** 서정시, 자유시, 산문시
▷ **성격** 감각적, 토속적, 회화적
▷ **특징** 다양한 사물이나 사람을 나열하여 모닥불의 특성을 제시
▷ **제재** 모닥불
▷ **주제** 공동체적 삶의 아름다움

### 이해와 감상

#### 1 짜임 분석
- 1연 – 모닥불에 타고 있는 여러 사물들
- 2연 – 모닥불을 쬐는 사람과 동물들
- 3연 – 모닥불에 깃든 슬픈 역사

#### 2 감상의 길잡이

이 시는 농촌에서 흔히 볼 수 있는 '모닥불'을 소재로 하여 공동체적 삶의 아름다움을 보여 주는 작품이다. 추운 겨울날, 빨갛게 피어오르는 모닥불은 그 주위에 마을 사람들을 불러 모음으로써 그들로 하여금 구김살 없는 대화를 나누게 하는 만남의 장 구실을 한다. 즉, 계층이나 차별 없이 모든 사람들과 동물들이 모여들 수 있는 공동체 사회의 훈훈한 정감이 살아 있는 원초적 공간 구실을 한다.

먼저 1연에서는 모닥불을 피우기 위해 태우는 땔감을 나열하고 있다. 그것들은 하나같이 부스러지고 버려지고 잊혀졌던 하찮은 것들이지만, 그런 것들이 모여 따뜻한 모닥불을 이루고 있다. 그 땔감들을 나열하는 조사 '도'는 점점 커 가는 모닥불의 이미지를 환기시켜 주고 있다. 2연은 모닥불 주위에 모여들어 불을 쬐는 한 무리 사람들과 그들을 따르는 짐승들을 나열하고 있다. 그들은 화자와 한 핏줄이며, 같은 마을의 구성원이며, 마을을 드나들며 서로 친밀히 인연을 맺고 있는 이들이다. 그러므로 하찮은 사물과 사물이, 사람과 짐승이 아무런 구별이나 차등이 없이 하나로 어우러져 만들어낸 이러한 모습이야말로 농촌 공동체가 이상으로 삼는 최상의 풍경인지도 모른다. 3연에서는 모닥불 속에 숨겨져 있는 한 내력을 떠올린다. 화자의 '할아버지'는 어버이를 여윈 '서러운 아이'로 돌보아 주는 이 없이 자랐는데, 추운 겨울날 모닥불을 피워 놓고 잠들다 그 불에 발을 태워 '몽둥발이'가 되었다는 이야기가 바로 그것이다. 화자가 들려주는 이 '슬픈 역사'는 비록 화자의 할아버지 개인적 이야기이지만, 그것은 한 집안, 한 마을의 이야기로만 머물지는 않는다. 그 '할아버지'는 우리의 농촌 공동체의 한 전형으로 '어미 아비 없는' 할아버지의 '슬픈 역사'를, 나라를 빼앗긴 우리의 '역사'로 확대해서 읽을 수 있기 때문이다. 물론 이 작품의 의도는 그 '슬픈 역사'를 들추고 되새기고자 하는 데 있는 것이 아니라, 그러한 슬픔마저도 넉넉하게 포용하고 하나로 일체화시키는 모닥불의 따뜻함과, 그것이 표상하는 농촌 공동체의 화해로운 세계에 대한 공감을 보여주고자 하는 데 있다.

이제 모닥불은 더 이상 자질구레한 것들이 타면서 이루는 단순한 불꽃이 아니다. 모닥불이라는 구심점을 향하여 둥글게 모여 앉은 모든 것들이 높고 낮음이 없이 하나가 되는 합일의 공간이다. 얼어붙은 몸과 마음을 어루만져 주며 가슴속의 서러움마저도 녹게 하는 것이 바로 모닥불이다. 그러므로 모닥불과 같이 화해의 공동체 의식이 살아 있는 세계 안에서는 '할아버지'의 '슬픈 역사'같은 고통스럽고 서러운 역사일망정 끈끈한 내적 충일감 하나로 녹아 버리게 되는 것이다.

## ▣ 중요 내용 정리

### 01 시상 전개 구조와 표현상의 특징

1연과 2연은 사물과 사람, 동물을 지칭하는 어휘의 나열을 통해 모닥불이 타고 있는 현장을 묘사한다. 그 현장에 있는 사물과 사람, 동물은 하찮고 쓸모없거나 이질적인 존재들인데 모닥불은 이들을 아우르고 포용한다. 그리고 3연에서는 산문체 표현으로 모닥불을 보며 할아버지의 사연을 회상한다. 모닥불을 쬐면서 살아왔던 자신의 조상에 대한 슬픈 생애를 상기하면서 궁극적으로 소외되고 서글픈 사람들을 위로해주는 모닥불의 빛과 사랑을 일깨우고 있는 것이다.

### 02 '모닥불'의 상징성

세상에서 무가치하다고 버림받은 모든 것들이 차별 없이 섞여 들어가 화합하고 부활하는 재생의 불길, 서로 다른 처지에서 살아가는 모든 사람들과 동물들까지도 차별 없이 받아들여 몸을 녹여주는 평등의 불길, 슬픈 개인의 역사를 넘어 서글픈 민족의 역사까지 보듬고 나아가는 공동체적 유대감과 보편적인 역사 의식을 보여 주는 것이 '모닥불'의 상징적 의미이다.

### 작품 4 고향(故鄕) (사슴, 1936년)

나는 北關에 혼자 앓아누워서
어느 아침 醫員을 보이었다.
의원은 如來 같은 상을 하고 關公의 수염을 드리워서
먼 옛날 어느 나라 신선 같은데
새끼손톱 길게 돋은 손을 내어
묵묵하니 한참 맥을 짚더니
문득 물어 고향이 어디냐 한다.
平安道 定州라는 곳이라 한즉
그러면 아무개씨 고향이란다.
그러면 아무개씰 아느냐 한즉
醫院은 빙긋이 웃음을 띠고
莫逆之間이라며 수염을 쓴다.
나는 아버지로 섬기는 이라 한즉
醫院은 또다시 넌지시 웃고
말없이 팔을 잡아 맥을 보는데
손길이 따스하고 부드러워
고향도 아버지도 아버지의 친구도 다 있었다.

## 핵심정리

▷ **갈래** 자유시, 서정시
▷ **성격** 서사적, 회고적, 감각적
▷ **제재** 고향
▷ **주제** 고향과 혈육에 대한 그리움

▷ **특징** ① 의원과 주고받는 극적인 대화를 통해 시상을 전개
　　　　② 고향에 대한 그리움을 서사적 형식을 빌려 전개
　　　　③ 산문적 성격

## 이해와 감상

### 1 짜임 분석

- 1~2행 – 객지에서 의원에게 진찰을 받음
- 8~12행 – 고향의 아무개씨와 친구인 의원
- 16~17행 – 의원의 손길을 통해 느끼는 향수
- 3~7행 – 고향을 묻는 의원
- 13~15행 – 아버지로 섬기는 이의 친구로서 진맥하는 의원

### 2 작품감상의 구조

| 구성 요소 | 구성 요소의 파악 | 그것이 지닌 의미·효과 | 주제와의 관련성 |
|---|---|---|---|
| 내용 요소 | ① 시적 화자 및 화자의 상황 | 시적 화자는 낯선 타향에서 외로움에 병이 들어 의원의 진찰을 받게 되고 그 의원이 자신이 아버지로 섬기는 이와 막역지간임을 알게 되고, 그 의원을 통해 고향을 깨닫게 된다. | 고향과 혈육에 대한 그리움 |
| | ② 전통성 | '나'와 '의원'을 통해 고향이라는 공동체를 지향하는 우리 민족의 삶을 드러냈다. | |
| 형식 요소 | ① 각운 | 주로 평서형 종결어미 '– 다'로 종결한다. | |
| | ② 대화체 | 인물들 사이의 대화를 통해 둘의 만남에 극적 감동을 더했다. | |
| | ③ 서사적 진술 | 서사적 진술을 통해 그리움의 정서를 형상화했다. | |
| 표현 요소 | ① 비유 | 의원을 '여래 같은 상'과 '관공의 수염을~신선'으로 비유하여 의원의 인자하고 너그럽고 푸근한 인상을 표현했다. | |
| | ② 상징 | 시 속에 드러나는 '고향'은 화자 개인의 고향의 의미뿐 아니라 우리 민족 전체의 '조국'을 상징한다. | |

### 3 감상의 길잡이

이 시는 연 구분이 없는 전 17행의 단연시 구조로 타향에서 병을 앓다가 병원을 찾아간 화자가 고향 이야기를 하다 화자가 아버지처럼 여기는 이(또는 아버지)와 의원이 친구 사이임을 알게 되어, 그를 통해 따스한 고향의 정을 느끼고 고향을 떠올리게 된다는 내용으로 고향에 대한 그리움과 그 고향이 불러일으키는 따스한 정서가 담겨 있다. 이러한 정서는 인물 간의 대화와 시적 상황을 압축적으로 서술하는 기법을 통해 드러내고 있다. 반면, 화자가 떠올리는 '고향'이 가족의 사랑과 이웃 간의 유대가 있는 공동체적 삶의 공간이라는 점은 반대로 화자의 현재 상황이 그만큼 공동체로부터 밀어져 있음을 알 수 있게 한다.

이 시는 「여우난 곬족」의 연장선에 선 작품으로 백석 특유의 고향 정서가 잘 나타나 있는 작품이다. 「여우난 곬족」에서는 고향을 무대로 그 곳에서 벌어지는 토속적, 원형적인 삶의 모습을 서사적 구조를 통해 고향 정서를 보여 준 데 반해, 이 시는 인물들 사이에 주고받는 대화와 시적 상황을 압축적으로 서술하는 기법을 통해 나타내고 있다. 백석의 시는 무엇보다도 한국인의 원초적인 고향 개념을 환기한다는 점에서 의미가 깊다. 그의 시가 보여 주는 토속적 사투리와 현대적

가족 제도, 풍물의 세계는 단순한 풍물이 아니라 반드시 인간이 개입된 풍물로, 그는 이를 통해 우리 민족의 삶의 방식을 감동적으로 보여 준다. 이런 점에서 그의 시는 민족 정서가 점차 상실되어 가는 일제 치하에서 더욱 존재 의미를 가지고 있다. 한편, 백석의 시 세계의 주인공은 항상 공동체의 품속에 깊이 침잠해 있다. 그러므로 그러한 공동체적 세계로부터 멀어져 있는 시인의 현실적 세계와 대립됨으로써 고향이라는 공동체는 삶의 풍요로움을 더해 주는 세계로 형상화된다.

## 중요 내용 정리

### 01 서사적 성격

이 시는 서사적 진술로 이루어져 있지만, 그 내용은 서정성이 매우 풍부하다. 타향에서 병이 든 시적 화자가 고향과 공동체적 삶을 그리며 병이 들고, 가족애를 느끼면서 마음의 병을 이겨내는 과정을 드러내고 있는데, 그 장치로 '의원'과의 만남을 설정하였다. '의원'이 화자의 마음의 병을 고향의 정취로 치료해 주는 것이다. 즉 6행에서의 '의원'의 진맥이 형식상의 의료 행위라면 15행의 진맥은 아버지와 같은 따뜻한 손길을 느끼게 하는 행위인 것이다. 그리고 그 만남을 좀더 극적으로 보여주기 위해 시적 화자와 의원 사이의 대화 형식을 빌어 시상을 전개하고 있다.

### 02 백석의 '고향'이 갖는 한계

백석의 시를 두루 읽어 보면 그의 시에는 군데군데 중인 계층에서나 볼 수 있는 가족 취향이 드러난다. 처절하게 가난함을 노래하는 가운데서도 은연중 배어나는 호사 취미를 우리는 읽을 수 있다. 그러면서도 그의 시는 철저하게 문명의 흔적을 배제하고 있다. 그리고 그의 시에는 1920년대 이후 지속되어 온 센티멘털 로맨티시즘이 제거되어 있다. 이런 점이 백석의 평가에서 두드러진 부분일 수 있지만, 그의 시는 기질적으로 자족적인 면을 담고 있고, 식민지 시대의 설움 의식, 상실감의 대응물로서 '고향'을 노래하면서도 그 고향은 나약하고 정태적인 고향일 뿐, 현실 감각을 가진 역사적 대응물로서의 고향을 노래하지는 못한다.

### 03 '고향'에 나타난 문학의 갈래들 사이의 상호 관련성

이 시는 일정한 사건 전개의 흐름을 보여주고 있다. 이것은 서사 갈래의 특성이다. 그리고 이 작품 속에서 '나'와 '의원'의 대화가 이루어져 있고 그들 사이의 인간 관계가 극적으로 형성된다. 즉, '고향'과 '아무개씨'라는 사람을 통해 연결되고 있는 것이다. 이것은 극 갈래가 갖는 특성이다. 이렇게 문학 작품은 어느 한 갈래에만 머무르지 않고 서로 영향을 주며 독특한 세계를 만들어 가는 것이다.

## 기출문제

※ (1~2) 다음 시를 읽고 물음에 답하시오.

> 나는 北關에 혼자 앓아누워서
> 어느 아침 醫員을 보이었다.
> 의원은 如來 같은 상을 하고 關公의 수염을 드리워서
> 먼 옛날 어느 나라 신선 같은데
> 새끼손톱 길게 돋은 손을 내어
> 묵묵하니 한참 맥을 짚더니
> 문득 물어 고향이 어디냐 한다.
> 平安道 定州라는 곳이라 한즉
> 그러면 아무개씨 고향이란다.
> 그러면 아무개씰 아느냐 한즉
> 醫院은 빙긋이 웃음을 띠고
> 莫逆之間이라며 수염을 쓴다.
> 나는 아버지로 섬기는 이라 한즉
> 醫院은 또다시 넌지시 웃고
> 말없이 팔을 잡아 맥을 보는데
> 손길이 따스하고 부드러워
> 고향도 아버지도 아버지의 친구도 다 있었다.

1. '공감하며 읽기'를 목표로 하여 구상한 위 시의 교수·학습 내용으로 적절하지 않은 것은? [1.5점]

2009년 기출 33번

① 작품의 창작 배경을 통해 고향 상실과 관련된 작가의 문제의식을 분석할 수 있도록 한다.
② 작품 속 '고향'을 통해 학생이 가지고 있는 고향에 대한 경험을 돌이켜 볼 수 있도록 한다.
③ 대화 상황의 서술에서 나타나는 정조를 느껴 봄으로써 심미적 체험을 확충시키도록 한다.
④ 화자와 대상 간의 심리적 거리 변화를 느껴 봄으로써 화자의 정서를 이해할 수 있도록 한다.
⑤ 화자의 입장이 되어 그의 외로운 처지와 상황을 이해하고 화자와 소통할 수 있는 태도를 가지도록 한다.

정답 ①

2. (가), (나)는 위 시와 관련된 비평 자료이다. 이들 자료에 나타난 시를 바라보는 관점을 바르게 파악한 것은?

2009년 기출 34번

> (가)
> 그의 시인 의식은 '민족주의 정신'으로 요약할 수 있으며 그것을 실현하기 위해 그가 선택한 방향은 '모국어 정신의 탐구'이다. 이것은 상실되어 가는 고향 의식을 회복하고 제국주의 문화를 극복하려는 그의 현실 인식과 민족 역사에 대한 따뜻한 긍정 의식의 소산이다. 그는 이러한 정신을 시의 그릇에 담아 우리에게 전달함으로써 전통적인 한국인의 삶의 자세 또는 인생관의 가치를 맛보도록 해준다.
>
> (나)
> 그의 작품에는 주위의 인물 및 하찮은 사물에 대해서도 섬세한 시선과 관심을 보이는 관찰자로서의 화자가 존재한다. 한편 다채로운 음식어, 놀이와 풍물의 묘사는 평북 방언의 구사와 함께 생소함의 미학적 효과를 구현한다. 이처럼 그의 시는 감각적이고도 정서적인 어휘의 구사, 압축과 절제로 통어되는 시상 전개, 전경화된 사건의 서술과 서사적 구성과 같은 시적 방법에 의해 시의 심미성을 강화하는 데 성공하고 있다.

① (가)는 작가의 체험을 통해 작품에 반영된 세계상을 해명하는데 초점을 두고 있다.
② (나)는 독자에게 미치는 작품의 효용을 강조하여 독자의 해석을 중심으로 작품을 이해하고 있다.
③ (가)와 (나)는 공통적으로 시에 나타난 현실인식의 측면에 초점을 맞추어 작가의 내면세계의 표출로서 작품을 이해하고 있다.
④ (가)가 작가의 정신세계와 작품의 관계를 중시한다면, (나)는 작품의 미적 구조와 형상화 방식에 초점을 맞추고 있다.
⑤ (가)는 작가의 창작 동기를, (나)는 작품의 양식을 중심으로 접근한다는 점에서 모두 작품 자체의 의미를 비본질적인 것으로 여기고 있다.

정답 ④

### 작품 5  팔원(八院) (조선일보, 1939년)

– 서행 시초(西行詩抄) 3

차디찬 아침인데
묘향산행 승합 자동차는 텅하니 비어서
나이 어린 계집아이 하나가 오른다.
옛말속같이 진진초록 새 저고리를 입고
손잔등이 밭고랑처럼 몹시도 터졌다.
계집아이는 자성(慈城)으로 간다고 하는데
자성은 예서 삼백오십 리 묘향산 백오십 리
묘향산 어디메서 삼촌이 산다고 한다.
새하얗게 얼은 자동차 유리창 밖에

내지인*(內地人) 주재소장(駐在所長) 같은 어른과 어린아이 둘이 내임*을 낸다.
계집아이는 운다, 느끼며 운다.
텅 비인 차 안 한 구석에서 어느 한 사람도 눈을 씻는다.
계집아이는 몇 해고 내지인 주재소장 집에서
밥을 짓고 걸레를 치고 아이보개를 하면서
이렇게 추운 아침에도 손이 꽁꽁 얼어서
찬물에 걸레를 쳤을 것이다.

* 내지인 : 일본 본토인이라는 뜻. 일본인이 스스로를 일컫던 말
* 내임 : 요금이라는 뜻의 일본말

## 핵심정리

▷ **갈래** 자유시, 서정시
▷ **성격** 서정적, 애상적
▷ **특징** 엄격한 행이나 연의 구별이 없이 자동차 속에서의 상황과 차창 밖의 상황을 사실적으로 묘사
▷ **표현** ① 승합 자동차 안팎의 상황을 사실적으로 묘사
② 계집아이의 삶을 화자의 상상과 추측으로 표현
▷ **제재** 승합 자동차를 타는 나이 어린 계집아이
▷ **주제** 일제 강점하 민족의 비극적 삶

## 이해와 감상

### 1 짜임 분석
- 1~5행 – 묘향산행 승합 자동차에 오른 계집아이
- 6~12행 – 우는 계집아이에 대한 화자의 연민
- 13~16행 – 계집아이의 고달팠을 삶에 대한 화자의 상상

### 2 감상의 길잡이

　이 시는 작가가 관서 지방을 여행하면서 이른 아침 승합 자동차에 어린 계집아이 하나가 타는 장면을 보면서 시작되고 있다. 일본인 순사의 집에서 식모살이를 하면서 손등이 모두 얼어 터지고 밥을 짓고 걸레질을 하고 아이까지 보면서 살다가 '자성'으로 가게 된다. 묘향산 어딘가에 삼촌이 살지만 알 수가 없고, 새로이 옮겨 가는 곳에 대한 두려움과 자신의 처량한 신세를 생각하며 우는 것이다. 그러니까 이 시에는 일제 강점 하에 고난 받던 민중들의 전형적인 모습이 사실적으로 표현되어 있다.

　백석의 많은 시는 전적으로 상실된 고향 그 자체를 묘사한다. 그는 관서 지방의 같은 고향 출신인 김소월을 매우 흠모하고 존경했지만, 서로 만난 적은 없었다고 한다. 소월의 시에 관서 지방 특유의 정서가 나오지만, 백석 역시 평안도 서북 지방의 정서를 특이한 문체로 노래하고 있다. 이 글은 관서 지방을 여행하는 도중 묘향산으로 향하는 차 안에서 만난 불쌍한 계집아이를 소재로 앞으로도 더 길게 이어질 그 소녀의 고달픈 삶의 역정을 시인은 상상해 내고 있는 것이다.

　관서 지방의 차디찬 아침에 의지할 곳 없는 어린 계집아이는 지금까지도 숱한 고생을 했건만 또다시 험한 삶의 터전을 찾아 정든 곳을 떠나고 있다. '손잔등이 밭고랑처럼', '새하얗게 얼은', '텅 비인 차 안' 등이 상징하는 것은 북방의 추위보다도 일제 치하의 을씨년스런 삶일 것이다. 백석은 그의 시에서 주로 북방의 마을과 자연과 인간에 대한 묘사를 한다. 마을은 분명 백석 자신의 성장지이며 그가 잘 알고 있는 세계이지만, 누구나 공감할 수 있는 보편적인 우리의 고향이기도 할 터이다.

## 중요 내용 정리

**01 '차디찬 아침', '계집아이'**

'차디찬 아침'은 일제 강점하 냉혹한 현실을 나타내며, 손등이 몹시도 터진 '계집아이'는 그런 상황 속에서 힘겹게 살아가야 했던 우리 민족을 상징한다. 또한 '계집아이'의 불분명한 행선지는 방향성을 상실한 우리 민족의 삶을 표상한다고 할 수 있다.

**02 계집아이에 대한 연민의 정**

12행의 '어느 한사람'은 화자 자신의 객관화된 표현이다. 12행에는 계집아이에 대한 화자의 연민이 드러나 있는데, 이러한 연민의 정은 13~16행에 제시되어 있는 계집아이의 지난 삶에 대한 화자의 상상에서 비롯된 것이다. 감각적 이미지를 통해 시적 상황을 형상화 하고 있으며 담담한 어조를 통해 상황의 비극성을 극대화하고 있다.

## 예상문제

※ (1~2) 다음 작품을 읽고 물음에 답하시오.

(가)
수만 호 빛이래야 할 내 고향이언만
노랑나비도 오잖는 무덤 위에 이끼만 푸르리라

슬픔도 자랑도 집어삼키는 검은 꿈
파이프엔 조용히 타오르는 꽃불도 향기론데

연기는 돛대처럼 내려 항구에 들고
옛날의 들창마다 눈동자엔 짜운 소금이 저려

바람 불고 눈보래 치잖으면 못 살리라
매운 술을 마셔 돌아가는 그림자 발자취 소리

숨막힐 마음 속에 어데 강물이 흐르뇨
달은 강을 따르고 나는 차디찬 강 맘에 드리라

수만 호 빛이래야 할 내 고향이언만
노랑나비도 오잖는 무덤 위에 이끼만 푸르리라

— 이육사, 「자야곡(子夜曲)」, 《문장》(1941)

(나)

— 서행 시초(西行詩抄) 3

　　차디찬 아침인데
　　묘향산행 승합 자동차는 텅하니 비어서
　　나이 어린 계집아이 하나가 오른다.
　　옛말속같이 진진초록 새 저고리를 입고
　　손잔등이 밭고랑처럼 몹시도 터졌다.
　　계집아이는 자성(慈城)으로 간다고 하는데
　　자성은 예서 삼백오십 리 묘향산 백오십 리
　　묘향산 어디메서 삼촌이 산다고 한다.
　　새하얗게 얼은 자동차 유리창 밖에
　　내지인*(內地人) 주재소장(駐在所長) 같은 어른과 어린아이 둘이 내임*을 낸다.
　　계집아이는 운다, 느끼며 운다.
　　텅 비인 차 안 한 구석에서 어느 한 사람도 눈을 씻는다.
　　계집아이는 몇 해고 내지인 주재소장 집에서
　　밥을 짓고 걸레를 치고 아이보개를 하면서
　　이렇게 추운 아침에도 손이 꽁꽁 얼어서
　　찬물에 걸레를 첬을 것이다.

— 백석, 「팔원(八院)」, 〈조선일보〉(1939)

1. (가)와 (나)에서 시대 현실을 잘 드러내는 소재 및 그 현실을 밝히고, 그 소재와 관련한 시인의 정서가 가장 직접적으로 드러난 연 또는 행을 제시하라. (단, 정서는 극복의 의미도 지닌 것으로 제시할 것)

> **예상답안**

① (가) 고향 마을의 모습 – 식민지 치하의 붕괴된 고향의 모습과 암담한 현실
　(나) 나이 어린 계집아이 – 식민지 현실 속 민족의 비애와 민중의 고난
② (가)의 경우 : 5연
　(나)의 경우 : 12행

2. 아래 해설과 관련하여 시 (가)는 아래 (A)의 ㉠, ㉡, ㉢ 중 어떤 세계에 해당하는지, 그리고 그것을 가장 잘 드러낸 것이 몇 연인지 밝히고, (B)의 빈 칸에 적절한 (나) 시의 구체적 내용을 3가지 제시하라.

> (A) 시인의 시작 세계는 크게 ㉠「절정」에서 보인 저항적 주제와 ㉡「청포도」등에 나타난 실향 의식과 비애, 그리고 ㉢「광야」나「꽃」에서 보인 초인 의지와 조국 광복에 대한 염원 등으로 나누어 볼 수 있다.
>
> (B) 시는 관서 지방을 여행하는 도중 묘향산으로 향하는 차 안에서 만난 불쌍한 계집아이를 소재로, 앞으로도 더 길게 이어질 그 소녀의 고달픈 삶의 역정을 시인은 상상해 내고 있는 것이다. 관서 지방의 차디찬 아침에 의지할 곳 없는 어린 계집아이는 지금까지도 숱한 고생을 했건만 또다시 험한 삶의 터전을 찾아 정든 곳을 떠나고 있다. 이 시에서 추위와 관련한 (①, ②, ③) 등의 부분(소재 또는 내용)이 실제 의미하는 것은 북방의 추위보다도 일제 치하의 을씨년스런 삶일 것이다.

### 예상답안

① ㉡의 실향 의식과 비애를 가장 잘 드러낸 것 : 1연 (또는 6연)
② ㉠ 날씨 – 차디찬 아침 (= 추운 아침)
　㉡ 손잔등 – 손잔등이 밭고랑처럼 몹시 터진 (= 손이 꽁꽁 얼어서 찬물에 걸레를 쳤을)
　㉢ 채(승합차) – 새하얗게 얼은 자동차 유리창 (= 텅 비인 차 안)

---

## 작품 6　목구(木具) (문장, 1939년)

오대(五代)나 나린다는 크나큰 집 다 찌그러진 들지고방* 어득시근한 구석에서 쌀독과 말쿠지*와 숫돌과 신뚝*과 그리고 넷적과 또 열두 데석님*과 친하니 살으면서

한 해에 몇번 매연지난 먼 조상들의 최방등 제사*에는 컴컴한 고방 구석을 나와서 대멀머리에 외얏맹건을 지르터 맨 늙은 제관의 손에 정갈히 몸을 씻고 교의 우에 모신 신주 앞에 환한 촛불 밑에 피나무 소담한 제상 위에 떡 보탕 식혜 산적 나물 지짐 반봉 과일 들을 공손하니 받들고 먼 후손들의 공경스러운 절과 잔을 굽어보고 또 애끊는 통곡과 축을 귀애*하고 그리고 합문 뒤에는 흠향오는 구신들과 호호히 접하는 것

구신과 사람과 넋과 목숨과 있는 것과 없는 것과 한줌 흙과 한점 살과 먼 옛조상과 먼 훗자손의 거룩한 아득한 슬픔을 담는 것

내 손자의 손자와 나와 할아버지와 할아버지의 할아버지와 할아버지의 할아버지의 할아버지와…… 수원 백씨(水原白氏) 정주 백촌(定州白村)의 힘세고 꿋꿋하나 어질고 정 많은 호랑이 같은 곰 같은 소 같은 피의 비 같은 밤 같은 달 같은 슬픔을 담는 것 아 슬픔을 담는 것 아 슬픔을 담는 것

\* 들지고방 : 외따로 지은 뒤주형 고방　　　　　　　\* 데석님 : 제석님
\* 말쿠지 : 말코지. 물건을 걸게 만든 나무 갈고리　　\* 최방등 제사 : 초복제(招福祭)
\* 신뚝 : 신주를 넣는 독　　　　　　　　　　　　　　\* 귀애(貴愛)하고 : 귀엽게 여겨 사랑하고

## 핵심정리

▷ **갈래** 자유시, 서정시
▷ **성격** 향토적, 토속적, 민속적
▷ **어조** 일상적 생활어의 목소리
▷ **표현** ① 반복과 연쇄에 의한 율조가 드러난 율동감
　　　　② 생활어 표현으로 소박함을 보임
▷ **제재** 목구(木具)
▷ **주제** 가족사와 함께 하는 목구의 의미

## 이해와 감상

### 1 짜임 분석
- 1연 – 고방에서 오대에 걸쳐 내려온 목구
- 2연 – 최방등 제사에서 조상과 후손을 교감하게 하는 목구
- 3연 – 조상과 후손의 삶의 애환을 담는 목구
- 4연 – 과거, 현재, 미래를 이어주는 목구

### 2 감상의 길잡이

'목구'는 나무로 만든 제기(祭器)를 말한다. 제기가 소재로 되는 순간 벌써 역사성을 띠게 된다. 윗대로부터 물려받았다는 정도의 의미만이 아니라, 이 제기를 매개로 선대의 조상과 끊임없이 만나게 되고, 과거에 대한 흠모가 지속되며, 그것은 또 외경(畏敬)의 차원으로 승화될 수 있다. 제기는 과거와 현재, 미래를 잇는 가족사(家族史)의 면면한 흐름의 중심에 놓이는 소재이다. 가족사가 상징적으로 확대되면 민족사가 된다. 가족사는 민족사의 축소판이다.

이 시에서 가장 특징적인 점은 토속어의 사용이다. 그것은 생활어를 여과 없이 씀으로써 진술한 삶의 모습을 드러내는 데 효과를 거둔다. 지금은 잊혀져 가는 것들에 대한 애정이 시어 하나하나에 손때처럼 묻어 있다.

그리고 운율 면에서는 산문율이 주조를 이루면서도 반복과 연쇄에 의한 외형적 율조가 드러나 독특한 율동감을 자아낸다. 이것 또한 생활어의 어법을 그대로 차용한 결과이다. 정제된 시어나 문장이 아닌 그저 주고받는 일상어처럼 소박한 형식으로 드러나는 점에서 생활적 미감은 돋보이고 있다.

1연은 광 속에 보관된 '목구'를 유니크하게 그린다. 그 '목구'는 5대(五代)나 이어져 오면서, 집안의 살림살이들과 함께해 온 것이다. 함께 등장하는 도구들도 토속성을 가미한다. '데석(제석)님'은 우리 민족과 함께해 온 신령이다. 백석의 시에는 샤머니즘적 세계도 중심을 이루는데, 여기에도 그것이 드러난다. 2연은 광에서 나와 제상에 올려진 뒤의 '목구'의 모습을 노래한다. 민속적 정경이 잘 드러나고 있다. 그리고 3연에서 전개될 '목구의 의미화'를 위한 예비를 하고 있다. 3연에서는 '목구'의 의미를 노래한다. 귀신과 사람, 즉 죽은 조상과 살아 있는 후손과의 거리를 메우는 존재로 의미화한다. 조상을 그리워하는 후손의 마음을 담은 것으로 그리는 모더니즘적 성격이 보인다. 그러면서 과거와 현재의 메울 수 없는 아픔을 잔잔한 슬픔으로 형상화한다. 4연은 3연의 심화로 목구는 나와 조상을 매개하는 것에 머무르지 않고 앞으로도 계속해서 나의 후손과 조상의 아득한 거리를 메우며 함께할 것이라고 생각한다. 역사의 지속성을 바탕에 둔 인식의 발로이다. 이 작품은 향토적 소재를 생활적 미감으로 형상화 한 수작(秀作)이라 할 만하다.

> **참고** 「목구」에 담긴 시대적 배경
>
> 「목구」는 식민지 말기의 민족말살정책 앞에서 한 시인이 겪을 수밖에 없는 역사 앞에서의 죄책감과 좌절, 슬픔을 노래한 것으로 그의 현실 인식의 단면을 들여다 볼 수 있게 해주는 시이다. 일제의 극심한 수탈로 인해 마을이 황폐화되고 민족적 삶이 해체되던 시기에 우리 민족 자체를 말살하고 일본 신민으로 편입시키기 위한 일제의 민족말살정책은 집안으로 치면 집안의 제사가 끊기고, 나라로 칠 때는 민족의 대가 끊기는 것과 같은 것이 아닐 수 없었다. 「목구」는 지금까지 온갖 시련과 외침을 견디어내고 꿋꿋이 대를 이어준 민족을 자신의 어리석음과 잘못으로 더 이상 이어나가지 못한다는 역사에 대한 죄책감과 가책을 한 집안의 대가 끊기는 것에 비유하여 보여주고 있는 시로, 민족의 수난을 자신의 힘으로 감당해 보려는 한 시인의 좌절과 슬픔을 잘 보여준다고 할 수 있다. 이러한 역사 앞에서의 무력감과 가책은 거의 비슷한 시기에 씌어진 「북방에서」에도 잘 나타난다.

## 작품 7  국수 (사슴, 1936년)

눈이 많이 와서
산엣새가 벌로 나려 멕이고
눈구덩이에 토끼가 더러 빠지기도 하면
마을에는 그 무슨 반가운 것이 오는가보다.
한가한 애동들*은 어둡도록 꿩사냥을 하고
가난한 엄매는 밤중에 김치가재미*로 가고
마을을 구수한 즐거움에 사서 은근하니 흥성흥성 들뜨게 하며
이것은 오는 것이다.
이것은 어느 양지귀* 혹은 능달쪽 외따른 산옆 은댕이* 예데가리밭*에서
하로밤 뽀오얀 흰김 속에 접시귀 소기름불이 뿌우현 부엌에
산멍에* 같은 분틀*을 타고 오는 것이다.
이것은 아득한 녯날 한가하고 즐겁든 세월로부터
실 같은 봄비 속을 타는 듯한 녀름볕 속을 지나서 들쿠레한 구시월 갈바람 속을 지나서
대대로 나며 죽으며 죽으며 나며 하는 이 마을 사람들의 으젓한 마음을 지나서 텁텁한 꿈을 지나서
지붕에 마당에 우물둔덩에 함박눈이 푹푹 쌓이는 여늬 하로밤
아배 앞에 그 어린 아들 앞에 아배 앞에는 왕사발에 아들 앞에는
새끼사발에 그득히 사리워오는 것이다.
이것은 그 곰의 잔등에 업혀서 길여났다는 먼 녯적 큰마니*가
또 그 집등색이*에 서서 자채기*를 하면 산넘엣 마을까지 들렸다는
먼 녯적 큰 아버지가 오는 것같이 오는 것이다.

아, 이 반가운 것은 무엇인가
이 히수무레하고 부드럽고 순수하고 슴슴한 것은 무엇인가
겨울밤 쩡하니 닉은 동티미국을 좋아하고 얼얼한 댕추가루*를 좋아하고 싱싱한 산꿩의 고기를 좋아하고
그리고 담배 내음새 탄수* 내음새 또 수육을 삶는 육수국 내음새
자욱한 더북한 삿방* 쩔쩔 끓는 아르 *을 좋아하는 이것은 무엇인가.
이 조용한 마을과 이 마을의 의젓한 사람들과 살틀하니 친한 것은 친한 것은 무엇인가.
이 그지없이 고담*(枯淡)하고 소박한 것은 무엇인가.

* 애동들 : 아이들
* 김치가재미 : 북쪽 지역의 김치를 넣어 두는 창고. 헛간과 같음
* 양지귀 : 햇살 바른 가장자리
* 은댕이 : 가장자리
* 예데가리밭 : 산의 맨 꼭대기에 있는 오래된 비탈밭
* 산멍에 : 이무기의 평안도 말
* 분틀 : 국수 뽑아내는 틀
* 큰마니 : 할머니의 평안도 말
* 집등색이 : 짚등석. 짚이나 칡덩굴로 짜서 만든 자리
* 자채기 : 재채기
* 댕추가루 : 고추가루

* 탄수 : 석탄수
* 샀방 : 샀(갈대를 엮어서 만든 자리)를 깐 방
* 아르굳 : 아랫목
* 고담(枯淡) : (글, 그림, 글씨, 인품 따위가) 속되지 아니하고 아취(雅趣)가 있음

## ■ 핵심정리

- ▷ **갈래** 자유시, 서정시
- ▷ **율격** 내재율(산문율)
- ▷ **성격** 회상적, 감각적, 향토적, 토속적
- ▷ **표현** ① 농촌 공동체의 옛 모습을 감각적 이미지로 형상화하여 열거함
  ② 평안도 방언을 구사하여 향토적인 정감을 느끼게 함
- ▷ **제재** 눈 내리던 고향의 생활 모습
- ▷ **주제** 농촌 공동체의 풍요롭고 평화로운 삶

## 이해와 감상

### 1 감상의 길잡이

백석(白石)의 시는 공동체적 삶에의 회귀, 향수와 같은 과거 지향이 주를 이룬다. 그가 평안도 사투리를 질박하게 쓰고, 말투 또한 생활어를 그대로 차용한 것도 이런 과거 지향 의식으로 설명할 수 있을 것이다. 낡고 오래된 것들에의 그리움은 자연히 애련한 정서를 불러오고, 온전한 사람에의 복구를 염원하는 사회적 성격도 개입하게 된다.

이른바 서술시에는 지나친 사회 의식의 발로로 구호 차원의 주제 진술이 두드러진다. 사회 의식적 시를 쓴 동시대의 부류 중 백석과 이용악이 돋보이는 것은, 그런 서정적 힘을 동반한 가운데 주제 의식이 부각되기 때문이다.

이 시는 눈을 제재로 하여 옛 농촌 공동체의 풍요롭고 평화로운 삶을 보여 주는 작품이다. 그 시절에 눈이 내리면 고향 마을은 은근히 들떠 마치 축제를 맞은 듯했는데, 지금 화자는 눈을 바라보며 다시 한 번 소박하고 친근한 기억 속으로 빠져든다. 이 작품에서 고향은 감각적 이미지를 통해 공동체의 순수한 삶과 고향의 따뜻한 정취를 나타내려 한 것이다. 이 시에서 눈은, 오래된 꿈과도 같은 공동체의 정신세계를 표상하는 동시에, 모든 가족들의 사발을 가득 채워 주는 풍성함을 가진 것으로 그려진다.

## 작품 8  남신의주 유동 박시봉방(南新義州柳洞朴時逢方) (학풍 창간호, 1948년)

어느 사이에 나는 아내도 없고, 또,
아내와 같이 살던 집도 없어지고,
그리고 살뜰한 부모며 동생들과도 멀리 떨어져서,
그 어느 바람 세인 쓸쓸한 거리 끝에 헤매이었다.
바로 날도 저물어서,
바람은 더욱 세게 불고, 추위는 점점 더해 오는데,
나는 어느 목수(木手)네 집 헌 삿*을 깐,
한 방에 들어서 쥔을 붙이었다.
이리하여 나는 이 습내 나는 춥고, 누긋한 방에서,
낮이나 밤이나 나는 나 혼자도 너무 많은 것같이 생각하며,
딜옹배기*에 북덕불*이라도 담겨 오면,
이것을 안고 손을 쬐며 재 우에 뜻없이 글자를 쓰기도 하며,
또 문 밖에 나가지두 않구 자리에 누워서,
머리에 손깍지베개를 하고 굴기도 하면서,
나는 내 슬픔이며 어리석음이며를 소처럼 연하여 쌔김질하는 것이었다.
내 가슴이 꽉 메어 올 적이며,
내 눈에 뜨거운 것이 핑 괴일 적이며,
또 내 스스로 화끈 낯이 붉도록 부끄러울 적이며,
나는 내 슬픔과 어리석음에 눌리어 죽을 수밖에 없는 것을 느끼는 것이었다.
그러나 잠시 뒤에 나는 고개를 들어,
허연 문창을 바라보든가 또 눈을 떠서 높은 천장을 쳐다보는 것인데,
이때 나는 내 뜻이며 힘으로, 나를 이끌어 가는 것이 힘든 일인 것을 생각하고,
이것들보다 더 크고, 높은 것이 있어서, 나를 마음대로 굴려 가는 것을 생각하는 것인데,
이렇게 하여 여러 날이 지나는 동안에,
내 어지러운 마음에는 슬픔이며, 한탄이며, 가라앉을 것은 차츰 앙금이 되어 가라앉고,
외로운 생각만이 드는 때쯤 해서는,
더러 나줏손에 쌀랑쌀랑 싸락눈이 와서 문창을 치기도 하는 때도 있는데,
나는 이런 저녁에는 화로를 더욱 다가 끼며, 무릎을 꿇어 보며,
어느 먼 산 뒷옆에 바우섶에 따로 외로이 서서,
어두워 오는데 하이야니 눈을 맞을, 그 마른 잎새에는,
쌀랑쌀랑 소리도 나며 눈을 맞을,
그 드물다는 굳고 정한 갈매나무라는 나무를 생각하는 것이었다.

* 삿 : 삿자리의 준말. 갈대를 엮어서 만든 자리
* 딜옹배기 : 둥글넙적하고 아가리가 넓게 벌어진 질그릇
* 북덕불 : 짚이나 풀 따위를 태워 담은 화톳불

## 핵심정리

▷ **갈래** 자유시, 서정시
▷ **성격** 서사적, 독백적, 반성적
▷ **제재** 자신의 근황 (고향의 상실)
▷ **주제** 무기력한 삶에 대한 반성과 새로운 삶에 대한 의지
▷ **특징** ① 편지를 써내려 가는 듯한 구성
　　　　② 행과 연의 뚜렷한 구분이 없음

## 이해와 감상

### 1 짜임 분석

- 1~8행 – 외로운 떠돌이 신세가 됨
- 20행~끝 – 새로운 삶에 대한 의지
- 9~19행 – 지나온 시절에 대한 회한과 한탄

### 2 작품감상의 구조

| 구성 요소 | 구성 요소의 파악 | 그것이 지닌 의미·효과 | 주제와의 관련성 |
|---|---|---|---|
| 내용 요소 | ① 시적 화자와 화자의 상황 | 고향을 떠나 방황하는 화자가 남신의주 유동의 어느 방에서 무기력하게 살아가는 자신의 모습을 돌아보고 반성하며 새로운 의지를 다지고 있다. | 자신의 삶에 대한 성찰 |
| | ② 어조 | 담담한 독백체의 어조를 통해 자신의 삶을 관조적으로 드러냈다. | |
| 형식 요소 | ① 편지의 형식 | 편지의 형식을 빌려 화자가 자신의 상황이나 내면을 솔직하게 드러내었다. | |
| | ② 운율 | 산문적 서술 형태이나, 쉼표의 적절한 사용을 통한 내재율을 지닌다. | |
| 표현 요소 | ① 상징 | 고난과 시련을 상징하는 '바람', '추위', '싸락눈' 등과 삶의 희망을 의미하는 '갈매나무' 등을 통해 주제를 드러내었다. | |
| | ② 열거법 | 대등한 사건을 나열함으로써 상황과 사유를 분석적으로 드러냈다. | |
| | ③ 시어 | 평안도 사투리를 사용하여 향토적 정서를 환기한다. | |

### 3 감상의 길잡이

　　이 시는 가족과 떨어져 객지에 홀로 나와 생활하면서 조용히 자신의 삶을 성찰하는 작품으로, 한국이 낳은 가장 아름다운 서정시의 하나로 손꼽히기도 한다. 다소 특이한 느낌을 주는 이 시의 제목에서 '남신의주'와 '유동'은 지명(地名)을 뜻하며, '박시봉'은 화자가 기행지에서 세를 든 주인집 이름에 해당한다. 결국 이 시는 남신의주 유동에 있는 박시봉이라는 사람의 집에 세들어 사는 화자가 자신의 근황과 심경을 편지 쓰듯 적어 내려가는 형식이라 할 수 있다. 작품의 문맥으로 볼 때, 박시봉이라는 사람은 목수 일을 하는 사람임을 알 수 있으며, 화자가 그 곳에서 가족과 떨어져 자신이 지나온 삶을 되새기고 있다. 그런 만큼 우리는 이 시에서 홀로 객지에서 외롭게 생활하는 화자의 절실한 내면을 생생하게 접할 수 있게 된다.

　　화자는 슬픔과 어리석음으로 점철된 자신의 지난 삶을 되새김하는 소처럼 회상하면서, 끝없는 비애와 영탄에 빠져들고 있다. 그런데 화자는 자신이 그렇게 살아온 것이 인간의 의지를 넘어선 운명론에 의해 결정된 것이라고 생각한다. 그런 탓으로 화자는 자신의 슬프고 부끄러운 삶을 자신의 숙명으로 받아들이면서 체념을 하기에 이른다. 즉 삶에 대한 운명론적, 수동적 세계관에 갇혀 있는 것이다. 그러나 그는 그런 가운데서도 어둡고 슬픈 현실 속에서, 눈을 맞고 서 있는 '굳고

정한 갈매나무'처럼 굳세고 깨끗하게 살아갈 것을 다짐하고 있다. 이렇게 볼 때, 이 시는 현실에 맞서는 치열한 의식을 보여 주고 있지는 못하지만, 현실의 아픔을 수용하고 그것을 마음 속 깊이 새기면서 현실의 고통을 극복하겠다는 굳건한 삶의 자세를 제시하고 있다고 볼 수 있다. 여기에서 토속적 세계의 구현에 국한되지 않는 백석 시의 또 다른 면모를 발견하게 되며 한국인의 내면 깊숙이 자리잡고 있는 인생관의 한 단면을 읽을 수 있게 된다. 한편으로는 이러한 시상의 전개 과정을 통해 일제 식민지 치하에서 자신의 무기력한 현실 대응 방식을 반성하는 지식인의 모습을 확인할 수도 있다.

## ▶ 중요 내용 정리

### 01 '갈매나무'의 상징성

시적 자아의 의식 속에 '갈매나무'는 어두워 가는 먼 산 바위 옆에 눈을 맞으며 굳게 서있는 이미지로 제시되어 있다. 그것은 현실 속에서의 실존적 삶의 고뇌로부터 벗어나 맑고 순수하게 정화된 시적 자아의 의식과 대응되는 이미지이며 1941년 「흰 바람벽이 있어」에서 '외롭고 높고 쓸쓸하니 살어가도록 태어났다.'고 술회한 바 있는 시적 자아의 운명이 구체화되어 투영된 이미지라고 할 수 있다.

### 02 이 시의 토속성이 지니는 의의

이 시는 다양한 사물들과 자연적 소재들을 평안도 지방의 독특한 사투리로 표현하고 있어 토속성을 강하게 드러내고 있다. 이것은 시인이 그의 작품 속에서 토속성을 드러냄으로써 식민지 체제하에서 우리 고유의 것을 지키고자 하는, 즉 일제에 대한 간접적인 저항의 수단으로 이해할 수 있다.

### 03 시적 화자의 정서

시적 화자는 가족과 집을 잃고 추운 거리를 헤매다가 '한 방에 들어서 쥔을 붙여' 살면서 '슬픔이며 어리석음'을 '쌔김질'하고 있다. 자신의 지난날을 슬퍼하고 자신의 행동을 어리석었다고 후회하고 있는 것이다. 그리고 그 슬픔과 어리석음에 '눌리어 죽을 수밖에 없다'고 절망하면서 눈물을 흘리며 비애에 잠겨 있다. 하지만 한바탕 눈물을 쏟고 나서 시적 화자는 문득 자신의 뜻과 힘이 아닌 더 크고 높은 운명이 자신을 이끌어간다는 생각을 하게 된다. 그리고 차분한 마음속에 추운 겨울에 홀로 서 있는 '굳고 정한 갈매나무'를 생각하며 미래에 새로운 삶에 대한 의지를 다짐하고 있다.

### 04 백석의 시 세계

백석은 반복과 나열과 부연으로 어떤 사실이나 정황을 줄줄이 이어 나가는 '엮음'의 구문을 즐겨 사용했다. 사설시조, 휘모리장단 등의 전통 시가의 주된 표현인 이 '엮음'의 구문은, 말이 연속적으로 엮어지기 때문에 흥미와 속도감을 유발한다. 이 엮음의 구문은 개별 장면이다. 상황의 정소를 강화, 확대시켜 부분의 독자성을 강조하는 장면의 극대화 효과를 유발시킨다.

백석 시의 특징은 전래적인 민속과 전설의 세계, 향토색 짙은 서정의 세계를 잘 드러냈다는 점이다. 또한 시에 방언을 사용함으로써 일제의 폭력적 정치로 인해 우리 민족이 이질화 되어 가는 시기에 우리의 향수가 담겨있는 토속적인 고유어를 발견하여 민족의 공동체 의식을 한층 심화 시켰다는 점이다.

그의 시에 나타나 있는 중요한 정신은 시적 대상으로서의 자연과 시적 주체로서의 인간이 결코 분리될 수 없는 '하나'라는 데 있다. 그의 시에는 무수히 많은 사람들과 사물들 또는 풍속과 자연의 명칭이 나오지만 이들은 결코 따로 독립되어 있는 개별적 존재가 아닌, 합일을 기다리며 모여 있거나 이미 합일된 경지에 있는 관계에 있다. 그런데 이 사물들의 풍속은 주로 농촌 공동체에 한정된 것으로, 그것은 시인이 식민지 시대에서 문학이 할 일을 농촌 공동체, 즉 민족적 원형을 시적으로 탐구하여 모국어로 보존하고 재생하는 것이라고 판단했기 때문이다. 백석은 무너진 시대 안에서의 주체적 정서와 자아를 모국어로써 견고히 유지하려 했던 시인이었고, 이러한 그의 정신은 당대의 젊은 시인들에게 깊은 영향을 주었다.

## 기출문제

**1.** 다음 작품을 읽고, 〈보기〉의 지시에 따라 한 편의 글로 논술하시오. [10점]  2015년 B형 논술형 2번

(가)

　만력 임진년(1592)의 난리에 정생은 사군(射軍)으로 뽑혀서 왜적을 막는 데 들어갔다. 정유재란(1597) 때에 총병(總兵) 양원(楊元)이 남원에 주둔하고 있었다. 정생은 남원 성중에 있었다. 홍도 또한 남복을 하고 남편을 따라다녔는데 군에서는 그녀가 여자인 것을 알지 못했다. 당시 아들 몽석은 할아버지를 따라서 지리산 속으로 피난을 가 있었다. 남원성이 왜군에게 함락당할 때 정생은 총병의 군대를 따라 빠져나와서 홍도와는 서로 헤어지게 되었다. 정생은 홍도가 명군을 따라갔으려니 짐작하고 명군을 따라서 중국으로 들어갔다. 구걸을 하며 두루 찾아 절강(浙江) 땅에까지 이르렀다.

[중략 부분 줄거리] 남장한 홍도는 왜적에게 붙잡혀 상선을 타고 돌아다니며 조선으로 돌아올 기회를 찾고 있었다. 강에서 재회한 정생과 홍도는 거기 정착해 둘째 아들 몽진을 낳았다. 이후 정생은 다시 명나라 군사로 참전해 죽을 위기를 겪고 간신히 고향으로 돌아갈 수 있었다.

　한편, 중국에 남아 있던 홍도는 1년 후에 가산을 전부 팔아 조그만 배 한 척을 사서 아들 몽진과 며느리를 데리고 강을 떠났다. 중화, 왜, 조선의 세 나라 복색을 미리 준비해 두었다. 바다에서 중국 사람을 만나면 중화 복색을 하고 중국 사람이라 자칭하고, 왜인을 만나면 왜의 복색을 하고 왜인이라 자칭 하며, 한 달하고 스무닷새를 걸려서 제주의 추자도 바깥 바다의 가가도란 곳에 정박하였다. 양식은 겨우 여섯 홉밖에 남아 있지 않았다. 홍도가 아들 몽진에게 말했다. "우리가 배 가운데서 굶어 죽으면 필야 고기밥이 될 터이니, 섬에 올라가 목매어 자결하느니만 못하다." 그 며느리는 기어이 말했다. "우리가 한 홉의 쌀로 미음을 끓여 마시면 하루의 주림을 면할 수 있을 것입니다. 그러니 남은 양식으로 6일은 버틸 수 있습니다. 동쪽 하늘을 바라보니 은은히 비치는 것이 육지가 멀지 않은 듯하니 굶주림을 참고 살기를 구하는 것이 옳습니다. 요행히 지나가는 배라도 만나 육지에 닿는다면 십중팔구 살 수 있지요." 몽진 모자는 이 말을 따랐다. 5, 6일이 지나서 마침 통제 사수선(斜水船)이 닿았다. 홍도는 남편과 남원에서 헤어지게 된 경로부터 강에서 다시 만난 사실, 그리고 남편이 출정을 했다가 전사하게 된 일까지 두루 이야기하니, 사수선의 사람들이 듣고 모두들 놀라움을 금치 못했다. 그리고 홍도의 작은 배를 사수선 후미에 매달고 항해하여 순천 땅에 내려주었다.

　　　　　　　　　　　　　　　　　　　　　　　　　　　　　　　　　　　　　　　　　　- 유몽인, 『어우야담(於于野談)』

(나)

　내가 이제 옛날 처녀의 본을 받아 내 몸을 팔아 돈만 얻으면 아버지와 오라버니는 옥에서 나오시렷다. (옥에서 나오시면 나를 칭찬하시렷다.) 세상 사람이 나를 효녀라고 칭찬하렷다. 옛날 처녀 모양으로 책에 기록하여 여러 처녀들이 읽고 나와 같이 울며 칭찬하렷다. 그러나 내가 내 몸을 팔아 부모와 형제를 구원 하지 아니하면 이 어른과 세상 사람이 다 나를 불효한 계집이라고 비웃으렷다. 그 동안 이 집에 있어 보니 그 부인도 본래 기생이요, 그 처녀도 지금 기생 공부를 한다 하매 매일 놀러 오는 기생들도 다 얼굴도 좋고 옷도 잘 입고 마음들도 다 착한데 …… 하였다. 기생이란 다 좋은 처녀들 이어니 하였다. 더구나 그 기생들이 다 글씨를 잘 쓰고 글을 잘 아는 것을 보고, 기생들은 다 공부도 잘한 처녀들이라 하였다. 그래서 영채는 결심하였다. 그러고 그 사람께, "저는 결심하였습니다. 저도 기생이 되렵니다. 저도 글을 좀 배웠습니다. 그래서 그 돈으로 아버지를 구원하려 합니다" 하고 영채는 알 수 없는 기쁨과 일종의 자랑

을 감각하였다. 그 사람은 영채의 등을 만지며, "참 기특하다. 효녀로다. 그러면 네 뜻대로 주선하여 주마" 하였다.

　이리하여 영채는 기생이 된 것이라. 영채는 결코 기생이 되고 싶어서 된 것이 아니요, 행여나 늙으신 부친을 구원할까 하고 기생이 된 것이라. 기실 제 몸을 판 돈으로 부친과 형제를 구원치만 못할 뿐더러 주선하여 주마 하던 그 사람이 영채의 몸값 이백 원을 받아 가지고 집과 아내도 다 내어버리고 어디로 도망을 갔건마는, 또 영채가 그 부친을 구하려고 제 몸을 팔아 기생이 되었단 말을 듣고 그 아버지가 절식 자살을 하였건마는 —그러나 영채가 기생이 된 것은 제가 되고 싶어 된 것이 아니라, 온전히 늙으신 부친과 형제를 구원하려고 하였다.

– 이광수, 『무정』

(다)
　어느 사이에 나는 아내도 없고, 또,
　아내와 같이 살던 집도 없어지고,
　그리고 살뜰한 부모며 동생들과도 멀리 떨어져서,
　그 어느 바람 세인 쓸쓸한 거리 끝에 헤매이었다.
　바로 날도 저물어서,
　바람은 더욱 세게 불고, 추는 더해 오는데,
　나는 어느 목수네 집 헌 삿을 깐,
　한 방에 들어서 쥔을 붙이었다.
　이리하여 나는 이 습내 나는 춥고, 누긋한 방에서,
　낮이나 밤이나 나는 나 혼자도 너무 많은 것같이 생각하며,
　딜옹배기에 북덕불이라도 담겨 오면,
　이것을 안고 손을 쬐며 재 위에 뜻 없이 자를 쓰기도 하며,
　문밖에 나가지두 않고 자리에 누워서,
　머리에 손깍지베개를 하고 굴기도 하면서,
　나는 내 슬픔이며 어리석음이며를 소처럼 연하여 쌔김질하는 것이었다.
　내 가슴이 꽉 메어올 적이며,
　내 눈에 뜨거운 것이 핑 괴일 적이며,
　내 스스로 화끈 낯이 붉도록 부끄러울 적이며,
　나는 내 슬픔과 어리석음에 리어 죽을 수밖에 없는 것을 느끼는 것이었다.
　그러나 잠시 뒤에 나는 고개를 들어,
　허연 문창을 바라보든가 눈을 떠서 높은 천장을 쳐다보는 것인데,
　이때 나는 내 뜻이며 힘으로, 나를 이끌어가는 것이 힘든 일인 것을 생각하고,
　이것들보다 더 크고, 높은 것이 있어서, 나를 마음대로 굴려 가는 것을 생각하는 것인데,
　이렇게 하여 여러 날을 지나는 동안에,
　내 어지러운 마음에는 슬픔이며, 한탄이며, 가라앉을 것은 차츰 앙금이 되어 가라앉고,
　외로운 생각만이 드는 때쯤 해서는, 더러 나줏손에 쌀랑쌀랑 싸락눈이 와서 문창을 치기도 하는 때도 있는데,
　나는 이런 저녁에는 화로를 더욱 다가 끼며, 무릎을 꿇어보며,
　어니 먼 산 뒷옆에 바우 섶에 따로 외로이 서서,

> 어두어오는데 하이야니 눈을 맞을, 그 마른 잎새에는,
> 쌀랑쌀랑 소리도 나며 눈을 맞을,
> 그 드물다는 굳고 정한 갈매나무라는 나무를 생각하는 것이었다.
>
> – 백석, 「남신의주 유동 박시방」

―〈보기〉―

1. (가) ~ (다)에서 '홍도', '영채', '나'가 처한 상황의 공통점을 파악한 후, 그 상황에 대한 인물의 대응 방식을 각각 서술 할 것
2. 문학 작품을 통해 다양한 인물의 삶의 방식을 이해하는 활동이 갖는 교육적 의의를 서술할 것

※ 이 문제에서 문제가 되는 것은 첫째 문제에서 (가)의 경우 전체 작품을 대상으로 할 때와 제시된 예문만을 대상으로 할 때 답이 달라질 수 있다는 것임. 최근 문제가 제시된 예문만을 바탕으로 하기 때문에 예문을 위주로 답해야 하지만, 이러한 혼란이 발생하지 않게 문제 및 지문을 엄선하여 제시할 필요가 있음. (다)의 경우도 '운명에 굴복 수용'이라는 점과 마지막 부분의 '결심, 의지' 모두 답이 될 수 있음. 문제를 좀 더 구체적으로 한정할 필요가 있음

### 예상답안

(가)는 임진왜란이라는 전쟁 중에 가족과 이별한 홍도 일가가 겪는 고난의 상황을 드러냈고, (나)는 아버지와 오빠가 감옥에 갇혀 있는 상황에서 자신을 희생하려는 상황이 드러나 있으며, (다)는 일제 강점기 가족과 헤어진 유이민의 방황과 고뇌가 드러나 있다. (가)~(다)는 모두 가족과 이별한 상황에서 인물들이 겪는 수난이나 내적 고민을 드러내고 있다.

인물의 대응 방식에서 (가)의 '홍도'는 수난의 상황에 맞서지 못하고 좌절한 채 포기하려는 태도를 보이고 있다. (홍도는 전체 작품에서는 적극적 성격이지만 제시된 예문에서는 포기하려고 하고 오히려 며느리가 적극적 태도를 보임) (나)의 '영채'는 아버지와 오빠를 위해 자신을 희생하여 문제를 적극적으로 해결하려는 태도를 보인다. (다)의 '나'는 자신이 처한 문제에 대해 좌절하다가 그것을 운명으로 알고 수용하려는 태도를 보이고 있다. (마지막 행에 초점을 맞추면 '극복의 의지, 결심' 등으로 해석할 수도 있음)

(가)~(다)를 통해 다양한 인물의 삶의 방식을 이해하는 활동을 하면 첫째, 독자가 겪어보지 못한 다양한 삶을 간접적으로 체험(추체험)하여 세계와 인간에 대한 인식의 폭을 넓힐 수 있다. 둘째, 다양한 인물의 삶에서 문제 해결의 지혜를 배우고, 독자 자신의 삶에 대해 성찰하며 바람직한 삶의 양상에 대해 생각할 수 있다. 그리고 셋째, 타자(상대)의 처지에 대해 이해하고 공감하고 배려할 수 있으며, 이를 통해 공동체의 유대감을 형성할 수 있다.

## 윤동주 尹東柱

1917 ~ 1945
시인. 북간도 명동촌 출생

▷ **작가의 특징**
1. 간도 연길에서 나온 ≪카톨릭 소년≫에 시를 발표하면서 시작 활동하였다.
2. 일제에 의해 희생되었으며, 저항시인으로 불린다.
3. 시적 상황: 미래에 대한 희망과 기다림
   ↑
   괴로움, 슬픔, 부끄러움(속죄양 의식): 소극적 부정적 정서가 나타남
   ↑ (자아 성찰)
   저항 의식을 적극적으로 실천하지 못하는 삶
4. 어두운 시대 순수하게 살아가고자 하는 개인의 내면을 드러냈다.
5. 자신의 체험을 역사적 경험으로 확장하였다. (개인적 체험을 인간의 보편적 문제로 관련지어 파악)

▷ **주요 작품**
1. 시:「오줌싸개 지도」(1937),「자화상」,「십자가」,「하늘과 바람과 별과 시」,「쉽게 씌어진 시」 등
2. 시집:『하늘과 바람과 별과 시』(1948년) 발간

## 작품 1  서시(序詩) (하늘과 바람과 별과 시, 1948년)

죽는 날까지 하늘을 우러러
한 점 부끄럼이 없기를,
잎새에 이는 바람에도
나는 괴로워했다.
별을 노래하는 마음으로
모든 죽어 가는 것을 사랑해야지.
그리고 나한테 주어진 길을
걸어가야겠다.

오늘 밤에도 별이 바람에 스치운다.

### 핵심정리

▷ **갈래** 자유시, 서정시
▷ **성격** 성찰적, 고백적, 의지적
▷ **어조** 엄숙하고 정결한 분위기
▷ **심상** 별과 바람의 시각적 심상
▷ **제재** 별 (이상의 세계와 순수한 양심)
▷ **주제** 부끄러움 없는 삶에 대한 간절한 소망

## 이해와 감상

### 1 짜임 분석

- 1~4행 – 부끄러움 없는 삶에 대한 소망 (과거)
- 5~8행 – 미래의 삶에 대한 결의 (미래)
- 9행 – 어두운 현실과 시적 화자의 의지 (현재)

### 2 작품감상의 구조

| 구성 요소 | 구성 요소의 파악 | 그것이 지닌 의미·효과 | 주제와의 관련성 |
|---|---|---|---|
| 내용 요소 | ① 시적 화자의 상황 | 시적 화자가 끊임없이 자기 자신을 돌아보고 반성하면서 주어진 길을 가려는 소명 의식을 보이고 있다. | 부끄러움 없는 삶에 대한 간절한 소망 |
| | ② 어조 | 자기고백적인 차분한 어조로 자신의 다짐을 밝혔다. | |
| | ③ 순수시와 저항시 | 순수시로 보면 부끄러움 없는 삶에 대한 소망을 드러낸 것이고, 저항시로 보면 독립에 대한 의지를 드러낸 것으로 볼 수 있다. | |
| 형식 요소 | ① 시간의 이동에 따른 전개 | '과거 → 미래 → 현재'로 내용을 전개하여 과거에 대해 반성하고 미래를 지향하기 위해 현재의 고난을 견뎌야한다는 의미를 담고 있다. | |
| 표현 요소 | ① 상징 | '하늘'은 시적 화자의 삶의 지향점, '별'은 소망과 이상, '바람'은 별과 대립되는 심상, '밤'은 암담한 식민지 현실을 상징하고 있다. | |
| | ② 대조적 이미지 | 소망과 이상을 나타내는 '별'과 암담한 현실을 나타내는 '바람'이 대비된다. | |

### 3 감상의 길잡이

「서시」는 2연 9행으로 된 짧은 작품이다. 그러나 비록 짧지만 우리는 양심과 사랑을 추구하여 마침내 도덕적 순결의 자기 수행을 다짐하는 시인의 고뇌와 만날 수 있다.

과거 시제로 된 첫 4행은 식민지인으로서의 시인의 고뇌를 절절히 느낄 수 있으며, 조선인을 말살시키기 위해 급기야 창씨개명과 신사 참배를 강요했던 일제 말기에 조국과 민족, 무엇보다도 자신의 양심 앞에서 부끄러운 변절이나 타락을 하지 않으려는 도덕적 순결 의식이 나타나 있다. 1~2행의 표현은 『맹자』의 '군자 삼락(君子三樂)' 가운데 하나로 '우러러 하늘에 한 점 부끄러움이 없고, 굽어보아 사람에게 부끄러움이 없다(仰不愧於天 俯不怍於人)'의 인용이다. 바로 이런 군자의 마음으로 시인은 인간이 저지를 수 있는 '한 점'의 잘못조차 허용하지 않고, 부끄럼 없는 삶을 위해 고뇌하고 있는 것이다. 특히 3행의 '잎새에 이는 바람'은 2행의 '한 점 부끄럼'을 비유하고 있는 시구로 '부끄럼'이란 추상적인 관념을 시각화시켜 감각적으로 훌륭하게 표현하고 있다. 이러한 시인의 도덕적인 순결과 양심의 추구는 5~6행의 다짐과 7~8행의 강한 결의로 이어진다. 5~6행은 현재 시제로 쓰여진 점으로 보아 시인이 처한 현재에 대한 다짐이라고 할 수 있다. '별을 노래하는 마음'이란 '도덕적인 순결의 가치를 추구하는 마음' 또는 '불변의 가치를 예찬하는 마음'으로 이해할 수 있을 것이다. 이런 마음으로 '죽어 가는 모든 것', 즉 '소멸되고 시그라지는 생명'들을 밝히는 사랑의 등불이 될 것을 다짐하고 있다. 맹목적이고 헌신적인 아가페 사랑을 말이다.

사랑의 다짐이 미래에의 결의로 나타난 시행이 7~8행이다. 도덕적인 양심과 아가페적인 사랑을 자신에게 주어진 소명으로 알고 결의를 다지고 있다. 자기 수행의 길을 주어진 숙명으로 받아들이는 시인의 엄숙하고 경건한 자세가 사뭇 진지하다.

지금까지 살펴본 바와 같이 1연이 시인 자신의 양심, 사랑, 수행의 다짐이었다면, 1행으로 된 2연은 주체가 '나'가 아니라, '별'이 되고 있다. 여기서 '별'은 '순수 소망 양심의 세계', '이상적 삶'을 가리킨다고 앞에서 이미 지적하였다.

'오늘 밤'은 시인이 어둠의 역사로 규정한 식민지 현실을 암시한다. 캄캄한 이 어둠의 세계를 빛으로 밝혀 주는 동시에 시인이 지향하던 순수와 불멸의 세계인 '별'이 '바람'이라는 시련에 놓여 있음을 객관적으로 제시해 주고 있다. 그리고 그런 시련은 그젯밤도, 어젯밤도, 오늘밤에도 계속되어 왔다. 이러한 시련의 제시는 그저 단순한 제시만은 아니다. 오히려 바람이 사납게 불고, 밤이 더욱 캄캄해질수록 시인의 별은 더욱 빛을 발할 것이라는 냉혹한 현실에 대한 다짐으로 읽어야 할 것이다.

## ▣ 중요 내용 정리

### 01 「서시」에 나타난 '바람'의 서로 다른 의미

이 시에서는 3행과 9행에 '바람'이라는 시어가 사용되는데, 각각의 의미는 차이를 보이고 있다. 1~2행에서 화자는 하늘을 우러러 한점 부끄럼이 없기를 소망했는데, 3~4행에서 잎새에 이는 바람에 괴로워하고 있다. 그러므로 바람에 흔들리는 잎새는 작은 고뇌와 갈등에 흔들리는 화자의 내면세계를 형상화한 것으로 볼 수 있다. 따라서 3행에서의 '바람'은 화자에게 내면적 갈등, 양심의 가책을 의미한다. 9행에서의 '바람'은 현실 상황과 관련된 의미를 지닌다. '별'과 대조되는 '바람'은 화자가 추구하는 삶이나 지켜오고 있는 양심을 흔들리게 하는 '식민지 상황과 같은 외부에서 오는 현실적 시련'을 의미한다.

### 02 「서시」에 대한 또 다른 해석

만약 윤동주의 「서시」를 일제에 대한 저항의 시각으로만 바라보면 어떻게 될 것인가. '잎새'는 식민지 치하에서 고통 받고 있는 한국 민족이 될 것이고, '바람'과 '그 밤'은 일제의 압제가 될 것이다. 그리고 '별'은 광복의 별이다. 그렇게 되면 '모든 죽어가는 것들'에 대한 사랑은 민족애로 축소되고 만다. 나에게 주어진 길을 걸어가야겠다는 말 역시 끝까지 투쟁하겠다는 맹세로 들린다.

### 03 '하늘, 별, 바람, 밤'의 의미 관계

이 시에는 '하늘', '별', '바람', '밤' 등의 시어가 등장하고 있는데, 이 시어들은 각각의 상징성을 가지고 작품의 의미망을 형성하고 있다. 즉, 어두운 '밤' 하늘 속에서도 빛을 잃지 않으며, 시련의 '바람' 앞에서도 결코 흔들리지 않는 '별'의 상징을 통해, 어떤 시련과 어둠의 현실 속에서도 '하늘을 우러러 한 점 부끄럼이 없는' 양심의 결백함을 지켜 내려는 시적 화자의 의지를 시적으로 승화시켜 나타내고 있는 것이다.

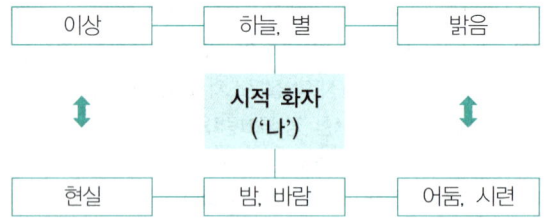

### 04 『하늘과 바람과 별과 시』

윤동주는 학교를 졸업하자마자 곧 일본으로 유학을 갔고 이때 후배 정병욱에게 자필시를 주었는데 그것이 보관되다가 광복 후 유고시 몇 편을 더하여 시집으로 간행된 것이 『하늘과 바람과 별과 시』이다. 제목에서도 알 수 있듯이 윤동주 시 세계의 중요한 특성으로 자연을 대상으로 한 작품이 매우 많다는 것으로 알 수 있다. 우주, 천체, 계절, 잎새, 바람, 꽃, 별 등이 그가 즐겨 사용하던 소재이며 그는 이러한 전원의 언어로 자신의 내면세계를 그리고 있다.

## 05 부끄러움의 미학

윤동주는 식민지 지식인의 정신적, 윤리적 고통을 섬세한 서정과 투명한 시심으로 노래하였다. 그의 시에는 절박한 시대 상황 속에서 순교자적 신앙의 글을 선택한 한 청년의 끝없는 자기 성찰의 자세가 반영되어 있다. 이와 같은 자기 성찰은 항상 '부끄러움'을 수반한다. 이 '부끄러움'의 감정은 구체적이고 실천적인 행동성의 결여에 대한 것이라고 할 수 있다. 그러나 이렇게만 이해하는 것은 그의 시를 단순화시키는 것이 된다. 왜냐하면, 그의 '부끄러움'은 좀 더 근원적인 것, 말하자면 절대적인 윤리의 표상인 '하늘을 우러러 한 점 부끄럼이 없기를' 소망하면서 부단히 자신의 삶을 채찍질하도록 만드는 그런 것이기 때문이다. 따라서 이 '부끄러움'은 삶과 시를 지탱해 주는 근원적인 동력이라고 할 수 있다. 그리고 그것은 삶의 계기마다. 그리고 그의 시마다 각각 다른 모습으로 나타나면서 '십자가' 같은 시에서 볼 수 있는 순결한 순교자 의식으로 수렴된다. 그런 의미에서 그의 '부끄러움'을 이해하는 것은 그의 시가 지닌 아름다움과 그의 삶이 지닌 투명한 아름다움을 이해하는 관건이 된다고 할 수 있다.

## 06 윤동주의 시 세계

윤동주의 시의 특성은 고요한 내면세계에 대한 응시를 순결한 정신성과 준열한 삶의 결의로 발전시킨 데 있다. 그의 시가 추구한 핵심적 문제는 현실적 존재의 슬픔이 어디로부터 나온 것인가에 대한 끊임없는 탐구 과정이라고 할 수 있다. 그것이 비록 소극적이고 자책적이며, 어떤 경우 자기 분열의 상태까지 이르기도 하지만, 윤동주의 시는 여기서 끝나지 않기에 가치가 있다. 그가 생을 마감할 무렵인 일본 유학시절의 시는 비로소 윤동주의 저항시인으로서의 평가를 가능하게 해 준다. 그의 시는 근본적으로 그의 생애의 흐름과 일치하며 발전한다. 즉, 개인적 자아 성찰에서 역사와 민족 현실에 대한 성찰로 인식이 확대되는 것이다. 민족의 해방을 기다리며 자신의 부끄럼 없는 삶을 위해 죽을 때까지 시대적 양심을 잃지 않는 시인으로서 그의 시는, 일제 강점기의 종말에 대한 희생적 예언으로 자리잡고 있다.

### 작품 2  십자가(十字架) (하늘과 바람과 별과 시, 1948년)

쫓아오던 햇빛인데
지금 교회당 꼭대기
십자가에 걸리었습니다.

첨탑(尖塔)이 저렇게도 높은데
어떻게 올라갈 수 있을까요.

종소리도 들려 오지 않는데
휘파람이나 불며 서성거리다가,

괴로웠던 사나이
행복한 예수 그리스도에
처럼
십자가가 허락된다면

모가지를 드리우고
꽃처럼 피어나는 피를
어두워 가는 하늘 밑에
조용히 흘리겠습니다.

## 핵심정리

- **갈래** 자유시, 서정시
- **성격** 결의적, 상징적, 독백적, 저항적
- **특징** 역설적 표현, 저항적 태도
- **제재** 십자가
- **주제** ① 해방을 위한 자기희생의 의지
  ② 순수한 삶을 위한 자기희생의 의지

## 이해와 감상

### 1 짜임 분석
- 기(1연) – 이상 실현이 좌절된 현실
- 전(4연) – 예수 그리스도의 삶을 소망
- 승(2~3연) – 시적 화자의 절망적 처지의 자조
- 결(5연) – 거룩하고 고귀한 자기희생적 결단

## 2 작품감상의 구조

| 구성<br>요소 | 구성 요소의 파악 | 그것이 지닌 의미·효과 | 주제와의<br>관련성 |
|---|---|---|---|
| 내용<br>요소 | ① 시적 화자 및 화자의 상황 | 시적 화자는 교회당에 걸린 '십자가'를 보고 예수의 삶을 생각해 내고, 자신도 예수처럼 희생을 통해 조국 광복에 이바지 하겠다는 의지를 밝히고 있다. | 해방을 위한<br>자기희생의<br>의지,<br>순수한 삶을<br>위한 자기<br>희생의 의지 |
| | ② 소재의 특징 | 화자는 자신의 일제에 대한 저항과 그것을 위한 자기희생의 의지를 '십자가'라는 소재로 통해 드러내었다. | |
| | ③ 어조 | 1~3연에서는 현실에 대해 소극적인 태도를 보이지만 4연 이후부터는 현실 극복 의지를 보인다. | |
| 형식<br>요소 | ① 시상의 전개 | ㉠ 기승전결의 구조를 통해 화자의 의지를 논리적으로 전개했다.<br>㉡ 시상의 전개에 따라 화자의 태도가 소극적 태도(1~3연)에서 적극적 태도(4~5연)로 변했다. | |
| | ② 특이한 시행 배열 | 4연에서 고의적으로 떨어뜨린 '처럼'은 예수와 같은 희생적 삶을 살고자 하는 시적 화자의 간절한 소망을 드러냈다. | |
| 표현<br>요소 | ① 다양한 상징 | 1연의 '십자가'는 동경하고 추구하는 삶의 목표·가치의 의미이고, 4연의 '십자가'는 자신의 희생을 통한 조국의 광복을 바라는 마음을 의미하여 주제를 효과적으로 전달한다.<br>예 햇빛, 첨탑, 종소리, 꽃, 어두워가는 하늘 | |
| | ② 비유 | 자신의 희생을 '꽃'에 비유하여 아름답고 황홀할 것임은 제시했다. | |
| | ③ 역설 | 3연에서 역설적 표현을 통해 자기희생의 의미를 부여하고 있다. | |

## 3 감상의 길잡이

이 시는 윤동주의 종교관과 역사관, 인생관이 잘 나타난 작품이다.
① 제1연: 나의 희망 또는 목표는 교회당 꼭대기 십자가에 걸려 있다고 진술하고 있다. '햇빛'은 이상이나 희망의 이미지다. '십자가'는 시적 화자의 종교관이나 역사관 또는 인생관과 관련된 목표를 뜻한다.
② 제2연: 삶의 목표와 시적 화자의 거리감, 단절 의식이 엿보인다. 약한 인간으로서의 고뇌와 갈등이 내포되어 있다.
③ 제3연: 화자는 첨탑에 올라갈 수 없기 때문에 혼자서 서성거리며 방황한다. 시인의 고독한 모습을 볼 수 있으며, 신념과 행동의 괴리감(乖離感)에서 고민하는 모습도 보인다.
④ 제4연: 예수 그리스도는 현실에서 인류의 모든 짐을 지고 괴로워했으나 십자가에 못박혀 희생되었기 때문에 역설적으로 행복하였다고 여긴다. 그래서 예수처럼 자기 희생을 위한 십자가가 허락되기를 바란다.
⑤ 제5연: 순절정신(殉節精神)이 나타나 있다. 자신도 당시의 어두운 상황을 극복하기 위해 예수 그리스도처럼 순절(殉節)하겠다는 것이다. '어두워 가는 하늘 밑'은 암담해지는 당시의 상황을 상징한 것이고, '꽃처럼 피어나는 피'는 희생을 통한 구원을 암시한다고 볼 수 있다.

윤동수는 철저한 기독교 가정에서 성장하였으므로 그 영향을 많이 받았다. 이 시는 그러한 기독교적 수난 의식과 속죄양(贖罪羊) 의식을 바탕으로 씌어진 것이다. 그러나 더 직접적인 동기가 되는 것은 일제 치하의 어두운 시대에 무기력하게 사는 자기 자신에 대한 자책과 현실적 괴로움에 근거한다. 그 자책과 괴로움을 극복하는 방법으로 순절(殉節)을 생각한 것이다. 그것은 민족을 위해서 스스로 희생하겠다는 소명의식(召命意識)으로 파악해도 좋을 것이다.

## 중요 내용 정리

### 01 윤동주 시에 나타난 속죄양 의식과 저항 의식

괴로움, 슬픔, 부끄러움, 욕됨 등으로 요약되는 윤동주 시의 소극적, 부정적 정신과 시 의식은 그가 자신의 분노와 비판 의식 등 저항 의식을 적극화하지 못한 데서 오는 자기혐오와 자책의 감정에 기인한다. 이러한 소극적, 자책적 저항 의식은 다시금 자기희생 또는 속죄양 의식으로 연결된다. 그러한 보기가 되는 시가 「십자가」이다. 이 시의 핵심은 수난 의식과 속죄양 의식에 놓여있다. 그것은 기독교적 세계관에 바탕을 둔 것이 사실이다. 그러나 보다 직접적인 동기가 되는 것은 무기력한 자신에 대한 자책감과 현실적 괴로움이다.

### 02 '십자가'의 상징적인 의미

이 시에서 '십자가'는 문맥에 따라 두 가지 의미로 나타난다.

1연에 쓰인 '십자가'는 관습적 의미인 기독교의 상징물로 화자가 도달하기 어렵다고 느끼면서도 동경하는 종교적·도덕적 삶의 지표를 상징한다.

4연의 '십자가'는 현실과 이상의 초월적 경계로, 시적 화자의 자기희생과 구원을 상징하는 창조적 의미로 사용되었다. 자신이 처한 현실이 자기희생이 요구되는 암울한 시대 상황임을 인식하고 십자가를 통해 일제에 대한 저항과 그것을 위한 자기희생의 감수를 결의하는 것이다. 이를 통해 '십자가'는 시적 화자를 소극적 자아에서 적극적 자아로 거듭나게 하는 매개체로 기능한다고 볼 수 있다.

### 03 시적 화자의 희생 의지

이 시에서 시적 화자는 전반부와 후반부로 나눠 태도에 변화를 보이고 있다. 1~3연에서 시적 화자는 자신의 소망이라고 할 수 있는 '햇빛'이 꼭대기에 걸려 있음을 밝히고 있다. '햇빛'은 이상이나 희망과 같은 밝음이 이미지로 우리 조국의 해방과 관련해서 해석하기도 한다. 즉, 꼭대기에 걸려있는 '햇빛'은 정의로운 삶을 살아갈 수 없는 안타까운 현실인 것이다. 하지만, 이 안타까운 현실에서 시적 화자는 그저 '저렇게도 높은데, 어떻게 올라갈 수 있을까요?'라고 말한다. 그리고 '휘파람이나 불며 서성거리'고 있다. 이것은 삶의 목표와 시적 화자의 삶 사이의 괴리감을 느끼고 고뇌하고 갈등하고 있는 것이다. 하지만 후반부에서 햇빛이 걸려 있는 십자가에 목 박혀 죽은 예수를 떠올리고 시적 화자는 삶의 태도를 바꾸고 있다. 그리고 자신의 '꽃처럼 피어나는 피'로써 '어두워가는 하늘 밑'의 우리 민족을 위해 희생하겠다는 의지를 강하게 밝히고 있다. 일제 강점기 어두운 시대에 무기력하게 사는 자신에 대한 자책과 현실적 괴로움을 벗어내고 민족과 조국을 위해 예수가 그러했듯이 자신도 행복한 희생을 하고 싶다는 것이다.

## 작품 3  쉽게 씌어진 시 (하늘과 바람과 별과 시, 1948년)

창(窓) 밖에 밤비가 속살거려
육첩방(六疊房)은 남의 나라,

시인이란 슬픈 천명(天命)인 줄 알면서도
한 줄 시(詩)를 적어 볼까,

땀내와 사랑내 포근히 품긴
보내 주신 학비 봉투를 받아

대학 노트를 끼고
늙은 교수의 강의 들으러 간다.

생각해 보면 어린 때 동무들
하나, 둘, 죄다 잃어버리고

나는 무얼 바라
나는 다만, 홀로 침전(沈澱)하는 것일까?

인생(人生)은 살기 어렵다는데
시(詩)가 이렇게 쉽게 씌어지는 것은
부끄러운 일이다.

육첩방(六疊房)은 남의 나라
창(窓) 밖에 밤비가 속살거리는데,

등불을 밝혀 어둠을 조금 내몰고,
시대(時代)처럼 올 아침을 기다리는 최후(最後)의 나.

나는 나에게 작은 손을 내밀어
눈물과 위안으로 잡는 최초(最初)의 악수.

### 핵심정리

- **갈래** 자유시, 서정시
- **성격** 저항적, 반성적
- **제재** 시작(詩作)
- **주제** ① 자아 성찰을 통한 조국 해방에의 갈망
  ② 시인의 고뇌 및 현실 극복 의지
- **특징** ① 수미상관적 구성
  ② 상징어의 사용
  ③ 자아 성찰을 통한 반성
  ④ 밝음과 어둠의 이미지를 대비시켜 현실 극복 및 미래 지향적 의지를 부각
  ⑤ 반복을 통해 시간적·공간적 배경을 재확인

## 이해와 감상

### 1 짜임 분석
- 1연 – 암담한 현실의 인식
- 7연 – 반성적 자기 성찰 (부끄러움의 인식)
- 10연 – 반성적 자아와 현실적 자아의 화해
- 2~6연 – 현실의 무력감과 상실감
- 8~9연 – 현실의 재인식과 극복의 의지

### 2 작품감상의 구조

| 구성 요소 | 구성 요소의 파악 | 그것이 지닌 의미·효과 | 주제와의 관련성 |
|---|---|---|---|
| 내용 요소 | ① 시적 화자 및 화자의 상황 | 나라가 망한 상황에서 대학생인 '나'는 늙은 교수의 강의를 들으며 쉽게 시를 쓰고 있는 현실을 부끄러워하면서 결의를 다지고 있다. | 자아 성찰을 통한 조국 해방에의 갈망, 시인의 고뇌 및 현실 극복의 의지 |
| | ② 시대 배경 | 시의 배경은 '육첩방에서 보내는 비 내리는 밤'인데, 육첩방은 일본식이어서 식민지 시대 일제의 구속과 억압을 드러낸다. | |
| | ③ 저항시의 성격 | 1연(8연)과 9연을 관련지어 보면 일제에 의해 나라를 잃은 현실이 드러나고, 그 상황에서 해방이 올 것을 믿고 기다리는 것은 저항시의 요소로 볼 수 있다. | |
| 형식 요소 | ① 반복 | '육첩방은 남의 나라', '창밖에 밤비가 속살거려'를 반복하여 운율을 형성하고, 그 의미를 강조하였다. | |
| | ② 시상의 전개 | 두 자아의 대립과 화해를 통해 시상을 전개하여 해방에 대한 소망을 잘 드러내었다. | |
| | ③ 2행씩 배열 | 2행씩 배열하여 시각적으로 정돈된 느낌을 주고 화자가 드러내고자 하는 의미를 분명하게 드러낸다. | |
| 표현 요소 | ① 다양한 상징 | '어둠'은 일제 식민지 치하의 조국의 현실을 의미하고, '아침'은 조국의 광복을 상징한다.<br>예 밤비, 육첩방, 늙은 교수, 등불, 악수 | |
| | ② 대조 | ㉠ 부정적 현실을 의미하는 '어둠'과 희망을 의미하는 '등불', '아침'을 대비시키고 있다.<br>㉡ 현실적 자아와 이상적 자아를 대비시키고 있다. | |

### 3 감상의 길잡이

1942년 도쿄에서 써서 한 친우에게 보냈던 것으로 연대가 확실하게 알려진 그의 작품 가운데 최후작이다.

10연으로 된 자유시로 각 연이 2행씩 배치되어 있으나, 제7연은 3행으로 되어 있다. 이는 이 시의 구성상 전환점(轉換點)에 해당한다. 시적 정서의 측면에서 이 시를 보면, 제6연까지의 자학적 고뇌가 이 부분에서 부끄러움을 통한 자아성찰로 집중되고, 그 다음 연으로 이어지면서 갈등 해소와 화해로 전환되고 있음을 볼 수 있다.

1~2연은 '창밖에 밤비가 속살거려' 어둔 밤하늘의 별조차 볼 수 없으며, 이국땅에서 다다미 여섯 장의 넓이로 갇혀 있는 화자의 처지를 보여 준다. 3~7연은 바로 이러한 상황 속에서 무의미한 유학 생활을 하고 있는 자신의 현재 삶을 우울하고 회의적인 시선으로 인식하고 있는 자기성찰의 기록이다. 마지막 8~10연은 이 암울한 상황에서 벗어나는 모습을 보여 준다. 어두운 시대를 살아야 하는 자신의 운명을 받아들이면서도 절망하거나 체념하지 않고 '시대처럼 올 아침'을 기다리며 자신의 손을 잡는다. 이때 두 사람의 '나'는 현실 속에서 우울한 삶을 살아가는 현실적 자아와 그것을 반성적으로

응시하는 또 하나의 자아라고 할 수 있다. 마지막 연의 '악수'를 통해 자아의 두 얼굴이 만나는 자기 성찰의 모습을 보여준다. 자신에 대한 준열한 꾸짖음과 도덕적 순결성으로 암담한 현실을 극복하자고 했던 시인의 솔직하고 섬세한 모습을 보여주는 작품이다.

## 중요 내용 정리

### 01 「쉽게 씌어진 시」 속의 두 자아

이 시는 두 자아의 대립과 갈등, 화해의 과정이 시상 전개의 중심축을 이루고 있다. 이 시의 마지막 연에는 '나'가 두 번 나온다. 전자는 최후로 지조를 지키는 내면적 자아로, 시적 화자가 바라는 삶의 모습이고, 후자는 늙은 교수의 강의를 들으러 가는 모습으로 형상화되어 있는 이제까지의 부끄러운 현실적 자아로, 시적 화자가 부끄러워하는 삶의 모습이다. 즉, 두 자아란 시적 화자가 처한 잘못된 현실을 어쩔 수 없는 것으로 체념하고 무기력하게 살아가는 현실적 자아와, 이 잘못된 현실을 극복하기 위한 끊임없는 자기 성찰의 과정을 통과한 끝에 도달한 내면적 자아를 말한다. 이 두 자아는 어두운 시대 현실을 살아가는 시적 화자가 마주칠 수밖에 없는 이상과 현실의 어긋남을 표현하기 위한 시적 장치라고 할 수 있다.

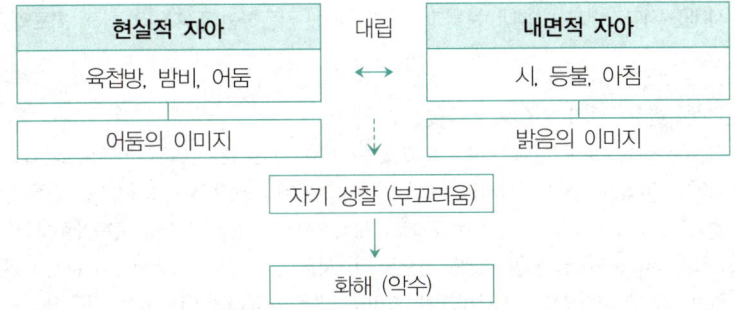

### 02 또 다른 자아가 등장하는 윤동주의 작품들

| 자화상 | 우물 속의 사나이 |
|---|---|
| 또 다른 고향 | 백골, 아름다운 영혼 |
| 길 | 담 저쪽에 남아 있는 나 |
| 참회록 | 거울 속의 얼굴 |

### 03 현실 인식을 통한 자기 인식의 비극성

이 시에서 우선적으로 관심의 대상이 되고 있는 것은 '육첩방은 남의 나라'로 요약되고 있는 현실의 인식 문제이다. 이러한 상황적 인식이 선행되고 있기 때문에 시적 화자는 '시인이란 슬픈 천명'을 감수할 수밖에 없다고 말하고 있다. 하지만 이 시에서 시적 화자가 가장 아파하는 순간은 '시가 이렇게 쉽게 쓰여지는 것은 부끄러운 일'임을 깨닫는 순간이다. 시를 쓰는 일을 통해서만이 자신의 존재를 확인할 수밖에 없는 시인이 시를 쓰는 것 자체를 '부끄러운 일'로 인식하게 되는 것은 결국 외식인 상황과 자기 존재가 함께 요구하는 삶의 총체적인 인식에 통했을 때에나 가능한 일일 것이다. 그러므로 '등불을 밝혀 어둠을 조금 내몰고, 시대처럼 올 아침을 기다리는 최후의 나'에서 우리가 느낄 수 있는 것은 시대의 고통을 자기 내면에 끌어들여 놓고 그것을 고뇌하는 시적 화자의 '자기 인식의 비극성'이다.

### 04 앞으로 시적 화자의 삶

1연에서 시적 화자가 '밤비' 내리는 풍경을 통해 자신이 이국 땅에서 쉽게 살아가고 있음을 반성하고 있다면 8연에서의 시적 화자는 자신이 이국의 '육첩방'에 있음을 통해 조국의 어려운 현실을 깨닫고 희망찬 미래와 조국의 광복을 위한 삶을 다짐하고 있다. 그 삶이란 시를 쓰는 행위이다. 이러한 시적 화자의 삶이 민족 전체로 보면 그 몫이 크다고 할 수는 없지만 조국에 깔린 어둠을 조금은 내몰 '등불'의 기능을 할 것이다. 이것은 또한 해방의 아침을 끝까지 기다리겠다는 시적 화자의 희망과 의지를 표현한 것이다.

### 05 '최초의 악수'의 의미

자신에게 조국의 광복을 다짐하는 9연에 이어 시적 화자는 10연에서 '눈물과 위안'의 손을 내밀고 있다. 이는 무기력하고 우울하게 살아온 현실적 자아에게 미래에 대한 희망과 양심을 지닌 이상적 자아가 내미는 화해의 행위로 시적 화자 자신의 반성뿐만 아니라, 그런 삶의 태도를 보여 왔던 다른 이들에게 건네는 화해로 이해할 수도 있다.

### 06 '쉽게 씌어진 시'의 구성

시적 정서의 측면에서 이 시를 보면, 시적 상황을 제시한 1~2연에 이어 3연에서 6연까지의 자학적 고뇌와 갈등이, 구성상 전환점에 해당되는 7연을 경계로 부끄러움을 통한 자아 성찰로 집중되고 있다. 그리고 마지막 9~10연에서는 고뇌와 갈등으로부터의 해방을 예감하고, '시대처럼 올 아침'과도 같은 새로운 시대를 기다리면서, 마침내 '눈물과 위안'을 통해 갈등하던 두 자아의 화해('최초의 악수')에 도달하게 된다.

### 07 현실 인식을 통한 자기 인식의 비극성

이 시에서 우선적으로 관심의 대상이 되고 있는 것은 '육첩방은 남의 나라'로 요약되고 있는 현실의 인식 문제이다. 이러한 상황적 인식이 선행되고 있기 때문에 시적 화자는 '시인이란 슬픈 천명'을 감수할 수밖에 없다고 말하고 있다. 하지만 이 시에서 시적 화자가 가장 아파하는 순간은 '시가 이렇게 쉽게 씌어지는 것은 부끄러운 일'임을 깨닫는 순간이다. 시를 쓰는 일을 통해서만이 자신의 존재를 확인할 수밖에 없는 시인이 시를 쓰는 것 자체를 '부끄러운 일'로 인식하게 되는 것은 결국 외적인 상황과 자기 존재가 함께 요구하는 삶의 총체적인 인식에 통했을 때에나 가능한 일일 것이다. 그러므로 '등불을 밝혀 어둠을 조금 내몰고, 시대처럼 올 아침을 기다리는 최후의 나'에게서 우리가 느낄 수 있는 것은 시대의 고통을 자기 내면에 끌어들여 놓고 그것을 고뇌하는 시적 화자의 '자기 인식의 비극성'이다.

## 작품 4  참회록(懺悔錄) (하늘과 바람과 별과 시, 1948년)

파란 녹이 낀 구리 거울 속에
내 얼굴이 남아 있는 것은
어느 왕조(王朝)의 유물(遺物)이기에
이다지도 욕될까.

나는 나의 참회(懺悔)의 글을 한 줄에 줄이자.
─ 만 이십사 년 일 개월을
무슨 기쁨을 바라 살아 왔던가.

내일이나 모레나 그 어느 즐거운 날에
나는 또 한 줄의 참회록(懺悔錄)을 써야 한다.
─ 그때 그 젊은 나이에
왜 그런 부끄런 고백(告白)을 했던가.

밤이면 밤마다 나의 거울을
손바닥으로 발바닥으로 닦아 보자.

그러면 어느 운석(隕石) 밑으로 홀로 걸어가는
슬픈 사람의 뒷모양이
거울 속에 나타나온다.

### ▌핵심정리

▷ **갈래** 자유시, 서정시
▷ **성격** 반성적, 고백적
▷ **특징** ① 내면적 자아와의 대응
　　　　② 자기 고백적 자세
　　　　③ 우주적 상상력
▷ **제재** 망국의 욕된 자아
▷ **주제** 투철한 역사 인식을 동반한 끊임없는 자아 성찰

### 이해와 감상

**① 짜임 분석**
- 1연 – 역사에 대한 회한
- 3연 – 오늘의 고백에 대한 미래의 참회
- 5연 – 미래의 삶에 대한 전망
- 2연 – 현재 자신의 삶에 대한 참회
- 4연 – 어두운 현실과 자기 성찰

## ② 작품감상의 구조

| 구성 요소 | 구성 요소의 파악 | 그것이 지닌 의미·효과 | 주제와의 관련성 |
|---|---|---|---|
| 내용 요소 | ① 시적 화자 및 화자의 상황 | 시적 화자가 거울을 보면서 과거 자신의 삶과 현재 자신의 삶이 미래에 모두 참회의 대상이라며 스스로를 성찰하는 상황이다. | 역사 인식을 동반한 자기 성찰, 투철한 역사 인식을 동반한 끊임없는 자아 성찰 |
| | ② 첫째 참회와 둘째 참회의 의미 | 2연의 참회는 현재의 시점에서 무기력하게 살아 온 자신의 과거의 삶에 대한 참회이고, 3연의 참회는 미래의 시점에서 참회나 하면서 저항하지 못하는 현재의 삶에 대한 참회이다. | |
| | ③ 저항시의 성격 | 현재의 일제에 저항하지 못하는 삶을 참회하는 것은 스스로에 대한 성찰과 개선을 의미하며, 그러한 마음으로 3연의 해방('내일이나 모레나 그 어느 즐거운 날')이 올 것을 믿고 자신을 성찰하고 있다. | |
| | ④ 치열한 자아성찰과 윤리 의식 | 일제에 대해 저항하지 못하는 자신을 부끄러워하면서 늘 거울을 닦는 행위를 통해 자기 자신을 반성하고 성찰하는 윤리 의식을 보여준다. | |
| 형식 요소 | ① 시간 순서에 의한 전개 | 과거(1~2연)에서 현재(3연), 그리고 미래(4~5연)의 시간 흐름에 따라 시상이 전개되면서 희망을 드러내고 있다. | |
| | ② 2~3연의 말줄임표 | 거두절미하고 곧장 참회의 내용을 드러나게 하는 기능이 있다. | |
| 표현 요소 | ① 상징 | 시적 화자가 지닌 희망을 '운석'을 통해 드러냈다. (윤동주의 다른 시에서는 '별'로 나타나는데, 이 시는 특이함) <br> 예 구리 거울, 왕조의 유물, 내일이나 모레나 그 어느 즐거운 날, 밤, 슬픈 사람 등 | |
| | ② 대조법 | '밤'과 '즐거운 날'이 서로 상반되는 상징적 의미를 드러내었다. | |

## ③ 감상의 길잡이

이 시에는 어려운 시대를 살았던 윤동주의 삶에 대한 자세가 잘 드러나 있다. 시간의 흐름에 따라 전개되는 이 시의 1~3연은 시적 화자가 '과거(1연) → 현재(2연) → 미래(3연)'로 이어지는 자신의 삶을 차례로 참회하는 과정을 보여준다. 1연에서는 나라를 잃은 망국민7로서 지금까지 살아온 자신의 과거 역사 속의 삶을 '욕되다'고 느끼고, 2연에서는 과거의 욕된 삶에서 벗어날 수 있다는 확신 없이 무기력하게 살고 있는 현재 자신의 삶을 참회하고 있다. 3연에서는 미래의 시점에서 현재를 다시 참회한다. 화자는 반드시 찾아올 '즐거운 날'의 '기쁨'을 생각할 때, 현재 잘못된 삶을 극복하기 위해 노력하는 의지가 없는 참회는 잘못된 참회라는 것을 깨닫고, 현재의 참회를 '부끄런 고백'이라고 비판한다.

4연에서는 화자가 앞서 행한 참회의 과정을 통해 얻은 깨달음을 바탕으로, 치열한 자기 성찰의 의지를 보여주고 5연에서 끊임없는 자기 성찰의 자세로 잘못된 현실과 맞서는 삶을 선택한 사람이 필연적으로 맞게 될 미래의 비극적 모습을 어둡게 전망하고 있다. 시적 화자가 보여 주는 자기 성찰의 자세가 치열하지만 잘못된 현실에 맞서기에 개인은 너무나 작고 힘없는 존재에 불과하기 때문이다. 그러나 이러한 전망은 비관적 체념이 아닌, 보다 철저한 자기 성찰의 정직성에서 비롯되는 것이다.

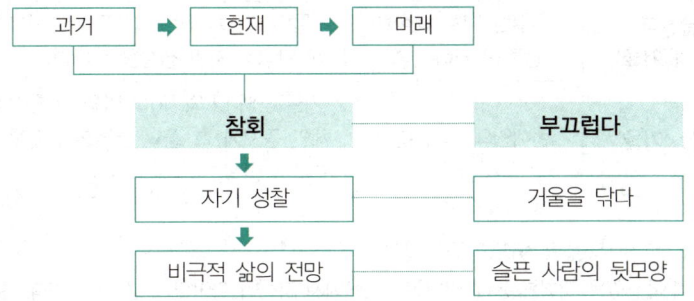

　이 시는 우리 민족의 오욕의 역사에 대한 반성으로부터 시작된다. 시적 화자는 '녹이 낀 구리거울'과 거기에 비친 '내' 얼굴이 과거의 잘못된 역사, 즉 일제에 의해 패망한 조선 왕조의 유물에 불과하다고 인식하여 스스로 욕됨과 부끄러움을 느낀다. 따라서 시인 자신의 지나간 생애(24년 1개월)를 반성하는 참회의 글을 쓰는 것이다. 그러나 이 참회의 글은 미래에 오고야 말 '그 어느 즐거운 날'(이는 조국 광복의 그 날을 암시한다고 볼 수 있음)에 다시 현재 자신의 고백을 부끄럽게 만들지 모른다. 그러하지 않으려면 '나의 거울'을 열심히 닦아야 한다. 다시 말해 거울을 닦는 것은 혼신의 힘을 다한 자아 성찰을 뜻하는 것이다. 그 혼신의 열정이 '손바닥으로 발바닥으로'라는 표현 속에 녹아 있다. 이는 사물의 부분으로써 전체를 대표하게 하는 수사적 표현(제유법)에 해당한다.

　그런 점에서 이 시는 식민지 현실 앞에 무기력하고 절망하는 자신에 대한 준엄한 비판, 자기반성과 구도자적 윤리 감각이 돋보이는 작품이다. 윤동주 시의 한 특징인 이러한 자아 성찰과 부끄러움의 미학은 그의 시 전반에 걸쳐 나타나는데, 이 작품과 더불어 「서시」, 「자화상」, 「바람이 불어」, 「쉽게 씌어진 시」 등에서 두드러진다.

## ▮ 중요 내용 정리

### 01  거울을 닦는 행위
　'거울'을 닦는 행위는 화자가 끊임없이 자아를 성찰하는 것을 의미한다. 또한, '밤'은 자기 성찰의 시간이자 나라를 빼앗긴 암울한 현실을 상징한다. 따라서 화자가 밤에 거울을 닦는 것은 현재의 암울한 상황을 극복하고 앞으로 맞이할 광복을 준비하는 것으로 볼 수 있다.

### 02  '거울'의 의미
　'거울'은 자신의 모습을 비춰 주는 것으로 '자기 성찰'의 상징적 의미를 지닌다. '구리 거울'은 오랜 세월 동안 이어져 내려온 역사적 유물로 화자는 역사를 비추는 거울에 자신의 모습을 비추어 봄으로써 자신의 삶을 성찰하고 있다. 그리고 자아 성찰의 범위를 확장하면 민족 공동체와 역사에 대한 성찰로까지 나아가고 있다.

　녹이 낀 구리 거울 속에 비춰진 자신의 얼굴을 들여다보던 화자는 망국민으로 살아온 자신에 대해 욕됨을 느낀다. 그리하여 아무런 기쁨 없이 살아가고 있는 자신의 무의미한 삶에 대해 참회의 글을 쓰는 한편, 조국 광복의 '그 어느 즐거운 날'에 또다시 써야 할 참회록을 생각한다. 미래의 참회록은 식민지라는 잘못된 역사를 바로잡기 위한 어떠한 노력도 없이 현실의 고통만을 토로한 앞의 참회록을 쓴 자신의 행위에 대한 반성의 글이라고 할 수 있다.

### 03  이상의 '거울'과의 비교
　이상의 시에 나타나는 '거울'은 유리로 된 현대적인 물건이지만 윤동주의 '구리 거울'은 역사적 유물로서, 이 둘은 물질적 차이로부터 이미지의 차이가 나타난다고 할 수 있다.

| 윤동주 '구리 거울' | 투철한 역사 의식을 동반한 자아 성찰 | 사물의 모습을 있는 그대로 비추어 주는 것에 주목하여, 반성적 자기 성찰을 의미함 |
|---|---|---|
| 이상 '거울' | 현대인의 자아 분열 | '거울 속의 나'와 '거울 밖의 나'를 만나게 하는 매개체인 동시에 그 둘의 분열과 단절을 인식하게 하는 도구로 인식함 |

### 04 '운석'과 '슬픈 사람의 뒷모습'의 의미

시적 화자는 깊은 참회를 통해 맑아진 '거울'에서 자신이 가야할 길을 보고 있다. '운석 밑으로 홀로 걸어가는 슬픈 사람의 뒷모습'이 거울 속에서 나타난 것은 그 모습이 곧 시적 화자가 가야할 미래의 모습임을 암시한다. '운석'은 별이 타고 남은 잔해, 즉 소멸의 흔적으로서 조국을 위해 희생할 시적 화자의 모습을 단적으로 암시하고 있는 것이다. 그 밑으로 걸어가는 슬픈 사람의 뒷모습은 자기에게 주어진 운명의 길을 말없이 걸어가겠다는 시적 화자의 희생 의지가 담긴 것이다.

### 05 창씨 개명과 「참회록」

윤동주는 「참회록」을 1942년 1월 24일에 쓴 것으로 알려져 있다. 그리고 윤동주가 창씨 개명 서류를 제출한 것이 1월 29일로 되어 있다. 이 두 가지 사건을 관련지어 볼 때, 윤동주는 자신의 일본 유학을 위하여 부끄럽지만 불가피한 선택으로 창씨 개명 서류를 제출할 결심을 하고 이러한 욕되고 뼈아픈 부끄러움을 「참회록」을 통해 미리 고백한 것으로 보인다.

## 작품 5  간(肝) (하늘과 바람과 별과 시, 1948년)

바닷가 햇빛 바른 바위 위에
습한 간(肝)을 펴서 말리우자.

코카서스 산중(山中)에서 도망해 온 토끼처럼
둘레를 빙빙 돌며 간(肝)을 지키자.

내가 오래 기르는 여윈 독수리야!
와서 뜯어 먹어라, 시름없이

너는 살찌고
나는 여위어야지, 그러나,

거북이야!
다시는 용궁(龍宮)의 유혹에 안 떨어진다.

프로메테우스 불쌍한 프로메테우스
불 도적한 죄로 목에 맷돌을 달고
끝없이 침전(沈澱)하는 프로메테우스.

## 핵심정리

- ▷ **갈래** 자유시, 서정시
- ▷ **성격** 상징적, 저항적, 의지적, 우의적
- ▷ **어조** 현실을 극복하려는 남성적 목소리, 대화의 어조
- ▷ **제재** 간
- ▷ **주제** 고난 극복의 의지
- ▷ **표현** ① 설화와 신화의 결합
  ② 두 자아의 대비적 표현
  ③ 화자와 동일시하고 있는 소재를 통해 의식을 표출

## 이해와 감상

### 1 짜임 분석

- 1~2연 – 양심과 존엄성 회복의 다짐
- 5연 – 현실적 유혹의 거부
- 3~4연 – 고통 속의 자아 인식
- 6연 – 현실적 고난의 인고(忍苦)

### 2 작품감상의 구조

| 구성 요소 | 구성 요소의 파악 | 그것이 지닌 의미·효과 | 주제와의 관련성 |
|---|---|---|---|
| 내용 요소 | ① 시적 화자의 태도 | 시적 화자는 구토지설의 토끼와 프로메테우스 신화를 통해 양심을 지키며 살아가는 삶의 추구와 자기희생을 통해 현실을 극복하려는 의지를 드러내었다. | 자아 성찰과 희생적 삶에 대한 결연한 의지 |
| | ② 소재의 특이함 | 프로메테우스 신화와 구토지설에 공통적으로 나타난 '간'을 모티프로 하여 내용을 전개했다. | |
| | ③ 시적 화자가 동일시한 대상 | ㉠ 토끼 – 간으로 상징되는 '양심, 생명, 존엄성'을 지키려고 한다.<br>㉡ 프로메테우스 – 고통을 각오한 자기희생의 의지를 드러냈다. | |
| | ④ 두 자아의 대립 | 정신적 자아와 육체적 자아의 대립을 통한 자아 성찰과 자기희생의 의지를 보인다. (3~4연) | |
| 형식 요소 | ① 청유형 어미의 사용 | '-자'의 청유형 어미의 사용으로 양심, 존엄성을 수호하고자 하는 화자의 의지를 강조하고 있다. | |
| | ② 확장적 반복 표현 (점층적) | 확장적 반복(6연)을 통해 프로메테우스에 대한 시적 화자의 동정과 연민의 태도를 드러내고, 운율을 형성하는데 기여한다. | |
| | ③ 시상의 전개 | ㉠ 1, 2, 5연 – 구토지설과 관련있다.<br>㉡ 3, 4, 6연 – 프로메테우스 신화와 관련있다. | |
| 표현 요소 | ① 상징 | '간'은 '양심, 존엄성, 생명'의 의미와 '자기희생의 의지, 자기희생의 고통' 등을 의미하여 주제를 잘 드러내며 두 설화를 연결 짓는 매개가 된다.<br>예 습한, 토끼, 독수리, 거북이, 용궁의 유혹, 프로메테우스 등 | |
| | ② 대조 | 나약한 자아로서 '토끼'와 비판적 자아로서 '독수리'를 대립시켜 내면적 자아를 성찰하고 있다. | |
| | ③ 비유 | 시적 화자를 '토끼'에 비유하여 간을 지키려는 저항 의식을 보이고 있다. | |

③ **감상의 길잡이**

　이 시는 '간'을 매개로 하여 두 개의 설화를 결합하고 있다. 한때 '용궁의 유혹'에 빠져 간을 잃을 뻔했던 토끼가 기지를 발휘하여 목숨을 건진다는 「구토지설(龜兎之說)」과 인간을 위해 제우스를 속이고 불을 훔친 죄로 코카서스의 큰 바위에 묶여 독수리에게 간을 쪼아 먹히는 형벌을 묵묵히 감내한다는 「프로메테우스 신화」가 그것이다. 궁지에 몰려서도 슬기롭게 자기의 '간'을 지킨 토끼와 죄 아닌 죄를 짓고서 속죄양이 될 수밖에 없었던 프로메테우스의 처지는, 식민지 시대를 살면서 생명과도 같은 인간의 존엄성과 양심을 지켜야 하는 윤동주의 시심(詩心)을 자극하고도 남음이 있다고 하겠다. 바로 여기에 '토끼'와 '프로메테우스'를 자기와 동일시하는 근거가 있다. 그러나 윤동주는 설화의 문면(文面)을 글자 그대로 받아들이지는 않는다.

　1~2연에서 화자는 한때 유혹에 빠져 젖은 '습한 간'을 말림으로써 양심과 자기 존엄성을 회복하는 한편 그것을 지키자고 자신에게 다짐한다. 3~4연에 오면 화자는 스스로 기른 독수리에게 자신의 간을 뜯어 먹게 한다. '너'로 지칭된 독수리가 정신적 자아라면 '나'는 육체적 자아라고 할 만한 것인데, 자신의 육체를 회생하더라도 정신을 살찌우겠다는 의지가 표현된 것이다. 5연에서 화자는 '다시는 용궁의 유혹에 안 떨어진다'고 자기 의지를 확인한다. '용궁의 유혹'에 빠진다는 것은 자신의 생명과도 같은 양심을 저버리는 결과를 가져오기 때문일 터이다. 6연에서는 자신의 의지를 실천하는 프로메테우스에 대한 동정과 연민의 태도를 드러내는 데, 이는 현실의 시련을 감내하려는 시적 화자 자신에 대한 동정과 연민, 현실의 극복하겠다는 의지를 표현한 것이다.

### ▰ 중요 내용 정리

**01 토끼의 '간'과 프로메테우스의 '간'**

| 구분 | 토끼의 '간' | 프로메테우스의 '간' |
|---|---|---|
| 공통점 | 자신의 생명처럼, 없어서는 안 될 가장 중요하고 소중한 것 ||
| 차이점 | 현실의 유혹에 넘어간 적이 있는 불완전하고 불철저한 존재의 표상 | 철저한 자기희생의 의지와 자아 단련의 인고가 하나된 존재의 표상 |

**02 관련 설화**

① 프로메테우스

　그리스 신화에 나오는 인물로, 라페토스와 클리멘의 아들이다. 그의 이름의 뜻은 '진보된 생각'이다. 제우스가 감추어 둔 불을 훔쳐 인간에게 내줌으로써 인간 문명을 가능케 한 장본인으로 알려져 있다. 제우스는 복수를 결심하고, 판도라라는 여성을 만들어 프로메테우스에게 보냈다. 이 때 동생인 에페메테우스('나중에 생각하는 사람'이라는 뜻)는 형의 제지에도 불구하고 그녀를 아내로 삼았는데, 이로 인해 '판도라의 상자' 사건이 일어나고, 인류의 불행이 비롯되었다고 한다. 또한, 프로메테우스는 제우스의 장래에 관한 비밀을 제우스에게 밝혀 주지 않았기 때문에 코카서스(카프카스)의 바위에 쇠사슬로 묶여, 날마다 낮에는 독수리에게 간을 쪼여 먹이고, 밤이 되면 회복되는 형벌을 받게 되었다. 그러다가 마침내 헤라클레스에 의해 구출되었다고 한다.

② 구토지설

　거북이의 말에 속아, 용궁에서 죽을뻔한 토끼는 산중에 '간'을 말려 놓았다는 재치를 발휘해 목숨을 건진다. 시적 화자는 이런 토끼처럼 우리도 '바닷가 햇빛 바른 바위 위에' 우리의 '습한 간을 펴서 말리우자'라고 말하고 있다. 즉, 한번 유혹에 빠졌던 우리의 '습한 간'을 깨끗하게 간직하자는 것이다. 그리고 거북에서는 다시는 그런 유혹에 빠지지 않을 것이라고 다짐하고 있다. 여기서 '토끼'는 한때 유혹에 빠질뻔한 지식인(이상적 자아)을, 거북이는 양심을 지키려고 하는 지식인을 유혹하는 부정적 현실(부정적 자아)을 의미한다고 볼 수 있다.

### 03 시적 화자와의 동일시 대상

이 시에서 시적 화자가 자신과 동일시하고 있는 소재는 '토끼'와 '프로메테우스'이다. 이들은 이야기 속에서 '간' 때문에 죽음의 위기에 처하는 주인공들이다. 여기서 '간'은 생명과 같은 소중한 것, 버릴 수 없는 신념과 가치를 의미하는 것으로 볼 수 있다. 결국, 시적 화자는 이들을 자신과 동일시함으로써 자신의 양심을 지키기 위해 육체적 고통과 희생을 감내하겠다는 다짐을 드러내고 있다.

## 작품 6 별 헤는 밤 (하늘과 바람과 별과 시, 1948년)

계절이 지나가는 하늘에는
가을로 가득 차 있습니다.

나는 아무 걱정도 없이
가을 속의 별들을 다 헤일 듯합니다.

가슴 속에 하나 둘 새겨지는 별을
이제 다 못 헤는 것은
쉬이 아침이 오는 까닭이요,
내일 밤이 남은 까닭이요,
아직 나의 청춘이 다하지 않은 까닭입니다.

별 하나에 추억과
별 하나에 사랑과
별 하나에 쓸쓸함과
별 하나에 동경과
별 하나에 시와
별 하나에 어머니, 어머니

어머님, 나는 별 하나에 아름다운 말 한마디씩 불러봅니다. 소학교 때 책상을 같이했던 아이들의 이름과 패(佩), 경(鏡), 옥(玉), 이런 이국 소녀들의 이름과, 벌써 아기 어머니 된 계집애들의 이름과 가난한 이웃 사람들의 이름과, 비둘기, 강아지, 토끼, 노새, 노루, '프랑시스 잠', '라이너 마리아 릴케', 이런 시인의 이름을 불러 봅니다.

이네들은 너무나 멀리 있습니다.
별이 아스라이 멀 듯이.

어머님,
그리고 당신은 멀리 북간도에 계십니다.

나는 무엇인지 그리워
이 많은 별빛이 내린 언덕 우에
내 이름자를 써 보고,
흙으로 덮어 버리었습니다.

딴은, 밤을 새워 우는 벌레는
부끄러운 이름을 슬퍼하는 까닭입니다.

그러나 겨울이 지나고 나의 별에도 봄이 오면,
무덤 위에 파란 잔디가 피어나듯이
내 이름자 묻힌 언덕 위에도
자랑처럼 풀이 무성할 거외다.

## 핵심정리

- **갈래** 자유시, 서정시
- **성격** 서정적, 낭만적
- **표현** ① 호흡이 긴 산문시의 특성
  ② 종결어미 '-습니다'의 반복적 사용
  ③ 감정이입의 기법 사용
- **제재** 별
- **주제** 과거의 삶에 대한 추억과 밝은 미래(조국 광복)를 향한 소망

## 이해와 감상

### 1 짜임 분석

① 기 – 서 – 결의 구조
- 기(1~3연) – 별을 바라봄 (현재)
- 서(4~7연) – 별을 보며 그리움에 젖어듦 (과거)
- 결(8~10연) – 자아성찰을 통한 현실 극복 의지 및 미래의 소망

② 시간적 구성
- 현재(1~3연) – 별을 바라봄 (현재)
- 과거(4~7연) – 별을 보며 그리움에 젖어듦 (과거)
- 현재(8~9연) – 현재의 삶에 대한 부끄러움
- 미래(10연) – 미래에 대한 희망

## ② 작품감상의 구조

| 구성 요소 | 구성 요소의 파악 | 그것이 지닌 의미·효과 | 주제와의 관련성 |
|---|---|---|---|
| 내용 요소 | ① 시적 화자 및 화자의 상황 | 시적 화자는 밤하늘의 별을 바라보며 외로워하고 절망하다가 다시 삶에 대한 자신감을 드러내었다. | 과거의 삶에 대한 추억과 밝은 미래(조국 광복)를 향한 소망 |
| | ② 소재의 특징 | '별, 봄, 파란 잔디, 무성한 풀' 등 희망적 의지를 담고 있는 소재를 통해 시적 화자의 정서를 드러내었다. | |
| | ③ 계절의 변화와 화자의 정서 | 이 시는 '가을 → 겨울 → 봄'으로 이어지는데, '가을'은 과거 아름다웠던 추억과 그리움으로 다가오고, 겨울은 가족들과 고향으로부터 떨어져 생활하면서 시련의 일제 강점기와 관련이 있고, '봄'은 시련과 고난의 겨울을 끝내고 오는 희망의 의미를 지닌다. | |
| 형식 요소 | ① 각운 사용 | 호흡이 긴 산문시의 특성을 지니며 종결 어미 '-습니다'의 반복적 사용으로 각운을 형성하고 평이한 서술이 되게 했다. | |
| | ② 시상의 전개 | 현재(1~3연) – 과거(4~7연) – 현재(8~9연) – 미래(10연)의 시간적 구성으로 시상이 전개되어 끝부분에서 미래에 대한 희망을 제시하여 주제를 잘 드러낸다. | |
| | ③ 반복과 열거 | 통사구조의 반복과 열거의 기법으로 시적 화자의 과거의 추억이나 대상 등을 나열하여 시적 화자의 정서를 잘 드러낸다. | |
| 표현 요소 | ① 다양한 상징 | ㉠ '봄, 파란 잔디, 무성한 풀'은 희망을 상징한다. 또 '거울'은 치열한 자기 성찰을 상징하여 주제와 관련이 있다.<br>㉡ 그 외에도 '가을, 별, 별빛' 등도 상징이다. | |
| | ② 감정이입 | ㉠ '별'에 조국에 대한 그리움과 조국광복에 대한 소망을 이입하여 표현하였다. (4~5연)<br>㉡ '밤을 새워 우는 벌레'에서 시적 화자의 감정을 이입하여 표현하였다. | |

## ③ 감상의 길잡이

전 10연으로 이루어진 이 시는 크게 네 부분으로 나눌 수 있다.

1~3연은 별이 총총한 가을 밤을 배경으로 마음속에 떠오르는 생각들을 더듬는 한 젊은이의 모습을 제시하고 있다. 4~7연은 별을 하나하나 헤아리며 아름다운 어린 시절에 대한 애틋한 그리움을 구체적으로 형상화하고 있다. 특히 4연과 5연은 어조와 리듬의 변화를 통해 이들에 대한 간절한 그리움을 인상적으로 전달하고 있다. 8~9연은 시적 화자의 자기 성찰의 모습을 보여 준다. 자신의 이름을 '별'이 내려다보는 '언덕' 위에 써 보고 흙으로 덮어 버리는 화자의 행위는, 외롭고 고통스러운 현재의 시대 상황 속에 서 있는 자기 자신의 부끄러운 모습을 확인하고 그것을 이겨내려는 갈등을 암시한다. 10연은 고통과 시련의 겨울처럼 시대적 아픔과 갈등의 어두운 세계 속에서 고뇌를 거듭했던 화자가 새로운 미래에 대한 희망과 의지를 다짐하는 모습을 보여 주고 있다.

삶의 어둠과 시대의 아픔에서 달아나지 않고 그 '안'에서 자기 성찰을 통해 부끄럽지 않게 사는 것이 진정 가치 있는 삶의 태도라는 깨달음을 청순한 이미지와 감각을 통해 잘 나타내고 있다.

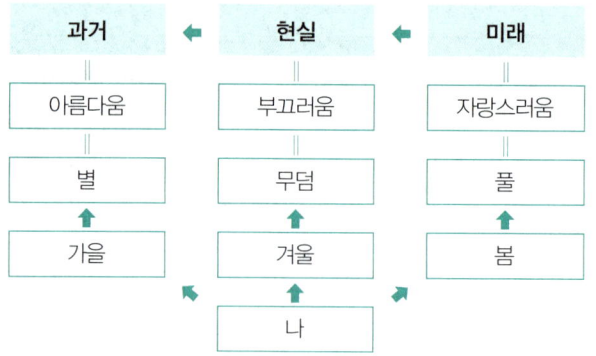

## 중요 내용 정리

#### 01 표현상의 특징
    조금도 난해함이 없는 직설적 표현 기법이 친근함과 설득력을 더해 주고 있다.
    한편 자유시의 형태이지만 5연에서 보듯이 부분적으로 산문적 리듬이 구사되고 있다. 1연에서 4연까지의 어조와 운율은 비교적 차분하다. 그러나 5연에 들어 갑자기 호흡이 빨라진다. 이는 시적 화자의 이러저러한 과거가 주마등처럼 스쳐 지나가고 있다는 것을 잘 보여준다. 끝의 세 연에 와서는 5연의 빠른 호흡에서 벗어나 원래의 호흡으로 돌아온다. 운율과 시적 화자의 정서가 밀접하게 관련된 결과이다.

#### 02 운율의 변화
    이 시의 운율은 전체 시상의 흐름과 병행하여 변화를 보이고 있다. 즉 시상의 출발에서 쓰인 평범한 자유시로서의 운율로 시상이 전개되면서 반복의 리듬과 산문적 리듬으로 이어짐으로써 시상의 급격한 확장과 정서의 분출을 나타내 준다. 그리고 다시 후반에 이르러 시상을 정리하면서 자유시의 일반적 운율이 사용되고 있다. 그런데 이러한 운율의 변화는 한편으로, 시적 화자의 시각에 비친 별들의 모습을 통해 일어나는 상상력의 확장에 의한 것임을 느낄 수 있다. 즉 이 시의 운율은 내적인 자아 의식 속에서 형성된 시상의 흐름으로부터 만들어진 것이다.

#### 03 시적 화자의 정서와 계절의 변화
    이 시는 '가을 → 겨울 → 봄'으로 이어지는 계절의 순환과 함께 시적 화자의 정서가 제시되고 있다. 먼저 '가을'은 과거 아름다웠던 유년의 기억을 떠올리게 하여 시적 화자에게 그리움을 안겨 준다. 가족들과 고향으로부터 떨어져 생활하는 시적 화자에게 현재는 춥고 고통스러운 '겨울'이다. 이 추운 겨울과 같은 시련의 일제 강점기를 보내고 있는 시적 화자는 상실감을 자괴감에 빠져 부끄러움을 느끼고 한편으로 미래에 대한 희망을 품고 있다. '봄'은 시련과 고난을 겨울을 끝내고 오는 희망의 계절로, 이런 '봄'에 시적 화자는 무성한 풀로 부활할 것을 다짐하고 있다.

#### 04 별의 의미
    이 시에서 시적 화자는 '별'을 통해 추억, 사랑, 동경, 쓸쓸함, 시, 어머니 등을 떠올리고 있다. 즉 시적 화자가 지향하는 세계를 인지하는 것이다. 하지만 그런 것들은 시적 화자와 '별'의 거리만큼 멀리 존재하고 있다. 이 시에서 '별'은 시적 화자가 과거에 누렸던 유년의 평화로웠던 기억을 떠올리게 하고, 현재에서는 '별'과의 공간적 거리만큼이나 평화로운 세계에서 멀리 떨어져 있는 현실에 대한 암담함, 부끄러움을 느끼게 하는 소재인 것이다.

## 작품 7 길 (하늘과 바람과 별과 시, 1948년)

잃어버렸습니다.
무얼 어디다 잃었는지 몰라
두 손이 주머니를 더듬어
길에 나아갑니다.

돌과 돌과 돌이 끝없이 연달아
길은 돌담을 끼고 갑니다.

담은 쇠문을 굳게 닫아
길 위에 긴 그림자를 드리우고

길은 아침에서 저녁으로
저녁에서 아침으로 통했습니다.

돌담을 더듬어 눈물짓다
쳐다보면 하늘은 부끄럽게 푸릅니다.

풀 한 포기 없는 이 길을 걷는 것은
담 저쪽에 내가 남아 있는 까닭이고,

내가 사는 것은 다만,
잃은 것을 찾는 까닭입니다.

## 핵심정리

▷ **갈래** 자유시, 서정시
▷ **성격** 독백적, 성찰적
▷ **제재** 길 (자아성찰의 공간, 시련의 과정)
▷ **주제** ① 진정한 자아를 찾기 위한 탐색과 결의
   ② 자아회복을 위한 진정한 노력

▷ **표현** ① 성찰과 고백의 의지를 효과적으로 드러낼 수 있는 종결어미 사용
   ② '상실 – 고행 – 성찰 – 고행'의 시상의 흐름
   ③ 알기 쉬운 고유어의 사용

## 이해와 감상

### 1 짜임 분석

- 1연 – 상실을 인식하고 하는 행동
- 3~4연 – 상실한 대상을 찾아가는 지난한 과정
- 6~7연 – 참된 목표를 달성하겠다는 결의와 의지
- 2연 – 화자가 걸어가는 길의 모습
- 5연 – 부끄러움을 통한 자아의 갈등과 각성

## ② 작품감상의 구조

| 구성 요소 | 구성 요소의 파악 | 그것이 지닌 의미·효과 | 주제와의 관련성 |
|---|---|---|---|
| 내용 요소 | ① 시적 화자 및 화자의 상황 | 길을 잃어버린 시적 화자가 부끄러워하면서 길을 찾으려는 의지를 드러냈다. | 진정한 자아를 찾기 위한 탐색과 결의, 자아회복을 위한 진정한 노력 |
| | ② 어조 | 참된 자아를 찾는 화자의 여정을 차분하고 고백적인 어조로 드러냈다. | |
| 형식 요소 | ① 연의 구성 | 1연을 제외한 연이 2행씩 구성되어 안정감을 준다. | |
| | ② 각운 | 각 연의 끝을 청유형 어미 '-다'로 제시하여 각운의 효과를 냈다. | |
| | ③ 시선의 이동에 따른 전개 | 1~4연에서 시선이 지상적인 것에 머무를 때는 화자의 심리도 답답하고 암울한 모습이다가 5연에서 시선이 하늘로 향하는 순간부터 미래에 대한 다짐과 염원으로 바뀌었다. | |
| 표현 요소 | ① 상징 | '돌담'은 이상적 자아의 회복을 가로막는 장애물이자 암울한 현실을 상징하고, '길'은 본질적이고 참된 자아를 회복하는 인생의 역정이고 과정이다. | |

## ③ 감상의 길잡이

윤동주는 끊임없이 내면적 성찰을 통해 진정한 자아를 발견하려고 노력했으며, 그 과정에서의 부끄러움 내면 의식이 그의 시 속에 간단없이 드러난다. 그의 자아는 내면에서 사회로 이행해 가는 변모의 과정을 보이는데, 「자화상」으로 대표되는 내면 침잠에서 「참회록」에 이르면 얼마간 사회 의식이 문면(文面)에 보이게 된다. 「길」은 이 둘의 중간 단계에 속하는 작품으로 여전히 내면세계에 자아의 지향점이 설정되어 있지만, 사회 의식의 일단이 엿보이는 작품이어서 주목된다. '길'이라는 삶의 도정(道程)이 설정되고 '담'이라는 역사적 상황의 장벽이 자아와 함께 평행선을 이루면서 전개되고 있기 때문이다. 화자는 자아가 '담' 저편에 놓여 있으며, 그것을 찾는 것이 사는 이유임을 분명히 한다. 그의 자아가 시대적 장벽에 의해 차단되었으며, 그것을 찾아야만 한다는 조용한 결의가 표명된 것으로 보아, 사회 역사적 자아 인식에 접어들었음을 알 수 있다.

민족 의식을 지닌 지식인으로서 작가는 자신이 찾아야 할 가치와 삶을 찾기 위해 '길'로 나섰으며, '끝없이 이어지는 돌담'으로 표현된 황폐하고 삭막한 현실이지만 결코 포기하지 않고 지속되는 진지한 물음을 통해 참된 자아의 회복을 염원하고 있다. 시인의 다른 작품들처럼 현실에서 오는 고통이나 좌절을 피하지 않고 진지하게 자신을 성찰하며 진리를 찾아가려는 노력을 멈추지 않는 결의나 다짐의 태도를 발견할 수 있다.

화자가 찾으려는 것은 6연에 제시된 '담 저쪽에 있는 나'인데, 화자는 돌담으로 인해 돌담 너머의 세계를 볼 수 없고, 돌담이 길과 평행 상태에 놓여 있기 때문에 그 세계에 도달할 수도 없다. 담 너머의 세계로 갈 수 있는 유일한 통로인 '쇠문'은 굳게 닫혀 있어 절망적 상황을 느끼게 하고, '길 위에 긴 그림자'는 어둡고 암울한 분위기를 조성한다. 그러나 시적 화자는 자아 성찰을 통해 자아 회복의 의지를 다진다. 5연의 '하늘'은 비본질적 자아를 일깨우는 존재로 화자에게 부끄럼을 느끼게 한다. 그렇기 때문에 화자가 '풀 한 포기 없는' 불모의 길을 걷는 것은 담 저 쪽의 잃어버린 나를 찾기 위함이고, '내가 사는 것'은 오직 잃어버린 나를 찾기 위함이라고 독백하는 것이다.

# 중요 내용 정리

## 01 시적 화자의 처지
시적 화자는 있어야 할 무언가를 잃어버렸음을 깨닫고 길을 나선다. 하지만 그 길은 끝없이 이어진 돌담이고 심지어 쇠문이 굳건히 가로막고 서 있다. 그 앞에서 시적 화자는 그림자를 늘어뜨린 채 좌절하고 있다. 쇠문으로 굳게 닫힌 문과 그로 인한 긴 그림자는 뭔가 답답하고 암울한 시대적 분위기를 풍기고 있다. 끝없이 이어지는 돌담과 쇠문은 감옥과 같은 현실을 암시하는 것으로 '풀 한 포기 없다'는 표현을 통해 살아가기 버거운 부정적 공간임을 알 수 있다. 결국 이 시의 시적 화자의 처지는 일제 강점기 우리 민족의 불행한 처지와 같다.

## 02 잃어버린 것
시적 화자는 잃어버린 것을 찾기 위해 길을 나섰다. 하지만 시적 화자는 무엇을 잃어버렸는지도 알고 있지 못하다. 항상 가지고 있는 것이기 때문에 존재감을 잘 모르고 있다가 어느 순간 그것의 부재를 깨달은 것이다. 6연에서 시적 화자는 돌담의 저쪽에 내가 남아 있기 때문에 이 길을 걷는다고 했다. 즉 시적 화자는 '나'를 잃어버린 것이다. 담 저쪽에 있는 '나'는 이쪽의 시적 화자인 '나'처럼 '풀 한 포기 없는 길'에서 절망감에 울지도 않을 것이고, 푸른 하늘을 보고 부끄러워하지도 않을 것이다. 즉, 시적 화자가 완전한 '나'를 이루기 위해서는 고난과 시련의 '돌담'과 '쇠문'을 넘어야 한다. 7연에서 시적 화자가 밝힌 것처럼 그것은 시적 화자의 삶의 의미가 되고 목표인 것이다.

## 03 '길'의 의미
윤동주의 시는 대부분 자아성찰을 통한 자기 완성을 지향하고 있는데, 그 자아성찰의 공간으로 '방', '우물', '길' 등의 소재가 등장한다. '길'은 보편적인 의미에서 탐색의 과정, 출발과 도착의 과정을 지닌 행위의 공간이다. '길'의 공간성은 언제나 도달해야 할 목적지가 있음을 의미한다. 따라서 '길'은 바로 그 목적지를 향해 가는 과정이며 목적지에 도달하기 위한 시련의 극복이라는 정신적인 세계의 의미를 지니고 있다. 이 시에서의 '길'은 자아성찰과 자기 고행을 통해 본질적이고 참된 자아를 회복하는 인생의 역정이고 과정이다.

## 04 '돌담'을 통해 나타난 자아의 분열
화자는 끝없이 이어져 있는 '돌담'을 끼고 걸어가고 있다. 돌담은 길을 안과 밖으로 갈라놓았기 때문에 그 길을 걷고 있는 화자는 결코 돌담 안쪽을 들여다볼 수 없다. 그곳은 바로 화자가 상실한 참된 자아가 존재하는 공간이지만, 돌담이 길을 따라 끝없이 이어져 있기 때문에 화자는 그곳에 도달할 수 없다. 돌담 안으로 들어갈 수 있는 통로는 쇠문으로 굳게 닫혀 있으며, 긴 그림자를 드리우고 있다.

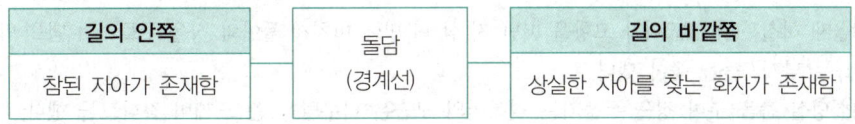

## 05 '하늘'의 의미와 역할
'돌담'으로 상징되는 장애물을 앞에 두고, 참된 자아를 회복하는 것이 힘겹다고 느끼며 화자는 '하늘'을 쳐다본다. '하늘'은 화자에게 자신이 처한 현실 상황을 일깨워 주는 지고한 존재이며 순수한 존재로, 화자에게 부끄러움을 느끼게 한다. 하지만 이 부끄러움은 화자에게 자기 성찰을 통해 새로운 의지를 북돋우는 계기를 마련해 준다. 이를 통해 화자는 절망적인 현실에서도 좌절하지 않고 참된 자아를 회복하기 위한 노력을 포기하지 않게 되는 것이다.

## 기출문제

1. 현대 문학 작품에 나타난 갈등의 양상과 의미를 소통의 관점에서 이해하는 수업을 하고자 한다. 〈조건〉에 따라 논술하시오. (30±3행) [20점]

2010년 기출 논술형 2차

(가)
　　잃어 버렸습니다.
　　무얼 어디다 잃었는지 몰라
　　두 손이 주머니를 더듬어
　　길에 나아갑니다.

　　돌과 돌과 돌이 끝없이 연달아
　　길은 돌담을 끼고 갑니다.

　　담은 쇠문을 굳게 닫아
　　길 위에 긴 그림자를 드리우고

　　길은 아침에서 저녁으로
　　저녁에서 아침으로 통했습니다.

　　돌담을 더듬어 눈물짓다
　　쳐다보면 하늘은 부끄럽게 푸릅니다.

　　풀 한 포기 없는 이 길을 걷는 것은
　　담 저쪽에 내가 남아 있는 까닭이고

　　내가 사는 것은, 다만
　　잃은 것을 찾는 까닭입니다.

　　　　　　　　　　　　　　　　　　　　- 윤동주,「길」

(나)
　　방울재 허칠복(許七福)이가 고향을 떠난 지 삼 년 만에 미쳐서 돌아와 징을 두들기며 댐을 막은 뒤부터 밀려드는 낚시꾼들을 쫓아 댔다.
　　덩실덩실 춤을 추며 징을 두들기는 칠복이의 모습은 나무탈을 쓴 도깨비 같다고들 했다.
　　그리고 그가 그렇게 된 것은 고향을 잃은 서러움, 아내를 빼앗긴 원한 때문이라고들 했다.
　　아무도 기다리는 사람이 없는 고향에 여섯 살 난 딸아이를 업고 불쑥 바람처럼 나타난 그는, 물에 잠겨 버린 지 삼 년째가 되는 방울재 뒷동산 각시 바위에 댕돌같이 앉아서는, 목이 터져라고 마을 사람들의 이름을 하나하나 불러 대는가 하면, 혼자서 고개를 끄덕거려 가며 오순도순 귀신 씨나락 까먹는 소리를 중얼거리다가도, 불컥 고개를 쳐들어 하늘을 찔러 보고, 창자가 등뼈에 달라붙도록 큰 소리로 웃어 대고, 느닷없이 징을 두들기며 겅중겅중 도깨비춤을 추었다.
　　　　　　　　　　　　〈중략〉

봉구네 집에는 매운탕집을 하는 방울재 사람들이 모두 모였다. 그들은 장사가 안 되는 날이면, 옛날 방울재 윗당산머리 봉구네 사랑방에 모여 놀던 버릇대로 밤만 되면 찾아왔다.
　　하나, 이날 밤 모임은 좀 달랐다. 이날 밤에는 칠복이 문제로 모인 것이었다.
　　"당장 쫓아 버려야 혀. 옛정도 좋지만 살고 봐야 헐 꺼이 아닌감!"
　　올봄에, 혼기가 다 찬 두 딸과 중풍에 걸려 거동을 못 하는 병든 아내를 끌고 방울재로 다시 돌아온, 회갑 줄에 앉은 강촌영감이 아까부터 와락와락 성깔을 부려 가며 큰소리였다.
　　"차마 워치크롬 쫓아낼 거여."
　　봉구였다. 옛날에 위아랫집에서 처마 맞대고 살아온 정 때문에, 강촌영감의 의견에 찬성을 하지 못했다.
　　"봉구 말도 일리가 있재잉. 고향에 찾아온 사람을 워치기 쫓아낼 거요잉."
　　덕칠이도 칠복이와 가깝게 지내 왔던 터라, 쫓아내자는 데에는 어딘가 마음이 꺼림했다.
　　"제정신 갖고, 먹고 살겠다고 헌담사 워떤 무지막지헌 놈이 고향 찾아온 사람을 쫓아내자고 허겄어?"
　　"암, 그러고 마니!"
　　"옴짝달싹 못허게 묶어 놓으면 으쩌겄소?"
　　덕칠이였다. 그는 봉구의 눈치를 살피며 말했다.

〈중략〉

　　신작로에 당도해서 조금 기다리자 읍으로 들어가는 헌털뱅이 버스가 왔으며, 그들은 서둘러 차를 세우고 칠복이를 밀어넣었다.
　　"징헌 고향 다시는 오지 말어."
　　봉구가 천 원짜리 두 장을 칠복이의 호주머니에 푹 쑤셔 넣어 주며 울먹울먹한 목소리로 말했다.
　　칠복이가 무슨 말인가 하는 것 같았으나 부르릉 버스가 굴러가는 바람에 알아들을 수가 없었다.
　　그들은 버스가 어둠 속에 묻히고 자동차 불빛이 보이지 않게 되어서야 말없이 돌아섰다.
　　한사코 가기 싫다는 칠복이 부녀를 억지로 버스에 태워 쫓아 보낸 그날 밤, 방울재 사람들은 잠을 이룰 수가 없었다. 후두둑두두둑 빗방울이 굵어지고 땅껍질 벗겨 가는 소리가 드세어질 무렵, 봉구는 잠결에 아슴푸레하게 들려오는 징소리에 퍼뜩 놀라 일어나 앉았다.
　　"아니, 이 밤중에 무신 징소리당가?"
　　그는 마른기침을 토해 내고 삐그덕 방문을 열어, 송곳 하나 박을 틈도 없이 꽉 들어찬 어둠의 여기저기를 쑤석여 보았다. 어둠 속 어디선가 딸을 업은 칠복이가 휘주근하게 비에 젖은 채 바보처럼 벌쭉벌쭉 웃으면서 불쑥 나타날 것만 같았.

- 문순태, 「징소리」

(다)
　　나는 '징소리'를 읽고 너무나 가슴이 아팠다. 그리고 불쌍했다. 얼마나 힘들었을까? 칠복이의 마지막 모습이 생각난다. 나중에는 소원대로 고향에 돌아왔을까? 돌아왔다면 마을 친구들은 어떤 마음이었을까? 나는 칠복이가 고향에서 친구들과 함께 살았으면 좋겠다. 정말 그러기를 바란다. 이웃들과 사이좋게 지내는 것이야말로 가장 행복한 삶이라고 나는 생각한다.

- 학생의 반응일지 중에서

―〈조건〉―
(1) 문학을 소통으로 보는 문학교육의 관점을 설명할 것
(2) (가)와 (나)에 나타난 갈등 양상을 분석하되, 문학 소통과 관련지어 의미를 해석할 것
(3) '작품 해석의 결과를 자기 삶의 문제에 적용할 수 있다.'는 학습 목표로 수업한 후에 한 학생이 (다)의 글을 썼을 때, 이 학생에게 지도할 내용 2가지를 선정하고 그 이유를 밝힐 것

### 예상답안

　문학을 소통으로 보는 문학교육의 관점은 '작가 – 작품 – 독자' 층위의 소통 구조에서 이전의 작가·교사 중심을 벗어나서 학습자 중심의 교수·학습이 이루어지므로 학습자의 감상 능력이 향상된다. 하나의 편협한 시각에서 벗어나 감상에 대한 시각의 확장이 가능해 작품에 대한 다양한 해석이 이루어지게 한다. 또 학습자의 참여를 유도하며, 이러한 방법으로 다른 작품에 적용이 가능하다. 그리고 문학 작품에서 작가 – 작품 – 독자의 관계를 인식하면서 감상할 수 있게 한다.

　(가)는 '개인과 사회의 갈등'과 '개인의 내적 갈등'이 드러난다. 개인 내면의 갈등은 개인적 갈등이나 고뇌에서 순수한 삶에 대한 소망과 지향을 나타낸다. 개인과 사회의 갈등은 일제하의 혼란한 현실에서 독립, 해방에 대한 의지, 염원을 나타난다. (나)는 '개인과 사회의 갈등'과 '개인과 개인의 갈등'이 드러난다. 개인과 개인의 갈등은 칠복이와 마을 사람들의 갈등으로, 이를 통해 농촌이 붕괴된 현실에서 마을 사람들 간의 갈등, 농촌 개발로 인한 공동체의 붕괴를 드러내고 있다. 또한 개인과 사회의 갈등도 나타나는데 산업화 도시화(개발)로 인한 농촌의 붕괴, 농촌의 파멸을 나타내었다. 이처럼 갈등의 양상에서 하나가 아닌 다른 관점에서 해석이 가능하다는 것을 통해 학습자의 다양한 관점을 인정하고, 이러한 점을 소통으로 보는 관점과 관련지을 수 있다.

　(다)의 문제점으로 먼저 '작품 해석의 결과를 자기 삶의 문제에 적용할 수 있다.'는 학습 목표를 제대로 고려하지 못했다. 즉, 제시된 학습 목표인 자신의 삶에 적용한 부분이 없으므로 문제가 된다. 이에 대한 지도방안으로 '학습 목표'를 고려하여 감상하며, 해석의 결과를 자기 삶의 문제에 적용하도록 유도한다.

　둘째, 작품 해석의 결과가 근거도 없고 주관적 감상 위주이다. 주관적 느낌이고 인상이고 자신의 바람을 드러냈을 뿐이다. 이에 대한 지도 방안으로 작품의 구체적 내용을 근거로 소설 작품을 해석하는 방법을 익히고 그 해석 방법에 따라 소설의 구조 및 그 효과를 파악하도록 지도한다.

### 작품 8 또 다른 고향 (하늘과 바람과 별과 시, 1948년)

고향(故鄕)에 돌아온 날 밤에
내 백골(白骨)이 따라와 한 방에 누웠다.

어둔 방은 우주(宇宙)로 통하고
하늘에선가 소리처럼 바람이 불어 온다.

어둠 속에 곱게 풍화 작용(風化作用)하는
백골을 들여다보며
눈물짓는 것이 내가 우는 것이냐
백골이 우는 것이냐
아름다운 혼(魂)이 우는 것이냐.

지조(志操) 높은 개는
밤을 새워 어둠을 짖는다.
어둠을 짖는 개는
나를 쫓는 것일 게다.

가자 가자
쫓기우는 사람처럼 가자.
백골 몰래
아름다운 또 다른 고향에 가자.

## 핵심정리

▷ **갈래** 자유시, 서정시
▷ **성격** 상징적, 성찰적, 관조적
▷ **표현** 자아의 대립에 의한 갈등 구조
▷ **제재** 고향의 상실
▷ **주제** 현실의 불안 극복과 이상향에 대한 동경

## 이해와 감상

### 1 짜임 분석

- 1~2연: 귀향과 자아 분열
- 4~5연: 불안과 강박 관념
- 3연: 두 자아의 갈등
- 6연: 이상향의 동경

## ② 작품감상의 구조

| 구성 요소 | 구성 요소의 파악 | 그것이 지닌 의미·효과 | 주제와의 관련성 |
|---|---|---|---|
| 내용 요소 | ① 시적 화자 및 화자의 상황 | 어두운 방에서 스스로를 성찰하고 반성하여 순수한 영혼이 아름다운 세계로 가기를 바란다. | 현실의 불안 극복과 이상향에 대한 동경 |
| | ② 자아의 분열상이 드러남 | ㉠ 백골 – 현실 도피적 자아<br>㉡ 아름다운 혼 – 이상적 자아<br>㉢ 나 – 분열된 두 자아 사이에서 갈등하는 현실적 자아 | |
| | ③ 고향에 대한 인식 | 작자는 고향인 북간도에서 아름다웠던 유년을 보낸 후, 서울 유학 생활을 하면서 일제 현실의 암담함을 깨닫고 고향에 돌아왔으나 마음에 그리던 고향을 상실했음을 느끼게 되며 이 작품은 그러한 인식을 바탕으로 했다. | |
| 형식 요소 | ① 시상의 전개 | 자아의 분열과 대립에 의한 갈등 구조를 통해 시상을 전개하여 자아의 분열을 잘 드러냈다. | |
| 표현 요소 | ① 다양한 상징 | ㉠ '백골', '아름다운 혼', '나'의 관계와 '또 다른 고향'에 대한 지향을 통해 주제를 드러냈다.<br>㉡ '고향, 어둔 방, 우주, 바람, 지조 높은 개, 어둠을 짖는 개' 등도 상징이다. | |
| | ② 대조 | '백골'과 '아름다운 혼'의 대립, '어둔 방'과 '우주'의 대립, '고향'과 '또다른 고향' 등의 대립을 통해 주제를 드러냈다. | |

## ③ 감상의 길잡이

윤동주는 대부분의 작품마다 작품을 쓴 연대를 적어 놓고 있다. 이 작품은 1941년 9월에 창작되었으며, 일제강점기 말 저항시의 대표 작품이다. 이 작품은 일제강점기 말 불안한 강박관념에 사로잡혀 이상향의 세계를 동경하는 자의식을 표현하고 있으면서도 불굴의 의지로 불안감과 절망감을 극복하고 현실을 이기려는 저항 정신을 보여 준다.

윤동주는 고향인 북간도에서 아름다웠던 유년을 보냈으나 서울 유학 생활을 하면서 현실의 암담한 상황을 깨닫게 된다. 그 후, 그는 고향에 돌아왔으나 마음에 그리던 고향을 상실하고 내적 자아가 분열을 일으키고 있는 상태에 빠지게 되며 이를 형상화한 시가 바로 이 작품이다.

1연은, 그리던 고향에 돌아왔으나 그 곳에는 유년의 평화로움이나 아름다움은 사라지고 어둠으로 가득찬 장소일 뿐이다. 이미 육신이나 영혼이 함께 안주(安住)할 수 있는 장소는 아니다. 고향에서 안주하고자 하는 '나'는 이 암담한 식민지 현실 속에서 이미 죽어 백골과 같은 존재가 되고 말았다. 2연에서는 닫힌 세계('어둔 방')에 있으려니 '나'를 열린 세계('우주')로 부르는 바람 소리가 들린다. '하늘에서 불어 오는 바람'은 현실에 안주하려는 '나'를 새로운 세계로 향하게 한다. 3연은 고향에 돌아와 자아가 분열되어 갈등을 일으키는 현상을 형상화한 것이다. 현실에서 안주하고자 하는 현실적 자아('백골')와 현실의 안주를 거부하고 이상을 추구하려는 이상적 자아('아름다운 혼')가 갈등을 일으킨다. '백골'은 식민지 현실 속에서 생명력이 이미 다한 자신의 현실적인 모습을 표현한 것일 터이다. 4연에서는 어디선가 본질을 지키라는 소리가 들린다. '어둠을 짖는 개'는 암담한 현실 속에서 무력한 생활을 하는 '나'를 일깨우는 것으로 풀이된다. 5연에서는 '나'의 안일한 자세를 일깨우는 소리가 '나'의 양심을 압박해 온다. 강박 관념을 표현한 것이다. 6연은 현실에 안주하고자 하는 부끄러운 자아를 떼어 놓고 새로운 이상의 세계로 가자는 것이다. '또 다른 고향에 가자'는 말은 시대적 상황으로 정신적 고뇌를 겪고 있는 스스로를 구현하기 위해 새로운 세계(즉, 미래의 이상향)를 지향하는 것으로 읽힌다.

윤동주 시의 주요한 모티프를 이루고 있는 그리움은 다양하게 나타나는데 특히 고향에 대한 그리움은 대단하다. 평화롭기만 했던 유년 시절의 추억 때문일 것이다. 그러나 이 시는 고향에 대한 단순한 그리움만을 노래한 것은 아니다. 고향을 떠나 전전하면서 암담한 현실을 깨닫고 귀향해 보니 옛날의 고향이 아니었던 것이다. 이에 비애와 불안과 강박 관념에 사로잡히자 이를 극복하기 위하여 새로운 고향으로 가자는 것으로, 그 갈등과 화해의 과정을 보여 주는 것이라 하겠다.

## 중요 내용 정리

**01 시적 화자의 '고향'**

이 시의 시적 화자는 오랜만에 귀향을 한다. 하지만, 고향에 돌아온 시적 화자의 모습은 아무런 의식이 없는 '백골'일 뿐이다. 암울한 현실도 자연(풍화 작용)의 이치로 여기고 안주하고자 한다. 1~3연에 나타난 시적 화자의 이런 암울함을 4~6연에서 변화를 보이고 있다. 어두운 현실을 깨우고 있는 '지조 높은 개'를 통해 시적 화자는 자신 속에 존재하는 '백골'을 쫓아내고 '아름다운 또 다른 고향'으로 떠나길 갈망하고 있다. 이는 현재의 부정적 현실을 극복하고 새로운 이상향을 지향하고자 하는 시적 화자의 의지인 것이다.

**02 '나', '백골', '아름다운 혼'의 의미**

이 시에서 시적 화자의 모습은 '내', '백골', '아름다운 혼' 등 다양한 모습으로 나타나고 있다. 이는 부정적 현실 속에서 고뇌하는 시적 화자의 모습인 것이다. '백골'은 어두운 현실 속에서 무기력하게 안주하고자 하는 '나'를 상징하며, '아름다운 혼'은 어두운 현실을 극복하고 새로운 이상적 세계를 꿈꾸는 '나'이다. 그리고 3연의 '내'는 이러한 두 자아의 모습 속에서 갈등하고 있는 '나'이다.

**03 '지조 높은 개'와 '어둠을 짖는 개'**

'지조 높은 개'는 어두운 현실에 굴하지 않고 그 현실을 헤쳐 나가려는 의지나 힘의 표상이며, '어둠을 짖는 개'는 그러한 어두운 현실에 좌절하고 거기에 영합하여 안주하려는 시적 화자를 고무시키고 충동시키는 계기나 힘을 제공하는 대상으로 이해할 수 있다. 즉 둘은 화자를 나약하고 소극적인 자아에서 의지적, 적극적인 자아로 변화하게 하는 존재이다.

**04 이 작품에 반영된 윤동주의 생애와 시대적 배경**

윤동주가 주로 활동했던 1940년대는 일제 강점기 말기로, 일제의 탄압과 억압이 최고조에 달했던 암흑기였다. 이 시기에 윤동주가 일본 유학 중이었음을 고려한다면, 이러한 시대적 현실은 시인으로 하여금 고향(조국)에 대한 그리움을 더욱 자극했을 것이고, 버거운 현실에 심각한 자아의 분열을 경험하면서 자연스럽게 이상향에 대한 동경을 노래하고 싶었을 것이다.

## ▷ 이육사
### 李陸史

1904 ~ 1944
시인·독립운동가. 경상북도 안동 출생
본명은 원록 또는 원삼

▷ **작가의 특징**
1. 1930년 ≪조선일보≫에 「말」을 발표하면서 문학 활동을 시작. 1937년 윤곤강·김광균 등과 함께 동인지 ≪자오선(子午線)≫을 발간했고, 이 무렵 「청포도(靑葡萄)」, 「교목(喬木)」, 「절정(絶頂)」, 「광야(曠野)」 등을 발표했다.
2. 고전적인 선비 의식과 한시의 영향으로 전통적인 시 세계에 맥이 닿아 있었다.
3. 저항시는 대체로 극한적인 현실 상황 또는 일제 현실 속에서 죽음을 초월한 저항 의지를 보여주고 있으며, 미래에 대한 전망과 역사 의식을 드러내었다.
4. 한국시에 남성적이고 대륙적인 입김을 불어넣어 윤동주 시와 다른 양상을 보인다.

▷ **주요 작품**
유고 시집 – 『육사시집』(1946)

---

## 작품 1  절정 (문장, 1940년)

매운 계절(季節)의 채찍에 갈겨
마침내 북방(北方)으로 휩쓸려 오다.

하늘도 그만 지쳐 끝난 고원(高原)
서릿발 칼날진 그 위에 서다.

어데다 무릎을 꿇어야 하나
한 발 재겨 디딜 곳조차 없다.

이러매 눈감아 생각해 볼밖에
겨울은 강철로 된 무지갠가 보다.

### ■ 핵심정리

▷ **갈래** 자유시, 서정시
▷ **성격** 상징적, 남성적, 지사적
▷ **시적 화자** 더 이상 물러설 수 없는 절정에 서 있는 화자
▷ **시상전개(형태)** 기승전결
▷ **표현** 비유, 상징, 역설
▷ **제재** 현실의 극한 상황
▷ **주제** ① 현실 초극 의지
② 매서운 극한적인 현실에서 거듭 다지는 결단의 의지

### 이해와 감상

#### 1 짜임 분석
- 기(1연) – 극한 상황의 압축적 제시
- 전(3연) – 극한 상황의 최절정
- 승(2연) – 극한 상황과의 대결 의지
- 결(4연) – 비극적 삶의 인식과 초월

## 2 작품감상의 구조

| 구성 요소 | 구성 요소의 파악 | 그것이 지닌 의미·효과 | 주제와의 관련성 |
|---|---|---|---|
| 내용 요소 | ① 시적 화자 및 화자의 상황 | '우국지사'를 시적 화자로 설정하여 극한 상황에 내몰린 상황에서 오히려 미래에 대한 강인한 의지를 드러내었다. | 비극적 현실 초극 의지 |
| | ② 제재 | '현실의 극한 상황'을 드러내는 제재를 통해 현실 초극 의지를 효과적으로 드러내었다. | |
| 형식 요소 | ① 4음보 | 대체로 4음보의 한시적 운율을 통해 비극적 현실의 초극 의지란 주제를 잘 드러낼 수 있다. | |
| | ② 시어 | '매운', '채찍', '갈겨', '칼날진' 등의 강렬하고 남성적인 시어를 통해 매서운 긴장감을 조성하여 주제를 효과적으로 드러내었다. | |
| | ③ 기승전결의 짜임 | 기승전결의 짜임을 통해 시적 화자의 마음을 설득력 있게 효과적으로 전달하고 있다. | |
| 표현 요소 | ① 상징 | '매운 계절', '채찍', '서릿발', '겨울'은 시적 화자가 처한 극한 상황을, '무지개'는 미래에 대한 희망을 상징한다. | |
| | ② 비유 | '겨울=강철로 된 무지개'는 시적 화자의 현실에 대한 깨달음을 은유적으로 표현하여 주제를 효과적으로 드러내었다. | |
| | ③ 역설 | '겨울은 강철로 된 무지갠가 보다'는 부분은 역설로 볼 수 있으며, 현실 초극 의지를 더 강조한다. | |

## 3 감상의 길잡이

각 연 2행으로 된 전 4연의 자유시이다.
① 1~2연: 시적 정황을 서술한다. 매운 계절의 채찍에 쫓겨 마침내 칼날 위에 선 것과도 같은 극한 상황에 이른다.
② 3연: 상황의 긴박함은 무릎을 꿇어 도움을 청하고자 한발 옆으로 비껴서는 것도 허락하지 않을 정도이다.
③ 4연: 그런 극한 상황 속에서도 강철 무지개와도 같은 역설적인 느낌을 받는다.

많은 사람들이 이미 지적했듯이, 이 시는 기승전결 식의 시상 전개와 시적 구조를 이루며 간결한 시행으로 생략과 압축의 효과를 높이고 있다는 점에서 한시와 닮아 있다. 형태상의 이런 고전적인 특징은 자기감정을 고도로 통어하고 있는 절제감이 빚어낸 것으로서 시 전체에 강렬한 긴장미를 부여하고 있다. 그리고 이 시가 결코 천박한 이별의 슬픔을 보여주지 않는 것은 그 한을 스스로 인내하고 절제하기 때문이다.

## ■ 중요 내용 정리

### 01 표현상의 특징

① 언어: 이 시에서 '매운', '채찍', '갈겨', '칼날진' 등의 시어는 매우 강렬하고 남성적이다. 아울러 극한 상황과 그 초극에 맞게 표현도 매서운 긴장감을 느끼게 한다. 예컨대, '서릿발 칼날진'과 같은 표현은 서릿발과 칼날이 효과적으로 조응된 것이다. 그리고 '겨울은 강철로 된 무지개'라는 은유는 강철의 차가움과 비정함이 무지개의 색채와 결합된 독특한 표현이다.
② 구조: 기승전결이라는 한시의 전형적인 방식을 취하고 있다. 1연이 극한 상황을 압축해서 제시한 것이라면 2연은 극한 상황의 최극단에 시인이 서있음을 나타낸다. 3연은 이러한 극한 상황에 대한 내면적 인식으로의 전이가 이루어지고 4연은 미래에 대한 비전을 제시하는 것으로 끝맺고 있다.

## 02 문학 언어의 상징성

작품 속 화자는 이 시가 말하는 대로라면 북방의 어느 산꼭대기에 있는 것이 된다. 그러나 그 북방이 어디인지 우리는 알 수 없다. 문학은 사실을 형상화하여 제시하되 사실 그 자체는 아니다. 이 시에 나오는 시어는 일상어와는 다른 뜻으로 헤아리는 것이 마땅하다. '북방'도 꼭 우리나라의 북쪽 어디가 아닐 수 있으며, 북쪽이라는 곳이 상기시키는 '불모'나 '혹한'을 의미한다고도 할 수 있다. '고원'도 굳이 지도상의 어느 곳이 아니라 그가 처한 아득한 상황으로 해석될 수 있고, '겨울'은 12월이나 1월의 어느 날을 가리키는 것이 아니라 견디기 어려운 시련이라는 뜻으로 생각할 수 있게 된다. 이것이 문학의 형상성이며, 그 결과로 나타나는 것이 상징성이다.

## 03 이육사 시의 저항성

이육사는 일제 강점기의 현실을 극복하려 했던 대표적인 저항 시인으로 평가 받고 있다. 저항시로써 그의 시는 무엇보다도 투철한 현실 인식과 강한 신념에서 비롯된다. 즉, 시간적으로는 아득한 천고와 미래의 사이, 공간적으로는 만물이 눈에 덮인 광야에 홀로 서 있는 극한 상황에서, 그를 구제할 수 있는 것은 오직 장엄한 미래에 대한 기대뿐이다. 이러한 극명한 현실 인식과 조국 역사의 미래에 대한 신념이 있었기에 자기희생이 가능하였고, 저항적·지사적 결의가 가능하였던 것이다. 「광야」에 드러난 강렬하고도 남성적인 시어들은 바로 이러한 주제 의식을 형상화하기 위한 시인의 의도를 담고 있다.

## 04 시적 화자의 태도

시적 화자는 현재 벼랑 끝에 선 것 같은 극한 상황에 처해 있다. 단 한 발만 잘못 디뎌도 벼랑으로 떨어지고 말 정도로 한 치의 물러섬도 허용되지 않는 위태로운 상황에 처한 투사의 이미지가 선명하게 떠오른다. 즉, 일제 강점하의 고통스럽고 가혹한 시련의 시기를 견대 내야 하는 투사의 긴장된 삶의 국면이 나타난다. 그러나 화자는 이러한 극한 상황에서 한 발 물러나 정신적인 여유와 달관의 경지를 획득하고 새로운 의지와 신념을 다지고 있다. 다시 말해, 견디기 힘든 시련의 힘든 상황을 아름답고 황홀한 것으로 받아들임으로써 넉넉한 마음으로 관조하는 태도를 보여 주는 것이다.

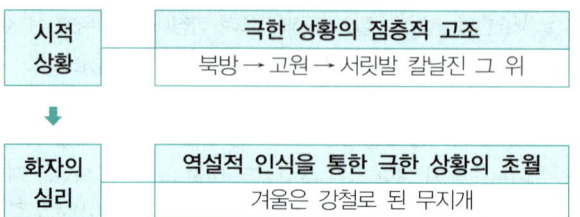

## 05 시적 형상화 방식

이 시는 '북방 – 고원 – 서릿발 칼날진 그 위' 등으로 이어지면서, 점층적으로 날카롭고 극한적인 이미지로 좁혀진다. 또 '강철로 된 무지개'에서도 강철의 강인한 이미지와 무지개의 화려하고 부드러운 이미지가 결합하여 역설적이며 함축적인 의미를 드러낸다. 즉, 이 작품은 여러 가지 이질적인 사물들을 나열함으로써 극한 상황에 처한 시적 화자의 모습을 선명하게 그려 내고 있으며, 팽팽한 긴장감을 형성하고 있는 것이다. 아울러 극히 간결한 표현으로 생략과 압축의 효과를 극대화하고 있으며, 이를 통해 시적 화자의 감정을 최대한 절제하는 효과를 내고 있다.

## 기출문제

1. 다음 작품을 대상으로 문학 수업을 계획하고자 한다. 그 내용을 제시된 〈조건〉에 따라 서술하시오. [6점]

1997년 기출 10번

(가)
　　매운 계절의 채찍에 갈겨
　　마침내 북방으로 휩쓸려 오다

　　하늘도 그만 지쳐 끝난 자리
　　서릿발 칼날진 그 위에 서다

　　어데다 무릎을 꿇어야 하나
　　한 발 재겨 디딜 곳조차 없다

　　이러매 눈 감아 생각해 볼밖에
　　겨울은 강철로 된 무지갠가 보다

　　　　　　　　　　　　- 이육사, 「절정」

(나)
　　한울을 우러러
　　울기는 하여도
　　한울이 그리워
　　울음이 아니다
　　두발을 못 뻗는
　　이 땅이 애달퍼
　　한울을 흘기니
　　울음이 터진다
　　해야 웃지 마라
　　달도 뜨지 마라

　　　　　　　　　　　　- 이상화, 「통곡」

〈조건〉
(1) (가)의 시적 경향과 형식상의 특징을 설명할 것
(2) 조건 (1)에 근거하여 핵심적인 수업 목표를 두 항목만 설정할 것
(3) (가)와 (나)를 연계하여 이해하기 위한 공통적 자질을 들 것

### 출제기관 채점기준

① 이 시는 정신적 지향성이 두드러진다.
　　※ 문제점: 시적 경향을 '정신적 지향성'으로 설명하는 것이 타당한가?
※ 점수 부여
　　2점 - 역사적 고난을 현실로 수용하고 극복하고자 하는 의지가 드러나 있다. 구조상 4연의 정형성을 보여주는데 이는 한시의 특징과 연관된다. 마지막 시행의 이미지는 역설적 은유로 되어 있다는 내용이 포함된 경우
　　1점 - 위의 내용 가운데 하나의 조건만 바르게 서술한 경우
②
　　2점 - 현대시 가운데 정신 지향적 경향을 이해한다. (또는, 시에서 현실에 대응하는 방식을 이해한다.) 이 시의 형식적 특징과 그 의미를 이해한다. 등 두 가지의 목표를 설정한 경우
　　1점 - 한 항목의 목표를 타당하게 제시한 경우
③
　　2점 - 시대적인 고뇌를 역설적인 언어를 통해 표현하고 있다는 공통적 자질을 서술한 경우
　　1점 - 정신적 경향이나 시인의 태도 등을 공통점으로 지적한 경우

### 출제기관 제시답안

① 한국 현대시의 경향을 정신시, 심혼시, 기교시로 구분할 경우, 이육사의 「절정」은 정신시의 경향을 보여준다. 역사적 고난을 현실로 수용하면서 이를 극복하고자 하는 의지가 형상화되어 있다. 자신이 살고 있는 시대를 매운 계절로 인식한다든지, 서릿발로 표상되는 정신의 고매함과 절망적 상황에서 오히려 황홀경을 체험하는 상상력을 보여준다. 이 시는 4연의 정연한 구조를 지니고 있으며, 각 연은 2행으로 되어 있다. 각 행은 대체로 4음보 반복 형식으로 되어 있다. 4연의 구성은 한시의 기승전결 형식을 수용한 것으로 볼 수 있다.
  ※ 문제점 : 이러한 시 경향의 구분은 객관적인 답안으로 보기 어려움

② 문학 수업의 학습 목표는 작품의 특성을 고려한 것이라야 한다. 이 시가 정신시에 해당한다는 점에서 '㉠ 현대시 가운데 정신 지향적 경향이 있다는 점을 이해한다. ㉡ 시의 형식적 특징과 이의 내용과의 관계를 이해한다.' 등 두 가지의 목표를 세울 수 있다.

### 보충답안

① 「절정」은 이육사가 일제 말에 쓴 저항시이다. 이 시는 남성적이며 강인한 어조로 일제 치하의 암울한 현실 속에서도 굴하지 않고 가혹하리만치 스스로를 단련하면서 현실을 넘어서기 위한 의지를 보이고 있다. 전체적으로 한시의 구성인 '기-승-전-결'의 짜임을 보이고, 전체적으로 4음보(또는 층량 3보격)가 주를 이루고 있으며, 마지막 부분에서 역설에 의한 표현이 나타난다.

② ㉠ 이 작품에 나타난 저항시의 특징을 말할 수 있다. ㉡ (가) 작품의 사회적 기능(교훈적 기능)에 대해 말할 수 있다. ㉢ (가) 작품이 형성된 사회 배경에 대해 말할 수 있다. ㉣ (가) 작품의 어조의 특징을 말할 수 있다. ㉤ 이 작품의 구성과 그 의미에 대해 안다. ㉥ 이 시에 나타난 역설적 표현에 대해 안다. ㉦ 시의 형식적 특징과 이의 내용과의 관계를 이해한다. 등을 중요한 학습 목표로 내세울 수 있다.

③ 「절정」과 「통곡」은 시대적인 고뇌와 정신적 절망의 상황을 역설적인 언어를 통해 표현하고 있다는 점, 일제 치하를 배경으로 하여 시인들의 역사 의식이나 저항 의식을 보여준다는 점, 4음보의 운율을 지니고 있다는 점 등에서 텍스트 연관성을 지닌다. 따라서 텍스트 상호성을 통한 이해라는 문학교육의 목표를 달성하기 위해 두 작품을 연계할 수 있다.

## 작품 2  광야 (육사시집, 1946년)

까마득한 날에
하늘이 처음 열리고
어디 닭 우는 소리 들렸으랴.

모든 산맥(山脈)들이
바다를 연모(戀慕)해 휘달릴 때에도
차마 이 곳을 범하던 못 하였으리라.

끊임없는 광음(光陰)을
부지런한 계절(季節)이 피어선 지고
큰 강물이 비로소 길을 열었다.

지금 눈 내리고
매화(梅花) 향기(香氣) 홀로 아득하니
내 여기 가난한 노래의 씨를 뿌려라.

다시 천고(千古)의 뒤에
백마(白馬) 타고 오는 초인(超人)이 있어
이 광야(曠野)에서 목놓아 부르게 하리라.

## 핵심정리

▷ **갈래** 자유시, 서정시
▷ **성격** 의지적, 저항적, 참여적, 상징적, 미래지향적
▷ **시적 화자** 비극적인 현실의 극한점에 선 한 인간
▷ **시상 전개** '과거 – 현재 – 미래'의 시간의 흐름에 따른 시상 전개 구조
▷ **표현** 설의법, 의인법, 비유법
▷ **제재** 광야
▷ **주제** ① 현실 극복 및 미래 지향적 의지
　　　　② 조국 광복을 향한 의지적 신념

## 이해와 감상

### 1 짜임 분석

- 기(1~3연) – 과거의 광야 : 광야의 웅대한 모습과 힘
- 서(4연) – 현재의 광야 : 암울한 현실과 자기희생 의지
- 결(5연) – 미래에 대한 기다림과 희구

### 2 작품감상의 구조

| 구성 요소 | 구성 요소의 파악 | 그것이 지닌 의미·효과 | 주제와의 관련성 |
|---|---|---|---|
| 내용 요소 | ① 시적 화자 및 화자의 상황 | 시적 화자를 우국지사로 설정하여 광야에서 역사를 생각하며 해방의 의지를 다짐하는 화자를 통해 주제를 효과적으로 드러내었다. | 현실 극복 및 미래 지향적 의지, 조국 광복을 향한 의지적 신념 |
| | ② 소재 | '광야'라는 소재를 통해 민족사를 되짚어 보며, 냉혹한 탄압의 현실을 작가 한 바탕 위에서 주제를 효과적으로 드러냈다. | |
| | ③ 어조 | 남성적 어조를 통해 의지를 강조하였다. | |
| 형식 요소 | ① 각운 | 일정한 위치에 '-(리)라'의 각운을 사용하여 리듬감을 강조하고 의지적 태도를 강조하였다. | |
| | ② 시간적 구성 | '과거 → 현재 → 미래'의 구성을 통해 현실 극복 및 광복을 향한 의지를 강조한다. | |
| | ③ 행이 길어지는 배열 | 각 연의 1행보다 2행이 2행보다 3행이 길어서 시적 화자가 지닌 의지를 더욱 강조하여 드러냈다. | |
| 표현 요소 | ① 상징 | '광야'는 '원시성, 신성성, 순수성을 간직하고 있는 공간, 민족사가 전개되어 온 역사적 삶의 터전, 혹독한 탄압이 도사리고 있는 시련의 현실'을 상징적으로 드러내었다. | |
| | ② 의인법 | '모든 산맥들이 바다를 연모해 휘달릴 때'는 의인법을 통해 주제를 효과적으로 드러내었다. | |

**감상의 길잡이**

    각 연이 3행으로 된 전 5연의 자유시로, 비유와 상징을 통해 시적 의미를 드러내고 있고, '과거 – 현재 – 미래'의 시간적 흐름에 따라 시상을 전개하고 있다. 시적 화자 '나'는 눈이 내리고 있는, 가없이 드넓게 펼쳐진 겨울 광야에 홀로 서 있는 상황이다. 그 광야에서 '나'는 태초로부터 광야의 역사를 웅혼한 상상으로써 조망하고(1~3연) 그 곳에 홀로 있는 자신의 존재와 행위를 성찰하며(4연), 나아가 다가올 앞날에의 예감을 펼치고(5연) 있는 것이다.

    1~3연에 제시된 시상은 천지창조부터 우리 민족의 역사를 태동시키고 꽃피운 터전으로서 광야의 웅대한 모습과 힘을 형상화 한 것이며, 이것이 조국 광복의 의지라는 주제 의식을 보다 견고하고 비장하게 만들고 있다. 특히 4연에서 어두운 조국의 현실과 내면적 저항 의지를 '눈'과 '매화 향기'의 상징으로 암시하는 한편, 그 내면적 저항 의지를 구현한 '가난한 노래의 씨'가 5연에서 '백마 타고 오는 초인'에게 계승될 것을 기대하고 있다는 것은 과거가 현재의 뿌리이며 현재가 미래의 토대임을 인식하고 있다는 것이다.

    4~5연의 문장이 모두 명령형의 서술로 쓰였다는 것도 화자 자신의 강렬한 의지 표명을 위한 표현이라고 할 수 있다.

## ▎중요 내용 정리

### 01 표현상의 특징

    이 시에서 가장 두드러진 표현상의 특징은 상징성이다. 천지창조부터 천고에 백마를 타고 오는 초인을 기다리며 광야에서 목놓아 울게 하겠다는 상징적인 시인의 정신이 '천지창조 → 광야의 위엄 → 계절과 산하 → 험준한 현실 → 초인의 구제'라는 구조를 바탕으로 표출되고 있다. 이와 같이 백마나 초인, 광야와 같은 상징어를 구사하면서 압축되고 균제된 형식의 시를 이루고 있는 것은 이육사 시의 한 특징이라 할 수 있다.

### 02 생명 영속을 위한 결정체로서 '씨'가 갖는 상징성

    화자는 비록 가난하지만 자신이 소망하는 노래의 씨를 광야에 뿌려 천고 뒤에 백마 타고 오는 초인으로 하여금 노래를 부르게 하겠다는 의지를 표출한다.

    '눈 내리는 겨울'로 상징된 열악한 현실 상황은 강물조차 얼어붙게 하는 잔혹한 시련으로 역사의 흐름을 중단시켰다. 그러나 눈 속에서도 '매화 향기' 아득하게 퍼져 민족 생명의 근원과 끈질긴 저력을 알리고, 훗날 꽃으로 만개할 씨를 뿌림으로써 미래의 희망을 확신한다. 이육사는 씨를 뿌리는 행위를 통해 미래에 대한 막연한 기대감이 아니라 염원이 현실로 이루어지리라는 확고한 기대를 하면서 광야에서 목놓아 부를 초인을 기다리고 있다.

    '씨'는 소생할 생명의 근원이며 생명 영속을 위한 가장 고귀한 결정체이다. 따라서 '씨'는 단절되려는 시대를 이으려는 시인의 노력으로 이해할 수 있다. '뿌려라', '하리라'의 종결어미에는 시인의 내면적 힘을 느끼게 하는 강건함이 있다. 곧 '씨'는 미래에 만개할 꽃을 위한 의지적 희망의 상징이라 할 수 있다.

| 가난한 노래의 씨 | | 뿌려라 | | 선구자적 |
|---|---|---|---|---|
| 자기희생적 (속죄양 모티프) | + | 의지적 명령 (남성적 어조) |  | 태도 |

### 03 시어의 함축적 의미

① 광음 : '빛(해)과 어둠(달)'이라는 뜻으로, 시간 또는 세월을 의미한다.
② 강물 : 인간의 역사 또는 문명, 인류 문명의 발상지가 대부분 큰 강의 주변이라는 것과 연관된다.
③ 눈 : 겨울의 이미지로, 일제 강점하의 혹독한 현실을 말한다.
④ 매화 향기 : 선비의 고결한 기품 또는 민족의 정기, 해방의 기운을 의미한다.
⑤ 초인 : 광복의 상징이며, 미래 역사의 주인공이겠지만 본질적으로 이해하면 부활한 민족적 자아의 모습을 의미한다.
⑥ 광야 : 우리 민족의 원형적 삶의 공간을 의미한다.

## 04 '속죄양 모티프'

인류의 죄를 대신해 십자가에 못 박힌 예수의 삶에서 비롯된 모티프로, 자신을 희생하여 인류나 민족을 구원하려는 행위나 의식을 말한다. 우리 문학에서 이러한 '속죄양 모티프'는 일제 말의 대표적인 저항 시인인 이육사와 윤동주의 시에서 잘 드러난다.

| 시인 | 작품 | 시구 |
|---|---|---|
| 이육사 | 광야 | 지금 눈 내리고 / 매화 향기 홀로 아득하니 / 내 여기 가난한 노래의 씨를 뿌려라. |
| 이육사 | 교목 | 마침내 호수 속 깊이 거꾸러져 / 차마 바람도 흔들진 못해라. |
| 윤동주 | 십자가 | 꽃처럼 피어나는 피를 / 어두워져가는 하늘 밑에 / 조용히 흘리겠습니다. |
| 윤동주 | 간 | 내가 오래 기르는 여윈 독수리야! / 와서 뜯어 먹어라, 시름없이 |

## 05 이육사 시의 문학사적 의의

① 1930년대 전반을 풍미하던 모더니즘의 비인간화 경향에 대한 비판적 요소를 가지고 있다.
② 고전적인 선비 의식과 한시의 영향으로 전통적 요소를 지니고 있다.
③ 한국시에 남성적이고 대륙적인 입김을 불어넣었다.
④ 죽음을 초월한 저항 정신과 시를 통한 진정한 참여를 보여 주었다.
⑤ 윤동주의 시작과 함께 일제 말 우리 민족 문학의 공백기를 메워주는 중요한 성과라고 할 것이다.

## 06 이육사의 시 세계

① 현실 극복 의식: 시를 통해 초극 의지를 실현함으로써 일제 치하의 민족적 현실을 극복, 개척해 나가려는 시를 많이 남겼다. '시와 행동의 일치'라고 평가받는 저항시에는 「절정」, 「꽃」 등이 있다.
② 이상 세계에 대한 기다림: 미래에 실현될 이상 세계를 시의 세계 속에서 미리 전망하는 성향을 보여 주는 작품들을 남겼는데 향토적인 서정성을 배경으로 항일 정신을 노래한 「청포도」가 대표적이다.
③ 미래 지향의 역사 의식: 초인 사상과 선구자의 정신에 바탕으로 하여 미래 지향의 역사관을 웅장하게 노래했는데 밝고 희망찬 미래의 도래를 예언한 「광야」 등이 있다.

---

### 작품 3 　 교목 (육사시집, 1946년)

푸른 하늘에 닿을 듯이
세월에 불타고 우뚝 남아서서
차라리 봄도 꽃피진 말아라.

낡은 거미집 휘두르고
끝없는 꿈길에 혼자 설레이는
마음은 아예 뉘우침 아니라.

검은 그림자 쓸쓸하면
마침내 호수 속 깊이 거꾸러져
차마 바람도 흔들진 못해라.

## 핵심정리

▷ **갈래** 자유시, 서정시
▷ **성격** 의지적, 상징적, 저항적
▷ **시적 화자** 온갖 고통에도 불구하고 강인한 자세로 의지를 굽히지 않는 화자
▷ **시상 전개** 점층적 전개
▷ **표현** 상징적, 저항적 표현
▷ **제재** 교목
▷ **주제** ① 극한 상황 대처를 위한 결의
　　　　② 일제강점하의 현실에 굴하지 않는 꿋꿋한 의지

## 이해와 감상

### 1 짜임 분석
- 1연 – 가혹한 현실의 극복 의지
- 2연 – 독립 쟁취를 위한 후회 없는 삶의 결의
- 3연 – 극한 상황과 맞서는 강인한 의지와 결단

### 2 작품감상의 구조

| 구성 요소 | 구성 요소의 파악 | 그것이 지닌 의미·효과 | 주제와의 관련성 |
|---|---|---|---|
| 내용 요소 | ① 시적 화자 및 화자의 상황 | 교목을 바라보며 굳고 곧은 의지를 드러내는 화자를 통해 주제를 효과적으로 드러내었다. | 극한 상황 대처를 위한 결의, 현실에 굴하지 않는 꿋꿋한 의지 |
| | ② 소재 | '교목'을 통해 굳고 곧은 의지를 드러냈다. | |
| | ③ 어조 | 강인하고 의지적인 남성적 어조를 통해 주제를 효과적으로 드러냈다. | |
| 형식 요소 | ① 부사의 사용 | '차라리', '아예', '마침내', '차마' 등의 부사를 통해 의지, 주제를 강조하고 있다. | |
| | ② 부정형 종결어미 | 각 연의 끝을 '말아라, 아니라, 못해라' 등의 부정어를 사용함으로써 강인한 저항 의지를 드러내었다. | |
| | ③ 점층적 전개 | 점층적 전개를 통해 주제 의식을 강조했다. | |
| 표현 요소 | ① 상징 | '푸른 하늘'은 해방·독립·자유를, '봄'은 비굴한 영화, '검은 그림자'는 절망적 상황을 상징적으로 드러냈다. | |
| | ② 객관적 상관물 | '교목'이라는 객관적 상관물을 통해 올곧은 의지를 지닌 삶의 자세를 효과적으로 드러내었다. | |

### 3 감상의 길잡이

　이 시는 가혹한 시대를 견디어 내는 견고한 정신의 아름다움을, '교목'이라는 상징적 사물을 통해 구체적으로 현상화하고 있다. 이 시의 제목인 '교목(喬木)'은 '줄기가 곧고 굵으며 높이 자라는 나무로 관목(灌木)과 반대되는 큰키나무'를 두루 가리키는 말인데, 이 시에서는 암담한 현실에 저항하고자 하는 시적 화자 자신의 꿋꿋한 기상과 단호한 의지를 상징하고 있다.
　① 1연: 화자는 비록 세월에 불타듯이 고통과 시련을 겪었지만 우뚝 남아 있는 교목을 통해 자신의 올곧은 삶을 형상화하고 있다. 특히 '차라리 봄도 꽃피진 말아라'라는 표현을 통해 생명이 끝나는 한이 있더라도 의지만은 꺾이지 않겠다는 단호함을 드러내고 있다.

② 2연: 자신의 신념을 따르는 삶이 외롭고 어렵더라도 그것을 기꺼이 받아들일 때 진정 뉘우침이 없는 삶이 될 수 있다고 말한다. '낡은 거미집 휘두르고'는 시적 화자의 현재 모습이 투영되고 있는 구절로 1연의 '꽃'과 대조된 '낡은 거미집'을 휘두르고 있는 '교목'은 어떤 안락함이나 세속적 영예 등을 버리고 가혹한 시대에 맞서 싸우는 시적 화자의 외롭고 쓸쓸한 모습을 암시하고 있다.
③ 3연: 화자의 의연한 결의. 가장 강인한 정신의 높이에 도달한 화자의 굳은 의지의 표현이다. 가혹한 세월에 맞서 자신의 정열을 불태우면서 독립을 향해 가는 길에 극한적인 상황이 오면 구차하게 살기보다는 차라리 거꾸러져 죽을 지언정 의지를 버리지 않겠다. 그러니 이 결심은 어떠한 탄압도 꺾을 수 없을 것이다. 여기서 '바람'은 굳고 곧은 나무를 흔들고 굽히려는 외부적 힘으로 시적 화자의 의지를 꺾으려는 유혹이나 시련을 가리킨다. 화자는 '차마 바람도 흔들진 못'하리라는 스스로에 대한 확신이 있기 때문에 '검은 그림자'가 드리워지는 극단적 상황이 오더라도 죽음으로써 대처하겠다는 준엄한 저항 정신을 보여 주고 있다.

각 연의 끝을 '말아라, 아니라, 못해라' 등의 부정어(否定語)를 사용함으로써 강인한 저항 의지를 드러내고 있다.

| 교목 | 화자 |
| --- | --- |
| 세월에 불타고 우뚝 남아 섬 | 어려운 상황에서도 의지를 지키는 모습 |
| 낡은 거미집을 휘두름 | 안락을 거부한 어려운 처지 |
| 호수 속에 깊이 거꾸러짐 | 비굴한 삶을 거부, 생을 포기함 |

## 📗 중요 내용 정리

### 01 표현상의 특징
① 상징성이 두드러진 시어와 시구를 활용하는 한편, 간결한 짜임으로 시상을 전개하고 있다.
② 절제된 언어를 사용하였다.
③ 부사어('차라리,' '아예,' '마침내,' '차마')를 통해 주제를 강조하였다.
④ 각 연을 부정어('말아라', '아니라', '못해라')로 종결시킴으로써 강인한 저항 의지를 보였다.

### 02 이육사와 유치환의 의지적인 자세
이육사의 「교목」과 유치환의 「바위」의 중심 소재는 의지의 응결체라는 점에서 그 성격이 비슷하다. 이육사는 굳고 꼿꼿한 '교목'의 자태에, 유치환은 견고하고 투박하면서 고정적인 '바위'에 자신의 신념과 의지를 결합시켰다. 그런데 이육사가 바람도 흔들지 못하도록 기꺼이 호수 속 깊이 거꾸러지는 교목으로 실천적인 의지를 분출시켰다면, 유치환은 한결같은 모습을 간직하는 바위에다 온갖 흔들림으로부터 자신을 지키려는 관념적인 의지를 투영하였다.

### 03 이육사 시의 자연물들
육사의 시에 나타나는 자연물들은 육사의 지사적인 기질과 투철한 의지를 외적으로 잘 형상화하고, 그의 저항성에 서정의 색체를 입히면서 시의 분위기를 세련되게 꾸며준다.
① 「광야」의 '매화 향기' – 눈으로 압축되는 시련과 고난의 상황에 응전할 수 있는 고귀한 기개를 의미한다.
② 「꽃」의 '꽃 맹아리' – 깊은 얼음 속에서도 생명력을 간직하는 존재로 봄이 곧 찾아올 것을 예고하는 존재이다.
③ 「청포도」의 '청포도' – 시인의 꿈과 소망을 노래할 수 있는 매개물로 작용한다.

# 기출문제

1. '문학 작품의 표현 방식과 효과'를 중심으로 (가)와 (나)를 이해하는 수업을 하고자 한다. 〈조건〉에 따라 한 편의 글로 논술하시오. [20점]

2013년 2차 기출 논술형 4번 (1)

(가)
　아침에 깨어 보니 온 누리엔 수북하게 첫눈이 내렸는데, 대문 옆 블록 담 위에 웬 흰 남자 고무신짝 하나가 얌전하게 놓여 있었다. 얼마 안 신은 듯한 거의 새 고무신짝이었다. 아내와 나는 다 같이 께름칙한 느낌에 휩싸였다.
　"웬일일까. 누가 장난을 했나."
　내가 일부러 아무렇지도 않은 듯이 중얼거리자,
　"아무리, 장난으로 저랬을라구요."

〈중략〉

　그러니까 이렇게 된 모양이다. 새벽 일찍 뜰 한가운데 그 고무신짝이 떨어진 것을 본 그 어느 집의 부부들도 쩌엉한 느낌에 휘어 감기며 간밤내 근처에서 들리던 굿하는 꽹과리 소리 같은 것을 떠올리며 공포감에 사로잡혔을 것이다. 별로 복잡하게 궁리할 것도 없이, 그날 낮이라든가 밤에, 이웃집 아무 집에건 담장 너머로 그 고무신짝을 훌쩍 던졌을 것이다. 남편 모르게 아내가, 혹은 아내 모르게 남편이. 그만한 자존심들은 있었을 것이다. 그렇게 액(厄)은 이웃집으로 옮아 보내고, 제 집은 일단 마음을 놓았을 것이다. 그러자 담장 안에 웬 고무신짝 하나가 떨어진 것을 본 그 집에서도, 그렇게 제 집으로 기어 들어온 액을, 멀리는 못 쫓고 그날 낮이면 낮, 밤이면 밤에 근처 이웃집으로 또 던져 버렸을 것이다. 그 이웃집에서는 다시 이웃집으로, 또 그 이웃집으로, 순이네 집에서 영이네 집으로, 영이네 집에서 웅이네 집으로, 웅이네 집에서 건이네 집으로, 이런 식이었을 것이다. 모두 현대적인 교육을 받은 터여서 자존심들은 있었을 것이다. 모두가 합리적인 사람 대우는 대우대로 받고 싶었을 것이다. 그러나 대우는 대우고, 겪는 것은 겪는 것이다. 그들은 서로 상처 한 군데 입음이 없이, 그 고무신짝만 이웃집 담장 너머로 던지면 되었던 것이다.
　이렇게 합리적으로 생각하면서, 합리적으로 웃음도 나왔지만, 아내도 당장은 웃을 경황이 아니었다. 두 번째로까지 극성맞게 들어온 이놈의 고무신짝으로 대체 어쩐단 말인가. 이 액을 우리 부부 혼자서만 감당할 자신이 우리는 이미 없는 것이었다.
　"대체 저놈의 것을 어쩌지?"
　나는 이미 액투성이 때가 엉기엉기 묻은 듯한 그 고무신짝을 만지기도 싫어서, 그것을 엇비슷이 건너다보며 투덜거렸다.
　"어쩌긴 어째요, 놔두세요, 내가 처리할게."
　아내는 독 오른 표정이 되며, 악착같이 해보겠다는 듯이, 중얼거렸다.
　"처리하다니 어떻게?"
　"아주 머얼리 보내지요. 이따가 밤에."
　"산에라도 가져다가 버릴 요량인가?"
　"뭣 허러 산에 가져가요. 우리가 그렇게 질 수는 없는 거 아녀요."
　하고, 아내는 다시 말하였다.
　"밤에 저놈의 걸 들고 버스 타고 멀리 가져갈 터에요. 하다 못해 동빙고동에라도."
　"뭐라고?"
　나는 입을 벌리며, 악착같이 해볼 기세인 시뻘게진 아내의 얼굴을 마주 쳐다보았다.
　동시에 초등학교 4학년 적의 그 '지까다비'* 짝과 그때 그 '큰 산'이 구름에 깝북* 가렸던 교교한 산천을 떠올렸다.
 "'큰 산'이 안 보여서 이래, 모두가."
 내가 나지막하게 혼잣말로 중얼거리자, 아내도 나를 귀신 내리고 있는 박수* 쳐다보듯이 쳐다보고 있었다.
 "당신 이제 무슨 소리 했소. 대체 '큰 산'이 뭐유, '큰 산'이."
 "……."
 그 '큰 산'은 청빛이었다. 서쪽 하늘에 늘 덩더룻이 웅장하게 퍼져 있었다. 아침저녁으로 혹은 네 철을 따라 표정은 늘 달랐지만, 근원은 뿌리 깊게 일관해 있었다. 해 뜨기 전 새벽에는 청정한 빛으로 무겁게 싱싱하고 첫 햇볕이 쬐이면 산머리에서부터 백금색으로 빛나고 햇볕 속의 한낮에는 멀리 물러앉은 청빛이었다. 해질녘 저녁에는 골짜기 하나하나가 손에 잡힐 듯이 거뭇하게 윤곽을 드러내고 서서히 보랏빛으로 물들어 간다. 봄엔 봉우리부터 여드러워지고 겨울이면 흰색으로 험준해진다. 가을에는 침착하게 물러앉고, 여름이면 더 높아 보인다. 그 '큰 산' 쪽으로 마파람이 불면 비가 왔고, '큰 산' 쪽에서 바다 쪽으로 샛바람이 불면 비가 그치고 하늘이 개었다. 그 '큰 산'은 늘 우리 모든 사람의 마음속에 형태 없는 넉넉함으로 자리해 있었던 것이다. 그 '큰 산'이 그곳에 그렇게 그 모습으로 뿌리 깊게 웅거해* 있다는 것이, 우리들 존재의 어떤 근원을 이루고 있었던 것이다. 깊숙하게 늘 안심이 되었던 것이다.
 아, 그 '큰 산', '큰 산'.

* 찌까다비 : (일본 버선 모양의) 노동자용 작업화
* 깝북 : 가뜩. 어떤 범위 안에 무엇이 널리 퍼져 있거나 가득한 모양
* 박수 : 남자 무당
* 웅거해 : 일정한 지역을 차지하고 굳게 막아 지키며

— 이호철, 「큰 산」

(나)
 푸른 하늘에 닿을 듯이
 세월에 불타고 우뚝 남아서서
 차라리 봄도 꽃피진 말아라.

 낡은 거미집 휘두르고
 끝없는 꿈길에 혼자 설레이는
 마음은 아예 뉘우침 아니라.

 검은 그림자 쓸쓸하면
 마침내 호수 속 깊이 거꾸러져
 차마 바람도 흔들진 못해라.

— 이육사, 「喬木」

(다)
학생 1 : '푸른 하늘에 닿을 듯이 세월에 불타고 우뚝 남아서서'에서 '푸른 하늘'은 화자가 지향하는 이상적 세계를 의미하는 것으로 볼 수 있어. 그런데 '세월에 불타고'에서 '불타고'가 의미하는 것이 뭘까?
학생 2 : 이때 '불타고'는 불에 타서 재만 남는 식의 소멸의 의미를 지닌 것으로 읽혀.

학생 1 : '차라리 봄도 꽃피진 말아라.'에서 '봄'이나 '꽃'이 의미하는 건 뭐지?
학생 2 : 전체적인 맥락에서 볼 때 '봄'이나 '꽃'은 이상적인 밝은 미래를 나타내는 의미로 쓰인 것이라 할 수 있어.

―〈조건〉―
(1) (가)에서 '고무신짝'과 '큰 산'이 갖는 상징적 의미를 서술하고, 각각이 주제를 어떻게 형상화하는지 구체적으로 밝혀 쓸 것
(2) (나)를 활용하여 '문학 작품에 나타난 상징의 심미적 효과를 이해할 수 있다.'라는 학습 목표로 수업할 때 지도할 내용을 설명할 것. 단, 2~3연에 대한 구체적인 해석을 바탕으로 쓸 것
(3) 문학 작품 수용을 위한 교수·학습 상황에서 학생 토의 활동이 가지는 의미 2가지를 제시하고, (다)에서 학생이 부적절하게 해석한 내용 2가지에 대해 교사가 지도해야 할 내용을 쓸 것

### 예상답안

(가)에서 '고무신짝'은 '부정을 탄 사물이나 존재', '소시민이 지닌 이기심', '현대 사회의 이기적 태도로 인해 남에게 떠넘기는 태도나 문제' 등의 의미를 지닌다. '큰 산'은 '지향해야 할 가치', '시대를 이끌어가는 훌륭한 인물이나 스승', '시대의 불안감에서 벗어나 안심할 수 있게 하는 근원적인 힘' 등을 의미한다. 이 작품의 주제는 '이기주의로 가득 찬 소시민 의식에 대한 비판'인데, '고무신'은 누군가 그것을 해결하지 않고 서로 미루다 돌고 도는 상황을 통해 소시민들의 이기심을 잘 드러내고, '큰 산'은 불안한 사회를 지탱할 근원적인 힘인데 그것이 현재 존재하지 않는다는 점을 강조하고 안타까워하는 내용을 통해 주제를 잘 드러낸다.

(나)에서 '낡은 거미집'은 '일제 식민지 치하의 암담한 조국의 현실'을 의미하는데, 이를 통해 조국의 현실을 구체적으로 느낄 수 있고, 조국이 처한 현실 상황을 강조하며, 그 현실을 참신하고 새롭게 느낄 수 있다. '끝없는 꿈길'은 '조국 해방을 향한 의지나 노력'을 의미하는데, 이를 통해 해방을 구체적으로 느낄 수 있고, 해방의 의미를 강조하며, 해방의 의미를 참신하고 새롭게 드러낸다. '검은 그림자'는 '일제의 억압으로 인해 절망적인 상황'을 의미하며 이를 통해 조국의 암담한 상황을 구체적으로 느낄 수 있고, 암담한 상황의 의미를 강조하며, 이를 통해 조국의 절망적인 상황을 참신하고 새롭게 드러낸다. '호수'는 '실패로 인한 죽음, 소멸'을 의미하며 죽음의 의미를 구체적으로 느낄 수 있고, 죽음의 의미를 강조하며 이를 통해 죽음의 의미를 참신하고 새롭게 드러낸다. '바람'은 '일제의 유혹과 탄압'을 의미하며, 이를 통해 유혹이나 탄압의 의미를 구체적으로 느낄 수 있고, 유혹이나 탄압의 의미를 참신하고 새롭게 느낄 수 있다. 이와 같이 상징은 추상적인 원관념을 구체적 사물이라는 보조관념을 통해 표현하는 것으로 이를 통해 관념적인 것을 구체적이고 생동감 있게 느끼게 하고, 의미를 강조하여 드러내며, 대상을 참신하고 새롭게 느끼게 하여 문학적 감동을 유발한다.

① 교사 주도 수업보다 학생이 주체가 되는 수업이 가능하다.
② 학생들의 감상 능력을 기를 수 있다.
③ 다양한 관점에서 접근할 수 있고, 다양한 의견을 수용할 수 있다.
④ 토의를 통해 창조적인 문학체험 활동이 가능하다.

'학생 2'의 첫 대화에서 '불타고'는 사전적 의미로 소멸을 이해하기보다 '시련이나 억압을 피하지 않고 당당하게 견뎌내는 자세'를 의미하는 것으로 볼 수 있다.

'학생 2'의 두 번째 대화에서 '봄'이나 '꽃'은 이상적이거나 밝은 미래가 아니라, '일제에 협력하거나 동조함으로서 주어지는 비굴한 영광이나 명예' 등을 의미하는 것으로 볼 수 있다.

## 작품 4 청포도 (문장, 1939년)

내 고장 칠월은
청포도가 익어가는 시절.

이 마을 전설이 주절이주절이 열리고,
먼 데 하늘이 꿈꾸며 알알이 들어와 박혀

하늘 밑 푸른 바다가 가슴을 열고
흰 돛단배가 곱게 밀려서 오면,

내가 바라는 손님은 고달픈 몸으로
청포(靑袍)를 입고 찾아온다고 했으니,

내 그를 맞아, 이 포도를 따 먹으면
두 손은 함뿍 적셔도 좋으련.

아이야, 우리 식탁엔 은쟁반에
하이얀 모시 수건을 마련해 두렴.

### 핵심정리

- **갈래** 자유시, 서정시
- **성격** 감각적, 상징적
- **시적 화자** 고향을 떠난 어떤 곳에서 고향을 생각하는 화자
- **시상 전개** 기승전결
- **표현** 공감각적 표현, 색채 대비
- **제재** 청포도
- **주제** 순수하고 평화로운 삶과 미래에 대한 소망

### 이해와 감상

① **짜임 분석**
- 1연 – 청포도로 표상되는 고향을 떠올림
- 2연 – 청순한 시간으로 나타나는 고향
- 3연 – 아름다운 공간으로 나타나는 고향
- 4연 – 전설의 내용
- 5연 – 화자가 소망하는 세계
- 6연 – 미래에 대한 순결한 소망

## ② 작품감상의 구조

| 구성 요소 | 구성 요소의 파악 | 그것이 지닌 의미·효과 | 주제와의 관련성 |
|---|---|---|---|
| 내용 요소 | ① 시적 화자 및 화자의 상황 | 고향을 떠난 어떤 곳에서 고향을 생각하며 자신의 상념을 펼치는 시적 화자를 통해 주제를 효과적으로 드러내었다. | 순수하고 평화로운 삶과 미래에 대한 소망 |
| 내용 요소 | ② 소재 | '청포도'의 맑고 선명한 이미지를 통해 순수하고 평화로운 삶에 대한 소망을 효과적으로 드러내었다. | |
| 내용 요소 | ③ 순수시와 저항시의 의미 | ㉠ 순수시 – 순수하고 평화로운 미래에 대한 소망<br>㉡ 저항시 – 조국 해방에 대한 소망 | |
| 형식 요소 | ① 기승전결의 짜임 | 기승전결의 짜임을 통해 시적 화자의 마음을 설득력 있게 효과적으로 전달하고 있다. | |
| 형식 요소 | ② 각 연 2행의 배열 | 각 연 2행의 배열을 통해 시각적 정돈미를 느낄 수 있고 내용을 효과적으로 드러냈다. | |
| 표현 요소 | ① 공감각적 표현 | '이 마을 전설이 주절이주절이 열리고'는 시각의 청각화에 의한 공감각적 표현을 통해 주제를 효과적으로 드러냈다. | |
| 표현 요소 | ② 색채 대비 | 맑고 밝으며 선명한 색채의 대조적 제시(청포도의 푸른 빛, 푸른 바다와 흰 돛단배, 은쟁반과 모시수건)를 통해 시인의 갈망을 효과적으로 드러냈다. | |
| 표현 요소 | ③ 상징 | '청포도'는 고향, 풍요로운 삶, '하늘'은 소망의 세계, '흰 돛단배'는 조국의 독립, '손님'은 삶의 근거를 잃고 떠돌던 사람, '모시 수건'은 정갈한 정신, 우리 민족을 상징한다. | |
| 표현 요소 | ④ 부사어의 사용 | 의식과 염원의 정도를 '주절이주절이', '알알이'란 부사어를 통해 주제를 효과적으로 드러내고 있다. | |

## ③ 감상의 길잡이

　　청포도를 통해 풍요롭고 평화로운 미래 세계에 대한 소망을 노래하고 있다. '청포도'라는 사물 속에는 화자의 꿈과 소망이 담겨 있으며, 선명한 색채감도 드러나 있다. '이 마을 전설'은 잊혀진 과거의 이야기가 아니라, 미래에 찾아올 청포도와 같은 세계를 상징한다. 화자는 청포도를 푸른 바다와 연결 지으며 미래의 희망을 표현하고 있다. 화자가 바라는 손님은 그가 기다리는 대상으로, 미래 세계를 상징하는 소재이다. 역사적으로는 광복을, 일반적으로는 평화로운 세계를 상징한다. 희망의 평화 세계가 찾아온다면 화자는 '두 손을 함뿍 적셔도' 좋을 만큼 기쁨을 느끼게 될 것이라고 예상하고 있다.

## 중요 내용 정리

### 01 색채 이미지의 대비

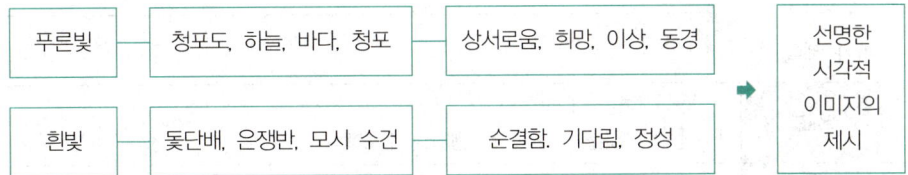

### 02 시어의 상징적 의미
① 청포도
  ㉠ 풍요롭고 평화로운 삶
  ㉡ 공동체의 역사와 삶
  ㉢ 미래에 대한 꿈과 희망
② 손님
  ㉠ 간절한 기다림의 대상
  ㉡ 이상적 삶의 공간을 실현시키는 대상
  ㉢ 일제의 탄압으로 유랑하던 우리 민족
  ㉣ 조국의 해방

### 03 이육사 시의 정신적 초연성
　이육사의 시에서 널리 확인할 수 있는 자기 인식과 그 정신적 초연성은 그가 보여 준 현실에서의 실천적 행동과 대조적인 일면도 있다. 특히, 「광야」에서뿐만 아니라 「청포도」, 「꽃」 등의 시에서도 시적 화자는 현실에의 의지보다 먼 미래에의 기대를 노래함으로써 정신적 초월의 의미가 강조되고 있다. 절명의 시인인 이육사가 식민지 현실에서 시를 통해 도달할 수 있었던 자기 확인의 과정은 결국 고통의 현실에 대한 정신적 초월의 의지로 구현되고 있는 셈이다.

### 04 '청포도'와 청포를 입고 찾아온 '손님'의 의미적 연관성
　이 시의 중심 소재인 '청포도'는 시적 화자의 순수하고 청신한 꿈과 소망을 상징하고 있고, 시적 화자는 이러한 꿈과 소망을 성취시켜 줄 대상으로써 '손님'을 간절히 기다리고 있다. 그런데 그 손님이 입고 오는 옷이 '청포'인 것은 '청포도'와 관련지어 이해할 수 있는데, 장차 오겠다고 약속한 그 손님은 미래에 이루어질 아름다운 꿈의 빛깔인 푸른 옷을 입고 찾아오는 손님이어야 '청포도'의 이미지와 어울리게 된다.

## 기출문제

1. (가)의 평가 계획에 따라 학생이 (나)와 같이 발표 자료를 제작하였다. 발표 내용에 대한 평가와 피드백으로 가장 적절한 것은? [2.5점]

2010년 기출 33번

(가) 평가 계획

| 목표 | • 작품을 다양하게 해석할 수 있다.<br>• 작품의 가치를 능동적으로 평가할 수 있다. |
|---|---|
| 방법 | 발표를 통한 수행평가 |
| 자료 | 이육사, 「청포도」 |
| 활동 과제 | 「청포도」의 의미와 표현상 특징, 문학적 가치에 대하여 발표하시오. |

(나) 발표 자료

| ① 항일 저항 시인 이육사 | ② 「청포도」의 의미 |
|---|---|
| • 이육사(1904~1944): 시인. 독립 운동가. 경북 안동 출생. 항일 독립 운동 중 순국.<br>• 대표작: 「청포도」, 「절정」, 「꽃」, 「광야」 등 | • 청포도: 풍요롭고 평화로운 삶을 상징<br>• 손님: 광복 또는 우국지사<br>• 주제: 조국 광복의 신념 |
| ③ 「청포도」의 표현상 특징 | ④ 「청포도」의 문학적 가치 |
| • 청각적 심상: '주저리주저리 열리고', '알알이 들어와 박혀' 등<br>• 시각적 심상: 푸른색과 흰색의 대비<br>• 영탄적 어조: '아이야~ 마련해 두렴' | • 일제 강점기의 대표적 저항시<br>• 식민지 말의 암흑기를 밝혀 줌<br>• 윤동주와 함께, 삶과 작품 세계가 일치하는 시인 |

① 시상의 전개를 고려하지 않고 부분의 특징만을 들어 해석하고 있다. 작품의 맥락에 따른 주제 의식을 고려하며 읽도록 한다.
② 작품의 의미와 표현상 특징을 종합하여 평가하는 능력이 부족하다. 작품의 문학사적 의의를 고려하며 해석하도록 지도한다.
③ 시에 관한 지식을 잘못 적용하거나 잘못된 사실에 근거하여 해석하고 있다. 친일시 등을 예로 들어 강점기 문학의 다양성을 보여 준다.
④ 객관적인 근거 없이 주관적 인상에 따라 해석하고 있다. 의미상 중요한 부분이나 표현의 특징을 잘 보여 주는 부분을 찾는 연습을 하도록 한다.
⑤ 전기적 사실을 작품 해석에 기계적으로 적용하며 보편화된 견해를 반복하고 있다. 자신의 관점에서 작품의 가치를 평가하는 경험을 쌓도록 한다.

정답 ⑤

## 작품 5  꽃 (육사시집, 1946년)

동방은 하늘도 다 끝나고
비 한 방울 내리잖는 그 때에도
오히려 꽃은 빨갛게 피지 않는가.
내 목숨을 꾸며 쉬임 없는 날이여

북(北)쪽 툰드라에도 찬 새벽은
눈 속 깊이 꽃맹아리가 옴작거려
제비떼 까맣게 날아오길 기다리나니
마침내 저버리지 못할 약속(約束)이여.

한 바다 복판 용솟음치는 곳
바람결 따라 타오르는 꽃 성(城)에는
나비처럼 취(醉)하는 회상(回想)의 무리들아.
오늘 내 여기서 너를 불러 보노라

### ■ 핵심정리

▷ 갈래  자유시, 서정시
▷ 성격  상징적, 영탄적, 관조적, 의지적, 저항적
▷ 시상 전개  각 연이 선경후정
▷ 제재  꽃
▷ 주제  ① 새로운 세계에 대한 의지
        ② 극한적 상황을 극복하기 위한 신념과 의지

▷ 표현  ① 계절과 자연 현상을 이용하여 화자의 소망을 상징적으로 표현
        ② 대조적 이미지의 시어를 사용하여 주제 의식을 선명히 제시

### ■ 이해와 감상

① 짜임 분석
- 1연 – 극한 상황 속의 현실 (의지적 삶)
- 2연 – 현실 극복의 의지 (봄. 광복의 도래 확신)
- 3연 – 희망 찬 미래 희구 (광복에 대한 염원)

## 2 작품감상의 구조

| 구성 요소 | 구성 요소의 파악 | 그것이 지닌 의미·효과 | 주제와의 관련성 |
|---|---|---|---|
| 내용 요소 | ① 시적 화자 및 화자의 상황 | 시인이 '지사'를 시적 화자로 설정하고, 극한 상황에서 의지를 다지며 새 생명(해방)의 기쁨을 드러냈다. | 새로운 세계에 대한 의지, 극한적 상황을 극복하기 위한 신념과 의지 |
| | ② 제재 | '꽃'을 통해 새로운 세계에 대한 의지와 현실 극복을 위한 신념을 효과적으로 드러냈다. | |
| | ③ 극한 상황에서 의지 강조 | 1연의 1~2행, 2연의 1행은 극한 상황에서 의지를 강조하여, 「절정」과 유사한 느낌을 준다. | |
| 형식 요소 | ① 3음보의 변형 | 3음보 위주의 운율을 통해 리듬감을 형성하였다. | |
| | ② 점층적 시상 전개 | 각 연 선경후정과 점층적 시상 전개를 통해 확고한 의지를 효과적으로 드러냈다. | |
| | ③ 연이 4행으로 제시 | 각 연이 4행으로 제시되어 형태적 균제미와 통일성을 지닌다. | |
| 표현 요소 | ① 다양한 상징 | ㉠ 꽃 – '시적 화자의 꺾이지 않는 강인한 현실 극복 의지'와 '강인한 생명의 이미지'를 인상적으로 부각시킨다.<br>㉡ '동방', '비 한 방울', '북쪽 툰드라', '눈 속', '꽃맹아리', '제비떼', '꽃 성' 등도 상징이다. | |
| | ② 색채 대비 | '눈 속 깊이 꽃맹아리가 옴작거려'는 눈이 지닌 흰색과 꽃이 지닌 빨간색을 강렬하게 대비해서 시적 화자의 의지를 강조하였다. | |
| | ③ 부사의 사용 | '다', '오히려', '깊이', '마침내', '오늘' 등을 통해 화자의 의지를 강조하였다. | |

## 3 감상의 길잡이

각 연이 모두 4행으로 된 전 3연의 자유시로 꽃을 소재로 하여 새로운 세계에 대한 소망과 의지를 노래하고 있다. 극한적인 상황을 극복하고 새로운 세계가 찾아올 것을 확신하는, 화자의 강인한 현실 극복 의지를 엿볼 수 있다.

1연은 여러모로 이 시인의 「절정」을 연상시킨다. 하늘도 다 끝났다는 것은 한마디로 생명이 부정되고 있다는 뜻이다. 1~2행이 구축하고 있는 정황은 일체의 생명이 부정되고 있는 극한적인 상황이다. 그러나 거기서 오히려 꽃은 '빨갛게' 피고 있다고 화자는 질문의 어투로 선언한다. 곧 이 꽃은 이 극한 상황을 초극하는 의지의 표상인 바, 더 말할 것도 없이 꽃은 화자의 의식이 투사된 사물이다.

2연의 1~3행의 툰드라 역시 생명이 부정되는 공간이다. 불가능해 보이는, 생명 부정적인 극한 상황이 타파된 미래의 도래를 믿는 화자의 신념이 '기다림'이란 단어 속에 응축되어 있다.

3연의 1~3행은 그 '약속'이 이루어진, '제비떼 까맣게 날아' 온 날의 모습이 환상적으로 그려지고 있다. 생명이 힘차고도 흐드러지게 충일한 이 황홀한 꽃 성에서 '나비처럼 취하는 회상의 무리들'이란, 시적 화자를 향하여, 2연에서의 기다림과 약속을 표했던 이들로 보는 것이 타당할 성 싶다. 4행에서 미래의 비전에 대한 화자의 의지가 흡사 선지자의 예감과도 같은 어투로 표명되면서 결론적으로 거듭 술회되고 있다. 그때 화두가 다시금 '오늘 내 여기서'로 돌려지고 있는 데서 우리는 시인의 강인한 의식이 얼마나 치열한 현재성과 현장성에 가득 차 있는가를 다시 한 번 본다.

## 중요 내용 정리

### 01 시어의 상징성과 이미지의 대립

### 02 이육사 시의 미래 지향적 시간 의식

이육사 시의 핵심은 한 마디로 다가올 찬란한 미래에 대한 확고한 신념과 의지를 통해 현실의 한계 상황을 극복하고자 하는 데 있다. 이런 점에서 이육사 시에서의 시간 의식은 언제나 미래를 지향하고 있는 것이다.

| 꽃 | 3연 | 한바다 복판~너를 불러 보노라 |
|---|---|---|
| 광야 | 5연 | 다시 천고의 뒤에~목놓아 부르게 하리라 |
| 청포도 | 6연 | 아이야, 유리 식탁엔~마련해 두렴 |

### 03 이육사의 시어

이육사는 강렬하고 역동적인 시어를 거침없이 사용하고 있다. 어느 면에서 보면 절제가 아쉬운 듯하지만, 강렬한 이미지 구성으로 시적 긴장을 강화시켜주는 효과가 있다. 또한 강렬한 시어는 이육사가 보다 저항적이고 대결적인 당당하다는 것을 보여주는 단적인 예가 될 것이다. 일제하에서 만해, 김소월이 보여주던 여성적 어조를 통한 저항과는 또 다른 각도에서 이육사는 강렬한 대결의 자세로 남성적 저항을 시도하고 있다.

'정녕', '차라리', '마침내', '꼭', '끝끝내', '진정' 등 극단적 시어의 선택이나 결심을 결행하는 강한 부사어를 사용하고 있다. 부사가 용언을 꾸며줌으로써 동작이나 상태를 결정짓는 역할을 수행함에 비추어 이러한 극단적 부사어의 애용은 시가 보다 단도직입적이며 명쾌한 동태적 이미지를 형성하는 데 결정적 역할을 수행하고 있다.

### 04 영탄적 서술을 통한 의미나 정서의 강조

이 시의 각 연의 서술어를 보면 '날이여, 약속이여, 보노라' 등의 영탄적 서술어를 사용하고 있는데, 이를 통해 시적 화자의 현실 극복 의지나 미래를 향한 열망이 표출되고 있다. 아울러 각 연 4행으로 된 형태적 균제미와 통일성도 이 시의 전체적인 어조와 분위기를 형성하는 데 중요한 역할을 하고 있다. 즉, 각 연의 첫 3행이 갈수록 길어지면서 시적 흐름이 빨라지고 있다. 이에 따라 긴장이 가중되고, 의식의 점층 효과를 거두고 있다.

## 작품 6  자야곡 (문장, 1941년)

수만 호 빛이래야 할 내 고향이언만
노랑나비도 오잖는 무덤 위에 이끼만 푸르리라

슬픔도 자랑도 집어삼키는 검은 꿈
파이프엔 조용히 타오르는 꽃불도 향기론데

연기는 돛대처럼 내려 항구에 들고
옛날의 들창마다 눈동자엔 짜운 소금이 저려

바람 불고 눈보래 치잖으면 못 살리라
매운 술을 마셔 돌아가는 그림자 발자취 소리

숨막힐 마음 속에 어데 강물이 흐르뇨
달은 강을 따르고 나는 차디찬 강 맘에 드리라

수만 호 빛이래야 할 내 고향이언만
노랑나비도 오잖는 무덤 위에 이끼만 푸르리라

### ▌핵심정리

▷ **갈래** 서정시, 자유시
▷ **시적 화자** 실향한 시적 화자를 통해 실향의 아픔과 극복 모색의 주제를 효과적으로 드러냄
▷ **제재** 실향
▷ **율격** 내재율
▷ **시상의 전개(형태)** 수미상관
▷ **표현** 역설적, 저항적
▷ **주제** 실향의 아픔과 극복 모색

## 이해와 감상

### 1 작품감상의 구조

| 구성 요소 | 구성 요소의 파악 | 그것이 지닌 의미·효과 | 주제와의 관련성 |
|---|---|---|---|
| 내용 요소 | ① 시적 화자 및 화자의 상황 | 고향이 붕괴되는 일을 겪은 시적 화자를 통해 상실의 아픔과 극복 모색의 주제를 효과적으로 드러낸다. | 실향의 아픔과 극복 모색 |
| | ② 제재 | '실향'이라는 제재를 통해 주제를 효과적으로 드러낸다. | |
| | ③ 한시의 내용과 유사 | 한시 중 국망시류(國亡詩類)와 유사하여 비장한 분위기를 느끼게 한다. | |
| 형식 요소 | ① 수미상관의 짜임 | 수미상관의 짜임을 통해 내용을 강조하여 주제를 효과적으로 드러낸다. | |
| | ② 각 연 2행의 배열 | 각 연 2행의 배열을 통해 시각적 정돈미를 느낄 수 있고, 내용을 효과적으로 나타낸다. | |
| 표현 요소 | ① 낭만적 아이러니 | '수만 호 빛이래야~이끼만 푸르리라'는 당위적인 가치와 시대 현실과의 괴리를 드러낸다. | |
| | ② 상징 | '자야'는 암울한 일제 현실, '강물'은 역사·독립·광복을 상징하는 것으로 주제를 효과적으로 드러낸다. | |
| | ③ 이미지에 의한 감각적 표현 | 시각, 공감각, 미각, 청각, 촉각 등 다양한 이미지를 통해 고향 상실을 표현했다. | |

### 2 감상의 길잡이

1연의 1행에서는 빛이 밝혀져 있는 고향의 모습이 떠오르고 아늑하고 포근한 느낌이 든다. 2행에서는 노랑나비가 고향으로 날아왔지만 무덤과 그 위의 이끼로 인해 노랑나비의 영상이 사라지고 대신 무언가에 의해 고향이 망가지고 폐허가 되어버린 영상과 느낌이 든다.

2연의 1행에서는 마을의 경사스런 일이나 슬펐던 일이 떠오르지만 그런 일들은 어느새 사라져 버리고 고향은 텅 빈 느낌이다. 2행에서는 파이프 담배를 피우는 사람의 모습이 떠오른다.

3연의 1행에서는 연기가 흘러 들어갔다는 것에서 담배 피우는 사람이 고향(항구)에 거의 다다랐다는 것이 느껴진다. 이어 2행에서는 담배 피우는 사람의 눈에 눈물이 고인 영상이 떠오른다.

4연의 바람 불고 눈보라 치는 상황에서 술에 취해 비틀거리는 사람의 모습이 떠오르고 그 모습에서 그 사람이 뭔가를 그리워하는 느낌이 든다.

5연의 1행에서는 뭔가에 답답해하고 안타까워하는 사람의 영상이 떠오른다. 2행에서는 주위의 환경은 흘러가지만 자신은 그 환경 속에 적응하지 못하고 한곳에 머물러 있는 것 같다.

6연은 1연을 반복하여 화자의 정서를 강조하고 있다. 수미상관의 표현을 보인다.

전체적으로 보면, 어떤 사람이 자신의 고향에 돌아왔지만 모든 것이 변해서 적응하지 못하고 그 현실을 안타깝고 고통스러워하고 있는 것이다.

## 중요 내용 정리

### 01 표현상의 특징

「자야곡」은 당위적 가치와 반어적 현실 사이의 극단적인 일그러짐을 잘 보여주는 시이다. '자야'라는 말이 암시하는 것처럼 이 시대는 어둠의 시대이며 '무덤'과 같은 시대로 나타난다. 그 무덤은 일상적인 무덤과는 달리 노랑나비도 오지 않는 완전한 죽음과 폐허의 시대를 대변해주는 용어로 사용되고 있다.

이러한 무덤과 같은 시대는 첫 행의 '수만호 빛이래야 할'의 당위적인 가치와 철저한 대조 관계 속에 놓이게 된다. 찬란한 문명의 꽃을 피워야 할 당위적인 우리 민족의 역사와 일제의 수탈로 인한 반어적인 민족사의 죽음 사이의 대조가 두드러지게 나타나며 그에 대한 지사적 분노와 절망감이 잘 나타나 있다.

시대의 검은 꿈은 화자의 자랑과 슬픔, 모든 것을 집어 삼키고 화자가 찾은 고향은 눈물마저 말라 들창마다 짠 소금이 절어 있다. 이러한 비극적인 상황 속을 살아가는 사람들에게 있어서 계절마저도 눈보라 치고 바람 불지 않는다면 너무나 잔인한 것으로 여겨진다. 부정적인 상황 속에서도 꽃 피고 새가 운다면 계절이 부정적인 상황을 인정하는 것처럼 보이기 때문이다. 매운 술로 스스로를 학대하지 않고는 살 수 없는 현실인 것이다. 형식적으로 당위적인 가치와 반어적인 현실을 대조시키고 거기서 비롯되는 슬픔과 절망을 '-푸르러라'와 같은 영탄조로 노래한다는 점에서 한시의 국망시류(國亡詩類)의 전통을 이어받고 있다고 할 수 있다.

## ▷ 박목월 朴木月

1916 ~ 1978
시인. 경상북도 경주 출생. 본명은 영종

▷ **작가의 특징**
1. 1939년 9월 ≪문장≫지에서 정지용에 의해 「길처럼」, 「그것은 연륜이다」 등으로 추천을 받아 등단했다.
2. 1946년 조지훈, 박두진 등과 3인 시집 『청록집』을 발행하여 청록파로 불린다.
3. 향토적 서정에 민요적 율조를 바탕으로 했다.
4. 짧은 서정시를 통해 생략과 여백의 미(수묵화의 느낌)를 잘 드러냈다.
5. 자연과의 교감으로 보편적 향수를 드러내며, 전통적 시풍을 보인다.
6. 후기 인간의 운명이나 사물에 대한 깊은 통찰을 드러냈다. (소재를 가족이나 일상에서 구했음)

▷ **주요 작품**
시집 : 『산도화』(1955), 『경상도의 가랑잎』(1962), 『무순(無順)』(1976)

### 작품 1 　나그네 (청록집, 1946년)

강나루 건너서
밀밭 길을

구름에 달 가듯이
가는 나그네

길은 외줄기
남도 삼백 리

술 익는 마을마다
타는 저녁놀

구름에 달 가듯이
가는 나그네

### ▌핵심정리

- ▷ **갈래** 자유시, 서정시
- ▷ **성격** 향토적, 민요적, 회화적
- ▷ **시적 화자** 체념과 달관의 자세로 떠도는 나그네를 바라보는 화자
- ▷ **시상 전개** 변형된 수미상관
- ▷ **율격** 외형률 (3음보)
- ▷ **표현** 낭만적, 향토적, 관조적, 회화적
- ▷ **제재** 나그네의 여정
- ▷ **주제** 체념과 달관의 세계에 대한 지향

## 이해와 감상

### 1 짜임 분석
- 1연 – 향토적 배경
- 3연 – 외로운 여정(旅程)
- 5연 – 체념과 달관의 경지
- 2연 – 체념과 달관의 경지
- 4연 – 향토적, 풍류적 정서

### 2 작품감상의 구조

| 구성 요소 | 구성 요소의 파악 | 그것이 지닌 의미·효과 | 주제와의 관련성 |
|---|---|---|---|
| 내용 요소 | ① 시적 화자 및 화자의 상황 | 밀밭을 지나가는 유유자적한 나그네의 모습을 관찰하는 화자를 통해 주제를 효과적으로 드러내었다. | 체념과 달관의 세계에 대한 지향 |
| | ② 제재 | 나그네의 유유자적한 모습을 통해 체념과 달관의 세계에 대한 지향을 효과적으로 드러내었다. | |
| 형식 요소 | ① 3음보(층량 3보격, 7·5조) | 전통 서정시의 3음보 율격을 통해 '체념과 달관의 세계에 대한 지향'이라는 주제 의식을 효과적으로 드러내었다. | |
| | ② 명사형 종결어미 | 명사에 의해 감동·집중을 하도록 하여 의미나 이미지를 강화하며 생략과 여운의 간결한 형식미를 지닌다. | |
| | ③ 수미상관 | 수미상관을 통해 의미 강조, 운율 형성, 시의 안정감, 여운을 준다. | |
| 표현 요소 | ① 시각적 이미지 중심 | 시각적 이미지가 중심을 이루며 '술 익는 마을 마다(후각) 타는 저녁놀(시각)'은 복합적 이미지로 제시하였다. | |
| | ② 환유 | '구름'은 밀밭을, '달'은 나그네를 환유적으로 드러내어 주제를 효과적으로 드러내었다. | |
| | ③ 직유 | '구름에 달 가듯이'는 직유를 통해 의미를 효과적으로 표현하였다. | |

### 3 감상의 길잡이

이 작품은 향토적 서경을 바탕으로 체념과 달관의 세계를 간결하고 쉬운 표현으로 노래한 시이다. 강, 구름으로 대표되는 흐름의 심상과 달의 상상력을 결합시켜 외로운 나그네의 유유자적한 모습을 형상화하였다. 이는 시각적 이미지와 전통 서정시의 3음보의 운율에 의해 효과적으로 드러나고 있다. 그리고 각 연을 명사로 처리해 놓음으로써 오는 간결한 멋도 큰 특징 중 하나이다.

① 1연: 향토적 정경으로 이 시의 시공간적 배경을 알게 해준다.
② 2연: 아무 것에도 얽매이지 않고 유랑하는 자아의 표상이다.
③ 3연: 외줄기 길은 고독의 정서가 적막하게 배어 있는 말이다. 그 먼 길을 나그네는 홀로 가고 있다.
④ 4연: 후각적 이미지와 시각적 이미지가 결합하여 향토적 정서를 드러내고 있다.
⑤ 5연: 2연의 반복으로 나그네의 달관의 경지를 다시 한 번 강조하여 드러낸다.

이 시에 드러난 인간과 자연의 조화, 술 익는 마을의 낭만, 나그네의 서정은 이상향에 대한 동경이라고 할 수 있다. 일제 말기라는 시대적 배경과 크게 거리가 있기 때문이다. 즉 1940년대의 한국은 술 익는 냄새가 떠도는 마을의 낭만도, 유유자적한 나그네의 서정도 찾아보기 힘든 상황이었다.

## 중요 내용 정리

### 01 이 시의 순환 구조
'나그네'의 여정에는 목표, 즉 도달점이 없다. 그의 여정은 어디에서 시작됐는지 알 수 없는 길을 통해 '강나루'와 '밀밭'과 '마을'을 거쳐 끝도 없이 길이 이어진다.

(길) ➡ 강나루 ➡ 밀밭 ➡ 길 ➡ 마을 ➡ 길

### 02 각 연을 명사로 끝내는 효과
① 마지막 명사에 의미와 감동을 집중시킨다.
② 가락의 호흡을 끊어 각 연의 의미나 이미지를 강화시킨다.
③ 각 연 사이에 의미나 감동이 번지는 것을 막고 정서나 의미의 암시를 통해 생략의 여운이 돌게 한다.

### 03 조지훈의 시 「완화삼」과의 비교

> 차운산 바위 위에 하늘은 멀어 / 산새가 구슬피 울음 운다. //
> 구름 흘러가는 / 물길은 칠백 리(七百里) //
> 나그네 긴 소매 꽃잎에 젖어 / 술 익는 강마을의 저녁 노을이여. //
> 이 밤 자면 저 마을에 / 꽃은 지리라. //
> 다정하고 한 많음도 병인 양하여 / 달빛 아래 고요히 흔들리며 가노니……. //

이 시의 제목 「완화삼」은 '꽃을 보고 즐기는 선비'를 뜻하며, 「나그네」와 동일한 제재의 작품이다. 이 두 시를 비교하면 다음과 같다.

| 구분 | 나그네 | 완화삼 |
| --- | --- | --- |
| 시행의 종결 | 명사 | 감탄의 서술어 |
| 시상의 집중 | 나그네 | 나그네의 정서 |
| 분위기 | 향토적 | 고전적, 전통적 |

## 작품 2  산도화 (청록집, 1946년)

산은
구강산(九江山)
보랏빛 석산(石山)

산도화
두어 송이
송이 버는데,

봄눈 녹아 흐르는
옥같은
물에

사슴은
암사슴
발을 씻는다.

### 핵심정리

- 갈래 서정시, 자유시
- 제재 산도화의 배경과 심상
- 율격 외재율 (3음보, 7·5조)
- 표현 회화적, 비유적, 서술적
- 주제 전통적 이상향으로서의 자연에 대한 희원

### 이해와 감상

#### 1 짜임 분석

① '기 – 승 – 전 – 결'의 짜임
- 기(1연) – 구강산의 신비한 모습
- 승(2연) – 산도화가 피는 선경(仙境)
- 전(3연) – 봄눈이 녹아 흐르는 맑은 시냇물
- 결(4연) – 시냇물에 발을 씻는 암사슴

## ② 작품감상의 구조

| 구성 요소 | 구성 요소의 파악 | 그것이 지닌 의미·효과 | 주제와의 관련성 |
|---|---|---|---|
| 내용 요소 | ① 시적 화자 및 화자의 상황 | 시적 화자는 드러나 않고 작품 밖에서 산 속을 묘사하는데 화자가 작품 밖에 존재함으로써 대상과 객관적 거리를 유지하여 주관적 감정의 노출을 배제하였다. | 전통적 이상향으로서의 자연에 대한 희원 |
| | ② 소재 | '산도화'를 통해 강렬한 정신적 갈증과 이상향에 대한 추구를 드러내었다. | |
| | ③ 전통성 | 낙원의 상징물인 '산도화'는 우리 시가의 소재적 전통을 이었다. | |
| 형식 요소 | ① 3음보 (층량 3보격, 7·5조) | 민요적인 3음보(층량 3보격)의 운율은 전통적·동양적 이상의 내용을 잘 드러내었다. | |
| | ② 시선의 이동에 따른 짜임 | 원경에서 시작되어 점차 근경으로 접근하는 구성을 취함으로써 영화에서의 클로즈업 기법과 같은 효과를 얻었다. | |
| | ③ 기승전결의 짜임 | 기승전결의 짜임을 통해 시적 화자의 마음을 설득력 있게 효과적으로 전달하였다. | |
| 표현 요소 | ① 회화적 기법 | 감정의 서술이나 어떠한 가치 판단도 없이 회화(동양화)적인 수법으로 장면 묘사만 하여 주제를 효과적으로 드러내었다. | |
| | ② 상징 | '구강산'은 화자의 관념 속에 있는 선경(仙境)을 상징적으로 드러내었다. | |
| | ③ 1·4연의 보조사 | 산과 사슴 등의 대상을 한정하는 의미가 있어서 아름다운 대상을 더욱 강조하였다. | |

## ③ 감상의 길잡이

서술적 심상이 주로 쓰여진, 3음보의 4연으로 된 간결, 소박한 형태의 시다.
① 1연 : 서정적 자아가 꿈꾸는 산은 현실상의 지도에는 없는 이상향의 산이다. 그래서 그 산은 보랏빛이다.
② 2연 : 그 산에서 백색, 홍색의 산도화가 정밀감을 강조하듯 한 두 송이만 핀다.
③ 3연 : 그 보랏빛 돌산이 마치 신선만이 사는 선계인 듯 그 산을 가로지르고 흐르는 물은 옥빛을 띤다.
④ 4연 : 사람의 그림자를 찾아 볼 수 없는 이 선계에서 오직 상서로운 동물인 사슴만이 옥수와 하나가 되어 신선의 경지를 넘나든다.

산도화는 동양의 전통적인 자연관을 따를 때 낙원을 상징한다. 이 시에는 역사적 삶의 흔적이 배어 있지 않다. 그래서 현실도피적인 성격이 짙다고 할 수 있겠으나, 목월 자신이 본래부터 현실적 상황과 유리된 자연지향성만을 고집했음을 감안할 때, 그러한 시의 비현실주의적 성격은 자연스럽다. 이 시의 가장 특징적인 면모는 이 작품의 미적 배경이 충만이 아닌 동양적 여백을 바탕으로 하고 있다는 점이다. 이 여백이 주는 효과는 전체적인 분위기를 고요하고 정밀하게 만든다는 것이다. 그래서 산도화가 피고, 물이 흐르고 또 암사슴이 발을 씻는 행위의 움직임마저도 그 정밀감을 더욱 강조하는 이상의 의미는 없는 것으로 여겨진다. 즉 하나하나의 움직임 뒤에는 언제나 그 뒤에서 그들을 압도하는 정적미가 도사리고 있는 것이다. 전체적으로 안락감과 평화감을 자아내는 이 시를 통해 독자들은 대부분 그들의 마음 밑바닥에 내재하는 한국적 정신의 고향을 맛보게 된다. 시인이 굳이 전통적 율조인 7·5조를 표나게 사용하는 것도 이 전통적인 사상의 무리 없는 표출을 얻기 위함이다.

## 중요 내용 정리

### 01 표현상의 특징
① 회화적 기법: 감정의 서술이나 어떠한 가치 판단도 없이 회화적인 수법으로 장면 묘사만 하였다. 그의 「불국사」에서와 같이 판단 보류, 판단 중지이다.
② 율격: 율격은 3음보이며 음수율은 7·5조의 민요조 율격이다.
③ 전통적인 소재를 사용하였다.

### 02 「산도화」의 전통성
낙원의 상징물인 '산도화'는 우리 시가의 소재적 전통을 잇는다. 도연명적인 낙원의식이 이 시에 투영되어 이러한 소재를 선택하게 된 것이다. 강렬한 정신적 갈증과 이상향에 대한 추구가 「산도화」를 통해 순화되고 있다. 도화(복숭아꽃)의 이미지는 도연명의 「도화원기」에서 이상 세계의 표상으로 제시되었다. 이후에도, 이상향으로서의 도화원에 대한 동경이 문학 정신의 한 축을 이루게 되었다. 정극인의 「상춘곡」에도 '도화행화(桃花杏花)는 석양리(夕陽裏)에 피여 있고'가 나오고, 「유산가」에도 '도화만발점점홍(桃花滿發點點紅)'이란 표현이 나온다. 이렇게 우리의 문학에서 낙원의 표상으로 등장하는 것이 '도화'이다.

### 03 '구강산(九江山)'의 비현실성
'구강산'은 실재하는 자연이 아니라, 이상화된 정신적 고향이다. 박목월의 '청노루'에서 보여준 '자하산', '청운사'도 이와 비슷하다. 박목월은 일제 말기라는 시대적 상황 속에서 이처럼 이상화된 자연을 그려 냄으로써 일제에 의해 오염되고 버려진 땅이 아닌, 그야말로 우리의 국토에 대한 사랑을 표현하고자 했었다. 그의 이러한 자세는 단순한 현실 도피라기보다는 '고향의 회복'을 추구한 것으로 보아도 좋을 것이다.

## 기출문제

**1.** 다음은 최 교사가 준비한 수업 자료이다. 괄호 안의 ㉠, ㉡에 해당하는 말을 순서대로 쓰시오. [2점]

| 학습 목표 | 다양한 맥락에서 작품을 이해하고 감상할 수 있다. |
|---|---|
| 활동 제재 | 山은<br>九江山<br>보랏빛 石山<br><br>山桃花<br>두어송이<br>송이 버는데<br><br>봄눈 녹아 흐르는<br>옥같은<br>물에<br><br>사슴은<br>암사슴<br>발을 씻는다.<br><br>– 박목월, 「산도화(山桃花) 1」 |

| 감상 맥락 | 활동 자료 | 중심 활동 |
|---|---|---|
| 사회·문화적 맥락 | 일제 강점기 말기의 사회상이 생생하게 드러난 사진 자료 | 이 시의 시적 공간이 갖는 ( ㉠ )적(的) 성격과 당대 상황을 대비하여 창작 의도 추측하기 |
| ( ㉡ )적(的) 맥락 | 청록파 시인들의 시적 경향을 분석한 비평문 | 자신이 읽은 시 작품 중 이 시의 시적 경향과 유사한 작품을 찾아 계승 관계 파악하기 |
| 상호텍스트적 맥락 | 이백, 「산중문답(山中問答)」 | 두 작품에 공통적으로 나타난 '도화' 이미지를 중심으로 작품 감상하기 |

> **예상답안**
> ㉠ 탈속, (이상(향))
> ㉡ 문학사

## 작품 3  청노루 (청록집, 1946년)

머언 산 청운사(靑雲寺)
낡은 기와집,

산은 자하산(紫霞山)
봄눈 녹으면,

느릅나무
속잎 피어나는 열두 구비를

청노루
맑은 눈에

도는
구름.

## ■ 핵심정리

▷ **갈래** 자유시, 서정시
▷ **율격** 민요적인 3음보(층량 3보격)의 운율
▷ **성격** 서경적, 묘사적, 향토적
▷ **시적 화자** 청노루의 맑은 눈을 바라보는 화자
▷ **시상 전개(형태)** 시선의 이동에 따라 대상을 묘사
▷ **표현** 관조적, 서경적, 묘사적
▷ **제재** 청노루
▷ **주제** 봄의 정경과 정취

## 이해와 감상

### 1 짜임 분석

- 기(1연) – 자하산의 원경(遠景)
- 승(2연) – 계절의 변화
- 전(3연) – 자하산의 근경(近景)
- 결(4~5연) – 청노루의 눈에 비친 구름

## ② 작품감상의 구조

| 구성 요소 | 구성 요소의 파악 | 그것이 지닌 의미·효과 | 주제와의 관련성 |
|---|---|---|---|
| 내용 요소 | ① 시적 화자 및 화자의 상황 | 시적 화자는 직접 드러내지 않고, 봄눈 녹을 무렵의 산속 풍경을 묘사하여 주제를 효과적으로 드러내었다. | 봄의 정취 (자연의 서경과 관조의 세계) |
| 내용 요소 | ② 소재 | 하늘과 구름과 산이 잘 어울린 곳에서 뛰노는 '청노루' 한 마리를 통해 봄의 정취를 효과적으로 드러내었다. | |
| 내용 요소 | ③ 동양적 서정과 이상적 세계 | 세속에서 먼 평화의 이상적 공간의 자연을 통해 동양적 서정을 드러내었다. | |
| 형식 요소 | ① 3음보(층량 3보격, 7·5조) | 민요적인 3음보(층량 3보격)의 운율을 통해 음악성을 느끼도록 한다. | |
| 형식 요소 | ② 서술어의 배제 | 행간의 여운을 느끼게 하여 봄의 정취를 효과적으로 드러내었다. | |
| 형식 요소 | ③ 시선의 이동에 따른 짜임 | 원경에서 시작되어 점차 근경으로 접근하는 구성을 취함으로써 영화에서의 클로즈업 기법과 같은 효과를 얻고 있다. | |
| 표현 요소 | ① 색채 이미지 | 청노루의 푸른빛, 청운사의 푸른 구름, 자하산의 보랏빛 노을은 환상적인 색채 이미지를 형성하여 봄의 정취를 효과적으로 드러내었다. | |
| 표현 요소 | ② 대비적 심상 | 정적 심상인 '청운사, 기와집, 자하산'과 동적 심상인 '(녹는) 봄눈, (피어나는) 속잎, (내려오는) 청노루'를 통해 주제를 효과적으로 드러내었다. | |

## ③ 감상의 길잡이

「청노루」의 자연은 실재하는 자연이 아니다. '청운사', '자하산'은 상상 공간에 처한 사물들이다. 자하산은 보랏빛 무지개의 산이라는 자의적 의미가 있다. 그것은 환상적인 세계이다. 그 자하산의 품에 안긴 청운사라는 절 또한 '푸른 구름'이라는 뜻의 신비로운 의미가 담긴 곳이다.

시적 배경은 봄눈 녹을 무렵의 산 속이다. 화사한 봄이 아니라, 은밀히 봄을 잉태한 한적한 공간에 아무도 모르게 느릅나무의 속잎이 피어나는 깊은 산 속, 세속에서 먼 이 평화의 이상적 공간에서 순진무구한 청노루의 천진한 눈망울, 그 눈망울에 어리는 구름이 영상. 이것이 이 시가 전제하는 이미지들이다. 한마디로 평화의 땅, 탈속의 땅의 소묘라고 할 것이다. 체언으로 끝맺는 종지법, 짧은 단위의 행 배열 등이 주는 산뜻하고 간결한 특징은 이 시가 주는 평화와 탈속의 동양적 서경성에 그대로 부합된다. 이 시는 그런 면에서 대단히 성공을 거두고 있는 것이다.

이상의 특징을 통해 볼 때 이 시는 목월의 초기시로서의 특징을 단적으로 보여준다고 할 수 있다. 즉 자연 서경의 특색을 유감없이 드러내고 있다. 또 목월이 운율과 이미지에 집착한 시인임을 알게 하는 대표작으로, 우리가 흔히 사물시라고 부르는 것과 같이 화자의 감정 개입이나 정서의 직접 표출을 배제하여 세계(대상)만을 그리고 있다.

## 중요 내용 정리

### 01 표현상의 특징
① 율격: 1~2연의 3음보격은 3연에서 변조된 3음보로 바뀌면서 시상을 전환하고, 2·3음보가 시각적 연쇄로 속도감을 가지면서 리드미컬한 생동감을 주는 변화를 거쳐, 4연의 율격이 2음보로 속도를 줄이며 감정을 추스르다가, 5연의 극단적 2음보격으로 시행의 응축과 더불어 진한 감동의 내면적 응결을 지속하게 한다. 한편 3연의 '열두 구비'는 행간 걸림이다. '속잎 피는'에 이어지면서 동시에 '청노루'에 걸린다. 청노루는 열두 굽이를 두루 돌아다니고 있는데도 문맥에서는 정지된 것으로 받아들여진다. 이것은 전체적 분위기가 고요한 데서 온 것이다.
② 서술어 배제: 행간의 여운을 느끼게 하기 위함이다.
③ 유성음 'ㄴ'의 사용: 'ㄴ'음이 두드러지게 사용되어 아늑하고 정밀한 시적 분위기를 연출한다.

### 02 화자와 대상의 거리
화자는 자하산과 청운사를 원경으로, 정지된 이미지로 그리고 있다. 그리고 화자는 서경적으로 이미지만 보일 뿐 설명적 진술은 전혀 언급하지 않는다. 시에서의 적당한 거리는 감정과 관념의 절제를 가져온다. 가볍게 지나치게 토로되거나, 관념이 성급히 드러나지 않는 효과를 가진다.

### 03 '청노루'가 지향하는 세계
청노루는 맑은 눈을 가졌다. 그러기에 그 눈에 깨끗한 구름이 비칠 수 있다. 청노루는 화자의 분신이다. 화자가 시선의 이동에 따라 자하산의 풍경을 눈 속 가득 받아들이듯, 청노루 또한 그 환상적 자연을 맑은 눈으로 받아들이고 있는 것이다. 화자와 청노루는 결국 맑은 눈으로 꿈꾸고 있는 셈인데, 그들이 꿈꾸는 세계는 비인간성의 것임에 분명하다. '탈속의 환상적 자연'을 꿈꾸는 것이다. 그 경지는 절대의 순수, 절대의 고요, 절대의 평화, 절대의 화해로움이라 하겠다.

### 04 『청록집』에 실린 작품과 그 경향

| 시인 | 경향 | 작품 |
| --- | --- | --- |
| 박목월 | 우리 민족의 전통적인 율조와 회화적인 감각을 바탕으로 향토색 짙은 소재들을 간결한 시어로 형상화했다. | 「청노루」, 「나그네」, 「윤사월」 |
| 박두진 | 시대적 수난을 극복하려는 의지가 자연과 융합하면서 기독교 사상을 바탕으로 한 정신세계를 구축하였다. | 「묘지송」, 「도봉」 |
| 조지훈 | 사라져 가는 민족 정서에 대해 강한 애착을 보이면서 한국적 전통을 지향하는 선비의 기풍을 담아냈다. | 「봉황수」, 「승무」, 「완화삼」 |

## 예상문제

※ (1~3) 다음 작품을 읽고 조건에 맞게 답하시오.

(가)
　머언 산 청운사(靑雲寺)
　낡은 기와집,

　산은 자하산(紫霞山)
　봄눈 녹으면,

　느룹나무
　속잎 피어 나는 열 두 구비를

　청노루
　맑은 눈에

　도는
　구름.

　　　　　　　　　　　　　　　　－ 박목월, 「청노루」

(나)
　나는 얼굴에 분칠을 하고
　삼단 같은 머리를 땋아내린 사나이.

　초립에 쾌자를 걸친 조라치들이
　날나리 부는 저녁이면
　다홍치마를 두르고 나는 향단(香丹)이가 된다.
　이리하여 장터 어느 넓은 마당을 빌어
　램프불을 돋운 포장 속에선
　내 남성(男聲)이 십분 굴욕되다.

　산 넘어 지나온 저 동리엔
　은반지를 사주고 싶은 고운
　처녀도 있었건만
　다음 날이면 떠남을 짓는
　처녀야!
　나는 집시의 피였다.
　내일은 또 어느 동리로 들어간다냐.

```
            우리들의 소도구를 실은
            노새의 뒤를 따라
            산딸기의 이슬을 털며
            길에 오르는 새벽은
            구경꾼을 모으는 날라리 소리처럼
            슬픔과 기쁨이 섞여 핀다.
                                            - 노천명, 「남사당」


    (다)
            물먹는 소 목덜미에
            할머니 손이 얹혀졌다.
            이 하루도
            함께 지났다고,
            서로 발잔등이 부었다고,
            서로 적막하다고,
                                            - 김종삼, 「묵화」
```

**1. (가)와 (나)의 구성상의 특징(시상 전개 방식)을 각각 밝히고, 주제와의 관계를 각각 밝히시오. [2점]**

### 예상답안

(가) ① '원경'에서 '근경'으로 (화자의 시선 이동) → 이상적 세계 잘 드러냄
   ② 시행을 '길게 – 짧게' → '구름'에 시상을 집약하여 탈속적 이미지(이상향)를 잘 드러냄
(나) ① 시간적 구성(서술 역전적, 역순행적 구성 구성) : 현재(1, 2연) – 과거(3연의 1~6행) – 미래(3연의 7행) – 현재(4연) → 시간에 따라 떠돌아다니는 남사당의 애환을 드러냄
   ② 시간에 따른 장소의 이동 → 시간에 따라 떠돌아다니는 남사당의 애환을 드러냄
   (③ '여로형' 구성 → 떠돌아다니는 삶의 애환을 잘 보여줌)


**2. (가)와 (다)에 나타난 풍경(그림)의 차이를 2가지 밝히고, 그 차이와 주제의 관계를 설명하라. [2점]**

### 예상답안

① ㉠ (가) 자연의 풍경 – (다) 인간의 삶의 모습
   ㉡ (가) 선경, 이상세계 – (다) 노동이 있는 전원적 생활
   ㉢ (가) 아름다움 – (다) 삶의 고단함, 적막함
   (㉣ (가) 우아미 – (다) 비장미)
② (가)에서는 아름답고 이상적인 자연의 모습을 제시했기 때문에 그 주제가 '봄의 정취와 이상세계의 아름다움'이 되고, (다)에서는 노동의 고단함이 있는 전원적 삶의 모습을 제시했기 때문에 그 주제가 '인생의 고단함과 적막함'이 됨

3. (나)와 (다)에서 다루는 대상에 따른 서술의 특징을 비교하여 밝히고, (나)와 (다)가 소설이라면 각각 어떤 시점인지 밝히고, 그 근거를 제시하라. [4점]

> **예상답안**
>
> ① (나) 내(남사당)의 여정과 삶의 애환: 고백적으로 서술 (설명, 직접 제시)
>   (다) 현실의 풍경이거나 실제 그림 속 세계: 그림(제목)처럼 묘사(장면 제시)로 그려냈음
> ② (나) 1인칭 주인공 시점: '나'의 이야기를 '나'가 전함
>   (다) 전지적 작가 시점: 할머니가 주인공이며 '적막'하다는 심리가 드러남
>     (1인칭 관찰자 시점: 숨어 있는 나가 할머니를 관찰)

## 작품 4 　 불국사 (산도화, 1955년)

흰 달빛
자하문(紫霞門)

달 안개
물 소리

대웅전(大雄殿)
큰 보살

바람 소리
솔 소리

범영루(泛影樓)
뜬 그림자

흐는히
젖는데

흰 달빛
자하문

바람 소리
물 소리.

## ▌핵심정리

▷ **갈래** 자유시, 서정시
▷ **성격** 전통적, 서경적, 회화적, 불교적
▷ **율격** 외재율 (2음보)
▷ **시상 전개(형태)** 수미상관

▷ **표현** 절제된 언어의 사용
▷ **제재** 불국사의 야경
▷ **주제** 불국사의 고즈넉한 정취

## 이해와 감상

### ① 짜임 분석
- 1~2연 – 자한문의 달 안개, 물소리
- 5~6연 – 달빛에 젖은 범영루, 뜬 그림자
- 3~4연 – 대웅전의 바람 소리, 솔 소리
- 7~8연 – 자하문의 바람 소리, 물 소리

### ② 작품감상의 구조

| 구성 요소 | 구성 요소의 파악 | 그것이 지닌 의미·효과 | 주제와의 관련성 |
|---|---|---|---|
| 내용 요소 | ① 소재 | '불국사'를 소재로 하여 불국사의 밤 정경을 담담히 묘사하여 불국사의 고즈넉한 정취를 효과적으로 드러내었다. | 불국사의 신비로운 밤 풍경 |
| | ② 동양화의 기법 | 수묵화가 지닌 여운과 여백의 운치를 드러내어 전통성을 드러내었다. | |
| | ③ 시적 화자 및 화자의 상황 | 시적 화자는 드러나지 않고 작품 밖에서 불국사를 묘사하여 제시하였다. | |
| 형식 요소 | ① 2음보 | 2음보의 운율을 통해 음악성을 느끼도록 했다. | |
| | ② 여백의 미학 | 서술어가 생략되고 체언으로 종결되어 정서의 노출을 배격하고, 즉물적인 세계를 보여준다. | |
| | ③ 수미상관의 짜임 | 수미상관을 통해 의미 강조, 운율 형성, 시의 안정감, 여운을 준다. | |
| 표현 요소 | ① 시각적·청각적 이미지 중시 | '흰 달빛, 달 안개, 대웅전, 큰 보살' 등의 시각적 이미지와 '물 소리, 솔 소리' 등의 청각적 이미지를 통해 불국사의 정취를 효과적으로 드러내었다. | |
| | ② 체언 위주의 이미지 제시 | 서술어를 배제하고 체언으로 이미지를 제시하여 간결성, 여백의 미, 균제미를 잘 살리고 있다. | |
| | ③ 선염법 | 회화에서 화면을 몽롱하게 그리는 기법으로 순수게 풀린 그리움을 '아슴아슴, 은은한' 등 약간 몽롱한 수식어로 표현하고 있다. | |

### ③ 감상의 길잡이

위의 시는 거의 체언만으로 된 시이다. 어미의 완전 배제를 통해 시적 여운의 울림을 극대화하고 이미지의 나열을 통해 이미지와 이미지가 결합하면서 자아내는 창조적이고 환상적인 새로운 이미지를 만드는 데 주력한 흔적이 역력하다. 체언 종지는 감동의 여운이 흩어지는 것을 막고 그것을 가두어 둠으로써 내면적 울림을 크게 한다. 또한 간결한 형식미는 한시가 흔히 주는 형태적 정제성, 절제미와 통하면서 절제의 미덕과 시각적 효과를 주어 산뜻하면서도 우아한 고전미를 만들어낸다. 이런 형식적 배려는 음률에도 기묘한 조화를 이루어 유장하면서도 고요한 율조를 만들어 내면서 동양적인 은일의 분위기와 신비감을 드러낸다.

우리가 한국 시의 전통을 거론할 때, '「가시리」-「사미인곡」-「진달래꽃」'의 상관을 흔히 예로 든다. 이들 시가들은 공통적으로 민요적 율조와 한의 정서, 어조, 동양적 생활감 등이 어우러져 시의 효과를 거두고 있기 때문일 것이다. 목월의 시는 바로 이러한 맥락에서 한국적 전통성을 이어가는 시라고 할 수 있다. 민요조의 율격, 형태의 간결성, 애수의 분위기, 토착어의 사용 등에서 유사성은 충분히 발견된다. 「불국사」는 어떤 의미망을 형성하고 있지는 않다. 시적 진술의 과정에서 서술성이 주가 되면 서술어를 통한 사상의 구체적 진술이 동반되는 데 비해, 이미지의 제시만을 의도한다면 체언의 제시만으로도 충분히 가능하며, 간결성, 여백의 미, 균제미(均齊美)까지도 기소할 수 있을 것이다. 서정시의 본질이 간결성에 있음은 다 아는 사실이다. 전체의 순간 포착이 서정시의 탄생이 된다는 점에서 서술성과 서정성은 멀리 떨어진 속성임에 틀림없다.

## ▌중요 내용 정리

### 01 표현상의 특징
① 시각적, 청각적 이미지 중시한다.
② 압축적 표현, 여백의 미학이 드러난다.
③ 2음보의 율격을 나타낸다.
④ 수미상관의 형식을 가진다.

### 02 서술어의 생략과 여백의 미
「불국사」는 각 시행이 서술어가 생략되고 체언으로 종결되고 있다. (6연 제외) 그것은 주관적인 정서의 노출을 극도로 배격하고 즉물적인 세계를 보여주려는 노력의 소산이다. 하지만 그것은 무작위적인 나열은 아니다. 특정한 분위기를 연출하려는 의도 하에 배열되어 있다. 나열된 심상들은 한결같이 고찰(古刹) 불국사의 신비롭고 고요한 정취를 자아낸다. 극도로 절제된 표현 가운데 그러한 분위기가 독자의 상상에 의해 촉발되어지도록 유도하고 있는 것이다. 이 점에서 이 작품은 동양화가 추구한 여백의 미학과 같은 기반을 가지고 있다고 할 수 있다.

### 03 박목월의 시와 선염법
박목월의 초기시에는 선염법이라고 부를 수 있는 표현 기법이 자주 쓰인다. 선염법이란 회화에 있어 산수운연(山水雲煙)의 흐릿한 느낌, 우중(雨中)의 정취, 어스름한 달 등을 표현하기 위해 화면을 몽롱하게 그리는 기법이다. 박목월의 순하게 풀린 그리움이 '아슴아슴', '은은한' 등 약간 몽롱한 수식어로 표현하고 있는 것은 그러한 선염법의 결과이다. 이러한 느낌은 몽롱하고 부드러움과 동시에 어떠한 대상도 스스로의 불변을 주장할 수 없다는 무상감으로 이어진다.

## 작품 5  하관 (난(蘭)·기타, 1959년)

관(棺)이 내렸다.
깊은 가슴 안에 밧줄로 달아 내리듯
주여,
용납하옵소서.
머리맡에 성경을 얹어 주고
나는 옷자락에 흙을 받아
좌르르 하직(下直)했다.

그 후로
그를 꿈에서 만났다.
턱이 긴 얼굴이 나를 돌아보고
형님!
불렀다.
오오냐. 나는 전신(全身)으로 대답했다.
그래도 그는 못 들었으리라.
이제
네 음성을
나만 듣는 여기는 눈과 비가 오는 세상.

너는
어디로 갔느냐.
그 어질고 안쓰럽고 다정한 눈짓을 하고
형님!
부르는 목소리는 들리는데
내 목소리는 미치지 못하는,
다만 여기는
열매가 떨어지면
툭 하는 소리가 들리는 세상.

## 핵심정리

▷ **갈래** 자유시, 서정시
▷ **성격** 서정적, 기구적(祈求的), 잠언적(箴言的), 사색적
▷ **시적 화자** 사랑하는 아우를 잃은 상황
▷ **표현** 산문적, 추모적, 사색적
▷ **제재** 아우의 죽음
▷ **주제** 죽은 육친에 대한 그리움

## 이해와 감상

### 1 짜임 분석

- 1연 – 아우와의 사별
- 3연 – 죽음의 현실적 인식
- 2연 – 꿈에서 본 아우와의 단절감

### 2 작품감상의 구조

| 구성 요소 | 구성 요소의 파악 | 그것이 지닌 의미·효과 | 주제와의 관련성 |
|---|---|---|---|
| 내용 요소 | ① 시적 화자 및 화자의 상황 | 혈육을 잃은 상황에서 단절감을 느끼는 시적 화자를 설정하여 죽은 아우에 대한 그리움을 효과적으로 표현하였다. | 죽은 아우에 대한 애틋한 그리움 |
| | ② 혈육의 사별 | 손 아래 혈육이 먼저 세상을 떠난 비통함을 담고 있다. | |
| | ③ 어조 | 기도하듯 담담하게 속삭이는 목소리를 통해 죽은 아우에 대한 애틋한 그리움을 효과적으로 표현했다. | |
| 형식 요소 | ① 쉬운 시어, 수식어의 배제 | 형용사적 수식을 최대한 억제하여 시적 긴장을 주제에 집중되게 한다. | |
| | ② 형과 아우의 대화 | 형제 간의 혈육의 정을 더욱 강조하여 그리움의 정서를 크게 한다. | |
| 표현 요소 | ① 중의적 표현 | '하직'은 '작별을 고했다'는 사전적 뜻과 한자어 그대로 '(흙을) 아래로 떨어뜨렸다'는 뜻이 한데 어울려 있다. | |
| | ② 하강적 이미지 | '관을 내렸다, 밧줄로 달아 내리듯, 하직했다, 눈과 비가 오는 세상, 열매가 떨어지면 툭 하는 소리' 등의 하강적 이미지를 통해 주제를 잘 드러내었다. | |
| | ③ 직유 | '깊은 가슴 안에 밧줄로 달아 내리듯' 부분은 직유로 볼 수 있으며, 죽은 아우에 대한 애틋한 그리움을 더 강조한다. | |

### 3 감상의 길잡이

세상에서 가장 큰 슬픔이 사별일 것이다. 이승과 저승을 갈라놓는 절대의 단절에서 인간이 받을 수 있는 고통은 극에 달한다. 더구나 손아래 혈육이 먼저 세상을 떠날 때의 슬픔은 형언하기 어렵다.

이 시에서는 사랑하는 동생이 먼저 세상을 떠난 뒤, 남은 형이 안고 있는 슬픔이 진실하고 지극하게 토로되고 있다. 여기에서 비통감을 더욱 크게 하는 까닭은 동기간이라는 보편적인 혈육 관계를 뛰어넘는 사랑이 내재해 있기 때문이다. 그것은 형제로서의 형의 관계보다 아버지와 같은 존재로서의 형의 위상 때문이다. 형이 아버지의 위치에 설 때, 아우의 죽음은 동기간의 사별이 아니라, 차라리 자식이 먼저 죽은 아픔과도 같은 비통함을 갖게 될 것이다. 여기에서 화자는 적어도 아버지와 같은 존재로 표상된다. 동생의 부름에 '오오냐'로 대답하는 데서 아버지와 같은 형의 모습을 발견할 수 있는 것이다. '턱이 긴 얼굴'은 동생의 착한 모습을 표현한 말이다. '오오냐'는 형의 자애로움을 드러내는 표현이다. 여기에 형제 간의 우애가 살갑게 형상화되어 있지 않은데도 마음속 깊이 가라앉은 우애의 진정한 면모를 발견하게 된다.

관이 내려지는 하관의 현장과 장례를 마친 뒤 꿈에 보인 동생. 이 둘은 시의 제재인데 먼저 하관의 모습이 서술되고 이어서 꿈에 본 동생의 모습과 애타게 부르는 형의 행위가 이어진다. 형님이라고 부르는 동생의 부름에 그가 온몸으로 대답했다는 것에서 동생을 그리는 마음이 얼마나 지극한가를 엿볼 수 있다.

그러나 이승과 저승은 단절되어 나의 목소리는 결코 저승으로 나아갈 수 없다는 것에서 무한한 그리움과 슬픔을 느끼는 것이나. 여기는 바람이 불고 열매가 떨어지는 곳이건만 아우가 간 세계는 이승과는 다른 세계라는 단절감이 형의 가슴을 더욱 통절하게 하는 것이다.

## 중요 내용 정리

### 01 표현상의 특징
① 내적 고뇌에 대한 담담한 진술이 드러난다.
② 아우를 잃은 슬픔을 객관화하여 표현한다.
③ 산문적 흐름의 진술이 드러난다.
④ 평이한 표현 속에 중의적 의미를 지니는 시어를 구사한다.
⑤ 현란한 수식을 피하고 절제된 언어로 차분하게 그린다.

### 02 「하관」의 중심 이미지
이 시의 이미지는 모두 '하강적(下降的)'이라는 특징을 갖는다. 그리고 이 하강적 이미지를 지닌 시어들은 모두 죽음과 깊은 관련을 맺고 있다. '관을 내렸다, 밧줄로 달아 내리듯, 하직했다. 눈과 비가 오는 세상. 열매가 떨어지면 툭 하는 소리' 등에서 나타나는 하강적 이미지는 모두 위에서 아래로의 수직적 운동을 암시한다.

한편 이승과 저승의 갈림길에서 오는 슬픔, 그리고 이러한 하강적 이미지를 지닌 시어들은 '다만 여기는 열매가 떨어지면 툭 하는 소리가 들리는 세상'이라는 시행에 와서 함축성 있게 응결되면서 마무리된다.

### 03 이 시기의 박목월의 작품 경향
청록파의 시기를 지나 일상 생활의 체험 영역을 다룬 제2기 작품이다. 6·25 전쟁을 거치면서 그는 초기의 서정성 짙은 민요적 가락에서 벗어나 시와 생활을 일원화시켰고, 그 간의 정형률을 거의 찾아볼 수 없는 사설조의 형태로 인간의 내면세계를 깊이 탐구하게 되었다. 특히 그가 머물던 '원효로'를 중심으로 한 세속사의 탐구가 그의 제2기 시 세계의 주류를 이루었다.

## 예상문제

※ (1~3) 다음 작품을 읽고 물음에 답하시오.

(가)
관이 내렸다.
깊은 가슴 안에 밧줄로 달아내리듯
주여
용납하옵소서.
머리맡에 성경을 얹어 주고
나는 옷자락에 흙을 받아
좌르르 하직했다.
그 후로
그를 꿈에서 만났다.
턱이 긴 얼굴이 나를 돌아보고

형님!
불렀다.
오오냐! 나는 전신(全身)으로 대답했다.
그래도 그는 못 들었으리라.
이제
㉠ 네 음성을 나만 듣는 여기는 눈과 비가 오는 세상.
너는 어디로 갔느냐.
그 어질고 안쓰럽고 다정한 눈짓을 하고
형님!
부르는 목소리는 들리는데
내 목소리는 미치지 못하는.
다만 여기는
열매가 떨어지면
툭하는 소리가 들리는 세상.

- 박목월, 「하관(下棺)」

(나)
겨울 나무와
바람
머리채 긴 바람들은 투명한 빨래처럼
진종일 가지 끝에 걸려
나무도 바람도
혼자가 아닌 게 된다.

혼자는 아니다
누구도 혼자는 아니다
나도 아니다.
실상 하늘 아래 외톨이로 서 보는 날도
하늘만은 함께 있어 주지 않던가.

삶은 언제나
은총(恩寵)의 돌층계의 어디쯤이다.
사랑도 매양
섭리(攝理)의 자갈밭의 어디쯤이다.

이적진 말로써 풀던 마음
말없이 삭이고
얼마 더 너그러워져서 이 생명을 살자.
황송한 축연이라 알고
한 세상을 누리자.

새해의 눈시울이
　　순수의 얼음꽃,
　　ⓒ <u>승천한 눈물들이 다시 땅 위에 떨구이는</u>
　　<u>백설을 담고 온다.</u>

– 김남조, 「설일(雪日)」

(다) 시의 미적 가치를 실현하는 요소
　(1) 음악성 – 생략
　(2) 함축성 – 생략
　(3) 형상성
　형상성 : 그려내는 것이다. 이미지 등을 활용하여 시인이 전달하는 추상적 차원에서 벗어나 경험적, 감각적 차원으로 구체화될 때 시의 아름다움이 실현된다. 경험적, 감각적 차원으로 구체화되는 것이다.

---

**1.** (가), (나)에서 시적 화자가 '하늘'에 대해 느끼는 차이점을 2가지 밝히시오. [2점]

**예상답안**

① (가) 저승의 의미 / (나) 절대자의 사랑(축복), 순수한 세계
② (가) 단절감(외로움)의 강조 / (나) 하늘은 늘 함께임을 강조

**2.** (가)의 ㉠과 (나)의 ㉡에 나타난 이미지의 공통점과 차이점을 각각 밝히고, 차이가 나는 이유를 밝히시오. [3점]

**예상답안**

① 공통점 : ㉠ 눈 또는 비가 오는 하강적 이미지 (시각적 이미지) ㉡ 표현– 상징적 이미지 중심
② 차이점 : (가) – 힘들고 어려운 삶의 현실(단절감) / (나) – '축복, 은혜'의 의미
③ 다른 이유 : '㉠ 시적 화자의 상황, ㉡ 내용 전개 (상황에서 드러내는 화자의 정서), ㉢ 전후의 맥락' 등이 다르기 때문에 비슷한 표현도 의미가 달라짐

**3.** 교사가 위의 두 작품을 바탕으로 (다)의 내용에 대해 교수·학습하고자 한다. (가), (나) 작품에서 '형상성'을 설명할 적절한 부분(자료)을 각각 2가지씩 찾아 제시하고, 그 중 하나씩을 골라 학생들에게 설명할 내용을 제시하시오. [4점]

**예상답안**

① (가) ㉠ 깊은 가슴 안에 밧줄로 달아내리듯
　　　　㉡ 눈과 비가 오는 세상
　　　　㉢ 열매가 떨어지면 툭하는 소리가 들리는 세상
　　　　㉣ 좌르르 하직했다.

(나) ⊙ 머리채 긴 바람들은 투명한 빨래처럼 진종일 가지 끝에 걸려
　　　ⓒ 삶은 언제나 은총(恩寵)의 돌층계의 어디쯤이다.
　　　ⓒ 사랑도 매양 섭리(攝理)의 자갈밭의 어디쯤이다.
　　　㉢ 순수의 얼음 꽃, 승천한 눈물들이 다시 땅 위에 떨구이는
② (가)의 ⓒ : 지도 내용 → 애타게 불러도 죽은 아우와 만날 수 없는 이승과 저승의 단절감을 지닌 화자의 정서(쓸쓸함)를 구체적으로 드러냄
　(나)의 ⓒ : 지도 내용 → 아무리 힘든 처지에 있어도 생각을 바꾸면 은혜 속에 있고, 그것을 돌층계의 위치로 표현했음

## 작품 6　이별가 (경상도의 가랑잎, 1966년)

뭐락카노, 저 편 강기슭에서
니 뭐락카노, 바람에 불려서

이승 아니믄 저승으로 떠나는 뱃머리에서
나의 목소리도 바람에 날려서

뭐락카노 뭐락카노
썩어서 동아 밧줄은 삭아 내리는데

하직을 말자, 하직을 말자
인연은 갈밭을 건너는 바람

뭐락카노 뭐락카노 뭐락카노
니, 흰 옷자라기만 펄럭거리고…….

오냐, 오냐, 오냐.
이승 아니믄 저승에서라도…….

이승 아니믄 저승에서라도
인연은 갈밭을 건너는 바람

뭐락카노, 저 편 강기슭에서
니 음성은 바람에 불려서

오냐, 오냐, 오냐.
나의 목소리도 바람에 날려서.

## ▌핵심정리

▷ **갈래** 자유시, 서정시
▷ **성격** 전통적, 운명적, 초월적
▷ **제재** 사별(死別)
▷ **주제** 사별의 아픔을 정신적으로 극복함
▷ **표현** ① 사투리를 적절히 사용하여 현실감과 운율의 효과를 동시에 얻음
② 반복과 점층을 통한 안타까움의 고조
③ 말끝을 감춤으로써 말로 표현하기 어려운 정서를 표출

## 이해와 감상

### 1 짜임 분석
- 1~4연 – 피할 수 없는 운명의 이별
- 8~9연 – 순응과 초극
- 5~7연 – 끊어질 수 없는 인연

### 2 작품감상의 구조

| 구성 요소 | 구성 요소의 파악 | 그것이 지닌 의미·효과 | 주제와의 관련성 |
|---|---|---|---|
| 내용 요소 | ① 시적 화자 및 화자의 상황 | 사별의 아픔을 지닌 화자를 설정하여 주제를 효과적으로 드러낸다. | 사별의 아픔을 정신적으로 극복함 |
| | ② '바람'의 역할 | 처음에 상대의 말을 알아들을 수 없게 하지만, 나중에 화자와 상대를 연결해 주는 역할을 한다. | |
| | ③ 소재의 특징 | '사별'을 소재로 하여 그것의 정신적 극복을 지향한다. | |
| 형식 요소 | ① 점층법 | '뭐라카노'의 확장적 반복을 통해 이승과 저승의 거리가 점점 멀어짐을 나타내며 이별의 단절감과 안타까움을 심화한다. | |
| | ② 경상도 방언 | 특정 지역의 구어체의 사용으로 삶의 원초적 모습을 효과적으로 드러낸다. | |
| | ③ 각 연 2행의 배열 | 2행씩 배열하여 균제미를 주고 내용 이해를 쉽게 한다. | |
| 표현 요소 | ① 대화체 | 대화체를 통해 죽음과 삶의 이원적 대립을 효과적으로 드러낸다. | |
| | ② 대립적 심상 | 삶과 죽음, 이승과 저승, 차안과 피안의 대립적 심상을 통해 사별의 아픔의 정신적 극복을 효과적으로 표현한다. | |
| | ③ '뭐락카노'라는 표현 | 잘 들리지 않음을 의미하며, 이승과 저승의 단절을 강조하여 주제를 잘 드러낸다. | |

### 3 감상의 길잡이

이 시는 죽음으로 인한 이별의 안타까움과 그리움을 대화체를 통해 형상화하고 있다. 특히 이승과 저승의 거리감이 반복적 표현을 통해 강조되고 있다.

이 작품의 중심을 이루는 시어는 '뭐락카노'이다. 이 시어가 소설의 화소(話素)처럼 이야기를 끌고 가는 중심축을 이루고 있다. 누군가가 강의 저편에서 화자에게 말을 건네나 바람에 날려서 뭐라고 하는지 잘 들리지 않는다. 강 이편의 화자 역시 상대에게 뭐라고 외치지만, 그 목소리 또한 확연히 전달되지 않는다. 시에서 삶과 죽음 사이의 간격은 강에 비유된다.

강의 저편이 저승이라면 이쪽은 이승이다. 강 저쪽에 있는 누군가는 이쪽에 있는 화자를 향해 무엇이라고 말하는 듯하다. 그러나 그 소리는 바람에 날려서 잘 들리지 않는다. 여기에서 그가 누군지는 분명치 않지만 화자와 인연이 있는 사람으로 짐작할 뿐이다. 그와 생전에 맺은 인연의 밧줄은 삭아 내리고 있다. 세상살이의 인연은 마치 갈밭을 건너는 바람과도 같이 덧없이 보인다. 그러나 나는 '하직을 말자'고 되뇌인다. 비록 이 세상에서 맺은 여러 관계는 죽음 앞에서 허무하게 썩어 내린다 해도 인연이란 끈질기게 이어지는 것이기 때문이다. 그리하여 6연에서는 저쪽에 있는 그의 말이 희미하게 들린다. 그래서 나는 대답한다. '오냐, 오냐, 오냐 / 이승 아니믄 저승에서라도' 다시 만나자고. 죽음과 삶 사이의 강은 넓고 깊은 것이지만, 사람들이 맺은 인연의 바람은 그것도 넘어간다고 화자는 노래하고 있다.

## ▪ 중요 내용 정리

### 01 표현상의 특징
① 경상도 방언을 사용하여 소박한 정감을 표현한다.
② 반복과 점층을 통해 이별의 안타까움이 심화된다.
③ 되풀이되는 질문 '뭐락카노' 속에 이별의 정한을 드러낸다.

### 02 이별의 정한 극복
　8~9연은 화자가 생사에 의한 숙명적인 이별의 정한을 극복해 내고 있는 부분이다. 지금까지 화자는 '하직을 말자. 하직 말자.'라고 다짐하며 죽은 이와의 인연을 지키기 위해 노력하였다. 결국 인연은 '바람'이 되었고 생사의 거리를 뛰어넘어 희미하게나마 그의 목소리를 알아듣게 된 것이다. 또한 '나'의 목소리도 바람에 날려서 그에게 전달되는 것이기도 하다.

### 03 '바람'의 역할
　처음에 바람은 상대의 말을 알아들을 수 없게 만드는 존재이다. 그리고 화자의 말이 상대에게 전달되는 것도 방해하고 있다. 그러나 인연이 '갈밭을 건너는 바람'이 되면서 바람은 화자와 상대를 연결해 주는 역할로 바뀌게 된다. 따라서 그는 '오냐, 오냐, 오냐' 하면서 그의 말을 조금이나마 이해하게 되는 것이다.

| 바람에 불려서 | → | 갈 밭을 건너는 바람 |
|---|---|---|
| 죽은 이와 단절<br>→ 장애물 | | 화자와 청자를<br>연결해 주는 존재 |

### 04 삶과 죽음의 관계를 형상화한 작품들
　고전시가로는 「제망매가」(월명사)와 「곡자」(허난설헌)가 대표작이다. 전자는 누이를 여읜 슬픔을 종교적으로 형상화했고, 후자는 어린 자식을 여읜 슬픔을 형상화한 작품이다.
　현대시로는 「눈물」(김현승), 「유리창1」(정지용), 「은수저」(김광균), 「귀천」(천상병) 등이 있다. 「눈물」, 「유리창1」이 어린 자식을 잃은 슬픔을 형상화한 것이라면, 「은수저」는 은수저를 매개로 아이의 죽음을 형상화한 것이며, 천상병의 「귀천」은 삶을 이 세상에서 잠시 쉬다 가는 것으로 이해함으로써 죽음을 자연스럽게 받아들이고 있는 시이다.

## 기출문제

※ (1~2) 다음 글을 읽고 물음에 답하시오.

|  |  |
|---|---|
| 뭐락카노, 저편 강기슭에서<br>니 뭐락카노, 바람에 불려서<br><br>이승 아니믄 저승으로 떠나는 뱃머리에서<br>나의 목소리도 바람에 날려서<br><br>뭐락카노 뭐락카노<br>썩어서 동아 밧줄은 삭아 내리는데<br><br>하직을 말자, 하직을 말자<br>인연은 갈밭을 건너는 바람<br><br>뭐락카노 뭐락카노 뭐락카노<br>니 흰 옷자기만 펄럭거리고……. | 오냐, 오냐, 오냐.<br>이승 아니믄 저승에서라도…….<br><br>이승 아니믄 저승에서라도<br>인연은 갈밭을 건너는 바람<br><br>뭐락카노, 저편 강기슭에서<br>니 음성은 바람에 불려서<br><br>오냐, 오냐, 오냐.<br>나의 목소리도 바람에 날려서.<br><br>— 박목월, 「이별가(離別歌)」 |

**1.** 위 시의 내용을 한국 시문학의 전통 계승이라는 맥락에서 감상하고자 한다. '감상의 초점'에 맞추어 관련 작품을 들고 감상 내용을 서술하시오. [3점]

2007년 기출 21번

| 감상의 초점 | 관련 작품 | 감상 내용 |
|---|---|---|
| 시어의 상징성 |  |  |
| 정서 |  |  |

### 출제기관 채점기준

전통 계승의 내용에 주의
※ 점수 부여
   1점 – 한국 시문학의 전통 계승과 관련하여 제시된 작품이 모두 맞은 경우
   2점 – 그에 대한 감상 내용이 각각 맞으면 각 1점

### 예상답안

| 감상의 초점 | 관련 작품 | 감상 내용 |
|---|---|---|
| 시어의 상징성 | 공무도하가<br>(서경별곡, 송인) | 고전시가에서 '강(물)'이 삶과 죽음의 경계 또는 이별(사별)을 의미하는데, 그것이 박목월의 「이별가」로 계승되고 있다. |
| 정서 | 제망매가<br>(모죽지랑가, 이상곡) | 고전시가에 나타난 죽음(혈육의 죽음)으로 인한 이별의 슬픔이 박목월의 「이별가」로 계승되고 있다. ('이별의 정한'으로 보는 경우도 있음) |

2. "표현의 과정에서 여러 가지 표현 방식을 적절하게 사용한다."라는 학습 목표에 따라 시 창작 수업을 하려고 한다. 위 시의 언어 표현 방식 중 시 창작 교수·학습에 활용할 수 있는 표현 방식 네 가지를 찾고, 그 효과에 대해서 서술하시오. [4점]

2007년 기출 22번

### 출제기관 채점기준

※ 점수 부여
　　4점 – 제시한 표현 방식과 그 효과가 4가지 각각 맞으면 각 1점

### 예상답안

① 상징 : 관념적인 내용(사별의 아픔)을 구체적이고 생동감 있게 표현한다.
② 비유 : 대상을 구체적이고 생동감 있게 표현한다.
③ 방언의 사용 : 향토성과 정감을 느끼게 하고 현장감과 사실성을 준다.
④ 대립적인 시어의 제시 : 이승과 저승의 단절감을 강조하고, 사별의 안타까움을 드러낸다.
⑤ 말줄임표(생략) : 감정을 생략하여 드러내고, 여운을 준다. (직접 표현하기 어려운 감정을 여운을 통해 드러냄)
⑥ 객관적 상관물 : 관념이나 사물을 독자가 공감할 수 있게 구체적이고 생동감 있게 표현한다.
⑦ 점층 : 점층을 통해서 사별한 상대방에 대한 안타까움을 강조한다.
⑧ 반복 : 사별에 대한 안타까운 마음을 강조한다.
⑨ 이미지(심상)에 의한 감각적 표현 : 시각, 청각, 공감각적 표현을 사용하여 정서나 내용을 구체적이고 생동감 있게 표현한다.

3. 『문학』 교과서의 단원 구성 체제를 다음과 같이 정리하였다. 이 단원의 구성 체제에 대해 바르게 이해하지 <u>못한</u> 것은?

2009년 모의 34번

| 대단원명 | Ⅲ. 시 문학과 노래하기 |
|---|---|
| 대단원 학습 목표 | • 노래로서의 시가 지닌 언어의 특질에 대해 이해한다.<br>• 시에서 반복되는 소리와 독자를 대하는 태도를 파악한다.<br>• 시에 나타난 비유의 속성을 이해하며 감상한다.<br>• 여러 시 작품을 읽어 보고, 이를 참조하여 자신의 심정을 시로 지어 본다. |
| 소단원명 | 2. 운율과 어조 |
| 소단원 학습 목표 | • 운율과 어조의 개념과 역할을 안다.<br>• 운율과 어조를 이루는 시적 정서를 파악할 수 있다.<br>• 운율과 어조를 바탕으로 시를 즐겨 읽는 태도를 갖는다. |
| 제재명 | 「면앙정가」(송순), 「이별가」(박목월) |
| 주요 학습 활동 | 1. 앞에서 배운 작품을 예로 하여 다음을 설명해 보자.<br>　(1) 운율은 시를 소리 내어 읽을 때 발견되는 규칙과 관계가 깊다.<br>　(2) 시인은 가상적인 인물을 통하여 독자에게 사연을 전한다.<br>　(3) 시의 어조에는 시적 대상을 인식하는 방법과 태도가 담겨 있다.<br>2. 시에서 반복되는 어휘나 구절은 일정한 율동감을 느끼게 한다. 「면앙정가」에서 비슷한 구절이 반복해서 이어지는 문장을 찾아 큰 소리로 낭독해 보고, 네 마디(음보)씩 끊어서 읽었을 때 느끼게 되는 율동감을 확인해 보자.<br>3. 다음 시조를 읽고, 화자가 세속적 현실에 대해 취하고 있는 태도와 「면앙정가」에 나타난 화자의 태도를 비교해 보자. |

> 4. 시에서 말하는 사람의 목소리는 시의 분위기를 형성하는 데 중요한 기능을 한다. 「이별가」에서 시어를 바꾸었을 때 시의 분위기가 어떻게 달라질지 이야기해 보자.
>    (1) '뭐락카노'를 표준어로 바꿀 경우
>    (2) '오냐. 오냐. 오냐.'를 문어체로 바꿀 경우
> 5. 「이별가」를 읽고, 다음 활동을 해 보자.
>    (1) 대화의 내용으로 미루어 화자와 상대방의 관계에 대해 설명해 보자.
>    (2) '뭐락카노'를 반복함으로써 얻고 있는 효과에 대해 설명해 보자.
> 6. 「이별가」의 화자를 위로하는 내용을 담아 율동감이 느껴지는 시를 써 보자.

① 장르를 중심으로 대단원을 구성하고 장르의 구성 요소에 따라 소단원을 구성했다.
② 대단원 학습 목표에 근거하여 소단원 학습 목표를 상세화하되, 지식, 기능, 태도로 구분하였다.
③ 복수(複數)의 제재를 선정하여 제시하되 제재 특성에 따라 학습의 강조점을 달리하였다.
④ 작품 분석에 초점을 두고 분석 능력을 심화할 수 있도록 학습의 흐름을 조직하였다.
⑤ 원리적 이해에서 수용과 창작으로 발전할 수 있도록 학습 활동을 배열하였다.

정답 ④

## 작품 7  가정 (청담, 1968년)

지상에는
아홉 켤레의 신발.
아니 현관에는 아니 들깐에는
아니 어느 시인의 가정에는
알전등이 켜질 무렵을
문수(文數)가 다른 아홉 켤레의 신발을.

내 신발은
십구 문 반(十九文半).
눈과 얼음의 길을 걸어
그들 옆에 벗으면
육 문 삼(六文三)의 코가 납작한
귀염둥아 귀염둥아
우리 막내둥아.

미소하는
내 얼굴을 보아라.
얼음과 눈으로 벽(壁)을 짜올린
여기는
지상.
연민(憐憫)한 삶의 길이여.
내 신발은 십구 문 반.

아랫목에 모인
아홉 마리의 강아지야
강아지 같은 것들아.
굴욕과 굶주림과 추운 길을 걸어
내가 왔다.
아버지가 왔다.
아니 십구 문 반의 신발이 왔다.
아니 지상에는
아버지라는 어설픈 것이
존재한다.
미소하는
내 얼굴을 보아라.

## ▌핵심정리

▷ **갈래** 자유시, 서정시
▷ **성격** 상징적, 독백적, 인정적, 가족적
▷ **시적 화자** 한 가정을 지키는 가장
▷ **제재** 가장의 삶
▷ **주제** 가장의 고달픈 삶과 자식에 대한 사랑

## 이해와 감상

### 1 짜임 분석

- 1연 – 현관에 놓인 아홉 켤레의 신발
- 3연 – 가족에 대한 사랑과 자신의 처지에 대한 연민
- 2연 – 고달픈 하루를 마치고 집에 돌아옴
- 4연 – 가족을 사랑하는 마음으로 현실을 극복하고자 함

### 2 작품감상의 구조

| 구성 요소 | 구성 요소의 파악 | | 그것이 지닌 의미·효과 | 주제와의 관련성 |
|---|---|---|---|---|
| 내용 요소 | ① | 시적 화자 및 화자의 상황 | 가족의 생계를 책임지기 위해 고달픈 삶을 살아가는 아버지를 시적 화자로 설정하여 아버지의 자식에 대한 사랑을 효과적으로 드러내었다. | 가장의 고달픈 삶과 자식에 대한 사랑 |
| | ② | 소재 | 신발을 통해서 가족들의 모습과 가장의 고달픔과 인간애를 드러냈다. | |
| 형식 요소 | ① | 생활어의 구사 | 평이한 일상어로 가난한 시인의 생활이 구체적이고 현실적으로 그려져 있다. | |
| | ② | 문장의 반복 | '미소하는 / 내 얼굴을 보아라'가 반복되어 통일성을 갖추고, 주제를 강조하여 드러낸다. | |
| 표현 요소 | ① | 연쇄적 부정어법 | 흥미의 연속성을 유지하며 표현하고자 하는 내용의 뜻을 점차적으로 강조하였다. | |
| | ② | 대유 | 아버지를 '십구 문 반의 신발'로 대유적으로 표현하여 시적 긴장감을 조성한다. | |

### ③ 감상의 길잡이

박목월의 또 다른 시적 경향을 일러 주는 작품이다.

박목월이 자연탐닉적 시를 쓴 젊은 시절을 보내고 50대에 들어 생활적인 시를 쓸 때의 경향이 특징적으로 드러나는 작품이다.

이 시에서 화자는 아버지이다. 한 가정을 지키는 가장으로서 가족의 생계를 책임지고 가족에게 사랑을 베풀어야 하는 존재 자체가 그러한 것을 제약하는 수가 많다는 걸 안타까워한다. 지상적인 세계에서는 그런 것이 이상적이라 해도 현실적인 제약이 있게 마련이고, 그러한 제약에서 아버지로서의 책임감과 부끄러움을 느끼면서도 생활의 주체로서의 아버지가 받는 삶의 힘겨움이 엄연히 존재한다는 것을 화자는 인식한다. 여기에서 현실이라는 것은 가난과 생계유지라는 측면이다. 삶을 제한하는 요인은 무수히 많지만 여기에서의 문제는 적어도 그렇다. 그것을 해결하지 못하는 화자로서는 마음 아픈 일이며, 가족에게 미안함을 품을 수밖에 없다. 그렇게 때문에 자신이 초라하고 엉성하게 보이며, 자신을 무기력한 존재로 인식한다.

이 시의 정화라고 할 신발의 비유에서도 그런 점이 드러난다. 십구 문반이나 되는 큰 신발이 주는 이미지는 황량하고 허전하며 생활적이지 못한 화자의 온순한 마음을 표상한다. 이 온순하기 짝이 없는 화자의 생활적 무능은 독자에게 충분한 공감을 준다.

독자에게 연민을 주는 이유 중의 하나는 식솔이 많다는 것이다. 많은 식구가 초라하고 가난하게 살고 있는 가정이란 공간을 설정한 것이 이런 연민을 불러일으킨다. '현관 아니 들깐 아니 시인의 가정'이라는 연쇄적 부정 어법을 통하여 현관은커녕 들깐이라고도 할 수 없는 가난한 시인의 집으로 규정함으로써 그의 가난은 숙명적인 것이며, 현실적으로 극복할 수 없는 상황임을 제시한다. 그리고는 이 가난한 집 들깐에 놓여 있는 올망졸망한 아이들의 신발을 통해 힘겨운 생활의 일면을 드러낸다.

화자는 여기가 지상이라고 거듭 규정하면서 지상적인 현실에서는 고난이 늘 함께할 수밖에 없는 상황을 시인하고 아이들에게도 그런 점을 말하고 싶어 한다. 가난한 삶에 지친 아비와 귀여운 자식을 사랑하는 아비의 대조에서 화자의 무한한 사랑을 느끼면서 어딘지 서글픈 정감에 젖게 하는 작품이다.

## ▸ 중요 내용 정리

### 01 표현상의 특징
평범한 가장의 가족에 대한 사랑이 일상적이고 평이한 시어 속에 잘 나타나 있다. 자식들에 대한 사랑과 책임 의식, 자기 자신에 대한 연민의 감정을 시각적으로 표현하고 있다. 상징적 표현 방법을 사용하여 고단한 현실 세계에서 가장으로서의 책임을 다하고자 노력하는 모습을 잘 드러내고 있다.

### 02 연쇄적 부정 어법
앞 구절을 부정하여 이어받는 방법을 말한다. 이것은 흥미의 연속성을 유지하며 표현하고자 하는 내용의 뜻을 점차적으로 강조하는 효과를 낳는다.

### 03 박목월의 시 세계

| 구분 | 경향 | 작품 |
| --- | --- | --- |
| 초기 | 섬세한 언어와 민요조 가락으로 향토색 짙은 전원의 세계를 노래하였다. | 「산도화」, 「청노루」, 「나그네」 |
| 중기 | 생활어를 구사하여 가족, 이별, 죽음 등 소시민의 일상적 삶을 그렸다. | 「가정」, 「하관」 |
| 후기 | 역사적, 사회적 현실과 함께 사물의 본질 추구 등 관념적 세계에 관심을 기울였다. | 「빈 컵」 |

## 조지훈 趙芝薰

1920 ~ 1968
국문학자. 시인. 경북 영양 출생
본명은 동탁

▶ **작가의 특징**
1. 1939년 4월 ≪문장≫지에 「고풍 의상」이 추천. 이어 같은 해 11월 「승무」, 1940년에 「봉황수」를 발표했다.
2. 박목월, 박두진과 더불어 공동으로 『청록집』을 간행하여 청록파로 불린다.
3. 민족의 역사적 맥락과 고전적인 전아한 미의 세계에 대한 찬양을 드러냈다. 예 「고풍 의상」, 「승무」, 「봉황수」
4. 선적인 정취의 세계를 드러내었다.
5. 유교적 도덕주의의 자연 인식 및 그러한 시를 지향하였다. 예 『청록집』 - 「고사」, 「고사2」, 「낙화」
6. 전통지향적 시 세계를 심화하였다. 예 『풀잎 단장』, 『조지훈 시선』
7. 현실에 대응하는 시편 - 광복 당시 사상의 분열 및 한국 전쟁에 대한 인식을 나타냈다.
   예 「역사 앞에서」, 「다부원에서」, 「패강무정」

## 작품 1  승무 (문장, 1939년)

얇은 사 하이얀 고깔은
고이 접어서 나빌레라.

파르라니 깎은 머리
박사(薄紗) 고깔에 감추오고

두 볼에 흐르는 빛이
정작으로 고와서 서러워라.

빈 대(臺)에 황촉(黃燭)불이 말없이 녹는 밤에
오동잎 잎새마다 달이 지는데,

소매는 길어서 하늘은 넓고
돌아설 듯 날아가며 사뿐히 접어 올린 외씨보선이여!

까만 눈동자 살포시 들어
먼 하늘 한 개 별빛에 모두오고,

복사꽃 고운 뺨에 아롱질 듯 두 방울이야
세사(世事)에 시달려도 번뇌(煩惱)는 별빛이라.

휘어져 감기우고 다시 접어 뻗는 손이
깊은 마음 속 거룩한 합장인 양하고,

이 밤사 귀또리도 지새우는 삼경인데,
얇은 사(紗) 하이얀 고깔은 고이 접어서 나빌레라.

## 핵심정리

▷ **갈래** 자유시, 서정시
▷ **성격** 전통적, 묘사적, 불교적
▷ **표현** 은유적, 역설적 표현
▷ **제재** 승무
▷ **주제** 인간 번뇌의 종교적 승화

## 이해와 감상

### ① 짜임 분석

- 1~3연 – 승무를 추기 전 여승의 차림새와 첫인상
- 5연 – 날렵하면서도 사뿐히 휘도는 춤사위
- 8연 – 경건성이 느껴지는 승무의 춤사위
- 4연 – 승무의 공간적 배경
- 6~7연 – 번뇌의 종교적 승화
- 9연 – 승무의 정적미와 계속되는 여운

### ② 작품감상의 구조

| 구성 요소 | 구성 요소의 파악 | 그것이 지닌 의미·효과 | 주제와의 관련성 |
|---|---|---|---|
| 내용 요소 | ① 시적 화자 및 화자의 상황 | 승무를 추는 여승의 모습을 관찰하는 화자를 통해 춤을 통한 고뇌의 승화를 잘 드러내었다. | 삶의 번뇌와 해탈의 염원, 인간 번뇌의 종교적 승화 |
| | ② 소재 | '승무를 추는 여인의 모습'을 통해 삶의 번뇌와 해탈의 염원, 인간 번뇌의 종교적 승화를 드러내었다. | |
| 형식 요소 | ① 시어 | 전아한 시어를 사용하여 삶의 번뇌와 해탈의 염원을 효과적으로 드러내었다. | |
| | ② '오/우'의 삽입 | '감추오고, 모두오고, 감기우고' 등 '오/우'를 일부러 삽입하여 운율감을 살리고 주제를 효과적으로 드러냈다. | |
| | ③ 수미상관 | 수미상관을 통해 의미 강조, 운율 형성, 시의 구조적 안정감과 여운을 준다. | |
| 표현 요소 | ① 역설 | '고와서 서러워라' 부분은 역설로 볼 수 있으며, 인간 번뇌의 종교적 승화를 효과적으로 드러냈다. | |
| | ② 비유 | 1연의 내용과 '번뇌는 별빛이라' 부분은 비유(은유)로 볼 수 있으며, 주제를 효과적으로 드러냈다. | |
| | ③ 순수 우리말 사용 | '나빌레라, 파르라니, 정작으로, 외씨보선, 살포시' 등의 아름다운 순수 국어를 발견, 조탁하여 우리말의 섬세한 아름다움을 드러냈다. | |

### ③ 감상의 길잡이

9연 18행으로 이루어진 자유시로 '승무(僧舞)'를 통해 세속적인 번뇌를 종교적으로 승화시키는 모습을 형상화하고 있다. 4음보의 율격이나 소재면에서 전통성을 드러내고 춤의 완급과 변화에 맞추어서 알맞게 느린 운율 설정을 하면서 춤을 추는 동작 순서에 따라 시상을 전개하고 있다. 제1연과 제9연에서 '얇은 사 하이얀 고깔은 고이 접어서 나빌레라'를 반복적으로 제시하되 약간의 변화를 주고 있다. 제1연에서는 그것이 전부이면서 2행으로 처리되고 있는데 반해서, 제9연에서는 그것이 일부에 지나지 않으면서 1행으로 처리되고 있다.

제1연은 춤을 막 추려는 찰나의 고깔의 모양을 선명하게 드러나고 있다. 제2연은 금방이라도 드러날 것 같은 파르스름하게 깎은 머리칼과 그 위에 쓴 고깔의 모습을, 제3연은 꽃다운 나이의 젊은 여승의 너무 고와서 서럽게 느껴지기까지 하는 얼굴의 모습을 그리고 있다. 제4연은 춤을 추는 무대 위의 촛불이 타고 있는 깊은 밤과 오동잎 잎새가 질 때마다 가려지는 달빛이, 제5연은 춤추는 사람의 팔과 다리의 날렵하고도 경쾌한 동작이 서술되고 있다. 제6연은 춤추는 여승의 까만 눈동자와 종교적인 염원이, 제7연은 세속의 세계를 떠난 여승의 복사꽃 고운 뺨에 빛나는 관능의 별빛과 고뇌의 빛이 서술된다. 별을 바라보는 여승의 모습을 통해 세속적 번뇌의 종교적 승화를 기원하는 여승의 내면세계를 드러냈다. 제8연은 '깊은 마음 속 거룩한 합장인 양' 휘어져 감기우고 다시 접어 뻗은 신비스러운 손놀림이 서술된다. 제9연은 귀뚜라미만 요란스럽게 울어대는 삼경에 한 마리 나비처럼 춤추는 여승의 모습이 다시 제시되어 1연과 수미상관을 이루면서 시상을 마무리하고 정적미와 함께 승무의 계속되는 여운을 전해주고 있다.

섬세한 언어 감각과 형식의 균형은 이 시의 또 다른 특징이다. 지훈은 시의 리듬을 효과적으로 살리기 위해 '나빌레라', '파르라니', '감추오고', '정작으로', '외씨보선', '살포시', '모두오고', '이밤사' 등과 같은 언어를 구사하고 있다. 그러한 섬세한 말들을 적절히 구사하여 종교적 춤이 지닌 형식미와 균형을 이루면서 고전적 분위기와 세속적 번뇌의 승화라는 주제 의식에 기여하고 있다.

> **참고** 조지훈이 말하는 「승무」의 창작 과정
>
> 먼저 초고에 있는 서두의 무대 묘사를 뒤로 미루고 직접적으로 춤추려는 찰나의 모습을 그릴 것, 그 다음, 무대를 약간 보이고 다시 이어서 휘도는 춤의 곡절(曲折)로 들어갈 것, 그 다음, 움직이는 듯 정지(靜止)하는 찰나의 명상(冥想)의 정서를 그릴 것, 관능의 샘솟는 노출(복사꽃 고운 뺨)을 정화(淨化), 별빛시킬 것, 그 다음 유장한 취타(吹打)에 따르는 의상의 선을 그리고, 마지막 춤과 음악이 그친 뒤 교교(皎皎)한 달빛과 동터 오는 빛으로써 끝맺을 것.
> 이것이 그 때의 플랜(계획)이었으니, 이 플랜으로 나는 사흘 동안 퇴고를 거듭하여 스무 줄로 된 한 편의 시를 겨우 만들게 되었다. 퇴고하는 데에도 가장 괴로웠던 것은 장삼(長衫)의 미묘한 움직임이었다. 나는 마침내 여덟 줄이나 되는 묘사를 지워 버리고 나서 단 두 줄로 요약하고 말았다.
> - 조지훈, 「나의 시 나의 시론」 중에서

## 🟩 중요 내용 정리

### 01 표현상의 특징
'승무'라는 소재에 어울리게 유장한 내재율을 조성하고 있다. '얇은 사 하이얀 고깔은 고이 접어 나빌레라'를 시의 첫 행과 마지막 행에 두는 수미상관법을 사용하고 있으며 '감추오고', '모두오고', '감기우고' 등에서 보는 바와 같이 '오 / 우'를 일부러 삽입하여 운율감을 살리고 있다. 또한 '나빌레라', '파르라니', '정작으로', '외씨보선', '살포시' 등의 아름다운 순수 국어를 발견 조탁하여 사용하고 있는 것이 돋보인다.

### 02 '승무'의 의미
시인은 '승무'를 단순한 무용의 의미보다는 세속의 번뇌를 극복하려는 종교적 의미로 받아들이고 있음에 틀림없다. '세사에 시달려도 번뇌는 별빛이라.'는 구절이 그것을 암시하고 있다. 그러므로 우리는 이 작품에서 지상적 번뇌를 벗어나 천상적 해탈의 경지에 도달하기를 갈망하는 시적 화자를 만나게 되는 것이다.

### 03 아름다운 '나비'와 가벼운 '나비'
이 시는 수미상관식 구조로 이루어져 있다. 그런데 1연의 '나비'와 마지막 연의 '나비'는 그 성격이 다르다. 우선 1연에서는 춤을 추기 위해 다소곳이 앉아 있는 여승의 모습을 아름다운 '나비'에 비유하고 있는 반면, 마지막 연에서는 이제 세상사의 온갖 번뇌를 떨쳐 버리고 승려로 거듭난 여승의 모습을 육신이 가벼운 '나비'에 비유하고 있다. 이는 미의식으로 볼 때 우아미와 숭고미로도 비교할 수 있을 것이다.

### 04 신석초의 시 「바라춤」과의 비교

신석초의 「바라춤」은 '바라춤(불전에 재를 올릴 때 추는 춤)'이란 제재를 통해 세속의 인연, 욕망, 번뇌와 그것을 끊고자 하는 종교적 구도 사이의 갈등을 그린 작품이다. 조지훈의 「승무」와 제재 및 갈등 구조가 비슷하지만, '승무'가 종교적 승화의 완결된 모습을 보여주는 것에 비해, 「바라춤」에서는 춤의 동작에 대한 묘사가 없고 갈등의 양상은 좀 더 강렬하게 드러내면서 해탈에 이르지 못해 괴로워하는 이의 내면이 나타난다.

## 기출문제

**1.** 다음 작품의 시어에 대한 맥락적 이해의 내용으로 가장 적절한 것은? [2.5점]   2012년 기출 33번

> 얇은 사(紗) 하이얀 고깔은
> 고이 접어서 나빌레라.
>
> 파르라니 깎은 머리
> 박사 고깔에 감추오고
>
> 두 볼에 흐르는 빛이
> 정작으로 고와서 서러워라.
>
> 빈 대(臺)에 황촉 불이 말없이 녹는 밤에
> 오동잎 잎새마다 달이 지는데
>
> 소매는 길어서 하늘은 넓고
> 돌아설 듯 날아가며 사뿐히 접어 올린 외씨보선이여.
>
> 까만 눈동자 살포시 들어
> 먼 하늘 한 개 별빛에 모두오고
>
> 복사꽃 고운 뺨에 아롱질 듯 두 방울이야
> 세사에 시달려도 번뇌는 별빛이라.
>
> 휘어져 감기우고 다시 접어 뻗는 손이
> 깊은 마음 속 거룩한 합장인 양하고
>
> 이 밤사 귀또리도 지새우는 삼경인데
> 얇은 사 하이얀 고깔은 고이 접어서 나빌레라.
>
> — 조지훈, 「승무(僧舞)」

① 「바다와 나비1」(김기림)에서 '나비'는 비유적 심상이 대상이 속성을 효과적으로 구체화함을 보여 준다. 이처럼 위 시의 '나비'의 심상은 춤사위에 담긴 여리고 관능적인 모습을 감각화한다.
② 「서시」(윤동주)에서 '스치운다'는 시적 허용이 특별한 심리적 효과를 발생시킴을 보여 준다. 이처럼 위 시의 '감추오고'는 승무를 추는 이의 심리적 부담감을 드러내는 효과를 갖는다.
③ 「여승」(백석)에서 '불경(佛經)처럼 서러워졌다'는 시적 정서가 그것과 의미상 상통하지 않는 심상과 결합될 때 새로운 정서를 환기시킴을 보여 준다. 이처럼 위 시의 '정작으로 고와서 서러워라'는 서로 상반된 심상과 정서를 결합시켜 서러움의 감정적 깊이를 완화한다.
④ 「유리창1」(정지용)에서 '물 먹은 별'은 상징이 내면의 심리를 객관화하는 데 효과적임을 보여 준다. 이처럼 위 시의 '아롱질 듯 두 방울'은 번뇌를 이겨 낸 종교적 구원을 표상한다.
⑤ 「국화 옆에서」(서정주)에서 '간밤엔 무서리가 저리 내리고'는 시적 배경이 초점화된 행위나 장면을 효과적으로 부각함을 보여 준다. 이처럼 위 시의 '귀또리도 지새우는 삼경'은 만물이 조응하는 상황을 연출함으로써 단순한 춤사위로서가 아닌 종교적 수행으로서 승무의 의미를 부각시킨다.

정답 ⑤

## 작품 2  고풍의상 (문장, 1939년)

하늘로 날을 듯이 길게 뽑은 부연(附椽) 끝 풍경이 운다
처마끝 곱게 늘이운 주렴에 반월(半月)이 숨어
아른아른 봄밤이 두견(杜鵑)이 소리처럼 깊어 가는 밤
곱아라 고아라 진정 아름다운지고.
파르란 구슬빛 바탕에 자주빛 호장을 받친 호장저고리
호장저고리 하얀 동정이 환하니 밝도소이다.
살살이 퍼져 내린 곧은 선이 스스로 돌아 곡선을 이루는 곳
열두 폭 기인 치마가 사르르 물결을 친다.
치마 끝에 곱게 감춘 운혜(雲鞋) 당혜(唐鞋)
발자취 소리도 없이 대청을 건너 살며시 문을 열고,
그대는 어느 나라의 고전(古典)을 말하는 한마리 호접(胡蝶)
호접인 양 사풋이 춤을 추라, 아미(蛾眉)를 숙이고…….
나는 이 밤에 옛날에 살아 눈 감고 거문고 줄 골라 보리니
가는 버들인 양 가락에 맞추어
흰 손을 흔들어지이다.

### 핵심정리

▷ **갈래** 자유시, 서정시
▷ **성격** 전통적, 의고적, 비유적
▷ **시적 화자** 고풍 의상의 맵시와 춤사위에 흠뻑 취한 화자
▷ **율격** 4음보의 산문율
▷ **시상 전개(형태)** 기승전결, 시선의 이동
▷ **표현** 현재형 진술, 예스런 문체
▷ **제재** 고풍의상, 한복
▷ **주제** 우아한 고전적 아름다움의 추구

## 이해와 감상

### 1 짜임 분석

- 1~3행 - 춤의 시·공간적 배경 (시적 배경)
- 7~8행 - 아름다운 치마의 선(線)
- 13~15행 - 고전미와의 일체감
- 4~6행 - 저고리의 아름다운 색채
- 9~12행 - 옷맵시와 춤사위의 은은한 아름다움

### 2 작품감상의 구조

| 구성 요소 | 구성 요소의 파악 | 그것이 지닌 의미·효과 | 주제와의 관련성 |
|---|---|---|---|
| 내용 요소 | ① 시적 화자 및 화자의 상황 | 시적 화자가 한복을 곱게 차려입은 여인의 모습을 묘사하여 고전적 아름다움을 드러냈다. | 우아한 고전적 아름다움의 추구 |
| | ② 소재 | 고전적 소재와 전통적 제재(한복)를 통해 고전적 아름다움을 그리고 있다. | |
| | ③ 고전적 전아함 | 조지훈 시의 특징은 고전적 전아함을 한복 입은 여인의 자태를 통해 잘 드러냈다. | |
| 형식 요소 | ① 의고적 어투 | 의고적 어투를 사용하여 전통적인 미의식을 강조했다. | |
| | ② 반복 | '호장저고리', '호접' 등 인접 어구의 반복, 11행의 '치마 끝에 곱게 감춘 운혜, 당혜'에서의 반복되는 2음절 어휘, 'ㅗ, ㅏ, ㅔ, ㄱ, ㅊ' 음운의 연속을 통해 리듬감을 형성하였다. | |
| | ③ 시선의 이동에 의한 전개 | 시선의 수직 이동에 따라 고풍 의상을 입은 여인의 자태와 아름다움을 그리고 있다. | |
| 표현 요소 | ① 고어의 사용 | '아름다운지고', '밝도소이다', '흔들어지이다' 등의 표현과 고전적 사물을 사용하여 전통적인 미의식을 강조하였다. | |
| | ② 대조적 이미지 | 저고리와 치마의 정적 이미지와 춤추는 여인의 동적 이미지를 통해 우아한 고전적 아름다움을 효과적으로 드러냈다. | |
| | ③ 공감각적 이미지 | '아른아른 봄밤이 두견이 소리처럼 깊어 가는 밤'은 봄밤이 지닌 시각적 이미지를 두견이 소리 같은 청각적 이미지로 감각의 전이를 이루고 있다. | |
| | ④ 비유적 표현 | '호접인 양', '버들인 양' 등을 통해 여인의 아름다움을 잘 드러냈다. | |

### 3 감상의 길잡이

조지훈 시의 매력은 고전미(古典美)에 있다. 이 시 역시 고전 시대의 풍물에서 즐겨 제재를 구하여 독특하고 우아한 필치로 노래하여 한국적 정감을 잘 고취시킨 작품이라 하겠다. 일찍부터 조지훈은 우리의 전통적 아름다움을 선(線), 특히 곡선의 아름다움이 한국적 미(美)의 본체라고 말한 바 있다. 이 시는 이러한 우리의 전통적 고전미를 옛 여인의 옷맵시와 춤사위에서 포착하고 있다. 조지훈의 대표작처럼 되어 있는 「승무(僧舞)」가 종교적 경지에까지 승화된 춤의 아름다움을 그렸다면, 이 시는 우아한 고풍 의상에서 우리의 고전적 멋을 찾고 있다.

이 시의 구조는 전체가 하나의 연으로 이루어진 산문적 형태를 띠고 있는데, 1~3행은 고요한 분위기를 보이는 시간적, 공간적 배경이고, 4~6행은 저고리의 아름다운 인상이, 7~8행은 치마의 고운 선의 아름다움이 섬세하게 그려져 있다. 9~12행은 옷맵시와 춤사위의 은은한 아름다움이 극치를 이루고, 13~15행에서는 고풍 의상의 아름다움에 대한 화자의 도취감이 '눈 감고 거문고 줄 골라 보리니'로 표현되고 있다.

고풍의상에 대한 시인의 정서는 단지 아름다움의 예찬에 그치지 않고 '이 밤에 옛날에 살아'에서 보듯이 시공(時空)을 초월하여 과거로 돌아가 잃어 가는 고전미에 대한 강렬한 그리움을 나타내고 있다. 또한, 마지막 행인 '흰 손을 흔들어지이다'는 작품의 배경을 이루는 '풍경이 운다', '두견이 소리' 등의 애잔한 분위기와 어울려 옛 것의 아름다움이 상실되어 가는 현실을 슬픔의 멋으로 마무리하고 있다.

## 중요 내용 정리

### 01 「고풍의상」에 나타난 이미지

| 이미지 | | 대상 |
|---|---|---|
| 공감각적 이미지 | | 봄밤이 지닌 시각적 이미지를 두견이 소리 같은 청각적 이미지로 감각 전이 (3행) |
| 대조적 이미지 | 시각적 | 저고리 : 파르란 구슬빛 바탕과 자줏빛 회장, 하얀 동정 |
| | 움직임 | 저고리와 치마의 정적 이미지와 춤추는 연인의 동적 이미지 |

### 02 표현상의 특징
① 의고적(擬古的) 어투를 사용하여 전통적인 미의식 강조하였다.
② 반복적으로 시어를 배열하여 운율감을 형성한다.

### 03 화자의 시선 이동
　화자는 춤을 추는 여인의 모습을 묘사하고 있다. 화자의 시선은 먼저 춤을 추는 배경에 주목한 후, 인물의 우아한 춤사위로 이동을 하고 있는데, 춤을 추는 인물의 의상과 동작이 조화를 이루며 전개되고 있다. 의상에 대한 묘사에서 화자의 시선이 위에서 아래로 수직(저고리 → 치마 → 신)으로 이동되면서 춤 동작이 정적에서 동적으로 변화하는 과정과 조화를 이룬다. 구체적으로 회장저고리는 달빛을 받아 우아한 자태를 드러내며 정적인 미감을 드러내는 반면, 치마는 곡선을 이루며 움직이는 것으로 묘사되어 은은함과 우아함을 지닌 동적인 미감으로 형상화되고 있다. 그리고 치마 밑의 신도 전통적인 모습을 지닌 것으로 표현되어 있다. 이처럼 화자는 전통적 의상을 한 여인의 춤 사위를 한 마리의 나비에 비유할 정도로 아름다움에 도취되어 있다.

### 04 김상옥의 시조 「백자부」와의 비교

| 구분 | | 「고풍의상」 | 「백자부」 |
|---|---|---|---|
| 차이점 | 형식 | 현대 자유시 | 현대 시조 |
| | 내용 | 전통 의상의 우아함을 그것을 입고서 춤을 추는 연인의 춤사위와 그 배경에 대한 묘사를 통하여 숨막힐 듯한 아름다움으로 재현하고 있다. 애상적인 정조를 바탕에 깔고 예스런 어투로써 전통적 아름다움에 대한 그리움이라는 정서를 풍부하게 자아낸다. | 단아하고 깨끗하며 순박한 백자에 대한 묘사를 통해 전통 문화에 대한 깊은 애정과 그것의 아름다움을 노래하고 있다. |
| 공통점 | | 전통적이고 고전적인 아름다움 – 우리 민족의 고유한 정서로서 우리 민족의 정신 문화이며 미적 원형이다. | |

### 05 「승무」와의 차이점

「승무」와 함께 고전적 소재와 전통 무용에 대한 시적 탐구의 대표작으로 평가받고 있지만, 「승무」가 춤을 소재로 하면서 번뇌의 종교적 승화를 표현하고 있다면, 「고풍의상」은 한복의 우아함과 이를 통해 표현되는 춤의 아름다움을 보여 줌으로써 한 폭의 미인도 같은 느낌을 준다. 이 시는 여인의 한복이 가진 고전적인 아름다움을 나타내기 위해 고전적인 느낌을 주는 시어와 어조를 선택하였으며, 이러한 제재와 문체를 통해 고전적인 미의식과 전통적 정신세계를 추구하고 있다.

## 작품 3  봉황수 (문장, 1940년)

벌레 먹은 두리기둥, 빛 낡은 단청(丹靑), 풍경 소리 날아간 추녀 끝에는 산새도 비둘기도 둥주리를 마구 쳤다. 큰 나라 섬기다 거미줄 친 옥좌(玉座) 위엔 여의주(如意珠)를 희롱하는 쌍룡(雙龍) 대신에 두 마리 봉황새를 틀어 올렸다. 어느 땔들 봉황이 울었으랴만 푸르른 하늘 밑 추석(甃石)을 밟고 가는 나의 그림자. 패옥(佩玉) 소리도 없었다. 품석(品石) 옆에서 정일품(正一品), 종구품(從九品) 어느 줄에도 나의 몸 둘 곳은 바이 없었다. 눈물이 속된 줄을 모를 양이면 봉황새야 구천(九天)에 호곡(呼哭)하리라.

### 핵심정리

▷ 갈래 자유시, 서정시
▷ 성격 우국적, 전통적, 고전적
▷ 시적 화자 퇴락한 궁궐을 보면서 몰락한 조선 왕조의 비애감을 느끼는 화자
▷ 시상 전개(형태) 기승전결, 선경후정
▷ 표현 고전적, 향수적, 우국적
▷ 제재 봉황의 용상, 낡은 궁궐에 그려진 봉황
▷ 주제 망국의 한과 구국의 염원

### 이해와 감상

#### 1 짜임 분석

- 기 (1문장) – 퇴락한 고궁의 모습
- 승 (2문장) – 망국의 원인에 대한 비판  ┐ 선경
- 전 (3~5문장) – 역사의 무상함과 비애  ┐ 후정
- 결 (6문장) – 망국의 슬픔과 그 극복 의지  ┘

## 2 작품감상의 구조

| 구성 요소 | 구성 요소의 파악 | 그것이 지닌 의미·효과 | 주제와의 관련성 |
|---|---|---|---|
| 내용 요소 | ① 시적 화자 및 화자의 상황 | 나라를 잃은 후 퇴락한 궁궐에서 망국의 한을 느끼는 화자를 통해 망국의 한과 구국의 염원을 효과적으로 드러내었다. | 망국의 한과 구국의 염원 |
| | ② 소재 | '봉황의 용상'을 통해 망국의 비애와 극복 의지를 표현하였다. | |
| | ③ 동양적 회고 정신 | 기울어져 가는 것, 사라져 가는 것들에 대해 느끼는 슬픔을 읊으며, 전통의 자취를 통해 정신적 부활의 계기를 모색하였다. | |
| 형식 요소 | ① 선경후정의 구조 | 선경(퇴락한 궁궐을 사실적으로 그림), 후정(화자의 감회)의 구조를 통해 주제를 효과적으로 드러낸다. | |
| | ② 산문시 | 산문시의 형식을 취해 느린 호흡으로 감정을 절제하여 망국의 비애를 차분하게 이끌어 나간다. | |
| | ③ 기승전결의 짜임 | 기(1연), 승(2연), 전(3~5연), 결(6연) 짜임을 통해 시적 화자의 마음을 설득력 있게 효과적으로 전달한다. | |
| 표현 요소 | ① 객관적 상관물 | '봉황'이라는 객관적 상관물을 통해 망국의 한과 구국의 염원을 효과적으로 표현했다. | |
| | ② 감정이입 | '봉황수'라는 제목과 '봉황새야 구천에 호곡하리라'는 감정이입이 이루어진 것으로 슬픔에 잠김과 동시에 다시 떨쳐 일어날 것의 의미를 지닌다. | |
| | ③ 다양한 상징 | 1행 전체, '거미줄 친 옥좌', '쌍룡', '패옥 소리' 등을 통해 망국의 한을 잘 드러낸다. | |

## 3 감상의 길잡이

여섯 개의 문장으로 된 산문시이지만, 내재율을 지닌 시이다. 전통적인 한시의 영향을 받아 기승전결이라는 4단 구성을 취하고 있다. 기에 해당하는 부분은 첫째 문장이고, 승에 해당하는 부분은 둘째 문장이다. 전에 해당하는 부분은 셋째 문장과 넷째 문장 그리고 다섯째 문장이고, 결에 해당하는 부분은 여섯째 문장이다. 연의 구분이 없는 단연시지만 편의상 넷째 문장과 다섯째 문장을 하나의 연으로 묶어서 5연으로 나누기도 한다. 첫째 문장은 국가가 망하고 지금은 퇴락한 채 방치되어 있는 어느 고궁의 대궐의 모습을 보여준다. 그런데 '산새도 비둘기도 둥주리를 마구 쳤다'라는 부분은 사실적인 묘사라기보다는 황폐한 대궐의 객관적 상관물로 봄이 좋을 듯하다. 둘째 문장은 사대주의의 슬픈 역사와 그 말로를 고발하고 황폐화된 대궐 안 옥좌 바로 위에 그려진 두 마리의 봉황새를 제시한다. 셋째 문장은 난세를 구할 성인이 나면 봉황이 운다는 전설이 언제 실재했더냐고 강한 의문을 제기하면서도 현실을 참고 견디는 자신의 외로운 그림자를 묵묵히 제시한다. 넷째 문장에서는 나라가 망해서 이제는 패옥 소리도 들리지 않음을 제시한다. 다섯째 문장에서는 정일품 혹은 종구품을 새긴 품석들만이 줄을 지어 있을 뿐이며, 그 자리를 지켰던 사람들이 사라진 지금 그들의 후손인 서정적 자아는 어느 자리에도 설 자격이 없음을 밝힌다. 여섯째 문장은 이 모든 비운을 생각할 때 우는 것이 부질없는 것을 모른다면 저 넓고 큰 하늘을 향해 통곡하지 않을 수 없을 것이라고 옥좌 위의 낡은 봉황새에게 호소한다.

## ▶ 중요 내용 정리

### 01 표현상의 특징
① 동양적 회고 정신을 바탕으로 민족적 정서와 전통에의 향수를 표현하였다.
② 역사를 바라보는 시선과 침통함이 비관념적인 언어를 통해 원숙하게 표현되었다.
③ 고전적 소재를 취하고 고풍스런 언어를 구사함으로써 예스러운 분위기를 자아낸다.
④ 시인의 정서를 비유적 수사에 의해 표현하였다. 특히 봉황은 망국의 설움을 상징하는 동시에 자아에게는 슬픔을 극복하기 위한 지향의 대상이 되었다.

### 02 「봉황수」의 회고적 경향
조지훈은 동양의 회고적 정신을 바탕으로 하여 민족 정서, 전통에의 향수, 불교적 선미(禪美) 등을 표현한 시인이다. 「봉황수」는 기울어져 가는 것, 사라져 가는 것들에 대해 느끼는 슬픔을 읊고 있다. 작가의 이러한 회고적 경향은 전통의 자취를 되짚어 봄으로써 정신적 부활의 계기를 모색했다는 점에서 의의를 지니고 있다.

### 03 형태상의 특징 : 산문시
산문시는 시로서 지녀야 할 형식적인 틀에서 벗어나 산문으로 표현한 시를 말한다. 그러나 일반 산문과 구별하기 위하여 산문시에는 형태상의 압축과 응결이 필요하게 되고 시 정신의 결정이 요구된다. 「봉황수」는 시상의 전개 과정에 나타나는 고전적인 시어나 주제의 방향이 시를 침착하게 이끌고 나갈 필요가 있어 산문시의 형태를 취하게 되었다고 할 수 있다.

### 04 객관적 상관물
시작의 한 기법으로 시에서 표현하고자 하는 어떤 정서나 사상을 직설적으로 표현하는 것은 너무 단순하기 때문에 어떤 사물이나 정황 또는 일련의 사건을 빌어서 표현하는 것이 효과적이다. 이러한 사람이나 정황, 또는 일련의 사건을 객관적 상관물이라고 한다. 이 작품에서 작가는 '봉황'이라는 객관적 사물을 통해 속된 눈물이라도 마음껏 흘리고 싶다는 감정을 표현하고 있다.

### 05 시적 화자의 태도
식민지 현실과 대조시키다 보면 과거를 미화하기 쉬운데, 이 작품은 냉정한 거리를 두고 있다. 그리고 이 시는 퇴락한 고국을 바라보면서 지난날 역사의 그릇됨에 대한 비판과 반성, 민족혼의 부활과 국권 회복에 대한 소망을 은연중에 나타내고 있다. 시적 화자는 사대주의에 의해 나라가 멸망하게 된 것을 비판하고 한 번도 기세를 떨치지 못했던 역사를 슬퍼하고 있다. 또한 어느 곳에도 망국인이 설 자리는 없음을 확인한다. 그러나 화자는 망국의 슬픔이 속된 감상에 불과하다는 것을 알고 있다. 슬픔을 내면으로 삭이는 이 종결부에 조지훈의 지사적 면모를 알 수 있으며, 조국의 해방은 민족 주체성의 회복으로부터 출발해야 한다고 믿는 시인의 투철한 역사 의식을 읽어 낼 수 있다.

### 작품 4   완화삼 - 목월에게 (상아탑 5호, 1946년)

차운산 바위 우에
하늘은 멀어
산새가 구슬피
우름 운다.

구름 흘러가는
물길은 칠백 리(七百里)

나그네 긴 소매
꽃잎에 젖어
술 익는 강마을의
저녁 노을이여.

이 밤 자면 저 마을에
꽃은 지리라.

다정하고 한 많음도
병인 양하여
달빛 아래 고요히
흔들리며 가노니…….

#### ■ 핵심정리

▸ **갈래** 자유시, 서정시
▸ **율격** 외재율, 3음보, 7·5조
▸ **성격** 전통적, 낭만적, 애상적
▸ **시적 화자** 다정다한(多情多恨)한 나그네
▸ **표현** 다양한 이미지를 구사, 전통적 가락
▸ **제재** 선비의 긴 적삼, 나그네
▸ **주제** 밤길을 떠나는 나그네의 애상감

#### 이해와 감상

① **짜임 분석**
- 1연 – 비극적 현실에서 느끼는 슬픔
- 3연 – 자연과 하나가 된 나그네
- 5연 – 다정다한(多情多恨)한 나그네
- 2연 – 정처 없는 나그네의 방랑 길
- 4연 – 낙화에서 느끼는 애상감

## ② 작품감상의 구조

| 구성 요소 | 구성 요소의 파악 | 그것이 지닌 의미·효과 | 주제와의 관련성 |
|---|---|---|---|
| 내용 요소 | ① 시적 화자 및 화자의 상황 | 떠도는 나그네인 시적 화자가 일제하의 암담한 현실 상황에서 자연을 보며 정한을 드러냈다. | 잃어버린 고향에 대한 회복, 다정다한한 나그네의 우수, 한국적 체념(諦念)과 달관(達觀)의 경지 |
| | ② 소재 | 암담한 현실 속에서 달랠 길 없는 민족의 정한을 스스로 나그네화하여 한국적 체념과 달관의 경지를 드러냈다. | |
| 형식 요소 | ① 3음보 (층량 3보격, 7·5조) | 세속적인 집착과 소박에서 벗어나 구름처럼 흘러가는 나그네의 고독과 애수를 3음보격의 전통적 가락과 간결한 시행 구조에 담아내었다. | |
| | ② 간결한 시행 | 간결한 시행을 통해 한국적 체념과 달관의 경지를 함축적으로 드러내었다. | |
| | ③ 시어 | 일제 말기의 꿈도 희망도 없는 암담한 현실 속에서 달랠 길 없는 민족의 정한을, 달관의 자세로 떠도는 나그네의 모습을 아름다운 시어로 표현했다. | |
| 표현 요소 | ① 상징 | '차운산 바위'는 비극적 현실 상황, '하늘'은 이상적 현실을 상징하여 주제를 효과적으로 드러냈다. | |
| | ② 감각적 이미지 | 청각(울음 운다, 고요히 흔들리며 가노니), 후각(술 익는 강마을), 시각(구름 흘러가는, 저녁 노을, 꽃은 지리라, 달빛 아래) 등의 다양한 감각을 통해 주제를 효과적으로 드러냈다. | |
| | ③ 이미지 | 떠나감과 흐름의 이미지를 '구름'과 '물길'로 드러내어 주제를 효과적으로 표현했다. | |

## ③ 감상의 길잡이

이 시는 박목월의 「나그네」를 탄생시키는 데 결정적인 역할을 한 작품으로, 암담한 현실 속에서 달랠 길 없는 민족의 정한을 스스로 나그네화하여 아름다운 시어, 시각적 이미지, 고전적 가락을 통해 탄식과 체념이 담긴 낭만적 시정(詩情)으로 노래하고 있다. 화자는 제목에서 드러나듯 '꽃을 보고 즐기는 선비'로 그 선비는 구름과 물길처럼 흘러가는 유랑의 삶을 사는 나그네이다.

일제 치하라는 비극적 현실 상황을 상징하는 '차운산 바위'에 존재하는 화자는 '하늘'과 같은 이상을 꿈꾸어 보지만, '산새'로 표현된 화자는 '하늘'을 바라보며 구슬피 울고 있을 수밖에 없다. 이상세계에 도달할 수 없다는 현실적 제약으로 인해 정처없는 나그네가 된 그는 '칠백 리 물길'을 따라 긴 유랑길을 떠나게 된다. 그 유랑길의 한 여정인 어느 강마을에 '긴 소매 꽃잎에 젖어' 이르렀을 때, 마침 술 익는 냄새와 함께 서산에선 붉은 노을이 물들고 있다. '나그네 긴 소매 꽃잎에 젖어'라는 시행은 나그네와 꽃, 곧 시인과 자연이 합일된 경지이자, 이 시의 제목을 '완화삼'이라 한 이유를 알게 해 준다. '완화삼'이란 본디 '꽃무늬 적삼을 즐긴다.'는 뜻으로, 이 시행의 '소매 꽃잎에 젖어' 있는 것 같은 무념무상의 경지를 표상한다. 그런 다음 '달빛 아래 고요히 흔들리며' 자연에 동화되어 하염없는 나그네 길을 다시 떠나는 그는 '이 밤 자면 저 마을에 / 꽃은 지리라.'며, '다정하고 한 많음도 병인 양하여'와 같은 애상감에 젖는 것이다. 이것은 고려 말 이조년(李兆年)의 시조 「다정가(多情歌)」의 '다정도 병인 양하여'와 상통하는 정서이다.

이처럼 이 시는, 세속적인 집착과 속박에서 벗어나 구름처럼 흘러가는 나그네의 고독과 무상감이 7·5조, 3음보격의 전통적 가락과 낭만적 분위기, 감각적 이미지의 시어와 함께 간결한 시행 구조에 완전히 용해됨으로써 전통적 서정시의 전형을 보여 주는 작품이다.

## ▣ 중요 내용 정리

### 01 표현상의 특징
① 청각·후각·시각 등 다양한 이미지를 구사 : 이 시에는 다양한 심상을 통해 정서를 표현하고 있다. '산새가 구슬피 울음 운다.'에는 청각적 심상이, '술 익는 강마을'에는 후각적 심상이, '하늘이 멀어,' '구름이 흘러가는', '달빛 아래 고요히 흔들리며 가노니……'에서는 시각적 심상이 드러난다. 이런 다양한 감각적 심상을 통해 애상적 분위기를 잘 드러내고 있다.
② 3음보, 7·5조의 전통적 가락 : 세속적인 집착과 소박에서 벗어나 구름처럼 흘러가는 나그네의 고독과 애수를 3음보격의 전통적 가락과 간결한 시행 구조에 담아내고 있다.

### 02 시 감상 포인트
일제 말기의 꿈도 희망도 없는 암담한 현실 속에서 달랠 길 없는 민족의 정한을 달관의 자세로 떠도는 나그네의 모습을 빌어 아름다운 시어, 감각적 이미지, 고전적 가락을 통해 낭만적 시정으로 노래하고 있다.

### 03 시인 조지훈의 말
석굴암 가던 날은 대숲에 복사꽃이 피고 진눈깨비가 뿌리던 희한한 날이었다. 불국사 나무 그늘에서 나는 찬술에 취하여 떨리는 봄옷을 외투로 덮어주던 목월의 체온도 새로이 생각난다. 나는 보름 동안을 경주에 머물렀고, 옥산서원의 독락당에 눕기도 하였으며, 「완화삼」이란 졸시를 보내기도 하였다. 목월의 시 「나그네」는 이 「완화삼」에 화답하여 보내 준 시이다. 압운이 없는 현대시에도 이렇게 절실한 심운이 있다는 것을 보여 준 시였다. 붓을 꺾고 떠돌며 살던 5년간을 우리는 이렇게 편지로 마음을 하소연하며 해방을 맞았던 것이다.

## 작품 5  민들레꽃 (풀잎 단장, 1952년)

까닭없이 마음 외로울 때는
노오란 민들레꽃 한 송이도
애처롭게 그리워지는데

아, 얼마나한 위로이랴
소리쳐 부를 수도 없는 이 아득한 거리에
그대 조용히 나를 찾아오느니

사랑한다는 말 이 한마디는
내 이 세상 온전히 떠난 뒤에 남을 것

잊어버린다. 못 잊어 차라리 병이 되어도
아 얼마나한 위로이랴
그대 맑은 눈을 들어 나를 보느니.

## ▌핵심정리

▷ **갈래** 자유시, 서정시
▷ **성격** 연가적, 여성적, 고백적
▷ **시적 화자** 임과 이별한 외롭고 슬픈 심정의 화자
▷ **표현** 의인화, 연가풍 목소리
▷ **제재** 민들레꽃
▷ **주제** 임에 대한 변함없는 사랑과 애틋한 그리움

## 이해와 감상

### 1 짜임 분석

- 1연 – 외롭고 그리운 마음
- 3연 – 임에 대한 영원한 사랑의 다짐
- 2연 – 임이 되어 다가와 위로해 주는 민들레꽃
- 4연 – 임이 되어 언제나 '나'를 위로해 주는 민들레꽃

### 2 작품감상의 구조

| 구성 요소 | 구성 요소의 파악 | 그것이 지닌 의미·효과 | 주제와의 관련성 |
|---|---|---|---|
| 내용 요소 | ① 시적 화자 및 화자의 상황 | 봄날, 노랗게 피어난 민들레꽃을 발견한 화자를 통해 임에 대한 그리움을 효과적으로 드러냈다. | 임에 대한 변함없는 사랑과 애틋한 그리움 |
| | ② 소재 | '민들레꽃'을 통해 임의 모습을 연상하여 임에 대한 그리움과 사랑을 애절하게 표현했다. | |
| | ③ 시의 내용 전개 | 시적 화자가 위로의 대상으로 '그저 바라본 민들레꽃'이 오히려 '시적 화자를 바라보는 민들레꽃'으로 전화(轉化)되는 내용이다. | |
| | ④ 어조 | 연가풍의 고백적 어조를 통해 임에 대한 그리움과 외로움 속에서의 위안의 심리를 효과적으로 표현했다. | |
| 형식 요소 | ① 각운 | 일정한 위치에 '오느니', '보느니'의 각운을 사용하여 리듬감을 강조하고 임에 대한 그리움의 태도를 효과적으로 표현했다. | |
| | ② 사상 전개 | 기승전결의 짜임을 통해 시적 화자의 마음을 설득력 있게 효과적으로 전달한다. | |
| 표현 요소 | ① 의인화 | '민들레꽃'을 임의 모습으로 의인화 하여 임에 대한 애틋한 그리움을 효과적으로 표현한다. | |
| | ② 영탄법 | '아 얼마나한 위로이랴'라는 표현을 통해 꽃(임)을 만난 반가움을 강조하여 표현했다. | |
| | ③ 감정 이입 | 외롭고 그리운 마음을 민들레꽃에 투영해 사랑의 다짐을 표현하여 주제 형성에 효과적으로 기여했다. | |

### 3 감상의 길잡이

이 시는 '기 – 승 – 전 – 결'의 전통 구조에 따라 의인화된 민들레꽃을 통해 임에 대한 애틋한 그리움을 노래하고 있는 작품이다. 어느 봄날, 노랗게 피어난 민들레꽃을 발견한 화자는 그것을 임의 현신(現身)이라고 생각하고, 자신의 애틋한 사랑의 심경을 여성적 어조로 나직이 노래 부른다.

임과의 사이에 가로놓인 '소리쳐 부를 수도 없는 이 아득한 거리'로 인해 '까닭 없이 마음 외로울 때' 발견한 민들레꽃이기에 그것을 임의 모습이라고 확신하는 화자는, 민들레꽃이 '맑은 눈을 들어 나를 보'는 순간, 자신의 절실한 그리움에 '얼마나한 위로'가 되어 줄 것이라 생각한다.

여기서 '아득한 거리'라는 구절을 고려한다면, 시적 대상인 '임'은 화자가 다시는 만날 수 없는 사람이라고 볼 수 있다. 그럼에도 불구하고 화자는 '사랑한다는 말 이 한마디는 / 내 이 세상 온전히 떠난 뒤에 남을 것'이라며 임에 대한 영원한 사랑을 다짐한다. 이렇게 화자는 외롭고 그리운 마음을 민들레꽃에 투영하여 사랑의 다짐을 하며 스스로를 위로하고 있다. 김소월의 「초혼」은 화자가 사랑한다는 말을 하지 못했다는 회한을 강조함으로써 죽은 임에 대한 간절한 그리움을 노래하고 있다면, 이 시는 설령 죽은 임은 아니더라도, 화자가 죽고 나서도 사랑한다는 말이 남을 것이라는 구절을 통해 자신의 영원한 사랑을 노래하고 있다.

## 중요 내용 정리

### 01 조지훈의 시 정신

해방 직후 문단의 분위기가 좌파인 '조선 문학가 동맹'에 의해 좌우되자, 조지훈은 박목월, 김동리, 서정주, 조연현 등과 함께 순수 문학을 표방하면서 1946년 4월 '조선청년문학가협회'를 결성하였다. 그는 문학이 정치에 복무하는 것을 배격하면서 순수한 시 정신을 옹호하였다. 그에게 있어 시 정신이란 '시류(時流)의 격동 속에서도 흔들리지 않는, 변하면서도 변하지 않는 영원히 새로운 것'이었다. 이 시는 한국전쟁 직전의 어수선한 시대 상황 하에서 씌어진 작품으로 바로 그러한 순수한 시 정신을 잘 보여 주고 있다.

## 기출문제

※ (1~2) 다음 작품을 읽고 물음에 답하시오.

(가)
　까닭없이 마음 외로울 때는
　노오란 민들레꽃 한 송이도
　애처롭게 그리워지는데

　아 얼마나한 위로이랴
　소리쳐 부를 수도 없는 이 아득한 距離에
　그대 조용히 나를 찾아 오느니

　사랑한다는 말 이 한 마디는
　내 이 세상 온전히 떠난 뒤에 남을 것

잊어버린다, 못 잊어 차라리 병이 되어도
이 얼마나 위로이랴
그대 맑은 눈을 들어 나를 보느니

— 조지훈, 「민들레꽃」 전문

(나)

 시인은 민족시를 말하기 전에 그냥 시 자체를 알지 않으면 안 된다. 먼저 시가 된 다음에 그것이 민족시로도 되고 세계시도 될 수 있을 것이므로 시의 전통이 확립되지 못한 이땅의 詩가 민족시로서 세계시에 가담하기 위하여서 먼저 일어날 것은 순수시 운동이 아닐 수 없다. 순수시 운동은 곧 시의 본질적 ㉠계몽운동인 동시에 그의 발전이 그대로 민족시의 확립이기 때문이다.
 순수한 시 정신을 지키는 이만이 시로써 설 것이요 진실로 민족정신을 지키는 이만이 민족시를 이룰 것이다.

— 조지훈, 「순수시의 지향」

(다)

 현실과 사태에 대응하야 정확한 정치감각과 ㉡비판의식이 희박하면 할수록, 유리되면 될수록 그의 시적 표현이 봉건적 氣習 이외에 벗어날 수 없는 것을 본다. 시의 재료도 될 수 있는 대로 현실성이 박약한 것일수록 '시적'인 것이 되고, 언어도 이에 따라 생활에서 후퇴된 것일수록 소위 '시어'로 제한되는 것이므로 그런 것이 '교묘한 완성'에 가까울수록 우수한 粉飾이 될지언정 생활하는, 약동하는 시가 될 수는 없는 것이다. 시가 낙후되었다는 것은 풍속적 유행과 실천에서 돌아서거나 낙오되거나 —— 말하자면 역사의 추진과 함께 능동하지 못함에서 그러한 것이다.

— 정지용, 「조선시의 반성」

1. 문학은 장르마다 현실과 관련을 맺는 방법이 각기 다르다. 다음 자료를 바탕으로 抒情詩와 現實의 관계를 설명하되, 제시한 〈조건〉을 고려하여 서술하시오. [총 7점]    1999년 기출 8번

〈조건〉
(1) (가)의 시를 (나)의 주장을 바탕으로 해석하여 서정시의 일반적인 특징을 설명할 것
(2) (가)의 시를 (다)의 논리로 해석하기 어려운 이유를 밝힐 것
(3) 위의 두 조건을 근거로 서정시와 현실의 관계를 설명할 것

## 출제기관 채점기준

① (나)에서 주장하는 핵심은 '순수한 시 정신'이다. 시 정신의 측면에서 (가)를 해석할 때, 사랑의 영원함이라든지, 그대라는 대상을 내면으로 수용하는 것이 된다. 시는 근본적으로, 주체가 대상을 주관적으로 자기화하는 양식이다. (가) 시에는 영원성을 추구하는 단독자로서의 인간과 생의 무시간적 보편성이 나타나 있다.

 ※ 점수 부여
  2점 – 이러한 내용을 80% 정도 서술한 경우
  1점 – 절반 서술한 경우
  0점 – 기타

② (다)는 서정시의 본질을 논의한 것이라기보다는 현실에 처한 시인의 정치적, 현실적 참여와 실천을 강조하고 있다. (가)는 인간의 영원성이라든지 세계를 주체가 주관적으로 자기화할 수 있는 내적 세계를 지향한다. 따라서 (다)의 현실성을 강조하는 논리로는 설명이 어렵다.

  ※ 점수 부여

    2점 – (다)의 현실 논리와 (가)의 시 정신을 강조한 성향의 대비가 이루어진 설명인 경우

    1점 – 절반 정도 접근한 경우

    0점 – 기타

③ 서정시는 대상을 정서 차원에서 동일시하는 가운데, 인식을 확장하고 세계를 구성하는 양식이다. 따라서 서정시를 바탕에 둔 문학적 활동은 정치나 현실적 참여와 동질적 차원의 것일 수 없다. 서정시와 현실이 관계를 맺는다면 그것은 상징적 연관이다.

  ※ 점수 부여

    2점 – 이러한 점이 전체적으로 지적된 경우

    1점 – 절반 접근한 경우

    0점 – 기타

### 예상답안

※ 문제점 : 이 문제에서 '서정시'의 개념을 '순수시'로 보는가, 넓은 의미에서의 '시'로 보는가에 따라서 답이 달라질 수 있는데, 위의 경우 '순수시'의 의미로 보고 접근한 것이다. 그런데 이것은 6, 7차 교육과정의 인식과 다름

① (나)의 주장에 담긴 것은 '순수시'를 강조하는 내용이다. 첫째, '순수한 시 정신'이라는 부분을 주목할 수 있는데,「민들레꽃」은 당대의 현실을 드러낸 것이 아니라 대상에 대한 그리움을 자연물을 통해 드러냈다. 즉 보편적이고 순수 지향적인 세계를 서정적 자아의 정서를 통해 노래한 것이다. 둘째, 민족시나 세계시 이전에 '먼저 시가 된'다는 부분에서 먼저 시로서 승화되어야 한다는 것을 말한다. 이 점에 비추어 보면 시「민들레꽃」은 내용과 형식이 조화되어 있으며, 민들레를 의인화하여 시인의 정서를 드러내고 있어 문학적 형상화가 이루어져 있다. 이 점에서도 서정시의 특징이 드러난다. 셋째, (가)의 시는 언어의 압축미가 드러나며, 나름대로 내재율을 지니고 있다는 점에서도 서정시의 특징을 지닌다. 마지막으로 서정시는 상상력과 이미지로 이루어지는데, 위의 시「민들레꽃」은 민들레꽃을 그림으로써 위안을 받고, 민들레꽃의 밝은 이미지를 시각적으로 잘 드러냄으로써 서정시의 특징이 잘 드러난다.

② (다)의 내용은 시의 역사적·현실적 성격(참여시)을 강조하는 내용이다. 이것은 '정치감각과 비판의식이 희박할수록' 봉건적 구태를 벗어날 수 없다는 점과 현실성이 박약하고 생활에서 후퇴된 것이 약동하는 시가 될 수 없음을 말하고 있다. 글 (다)에서 주장하는 것은 우리시가 '풍속적 유행과 실천에서 낙오'하지 않고 '역사의 추진과 함께 능동'하는 시를 써야 한다는 것이다. 위의 시 (가)를 보면 풍속적 유행과 실천을 담지 않고 시적 화자 개인의 정서를 드러낸 순수시라는 측면에서, 그리고 현실성이 박약하고 역사성이 담겨 있지 않은 시라는 점에서 (다)의 논리로 해석하기 어렵다.

③ 서정시는 사람이 살아가면서 느낀 한 순간의 정서를 압축하여 드러내는 문학 형식이다. 사람이 살아가면서 느끼는 정서는 다양한데, 우리가 사회 현실을 보면서도 어떤 정서를 일으킬 수도 있고, 자연의 경관이나 혹은 개인적 경험에 의해 또 다른 정서를 느낄 수가 있다. 앞의 (나)의 주장이 후자에 해당된다면, 앞의 (다)는 전자의 주장에 해당된다. 이 두 가지는 모두 인간의 기본적인 정서에 닿아 있으며, 모두 서정시에서 중요한 요소이다. 문학과 현실의 관계에서 문학이 현실을 바탕으로 이루어지는 것인 만큼 서정시도 현실을 바탕으로 한다. 이러한 현실은 인간의 생활 감정에서 자연스럽게 우러난 것이어야 하고, 중요한 것은 그것이 반드시 형상화되어 문학성을 지닐 때, 훌륭한 작품으로 평가받을 수 있다.

2. 밑줄 친 ㉠과 ㉡을 漢字로 쓰시오. [1점]

| 출제기관 채점기준

※ 점수 부여
　1점 – ㉠, ㉡ 모두 맞은 경우
　0.5점 – 하나만 맞은 경우
　0점 – 기타 (항목별로 한 자라도 틀리면 0점)

| 출제기관 제시답안

㉠ 啓蒙運動
㉡ 批判意識

## 작품 6  산상의 노래 (역사 앞에서, 1957년)

높으디 높은 산마루
낡은 고목(古木)에 못박힌 듯 기대어
내 홀로 긴 밤을
무엇을 간구하여 울어 왔는가

아아 이 아침
시들은 핏줄의 굽이굽이로
사늘한 가슴의 한복판까지
은은히 울려오는 종소리

이제 눈 감아도 오히려
꽃다운 하늘이거니
내 영혼의 촛불로
어둠 속에 나래 떨던 샛별아 숨으라

환히 트이는 이마 위
떠오르는 햇살은
시월상달의 꿈과 같고나

메마른 입술에 피가 돌아
오래 잊었던 피리의
가락을 더듬노니

새들 즐거이 구름 끝에 노래 부르고
사슴과 토끼는
한 포기 향기로운 싸릿순을 사양하라.

여기 높으디 높은 산마루
맑은 바람 속에 옷자락을 날리며
내 홀로 서서
무엇을 기다리며 노래하는가

## ■ 핵심정리

▷ **갈래** 자유시, 서정시
▷ **성격** 감각적, 비유적, 상징적
▷ **제재** 광복
▷ **주제** 광복의 기쁨과 조국의 미래에 대한 염원
▷ **특징** ① 대조적 시어를 통해 화자의 정서를 드러냄
② 광복의 기쁨을 감각적 시어와 이미지를 사용하여 구체적으로 드러냄

## 이해와 감상

### 1 짜임 분석
- 1연 – 역사적 암흑기에 광복을 간구하던 삶
- 2~6연 – 광복을 맞은 기쁨
- 7연 – 광복 후 민족의 미래에 대한 또 다른 염원

### 2 감상의 길잡이

이 시에는 높은 산 위에서 고고하고 정결한 자세로 미래의 이상을 염원하는 화자의 모습이 나타나 있다. 1945년에 발표된 이 시는 당시 해방의 감격을 직설적으로 토로한 작품들과는 달리, 비유적인 표현과 절제된 어조를 통해 감격의 정서를 우회적으로 표현하고 있어 서정 갈래의 특징을 엿볼 수 있다. 이런 점에서 순수한 시 정신을 지키고자 했던 시인의 시작(詩作) 태도가 잘 드러나 있다고 볼 수 있다.

광복 전의 화자의 모습을 '시들은 핏줄', '메마른 입술' 등으로 표현하여 생명력을 상실한 모습을 비유하고 있는데, 그러한 모습에 '종소리'와 '피'가 생명력을 불어넣고 있다. 하지만 화자는 이러한 광복의 기쁨을 채 누리기도 전에 또 다시 '높으디 높은 산마루'에서 '무엇을 기다리며 노래'하고 있다. 과거처럼 울고 있지는 않지만, 새로운 역사적 상황이 전개되는 변화 속에서 민족의 앞날을 염려하며 올바른 길을 모색하려고 했던 시인의 지사적 태도도 엿볼 수 있다.

## 중요 내용 정리

### 01 대조적 시어의 사용

이 시에서 1연과 7연은 서로 대응되는 연이나 시적 화자가 처한 현실적 상황은 대조적으로 드러난다. 1연에서는 과거 일제 강점기의 암울했던 상황을 '긴 밤'이라는 시간적 배경으로 표현하고 있는 데 반해, 2연에서 알 수 있듯이 7연의 광복된 조국의 현실은 '아침'이라는 시간으로 설정되어 있다. '밤'은 어둡고, 차가운 이미지로써 고난과 시련의 시간을 상징적으로 드러낼 수 있기도 하지만, 자연적 순리로 인해 '밤'이 가고 '아침'이 오는 것을 막을 수는 없다는 절대적 이치를 바탕으로 하고 있다.

| 구분 | 1연 |  | 7연 |
|---|---|---|---|
| 시적 화자의 상황 | 일제 강점하에 있음 ('낡은 고목') | ⇔ | 광복된 조국에 있음 ('맑은 바람') |
| 시적 화자의 심정 | 슬픔 ('울어 왔는가') | ⇔ | 기쁨과 염원 ('기다리며 노래하는가') |
| 시간적 상황 | 밤 (어둠) | ⇔ | 아침 (밝음) |

### 02 '긴 밤'과 '아침'의 대조적 이미지

'긴 밤'과 '아침'은 대조적 시간으로 '긴 밤'이 무엇을 간구하던 때라면, '아침'은 간구하던 무엇이 이루어진 시간이라고 할 수 있다.

## 박두진 (朴斗鎭)

1916 ~ 1998
시인. 경기도 안성 출생
호는 혜산

▷ **작가의 특징**
1. 1939년 ≪문장≫에 「향현」, 「묘지송」 등이 추천된 후, 「도봉」 등 수작을 발표했다.
2. 1946년 박목월, 조지훈과 함께 『청록집』을 발간하여 청록파로 불린다.
3. 자연을 형이상학적 차원으로 일원화시켜 감각적으로 표현하였다. (『청록집』 속에 포함된 시 등)
4. 자연은 목가적 세계이면서도 그 속에 인간과 사회에 대한 윤리 의식을 포함한다.
   ① 종교적 신앙과 일체화
      예 『해』·『오도』·『거미와 성좌』·『인간밀림』·『하얀 날개』 등 시집의 세계와 그리고 최근의 『사도행전』·『수석열전』 등
   ② 민족적 현실에 대한 굳은 의지와 감개
      예 『오도』·『거미와 성좌』 등
5. 음악적 어법 및 산문성을 지닌 시가 많다. – '가사와 사설시조' 등의 전통 계승  예 『해』 등

## 작품 1  향현 (문장 5호, 1939년)

아랫도리 다박솔 깔린 산(山) 너머 큰 산 그 너멋 산 안 보이어, 내 마음 둥둥 구름을 타다.

우뚝 솟은 산, 묵중히 엎드린 산, 골골이 장송(長松) 들어섰고, 머루 다래 넝쿨 바위 엉서리에 얽혔고, 샅샅이 떡갈나무 억새풀 우거진 데, 너구리, 여우, 사슴, 산토끼, 오소리, 도마뱀, 능구리 등 실로 무수한 짐승을 지니인,

산, 산, 산들! 누거 만년(累巨萬年) 너희들 침묵이 흠뻑 지리함직하매,
산이여! 장차 너희 솟아난 봉우리에, 엎드린 마루에, 확확 치밀어 오를 화염(火焰)을 내 기다려도 좋으랴?

핏내를 잊은 여우 이리 등속이 사슴 토끼와 더불어, 싸릿순 칡순을 찾아 함께 즐거이 뛰는 날을 믿고 길이 기다려도 좋으랴?

### 핵심정리

▷ **갈래** 자유시, 서정시
▷ **율격** 내재율
▷ **성격** 자연 친화, 평화 지향적
▷ **시적 화자** 화자가 생존을 위한 살벌한 살육의 일제하의 현실을 산에서 내려다보는 행위를 통해 당시 조국의 어지러운 현실 모습을 드러냄

▷ **시상 전개(형태)** 선경후정
▷ **표현** 우의법, 상징법, 영탄법
▷ **제재** 산
▷ **주제** 갈등을 극복한 평화와 이상의 세계에 대한 갈구

### 이해와 감상

**1 짜임 분석**
- 1연 – 암담한 현실 인식
- 4연 – 현실 타개의 기원
- 2~3연 – 대립과 갈등의 현상
- 5연 – 화합과 평화의 갈망

## ② 작품감상의 구조

| 구성 요소 | 구성 요소의 파악 | 그것이 지닌 의미·효과 | 주제와의 관련성 |
|---|---|---|---|
| 내용 요소 | ① 시적 화자 및 화자의 상황 | 화자가 생존을 위한 현실을 산에서 내려다보는 행위를 통해 당시 조국의 어지러운 현실 모습을 드러냈다. | 갈등을 극복한 평화와 이상 세계에 대한 갈구 |
| | ② 소재 | '산'의 포용과 인내의 특성을 통해 모든 식물과 동물들이 함께 어울려 살아가는 하나의 거대한 세계인 이상세계로 드러내어 이상세계에 대한 갈구를 효과적으로 표현하였다. | |
| | ③ 시의 내용 전개 | 현재를 약육강식의 절망적인 사회로, 미래를 약자와 강자가 평화롭게 공존하는 사회로 드러내어 미래의 이상세계에 대한 갈구를 효과적으로 드러냈다. | |
| 형식 요소 | ① 반복과 열거 | '산, 산, 산들' 등의 반복과 열거를 통해 의미를 강조하고 리듬감을 형성하여 의미를 효과적으로 표현했다. | |
| | ② 선경후정의 짜임 | 선경후정의 짜임을 통해 시적 화자의 마음을 설득력 있게 효과적으로 전달하고 있다. | |
| 표현 요소 | ① 우의 | '여우, 이리'와 '사슴, 산토끼'를 통해 일제 말기 우리 민족을 우의적으로 드러내어 갈등을 극복한 평화와 이상의 세계에 대한 갈구를 드러냈다. | |
| | ② 상징 | ㉠ '화염'은 강자의 폭력과 억압을 무찌르는 정의의 불꽃, 현실의 대립과 갈등을 극복할 수 있는 사상이나 정신의 불꽃을 상징한다.<br>㉡ '핏내를 잊은 여우 이리, 사슴 토끼, 싸릿순 칡순, 즐거이 믿고 뛰는 날' 등도 상징이다. | |
| | ③ 영탄 | '좋으랴?' 등의 영탄법을 활용하여 좀 더 힘 있고 날카롭게, 깊이 있게 간절한 심정을 나타내었다. | |

## ③ 감상의 길잡이

1939년 정지용에 의해 ≪문장≫에 추천된 이 작품은 해방 후에 발표된 「해」의 원형 같은 느낌을 준다. 그러나 「해」에 비해 갈등의 양상이 분명한 모습을 드러내지는 않는다. 막연하게나마 화자가 현실의 암담함을 인식하고 있음을 첫 연에서 알 수 있다. '산 너머 큰 산 그 너멋 산'이 안 보인다는 말은 미래에 대한 전망이 그만큼 흐리다는 뜻일 터이다.

2~3연에는 화자가 현실을 암담하게 느끼는 근거가 나타나 있다. 산과 산, 나무와 나무, 짐승과 짐승들이 서로 얽혀서 갈등하는 모습이 그려지고 그 갈등은 아직은 폭발하기 전의 고요함 같은 '침묵' 속에 자리 잡고 있다.

이 긴장된 침묵 속에서 암담한 현실을 타개할 어떤 폭발적인 기세를 기다리고 있음이 제4연의 '치밀어 오를 화염'이라는 구절에 나타나 있다. '화염'은 암흑과도 같은 현실을 타개할 만한 어떤 새로운 사상이나 원리로 이해될 수 있겠다.

마지막 연에 이르면 화자는 '여우 이리 등속이 사슴 토끼와 더불어, 싸릿순 칡순을 찾아 함께 즐거이 뛰는 날'을 기다리고 있는 바, 그가 그리는 이상의 세계는 조국 광복이라는 역사적 의미를 넘어 크리스트교적 낙원(樂園)의 모습까지 환기시켜 주고 있다.

## ▰ 중요 내용 정리

### 01 표현상의 특징
　　이 시는 향토적인 시어의 반복과 열거, 그리고 의문형, 감탄형의 표현과 강렬한 문체를 통해 이상세계의 도래를 기다리는 서정적 자아의 강한 소망을 제시하고 있다.
① 상징법을 사용하여 의미를 암시적으로 드러내었다.
② 반복과 영탄으로 힘찬 율동감을 지닌다.
③ 현실과 전망의 대립 구조를 가진다. (침묵 – 화염)
④ 선경후정의 구성이다.
⑤ 자연 친화적이다.

### 02 시인이 희구하는 세계
　　시인이 소망하는 이상세계인 '산'은 그 안에 모든 생명체가 함께 살아가는 하나의 거대한 공동체의 세계이며 '여우와 이리'로 대표되는 강자가 '피'로 상징되는 약육강식의 생존 원리를 포기하고 '사슴과 토끼'로 대표되는 약자와 더불어 조화롭게 살아가는 포용적 세계이다. 따라서 시인은 이 '산'이 현실의 비극을 외면하지 않고 새로운 정신의 상징인 '화염'을 통해 새로운 세계로 정화되기를 갈망하고 있는 것이다.
　　그러나 한편으로 '좋으랴?'라는 설의적 반문 속에 소망 성취에 대한 회의적 의구심이 느껴진다.

### 03 「해」와 시상 전개 방법의 비교
　　이 시는 일제 말기의 극한 상황을 인종으로 초극하며, 새로운 세계의 도래를 기다리는 뜨거운 열망이 표백된 작품으로 「해」와 시상 전개 방법이 매우 유사하다. '여우', '이리' 등으로 대표되는 '악'(악마 – 파괴)의 표상과 '사슴', '토끼' 등으로 대표되는 '선'(천사 – 평화)의 표상이 함께 등장하는 '산'은 바로 선과 악이 함께 뒤엉켜 존재하는 인간 세계이자 역사 발전의 장애 요인의 이미지로서 당시의 현실 상황을 상징한다.

### 04 '산'의 의미
　　시적 자아가 갈망하는 조화와 화해의 세계는 아직 실현되지 않고 있다. 따라서 그와 같은 조화와 화해가 구현되어야 할 현실적 공간을 암시한다고 볼 수 있다.
① 무한한 존재의 다양성을 포괄한 세계이다.
② 약육강식, 적자생존의 자연법적 원리가 지배하는 세계이다.
③ 다양한 현실 세계의 모습을 상징하는 곳이다.

## 작품 2  도봉 (청록집, 1946년)

산새도 날아와
우짖지 않고,

구름도 떠 가곤
오지 않는다.

인적(人跡) 끊인 곳
홀로 앉은
가을 산의 어스름.

호오이 호오이 소리 높여
나는 누구도 없이 불러 보나

울림은 헛되이
빈 골 골을 되돌아올 뿐.

산그늘 길게 늘이며
붉게 해는 넘어가고,

황혼과 함께
이어 별과 밤은 오리니,

삶은 오직 갈수록 쓸쓸하고,
사랑은 한갓 괴로울 뿐.

그대 위하여 나는 이제도, 이
긴 밤과 슬픔을 갖거니와,

이 밤을 그대는, 나도 모르는
어느 마을에서 쉬느뇨?

## ▌핵심정리

▷ **갈래** 자유시, 서정시
▷ **율격** 내재율
▷ **성격** 서정적, 사색적
▷ **시적 화자** 쓸쓸한 가을 도봉산을 등산하는 화자
▷ **제재** 가을 산

▷ **시상의 전개(형태)** ① 기서결
　　　　　　　　　　② 선경후정
　　　　　　　　　　③ 시간적 흐름에 따른 순차적 전개
　　　　　　　　　　④ 원경에서 근경으로 전개
▷ **주제** ① 외로움 속에 갈구하는 소망
　　　　② 기다림이 안겨주는 쓸쓸하고 막막한 심정

## 이해와 감상

### 1 짜임 분석
① '기 – 서 – 결'의 구조
- 기(1~3연) – 공간적 배경 묘사 (서경적)
- 서(4~8연) – 적막함, 허전함의 내면세계 (서정적)
- 결(9~10연) – 그대에 대한 그리움 (서정적)

② 시간적 흐름에 따른 순차적 전개
③ 공간적으로 원경에서 근경으로 전개

### 2 작품감상의 구조

| 구성 요소 | 구성 요소의 파악 | 그것이 지닌 의미·효과 | 주제와의 관련성 |
|---|---|---|---|
| 내용 요소 | ① 시적 화자 및 화자의 상황 | 인적 없는 가을의 도봉산에서 있는 화자를 통해 조국 부재 현상의 쓸쓸하고 막막함을 효과적으로 드러냈다. | 외로움 속에 갈구하는 소망, 기다림이 안겨주는 쓸쓸하고 막막한 심정 |
| | ② 소재 | 적막한 '가을 산'의 묘사를 통해 화자의 심리와 주제를 효과적으로 표현하였다. | |
| | ③ 시의 내용 전개 | 서경 묘사에서 점점 인간 내면의 고독함을 표현하여 갈수록 서정적인 배경에서 인간의 내면으로 내용이 확대되었다. | |
| 형식 요소 | ① 산문시의 구성이 아닌 점 | 박두진의 초기 시는 산문시의 형태가 일반적인데 이 시는 그와 달리 다른 청록파 시인들의 시풍과 유사하며 내용도 당대 일반적인 시와 유사하다. | |
| | ② 추보식 구성 | '석양 무렵 → 황혼 → 밤'으로 이어지는 시간적 흐름에 따라 화자의 쓸쓸한 심리를 효과적으로 드러냈다. | |
| | ③ 원경 → 근경 | 원경에서 근경으로의 묘사를 통해 시상을 전개하여 기다림이 안겨주는 쓸쓸하고 막막한 심정을 효과적으로 표현했다. | |
| 표현 요소 | ① 어미의 생략 | '않고, 넘어가고' 등 어미의 과감한 생략을 통해 시적 여운의 효과를 거두고 있다. | |
| | ② 상징 | '그대'는 이상과 동경 또는 해방, 애인, 민족 등을 상징적으로 드러내어 외로움 속에 갈구하는 소망을 함축적으로 표현하였다. | |
| | ③ 중의성 | 제목인 '도봉'은 도봉산의 등산 상황, 또는 일제 말의 상황을 의미할 수도 있다. | |

### 3 감상의 길잡이

산새도 구름도 보이지 않으며, 사람도 자취도 끊긴 가을 산의 저녁 무렵을 배경으로 하여 느릿하고 차분한 분위기로 시작하는 서두는 가을 산의 고요함만이 형상화 되고 있다. 그러나 이러한 적막감은 '호오이 호오이' 소리 높여 불러 보는 '나'의 외침에 의해 깨어진다. '나'는 대답할 이도 없는데 소리 높여 누군가를 부르고, 그 소리는 공허하게 나에게 되돌아온다. 이 적적한 풍경 속에서 누군가를 헛되이 불러 보는 나의 행동은 어떤 외로움을 암시해 준다. 결국 '나'의 삶은 갈수록 쓸쓸하기만 하고 사랑은 괴로울 뿐이라는 독백을 하게 된다.

① 1~3연: 화자가 서있는 공간적 배경으로서의 가을 도봉산의 쓸쓸함이 인적 없음으로 표현된다. 이는 구체적 현장 진술이면서도 조국 부재 현상 전체를 환기하는 이중적 장치로도 읽힌다.
② 4~8연: 불러볼 구체적 대상도 없이(그 대상이 화자를 떠나갔거나, 대상을 빼앗겨 그것이 화자의 곁에 없기에) 목청 높여 불러보지만 메아리만 헛되이 되돌아온다. 이윽고 별과 밤의 전조로서 긴 황혼이 오고, 그러면서 화자는 삶이란 살아갈수록 쓸쓸하고 사랑이란 (대상이 현재 부재하기에) 한갓 괴로움이라 생각한다.
③ 9~10연: 그럼에도 나는 (부재하는) 그대를 위하여 이 긴 밤과 슬픔을 기꺼이 맞거니와 그대는 나도 모르는 어느 마을에서 쉬고 있기에 이토록 그 모습을 드러내지 않는 것이냐고 반문한다.

구체적 현장으로서의 도봉산 등산이라는 행위와 막막하기 짝이 없는 일제 말을 살아내기라는 두 가지 상황이 절묘하게 오버랩 된 곳에 이 시의 절절함이 놓여 있다. 이 시 이해의 필수적인 자리는 9~10연인데, 왜냐하면 이 부분을 말하는 화자의 어조가 어떤 방식으로 해결되느냐에 따라 전체 시 의미망의 구도가 달라지기 때문이다. 즉 화자의 어조에 스민 비애와 절망과 어두운 그림자를 주된 것으로 보느냐, 그렇지 않으면 비록 슬픔과 밤의 상황일지라도 끝내 그대를 위해 그것을 견뎌내겠다는 의지를 주된 것으로 보느냐 하는 선택이 걸려있다는 얘기다. 화자는 '그대'의 존재를 확신하고 있으며, 다만 어디쯤 와있는지 혹은 언제쯤 올 것인지에 대해 불안해하고 막막해 하는 것뿐이라고 생각된다. 임이든 조국이든 그것이 반드시 존재한다는 것에 대한 믿음은, 사실 그것의 부재 기간을 견딜 수 있는 가장 확실하고도 유일한 무기일 것이다. 박두진의 「도봉」은 바로 그 점을 우리에게 다시 확인시켜주는 쓸쓸하고도 아름다운 시이다.

## 중요 내용 정리

### 01 형식상의 특징

이 시는 명사로 마감하거나 과감하게 어미를 생략하는 수법을 통해 시적 여운과 절제된 느낌을 갖게 한다. 특히 9연에서 '이제도'라는 표현은 화자에게 현실적 삶의 고통이 여전히 남아 있음을 암시하면서 '이'와 '긴 밤' 사이의 행 구분을 통해 '긴 밤'이 주는 암울한 이미지를 강조하고 있다. 또한 일상적 어법에서는 종결어미로 사용하지 않는 어미 뒤에 마침표를 찍어 독자들이 상상력을 발휘하도록 하고 있다.

### 02 표현상의 특징

박두진의 초기 시 가운데서 그 구성법 자체가 가장 이질적인 시에 해당한다. 이 무렵의 박두진 시는 행을 작위적으로 늘여 씀으로써 거의 연의 규모에 걸맞게 운용하고, 그 확장된 행의 공간에 구체적인 사물들을 연속 배치함으로써 시에다 구체적인 사물들의 느낌을 한껏 불어넣는 구성 방식을 취했다. 바로 「향현」이나 「청산도」, 「해」 등의 작품 구성 방식이 그러한데, 이에 비길 때 「도봉」의 구성법은 상당히 전통적인 방법에 기울어 있다는 것을 알 수 있다. 비교적 호흡이 짧은 시행을 둘 또는 셋씩 중첩시키는 이 방식은 오히려 청록집의 다른 시인들, 즉 조지훈이나 박목월의 풍에 그 맥이 닿아있다. 이는 당대의 가장 일반적인 시형이라고도 볼 수 있을 것인데, 형식의 이러한 범속성은 그것이 지닌 자기 규정력 때문에 목소리 즉 정조나 어조의 측면까지도 당대 일반의 것들에 닮게 만들고 있다. 화자의 목소리에 묻어있는 암울한 어조가 그것을 잘 보여준다. 이는 싱싱한 자연의 소생력에서 조국의 소생 자체를 유추하고자 했던 시인의 노력과 긴장이, 1930년대 후반이라는 폭압적인 정세를 마냥 발랄하게만 돌파해 내기에는 힘겨웠던, 아슬아슬한 정신의 한 정점을 반영하는 것으로 생각된다.

### 03 「도봉」에 나타나는 시인의 정서 표출

박두진은 등단 초기부터 자연을 대하는 기쁨과 그 영원성을 즐겨 노래했다. 이 시에서 시인은 석양이 아름답게 도봉산을 비출 무렵에 느낀 감상을 노래하고 있다. 시인은 자신의 감정을 절제하면서도 적절하게 토로하여 인간 심성의 내면적 깊이를 가늠하게 한다. 특히 가을 산에 홀로 앉아 있는 시인의 모습에서 붉은 해가 하늘 끝으로 넘어가는 과정에 따라 변해가는 감정의 추이를 살필 수 있다.

## 04 심화 감상

이 시는 일제 말엽 암흑기에 어디에 마음을 붙일 수도 없고 고독한 상태에 놓인 시적 자아가 한 줄기 구원을 바라는 심경을 노래한 작품이다. 적막하고 쓸쓸한 도봉산에 와서 시적 자아는 황혼 무렵 현실에 대한 괴로움과 슬픔을 느끼게 된다. 자기의 외로움과 슬픔을 누구에게 하소연할 수도 없는 답답하고 쓸쓸한 심경이 잘 나타나 있다. 막연한 대상이지만 자기가 그리워하고 찾는 대상이 분명히 존재한다고 시적 자아는 믿고 있다. 현재는 부재하지만 언젠가 그는 돌아올 것이고 만날 수 있다고 확신하며 '그대'를 기다리는 것이다. 현재가 괴롭고 어두운 시간이라도 '그대'가 존재하고 있다는 확신에 있기에 시적 자아는 '이 긴 밤과 슬픔'을 견딜 수 있는 것이다. 현실에 대한 저항 의지나 현실을 극복하겠다는 적극적인 자세는 보이지 않지만 일제 말엽 절망에 빠져 있으면서도 막연히 희망을 찾으려는 우리 민족의 의식 구조를 이 시를 통해 찾아 볼 수 있다.

## 작품 3 청산도 (해, 1949년)

산아, 우뚝 솟은 푸른 산아, 철철철 흐르듯 짙푸른 산아. 숱한 나무들, 무성히 무성히 우거진 산마루에 금빛 기름진 햇살은 내려오고, 둥둥 산을 넘어, 흰구름 건넌 자리 씻기는 하늘, 사슴도 안 오고, 바람도 안 불고, 너멋 골 골짜기서 울어 오는 뻐꾸기……

산아, 푸른 산아. 네 가슴 향기로운 풀밭에 엎드리면, 나는 가슴이 울어라. 흐르는 골짜기 스며드는 물소리에 내사 줄줄줄 가슴이 울어라. 아득히 가 버린 것 잊어버린 하늘과 아른아른 오지 않는 보고 싶은 하늘에 어쩌면 만나도질 볼이 고운 사람이 난 혼자 그리워라. 가슴으로 그리워라.

티끌 부는 세상에도 벌레 같은 세상에도, 눈 맑은 가슴 맑은 보고지운 나의 사람. 달밤이나 새벽녘, 홀로 서서 눈물어린 볼이 고운 나의 사람. 달 가고, 밤 가고, 눈물도 가고, 티어 올 밝은 하늘 빛난 아침 이르면, 향기로운 이슬밭 푸른 언덕을, 총총총 달려도 와 줄 볼이 고운 나의 사람.

푸른 산 한나절 구름은 가고, 골 넘어, 뻐꾸기는 우는데, 눈에 어려 흘러가는 물결 같은 사람 속, 아우성쳐 흘러가는 물결 같은 사람 속에 난 그리노라. 너만 그리노라. 혼자서 철도 없이 난 너만 그리노라.

### 핵심정리

- ▷ **갈래** 산문시, 서정시
- ▷ **율격** 내재율
- ▷ **성격** 상징적, 서정적
- ▷ **시적 화자** 건강한 세계, 그리운 사람(비판적 현실 극복)을 기다리고 있는 화자
- ▷ **시상 전개(형태)** 기승전결
- ▷ **표현** 격렬한 반복 어법, 음성 상징어 사용
- ▷ **제재** 푸른 산의 모습
- ▷ **주제** 평화롭고 건강한 이상향에 대한 열망

## 이해와 감상

### 1 짜임 분석
- 기(1연) – 아름답지만 적막한 청산의 정경
- 승(2연) – 볼이 고운 사람에 대한 그리움
- 전(3연) – 볼이 고운 사람에 대한 기다림
- 결(4연) – 건강한 세상에 대한 열망

### 2 작품감상의 구조

| 구성 요소 | 구성 요소의 파악 | 그것이 지닌 의미·효과 | 주제와의 관련성 |
|---|---|---|---|
| 내용 요소 | ① 시적 화자 및 화자의 상황 | 이 시의 화자는 청자인 '청산'에게 자신의 간절한 염원을 호소하고 있다. | 건강한 세계의 도래를 열망함 |
| | ② 소재 | '청산'은 화자가 꿈꾸는 순수한 세계이지만, 한편으로는 고운 사람을 그리워하고 슬픔을 호소하는 대상으로 건강한 세계 도래의 열망을 효과적으로 표현했다. | |
| | ③ 비관적 현실 인식 | '안 오고, 안 불고, 가버린, 잊어버린, 오지 않는' 등의 부정적 시어의 사용으로 비관적 현실 인식을 드러내었다. | |
| 형식 요소 | ① 시어 | 부재하는 대상을 그리는 간절한 어조를 통해 건강한 세계의 도래에의 열망을 효과적으로 드러낸다. | |
| | ② 표층 구조, 심층 구조 | 소멸과 생성으로서의 자연의 원리를 표층 구조로, 상실과 회복으로서의 역사의 원리를 심층 구조로 드러냈다. | |
| | ③ 기승전결의 짜임 | 기승전결의 짜임을 통해 시적 화자의 마음을 설득력 있게 효과적으로 전달하였다. | |
| 표현 요소 | ① 상징 | '청산'은 순수한 세계의 표상, '해'는 아름다운 세계나 광명, '달밤'은 어두운 세계를 상징하는 표현이다. | |
| | ② 의인화 | '푸른 산'을 의인화하여 시인이 소망하는 이상적 세계에의 도래를 효과적으로 드러내었다. | |
| | ③ 대조 | 자연의 생명력을 상징하는 긍정적 시어를 통해 자연의 생명력이 강하게 분출되게 함으로써 부정적 시어로 인한 부정적이고 비관적인 현실 상황을 상대적으로 상쇄시켰다. | |
| | ④ 의성어, 의태어를 통한 표현 | '철철철, 둥둥, 줄줄줄, 총총총' 등 적절한 의성어, 의태어를 통해 내용을 효과적으로 드러내고 있다. | |

### 3 감상의 길잡이
① 1연 : 햇살 기름진 짙푸른 청산에 흰 구름 둥둥 떠간다. 그러나 그렇게 바라던 사슴도 바람도 찾아오지 않고 산 너머 골짜기에서 뻐꾸기 소리만 들려온다.
② 2연 : 향기로운 산의 가슴에 파묻히면, 나는 이미 잊어버린 하늘과 볼이 고운 사람이 그립다.
③ 3연 : 티끌이 불고 벌레 같은 세상에서도 나의 사람은 눈 맑고 가슴이 맑은 사람이다. 그 사람은 또한 눈물의 시절이 가고 밝은 하늘이 빛나는 아침이면 나에게 달려올 것이다.
④ 4연 : 청산 속에서 한나절 뻐꾸기도 울지만, 아우성쳐 흘러가는 물결 같은 사람 속에 나는 철없이, 보고 싶은 사람, 너만을 그리워한다.
이 시는 자연에 자신의 열망을 투영시켜 밝고 건강한 세계의 도래에 대한 열망을 노래하고 있다. '청산'은 화자가 지향

하는 이상향을 상징한다고 할 수 있다. 화자는 '티끌'과 '벌레'가 들끓는 현실 세계와 대비되는 청산을 바라보며 자신을 구원해 줄 '눈 맑은 가슴 맑은', '볼이 고운 사람'을 기다리면서, '밝은 하늘 빛난 아침'으로 상징되는 밝고 건강한 세상이 도래하기를 열망하고 있는 것이다. 이는 광복이 되었는데도 밝은 세상이 오기는커녕 오히려 혼탁과 혼란만이 가중되는 현실을 바라보는 화자의 안타까움을 드러낸 것이라고 할 수 있다. 그러나 화자는 이러한 부정적인 현실 인식에 좌절하지 않고, 이상향이 오기를 소망하며 미래지향적인 태도를 보인다.

　이 시에는 「해」의 공간이 이미 현실로 주어져 있다. 다시 말해 회복된 해의 세계가 시의 공간이다. 그러니 그 공간은 일단 짙푸른 빛이 철철철 넘쳐흐른다. 그러나 애초 그가 원했던 그런 화해로운 세계는 아니다. 사슴도 오지 않고 바람도 불어주지 않는다. 그렇게 그리웠던 것임에도 불구하고 해방 공간은, 이념들의 각축장일 뿐 시인의 공간이 아니었던 것이다. 그러니 시인은 더 이상 현실의 청산화를 열망하지 못하고, 현실 옆에 혹은 배경에 자리 잡은 청산 속으로 도피해 버린다. 그 청산 속에서 화자는 울고 싶다. 청산이지만 티끌과 벌레가 들끓는 청산일 수밖에 없다. 그러니 거기서 화자는 스스로 그 티끌의 무리에 뛰어들지도 못하고, 아우성쳐 물결처럼 흘러 다니는 사람들의 무리를 바라보기만 한다. 그런 와중에 화자는 두 가지의 염원을 버리지 않고 있는데, 하나는 눈물 가고 밝은 햇살 비치는 아침이 올 것에 대한 기대와 더러운 속세에 살아도 눈 맑고 가슴 맑으며 볼이 고운 사람이 찾아오리라는 열망이다. 그러나 이것은 한낱 꿈에 불과하다. 그는 스스로의 그 허망한 기다림을 '철없다'고 말한다. 해방은 사람들로 하여금, 어느 쪽이든 실제로 뛰어들어 온몸으로 밀고 나가는 일만을 요구하는데, 그는 자꾸 줄밖에 서려했기 때문이었다. 이쯤에 이르면 이제 이 형태의 시는 더 이상 창작되기 어려우리라 짐작된다. 동일한 형식으로 담아내기엔 삶의 내용이 너무 많이 달라져 있었던 것이다.

## ▰ 중요 내용 정리

### 01 「청산도」에 드러난 상징

　상징은 시의 기법으로, 어느 감각적 대상이 다른 대상을 표시하거나 본래의 고유한 의미에서 다른 의미를 제시할 때 쓰는 표현법이다. 비유와 상징은 근본적인 차이를 가지고 있다. 비유는 아무리 복잡할지라도 궁극적으로 주지에 해당하는 뜻의 파악이 가능하나 상징은 그것이 불가능하다.

　위 시에서 '청산'은 순수한 세계의 표상으로 쓰인 것이 틀림없지만 구체적 속뜻을 지적할 수는 없다. 따라서 이는 비유가 아닌 상징이다. 또 '해'는 아름다운 세계나 광명을 상징하고 '달밤'은 어두운 세계를 상징한다고 할 수 있다. 개성적 상징은 문학의 신선함과 독창성을 증진시킬 수 있다.

### 02 '푸른 산(청산)'의 함축적 의미

　이 시에서 공간적 배경으로서 '푸른 산(청산)'은 숱한 나무들이 우거지고 기름진 햇살이 비치며 향기로운 풀밭을 가지고 있는 곳으로, '티끌 부는 세상', '벌레 같은 세상'과 대비되는 이상향적 공간이다. 그러나 '청산'의 현재 시간은 '달, 밤, 눈물'로 표상되는 어둠의 시간으로서 '볼이 고운 사람'이 부재한 곳이기도 하다. 이 시의 시대적 배경을 생각해 본다면 '청산'은 해방이 되기는 했지만 갈등과 혼란으로 어지러웠던 해방 직후의 사회상과 바람직하고 건강한 사회의 도래에 대한 시적 화자의 열망이 투영된 대상이라고 할 수 있다. 이렇게 본다면 '청산'은 이상향의 현 실태가 아닌 미래 지향적 공간인 것이다.

### 03 시어의 대립과 상징성

### 04 음성 상징어의 함축적 의미
① 철철철 : 산의 푸르름을 드러내는 표면적 의미와 나무의 무성함, 금빛 햇살의 순수함까지도 함축하는 복합적 의미를 가지고 있다.
② 둥둥 : 구름의 움직임을 보여 주는 한편, 산과 시적 화자를 연결시켜 정중동(靜中動)의 술렁임을 느끼게 한다.
③ 줄줄줄 : 눈물과 물소리에서 비롯된 의태어로 산의 가슴과 화자의 가슴을 동일화시키는 기능을 갖는다.
④ 총총총 : 그리운 사람이 오는 모습을 표현한 의태어로 이상세계의 도래에 대한 시적 화자의 기다림이 간절하고 급박한 것임을 느낄 수 있게 한다.

## 예상문제

※ (1∼3) 다음 작품을 읽고 물음에 답하시오.

(가)
    산아, 우뚝 솟은 푸른 산아, 철철철 흐르듯 짙푸른 산아. 숱한 나무들, 무성히 무성히 우거진 산마루에, 금빛 기름진 햇살은 내려오고, 둥둥 산을 넘어, 흰구름 건넌 자리 씻기는 하늘. 사슴도 안 오고 바람도 안 불고, 넘어서 골 골짜기서 울어오는 뻐꾸기.

    산아, 푸른 산아. 네 가슴 향기로운 풀밭에 엎드리면, 나는 가슴이 울어라. 아득히 가버린 것 잊어버린 하늘과, 아른아른 오지 않는 보고 싶은 하늘에, 어쩌면 만나도 질 볼이 고운 사람이, 난 혼자 그리워라. 가슴으로 그리워라.

    티끌 부는 세상에도 벌레 같은 세상에도 눈 맑은, 가슴 맑은, 보고지운 나의 사람. 달밤이나 새벽녘, 홀로 서서 눈물 어릴 볼이 고운 나의 사람. 달 가고, 밤 가고, 눈물도 가고, 틔어 올 밝은 하늘 빛난 아침 이르면, 향기로운 이슬밭 푸른 언덕을, 총총총 달려도 와줄 볼이 고운 나의 사람.

    푸른 산 한나절 구름은 가고, 골 넘어, 골 넘어, 뻐꾸기는 우는데, 눈에 어려 흘러가는 물결같은 사람 속, 아우성쳐 흘러가는 물결같은 사람 속에 난 그리노라. 너만 그리노라. 혼자서 철도 없이 난 너만 그리노라.

                                              - 박두진, 「청산도」

(나)
1
하늘에 깔아 논
바람의 여울터에서나
속삭이듯 서걱이는
나무의 그늘에서나, 새는

노래한다. 그것이 노래인 줄도 모르면서
　　　새는 그것이 사랑인 줄도 모르면서
　　　두 놈이 부리를
　　　서로의 죽지에 파묻고
　　　따스한 체온을 나누어 가진다.

　　　2
　　　새는 울어
　　　뜻을 만들지 않고
　　　지어서 교태로
　　　사랑을 가식하지 않는다.

　　　3
　　　— 포수는 한 덩이 납으로
　　　그 순수를 겨냥하지만

　　　매양 쏘는 것은
　　　피에 젖은 한 마리 상한 새에 지나지 않는다.

　　　　　　　　　　　　　　　　　　　　　　　　　　　　　　— 박남수, 「새」

1. (가)에서 청록파 시의 일반적인 특징을 학습하려 할 때 가장 적절한 연과 그 지도 내용을 밝히시오.

   **예상답안**

   (가)의 1연 – 자연을 소재로 그 아름다움을 드러냈음


2. (가)와 다른 청록파 시인의 시의 차이점을 학습하려 할 때, (가)에서 그 차이점이 잘 나타나는 부분과 함께 그 의미 및 차이를 밝혀 아래 표의 ㉠~㉤의 내용을 제시하시오

| 차이가 있는 부분 | 지닌 의미 | 지향(추구)하는 내용 |
|---|---|---|
| "아득히 가버린 것 잊어버린 하늘과, 아른아른 오지 않는 보고 싶은 하늘" | 전통적 세계는 상실했고, 완전한 화합은 이루어지지 않았음 | 볼이 고운 사람(너)을 기다림 |
| ㉠ | ㉡ | |
| ㉢ | ㉣ | |
| 결론 – 다른 청록파 시와의 차이 | ㉤ | |

**예상답안**

㉠ 티끌 부는 세상에도 벌레 같은 세상에도 (달 가고, 밤 가고, 눈물도 가고)
㉡ 해방 후의 혼란스런 부정적 현실
㉢ 아우성처 흘러가는 물결같은 사람 속
㉣ 해방 후의 혼란스런 상황을 탁류에 비유
㉤ 자연의 이면에 ① 부정적 현실에 대한 인식과 그 ② 극복을 지향하는 의식(역사의식)을 담고 있음

3. 다음은 (가)와 (나)를 비교하여 그 공통점과 차이점을 토의 학습한 내용이다. 아래 토의에 대해 교사가 보충 설명해야 할 내용을 아래 〈조건〉에 맞게 제시하시오.

> 철수: (가)와 (나) 모두 자연적인 것을 소재로 했지만, 그 이면에 ㉠현실 문제에 대한 관심을 드러내고 있어.
> 만수: 그렇다면 이 두 작품을 구조론의 측면에서도 반영론의 측면에서도 각각 다루어 볼 수 있겠구나.
> 영수: 그런데 (가)는 전통적인 묘사에 의해 자연을 그렸지만, ㉡(나)는 이미지에 의한 감각적 표현으로 자연을 그린 것 같아
> 동수: (가)는 '정서'를 드러낸 시이고, (나)는 시인의 지적 인식을 드러낸 모더니즘 시라고 할 수 있어.
> 종수: (가)는 자연을 통해 시적 화자가 현실에서 기원하고 바라는 내용이고, (나)는 자연을 통해 시적 화자의 문명 비판적 인식을 드러낸 내용이야.
> 진수: 나는 ㉢두 작품에서 인간과 자연의 관계를 비교해 보았어.

〈조건〉
(1) 밑줄 친 ㉠의 (나)에서 찾을 수 있는 현실 문제
(2) (나)의 3연에 나타난 밑줄 친 ㉡의 내용 2가지
(3) 위의 ㉢에 대해 가장 중요한 지도 내용 1가지

**예상답안**

(1) 억지로 순수를 얻으려는 태도 비판 = 인간의 그릇된 순수 지향 비판 = 인간의 인위성과 파괴성 비판
(2) ① 한 덩이 납, ② 피에 젖은 한 마리 상한 새
(3) (가) 자연과 인간 공존·합일, (나) 자연과 인간 분리·대립

## 작품 4  해 (상아탑, 1946년)

해야 솟아라, 해야 솟아라, 말갛게 씻은 얼굴 고운 해야 솟아라. 산 너머 산 너머서 어둠을 살라 먹고, 산 너머서 밤새도록 어둠을 살라 먹고, 이글이글 애띤 얼굴 고운 해야 솟아라.

달밤이 싫여, 달밤이 싫여, 눈물 같은 골짜기에 달밤이 싫여, 아무도 없는 뜰에 달밤이 나는 싫여…….

해야, 고운 해야, 늬가 오면, 늬가사 오면, 나는 나는 청산이 좋아라. 훨훨훨 깃을 치는 청산이 좋아라. 청산이 있으면 홀로래도 좋아라.

사슴을 따라 사슴을 따라, 양지로 양지로 사슴을 따라, 사슴을 만나면 사슴과 놀고,

칡범을 따라 칡범을 따라, 칡범을 만나면 칡범과 놀고…….

해야, 고운 해야, 해야 솟아라. 꿈이 아니래도 너를 만나면, 꽃도 새도 짐승도 한자리에 앉아, 워어이 워어이 모두 불러 한 자리에 앉아, 애띠고 고운 날을 누려 보리라.

### 핵심정리

- ▷ **갈래** 자유시, 서정시
- ▷ **율격** 내재율, 4음보
- ▷ **성격** 상징적, 열정적, 미래지향적
- ▷ **시적 화자** 화해와 공존의 세계를 희망하는 화자
- ▷ **시상 전개(형태)** 기승전결
- ▷ **표현** 반복을 통한 간절한 소망 강조
- ▷ **제재** 해
- ▷ **주제** 인간과 자연이 평화롭게 공존하는 세계에 대한 소망

### 이해와 감상

1) 짜임 분석
- 기(1연) – 새로운 세계에 대한 염원
- 승(2연) – 어두운 현실에 대한 거부
- 전(3~5연) – 화합과 공존의 세계
- 결(6연) – 새로운 세계에 대한 굳은 확신

## ② 작품감상의 구조

| 구성 요소 | 구성 요소의 파악 | 그것이 지닌 의미·효과 | 주제와의 관련성 |
|---|---|---|---|
| 내용 요소 | ① 시적 화자 및 화자의 상황 | 눈물 같은 골짜기와 달밤이 싫고, 고운 해가 뜨는 청산이 좋다는 화자를 통해 강자와 약자가 평화롭게 공존하는 세계를 드러내었다. | 인간과 자연이 평화롭게 공존하는 세계에 대한 소망 |
| | ② 소재 | 광명, 해방, 사랑을 상징하는 '해'를 통해서 인간과 자연이 공존하는 세계에 대한 소망을 효과적으로 드러내었다. | |
| 형식 요소 | ① 산문적 리듬 속의 4음보 운율 | 산문적 리듬이지만 그 속에 4음보 율격의 변화와 반복을 통해 리듬감과 운율을 효과적으로 표현했다. | |
| | ② 반복 | 다양한 변화 속에서 동일한 구절을 반복함으로써 역동적 리듬감을 조성하여, 감정을 고양시키거나 상승의 분위기를 표현했다. | |
| | ③ 기승전결의 짜임 | 기승전결의 짜임을 통해 시적 화자의 마음을 설득력 있게 효과적으로 전달하였다. | |
| 표현 요소 | ① 활유 | '훨훨훨 깃을 치는 청산'은 활유를 통해 감각적 형상화를 이룬다. | |
| | ② 상징 | '해'는 광명, 해방, 사랑을, '애띠고 고운 날'은 화합과 공존의 세계를, '달밤'은 암울한 현실을 상징적으로 드러내어 주제를 효과적으로 표현하였다. | |

## ③ 감상의 길잡이

　이 시는 어둠과 밝음의 이미지를 대립적으로 배치하여 어둠의 세계는 가고, 밝고 평화로운 세계가 오기를 바라는 소망을 노래하고 있다. 어둠은 절망적인 현실을 나타내며, 밝음은 절망을 극복한 새로운 삶의 세계를 나타낸다. 1연에서 화자는 '해야 솟아라'를 반복하고 있는데 이것은 화자가 살아가는 당시의 현실이 밝은 해가 비치지 않는, 어둠과 같은 절망적인 세계라는 것을 말해 준다. 그렇기 때문에 화자는 새로운 밝은 세상이 찾아오기를 간절히 소망하는 것이다. 2연에는 해를 기다리는 이유가 나타난다. '달밤'은 절망과 비애가 가득하기 때문에 화자는 이를 강하게 거부하고 있다. 3연에서는 해가 떠오른 새로운 세계의 모습을 '청산'으로 구체화시켜 표현하고 있다. 4~5연에서는 사슴, 칡범과 함께하는 인간과 자연이 공존하는 모습을 보여 주고 있다. '어둠, 달밤, 골짜기, 칡범, 짐승'은 악(惡)과 추(醜), 강자(强者)의 이미지를, '해, 청산, 사슴, 꽃, 새'는 선(善)과 미(美), 약자(弱者)의 이미지를 대표하는 것으로 화자는 청산에서 강자나 약자를 가리지 않고 모든 생명체들이 서로 화합하면서 공존한 그 날을 꿈꾼다. 6연에서는 꽃, 새, 짐승이 모두 평화롭게 공존하며 사는 대화합의 세계를 소망하고 있다.

　이 시가 펼쳐 보이는 세계는 물론 현실의 세계는 아니다. 그러나 그것은 시인의 기원 속에서 현실로 실현되어야 할 세계, 와야 할 세계로 그려져 있다. 그 세계는 어둠과 달밤의 세계가 아니다. 밝고도 밝은 어린 아이의 앳되고 고운 동심의 세계다. 그 세계에 갈등이나 대립 같은 어른들의 질서는 존재하지 않는다. 이러한 세계는 그렇다면 과연 어떤 세계일까? 이 점에서 이 시는 대개 두 가지의 해석법을 제공한다. 그 세계를 기독교적 원리가 충만한 원초적 생명의 세계라고 보는 방식이 그 하나인데, 이는 시인의 이력에서 강한 기독교 지향성을 읽어냄으로써 가능해진 이해 방식이다. 실제로 중기 이후의 박두진 시인의 시 세계는 거의 종교적인 것들로 채워져 있음을 목도할 때 이러한 해석의 가능성을 전혀 배제할 수는 없을 것 같다. 두 번째 이해 방식은 식민지 체제와 관련시키는 것이다. 이 시가 쓰인 연대를, 정확하지는 않지만 식민지 말기로 추정한다면, 당대 현실에 대한 대안의 의미로 이 시의 세계가 제시되었다고 볼 수도 있기 때문이다. 그 어느 쪽이든 순수와 광명과 사상이 충만한 시인의 인생관과 쉽게 만날 수 있을 것이다.

## 중요 내용 정리

### 01 표현상의 특징

① 어휘와 구절의 반복으로 리듬감 형성과 의미를 강조한다. 이 시는 산문체이면서도 '해'의 이미지에 걸맞는 역동적인 리듬감을 훌륭하게 조성하고 있다. 이 작품에서 리듬감이 그토록 뛰어나게 조성되는 것은 주로 '해야 솟아라, 해야 솟아라, 말갛게 씻은 얼굴 고운 해야 솟아라' 등의 4음보 율격이 바탕에 깔려있기 때문이며, '달밤이 싫여, 달밤이 싫여'를 '눈물 같은 골짜기에 달밤이 싫여'로 각각 변화시켜 반복하고 있기 때문이다. 단순한 반복은 리듬을 단순화 시키는 데 반해 이 작품은 다양한 변화 속에서 동일한 구절을 반복함으로써 역동적 리듬감을 조성하고 있다. 이러한 반복은 감정을 고양시키거나 상승의 분위기를 조성하는데 효과적이다.

② 유음과 비음의 빈번한 사용으로 리듬감 형성 및 여운을 주는 효과가 있다.

③ 의성어·의태어의 사용으로 의미 강조의 상승적 효과가 있다. 의성어, 의태어는 대개 첩어의 형태를 지니고 있기 때문에 음률을 형성하는데 도움을 준다. '이글이글', '훨훨훨' 등과 같은 의태어와 '워어이, 워어이' 같은 의성어, 그리고 '솟아라', '좋아라', '보리라' 등과 같은 독특한 어감의 어미가 적절히 사용되고 있다.

④ 명령형 어미와 호격 조사, 종결어미의 다양한 변화를 통한 장중함, 생동감, 열정적 의지의 표현 및 리듬감을 형성한다.

### 02 시어의 함축적 의미

| 시어 | 함축적 의미 |
| --- | --- |
| 해 | 탄생과 창조의 에너지, 광명의 존재 (식민지로부터 해방된 조국의 밝고 원대함) |
| 산 | 조국의 앞날에 가로놓인 험난한 역사 |
| 달밤, 골짜기 | 어둠이 가시지 않은 고통의 시간과 공간, 절망과 혼돈의 세계 (해방 직후의 혼란한 사회상) |
| 청산 | 시적 화자가 지향하는 이상향 |
| 사슴, 꽃, 새 | 선(善), 미(美), 약자(弱者)의 표상 |
| 칡범, 짐승 | 악(惡), 추(醜), 강자(强者)의 표상 |

### 03 '해'와 '청산'의 상징적 의미

일반적으로 '해'는 어둠과 악을 몰아내는 정의와 광명의 표상이면서 동시에 지상의 모든 생물에게 에너지를 불어넣은 근원적인 생명력의 상징이다. '해'가 솟아야 이 땅의 어둠도 물러가고, 자연도 생명력을 유지할 수 있다. 이와 마찬가지로 이 시에서 '해'는 새로운 탄생과 창조의 근원(평화 공존의 원동력)으로 이해될 수 있고, 당시의 시대적 상황과 관련지어 보면 조국의 밝고 원대한 이상을 볼 수도 있다.

해가 솟고 어둠이 걷힌 '청산'은 자유, 평화, 정의 등이 실현된 생명력 넘치는 새로운 세계를 의미한다. 보다 근원적으로는 모든 생명의 근원을 의미하며, 시대와 관련지어 보면 민족의 새로운 역사가 펼쳐질 해방된 조국을 의미한다. 광복으로 인한 새 역사의 시작을 의미한다고 할 수 있다. 따라서 시적 화자가 소망하는 해가 떠 있는 청산은 자연과 인간이 합일되는 이상향이자, 역사의 전환기에 선 민족의 벅찬 이상이 실현된 조화로운 세계이다.

### 04 청산 속에서의 삶

화자는 해가 떠오른 청산에서의 삶을 화합과 공존의 모습으로 나타내고 있다. 청산에서는 사슴과 칡범이 함께 어울려 살아가고, 온갖 꽃들과 새들, 그리고 짐승들이 모두 한 곳에 모여서 살아간다. 그러면서 모든 생명체들은 '애띠고 고운', 즉 순수하고 아름다운 삶을 살아가게 된다. 이렇게 서로를 미워하지 않고, 사랑하며 살아가는 삶은 기독교에서 추구하는 사랑과 평화의 세계에 가깝다. 박두진이 추구하는 기독교적 세계의 모습을 형상화한 것이 바로 청산 속에서의 삶이다.

## 작품 5  어서 너는 오너라 (청록집, 1946년)

복사꽃이 피었다고 일러라. 살구꽃도 피었다고 일러라. 너이 오오래 정들이고 살다 간 집, 함부로 함부로 짓밟힌 울타리에, 앵도꽃도 오얏꽃도 피었다고 일러라. 낮이면 벌떼와 나비가 날고 밤이면 소쩍새가 울더라고 일러라.

다섯 묻과, 여섯 바다와, 철이야, 아득한 구름 밖 아득한 하늘가에 나는 어디로 향을 해야 너와 마주 서는 게냐.

달 밝으면 으레 뜰에 앉아 부는 내 피리의 서른 가락도 너는 못 듣고, 골을 헤치며 산에 올라 아침마다, 푸른 봉우리에 올라서면, 어어이 어어이 소리 높여 부르는 나의 음성도 너는 못 듣는다.

어서 너는 오너라. 별들 서로 구슬피 헤어지고, 별들 서로 정답게 모이는 날, 흩어졌던 너이 형 아우 총총히 돌아오고, 흩어졌던 네 순이도 누이도 돌아오고, 너와 나와 자라난, 막쇠도 돌이도 복술이도 왔다.

눈물과 피와 푸른 빛 깃발을 날리며 오너라……. 비둘기와 꽃다발과 푸른 빛 깃발을 날리며 너는 오너라…….

복사꽃 피고, 살구꽃 피는 곳, 너와 나와 뛰놀며 자라난 푸른 보리밭에 남풍은 불고, 젖빛 구름, 보오얀 구름 속에 종달새는 운다. 기름진 냉이꽃 향기로운 언덕, 여기 푸른 잔디밭에 누어서, 철이야, 너는 늴늴늴 가락 맞춰 풀피리나 불고, 나는, 나는, 두둥싯 두둥실 붕새춤 추며, 막쇠와, 돌이와, 복술이랑 함께, 우리, 우리, 옛날을 옛날을, 딩굴어 보자.

### 핵심정리

▷ **갈래** 자유시, 서정시
▷ **성격** 예언적, 열정적, 상징적, 미래지향적
▷ **제재** 복사꽃
▷ **주제** ① 민족 공동체적 삶의 회복에 대한 소망
  ② 민족의 완전한 화합을 소망
▷ **특징** ① 동일한 시구의 반복 사용
  ② 행의 구분이 없는 산문적 구성

## 이해와 감상

### 1 짜임 분석

- 기 — 1연: 조국 광복의 상황
- 승 ┌ 2연: 흩어진 동포에 대한 그리움
       └ 3연: 흩어진 동포를 찾는 안타까움
- 전 ┌ 4연: 동포들의 귀향
       └ 5연: 귀향의 의미 (과거청산, 미래 희망)
- 결 — 6연: 조국 광복의 기쁨

### 2 작품감상의 구조

| 구성 요소 | 구성 요소의 파악 | 그것이 지닌 의미·효과 | 주제와의 관련성 |
|---|---|---|---|
| 내용 요소 | ① 시적 화자 및 상황 | 해방이 된 상황에서 시적 화자인 '나'가 해외로 나가 아직 돌아오지 않은 철이(동포)를 애타게 부르면서, 빨리 돌아와 옛날과 같이 행복한 세계를 이루기를 바란다. | 민족의 완전한 화합을 소망, 공동체적 질서 회복에의 열망 |
| 내용 요소 | ② 동양적 세계관 | 해방된 조국을 동양적 이상향인 '무릉도원'으로 나타내고 있어 공동체적인 삶을 영위할 수 있는 공간에 대한 소망으로 효과적으로 표현하였다. | |
| 형식 요소 | ① 반복 | '– 이 피었다고 일러라', '너는 오너라' 등의 유사 문장 구조의 반복을 통해 리듬감을 형성하며 간절한 염원을 강조하였다. | |
| 형식 요소 | ② 명령형 어미 | 명령형 종결어미를 사용하여 비극적 현실을 비판하고 그것을 극복하려는 주제 의식을 효과적으로 표현했다. | |
| 형식 요소 | ③ 문장 부호 | 잦은 쉼표의 사용으로 산문시의 긴 호흡을 차단시켜 독자의 정서를 환기하며 주제 형성에 기여한다. | |
| 표현 요소 | ① 의성어·의태어 사용 | '총총히, 이글이글, 훨훨훨, 두둥싯 두둥실' 등의 의태어, '워어이, 늴늴널' 등의 의성어의 사용으로 첩어의 형태를 통해 리듬감을 형성하며 격정적, 낭만적 분위기를 조성하였다. | |
| 표현 요소 | ② 제유 | '너=철이'는 일제의 탄압으로 조국을 떠나 유랑하던 우리 민족 전체를 지칭하는 제유적 표현으로 공동체적 질서 회복에의 열망을 효과적으로 표현하였다. | |
| 표현 요소 | ③ 상징 | '너=철이'는 유랑하던 우리 민족 전체, '피'는 일제 침략으로 인한 소난, '비둘기와 꽃다발'은 평화, 승리, '푸른 빛 깃발'은 고난의 극복을 상징하는 표현이다. | |

### ③ 감상의 길잡이

① 1연: 철아, 너희가 오래 살다 간 그 정다운 옛집. (누군가에 의해) 함부로 짓밟혔던 울타리 너머 복사꽃, 살구꽃 피는 봄이 왔다고 일러라.
② 2~3연: 철아, 너는 넓고 넓은 세상의 어디에 있는 것이냐. 네가 간 방향을 알 수가 없구나. 달밤에 부는 내 피리 소리도 너는 못 듣고, 푸른 산에 올라 내가 부르는 메아리도 너는 못 듣는다.
③ 4~5연: 별들이 흩어졌다 모인 날, 흩어졌던 너희 식구들, 친구들 다 돌아왔다. 비둘기와 꽃다발과 푸른 빛 깃발을 날리며 너는 오너라.
④ 6연: 지금 고향에는 봄이 한창이다. 철이야 너는 어서 돌아와 풀피리 불고, 나는 그 가락에 맞춰 춤추며 친구들과 함께 옛날(아무 것도 훼손되지 않았던 공동체적 질서)을 뒹굴어보자.

이 시는 일제 강점으로 인해 삶의 터전을 떠나 뿔뿔이 흩어진 동포의 귀환을 소망하면서 평화로운 과거의 삶을 회복할 것을 힘찬 어조로 노래한 작품이다. 이 시의 배경은 해방 공간이고 사회적으로는 귀향 이민 문제를 가운데 놓고서, 국권 회복 자체를 내포하여 표현하고 있다. 누군가의 힘에 의해 함부로 짓밟혔던 삶의 터전인 살구꽃 복사꽃 피는 마을, 이것은 고향의 의미로 읽힌다. 그 고향에 봄이 돌아와 모든 꽃이 피어나고 떠났던 친지들이 돌아오는 상황은 또한 해방의 은유이다. 그런데 이미 모두 돌아왔지만 철이만은 돌아오지 않고 있다. 그렇다면 이 철이가 표상하는 의미는 어떤 것이라야 하는가? 아무래도 그것은 '옛날'이라는 용어가 표상하는 바와 같이, 일제 혹은 외세에 의해 훼손되기 이전의 원초적 생명의 세계, 공동체적 삶의 질서가 유지 보존되던 동심의 세계가 될 것이다. 그러나 그것은 이미 불가능하다. 세속의 삶은 그것으로부터 너무 멀리 떠나오고, 추악한 것들을 너무 많이 겪었기 때문이다. 그럼에도 불구하고 화자가 그 옛날의 질서 재건을 꿈꾸는 이유는, 해방 공간의 바람직하지 못했던 상황들에 대한 비판 의식 때문일 것이다. 부재의 것, 실현 불가능의 것을 꿈꿈으로서, 우리가 살아가는 현실, 특히 해방 직후의 현실에 대해 통렬한 부정을 감행하는 방식. 그러면서 비둘기와 꽃다발과 푸른 깃발로 상징되는, 진정한 삶의 터전이 한시바삐 재건되어야 한다는 생각으로 이 시의 행간은 가득 채워져 있는 것이다.

## 중요 내용 정리

### 01 박두진 시의 운율성과 표현 기법

박두진 시의 주조는 산문시이다. 그 산문시를 시로 만들고 있는 것은 명령형, 호격 사용, 조사 생략, 반복법, 교묘한 생략 부호, 콤마의 사용, 의성어·의태어 활용, 유음의 사용 등이다. 따라서 그의 산문시의 힘은 폭포와 같이 쏟아지는 감정의 해방으로부터 얻어진다. 이 시에서도 동일한 유사 반복어구의 나열, 호격이나 의성어·의태어 활용 등이 그대로 나타나고 있다. 특히 잦은 쉼표의 사용은 산문시의 긴 호흡을 차단시키고 또 언어 반복의 리듬 감각을 통해 고양된 감정이나 상승의 분위기를 조성시키고 독자의 정서를 환기시키는 효과를 얻고 있다.

### 02 시어의 상징성

작품 속의 어떤 사물이 그 자체의 의미를 유지하면서 보다 포괄적인 다른 의미까지 띠는 현상으로 '너', '철이'(유랑하던 우리 민족 전체), '피'(일제 침략으로 인한 고난), '비둘기와 꽃다발'(평화, 승리), '푸른 빛 깃발'(고난의 극복) 등이 있다.

### 03 「어서 너는 오너라」에 드러난 이상향

흔히 박두진의 시 세계를 기독교적 이상주의로 규정한다. 그런데 이 시에서 그는 이상향을 복사꽃 핀 마을, 즉 한국적인 것으로 나타내고 있다. 복사꽃은 동양에서는 무릉도원이라 일컬어지는 이상향이다. 따라서 그의 이상향이 반드시 기독교적이라고 하기에는 예외적인 작품이다.

한편 이 시에서의 이상향은 다소 복고적이라는데 한계가 있다. 해방된 조국의 이상이 새로운 전망 위에 세워지지 못하고 단순히 구세계로의 회귀라면 그것은 복고주의적 낭만성, 감상성을 벗어나기는 어렵다.

### 04 '너'의 함축적 의미

직접적으로는 '철이'라는 구체적 인물을 지칭하고 있지만, 해방 직후라는 이 시의 시대적 배경과 상징적 성격을 감안했을 때 '너=철이'는 일제의 탄압으로 조국을 떠나 유랑하던 우리 민족 전체를 지칭하는 제유적 표현이라고 볼 수 있다. 또, '너'가 돌아오기를 갈망하는 것이 곧 민족의 해방에 대한 갈망이라는 점에서 '해방의 그 날'을 의미하는 것이라고도 볼 수 있다.

### 05 운율적 특징

조사의 생략, 의성어·의태어의 사용, 쉼표의 잦은 사용, 교묘한 생략 부호의 사용, 유음('ㄴ, ㄹ, ㅁ, ㅇ)의 사용, 어구의 반복 등의 특징으로 산문시임에도 불구하고 긴 호흡을 차단시키면서 시에 운율을 부여하고 있다.

## 예상문제

※ (1~3) 다음 작품을 읽고 물음에 답하시오.

(가)
파란 녹이 낀 구리거울 속에
내 얼굴이 남아 있는 것은
어느 왕조의 유물이기에
이다지도 욕될까.

나는 나의 참회의 글을 한 줄에 줄이자.
—만 이십사 년 일 개월을
무슨 기쁨을 바라 살아 왔던가.

내일이나 모레나 그 어느 즐거운 날에
나는 또 한 줄의 참회록을 써야 한다.
—그때 그 젊은 나이에
왜 그런 부끄런 고백을 했던가.

밤이면 밤마다 나의 거울을
손바닥으로 발바닥으로 닦아 보자.

그러면 어느 운석(隕石) 밑으로 홀로 걸어가는
슬픈 사람의 뒷모양이
거울 속에 나타나 온다.

— 윤동주, 「참회록」

(나)

　복사꽃이 피었다고 일러라. 살구꽃도 피었다고 일러라. 너이 오래 정들이고 살다 간 집, 함부로 짓밟힌 울타리에, 앵도꽃도 오얏꽃도 피었다고 일러라. 낮이면 벌떼와 나비가 날고, 밤이면 소쩍새가 울더라고 일러라.

　다섯 뭍과 여섯 바다와, 철이야. 아득한 구름 밖, 아득한 하늘가에, 나는 어디로 향을 해야 너와 마주 서는 게냐.

　달 밝으면 으레 뜰에 앉아 부는 내 피리의 서른 가락도 너는 못 듣고, 골을 헤치며 산에 올라 아침마다, 푸른 봉우리에 올라 서면, 어이이 어이이 소리 높여 부르는 나의 음성도 너는 못 듣는다.

　어서 너는 오너라. 별들 서로 구슬피 헤어지고, 별들 서로 정답게 모이는 날, 흩어졌던 너이 형 아우 총총히 돌아오고, 흩어졌던 네 순이도 누이도 돌아오고, 너와 나와 자라난, 막쇠도 돌이도 복술이도 왔다.

　눈물과 피와 푸른 빛 깃발을 날리며 오너라…. 비둘기와 꽃다발과 푸른 빛 깃발을 날리며 너는 오너라….

　복사꽃 피고, 살구꽃 피는 곳, 너와 나와 뛰놀며 자라난 푸른 보리밭에 남풍은 불고, 젖빛 구름, 보오얀 구름 속에 종달새는 운다. 기름진 냉이꽃 향기로운 언덕, 여기 푸른 잔디밭에 누워서, 철이야, 너는 늴늴늴 가락 맞춰 풀피리나 불고, 나는, 나는, 두둥싯 두둥실 붕새춤 추며, 막쇠와, 돌이와, 복술이랑 함께, 우리, 우리, 옛날을, 옛날을, 뒹굴어 보자.

― 박두진, 「어서 너는 오너라」

1. (나)의 1연의 내용은 (가)의 어느 부분(행)을 형상화한 것인지 밝히고, 이렇게 관련지어 이해할 수 있는 근거를 2가지 밝히시오.

### 예상답안

① 3연 1행 – 내일이나 모레나 그 어느 즐거운 날
② ㉠ 담고 있는 내용이 모두 밝고 긍정적인 것으로 해방을 의미함. ㉡ 작품 속 시대 배경이 유사 (일제시대 – 해방 시기),
　㉢ 시인이 동 시대에 살았음

2. (나)에 나타난 운율의 요소를 네 가지 이상 제시하고, 각각 그 효과를 밝히시오.

### 예상답안

① 산문시의 빠른 리듬 – 봄을 맞는 환희와 광복의 기쁨을 표출
② 쉼표를 적절히 사용 – 산문조의 리듬을 적절히 끊어 읽음. 운율 형성에 기여
③ '오너라'의 반복 – 밝고 희망적인 세계에 대한 열망
④ '~고 일러라'는 네 차례 반복 – 독특하고 생동감 있는 리듬감. 상대방에게 이야기하는 정겨움, 운율 형성

⑤ 나열 – 기쁨(주제)을 강조, 운율 형성에 기여
⑥ 의성어·의태어의 사용 – 분위기(흥) 고조, 운율 형성에 기여, 주제 형성에 기여
⑦ 'ㄴ, ㄹ, ㅁ, ㅇ'의 유음, 비음의 사용 – 부드러운 느낌, 운율 형성에 기여

3. "작품 세계를 비판적이고 창조적으로 수용하는 자세를 기른다."는 측면에서 (가)와 (나) 작품의 시적 화자의 삶의 태도에 나타난 문제점을 구체적 부분과 함께 각각 한 가지씩 제시하라.

### 예상답안

(가) "슬픈 사람의 뒷모양" – 저항 의지 약화, 소극적 저항.
(나) "옛날을, 옛날을, 뒹굴어 보자." – 과거 지향적(복고적), 관념적 세계, 비현실적 세계임

## 작품 6  꽃 (거미의 성좌, 1962년)

이는 먼
해와 달의 속삭임.
비밀한 울음.

한 번만의 어느 날의
아픈 피 흘림.

먼 별에서 별에로의
길섶 위에 떨궈진
다시는 못 들이킬
엇갈림의 핏방울.

꺼질 듯
보드라운
황홀한 한 떨기의
아름다운 정적(靜寂).

펼치면 일렁이는
사랑의
호심(湖心)아.

## 핵심정리

- **갈래** 서정시, 자유시
- **율격** 내재율
- **시적 화자** 시적 화자는 꽃을 통해 생명의 탄생을 우주적 관점에서 바라보며 꽃의 아름다움과 생명의 경이로움을 노래함
- **시상의 전개(형태)** 심상 중심의 시상 전개
- **표현** 은유법, 돈호법, 의인법, 상징적
- **제재** 꽃
- **주제** 자연의 신비와 생명의 아름다움

## 이해와 감상

### 1 짜임 분석

- 1연(청각적 심상) – 꽃을 통해 본 자연 섭리의 신비감
- 2연(시각적 심상) – 일회적인 생명의 고귀함과 가치
- 3연(시각적 심상) – 영원한 시간의 고차위에 단 한번 피어난 생명의 고귀함
- 4연(촉각적 심상) – 황홀하고 사랑스러운 꽃
- 5연(시각적 심상) – 황홀하고 사랑스러운 꽃

### 2 작품감상의 구조

| 구성 요소 | 구성 요소의 파악 | 그것이 지닌 의미·효과 | 주제와의 관련성 |
|---|---|---|---|
| 내용 요소 | ① 시적 화자 및 화자의 상황 | 시적 화자는 꽃을 통해 생명의 탄생을 우주적 관점에서 바라보며 꽃의 아름다움과 생명의 경이로움을 노래한다. | 자연의 신비와 생명의 아름다움, 자연과 생명과 사랑에의 귀의 |
| | ② 소재 | 고통을 이겨내어 탄생하게 된 '꽃'을 통해 생명의 신비와 아름다움을 나타낸다. | |
| | ③ 시의 내용 전개 | 꽃이 피는 과정을 통해 자연의 고귀한 아름다움과 생명의 신비와 인간 생명의 철학적인 깊이를 관조한다. | |
| 형식 요소 | ① 명사형 종결 | 명사형 종결을 통해 자연의 신비와 생명의 아름다움을 간결하고 압축적으로 전달하고 더욱 깊은 여운을 준다. | |
| | ② 반복 | 일정한 위치에 '– 의'의 반복과 명사형 종결 형태의 반복을 통해 리듬감을 강조하고 각 연들의 자연스러운 결합을 이룬다. | |
| | ③ 행의 간결함 | 시어의 호흡이 짧고, 간결하고 압축적으로 표현하여 깊은 인상을 제시한다. | |
| 표현 요소 | ① 비유 | '꽃'을 '속삭임, 울음, 피흘림, 핏방울, 정적, 호심'으로 드러내어 은유법을 통해 꽃의 신비로움을 효과적으로 드러낸다. | |
| | ② 중의적 표현 | '피흘림'은 꽃의 색깔이 핏빛이라는 의미와 첫사랑의 아픈 피흘림(절대의 아름다움과 순정 표상)을 의미한다. | |

### ③ 감상의 길잡이

이 시는 꽃이 피어나는 과정을 통해 자연의 고귀한 아름다움과 생명의 신비를 노래한 작품이다. 그러나 단순히 자연물의 생성 과정을 노래하는 것으로 그치는 것이 아니라, 인간 생명의 철학적 깊이를 관조하는 데까지 나아가고 있다. 즉, 꽃이라는 자연물을 통해 삶과 죽음의 정신적 가치를 재발견함으로써 생명의 근원과 경이로움과 같은 생명체에 대한 긍정적 인식을 드러내고 있다. 한편, 이 시는 꽃을 '속삭임', '울음', '피 흘림', '핏방울', '정적', '호심' 등 다양한 비유 관념으로 제시함으로써 주제를 심도 있게 형상화시키고 있다.

1연은 우리가 먼 하늘의 해와 달의 속삭임을 모르는 것처럼 인간 생명도 신비롭고 경건한 존재임을 보여 준다. 화자는 '꽃'이라는 생명 탄생의 신비롭고 엄숙한 순간을 '해와 달의 속삭임. / 비밀한 울음'으로 제시하고 있다. 해와 달은 밝음이나 근원의 의미의 표상으로 속삭이고 비밀스럽게 우는 자연의 합일에 의해 형성된 모든 생명의 실체는 보통의 인간이라면 감히 알 수 없는 자연의 섭리라는 것이다. 화자도 그것을 분명히 인식하지 못하기에 이와 같이 '속삭임'과 '울음'의 비유법으로 보여 주고 있다.

2연에서 화자는 생명을 '피 흘림'으로 비유하며, '한 번만의 어느 날의 / 아픈 피 흘림.'이라고 함으로써 생명의 유한성 또는 일회성을 드러내고 있다. 그 생명은 분명 자연의 섭리로 탄생되는 거룩한 것이지만, 한 번 떨어지면 '다시는 못 들이킬' 일회적인 것이므로 3연에서는 그것을 '엇갈림의 핏방울'이라고 표현하는 것이다.

4~5연에서 화자는 꽃의 황홀함과 아름다움을 교차시켜 보여 주고 있다. 생명은 고귀한 것이고, 이런 생명에서 배태되는 사랑은 언제나 '꺼질 듯 / 보드'랍고, '펼치면 일렁이는' 호수와 같은 '정적'과 순수이다. 이 사랑이야말로 우주 만물의 근원이자, 모든 생명의 궁극적인 귀결점이라 할 수 있다. 그러므로 시인이 갈구하고 신비롭게 노래했던 생명의 실체는 결국 자연과 인간의 황홀하고 아름다운 사랑임을 알 수 있다.

## ▎중요 내용 정리

### 01 박두진 시의 경향
박두진을 추천한 정지용은 "혜산(兮山, 박두진의 호)의 시가 유유히 펴고 앉아 그 시의 자세가 매우 편해 보인다."고 하였다. 또한, 그의 시적 체취는 무슨 삼림에서 풍기는 식물성과 같다고 말하였고, 신자연(新自然)을 소개한 법열(法悅) 이상의 것이라는 찬사를 아끼지 않았다. 이는 박두진의 시가 자연과의 친화와 사랑을 주제로 하고 있음을 의미한다. 이 시 '꽃'도 위에서 언급한 평자의 말을 벗어나지 않는데, 그것은 꽃과 인간이 하나로 합일된 경지를 노래할 뿐 아니라, 인간 생명의 근원과 경이로움을 표현하고 있기 때문이다.

### 02 '해'와 '달'을 소재로 차용한 이유
꽃의 탄생이 생물적 현상의 결과 만에 그치는 것이 아니라, 해와 달의 은밀한 만남과 사랑의 결과라는 신비롭고 경이로운 우주적 교감에 의한 탄생임을 드러낸다.

### 03 표현상의 특징
① 꽃을 '속삭임, 울음, 피흘림, 핏방울, 정적, 호심' 등의 은유로 표현하였다.
② 상징적 표현이 나타난다.
③ 자연귀의 사상을 은유법, 돈호법, 의인법으로 표현하였다.
④ 삶과 죽음의 정신적 가치를 자연물을 통해 재발견하며 살아있는 생명체에 대한 긍정적 인식을 보여준다.
⑤ 꽃과 인간의 하나로 합일된 경지를 노래할 뿐 아니라 인간 생명의 근원과 경이로움을 표현한다.

## 김상훈 金尙勳

1919 ~ ?
시인. 경남 거창에서 출생

▷ **작가의 특징**
1. 1946년 김광현(金光現), 이병철(李秉哲), 박산운(朴山雲), 유진오(俞鎭五) 등과 『전위시인집』을 간행했다.
2. 해방 직후 조선문학가동맹에 가담 한국 전쟁 당시 월북하였다.
3. 해방 공간의 시인들 중에서 리얼리즘 창조에 가장 많은 관심을 기울였다.
   ① 시인 주위의 가장 가까운 사람들의 삶의 모습을 가식 없이 시적 제재로 취급한다.
      예 『가족』, 「아버지의 창 앞에서」 등
4. 대상에 가까이 가거나 몰입하여 그것을 주관화시키기 보다는 일정한 거리를 두면서 시적 자아 자신마저도 객관적으로 바라보는 특징을 지닌다.

▷ **주요 작품**
시집: 『전위(前衛)시인집』(1946), 『대열(隊列)』(1947), 『가족』(1948)

## 작품 1  아버지의 창 앞에서 (문학 2호, 1946년)

등짐지기 삼십 리 길 기어 넘어
가쁜 숨결로 두드린 아버지의 창 앞에
무서운 글자있어 '공산주의자는 들지 말라'
아아 천날을 두고 불러왔거니 떨리는 손 문고리 잡은 채
물끄러미 내 또 무엇을 생각해야 하는고

태어날 적부터 도적의 영토에서 독(毒)스런 우로(雨露)에 자라
가난해두 조선(祖先)이 남긴 살림, 하구 싶든 사랑을
먹으면 화를 입은 저주받은 과실인 듯이
진흙 불길한 땅에 울며 파묻어 버리고
내 옹졸하고 마음 약한 식민지의 아들
천근 무거운 압력에 죽음이 부러우며 살아왔거니
이제 새로운 하늘 아래 일어서고파 용솟음치는 마음
무슨 야속한 손이 불길에 다시금 물을 붓는가

징용살이 봇짐에 울며 늘어지든 어머니
형무소 창구멍에서 억지로 웃어보이던 아버지
머리 쓰다듬어 착한 사람 되라고
옛글에 일월(日月)같이 뚜렷한 성현의 무리 되라고
삼신판에 물 떠놓고 빌고, 말 배울 적부터 정전법(井田法)을 조술(祖述)하드니

이젠 가야할 길 미더운 깃발 아래 발을 맞추려거니
어이 역사가 역류하고 모든 습속이 부패하는 지점에서
지주의 맏아들로 죄스럽게 늙어야 옳다 하시는고
아아 해방된 다음날 사람마다 잊은 것을 찾어 가슴에 품거니
무엇이 가로막어 내겐 나라를 찾든 날 어버이를 잃게 하느냐

형틀과 종문서 지니고, 양반을 팔아 송아지를 사던 버릇
소작료 다툼에 마음마다 곡성이 늘어가던
낡고 불순한 생활 헌신짝처럼 벗어버리고
저기 붉은 기폭 나부끼는 곳, 아들 아버지 손길 맞잡고
이 아침에 새로야 떠나지는 못하려는가……
아아 빛도 어둠이런 듯 혼자 넘는 고개
스물일곱 해 자란 터에 내 눈물도 남기지 않으리
벗아! 물끓듯 이는 민중의 함성을 전하라
내 잠깐 악몽을 물리치고 한거름에 달려가마

## ■ 핵심정리

▷ **갈래** 자유시, 서정시
▷ **성격** 독백적, 사실적, 의지적
▷ **시적 화자** 시인이 '공산주의자'를 화자로 설정하고, 아버지와 이념의 차이로 절연하게 된 상황을 통해 안타까운 현실을 효과적으로 표현함
▷ **율격** 내재율
▷ **표현** 평이한 서술과 독백체의 화법
▷ **제재** 문고리
▷ **주제** 아버지와 절연하게 한 안타까운 현실(이념)과 새 삶을 살고자 하는 의지

## ② 작품감상의 구조

| 구성 요소 | 구성 요소의 파악 | 그것이 지닌 의미·효과 | 주제와의 관련성 |
|---|---|---|---|
| 내용 요소 | ① 시적 화자 및 화자의 상황 | '공산주의자'를 시적 화자로 설정하고, 아버지와 이념의 차이로 절연하게 된 상황을 통해 안타까운 현실을 효과적으로 표현하였다. | 아버지와 절연하게 한 안타까운 현실(이념)과 새 삶을 살고자 하는 의지 |
| | ② 소재 | 아버지와 자식 사이의 단절감을 '문고리'를 통해 형상화 하여 아버지와 절연하게 한 안타까운 현실(이념)을 형상화했다. | |
| | ③ 카프시의 계승 | 해방 시기의 시이지만 1930년대의 KAPF시를 계승하여 민중의 해방에 대한 열망을 보여준다. (문학가 동맹의 시) | |
| 형식 요소 | ① 평이한 서술 | 평이한 서술을 통해 아버지의 창 앞에서 느끼는 회한을 차분하게 풀어감으로써 시적 화자의 삶의 선택의 길에 대한 설득력을 높여주고 있다. | |
| | ② 각운 | 각 연의 종결어미로 'ㄴ, ㅏ'로 사용하여 운율감을 통해 리듬감을 형성하고 구조적 통일성을 이루었다. | |
| 표현 요소 | ① 독백체의 화법 | 독백체의 화법을 통해 화자의 회한과 심리를 차분하게 드러내며, 시적 화자의 삶의 선택에 길에 대한 설득력을 높였다 | |
| | ② 의고체 | '발을 맞추려거니', '옳다 하시는고'의 의고체를 통해 장중함과 진중함을 드러낸다. | |
| | ③ 표현의 한계 | ㉠ 감정을 직접 드러낸 부분이 많고, 주제도 전면에 드러냈다.<br>㉡ 너무 설명적이어서 간결미와 시적 긴장감이 떨어진다. | |

### ③ 감상의 길잡이

　그의 시는 공통적으로 대상에 가까이 가거나 몰입하여 그것을 주관화시키기 보다는 일정한 거리를 두면서 시적 자아 자신마저도 객관적으로 바라보는 특징을 지니는데, 이 시도 이러한 공통적 특징을 여실히 보여 준다. 이 시의 화자는 공산주의자로서 '등짐지기 삼십 리 길 기어 넘어 / 가쁜 숨결로' 아버지를 찾는다. 그러나 '아버지의 창 앞에'는 '공산주의자는 들지 말라'는 '무서운 글자'가 있어 그는 차마 문고리를 잡아당기지를 못한다. 그리하여 시적 화자는 물끄러미 상념에 잠긴다. 기나긴 식민지의 질곡을 딛고 '이제 새로운 하늘 아래 일어서고파' 새로운 출발을 하려는데, '말 매울 적부터 정전법을 조술하'던 그의 아버지는 그의 공산주의적 활동을 용납하지 않는다. 그러나 그는 굴하지 않고 자신의 길을 선택한다. 그는 '지주의 맏아들로 죄스럽게' 사는 삶을 거부하고, '가야할 길 미더운 깃발 아래 발을 맞추'기 위하여 '붉은 기폭 나부끼는 곳'을 선택하는 것이다. 이 선택은 곧 아버지와 절연(絶緣)하는 길임을 자각한 시적 화자는, '아아 해방된 다음날 사람마다 잊은 것을 찾아 가슴에 품거니 / 무엇이 가로막아 내겐 나라를 찾던 날 어버이를 잃게 하느냐'라고 마음의 고통에 울부짖는다.

　그러나 이 모든 것은 쓸데없는 '악몽'으로, 한가하게 상념에 젖고 있을 수만은 없다. 그리하여 그는 다시금 '벗아! 물끓듯 이는 민중의 함성을 전하라 / 내 잠깐 악몽을 물리치고 한걸음에 달려가마'라고 하여 아버지가 아닌 민중을 선택하는 것이다.

---

## ▶ 중요 내용 정리

### 01 표현상의 특징
　평이한 서술과 독백체의 화법으로 아버지의 창 앞에서 느끼는 회한을 차분하게 풀어가고 있다. 그러한 점이 오히려 시적 화자의 삶의 선택의 길에 대한 설득력을 높여주고 있는 바, 이것이 바로 시인이 의도하는 시적 리얼리즘의 세계라고 할 수 있는 것이다.

### 02 투르게네프의 「아버지와 아들」과의 비교
　1946년 ≪문학≫지에 발표한 김상훈의 「아버지의 창 앞에서」는 투르게네프의 「아버지와 아들」의 부자 사이의 갈등 대립과 유사함을 갖는다. 「아버지의 창 앞에서」의 시적 화자는 「아버지와 아들」에서 1860년대의 러시아의 급진적 청년 지식인으로 등장한 의과 대학생인 '비자로프'가 연상된다. 투르게네프는 혁명적 민주주의자를 비자로프에게 투영시켜서 아버지와 아들의 사상적 상극을 묘사하여 '보수와 진보'란 당시 제정 러시아의 시대적 과제를 제시했다.

## 박인환 (朴寅煥)

1926 ~ 1956
시인. 강원도 인제에서 출생
모더니즘 시

▷ **작가의 특징**
1. 1946년 〈국제신문〉에 「거리」를 발표하며 등단하였다.
2. 1950년대 모더니즘 시의 대표적인 인물이다.
3. 전후의 허무주의와 도시적 서정에 바탕을 둔 페이소스를 담은 시들을 써서 젊은 사람들을 매료시켰다.
4. 전위적 기법을 실험하면서 문명비판적인 주제를 주로 다루었다.

▷ **주요 작품**
1. 시 : 「남풍」, 「목마와 숙녀」, 「살아 있는 것이 있다면」, 「세월이 가면」 등
2. 시집 : 『박인환 선시집』(1955년)

### 작품 1 │ 살아 있는 것이 있다면 (박인환 선시집, 1955년)

현재의 시간과 과거의 시간은 아마 모두 미래의 시간에 존재하고,
미래의 시간은 과거의 시간에 포함된다.

— T. S. 엘리엇

살아 있는 것이 있다면
그것은 나와 우리들의 죽음보다도
더한 냉혹하고 절실한
회상과 체험일지도 모른다.

살아 있는 것이 있다면
여러 차례의 살육(殺戮)에 복종한 생명보다도
더한 복수와 고독을 아는
고뇌와 저항일지도 모른다.

한 걸음 한 걸음 나는 허물어지는
정적(靜寂)과 초연(硝煙)의 도시(都市) 그 암흑 속으로…….
명상과 또다시 오지 않을 영원한 내일로…….
살아 있는 것이 있다면
유형(流刑)의 애인처럼 손잡기 위하여
이미 소멸된 청춘의 반역(反逆)을 회상하면서
회의과 불안만이 다정스러운
모멸(侮蔑)의 오늘을 살아 나간다.

…… 아 최후로 이 성자(聖者)의 세계에
살아 있는 것이 있다면 분명히
그것은 속죄(贖罪)의 회화(繪畵) 속의 나녀(裸女)와
회상도 고뇌도 이제는 망령(亡靈)에게 팔은

철없는 시인(詩人)
나의 눈 감지 못한
단순한 상태의 시체(屍體)일 것이다….

## ■ 핵심정리

- ▷ **갈래** 자유시, 서정시
- ▷ **율격** 내재율
- ▷ **성격** 냉소적, 비판적, 주지적
- ▷ **시적 화자** 전쟁으로 인해 파괴된 현실 속에서 순응적으로 살아가고 있는 시적 화자
- ▷ **표현** 역설적, 반어적
- ▷ **제재** 황폐한 도시
- ▷ **주제** 황폐한 현실에서 느끼는 허무 의식

## 이해와 감상

### ① 짜임 분석

- 1연 – 회상과 체험뿐인 삶
- 3연 – 회의와 불안만 있는 모멸적인 삶
- 2연 – 고뇌와 저항뿐인 삶
- 4연 – 삶에 대한 절망과 죽음의 인식

### ② 작품감상의 구조

| 구성 요소 | 구성 요소의 파악 | 그것이 지닌 의미·효과 | 주제와의 관련성 |
|---|---|---|---|
| 내용 요소 | ① 시적 화자 및 화자의 상황 | 전쟁으로 인해 파괴된 현실 속에서 순응적으로 살아가고 있는 시적 화자인 '시인'을 통해서 시인 자신의 태도를 비판·반성하고 현실의 참혹함과 허무 의식을 드러내었다. | 황폐한 현실에서 느끼는 허무 의식 |
| | ② 소재 | 황폐한 도시의 모습을 통해 전쟁 후의 절망과 허무 의식을 효과적으로 묘사했다. | |
| | ③ 시의 현실 | 시인은 전쟁 후의 현실을 '죽음, 살육, 정적, 초연'과 같은 시어들을 통해, 당시의 현실을 살육이 자행되는 죽음의 공간으로 그리고 있다. | |
| | ④ 내용 제시의 한계 | 내용의 직접적 제시로 인해 형상화에 미흡하고 극단적 감정의 직접적으로 제시함으로써 절제된 감정 표현이 부족하다. | |
| 형식 요소 | ① 시어의 한계 | 관념적 한자어를 통해 관념적 내용을 제시하여 내용이나 상황의 구체성이 부족하다. | |
| | ② 반복 | '살아 있는 것이 있다면 ~ 일지도 모른다'의 문장 구조의 반복을 통해 리듬감을 획득하며 시의 주제 의식을 표출시키는 데 중요한 역할을 하였다. | |
| 표현 요소 | ① 반어 | '…… 아 최후로 이 성자의 세계'는 참담한 현실의 반어적 표현이며 황폐한 현실을 더욱 강하게 인식시킨다. | |
| | ② 역설 | '살아 있는 것'은 '시체' 뿐이라는 역설적 표현으로 이 세상의 삶이란 존재하지 않는다는 인식으로 나아감으로써 황폐한 현실에서 느끼는 허무 의식을 효과적으로 표현하였다. | |
| | ③ 상징 | '속죄의 회화 속의 나녀', '철없는 시인' 등은 상징으로 의미를 잘 드러낸다. | |

### ③ 감상의 길잡이

이 시는 엘리어트의 「4중주(四重奏)」의 첫 구를 빌어 전후(戰後)의 황폐한 현실로부터 느끼는 허무 의식과 불안의 시간을 극복, 초월하고 싶어하는 욕망을 긴장감 있는 언어로 표현하고 있다. 전 4연으로 이루어진 이 시는 '살아 있는 것이 있다면'이란 가정(假定) 아래 첫째 연에서는 회상과 체험뿐인 삶을, 둘째 연에서는 고뇌와 저항뿐인 삶을, 셋째 연에서는 회의와 불안만 있는 모멸적인 삶을 제시한 다음, 마지막 연에서는 그와 같은 삶에 대한 절망과 죽음의 인식을 보여 주고 있다.

시인은 전쟁으로 인해 파괴된 인간의 조화로운 삶과 그러한 '모멸(侮蔑)의 오늘'이라는 현실 속에서 순응적으로 살아가고 있는 자신을 '회상도 고뇌도 망령(亡靈)에게 팔은 철없는 시인(詩人)'으로 비판하고 있다. 특히 이 시는 전쟁의 상흔(傷痕)을 직접적으로 묘사하지 않으면서도, 시인 스스로가 반성의 기회를 가지면서 전쟁이 몰고 온 현실의 참혹한 역설적이고 반어적인 표현으로 잘 드러내고 있다. 곧 시인은 당시의 현실을 '죽음', '살육(殺戮)', '정적(靜寂)', '초연(硝煙)'과 같은 시어들을 통해, 당시의 현실을 살육이 자행되는 죽음의 공간으로 그리고 있는 것이다. 전쟁이 끝난 후 '정적(靜寂)과 초연(硝煙)의', '또다시 오지 않을 영원한 내일', 또 '소멸된 청춘의 반역(反逆)'에서 보는 것처럼 무언가 부재(不在)되어 있는 공간, 그곳에서 있어야 할 존재가 '신(神)'일 수도 있고 우리들의 '우상(偶像)'일 수도 있다. 결국, 시인은 '살아 있는 것'은 '시체'뿐이라는 역설적 표현으로 이 세상의 삶이란 존재하지 않는다는 인식으로 나아간다. 시인은 혼란한 시대에 살았고 불안정한 시절에서 성장하였다. '그 시대는 그 어떤 시대보다도 혼란스러웠다.'고 시인은 말하고 있다.

---

###  중요 내용 정리

**01 표현상의 특징**

① 역설적 표현
> 예) 살아 있는 것이 있다면 ~ 회상과 체험일지도 모른다.
> 살아 있는 것이 있다면 ~ 고뇌와 저항일지도 모른다.
> 회의와 불안만이 다정스러운

② 반어적 표현
> 예) 성자의 세계

**02 「살아 있는 것이 있다면」의 한계점**

① 내용의 직접적 제시로 인해 형상화에 미흡하다.
② 관념적 한자어를 통해 관념적 내용을 제시한다.
③ 절제된 감정 표현이 부족하다. (극단적 감정의 직접적 제시)

## 구 상 (具常)

1919 ~ 2004
시인. 평론가. 희곡·작가
함남 문천 출생. 본명은 상준

▷ **작가의 특징**
1. 1946년 원산에서 동인지 ≪응향≫을 주재하고, 「길」, 「여명도」, 「수난의 장」 등의 작품으로 등단했으며, 이 작품들로 반동 작가로 규정되어 월남했다.
2. 시집 『초토의 시』 – 전체 15편의 연작시 형태로 창작하였다.
   ① 시대적 현실을 다루었다. 예 「판잣집」, 「검둥이 애새끼」, 「창녀」, 「무덤」 등
   ② 긍정적인 세계를 지향한다. 예 「부활」, 「구원」, 「속죄 의식」, 「밝음(빛)」, 「조국 통일」 등

▷ **주요 작품**
시집 : 『구상 시집』(1951), 『초토의 시』(1956)

### 작품 1 초토의 시 8 – 적군 묘지 앞에서 (초토의 시, 1956년)

오호, 여기 줄지어 누웠는 넋들은
눈도 감지 못하였겠고나.

어제까지 너희의 목숨을 겨눠
방아쇠를 당기던 우리의 그 손으로
썩어 문드러진 살덩이와 뼈를 추려
그래도 양지바른 두메를 골라
고이 파묻어 떼마저 입혔거니,

죽음은 이렇듯 미움보다 사랑보다도
더 너그러운 것이로다.

이곳서 나와 너희의 넋들이
돌아가야 할 고향 땅은 삼십 리(里)면
가로막히고,
무주공산(無主空山)의 적막만이
천만 근 나의 가슴을 억누르는데,

살아서는 너희가 나와
미움으로 맺혔건만,
이제는 오히려 너희의
풀지 못한 원한이
나의 바람 속에 깃들여 있도다.

손에 닿을 듯한 봄 하늘에
구름은 무심히도
북(北)으로 흘러가고,

어디서 울려 오는 포성(砲聲) 몇 발,
나는 그만 이 은원(恩怨)의 무덤 앞에
목놓아 버린다.

## ▌핵심정리

▷ **갈래** 자유시, 서정시
▷ **성격** 관념적, 추도적, 인도적
▷ **시적 화자** 적군의 묘지 앞에 서 있는 화자
▷ **율격** 내재율
▷ **표현** 비장함, 격정적, 인도주의적, 기독교적
▷ **제재** 적군 묘지
▷ **주제** 적군의 죽음에 대한 애도와 분단 현실에 대한 통한

## 이해와 감상

### 1 짜임 분석
- 1~3연 – 적군 병사의 죽음에 대한 애도
- 6~7연 – 분단의 아픔과 통일에 대한 염원
- 4~5연 – 분단의 현실이 주는 비극과 통한

### 2 작품감상의 구조

| 구성 요소 | 구성 요소의 파악 | 그것이 지닌 의미·효과 | 주제와의 관련성 |
|---|---|---|---|
| 내용 요소 | ① 시적 화자 및 화자의 상황 | 시적 화자는 비극적인 전쟁의 체험자로 동족상잔의 비극을 개탄하고 있으며, 적군까지도 사랑하는 인류애를 품고 조국 통일을 갈망하고 있다. | 적군의 죽음에 대한 애도와 분단 현실에 대한 통찰 |
| | ② 화자의 태도 | 화자는 적군에 대해 동포애로부터 우러나오는 관용과 연민의 태도를 통해 적군 병사에 대한 애도와 통일의 염원을 잘 표현했다. | |
| | ③ 시의 현실 | 한국전쟁에서 동족상잔의 비극으로 생겨난 '적군 묘지' 앞에서 그들의 죽음을 애도하면서, 사랑과 화해로 민족 동질성의 회복과 통일에의 염원을 노래하고 있다. | |
| | ④ 어조 | 비분과 통한의 어조를 통해 적군 묘지에서 느끼는 분단 현실에 대한 통한과 통일에의 염원을 효과적으로 드러낸다. | |
| | ⑤ 기독교적 윤리관 | '고이 파묻어 떼마저 입혔거니'에서 기독교적 윤리관을 드러내어 사랑과 화해의 정신으로 민족 동질성의 회복과 평화 통일에 대한 염원을 강조하고 있다. | |
| 형식 요소 | ① 문장부호 | 잦은 쉼표의 사용으로 호흡을 차단시켜 독자의 정서를 환기시켜 주제 형성에 기여한다. | |
| | ② 시상전개 | '죽음 애도(1~3연) – 분단의 비극(4~5연) – 극복의 염원(6~7연)'으로 시상이 전개된다. | |
| 표현 요소 | ① 직설적 표현 | 기교를 배제한 관념의 직설적 표출을 통해 적군의 죽음에 대한 애도와 통한을 드러내고 있다. | |
| | ② 감정이입 | '은원의 무덤', '구름은 무심히도 북으로 흘러가고'에서 화자의 정서를 대상에 이입하여 표현했다. | |

## ③ 감상의 길잡이

이 시는 시인이 한국 전쟁 때의 종군 체험으로 쓴 연작시 「초토의 시」 15편 중 8번째의 시로서, '적군 묘지' 앞에서 적군 병사의 죽음을 애도하면서 동족상잔의 비극에 대한 아픔과 전쟁에 대한 뉘우침, 그리고 사랑을 통한 민족의 동질성 회복과 통일을 염원하는 내용을 담고 있다.

「초토의 시」는 일반적인 전쟁 시와는 다른 태도를 지니고 있다. 즉, 자유 진영의 도덕적 우월성만을 고집하는 종래의 전쟁 시와는 달리 적일 수밖에 없는 북의 전사를, 적이기 이전에 동족으로 인식하는 데에서 이 시는 출발한다. 동족 의식 아래 도사린 형제애, 너와 나는 형제라는 기본적 인식은, 기독교 정신으로 말하는 사랑이다.

화자는 적군의 묘지 앞에 서 있다. 그들은 죽었다. 나와 그들은 지금까지 싸워 왔지만 너희는 죽었고 나는 안식의 무덤을 정성껏 마련한다. 미움과 사랑이라는 인간사는 이제 끝났다. 너와 나의 고향은 멀지 않은데, 둘 다 상실의 아픔을 맛보았다. 살아서의 원수였던 너희가 이제 나에게 짐을 지운다. 너희의 원한을 풀어 주기, 분단의 장벽을 허물기, 그리하여 고향을 찾는 일. 화사한 봄, 구름은 북으로 무심히 흐르고, 간간이 들여오는 몇 발의 포성, 이 참담한 초토에서 목 놓아 통곡한다. 그대의 무덤은 은혜와 원한의 이율배반적인 현장으로 원수였지만 이제는 사랑할 동족이라는 인식, 은혜로움과 원수를 잊은 채 오로지 인간적 교감만으로 하나가 된 화해와 사랑의 지점에서 이제 사랑의 대상은 죽고 없다.

## ▶ 중요 내용 정리

### 01 표현상의 특징

1956년에 출간된 시집의 제명시로, 전부 15편의 연작시로 된 이 작품의 현장은 한국 전쟁이 빚어낸 비극적 현실이다. 그러나 사명을 짊어지는 그의 시는 결코 그 비극적 현실의 현장으로서만 존립하지 않는다. 그 현장을 초극하는 의지로서 혹은 기원으로서 존립하는 것이다. 15편 가운데 「10」은 그 대표적 예다.

> "어둡다구요. 아주 캄캄해 못살겠다구요. 무엇이 어떻게 어둡습니까. 그래 그대는 밝은 빛을 보았습니까. 아니 생각이라도 하여 보았읍니까. 빛의 밝음을 꿈꿔도 안보구 어둡다 소리 소리 지르십니까. 설령 그대가 낮과 밤의 명암에서 광명과 암흑을 헤아린다 칩시다. ……중략……그제사 정말 암흑이 두려워지고 광명이 바래질 것이지, 건성으로 눈감고 어둡다 어둡다 소동을 일으킬 것이 아니라 또 건성으로 광명을 바래고 기다릴 것이 아니라 진정 먼저 빛과 어둠의 얼굴을 마주쳐다봅시다. 빛속에서 어둠이 스러질 때까지."

그에게 있어서 어둠이란 피해야 하는 것도 아니요 피할 수 있는 것도 아니다. 그러나 어둠의 내용은 똑똑히 파악돼야만 하는 것이다. 그것을 파악하지 못하면 다만 어둠에 갇힌 무의미한 절망과 치욕이 있을 다름이기 때문이다. 그의 경우 어둠의 내용 즉 의미를 똑똑히 파악한다는 일은 곧 빛의 의미를 명확히 알아차린다는 일이 되는 것이다. 이와 같은 초극의 정신이 「초토의 시」 전편의 핵심을 이루고 있다.

### 02 박봉우의 시 「휴전선」과의 비교

박봉우의 「휴전선」과 구상의 「초토의 시 8」은 남과 북에 대치하고 있는 휴전선을 소재로 하여 분단의 아픔과 전쟁의 비극을 상징적으로 나타낸 작품이다. 그러나 이 두 작품의 화자는 대상을 바라보는 현실 인식의 측면에서 다른 점을 보이고 있다.

「휴전선」에서는 휴전과 분단의 상황을 '정맥이 끊어진', '나무도 안심하고 서 있지 못하는' 상황에 대한 묘사와 화자의 절규를 통해 분단에 대한 저항적이고 고발적인 의미를 부각시키고 있다. 반면, 「초토의 시 8」에서는 국토 분단과 동족상잔의 비극 속에서도 화자가 적군의 묘지에 떼를 입혀 주는 행위를 통해 동족애와 휴머니즘을 강조하고 있다.

**03 모윤숙의 시 「국군은 죽어서 말한다」와의 비교**
 ① 공통점: 6·25의 체험을 소재로 하였다.
 ② 차이점: ㉠ 모윤숙의 「국군은 죽어서 말한다」는 낭만적 애국주의를 직설적으로 표출하였다.
        ㉡ 구상의 「초토의 시」는 종교적 구원관, 전 인류의 동류 의식, 형제애를 표출하였다.

**04 구상의 시 세계**
 구상의 시는 대략 사회 풍자시, 산문시, 자연시, 선시 등으로 나뉜다. 그리고 이들 시들은 평범한 시어들을 구사하고 있으며, 존재와 현상에 대한 깊은 인식의 세계를 보여 준다. 아울러 자연, 사회와 같은 시적 대상을 통하여 형이상학적 세계를 표현한다. 특히 그의 시는 기독교적 형이상학의 틀 속에 창작되고 있다.

## ▷ 김춘수 金春洙

1922 ~ 2004
시인. 경남 충무 출생. 전후 대표적인 모더니즘 시인

▷ **작가의 특징**
1. 1946년 광복 1주년 기념 시화집 『날개』에 「애가」를 발표하면서 등단. 주로 ≪문학예술≫, ≪현대문학≫, ≪사상계≫, ≪현대시학≫ 등에서 창작과 평론 활동을 전개했다.
2. 인식의 시 예 「꽃」, 「꽃을 위한 서시」 등
   모든 것 – 인식의 대상으로서의 사물 → 인식의 과정을 통과해야 사물의 본질 발견 (의미를 발견) : 인식의 시인
3. 무의미의 시(이미지의 시) 예 「나의 하나님」, 「처용 단장」, 「샤갈의 마을에 내리는 눈」 등
   보통 시인 : 언어 → 의미를 드러냄
   김춘수 : 언어 → 인식을 위한 도구 (이미지 구성의 자료)      무의미의 시인
              본질은 언어 이전의 것 (이미지로 표현 가능)       이미지의 시인

▷ **주요 작품**
시집 : 『구름과 장미』 이후 『늪』(49), 『기』(51), 『부다페스트에서의 소녀의 죽음』(59), 『타령조·기타』(69)

## 작품 1  꽃 (부다페스트에서의 소녀의 죽음, 1959년)

내가 그의 이름을 불러 주기 전에는
그는 다만
하나의 몸짓에 지나지 않았다.

내가 그의 이름을 불러 주었을 때
그는 나에게로 와서
꽃이 되었다.

내가 그의 이름을 불러 준 것처럼
나의 이 빛깔과 향기에 알맞은
누가 나의 이름을 불러 다오.
그에게로 가서 나도
그의 꽃이 되고 싶다.

우리들은 모두
무엇이 되고 싶다.
너는 나에게 나는 너에게
잊혀지지 않는 하나의 눈짓이 되고 싶다.

# 핵심정리

▷ **갈래** 자유시, 서정시
▷ **율격** 내재율
▷ **성격** 관념적, 주지적, 상징적
▷ **시적 화자** 사물의 존재 의미를 평가하고자 하는 화자
▷ **시상 전개(형태)** 의미의 점층적, 심층적 확대
▷ **표현** 상징적인 시어의 사용
▷ **제재** 꽃
▷ **주제** 존재의 본질과 의미에 대한 탐구

## 이해와 감상

### 1 짜임 분석

- 1연 – 인식 이전의 무의미한 존재
- 3연 – 존재의 본질 구현의 소망
- 2연 – 인식 후 의미를 부여받은 존재
- 4연 – 존재의 본질 구형의 소망과 확대

### 2 작품감상의 구조

| 구성 요소 | 구성 요소의 파악 | 그것이 지닌 의미·효과 | 주제와의 관련성 |
|---|---|---|---|
| 내용 요소 | ① 시적 화자 및 화자의 상황 | '나'를 시적 화자로 하여 내가 타인을 인식하듯이 나도 타인에게 인식되고 싶은 마음을 통해 존재의 본질을 탐구하고 싶은 마음을 드러냈다. | 존재의 본질과 의미에 대한 탐구, 존재의 본질 구현에 대한 소망 |
| | ② 시의 내용 전개 | '나 → 너 → 우리'로의 관계가 확대되는 내용의 점층적 확대를 통해 공동체의 형성에 대한 인식을 효과적으로 드러냈다. | |
| | ③ 명명의 의미 | '명명 행위'는 존재의 본질을 밝혀 그것을 인식하는 행위로 존재의 본질과 의미에 대한 탐구에 대한 열망을 드러냈다. | |
| 형식 요소 | ① 점층적 구조 | '나 → 너 → 우리', '몸짓 → 꽃 → 눈짓'의 단계적인 의미의 심화 과정을 통해 주제 형상화를 이루었다. | |
| | ② 반복 | '– 되고 싶다'의 반복을 통해 작품의 통일성을 부여하고, 시의 리듬감을 느끼게 하며, 독자에게 선명하게 전달해주는 역할을 한다. | |
| 표현 요소 | ① 상징 | '꽃'은 존재의 본질 탐구 의지와 존재의 본질(상호 인식, 공동체)을 효과적으로 드러낸다. | |
| | ② 대조 | '몸짓'과 '꽃, 무엇, 눈짓'을 대조적 관계로 드러내어 존재의 본질 구현에 대한 소망을 효과적으로 드러냈다. | |

### 3 감상의 길잡이

제4시집인 『부다페스트에서의 소녀의 죽음』(1959)에 수록된 비교적 초기에 속하는 작품이다. 전문 4연 15행으로 된 시다. 이 시의 제재는 꽃이라기보다 작가의 관념을 대변하는 추상적 존재라 할 수 있다.

1연에서는 구체적인 대상을 인식하기 이전의 존재에 대해 말하고 있다. 대상을 인식하기 전에 '그'는 의미 없는 무수한 사물들 중 하나였다. 여기서 '하나의 몸짓'이란 대상을 인식하기 이전에 '그'를 나타낸다. 2연에서 내가 대상을 인식하고 그의 이름을 불러줌으로써 비로소 '그'가 자신의 존재를 드러내며 '나'에게 다가온다. 존재의 본질을 인식하고 이름을 부를 때, 존재의 참모습은 드러나고 '꽃'이라는 의미 있는 존재로 나와 관계를 맺게 되는 것이다. 여기서 '꽃'은 의미 있는 존재를 상징한다. 3연에서는 존재의 본질 구현에 대한 근원적 열망이 나타나 있다. 인식의 주체인 '나'도 대상인 '너'에게로 가서 의미 있는 존재가 되고 싶다는 것이다. 4연에서는 시적 화자의 본질 구현에 대한 소망이 '우리'의 것으로 확산되고

있다. '나'와 '그'가 고립된 객체가 아니라 참된 '우리'로 공존하기 위해서는 서로의 이름을 불러 주어야 서로에게 '잊혀지지 않는 하나의 눈짓'으로 존재하게 되는 것이다. 즉, 우리 모두가 진정한 관계를 맺게 되기를 소망하고 있다.

이 시를 이해하기 위한 가장 기본적 문제는 '나'와 '그'의 관계이다. 그 둘의 관계는 처음엔 무의미한 관계였다가 상호 인식의 과정을 통해 서로에게 '꽃'이라는 의미 있는 존재로 변모하고, 마침내 오랫동안 잊혀지지 않는 의미를 지닌 존재가 될 수 있음을 보여 준다. 이 시에서 시적 화자는 '나'만 중심이 되거나 '너'만 중심이 되는 것이 아니라 '우리'로 합일(合一)되어 서로가 서로의 존재 근거가 되는 상호 주체적인 관계에서 본질적인 의미를 얻을 수 있다고 인식하고 있다.

## ▶ 중요 내용 정리

### 01 표현상의 특징

인간에게 인식의 수단은 언어이다. 언어를 '존재의 집'이라고 파악한 하이데거의 유명한 명제가 이를 가장 잘 표현한다. 여기서 언어라고 할 때, 그것이 단순한 일상어가 아닌, 그 일상어가 가장 정제된 형태로서의 시적 언어를 가리킴은 물론이다. 김춘수의 이 작품에서의 '이름' 역시 그 같은 시적 언어를 지칭한다. 이 시적 언어는 사물의 본질을 통찰하고, 그 통찰 위에서 그것을 가장 실재적으로 형상해내는 작업을 한다. 이 언어는 그래서 김춘수 자신의 말대로라면 세상 모든 것의 환원이 되는 동시에 '제1인'이 된다. 즉 일상적 시야의 저편에서 도도히 유영하고 있는 이데아라는 사물의 관념적 실재를 포착하고 또 그것을 가능케 하는 유일한 작업 도구가 바로 그 시적 언어다. 꽃이란 이러한 시적 언어에 포착된 사물의 가장 내밀한 본질을 뜻한다. 한국 시사에서 꽃을 제재로 한 시는 적지 않지만, 이와 같이 인식론과 존재론적 차원에서 '꽃'이라는 시적 소재에 심도 있게 접근된 적은 거의 없다고 할 수 있다. 대부분 이별의 정한을 나누기 위해서라든가 아니면 유미주의적인 관점에서 심미적인 대상으로 밖에는 취급되지 않았던 것이다. 이에 반해 김춘수의 꽃은 형이상학적 존재론의 시각에서보다 관념적인 실재의 표상으로 처리되는 주지적 성격을 강력하게 띠고 있다. 그런 점에서 이 작품은 주지시의 일종이라고 할 수 있다.

### 02 「꽃」에서 이름을 부르는 행위의 의미

이름을 불러 주는 행위는 자아가 사물을 인식하고 그 본질에 다가가려는 노력을 담은 것이다. 사물은 익명의 상태에서는 진정으로 존재하고 있다고 볼 수 없다. 따라서 명명(命名)이라는 과정을 통해서 자아와 관계를 맺음으로써 비로소 진정으로 존재하는 상태가 된다는 인식을 드러내고 있는 것이다.

### 03 인식의 점층적 확대

① 그(너) → 나 → 우리 : 인식의 범위 확대
② 몸짓 → 꽃 → 눈짓 : 인식의 내용 확대. 인식의 보재인 '몸짓'에서 일방적 인식의 의미인 '꽃'으로, 다시 서로를 인식하는 의미인 '눈짓'으로 확대

### 04 「꽃」의 존재론적 의미

어떤 대상을 산이라는 이름으로 부른다는 것은 그 대상을 우리가 산이라고 인식한 결과이다. 그러니까 이 시의 화자가 '그'의 이름을 불러서 '하나의 몸짓'에 불과했던 '그'를 '꽃'이 되게 한 것도 '그'라는 정체불명의 대상을 '꽃'으로 인식하게 되었다는 뜻이 아닐 수 없다.

이러한 인식의 결과는 아무렇게나 되는 일이 아니다. 그것은 사물의 본질 파악으로 직결된다. 바꾸어 말하면 우리가 사물의 본질을 파악했을 때 그 파악의 결과를 그대로 나타내는 것이 이름인 것이다. 이 경우 우리의 인식 대상인 그 사물은 물론 그것을 인식하는 주체인 우리들 자신도 '존재'라는 사실을 부인할 수 없다. 그래서 사물의 본질 파악을 문제 삼는 인식론은 자연 존재를 근원적으로 문제 삼는 존재론의 필요성을 불러 오게 되는 것이다.

### 05 「꽃」, 연작시의 꽃 – 작가의 말

　　내가 꽃을 소재로 하여 1950년대 연작시를 한동안 쓴 데 대해서는 릴케류의 존재론적 경향에 관심이 있었던 듯하다. 6·25전쟁이 아직 그 결말을 짓지 못하고 있을 때다. 나는 마산 중학(6년제)의 교사로 일을 보고 있었다. 방과 후에 어둑어둑해질 무렵 나는 뭣 때문에 그랬는지 그 판잣집 교무실에 혼자 앉아 있었다. 저만치 무슨 꽃일까 꽃이 두어 송이 유리컵에 담겨 책상머리에 놓여 있다. 그걸 나는 한참 동안 인상 깊게 바라보고 있었다. 어둠이 밀려오는 분위기 속에서 꽃들의 빛깔이 더욱 선명해지는 듯 했다. 그 빛깔이 눈송이처럼 희다. 이런 일이 있은 하룬가 이틀 뒤에 나는 '꽃'이란 시를 쓰게 되었다. 힘들이지 않고 시가 쓰여졌다.

## 기출문제

1. 다음은 대화 중심 문학 수업의 한 장면으로, (가)는 횡적 대화 단계에서 이루어진 대화의 일부이며, (나)는 종적 대화 단계의 교사 발화이다. 교사의 지도 내용을 〈작성 방법〉에 따라 서술하시오. [5점]　　2016년 B형 7번

〈수업 자료〉

내가 그의 이름을 불러 주기 전에는
그는 다만
하나의 몸짓에 지나지 않았다.

내가 그의 이름을 불러 주었을 때
그는 나에게로 와서
꽃이 되었다.

내가 그의 이름을 불러 준 것처럼
나의 이 빛깔과 향기에 알맞는
누가 나의 이름을 불러다오.
그에게로 가서 나도
그의 꽃이 되고 싶다.

우리들은 모두
무엇이 되고 싶다.
너는 나에게 나는 너에게
잊혀지지 않는 하나의 눈짓이 되고 싶다.

　　　　　　　　　　　　　　　　　– 김춘수, 「꽃」

(가)

형도 : 이 시는 내가 고등학교에 와서 읽은 시 중 제일 마음에 드는 시야. 나는 이름이 좀 어려운 편인데다가 조용한 성격이어서 새 학년에 올라오면 내 이름을 기억해서 불러 주는 친구가 별로 없어. 가끔은 내 자신이 너무 존재감이 없다는 생각이 들어서 속이 상했는데, 이 시를 읽고 나니까, 내가 먼저 친구들의 이름을 불러 주어야겠다는 생각이 들었어. 그리고 "우리들은 모두 무엇이 되고 싶다."라고 해서 나 말고도 우리들 모두 서로에게 의미 있는 존재가 되고 싶어 한다는 걸 알게 되었어.

지우 : 나도 이 시가 마음에 들어. 그런데 의미 있는 존재라는 게 무언지는 좀 생각해 봐야 할 것 같아. 이 시의 마지막 부분이 원래는 "하나의 의미가 되고 싶다."라고 되어 있었는데, 나중에 시인이 "하나의 눈짓이 되고 싶다."로 고쳐서 발표했다고 선생님께서 알려 주셨잖아. 사실 이 시인은 누군가에게 의미가 된다는 것이 부담스러웠던 게 아닐까 싶어. 그래서 마음속으로는 서로가 서로에게 무언가가 되고 싶은 욕망이 있지만, 결국은 '꽃'이 되고 의미가 되는 건 부담스러우니까, '눈짓' 정도로 가벼운 관계에 만족하는 건 아닐까. 나는 이 시가 적당히 가볍고 일회적인 관계를 노래하는 것 같아서 좋아.

수경 : 너희들은 모두 이 시를 좋아하는구나. 나는 이 시가 썩 좋지는 않아. 내가 시 쓰기를 좋아해서 그런지 몰라도, 나는 이 시가 시인이 시 쓰기 과정에서 고민한 내용을 담고 있는 것같이 느껴졌어. 시를 통해 세상에 존재하는 대상들의 이름을 불러 줌으로써 그것들의 참 의미가 드러난다는 것으로 읽혀. 그런데 나는 시를 쓰면서 대상의 빛깔과 향기에 알맞은 표현을 하려고 무척 애를 써도, 번번이 시를 완성하고 나면 '이게 아닌데…….' 하는 생각이 들어. 참 의미에서 점점 멀어지는 느낌 때문이야. 하지만 시인은 이름을 불러 주면 의미 있는 존재가 된다고 너무 확실하게 말하는 것 같아서 마음에 들지 않아.

(나)

교사 : 여러분 모두 시 작품을 적극적으로 감상했군요. 그런데 몇 명에게는 질문을 좀 하고 싶어요. 혹시 ⊙ 시어의 의미 관계는 충분히 살펴보았나요? 시어와 시어 사이의 수식 관계나 유의 관계 등에 주목해서 꼼꼼히 읽으면 시의 전체적 의미를 더 타당하게 읽어 낼 수 있습니다. 음…, 그리고 ⓒ 보조 자료로 배부해 준, 같은 시인의 「꽃을 위한 서시」도 읽어 보았나요? "나는 시방 위험한 짐승이다. / 나의 손이 닿으면 너는 / 미지의 까마득한 어둠이 된다."로 시작하지요.

───〈작성 방법〉───

○ ⊙의 질문 의도를 고려하여 '지우'가 부적절하게 해석한 부분을 제시하고 타당한 해석과 근거를 서술할 것

○ '수경'의 반응과 관련하여 ⓒ의 질문 의도를 서술할 것. 단, 교사가 제시한 보조 자료를 활용하여 그 근거를 밝힐 것

### 예상답안

⊙의 질문에서 시어의 의미 관계를 고려할 때, '지우'는 시어 '눈짓'을 잘못 해석했다. 이 시에서 '눈짓'은 시어의 유의 관계를 고려할 때, '꽃'과 같이 긍정적 의미를 지니고 있으며, 마지막 행에서 '잊혀지지 않는'이라는 수식 관계 및 시적 화자가 반복해서 '되고 싶다'는 지향 의지를 드러내기 때문에 '존재의 본질', 혹은 '의미 있는 존재'로 해석할 수 있다.

'수경'의 말에서는 이름을 불러주어도 참 의미가 드러나지 않는 경우가 많은데, 시인은 이름을 불러주면 의미 있는 존재가 된다고 너무 확실하게(= 쉽게) 말하는 것 같다고 비판했다. 이에 대한 교사의 ⓒ 질문은 수경의 위의 비판이 잘못된 이해(= 오독)임을 지적하기 위한 의도가 있다. 「꽃을 위한 서시」의 인용 부분에서 '위험한 짐승'은 준비되지 않은 자세, '까마득한 어둠'은 존재의 본질에서 멀어진 상태를 의미하여 존재의 본질 인식이 결코 쉽지 않다는 점을 시인이 인식하고 있기 때문에 수경의 해석이 적절하지 않기 때문이다.

## 예상문제

**※ (1~3) 다음 작품을 읽고 물음에 답하시오.**

(가)
내가 그의 이름을 불러 주기 전에는
그는 다만
하나의 몸짓에 지나지 않았다.

내가 그의 이름을 불러주었을 때,
그는 나에게로 와서
꽃이 되었다.

내가 그의 이름을 불러준 것처럼
나의 이 빛깔과 향기(香氣)에 알맞은
누가 나의 이름을 불러다오.
그에게로 가서 나도
그의 꽃이 되고 싶다.

우리들은 모두
무엇이 되고 싶다.
㉠ 너는 나에게 나는 너에게
잊혀지지 않는 하나의 눈짓이 되고 싶다.

— 김춘수, 「꽃」

(나)

— 김춘수의 '꽃'을 변주하여

내가 단추를 눌러주기 전에는
그는 다만
하나의 라디오에 지나지 않았다.

내가 그의 단추를 눌러주었을때
그는 나에게로 와서
전파가 되었다.

내가 그의 단추를 눌러준 것처럼
누가 와서 나의
굳어버린 핏줄기와 황량한 가슴 속 버튼을 눌러다오.
그에게로 가서 나도
그의 전파가 되고싶다.

우리들은 모두
사랑이 되고 싶다.
ⓛ 끄고 싶을때 끄고 켜고 싶을때 켤수 있는
라디오가 되고 싶다.

— 장정일, 「라디오와 같이 사랑을 끄고 켤 수 있다면」

(다)
내가 그의 이름을 불러 주기 전에는
그는 다만
왜곡될 순간을 기다리는 기다림
그것에 지나지 않았다.

내가 그의 이름을 불렀을 때
그는 곧 나에게로 와서
내가 부른 이름대로 모습을 바꾸었다.

내가 그의 이름을 불렀을 때
그는 곧 나에게로 와서
풀, 꽃, 시멘트. 길, 담배꽁초, 아스피린, 아달린이 아닌
금잔화, 작약, 포인세치아, 개밥풀, 인동, 황국 등등의
보통명사가 수명사가 아닌
의미의 틀을 만들었다.

우리들은 모두
명명하고 싶어했다.
너는 나에게 나는 너에게.
그리고 그는 그대로 의미의 틀이 완성되면
다시 다른 모습이 될 그 순간
그리고 기다림 그것이 되었다.

— 오규원, 「꽃의 패러디」

1. 패러디와 관련지어 아래 절차에 따라 교수·학습하려 한다. 각 활동의 조건에 적절한 내용을 제시하여 자료를 완성하라.

### 예상답안

① 활동 1 : (나)와 (다)가 패러디한 작품임을 알 수 있는 부분을 형식과 내용면에서 각각 1가지씩 찾아 제시하기

| 작품 | 패러디임을 알 수 있는 부분 |
|---|---|
| (나)의 경우 | 형식 : 연과 행 및 각 연의 통사구조가 비슷함<br>내용 : ① 명명과 그 의미라는 내용의 측면에서<br>② 부제를 통해서 |
| (다)의 경우 | 내용 : 연과 행 및 각 연의 통사구조가 비슷함<br>형식 : ① 명명과 그 의미라는 내용의 측면에서<br>② 제목 '꽃의 패러디'를 통해서 |

② 활동 2 : (나)와 (다)를 아래 제시한 패러디의 요소에 따라 세부 내용을 제시하기 (4점)

| 구분 | (나)의 경우 | (다)의 경우 |
|---|---|---|
| ① 원작의 내용이나 형태를 일정한 패턴에 따라 바꿔 지은 작품 | (가)의 형식적 특징을 바탕으로 하면서 내용을 일부 바꾸어 제시했음 | (가)의 형식적 특징을 바탕으로 하면서 내용을 일부 바꾸어 제시했음 |
| ② 원작은 잘 알려진 작품일 때 효과가 큼 | 김춘수의 '꽃'은 잘 알려진 작품임 | 김춘수의 '꽃'은 잘 알려진 작품임 |
| ③ 풍자적, 비판적 내용이 있을 때 패러디의 효과가 더 잘 나타남 | 오늘날의 세태나 인간관계에 대한 풍자적 내용이 담겨 있음 | 명명의 의미에 대해 비판적 의미가 담겨 있음 |
| ④ 원전에 대한 재해석의 의미를 내포하고 있음 | 오늘의 사랑(인간관계)는 오랜 기다림이나 인내가 없이 즉흥적이고 찰나적인 인간관계임 | 명명 행위가 오히려 대상을 왜곡시킨다는 인식을 담았음 – 의미를 무엇이라고 단정 짓는 그 순간, 의미는 의미가 아닌 단순한 의미의 틀로서 가둬지게 됨 |

2. 위의 (나)와 (다)를 '문학의 전통과 창조'의 측면에서 이해할 때 각각 아래 〈보기〉의 ①~③ 중 어떤 항목의 측면에서 이해할 수 있을지 밝히고 그 이유를 설명하라.

〈보기〉
① 전통의 지속, ② 전통의 변형, ③ 전통의 부정

### 예상답안

| 작품 | 관련되는 항목 | 관련시킨 이유 |
|---|---|---|
| (나)의 경우 | ② 전통의 변형 | (가)가 진지하게 존재의 의미를 탐구하는 과정을 드러냈다면, (나)는 사랑(의미탐구) 자체를 일회적으로 소비하는 것으로 인식하여 전통의 변형으로 볼 수 있음 |
| (다)의 경우 | ③ 전통의 부정 | (가)가 명명을 통해 의미를 파악한다고 했다면, (다)는 명명이 오히려 의미를 왜곡하는 것으로 인식하여 전통의 부정으로 볼 수 있음 |

3. (가)의 '꽃'과 (나)의 '라디오'를 비교하여 존재의 성격 및 의미, 그리고 밑줄 친 ㉠, ㉡의 의미의 차이점을 설명하라.

**예상답안**

| 제재 | 존재의 성격 | 의미 | 밑줄 친 ㉠, ㉡의 의미 비교 |
|---|---|---|---|
| (가) 꽃 | 관념적 존재 | 존재의 의미<br>존재의 본질 | 의미탐구에 대한 염원 |
| (나) 라디오 | 일상적 존재 | 사랑을 바라는 대상, 사랑의 추구 | 찰나적이고 일회적인 사랑에 대한 비판 |

## 작품 2  꽃을 위한 서시 (꽃의 소묘, 1959년)

나는 시방 위험(危險)한 짐승이다.
나의 손이 닿으면 너는
미지(未知)의 까마득한 어둠이 된다.

존재의 흔들리는 가지 끝에서
너는 이름도 없이 피었다 진다.

눈시울에 젖어드는 이 무명(無名)의 어둠에
추억(追憶)의 한 접시 불을 밝히고
나는 한밤내 운다.
나의 울음은 차츰 아닌 밤 돌개바람이 되어
탑(塔)을 흔들다가
돌에까지 스미면 금(金)이 될 것이다.

…… 얼굴을 가리운 나의 신부여

### 핵심정리

▷ **갈래** 자유시, 서정시
▷ **율격** 내재율
▷ **성격** 관념적, 주지적, 상징적
▷ **시적 화자** 존재의 본질 인식을 염원하는 화자
▷ **표현** 비유적, 상징적 심상
▷ **제재** 꽃
▷ **주제** 꽃(사물)에 내재하는 본질적인 의미 추구

## 이해와 감상

### 1 짜임 분석

① 구성
- 1연 – 사물의 내재적 의미를 알지 못하는 나
- 2연 – 아무런 의미도 부여 받지 못하고 있는 존재
- 3연 – 어둠을 비추기 위해 자기 의식을 일깨움
- 4연 – 깨어 있는 의식으로 대상에 대한 추구 노력
- 5연 – 사물의 본질적 의미는 언제나 미지의 상태

② 인식 과정에 따른 구조
- 1~2연 – 인식의 부재 (존재의 불안정함)
- 3~4연 – 인식에 대한 노력 (존재의 본질 탐구에 대한 몸부림)
- 5연 – 인식 실패의 안타까움 (존재의 미지성)

### 2 작품감상의 구조

| 구성 요소 | 구성 요소의 파악 | 그것이 지닌 의미·효과 | 주제와의 관련성 |
|---|---|---|---|
| 내용 요소 | ① 시적 화자 및 화자의 상황 | 존재의 본질을 탐구하려는 시적 화자가 '꽃'을 통해 그 본질에 대해 파악하려 하지만 실패하는 과정에서 본질적 의미 탐구의 어려움을 드러내었다. | 꽃(사물)에 내재하는 본질적인 의미 추구와 그것의 어려움 |
| | ② 시의 내용 전개 | '나'와 '너'의 관계를 통해 인식 주체와 인식 대상으로 '나'는 '너'의 실체를 알려고 하지만, 드러내지 않음으로써 본질 추구의 어려움을 느끼게 한다. | |
| | ③ 제목에서 '서시'의 의미 | 존재의 본질 탐구를 위한 과정이 어렵기 때문에 본질 인식을 위한 마음가짐 또는 준비하는 마음의 의미로 이해할 수 있다. | |
| 형식 요소 | ① 인식 과정에 따른 구조 | '인식의 부재 → 인식에 대한 노력 → 인식 실패의 안타까움'의 구조를 통해 본질적인 의미 추구에 대한 노력을 드러내었다. | |
| | ② 문장 부호 | '말줄임표(……)'의 사용을 통해 시간의 경과와 깨달음에 이르는 시간의 추이, 깨달음 바로 그 자체이자 인식 주체의 침묵의 상황을 효과적으로 묘사했다. | |
| 표현 요소 | ① 비유 | '미지의 까마득한 어둠 = 존재의 흔들리는 가치 끝 = 무명의 어둠 = 얼굴을 가리운 나의 신부' 원관념을 다양한 보조관념으로 드러내어 표현미를 이루고 있다. | |
| | ② 상징 | '탑'은 너무도 견고하여 흔들리지 않을 것 같은 대상을 '금'은 찬란함, 불변, 영원한 가치를 상징하는 것으로 주제 형상화에 기여했다. | |
| | ③ 대립 관계 | '짐승' – '어둠', '가지 끝' – '이름 없음', '무명의 어둠' – '한 접시의 불', '울음' – '금'은 모두 '추상'과 '구상'의 대립 관계를 보여 주면서 감추기와 드러내기의 적절한 긴장을 유지하고 있다. | |

### ③ 감상의 길잡이

릴케(R. M. Rilke)의 영향을 받아 존재론의 입장에서 사물의 내면적 깊이를 추구한 김춘수의 초기시에 해당한다. 그의 시 「꽃」이 인식의 대상으로서의 존재가 남에게 바르게 인식되고 싶어 하는 소망을 노래한 것이라면, 이 시는 반대로 인식의 주체로서의 화자가 존재의 본질을 인식하고자 하는 욕망을 읊은 것이다.

'꽃'이 사물의 본질을 상징한다면, '미지', '어둠', '무명' 등은 사물의 본질을 깨닫지 못하고 있는 상태를 뜻하며, 화자는 그 무명의 세계에서 벗어나 사물의 본질, 즉 꽃의 의미를 파악하려고 몸부림치는 존재이다.

1연에서 화자는 사물의 본질을 모르는 자신을 '위험한 짐승'이라 하여 무지에 대한 자각을 보여 주고 있으며, 2연에서는 자신의 자각 없이는 '꽃' 역시 불완전한 상태임을 드러내고 있다. 또한, 3연에서는 '무명(無名)의 어둠'이란 존재의 의미, 본질이 드러나지 않은 상황을 말한다. 이 무명(無名)의 상태를 보다 못한 '나'는 의식을 일깨우는 불을 밝히고 인식을 위하여 혼신의 노력을 기울인다. '추억의 한 접시 불'이라는 모든 지적 능력과 체험을 다하여 존재의 본질을 파악하기 위한 화자의 몸부림과 절망을 '나는 한밤내 운다'로 표현하고 있으며, 4연에서는 비록 존재의 본질을 깨닫지는 못했어도 그것을 추구하기 위한 노력 '나의 울음' 그 자체가 아름다운 것이라는 역설적 깨달음을 보여 주는 한편, 마지막 연에서는 결국 존재의 본질을 파악하지 못하고 만 자신의 안타까움을 '얼굴을 가리운 신부' - 꽃을 통해 제시하고 있다.

사물의 본질적 의미를 파악할 능력이 없는 '나'(위험한 짐승)가 '너'(꽃)를 인식하려고 시도하면 '너'는 더욱 미지의 세계로 숨어 버린다. 그리하여 꽃은 아무런 의미도 부여받지 못한 채, 불안정한 상태에서 무의미하게 존재하고 있다.

1950년대 김춘수는 '꽃'을 제재로 한 일련의 시로 우리 시에 존재론의 문제를 끌어들임으로써 한국 시의 새로운 지평을 열었는데, 이 시는 그 서시(序詩)에 해당하는 의의를 지닌다.

**참고** 김춘수의 후기 시와 무의미시

김춘수는 초기에 릴케의 영향을 받아 사물의 존재와 의미를 천착하는 '존재의 시'를 썼으며, 후기에는 시에서 모든 합리적 의미 맥락을 제거한 소위 '무의미시'를 지속적으로 실험하였다.

이 시기 김춘수의 詩作은 시에서 관념이란 형상을 통해서만 표시될 수 있으며, 심지어는 그 언어를 넘어서는 것도 있다는 전제에 의해 쓰여진다. 따라서 비유적 이미지 대신 서술적인 묘사의 언어를 통해 상황에 대한 인상만을 제시하며, 그로 인해 철저히 대상이 무화(無化)되는 시의 순수 상태를 지향하는 것이다. 그 자신이 피력한 다음의 시론에 의해 그의 후기 시 세계의 지향을 엿볼 수 있다.

"묘사의 연습 끝에 나는 관념을 완전히 배제할 수 있다는 자신을 어느 정도 얻게 되었다. 관념 공포증은 필연적으로 관념 도피에로 나를 이끌어 갔다. 나는 寫生을 게을리 하지 않았다. 이미지를 서술적으로 쓰는 훈련을 계속하였다. 비유적 이미지는 관념의 수단이 될 뿐이다. 이미지를 위한 이미지 - 여기서 나는 시를 일종의 순수한 상태로 만들어 볼 수가 있을 것으로 생각한다."

- 김춘수, 「처용단장」 자작시 해설에서

## 중요 내용 정리

**01 「꽃을 위한 서시」와 「꽃」의 비교**

「꽃을 위한 서시」와 「꽃」은 모두 '꽃'을 소재로 해서 존재의 본질을 추구하는 관념시이다. 즉, 두 시가 모두 존재의 본질에 대한 기원과 소망을 노래하고 이으며, 이런 점에서 두 시의 화자의 어조나 정서, 태도 등은 모두 같은 것이다. 그러나 「꽃」이 존재의 본질을 밝혀 그를 인식하는(몸짓 → 꽃) 데 성공하는 반면, 「꽃을 위한 서시」는 그렇지 못하다. 또 「꽃」은 인식의 대상이 되는 존재가 다른 존재에게 바르게 인식되고 싶어 하는 소망을 바탕으로 하지만, 「꽃을 위한 서시」는 거꾸로 인식의 주체가 그 대상이 되는 존재의 본질을 인식하고자 하는 소망을 노래한다. 따라서 인식의 순서로 볼 때, 「꽃을 위한 서시」는 「꽃」의 서시에 해당한다고 볼 수 있다.

**02 표현상의 특징**

① 현재법과 상징법을 사용하여 형식상 긴축미를 창출하였다.
② 시어를 인식을 위한 연장, 이미지 환기하기 위한 수단으로 사용한다.
③ 꽃을 실재하는 구체적 사물이 아니라 하나의 추상적인 관념으로 파악하고 있어 관념적 성격이 강하게 드러나고 있다.

**03 김춘수의 시 세계**

| 구분 | 경향 | 작품 |
| --- | --- | --- |
| 1기 | 존재론적 고독과 그 본질에 대한 탐구 | 「꽃」, 「꽃을 위한 서시」 |
| 2기 | 묘사를 지향하는 서술적 이미지 | 「봄바다」, 「인동잎」 |
| 3기 | 무의미 또는 탈이미지의 세계 | 「샤갈의 마을에 내리는 눈」 |
| 4기 | 종교와 예술에 대한 반성적 통찰 | 「이중섭」 |
| 5기 | 포스트 모더니즘의 기법 구사 | 「처용 단장」 3부 |

## 작품 3　능금 (꽃의 소묘, 1959년)

1
그는 그리움에 산다.
그리움은 익어서
스스로도 견디기 어려운
빛깔이 되고 향기가 된다.
그리움은 마침내
스스로의 무게로
떨어져 온다.
떨어져 와서 우리들 손바닥에
눈부신 축제의
비할 바 없이 그윽한
여운을 새긴다.

2
이미 가 버린 그 날과
아직 오지 않은 그 날에 머문
이 아쉬운 자리에는
시시각각의 그의 충실(充實)만이
익어 간다.
보라,
높고 맑은 곳에서
가을이 그에게
한결같은 애무의
눈짓을 보낸다.

3
놓칠 듯 놓칠 듯 숨가쁘게
그의 꽃다운 미소를 따라가면은
세월도 알 수 없는 거기
푸르게만 고인
깊고 넓은 감정의 바다가 있다.
우리들 두 눈에
그득히 물결치는
시작도 끝도 없는
바다가 있다.

## 핵심정리

- **갈래** 서정시, 자유시
- **시적 화자** 시적 화자는 '능금'이라는 존재를 밝히기 위해 끊임없는 물음을 보며, 비밀을 알아내는 행위를 통해 존재의 비밀과 경이로움을 잘 드러냄
- **제재** 능금
- **율격** 내재율
- **표현** 시각적, 후각적, 서술적, 비유적
- **주제** ① 존재의 비밀과 경이로움
   ② 경이로운 표정과 감정의 실체인 능금

## 이해와 감상

### 1 짜임 분석

- 1 – 그리움으로 살고 그리움으로 다가와 축제의 여운으로 새겨져 남는 능금의 실체
- 2 – 세월의 흐름 속에서도 존재의 속살을 실하게 채운 능금이 받는 사랑
- 3 – 꽃다운 미소를 따라가서 마침내 도달하는 깊고 넓은 감정의 바다와 생의 감각

### 2 작품감상의 구조

| 구성 요소 | 구성 요소의 파악 | 그것이 지닌 의미·효과 | 주제와의 관련성 |
|---|---|---|---|
| 내용 요소 | ① 시적 화자 및 화자의 상황 | 시적 화자는 '능금'을 보면서 그것의 본질을 밝히기 위해 끊임없이 질문하고 생각하는 과정에서 존재의 비밀과 경이로움을 알게 되었다. | 존재의 비밀과 경이로움, 경이로운 표정과 감정의 실체인 능금 |
| | ② 소재 | '능금'이라는 존재의 성숙과정을 통해 '능금'이 지닌 존재의 참모습을 제시하여 주제를 효과적으로 드러냈다. | |
| 형식 요소 | ① 시어 | 차분하고 간결한 시어를 통해 존재의 신비를 발견하는 경이감을 드러내어 주제 형성에 기여한다. | |
| | ② 시상 전개 | 우리 앞에 나타난 존재(1연) → 그 존재가 성숙한 과정(2연) → 그 존재의 본질(담긴 의미)(3연)로 내용이 전개된다. | |
| 표현 요소 | ① 제목 – 상징 | 제목인 '능금'은 구체적 대상이 아니라 '관념적 이데아'의 육화(肉化)를 의미하는 것으로 주제를 함축적으로 드러낸다. | |
| | ② 비유 | '능금 = 그리움, 눈부신 축제, 그윽한 여운, 충실'을 비유적으로 드러내는 표현으로 오랜 시간과 노력 끝에 존재 본질의 형성과 성숙한 능금의 신비를 감각적으로 표현한다. | |
| | ③ 의인화 | 시인은 '능금'과 '가을'을 의인화하여 결실, 성숙의 신비를 차분하고 동경에 찬 어조로 새롭게 해석한다. | |

### ③ 감상의 길잡이

　이 시는 능금이 익어 가는 것을 단순한 자연 현상이 아닌, 무한한 그리움의 성숙과 자연의 교감(交感)에 의한 충만함으로 노래하고 있다. 그러므로 '능금'은 시인이 즐겨 다루는 '꽃'과 마찬가지로 구체적 대상이라기보다는 어떤 관념의 표상으로 이해하여야 한다.
　생명 현상은 모두가 신비롭다. 그 중에서도 과일이 탐스럽게 익어 가는 모습은 더욱 그러하다. 시인은 능금과 가을을 의인화하여 결실, 성숙의 신비를 차분하고 동경에 찬 어조로 새롭게 해석하고 있다.
　1에서 핵심이 되는 것은 '그리움'이다. 능금은 무엇인가를 향한 간절한 그리움으로 '스스로도 견디기 어려운 / 빛깔이 되고 향기가 되는' 충만한 존재가 되어 마침내 그 성숙의 무게로 인해 지상에 떨어져 내려온다. 따라서 이 그리움은 자신을 충만하게 하고, 아름다운 결실과 기쁨을 베푸는 생명의 원동력이다.
　그리움으로 살다가 그리움으로 다가와 축제의 여운으로 새겨지는 능금의 실체를 보여 준 1에 이어 2에서는 능금과 가을 사이의 사랑으로 가득한 교감을 노래하고 있다. '이미 가 버린 그 날과 / 아직 오지 않은 그 날에 머문 / 이 아쉬운 자리'에 있는 능금을 위해 가을은 따사로운 햇살과 감미로운 바람으로 사랑의 애무를 보내 준다. 이것은 하나의 생명과 그를 둘러싼 자연 사이의 아름다운 합일의 모습이라 할 수 있다.
　3에서는 이런 과정을 거쳐 성숙한 능금이야말로 그저 단순한 과일이 아니라, 바다처럼 넓고 깊은 생명과 감정을 지니고 있는 신비의 존재임을 보여 주고 있다. 능금이라는 평범한 자연물 속에서 생명의 무한한 그리움과 충만함이 이루는 내면의 바다를 발견해 내는 시인의 예지(叡智)가 새삼 놀랍기만 하다.

## 작품 4  나의 하느님 (타령조·기타, 1969년)

사랑하는 나의 하느님, 당신은
늙은 비애(悲哀)다.
푸줏간에 걸린 커다란 살점이다.
시인(詩人) 릴케가 만난
슬라브 여자(女子)의 마음 속에 갈앉은
놋쇠 항아리다.
손바닥에 못을 박아 죽일 수도 없고 죽지도 않는
사랑하는 나의 하느님, 당신은 또
대낮에도 옷을 벗는 여리디 여린
순결(純潔)이다.
삼월(三月)에
젊은 느릅나무 잎새에서 이는
연두빛 바람이다.

### ▌핵심정리

▷ **갈래** 자유시, 서정시
▷ **성격** 비유적, 감각적
▷ **시적 화자** 화자인 '나'가 새로 발견한 하느님의 존재의 의미를 서술함으로써 주제를 형상화함
▷ **시상 전개(형태)** 점층적 구조
▷ **표현** 은유적
▷ **제재** 하느님
▷ **주제** ① 새로 발견한 하느님의 의미
　　　　② 운명의 절대적 존재인 하나님

## 이해와 감상

### 1 짜임 분석

① 점층적 구조
- (하느님) 일반적 의미 → (고양) → 어린 잎새에 이는 바람

② 구성
- 1~2행 – 늙은 비애 (애처로움)
- 3행 – 푸줏간의 고기 살점 (희생물)
- 4~6행 – 슬라브 여인의 놋쇠 항아리 (묵중함)
- 7~10행 – 어린애 같은 순결 (순결함)
- 11~13행 – 연둣빛 바람 (청신함)

### 2 작품감상의 구조

| 구성 요소 | 구성 요소의 파악 | 그것이 지닌 의미·효과 | 주제와의 관련성 |
|---|---|---|---|
| 내용 요소 | ① 시적 화자 및 화자의 상황 | 화자인 '나'가 발견한 하느님의 존재를 다양한 이미지를 통해 제시하였다. | 새로 발견한 하느님의 의미, 운명의 절대적 존재인 하느님 |
| | ② 소재 | '하느님'의 존재의 의미를 은유적으로, 이질적 사물들의 결합을 통해 충격적이고 인상적으로 전달하였다. | |
| | ③ 시의 내용 전개 | '하느님=늙은 비애=푸줏간의 고기 살점=어린애 같은 순결=연둣빛 바람'의 이질적 사물들의 결합을 통해 지적인 충격을 주어 주제 의식을 강인하게 제시하였다. | |
| 형식 요소 | ① 반복 | 'A=B이다' 구조의 시구 반복을 통해 통일성과 리듬감, 구조적 안정감을 취하고 의미를 강조하였다. | |
| | ② 각운 | 대부분 '–(이)다'의 지정으로 끝내어 운율을 형성하면서 동시에 단정적인 의미를 강조한다. | |
| 표현 요소 | ① 비유(병치 은유) | 'A'는 하느님 'B'는 하느님의 비유된 이미지의 'A=B'의 구조를 통해 새로 발견한 하느님의 의미를 드러냈다. | |
| | | '하느님=늙은 비애=살점=놋쇠 항아리=여리디 여린 순결'은 이질적 이미지를 나열한 병치 은유로 이질적 이미지의 충돌과 융합을 통해 참신하고 새로운 시적 의미와 긴장을 느끼게 한다. | |
| | ② 점층 | 형태적으로는 단순 병렬 구조이나 의미상 '(하느님) 일반적 의미 → (고양) → 어린 잎새에 이는 바람'의 점층 구조이다. | |
| | ③ 의미의 대립 | '나의 하느님'은 무거움과 가벼움, 늙음과 젊음, 어둠과 밝음이라는 모순된 의미의 대립을 통해 새로 발견한 하느님의 의미를 효과적으로 표현하였다. | |

### 3 감상의 길잡이

　'인식의 시인'이라 불러도 좋을 김춘수는 일상적인 사물이나 구체적인 설명 방법으로 무엇인가 말하려 하지 않는 대신, 이렇다 할 의미를 갖지 않은 '무념의 관념'을 풍경적 묘사를 통해 구체화하는 시작 태도를 견지해 오고 있다. 이 시도 뚜렷한 의미를 배제한 '무념의 관념'만으로 '나의 하느님'이란 존재를 선명한 이미지만으로 감각적으로 보여주고 있다.
　하느님에게서 만난 그만의 이미지이기 때문이다. 하나의 대상에서 '무엇을 보고 무엇을 느끼게 되었는가'하는 인식의 문제는 전적으로 시인의 몫이며, 독자에게 주어진 시인의 시선을 따라가며 그것을 함께 향유하는 것일 뿐이다.

## 중요 내용 정리

### 01 표현상의 특징
시인은 신에 대한 경외심 또는 절대적 가치를 높임법의 종결어미로 예찬하는 기존의 시작 태도를 따르지 않고, 신에게서 떠오른 여러 이미지를 특유의 신선한 비유에 의해 압축시켜 보여 주는 방법을 채택하고 있다. '나의 하느님'은 먼저 '늙은 비애'라는 추상적 개념에서 '푸줏간에 걸린 커다란 살점'과 '슬라브 여인의 마음속에 갈앉은 놋쇠 항아리'라는 구체적 사물로 실체화된다. 이렇게 가시화되었던 '하느님'은 다시 '여린 순결'로 모호해 지는 변화를 거쳐 마침내 느릅나무 새 순을 돋게 하는 '삼월의 연두빛 바람'으로 분명해진다.

### 02 병치 은유
서로 이질적인 이미지를 나열함으로써 어떤 대상을 비유적으로 표현하는 방식을 병치 은유라고 한다. '하느님 = 늙은 비애 = 살점 = 놋쇠 항아리 = 여리디 여린 순결'은 이질적 이미지를 나열한 병치 은유에 해당한다. 이러한 기법은 이질적 이미지의 충돌과 융합을 통해 개개의 이미지가 가지고 있는 고정된 의미를 벗어나 보다 참신하고 새로운 시적 의미와 긴장을 느끼게 한다.

### 03 시어의 의미
나의 하느님 ① 늙은 비애 (애처로움)
     ② 푸줏간의 고기 살점 (희생물)
     ③ 슬라브 여인의 놋쇠 항아리 (묵중함)
     ④ 어린애 같은 순결 (순결함)
     ⑤ 연둣빛 바람 (청신함)

### 04 심화 감상
이 시는 대상을 향한 이미지의 집중 구조를 통하여 사람들이 알고 있는 종교적인 하느님에 대해서 시적으로 새롭게 해석하고 창조해 낸 작품이다. 시인이 말하고자 하는 '나의 하느님'은 무거움과 가벼움, 늙음과 젊음, 어둠과 밝음이라는 모순된 의미의 대립을 통해 우리에게 제시되고 있다. 그렇기에 모순되고 다양한 자아를 지니고 있는 우리 인간에게 비애와 순결을 동시에 지니면서 '손바닥을 못을 박아 죽일 수도 없고 죽지도 않는' 영원불멸의 존재인 하나님은 진정한 존재로서 다가온다. 이 시에서 말하는 '나의 하느님'은 종교적이고 관습적인 의미에서 탈피, 우리들이 갈구하는 삶의 가치일 수도 있고, 시인이 추구하는 '시 정신'일 수도 있다.

## 작품 5 샤갈의 마을에 내리는 눈 (김춘수 시선집, 1976년)

샤갈의 마을에는 3월(三月)에 눈이 온다.
봄을 바라고 섰는 사나이의 관자놀이에
새로 돋은 정맥(靜脈)이
바르르 떤다.
바르르 떠는 사나이의 관자놀이에
새로 돋은 정맥(靜脈)을 어루만지며
눈은 수천 수만의 날개를 달고
하늘에서 내려와 샤갈의 마을의
지붕과 굴뚝을 덮는다.
3월(三月)에 눈이 오면
샤갈의 마을의 쥐똥만한 겨울 열매들은
다시 올리브빛으로 물이 들고
밤에 아낙들은
그 해의 제일 아름다운 불을
아궁이에 지핀다.

### ■ 핵심정리

▷ **갈래** 자유시, 서정시
▷ **성격** 감각적, 회화적, 환상적
▷ **주제** 맑고 순수한 생명감

▷ **시적 화자** 시적 화자는 '3월의 눈 → 정맥의 떨림 → 올리브빛의 열매 → 아궁이의 불'로 이어지는 이미지를 통해 맑고 순수한 생명감을 그리고 있음

### 이해와 감상

#### 1 짜임 분석

- 1행 – 샤갈의 그림 속의 세계
- 5~9행 – 샤갈의 마을을 덮는 눈의 모습
- 13행~끝 – 맑고 순수한 생명의 이미지
- 2~4행 – 사나이의 모습에 나타난 생명감
- 10~12행 – 눈 속에 소생하는 생명

## ② 작품감상의 구조

| 구성 요소 | 구성 요소의 파악 | 그것이 지닌 의미·효과 | 주제와의 관련성 |
|---|---|---|---|
| 내용 요소 | ① 시적 화자 및 화자의 상황 | 시적 화자는 샤갈이 그린 눈 내리는 그림을 보거나 혹은 샤갈의 마을에 내리는 눈을 상상하며 이미지를 통해 맑고 순수한 생명감을 드러내었다. | 맑고 순수한 생명감 |
| | ② 소재 | 맑고 순수함, 정화를 상징하는 '눈'의 속성을 통해 맑고 순수한 생명감의 주제 의식을 효과적으로 표현했다. | |
| 형식 요소 | ① 단연의 형태 | 단연 형태로 쓰여 압축적인 구조 속에서 순수한 생명 의식을 효과적으로 드러냈다. | |
| | ② 감각적 시어 | 시인이 샤갈의 그림을 보고 마음속에 떠오르는 순수한 심상들을 감각적인 언어로 형상화 하여 환상의 분위기를 부각시키고 있다. | |
| | ③ 시상의 전개 | '3월의 눈 → 정맥의 떨림 → 올리브빛 열매 → 아궁이의 불' 등으로 이어져 맑고 순수한 생명력을 드러냈다. | |
| 표현 요소 | ① 현재형 시제 | 현재형 시제를 사용해 생동감 있는 이미지를 표현했다. | |
| | ② 대비적 이미지 | '푸른색, 정맥과 흰색 눈, 올리브 빛 겨울 열매, 불' 등 대비적인 이미지를 통해 주제와 시의 인상을 더욱 부각시켰다. | |
| | ③ 상징 | '불'은 '아낙'들의 내면에서 솟아오르는 맑고 투명한 생명력을 뚜렷한 인상을 주며 상징적으로 드러낸다. | |

## ③ 감상의 길잡이

이 작품은 하나의 연으로 된 순수한 생명 의식을 포착한 시이다. 물론 이 작품의 공간인 '샤갈의 마을'은 가공의 세계이다. 화가인 샤갈의 그림인 〈눈 내리는 마을〉이 연상이 되기도 하지만, 샤갈의 화풍인 초현실주의 경향의 작품 세계와도 연결이 된다. 시적 의미를 형상화한다기보다 그저 마음속에 떠오르는 순수한 심상들을 엮어 놓았는데, 이는 순수한 마음 상태를 표현하는 무의미시(혹은 절대시) 추구의 경향을 보인 김춘수 시인의 1960년대 작품 경향을 잘 드러내 준다고 하겠다.

이처럼 김춘수가 「꽃」 등과 같은 관념의 시를 쓰던 1950년대를 거쳐 1960년대에 이르면 관념과 의미를 해체하고 대상이 갖는 순수한 이미지만을 추구하는 무의미의 시를 쓰게 되는데, 바로 이 시가 그런 계열에 속하는 작품이다. 따라서 이 시의 각 행들은 하나의 의미를 전달하기보다는 자신의 마음속에 떠오르는 심상들을 감각적 언어로 포착하였다고 하겠다. 가공적 환상의 세계를 배경으로 '눈'과 '새로 돋은 정맥', '올리브빛', '불' 등의 이질적인 시어들은 모두 독자적인 이미지를 가지면서도 순수하고 맑은 생명감이라는 공통적인 심상을 연상시켜 준다고 보인다.

## 중요 내용 정리

### 01 표현상의 특징
이 시는 전체적으로 봄의 생동감과 이국적이고 신비로운 분위기를 환기시키고 있다. 사나이의 관자놀이에 새로 돋는 정맥, 3월의 눈, 겨울열매, 아궁이를 지피는 아낙들은 상호 연관성이 떨어지는 소재들을 병치시킨 것이다. 또한 푸른 정맥과 흰색 눈, 올리브빛 겨울 열매, 불 등 대비적인 이미지가 나타나 있다. 즉, 시인이 샤갈의 그림을 보고 마음속에 떠오르는 순수한 심상들을 감각적인 언어로 형상화 하여 환상의 분위기를 효과적으로 부각시키고 있는 것이다.
① 차분하면서도 객관적인 목소리를 드러냈다.
② 의미 전달과 무관하게 서술적 이미지로 연결된다.
③ 현재형의 시제를 사용하여 생동감 있게 표현하였다.

### 02 김춘수가 말하는 '무의미시'
김춘수의 이른바 무의미시(無意味詩)에 대한 이론을 먼저 들어 보기로 한다.

> 우리가 '사생(寫生)'이라고 말하는 것이 있는데, 그것은 있는 실재 풍경을 그대로 그리지는 않는다. 대상과 배경과의 위치를 실재와는 전혀 다르게 배치하기도 한다. 말하자면, 실지의 풍경과는 전혀 다른 풍경을 만들게 된다. 풍경의, 또는 대상의 재구성이다. 이 과정에서 논리가 끼어들게 되고, 자유 연상이 개입된다. 논리와 자유 연상이 더욱 날카롭게 간여하게 되면 대상의 형태는 부숴지고, 마침내는 대상마저 소멸한다. 무의미시가 이리하여 탄생하는 것이다.

그에 의하면 의미는 산문에 보다 어울리지만 무의미는 시의 형식에만 알맞다고 생각하였다. 그렇기에 무의미시는 산문으로부터 완전히 독립되는 시 고유의 영역임을 주장한다. 이것은 의미의 시에 익숙했던 우리의 전통적인 시관(詩觀)에 도전한 것이었다. 또한 사물에 대한 일체의 판단이나 선입관을 중지하는 방식을 통하여 의미 해체 작업을 진행하였다.

### 03 샤갈의 '나와 마을'
이 그림은 샤갈이 고향 마을과 함께 유년 시절의 체험을 자유스럽고 몽상적으로 그린 작품이다. 화면 양쪽을 암소의 머리와 샤갈 자신의 얼굴이 차지하고, 멀리 교회와 집들이 있고, 농구를 짊어진 농부와 우유를 짜는 여인이 등장한다. 그리고 아래쪽에는 꽃이 핀 나무가 한 그루 서 있다. 샤갈은 이 작품에 대해 이렇게 말하고 있다. "파리에 와 있는 나에게는 고향 마을이 암소의 얼굴이 되어 떠오른다. 사람이 그리운 듯한 암소의 눈과 나의 눈이 뚫어지게 마주보과 눈동자와 눈동자를 잇는 가느다란 선이 종이로 만든 장난감 전화처럼 이야기를 나누고 있다."

## 이형기 (李炯基)

1933 ~ 2005
경남 진주 출생
1950년대 대표적 순수 시인

### ▷ 작가의 특징
1. 1949년 「비오는 날」을 ≪문예≫에 추천받고 이어서 「코스모스」, 「강가에서」를 이듬해 6월까지 추천 받아 문단에 등단했다.
2. 초기에는 고운 서정시를 썼으나 후기에는 사물의 내면 탐구에 주력하는 경향을 보여주고 있다.

### ▷ 주요 작품
시집:『적막강산』,『돌베개의 시』,『꿈꾸는 한발』,『풍선심장』,『보물섬의 지도』등

## 작품 1 낙화 (적막강산, 1963년)

가야 할 때가 언제인가를
분명히 알고 가는 이의
뒷모습은 얼마나 아름다운가.

봄 한 철
격정을 인내한
나의 사랑은 지고 있다.

분분한 낙화…….
결별이 이룩하는 축복에 싸여
지금은 가야 할 때.

무성한 녹음과 그리고
머지않아 열매 맺는
가을을 향하여
나의 청춘은 꽃답게 죽는다.

헤어지자
섬세한 손길을 흔들며
하롱하롱 꽃잎이 지는 어느 날.

나의 사랑, 나의 결별
샘터에 물 고인 듯 성숙하는
내 영혼의 슬픈 눈

## 핵심정리

- **갈래** 자유시, 서정시
- **성격** 주정적, 탐미적, 상징적
- **시적 화자** 시적 화자는 이별을 낙화에 비유하면서 자연의 순리처럼 세상사도 섭리에 따라 떠나야 할 때 떠나는 것이 아름다운 일임을 노래함
- **율격** 변화와 반복을 통한 내재율
- **제재** 낙화
- **주제** 결별이 이룩하는 축복

## 이해와 감상

### 1 짜임 분석

- 1연 – 떨어지는 꽃을 보며 사람 사이의 만남과 헤어짐을 생각함
- 2~3연 – 꽃이 흩날리는 모습을 보며 사랑의 사라짐과 떠남을 생각함
- 4~5연 – 낙화의 희생적인 삶과 사랑과 이별의 아픈 체험
- 6~7연 – 고통을 견디며 성숙하는 인간 내면의 아름다움

### 2 작품감상의 구조

| 구성 요소 | 구성 요소의 파악 | 그것이 지닌 의미·효과 | 주제와의 관련성 |
|---|---|---|---|
| 내용 요소 | ① 시적 화자 및 화자의 상황 | 시적 화자는 이별을 낙화에 비유하면서 이별이나 슬픔 후에 성숙과 결실이 있음을 노래하고 있다. | 성숙과 슬픔을 함께 한 사랑의 결별 |
| | ② 소재 | 낙화를 통해 떠날 때 떠나야 하는 달관의 의미, 정신적인 성숙을 향한 인내를 효과적으로 형상화했다. | |
| | ③ 시의 내용 전개 | 만남과 사랑을 꽃이 피는 것으로, 헤어짐을 꽃이 지는 것으로, 그 과정의 정신적 성숙을 열매 맺는 것으로 비유하여 자연의 섭리와 인생의 진리를 결합하여 시상을 전개하고 있다. | |
| 형식 요소 | ① 시어 | '섬세한 손길', '하롱하롱' 등의 운율감 있고 아름다운 시어를 통해 이별을 아름답게 표현한다. | |
| | ② 이중 구조 | 나무에서 꽃이 떨어지는 것(낙화)을 사랑하는 사람과의 이별에서 겹쳐 놓아 이중 구조를 이루어 성숙과 슬픔을 함께 한 사랑의 결별을 효과적으로 표현했다. | |
| 표현 요소 | ① 의인화 | 낙화하는 모습에서 인간사에서의 이별을 중의적으로 표현함으로써 주제를 효과적으로 형상화했다. | |
| | ② 변증법적 논리 | '개화 → 낙화 → 결실'로 자연의 법칙을 '만남 → 헤어짐 → 더 큰 만남'으로 이어지는 변증법적 논리로 인생의 법칙을 파악했다. | |
| | ③ 역설 | 결별이 이룩하는 축복, 떠나는 이의 아름다움 등에 나타난 역설적 사고를 통해 주제를 효과적으로 드러낸다. | |

### ③ 감상의 길잡이

　1957년에 발표된 작품으로 '무성한 녹음'을 위해서 떨어지는 꽃송이를 바라보며 인생사에서의 이별에 대한 통찰, 더 나아가서는 죽음에 대한 깊은 통찰을 드러낸다.
　1연에서 시인은 지금 떨어지는 꽃을 보며 그 꽃의 사라짐을 사람 사이의 만남과 헤어짐으로 환치해 놓는다. '가야 할 때가 언제인가를 분명히 알고 가는 이'란 낙화를 의인화한 표현이다. 낙화가 아름다운 것은 때가 되면 피었다가 지는 자연의 순리에 순응하기 때문이다. 이 시의 뛰어난 점은 이러한 낙화의 정경에서 모든 인간사의 이별, 죽음의 원리를 통찰해 내고 있다는 점이다. 이별이나 죽음 역시 이처럼 삶의 참된 의미, 이별의 참된 의미를 알고 이루어질 때 아름답다는 깨달음을 중의적으로 표현하고 있는 것이다.
　2연과 3연은 1연의 내용을 구체화하여 사랑의 사라짐과 나의 떠남을 꽃이 떨어져 분분히 흩날리는 것으로 표현한다. 2연에서의 '나의 사랑'이란 일차적으로 '낙화'를 의인화한 것이면서 동시에 시적 화자의 사랑의 대상을 의미하기도 한다.
　4연과 5연에서는 사랑과 이별의 아픈 체험을 거쳐 나의 청춘도 사라진다고 노래한다. 4연에선 낙화의 희생적인 삶이 그려진다. '무성한 녹음', '열매', '가을'은 모두 낙화가 있기에 이루어질 수 있는 것이다. 꽃이 떨어진 다음 수목은 더욱 우거져 여름날의 무성한 녹음과 가을날의 소담스런 결실로 발전할 것이다. 이와 마찬가지로 사랑과 이별의 열병을 거쳐야 우리의 삶도 더욱 성숙한 결실을 이룰 수 있다. 따라서 5연의 '나의 청춘은 꽃답게 죽는다'와 같은 표현이 가능해진다.
　6연과 7연은 이런 깨달음을 심미적인 영상으로 표현하였다. '섬세한 손길을 흔들며 꽃잎이 진다'든가, '샘터에 물 고인 듯 성숙하는 내 영혼'이라든가 하는 표현은 고통을 견디며 성숙하는 인간 내면의 아름다움을 가시적인 정경으로 형상화한 것이다.

## ■ 중요 내용 정리

### 01 표현상의 특징

　「낙화」의 2연과 5연은 '지고 있다', '죽는다' 등의 서술형 종결어미를 취하고 있다. 이 사실은 서술하고 있는 내용에 대해서 시적 화자가 매우 단정적인 태도를 취하고 있음을 나타낸다. '꽃이 떨어지는 것', '인간이 이별하는 것'을 통해 얻어낸 깨달음, 즉 '결별이 이룩하는 축복'이라는 역설적인 깨달음에 대해 시적 화자는 추호의 의심도 하지 않고 결연한 태도로 서술하고 있는 것이다. 이 시는 또한 '가야 한다', '죽는다', '뒷모습', '낙화', '결별' 등 비관적인 시어들을 주로 선택하여 사용함으로써 작품을 이별의 쓸쓸함으로 채색하고 있다. 하지만 그러한 부정적 분위기 자체가 목적이 아니다. 이별의 아픔과 슬픔이 아련하게 채색되는 만큼 그에 따르는 영혼의 성숙은 값지고 빛나게 된다는 점을 의식한 언어 사용으로 보인다. 수사법으로는 중의법, 의인법이 작품 전체를 관통하고 있다.

### 02 작품의 이중 구조

| 꽃 |
|---|
| 꽃잎 |
| 개화 |
| 낙화 |
| 녹음, 열매 |

⇔

| 인생 |
|---|
| 청춘 |
| 사랑 |
| 이별 |
| 성숙 |

　이 시는 나무에서 꽃이 떨어지는 것(낙화)을 사랑하는 사람과의 이별에서 겹쳐 놓아 이중 구조를 이루고 있다. 화자는 이별을 낙화에 비유하면서 결별의 의미를 해명해 주고 있다. 꽃이 지는 것은 단순한 소멸이 아니라 새로운 탄생을 위한 자기희생이다. 이별은 슬프지만 영혼의 성숙을 위한 계기가 된다는 점에서 의미를 지닌다. 화자는 자연의 순리처럼 세상사도 섭리에 따라, 떠나야 할 때 떠나는 것이 아름다운 일임을 노래하고 있다.

## 03 조지훈의 「낙화」와 이형기의 「낙화」의 비교

| 구분 | 조지훈의 「낙화」 | 이형기의 「낙화」 |
|---|---|---|
| 공통점 | 정서(情緖)의 유사함 ||
| 차이점 | 떨어지는 꽃잎을 보면서 느끼는 삶의 쓸쓸함과 적막감을 격정적인 어조로 노래하지 않고 담담한 어조로 노래함 | 꽃잎이 떨어지는 모습을 빌어 헤어짐을 아름답게 수용함 |

## 04 이형기의 시 세계

이형기는 시적 대상을 내면화시켜 '정감의 미학'을 추구함으로써 서정시의 새로운 영역을 개척한 시인으로 평가받는다. 감각성을 살리기 위해 치밀한 언어의 구사에 노력하지만, 화려한 수사에 빠지지 않았고, 자연에 대한 친애감을 강하게 드러내면서도 정서의 단순성을 극복하고 내밀한 자기 인식에 도달하고 있다. 이는 자연에 대한 지향과 함께 자기 존재에 대한 고독한 상념들이 주로 등장하는 그의 작품들을 통해 보다 분명히 살펴볼 수 있다.

### 작품 2　폭포 (적막강산, 1963년)

그대 아는가
나의 등판을
어깨에서 허리까지 길게 내리친
시퍼런 칼자욱을 아는가.

질주(疾走)하는 전율과
전율 끝에 단말마(斷末魔)를 꿈꾸는
벼랑의 직립(直立)
그 위에 다시 벼랑은 솟는다.

그대 아는가
석탄기(石炭紀)의 종말을
그때 하늘 높이 날으던
한 마리 장수잠자리의 추락(墜落)을.

나의 자랑은 자멸(自滅)이다.
무수한 복안(複眼)들이
그 무수한 수정체(水晶體)가 한꺼번에
박살나는 맹목(盲目)의 눈보라

그대 아는가
나의 등판에 폭포처럼 쏟아지는
시퍼런 빛줄기
2억 년 묵은 이 칼자욱을 아는가.

## 핵심정리

- **갈래** 자유시, 서정시
- **성격** 서정적, 관념적
- **시적 화자** 시적 화자인 '나'는 시인 자신이 아닌 '산'이며, 시인은 그 상대역으로서의 청자인 '그대'가 되어 현실적 고통으로 인해 끝없이 절망하는 실존적 존재인 인간 삶을 투영
- **시상 전개(형태)** 폭포의 상승과 하강의 이미지
- **제재** 벼랑과 폭포가 있는 산
- **주제** ① 존재에 대한 비극적 인식
  ② 삶의 일상에서 느끼는 존재의 고통과 비극성

## 이해와 감상

### 1 짜임 분석

- 1연 – 폭포의 형상: 산에 난 칼자욱
- 3연 – 폭포의 하강: 떨어지는 폭포
- 5연 – 폭포에 대한 인식: 오랜 칼자욱을 지닌 산
- 2연 – 폭포의 형성: 벼랑에 형성된 폭포
- 4연 – 폭포의 자멸: 폭포의 부딪힘

## 2 작품감상의 구조

| 구성 요소 | 구성 요소의 파악 | 그것이 지닌 의미·효과 | 주제와의 관련성 |
|---|---|---|---|
| 내용 요소 | ① 시적 화자 및 화자의 상황 | 폭포를 시적 화자인 '나'로 설정하여 폭포가 청자에게 폭포 자신의 형성과 고독, 삶의 치열함 등에 대해 이야기하고 있다. | 존재에 대한 비극적 인식, 폭포에 내재된 삶의 치열성, 전율 |
| | ② 소재 | 폭포와 벼랑이 있는 산을 통해 존재에 대한 비극적 인식과 폭포에 내재된 삶의 치열성을 효과적으로 형상화했다. | |
| | ③ 이미지 | 폭포에 내재된 하강과 소멸의 이미지를 통해 존재에 대한 비극적 인식을 형상화하였다. | |
| 형식 요소 | ① 시어 | '시퍼런 칼자욱, 벼랑의 종말, 석탄기의 종말' 등의 시어를 통해 자신의 상처를 비극적 어조로 드러낸다. | |
| | ② 수미상관 | 시의 앞뒤에 유사한 내용을 배치한 수미상관(首尾相關)의 구조 역시 운율 및 시의 구조적 안정감 형성에 기여한다. | |
| 표현 요소 | ① 상징 | '폭포'의 산의 깎아지른 벼랑을 타고 흘러내리는 모습을 통해 자연 현상을 통해 느끼는 존재에 대한 비극적 인식을 형상화하였다. | |
| | ② 의인법 | '나의 등판'에서의 '나'는 산을 가리키는 것으로 산 자신의 한 부분을 등판으로 의인법적 표현을 통해 생동감 있게 형상화했다. | |
| | ③ 은유 | '맹목의 눈보라'는 아무런 목적도 없이 떨어지는 폭포의 이미지를 은유적으로 표현하여 폭포에 내재된 삶의 치열성을 드러내었다. | |
| | ④ '하강→상승'의 대조적 이미지 | 추락할 수밖에 없는 '폭포'와 또다시 하늘 높이 날고자 하는 인간 존재의 비극적 모습을 미약한 '장수잠자리'를 통해 나타냈다. | |

## 3 감상의 길잡이

이 시는 정교하면서도 섬세한 언어 구사를 통해 일상적 삶에 느끼는 존재의 비극적인 상황에 대한 인식을 보여준다. 여기서 '폭포'는 단순한 자연적 소재가 아니라, 시인의 뛰어난 상상력에 의해 관념적인 이미지를 대입시킨 형상물이다. 또한, 이 시의 발화 주체인 화자 '나'는 시인 자신이 아닌 '산'이다. '어깨에서 허리까지 길게 내리친 / 시퍼런 칼자욱'의 모습은 주체인 '산'의 입장에서 보면 지울 수 없는 고통의 멍에이며, 연속된 '벼랑의 직립'에서 '박살나는 맹목의 눈보라'를 피우며 떨어지는 모습은 현실적 고통으로 인해 끝없이 절망하는 실존적 존재인 인간의 삶의 모습이다.

극한적 상황으로 치닫는 삶, 절대 고통 속에서 처절한 종말을 맞고 마는 삶의 극단적 대응 방식이 보인다. 파국으로 향하는 삶의 질주에서 전율하고 결국은 임종으로 향하고 마는 태도에서 자기 파멸의 극단적 행동 방식을 읽을 수 있다. 절벽의 직립한 모습에서 받은 것은 파멸의 이미지인 것이다. 그러나 폭포는 그 임종의 비명과 함께 삶이 끝나지 않는다. 절대의 절망, 자기 방기에 빠져서 거기에 매몰되지 않는다. 다시 새로운 삶을 꾀한다. 극한적 절망에 다시 부활을 꿈꾸는 것이 바로 변증법적인 극복의 양식이다. '다시 벼랑은 솟는다'에서 그 점은 구체화된다. 그러나 이 극복은 일반적인 삶의 행태에서 보이는 것과는 성격이 다르다. 그가 다시 솟는 이유는 다시 추락하기 위해서이다. 추락의 전율, 그것을 얻기 위해 새로 일어서고 또 파멸의 처절함을 맛보는 것이다. 그러므로 폭포는 한 순간의 안정과 평화도 바라지 않는다. 그에게 있어 삶은 극단적이며, 전율 자체이다. 이 파괴적 삶을 지속하기 위해 추락에서 상승을 도모할 뿐인 것이다.

폭포는 파멸과 생성, 또 파멸, 그리고 생성의 무한한 생명을 반복한다. 까마득한 옛날부터 그렇게 이어져 온 것이다. 석탄기의 종말에서 결국 다시 살아났고, 또 추락하는 삶의 반복이었다고 노래한다. 이것이 폭포에 스민 삶의 모습이며, 폭포에 도사린 진정한 의미이기도 하다. 그것을 아느냐고 질문을 던진다.

## 중요 내용 정리

### 01 이형기 시의 사물 인식

> "이형기 씨는 기존 사물들에 대한 가치를 뒤바꾸는 데에서 그 쾌적함을 누릴 것이다. 그리고 뒤바꿈으로써 사물의 새로운 의미를 찾아내고 그를 제시하기 위해서 흔히 말하는 서정성을 배제한다. 서정성 대신 이형기 씨는 드라이한, 간결한 산문체의 묘사를 취한다. 묘사는 은유나 상징과 같은 회피의 원리에 주로 의지하고 있는데, 이는 사상을 직접적으로 드러내 주는 것이 아니라, 직접성을 피한 우회적인 모습으로 드러내 주는 것이다."
> 
> – 홍신선, '가치 바꿈의 방법과 의미'에서

### 02 시적 대상의 다양한 파악 방식

자연적 대상인 '폭포'를 동일한 제재로 삼은 시라도 시인이 대상의 의미를 파악하고 제시하는 내용이 다를 수 있다. 이 시와 같은 제목의 김수영의 「폭포」는 사회적 상황의 맥락에서 깨어 있는 자, 의식 있는 자로서의 '폭포'가 설정되고, 인간다운 삶이 거세된 암담한 현실 속에서 세차고도 진실된 양심의 소리를 토해 내는 살아 있는 자의 모습으로 형상화되고 있다.

### 03 다양한 이미지 제시

이 시는 폭포의 하강과 상승의 이미지를 축으로 시상이 전개된다. 먼저 제시되는 이미지는 하강의 이미지이다. 폭포는 곧바로 추락한다. 그것을 등판이 칼에 의해 길게 내리쳐지는 것으로 그린다. 폭포의 낙하는 내리쳐지는 것으로, 물줄기가 갈라져 내리는 것을 칼자국으로 비유한 것이다. 이 비유적 심상은 날카롭고 도발적이다. 폭포의 역동성을 이런 날카로운 이미지로 포착한 것인데, 이 날카로움은 처절함과 상통한다. 삶의 치열성, 처절함을 폭포에서 발견하는 것이다. 또한 이 시에서는 산의 절벽을 타고 내리는 폭포의 존재를 칼자욱이라는 섬뜩한 고통의 이미지로 드러내고 있음을 볼 수 있다. 이러한 고통의 이미지가 산 자신이 주체가 되어 구체화되고 있다. 이러한 사물 인식은 비극적이기까지 하다. 자연이 자연 자체의 아름다움으로만 묘사되고 있지 않음을 이 시를 통해 경험하게 된다.

### 04 「폭포」의 운율 형성 방식

이 시는 운율이 겉으로 드러나지 않고 은근히 나타나는 내재적 운율을 지니고 있다. 각 연을 4행으로 배치하면서 1, 3, 5연의 '그대 아는가 ~을 아는가'의 통사구조 반복을 통해 내재된 운율적 효과를 노리고 있다. 또한 시의 앞뒤에 유사한 내용을 배치한 수미상관(首尾相關)의 구조 역시 운율을 형성하는 요소가 되고 있다. 그러나 그러한 운율마저 규칙적으로 사용되는 것이 아니라, 3연에서처럼 도치를 통한 통사구조의 반복에 변화를 줌으로써 다양화하려는 모습을 보이고 있다.

## ▷ 김광섭
金珖燮

1906 ~ 1977
시인. 함북 경성 출생. 호는 이산

▷ **작가의 특징**
1. 고요한 서정과 냉철한 지적 성격을 가진다. 예 「고독」, 「푸른 하늘의 전락」, 「고민의 풍토」 등
2. 시대적·민족적 고뇌와 저항을 드러낸다. 예 처녀 시집 『동경』(1937)에 수록되어 있는 작품들
3. 부드럽고 여유가 보이는 인생의 정취가 드러낸다. 예 『마음』 등 3년 8개월 동안의 옥중생활에서 얻어진 것들
4. 해방을 맞는 기쁨과 그 의지가 해방 전의 서정성·지성·고뇌·저항에서 진일보된 경지가 나타난다. 예 『해바라기』
5. 근원에의 향수와 사회 비평 의식을 드러낸다. 예 『성북동 비둘기』(1969) – 「산」, 「성북동 비둘기」, 「무제」 등
6. 행사시, 사건시 등 사회성을 띤 작품이 있다. 예 사회시집 『반응』(1972)

### 작품 1  성북동 비둘기 (성북동 비둘기, 1968년)

성북동 산에 번지가 새로 생기면서
본래 살던 성북동 비둘기만이 번지가 없어졌다.
새벽부터 돌 깨는 산울림에 떨다가
가슴에 금이 갔다.
그래도 성북동 비둘기는
하느님의 광장 같은 새파란 아침 하늘에
성북동 주민에게 축복의 메시지나 전하듯
성북동 하늘을 한 바퀴 휘 돈다.

성북동 메마른 골짜기에는
조용히 앉아 콩알 하나 찍어먹을
널찍한 마당은커녕 가는 데마다
채석장 포성이 메아리쳐서
피난하듯 지붕에 올라앉아
아침 구공탄 굴뚝 연기에서 향수를 느끼다가
산 1번지 채석장에 도로 가서
금방 따낸 돌 온기(溫氣)에 입을 닦는다.

예전에는 사람을 성자(聖者)처럼 보고
사람 가까이서
사람과 같이 사랑하고
사람과 같이 평화를 즐기던
사랑과 평화의 새 비둘기는
이제 산도 잃고 사람도 잃고
사랑과 평화의 사상까지
낳지 못하는 쫓기는 새가 되었다.

## ▍핵심정리

▷ **갈래** 자유시, 서정시
▷ **성격** 비판적, 상징적, 주지적
▷ **시적 화자** 환경 파괴로 쫓겨난 비둘기를 생각하며 인간의 행위, 인간의 자연 파괴 행위에 대해 비판 의식을 가진 화자
▷ **시상 전개(형태)** 기서결, 반복적 시어를 통한 시상 전개
▷ **표현** ① 의인화
　　　　② 청각·후각·시각의 심상 대비
▷ **제재** 비둘기
▷ **주제** 파괴되어 가는 자연에 대한 향수와 문명 비판

## 이해와 감상

### ① 짜임 분석

- 1연 – 비둘기의 상황 (묘사): 자연의 파괴로 생존의 터전을 잃어버린 비둘기
- 2연 – 비둘기의 행태 (묘사): 지향 없이 쫓기며 옛날을 그리워하는 비둘기
- 3연 – 비둘기의 변모 (서술): 자연과 사람으로부터 소외되고 평화를 잃어버린 비둘기

### ② 작품감상의 구조

| 구성 요소 | 구성 요소의 파악 | 그것이 지닌 의미·효과 | 주제와의 관련성 |
|---|---|---|---|
| 내용 요소 | ① 시적 화자 및 화자의 상황 | 시적 화자는 비둘기를 관찰하여 산업 발달과 인간의 자연 파괴 행위로 인해 인간과 자연이 괴리되는 것을 비판하고 있다. | 파괴되어 가는 자연에 대한 향수와 문명 비판, 삶의 참다운 가치와 의미 탐구, 현대 문명 사회의 인간성 상실에 대한 비판, 자연 파괴와 인간성 상실 비판 |
| | ② 제재 | '비둘기'는 도시화·산업화로 인하여 파괴되는 문명 또는 소외되어 가는 인간을 의미하여 주제를 효과적으로 드러내었다. | |
| | ③ 시대 배경 | 1960년대부터 시작된 근대화·산업화에 따르는 자연 파괴와 인간성 상실이라는 현실 인식을 바탕으로 했다. | |
| 형식 요소 | ① 산문적 진술 | 산문적 진술에 의한 자유로운 율격 속에서 내재율을 형성하여 리듬감이 느껴진다. | |
| | ② 대응 구조 | '사람 가까이 – 성북동 하늘을 한 바퀴 휘 돈다', '사람과 같이 평화를 즐기던 – 조용히 앉아 콩알 하나 찍어 먹을', '쫓기는 새 – 피난하듯 지붕에 올라 앉아'는 의미상 대응 구조를 통해 주제를 인상적으로 제시했다. | |
| 표현 요소 | ① 상징 | '비둘기'는 사랑과 평화라는 기존의 의미를 넘어서, 급격한 도시화와 산업화로 황폐해지고, 자연으로부터 소외되어 가는 우리의 모습을 보여주는 존재로 표현했다. | |
| | ② 우의성 | '비둘기'를 의인화하여 문명을 비판하고 자연에 대한 향수를 노래한 것은 이 시의 기법상 특징이다. | |
| | ③ 이미지 | ㉠ 선명한 감각적 이미지를 제시하여 사태의 심각성을 실감나게 하고, 구체적이고 상식적인 방식으로 주제를 형상화했다.<br>㉡ 2연의 '아침 구공탄 굴뚝 연기에서 향수를 느끼고', '금방 따낸 돌 온기에 입을 닦는다'라는 표현은 관념성의 구체화란 점에서 뛰어나다. | |

### ③ 감상의 길잡이

산업화, 도시화로 인해 황폐해진 자연으로부터 점차 소외되어 가는 현대인의 모습을 성북동 비둘기를 통해 보여준다. 도시화, 산업화가 되면서 성북동 산에까지 문명이 침투하면서 본래 그곳에 살던 비둘기는 보금자리를 잃고 떠돌이 신세가 되어 가는 곳마다 쫓기면서 사랑과 평화가 있던 옛날을 그리워한다.

비둘기는 자연을 대표하는 소재이지만 이를 통해 도시 개발에 의해 삶의 터전을 잃은 도시 변두리 사람들의 모습, 산업화 과정에서 인간성을 상실하고 소외된 사람들의 모습을 발견할 수 있다. 현대인은 마음의 안식처인 자연을 잃어버렸고, 사랑과 평화와 같은 인간적 가치보다 경제 성장이라는 물질적 가치만을 추구하는 문명 속에서 불안과 고독을 느끼며 살아가는 것이다. 인간 스스로 창조한 물질문명이 자연의 파괴뿐 아니라 인간성 파괴의 결과까지 가져왔음을 비판하면서 물질문명 시대의 자연의 소중함과 사랑, 평화의 중요성을 일깨우고 있다.

① 1연 : 성북동 산기슭에 사는 비둘기는 사람들이 산기슭까지 밀려 올라와서 집을 짓게 되자, 옛날의 그윽하던 보금자리를 잃고, 돌 깨는 소리에 떨다가 가슴에 금이 갔다. 그래도 비둘기는 버릇대로 아침이 오면 성북동 주민들에게 축복의 메시지를 전하듯 새파란 하늘을 한 바퀴 돈다.

② 2연 : 그러나 속세가 된 성북동 골짜기에는 편히 앉아 쉴 곳도 없어, 채석장의 포성에 쫓겨 인가 지붕에 피난하듯 앉아서 구공탄 굴뚝 연기를 맡으며 옛날을 그리워하다가 자리를 바꾸지만, 달리 날아갈 곳도 없이 채석장에 가서 금방 따내어 아직도 온기가 남은 돌에다 입부리를 닦는다.

③ 3연 : 이와 같은 비둘기의 환경의 변화를 노래하고, 끝으로 작자의 감회를 서술한다. 옛날에는 성자와 같은 착한 사람들 가까이에서 함께 평화를 즐기던 비둘기가 오늘에 와서는 평화로운 산과 함께 착한 사람도, 사랑과 평화의 사상마저도 잃고 속세에 쫓기는 새가 되어 버렸다고.

## ■ 중요 내용 정리

### 01 표현상의 특징

① 상징성 : 비둘기를 의인화 해 이 시 전체는 개인적 상징의 의미를 얻기 시작한다. 비둘기는 사랑과 평화라는 기존의 의미를 넘어서 급격한 도시화와 산업화로 황폐해지고 자연으로부터 소외되어 가는 우리의 모습을 보여주는 존재이다.

② 우의성 : 비둘기를 의인화하여 문명을 비판하고 자연에의 향수를 노래하고 있다.

③ 관념의 구체화 : 시인은 자체적으로 관념이나 추상이 아닌 구체적이고 상식적인 방식으로 노래하고 있다. 특히 2연의 '아침 구공탄 굴뚝 연기에서 향수를 느끼고', '금방 따낸 돌 온기에 입을 닦는다.'라는 표현은 관념의 구체화란 점에서 그 표현 방식이 특출나다.

### 02 '비둘기'의 상징성

① 성북동에서 살고 있는 사람들, 즉 서민들을 가리킨다는 해석이 있을 수 있다. 이 견해에 따를 때 우리는 이 시가 '성북동 비둘기를 빌린 바로 성북동 사람들의 이야기'를 소재로 삼고 있다는 사실을 알게 되고, 나아가서 '쫓기는 새'는 서민의 애환을 상징한다는 점을 인식하기에 이른다.

② 비둘기가 시인 자신의 표상이라는 견해가 존재한다. 비둘기를 시인 자신의 상징물로 대치시켰을 때 '가슴에 금이 갔다', '사랑과 평화의 사상까지 / 낳지 못하는 쫓기는 새가 되었다.' 등의 시행에서도 보듯이 물질문명에 대한 시인의 소외감 내지 상실감을 여기서 읽어낼 수 있다.

③ 성북동 비둘기는 더 이상 성북동 사람들도, 시인 자신도 아닌 상실한 사랑과 평화의 상징물이라는 견해이다. '사랑'이 전제되지 않고서는 어떠한 대상과의 위화감도 해소시킬 수 없다. 그러나 사랑과 평화의 사상은 '가슴에 금이 갔고', '쫓기는 새'가 되었기 때문에 시인에게 있어서 더욱이 '아침 구공탄 굴뚝 연기'에 향수를 느끼게 되는 것이며, 금방 따낸 돌의 온기에 입을 닦을 정도로 갈망하기에 이른다.

## 03 김광섭의 시적 변화

이 시에서 시인은 초기로부터 중기에 발간된 시집 『해바라기』에 이르기까지 끈질기게 지배해 오던 시적 성향의 관념적 세계관을 청산하고 대신 인간에 대한 근원적 탐구, 즉 사랑과 화해의 시 세계를 우리에게 펼쳐 보여주고 있다. 이런 까닭으로 이 작품을 두고 어느 평자에 의해서 '최악의 육신의 좌절로부터 탈환해 온 가장 빛나는 승리'라고 일컫기도 한다. 이는 당시 고혈압으로 쓰러졌다가 깨어난 작가의 전기적 상황을 염두에 둔 평가이기도 하다. 그러나 한편, 이러한 작가의 방향 전환이 시적 방법론의 파탄을 의미하는 것이 아닌가 하는 의구심을 가지는 평자도 있다. 초기의 대표적인 관념시에서 볼 수 있었던 구성의 견고함이 이 시에서 드러나지 않기 때문이다. 3연의 '예전에는 사람을 성자처럼 보고 / 사람 가까이서 / 사람과 같이 사랑하고 / 사람과 같이 평화를 즐기던 / 사랑과 평화의 새 비둘기'에서 보듯이 1~2연과는 달리 설명적 진술이 표면에 튀어나오는 점 등에서 그 근거를 찾을 수 있다. 하지만 이런 상이한 평가에도 불구하고 이 시는 현대인들이 안주할 고향을 상실하고 불안해하고 고독해하는 의식 세계를 잘 반영하고 있다는 점에서, 그리고 관념어의 나열이나 추상적인 표현이 아니라 구체적인 표현과 세련된 수법으로 시의 세계를 승화시키고 있다는 점에서 높이 평가받을 수 있는 작품이다.

## 작품 2 저녁에 (성북동 비둘기, 1969년)

저렇게 많은 중에서
별 하나가 나를 내려다본다.
이렇게 많은 사람 중에서
그 별 하나를 쳐다본다.

밤이 깊을수록
별은 밝음 속에 사라지고
나는 어둠 속에 사라진다.

이렇게 정다운
너 하나 나 하나는
어디서 무엇이 되어
다시 만나랴.

### ■ 핵심정리

▷ **갈래** 자유시, 서정시
▷ **성격** 서정적, 내면적, 관조적
▷ **시적 화자** 현대인의 고독을 느끼고 사람 사이의 따뜻한 관계가 회복되기를 바라는 화자
▷ **시상 전개(형태)** '밤'과 '별'의 이미지를 통한 시상 전개, 선경후정

▷ **표현** 성찰적, 윤회론적
▷ **제재** 별
▷ **주제** ① 친밀한 인간관계에 대한 그리움
② 사람 사이의 따뜻한 관계에 대한 소망

## 이해와 감상

### 1 짜임 분석

① '밤'과 '별'의 이미지를 통한 사상 전개
- 1연 – 별과 화자 사이의 친밀한 관계 맺음
- 2연 – 시간이 흐름에 따라 관계가 일시적으로 단절됨
- 3연 – 다시 만나고 싶은 소망

② 선경후정
- 선경(1, 2연) – 화자가 바라보는 별의 모습으로, 밤이 깊어 가면서 별과 자신이 멀어져 가는 상태
- 후정(3연) – 멀어져 가는 상태에 대한 안타까운 느낌을 표현

### 2 작품감상의 구조

| 구성 요소 | 구성 요소의 파악 | 그것이 지닌 의미·효과 | 주제와의 관련성 |
|---|---|---|---|
| 내용 요소 | ① 시적 화자 및 화자의 상황 | 인간관계의 단절과 고립적 상황을 안타까워하며 현실 극복 의지와 자연과의 친밀한 관계 회복을 열망하는 시적 화자를 통해 친밀한 인간관계에 대한 소망을 깊이 있게 드러내었다. | 인간 존재에 대한 깊이 있는 인식과 성찰, 친밀한 인간관계에 대한 소망, 생에 대한 깊이 있는 인식과 생의 의미의 새로운 발견 |
| | ② 소재 | 일상적이고 평범한 저녁이라는 풍경으로부터 현대인의 고독을 느낀 화자를 설정하여 사람과 사람 사이의 따뜻한 인간관계가 회복되기를 바라는 마음을 효과적으로 드러낸다. | |
| | ③ 시의 내용 전개 | '별 하나 – 나', '밝음 – 어둠', '천상 – 지상'의 대응 구조를 통해 시상을 전개하였다. | |
| 형식 요소 | ① 간결한 문체 | 간결한 문체를 통해 현대인의 고독과 사람 사이의 따뜻한 인간관계 회복에 대한 열망을 효과적으로 드러냈다. | |
| | ② 반복 | '내려다본다 – 쳐다본다', '사라지고 – 사라진다'의 반복적 구성을 통해 리듬감을 형성하였다. | |
| | ③ 선경후정의 구성 | 1~2연에서는 별의 모습을 3연에서는 안타까운 심정을 선경후정의 방식으로 드러내어 생에 대한 깊이 있는 인식과 생의 의미를 효과적으로 드러냈다. | |
| 표현 요소 | ① 대응 | '별 하나 – 나', '밝음 – 어둠', '천상 – 지상'의 대응 구조를 통해 인간 존재에 대한 깊이 있는 성찰을 형상화했다. | |
| | ② 불교의 인연설·윤회설 | '어디서 무엇이 되어 다시 만나랴'는 화자의 지향을 드러낸 시구로 불교의 인연설, 윤회설을 통해 친밀한 인간관계 회복에 대한 소망을 효과적으로 드러냈다. | |

### 3 감상의 길잡이

인간의 존재에 대한 깊이 있는 내면적 성찰을 통해 사람들 사이의 관계에 대한 새로운 깨달음에 도달하고 있는 작품으로 '밤'과 '별'의 이미지를 통해 시상을 전개하고 있다. 시인이 1965년에 뇌출혈로 쓰러졌다가 기적적으로 다시 살았는데, 그 후 다시 건강을 회복한 작가는 삶에 대한 여러 가지 생각에 깊이 잠겨 있었을 것이다. 그의 다른 시 「생(生)의 감각」이 나타내고 있는, 살고자 하는 열정이 이와 같은 체험의 한 반영이라면, 사람과 사람 사이의 따뜻한 관계를 소망하는 이 시에 담긴 마음 또한 '잃어버릴 뻔한 소중한 것'의 하나를 다시금 되새기는 태도를 보여 주는 것이라 하겠다.

1연에서 저녁 밤하늘 어둠 속에서 빛나는 '별'과 화자인 '나'가 서로 만나 교감을 나누고 있다. 즉, 저렇게 많은 별 중에서 별 하나와 많은 사람들 중의 하나인 '나'가 서로를 응시하는 존재로 대응되고 있다.

2연에서는 어둠 속에서 빛나다 새벽이 되면 사라질 별의 모습과, 세월이 흐름에 따라 홀로 쓸쓸하게 죽어갈 수밖에 없는 인간의 운명이 대조적으로 제시되면서, '별'과 '나'의 관계가 지속될 수 없는 관계임을 암시한다.

3연에서 그러나 화자는 친밀한 관계가 영원히 지속될 수 없다는 사실을 알면서도, 아직도 '별'과 '나'가 정다운 사이임을 깨닫는다. 그리고 이런 정다움이 존재하는 한 '별'과 '나'는 언제 어디서든 다시 만날 수 있을 것이라는 희망을 노래한다.

여기서 '별'과 '나'의 관계는 '타자'와 '자아'와의 관계로 의미를 확장할 수 있다. 좋은 인연은 언제 어디서든지 다른 존재로 다시 만날 수 있다는 희망을 제공함으로써 소외되어가는 현대 사회의 각박한 현실 속에서 삶을 지탱하게 해 주는 위안을 제시하고 있다. 한편, 이 시는 김환기 화백의 그림 '어디서 무엇이 되어 다시 만나랴'로 형상화되기도 했으며, 그림과 같은 제목으로 대중가요로 만들어져 애창되기도 하였다.

## ▣ 중요 내용 정리

### 01 '별'과 시적 화자의 관계

이 시를 이끌어 가는 것은 '별 하나가 나를 내려다본다.'는 구절이다. 이 구절의 주체는 '나'가 아니라 '별'이다. 또 이것은 '그렇게 많은 사람 중에서 그 별 하나를 쳐다본다.'는 구절과 대응되어 별과 나 사이에 서로 내려다보고 쳐다보는 행위가 대구를 일며 동시적으로 이루어진다. 여기에 '저녁'이라는 시간이 나와 별을 서로 마주하게 맺어 주는 매개체로 작용한다. 물론 '별'과 '나' 사이는 시간이 흐름에 따라 일시적으로 관계가 끊어지기는 하지만 언젠가는 다시 만나기에 두 대상의 '정다운 관계'는 계속되는 것이다.

### 02 '저녁'의 이미지

저녁이라는 어둠의 시작이 운명처럼 '나'와 별을 함께 맺어 주고 끌어안는다. 그리고 그 저녁이라는 한 순간의 시간 속에서 우연처럼 별 하나와 '나' 하나가 만난다. 이러한 우연, 그러나 절대적인 운명과도 같은 이 마주보기를 가능케 하는 것은 하늘과 땅의 이차원과 그 절대 거리를 소멸시키는 저녁인 것이다. 저녁은 태어나는 순간부터 죽음을 잉태하고 있는 인간의 삶 그것처럼 어둠이 시작되는 시간이다. 그래서 저녁은 정다운 '너 하나 나 하나'의 관계를 탄생시키는 시간이지만 동시에 그것들의 사라짐을 예고하는 시간이기도 한 것이다. 저녁은 밤이 되고 새벽이 되는 어쩔 수 없는 운명을 지닌 시간이기 때문이다.

### 03 '별'에 투영된 현대인의 모습

밤하늘의 수많은 별들 중 어느 한 별이 지상의 수많은 사람들 중 한 사람인 화자와 친밀하고 특별한 관계를 유지하고 있다. 물론 밤하늘의 수없이 많은 별들 중에 유독 어느 한 별만을 지켜보고 있는 화자와, 지상의 수없이 많은 사람들 중에 유독 화자만을 지켜보고 있는 그 별은 일대일의 친밀한 대면적 관계를 나타내는 것으로 볼 수 있으나, 이는 군중 속에서의 고독이라는 말처럼 현대의 거대 조직 속에서 개인이 느끼는 단절감, 고립감을 나타내고 있다고 볼 수 있다. 어둠 속에서 홀로 빛나다가 밝음이 다가오면 사라지는 별의 모습은 온갖 어둠을 헤치며 살아가다 홀로 죽어가는 인간의 숙명적 고독을 상징하는 것으로 보는 것도 이에 해당한다. 물질 문명에 빌려 소외되어 살아가는 현대인의 외로운 자화상을 보여주는 작품이라 할 수 있다.

### 04 '별'을 제재로 한 작품

김광섭의「저녁에」처럼 윤동주의「별 헤는 밤」도 '별'을 통해 아름다운 이미지를 환기하고 있는 시이다.

「저녁에」의 화자는 '별'과의 교감을 통해 고독하고 단절된 삶을 살아가는 사람들이 따뜻하고 친밀한 관계를 회복하기를 기원하고 있다. 한편「별 헤는 밤」의 화자는 '별' 하나하나에 자신이 가장 소중하게 생각하는 것들을 새겨 넣으면서 자신의 삶을 찬찬히 되돌아보는 명상의 시간을 갖는다.

### 05 김환기의 유채 추상화「어디서 무엇이 되어 다시 만나랴」

김환기는 이 작품 이전부터 점으로만 화면을 채우는 작품 기법을 꾸준히 시도하여 왔는데, 초기에는 흑색의 단색 점을 유색조로 둘러싸거나, 다색의 점을 주로 흑색조의 단색으로 둘러쌌으며, 점의 크기도 큰 편이었고 비교적 성글게 배치되었다. 그러다가 차츰 점의 크기가 작아지고 배치도 조밀해지며 단색조 화면으로 되어 갔다. 깊이를 알 수 없는 푸른색, 점의 대소, 배치의 소밀, 색채의 농담, 번짐의 차이로 해서 무엇인지 부유하는 듯한 인간의 지혜로는 헤아릴 수 없는 막연한 신비로움, 무한한 공간감을 느끼게 한다.

「어디서 무엇이 되어 다시 만나랴」는 김광섭의 시「저녁에」의 마지막 두 행을 인용하여 붙인 것으로, 무상한 이 세상에서의 인연을 표현하고 있다. 따라서 이 작품은 문학적 주제의 회화적 형상화라고도 볼 수 있는데, 이는 작은 점들의 빽빽한 배치와 번짐의 효과가 인간 상호간의 고립과 신비로운 상호 관계를 구체적으로 형상화한 것이라고 해석할 수 있게 때문이다. 즉, 이 작품은 시「저녁에」와 마찬가지로 만날 수 없는 대상에 대한 그리움과 인연의 한계를 형상화한 것이라고 볼 수 있다.

## 예상문제

※ (1~3) 다음 작품을 읽고 물음에 답하시오.

(가) ① 가을의 기도
가을에는
기도하게 하소서…
낙엽들이 지는 때를 기다려 내게 주신
② 겸허(謙虛)한 모국어(母國語)로 나를 채우게 하소서.

가을에는
사랑하게 하소서…
오직 한 사람을 택하게 하소서.
③ 가장 아름다운 열매를 위하여 비옥(肥沃)한
시간을 가꾸게 하소서.

가을에는
호올로 있게 하소서…

나의 영혼,
④ 굽이치는 바다와
⑤ 백합(百合)의 골짜기를 지나
⑥ 마른 나뭇가지 위에 다다른 까마귀 같이.

— 김현승, 「가을의 기도」

(나)
저렇게 많은 중에서
별 하나가 나를 내려다본다.
이렇게 많은 사람 중에서
그 별 하나를 쳐다본다.

밤이 깊을수록
별은 맑음 속에 사라지고
나는 어둠 속에 사라진다.

이렇게 정다운
너 하나 나 하나는
어디서 무엇이 되어
다시 만나랴.

— 김광섭(金珖燮), 「저녁에」

1. (가)와 (나) 작품의 연의 구조 및 그 내용을 통해 (가)와 (나)의 화자가 지향하는 차이점을 밝히려고 한다. 아래 표의 ①~⑥에 적절한 내용을 제시하여 과제에 맞게 표를 완성하시오.

### 예상답안

| 구분 | (가) | (나) |
|---|---|---|
| 1연 | 겸허한 기도 (= 명상에 대한 염원) | 별과 화자가 친밀한 관계 맺음 (= 만남) |
| 2연 | ① 절대자에 대한 사랑 (= 결실에 대한 염원) | ② 관계가 일시적으로 단절됨 (= 헤어짐) |
| 3연 | ③ 절대자를 향하기 위한 고독의 염원<br>(= 고독에 대한 염원) | ④ 다시 만나고 싶은 소망 (= 만남에 대한 소망) |
| 지향의 차이점 | ⑤ 시적 화자가 절대적 고독을 염원함 | ⑥ 시적 화자가 친밀한 인간관계를 그리워함<br>(만남을 소원함) |

2. (가)에 나타난 ①~⑥의 소재를 통해 '소재와 주제의 관계'에 대해 교수·학습하려 한다. 각 소재들이 아래에 제시된 주제를 드러내는데 어떻게 기여하는지 각각 밝히시오.

> (가)의 주제
> 절대자에 대한 기도와 사랑 및 완전한 고독에 대한 기원(= 경건한 삶에 대한 소망)

### 예상답안

① 가을 : 주제를 잘 드러낼 수 있는 계절적 배경 (= 겸허한 반성을 통해 자기 자신과 대면하는 시간 = 내면(內面)의 충실을 기하는 시기)
② 겸허(謙虛)한 모국어(母國語) : 경건하게 기도하는 마음을 잘 표현 (= 가장 진실하고 겸허한 기도)
③ 가장 아름다운 열매 : 절대자를 향한 사랑의 추구를 잘 드러내는 표현 (= 사랑의 결실, 가치 발견)
④ 굽이치는 바다 : 젊은 날의 격정과 방황을 극복한 후의 삶의 자세를 강조하여 경건함을 강조하는 표현
⑤ 백합(百合)의 골짜기 : 세속적 부귀영화를 초월한 삶의 자세를 강조하여 경건함을 강조하는 표현
⑥ 마른 나뭇가지 위에 다다른 까마귀 : 모든 것을 비운 나뭇가지 위의 고독한 존재를 통해 '절대자를 향한 절대 고독의 상태'라는 주제를 잘 드러냄 (= 본질적, 절대 경지에 이른 존재)

3. (가)와 (나)의 내용면에서 모더니즘 시의 특징을 각각 밝히시오.

### 예상답안

(가) 가을의 상념과 고독 속에서 삶을 성찰하며 절대자(절대 고독)를 찾으려는 지적 인식(지성, 성찰)을 드러냈음
(나) 현대인의 고독과 관계의 단절 속에서 친밀한 관계의 복원을 바라는 지적 인식(지성, 성찰)이 드러남

## 작품 3   산 (창작과 비평, 1968년)

이상하게도 내가 사는 데서는
새벽녘이면 산들이
학처럼 날개를 쭉 펴고 날아와서는
종일토록 먹도 않고 말도 않고 엎댔다가는
해질 무렵이면 기러기처럼 날아서
틀만 남겨 놓고 먼 산 속으로 간다.

산은 날아도 새둥이나 꽃잎 하나 다치지 않고
짐승들의 굴 속에서도
흙 한 줌 돌 한 개 들성거리지 않는다.
새나 벌레나 짐승들이 놀랄까 봐
지구처럼 부동의 자세로 떠간다.
그럴 때면 새나 짐승들은
기분 좋게 엎대서
사람처럼 날아가는 꿈을 꾼다.

산이 날 것을 미리 알고 사람들이 달아나면
언제나 사람보다 앞서 가다가도
고달프면 쉬란 듯이 정답게 서서
사람이 오기를 기다려 같이 간다.

산은 양지바른 쪽에 사람을 묻고
높은 꼭대기에 신을 뫼신다.

산은 사람들과 친하고 싶어서
기슭을 끌고 마을에 들어오다가도
사람 사는 꼴이 어수선하면
달팽이처럼 대가리를 들고 슬슬 기어서
도로 험한 봉우리로 올라간다.

산은 나무를 기르는 법으로
벼랑에 오르지 못하는 법으로
사람을 다스린다.

산은 울적하면 솟아서 봉우리가 되고
물소리를 듣고 싶으면 내려와 깊은 계곡이 된다.

산은 한 번 신경질을 되게 내야만
고산(高山)도 되고 명산(名山)도 된다.

산은 언제나 기슭에 봄이 먼저 오지만
조금만 올라가면 여름이 머물고 있어서
한 기슭인데 두 계절을
사이좋게 지니고 산다.

## 핵심정리

- **갈래** 서정시, 자유시
- **제재** 산의 변화
- **율격** 내재율
- **표현** 시각적, 청각적, 촉각적
- **주제** ① 사람과 자연의 일체감
  ② 조화를 이루며 살아가는 사람들의 삶
  ③ 이웃에 대한 우애와 겨레의 사랑

## 이해와 감상

### 1 짜임 분석

- 1~3연 – 산의 다정다감함
- 7~8연 – 울적하기도 하고 성낼 줄도 아는 산
- 4~6연 – 포근하기도 하고 사람을 다스리기도 하는 산
- 9연 – 조화롭게 안아 주는 산의 친근성

### 2 작품감상의 구조

| 구성 요소 | 구성 요소의 파악 | 그것이 지닌 의미·효과 | 주제와의 관련성 |
|---|---|---|---|
| 내용 요소 | ① 시적 화자 및 화자의 상황 | 시적 화자는 산의 모습을 통해 늘 인간 가까이 삶의 현장에 와 있는 절친한 친구로 그려내어 사람과 자연의 일체감을 효과적으로 드러낸다. | 사람과 자연의 일체감, 조화를 이루며 살아가는 사람들의 삶, 이웃에 대한 우애와 겨레의 사랑 |
| | ② 소재 | 산의 변화하는 모습을 통해 아름다움 속에서 등장할 수 있는 인간의 갖가지 양상을 유도하여 조화를 이루며 살아가는 사람들의 삶을 효과적으로 표현한다. | |
| | ③ 시의 내용 전개 | 아름답고 웅장한 산의 면모를 통해 인간은 어떻게 살아야 하는가, 진정 위대한 인간의 풍모는 어떠한 것인가에 대한 시인의 시적 성찰을 보여준다. | |
| 형식 요소 | ① 반복 | 통일된 '산은, 산이'의 어구로 행을 시작하여 통일감과 구조적 안정감을 가지며 운율을 통해 리듬감을 형성하여 의미를 강조한다. | |
| | ② 각운 | 각 연이 현재형 종결 '-ㄴ다'로 끝맺어 리듬감을 형성한다. | |
| | ③ 산문적인 리듬 | 의인화된 표현과 은유를 사용하여 유장하고 산문적인 리듬감을 형성하여 주제를 효과적으로 드러낸다. | |
| 표현 요소 | ① 상징 | '산'은 아름다움 속에서 등장할 수 있는 인간의 갖가지 양상을 표현한 것으로 사람과 자연의 일체감, 조화를 이루며 살아가는 사람들의 삶을 효과적으로 형상화한다. | |
| | ② 의인화 | '종일토록 먹도 않고 말도 않고 엎댔다가는'은 산을 의인화한 표현으로 산을 인간과 빗대어 표현함으로써 사람과 자연의 일체감을 드러낸다. | |
| | ③ 현재형 | 현재형 종결을 통해 구체성과 사실성을 지니며 조화를 이루며 살아가는 사람들의 삶을 효과적으로 형상화한다. | |

### 3 감상의 길잡이

시인은 산의 넉넉함과 자애로움을 원근과 고저의 의미망을 통하여 드러내고 있다. 산을 인간으로부터 멀리 떨어져 있고 높게만 솟아 있는 찬양과 외경(畏敬)의 대상이 아니라 늘 인간 가까이 삶의 현장에 와 있는 절친한 친구로 그려 내고 있다. 산은 모든 것을 품안에서 키우며 따뜻하게 감싸 준다. 억지로 구속하고 간섭하는 일은 결코 없다. 사람 사는 꼴이 어수선하면 그저 묵묵히 돌아서서 그 꼴이 풀리기를 기다릴 뿐이다. 행여 꽃잎이 다칠까, 새들이 놀랄까 세심한 주의를 기울이며 그들을 품속에 키운다. 인간도 그러한 산의 품안에 들 때 한 마리의 새가 되고 짐승이 된다. 자연 일체를 이루는 것이다. 그러나 이러한 무한한 포용력은 결코 무분별한 방종까지 용서하는 것은 아니다. 때로는 고성도 지르고 준엄한 자세로 인간을 다스린다. 엄한 스승의 모습으로 돌아서는 것이다. 나무를 기르는 인내를 가르치고 벼랑에 함부로 오르지 못하게 하는

겸허를 가르친다. 인간의 어수선한 삶의 방식을 질타하고 교정하는 것이다. 시인은 삶의 유익한 지혜의 샘으로서, 훌륭한 스승으로서 우리에게 다가서 있는 산의 모습을 통해 인간이 살아가야 할 공존과 화합의 자세를 보여 준다.

## ■ 중요 내용 정리

### 01 표현상의 특징
이 작품은 「성북동 비둘기」와 비슷한 시기에 씌어진 것이다. 주제 의식도 그 연장선상에 있다. 삶과 사람과 자연의 일체감을 그려 낸 점이 그렇다. 그러나 이 작품은 자연의 서경을 노래하거나 자연 친화만을 묘사하지는 않는다. 이 점에서 자연을 서정의 대상으로 그려 낸 청록파 시인들이나 고고한 기품의 대상으로 형상화한 서정주 시인의 정신주의와는 차별성을 가진다.

### 02 이 시에 나타난 '산'의 다양한 모습
① 직접적 대상으로서의 '산'
  산은 자연을 의미하는 것으로 인간으로부터 멀리 떨어져 있고 높게 솟아 있는 찬양과 외경의 대상이다. 또한 고고한 기품을 지닌 것, 아름다움의 대상으로 서정적인 분위기를 자아낸다. 따라서 인간은 자연으로서의 산의 경치에 감탄하고 자연 친화를 노래한다.
② 인간을 상징하는 '산'
  '산'은 다정하기도 하고 성내기도 하며 서러워하기도 하는, 사회 속에서 등장할 수 있는 인간의 갖가지 양상을 표현한 것이라 할 수 있다. 또한, 산은 늘 인간 가까이 삶의 현장에 와 있는 동반자로 그려진다. 산은 억지로 구속하거나 간섭하지도 않지만 방종까지 포용하지는 않는다. 나무를 기르는 인내와 벼랑을 함부로 오르지 못하게 하는 겸허를 가르친다. 삶의 유익한 지혜를 지닌 스승으로서 산은 인간이 지녀야 할 고온과 화합의 자세를 보여 준다.

### 03 보충 자료
이 시는 시인이 병마의 고통을 이겨 낸 후 지은 작품으로 삶과 사람과 자연의 일체감을 표현하고 있다. 이 시에서는 사의 모습이 인간의 모습과 같이 표현되고 있으며, 산이 보여주는 다양한 모습에 따라 시의 내용이 전개되고 있다. 다시 말하면 이 시의 산은 이전의 것과 다르다. 모든 것을 보듬어 주는 항상 여유로운 산만은 아니다. '산'은 때로는 화를, 때로는 여유로움을 지닌 것으로 평가 된다. 자연의 성격을 노래하거나 자연 친화만을 묘사하지는 않는다. 시인은 자연 속에서 인간의 삶에 대한 깊은 성찰을 통해 이웃과 융화되어 살아야 한다는 감각을 읽어 내고 있다.

### 04 우의(寓意)적 표현
표현하고자 하는 내용을 직접적으로 나타내지 않고, 다른 이야기나 속담·격언·문장 등으로써 간접적으로 나타내는 표현을 말한다. 즉, 내용을 속에 숨기고 그것을 뒤에서 암시하는 방법으로 우의법이라고도 한다.

## 김종삼 金宗三

1921 ~ 1984
시인. 황해도 은율 출생

▷ **작가의 특징**
1. 한국 전쟁 때 대구에서 시 「원정」, 「돌각담」 등을 발표하며 등단했다.
2. 짧은 시행으로 대상의 정경을 시각적으로 제시한다.
3. 순수와 진솔한 삶의 세계를 구체화하는 시풍으로 보인다.

▷ **주요 작품**
시집: 『십이음계(十二音階)』(1969), 『시인학교』(1977), 『북치는 소년』(1979), 『누군가 나에게 물었다.』(1983) 등

### 작품 1  북치는 소년 (십이음계, 1969년)

내용 없는 아름다움처럼

가난한 아이에게 온
서양 나라에서 온
아름다운 크리스마스 카드처럼

어린 양(羊)들의 등성이에 반짝이는
진눈깨비처럼

### ■ 핵심정리

▷ **갈래** 자유시, 서정시
▷ **성격** 주지적, 현실비판적
▷ **시적 화자** 겉으로 드러난 아름다움 속에서 속으로 고통을 받고 있는 '북치는 소년'과 '가난한 아이'와 추위 속에 있는 '어린 양들'을 보고 있는 화자
▷ **표현** 어구의 반복과 각운
▷ **제재** 크리스마스 카드
▷ **주제** ① 가난으로 인한 이웃의 아픔을 잊어버린 종교에 대한 비판
② 기독교적인 안식과 평화의 소망

### 이해와 감상

#### 1 짜임 분석
- 1연 – 애수, 환상의 소년이 카드를 받음
- 2연 – 아이와 소년
- 3연 – 실내 정경 → 시야를 밖으로 (역동적)

## ② 작품감상의 구조

| 구성 요소 | 구성 요소의 파악 | 그것이 지닌 의미·효과 | 주제와의 관련성 |
|---|---|---|---|
| 내용 요소 | ① 시적 화자 및 화자의 상황 | 시적 화자는 가난한 아이에게 배달된 크리스마스 카드의 아름다운 그림이 생활에선 아무 소용이 없음을 드러내었다. | 가난으로 인한 이웃의 아픔을 잊어버린 종교에 대한 비판, 기독교적인 안식과 평화의 소망 |
| | ② 시의 현실 | 예수의 태어남을 기뻐하느라 가난으로 인한 이웃의 아픔을 잊어버린 종교를 비판한다. | |
| | ③ 내용 전개 | 1연은 핵심 내용이고, 2~3연은 그것의 상황을 부연하여 설명하는 관계로 볼 수 있다. | |
| 형식 요소 | ① 고도의 생략 | '~처럼'의 비교 대상에 생략되어 암시적이며 애매모호하지만 고도의 비유를 통해 독자의 상상력을 극대화시키고 있다. | |
| | ② 각운 | 각 연을 '~처럼'으로 끝맺어 각운의 효과를 거두어 리듬감을 강조하고 이웃의 아픔에 무심한 종교와 사람에 대한 비판 의식을 표현한다. | |
| | ③ '실내 → 실외' 구조 | 실내 정경의 묘사에서 3연에서 시야를 밖으로 이동함으로써 역동적으로 표현하며 주제 형상화에 기여했다. | |
| 표현 요소 | ① 비유 | '북치는 소년'을 '내용 없는 아름다움처럼, 가난한~카드처럼, 어린~진눈깨비처럼'으로 드러내었다. | |
| | ② 이국적 이미지 | '북치는 소년', '양떼', '진눈깨비' 등의 이국적 풍광들은 막연한 아름다움의 무의미한 존재로 그 환상적인 풍경에 도취되지만 내용 없는 아름다움의 의미를 효과적으로 드러내고 있다. | |
| | ③ 3연의 중의적 의미 | ㉠ 배달된 카드에 담긴 그림으로 가난한 아이에게 실속 없는 것을 드러낸다.<br>㉡ 어린 양은 가난한 아이들이고 진눈깨비는 고난을 의미하며 크리스마스에도 가난한 아이들이 고난을 겪고 있음을 제시했다. | |

## ③ 감상의 길잡이

이 시는 서양에서 우리나라의 어느 가난한 아이에게 아름다운 카드가 온다는 상황을 전제로 하고 있다. 김종삼 시에 등장하는 아이들은 대체로 혼자이고 가난하며 비극적 존재로 나타난다. 이 시에서도 예외는 아니어서 2연에서 알 수 있듯이 그는 가난한 아이로 비애를 간직하고 있다. 그러므로 한국 전쟁의 상처가 아물지 않은 상황에서 흔히 볼 수 있었던 전쟁고아로도 볼 수 있겠다.

성탄절이 가까운 어느 날, 그 아이는 서양 소년이 북을 치고 있는 그림의 아름다운 크리스마스카드를 받는다. 그러나 카드 속에 담겨 있는 '북치는 소년', '양떼', '진눈깨비' 등의 이국적인 풍경들은 그에게 막연한 아름다움의 무의미한 존재일 뿐이다. 아이는 그 환상적인 풍경에 도취되기도 하지만, 그는 곧 그것이 다만 화려한 장식에 불과한 '내용 없는 아름다움'임을 깨닫는다.

이렇듯 이 시는 눈에 비친 사상(事象)을 있는 그대로 묘사하고 있는 시가 아니라, 그 사상 뒤에 배음(背音)으로 깔려 있는 이미지에 의해서 조형된 시이다. 그러므로 이 시에서는 어떤 사상이나 의미 내용을 찾으려 해서는 안 된다. 다만 각 시어들이 구축해 놓은 아름다움 그 자체만을 느낄 수 있으면 충분할 것이다.

## 중요 내용 정리

### 01 표현상의 특징
이 시는 그의 초기 대표작으로 쉽게 이해되지 않는 면이 있다. '-처럼'으로 묶인 세 개의 연에서 그 비교 대상이 생략됨으로써 완전한 문장을 갖추지 못한, 그야말로 '쓰다가 그만 둔 시'처럼 보이기도 한다. 그러나 단편적으로 끊어진 그 시상들을 '북치는 소년'이라는 제목을 중심으로 엮어 보면, 시인이 의도하고 있는 통일된 시상을 찾아낼 수 있다. 다시 말해, 각 연의 '-처럼' 뒤에 '북치는 소년'을 덧붙이면, 전체의 맥락이 완전하게 되살아나 독자의 가슴 속에서 여운으로 완결됨을 알 수 있다.

### 02 김종삼의 시 세계
김종삼은 고도의 비약에 의한 어구의 연결과 시어가 울리는 음향의 효과를 살린 초현실주의 기법을 원용하여 동안(童眼)에 비친 이미지로써 순수 지향의 의식을 펼쳐 보인 시인이다. 초기에는 시행의 단절, 난삽한 한자어의 배치, 의미의 집약들을 활용하여 기법의 실험성을 드러내다가, 후기에는 점차 평이한 진술을 바탕으로 인간의 체험을 드러내고 행간의 여운을 통하여 감추어진 의미를 암시하는 경향을 보여 주었다.

### 03 '북치는 소년'
이 시의 '북치는 소년'은 보통의 아이들과 다른 애수, 환상의 소년이다. 김종삼의 시에 나오는 아이들은 항상 혼자이고 가난하며 비극적 존재로 나타난다. 이 시에서도 2연에 있는 것처럼 가난한 아이이고 걸맞지 않게 서양 나라에서 온 크리스마스카드를 받은 아이이다. 6·25 동란이 휩쓸고 간 폐허에 풀꽃처럼 곳곳에 있었던 고아원의 풍경이다. 시인은 지금 서양의 소년이 북치는 그림을 보고 있다. 아무것도 전해 주지 않는 생생한 그림. 그 생소함과 아름다움을 말해주는 것이 '내용 없는 아름다움'이란 표현이다. 그것은 순수한 아름다움이며 감동 그것일 뿐이다. 김춘수는 이를 효용성이 없는 무상성(無償性)이라 설명한다. 그리고 평자들은 '내용 없는 아름다움'이야말로 김종삼의 순수성 높은 시 세계를 요약해 주는 시구로 많은 인용들을 보이고 있다.

### 작품 2  민간인 (현대시학, 1971년)

1947년 봄
심야(深夜)
황해도 해주(海州)의 바다
이남(以南)과 이북(以北)의 경계선 용당포

사공은 조심 조심 노를 저어가고 있었다.
울음을 터뜨린 한 영아(嬰兒)를 삼킨 곳.
스무 몇 해가 지나서도 누구나 그 수심(水深)을 모른다.

## 핵심정리

▷ **갈래** 서정시, 자유시
▷ **율격** 내재율
▷ **제재** 월남의 체험
▷ **시상의 전개(형태)** 배경제시 → 사건 진술

▷ **주제** 민족 분단의 아픔
▷ **표현** ① 과거체의 간결한 서술형으로 감정을 최대한 억제
　　　② 모더니즘의 이미지 중심의 표현

## 이해와 감상

### 1 짜임 분석

- 1연 – 배경 제시 (구체성, 현장성 확보, 독자의 관심 집중 효과)
- 2연 – 사건 진술 (분단으로 인해 겪어야 했던 잔인하고 비극적 사건 소개)

## ② 작품감상의 구조

| 구성 요소 | 구성 요소의 파악 | 그것이 지닌 의미·효과 | 주제와의 관련성 |
|---|---|---|---|
| 내용 요소 | ① 시의 현실 | 6·25 이전의 남북 분단 경계선을 넘으려던 사람들의 비극적 사건을 객관적으로 기술하여 민족 분단의 아픔의 비극성을 효과적으로 드러낸다. | 민족 분단의 아픔 |
| | ② 소재 | 월남의 체험을 통해 민족 분단의 아픔을 구체적이고 생동감 있게 표현한다. | |
| | ③ 제목 | 군인도 관리도 아닌 '보통 사람'이 월남하면서 겪어야 했던 비극을 강조하기 위한 의도이다. | |
| 형식 요소 | ① 배경제시 → 사건 진술의 짜임 | 배경 제시를 통해 구체성, 현장성, 독자의 관심을 집중 시키고, 사건 진술을 통해 분단으로 인해 겪어야 했던 잔인하고 비극적 사건을 소개한다. | |
| | ② 구체적 시어 | '용당포'라는 지명과 '1947년 봄'이라는 시간을 구체적으로 드러냄으로써 민족 분단의 아픔을 구체적이고 직접적으로 드러낸다. | |
| 표현 요소 | ① 과거체의 간결한 서술 | 과거를 드러내는 간결한 서술로 감정을 최대한 억제하고 있다. | |
| | ② 묘사 중심 | 주관성이 배제된 스케치풍의 묘사를 중심으로 해서 민족 분단의 아픔을 객관적으로 그려 내면서 독자의 상상력을 유도한다. | |
| | ③ 상징 | '누구나 그 수심을 모른다'라는 구절의 '수심'은 분단이 가져다 준 비극의 깊이, 가슴에 각인된 고통과 슬픔의 깊이를 상징한다. | |

## ③ 감상의 길잡이

　김종삼 시인의 비극적 세계 인식은 단순히 세계로부터의 도피가 아니라 혼란한 세계의 폭로, 그것에 대한 분노로 형상화되는 경우가 있는데「민간인」이 그 경우이다. 이 시에 흐르고 있는 것은 비참한 민족상잔의 비극이다. 그는 1947년 봄이라는 구체적 시간과 용당포라는 구체적인 장소, 그리고 월남인들을 싣고 가는 배를 독자에게 보여준다. 그리고 마침내, 부모들이 살기 위해 울음 우는 아이를 강물 속에 집어넣는 잔인하지만 가슴 아픈 행위를 진술한다. 그러나 시인은 자기 감정을 철저히 억제함으로써 그것을 민족 분단의 상징적인 인식으로 승화시킨다.

　이 시는 한국 전쟁의 비극적 체험을 바탕으로 창작되었으면서도 전쟁의 색채가 잘 드러나지 않는다. 제목으로 쓰인 '민간인'이라는 단어는 관리나 군인이 아닌 '보통 사람'이라는 뜻으로, 남북 분단의 비극이 평범한 일반인에게도 끼치고 있음을 보여주기 위해 의도적으로 채택한 것으로 볼 수 있다. 시인은 마친 영화의 한 장면처럼 배경을 제시하고, 그 곳에서 일어난 끔찍한 사건을 이렇다 할 생각과 느낌을 덧붙이지 않은 채 다만 보여주기만 한다. 그것은 그 비극적 상황을 비정하리만큼 객관적으로 그려내면서 그것을 어떻게 생각하고 느낄 것인가를 독자의 몫으로 남겨 놓고 있기 때문이다. 이러한 시작 방법은 독자의 상상력을 통하여 더 깊은 생각과 느낌을 갖도록 유도하는 것으로 볼 수 있다. 전쟁은 시인에게 기억하기조차 끔찍했던 공포의 사건으로, '용당포'라는 지명과 '1947년 봄'이라는 시간을 통해 더욱 구체화됨으로써 장장 '스무 몇 해나 지나서도' 여전히 그를 괴롭히고 있음을 알 수 있다. 그 무서운 사건은 다름 아닌, 전쟁이 발발하기 전, 북한 주민들이 죽음을 무릅쓰고 남북 왕래가 금지된 38선을 넘어 월남을 감행하는 극한 상황에서, 우는 젖먹이 아이까지 바다 속에 던져 넣던 비극적 모습으로 나타나 있다. 그러므로 '누구나 그 수심을 모른다'라는 구절의 '수심'은 바로 분단이 가져다준 비극의 깊이요, 그의 가슴에 각인된 고통과 슬픔의 깊이라 하겠다.

## 중요 내용 정리

### 01 표현상의 특징
① 과거체의 간결한 서술형으로 감정을 최대한 억제하면서도 민족의 비극을 잘 드러냈다.
② 모더니즘의 이미지 중심의 표현을 하고 있다.

### 02 김종삼 시 속의 '아이의 세계'
김종삼에게는 사회적 자아가 결핍되어 있고 이 결핍은 동화의 세계, 아이의 세계로 나타나고는 했다. 아이의 순수세계는 역사적 현실의 성인 세계와 대조되어 감동적으로 제시되곤 하였다. 그러나 종종 아이의 이미지가 순수한 세계가 아니라 현실과의 괴리를 강조하는 데 쓰이는 경우가 있다. 우선 아이가 죽은 자 혹은 죽을 자로 설정된다. 그의 이상향은 죽음과 연결되어 있는 셈인데, 이는 그의 이상향이 현실과 조화를 이루지 못하고 철저하게 대립되어 있다는 것을 의미한다. 「그리운 안니 로리」, 「뾰족집이 바라보이는」, 「개똥이」 등에 나오는 아이들은 보통의 아이들과 다르게 항상 혼자서 외롭게 죽음을 예감하며 혹은 그것을 선고받으며 살고 있다. 그 아이들은 부모와 타인들 즉 사회에서 완전히 소외되어 있으며 동시에 성장이 중지되어 있다. 그 아이들은 시인과 세계와의 불화를 상징하고 있다.

### 03 중요 시어 및 시구
① 용당포: 휴전선이 그어진 곳. 월남하는 사람들에 대한 감시와 경계가 삼엄한 곳
② 울음을 터뜨린 한 영아를 삼킨 곳: 삼엄한 경계 속에서 남하를 감행하던 사람들이, 느닷없이 터진 아이의 울음소리에 당황해서, 그 아이를 바다 속에 집어넣어야 했던 잔인하고 비정한 비밀이 숨어 있는 곳
③ 스무 몇 해나 지나서도: 역사적 비극이 세월의 흐름에도 잊혀지지 않음
④ 수심: 분단으로 인한 비극의 깊이를 암시하는 말로서, 통곡의 깊이로 짜릿한 여운을 울림

### 04 제목 '민간인'
군인도 관리도 아닌 '보통 사람'이라는 뜻으로, 전쟁과 분단으로 인해 겪어야 하는 비극적 상황을 민간인들의 시각에서 바라보고자 하는 뜻에서 마련된 의도적 제목이다.

## 기출문제

1. "다양한 시각과 방법으로 문학 작품을 해석하고 평가한다."라는 학습 목표로 다음 시에 대한 감상 수업을 진행하였다. 학생들이 해석한 결과로 적절하지 않은 것은?

   2013년 기출 36번

   > 1947년 봄
   > 심야
   > 황해도 해주의 바다
   > 이남과 이북의 경계선 용당포
   >
   > 사공은 조심조심 노를 저어가고 있었다.
   > 울음을 터뜨린 한 영아(嬰兒)를 삼킨 곳.
   > 스무 몇 해나 지나서도 누구나 그 수심(水深)을 모른다.
   >
   > – 김종삼, 「민간인」

   ① 시의 형태에 주목해 볼 때, 1연은 첫 두 행을 의도적으로 나누어 시간의 분절을 표현하는 동시에 3, 4행에서 공간을 초점화하였다. 이는 작품에 긴장감을 형성하는 효과를 자아낸다.
   ② 작자의 생애에 비추어 볼 때, 이 작품은 황해도에서 태어나 해방 후 월남한 개인적 체험을 바탕으로 하고 있다. 이 때문에 2연의 극적인 상황 표현이 비극적 정조를 느끼게 한다.
   ③ 작품의 미적 측면을 고려할 때, 절제된 시어와 간결한 시행, 문장 부호의 독특한 사용을 통해 서사적인 내용을 시적으로 형상화하였다. 이를 통해 감정을 응축하고 주제를 암시적으로 표현하였다.
   ④ 내면세계에 초점을 맞추어 볼 때, 고립감과 죽음 의식이 작품의 분위기를 지배하고 있다. 이는 시인이 자신의 실존적 상황을 인식하고 절대적 세계에 대해 동경의 태도를 가지게 되었기 때문이다.
   ⑤ 작품 간의 관련성에 주목해 볼 때, '수심'의 이미지는 김기림의 시 「바다와 나비」에서도 사용된 표현이다. 김기림 시에서 '수심'은 새로운 세계의 실체를 비유하였지만, 이 시에서는 삶의 심연에 대한 사유를 담고 있다.

   정답 ④

## 김규동 金奎東

1925 ~
호는 문곡(文谷). 함북 경성 출생

### 작가의 특징
1. 그의 시는 전쟁을 주제로 하여 기계문명과 자연을 대비한 감상적 색조의 시풍을 주로 하고 있다.
   예 『나비와 광장』(1955), 『현대의 신화』(1958), 사화집 『평화에의 증언』(1957), 시선집 『깨끗한 희망』(1985) 등
2. 초기에는 전쟁을 주제로 하여 기계 문명과 자연을 대비한 감상적 색조의 시풍을 보인다.
3. 1970년대부터는 분단의 현실을 시로 표현하는 작가로 변모했다.

## 작품 1 나비와 광장 (나비와 광장, 1955년)

현기증 나는 활주로의
최후의 절정에서 흰나비는
돌진의 방향을 잊어버리고
피 묻은 육체의 파편들을 굽어본다.

기계처럼 작열한 작은 심장을 축일
한 모금 샘물도 없는 허망한 광장에서
어린 나비의 안막(眼膜)을 차단(遮斷)하는 건
투명한 광선의 바다뿐이었기에

진공의 해안에서처럼 과묵한 묘지 사이사이
숨가쁜 Z기의 백선(白線)과 이동하는 계절 속
불길처럼 일어나는 인광(燐光)의 조수에 밀려
이제 흰나비는 말없이 이즈러진 날개를 파닥거린다.

하얀 미래의 어느 지점에
아름다운 영토는 기다리고 있는 것인가
푸르른 활주로의 어느 지표에
화려한 희망은 피고 있는 것일까

신(神)도 기적도 이미
승천하여 버린 지 오랜 유역(流域)
그 어느 마지막 종점을 향하여 흰나비는
또 한 번 스스로의 신화와 더불어 대결하여 본다.

## ■ 핵심정리

▷ **갈래** 자유시, 서정시
▷ **율격** 내재율
▷ **성격** 문명비판적
▷ **시상 전개(형태)** 흰 나비의 행동 묘사 중심
▷ **표현** 문명과 자연의 대조를 통해 감상적 색조를 드러냄
▷ **제재** 흰 나비
▷ **주제** 전쟁으로 피폐화된 인간성 회복의 갈망

## 이해와 감상

### 1 짜임 분석

- 1연 – 방향을 잊어버린 나비
- 3연 – 나비의 무력함
- 5연 – 현실을 벗어나려는 대결 자세
- 2연 – 나비의 막막한 처지
- 4연 – 나비의 미래, 희망에 대한 기대감

### 2 작품감상의 구조

| 구성 요소 | 구성 요소의 파악 | 그것이 지닌 의미·효과 | 주제와의 관련성 |
|---|---|---|---|
| 내용 요소 | ① 소재 | 연약한 존재의 표상인 '흰 나비'의 행동을 통해 현대 문명과 그 산물인 전쟁의 의미를 드러냈다. | 전쟁으로 피폐화된 인간성 회복의 갈망 |
| | ② 모더니즘의 시 | 전쟁으로 피폐화된 현실 상황 속에서 인간성 회복의 갈망을 지적 인식으로 드러내었다. | |
| | ③ 시의 내용 전개 | 흰 나비가 전쟁 중 제트기가 나는 활주로에서 방향을 잃고 쓰러지지만 최후의 힘을 다해 회복을 갈망한다. | |
| 형식 요소 | ① 시어 | '진공의 해안, 과묵한 묘지, 불길처럼 일어나는 인광의 조수'는 죽음을, '숨가쁜 Z기'는 전쟁을 상징하는 시어로 음울함과 피폐한 현실을 효과적으로 표현했다. | |
| | ② 각운 | '–ㄴ다'의 현재형 종결어미를 반복적으로 사용하여 리듬감을 형성하여 현장감과 긴박감을 증가시킨다. | |
| 표현 요소 | ① 대조 | '비행기–거대한 물질문명(전쟁)'과 '흰나비–나약한 인간'의 이미지 대조를 통해 현대 문명사회에 대한 비판적 인식과 질서와 평화 회복을 바라는 휴머니즘적 정신을 표현한다. | |
| | ② 상징 | ㉠ '나비'의 날개짓은 현실의 고통과 질곡에서 벗어나려는 초월적 행동으로 비상의 꿈, 아름다운 상승이라는 이미지를 상징한다.<br>㉡ 그 외 '하얀 미래', '푸르른 활주로', '마지막 종점', '신화' 등도 상징으로 의미를 잘 드러낸다. | |
| | ③ 의인화 | 흰 나비를 의인화하여 나비가 처한 상황을 더욱 구체적이고 감각적으로 느끼게 한다. | |

### ③ 감상의 길잡이

　그의 초기시를 대표하는 모더니즘 계열로 전쟁으로 인해 피폐된 인간성 회복에 대한 소망을 감각적으로 표현하고 있다. 이 시에서 '흰나비'는 단순한 묘사의 대상이 아니라, 시적 화자를 대신하는 감정 이입된 존재로서 시적 상황에 대한 일정한 인식 상태를 보여 주고 있다. '활주로', '제트기', '피 묻은 육체', '묘지' 등의 시어에서 유추할 수 있듯이, 이 시에서 제기된 것은 피비린내 나는 전쟁 상황이다. 그와 함께 '돌진하려는 흰나비', '차단하는 투명한 광선의 바다', '불길처럼 일어나는 인광' 등의 날카로운 이미지는 죽음과 직면한 화자의 절박한 한계 상황을 암시하고 있다. 그러므로 '방향을 잊어버리고 / 피 묻은 육체의 파편들을 굽어보다가', 결국은 '불길처럼 일어나는 인광의 조수에 밀려 / 말없이 이즈러진 날개를 파닥거리'는 '흰나비'는 전쟁이라는 비극적 상황에 대항하여 인간성을 회복하고자 하는 화자의 모습이다.

　그에게 '화려한 희망'을 갖게 하는 '아름다운 영토'는 인간성이 복원된 세계이지만, 현실은 '신도 기적도 이미 / 승천하여 버린 지 오랜' 전쟁터일 뿐이다. 그러나 그는 '푸르른 활주로의 어느 지표'에서만 피어난다는 모순된 '희망'을 찾아 '또한번 스스로의 신화와 더불어 대결하'겠다는 강한 의지를 보여 준다. 이렇게 이 시는 6·25의 비극적 체험을 바탕으로 하여 인간을 파괴하는 전쟁에 대한 시인의 비판적 인식을 드러내고 있다. 이 같은 인식은 감각적 표현을 통해 구체화되고 있는데, 이는 바로 전후(戰後) 시의 한 경향이었던 모더니즘의 특성을 잘 보여 주는 것이라 하겠다.

## 중요 내용 정리

### 01 표현상의 특징
이 시는 작품의 중심 소재로 등장하는 '흰 나비'의 행동에 대한 묘사를 축으로 하여 무언가 상징적이고 암시적인 의미를 전달하려 하는 인상을 풍긴다. 즉, 시의 화자가 흰 나비의 행위 속에 자신의 의식을 투입시킴으로써 흰나비는 단순한 묘사의 대상이 아니라 화자를 대신하는 감정 이입된 존재로서 시적 상황에 대한 일정한 인식을 보여주고 있는 것이다. 이것은 시의 기법 상 알레고리(의의)에 해당하는 것으로, 작자가 암시하는 시적 의미는 결국 이 시에서 제시된 시적 상황의 실제적 의미가 무엇인가를 앎으로써 파악할 수 있다.

### 02 「나비와 광장」의 시적 상황
이 시의 상황은 동원된 몇 가지 소재들을 통해 살펴볼 수 있다. '활주로'와 '제트기', '피묻은 육체'와 '묘지'와 같은 것은 전쟁의 상황을 말하기 위해 쓰인 것이다. 그리고 돌진하는 나비와 그를 가로막은 투명한 광선, 번지는 불꽃 등의 상황을 통해서 전쟁의 숨막히는 극한 상황을 느낄 수 있다. 말하자면 이 시는 한국 전쟁의 체험을 바탕으로 하여 인간의 일상적 인식을 초월한 그 비정한 상황적 분위기를 비판적으로 그려내려 한 것이다. 4연에는 바로 이러한 화자의 전쟁에 대한 비판적 인식이 비극적 현실을 벗어나려는 염원으로 표현되어 있다. 결국 전쟁터로서 이 현실은 신의 존재에 의지하거나 기적을 바랄 마음조차 송두리째 앗아가 버린 그야말로 '허무'와 '진공'의 공간이었던 것이다.

### 03 시에 나타난 모더니즘의 특징
이 시에서 두드러진 것은 화자의 인식을 감각적인 표현을 통해 구상화하고 있는 점이다. 1953년에 발표된 이 작품은 당시 전후시의 한 경향으로 형성된 모더니즘시의 특징을 보여주고 있는데, 그것은 이처럼 현실을 지적으로 파악하여 감각적인 표현을 통해 의미를 제시하는데서 찾을 수 있다. 즉, 전쟁으로 인해 비인간화 된 문명사회에 대한 비판적 인식과, 질서와 평화를 회복하려는 휴머니즘 정신을 바탕으로 하여 전후의 시대상황과 의식을 반영한 것이다.

### 04 「나비와 전쟁」의 대립 구도
이 시는 전쟁의 결과로 나타난 비정한 현실을 나비를 통해 표현하고 있다. 흰나비는 단순한 묘사의 대상이 아니라, 감정이 이입된 존재로서 시적 상황에 대한 현실 인식을 보여 준다. 따라서 시인이 표현하려는 시적 의미는 시적 상황의 실제 의미를 앎으로써 파악할 수 있다. 그러므로 이 시에서 비판하려는 현실은 이 시에 사용된 '활주로', '피 묻은 육체', '묘지', 'Z기'와 같은 소재들을 통해 파악할 수 있다. 아울러 돌진하는 흰나비와 그를 가로막은 투명한 광선, 번지는 불꽃 등을 통하여 화자가 전쟁의 극한 상황을 묘사하고 있음을 알 수 있다.

### 05 김규동의 「나비와 광장」과 김기림의 「바다와 나비」
① 공통점: 나비를 통해 문명 비판적 태도를 보이고 있다.
② 차이점: 「나비와 광장」의 '나비'는 활주로 위의 피곤한 속에서도 지치지 않고 끝끝내 대결의 자세를 포기하지 않고 있으나, 「바다와 나비」의 '나비'는 바다를 청무우밭으로 잘못 생각하여 내려갔다가 다시 되돌아오는 착각 속에서의 패배 의식을 나타내고 있다.

## 작품 2  두만강 (현대문학, 1985년)

얼음이 하도 단단하여
아이들은
스케이트를 못 타고
썰매를 탔다.
얼음장 위에 모닥불을 피워도
녹지 않는 겨울 강.
밤이면 어둔 하늘에
몇 발의 총성이 울리고
강 건너 마을에서 개 짖는 소리 멀리 들려 왔다.
우리 독립군은
이런 밤에
국경을 넘는다 했다.
때로 가슴을 가르는
섬뜩한 파괴음은
긴장을 못 이긴 강심 갈라지는 소리.
이런 밤에
나운규는 '아리랑'을 썼고
털모자 눌러 쓴 독립군은
수많은 일본군과 싸웠다.
지금 두만강엔
옛 아이들 노는 소리 남아 있을까?
강 건너 개 짖는 소리 아직 남아 있을까?
통일이 오면
할 일도 많지만
두만강을 찾아 한 번 목놓아 울고 나서
흰 머리 날리며
씽씽 썰매를 타련다.
어린 시절에 타던
신나는 썰매를 한번 타 보련다.

### 핵심정리

▷ **갈래** 서정시, 자유시
▷ **율격** 내재율
▷ **시적 화자** 썰매를 타던 어린 시절을 회상하면서 일제 현실을 제시하고 통일에 대한 염원과 의지를 가진 화제
▷ **시상의 전개(형태)** 추보식 구성
▷ **표현** 변형된 수미 상관법을 통한 시상의 안정감
▷ **제재** 분단 현실
▷ **주제** 통일에 대한 염원과 의지

## 이해와 감상

### 1 짜임 분석

추보식 구성 (과거 회상 → 현재 의문 → 미래 의지)
- 1~9행 – 과거 회상 → 일제하 현실
- 20~22행 – 현재 품어 보는 의구심
- 10~19행 – 과거 회상 → 일제하 투쟁
- 23~29행 – 통일에 대한 염원

### 2 작품감상의 구조

| 구성 요소 | 구성 요소의 파악 | 그것이 지닌 의미·효과 | 주제와의 관련성 |
|---|---|---|---|
| 내용 요소 | ① 시의 현실 | '두만강'은 시인 자신의 어린 시절의 추억이 배어 있는 강이면서 일제시대 독립군이 투쟁하던 장소였고, 다가올 통일의 날을 지켜볼 역사 현실을 상징하는 시적 공간으로 주제를 효과적으로 형상화한다. | 통일에 대한 염원과 의지 |
| | ② 제재 | 시적 화자는 분단이 해소되는 그 날 두만강에서 어린 시절처럼 썰매를 타겠다는 소박한 소망을 통해 통일에 대한 염원과 의지를 명확히 드러내고 있다. | |
| | ③ 민족 문학 | 분단의 현실과 분단 극복의 통일에의 염원을 표현함으로써 민족 문학 작가로 변모한 모습을 보인다. | |
| 형식 요소 | ① 반복과 점층 | '신나는 썰매를 한번 타 보련다'를 반복과 점층을 통해 드러냄으로써 리듬감을 주고 통일에 대한 염원을 강조한다. | |
| | ② 수미상관 | 변형된 수미상관법을 통해 구조적 통일성을 갖추었고, 미래의 통일에 대한 의지를 드러냈다. | |
| | ③ 추보식 구성 | '과거 회상 → 현재 의문 → 미래에 대한 희망'으로 구성하여 미래에 대한 희망을 강조하는 효과를 지닌다. | |
| 표현 요소 | ① 회상적 분위기 | 과거 부분에 지나치게 비중을 두었기 때문에 회상적 분위기가 강하게 느껴진다. | |
| | ② 상징 | '녹지 않는 두만강'은 일제 강점기하의 민족의 시련을 상징하는 시구로 식민지하의 힘든 현실을 드러낸다. | |

### 3 감상의 길잡이

이 시의 시상 전개는 추보식이다. 즉, '과거 회상 → 현재 의문 → 미래에 대한 희망'으로 구성되어 있는 바, 과거 부분이 1~19행, 현재가 20~22행, 미래 부분이 23~29행으로 되어 있다.

과거 부분에 지나치게 비중을 두었기 때문에 이 시는 회상적 분위기가 강하게 느껴진다. 먼저 이 시는 썰매를 타던 어린 시절을 회상하면서 일제 현실을 제시한다. '단단한 얼음장, 겨울 강, 어둔 밤하늘, 총성'이라는 부정적 이미지를 통해 암울한 과거를 보여 주고 있다. 10행부터는 그런 악의에 찬 현실 속에서 전개된 독립 활동이 나타난다. 그리고 20행의 '지금'부터 시상이 급격하게 전환되면서 화자는 두만강이라는 역사의 강에 어린 시절 추억의 흔적이 남아 있을까 의심한다.

## ▷ 이동주 李東柱
1920 ~ 1979
전남 해남 출생

▷ **작가의 특징**
1. ≪문예≫지에 「황혼」, 「새댁」, 「혼야」 등이 추천되어 등단했다.
2. 시는 조촐한 서정성과 간결한 균형미를 보이고 있다.

### 작품 1   강강술래 (강강술래, 1955년)

여울에 몰린 은어떼.

삐비꽃 손들이 둘레를 짜면
달무리가 비잉 빙 돈다.

가아웅 가아웅 수우워얼래에
목을 빼면 설음이 솟고…….

백장미 밭에
공작(孔雀)이 취했다.

뛰자 뛰자 뛰어나 보자.
강강술래

뇌누리에 테이프가 감긴다.
열두 발 상모가 마구 돈다.

달빛이 배이면 술보다 독한 것.

기폭이 찢어진다.
갈대가 스러진다.

강강술래
강강술래.

### ■ 핵심정리

▷ **갈래** 자유시, 서정시
▷ **성격** 애상적, 낭만적
▷ **시적 화자** 강강술래를 보며 설움의 정화를 생각함
▷ **시상 전개(형태)** 춤의 속도 변화에 따른 구성
▷ **표현** 공감각적 심상, 상징법, 은유법, 반복법
▷ **제재** 강강술래와 농악
▷ **주제** ① 민속놀이의 아름다움과 놀이를 통한 설움의 정화
　　　　② 강강술래를 통해 느끼는 전통적 한의 정서

### 이해와 감상

① **짜임 분석**
　춤의 속도 변화에 따른 구성
　■ 1~3연 – 달빛 속에 손을 맞잡은 아리땁고 발랄한 소녀들의 모습
　■ 4~5연 – 인물들이 빙글빙글 돌며 뛰는 모습
　■ 6~9연 – 숨가쁘게 뛰며 도는 광경

## 2 작품감상의 구조

| 구성 요소 | 구성 요소의 파악 | 그것이 지닌 의미·효과 | 주제와의 관련성 |
|---|---|---|---|
| 내용 요소 | ① 시적 화자 및 화자의 상황 | 강강술래를 보며 설움의 정화를 생각하는 화자를 통해 민속놀이의 아름다움과 놀이를 통한 설움의 정화를 효과적으로 드러냈다. | 민속놀이의 아름다움과 놀이를 통한 설움의 정화. 강강술래를 통해 느끼는 전통적 한의 정서 |
| | ② 소재 | 전통적 민속놀이인 '강강술래와 농악'을 회화적이고 리듬감 있게 묘사함으로써 놀이를 통한 설움의 정화를 잘 드러냈다. | |
| | ③ 전통성 | 우리 시가에서 전통적으로 이어지는 민속놀이를 통해 '전통적 한의 정서'를 노래했다. | |
| 형식 요소 | ① 시어의 한계 | 민속적이고 전통적인 내용을 '백장미, 공작, 테이프' 등의 서구적 시어를 통해 깊이 있는 한을 담지 못하고 내용이 관념적으로 느껴진다. | |
| | ② 완(緩) → 급(急) | 천천히 시작되다가 빠르게 진행되는 춤의 속도 변화에 따라 시상이 전개되어 격렬한 춤사위와 빨라지는 호흡과 율동을 효과적으로 드러냈다. | |
| | ③ 음조를 활용 | '가아응 가아응 수우워얼래에'와 같은 음조를 활용하여 훌륭한 시적 톤을 형성하여 춤사위의 리듬감을 고조시키고 있다. | |
| 표현 요소 | ① 감각적 심상 | 시각·청각의 다양한 심상이 어우러져 강강술래의 아름다움을 표출한다. | |
| | ② 공감각적 심상 | '달빛이 배이면 술보다 독한 것'에서 공감각 이미지를 통해 표현했다. | |
| | ③ 환유(비유) | '달무리'는 달, 사람을 '백장미'는 흰 달빛을, '공작'은 소녀의 환유적 표현으로 강강술래를 추는 모습의 아름다운 모습을 효과적으로 형상화하였다. | |

## 3 감상의 길잡이

　전통 민속춤인 강강술래를 소재로 하여 우리 민족의 보편적 정서인 한(恨)을 노래한 작품으로 시각적인 회화성과 청각적인 음악성을 교묘하게 배합하여 민족적인 고전미와 삶의 애환이라는 주제를 담고 있다. 집단 원무(集團圓舞)를 추고 있는 처녀들의 공동성(共同性)과 도취성, 그리고 역동성(力動性)을 그린 이 시를 읽고 있노라면 마치 꿈과 현실이 한 자리에 어울려 있는 듯한 환상적 느낌에 빠져들게 된다.

　1~2연은 장면의 제시 부분으로 춤을 추기 위해 모여든 처녀들을 '은어 떼'에 비유하고 있으며, 춤추기 시작한 모습을 '달무리가 비잉 빙 도는' 것으로 표현하고 있다. 3~4연은 춤추는 처녀들의 감정의 전개 부분으로서 아직은 정적(靜的)이고 완만한 호흡이다. 3연에서는 강강술래에 나타난 민족적 정한(情恨)을, 4연에서는 '백장미'로 제시된 달빛 하얗게 내려 비치는 뜰에서 '공작'처럼 춤을 추는 처녀들의 화려한 모습을 환상적으로 보여 주고 있다.

　5~6연은 숨가쁘게 진행되는 춤동작으로 감정의 고조 부분이 되며, 7~8연은 달빛에 취해 무아경(無我境)에 빠져 춤추는 모습으로서 감정의 절정 부분이 된다. 마지막 9연은 한껏 고조된 노래와 춤사위를 통해 혼연일체가 된 모습으로, 앞에서 보여 주던 느린 리듬감이 동적(動的)이고 긴박한 호흡으로 변모되어 있음을 알 수 있다.

　여인들이 성장(盛裝)을 하고 추는 춤이 보여 주는 회화성과 노래에서 느껴지는 청각성이 조화를 이루어 강강술래의 율동감과 가락을 바로 옆에서 감상하는 듯한 느낌을 준다.

　어조면에서는 생동하는 춤에서 드러나는 활력성을 지니는 한편, 한의 정서인 애상성을 동시에 지니고 있다. 또한 간결한 묘사로 긴장감을 고조시키는 표현, 춤을 추기 전의 모습에서 점차 빠르게 돌아가는 춤사위를 추보식 구성으로 묘사하고 있는 점도 특징이라 할 수 있고, 우리 민족적 성향인 고전미를 담은 것도 이 시의 성과라 할 수 있다. 또한 고요함에서 시작하여 차츰 빠른 율동과 가락으로 옮겨진 뒤 한껏 고조된 노래와 춤을 묘사하는 것으로 종결지음으로써 독자의 긴장감을 끝까지 유지시키고 있다.

그러나 '백장미', '공작', '테이프'와 같은 이국적 정서를 환기시키는 어휘들은 민속적 소재를 형상화하는데 기여하는 요소라고 보기는 어려울 것이다.

## ▣ 중요 내용 정리

### 01 표현상의 특징
추석 한가위 둥근 달 아래 강강술래를 하는 소년 소녀들의 즐거운 유희를 회화적 수법으로 그린 작품이다. 그리고 꿈과 현실이 한 자리에 어울리게 했다. 처음은 강강술래의 노랫가락처럼 느릿느릿 그리고 객관적 위치에 이르러선 숨이 차서 쓰러지고 헐떡이는 급템포로 휘몰아가면서 작자 자신도 혼연 일체가 되어 버렸다. 시각적인 회화성과 청각적인 음악성을 혼합하여 민속적인 미와 한을 표현하고 있다.
① 여러 가지 심상이 어우러져 공감각적 심상을 이루며 강강술래의 아름다움을 표출했다.
② 상징법, 은유법, 반복법이 사용되었다.

### 02 서정주의 평
고유풍속을 미적으로 승화하고 있다. '여울, 은어, 백장미, 공작, 달빛'과 같은 아어(雅語)를 사용하여 시의 미감을 확대하며, 아울러 '가아응 가가응 수우워얼래에'와 같은 음조를 활용하여 훌륭한 시적 톤을 이루고 있다.

## 예상문제

※ (1~3) 다음 작품을 읽고 물음에 답하시오

(가)
꽃가루와 같이 부드러운 고양이의 털에
고운 봄의 향기(香氣)가 어리우도다.

금방울과 같이 호동그란 고양이의 눈에
미친 봄의 ㉠불길이 흐르도다.

고요히 다물은 고양이의 입술에
포근한 봄의 졸음이 떠돌아라.

날카롭게 쭉 뻗은 고양이의 수염에
푸른 봄의 생기(生氣)가 뛰놀아라.

— 이장희, 「봄은 고양이로다」

(나)

　ⓒ <u>여울에 몰린 은어떼.</u>

　삐비꽃 손들이 둘레를 짜면
　달무리가 비잉 빙 돈다.

　가아웅 가아웅 수우워얼래에
　목을 빼면 설움이 솟고……

　ⓒ <u>백장미 밭에</u>
　공작이 취했다.

　뛰자 뛰자 뛰어나 보자
　강강술래

　㉣ <u>뇌누리에</u> 테이프가 감긴다.
　열두 발 상모가 마구 돈다.

　달빛이 배이면
　술보다 독한 것.

　기폭이 찢어진다.
　갈대가 스러진다.

　강강술래
　강강술래

　　　　　　　　　　　　　　- 이동주, 「강강술래」

(다)

　분홍색 회장저고리
　남 끝동 자주 고름
　긴 치맛자락을
　살며시 치켜들고
　치마 밑으로 하얀
　외씨 버선이 고와라.
　멋드러진 어여머리
　화관(花冠) 몽두리
　화관 족두리에
　황금 용잠(黃金龍簪) 고와라.
　은은한 장지 그리메

```
     새 치장하고 다소곳이
     아침 난간에 섰다.

                                              - 신석초, 「고풍」
```

1. (가)와 (나) 작품이 각각 서구의 시로부터 받은 영향과 그 근거를 밝히고, (가)와 (나)에 공통적으로 나타나는 기법의 특징에 대해 설명하라. [3점]

   **예상답안**

   ① 서구의 시로부터 받은 영향과 근거
      (가) 프랑스의 상징주의 '보들레르' 시의 영향을 받음 – '고양이'라는 제재
         보들레르: 고양이 – 관능적 여성 / 이장희: 고양이 – 봄의 분위기(생명력)
      (나) 영미 계통의 모더니즘(이미지즘) 시의 영향을 받음 – 이미지에 의한 감각적 표현
   ② 공통적으로 나타나는 기법의 특징
      ㉠ (가)의 경우 이미지에 의한 사물의 즉물적 표현이 잘 드러나고, (나)의 경우 이미지에 의한 감각적 표현이 잘 드러난다.
      ㉡ 지어진 시대는 다르지만, 모두 이미지즘 기법의 특징이 잘 드러남

2. ㉠~㉣의 원관념을 각각 밝히고, 그 중 다른 하나를 찾아 다른 이유를 밝히시오. [3점]

   **예상답안**

   ① 원관념
      ㉠ 봄의 생명력, 생동감, 생기, 활력 – 상징
      ㉡ 춤을 추기 위해 모인 사람들 – 환유(비유)
      ㉢ 흰 달빛 – 환유
      ㉣ 돌면서 격렬하게 춤추는 모습 – 환유
   ② 다른 하나
      ㉠은 상징, 나머지는 환유
      • 상징은 원관념이 관념적·추상적인 것이며, 환유(비유)는 원관념이 사물임
      • 상징은 원관념과 보조 관념이 다:1의 관계이고, 비유는 1:1의 관계임

3. (가)와 (나) 작품에서 시의 음악성의 요소를 각각 2가지씩 밝히시오. [2점]

   **예상답안**

   (가) ① 각 연이 유사한 통사 구조로 이루어져 운율 형성
        ② '–도다, –아라' 등이 반복되어 각운의 요소가 나타남
   (나) ① 앞부분은 '강강술래'를 느리게 뒷부분에서는 빠르게 표현했음
        ② 시를 읽으면서 느끼는 청각적인 음악성과 조화된 춤의 동작

## ▷ 김남조
金南祚

1927 ~
여성시인. 대구 출생

▷ **작가의 특징**
1. 1951년 『목숨』으로 문단에 등장, 시작을 계속하여 7권의 시집을 냈다.
2. 시의 정신적 지주 : 가톨릭의 사랑과 인내와 계율 (모든 작품은 짙은 인간적인 목소리에 젖어 있으면서도 언제나 긍정과 윤리가 그 배경을 이루고 있음)
3. 시행의 자유로운 배열 : 우아하고 유연한 리듬으로 정밀하게 계산된 시행의 배열이 드러난다. (이미지보다는 의미가 많은 그의 언어가 생생한 생명력을 지니는 것도 언어를 꿰뚫는 리듬 때문임)

### 작품 1  설일 (김남조 시집, 1967년)

겨울 나무와
바람
머리채 긴 바람들은 투명한 빨래처럼
진종일 가지 끝에 걸려
나무도 바람도
혼자가 아닌 게 된다.

혼자는 아니다
누구도 혼자는 아니다
나도 아니다.
실상 하늘 아래 외톨이로 서 보는 날도
하늘만은 함께 있어 주지 않던가.

삶은 언제나
은총(恩寵)의 돌층계의 어디쯤이다.
사랑도 매양
섭리(攝理)의 자갈밭의 어디쯤이다.

이적진 말로써 풀던 마음
말없이 삭이고
얼마 더 너그러워져서 이 생명을 살자.
황송한 축연이라 알고
한 세상을 누리자.

새해의 눈시울이
순수의 얼음꽃,
승천한 눈물들이 다시 땅 위에 떨구이는
백설을 담고 온다.

## 핵심정리

▷ **갈래** 자유시, 서정시
▷ **성격** 서정적, 종교적, 관조적
▷ **시적 화자** 내리는 눈을 보며 신의 존재를 느끼고 고독을 극복하고 긍정적인 삶을 살고자 다짐하는 화자
▷ **시상 전개(형태)** 기승전결

▷ **표현** 시각적, 자연 현상에서 인생의 의미를 유추
▷ **제재** 나무, 바람, 눈
▷ **주제** 신의 존재를 느낌으로써 고독을 극복하고 너그러운 삶을 살아가려는 새해의 다짐

## 이해와 감상

### 1 짜임 분석

① '기 – 승 – 전 – 결'의 짜임
- 기 (1~2연) – 혼자가 아니라는 인식
- 승(3연) – 삶과 사랑에 대한 이해
- 전(4연) – 삶에 대한 의지
- 결(5연) – 눈을 바라보는 마음

② 구성
- 1연 – 나무와 바람의 공존을 발견함
- 2연 – 공존의 진리를 깨달음
- 3연 – 신의 섭리와 사랑에 감사함
- 4연 – 새로운 삶의 자세를 다짐과 의지
- 5연 – 기쁨과 감사의 눈물을 흘림

### 2 작품감상의 구조

| 구성 요소 | 구성 요소의 파악 | 그것이 지닌 의미·효과 | 주제와의 관련성 |
|---|---|---|---|
| 내용 요소 | ① 시적 화자 및 상황 | 눈 오는 새해 아침에 시적 화자는 겨울 나무와 바람의 관계를 통해 고독을 극복하고 건강한 삶을 다짐하고 있다. | 신의 존재를 느낌으로써 고독을 극복하고, 너그러운 삶을 살아가는 새해의 다짐, 긍정적 삶의 인식과 새해의 다짐 |
| | ② 내용 전개 | 인간의 삶이 신에 의한 섭리와 신의 은총으로 이루어진다는 인식을 가진 시적 화자를 통해 겸손한 삶의 자세를 강조했다. | |
| 형식 요소 | ① 시어 | 여성 특유의 섬세한 감성적 시어와 잔잔한 리듬감이 어우러지면서 시 전체를 차분하면서도 설득적이며 관조적인 분위기로 이끌어 주제 형상화에 기여한다. | |
| | ② 기승전결의 짜임 | 기승전결의 짜임을 통해 시적 화자의 마음을 설득력 있게 효과적으로 전달했다. | |
| 표현 요소 | ① 시각적 이미지 | 시각적 이미지를 선명하게 제시하며 자연 현상에서 인생의 의미를 유추한다. | |
| | ② 청유형 어미 | '살자, 누리자'의 청유형 어미를 통해 너그러운 삶을 살아가는 새해의 다짐을 효과적으로 표현했다. | |
| | ③ 공감각적 심상 | '머리채 긴 바람들은' 촉각의 시각화에 의한 공감각적 표현으로 바람에 흔들려 휩쓸리는 나뭇가지의 모습을 신선하게 드러내고 있다. | |
| | ④ 점강법 | 2연은 1연에 대한 구체적이고 포괄적인 진술로 점강법이 사용되어 감성의 깊이를 점점 심화시켜 드러냈다. | |

③ **감상의 길잡이**

　1967년에 발표된 작품으로 메말라 각 파편화 되어가는 현대인의 비극적인 삶을 거부하고 욕심 없는 인간 본연의 순수한 모습을 회복하려는 시인의 의도가 잘 나타나 있다. 시인은 물질 문명에 의한 인간성 훼손과 이로 인해 느끼는 인간의 고독감으로부터 인간을 구원하는 것으로 종교적인 인식과 삶의 자세를 들고 있다. 즉, 신의 섭리에 따르는 것이 인간의 삶의 바람직한 모습이라고 하여, 자신을 위해 이 작품에는 가톨릭 신자인 김남조의 기독교적인 신앙심이 곳곳에 배어 있다. 그의 시에는 신에 의탁하는 시인의 신에 대한 사랑, 그리고 삶에 대한 긍정적인 자세가 두드러진다. 「설일」도 바람에 흔들리는 겨울나무를 보면서 혼자 서 있는 듯 보이는 나무도 바람이 있으므로 해서 그 흔들림이 보이고, 보이지 않는 바람도 흔들리는 나뭇가지에 의해 그 존재가 인식되듯이 사람을 포함한 모든 존재는 서로에게 그 누구도 혼자일 수 없다는 데서 시상을 출발시킨다. 바람에 흔들리는 겨울나무를 보면서 혼자가 아니라고 느끼는 수평 공간적 인식에서 출발하여 나를 감싸 돌면서 '수직 – 수평' 공간적 인식으로 전개되다가 순수의 눈물이 다시 온 땅에 백설로 응답되는 전공간적 인식으로 마무리 되고 있다. 특히 어떤 상황에서도 하늘은 늘 우리와 함께 한다는 믿음을 바탕으로 그 보이지 않는 하늘, 곧 신의 존재를 '은총의 돌층계', '섭리의 자갈밭' 등 섬세한 감성으로 시각화시키고 있다.

　새해를 맞이하는 날의 눈 내리는 풍경을 배경으로 하여 신의 존재를 느끼며 고독을 극복하고 긍정적인 삶을 살고자 하는 화자의 다짐을 잔잔하고 섬세하게 그린 작품이다.

## 중요 내용 정리

**01 표현상의 특징**
① 전반적으로 여성 특유의 감성적 언어를 구사한다.
② 기독교적 색채가 짙은 어휘들을 시어로 사용하였다.
③ 대상을 시각적으로 형상화함으로써 관념적 주제를 무리 없이 소화하고 있다.
④ 의인법, 은유법 등의 표현 기교를 적절히 구사했다.

**02 이 시에 나타난 감각적 이미지**
① 이 시는 비유와 상징을 통해서 자연 현상을 감각적으로 형상화하고 있다.
　예　머리채 긴 바람들은 투명한 빨래처럼 / 진종일 가지 끝에 걸려
　　　→ 눈에 보이지 않는, 바람을 흔들리는 빨래의 모습에 비유하여 시각적으로 제시하고 있다.
　예　새해의 눈시울이 / 순수의 얼음꽃 / 승천한 눈물들이 다시 땅 위에 떨구이는 / 백설
　　　→ 눈을 순수한 눈물로 표현하고 있다.

**03 문학 언어의 형상성**
　문학은 사상을 형상으로 파악하여 언어로 제시하는 예술이다. 문학 작품이 그려내는 형상은 구체적 대상과는 무관한 독자성 때문에 하나의 상징이 된다. 상징은 그 말이 지시하는 대상 자체가 아닌 다른 것을 함축하므로 작품에 나타난 형상은 다의적이 되고, 또 작품을 감상할 때는 독자의 해석이 더해지므로 더욱 다의성이 커진다.

　김남조의 「설일」이란 시에서 '머리채 긴 바람'을 예로 들어 보자. 바람에는 머리채가 있을 수 없다. 그런데 바람에 흔들려 휩쓸리는 나뭇가지들을 보고 있노라면 그 휩쓸리는 가지들이 마치 바람에 머리채가 날리는 느낌과 같다는 느낌을 받을 수 있다. 또 '은총의 돌층계', '섭리의 자갈밭' 등에서 '은총, 섭리'는 추상적인 것인데, 그것을 돌층계 자갈밭 등으로 형상화하고 있다. 이 시를 선택한 이유도 문학이 형상성을 특수한 형식으로 취한다는 것을 보여주기 때문이다.

## 04 김남조 시의 특성

김남조 시에 흐르는 일관된 주제는 '사랑'이다. 여성 특유의 섬세한 감정으로 인간에 대한 긍정적인 자세를 보이면서 사랑을 노래했고, 종교적인 사랑과 계율, 인내와 윤리 등을 시적으로 승화했다. 그의 시에는 순수하고, 올바른 삶을 지향하는 종교적 갈망과 기원이 담겨있다. 또한, 인간적 고뇌, 비애, 고독 등의 갈등을 신앙으로 극복하고자 했다. 김남조 시의 특성을 요약하면 첫째 종교적인 사랑과 인간적인 사랑이 조화된 사랑의 갈구와 호소, 둘째 가톨릭적인 기원과 영가(靈歌)적인 가락으로 이루어진 종교시의 세계, 셋째 생명의 존귀함과 인간적 삶의 예찬이다.

## 05 「설일」을 쓴 작가의 변(辯)

> 사랑은 열려 있는 세계일 것이기에 만상을 향해 마음을 여는 영합의 감성을 학습함으로써 사랑의 시를 지향하는 한 설계가 있어 좋을 것입니다. 나의 시는 평범하고 싶습니다. 그래서 쉽게 씁니다. 나의 시는 어느 한 편이라도 절망적인 색조(色調)로 끝내지 않고 한 부스러기나마 소망스러운 암시를 뿌려 놓고 끝냅니다. 왜냐하면 진실로 절망의 유인(誘引)이 너무 많고 너무 위험하다는 것을 알기 때문입니다. 나의 서원(誓願)이란 나쁜 일과 함께 좋은 일을 보는 시력, 그러므로 전부를 보는 눈을 갖는 일이며, 전인(全人)전심(全心), 철저히 심정적인 시와 심정적인 삶에 머무르는 일입니다.
>
> 내게는 얼마간의 감수성이 문학적 축복의 전부인 듯이도 느껴집니다. 그러나 그 감수성을 모든 날에 나는 키워 갑니다. 고통에서 먹으며 또한 감수성에서도 먹습니다. 그것이 나의 삶과 내 문학의 힘입니다.
>
> — 김남조, 「나의 문학, 나의 주장」

## 작품 2  정념의 기 (정념의 기, 1960년)

내 마음은 한 폭의 기(旗)
보는 이 없는 시공(時空)에
없는 것 모양 걸려 왔더니라.

스스로의
혼란과 열기를 이기지 못해
눈 오는 네거리에 나서면,

눈길 위에
연기처럼 덮여 오는 편안한 그늘이여,
마음의 기(旗)는
눈의 음악이나 듣고 있는가.

나에게 원이 있다면,
뉘우침 없는 일몰(日沒)이
고요히 꽃잎인 양 쌓여 가는
그 일이란다.

황제의 항서(降書)와도 같은 무거운 비애(悲哀)가
맑게 가라앉은
하얀 모랫벌 같은 마음씨의
벗은 없을까.

내 마음은
한 폭의 기(旗)

보는 이 없는 시공(時空)에서
때로 울고
때로 기도드린다.

### 핵심정리

- **갈래** 자유시, 서정시
- **성격** 종교적, 기원적
- **시적 화자** 정신적으로 순수한 영혼의 세계를 갈구하는 화자
- **시상 전개(형태)** 기승전결
- **표현** 비유, 상징
- **제재** 마음
- **주제** 인간적 고뇌의 극복과 순수한 삶에 대한 종교적 희구

## 이해와 감상

### 1 짜임 분석
- 기(1연) – 고독한 자아의 자세
- 승(2~3연) – 고뇌를 극복한 자아
- 전(4~5연) – 후회 없는 삶과 순수한 벗 염원
- 결(6~7연) – 순수하게 살고 싶은 소망

### 2 작품감상의 구조

| 구성 요소 | 구성 요소의 파악 | 그것이 지닌 의미·효과 | 주제와의 관련성 |
|---|---|---|---|
| 내용 요소 | ① 제재 | 마음을 깃발이라는 구체적 사물에 비유하여 간절한 소망과 기도의 자세를 가시적으로 형상화했다. | 순수한 삶에 대한 열망과 종교적 기원 |
| | ② 정서 | 인간 존재에 대한 인식에서 오는 애수와 비애가 주된 정서를 이루어 주제를 효과적으로 드러냈다. | |
| | ③ 시의 내용 전개 | '혼란 → 안정'으로 시상을 전개하여 고뇌를 극복한 자아의 모습과 순수한 삶에 대한 열망을 효과적으로 표현했다. | |
| 형식 요소 | ① 반복 | '내 마음은 한 폭의 기'의 시구를 반복해서 리듬감을 형성하고 의미를 강조하였다. | |
| | ② 수직적 구도 | '나무, 기둥, 깃발'을 통해 수직적 구도를 이루어 화자의 의식을 드러내어 주제를 효과적으로 형상화했다. | |
| | ③ 기승전결의 짜임 | 기승전결의 짜임을 통해 시적 화자의 마음을 설득력 있게 효과적으로 전달하고 있다. | |
| 표현 요소 | ① 감정이입 | '내 마음은 한 폭의 기'는 감정이입에 의해 시적 화자와 사물이 일체감을 이루고 있는 시어로 화자가 깨달음을 얻은 후의 모습을 형상화했다. | |
| | ② 상징 | '기'는 시인의 마음을 상징하는 것으로 마음속의 번민, 갈등을 극복하고 내면세계의 평화를 성취하는 경지로 나아가고자 하는 간절한 소망의 모습을 형상화했다. | |
| | ③ 비유 | ㉠ 마음을 '깃발'이라는 구체적 사물에 비유하여, 간절한 소망과 기도의 자세를 가시적으로 형상화했다.<br>㉡ '연기처럼', '꽃잎인 양', '황제의 항서와도 같은', '하얀 모랫벌 같은' 등에서 비유·직유가 나타나 의미를 구체적으로 드러냈다. | |

### 3 감상의 길잡이

이 시에는 순수한 삶을 지향하는 종교적 희원(希願)이 담겨 있다. 인간적 고뇌, 비애, 고독 등을 신앙으로 극복하고자 한, 그의 시의 특징이 잘 반영된 작품이다. 시행을 자유롭게 배열하면서도 유연한 리듬을 살리고 있다.

이 시에서 화자는 자신의 마음을 한 폭의 '기(旗)'에 비유하고 있다. 한 폭의 기(旗)에 견주어질 수 있는 화자의 마음의 상태가 어떤 것일까. 문면(文面)으로 볼 때 화자인 '나'는 '스스로의 혼란과 열기'를 견딜 수 없어 차분히 눈길을 걸으며 '뉘우침'과 '비애'의 감정을 다스리고 있다. 그러나 끝내 벗어날 길 없는 숙명과도 같은 인간의 굴레때문에 그는 아무도

'보는 이 없는 시공' 속에서 혼자 '울고 때로 기도'할 수밖에 없다. 마음의 평화를 얻기 위한 몸부림일 터이다. 그러나 화자의 이 괴로움을 보아줄 사람은 아무도 없다.

제5연의 내용으로 보건대 화자의 심적 갈등은 '하얀 모랫벌 같은 마음씨의 벗'이 없음에 연유하는 것으로 보인다. 벗이 많이 있어도 진정으로 자신의 마음을 털어놓고 말할 만한 상대가 하나도 없을 때, 우리는 얼마나 막막할까. 이 막막한 심정이 허공에 걸린 깃발처럼 느껴질 때가 있을 것이다.

## ■ 중요 내용 정리

### 01 '정(情)', '념(念)', '기(旗)'의 의미

이 시의 제목에서 '정(情)'은 인간에 대한 애정과 사랑을, '념'은 삶에 대한 염원을 뜻하는 것으로 볼 수 있다. '정'은 인간적인 삶의 모습을, '념(念)'은 초월적인 삶의 모습을 상징적으로 보여 준다. '기(旗)'는 지상에 붙들려 있으면서도 하늘을 지향하는 이중적인 성격을 지니고 있다. 인간이 지상을 벗어날 수 없는 것은 숙명이지만, 이를 벗어나고자 하는 열망이 내부에 존재하는 것도 인간의 조건이라고 할 수 있다.

### 02 「정념의 기」의 의미

「정념의 기」는 사랑이나 그리움을 동경하는 마음이 한 자리에 있지 않고 깃발처럼 흔들리며 방황한다는 뜻이다. 일반적으로 깃발은 나부끼는 것으로 인식된다. 정념, 즉 마음이 진중히 자리 잡고 현실적인 고뇌 속에서 깃발이 흔들리듯 갈등을 겪는다는 해석이 가능하다. 이 시는 차근차근 나지게 읊조리지만, 반면에 '깃발'은 깃대에 매달린 채 바람에 맹렬히 흔들린다. 그만큼 치열하게 이상향을 향하여 몸부림하는 모습으로 제시된 것이다. 그러나 독자에게 전해오는 내적 울림은 거의 정적이고 내밀한 분위기라고 할 수 있는데, 이는 시인이 시적 분위기에 어울리는 리듬을 사용했기 때문이다.

### 03 궁극적 지향점

이 시는 마음속에 움직이는 갈등, 번민을 넘어서서 영혼의 순수함과 평화를 얻고자 하는 소망을 노래하고 있다. 화자의 마음을 '깃발'이라는 구체적 사물에 비유하여, 간절한 소망과 기도의 자세를 가시적으로 형상화 하고 있다. 이 작품에서 시상의 주축에 되는 부분은 '스스로의 / 혼란과 열기'라는 시구와 '뉘우침 없는 일목이 / 고요히 꽃잎인 양 쌓여가는 그 일'이라는 시구이다. 전자가 인간 존재의 욕망, 번민, 갈등에 해당한다면, 후자는 이러한 것들을 고요하게 다스리고 고요한 내면세계의 평화를 성취하는 일이라 할 수 있다. 시인의 마음을 은유하여 표현한 기는 바로 이러한 긴장 관계 속에서 전자의 요소들을 극복하고 후자의 경지로 나아가고자 하는 간절한 소망의 모습이다. 따라서 이 작품이 노래하는 그리움의 대상은 일반적인 연가의 임과 다리 모든 열정으로부터 초탈한 마음을 지닌 벗이다. 즉, 열정을 초월하고, 무거운 비애조차도 잔잔하게 다스려서 '맑게 가라앉은 / 하얀 모랫벌 같은 마음씨'에까지 도달한 이를 말하는 것이다. 이러한 마음의 경지가 곧 이 시가 궁극적으로 지향하는 바이다.

### 04 「정념의 기」의 리듬감

이 시는 한 행을 '3음보' 내지 '4음보'를 기준으로 하고, 이를 변주함으로써 주제 의식을 강조하고 있다. 3음보 내지 4음보는 우리 시의 전통적 율격이라고 할 수 있을 정도로 보편화 된 것이다. 하지만 이 작품에서는 그 의미를 강조하기 위해서 한 행을 1음보나 2음보로 변형시키는 등 의미의 경중에 따라 자유롭게 배열하면서도 유연한 리듬감을 살리고 있다.

## 작품 3  겨울 바다 (겨울 바다, 1967년)

겨울 바다에 가 보았지.
미지(未知)의 새,
보고 싶던 새들은 죽고 없었네.

그대 생각을 했건만도
매운 해풍(海風)에
그 진실마저 눈물져 얼어 버리고

허무(虛無)의
불
물이랑 위에 불붙어 있었네.

나를 가르치는 건
언제나
시간 …….
끄덕이며 끄덕이며 겨울 바다에 섰었네.

남은 날은
적지만

기도를 끝낸 다음
더욱 뜨거운 기도의 문이 열리는
그런 영혼을 갖게 하소서.

남은 날은
적지만…….

겨울 바다에 가 보았지.
인고(忍苦)의 물이
수심(水深) 속에 기둥을 이루고 있었네.

## 핵심정리

- **갈래** 자유시, 서정시
- **성격** 주지적, 상징적, 사색적, 회고적, 낭만적
- **시적 화자** 겨울 바다를 거닐며 사랑의 허무감에 빠진 화자
- **시상 전개(형태)** 기승전결
- **표현** ① 자기 응시적 독백체
  ② 물과 불의 대립적 이미지를 활용
- **제재** 겨울 바다
- **주제** ① 삶의 허무 극복 의지
  ② 자기 초월과 강인한 삶의 의지

## 이해와 감상

### 1 짜임 분석

- 기(1~3연) – 이상과 사랑이 소멸된 허무의 현실 : 소멸의 공간
  ① 1연 – 기대와 희망이 부재된 '죽음'의 공간 (바다)
  ② 2연 – 좌절의 체험
  ③ 3연 – 대립된 심상 (사랑과 좌절, 슬픔과 기쁨, 죽음과 소생) : 대립 속에 극복 의지
- 승(4연) – 극복 후의 깨달음과 자기 긍정으로의 전환 (시상의 반전)
- 전(5~6연) – 기도의 문을 통해 절망에서 희망으로, 고통에서 환희로 인도 (주제연)
- 결(7~8연) – 성숙한 의지로 현실 고뇌 극복 : 생성의 공간
  ① '인고의 물기둥'이 단단한 심상을 이루며 절망의 초극 의지를 나타냄

### 2 작품감상의 구조

| 구성 요소 | 구성 요소의 파악 | 그것이 지닌 의미·효과 | 주제와의 관련성 |
|---|---|---|---|
| 내용 요소 | ① 시적 화자 및 화자의 상황 | 시적 화자가 삭막한 겨울 바닷가를 거닐면서 사랑의 허무감을 느끼지만, 그것을 극복하려는 의지를 드러냈다. | 진실과 사랑에 대한 소망, 삶의 허무 극복 의지 (자기 초월과 강인한 삶의 의지) |
| | ② 소재 | 황량함과 삭막한 '겨울 바다'는 삶의 허무감을 느끼는 화자의 내면 풍경을 효과적으로 드러냈다. | |
| | ③ 시의 내용 전개 | '부정과 허무의 공간 → 깨달음과 수긍의 공간 → 의지와 생성의 공간'의 '바다'의 이미지 변모를 통해 주제를 효과적으로 드러냈다. | |
| 형식 요소 | ① '말줄임표'의 사용 | 말줄임표의 반복적 사용을 통해 깊은 여운을 주며 내용을 압축적으로 제시하고 독자의 상상력을 극대화했다. | |
| | ② 각운 | '보았지, 없었네, 있었네, 섰었네'의 각운을 통해 리듬감을 형성하며 정서적 거리를 확보하여 격정의 절제를 도모하였다. | |
| | ③ 인식의 변화에 따른 구조 | '허무의 불(소멸) – 겨울 바다(깨달음의 공간) – 인고의 물(생성)'의 인식 변화에 따른 구조를 통해 자기 초월과 강인한 삶의 의지를 효과적으로 드러냈다. | |
| 표현 요소 | ① 대조 | '물'의 생성과 차가움의 이미지와 '불'의 소멸과 뜨거움이 대립되는 심상을 통해 부정과 좌절, 대립과 갈등을 통해 깨달음과 긍정에 이르는 과정을 형상화했다. | |
| | ② 상징 | '겨울 바다'는 '죽음과 생성, 절망과 희망, 상실과 획득, 이별과 만남'의 복합 이미지의 상징이다. | |

### 3 감상의 길잡이

이 시의 배경은 겨울 바다이다. '겨울 바다'가 주는 암울한 절망감과 허무 의식을 극복하고 신념화된 삶의 의지를 그린 작품이다. '물'과 '불'로 표상된 표면적 허무감과 내면적 의지력 사이의 첨예한 대립과 갈등, 부정과 좌절이라는 '인고(忍苦)의 뜨거운 기도'를 통해 투철한 생의 의지를 가슴속에 새롭게 가다듬고, 겨울 바다를 떠나는 내용으로 삶에 대한 긍정적 윤리가 형상화되어 있다.

'겨울 바다'의 소멸과 생성으로 대표되는 관념적이고 이중적(二重的)인 이미지와 물과 불의 대립적 이미지를 바탕으로 극적 긴장감을 환기시킨 다음, 수심 속의 물 기둥을 통한 초극 의지를 시각적으로 그려내고 있다. '겨울'은 4계절의 끝으로

만물이 무(無)로 돌아간 때이지만, 한편으로는 만물이 재생하는 봄을 잉태하는 때이기도 한데, 이것이 바로 '겨울'이 갖는 모순의 이미지이다. 마찬가지로 '바다'도 물의 순환이 끝나는 종착지이면서 동시에 시발지라는 모순의 이미지를 갖는다. 그러므로 '겨울 바다'는 죽음과 생성, 절망과 희망, 상실과 획득, 이별과 만남의 복합 이미지의 상징어가 된다.

시적 화자는 바로 그러한 이미지의 겨울 바다에서 '미지(未知)의 새'가 죽고 없음을 발견한다. '미지의 새'는 곧, 그 어떤 진실의 실체로 시적 자아가 체험하지 못한 성스러움을 표상하고 있는 것으로서 그것이 상실된 겨울 바다는 죽음과 절망의 공간일 뿐이다. 그 때 살 속을 파고드는 매운 해풍까지 불어 대기에 그간 자신을 지켜 주고 지탱하게 했던 사랑마저도 실패로 끝나는 삶의 좌절을 체험하는 것이다. 절망적인 현실 공간에 매운 해풍이라는 현실적 고난이 닥쳐옴으로써 화자는 더욱 비극에 빠지는 것이다.

그러나 삶의 고뇌에 몸부림치며 삶과 죽음 사이에서 선택의 갈등을 겪던 그는 사람은 누구나 아픔을 안고 살아가는, 시간 속의 유한적(有限的) 존재라는 것과 지금 겪고 있는 괴로움은 시간이 흐르면 저절로 치유된다는 평범한 진리를 통해 긍정적 삶을 인식하기에 이른다. 이제 얼마 남지 않은 자신의 삶에 대해 경건한 자세를 가지게 된 화자는 허무와 좌절을 이겨내기 위한 뜨거운 기도를 올리며 영혼의 부활을 소망한다. 그러므로 유한적 존재임을 분명히 자각하며 다시금 겨울 바다에 섰을 때, 그 곳은 이미 죽음의 공간이 아닌 소생의 공간이 되어 삶에 대한 뜨거운 의지가 커다란 물기둥같이 솟구쳐 오르는 것을 인식하게 되는 것이다.

## ▶ 중요 내용 정리

### 01 표현상의 특징
겨울 바다에 서 있는 화자의 모습은 수직의 구도를 보여 주며, 고독한 자로서의 모습을 띠고 있다. 우리는 모두 단독자로서 살아간다. 인생의 의미와 마주할 때 모두는 이렇게 단독으로 서게 되는 것이다. 화자가 종교적 귀의와 기원의 태도를 가질 때도 역시 단독자로서 선다. 이 시에서 두드러진 단독자의 모습은, 삶의 무게를 느끼게 해 주는데, 그러한 삶의 무게에서 고양된 태도를 가지는 화자의 자세는 진지하기만 하다.

### 02 시적 의미
① '물'(생성의 이미지, 차가움)과 '불'(소멸의 이미지, 뜨거움)의 대립되는 심상
② '겨울 바다' : 절망과 갈등을 초극한 깨달음의 시적 공간

### 03 '겨울 바다'의 의미
'겨울'은 4계절의 끝이자 순환의 단계에서 봄으로 넘어가는 계절이다. 다시 말하면 만물의 죽음의 계절이자 재생을 잉태하고 있는 계절이라는 모순적 의미를 가지고 있다. '바다'도 물의 순환의 끝나는 종착지이면서 시발지라는 극단적인 대립의 상황을 가지고 있다. 따라서 '겨울 바다'라는 제목은 죽음과 생성, 절망과 희망, 상실과 획득, 이별과 만남의 복합적 의미를 지닌다.

### 04 시어의 의미
① 허무의 불 : 소멸의 공간
② 겨울 바다 : 깨달음의 공간
③ 인고의 물 : 생성의 공간

### 05 절망적 현실 속에서 미래에 대한 희망을 잃지 않는 작품들
① 곽재구, 「새벽편지」
② 김광섭, 「생의 감각」
③ 김남조, 「겨울바다」
④ 신석정, 「들길에 서서」

## ▷ 김현승
### 金顯承

1913-1975
현대시인. 전남 광주 출생
1936년 숭실전문학교 문과 3년을 수료

▷ **작가의 특징**
1. 초기 – 「가을」과 「가을의 기도」로 대표되는 자연에 대한 예찬과 동경, 고독의 세계를 그렸다.
2. 중기 – 기독교, 특히 청교도적 정신을 바탕으로 인간의 내면세계에 관심을 기울여 사색적이고 철학적인 시를 써 문명과 사회에 대한 성찰과 민족에 대한 신념을 드러냈다. 예 시집 『옹호자의 노래』
3. 후기 – 기독교적 신앙과 사상에 입각하여 내부 생명의 세계로 파고들어, 절대자와 고독한 인간 사이의 대화, 현대 사회의 메커니즘에서 느끼는 절대적인 고독, 사랑과 신앙의 조건에 대한 사색을 담았다.

### 작품 1  눈물 (김현승 시초, 1957년)

더러는
옥토(沃土)에 떨어지는 작은 생명이고저…….

흠도 티도,
금가지 않은
나의 전체는 오직 이뿐!

더욱 값진 것으로
드리라 하올 제,

나의 가장 나아종 지니인 것도 오직 이뿐!

아름다운 나무의 꽃이 시듦을 보시고
열매를 맺게 하신 당신은

나의 웃음을 만드신 후에
새로이 나의 눈물을 지어 주시다.

### ■ 핵심정리

▷ **갈래** 자유시, 서정시
▷ **성격** 종교적, 명상적, 상징적, 서정적
▷ **어조** 기도조, 단정적, 정적
▷ **표현** ① 경어체로 경건한 분위기를 자아냄
② 상징적 시어와 선명한 이미지를 구사
▷ **제재** 눈물의 의미
▷ **주제** 눈물의 순결성을 통한 슬픔의 종교적 승화

## 이해와 감상

### 1 짜임 분석

- 1연 – 순결한 생명인 눈물
- 2연 – 눈물의 순수성
- 3연 – 가장 값진 존재인 눈물
- 4연 – 가장 귀한 가치인 눈물
- 5연 – 절대자의 섭리
- 6연 – 절대자의 은총으로서의 눈물

### 2 작품감상의 구조

| 구성 요소 | | 구성 요소의 파악 | 그것이 지닌 의미·효과 | 주제와의 관련성 |
|---|---|---|---|---|
| 내용 요소 | | ① 시적 화자 및 화자의 상황 | 시적 화자는 자식을 잃은 상황에서 눈물의 의미를 생각하고, 눈물의 승화를 통해 더욱 숭고하고 경건한 삶을 추구한다. | 눈물의 순결성을 통한 슬픔의 종교적 승화 |
| | | ② 제재 | '눈물'이라는 제재를 통해 눈물의 순결성을 드러내고 슬픔의 승화라는 주제를 잘 드러내고 있다. | |
| | | ③ 미적 범주 | 슬픔의 종교적 승화를 통해 숭고미가 나타난다. | |
| | | ④ 경어체 | '~고져, 하올 제' 등의 경어체 사용은 절대자에 대한 기원의 의미를 담고 있다. | |
| | | ⑤ 단정적 어조 | '~이뿐, 주시다' 등의 단정적 어조는 나의 결심을 잘 드러낸다. | |
| 형식 요소 | | ① 시의 구성 | 1~4연은 눈물이 지닌 의미를 드러내고, 5~6연은 눈물이 슬픔을 넘어선 본질적 가치임을 드러냈다. | |
| 표현 요소 | | ① 비유(은유) | '눈물=옥토에 떨어지는 작은 생명=나의 전체=나의 가장 나아종 지니인 것'으로 비유되어 눈물의 의미를 효과적으로 드러낸다. | |
| | | ② 상징 | '꽃'은 삶의 기쁨을, '열매'는 삶의 결실을, '웃음'은 삶의 일시적 기쁨을, '눈물'은 시련을 통해 얻는 본질적 가치를 의미한다. | |
| | | ③ 시어의 대립 관계 | '꽃'과 '열매', '웃음'과 '눈물'의 대립 관계를 통해 주제를 효과적으로 드러낸다. | |
| | | ④ 시적 허용 | '나아종'은 시적 화자의 눈물이 자신이 가진 것 중에서 가장 근원적이고 순수한 것임을 강조하기 위해서 일부러 늘여서 표현한 것이다. | |

### 3 감상의 길잡이

김현승은 기독교주의적 시인으로 혹은 고독의 시인으로 알려져 있다. 고독이란 어느 정도 기독교와 연관되는 것도 물론이다. 시인 자신은 고독을 통해 신에 가까이 가려는 것이 아니고 고독 그 자체에 깊이 빠져 오히려 고독을 향유하는 것이며, 그 자신의 고독이야말로 진정한 고독이라 말한 바 있다. 그의 시집 『견고한 고독』, 『절대고독』의 이름만 보아도 그가 얼마나 단단한 고독에 사무쳤는가를 짐작할 수 있다. 이런 이유로 인해 그의 시는 내면적이고 고독한 단독자로서의 고뇌가 짙게 깔려 있다.

「눈물」도 이런 경향을 얼마간 띠고 있다. 독백체의 자기 고백이라든지, 내면적 침잠, 경어체의 어조가 주는 경건성 따위는 그의 시에서 발견되는 중요한 특질이다.

「눈물」은 그가 사랑하는 어린 아들을 잃은 비극적 상황 속에서 그 아픔과 슬픔을 종교적 믿음으로 견디면서 쓴 작품으로 알려져 있다. 아들을 잃은 슬픔을 통해 우리 인간은 기쁨보다는 슬픔 속에서 성숙한다는 인간의 삶에 내재된 역설을 깨닫는다. '인간이 신 앞에 드릴 것이 있다면 변하기 쉬운 웃음이 아니다. 오직 정직하고 진실한 눈물이 있을 뿐이다.'라고 하여 눈물을 신께 바치는 진실이라고 보았다. '눈물'은 씨앗을 그 안에 간직함으로써 영원한 생명을 지닌 '열매'처럼 순수하고 진실한 내면적 가치를 지닌 영원한 것, 즉 신의 섭리와 은총인 것이다.

시인은 화려한 꽃보다는 열매가 더욱 소중하고, 인생의 기쁜 웃음도 아름답기는 하지만 불완전하며, 오직 눈물만이 가장 아름답고 값진 것이므로 외향적인 웃음보다는 내향적인 눈물에서 인생의 미(美)와 가치를 찾으려 한다. 이른바 삶의 보람을 물질적인 것에서보다는 정신적인 것에서 찾는다는 정신 우위의 평범한 세계를 노래한 것이다. 인간이 신에게 헌납할 수 있는 것은 변하기 쉬운 웃음이 아니라, 정직하고 진실한 참회의 썩지 않는 눈물뿐이라고 노래함으로써 헬레니즘적인 낙천적이고 향락적인 세계가 아니고, 헤브라이즘적인 금욕의 진지한 세계를 보여주고 있는데, 여기서 작자의 기독교적인 정신을 기저로 한 심화된 생명의 순결을 쉽게 엿볼 수 있다.

## 중요 내용 정리

### 01 분위기 및 어조

이 시는 일정한 대상에 대해 시인 나름의 깨달음을 명시적으로 들려주는 형태를 띠고 있다. 따라서 비록 정제된 형식을 가지고 있지는 않으나 시인이 깨달음과 감정의 흐름이 기도조의 분위기 및 어조와 어울려 행과 연의 관계를 긴밀하게 한다. 한편, 기도조의 분위기와 어조는 '드리라 하올 제', '나아종 지니인 것', '지어 주시다'와 같은 독특한 운율의 시어를 낳고 있다.

### 02 '눈물'의 의미

이 시에서 '눈물'은 가지고 있는 모든 것과 바꾸어도 아깝지 않은 '나의 전체'이며, 웃음보다 그 어떤 것보다 '더욱 값진 것', 그리고 절대자에게 바칠 수 있을 만큼 지고의 가치를 지닌 '가장 나아종 지닌 것'으로 나타나 있으며, 옥토에 떨어져 많은 열매를 맺을 '작은 생명(씨앗)'이 되기를 소망하는 대상으로 나타나 있다. 시적 화자에게 있어서 가장 순수한 것, 꽃이 시들고 나서 마지막 결실인 열매가 맺히는 것처럼 영원한 가치를 지닌 신의 은총인 것이다.

## 작품 2　플라타너스 (문예, 1953년)

꿈을 아느냐 네게 물으면,
플라타너스
너의 머리는 어느덧 파아란 하늘에 젖어 있다.

너는 사모할 줄을 모르나
플라타너스
너는 네게 있는 것으로 그늘을 늘인다.

먼 길에 올 제
호올로 되어 외로울 제
플라타너스
너는 그 길을 나와 같이 걸었다.

이제 너의 뿌리 깊이
나의 영혼을 불어넣고 가도 좋으련만
플라타너스
나는 너와 함께 신(神)이 아니다!

수고로운 우리의 길이 다하는 어느 날
플라타너스
너를 맞아 줄 검은 흙이 먼 곳에 따로이 있느냐?
나는 오직 너를 지켜 네 이웃이 되고 싶을 뿐
그 곳은 아름다운 별과 나의 사랑하는 창이 열린 길이다.

### ▌핵심정리

▷ **갈래** 자유시, 서정시
▷ **성격** 서정적, 명상적
▷ **어조** 고독하면서도 친근하고 맑은 어조
▷ **심상** 서술적, 감각적 심상
▷ **표현** 의인법, 감정이입법
▷ **제재** 플라타너스의 자태
▷ **주제** 고독한 영혼의 반려를 염원

## 이해와 감상

### 1 짜임 분석
- 1연 – 파아란 꿈을 가진 플라타너스
- 3연 – 나의 반려자인 플라타너스
- 5연 – 영원한 반려자가 되기를 염원함
- 2연 – 플라타너스의 넉넉한 사랑
- 4연 – 플라타너스에게 영혼을 불어넣어 주고 싶은 심정

### 2 작품감상의 구조

| 구성<br>요소 | 구성 요소의 파악 | 그것이 지닌 의미·효과 | 주제와의 관련성 |
|---|---|---|---|
| 내용<br>요소 | ① 시적 화자 및 화자의 상황 | 시적 화자는 플라타너스를 의인화하여 그것을 친근한 대상처럼 느끼면서 이야기하고 있다. | 고독한 영혼의 반려자가 되어 주는 플라타너스 |
| | ② 소재 | 주변에서 흔히 볼 수 있는 '플라타너스'를 소재로 친근함을 드러내었다. | |
| 형식<br>요소 | ① 반복 | '플라타너스'란 단어를 반복적으로 사용하여 친근함을 드러내고, 운율 형성에 기여한다. | |
| 표현<br>요소 | ① 시적 허용 | '파아란', '호올로' 등의 시적 허용을 통해 운율을 형성하면서, 의미를 강조하고 있다. | |
| | ② 감정이입 | 나의 감정을 플라타너스에 이입하여 대상을 친근하게 드러내고 주제를 효과적으로 드러낸다. | |

### 3 감상의 길잡이

1953년 ≪문예≫지에 실린 시로 자연을 소재로 하여 감정이입의 기법으로 정서를 표출해 온 우리 시가의 전통을 계승했다. 플라타너스를 단순한 식물로서 바라보지 않고 인간과 같은 생의 반려로 형상화하였다.

이 시는 플라타너스를 의인화하여 꿈과 덕성을 지닌 존재로 예찬하고 인생의 반려(伴侶)로 삼아 생에 대한 고독과 우수, 그리고 꿈을 간직한 사랑의 영원성을 노래하고 있다. 또한 간결한 시어를 구사하여 시상을 압축하고 있으며, 리듬감 있는 운율로 시적 감각을 최대한 살리고 있다.

1연에서 시적 화자는 '꿈을 아느냐'고 '플라타너스'에게 묻는다. '플라타너스'는 아무런 말도 하지 않지만 하늘을 지향하여 높이 자라고 있는 모습을 통해 말을 하지 않아도 이미 꿈을 갖고 있다는 것을 화자는 알아낸다. 2연에서 '플라타너스'를 보다 깊게 관찰하여 그가 비록 사랑의 감정은 없지만, 헌신적이고 넉넉한 사랑의 모습을 스스로 실천하고 있음을 발견한다. 3연과 4연에서 화자는 자신이 외로울 때 함께 동반해 준 '플라타너스'에게 영혼을 불어넣어 하나로 합일하기를 소망하지만, 인간은 유한한 존재라는 근원적 한계를 깨닫게 된다. 5연에서 화자는 생의 마지막 순간까지 '플라타너스'와 이웃하며 서로 바라보며 지켜주는 영원한 동반자가 되기를 소망한다.

화자는 인생을 고독한 인간의 행로(行路)로 보고 플라타너스라는 가로수의 모습을 통해 서로 말없이 돕고 곁에서 지켜주는 동반자의 의미를 생각하고 있는 것이다.

## 중요 내용 정리

### 01 '플라타너스'에 대한 부름의 형식 및 물음의 형식

　　이 시의 첫 연과 5연에 나타나는 의문형은 직접적인 대답을 요구하는 질문이 아니다. 이는 무언(無言)의 '플라타너스'의 시각적 이미지를 대신 보여준다거나, '플라타너스'의 대답을 듣기 전에 다시 한 번 호명하는 것을 통해 알 수 있다. 그렇다면 이 물음의 의도는 무엇일까? 그것은 '플라타너스'와의 내면적 대화를 통해 화자 스스로 삶의 본질을 사색하는 과정을 보여 주기 위한 장치라고 볼 수 있다. 또한 화자가 매 연마다 '플라타너스'를 다정하게 부르고 있는 것은 '플라타너스'와의 친밀한 관계를 보다 두드러지게 나타내기 위함이다. 그래야만 '플라타너스'와의 내면적 대화의 진실성을 보다 효과적으로 드러낼 수 있기 때문이다.

### 02 '플라타너스'가 상징하는 의미

　　이 시에서 '플라타너스'는 높게 자라는 수직적 특성을 통해 꿈을 가진 존재로 상징되고 있으며, 빨리 자라 그늘을 만드는 속성을 통해 헌신적인 사랑을 가진 존재로 상징되고 있다. 또한 '플라타너스'는 외로운 화자에게 삶의 동반자가 되어 준다. 가로수가 되어 우리의 길을 지켜주었던 것처럼 인생길의 반려자가 되어 인간의 고독을 함께 하고 있는 것이다.

## 기출문제

1. 다음은 "자연관을 중심으로 한국 문학의 특질을 파악한다."라는 학습 목표를 달성하기 위하여 선정한 작품들이고, 〈보기〉는 이와 관련된 학습 활동이다. 학습 활동의 교수·학습 내용을 〈작성 방법〉에 따라 한 편의 글로 논술하시오. [10점]

2017년 B형 논술형 8번

(가)
구룸 빗치 조타 ᄒ나 검기를 ᄌ로 ᄒ다
ᄇ람 소리 묽다 ᄒ나 그칠 적이 하노매라
조코도 그츨 뉘 업기는 믈뿐인가 ᄒ노라       〈제2수〉

더우면 곳 퓌고 치우면 닙 디거늘
솔아 너는 얻디 눈서리를 모르는다
九泉의 블희 고든 줄을 글로 ᄒ야 아노라       〈제4수〉

자근 거시 노피 떠서 萬物을 다 비취니
밤듕의 光明이 너만 ᄒ니 또 잇느냐
보고도 말 아니 ᄒ니 내 벋인가 ᄒ노라          〈제6수〉

— 윤선도, 「오우가」

(나)
꿈을 아느냐 네게 물으면,
푸라타나스,
너의 머리는 어느듯 파아란 하늘에 젖어 있다.

너는 사모할 줄을 모르나,
푸라타나스,
너는 네게 있는것으로 그늘을 느린다*.

먼 길에 올제,
호올로 되어 외로울제,
푸라타나스,
너는 그 길을 나와 같이 걸었다.

이제 너의 뿌리 깊이
영혼을 불어 넣고 가도 좋으련만,
푸라타나스,
나는 너와 함께 신(神)이 아니다!

```
수고론 우리의 길이 다하는 어느날,
푸라타나스,
너를 맞어 줄 검은 흙이 먼 — 곳에 따로이 있느냐?
나는 오직 너를 지켜 네 이웃이 되고 싶을뿐,
그곳은 아름다운 별과 나의 사랑하는 창(窓)이 열린 길이다.

* 느란다 : 늘인다.
```
― 김현승, 「푸라타나스」

〈보기〉

**학습 활동**

1. (가)와 (나)에서 자연(물)에 대한 시적 화자의 인식을 파악해 보자.

    (1) (가)의 주요 소재들이 인간의 특정한 덕목을 표상하고 있다면, 각각이 어떤 인간상을 찬양하고 있는지 파악해 보자.

    (2) (나)의 주요 소재가 시적 화자에게 어떠한 의미인지를 파악해 보자.

    (3) (가)와 (나)에서 자연(물)에 대한 시적 화자의 인식이 어떻게 같고 다른지를 비교해 보자.

2. (가)와 (나)에 나타난 자연관을 중심으로 한국 문학의 특질을 파악해 보자.

〈작성 방법〉

○ 서론에서는 제시된 학습 목표의 문학 교육적 의의를 밝힐 것
○ 〈보기〉에 제시된 '학습 활동'의 모범적인 답을 포함할 것
○ 서론, 본론, 결론의 형식을 갖추되, 결론은 생략 가능함

※ 여기서 '특질'은 '전통'과 유사한 의미로 사용한 듯함. 아래 서론에서 ⓒ, ⓒ이 문학교육적 의의이며, 서론은 ⓒ, ⓒ, ⓔ의 내용 중 하나와 ⓜ을 제시하면 됨

### 예상답안

1. 서론

　㉠ 우리 문학은 고전문학이나 현대문학 모두 자연을 제재로 한 작품이 많으며, 이런 작품에는 나름의 자연관이 나타난다. ㉡ 고전시가와 현대시에 나타난 자연관을 비교하여 공통점과 차이점을 파악하면 한국문학의 특질이 무엇인지 알 수 있고, ㉢ 우리 조상과 현대인의 자연에 대한 인식이 어떻게 변화되거나 전승되는지 알 수 있다. ㉣ 그리고 고전문학과 현대문학의 연속성을 확인하여 이식문화론을 극복할 수 있다. ㉤ (가)와 (나)에 나타난 자연물을 중심으로 한국문학의 특질을 살펴보자.

2. 본론 (편의상 번호를 붙였음)

　①-(1) (가)의 '제2수'는 구름이나 바람과 달리 늘 변함없이 흘러가는 물을 통해 근면, 성실, 부지런함의 덕목을 드러내며 부지런하고 성실한 인간상을 찬양한다. '제4수'는 눈서리를 모르고 늘 푸른 소나무를 통해 지조, 절개 등이 덕목을 드러내고 지조 있고 강직한 인간상을 찬양한다. '제6수'는 달이 세상을 널리 비추는 것과 세상을 보고도 말 안하는 것을 통해 광명과 밝음의 덕목 및 침묵과 신중함의 덕목을 함께 드러낸다. 밝고 건강하면서도, 신중하고 사려 깊으며 침묵할 줄 아는 인간상을 찬양한다. ①-(2)(나)의 '푸라타나스'는 꿈을 지니고 있으면서 남을 도울 줄 아는 인물이며 늘 나와 같이 살아왔고 또 살아갈 친구, 동반자 또는 이웃의 의미를 지닌 존재이다.

※ 아래 ①-(3)의 경우, 공통점 2가지와 차이점 3가지를 제시했는데, 차이점의 경우 앞의 2가지가 핵심적인 답이 될 수 있음

　①-(3) (가)와 (나)에서 첫째, 시적 화자는 모두 자연물을 의인화하여 나의 친구로 인식하고 있다는 점, 둘째, 시적 화자에게 바람직한 삶이나 가치(덕목)에 대해 일깨워주는 긍정적 존재라는 점이 공통점이다. (2가지 모두 답이 될 수 있음) 하지만 첫째, (가)에서 시적 화자는 자연물을 멀리 또는 밖에 있으면서 우러러보는 존재로 인식하고, (나)의 시적 화자는 자연물을 가까이 있으면서 함께 어울려 살아가는 존재로 인식한다는 점에서 차이가 있다. 둘째, (가)의 시적 화자는 자연물을 일상이나 생활과 유리된 관념적 존재로 인식하고 있고, (나)의 시적 화자는 자연물을 생활이나 일상과 관련된 구체적 대상으로 인식한다는 점에서 차이가 있다. (셋째, (가)의 시적 화자는 자연물을 흠이 없는 완벽에 가까운 이상적(도덕적, 당위적) 존재로 인식하고, (나)의 시적 화자는 자연물을 흠이 있고 실수가 있는 현실적 존재로 인식한다는 점이 차이점이다.)

※ 아래 ②의 경우, 2가지 모두 답이 된다고 생각하며 이 두 가지를 결합해도 답이 될 수 있음

　② (가), (나)의 자연관을 중심으로 볼 때, 첫째, 우리문학은 자연물을 소재로 하되 그것을 의인화하여 자연에 대한 친근감을 드러냈다는 점, 둘째, 자연물 자체가 지닌 외형이나 속성을 바탕으로 그와 관련 있는 인간적 가치를 부여하여 인간화된 자연으로 표현하고 있다는 점이 한국문학이 특질이다. (2가지 모두 답이 될 수 있음)

3. 결론 - 생략 가능 (채점에 포함 안 됨)

　위에서 (가), (나)에 나타난 자연물이 지닌 의미 및 그에 담긴 인식의 공통점과 차이점을 살펴보았고, (가), (나)에 나타난 자연관을 중심으로 한국문학의 특질을 살펴보았다. 이를 통해 고전시가와 현대시에서 자연물에 대한 인식이 어떻게 같고 다른지 알 수 있었고 자연관과 관련된 한국문학의 특질을 파악할 수 있었다. 이 과제를 이 작품 외의 다른 다양한 작품에도 이러한 과제를 적용하면 자연관에 관한 우리문학의 특질을 더욱 깊이 이해할 수 있을 것이다.

## 박재삼 朴在森

1933 ~ 1997
일본 동경 출생
1950 ~ 60년대 대표적인 순수 시인

▷ **작가의 특징**
1. 1953년 ≪문예≫에 「강물에서」란 시조가 추천되고, ≪현대문학≫에 「섭리」, 「정적」이 추천됨으로써 등단했다.
2. 그의 시는 아름답게 다듬은 언어와 전통적 가락에 향토적 서정과 서민 생활의 고단함을 실었다.
3. 한(恨)의 정서를 잘 드러냈다.
    ① 일상적, 현실적 한 : 김소월 등의 전통적 정한과 구분된다.
    ② 남을 원망하는 한이 아니라 마음속에 곱게 정화된 한이다.
    ③ 한은 반짝임과 어두움의 측면을 모두 내포하고 있다.
    ④ 한의 문학적 형상화가 두드러진다.
4. 전통적 소재를 취해 그것에 담긴 의미를 새롭게 드러냈다. 예 춘향, 흥부 등
5. 독특한 종결어미, 판소리 문체, 사투리의 사용 등이 두드러진다.

▷ **주요 작품**
시집 : 『춘향이 마음』(1962), 『천년의 바람』(1975), 『추억에서』(1983), 『허무에 갇혀』(1993) 등

## 작품 1  울음이 타는 강 (사상계, 1959년)

마음도 한 자리 못 앉아 있는 마음일 때,
친구의 서러운 사랑 이야기를
가을 햇볕으로나 동무삼아 따라가면,
어느 새 등성이에 이르러 눈물나고나.

제삿날 큰집에 모이는 불빛도 불빛이지만,
해질녘 울음이 타는 가을 강(江)을 보겠네.

저것 봐, 저것 봐,
네보담도 내보담도
그 기쁜 첫사랑 산골 물 소리가 사라지고
그 다음 사랑 끝에 생긴 울음까지 녹아나고,
이제는 미칠 일 하나로 바다에 다 와 가는,
소리 죽은 가을 강을 처음 보겠네.

### ▌핵심정리

▷ **갈래** 자유시, 서정시
▷ **성격** 애상적, 감각적, 전통적
▷ **제재** 저녁놀에 붉게 물든 가을 강
▷ **주제** ① 인생 본연의 유한성과 한(恨)
② 인간의 본원적 사랑과 고독의 무상성
▷ **표현** ① 정경을 묘사하여 감정과 주제를 효과적으로 드러냄
② 판소리나 민요조의 종결어미를 사용하여 전통적인 정서를 환기시킴
③ 반복에 의한 점층 효과를 줌

## 이해와 감상

### 1 짜임 분석
- 기(1연) – 서러움의 정서
- 서(2연) – 황혼녘의 슬픔
- 결(3연) – 인생의 유한성과 한의 심화

### 2 작품감상의 구조

| 구성 요소 | | 구성 요소의 파악 | 그것이 지닌 의미·효과 | 주제와의 관련성 |
|---|---|---|---|---|
| 내용 요소 | ① | 시적 화자 및 상황 | 인간의 본원적 한(恨)을 지닌 시적 화자가 가을 강을 보면서 사랑의 실패로 인한 한을 떠올리고 있다. | 인생 본연의 유한성과 한(恨), 인간의 본원적 사랑과 고독의 무상성, 가을강과 한스러운 사랑의 실패 |
| | ② | 한의 의미 | ㉠ 일상적인 것<br>㉡ 어둠과 밝음의 양면성을 지닌 것<br>㉢ 원망이 아닌 가슴 속에 정화된 한<br>㉣ 이미지를 통해 제시 | |
| 형식 요소 | ① | 반복 | 시어의 반복을 통해 운율을 형성하며, 점층의 효과를 주고 있다. | |
| | ② | 종결어미 | '– 고나, – 것네' 등의 판소리나 민요조의 종결어미를 사용하여 전통적인 정서를 환기시키고 있다. | |
| 표현 요소 | ① | 이미지 | 시각적 이미지, 공감각적 이미지 등을 통해 주제를 효과적으로 제시하고 있다. | |
| | ② | 시어의 대립 관계 | 순환의 의미를 지닌 '강'과 정착, 완숙의 의미를 지닌 '바다'를 대비하여 주제를 잘 드러냈다. | |

### 3 감상의 길잡이

노을에 물든 가을 강이 환기하는 슬픈 추억과 정한을 통해 살아가는 일의 한스러움, 사랑하는 일의 안타까움을 아름다운 말씨로 표현한 작품이다. 노을이 번진 강, 저물어 가는 가을 강을 '울음'이 탄다고 표현함으로써, 한의 정서를 잘 그려내고 있다. 그러나 여기서 한은 그 한에 스민 '독기'가 다 가신 '애이불상(哀而不傷)'의 한으로 상처를 주는 것이 아니라 이미 마음속에서 정화되어 있는 한이다. 마치 한 토막의 설화 같은 이야기를 소재로 하여 삶과 사랑의 한을 시적으로 승화시킨 작품이다.

이 시는 판소리나 민요조의 종결 어미(– 고나, – 것네)를 사용함으로써 예스런 정감을 높이고 있으며, '울음이 타는 가을 강'에서 볼 수 있는 것처럼 시각적 이미지와 청각적 이미지의 결합을 통해 시적 대상을 감각적으로 통합시킨 점이 돋보인다. 또 자연스러운 시상의 전개와 어휘의 구사가 특징적이면서도 낱말 하나하나가 긴장을 유지하고 있다. 토속적인 언어와 한의 세계가 조화를 이루고 있다.

## ▌중요 내용 정리

### 01 현실적, 일상적 정서의 표출
이 작품에서 화자는 제사를 치르기 위해 고향을 찾아가는 길목에서 마을 앞을 도도히 흐르는 강을 바라보며 그에 얽힌 어린 시절의 슬픈 추억을 되살리고 있다. 그런데 이로 인해 나타나는 한의 정서는 단순히 관념화·보편화된 정서가 아니라, 사랑의 실패와 관련하여 화자의 생활 속에 녹아들어 있는 현실적·일상적인 감정에서 비롯된 것이라는 점을 고려할 필요가 있다.

산등성이에서 강물을 바라보며 옛 생각에 슬픔을 참지 못하는 섬세한 감정의 흐름을 강물의 흐름과 교차시키는 화자의 태도는 분명히 낭만적이라 할 수 있다. 그러나 한편으로 자연적 배경이 단순히 토속적인 정취를 불러일으키는 데 그치지 않고 개인의 삶과 세월에 대한 담담한 성찰을 돕는 역할을 한다는 점에서 이 작품이 지닌 현대적 서정의 측면을 엿볼 수 있다.

### 02 '강'과 '바다'의 이미지
'강'과 '바다'는 일종의 원형적 이미지이다. 원형적 이미지로서 '강'과 '바다'는 전자가 인생 순환의 변화상을 나타내는 것이라면 후자는 영혼의 신비와 무한성, 무궁과 영원 등을 나타낸다. 이 시에서도 강은 선천적인 인생의 변화와 그 흐름을 나타낸다. 그에 비해 바다는 무궁함을 나타낸다. 그러므로 「울음이 타는 가을 강」에서의 바다는 단순한 죽음의 차원을 넘어서는 것으로 유한성과 무한성의 합일, 혹은 인간의 삶과 자연의 합일이라는 보다 큰 의미를 지니는 것이다.

### 03 「울음이 타는 가을 강」의 점층 효과
이 시에서는 울음이 단계적으로 강화되고 있다. 즉 1연에서 발단하여 2연에서 점점 고조되다가 3연에서는 절정에 달한다. 이런 점층 현상은 '불빛도 불빛이지만', '저것봐, 저것봐', '네보담도 내보담도'의 시어의 반복이 주는 리듬 효과와 조화를 이루고 있다.

### 04 현대 서정시의 음악성과 회화성
현대 서정시에서는 시각적인 인상을 청각적 혹은 촉각적으로 다양하게 전환시킴으로써 독창적인 심상을 그려내어, 회화적인 측면과 주지적인 측면을 결합한 의미의 참신성을 기하는 표현을 중시한다. 「울음이 타는 가을 강」은 공감각적 표현을 통해 시의 음악성과 회화성을 교묘히 결합시키는 기법을 보여 주고 있는데, 이러한 표현법은 낭만적인 시의 주제를 직접 진술하는 대신 즉물적이고 객관적인 형상으로 변용시키는 기법상의 혁신을 보여 준다.

### 작품 2  추억에서 (춘향이의 마음, 1962년)

진주(晉州) 장터 생어물전에는
바다 밑이 깔리는 해 다 진 어스름을,

울엄매의 장사 끝에 남은 고기 몇 마리의
빛 발(發)하는 눈깔들이 속절없이
은전(銀錢)만큼 손 안 닿는 한(恨)이던가.
울엄매야 울엄매,

별밭은 또 그리 멀어
우리 오누이의 머리 맞댄 골방 안 되어
손시리게 떨던가 손시리게 떨던가.

진주 남강(南江) 맑다 해도
오명 가명
신새벽이나 별빛에 보는 것을,
울엄매의 마음은 어떠했을꼬.
달빛 받은 옹기전의 옹기들같이
말없이 글썽이고 반짝이던 것인가.

### 핵심정리

▷ **갈래** 자유시, 서정시
▷ **성격** 회상적, 애상적, 향토적
▷ **제재** 가난한 어린 날의 추억
▷ **주제** 어머니의 한스러운 삶에 대한 회고

▷ **표현** ① 시각적 이미지를 통해 한의 정서를 형상화
② 경상도 방언의 사용으로 향토적 느낌
③ 의문형 종결어미의 사용으로 감정의 절제를 보여 줌

### 이해와 감상

① 짜임 분석
- 1연 – 저녁 무렵의 진주 장터
- 3연 – 추운 골방에서 어머니를 기다리는 오누이
- 2연 – 가난으로 한 맺힌 어머니의 삶에 대한 회고
- 4연 – 어머니의 한(恨)

## ② 작품감상의 구조

| 구성 요소 | 구성 요소의 파악 | 그것이 지닌 의미·효과 | 주제와의 관련성 |
|---|---|---|---|
| 내용 요소 | ① 시적 화자 및 화자의 상황 | 어른이 된 시적 화자가 어린 시절 가난했던 어머니의 삶과 그 한을 회고하고 있다. | 어머니의 한스러운 삶에 대한 회고 |
| | ② 한의 시각적 형상화 | 장사 끝에 남은 고기 몇 마리의 빛 발(發)하는 눈깔 달빛 받은 옹기전의 옹기들같이 말없이 글썽이고 반짝이던 것 | |
| | ③ 미적 범주 | 가난했던 유년 시절 어머니의 한을 통해 비장미를 드러내고 있다. | |
| 형식 요소 | ① 시어의 대립 관계 | '고기 몇 마리의 빛 발(發)하는 눈깔'과 '은전'이 대립되고, '별밭'과 '골방'이 대립되어 주제를 효과적으로 드러낸다. | |
| | ② 의문형 종결어미 | '-ㄴ가'의 의문형 종결어미의 사용을 통해 감정의 절제를 보여주고 있다. | |
| 표현 요소 | ① 시각적 이미지 | 시각적 이미지를 통해 한의 정서를 더욱 형상화하고 있다. | |
| | ② 방언의 사용 | 경상도 방언의 사용을 통해 향토적 느낌을 주고 있다. | |
| | ③ 시적 허용 | '오명 가명, 울 엄매' 등에서 시적 허용을 통해 운율을 형성하고, 방언의 정겨움을 강조하고 있다. | |

## ③ 감상의 길잡이

이 시는 시적 화자가 어릴 적 가난했던 생활 체험을 회상하면서 어머니의 가슴에 맺힌 야정과 연민의 감정을 슬프고 한스러운 모습으로 압축하여 그려 낸 작품이다. 연의 구분이 없는 전 15행의 산문적 리듬의 이 시는 시적 대상의 변화에 따라 시상이 전개되고 있다. 1~5행은 진주 장터에서 장사를 하면서 자식을 키우던 어머니의 고생스런 모습을 표현한 부분으로 화자는 어머니의 고달픔을 '은전만큼 손 안 닿는 한'으로 형상화하고 있다. 바로 이 '한(恨)'은 이 시의 지배적 정서로 작용하고 있다. 6~9행에서는 '울엄매'가 돌아오기를 초조하게 기다리며 떨고 있는 오누이의 불안을 구체적이고도 절실하게 표현하고 있다. 10~15행에서는 집으로 돌아오는 어머니가 별을 보고 느꼈을 심정을 보여 주는 부분으로, 달빛에서 반사되는 항아리의 반짝임에서 어머니의 눈물을 발견함으로써 어머니의 슬픔과 한을 압축적으로 그려내고 있다.

## 중요 내용 정리

### 01 「추억에서」의 이미지의 전환

가난한 삶을 살았던 어머니의 한과 슬픔이 시의 주된 정서를 이루고 있다. 이러한 정서는 '빛 발(發)하는 눈깔들', '은전(銀錢)만큼 손 안 닿는 한(恨)', '달빛 받은 옹기전의 옹기들'과 같은 표현을 통해 시각적 이미지의 시어를 통해 어머니의 슬픔과 한이 부각된다. 새벽부터 밤늦도록 장터에서 생선을 파는 어머니의 고된 삶과 그 어머니를 기다리며 추위와 외로움에 떨던 오누이의 모습을 선명한 시각적 이미지로 제시함으로써, 가난한 삶으로 인한 어머니의 슬픔과 한을 간접적으로 표현하고, 감정을 절제하는 효과를 거두고 있다.

또한, 화자는 우선 어머니가 팔지 못한 생선들의 빛나던 눈빛에서 가난에서 벗어나지 못한 한을 떠올리며, 그 한은 또한 달빛 아래서 빛나는 옹기전의 옹기들같이 말없이 글썽이고 반짝이는 것으로 승화한다. 관념적 이미지가 가시적인 이미지로 전환되는 부분이라 볼 수 있다.

### 02 종결어미와 정서 표현

이 시의 각 연이나 행의 종결어미를 보면 '-다'가 전혀 없다. '-을', '-가', '-꼬'로 되어 있다. 즉 영탄적인 분위기와 함께 일종의 가정(假定)이나 의문형으로 끝내고 있다는 것이다. 시인은 이를 통해 자신의 한스러운 회상을 직접적으로 토로하지 않음으로써, 지나친 감상에 빠지지 않고 감정의 절제를 이루는 효과를 얻어 내고 있다. '울엄매야, 울엄매'라는 어머니를 부르는 울음 섞인 목소리도 지나친 감상에 떨어지지 않고 있다.

이외에도 '울엄매야 울엄매, 손 시리게 떨던가 손 시리게 떨건가' 등 같은 시구를 반복적으로 구사하여 운율을 형성하고 있을 뿐만 아니라 시인의 정서와 시적 정조가 주는 효과를 극대화시키고 있다.

### 03 유사한 주제의 작품 – 기형도의 「엄마 걱정」

기형도의 「엄마 걱정」은 어린 시절 집에 홀로 남아 빈 방을 지키는 화자의 외로움을 드러낸 시이다. 전체적인 상황의 제시와 함께 섬세한 심리 묘사가 돋보인다. 특히 마지막 연에서는 시적 정황을 현재의 관점에서 포괄적으로 평가함으로써, 그것이 단순히 유년의 기억으로 그치지 않고 성인이 된 지금까지 고통스럽게 자신의 삶에 아로새겨져 있음을 표현하고 있다.

두 작품 모두 장에 간 어머니를 기다리며 걱정했던 가난한 유년 시절을 회상하고 있다는 점에서 유사하지만, 「추억에서」가 어머니의 슬픔에 초점이 맞추어져 있는 반면, 「엄마 걱정」은 화자의 아픈 마음을 드러내고 있다는 면에서 차이가 있다.

## 작품 3  봄 바다에서 (춘향이의 마음, 1962년)

1
화안한 꽃밭 같네 참.
눈이 부시어, 저것은 꽃핀 것가 꽃진 것가 여겼더니, 피는 것 지는 것을 같이한 그러한 꽃밭의 저것은 저승살이가 아닌 것가 참. 실로 언짢달 것가. 기쁘달 것가.

거기 정신없이 앉았는 섬을 보고 있으면,
우리가 살았다 해도 그 많은 때는 죽은 사람과 산 사람이 숨소리를 나누고 있는 반짝이는 봄바다와도 같은 저승 어디쯤에 호젓이 밀린 섬이 되어 있는 것이 아닌 것가.

2
우리가 小時적에, 우리까지를 사랑한 남평문씨 부인은, 그러나
사랑하는 아무도 없어 한낮의 꽃밭 속에 치마를 쓰고 찬란한 목숨을 풀어헤쳤더란다.
확실히 그때로부터였던가, 그 둘러썼던 비단치마를 새로 풀며 우리에게까지도 설레는 물결이라면
우리는 치마 안자락으로 코 훔쳐 주던 때의 머언 향내 속으로 살달아 마음달아 젖는단 것가.

돛단배 두엇, 해동갑하여 그 참 흰나비 같네.

## 핵심정리

▷ **갈래** 자유시, 서정시
▷ **성격** 전통적, 서정적
▷ **주제** ① 봄 바다에 얽힌 한과 인간애
　　　　② 봄 바다에 얽힌 한의 세계와 사랑 이야기
▷ **표현** ① 산문체의 시면서도 내재율을 살리고 있음
　　　　② 감각적이면서도 섬세한 언어를 사용하여 이미지의 재현에 성공

## 이해와 감상

### 1 짜임 분석
- 1연 – 봄바다의 묘사 (화안한 꽃밭 같은 봄바다. 저승의 세계와 같은 봄바다)
- 2연 – 남평 문씨 이야기 (어릴 적 추억이 한스러움)

## 2 작품감상의 구조

| 구성 요소 | 구성 요소의 파악 | 그것이 지닌 의미·효과 | 주제와의 관련성 |
|---|---|---|---|
| 내용 요소 | ① 시적 화자 및 화자의 상황 | 시적 화자는 해 지는(뜨는) 봄 바다를 바라보면서 그것을 꽃밭처럼 느끼고, 어린 시절 꽃밭에서 자진했던 남평 문씨 부인의 한을 떠올리고 있다. | 봄 바다에 얽힌 한과 인간애, 봄 바다에 얽힌 한의 세계와 사랑 이야기 |
| | ② 제재 | '봄 바다'를 '꽃밭'에 비유하고 저승살이에 비유하여 한의 이미지를 효과적으로 드러냈다. | |
| 형식 요소 | ① 시의 짜임 | 1연은 봄 바다의 풍경을 드러냈고, 2연은 봄 바다에서 꽃밭을 연상하고 꽃밭에서 죽은 남평 문씨 부인의 한을 드러냈다. | |
| | ② 반복 | '- 것가'라는 표현을 통해 운율을 형성하고 있다. | |
| | ③ 산문시 | 전체적으로 산문시의 리듬이면서도 내재율을 지녔다. | |
| 표현 요소 | ① 비유 | '- 같네'라는 직유법을 통해 주제를 형상화하고 있다. | |
| | ② 이미지 | 이미지에 의한 감각적 표현을 통해 주제를 형상화한다. | |
| | ③ 시적 허용 | '환한'을 '화안한'으로 표현하여 시적 허용을 통해 운율감을 형성하고 의미를 강조하고 있다. | |

## 3 감상의 길잡이

　3부로 나눌 수 있는 산문체의 시이다. 제1부는 2연으로 되어 있고, 제2부는 단연으로 되어 있다. 나머지는 부기 형식으로 되어 있다. 산문체의 시임에도 내재율을 살리고 있으며, 표현 기교가 뛰어나다. 감각적이면서도 섬세한 언어를 활용하여 이미지의 재현에 성공하고 있다. 제1부의 1연에서 '것가'를 네 차례, 2연에서 한 차례, 2부에서 한 차례 반복해서 사용하고 있다.

　1부 1연에서는 봄 바다를 꽃밭에 비유하고 있다. 그런 후에 '피는 것가'와 '지는 것가', '저승살이가'와 '아닌 것가', '언짢달 것가'와 '기쁘달 것가'를 대비해 그 구별이 모호한 상태임을 제시한다. 2연에서는 바다에 자리를 잡고 앉아 있는 섬을 보고 있으면 산사람과 죽은 사람이 함께 숨소리를 나누고 있는 봄 바다가 저승과도 같아 보인다고 서술한다.

　2부에서는 그 바다에 서정적 자아가 어릴 때, 자기까지를 사랑하던 남평 문씨 부인이 자살했고 그 때로부터 일렁이는 바닷 물결이 서정적 자아의 마음에 물결을 일으켜 어린 시절 코 훔쳐 주던 때의 먼 추억 속으로 빠져들게 한다고 하고 있다.

　나머지 부분에서는 그 바다에 돛단배가 떠 있는 모양이 마치 나비를 연상시킨다고 서술한다.

　「봄 바다에서」는 여러 면에서 「밤바다에서」와 유사하다. 서정적이면서도 주정적이고, 삶에서 우러나오는 비애와 한이 형상화되고 있다. 다만 「밤바다에서」에서는 육친인 누님의 한 맺힌 인생을, 이 작품에서는 남평문씨 부인의 한을 서술하고 있는 점이 다르고, 시 형태가 다를 뿐이다. 소박한 일상의 삶 속에서 소재를 구해서 여성적인 섬세한 가락으로 한국적 한의 세계를 읊고 있는 시이다.

# 기출문제

**1.** 다음을 읽고 작품에 대해 해석한 내용을 〈작성 방법〉에 따라 서술하시오. [4점]  2017년 A형 13번

(가)
　누이야
　가을산 그리메에 빠진 눈썹 두어 낱을
　지금도 살아서 보는가
　정정(淨淨)한 눈물 돌로 눌러 죽이고
　그 눈물 끝을 따라가면
　즈믄 밤의 강이 일어서던 것을
　그 ㉠강물 깊이깊이 가라앉은 고뇌의 말씀들
　돌로 살아서 반짝여오던 것을
　더러는 물속에서 튀는 물고기같이
　살아오던 것을
　그리고 산다화 한 가지 꺾어 스스럼없이
　건네이던 것을
　누이야 지금도 살아서 보는가
　가을산 그리메에 빠져 떠돌던, 그 눈썹 두어 낱을 기러기가
　강물에 부리고 가는 것을
　내 한 잔은 마시고 한 잔은 비워두고
　더러는 잎새에 살아서 튀는 물방울같이
　그렇게 만나는 것을
　누이야 아는가
　가을산 그리메에 빠져 떠돌던
　눈썹 두어 낱이
　지금 이 못물 속에 비쳐옴을.
　　　　　　　　　　　　　　　　　　— 송수권, 「산문(山門)에 기대어」

(나)
　1
　㉡화안한 꽃밭 같네 참.
　눈이 부시어, 저것은 꽃핀 것가 꽃진 것가 여겼더니, 피는 것 지는것을 같이한 그러한 꽃밭의 저것은 저승살이가 아닌것가 참. 실로 언짢달것가. 기쁘달것가.
　거기 정신없이 앉았는 섬을 보고 있으면,
　우리가 살았닥해도 그 많은 때는 죽은 사람과 산 사람이 숨소리를 나누고 있는 반짝이는 ㉢봄바다와도 같은 저승 어디쯤에 호젓이 밀린 섬이 되어 있는 것이 아닌것가.

　2
　우리가 소시(少時)적에, 우리까지를 사랑한 남평 문씨 부인은, 그러나 사랑하는 아무도 없어 한낮의 꽃밭 속에 치마를 쓰고 ㉣찬란한 목숨을 풀어헤쳤더란다.

확실히 그때로부터였던가. 그 둘러썼던 비단치마를 새로 풀며 우리에게까지도 ⓜ 설레는 물결이라면 우리는 치마 안자락으로 코 훔쳐주던 때의 머언 향내 속으로 살달아 마음달아 젖는단것가.

　　　　　　　　　　　　　　*

돛단배 두엇, 해동갑하여 그 참 흰나비 같네.

－ 박재삼, 「봄바다에서」

―〈작성 방법〉―

○ ㉠과 ㉢이 (가), (나)의 시적 화자에게 지니는 공통된 의미를 설명할 것
○ ㉡과 ㉤의 표현 효과를 고려하여 ㉣에 대한 시적 화자의 인식을 서술할 것

### 예상답안

(가)의 시적 화자는 ㉠의 '강물'에서 죽은 누이를 떠올리고, (나)의 시적 화자는 ㉢의 '봄 바다'에서 죽은 남평 문씨 부인을 떠올린다. 모두 과거 시인의 삶에서 겪은 사별과 그 한을 불러일으키는 공간의 의미를 지닌다.

※ 위의 두 번째 문제는 ㉡과 ㉤의 표현이 무엇을 의미하는가에 따라 답이 달라질 수 있음. '화안한'은 시적 허용이 되지만, '설레는'은 시적 허용이 아니고, '설레는'은 감정이입이 되지만, '화안한'은 단어가 무엇인가에 따라 감정이입이 될 수도 그렇지 않을 수도 있음. 그래서 첫째, 표현의 의미를 단순히 '이미지'로 접근하거나 둘째, 죽음을 아름답게 여기는 역설적 인식으로 접근하거나 셋째, 감정이입(의인화)으로 접근할 수 있음. 이에 따라 아래와 같은 답으로 드러낼 수 있다고 생각함

첫째의 경우 : ㉡은 바다를 밝고 환한 이미지로 드러내었고, ㉤은 물결을 기쁜 이미지로 드러내었다. 이를 통해 시적 화자는 ㉣에서 죽음을 밝고 긍정적인 것으로 인식하고 있다.

둘째의 경우 : ㉡은 남평 문씨 부인이 죽은 장소를 아름다운 공간으로 그렸고, ㉤은 남평 문씨 부인의 죽음의 느낌을 설레는 마음으로 느끼고 있다. 이를 통해 시적 화자는 ㉣에서 죽음을 찬란하다고 여기는 역설적 인식(= 한을 밝고 아름다운 것으로 승화시켜 이중적인 인식)으로 드러내고 있다. (첫째와 유사)

셋째의 경우 : ㉡의 '화안한 꽃밭(화안하다 - 기쁜 낯을 하다)'이나 ㉤의 '설레는 물결'은 모두 대상에 감정이입(의인화)한 표현이며, 이를 통해 대상에 대해 친근하고 기쁜 마음으로 느끼게 한다. 이로 인해 시적 화자는 ㉣에서 남평 문씨 부인의 죽음을 슬프게 여기지 않고 밝고 아름다운 것으로 인식하고 있다.

## 전봉건 全鳳健

1928 ~ 1988
시인. 평남 안주에서 출생

▷ **작가의 특징**
1. 1950년 ≪문예≫에 「원(願)」이 추천되어 등단했다.
2. 초기 시: 초현실주의 수법에 의거하여 신선한 이미지를 추구하는 작품을 썼다.
3. 후기 시: 한국적인 고전을 현대화하는 작업에 주력하였다.

▷ **주요 작품**
시집:『사랑을 위한 해설』(1959),『춘향연가』(1967) 등

### 작품 1  피아노 (꿈 속의 뼈, 1980년)

피아노에 앉은
여자의 두 손에서는
끊임없이
열 마리씩
스무 마리씩
신선한 물고기가
튀는 빛의 꼬리를 물고
쏟아진다.

나는 바다로 가서
가장 신나게 시퍼런
파도의 칼날 하나를
집어 들었다.

### ■ 핵심정리

▷ **갈래** 자유시, 서정시
▷ **성격** 감각적, 상징적
▷ **제재** 피아노(의 선율)
▷ **주제** 생동감 있는 피아노 선율이 주는 감동

▷ **특징** ① 공감각적 심상
② 자유로운 연상에 의한 시상 전개
③ 낯설게 하기 수법

## 이해와 감상

### 1 짜임 분석

이미지의 연상 과정에 의한 시상 전개
- 1연 – 피아노 선율의 생동감
- 2연 – 피아노 선율이 주는 감동

### 2 작품감상의 구조

| 구성 요소 | 구성 요소의 파악 | 그것이 지닌 의미·효과 | 주제와의 관련성 |
|---|---|---|---|
| 내용 요소 | ① 시적 화자 및 상황 | 시적 화자는 여자가 치는 피아노 소리를 들으며 그것에 깊은 감동을 느끼고 있다. | 생기 있는 피아노 소리가 주는 감동 |
| | ② 소재 | 생기 있는 피아노 소리가 주는 감동을 생동감 넘치게 드러내었다. | |
| | ③ 시의 내용 전개 | 여자의 손가락에서 연상되어진 피아노의 선율이 '물고기→바다→파도→칼날'의 순서로 전개되었다. | |
| 형식 요소 | ① 시어 | '튀는 빛의 꼬리, 파도의 칼날' 등의 감각적인 시어를 통해 생기 있는 피아노 소리가 주는 감동을 형상화했다. | |
| | ② 연상 작용에 의한 시상 전개 | '피아노 선율→물고기→바다→파도→칼날'로 연상 작용에 의해 시상이 전개되어 생기 있는 피아노 소리가 주는 감동을 효과적으로 드러냈다. | |
| 표현 요소 | ① 공감각적 심상 | '신선한 물고기가/튀는 빛의 꼬리를 물고', '가장 신나게 시퍼런/파도의 칼날 하나'는 청각을 시각화한 공감각적 표현으로 피아노 소리를 들으며 느껴지는 감동을 효과적으로 드러냈다. | |
| | ② 상징 | '신선한 물고기'는 신선한 생명력, '바다'는 신선한 생명의 고향을 상징하며 주제를 형상화하였다. | |
| | ③ 낯설게 하기 | 피아노 소리를 새롭게 참신하게 표현하여 독자에게 감동을 준다. | |

### 3 감상의 길잡이

이 시는 피아노 치는 여자와 그 소리를 듣는 화자의 모습을 자유 연상을 통해 전개하고 잇는데, 과감한 비유와 공감각적 이미지를 사용하여 생기 있는 피아노 소리에 대한 감동을 생생히 보여준다. 1연에서 피아노의 신선하고 생동감 넘치는 선율을 청각적 이미지에서 시각적 이미지인 '물고기'로 전이시켜 공감각적 이미지를 빚어낸다. 1연에서 피아노를 치는 여자를 관찰하던 '나'는 2연에 와서 피아노 소리를 들으면서 피아노 선율에서 바다를 떠올리고 바다에 일렁이는 시퍼런 파도를 떠올리며, 파도에서는 날이 시퍼렇게 선 칼날의 이미지를 끌어낸다. 이 시퍼런 칼날은 가슴을 파고드는 감동적인 피아노의 선율을 돌발적 비유로 이미지화 하여 생생하게 표현한 것이다. 피아노를 연주하는 여인의 손가락과 선율에 의해 연상되는 물고기가 바다의 이미지로 연결되고 있는 것이다.

## 🔹 중요 내용 정리

### 01 표현상의 특징
① 이미지의 연상 과정에 의해 시상 전개가 드러난다.
② 낯설게 하기 수법(사이비 진술)을 통해 강렬하고 돌발적인 이미지를 창조한다.

### 02 이 시의 이미지
사용된 심상이 강렬하면서도 돌발적이기 때문에 다소 난해한 느낌을 준다. 마치 강렬한 감각들의 조형으로 이루어진 추상화 같은 시이다. '신선한 물고기'는 신선한 생명력을, '바다'는 신선한 생명의 고향을 상징한다. 이 작품은 감각적인 시어의 구사를 통하여, 하나의 이미지로부터 다른 이미지로 비약하는 연상 작용이 돋보인다. 연상 작용이란, 원래 한 관념이 그와 관련된 다른 관념을 생각하게 되는 현상을 일컫는 것인데, '피아노'에서는 얼른 이해하기 어려울 정도의 비약을 보여 주고 있다. 이 시의 이미지는 '피아노의 선율 → 물고기 → 바다 → 파도 → 칼날'의 순서로 전개된다.

### 03 「피아노」에 나타난 감각적 이미지
이 시는 역동적인 피아노 소리를 참신하고 과감한 감각의 전이를 통해 나타낸 이미지의 시라고 할 수 있다. 1연에서는 여자가 연주하는 피아노 선율을 '신선한 물고기가 튀는 빛의 꼬리를 물고 쏟아 진다'는 시각적 심상으로 표현하고 있다. '피아노 소리'라는 청각적 이미지가 싱싱한 '물고기'라는 시각적인 이미지로 전이된 것이다. 또한 2연에서는 피아노 소리를 들으면서 느껴지는 감동을 '파도의 칼날'로 표현하고 있다. 이는 음악의 극치를 의미라는 것으로 '낯설게 하기'의 수법을 통하여 돌발적인 이미지를 창출하고 있다.

### 04 「피아노」에 나타난 연상 작용
이 작품은 감각적인 시어를 통하여 하나의 이미지로부터 다른 이미지로 비약하는 연상 작용이 돋보인다. 연상 작용이란, 원래 한 관념이 그와 관련된 다른 관념을 생각하게 되는 현상을 일컫는데, 이 시에서는 한 눈에 이해하기 어려운 정도의 비약을 보여주고 있다. 피아노 건반을 두드리는 여인의 손에서 '신선한 물고기'를, 피아노의 선율에서 '튀는 빛'의 물고기 꼬리를 떠올린 화자의 연상은 바다로 확산되어 파도의 칼날을 발견한다. 이처럼 이 시의 연상 작용은 '피아노 선율 → 물고기 → 바다 → 파도 → 칼날'의 순서로 전개된다.

### 05 언어의 창조적 사용
① 신선한 생명력 → 신선한 물고기
② 신선한 생명의 고향 → 바다

## 박남수 朴南秀

1918 ~ 1994
시인. 평양 출생

▷ **작가의 특징**
1. ≪문장≫지에 정지용으로부터 「심야」, 「마을」, 「초롱불」, 「밤길」 등의 시 추천 후 작품 활동을 시작하였다.
2. 자연성에 의탁하여 사회적 관심을 형상화했다.
3. 현대 문명에 대한 좌절감이 원시적 건강성으로 극복되고 있다.
4. 도덕이나 사상도 언어 속에 용해되어 이미지로 제시하였다.
5. 이미지에 의해 나타난 언어 표현의 암시성을 중시했다.

▷ **주요 작품**
시집 : 『초롱불』(1940), 『갈매기 소묘』(1958), 『신의 쓰레기』(1964), 『새의 암장(暗葬)』(1970), 『사슴의 관(冠)』(1981) 등

### 작품 1 　새 (신태양, 1959년)

1
하늘에 깔아 논
바람의 여울터에서나
속삭이듯 서걱이는
나무의 그늘에서나, 새는 노래한다.
그것이 노래인 줄도 모르면서
새는 그것이 사랑인 줄도 모르면서
두 놈이 부리를
서로의 죽지에 파묻고
따스한 체온(體溫)을 나누어 가진다.

2
새는 울어
뜻을 만들지 않고,
지어서 교태로
사랑을 가식(假飾)하지 않는다.

3
─포수는 한 덩이 납으로
그 순수(純粹)를 겨냥하지만,
매양 쏘는 것은
피에 젖은 한 마리 상(傷)한 새에 지나지 않는다.

## 핵심정리

▷ **갈래** 자유시, 서정시, 주지시
▷ **성격** 주지적, 문명비판적
▷ **특징** ① 자연과 인간의 대립을 통한 인식 구도
② 평이한 순수 언어를 통한 사상의 형상화
▷ **제재** 새
▷ **주제** 순수한 생명의 아름다움 추구, 순수미의 추구

## 이해와 감상

### ① 짜임 분석

- 1연 – 순수하고 아름다운 사랑
- 3연 – 삶의 순수성의 파괴
- 2연 – 의미를 붙이거나 가식하지 않는 사랑

### ② 작품감상의 구조

| 구성 요소 | 구성 요소의 파악 | | 그것이 지닌 의미·효과 | 주제와의 관련성 |
|---|---|---|---|---|
| 내용 요소 | ① | 시적 화자 및 화자의 상황 | 시적 화자는 새에 대한 관찰과 새에 대한 인식을 통해 주제를 드러냈다. | 순수한 생명의 아름다움 추구 |
| | ② | 소재 | '새'와 '포수'와의 관계를 통해 순수한 생명의 아름다움과 인간의 잘못된 순수 지향을 비판하는 데 효과적이다. | |
| | ③ | 모더니즘 시 | 현대 문명의 비판에 대한 내용을 이미지를 통해 드러낸 모더니즘 시이다. | |
| 형식 요소 | ① | 3연 | 연작 형태로 나누어져 있지만 의미 연관으로 보아 각기 다른 시의 연작 형태로 보는 것보다는 한 편의 시로 보는 것이 타당하다. | |
| | ② | 현재형 어미 | 현재형 어미를 통해 장면을 구체적으로 드러내고, 새에 관한 인식을 단정적으로 제시하여 보편적 내용으로 느끼게 한다. | |
| 표현 요소 | ① | 상징 | '새'는 순수성, '납'은 문명의 폭력으로 상징된다. | |
| | ② | 환유 | '납'의 경우에 총알로 인식할 경우 환유적 표현으로도 볼 수 있다. | |
| | ③ | 이미지에 의한 감각적 표현 | 다양한 이미지를 통해 감각적으로 표현하여 관념적 내용을 구체적으로 느낄 수 있게 했다. | |

### ③ 감상의 길잡이

연작의 형태로 배열한 3연의 자유시이다. 의미 연관으로 보아 이 시는 각기 다른 시의 연작 형태로 보는 것보다는 3연으로 이루어진 한 편의 시라고 보는 것이 타당할 듯하다. 이러한 외형을 띠게 된 것은 시인이 시를 보는 관점의 많은 부분이 주지적 태도에 기울어짐으로써 의도적 시형의 가공에 중점을 두었던 결과로 보인다.

① 1연: 바람 부는 하늘에서나 서걱대는 나무 그늘 속에서나 새는, 그것이 노래인 줄도 모르면서 노래하고(지어서 일부러 가공하지 않고) 그것이 사랑인 줄도 모르면서 따스한 사랑을 서로 나눈다. (새의 의식적이지 않은 순수한 행위를 제시)

② 2연 : 새는 노래의 의미를 지어서 만들지 않고, 가식으로 사랑을 장식하지 않는다.
③ 3연 : 포수는 그 순수를 자기 것으로 하기 위해 새를 겨냥해 납덩이를 날려보지만 매번 쏘아잡는 것은 그 순수가 아니라 한 마리 피문은 상한 새에 지나지 않는다.

주지주의 계열의 시는 시의 언어가 목적이 아니라 그 언어를 통해 어떤 철학적인 사색이나 찰나적 인식의 결과물을 환기하려는 경향을 내포한다. 이 시에서 그리려는 것도 새가 아니다. 새로 유추된 순수의 세계와 그것이 어떻게 생성되며 지켜질 것인가 하는 점에 화자의 관심이 집중되어 있다. 그러니 이런 시에서 새의 노래나 뜻 없는 사랑의 의미를 찾기는 힘들 것이다. 이런 시는 읽고 난 후 사색의 과정, 인식의 갱신 과정이 독자에게 일어나야 함을 강조한다.

1연에서 화자는 자각조차 못하는 새의 순수한 행동들을 보여주고 2연에서는 그것을 아포리즘화하여 반복하며, 3연에서는 포수와 새의 관계 설정을 통해 인간과 순수 지각(知覺)과의 관계를 구성한다. 인간이 순수라고 느끼는 자연물이나 상황이나 감각 등은 의도적으로 가공하려거나 강제로 가지려 한다고 얻어지는 것이 아니라, 오히려 그 상태를 더욱 자연스럽도록 풀어놓는 해방의 과정에서 획득되는 것임을 시인은 주장하고 있다.

## ■ 중요 내용 정리

### 01 작가의 문명 비판적 시각

이 시의 전반에 흐르는 어조는 비판적 어조다. 작가의 마음 속에서는 아름다움과 순수를 지향하지만 외부의 세계는 보이는 곳마다 파괴요, 상처난 흔적뿐이다. 순수의 표상인 새는 가식이나 꾸밈이 없는 자연 그대로의 존재일 뿐이나 인간의 욕심과 무지는 순수를 겨냥한다. 다시 말해 인간의 비정이 삶의 순수를 짓밟고 파괴한 것이다. 주지적 태도와 문명 비판적인 시각이 바탕인 이 시는 새로 표상되는 자연적 생명의 아름다움과 인간의 인위성, 파괴성을 대립시켜 노래하고 있다.

## 예상문제

1. 아래의 작품을 바탕으로 〈조건〉에 맞게 서술하시오. [10점]

(가)
1
하늘에 깔아 논
바람의 여울터에서나
속삭이듯 서걱이는
나무의 그늘에서나, 새는 노래한다.
그것이 노래인 줄도 모르면서
새는 그것이 사랑인 줄도 모르면서
두 놈이 부리를
서로의 죽지에 파묻고
따스한 체온(體溫)을 나누어 가진다.

2
새는 울어
뜻을 만들지 않고,
지어서 교태로
사랑을 가식(假飾)하지 않는다.

3
―포수는 한 덩이 납으로
그 순수(純粹)를 겨냥하지만,
매양 쏘는 것은
피에 젖은 한 마리 상(傷)한 새에 지나지 않는다.

(나)
　시골을 다녀오되 성묘가 목적이기는 근년으로 드문 일이었다. 더욱이 양력 정초에 몸소 그런 예모를 찾고 스스로 치름은 낳고 첫 겪음이기도 했다. 물론 귀성 열차를 끊어 앉고부터 "숭헌, 뉘라 양력슬두 슬이라 이른다더냐, 상것들이나 왜놈 세력을 아는 법여……" 세모가 되면 한두 군데서 들어오던 세찬을 놓고 으레 꾸중이시던 할아버지 말씀이 자주 되살아나 마음 한 켠이 걸리지 않은 바도 아니었지만, 시절이 이러매 신정 연휴를 빌미할 수밖에 없음을 달리 어쩌랴 하며 견딘 거였다. 그러나 할아버지한테 결례(불효)를 저지르고 있다는 느낌을 나 자신에게까지 속일 수는 없었다. 아주 어려서부터 이렇게 되기까지, 우리 가문을 지킨 모든 선인 조상들의 심상은 오로지 단 한 분, 할아버지 그분의 인상밖에는 없었기 때문이었다.
　그것은 내가 그리워해 온 선대인은 어머니나 아버지, 그리고 동기간들이 아니었다는 뜻이기도 하다. 고색창연한 이조인(李朝人)이었던 할아버지, 오직 그분 한 분만이 진실로 육친이요 조상의 얼이란 느낌을 지워버릴 수 없는 거였고, 또 앞으로도 길래 그럴 것만 같이 여겨진다는 것이다. 받은 사랑이며 가는 정으로야 어찌 어머니 위에 다시 있다 감히 장담할 수 있으랴마는, 그럼에도 삼가 할아버지 한 분만으로 조상의 넋을 가늠하되, 당신 생전에 받은 가르침이야말로 진실로 받들고 싶도록 값지게 여겨지는 터임에, 거듭 할아버지의 존재와 추억의 편린들을 가재(家財) 으뜸으로 믿을 수밖에 없던 것이다.
〈중략〉
　나는 한동안 두 눈을 지릅뜨고 빗발무늬가 잦아가던 창가에 서서, 뒷동산 부엉재를 감싸며 돌아가는 갈머리부락을 지켜보고 있었다. 마음이 들뜬 것과는 별도로 정말 썰렁이고 울적한 기분이었다. 내 살과 뼈가 여문 마을이었건만, 옛 모습을 제대로 지키고 있는 것이라곤 아무것도 없던 것이다. 옛 모습으로 남아난 것이 저토록 귀할 수 있을까.
　그 중에서도 맨 먼저 가슴을 후려친 것은 왕소나무가 사라져 버린 사실이었다. 분명 왕소나무가 서 있던 거리엔 외양간만한 슬레이트 지붕의 구멍가게 굴뚝만이 꼴불견으로 뻗질러 서 있던 것이다.
　그 왕소나무 잎새에 누렁물이 들고 가지에 삭정이가 끼는 걸 보며 고향을 뜨고 13년 만이니 그럴 만도 하겠다 싶긴 했지만, 언제 베어다 켜 썼는지 흔적조차 남아 있지 않은 현장을 목격하니 오장에서 부레가 끓어오르지(몹시 성이 나지) 않을 수 없던 것이다. 4백여 년에 걸친 그 허구헌 풍상을 다 부대껴 내고도 어느 솔보다 푸르던, 십장생(十長生)의 으뜸다운 풍모로 마을을 지켜 온 왕소나무가 아니었던가. 내가 일곱 살 나 천자문을 떼고 책씻이도 마친 어느 여름날 해 설핀(거치고 성긴) 석양으로 잊지 않고 있지만, 나는 갯가 제방둑까지 할아버지를 모시고 나와 온 마을을 쓸어 삼킬 듯이 쳐들어오던 바다 밀물을 구경한 적이 있었다.

⟨중략⟩

　이젠 완전히 타락한 동네구나— 나는 은연중 그렇게 중얼거리고 있음을 스스로 깨달았다. 마을의 주인 (왕소나무)이 세상 뜬지 오래라니 오죽해졌으랴 싶기도 했다. 하루에도 몇 차례씩, 더욱이 피서지로 한몫해 온 탓에, 해수욕장이 개장된 여름이면 밤낮 기적 소리가 잘 틈 없던 철롯가에 서서, 그 숱한 소음과 매연을 마시다 지쳐, 영물(靈物)의 예우도 내던지고 고사(枯死)해 버린 왕소나무의 비운에 대한 조상(弔喪)만으로 비감에 젖어 있었다고는 말할 수 없겠지만—.

⟨조건⟩

1. (가)와 (나)를 텍스트 상호성의 측면에서 공통점 차이점을 파악할 수 있는 적절한 학습목표 2가지를 제시하고, 그것에 대한 지도 내용(설명할 내용)을 각각 2가지 제시하시오. (6점)
2. (가)와 (나)에 나타난 작가의식에 대해 '비판적 읽기'의 측면에서 교수·학습하려고 할 때, (가)와 (나)에 대해 비판할 수 있는 내용을 각각 2가지씩 제시하시오. (4점)

### 예상답안

① 작품에 반영된 사회·문화적 배경(시대 배경)의 공통점과 차이점에 대해 말할 수 있다.
　　(가)와 (나)는 모두 인간의 문명(도시화, 자본주의)이 자연의 가치를 훼손하는 현실을 다루었다. 그러나 (가)의 경우 인간의 욕망으로 행위로 인한 훼손을 관념적·추상적으로 드러냈고, (나)의 산업화·도시화로 인한 훼손을 구체적 사실을 통해 드러내었다.

② 작가가 지닌 의식의 공통점과 차이점에 대해 말할 수 있다.
　　(가)와 (나)는 작가가 모두 문명에 대한 비판적 인식을 드러내었다. 그러나 (가)의 경우 '순수' 가치의 상실을 문제 삼았다면, (나)의 경우 '전통' 가치의 상실을 문제 삼았다.

　(가)의 경우 비판할 수 있는 내용은 다음과 같다.
　㉠ 시인은 문명이나 인위적인 것에 대해 부정적 인식을 지니고 있는데, 문명이나 인위적인 것과 자연은 조화를 이루어야 하지 않는가?
　㉡ 시인이 지향하는 세계는 자연 그대로의 가공되지 않은 세계인데, 그러한 세계가 현실에 존재하는가?
　㉢ 인위적인 것과 자연적인 것을 이분법적으로 보고 있는데, 이러한 인식이 오늘의 현실에 타당한가?

　(나)의 경우 비판할 수 있는 내용은 다음과 같다.
　㉠ 작가가 옛 고향의 모습이나 할아버지의 풍모를 강조하는 것은 지나치게 복고주의적 사고에 젖은 것이 아닌가?
　㉡ 주인공은 할아버지로부터 명문가의 의식과 선민의식을 물려받았는데, 그것이 여전히 추구해야 할 가치인지 성찰이 부족하지 않은가?
　㉢ 작가는 전통적인 것과 근대적인 것을 이분법적으로 나누고 있는데, 이러한 인식이 오늘의 현실에 타당한 생각인가?
　㉣ 작가는 개발과 변화에 대해 극히 부정적인데, 현대 사회에서 개발과 변화는 조화를 이루어야 하지 않을까?
　㉤ 물질 만능과 배금주의에 물든 현재의 삶에서 작가가 제시하는 전통적 인정의 세계를 추구하는 것이 가능한가?

## 작품 2 　종소리 (신의 쓰레기, 1964년)

나는 떠난다. 청동(靑銅)의 표면에서
일제히 날아가는 진폭(振幅)의 새가 되어
광막한 하나의 울음이 되어
하나의 소리가 되어.

인종(忍從)은 끝이 났는가
청동의 벽에
'역사'를 가두어 놓은
칠흑의 감방에서.

나는 바람을 타고
들에서는 푸름이 된다.
꽃에서는 웃음이 되고
천상에서는 악기가 된다.

먹구름이 깔리면
하늘의 꼭지에서 터지는
뇌성(雷聲)이 되어
가루 가루 가루의 음향이 된다.

### ▌핵심정리

- **갈래** 자유시, 서정시
- **성격** 상징적, 주지적, 역동적
- **어조** 남성적
- **표현** 도치법, 의인법, 은유법
- **특징** ① 종소리를 의인화하여 표현
  ② 역동적 이미지를 사용
- **제재** 종소리
- **주제** 자유의 확산과 그 기세

### 이해와 감상

#### 1 짜임 분석

- 기(1연) – 종소리의 자유를 향한 비상
- 승(2연) – 청동 벽 속에서의 인종의 끝
- 전(3연) – 종소리의 변신 (푸름, 웃음, 악기)
- 결(4연) – 종소리의 변신 (뇌성, 음향)

## ② 작품감상의 구조

| 구성 요소 | 구성 요소의 파악 | 그것이 지닌 의미·효과 | 주제와의 관련성 |
|---|---|---|---|
| 내용 요소 | ① 시적 화자 및 상황 | '종소리'를 시적 화자로 의인화하여 설정하여 종소리의 퍼짐에 따라 구속을 벗고 자유를 지향하는 내용을 드러내었다. | 자유의 확산과 그 기세 |
| | ② 소재 | '종소리'를 통해 자유를 향한 비상과 확산을 역동적으로 노래하고 있다. | |
| | ③ 시대 배경 | 1960년 4·19 혁명 이후의 암담한 정치 현실에서 해방을 지향하고 있다. | |
| 형식 요소 | ① 기승전결 | 기승전결의 짜임을 통해 주제를 효과적으로 드러내었다. | |
| | ② 시어 | 청동, 진폭, 인종, 뇌성 등의 한자어의 사용을 통해 사물의 존재를 날카롭게 인식하는 지적 태도가 깔려 있다. | |
| 표현 요소 | ① 의인법 | '종소리'를 '나'로 의인화하여 종소리가 퍼져나가는 의미를 효과적으로 드러내었다. | |
| | ② 공감각적 표현 | '종소리'를 '푸름', '웃음', '악기' 등 공감각적으로 표현하고 있다. | |
| | ③ 도치법 | 시어의 선후를 바꾸는 도치를 통해 주제를 강조하고 있다. | |
| | ④ 다양한 비유·상징 | 비유와 상징을 통해 의미를 효과적으로 드러내었다.<br>예 '일제히 날아가는 진폭의 새. 들에서는 푸름이 된다. 꽃에서는 웃음이 되고 / 천상에서는 악기가 된다.' – 비유<br>예 '청동, 칠흑의 감방, 푸름, 웃음, 악기, 먹구름, 하늘의 꼭지, 뇌성' – 모두 상징 | |

## ③ 감상의 길잡이

'종소리'라는 소재를 형상화하면서 종소리의 참의미를 노래하고 있다. 종소리를 단순히 청각적으로 감각하지 않고 그것의 참모습을 그려 보려는 태도와 기발한 착상이 두드러진다는 것이다. 종은 물론 동종(銅鐘)이다. 표면의 울림과 함께 퍼져 나가는 소리의 진동을 '진폭의 새'로 표상하는 것은 탁월한 착상이다.

혹자는 역사에 의미를 두어 갇힌 역사의 암울한 감방을 뚫고 광대무변의 허공으로 퍼져가는 모습을 자유의 날갯짓으로 보기도 하지만, 그렇게 시대상을 고려하지 않아도 이 시는 충분한 시적 감동을 준다.

즉, 동종을 오래 묵은 고고 미술품으로 상정해도 좋은 말이다. 오랜 세월 동안 울리지 못하고 소장되어 있었던 종이라면, 그 종은 역사에 감금되어 있었고, 그는 어두운 감방 속에서 한 번도 울지 못했을 것이다. 종은 울고 싶고 울어야만 종이다. 그 하많은 세월을 인종 속에서 기다려 왔다. 종이 울리는 순간 그는 인종의 역사에서 해방된다. 종소리는 바람을 타고 싱싱한 소리를 내며 즐거운 비상을 한다. 때로는 뇌성처럼 커다란 소리, 힘 있는 소리가 되기도 하여 흩어진다. 흩어지는 소리를 가루의 음향이 된다는 공감각적 표현은 주지시로서의 면모를 유감없이 드러내고 있다.

한편, 이 시의 이미지는 수직과 확산의 성격을 가진다. 종소리가 상승하다 드디어 터지는 것에서 그런 면을 볼 수 있다. 오랜 인종에서 해방된 종소리의 자유를 표현하는데, 이 이미지는 대단히 효과적이다.

비슷한 발상을 보이는 조지훈의 「범종」과 비교하면 유사한 가운데 약간의 차이가 발견된다. 「종소리」가 상승과 팽창의 동적 이미지로 되어 있다면, 「범종」은 '응축 – 하강 – 확산 – 상승'의 단계를 보인다. 이는 「범종」이 정신적 성숙을 주제로 하고, 「종소리」가 해방을 주제로 한 점에서 비롯된 것이다.

## 중요 내용 정리

**01 표현상의 특징**

박남수의 시에는 본디 사상이나 윤리 같은 것이 잘 드러나지 않는다. 그런 관념의 세계는 깊이 감추어져 있고 단지 드러나 있는 것은 참신하고 낯선 이미지뿐이다. 이미지가 거느리는 배경이나 언어 표현의 암시성이 중요시된다는 뜻이다. 이 시에서 종소리의 심상을 환기시키는 객관적 상관물을 찾아보면 '새, 울음, 소리, 푸름, 웃음, 악기, 뇌성, 음향'을 들 수 있는데 한결같이 참신하고 역동적인 심상이다. '나'는 종소리를 의인화한 것인데 종소리는 생명의 원동력을 상징하고 있고 오랜 인종 끝에 역사의 질곡을 박차고 나가는 자유와 그 확산의 기세를 나타내고 있다. 전체적으로 이 시의 어조는 우람하고 그에 걸맞게 포괄하는 세계는 광막하다. 세련된 감각과 지성을 결부시킨 참신한 심상의 통일체를 이룬 모더니즘의 시라고 할 수 있다.

## 예상문제

※ (1 ~ 3) 다음 작품을 읽고 물음에 답하시오.

(가)
남들은 자유를 사랑한다 하지마는, 나는 복종을 좋아해요
자유를 모르는 것은 아니지만, 당신에게는 복종만 하고 싶어요
복종하고 싶은 데 복종하는 것은 아름다운 자유보다 더 달콤합니다. 그것이 나의 행복입니다.

그러나 당신이 나더러 다른 사람을 복종하라면 그것만은 복종할 수가 없습니다.
다른 사람을 복종하려면 당신에게 복종할 수가 없는 까닭입니다.

– 한용운, 「복종」

(나)
나는 떠난다. 청동(青銅)의 표면에서
일제히 날아가는 진폭(振幅)의 새가 되어
광막한 하나의 울음이 되어
하나의 소리가 되어

인종(忍從)은 끝이 났는가
청동의 벽에
'역사'을 가두어 놓은
칠흑의 감방에서.

나는 바람을 타고
　　들에서는 푸름이 된다.
　　꽃에서는 웃음이 되고
　　천상에서는 악기가 된다.

　　먹구름이 깔리면
　　하늘의 꼭지에서 터지는
　　뇌성(雷聲)이 되어
　　가루 가루 가루의 음향이 된다.

　　　　　　　　　　　　　　　　　　　　　－ 박남수, 「종소리」

(다)
　　폭포(瀑布)는 곧은 절벽(絶壁)을 무서운 기색도 없이 떨어진다.

　　규정(規定)할 수 없는 물결이
　　무엇을 향(向)하여 떨어진다는 의미(意味)도 없이
　　계절(季節)과 주야(晝夜)를 가리지 않고
　　고매(高邁)한 정신(精神)처럼 쉴 사이 없이 떨어진다.

　　㉠ 금잔화(金盞花)도 ㉡ 인가(人家)도 보이지 않는 밤이 되면
　　폭포(瀑布)는 곧은 소리를 내며 떨어진다.

　　곧은 소리는 소리이다.
　　곧은 소리는 곧은
　　소리를 부른다.

　　번개와 같이 떨어지는 물방울은
　　취(醉)할 순간(瞬間)조차 마음에 주지 않고
　　나타(懶惰)와 안정(安定)을 뒤집어 놓은 듯이
　　높이도 폭(幅)도 없이
　　떨어진다.

　　　　　　　　　　　　　　　　　　　　　－ 김수영, 「폭포」

1. 다음은 (가)와 (나) 작품을 읽고, 작품에 나타난 '자유와 복종'에 대해 토의 학습한 내용이다. 내용이 어색한 학생을 하나 지적하고(만수는 제외), 그 이유를 밝히시오. 그리고 밑줄 친 인수의 대화에 적절한 내용을 보충하라. [3점]

> ① 영수 : (가)에서는 '당신'이라는 한 인간에 대한 절대적 복종을 보여주고 있어. 이것은 조선 시대 연군 시가에서 임금에 대한 절대적 복종과 같은 의미를 지니는 거야.
> ② 철수 : (나)에서 말하는 자유는 (가)에서 말한 자유와는 다른 의미인 것 같아. (가)가 개인적인 것이라면, (나)는 사회적인 것이고, 억압에 대한 저항을 드러내는 것 같아.
> ③ 만수 : (가)는 복종을 찬양하고 있고, (나)는 자유의 확산을 지향하는 내용이니까 이 두 작품은 서로 대립되는 내용으로 이해하면 될 것 같아
> ④ 인수 : 아니 내 의견은 달라.
>    여기서 자유는 _____
>         복종은 _____
>    을 의미하므로, (가)에서 '자유'와 '복종'이 보편적으로 사용되는 의미와는 달리 사용된 것 같아.
> ⑤ 길수 : (가)와 (나)를 통해 보면 '복종'이나 '자유'는 절대적인 것이 아니라, 상대적인 것 같아. '복종'이 어떤 사람에게는 가장 완전한 자유라는 의미도 지니잖아.

### 예상답안

① 적절하지 않은 사람: 영수
② 그 이유 : 한 인간에 대한 복종이라는 것은 너무 협소하게 이해한 것이며, 임금에 대한 복종과 반드시 같은 것은 아님
③ 자유 : '일시적이고 유한하고 피상적 의미'
   복종 : '절대적 귀의, 완전한 헌신, 완전한 자유의 의미'


2. (나)와 (다) 작품을 비교하여 파악할 때 아래 항목에 적절한 공통점을 아래 조건에 맞게 제시하라. [3점]

  1. 모더니즘 :
  2. 주제 :
  3. 표현 :

### 예상답안

① 모더니즘 : 독재(억압)와 자유에 대한 지적 인식을 바탕으로 일상어 사용, 이미지에 의한 표현(주지적) 등의 기법
② 주제 : 억압적 현실 속에서 자유의 확산을 통한 부정적 현실의 극복 의지
③ 표현 : 다양한 상징의 사용, 이미지에 의한 표현의 중시, 일상적 시어의 사용

3. (다)에서 밑줄 친 ㉠, ㉡의 상징의 의미를 각각 밝히고, '폭포'를 한 인간이라고 할 때, 그 내면적 측면과 외면적 측면을 드러내는 단어를 (다)에서 각각 찾아 제시하라. [2점]

> **예상답안**
>
> ① ㉠ 금잔화 : 세상의 아름다움, 역사적 희망
>   ㉡ 인가 : 사람끼리의 유대, 인정, 일상적 삶
> ② ㉠ 폭포의 내면 : 고매한 정신
>   ㉡ 폭포의 외면 : 곧은 소리

## 작품 3  아침 이미지 (새의 암장, 1970년)

어둠은 새를 낳고, 돌을
낳고, 꽃을 낳는다.
아침이면,
어둠은 온갖 물상(物象)을 돌려 주지만
스스로는 땅 위에 굴복(屈服)한다.
무거운 어깨를 털고
물상들은 몸을 움직이어
노동의 시간을 즐기고 있다.
즐거운 지상의 잔치에
금(金)으로 타는 태양의 즐거운 울림.
아침이면,
세상은 개벽(開闢)을 한다.

### 핵심정리

▷ **성격** 주지적, 서정적
▷ **어조** 지적이며 감정이 절제된 목소리
▷ **표현** ① 시간의 경과에 따라 시상을 전개
  ② 이미지 위주의 감각적 표현
  ③ '어둠'이 창조의 의미를 지녀 긍정적 이미지로 표현됨

▷ **제재** 아침을 통해 느끼는 이미지
▷ **주제** 힘차고 즐거운 아침의 표상 모든 사물이 되살아나는 신선한 아침의 이미지

## 이해와 감상

### 1 짜임 분석
- 기(1~2행) – 물상의 생성
- 전(6~11행) – 물상의 활기찬 모습
- 승(3~5행) – 어둠의 소멸
- 결(12~13행) – 아침의 인상

### 2 작품감상의 구조

| 구성 요소 | 구성 요소의 파악 | 그것이 지닌 의미·효과 | 주제와의 관련성 |
|---|---|---|---|
| 내용 요소 | ① 시적 화자 및 상황 | 시적 화자는 드러나지 않았지만 '어둠 → 아침'에 이르는 과정을 면밀하게 관찰하여 감각적으로 드러내었다. | 힘차고 즐거운 아침의 표상 |
| | ② 제재 | '아침'을 통해 그것이 지닌 본질을 보여주고 있다. | |
| | ③ 모더니즘 시 | 어둠에서 아침이 되는 과정의 지적 인식을 이미지를 통해 감각적으로 표현했다. | |
| 형식 요소 | ① 기승전결의 짜임 | 기승전결의 짜임을 통해 밤으로부터 아침까지의 과정을 인식하고 있다. | |
| | ② 추보식 구성 | 시간의 흐름에 따라 시상을 전개하여 아침의 의미를 효과적으로 드러내었다. | |
| | ③ 일상적 시어의 형상화 | '어둠, 새, 돌, 꽃, 아침' 등 인상적 시어를 사용하여 그것에 지적 의미를 부여하여 제시하였다. | |
| 표현 요소 | ① 은유 | '지상의 즐거운 잔치'는 아침을 은유적으로 표현하고 있다. | |
| | ② 공감각 | "금(金)으로 타는 태양의 즐거운 울림"은 시각의 청각화로 태양을 공감각적으로 표현하고 있다. | |
| | ③ 의인화 | 아침을 의인화하여 아침에 일어나는 변화를 구체적으로 느끼게 했다. | |

### 3 감상의 길잡이
① 1~2행: 아침이 되면 새와 돌과 꽃이 어둠을 벗고 제 모습을 드러낸다.
② 3~5행: 아침이면 어둠이 온갖 물상을 만들어 지상에 내보내지만 그 스스로는 땅 위에 굴복하여 사라진다.
③ 6~10행: 어둠에 젖었던 물상들은 일제히 몸을 움직여 살아나기 시작한다. 낮은 물상들이 살아 움직이는 노동의 시간. 그 시간이 있게 한 태양의 금빛 찬란한 모습이 종소리처럼 맑게 퍼진다.
④ 11~12행: 아침은 확실히 모든 것들이 새로 태어나는 시간이다.

만물이 깊은 잠에서 깨어 일어나 제각각의 활동을 시작하는 밝고 신선한 아침 시간의 이미지를 노래한 주지적 계열의 시이며 명랑하고 발랄한 아침의 움직임이 경쾌하게 드러나 있는 이미지 위주의 시이다. 그래서 제목도 이미지라는 단어를 포함하고 있다. 그러나 이 시가 제공하는 이미지는 우리가 평소의 다른 시들에서 찾을 수 있는 젖어있는 이미지들과는 다른 것들이다. 즉 이미지들이 사용되고 있기는 하지만 그것이 하나도 구체적이고 한정된 의미의 이미지로 드러나 있지를 않다. 초반부의 꽃, 새, 돌 등의 사물이 어떤 구체적인 것 가령 시인이 아침 산책길에 집 뒤의 동산에서 만난 아침의 물상들인 것으로 제시되어 있지 않다. 그것들은 그냥 물상들인 것이다. 그 물상들은 구체적인 일반명사임에도 불구하고 전혀 구체적이지 않고 오히려 물상 일반과 직통하는 개념적인 특징을 드러낸다.

## 중요 내용 정리

### 01 지은이의 자작시 해설
밤에는 모든 물상(物象)들이 어둠에 묻혀 버려 그 형상을 알 수 없게 된다. 그러던 것이 아침이 되면 밝음 속에 그 본래의 모습을 낱낱이 드러낸다. 그리하여 어둠의 세계인 밤과는 전혀 다른 생동하는 밝음의 세계가 펼쳐진다. 이러한 아침의 건강한 모습을 그려 본 즉물적(卽物的)인 시다.

### 02 일상적 언어의 시적 형상화
시인이 어떤 시각에서 어떤 태도로 사물을 바라보느냐에 따라 시적 경향은 달라진다. 우리가 흔히 어둠을 시련이나 고통 등의 부정적 의미로 해석하는 데 비해 이 시에서 시인은 어둠을 생명을 잠재적으로 잉태하고 있는 건강한 이미지로 보고 있다. 온갖 물상을 품고 있는 생명력을 지닌 것으로 보고 있다. 또한 아침이 되면 물상들은 환희에 차서 움직이고 있다고 표현하고 있다. 어둠과 아침이 지적 태도에 의해 새롭게 탄생되고 있다. 이 시에서 시인은 어둠과 아침이라는 흔한 일상의 언어를 매개로 하여 그것이 주는 이미지를 지적인 태도로 구체화하고 있다.

### 03 공감각적 표현
'금(金)으로 타는 태양의 즐거운 울림'은 '금빛처럼 밝고 찬란하게 빛나는 태양은 공중에서 경쾌한 메아리를 울린다'는 의미로 생동감 있는 아침 이미지를 선명하게 제시하고 있는 부분이다. 탁월한 감각적인 표현으로, 은유법과 공감각적 이미지(시각의 청각화)를 사용하고 있다. 전체적으로 아침 이미지의 역동성을 노래하고 있는 만큼 생동감 넘치는 아침의 절정을 표현하는 부분이다.

## 이수복 李壽福

1924 ~ 1986
시인. 전남 함평 출생

### 작가의 특징
1. 1954년 ≪문예≫에 「동백꽃」이 추천되어 등단했다.
2. 전통적인 민족 정서와 정한의 세계를 정감 있는 가락으로 노래했다.
3. 자연에 대한 관조적, 친화적 태도를 전통적 율조에 의탁하여 깔끔하게 형상화하고 있어서 전통시의 장점을 훌륭하게 소화한 것으로 평가된다.

### 주요 작품
시집: 『봄비』(1969)

## 작품 1 봄비 (봄비, 1969년)

이 비 그치면
내 마음 강나루 긴 언덕에
서러운 풀빛이 짙어 오것다.

푸르른 보리밭 길
맑은 하늘에
종달새만 무어라고 지껄이것다.

이 비 그치면
시새워 벙글어질* 고운 꽃밭 속
처녀애들 짝하여 새로이 서고,

임 앞에 타오르는
향연(香煙)과 같이
땅에선 또 아지랭이 타오르것다.

\* 벙글어질 : 벌어질

### 핵심정리

▷ **갈래** 자유시, 서정시
▷ **성격** 낭만적, 관조적, 향토적, 상징적, 향토적, 민요적
▷ **어조** 잔잔하면서도 부드러운 어조
▷ **제재** 봄비
▷ **표현** ① 내면 풍경을 생동감 있게 묘사
② 3음보격의 민요조를 사용
▷ **주제** 봄비 내리는 날의 애상적 정서

## 이해와 감상

### 1 짜임 분석
- 1연 – 봄의 애상적 정서
- 2연 – 애상적 정서의 심화
- 3연 – 자연과 인간의 조화
- 4연 – 아름답고도 슬픈 봄

### 2 작품감상의 구조

| 구성 요소 | 구성 요소의 파악 | 그것이 지닌 의미·효과 | 주제와의 관련성 |
|---|---|---|---|
| 내용 요소 | ① 제재 | '봄비'라는 제재를 통해 봄비 내리는 날의 애상적 정서를 잘 드러내고 있다. | 봄비 내리는 날의 애상적 정서 (사별한 임에 대한 그리움) |
| | ② 소재 | 향토적 분위기를 잘 드러내는 소재를 사용하고 있어서 배경과 정서를 효과적으로 드러냈다. | |
| | ③ 전통적 정서 | 정지상의 「송인」과 같이 이별의 정한을 담고 있어서 전통적 성격을 지닌다. | |
| 형식 요소 | ① 7·5조(3음보) | 민요조의 3음보격으로 표현하여 봄비 내리는 봄날의 애상을 잘 표현하고 있다. | |
| | ② 반복 | 1, 2, 4연에 '–것다'라는 각운이 사용되어 운율을 형성하고 있다. | |
| | ③ 비슷한 연 형태와 시행 배열 | 비슷한 연 형태와 시행 배열을 통해 시각적 정돈미를 드러냈다. | |
| 표현 요소 | ① 반복 | '–것다'라는 담담한 말투의 반복을 통해 관조적 태도를 보이고 있다. | |
| | ② 감정이입 | '서러운 풀빛'에 나타난 것처럼 시인의 감정이 대상물에 이입되어 나타나 애상적 정서를 드러내고 있다. | |

### 3 감상의 길잡이

이 시는 곧 다가올 봄을 예상하며 겨울의 긴 잠에서 깨어나 약동할 자연의 충일(充溢)한 생명력을 노래한 작품이다. 시의 화자는 대지를 적시는 봄비를 바라보며 비가 그치면 강나루 긴 언덕의 풀빛이 더욱 푸르러지고 종달새가 노래하며, 처녀애들의 화사한 얼굴과 꽃이 서로의 아름다움을 다툴 것이라는 즐거운 공상에 잠긴다. 말하자면, 화자가 그리는 강나루 언덕, 보리밭의 종달새, 꽃밭과 처녀애는 실재하는 대상이라기보다 화자의 마음속에 있는 것, 즉 관념화된 대상일 뿐이다. 이것은 임과 이별한 화자가 겨우내 고통스러워했음을 암시하는 것으로, 그렇기 때문에 풀빛이 서럽게 여겨지고 보리밭에는 종달새만 외로이 날고 있는 것으로 느끼게 하는 이유가 여기에 있다.

이 시에서 봄의 봄다움이 가장 선명하게 묘사된 곳은 3연이다. 봄비가 그치면 다투어 필 온갖 꽃의 화사함과 역동성이 시 전체를 지배하는 감상성을 극복시켜 주고 있기 때문이다. '벙글어질'이란 시어는 곧 피어날 꽃의 다양한 모습과 처녀애들의 무르익은 육체를 동시에 연상시키는 효과를 자아낸다. 이것을 공감각적 표현으로 보기는 어렵더라도 꽃과 꽃으로 상징되는 처녀애들을 '시새워 벙글어질'이란 구절로 결합시킨 솜씨는 매우 뛰어난 것으로 보인다.

## 중요 내용 정리

### 01 「봄비」의 배경의 관련성

이 시의 배경은 '내 마음 강나루 긴 언덕'이다. 따라서 이 시의 배경은 실재하는 자연이 아니라 관념화된 내면인 것이다.

그리고 이별의 정서를 표현하기 위한 배경인 '강나루'도 역시 구체적인 이별의 공간이라기보다는 정겨운 향토적 서경의 내면적 정서를 표현하기 위한 시어로 보아야 한다.

### 02 「봄비」에 드러나는 전통시의 특징

이 시는 전통적인 한과 애상적 정서, 3음보의 민요조 율격, 토속어와 이미지, 자연 친화적 태도 등 전통시의 특성을 두루 갖추고 있다.

비 온 뒤에 더욱 푸르게 되는 풀빛을 서럽다고 느낀 것은 흔히 전통적 정서라고 말하는 정한의 세계를 떠올리게 한다. 이는 곧 4연에서 임과의 사별이 원인임이 드러나는데, 우리 민족의 보편적이고 고유한 정서인 한과 애수를 토속어를 통해 자연스럽게 전달하고 있다. 또한 봄을 맞이하여 생동하는 자연의 모습을 전통적 율조에 맞춰 노래하고 있다. 자연에서 느껴지는 봄의 생동감과 사별한 님에 대한 애상감을 대조시켜 봄비 내리는 날의 애상적 정서가 부각된다.

### 03 「봄비」와 김소월의 「금잔디」 비교

「봄비」와 김소월의 「금잔디」는 여러 가지 면에서 유사점이 있다. 모두 3음보 율격의 민요조의 서정시로, 봄의 생동감이 드러나 있다. 「금잔디」에서 김소월은 가신 님의 무덤가의 금잔디가 봄을 맞아 소생하는 것을 노래하는 한편, 님은 봄이 되어도 돌아오지 못한다는 슬픔을 암시적으로 표현한다. 「봄비」도 봄의 아름다운 정경을 배경으로 사별한 님에 대한 그리움을 말한다. 차이가 있다면 「금잔디」보다 「봄비」가 감정의 빛깔이 훨씬 엷고 부드럽다는 점이다.

그러면서도 「봄비」가 「금잔디」와 달리 짙은 슬픔에 빠지지 않는 것은 죽은 임에 대한 그리움이 시간의 흐름 속에서 다스려지고 잔잔히 가라앉아 있기 때문이다. 그 잔잔한 슬픔의 그림자는 봄비 뒤에 올 봄날의 아름다운 풍경 속에 깔려 있다.

## 정한모 鄭漢模
1923 ~ 1991
충남 부여 출생

▷ **작가의 특징**
1. 1945년 동인지 ≪백맥≫에 「귀향시편」을 발표하면서 등단하였다.
2. 휴머니즘에 바탕을 두고 시 세계의 순수한 본질을 탐구해 이를 정확하게 전달하려는 기본 태도에서 출발한 그의 시는 소재의 완전한 소화, 전달 가능성에 대한 노력, 시 구조의 엄밀성, 의미의 명징성 등을 특징으로 하고 있다.
3. '아가'로 상징되는 순수의 이미지가 어두운 현실 세계와 대비되면서 휴머니즘의 세계를 추구하는 모습이 구현되어 있는데, 아가의 이미지를 통해 건강하고 밝은 세계의 도래를 꿈꾸었다.

▷ **주요 작품**
시집: 『카오스의 사족』, 『여백을 위한 서정』, 『아가의 방』, 『새벽』 등

### 작품 1   나비의 여행 (사상계, 1965년)

아가는 밤마다 길을 떠난다.
하늘하늘 밤의 어둠을 흔들면서
수면(睡眠)의 강을 건너
빛 뿌리는 기억(記憶)의 들판을,
출렁이는 내일의 바다를 날으다가
깜깜한 절벽(絕壁),
헤어날 수 없는 미로(迷路)에 부딪치곤
까무라쳐 돌아온다.

한 장 검은 표지를 열고 들어서면
아비규환(阿鼻叫喚)하는 화약 냄새 소용돌이.
전쟁은 언제나 거기서 그냥 타고
연자색 안개의 베일 속
파란 공포(恐怖)의 강물은 발길을 끊어 버리고
사랑은 날아가는 파랑새
해후(邂逅)는 언제나 엇갈리는 초조(焦燥)
그리움은 꿈에서도 잡히지 않는다.

꿈길에서 지금 막 돌아와
꿈의 이슬에 촉촉히 젖은 나래를
내 팔 안에서 기진맥진 접는
아가야!
오늘은 어느 사나운 골짜기에서
공포의 독수리를 만나
소스라쳐 돌아왔느냐.

## 핵심정리

▷ **갈래** 자유시, 서정시
▷ **성격** 주지적, 상징적, 감각적
▷ **어조** 순수에의 동경을 갈망하는 어조
▷ **제재** 아가의 꿈
▷ **표현** ① 꿈과 현실의 교차적 전개
　　　　 ② '떠남 → 시련 → 귀환'의 서사적 구조
▷ **주제** 아가의 꿈 속 체험을 통한 휴머니즘의 추구

## 이해와 감상

### 1 짜임 분석

- 1연 – 아가의 꿈 속 여행과 좌절
- 2연 – 아가가 꿈에서 보았을 전쟁의 참상
- 3연 – 꿈길에서 돌아온 아가에 대한 위로

### 2 작품감상의 구조

| 구성 요소 | 구성 요소의 파악 | 그것이 지닌 의미·효과 | 주제와의 관련성 |
|---|---|---|---|
| 내용 요소 | ① 제재 | 순수함의 대상인 '아가'를 통해 휴머니즘에 대한 동경을 드러내고 있다. | 아가의 꿈속 체험을 통한 휴머니즘의 추구 |
| | ② '아가' | 정한모의 시에서 '아가'는 '순수한 세계의 의미를 지닌 존재이며, '아가'를 소재로 하여 정한모 시의 일반적 특징을 보이고 있다. | |
| | ③ 휴머니즘 | 전쟁의 비극성과 비참함을 비판하면서 '인간성' 회복의 의미를 추구한다. | |
| 형식 요소 | ① 시상의 전개 | '떠남 → 시련 → 귀환'의 서사적 구조에 의해 시상을 전개하여 주제를 효과적으로 드러낸다. | |
| 표현 요소 | ① 이미지의 대립 | 밝음과 어두운 이미지의 대립을 통해 주제를 형상화하고 있다. | |
| | ② 상징 | '아가'는 순수의 상징으로 표현되어 있으며, '공포의 독수리'는 '전쟁, 파괴' 등을 의미하여 주제를 효과적으로 그리고 있다. | |

### 3 감상의 길잡이

　이 시는 '아가'라는 순수하고 천진난만한 대상과의 대비를 통해 어두운 현실 세계를 상징적으로 드러낸 작품이다. 아가는 순수한 꿈을 가진 존재이고, 동시에 앞으로도 여린 날개를 파닥이며 어두운 하늘을 날아가야 하는 우리의 미래적 영상이기도 하다. 그러나 이와 대립되는 '미로', '전쟁', '독수리' 등은 아가로 하여금 꿈을 상실하게 하는 외부적 장애물에 해당한다.
　작품을 전체적으로 볼 때, 이 작품은 현대 문명의 비극성과 전쟁의 상흔을 통해 제시하고 있다. 전쟁은 폭력성 파괴성을 가지고 있으며, 오랜 세월이 지난 후에도 사람들의 영혼 속에 상처를 남긴다. 시인은 이러한 전쟁의 상처를 아가의 순수한 시선과 대조시킴으로써 현대 문명이 야수적 포악성을 비판하고 휴머니즘의 정신을 추구하고 있다.

## 중요 내용 정리

**01 '아가'의 상징적 의미와 시적 기능**
　　'아가'는 순진무구한 영혼, 연약하고 순결한 정신, 평화에 대한 환상과 꿈 등을 의미하는 순수의 상징이다. 이 시에서는 '나비'에 비유되고 있으며 현실의 폭력성(전쟁의 참상)을 드러내는 시적 장치이다.

**02 「나비의 여행」의 다양한 대립 구조**
　　① 이미지의 대립 : 밝음과 어두운 이미지의 대립 구조를 보이고 있다.
　　② 떠남과 귀환 : 떠남은 꿈길로의 여행을 귀환은 시련을 겪고 나서 위로 받을 수 있는 존재에게 돌아옴을 의미한다.
　　③ 문어(文語)와 구어(口語) : 문어는 관념어로 경직성을, 구어는 유연한 삶의 세계를 보여준다.

## 예상문제

※ (1~3) 다음 작품을 읽고 물음에 답하시오.

(가)
　내어다 보니
　아주 캄캄한 밤,
　어험스런 뜰앞 잣나무가 자꾸 커올라간다.
　돌아서서 자리로 갔다.
　나는 목이 마르다.
　또, 가까이 가
　유리를 입으로 쫏다.
　아아, 항 안에 든 금붕어처럼 갑갑하다.
　별도 없다, 물도 없다, 쉬파람 부는 밤.
　수증기선처럼 흔들리는 창.
　투명한 보랏빛 누뤼알 아,
　이 알몸을 끄집어 내라, 때려라, 부릇내라.
　나는 열이 오른다.
　뺌은 차라리 연정스러이
　유리에 부빈다, 차디찬 입맞춤을 마신다.
　쓰라리, 알연히, 그싯는 음향…
　㉠ 머언 꽃!
　도회에는 고운 화재(火災)가 오른다.

　　　　　　　　　　　　　　　　－ 정지용, 「유리창 2」

(나)
　　아가는 밤마다 길을 떠난다.
　　하늘하늘 밤의 어둠을 흔들면서
　　수면(睡眠)의 강을 건너
　　빛 뿌리는 기억의 들판을
　　출렁이는 내일의 바다를 날으다가
　　깜깜한 절벽,
　　헤어날 수 없는 미로에 부딪치곤
　　까무라쳐 돌아온다.

　　한 장 검은 표지를 열고 들어서면
　　아비규환하는 화약 냄새 소용돌이.
　　전쟁은 언제나 거기서 그냥 타고
　　연자색 안개의 베일 속
　　파란 공포의 강물은 발길을 끊어 버리고
　　사랑은 날아가는 파랑새
　　해후는 언제나 엇갈리는 초조
　　그리움은 꿈에서도 잡히지 않는다.

　　꿈길에서 지금 막 돌아와
　　꿈의 이슬에 촉촉이 젖은 나래를
　　내 팔 안에서 기진맥진 접는
　　아가야!
　　오늘은 어느 사나운 골짜기에서
　　공포의 독수리를 만나
　　소스라쳐 돌아왔느냐.

－ 정한모, 「나비의 여행」

1. (가)와 (나)에 나타난 화자의 공통적인 심리를 밝히고, 그 각각의 원인을 설명하라. [2점]

### 예상답안

① 공통적 심리 : 좌절감(= 절망감), 불안 의식
② (가)의 원인 : 유리창 안에 갇힌 불안 의식과 바깥의 변덕스런 날씨 – (일제 치하의 암울한 현실)
　(나)의 원인 : 전쟁으로 인한 공포와 불안 의식 – 현대 문명사회의 비인간화

**참고** (가)와 (나)의 주제

(가) 유리창 안에 갇혀 있는 시적 화자의 밀폐감과 불안 의식
(나) 아가의 순수한 시선을 통한 휴머니즘의 추구 = 도회 문명이나 전쟁에 대한 비판과 휴머니즘의 추구

2. (가)의 밑줄 친 ㉠ 부분에 나타난 두 가지 표현을 찾아 그렇게 파악한 근거를 밝히고, 그 표현의 특징에 대해 지도할 내용을 각각 2가지 밝힌 후, (나)에서 그러한 표현이 함께 드러난 행을 찾아 제시하라. [4점]

### 예상답안

| 나타난 표현 | 파악한 근거 | 특징에 대한 지도 내용 |
| --- | --- | --- |
| 은유 | '화재=꽃'이란 원관념과 보조관념의 관계가 성립하며, 원관념과 보조관념이 모두 사물임 | ① 원관념과 보조관념으로 나누어지며, 그것이 모두 제시됨<br>② 'A=B'의 관계가 성립함<br>③ 원관념과 보조관념은 사물과 사물의 관계임 |
| 역설 | '고운'과 '화재'는 모순된 표현으로 이를 통해 '도회적 삶의 불안의식'을 드러냄 | ① 모순되는 내용을 통해 숨은 진실을 드러냄<br>② 언어 표현과 관련됨<br>③ 모순의 내용이 표면에 나타남 |

(나)에 나타난 부분 : '사랑은 날아가는 파랑새' 또는 '해후는 언제나 엇갈리는 초조'

3. 위의 (가)와 (나) 작품의 형상화 정도에 대해 '내용의 측면'에서 비교하여 평가할 때, 가장 적절한 평가 기준을 하나 제시하고, 그에 따라 두 작품을 평가한 내용을 제시하라. [2점]

### 예상답안

① 평가 기준 : 시적 화자의 정서를 어떻게 드러내고 있는가?
② 평가한 내용 : (가)의 경우 시적 화자의 정서를 직접 드러낸 부분이 많고, (나)의 경우 일부 드러나지만, 아가의 시점을 통해 드러내어 (나)의 형상화 정도가 더 뛰어남

## 작품 2  가을에 (여백을 위한 서정, 1959년)

맑은 햇빛으로 반짝반짝 물들으며
가볍게 가을을 날으고 있는
나뭇잎,
그렇게 주고받는
우리들의 반짝이는 미소로도
이 커다란 세계를
넉넉히 떠받쳐 나갈 수 있다는 것을
믿게 해 주십시오.

흔들리는 종 소리의 동그라미 속에서
엄마의 치마 곁에 무릎을 꿇고
모아 쥔 아가의
작은 손아귀 안에
당신을 찾게 해 주십시오.

이렇게 살아가는
우리의 어제 오늘이
마침내 전설 속에 묻혀 버리는
해저(海底) 같은 그 날은 있을 수 없습니다.

달에는
은도끼로 찍어 낼
계수나무가 박혀 있다는
할머니의 말씀이
영원히 아름다운 진리임을
오늘도 믿으며 살고 싶습니다.

어렸을 적에
불같이 끓던 병석에서
한없이 밑으로만 떨어져 가던
그토록 아득하던 추락과
그 속력으로
몇 번이고 까무러쳤던
그런 공포의 기억이 진리라는
이 무서운 진리로부터
우리들의 이 소중한 꿈을
꼭 안아 지키게 해 주십시오.

## ■ 핵심정리

▷ **갈래** 자유시, 서정시
▷ **성격** 낭만적, 주지적, 기구적, 문명 비판적
▷ **어조** 간절한 소망 기원의 어조
▷ **제재** 가을의 기도, 밝은 소망
▷ **주제** 인간성 옹호에 대한 기원

▷ **특징** ① 시상을 형상화하는 데 감각적 심상을 적절히 구사
② 반문명적 위기를 극복하려는 휴머니즘적 호소력이 주제를 심화
③ 동화적 모티프를 삽입하여 인간성을 옹호하려는 순수 의지를 드러냄

## 이해와 감상

### 1 짜임 분석

- 1연 – 평화로운 세계에의 소망
- 3연 – 파멸의 거부
- 5연 – 공포에 찬 삶으로부터의 보호 기원
- 2연 – 순결한 신앙
- 4연 – 아름다운 세계에의 신뢰

### 2 작품감상의 구조

| 구성 요소 | 구성 요소의 파악 | 그것이 지닌 의미·효과 | 주제와의 관련성 |
|---|---|---|---|
| 내용 요소 | ① 시적 화자 및 상황 | 시적 화자가 가을날 현대 문명의 여러 가지 문제를 제기하면서 절대자에게 영원하고 순수한 인간애를 지향하기를 기도하고 있다. | 영원하고 순수한 인간애의 기원 |
| | ② 어조 | 절대자에게 기도하는 경건한 어조를 택해 주제 의식을 효과적으로 드러냈다. | |
| 형식 요소 | ① 종결의미의 특징 | 청자에 대한 높임을 드러내어 경건한 마음을 드러내고, 청유형 어미를 통해 주제를 잘 드러내고 있다. | |
| | ② 시상의 전개 | 절대자에게 바라는 여러 가지 내용을 각 연별로 나누어 제시하고 있다. (연별로 열거) | |
| 표현 요소 | ① 감각적 이미지 | 시각, 공감각 등 감각적 이미지의 사용을 통해 현대 문명의 문제나 화자의 바람을 감각적으로 드러냈다. | |
| | ② 역설 | '그런 공포의 기억이 진리라는 이 무서운 진리로부터'에서 모순을 통해 현대 문명의 모순을 벗어나려고 내용을 드러내었다. | |

### 3 감상의 길잡이

　이 시는 '당신'이라고 불리는 절대자에게 현대 문명에 대한 불안감으로부터 벗어나게 해 달라는 간절한 소망을 기도 형식을 통해 표현하고 있다. 현대 문명 앞에서 느끼는 공포와 절망감을 어렸을 적 경험했던 고열의 고통에 빗대어 표현했다. 화자가 느끼는 고통에 대한 공포는 개인적 경험의 차원이 아닌 현대 사회가 겪고 있는 모든 현상(인간성 상실, 개인주의, 물질 만능)들을 상징하는 것으로 볼 수 있다.

　시인은 이러한 문명의 위기를 따뜻하고 순수한 인간애를 통해 극복할 수 있다고 보았고, 아가의 기도와 같이 인간적 가치에 대한 순수한 신앙이 필요하다고 말하고 있다.

　이 시는 감각적 이미지를 중심으로 시상이 전개되고 있다. 특히, 이 시의 핵심 제재인 '가을'의 이미지는 두 가지로 해석할 수 있다. 그 중 하나는 조락(凋落)의 이미지로서 반문명적인 현대의 삶 속에서 파괴되어 가는 인간성의 상실을

그리고 있다. 또 하나는 명징하고 온화한 가을의 이미지로 파악한 점이다. 이것은 휴머니즘을 옹호하고 고양시키려는 시적 화자의 의지로서, 정한모 시에 일관되게 흐르고 있는 기본적인 주제로 볼 수 있다.

우리는 현실적 삶에 닥치는 절망적 위기에 대하여 인간적 힘이나 의지만으로 어찌할 수 없을 때 기도를 하게 된다. 시적 화자는 세계의 위기를 눈으로 읽고 있으며, 몸으로 느끼고 있다. '해저 같은 그 날'의 두려움은 '아득한 추락'과 '공포의 기억'으로 치환되어 그를 옥죈다. 폭력의 난무, 부조리의 횡행, 국가적 맹신주의, 경제 제일의 물신주의에 중독된 '현대'는 말 그대로 추락이요, 공포의 현상일 수밖에 없다. 과학의 발달이 급기야 달나라에 우주선을 안착시킴으로써 우리들 소중한 꿈의 한 영역을 짓밟아 버린 것처럼, 발달·성장은 곧 삶의 순수성과 진정성을 파괴하는 쪽으로만 치닫고 있으니 어찌 두렵지 않겠는가.

이러한 현실에 대응하는 방법으로 택한 것이 바로 '기도'인 것이다. '무서운 진리'를 극복하고 '아름다운 진리'를 지키기 위한 최선의 무기로 기도를 선택한 것이다.

이것이 곧 화자의 정신적인 현주소다. 인간성 옹호의 궁극적인 방패는 바로 휴머니즘의 미소일 수밖에 없다는 그의 온건한 목소리가 우리를 일깨운다. 비록 그 목소리 속에 이상과 현실의 괴리(乖離)가 가져오는 애잔함이 우리를 서럽게 할지라도 어쩔 수 없다. 인간이 발견한 최고·지선(至善)의 방패는 휴머니즘에 의지할 수밖에 없기 때문이다.

## 중요 내용 정리

### 01 '종소리'의 이미지와 시적 기능
　　이 시의 2연에서는 '종소리'라는 청각적 대상을 '동그라미'와 '흔들리는' 모습이라는 시각적인 방법으로 표현했다. 즉, 청각의 시각화를 통한 공감각적 이미지가 나타난다.
　　한편 '종소리'는 순수한 신앙의 감화력을 드러낸다. 이어지는 '모아 쥔 아가의 작은 손아귀'로 볼 때, 신에게 기도를 올리고 있음을 알 수 있다. 즉, '종소리'는 순수한 신앙을 떠올리게 하는 기능을 한다.

### 02 「가을에」에 나타난 현실 인식
　　시적 화자는 현재를 위기 상황으로 인식하고 있다. '추락, 공포, 무서운 진리'가 난무하는 현실적 삶에 직면한 시적 화자는 위기감을 느끼며 할머니의 이야기를 듣던 어린 시절의 순수한 마음으로 기도하는 것이다. 그러나 이 간절한 기원의 어조 속에는 소망이 쉽게 이루어지기 어려움을 암시하고 있다. 그 무서운 가능성에 대한 불이 마지막 연에서 선명하게 그려진다. 그것은 어린 시절 병을 앓으며 겪었던 무시무시한 추락과 까무러침의 기억과 닮은 것이다. 화자가 궁극적으로 두려워하는 것은 그 무서운 추락과 까무러침을 연상케 할 만한 현실적 공포, '전쟁, 폭력' 등과 같은 것이다. 이런 절망의 상태에서 기도는 휴머니즘에 대한 기원이라 할 수 있다.

### 03 나뭇잎의 이미지
　　1연의 '가을을 날고 있는 나뭇잎'은 낙엽을 의미한다. 낙엽은 싱싱하던 나뭇잎이 말라 떨어지는 것으로 일반적으로 죽음을 연상시키고, 허무감과 쓸쓸함을 느끼게 한다. 그러나 이 작품의 '나뭇잎'은 나무에서 떨어져 나왔다는 점에서 볼 때, 분명 낙엽이겠지만, 아래도 떨어지지 않고 날고 있다는 점에서, 그리고 맑은 햇빛으로 반짝반짝 물들어 있다는 점을 통해 밝고 아름다우며 자유로운 이미지를 읽어 낼 수 있다.

### 04 휴머니즘의 구현
　　화자는 세상이 삭막해져 가고 있지만 따뜻한 인간애로 이러한 상황을 극복할 수 있다고 믿고 있다. 세상은 화자가 어린 시절 겪었던 병상 체험처럼 '아득한 추락'과 그 속력으로 몇 번이고 까무라쳤던 '공포'가 현실적으로 나타나고 있다. 이것은 '무서운 진리'로 표현되고 있는데, 기계 문명으로 인해 비인간적인 것이 범람하는 1950년대의 현실, 전쟁, 폭력 등을 암시한다. 이러한 불안감으로 인해 진실되고 아름다운 인간 세상을 향한 화자의 기도는 더욱 간절해지고, 이는 휴머니즘에 바탕을 두고 순수의 본질을 진지하게 탐구하는 시인의 정신 자세에서 비롯된 것임을 알 수 있다.
　　이 시에서는 '진리'라는 시어가 4연과 5연에 사용되는데, 4연에서는 '할머니의 말씀'과 유사한 의미로 동심의 세계처럼 아름답고 순수한 세계를 지향하는 시적 화자의 의지를 담고 있다. 5연에서는 '공포의 기억'과 유사한 의미로 화자가 벗어나고 싶은 반(反) 문명적 현실의 비인간성을 드러낸다.

## 작품 3  새벽 1 (새벽, 1975년)

새벽은
새벽을 예감(豫感)하는 눈에게만
빛이 된다.

새벽은
홰를 치는 첫닭의 울음소리도 되고
느리고 맑은 외양간의 쇠방울 소리
어둠을 찢어 대는 참새 소리도 되고
교회당(敎會堂)의 종(鐘) 소리
시동(始動)하는 액셀러레이터 소리
할아버지의 기침 소리도 되어
울려 퍼지지만

빛은 새벽을 예감(豫感)하는 눈에게만
화살처럼 전광(電光)처럼 달려와 박히는
빛이 된다 새벽이 된다.

빛은
바다의 물결에 실려
일렁이며 뭍으로 밀려오고
능선(稜線)을 따라 물들며 골짜기를 채우고

용마루 위 미루나무 가지 끝에서부터
퍼져 내려와
누워 뒹구는 밤의 잔해(殘骸)들을 쓸어 내며
아침이 되고 낮이 되지만

새벽을 예감(豫感)하는 눈에겐
새벽은 어둠 속에서도 빛이 되고
소리나기 이전(以前)의 생명(生命)이 되어
혼돈(混沌)의 숲을 갈라
한 줄기 길을 열고
두꺼운 암흑(暗黑)의 벽(壁)에
섬광(閃光)을 모아
빛의 구멍을 뚫는다.

그리하여
새벽을 예감(豫感)하는 눈만이
빛이 된다. 새벽이 된다.
스스로 빛을 내뿜어
어둠을 몰아내는
광원(光源)이 된다.

### 핵심정리

▷ **갈래** 자유시, 서정시
▷ **성격** 감각적, 상징적
▷ **어조** 차분하고 사색적인 어조
▷ **표현** ① 감각적 표현 방식으로 시상 전개
　　　　② 구체적 의미에서 추상적, 관념적 의미로 형상화
▷ **제재** 새벽
▷ **주제** 새롭고 정의로운 밝은 시대에 대한 소망

### 이해와 감상

#### 1 짜임 분석

- 1~2연 – 하루의 시작인 새벽 (청각적 이미지)
- 3~4연 – 세상이 밝아 오는 새벽 (시각적 이미지)
- 5~6연 – 새롭고 정의로운 밝은 시대의 새벽 (상징적 이미지)

## ② 작품감상의 구조

| 구성 요소 | 구성 요소의 파악 | 그것이 지닌 의미·효과 | 주제와의 관련성 |
|---|---|---|---|
| 내용 요소 | ① 시적 화자 및 상황 | 시적 화자는 새벽에 대한 관찰을 통해 새벽이 지닌 생동감을 드러내고 또 새벽이 어둠이나 부정적인 것을 몰아냄으로써 새 시대가 도래함을 드러내었다. | 새롭고 정의로운 밝은 시대에 대한 소망 |
| | ② 제재 | '새벽'이라는 제재가 갖는 특징을 통해 새 시대에 대한 소망을 드러내고 있다. | |
| 형식 요소 | ① 유사한 통사구조의 반복 | 유사한 구절의 반복을 통해 운율을 형성하고 의미를 강조하였다. | |
| | ② 현재형 종결어미 | 현재형의 선언적 종결어미 '-ㄴ다'를 통해 화자의 의지를 강조한다. | |
| 표현 요소 | ① 이미지 (감각적 표현) | 청각과 시각적 이미지의 사용을 통해 새롭고 정의로운 시대에 대한 소망을 노래하고 있다. | |
| | ② 상징 | '새벽, 첫 닭의 울음소리, 빛, 혼돈의 숲' 등이 상징이며 모두 의미를 효과적으로 드러냈다. | |

## ③ 감상의 길잡이

이 시는 새벽의 다양한 이미지를 형상화하고 있지만, 단지 날이 밝아오는 순간의 감상을 표현하려 한 작품은 아니다. 물리적, 자연적 시간으로서의 '새벽'을 청각적 이미지와 시각적 이미지를 통해 새로운 시대의 도래, 시대를 앞서가는 정신으로 상징화하면서 새롭고 정의로운 시대가 열리기를 소망하고 있다. '새벽은 / 새벽을 예감(豫感)하는 눈에게만 / 빛이 된다.'라는 시구를 통해서 분명히 알 수 있다. 5연에서 '새벽'이라는 제재의 상징적 성격은 보다 분명해지는데, 새벽은 아직 빛이 없는 어둠의 상태로 보일지라도 '새벽을 예감(豫感)하는 눈(시대와 역사를 보는 예지와 새로운 시대를 맞으려는 의지)'이 있는 사람에게는 '빛'이고 '생명'이며, 시대의 혼돈과 암흑을 뚫어 낼 강한 힘을 의미한다는 것이다.

자연 현상으로 볼 때 새벽은 아직 사물들이 잠에서 깨기 이전의 시간이다. 그러나 시에서는 단순히 이런 의미에 그치지 않고 어둠을 몰아내고 밝고 환한 세상을 열어 주는 새로운 시대, 즉 밝고 광명한 세계로 나아가는 과도기적인 시간의 의미로 전이되고 있다. 즉, 새벽을 거쳐야 밝은 세상으로 나아갈 수 있는 것이다. 또한 밤의 어둠을 깨달았을 때 새벽의 고마움을 알게 된다. 이런 의미의 새벽을 깨달은 사람은 새로운 시대 정신을 가진 사람이고, 그런 사람만이 인류에게 빛을 가져다 줄 선구자적 존재가 된다.

## ■ 중요 내용 정리

### 01 '새벽'의 상징적 의미

이 시에서 '새벽'은 단순히 일상적인 아침의 시간, 하루의 시작을 의미하는 자연적인 시간이 아니다. 이 시에서 시인은 새벽의 과도기적 속성에 착안하고 있다. 새벽은 어둠의 세계를 몰아내는 빛의 근원이면서 밝고 건강한 세계로 인도하는 역할을 한다. 따라서 새벽은 새로운 시대, 폭력과 억압으로부터 벗어난 정의로운 시대 등의 의미를 지니고 있다.

## ▷ 박봉우 朴鳳宇

1934 ~ 1990
전남 광주 출생. 전남대 문리대 정치학과 졸업

▷ **작가의 특징**
1. 1956년 시 「휴전선」이 〈조선일보〉 신춘문예에 당선되어 등단했다.
2. 전후의 암울한 상황 아래서 민족 분단의 현실을 의욕적으로 탐구한 시인으로 그의 이러한 노력은 김수영, 신동엽으로 이어져 우리 민족 문학의 기틀을 잡는데 선구적인 공헌을 했다.

▷ **주요 작품**
시집: 『휴전선』(1957), 『겨울에도 피는 꽃나무』(1959), 『4월의 화요일』(1962), 『황지의 풀잎』(1976), 『딸의 손을 잡고』(1987) 등

### 작품 1  휴전선 (조선일보, 1956년)

　산과 산이 마주 향하고 믿음이 없는 얼굴과 얼굴이 마주 향한 항시 어두움 속에서 꼭 한 번은 천둥 같은 화산(火山)이 일어날 것을 알면서 요런 자세(姿勢)로 꽃이 되어야 쓰는가.

　저어 서로 응시하는 쌀쌀한 풍경. 아름다운 풍토는 이미 고구려(高句麗) 같은 정신도 신라(新羅) 같은 이야기도 없는가. 별들이 차지한 하늘은 끝끝내 하나인데…… 우리 무엇에 불안한 얼굴의 의미(意味)는 여기에 있었던가.

　모든 유혈(流血)은 꿈같이 가고 지금도 나무 하나 안심하고 서 있지 못할 광장(廣場). 아직도 정맥은 끊어진 채 휴식(休息)인가, 야위어 가는 이야기뿐인가.

　언제 한 번은 불고야 말 독사(毒蛇)의 혀같이 징그러운 바람이여.
　너도 이미 아는 모진 겨우살이를 또 한 번 겪으라는가. 아무런 죄(罪)도 없이 피어난 꽃은 시방의 자리에서 얼마를 더 살아야 하는가. 아름다운 길은 이뿐인가.

　산과 산이 마주 향하고 믿음이 없는 얼굴과 얼굴이 마주 향한 항시 어두움 속에서 꼭 한 번은 천둥 같은 화산(火山)이 일어날 것을 알면서 요런 자세(姿勢)로 꽃이 되어야 쓰는가.

### ■ 핵심정리

▷ **갈래** 자유시, 서정시, 참여시
▷ **성격** 상징적, 비판적, 참여적
▷ **표현** ① 상징적 시어를 통해 역사적 현실 부각
　　　　 ② 의문형 종결어미를 통해 강한 비판 의식 표현
▷ **제재** 휴전선
▷ **주제** 민족의 화해와 분단 극복에 대한 열망

### 이해와 감상

① **짜임 분석**
- 1연 – 남북 분단으로 인해 대립된 어두운 역사적 상황
- 2연 – 팽팽한 긴장감으로 대립하고 있는 남북의 현실
- 3연 – 한국 전쟁에 의한 민족사의 쇠퇴
- 4연 – 전쟁 재발에 대한 불안감
- 5연 – 대립과 증오의 현실에 대한 개탄

## 2 작품감상의 구조

| 구성 요소 | 구성 요소의 파악 | 그것이 지닌 의미·효과 | 주제와의 관련성 |
|---|---|---|---|
| 내용 요소 | ① 시적 화자 및 상황 | 시적 화자는 휴전선의 위태위태한 대치 상황을 제시하고, 서로 이렇게 대립하는 것이 얼마나 고통인지, 이러한 대립이 최선인지, 해결은 무엇인지 묻고 있다. | 민족의 화해와 분단극복에 대한 열망을 드러냄 |
| | ② 소재 | '휴전선'이라는 소재를 통해 민족 분단의 현실을 절실하게 드러내고 있다. | |
| | ③ 분단극복 문학 | 분단의 비극을 인식하고 그것은 해결해야 한다는 인식을 보여 준다. (분단극복의 내용을 담은 최초의 시) | |
| 형식 요소 | ① 수미상관 | 처음과 뒤가 같은 수미상관의 형식을 통해 운율을 형성하고, 구조적 안정감을 주며, 주제를 더욱 강조하고 있다. | |
| | ② 산문적 구성 | 행의 구분이 없이 산문적 구성 방식을 취해 분단 상황에 대한 깊이 있는 사색을 효과적으로 드러내었다. | |
| 표현 요소 | ① 설의적 표현 | 각 연의 끝을 의문사형 '-ㄴ가'로 종결하면서 운율을 형성하고 독자의 공감을 유도하고 있다. | |
| | ② 비유 | '천둥 같은, 고구려 같은, 신라 같은, 독사의 혀같이' 등의 비유적 표현을 사용하여 의미를 생생하고 구체적으로 드러냈다. | |
| | ③ 상징 | '천둥 같은 화산, 꽃, 별들, 하늘, 광장, 정맥, 독사의 혀같이, 징그러운 바람, 겨우살이, 아름다운 길' 등의 상징적 시어들을 통해 의미를 효과적으로 제시하고 있다. | |

## 3 감상의 길잡이

분단으로 인한 민족의 갈등을 노래한 5연으로 된 산문적 서정시이다.

① 1연 : 남북이 서로 대립하여 분단되어 있는 우리나라의 어두운 역사적 상황을 노래하고 있다. 그러한 분단 상황 아래 언젠가 '천둥 같은 화산', 즉 전쟁과 같은 큰 변란이 있을 줄을 예상하면서도 아무런 대처도 없이 '꽃'이 되어 있다고 말한다.

② 2연 : 분단으로 인해 민족은 남북으로 적이 되어 서로를 쌀쌀하게 바라보며 대치해 있. 지금 이 아름다운 강산은 옛날 고구려와 신라, 지금은 남북 간의 대립으로 '불안'하기만 하다. 별들이 빛나는 조국의 하늘은 여전히 하나인데, 땅은 서로 갈라져 있다.

③ 3연 : '모든 유혈', 즉 한국 전쟁은 일단 끝났으나 나무 한 그루조차 언제 다시 전쟁이 터질지 몰라 안심하고 서 있지 못한다. 비록 휴전('휴식')이 되었지만, 민족의 핏줄이 '정맥')이 끊어진 채 분단 상황은 계속되고 있다.

④ 4연 : 언제 다시 터질지 모르는 전쟁으로 예전의 한국 전쟁과 같은 동족상잔의 비극을 다시 겪을 것인가. 아무런 잘못도 없는 겨레는 전쟁의 위험 앞에 그냥 또 당해야만 하는가.

⑤ 5연 : 1연을 다시 재해설함으로써, 분단된 조국의 운명을 강조하고 있다. (수미상관법)

휴전선을 경계로 하여 남과 북이 서로 마주본 채 대치해 있다. 그것도 '믿음이 없는 얼굴'을 하고서 서로 '쌀쌀'하게 적대시하고 있는 것이다. 이러한 분단 상황은 어두운 현실이 아닐 수 없다. 분단이 계속되고 있는 한, 언제 전쟁이 '천둥 같은 화산'처럼 다시 터질지 모른다. 이미 한 차례 한국 전쟁이라는 동족상잔의 비극을 거쳐 같은 민족으로서 핏줄마저 끊어진 채, 이제는 휴전이 되어 있다. '별들이 차지한 하늘', 즉 민족의 핏줄이 하나인데도 불구하고 전쟁이 다시 터질지 몰라 우리의 얼굴은 불안하기만 하다. 이런 불안하고 위험스러운 상황이 이대로 계속되어서는 안 된다는 의지를 노래하고 있다. 남과 북이 서로 원수처럼 적대시하고 있는 한, 화해와 평화와 통일의 가능성은 점점 없어지고 다시 전쟁의 포화가 민족 앞에 터질 것이다.
　이 시는 한국 전쟁 이후 폐허 속에서 암울했던 1950년대의 문학적 경향 속에서 씌어진 작품이지만, 당시에 유행하던 절망적 분위기와는 다른 느낌을 던져주고 있다. 게다가 당시 이승만 정권은 북진통일을 외치며 극단적인 반공이데올로기 속에서 자유와 평화를 향한 민족의 열망을 억압하고 왜곡시키고 있었다. 평화통일의 주장마저 불온시하여 오히려 분단을 고착화하는 결과를 가져왔으며 이를 정치적으로 이용하여 국민의 자유와 권리를 극단적으로 제한하였다. 이런 상황 속에서 이 시가 씌어졌다는 사실 자체만도 놀라운 일이 아닐 수 없다.
　특히 당시의 많은 시인들이 개인적이고 실존적인 고뇌 속을 헤매고 있거나 현실과는 동떨어진 채 자연과 내면적 서정의 아름다움만을 읊조리고 있을 때, 이 시의 작자인 박봉우만이 홀로 분연히 일어나 분단된 민족 현실에 대해 목놓아 울었던 것이다. 이러한 그의 민족 현실에 대한 울분과 분단극복의 의지는 이후 1960년대에 신동엽 시인으로 이어져「껍데기는 가라」,「금강」등과 같은 뛰어난 민족 문학적 성과를 낳게 하는 밑거름이 되었다. 그리고 1980년대에 이르러 보다 적극적으로 분단현실로 한 많은 문인들이 등장하는데, 그는 이러한 문인들이 열어놓은 이른바 '분단극복문학' 혹은 '통일문학'의 가능성을 선구적으로 보여준 것이다. 주제는 동족상잔의 전쟁 후 분단으로 인해 갈등하는 민족적 현실이다.

## ▶ 중요 내용 정리

### 01 시적 화자의 태도
　남북 분단의 암울한 상황을 고발하면서 전쟁이 아닌, 민족의 대화와 화해만이 공존의 길이라고 보고 있다. 또한 상호간의 적대 감정을 극복하기 위해 완곡어법(의문형)을 구사하여 분단의 고통을 감수하고 그것을 극복하려는 의지적 자세를 보이고 있다.

### 02 '아름다운 길'에 숨겨진 반어적 의미
　'아름다운 길'은 뒤에 이어지는 '이뿐인가'가 설의적인 것을 감안하면, 아름다운 길은 이뿐이 아닌 게 된다. 적어도 아름답다는 의미를 직설적으로 받아들이는 한 이 구절의 올바른 해석에 이를 수 없다. 결국 이 구절을 올바로 이해하기 위해서는 앞 구절의 '꽃'과 관련지어 이해를 시도해야 한다. 이 시에서 '꽃'은 불안하고, 일시적이며 불완전한 존재로 인식된다. 결국 '꽃'의 아름다움은 불완전하고 불안한 것이다. 그렇다면 '꽃'의 의미처럼 아름다움의 의미도 불완전하고 불안한 현재의 상황을 의미한다고 보아야 한다.

### 03 '요런 자세'에 감춰진 냉소
　'요런'은 '겨우 이것밖에는 안 되는'의 의미로, 한시적으로 포성이 멈추기만 했을 뿐, 평화가 찾아온 것이 아닌 분단 상황을 비꼬는(풍자하는) 시적 화자의 심리가 내재해 있다.

### 04 문학사적 의의
　이 시는 한국 전쟁이 끝난 지 얼마 지나지 않은 1956년에 씌어진 것이다. 당시만 해도 북한은 타도해야 할 적으로 인식되었고, 분단의 상황을 더욱 고착화시키는 것이 사회적 추세였다. 이런 상황에서 이 시는 분단에 대한 균형적 시각으로 민족의 화해 차원에서 이를 극복하자고 제시한다. 따라서 반공적 이데올로기가 팽배하던 당시로서는 매우 선구적 작품이었다. 이러한 시인의 분단 극복 의지는 1960년대 신동엽 시인에게로 이어져「껍데기는 가라」,「금강」과 같은 뛰어난 문학적 성과를 낳는 거름이 되었다. 결과적으로 이 시는 분단 극복 문학의 가능성을 선구적으로 보여주는 작품으로 평가받고 있다.

## 기출문제

※ (1~2) 다음 글을 읽고 물음에 답하시오.

(가)
　비 오는 날인 데다가 창문까지 거적때기로 가리어서 방 안은 굴 속같이 침침했다. 다다미 여덟 장 깔리는 방 안은, 다다미 위에다 시멘트 종이로 장판 바르듯 한 것이었다. 한 켠 천장에서는 쉴 사이 없이 빗물이 떨어졌다. 빗물 떨어지는 자리에는 바께쓰가 놓여 있었다. 촐랑촐랑 쪼르륵 촐랑, 빗물은 이와 같은 연속적인 음향을 남기며 바께쓰 안에 가 떨어지는 것이었다. 무덤 속 같은 이 방 안의 어둠을 조금이라도 구해 주는 것은 그래도 빗물 소리뿐이었다. 그러나 그 빗물 소리마저, 바께쓰에 차츰 물이 늘어 갈수록 우울한 음향으로 변해 가는 것이었다.
　　　　　　　　　　　〈중략〉
　그러는 동안 원구는 별안간 엉덩이가 척척해 들어 옴을 의식했다. 바께쓰의 빗물이 넘어서 옆에 앉아 있는 원구의 자리로 흘러내린 것이었다. 원구는 젖은 양복바지의 엉덩이를 만지며 일어섰다. 그제서야 동옥도 바께쓰의 물이 넘는 줄을 안 모양이다. 그러나 동옥은 직접 일어나서 제 손으로 치우려고 하지도 않았다. 앉은 채 부엌 쪽을 향해, 오빠 물 넘어, 했을 뿐이었다. 동욱은 사잇문을 반쯤 열고 들여다보며, 이년아, 네가 좀 치지 못해? 하고 목에 핏대를 세웠다.

- 손창섭, 「비 오는 날」(1953)

(나)
　산과 산이 마주 향하고 믿음이 없는 얼굴과 얼굴이 마주 향한 항시 어두움 속에서 꼭 한 번은 천동 같은 화산이 일어날 것을 알면서 요런 자세로 꽃이 되어야 쓰는가.

　저어 서로 응시하는 쌀쌀한 풍경. 아름다운 풍토는 이미 고구려 같은 정신도 신라 같은 이야기도 없는가. 별들이 차지한 하늘은 끝끝내 하나인데…… 우리 무엇에 불안한 얼굴의 의미는 여기에 있었던가.

　모든 유혈(流血)은 꿈같이 가고 지금도 나무 하나 안심하고 서 있지 못할 광장. 아직도 정맥은 끊어진 채 휴식인가 야위어 가는 이야기뿐인가.

　언제 한 번은 불고야 말 독사의 혀같이 징그러운 바람이여. 너도 이미 아는 모진 겨우살이를 또 한 번 겪으라는가 아무런 죄도 없이 피어난 꽃은 시방의 자리에서 얼마를 더 살아야 하는가 아름다운 길은 이뿐인가.

　산과 산이 마주 향하고 믿음이 없는 얼굴과 얼굴이 마주 향한 항시 어두움 속에서 꼭 한 번은 천동 같은 화산이 일어날 것을 알면서 요런 자세로 꽃이 되어야 쓰는가.

- 박봉우, 「휴전선」(1956)

1. '작품에 반영된 시대 상황을 중심으로 문학을 감상한다.'는 학습 목표와 관련하여 내용 요소를 상세화하고, 이를 작품 (가) 전체와 (나)에 적용하였다. 내용 요소별 세부 학습 내용으로 적절하지 <u>않은</u> 것은? 2010년 기출 35번

| 내용 요소 | 세부 학습 내용 | |
|---|---|---|
| 작품에 반영된 시대 상황 이해하기 | • (가)의 '방'과 (나)의 '광장'이라는 공간에 압축된 시대의 모습 이해하기 | ① |
| 시대 상황을 문학적으로 형상화하는 방법 파악하기 | • (가)에서 세밀한 성격 묘사로 인물간의 갈등을 드러내는 방법 파악하기 | ② |
| | • (나)에서 상징, 비유, 설의법 등을 활용하여 주제를 드러내는 방법 파악하기 | ③ |
| 인물 또는 작가의 현실 대응 방식 평가하기 | • (가)를 「오발탄」(이범선)과 대비하여 등장인물의 대응 방식 비교하기 | ④ |
| | • (나)를 「다부원에서」(조지훈)와 대비하여 서로 다른 작가 의식 비교하기 | ⑤ |

정답 ②

2. (나)에 대한 감상 과정을 서술한 내용 중, 작품의 특징에 부합하는 내용을 〈보기〉에서 고른 것은? 2010년 기출 36번

〈보기〉

ㄱ. 제목으로부터 이 시가 분단이나 한국 전쟁을 다룬 시일 것으로 예측하고, 역사적 사건을 얼마나 현실감 있게 묘사했는지를 평가하며 읽었다.
ㄴ. 첫 연과 마지막 연의 반복에 주목하여, 해당 부분의 중심 시어인 '화산'과 '꽃'의 의미를 해석하는 데 초점을 두어 읽었다.
ㄷ. '믿음이 없는 얼굴과 얼굴', '서로 응시하는 쌀쌀한 풍경'에 드러난 불신과 증오에서 작가의 문제의식을 읽어 내고, 이와 관련하여 작품이 어떤 메시지를 담고 있는지를 생각하며 읽었다.
ㄹ. '고구려'와 '신라'의 비유에서 분단 상황을 역사적 맥락으로 바라보는 관점을 찾고, 그로부터 '꼭 한 번은', '언제 한 번은'에 함축된 미래 지향적 신념을 떠올리며 읽었다.
ㅁ. '화산, 꽃, 별, 하늘, 나무, 독사, 바람' 같은 소재들을 수직적 이미지와 수평적 이미지로 분류하고, 승화와 확산이라는 관점에서 각 계열의 의미를 구성하며 읽었다.

① ㄱ, ㄷ   ② ㄱ, ㄹ   ③ ㄴ, ㄷ   ④ ㄴ, ㅁ   ⑤ ㄹ, ㅁ

정답 ③

## 예상문제

※ (1~2) 다음 작품을 읽고 물음에 답하시오.

(가)
　산과 산이 마주 향하고 믿음이 없는 얼굴과 얼굴이 마주 향한 항시 어두움 속에서 꼭 한 번은 천둥 같은 화산(火山)이 일어날 것을 알면서 요런 자세(姿勢)로 꽃이 되어야 쓰는가.

　저어 서로 응시하는 쌀쌀한 풍경. 아름다운 풍토는 이미 고구려(高句麗) 같은 정신도 신라(新羅) 같은 이야기도 없는가. 별들이 차지한 하늘은 끝끝내 하나인데…… 우리 무엇에 불안한 얼굴의 의미(意味)는 여기에 있었던가.

　모든 유혈(流血)은 꿈같이 가고 지금도 나무 하나 안심하고 서 있지 못할 광장(廣場). 아직도 정맥은 끊어진 채 휴식(休息)인가, 야위어 가는 이야기뿐인가.

　언제 한 번은 불고야 말 독사(毒蛇)의 혀같이 징그러운 바람이여. 너도 이미 아는 모진 겨우살이를 또 한 번 겪으라는가. 아무런 죄(罪)도 없이 피어난 꽃은 시방의 자리에서 얼마를 더 살아야 하는가. ㉠<u>아름다운 길</u>은 이뿐인가.

　산과 산이 마주 향하고 믿음이 없는 얼굴과 얼굴이 마주 향한 항시 어두움 속에서 꼭 한 번은 천둥 같은 화산(火山)이 일어날 것을 알면서 요런 자세(姿勢)로 꽃이 되어야 쓰는가.

― 박봉우, 「휴전선」

(나)
　내가 건네주는 머리카락을 받아 땅에 내려놓은 다음 외할머니는 천천히 고개를 들어 늙은 감나무를 올려다보았다.
　"자네 오면 줄라고 노친께서 여러 날 들여 장만헌 것일세. 먹지는 못헐망정 눈요구라도 허고 가소. 다아 자네 노친 정성 아닌가. 내가 자네를 쫓을라고 이러는 건 아니네. 그것만도 자네도 알아야 되네. 남새가 나드라도 너무 섭섭타 생각 말고, 집안 일일랑 아모 걱정 말고 머언 걸음 부데 펜안히 가소."
　이야기를 다 마치고 외할머니는 불씨가 담긴 그릇을 헤집었다. 그 위에 할머니의 흰 머리를 올려 놓자 지글지글 끓는 소리를 내면서 타오르기 시작했다. 단백질을 태우는 노린내가 멀리까지 진동했다. 그러자 눈앞에서 벌어지는, 그야말로 희한한 광경에 놀라 사람들은 저마다 탄성을 올렸다. 외할머니가 아무리 타일러도 그 때까지 움쩍도 하지 않고 그토록 오랜 시간을 버티던 그것이 서서히 움직이기 시작한 것이다.
〈중략〉
　"고맙소."
　정기가 꺼진 우묵한 눈을 치켜 간신히 외할머니를 올려다 보면서 할머니는 목이 꽉 메었다.
　"사분도 별시런 말씀을 다……."
　외할머니도 말끝을 마무르지 못했다.
　"야한티서 이 얘기는 다 들었소. 내가 당혀야 헐 일을 사분이 대신 맡었구랴. 그 험헌 일을 다 치르노라고 얼매나 수고시렀으꼬."
　"인자는 다 지나간 일이닝게 그런 말씀 고만두시고 어서어서 몸이나 잘 추시리기라우."

"고맙소, 참말로 고맙구랴."

할머니가 손을 내밀었다. 외할머니가 그 손을 잡았다. 손을 맞잡은 채 두 할머니는 한동안 말을 잇지 못했다. 그러다가 할머니 쪽에서 먼저 입을 열어 아직도 남아 있는 근심을 털어놓았다.

"탈없이 잘 가기나 혔는지 몰라라우."

ⓐ "염려 마시랑게요. 지금쯤 어디 가서 펜안히 거처험시나 사분대 터주 노릇을 쿡쿡이 하고 있을 것이요."

그만한 이야기를 나누는 데도 대번에 기운이 까라져 할머니는 가쁜 숨을 몰아쉬었다. 가까스로 할머니가 잠들기를 기다려 구완을 맞은 고모만을 남기고 모두들 큰방을 물러나왔다.

그 날 저녁에 할머니는 또 까무러쳤다. 의식이 없는 중에도 몇 숟갈 흘려 넣은 미음과 탕약을 입 밖으로 죄다 토해 버렸다. 그리고 이튿날부터는 마치 육체의 운동장에서 정신이란 이름의 장난꾸러기가 들어왔다 나갔다 숨바꼭질하기를 수없이 되풀이하는 것 같은 고통의 시간의 연속이었다. 대소변을 일일이 받아내는 고역을 치러 가면서 할머니는 꼬박 한 주일을 더 버티었다. 안에 있는 아들보다 밖에 있는 아들을 언제나 더 생각했던 할머니는 마지막 날 밤에 다 타 버린 촛불이 스러지듯 그렇게 눈을 감았다. 할머니의 긴 일생 가운데서, 어떻게 생각하면, 잠도 안 자고 먹지도 않고 그러고도 놀라운 기력으로 며칠 동안이나 식구들을 돌봐 대면서, 삼촌을 기다리던 그 짤막한 기간이 사실은 꺼지기 직전에 마지막에 한순간을 확 타오르는 촛불의 찬란함과 맞먹는, 할머니에겐 가장 자랑스럽고 행복에 넘치던 시간이었나 보다. 임종의 자리에서 할머니는 내 손을 잡고 내 지난날을 모두 용서해 주었다. 나도 마음 속으로 할머니의 모든 걸 용서했다. 정말 지루한 장마였다.

— 윤흥길, 「장마」

1. (가) 작품의 의미를 좀 더 쉽게 파악하기 위해 유사한 의미를 지닌 시어(구절)를 찾아 함께 제시하려고 한다. 아래 표에 적절한 내용을 제시하라. [3점]

**예상답안**

| 예시 | '예시'와 같은 의미를 지닌 시어 (2~3가지씩 제시) | 그것이 공통적으로 지닌 의미 |
|---|---|---|
| 믿음이 없는 얼굴과 얼굴이 마주 향한 (3가지 제시) | ① 요련 자세<br>② 저어 서로 응시하는 쌀쌀한 풍경<br>③ 우리 무엇에 불안한 얼굴의 의미<br>④ 나무하나 안심하고 서 있지 못할 광장<br>⑤ 정맥은 끊어진 채 휴식<br>⑥ 시방의 자리 | 분단으로 인한 불안한 대치 상황 |
| 천둥같은 화산 (3가지 제시) | ① 모든 유혈<br>② 독사의 혀같이 징그러운 바람<br>③ 모진 겨우살이 | 전쟁 |
| 아름다운 길 (2가지 제시) | ① 고구려같은 정신도 신라같은 이야기<br>② 별들이 차지한 하늘은 끝끝내 하나인데 | 분단극복(통일)의 지향 |

2. (나)의 상황에서 (가)의 밑줄 친 ㉠의 '아름다운 길'은 어떻게 구체화되었는지 설명할 때, 아래 활동과 조건에 따라 적절한 지도 내용을 제시하라. [3점]

예상답안

| 활동 단계 | 조건 | 교사의 지도 내용 |
|---|---|---|
| 활동 1 | 갈등 관계의 이해 | 자식이 국군으로 갔다가 빨치산에 의해 죽은 외할머니와 자식이 빨치산으로 나간 할머니 사이의 이념적 갈등 |
| 활동 2 | 갈등 해결의 단서가 되는 인물의 행위 | 외할머니가 구렁이가 되어 온 삼촌(빨치산)의 원혼을 달래 좋은 곳으로 보내 줌 |
| 활동 3 | '아름다운 길'의 구체화 | 할머니의 감사 인사와 외할머니의 위로 그리고 서로 손을 맞잡은 모습 |

## ▷ 천상병 千祥炳

1930 ~ 1993
시인. 일본에서 태어나 창원에서 성장

### ▷ 작가의 특징
1. 1952년 ≪문예≫에 시 「강물」, 「갈매기」가, 1952년 ≪현대문학≫에 평론이 추천되어 등단하였다.
2. 천상병 시인의 작품 세계의 원천이 돼 있는 현실 인식은 지극히 인간적이고 섬세하고 때로는 거의 신비적이다.
3. 후기 시에서 하나님이 점점 더 분명한 모습을 띠고, 예수가 가난한 자를 반기고 부유한 자를 내치는 복음의 메아리를 담고 있다.
4. 그의 마음은 끝까지 어린아이 같은 마음이었고, 삶에 대한 반응도 순수했으며, 그의 믿음 또한 순수한 가벼움으로 드러난다.

### ▷ 주요 작품
시집:『새』(1971),『주막에서』(1979),『저승 가는 데도 여비가 든다면』(1987) 등

---

## 작품 1  귀천(歸天) (창작과 비평, 1979년)

나 하늘로 돌아가리라.
새벽빛 와 닿으면 스러지는
이슬 더불어 손에 손을 잡고,

나 하늘로 돌아가리라.
노을빛 함께 단 둘이서
기슭에서 놀다가 구름이 손짓하면은,

나 하늘로 돌아가리라.
아름다운 이 세상 소풍 끝내는 날,
가서, 아름다웠더라고 말하리라……

### ■ 핵심정리

▷ **갈래** 자유시, 서정시
▷ **성격** 관조적, 독백적, 낭만적, 낙천적
▷ **어조** 내면적, 독백적 어조
▷ **제재** 귀천(죽음)
▷ **주제** 생의 긍정과 죽음의 초월
▷ **표현** ① 3음보의 반복과 변조를 통해 시의 분위기를 이끌어 가고 있음
② 단순하고 소박한 어법과 구조를 보여 주고 있음

## 이해와 감상

### 1 짜임 분석
- 1연 – 정결한 자세로 맞이하는 죽음
- 2연 – 아름답게 맞이하는 죽음
- 3연 – 무욕과 달관의 경지

### 2 작품감상의 구조

| 구성 요소 | 구성 요소의 파악 | 그것이 지닌 의미·효과 | 주제와의 관련성 |
|---|---|---|---|
| 내용 요소 | ① 시적 화자 및 상황 | 시적 화자는 죽음을 하늘에서 소풍을 왔다 돌아가는 것이라 하여 긍정적으로 인식하고 있다. | 생의 긍정과 죽음의 초월 |
| | ② 제재 | '이슬', '노을빛'은 금방 사라지는 것으로 인간이 하늘로 돌아가는 것의 의미를 잘 드러낸다. | |
| | ③ 독백적 어조 | 독백적인 어조를 통해 삶을 관조함으로써 주제를 형상화 하고 있다. | |
| 형식 요소 | ① 3음보 | 3음보의 반복의 통해 운율감을 형성하고 있다. | |
| | ② 비슷한 연 구조 | 비슷한 연 구조의 반복을 통해 의미를 나누어 효과적으로 제시하였다. | |
| | ③ 통사구조의 반복 | 통사구조의 반복을 통해 시상을 통일시키고, 리듬감을 잘 드러내었다. | |
| 표현 요소 | ① 상징 | '이슬', '노을빛', '소풍'은 모두 주제를 효과적으로 드러내는 상징이다. | |
| | ② 반복 | 각 연 첫 행의 반복을 통해 주제를 강조하여 표현했다. | |

### 3 감상의 길잡이

사람은 누구나 이승에서의 짧은 삶을 작별하고 하늘로 돌아간다. 생명의 유한성은 우주의 섭리이다. 그러나 그것을 알면서도 이승에서의 집착을 버리기는 어렵다. 생명의 한계를 인식하고 죽음을 수긍하는 자세는 범인(凡人)에게서는 기대할 수 없다. 욕망과 집착을 벗어버리고 무소유의 정신적 경지에 들게 될 때 초월은 가능한 것이다. 이 초월자에게 있어 삶이란 영화로운 것도 비극적인 것도 아니다. 달관의 태도에서 바라보는 삶과 죽음은 단절된 별개의 것이 아니다. 삶에 이어 죽음은 자연스럽게 온다는 관점에서 보면, 삶과 죽음은 하나의 삶으로 통합되며, 그 하나하나는 삶의 작은 과정들에 불과하다. 이런 인식에서 죽음을 바라보게 될 때, 범인과는 다른 담담한 태도를 갖게 될 것이다.

이 시의 1연은 죽음을 선선히 받아들이겠다는 시적 화자의 태도가 드러나고 있고, 2연에서는 '노을'과 함께 하늘로 돌아가겠다고 한다. 마지막 3연에서는 이승을 하나의 소풍지로 보아 이 여행의 이미지를 구체화하고 있다.

## ■ 중요 내용 정리

### 01 '하늘'과 '소풍'의 의미
　　반복되고 있는 시구 '하늘로 돌아가리라'에는 '하늘로부터 왔다'는 전제가 들어있다. 물론 그것은 일차적으로 '죽음'을 적극적으로 수락하겠다는 것이지만 결코 생에 대한 비극적 인식의 표현이 아니다.
　　「귀천」에 있어서 '하늘'은 이 세상과 저 세상 어디에도 존재하는, 인간이 온 곳이고 갈 곳인 우주 혹은 영원성의 표상이다. 이에 비할 때 인간의 삶은 영원성의 우주에 내던져진 유한한 존재일 따름이다. 무욕과 순진의 시선에 의해 비로소 순화하는 우주의 흐름과 그 속에 놓여진 순간적 존재인 인간은 긍정되고 아름답게 보여진다. '삶'이 아름다운 소풍으로 긍정되는 까닭은 여기에 있다.

### 02 '삶'과 '죽음'은?
　　시적 화자는 이 시에 '나 하늘로 돌아가리라.'는 말을 세 번에 걸쳐 반복적으로 말하고 있다. '죽음'을 의미하는 동시에 시적 화자의 죽음에 대한 달관적인 태도를 보여 준다. 이처럼 죽음을 삶의 한 과정이자 삶의 연장으로 보는 시적 화자의 태도는 인간을 우주의 일부로 파악하는 데서 비롯된 것이다. 시적 화자는 이 세상과 이 세상에서의 자신의 삶이 '아름다웠다'고 말하고 있다. 그러나 말줄임표로 문장을 종결함으로써 사실은 인생이 그렇게 즐겁지만은 않았음을 암시하고 있다. 즉, 시적 화자는 반어적인 표현으로 세상의 괴로움을 말하고 있는 것이다.

### 03 천상병의 시 세계
　　천상병은 주벽이나 괴이한 행동으로 우리 시사(詩史)에서 매우 이단적인 사람처럼 보이지만, 시인이라는 세속적 명리를 떨쳐 버리고 온몸으로 자신의 시를 지킨, 진정한 의미의 순수 시인이라 할 수 있다.
　　그는 자신의 시에서 '가난이 내 직업'이라고 썼을 정도로 가난하고 불행한 삶을 살았다. 따라서 그의 초기 시에서부터 말기 시까지 끊임없이 가난의 문제를 다루고 있는 것은 어쩌면 당연한 일인지 모른다. 일정한 직업 없이 떠돌 수밖에 없던 그에게 가난이란 피할 수 없는 것이고 운명적인 것이었을 수 있다. 하지만 이런 가난에 대해 소리쳐 주장하거나 항거하지 않고 달관된 태도로 받아들이고 있다는 점이 시인의 미덕이라 할 수 있다. 그의 시는 맑고 투명한 시 정신을 유지하면서 삶에 대한 무욕과 무사심(無私心)을 보여 주는 특징이 있다.

## 예상문제

※ (1~3) 다음 작품을 읽고 물음에 답하시오.

(가)
1
화안한 꽃밭 같네 참.

눈이 부시어, 저것은 꽃핀 것가 꽃진 것가 여겼더니, 피는 것 지는 것을 같이한 그러한 꽃밭의 저것은 저승살이가 아닌 것가 참. 실로 언짢달 것가. 기쁘달 것가.
거기 정신없이 앉았는 섬을 보고 있으면, 우리가 살았다해도 그 많은 때는 죽은 사람과 산 사람이 숨소리를 나누고 있는 반짝이는 봄바다와도 같은 저승 어디쯤에 호젓이 밀린 섬이 되어 있는 것이 아닌 것가.
2
우리가 소시(少時)적에, 우리까지를 사랑한 남평 문씨 부인(南平文氏夫人)은, 그러나 사랑하는 아무도 없어 한낮의 꽃밭 속에 치마를 쓰고 찬란한 목숨을 풀어헤쳤더란다.
확실(確實)히 그 때로부터였던가, 그 둘러썼던 비단치마를 새로 풀며 우리에게까지도 설레는 물결이라면,
우리는 치마 안자락으로 코 훔쳐 주던 때의 머언 향내 속으로 살달아 마음달아 젖는단 것가.

3
돛단배 두엇, 해동갑하여 그 참 흰나비 같네.

― 박재삼, 「봄바다에서」

(나)
나 하늘로 돌아가리라.
새벽빛 와 닿으면 스러지는
이슬 더불어 손에 손을 잡고,

나 하늘로 돌아가리라.
노을빛 함께 단 둘이서
기슭에서 놀다가 구름 손짓하면은,

나 하늘로 돌아가리라.
아름다운 이 세상 소풍 끝내는 날,
가서, 아름다웠더라고 말하리라…….

― 천상병, 「귀천(歸天)」

1. (가)와 (나)에 나타난 시적 화자의 죽음에 대한 세계관의 공통점과 차이점을 각각 2가지 찾아 제시하고, 그것을 통해 각 작품의 주제를 밝히시오.

**예상답안**

| 구분 | (가) | (나) |
|---|---|---|
| 세계관의 공통점 | ① 죽음과 삶의 관련성(양면성)에 대한 인식<br>② 죽음에 대한 초월적 자세<br>③ 삶에 대한 긍정적 인식 (= 죽음에 대한 긍정적 인식 = 삶을 아름다운 것으로 인식)<br>④ 죽음을 자연과의 관계 속에서 인식함 | |
| 세계관의 차이점 | ① 현실에서 저승으로 감<br>② 죽음을 한으로 인식<br>③ 한에 대한 성찰 | ① 하늘에서 왔다가 돌아감<br>② 죽음을 귀향으로 인식<br>③ 죽음에 대한 깊은 성찰 |
| 주제 | 봄바다에서 느끼는 한과 인간애 (= 한의 슬픔과 아름다움) | 삶에 대한 긍정과 죽음의 초월 |

2. (가)의 구체적 내용을 통해 (가) 작가의 작품에 나타난 한의 특징을 2가지 밝히시오. [2점]

**예상답안**

| 구분 | (가)의 구체적 내용 | 시인의 '한'의 특징 |
|---|---|---|
| ① | ① 꽃핀 것가 꽃진 것가<br>② 꽃밭의 저것은 저승살이<br>③ 찬란한 목숨을 풀어헤쳤더란다.<br>④ 언짢달 것가 기쁘달 것가 | ① 한은 반짝임과 어두움의 양면성이 있는 것 |
| | | ② 한을 이미지로 형상화하여 표현했음 |
| ② | 남평 문씨 부인은 …… 찬란한 목숨을 풀어헤쳤더란다. | ③ 살아오면서 겪은 일상적 한을 바탕으로 했음 (전통적 정한과 차이가 있음) |
| ③ | ① 반짝이는 봄바다와 같은 저승 어디쯤에 호젓이 밀린 섬<br>② 머언 향내 속으로 살닿아 마음닿아 젖는단 것가. | ④ 가슴속에서 정화되고 승화된 한 |

3. (나)의 시에서 아래 '소풍'과 '하늘'의 의미를 각각 밝히고, 시적 화자인 '나'와 같은 의미를 지닌 소재를 2가지 찾아 그 공통적 의미를 밝히시오. [2점]

**예상답안**

| 제재 | 나 | 소풍 | 하늘 |
|---|---|---|---|
| 의미 | 시적 화자 | 내가 누린 삶. 이승의 삶 (= 자유의 여행) | 내가 왔고 돌아가야 할 본향 (= 우주, 혹은 영원성) |
| 화자인 '나'와 같은 의미를 지닌 소재 및 그 공통적 의미 | | | |
| ㉠ 이슬, ㉡ 노을빛: 잠시 머물다 금방 사라지는(돌아가는) 존재 | | | |

## 김수영 金洙暎

1921 ~ 1968
시인. 서울 출생

### ▷ 작가의 특징
1. 1945년 ≪예술부락≫에 「묘정의 노래」로 등단한 후, 1948년 김경린, 박인환 등과 함께 5인 합동 시집 『새로운 도시와 시민들의 합창』을 간행하는 등 모더니스트로 각광을 받았다.
2. 모더니즘 추구 – 모더니즘의 한계성 극복 → 내용과 형식의 조화를 추구하여 이를 토대로 현실 비판의식을 드러냈다.
   – 민중의 현실에 대한 관심
3. 날카로운 현실 인식. 갈등의 첨예한 표현. 공격성. 신랄성 등의 비판적 감수성이 드러난다.
4. 일상어와 시사어를 사용하여 시어의 위력을 최대한으로 발휘했다.
5. 시 세계가 다채롭다.
6. 그의 시와 시론 – 한 지성인으로서 끊임없이 반성하고 정리해 간 자취를 보여 준다.

### ▷ 주요 작품
시집 : 『달나라의 장난』(1959), 『거대한 뿌리』(1974) 등

### 작품 1  눈 (문학예술, 1956년)

눈은 살아 있다.
떨어진 눈은 살아 있다.
마당 위에 떨어진 눈은 살아 있다.

기침을 하자.
젊은 시인이여 기침을 하자.
눈 위에 대고 기침을 하자.
눈더러 보라고 마음 놓고 마음 놓고
기침을 하자.

눈은 살아 있다.
죽음을 잊어버린 영혼과 육체를 위하여
눈은 새벽이 지나도록 살아 있다.

기침을 하자.
젊은 시인이여 기침을 하자.
눈을 바라보며
밤새도록 고인 가슴의 가래라도
마음껏 뱉자.

## 핵심정리

- ▷ **갈래** 자유시, 서정시
- ▷ **성격** 의지적, 비판적, 주지적, 상징적
- ▷ **어조** 단정하면서 권유적
- ▷ **주제** ① 순수한 생명 의식을 통한 부정적 현실의 극복에 대한 갈망과 고뇌
  ② 순수한 생명력 회복에의 갈망
- ▷ **표현** ① 이미지의 선명한 대립 구조를 통해서 주제를 효과적으로 드러내고 있음
  ② 문장의 점층적 반복으로 리듬감을 살리고 있음
  ③ 소박한 일상어로 시적 이미지를 형상화하고 있음
- ▷ **제재** 눈

## 이해와 감상

### 1 짜임 분석

- 기(1연) – 눈의 강인한 생명력
- 승(2연) – 자기 정화의 노력
- 전(3연) – 눈의 강인한 생명력
- 결(4연) – 부정적 현실의 극복을 위한 자기반성의 자세

### 2 작품감상의 구조

| 구성 요소 | 구성 요소의 파악 | | 그것이 지닌 의미·효과 | 주제와의 관련성 |
|---|---|---|---|---|
| 내용 요소 | ① 시적 화자 및 화자의 상황 | | 이 시의 시적 화자는 강인한 어조를 통해 부정적 현실을 극복하고 순수하고 정의로운 삶을 추구하려고 하고 있다. | 순수한 생명 의식을 통한 부정적 현실의 극복에 대한 갈망과 고뇌, 순수한 생명력 회복에의 갈망 |
| | ② 제재 | | '눈'이라는 제재를 통해 순수한 생명력의 회복을 갈망하는 내용을 효과적으로 드러낸다. | |
| | ③ 시대 배경 | | 1950년대 말 이승만 정권의 독재가 심하여 암울한 시대 상황에서 지어졌다. | |
| | ④ 참여시 | | 1960년대 이전의 순수 문학을 부정하면서 문학이 현실의 부정이나 모순을 드러내고 변화를 추구해야한다는 인식을 담은 시이며, 김수영은 민중의 발견과 독재에 대한 저항을, 신동엽은 민중이 주체가 되는 역사관과 분단의 극복을 드러내었다. | |
| 형식 요소 | ① 점층적 구조 | | 각 연의 점층적 구조의 반복을 통해 눈의 생명력을 강조하고 있다. | |
| | ② 반복 | | '눈은 살아 있다'와 '기침을 하자'의 반복을 통해 시의 운율을 형성하고 의미를 강조한다. | |
| | ③ 기 – 승 – 전 – 결 | | 시 전체로 볼 때 '기 – 승 – 전 – 결'의 구조를 보여 주제를 효과적으로 드러낸다. | |
| | ④ 유사한 연의 반복 | | 1, 3연이 유사하고, 2, 4연이 유사한데, 이렇게 반복하여 주제를 효과적으로 드러낸다. | |
| 표현 요소 | ① 상징 | | '눈'은 순수한 생명력을, '기침'은 부정적인 것을 드러내는 행위를 의미하여 주제를 효과적으로 드러낸다. | |

### ③ 감상의 길잡이

1956년 ≪문학예술≫에 발표된 작품으로 시집 『달나라의 장난』에 수록되어 있다. 모더니스트로 활약하던 1940년대의 직설적인 시풍에서 탈피, 새로운 서정의 개화를 이룩한 작품이다.

눈을 소재로 하고 있는데 작품의 주제를 바라보는 시각은 두 가지로 나누어진다. 하나는 '순수한 삶' 혹은 '순결한 생명력'을 노래했다는 것이고, 다른 하나는 순수한 생명(눈)과 저속하고 깨끗하지 못한 일상을 대조시킴으로써 '순수한 삶에 대한 소망과 의지'를 노래했다는 것이다. 전자의 경우 이 시 자체에 초점을 맞춘 것이고, 후자의 경우 1950년대 말의 시대적 상황과 관련시켜 이해한 것이다. 전자의 입장에 선다면, 다른 시인들이 노래한 눈과 크게 차이가 나지 않지만, 후자의 입장에 선다면 불결하고 부정한 사회 현실에 대한 저항감과 날카로운 비판 정신을 보여주는 참여시로 볼 수 있다.

이 시의 내용은 매우 단순하다. '눈은 살아 있다'와 '기침을 하자'의 변형된 반복으로 이루어져 있다. 이 작품의 '눈'과 '기침'은 이 시를 이해하는 열쇠이다. 여기서 '눈'은 순수함의 상징이다. 그런데 '기침'의 경우, '어떤 괴로움 또는 병적인 것의 암시'라는 의견도 있고, '더렵혀진 불순함을 토해내는 행위'라는 의견도 있다. 물론 이 시를 잘 읽어보면 후자의 경우가 더욱 타당하다. 맨 끝 연에 '가래'라는 시어가 있고, 이것이 바로 '괴로움이나 병적인 것'의 상징으로 볼 수 있기 때문이다. 그래서 '기침'은 그것을 토해내는 행위로 볼 수 있다. 시대적 배경과 연관시키면, 1950년대 말 이승만 정권의 부정과 부패 속에서 또 그러한 흐름이 이어져도 무기력하게 숨죽여 있는 상황 속에서 '젊은 시인'들이 그것을 드러내며 항거하고 맞서 '살아있음'을 보이자는 것이다. 현실의 의미를 단순히 현상으로만 보지 않고 살아있는 역사 속에서 파악하고 있다는 점이 높이 평가된다.

이 시는 강한 남성적 어조로 일관하고 있고, 목소리에 강한 힘이 실려 있다. 그리고 동일한 문장의 반복과 첨가를 통해, 또 점층법을 통해 주제를 강조하고 있다. 그리고 1~2연의 구조가 3~4연에서 반복되고 있는데, 그대로 반복되는 것이 아니라 조금씩 형태를 바꿈으로써 단순함을 벗어나고 있다. 이 시에서는 '눈'과 '기침', '가래' 등의 시어에서 고도의 상징적 기법이 쓰이고 있다.

김수영의 시편 중 「눈」이란 작품은 세 편이 있는데, 이 시는 1956년에 쓴 것이고, 1961년과 1966년에 쓴 것이 있다. 내용과 형태는 다르지만, '눈'의 이미지는 세 시편에서 모두 비슷하다.

## ▮ 중요 내용 정리

#### 01 표현상의 특징

이 작품은 전체적 구조에 있어서 동일한 시구의 반복과 확대를 통해 정돈된 느낌을 주는데, 이것은 주지적인 내용의 전달을 보다 명확히 하는 한편, 전달 내용의 의미에 대한 집약적 사고를 가능케 하는 의식의 긴장 효과를 불러일으킨다. 따라서 이 시는 매우 암시적이기는 하지만, 현실에 대한 울분의 토로와 날카로운 비판 정신이 살아 있음을 엿볼 수 있게 해준다.

#### 02 '눈'의 이중성

'눈'은 중의적 표현으로 해석되기도 한다. 즉, 눈이 '안(眼)'과 '설(雪)'의 의미를 지니고 있다고 보는 것이다. 그러므로 '살아 있다'는 구절에서는 현실을 비판하고 미래를 바라보는 '안목(眼目)'의 의미로도 볼 수 있고, '마당 위에 떨어진'이라는 구절에서는 깨끗함과 순결성을 상징하는 '설(雪)'의 특성이 나타난다고 볼 수도 있다.

#### 03 '기침을 하자'의 의미

기침을 하는 것은 존재의 살아 있음을 나타내는 말이다. 그것은 내적 고통의 표시하고 불편 세계에 대한 거부와 저항의 표시이다. 또한 이는 시인으로서의 도덕적 양심과 반성적 의식의 정화이다. 이러한 도덕적 자의식은 자신의 삶과 세계를 직시하고 바로 서려는 시인의 자성이라고 볼 수 있다.

### 04 의미의 점층적 구조

단순한 두 문장 '눈은 살아 있다'와 '기침을 하자'를 변형하여 반복함으로써 의미를 점층적으로 강조하고 있다. 즉, 같은 문장에 점차로 문장 요소들이 덧붙으면서 의미가 뚜렷해지는 점층적 전개를 이루는데, 이를 통해 리듬감을 형성하고, 시적 긴장감과 의미를 선명하게 한다.

### 05 '하강'과 '상승'의 변증법

이 시에서의 '눈'은 생명을 지닌 대상이다. '눈'의 생명력은 '새벽이 지나도록' 계속된다. 이러한 생명력의 지속은 이와는 정반대의 개념인 '죽음'을 초극한다. '눈'이 죽음을 초극하게 되는 힘을 갖게 된 것은 사물의 역동성 때문이다. 1연에서 '눈'은 '떨어지다'라는 현상적 하강 이미지에 의해서 수식된다. 그리고 '살아 있다'는 이미지가 동시에 주어진다. 이것이 하강과 상승의 변증법이라고 단언하기는 어렵지만, 하강 이미지의 대극적인 이미지로 '살아 있다'는 이미지가 제시됨으로써 하강과 상승의 변증법으로 읽히는 것이다.

## 기출문제

1. 현대시의 흐름을 이해하기 위해 교수·학습 자료를 선정하고자 한다. 〈보기〉와 비슷한 시기에 발표된 작품으로 〈보기〉의 중심 주장을 가장 잘 구현하고 있는 것은? [1.5점]   2011년 기출 33번

〈보기〉

'내용'은 언제나 밖에다 대고 '너무나 많은 자유가 없다'는 말을 해야 한다. 그래야만 '너무나 많은 자유가 있다'는 '형식'을 정복할 수 있고, 그때에 비로소 하나의 작품이 간신히 성립된다. '내용'은 언제나 밖에다 대고 '너무나 많은 자유가 없다'는 말을 계속해서 지껄여야 한다. 이것을 계속해서 지껄이는 것이 이를테면 28선을 뚫는 길인 것이다. 낙숫물로 바위를 뚫을 수 있듯이, 이런 시인의 헛소리가 헛소리가 아닐 때가 온다. 헛소리다! 헛소리다! 헛소리다! 하고 외우다 보니 헛소리가 참말이 될 때의 경이. 그것이 나무아미타불의 기적이고 시의 기적이다. 이런 기적이 한 편의 시를 이루고, 그러한 시의 축적이 진정한 민족의 역사적 기점(起點)이 된다.

– 김수영, 「시여, 침을 뱉어라 – 힘으로서의 시의 존재」

① 사랑과 평화의 새 비둘기는 / 이제 산도 잃고 사람도 잃고 / 사랑과 평화의 사상까지 / 낳지 못하는 쫓기는 새가 되었다.
② 건물과 창백한 묘지 있던 자리에 // 꽃이 피지 않도록 // 하루의 일년의 전쟁의 처참한 추억은 / 검은 신이여 / 그것은 당신의 주제일 것입니다
③ 네가 본 건, 지붕 덮은 / 쇠항아리, / 그걸 하늘로 알고 / 일생을 살아갔다. // 닦아라, 사람들아 / 네 마음속 구름 / 찢어라, 사람들아, / 네 머리 덮은 쇠항아리.
④ 뼈에 저리도록 「생활」은 슬퍼도 좋다 / 저문 들길에 서서 푸른 별을 바라보자……// 푸른 별을 바라보는 것은 하늘 아래 사는 거룩한 나의 일과이거니–
⑤ 함께 가자 우리 이 길을 / 셋이라면 더욱 좋고 둘이라도 함께 가자 / 앞서가며 나중에 오란 말일랑 하지 말자 / 뒤에 남아 먼저 가란 말일랑 하지 말자 / 둘이면 둘 셋이면 셋 어깨동무하고 가자 / 투쟁 속에 동지 모아 손을 맞잡고 가자

정답 ③

## 예상문제

※ (1~3) 다음 작품을 읽고 물음에 답하시오.

(가)
　　낙엽은 폴란드 망명 정부의 지폐
　　포화(砲火)에 이지러진
　　도룬 시(市)의 가을 하늘을 생각케 한다.
　　길은 한 줄기 구겨진 넥타이처럼 풀어져
　　일광(日光)의 폭포 속으로 사라지고
　　조그만 담배 연기를 내뿜으며
　　새로 두 시의 급행열차가 들을 달린다.
　　포플러 나무의 근골(筋骨) 사이로
　　공장의 지붕은 흰 이빨을 드러낸 채
　　한 가닥 구부러진 철책(鐵柵)이 바람에 나부끼고
　　그 위에 셀로판지(紙)로 만든 구름이 하나.
　　자욱한 풀벌레 소리 발길로 차며
　　호올로 황량(荒凉)한 생각 버릴 곳 없어
　　허공에 띄우는 돌팔매 하나.
　　기울어진 풍경의 장막(帳幕) 저 쪽에
　　고독한 반원(半圓)을 긋고 잠기어 간다.

　　　　　　　　　　　　　　　　- 김광균, 「추일서정」

(나)
　　눈은 살아 있다.
　　떨어진 눈은 살아 있다.
　　마당 위에 떨어진 눈은 살아 있다.

　　기침을 하자.
　　젊은 시인이여 기침을 하자.
　　눈 위에 대고 기침을 하자.
　　눈더러 보라고 마음 놓고 마음 놓고
　　기침을 하자.

　　눈은 살아 있다.
　　죽음을 잊어버린 영혼과 육체를 위하여
　　눈은 새벽이 지나도록 살아 있다.

　　기침을 하자.
　　젊은 시인이여 기침을 하자.
　　눈을 바라보며

밤새도록 고인 가슴의 가래라도
마음껏 뱉자.

— 김수영, 「눈」

(다) 문학의 창작 과정
창작의 과정은 먼저 ① 관찰이나 감상을 통해 쓸거리를 찾고(주제, 정서 찾기), ② <u>갈래별로 관습화된 형식과 표현 기법을 익히며(갈래를 정해 그 특성을 이해하기)</u>, ③ 모방과 개작을 통해 두려움을 없애고(개작, 모작, 생활 서정의 표현), ④ 갈래와 창작의 순서에 따라 하는 것이 좋다.

1. (다)의 창작 과정 중 ②의 내용을 '시 갈래'에 적용할 때, 교사가 지도할 내용이 무엇인지 (나) 작품에 나타난 예를 들어 아래 〈보기〉처럼 표에 맞게 각각 1가지씩 제시하라.

### 예상답안

| 구분 | 지도 내용 |
|---|---|
| 내용 | 〈보기〉<br>① 시는 (나)처럼 <u>시적 화자를 통해 내용을 드러내며</u>, <u>(나)의 시적 화자는 지식인 또는 지사임</u><br>② 시는 (나)처럼 정서를 주제로 드러내며, (나)의 주제는 '눈의 순수함을 통한 부정적 현실의 극복'임<br>③ 시는 (나)처럼 적절한 소재(제재)를 통해 주제를 드러내며, 소재는 '눈, 기침, 가래' 등임<br>(그 밖에 독재 현실이라는 시대 배경, 시적 화자의 상황과 내용 전개, 미적 범주 등의 내용도 포함됨) |
| 형식 | ① 시는 (나)처럼 일상적 시어를 시적 표현으로 형상화하며, (나)의 '눈, 마당, 기침, 가래, 육체' 등은 일상적 시어임<br>② 시는 (나)처럼 행이나 연의 반복으로 내용을 드러내며, (나)는 비슷한 행의 반복과 연의 반복 구조가 나타남<br>③ 시는 (나)처럼 운율에서 각운의 요소가 드러나며, (나)는 종결어미에 의한 각운의 요소가 나타남 |
| 표현 | ① 시는 (나)처럼 상징적 표현을 사용하며, (나)에서 '눈, 가래, 기침' 등은 상징임<br>② 시는 (나)처럼 점층적 표현을 사용하여 주제를 강조하며, (나)의 각 연은 점층적 표현이 나타남<br>③ 시는 (나)처럼 반복적 표현을 사용하여 주제를 강조하며, (나)의 각 연 및 1, 3연과 2, 4연에 반복적 표현이 나타남 |

> **참고** 개작, 모작
>
> 개작은 기본 골격을 유지하면서 일부 요소를 바꾸어 쓰는 것으로 (가)의 기본 골격을 유지하면서 시어, 심상, 비유 등 일부 요소를 바꾸어보는 것이다.
>
> 모작은 작품의 분위기와 서술 방식 등을 본받아 새로 쓰는 것으로 (가)의 제재와 분위기, 심상 등을 바탕으로 학생들에게 새롭게 작품을 쓰게 하는 활동이다.

2. 문학 작품의 수용 활동과 창작 활동의 상호 관련성을 설명하고, (나) 작품에 나타난 '함축성'의 요소를 1가지 사용하여 수용 활동이 창작 활동에 어떤 영향을 미칠 수 있는지 설명하라.

### 예상답안

① 수용 활동을 통해 좋은 작품의 내용이나 기법 등을 배울 수 있고, 이것을 통해 자신이 창작을 할 때 적용할 수 있으므로 수용과 창작은 상호 관련성이 깊음
② (나)에서 '눈'의 의미 및 효과 그것이 지닌 상징의 원리 등을 감상에서 이해한 후, 자신의 창작에서 상징의 원리 및 효과를 활용하여 창작할 수 있고, '눈'과 유사한 의미를 추구하거나 '눈'에 새로운 의미를 덧붙여 사용함으로써 수용 활동이 창작 활동에 도움이 됨

3. 아래 내용은 (가), (나) 작품에 대해 학생들이 작품에 대해 수용 활동을 한 결과를 토의한 것이다. 교사가 그 결과를 정리해 주는 과정이라고 할 때, 아래 〈조건〉에 맞게 간략하게 답하시오.

> ① 철수 : (가)에 대해 - 이 시는 사실적 서경의 표현보다 일상적 관념을 깨뜨리는 <u>낯선 비유를 많이 사용</u>하고 있어. 그리고 '폴란드 망명 정부의 지폐', '구겨진 넥타이', '담배 연기' 등 사물화 된 이미지들은 근대화된 서구 도시 문명에 대한 관심의 표상이라고 할 수 있어.
> ② 영수 : (가)에 대해 - 이 시에서는 현대 문명에 대한 비판이라는 주제를 잘 드러내고 있어. 예를 들면 나치 독일에 의해 무참히 유린된 폴란드의 정세라는 것이 대표적이지. 이런 현상들은, 적어도 당대의 모더니즘이라는 새로운 문학 조류를 효과적으로 수용한 것이라 할 수 있어.
> ③ 명희 : (나)에 대해 - 나는 이 작품을 1950년대 말 이승만 정권의 부정과 부패 상황과 관련지어 생각해 보았어. 독재 정권의 부정과 부조리 속에서 또 그러한 흐름이 이어져도 무기력하게 숨죽여 있는 상황 속에서 '젊은 시인'들이 그것을 드러내며 항거하고 맞서자고 말하고 있어. '눈'이라는 사물을 단순히 현상으로만 보지 않고 살아있는 역사 속에서 파악하려 했다는 점에서 높이 평가할 수 있어.
> ④ 정희 : (가)에 대해 - 이 작품에서 '눈'과 '기침'의 의미를 이해하면 의미를 파악하기가 쉽다고 해. 주의할 것은 '눈'과 '기침'이 모두 긍정적 의미와 부정적 의미로 사용될 수 있다는 점이야. 그래서 생각해 봤는데, '눈'은 긍정적 의미로 '순수함, 살아 있는 순수한 생명력'을 의미하고, 부정적 의미로 '독재 세력'을 의미한다고 볼 수 있지. 그런데 '기침'은 잘 모르겠어. '이건 선생님께 여쭈어 볼 수 밖에.

―〈조건〉―
(1) 내용의 파악 면에서 가장 어색한 학생을 하나 고르고, 그 이유를 제시할 것
(2) 교사의 입장에서 '① 철수'의 밑줄 친 부분의 내용에 대해 보충할 예를 3가지 제시할 것
(3) 문학 감상에서 '③ 명희'가 취한 방법의 장점과 단점 1가지를 각각 제시할 것
(4) '④ 정희'가 질문한 '기침'의 부정적, 긍정적 의미를 제시할 것

### 예상답안

(1) 어색한 학생 : ② 영수
　이유 : (가)에서 드러나는 현대 문명의 모습은 단순한 파편적 소재일 뿐이며, 모더니즘이 단순한 기법적 차원으로만 도입되었음을 보여주고 있음
(2) ㉠ 낙엽 – 폴란드 망명 정부의 지폐 : 은유
　㉡ 길 – 구겨진 넥타이 : 직유

ⓒ 일광(햇살) – 폭포 : 은유
ⓔ 기차연기 – 담배 연기 : 환유 등 (다른 부분들도 답이 됨)
(3) ① 장점
㉠ 문학에 대한 이해가 삶과 역사에 대한 이해로 확대될 수 있음 (= 문학이 현실의 발전에 영향을 미치는 기능도 있음)
㉡ 문학이 단순한 상상력의 산물이 아니라 구체적 현실에서 출발한다는 것을 알게 함
② 단점
㉠ 작품속의 내용, 형식, 표현 등의 다양한 요소를 모두 해명하기 어려움
㉡ 문학을 작품으로서가 아니라 실제 사람들의 조립체로 보거나 문학을 역사 자료로 보게 될 수 있음
(4) ㉠ 긍정적 의미 – '불순함을 밖으로 드러내고 알리는 행위'
㉡ 부정적 의미 – '어떤 괴로움 또는 병적인 것 그 자체'

## 작품 2  폭포 (평화에의 증언, 1957년)

폭포(瀑布)는 곧은 절벽(絕壁)을 무서운 기색도 없이 떨어진다.

규정(規定)할 수 없는 물결이
무엇을 향(向)하여 떨어진다는 의미(意味)도 없이
계절(季節)과 주야(晝夜)를 가리지 않고
고매(高邁)한 정신(精神)처럼 쉴 사이 없이 떨어진다.

금잔화(金盞花)도 인가(人家)도 보이지 않는 밤이 되면
폭포(瀑布)는 곧은 소리를 내며 떨어진다.

곧은 소리는 소리이다.
곧은 소리는 곧은
소리를 부른다.

번개와 같이 떨어지는 물방울은
취(醉)할 순간(瞬間)조차 마음에 주지 않고
나타(懶惰)와 안정(安定)을 뒤집어 놓은 듯이
높이도 폭(幅)도 없이
떨어진다.

## ▌핵심정리

▷ **갈래** 자유시, 서정시
▷ **성격** 주지적, 관념적, 상징적, 참여적
▷ **표현** ① 사물의 구체성이 추상적 의미로 전개
② 평범한 일상어와 산문적 진술 방식을 사용
▷ **특징** ① 시구를 반복하여 운율을 형성하고 의미를 강조함
② 폭포의 역동적 심상, 청각적 심상이 두드러짐
▷ **제재** 폭포
▷ **주제** 부정적인 현실에 타협하지 않는 삶의 추구

## 이해와 감상

### 1 짜임 분석

- 기(1연) – 폭포의 외형적 모습 : 두려움 없이 힘차게 떨어지는 폭포
- 승(2연) – 폭포의 내면적 모습 : 고매한 정신을 지닌 폭포
- 전(3~4연) – 폭포의 선구자적 모습 : 곧은 소리와 선구자적 행동성을 지닌 폭포
- 결(5연) – 폭포의 기세와 정신 : 게으름과 안정을 거부하는 폭포

### 2 작품감상의 구조

| 구성 요소 | 구성 요소의 파악 | 그것이 지닌 의미·효과 | 주제와의 관련성 |
|---|---|---|---|
| 내용 요소 | ① 시적 화자 및 상황 | 폭포를 관찰하거나 폭포에 대해 깊이 인식한 시적 화자가 폭포가 쉼 없이 곧게 떨어지는 모습을 통해 불의에 타협하지 않는 정신을 드러냈다. | 부정적인 현실에 타협하지 않는 삶의 추구 |
| | ② 제재 | 폭포의 곧게 떨어지는 모습을 통해 부정적 현실과 타협하지 않는 저항 정신을 드러내고 있다. | |
| | ③ 주지시(모더니즘시) | 폭포를 통해 서정을 드러내는 것이 아니라 지적 인식 – 사회 현실 자각과 저항 정신을 드러내고 있다. | |
| | ④ 시대 현실 | 이승만 정권 말기 암울한 독재 현실을 배경으로 이 작품이 지어졌다. | |
| 형식 요소 | ① 기–승–전–결 | 시상의 전개는 전체 내용상 '기–승–전–결'의 구조를 보이는데, 이를 통해 내용을 논리적으로 드러냈다. | |
| | ② 현재형 어미 | 현재형 어미를 사용하여 폭포의 모습을 중계하듯이 구체적으로 보여주고, 현재형을 통해 변하지 않는 속성을 강조하여 드러냈다. | |
| | ③ 시어와 통사구조의 반복 | '떨어진다'라는 시어를 반복하여 운율감을 형성하고 의미를 강조했다. | |
| 표현 요소 | ① 반복 | '떨어진다'라는 시어를 반복하여 운율감을 형성하고 의미를 강조했다. | |
| | ② 역설 | '높이도 폭도 없이 떨어진다'에서 폭포의 절대적 자유로움을 드러내기 위해 역설적으로 표현하고 있다. | |
| | ③ 상징 | '폭포'는 올곧은 의지를, '금잔화'는 순수하고 아름다운 것, '인가'는 인간적 유대와 인정을, '밤'은 어둡고 암울한 시대를 의미하며 의미를 효과적으로 드러냈다. | |

### ③ 감상의 길잡이

이 시는 자연물에 대한 지적 인식을 바탕으로 한 주지시이다. '폭포'를 소재로 하여 사회적 현실에 대응하는 시인의 자세를 보여 준다. 단순하고 힘찬 언어에서 양심에 전혀 부끄러움이 없고자 하는 시 정신을 볼 수 있다. 절벽으로부터 무서운 기색도 없이 떨어지는 물줄기의 모습에서 작가 김수영이 자유당 독재 정권으로 인해 만신창이가 된 현실 상황에서 양심 있는 세력의 올곧은 목소리를 갈구하는 마음을 느낄 수 있다.

이 시는 제목 그대로 폭포를 노래한 것이다. 이 시가 여타의 서정시와 사뭇 다른 인상을 주는 까닭은 아마도 폭포의 아름답고 장엄한 광경을 개인적 감정을 통해 표출하기를 거부하고, 물줄기의 낙하라는 자연 현상에서 무엇인가 정신적 의미인 사회 현실에 대한 자각과 현실에 대응할 행동 양식을 찾아내려 고심하고 있기 때문일 것이다.

## ▰ 중요 내용 정리

#### 01 '폭포'의 상징적 의미
이 시는 자연물을 통해 시인의 지적 인식을 드러내고 있는 주지시이다. 이 시에서 '폭포'는 실재하는 폭포가 아니라, 시인의 인식이 반영된 폭포이다. 폭포는 무서움도 없이, 계절과 주야를 가리지 않고, 고매한 정신처럼, 밤이 되면, 곧은 소리를 내며, 나태와 안정을 뒤집어 놓을 듯이 떨어진다. 이처럼 수직으로 곧게 하강하는 폭포의 모습과, 쉬지 않고 울려 퍼지는 폭포의 소리는 자유와 정의를 향해 망설임 없이 나아가는 인간의 정신을 형상화한 것이다.

#### 02 시구의 반복이 지니는 효과
이 시에서는 반복에 의한 강조의 방식이 많이 사용되었다. '곧은 소리', '떨어진다'의 반복으로 인간의 의지를 강조하는 한편 음악적인 효과를 주기도 한다. 3연의 '곧은 소리'는 음수율 또는 음보율에 의한 규칙적 리듬을 갖게 하고, '떨어진다'는 3연 이외의 모든 연에서 각운과 같은 효과를 주어 음위율을 형성한다.

#### 03 「폭포」에 나타난 현실 인식
이 시는 시인의 현실에 대한 인식을 '폭포'라는 대상에 전이시켜 진실을 외치는 화자의 모습으로 투영하고 있다. 이 시에서 반복되고 있는 폭포의 낙하는 단순한 자연 현상을 넘어선 의미를 지닌다. 폭포는 절벽을 무서운 기색도 없이 떨어지는 것이다. 그렇기 때문에 폭포가 내는 '곧은 소리'란 실제 소리 이상의 울림을 갖는다. 절벽과도 같은 위기 상황에서 과감하게 몸을 던져 '번개와 같이 떨어지는 물방울'은 곧은 소리, 즉 고매한 정신으로 해석된다. '주야를 가리지 않는' 고매한 정신이기에 그것은 '나태와 안정'에 빠진 정신을 일깨우고, 현실에 안주하려는 자세를 혹독하게 꾸짖는 소리로 웅장한 울림을 일으키는 것이다. '나태와 안정을 뒤집어 놓을 듯이 높이도 폭도 없이 떨어지는' 무서운 에너지를 가진 '곧은 소리'는 또 다른 '곧은 소리'를 부른다. 즉, 지식인의 도덕적 순결과 역사 의식이 절실히 요구되는 시대 상황을 표상한 것이라고 할 수 있다.

#### 04 「폭포」에서 유추할 수 있는 인간형
① 사회 현실의 부조리와 불의를 인식하고 있는 지성인
② 현실에 안주하여 양심을 외면한 소시민에게 경각심을 일깨워 주는 선구자
③ 역사의 흐름 속에서 정의를 위하여 희생하는 사람
④ 왜곡된 현실에 진리를 실현하려는 선구자
⑤ 현실의 부정적 상황을 타파하려는 선구자

## 예상문제

※ (1~2) 다음 작품을 읽고 물음에 답하시오.

(가)
　폭포(瀑布)는 곧은 절벽(絕壁)을 무서운 기색도 없이 떨어진다.

　규정(規定)할 수 없는 물결이
　무엇을 향(向)하여 떨어진다는 의미(意味)도 없이
　계절(季節)과 주야(晝夜)를 가리지 않고
　고매(高邁)한 정신(精神)처럼 쉴 사이 없이 떨어진다.

　㉠금잔화(金盞花)도 인가(人家)도 보이지 않는 밤이 되면
　폭포(瀑布)는 곧은 소리를 내며 떨어진다.

　곧은 소리는 소리이다.
　곧은 소리는 곧은
　소리를 부른다.

　번개와 같이 떨어지는 물방울은
　취(醉)할 순간(瞬間)조차 마음에 주지 않고
　나타(懶惰)와 안정(安定)을 뒤집어 놓은 듯이
　높이도 폭(幅)도 없이
　떨어진다.

　　　　　　　　　　　　　　　　　　　　　- 김수영, 「폭포」

(나)
　봄은
　남해에서도 북녘에서도
　오지 않는다.

　너그럽고
　빛나는
　봄의 그 눈짓은,
　제주에서 두만까지
　우리가 디딘
　아름다운 논밭에서 움튼다.

　겨울은,
　㉡바다와 대륙 밖에서
　그 매운 눈보라 몰고 왔지만

```
        이제 올
        너그러운 봄은, 삼천리 마을마다
        우리들 가슴 속에서
        움트리라.

        움터서,
        강산을 덮은 그 미움의 쇠붙이들
        눈 녹이듯 흐물흐물
        녹여 버리겠지.

                                            – 신동엽, 「봄은」
```

1. 위의 (가)와 (나)의 참여시가 각각 드러낸 현실 참여의 방향을 밝히고, 이후의 작품에서 그와 내용이 비슷한 작가 및 작품을 각각 1편씩 밝히시오. [3점]

### 예상답안

| 구분 | 현실 참여의 방향 | 이와 내용이 비슷한 이후의 작품 |
| --- | --- | --- |
| (가) | 독재 현실의 인식과 그것에 저항하는 삶의 추구<br>(= 참된 시민성의 추구를 통한 독재 현실의 극복) | 김지하의 「타는 목마름으로」<br>정한모의 「새벽」<br>박남수의 「종소리」 등<br>황지우 「새들도 세상을 뜨는구나」 등 |
| (나) | 민족 분단의 인식과 그것의 주체적 해결의 추구<br>(= 민중이 역사의 주체가 되어 분단 문제의 해결 추구) | 고은의 「성묘」<br>홍윤숙의 「오라 이 강변으로」<br>조태일의 「국토 11」<br>김규동의 「두만강」<br>김남주의 「조국은 하나다」 등 |

2. 문학 감상에서 '문학적 해결'과 '그것이 독자에게 미치는 영향'을 파악할 때, 밑줄 친 ㉠, ㉡에 나타난 문제를 파악하여 각 단계의 과제에 각각 적절한 내용을 제시하여 표를 완성하라. (지문은 첫 어절 ~ 끝 어절로 드러낼 것) [4점]

**예상답안**

| 단계 | 과제 | (가)의 ㉠ | (나)의 ㉡ |
|---|---|---|---|
| 1단계 | 파악한 문제의 의미 | 독재 정치하의 자유의 상실 | 외세에 의한 남북의 분단 |
| 2단계 | 그 문제의 궁극적 해결을 드러낸 부분 | 곧은 – 부른다 | 4연<br>(움터서 – 버리겠지) |
| 3단계 | 위 2단계에서 제시한 부분의 의미 | 곧은 의지들이 모여 저항하여 독재 정치를 몰아냄 | 주체적 통일의 의지로 외세를 몰아내고 통일을 이룸 |
| 4단계 | 독자에게 미치는 영향 | 독자에게 독재 정치를 인식하게 하고, 함께 힘을 모아 저항하여 자유를 찾아야 함을 일깨움 | 독자에게 분단 상황에 대해 인식하게 하고, 주체적 통일의 필요성 및 그 당위성을 일깨움 |

## 작품 3 사령(死靈) (달나라의 장난, 1959년)

…… 활자(活字)는 반짝거리면서 하늘 아래에서
간간이
자유를 말하는데,
나의 영(靈)은 죽어 있는 것이 아니냐.

벗이여,
그대의 말을 고개 숙이고 듣는 것이
그대는 마음에 들지 않겠지.
마음에 들지 않아라.

모두 다 마음에 들지 않아라.
이 황혼도 저 돌벽 아래 잡초도
담장의 푸른 페인트 빛도
저 고요함도 이 고요함도.

그대의 정의도 우리들의 섬세(纖細)도
행동이 죽음에서 나오는
이 욕된 교외(郊外)에서는
어제도 오늘도 내일도 마음에 들지 않아라.

그대는 반짝거리면서 하늘 아래에서
간간이
자유를 말하는데,
우스워라 나의 영(靈)은 죽어 있는 것이 아니냐.

## ■ 핵심정리

▷ **갈래** 자유시, 서정시
▷ **성격** 비판적, 주지적
▷ **어조** 자유와 정의가 실종된 상황에서 침묵해야 하는 자신을 반성하는 어조
▷ **제재** 부도덕한 현실과 지식인의 죽은 영혼
▷ **주제** 불의에 저항하지 못하는 지식인의 자기반성(自省)

## 이해와 감상

### 1 짜임 분석
- 1연 – 활자로만 존재하는 자유와 죽어 있는 나의 영혼
- 2연 – 침묵만 지키고 있는 자아에 대한 반성
- 3연 – 고요한 현실에 대한 현실
- 4연 – 현재와 미래에 대한 불만
- 5연 – 죽어 있는 자아에 대한 자괴감(自愧感)

### 2 작품감상의 구조

| 구성<br>요소 | 구성 요소의 파악 | 그것이 지닌 의미·효과 | 주제와의<br>관련성 |
|---|---|---|---|
| 내용<br>요소 | ① 시적 화자 | 소시민(지식인)으로 현실에 적극 대응하지 못하는 자신을 죽은 영혼이라며 반성하고 있다. | 자유를<br>적극적으로<br>추진하지<br>못하는<br>지식인의<br>자기반성 |
| | ② 제목 | 이 시의 제목 '사령'은 부도덕한 현실에 적극적으로 저항하지 못하고 소시민으로 전락한 지식인을 비유한 표현이다. | |
| | ③ 자성적 어조 | 이 시는 자성적 어조로 현실에 적극적으로 대응하지 못하는 자신의 태도를 비판한다. | |
| 형식<br>요소 | ① 수미상관 | 1~4연의 반복을 통해 구조적 안정감을 주고, 의미를 강조한다. | |
| | ② 1연 시작 부분 | 독자의 관심과 호기심을 유발하고 있다. | |
| 표현<br>요소 | ① 의인화 | 책을 의인화하여 화자가 느끼는 부끄러움을 강조하고 있다. | |
| | ② 반복 | 반복적인 표현을 통해 의미를 점층적으로 강화하고 있다. | |
| | ③ 다양한 상징 | '활자', '하늘', '황혼', '돌벽 아래 잡초', '고요함', '욕된 교외' 등이 상징이며 의미 형성에 기여한다. | |

### 3 감상의 길잡이

　이 작품의 핵심어는 '자유'이다. 그런데 그 자유는 시인이 일상생활에서 향유할 수 있는 것이 아니라, 책의 활자로만 존재하는 것일 뿐이다. 근대 민주 국가를 지탱하는 가장 중요한 가치 규범 가운데 하나인 자유가 활자로만 존재한다는 사실은 그 사회가 비민주적 사회라는 지적과 다를 바가 없다. 이런 사실을 누구보다 정확하게 인식하고 있는 화자는 자유가 억제된 독재 정권에 항거하지 못하는 자신의 영혼을 죽은 것으로 여긴다. 흔히, '예언적 지성'으로 일컬어지는 작가와 시인은 독재자의 부도덕성을 강하게 비판하면서 정의 사회 구현을 위해 신명(身命)을 바칠 것을 자신의 소명으로 삼는다. 그러나 현실은 독재 정권에 기생하여 개인의 부귀와 영달만을 추구하는 타락한 사회이다. 자유를 말하는 벗 앞에서 고개 숙이고 있는 화자는 자신의 비겁함을 고백한다. 이것은 자신의 비겁함과 소심함을 자책하는 의미로 읽힌다.

## 작품 4 푸른 하늘을 (거대한 뿌리, 1974년)

푸른 하늘을 제압(制壓)하는
노고지리가 자유(自由)로웠다고
부러워하던
어느 시인(詩人)의 말은 수정(修正)되어야 한다.

자유를 위해서
비상(飛翔)하여 본 일이 있는
사람이면 알지
노고지리가
무엇을 보고
노래하는가를
어째서 자유에는
피의 냄새가 섞여 있는가를
혁명(革命)은
왜 고독한 것인가를

혁명(革命)은
왜 고독해야 하는 것인가를

### 핵심정리

- **갈래** 자유시, 서정시
- **성격** 참여적, 의지적
- **표현** ① 대상의 대비를 통해 주제를 부각
  ② 색채의 대조로 이미지를 형성
- **제재** 노고지리, 푸른 하늘
- **주제** 희생으로서 자유의 의미

### 이해와 감상

① 짜임 분석
- 기(1연) – 희생을 치르지 않는 자유의 무의미함
- 서(2연) – 험난한 자유의 속성
- 결(3연) – 혁명의 어려움

## 2 작품감상의 구조

| 구성 요소 | 구성 요소의 파악 | 그것이 지닌 의미·효과 | 주제와의 관련성 |
|---|---|---|---|
| 내용 요소 | ① 시적 화자 및 상황 | 시적 화자는 시인으로 볼 수 있으며, 노고지리가 하늘을 나는 자유가 그냥 얻어진 것이 아니라 희생과 노력의 대가임을 강조하여 혁명의 고뇌와 신중함을 드러내었다. | 희생으로서의 자유의 의미 |
| | ② 제재 | '노고지리'는 진지하고 적극적으로 자유를 추구하는 존재로 볼 수 있다. | |
| | ③ 참여시 | 1960년대 정치 현실을 비판하며 문학을 통해 참여하며 그것의 개선을 주장하는 시 | |
| 형식 요소 | ① 시상의 전개 | 자유의 의미에 따라 '쉽게 얻어진 자유' – '행동이 가미된 자유' – '행동을 수반하면서 추구하기 힘든 구체적 자유'의 의미로 전개된다. | |
| | ② 짧은 행 배열 | 2연에서 짧은 행 배열을 통해 의미를 끊어서 분명하게 드러내며 운율을 형성하는 효과가 있다. | |
| 표현 요소 | ① 대비 | 어느 시인의 말과 내 생각과의 대비를 통해 주제를 형상화하고 있다. | |
| | ② 색채의 대조 | 푸른색(자유)과 붉은색(희생)의 선명한 색채 대조를 통해 중심 이미지를 형상화하고 있다. | |
| | ③ 도치법 | 도치법의 사용하여 주제를 강조하고 있다. | |
| | ④ 상징 | '푸른 하늘', '노고지리', '비상', '어느 시인', '피의 냄새' 등은 상징이며 주제와 관련한 이미지를 효과적으로 드러내었다. | |

## 3 감상의 길잡이

1960년 6월 15일에 지어진 것으로, 4·19 혁명의 정신을 자유를 통해 드러내었다. 자유를 얻기 위하여 겪어야 하는 투쟁과 시련을 '푸른 하늘의 종달새'에 비유하여 쓴 시이다.

1연은 쉽게 얻어진 자유, 일상적 자유의 무의미성을 표출했다. 2연에서 상징적 구절을 통해 진정한 자유를 얻기 위해 필요한 투쟁과 혁명의 과정을 암시했다. 3연에서는 자유를 얻기 위한 투쟁의 어려움이 당위적이라고 할 수 있을 만큼 어려움을, 그래서 자유를 얻고자 하는 자는 모름지기 그 어려움을 감수해야 할 것을 단정적 어조로 표출했다. 혁명적 행위가 고독해야 하는 것이라고 정의함으로써 혁명이라는 미명하게 휩쓸리기 쉬운 타락상을 경계시키고 있다. 결국 시적 화자에게 있어 자유는 주어지는 것이 아니라 쟁취하는 것이다. 마지막 연은 일반 대중과의 연대감을 획득하지 못한 엘리트 의식의 표출로 오해받기도 하지만, 전체 문맥을 고려할 때 혁명에 수반되는 허탈감이나 승리의 기쁨 같은 일체의 감정을 배제함은 물론, 실패에서 오는 좌절까지고 견뎌낸다는 굳건한 의지가 담겨 있는 표현임을 알 수 있다.

이 시를 통해 드러나듯이 자유는 김수영의 삶의 원리이면서 동시에 시의 형성 원리이다. 그것은 그의 초기 시편에서부터 그가 죽기 직전에 발표한 시들에 이르기까지 그의 끈질긴 탐구 대상을 이룬다. 그러나 그는 자유를 그것 자체로만 노래하지는 않는다. 그는 자유를 시적, 정치적 이상으로 생각하고 그것을 실현 불가능하게 하는 여건들에 대해 노래한다. 때로는 설움, 비애라는 소시민적 감정을 통해, 때로는 사랑과 혁명을 통해, 때로는 그것을 불가능하게 하는 적에 대한 증오와, 그 적을 그대로 수락할 수밖에 없는 자신에 대한 연민, 탄식으로 자유를 절규한다.

## 중요 내용 정리

### 01 '푸른 하늘'과 '자유'
　이 시에서 시적 화자의 자유는 철저한 투쟁을 전제로 한 것이다. 1연에서 화자는 노고지리의 자유를 부러워하는 '시인'의 태도를 피상적인 낭만주의로 부정하고 있다. 2연에서 볼 수 있듯이 '자유'는 투쟁의 과정을 통해 얻어지는 것이며, 투쟁의 과정에는 희생이 따르기 마련이다. 그러므로 자유를 쟁취하기 위해서는 자신의 희생을 감수하는 비장한 결의가 있어야 한다.

### 02 표현상의 특징
　일찍이 김수영은 그 이전에 있었던 시에 대항하여 '반시(反詩)' 선언을 한 바 있다. 그리하여 그는 자신의 시에 온갖 비속어, 악담, 야유, 요설, 선언, 비시적 일상어 등을 자유롭게 구사하였다. 이는 현대시사에 주목되는 시 문체의 변화이다. 그는 비속어와 요설이 현대 시상에서 공식 문체가 되게 한 장본인이라고 할 수 있다. 그래서 그의 시에는 세계와 사물을 융해하는 전통의 서정적 부드러움도, 고도의 조직성과 압축성도 생명으로 한 통사체도 찾아볼 수가 없다. 이는 그가 산문 시대에 과감하게 산문 정신을 시에 도입한 때문이다.

　이 시에서도 김수영 시의 이런 특성이 발견된다. 산문을 운문으로 옮겨놓은 듯한 느낌이 강하게 드는 것도 바로 이 때문이다. 그러나 김수영 특유의 비속어와 요설은 등장하지 않는다. 이는 이 시가 나름대로 구조성을 지니고 있다는 말이다. 한 예로 '자유'의 의미가 구조적 문맥 속에서 변모를 겪게 되는 것을 발견할 수 있다. 1연에서의 자유는 일상적 자유이며, 2연에서는 행동이 가미된 개념, 3연에서는 행동을 수반하는 자유이자 동시에 추구하기 힘든 구체적 자유를 의미한다. 이는 의도된 구조성의 표출이라고 볼 수 있다.

　자유의 의미를 보다 구체적으로 드러내기 위해 의인화 수법과 단정적 어조를 활용하고 있다.

## 작품 5　어느 날 고궁(古宮)을 나오면서 (거대한 뿌리, 1974년)

왜 나는 조그마한 일에만 분개하는가
저 왕궁(王宮) 대신에 왕궁의 음탕(淫蕩) 대신에
오십 원짜리 갈비가 기름 덩어리만 나왔다고 분개하고
옹졸하게 분개하고 설렁탕집 돼지 같은 주인 년한테 욕을 하고
옹졸하게 욕을 하고

한 번 정정당당하게
붙잡혀 간 소설가를 위해서
언론의 자유를 요구하고 월남(越南) 파병(派兵)에 반대하는
자유를 이행하지 못하고
이십 원을 받으러 세 번씩 네 번씩
찾아오는 야경꾼들만 증오하고 있는가

옹졸한 나의 전통은 유구(悠久)하고 이제 내 앞에 정서(情緒)로
가로놓여 있다
이를테면 이런 일이 있었다.
부산에 포로 수용소의 제십사 야전병원(第十四 野戰病院)에 있을 때
정보원이 너어스들과 스폰지를 만들고 거즈를 개키고 있는 나를 보고 포로 경찰이 되지 않는다고
남자가 뭐 이런 일을 하고 있느냐고 놀린 일이 있었다.
너어스들 옆에서

지금도 내가 반항하고 있는 것은 이 스폰지 만들기와
거즈 접고 있는 일과 조금도 다름없다
개의 울음소리를 듣고 그 비명(悲鳴)에 지고
머리에 피도 안 마른 애놈의 투정에 진다
떨어지는 은행나뭇잎도 내가 밟고 가는 가시밭

아무래도 나는 비켜 서 있다 절정(絕頂) 위에는 서 있지
않고 암만해도 조금쯤 옆으로 비켜서 있다
그리고 조금쯤 옆에 서 있는 것이 조금쯤
비겁한 것이라고 알고 있다!

그러니까 이렇게 옹졸하게 반항한다
이발쟁이에게
땅주인에게는 못하고 이발쟁이에게
구청직원에게는 못하고 동회직원에게도 못하고
야경꾼에게 二十원 때문에 十원 때문에 一원 때문에
우습지 않으냐 一원 때문에

모래야 나는 얼마큼 작으냐
바람아 먼지야 풀아 나는 얼마큼 작으냐
정말 얼마큼 작으냐……

## 핵심정리

- ▷ **갈래** 자유시, 서정시
- ▷ **성격** 현실 참여적, 직설적, 반성적, 자조적
- ▷ **제재** 부조리한 권력과 사회 현실
- ▷ **주제** 부정한 권력과 사회적 부조리에 저항하지 못하는 소시민의 삶
- ▷ **특징** ① 대조적인 상황 설정을 통해 화자의 소시민적 태도를 부각함
  ② 자조적인 표현을 통해 독자들에게 교훈적, 반성적 태도 제공

## 이해와 감상

### 1 짜임 분석

- 1연 – 조그만 일에 분개하는 나
- 3연 – 포로수용소 시절부터 체질화된 '나'의 옹졸한 삶
- 5연 – 절정에서 비켜서 있는 '나'의 삶
- 7연 – 자조적인 자기반성
- 2연 – 옹졸한 삶에 대한 반성
- 4연 – 옹졸하게 반항하는 왜소한 자신의 인식
- 6연 – 옹졸하게 반항하는 현재의 삶

### 2 작품감상의 구조

| 구성 요소 | 구성 요소의 파악 | 그것이 지닌 의미·효과 | 주제와의 관련성 |
|---|---|---|---|
| 내용 요소 | ① 시적 화자 및 상황 | 시적 화자는 시인으로 볼 수 있으며, 부조리한 현실에 맞서서 적극적으로 저항하지 못하는 자신을 부끄러워하는 상황이다. | 부조리한 권력과 사회 현실에 저항하지 못하는 지식인의 자기 반성 |
| | ② 치열한 윤리 의식 | 저항하지 못하는 자신을 부끄러워하는 모습은 윤동주나 유치환의 시에 나타난 치열한 윤리 의식과 유사하다. | |
| 형식 요소 | ① 시상의 전개 1 | 여러 일화들을 나열하는 형식을 통해 시상을 전개하고 있다. | |
| | ② 시상의 전개 2 | 여러 가지 일은 큰 일(사회적인 것)과 작은 일(사소한 것)로 나누어 그것의 대조를 통해 시상을 전개했다. | |
| 표현 요소 | ① 열거 | 다양한 일을 나열하여 시적 화자가 드러내고자 하는 의미를 강조하고 있다. | |
| | ② 자조적 표현 | 자조인 표현을 통해 스스로를 반성함으로써, 독자들에게 교훈적·반성적 태도를 보여 주고 있다. | |
| | ③ 다양한 상징 | '조그마한 일', '왕궁', '왕궁의 음탕', '은행나뭇잎', '가시밭', '절정', '이발장이', '땅주인' 등의 상징을 통해 의미를 효과적으로 드러낸다. | |

③ **감상의 길잡이**

　4·19 혁명으로 한층 부풀었던 자유와 사랑과 양심의 희망이 5·16 군사쿠데타로 일순간 물거품이 된 상황에서 소시민으로 살아갈 수밖에 없는 자신의 처지를 자조함으로써 불합리한 현실을 우회적으로 비판하고 있다.

　'어느 날 고궁을 나오면서' 발견하게 된 자신의 초상(肖像)은 자신이 추구하는 시의 경향이나 민중 시인으로서의 명성과는 전혀 어울리지 않음을 알게 된다. '땅 주인'이나 '구청 직원' 또는 '동회 직원' 등 가진 자, 힘 있는 자에게는 반항하지 못하면서, '이발쟁이'나 '야경꾼'들로 대표되는 가지지 못한 자, 힘없는 자에게는 단돈 일원 때문에 흥분한다. 또, '언론의 자유를 요구하고 월남 파병에 반대하'다 '붙잡혀 간' 소설가를 보면서도 두려움 때문에 대항하지 못하고, '설렁탕집'에서 '오십 원짜리 갈비가 기름덩어리만 나왔다고 분개'한다. 이렇게 커다란 부정과 불의에는 대항하지 못하면서도 사소한 것에만 흥분하고 분개하는 자신의 모습을 돌아봄으로써 마침내 시인은 자기모멸의 감정에 빠지게 된다. 또한, '절정 위에는 서 있지 않고 암만해도 조금쯤 옆으로 비켜 서' 있는 자신의 방관자적 자세를 확인한 그는 '모래', '풀', '바람' 보다도 보잘것없는 자신의 존재를 비판, 반성하게 된다.

　시인은 시를 통해 아무 죄 없는 소설가를 구속하거나 자유를 억압하는 정치 권력에 정면에서 대적하지 못하고 방관하는 지식인의 무능과 허위 의식을 폭로하는, 진지한 자기반성을 하고 있는 것이다.

---

### ▣ 중요 내용 정리

**01  반어적 형상화를 통한 교훈**

　이 시는 현실의 벽에 부딪쳐 왜소화될 수밖에 없었던 당시의 여건과 그것을 넘어서 완전한 사회를 구축하려는 시인의 갈등을 잘 드러내 주고 있다. 부조리한 외부 세계를 비판하기 위해 그것을 직접 공격하는 것이 아니라 소시민으로 살아가는 일만이 가능한 자신을 조롱하고 비판하는 방법을 취함으로써, 시인은 우리의 도덕적 양심을 일깨우고 스스로를 돌아보게 한다. 이것은 일종의 반어적 형상화를 통한 교훈법이라고 명명할 수 있을 것이다. 시인은 자신의 못난 모습을 반어적으로 그림으로써 스스로 더 이상 먼지와 모래처럼 왜소한 인간이 될 수 없다는 결의를 다지고 독자들에게는 자신의 삶을 돌아보게 하는 효과를 거두고 있는 것이다.

**02  자조를 통한 역설적 말하기**

　이 작품은 부끄러운 소시민의 삶을 살아가는 시적 화자의 자조적인 태도가 시 전체를 지배하고 있다. 특히 7연에서는 자신의 왜소한 모습을 미비한 자연물에 대조시키는 극단적인 자기 비하를 보이고 있는데, 이러한 자조적인 표현은 독자들에게 시적 화자를 책망하기에 앞서 오히려 자신의 삶을 되돌아보게 한다.

## 예상문제

※ (1~3) 다음 작품을 읽고 물음에 답하시오.

(가)
　　어느 사이에 나는 아내도 없고, 또,
　　아내와 같이 살던 집도 없어지고,
　　그리고 살뜰한 부모며 동생들과도 멀리 떨어져서,
　　그 어느 바람 세인 쓸쓸한 거리 끝에 헤매이었다.
　　바로 날도 저물어서,
　　바람은 더욱 세게 불고, 추위는 점점 더해 오는데,
　　나는 어느 목수(木手)네 집 헌 샅을 깐,
　　한 방에 들어서 쥔을 붙이었다.
　　이리하여 나는 이 습내 나는 춥고, 누긋한 방에서,
　　낮이나 밤이나 나는 나 혼자도 너무 많은 것같이 생각하며,
　　딜옹배기에 북덕불*이라도 담겨 오면,
　　이것을 안고 손을 쬐며 재 우에 뜻없이 글자를 쓰기도 하며,
　　또 문 밖에 나가지두 않구 자리에 누워서,
　　머리에 손깍지베개를 하고 굴기도 하면서,
　　나는 내 슬픔이며 어리석음이며를 소처럼 연하여 쌔김질하는 것이었다.
　　내 가슴이 꽉 메어 올 적이며,
　　내 눈에 뜨거운 것이 핑 괴일 적이며,
　　또 내 스스로 화끈 낯이 붉도록 부끄러울 적이며,
　　나는 내 슬픔과 어리석음에 눌리어 죽을 수밖에 없는 것을 느끼는 것이었다.
　　그러나 잠시 뒤에 나는 고개를 들어,
　　허연 문창을 바라보든가 또 눈을 떠서 높은 천장을 쳐다보는 것인데,
　　이때 나는 내 뜻이며 힘으로, 나를 이끌어 가는 것이 힘든 일인 것을 생각하고,
　　이것들보다 더 크고, 높은 것이 있어서, 나를 마음대로 굴려 가는 것을 생각하는 것인데,
　　이렇게 하여 여러 날이 지나는 동안에,
　　내 어지러운 마음에는 슬픔이며, 한탄이며, 가라앉을 것은 차츰 앙금이 되어 가라앉고,
　　외로운 생각만이 드는 때쯤 해서는,
　　더러 나줏손에 쌀랑쌀랑 싸락눈이 와서 문창을 치기도 하는 때도 있는데,
　　나는 이런 저녁에는 화로를 더욱 다가 끼며, 무릎을 꿇어 보며,
　　어느 먼 산 뒷옆에 바우섶에 따로 외로이 서서,
　　어두워 오는데 하이야니 눈을 맞을, 그 마른 잎새에는,
　　쌀랑쌀랑 소리도 나며 눈을 맞을,
　　그 드물다는 굳고 정한 갈매나무라는 나무를 생각하는 것이었다.
　　　　　　　　　　　　　　　　– 백석, 「남신의주 유동 박시봉방(南新義州柳洞朴時逢方)」

(나)
왜 나는 조그마한 일에만 분개하는가
저 왕궁(王宮) 대신에 ㉠왕궁의 음탕(淫蕩) 대신에
오십 원짜리 갈비가 기름 덩어리만 나왔다고 분개하고
옹졸하게 분개하고 설렁탕집 돼지 같은 주인년한테 욕을 하고
옹졸하게 욕을 하고

한 번 정정당당하게
붙잡혀 간 소설가를 위해서
언론의 자유를 요구하고 월남(越南) 파병(派兵)에 반대하는
자유를 이행하지 못하고
이십 원을 받으러 세 번씩 네 번씩
찾아오는 ㉡야경꾼들만 증오하고 있는가

옹졸한 나의 전통은 유구(悠久)하고 이제 내 앞에 정서(情緖)로
가로놓여 있다
이를테면 이런 일이 있었다
부산에 포로 수용소의 제십사 야전병원(第十四 野戰病院)에 있을 때
정보원이 너어스들과 스폰지를 만들고 거즈를
개키고 있는 나를 보고 포로 경찰이 되지 않는다고
남자가 뭐 이런 일을 하고 있느냐고 놀린 일이 있었다
너어스들 옆에서

지금도 내가 반항하고 있는 것은 이 스폰지 만들기와
거즈 접고 있는 일과 조금도 다름없다
개의 울음 소리를 듣고 그 비명(悲鳴)에 지고
머리에 피도 안 마른 애놈의 투정에 진다
㉢떨어지는 은행나뭇잎도 내가 밟고 가는 가시밭

아무래도 나는 비켜 서 있다 절정(絶頂) 위에는 서 있지
않고 암만해도 조금쯤 옆으로 비켜 서 있다
그리고 조금쯤 옆에 서 있는 것이 조금쯤
비겁한 것이라고 알고 있다!

그러니까 이렇게 옹졸하게 반항한다.
이발장이에게
땅 주인에게는 못하고 이발장이에게
구청 직원에게는 못하고 동회(洞會) 직원에게도 못하고
야경꾼에게 이십 원 때문에 십 원 때문에 일 원 때문에
우습지 않으냐 일 원 때문에

> 모래야 나는 얼마큼 적으냐
> 바람아 먼지야 풀아 난 얼마큼 적으냐
> 정말 얼마큼 적으냐……
>
> — 김수영, 「어느날 고궁(古宮)을 나오면서」, 시집 『거대한 뿌리』, 1974

1. (가), (나) 작품에서 시적 화자가 괴로워하는 이유를 비교하여 설명하라.

   **예상답안**

   (가)의 경우, 괴로움의 원인은 ① 가족과의 이별, 슬픔과 어리석음으로 점철된 자신의 지난 삶이며, (나)의 경우, 권력에 정면으로 대응하지 못하고 방관하는 지식인의 무능과 허위 의식을 반성하면서 괴로워한다. ② (가)가 일상적, 개인적인 차원이라면 (나)는 정치적, 사회적 차원의 내용이다. 그리고 (가)는 ③ 일제시대 곤궁한 삶의 현실 속에서 나타난 것이며, (나)는 1960년대의 정치적 상황으로 인한 괴로움이다.

2. (가)의 시를 세 단락으로 나누어 각 단락의 주제를 제시하고, (가)의 내용에서 우리 민족의 삶의 자세와 관련된 내용을 찾아 설명하라.

   **예상답안**

   (가)의 1~8행까지가 첫 단락으로 '가족과 헤어져 목수의 방에 기거하게 된 사연'을 드러내고, 9~19행까지가 둘째 단락으로 '지나온 삶에 대한 회한과 절망'이며, 20~마지막 행까지가 셋째 단락으로 '운명을 느끼고 새로운 삶을 다짐'하는 내용으로 되어 있다.

   (가)에서 화자는 ① 슬픔과 어리석음으로 점철된 삶을 살아온 것이 인간의 의지를 넘어선 운명론에 의해 결정된 것이라고 생각하고, 부끄러운 삶을 자신의 ② 숙명으로 받아들여 수용하고 그것을 되새기면서 현실의 고통을 극복하겠다는 삶의 자세를 보이고 있다.

3. (나)에서 ㉠, ㉡의 함축적 의미를 밝히고, 4연에서 이에 대응하는 부분을 각각 찾아 제시하라. 그리고 ㉢의 함축적 의미와 시인이 그렇게 생각한 이유를 밝히시오.

   **예상답안**

   ㉠은 자유를 억압하는 권력자나 지배층의 비리나 부정을 의미한다. ㉡은 권력이나 힘을 지니지 못한 약한 사람을 의미한다. 4연에서 ㉠에 해당하는 것은 '땅주인, 구청직원, 동회직원' 등이고, ㉡에 해당하는 것은 '이발쟁이' 야경꾼이다.

   ㉢의 의미는 보잘 것 없는 일(작고 사소한 일)도 나에게 자책감을 일으켜 나를 괴롭게 한다는 의미이며, 그 이유는 내가 지식인이면서 소시민적 삶을 살아가고 있기 때문이다.

## 작품 6   풀 (창작과 비평, 1968년)

풀이 눕는다.
비를 몰아 오는 동풍에 나부껴
풀은 눕고
드디어 울었다.
날이 흐려서 더 울다가
다시 누웠다.

풀이 눕는다.
바람보다 더 빨리 눕는다.
바람보다 더 빨리 울고
바람보다 먼저 일어난다.

날이 흐리고 풀이 눕는다.
발목까지
발밑까지 눕는다.
바람보다 늦게 누워도
바람보다 먼저 일어나고
바람보다 늦게 울어도
바람보다 먼저 웃는다.
날이 흐리고 풀뿌리가 눕는다.

## 핵심정리

▷ **갈래** 자유시, 주지시, 참여시
▷ **성격** 의지적, 상징적, 주지적, 참여적
▷ **어조** 감정이 절제된 어조
▷ **제재** 풀

▷ **주제** 강인하고 끈질긴 풀(민중)의 생명력
▷ **표현** ① 대립적 구조를 통해 주제를 부각시키고 있음
② 동일한 통사구조의 반복으로 리듬을 형성하고 의미를 강조함

## 이해와 감상

### 1 짜임 분석

- 기(1연) – 풀의 나약한 모습
- 서(2연) – 풀의 능동적 태도
- 결(3연) – 풀의 끈질긴 생명력

## ② 작품감상의 구조

| 구성 요소 | 구성 요소의 파악 | 그것이 지닌 의미·효과 | 주제와의 관련성 |
|---|---|---|---|
| 내용 요소 | ① 시적 화자 및 상황 | 시적 화자는 직접 등장하지 않고 바람에 흔들리는 풀을 보면서 민중에 대한 억압과 그것을 극복하는 강인함을 드러내었다. | 강인하고 끈질긴 풀(민중)의 생명력 |
| 내용 요소 | ② 소재 | '풀'을 소재로 하여 민중의 아픔과 슬픔 그리고 강인함을 효과적으로 드러낸다. | |
| 형식 요소 | ① 기-서-결 | 기-서-결의 구조를 통해 주제를 효과적으로 표현 | |
| 형식 요소 | ② 형태 | 평이한 시어와 단순한 형태의 구조로 이루어졌지만, 그것이 주제를 더욱 강조한다. | |
| 형식 요소 | ③ 대립적 구조 | '풀 ↔ 바람', '눕다 ↔ 일어나다'의 대립 구조의 반복을 통해 시상을 전개하고 있다. | |
| 표현 요소 | ① 상징 | 풀이라는 소재가 민중을 상징해 주제를 강조한다. | |
| 표현 요소 | ② 반복 | '풀이 눕는다'의 반복을 통해 운율을 형성하고 있다. | |
| 표현 요소 | ③ 시제의 교차 | 현재형과 과거형 시제의 교차를 통해 시상을 전달하고 있다. | |

## ③ 감상의 길잡이

이 시는 김수영 시인이 불의의 교통 사고로 타계하기 직전에 발표한 유작(遺作)으로 반서정성(反抒情性)과 참여시를 표방한 그의 시 세계를 간결하게 보여주는 작품이다. 풀은 여리고 상처받기 쉽지만, 동시에 어떤 힘에 의해서도 죽지 않는 강인한 생명력이다. 김수영의 시 세계 전체를 볼 때는, 민중의 강인한 생명력으로 해석될 수도 있겠다. 우리는 바람이 불고, 풀은 그에 따라 흔들리기만 한다고 흔히 생각한다. 그러나 시인은 그렇지 않다고 말한다. '그렇지 않다'는 시인의 발언은 '풀/바람'이라는 대립 구도로 짜인 시에서 모든 서술어(눕는다, 울었다, 누웠다, 일어난다, 웃는다……)의 주체가 풀이라는 데서부터 잘 드러난다.

시인이 보기에 풀은 자신의 삶과 생명력을, 주체성을 가진 존재이다. 좁은 땅에 뿌리박고 지루한 삶을 견디며 자유로운 바람에 희롱당하는 것 같지만, 기실 풀의 생명력은 무엇보다도 강인하다. 그것은 자기의 삶을 훌륭하게 견뎌낸다. 때로 그것은 바람보다 빨리 눕고 먼저 일어나는 예언자적 모습을 보이기도 하고, 쓰러졌을 때 먼저 일어나고 울 때 먼저 웃는 인고자로서의 모습을 보이기도 한다. 바람은 불의와 부당한 탄압으로 풀을 무력하게 쓰러뜨리지만 그 바람보다도 먼저 즉, 그 바람을 능가하는 힘으로 풀은 일어난다. 이것은 시인이 생각하는 여가의 법칙이요, 삶의 진리이다.

사소한 자연 현상 속에서 인간 세계의 여러 문제를 찾아내어 현실을 그대로 드러낸 시다. 하찮것없어 보이는 생명과 그것을 억누르려는 거대한 힘과의 싸움을, 반복되는 단순한 구조의 말로써 그려내고 있다.

> **참고** 1960년대 시단의 새 경향
>
> 1960년대는 우리의 현실 상황과 민중들의 생활에 충실한 시를 쓰겠다는 이른바 '참여파'의 등장이 주목된다. 이 경향의 대표적인 시인은 김수영과 신동엽이었다. 김수영은 1950년대까지는 전형적인 모더니스트였으나 1960년대에 접어들면서 그 세계를 벗어나기 시작했고, 신동엽은 때 묻지 않은 힘찬 목소리로 민족의 역사적 상황과 민중들의 생활을 노래했다. 이들의 입장에서 볼 때, 자기만의 고립된 세계에서 말을 다듬는 데 골몰하거나, 난해한 실험적 방법들만을 추구하는 것은 바람직하지 못한 것이었다. 이들은 시인들이 사회 현실의 문제와 이웃들의 경험, 느낌 등을 절실하게 노래해야 한다는 사회적 책임을 중시하였다.

## 중요 내용 정리

**01 표현상의 특징**

① 반복을 통한 운율 형성 : '풀이 눕는다'의 반복이 돋보인다. 자유시에서 내재율을 형성하는 가장 기초적인 것이 반복인데, 이 작품은 단순한 반복에 그치는 것이 아니라 일정한 변화 속에서 반복함으로써 고유의 리듬감을 성취한다. 그 변화를 자세히 살펴보면 '풀'과 '바람'의 대조, '눕다'와 '일어나다'의 대조, '울다'와 '웃다'의 대조, 1연의 과거시제와 2~3연의 현재시제의 대조라는 것을 알 수 있다. 예를 들어 2연의 각 행은 기본적으로 '풀이 눕는다'의 반복이다. 그러나 2행에서는 '바람보다 더 빨리 눕는다'라고 하여 바람과 대조시키는 가운데 반복하고 3행에서는 '바람보다도 더 빨리 울고'라고 하여 이번에는 '눕는다'를 '울고'로 변화를 주며, 4행에서는 '바람보다 먼저 일어난다'라고 하여 '눕는다'를 '일어난다'라는 정반대의 시어로 바꾸어 반복한다. 이러한 대조 속의 반복을 통해 얻어진 미묘한 리듬감은 일종의 속도감이라 할 수 있다. 민중의 고통을 의미하는 '눕는다', '울다'와 민중의 극복을 의미하는 '일어난다', '웃는다'의 대조 속에 민중의 생명력이 속도감 자체로 제시된다.

② 순수 국어의 사용 : 이 작품에서는 동풍을 제외한 모든 시어가 순수 국어이다. 대체로 모더니즘, 주지적 계통의 시는 관념성, 사상성 때문에 한자를 많이 사용하는데 이 작품은 순수 국어를 통해 민중에 대한 시적 화자의 심오한 사상을 뛰어나게 구사하고 있다.

**02 작품의 의의**

김수영은 신동엽과 더불어 1960년대의 한국시에 있어 쌍두마차로 평가된다. 투철한 역사 인식과 건강한 민중성에 기초를 둔 신동엽에 비해, 그는 모더니즘 속에서 자란 모더니즘의 비판자로서 4·19를 계기로 강한 현실 의식에 바탕을 둔 참여시에 가담하였다. 그러한 맥락 위에 놓인 작품이 바로 '풀'이다. 이 작품에서 보인 민중에 대한 인식은 1960년대 이후 우리 시단에 역사적 주체로서의 자아를 형성화하는 데 많은 영향을 준다.

**03 '풀'의 사회적 의미**

풀과 바람의 대립은 오랜 역사를 통해 억세고 질긴 삶을 지켜온 민중과 그들을 억압하는 사회적인 힘(독재 권력일 수도 있고 외세일 수도 있음)과의 관계를 암시한다고 볼 수 있다. 이런 의미에서 우리는 흔히 민중을 '민초(民草)'라고 부르는 것이다. 따라서 천대받고 억압받으면서도 질긴 생명력으로 맞서는 민중들의 넉넉함이 이 시에 담겨져 있다. 이러한 민중에 대한 인식은 1970년대로 넘어오면서 민중 문학의 기초를 이루게 된다.

## 기출문제

**1. 아래의 글을 읽고 물음에 답하시오. [6점]**  1998년 기출 10번

(가)
　① 시 작품은 인간의 精神的 또는 思想的 가치물이다. 동시에 ② 시 작품은 그 자체가 언어적 자율성을 띤 미적 구조물이다. ③ 정신과 사상의 표출이 미적 구조의 바탕위에서 이루어질 때, 비로소 훌륭한 시의 경지에 이를 수 있다.

(나)
　　풀이 눕는다.
　　비를 몰아오는 동풍에 나부껴
　　풀은 눕고
　　드디어 울었다.
　　날이 흐려서 더 울다가
　　다시 누웠다.

　　풀이 눕는다
　　바람보다도 더 빨리 눕는다.
　　바람보다도 더 빨리 울고
　　바람보다도 더 먼저 일어난다.

　　날이 흐리고 풀이 눕는다
　　발목까지
　　발밑까지 눕는다
　　바람보다 늦게 누어도
　　바람보다 먼저 일어나고
　　바람보다 늦게 울어도
　　바람보다 먼저 웃는다
　　날이 흐리고 풀뿌리가 눕는다.

　　　　　　　　　　　　　　　　　　　　　　　　　　　－ 김수영, 「풀」

─〈조건〉─
(1) (가)의 ①을 토대로 작품 (나)를 지도할 때, 구체적인 지도 내용 두 항목을 추출할 것
(2) (가)의 ②를 토대로 작품 (나)를 지도할 때, 구체적인 지도 내용 두 항목을 추출할 것
(3) (가)의 ③을 이해시키는 것을 주된 목표로 작품 (나)를 지도할 때, 구체적인 지도 내용 두 항목을 추출할 것

―〈유의 사항〉―
이 문제의 답안(지도 내용 항목)은 자유 기술 형태로 제시하지 말고, 교육과정 내용 항목과 같은 진술 형태(항목 나열식)로 하되, 작품 (나)의 구체적 요소가 드러나도록 할 것

## 출제기관 채점기준

1. 이 시가 담고 있는 정신, 사상, 이념, 시대 의식, 사회성, 작가의 신념, 세계관 등과 관련해서 이 작품을 이해하고 감상할 수 있는 지도 내용을 추출 선정하되, 작품의 구체적 장면과 결부 시켜서.
   ※ 점수 부여
   2점 - 지도 내용을 두 가지로 추출 선정한 경우
   1점 - 지도 내용을 한 가지만 추출 선정한 경우
   ※ 작품의 구체적 장면과 결부되지 아니하고 일반적 시 지도 내용만으로 추출 선정된 경우는 항목당 0.5점만 부과함

2. 시의 형식 및 구조적 요소, 즉 시어, 운율, 행과 연, 심상, 상징, 비유, 리듬, 어조, 시적 화자, 시의 구성, 시적 수사, 구조 등과 관련해서 이 작품을 이해하고 감상할 수 있는 지도 내용을 추출 선정하되, 작품의 구체적 장면과 결부 시켜서.
   ※ 점수 부여
   2점 - 지도 내용을 두 가지로 추출 선정한 경우
   1점 - 지도 내용을 한 가지만 추출 선정한 경우
   ※ 작품의 구체적 장면과 결부되지 아니하고 일반적 시 지도 내용만으로 추출 선정된 경우는 항목당 0.5점만 부과함

3. 이 시의 형식 및 구조적 요소, 즉, 시어, 운율, 행과 연, 심상, 상징, 비유, 리듬, 어조, 시적 화자 등이 이 시의 사상이나 이념적 요소를 시적으로 형상화하는 데 어떤 기여를 하는지를 알아볼 수 있도록 하는 지도 내용을 추출 선정하되, 작품의 구체적 장면과 결부시켜서.
   ※ 점수 부여
   2점 - 지도 내용을 두 가지로 추출 선정한 경우
   1점 - 지도 내용을 한 가지만 추출 선정한 경우
   ※ 작품의 구체적 장면과 결부되지 아니하고 일반적 시 지도 내용만으로 추출 선정된 경우는 항목당 0.5점만 부과함

## 출제기관 제시답안

1. ㉠ 이 시에서 '풀'이라는 소재가 함축하는 역사적, 사회적 의미를 이해한다.
   ㉡ 이 시에서 풀과 바람의 관계를 세력과 세력의 관계로 파악해 본다.
   ㉢ 이 작품의 시대적 배경에 4·19와 5·16이 있음을 알고, 이와 관련하여 이 시에 내포된 시인의 세계관을 이해한다. 등

2. ㉠ 이 시의 중심 소재 '풀'의 모습을 중심으로 시상 전개 과정을 알아본다.
   ㉡ 이 시에서 리듬을 생성시키는 언어 배열상의 특징을 구체적으로 이해한다.
   ㉢ 이 시의 시어가 주로 일상어로 이루어져 있음을 안다.
   ㉣ 이 시에서 시적 화자의 태도가 심화된 통찰의 태도임을 안다. 등

3. ㉠ 이 시에서 '풀'을 의인화함으로써 얻는 '풀'의 민중 이미지 효과를 구체적으로 이해한다.
   ㉡ 이 시에서 풀의 눕고 일어남을 반복적으로 묘사함으로써 '풀'이 어떤 민중적 이미지를 획득하게 하는지 이해한다.
   ㉢ 이 작품에서 보여주는 대상(풀과 바람)에 대한 시인의 시적 통찰이 궁극적으로는 이 세계의 전체상에 대한 통찰임을 안다. 등

## ▷ 신동엽
申東曄

1930 ~ 1969
시인. 충남 부여 출생

▷ **작가의 특징**
1. 1959년 장시 「이야기하는 쟁기꾼의 대지」가 〈조선일보〉 신춘문예에 '석림(石林)'이라는 필명으로 당선하며 등단하였다.
2. 모더니즘을 거치지 않고, 토착정서에 역사 의식을 담은 민족적 리얼리즘을 추구하였다.
3. 아름다운 서정성과 역사 의식을 결합한 내용을 다루었다.
4. 역사 의식
   ① 분단 문제의 극복과 외세에 대한 인식
   ② 역사의 주체에 대한 인식
5. 서사시 「금강」 – 동학운동 등 과거를 통해 현재의 사실을 원근법적으로 그려냈다.

▷ **주요 작품**
시집: 『아사녀』(1963), 『신동엽 전집』(1975), 『누가 하늘을 보았다 하는가』(1980), 『꽃같이 그대 쓰러진』(1967), 『금강』(1989), 『젊은 시인의 사랑』(1989) 등

## 작품 1 껍데기는 가라 (52인 시집, 1967년)

껍데기는 가라.
4월(四月)도 알맹이만 남고
껍데기는 가라.
껍데기는 가라.
동학년(東學年)곰나루의, 그 아우성만 살고
껍데기는 가라.

그리하여 다시
껍데기는 가라.
이곳에선, 두 가슴과 그곳까지 내논
아사달 아사녀가
중립(中立)의 초례청 앞에 서서
부끄럼 빛내며
맞절할지니

껍데기는 가라.
한라에서 백두까지
향그러운 흙가슴만 남고
그, 모오든 쇠붙이는 가라.

## ■ 핵심정리

▷ **갈래** 자유시, 서정시, 참여시
▷ **성격** 참여적, 저항적, 상징적
▷ **어조** 소망과 의지를 담은 명령의 어조
▷ **제재** 가식과 불의에 찬 현실
▷ **주제** ① 왜곡된 역사 극복 의지
　　　　② 순수에 대한 열정과 왜곡된 역사 극복의 의지

▷ **특징** ① 수미상관과 반복을 통한 주제의 강조
　　　　② 밝고 힘찬 어조, 간절한 염원의 표출
　　　　③ 동일 어구의 반복으로 주제 의식을 강조
　　　　④ 상징의 수법을 사용해 주제를 표출

## 이해와 감상

### 1 짜임 분석

- 기(1연) – 4월 혁명의 순수성
- 전(3연) – 우리 민족의 순수함 강조와 통일의 소망
- 승(2연) – 동학 농민 운동의 순수성
- 결(4연) – 순수의 옹호와 부당한 권력의 거부

### 2 작품감상의 구조

| 구성 요소 | 구성 요소의 파악 | 그것이 지닌 의미·효과 | 주제와의 관련성 |
|---|---|---|---|
| 내용 요소 | ① 시적 화자 및 화자의 상황 | 시적 화자는 동학농민전쟁, 4·19 혁명 등을 통해 민중 중심의 역사관을 강조하면서, 우리 역사에서 부정적인 것을 몰아낼 것을 주장한다. | 왜곡된 역사 극복의 의지, 순수에 대한 열정과 왜곡된 역사 극복의 의지 |
| | ② 제재 | '온갖 부조리가 있는 분단된 조국의 현실'을 제재로 하여 주제를 효과적으로 드러내었다. | |
| | ③ 참여시 | 1960년대 이전의 순수 문학을 부정하면서 문학이 현실의 부정이나 모순을 드러내고 변화를 추구해야한다는 인식을 담은 시이며, 김수영은 민중의 발견과 독재에 대한 저항을, 신동엽은 민중이 주체가 되는 역사관과 분단의 극복을 드러내었다. | |
| 형식 요소 | ① 수미상관 | 처음과 끝이 같은 수미상관의 구조를 통해 구조적 안정감을 주고 주제를 강조하고 있다. | |
| | ② 반복 | '껍데기는 가라'라는 동일 어구의 반복을 통해 주제를 강조하고, 운율 형성에 기여한다. | |
| | ③ 명령형의 어미 | 명령형의 어미를 사용하여 시적 화자의 의지를 효과적으로 드러내었다. | |
| 표현 요소 | ① 상징 | '껍데기'와 '알맹이'의 상징성을 통해 주제를 강조하고 있다. | |
| | ② 시어의 대립관계 | '껍데기'와 '알맹이', '향그러운 흙가슴'과 '모오든 쇠붙이'의 대립을 통해 주제를 더욱 효과적으로 표현했다. | |
| | ③ 직설적 표현 | 이 시는 직설적 표현을 통해 주제를 강조하고 있다. | |

## ③ 감상의 길잡이

4연으로 된 자유시이다.

시어가 반복적으로 구사되어 시인이 표현하고자 하는 바를 강조하고 있으며, 행간 걸림의 수법이나 쉼표를 통하여 시상이 흐트러지는 것을 방지하고 있다.

① 1연 : 1960년대를 대표하는 학생 혁명이었던 4·19 혁명도 그 순수했던 의미만 남고 그것이 걸치고 있는 겉치레나 이를 왜곡하고 있는 껍데기는 가라고 시인이 외치고 있다.
② 2연 : 농민, 민중의 요구가 불탔던 동학 혁명의 외침도 그 아우성만 남고, 그 껍데기는 가라.
③ 3연 : 그리하여 껍데기가 가게 된다면, 이곳은 순수한 마음과 몸을 가진 아사달과 아사녀의 땅이 될 것이다. 그리고 이곳은 이들이 부끄러움을 빛내면서 새로운 생명의 잉태를 위한 혼례를 하는 마당이 될 것이다.
④ 4연 : 그래서 껍데기가 사라지는 우리의 땅인 한라에서 백두까지에는 향그러운 흙가슴과 같이 순수함만 남고, 쇠붙이로 표현된 사악한 것이나 무력의 힘은 사라지게 될 것이다.

1967년에 간행된 『52인의 시집』에 실린 시이다. 우리의 역사 속에서 일어났던 여러 의미 있는 사건들 중에서 허위적인 것이나 겉치레는 사라지고, 순수한 마음과 순결만이 남기를 바라는 시인의 간절한 마음을 직설적으로 표현하였다.

이 시에서 시인이 없어지기를 바라는 것은 '껍데기'이다. 그런데 이 껍데기가 무엇인지는 마지막 연의 '쇠붙이' 말고는 구체적으로 설명되어 있지 않고 있다. 단지 그와 상대적인 의미를 지니는 어휘를 통하여 추출할 수밖에 없다. 그것은 4월 혁명의 '알맹이'이며, 동학 혁명의 '아우성'이고, 혼례청에서 맞절하는 아사달과 아사녀의 '부끄러움'이거나 향그러운 '흙가슴'이라는 상징적인 어휘로 나타나고 있다.

그런데 문제가 되는 것은 껍데기와 대비되는 이런 상징적 의미를 지니는 것들은 '남고', '살아'야 하는데, 그렇지 못한 현실이다. 그가 '가라'는 직설적인 표현을 통하여 사라지기를 바라는 껍데기가 오히려 버젓이 자리를 잡고 있는 것이 현실의 모습이다. 그래서 이렇게 4월 혁명과 동학 혁명의 본래 이념과는 다르게 변모되어 가는 현실의 상황에 대하여 시인은 강력한 거부의 외침을 표현한 것이다. 역사의 선지자들 — 동학의 농민, 4월의 학생들이 꿈꾸었던 사회의 구현과는 다르게, 당시의 사회는 군사 독재의 억압이라는 방향으로 전개되었다. 그리고 이런 일부 반민족적인 정치인들의 개인적인 욕망에 대하여, 그러한 사회에 대하여 시인은 자기 자신의 거부의 몸짓을, 시라는 창작적 실천으로 보여주고 있다.

특히 이 시의 마지막 연은 이런 상징적 의미를 가장 투명하게 보여주는 부분이다. 즉 우리의 땅을 '한라에서 백두까지'라고 표현하여, 한반도 전체를 우리의 땅으로 부각시키고 있다. 이는 동서 냉전의 부산물로 시작되어 동족상잔의 비극을 거치면서 고착화된 민족의 분단이라는 상황을 문제삼는 것이다. 그리고 이것은 결국 우리가 성취하여야 하는 현실의 민족적 과제를 일깨워주고 있다. 아울러 '모오든 쇠붙이'라는 표현을 통하여, 이런 민족 현실은 힘의 논리를 앞세운 무력에 의해 지배당함을 밝히고 있다. 이를 통하여 시인은 4월 혁명의 의미를 퇴색시키면서, 새롭게 등장한 독재 정권에 대한 거부를 노래한 것이다. 시인은 무력이 사라지고, 그 상대적인 의미인 '향그러운 흙가슴'만이 남는 사회를 바라는 마음을 표현하였다.

이런 측면에서 이 시는 현실적 과제를 정면으로 문제 삼는 1960년대 참여 문학의 대표적인 작품이라고 할 수 있으며, 이후 독재에 항거했던 민중 민족 문학의 지향성에 중요한 이정표 역할을 하고 있다.

## 중요 내용 정리

### 01 작품의 의의
1960년대에 들어와 4월 혁명을 체험한 뒤 우리 시는 민족 현실에 대한 관심을 확장해 나가기 시작하였다. 이 시는 구체적인 역사적 사실과 시인의 허구적 상상력을 결합하여 우리 시대의 시가 현실에 대한 관심을 확대해 나가는 한 모습을 전형적으로 보여 주고 있다. 즉 4월 혁명과 동학 농민 혁명, 나아가 남북으로 나뉜 현실에 대해 비판적 시선을 보내고 있다. 민족의 현실을 바로 잡기 위해 거짓과 위선을 '가라'고 말한다.

### 02 '중립의 초례청'의 상징성
이 부분은 외세에 물들지 않고 순수한 한국인의 모습을 간직한 다수의 민중들이 새로운 생명을 잉태하기 위한 혼례를 치르는 공간이다. 여기서 새로운 생명이란 분단의 극복과 민주주의의 진정한 완성이라고 해석해 볼 수 있다. 따라서 이 공간은 남과 북의 화해가 이루어지는 상징적인 장소로 정치적 이념을 초월한 화합과 통일을 의미한다.

### 03 '껍데기'의 상징성
① 순수한 민족정신과 통일의 장애물
② 허위, 비리, 불의 등의 왜곡된 현실의 부정적 요소
③ 외세와 이데올로기, 전쟁의 폭력 등 분단 현실을 드러내는 요소 ('쇠붙이'로 구체화됨)

### 04 신동엽과 4·19
신동엽처럼 4·19의 순수성과 정열을 노래한 시인도 드물다. 장편 서사시 「금강」을 비롯하여 「산에 언덕에」, 「진달래 산천」, 「누가 하늘을 보았다 하는가」 등 많은 작품이 4월 혁명을 소재로 하였다. 신동엽의 시에서 4·19 정신은 독재에 맞서는 민주의 정신, 외세의 제국주의적 침탈에 맞서는 자주의 정신이란 의미를 지닌다. 4·19를 노래한 이 시에서 민족의 자주성을 되찾고자 한 동학이 4·19와 나란히 놓이게 된 것도 그러한 이유이다.

## 기출문제

※ (1~2) 다음 시를 제재로 하여 문학과 현실의 관계를 지도하려고 한다. 교수·학습 활동에 관련된 물음에 답하시오. [총 6점]

> 껍데기는 가라.
> 사월도 알맹이만 남고
> 껍데기는 가라.
>
> 껍데기는 가라.
> 동학년(東學年) 곰나루의, 그 아우성만 살고
> 껍데기는 가라.
>
> 그리하여, 다시
> 껍데기는 가라.
> 이곳에선, 두 가슴과 그곳까지 내논
> 아사달 아사녀가
> 중립의 초례청 앞에 서서
> 부끄럼 빛내며
> 맞절할지니
>
> 껍데기는 가라.
> 한라에서 백두까지
> 향그러운 흙가슴만 남고
> 그, 모오든 쇠붙이는 가라.
>
> — 신동엽, 「껍데기는 가라」 전문

**1.** 위의 시를 고등학교 학생들에게 지도하려 할 때 그 지도 내용을 다음 〈조건〉에 맞추어 작성하시오. [4점]

2000년 기출 9번

〈조건〉
(1) 창작의 시대적 상황과 작가 의식을 제시할 것
(2) 대표적인 표현상의 특징과 그 효과를 제시할 것
(3) 문학의 사회적 기능을 제시할 것

### 출제기관 채점기준

〈조건〉(1) ① 1960년대 초의 4·19의 의미와 성격
② 4·19 정신이 훼손되고 퇴색해 가는 것에 대한 안타까움
③ 분단된 조국의 상황과 허위가 판치는 현실에 대한 분개
④ 순수한 정신의 회복에 대한 열망

〈조건〉 (2)  ① 명령형을 사용한 강한 힘
             ② 반복법을 통한 주제의 강조
             ③ 상반되는 사물의 대조를 통한 의미 강화
〈조건〉 (3)  ① 작품에 내재된 가치를 수용하여 삶을 성찰하고 재조정
             ② 독자의 의식을 일깨우고 실천적 행동을 유도
〈조건〉 (1)  2점 – 세 항목 이상 서술되어 있는 경우
             1점 – 두 항목 이상 서술되어 있는 경우
〈조건〉 (2)  1점 – 명령, 반복, 대조라는 용어 중 2개 이상 언급되고 그 효과를 제대로 설명한 경우
             0점 – 3개 중 1개만 언급되거나 효과에 대한 설명 없는 경우
〈조건〉 (3)  1점 – 작품에 내재된 가치를 수용하여 삶을 성찰하고 재조정하며 독자의 의식을 일깨우고 행동을 유도한다는
                   내용이 80%정도 설명되어 있는 경우
             0점 – 설명하기는 했으나 문학의 사회적 기능과 거리가 있을 경우

### 출제기관 제시답안

① 1960년대 초 학생들과 시민들의 힘으로 장기 독재 정권을 무너뜨린 4·19 혁명은 정의의 승리요 민주주의 발전의 쾌거였다. 그러나 야욕을 가진 일부 불순한 무리들은 그 숭고한 정신을 짓밟고 4월 혁명의 순수한 뜻을 훼손하고 더럽혔다. 시인은 시간이 지나며 퇴색해 가는 4월 혁명의 정신이나 동학 혁명의 정신을 안타까워하고 분단된 조국의 상황과 허위가 판치는 현실에 분개하면서, 그것을 껍데기와 알맹이라는 장치로 치환하여 부당한 권력과 힘은 물러가고 원시적 순수와 같은 마음을 회복해야 한다고 외치고 있다.

② 이런 주제를 강조하기 위해 시인은 표제에서부터 강한 힘을 느끼게 하는 한층 선명하게 드러내어 그 당위성을 강조하는 데 기여하고 있다.
이 시는 첫째, 명령형 어미를 사용하여 어조의 강렬함과 강한 힘을 느끼게 하며, 둘째, 반복법을 통해 주제를 더욱 강조한다. 셋째, 상반되는 사물의 대조를 통해 의미와 주제를 강조한다. 그리고 다양한 상징을 통해 시의 함축성을 두드러지게 하며, 주제를 강조한다.

③ 독자는 시를 읽으며 그 심미적인 정서의 세련과 함께 작품 속에 내재된 가치를 수용하여 자신의 삶을 성찰하고 미래의 지향점을 설정하거나 수정하기도 한다. 이런 점에서 이 시는 순수한 정의가 부당한 힘에 의해 훼손되는 안타까운 현실을 고발하고 이에 분개하면서, 순수성의 회복을 열망하는 주제를 통해 독자의 의식을 일깨우고 행동을 유도하는 사회적 기능을 수행한다고 볼 수 있다.

※ 문제점: 사회적 기능이 추상적으로 제시되었음

### 보충답안

이 작품에서 사회적 기능은 ① 동학 혁명이나 4월 혁명은 모두 민중의 봉기를 담고 있으므로 민중들이 주체가 되는 역사 의식을 강조하며, ② 당시 냉전의 와중에서 우리나라가 중립국을 지향할 것을 드러내고 있고, ③ 분단 상황에서 남·북의 대표적인 두 산을 모두 포함함으로써 한 민족이라는 인식을 드러내어 남북의 통일을 염원한다. ④ 이 밖에도 반복되는 '껍데기는 가라'에서 모든 부정적인 것이 추방된 사회를 지향하며, 평화로운 사회의 지향 및 제국주의(외세)의 배격을 드러낸다. 독자들이 이러한 요소에 대해 인식하게 하고 이러한 사회를 지향하게 한다는 점에서 이 작품의 사회적 기능을 찾을 수 있다.

2. 위의 시를 지도한 후 내면화를 위해 학생들끼리의 상호 토론, 또는 쓰기 과제를 부여하려고 한다. 이 작품에 나오는 핵심적인 시어 두 개를 반드시 포함하여 주제를 만들어 보시오. [2점]

〈조건〉
대조적인 개념의 시어를 그대로 사용하여 주제를 만들고 그 시어의 의미를 설명할 것

### 출제기관 채점기준

① 껍데기와 알맹이의 대립
② 껍데기의 횡포를 막을 수 있는 알맹이의 역할
③ 쇠붙이의 극복과 흙가슴의 회복 등
※ 점수 부여
   1점 – 껍데기와 알맹이, 또는 쇠붙이와 흙가슴이라는 시어가 지적되고 그 연결이 논리적인 경우
   1점 – 그 시어의 의미 설명이 제대로 되어 있는 경우
   0점 – 짝을 이룬 시어가 위의 예시 이외인 경우 (예 껍데기와 흙가슴, 쇠붙이와 알맹이, 껍데기와 아우성 기타) 및 그 연결이 논리적이지 못하거나, 시어에 대한 설명에 모순이 있다고 판단되는 경우에는 의미를 제대로 설명했더라도

### 출제기관 제시답안

① 주제의 예
   ㉠ 껍데기와 알맹이의 대립
   ㉡ 껍데기의 횡포를 막을 수 있는 알맹이의 역할
   ㉢ 쇠붙이의 극복과 흙가슴의 회복
② 시어에 대한 설명의 예
   ㉠ 껍데기 : 부당한 권력, 무력, 허위, 불순한 세력
   ㉡ 알맹이 : 순수한 정신, 정의, 정의의 힘
   ㉢ 쇠붙이 : 극복해야 할 대상, 전쟁
   ㉣ 흙가슴 : 도달해야 할 지향점, 원시적 순수

### 작품 2   봄은 (한국일보, 1968년)

봄은
남해에서도 북녘에서도
오지 않는다.

너그럽고
빛나는
봄의 그 눈짓은,
제주에서 두만까지
우리가 디딘
아름다운 논밭에서 움튼다.

겨울은,
바다와 대륙 밖에서
그 매운 눈보라 몰고 왔지만
이제 올
너그러운 봄은, 삼천리 마을마다
우리들 가슴 속에서
움트리라.

움터서,
강산을 덮은 그 미움의 쇠붙이들
눈 녹이듯 흐물흐물
녹여 버리겠지.

## 핵심정리

▷ **갈래** 자유시, 서정시
▷ **성격** 참여적, 저항적, 예언적
▷ **특징** ① 상징에 의한 시상의 전개
    ② 단정적 어조의 사용
    ③ 봄과 겨울의 대립 이미지
▷ **제재** 겨울과 봄 (분단과 통일)
▷ **주제** 통일의 실현 (통일의 염원)

▷ **표현** ① 기승전결의 전통적인 4단 구성의 짜임
    ② 단정적이고 확신에 찬 어조 – 통일에 대한 의지와 확신을 강하게 표현했음
    ③ 외세를 의미하는 시어(남해, 북녘, 바다, 대륙)는 추상적 지명으로, 우리 민족의 주체성을 의미하는 시어(제주, 두만, 삼천리 마을) 보다 구체적 지명으로 제시함으로써 주제를 뒷받침하는 데 매우 효과적임

## 이해와 감상

### 1 짜임 분석

- 기(1연) – 통일의 주체 제시
- 전(3연) – 분단의 원인과 해결책
- 승(2연) – 자주적 통일의 기반
- 결(4연) – 통일된 조국의 미래

## ② 작품감상의 구조

| 구성 요소 | 구성 요소의 파악 | 그것이 지닌 의미·효과 | 주제와의 관련성 |
|---|---|---|---|
| 내용 요소 | ① 시적 화자 및 상황 | 시적 화자는 시의 표면에 드러나 있지 않고, 봄이 와서 모든 것을 녹이듯이 통일이 와서 분단이나 부정적인 것을 모두 녹여버리기를 바라고 있다. | 통일의 염원 |
| | ② 시대 상황 | 외세에 의해 분단된 조국의 현실에 대해 침묵하고 있었는데, 1960년 4·19 혁명 이후 자유의 흐름 속에서 통일에 대한 인식을 드러냈다. | |
| | ③ 단정적 어조 | 단정적 어조로 화자의 확고한 믿음과 의지를 표현했다. | |
| | ④ 참여시 | 1960년대 이전의 순수 문학을 부정하면서 문학이 현실의 부정이나 모순을 드러내고 변화를 추구해야한다는 인식을 담은 시이며, 김수영은 민중의 발견과 독재에 대한 저항을, 신동엽은 민중이 주체가 되는 역사관과 분단의 극복을 드러내었다. | |
| 형식 요소 | ① 기-승-전-결 | 시 전체가 '기-승-전-결'의 전통적인 4단 구성의 짜임을 보여 주제를 효과적으로 드러낸다. | |
| 표현 요소 | ① 시어의 대립관계 | '봄'과 '겨울'은 대립적인 시어이며 이를 통해 주제를 효과적으로 드러낸다. | |
| | ② 상징 | '봄'은 통일을, '겨울'은 분단과 분단 세력을 의미하며, '남해와 북녘', '바다와 대륙 밖'은 외세를 의미한다. | |

## ③ 감상의 길잡이

통일에 대한 시인의 뜨거운 염원을 노래한 시로, 적절한 상징과 비유를 통해 참여적인 성격의 시를 서정시로 잘 승화시킨 작품이다. 전체 4연으로 이루어진 이 시는 '분단의 현실'을 '겨울', '통일의 시대'를 '봄'으로 상징해서 시상을 전개하고 있다.

1연에서 화자는, 우리의 통일은 외세(外勢)에 의해서는 이루어지지 않는다고 하며 우리 민족의 통일을 이룰 수 있는 주체는 우리 민족임을 밝히고 있다. 여기서 '봄'은 통일, 또는 통일이 이루어진 날로 민족의 동질성이 회복되는 날이다. 그리고 '남해'와 '북녘'은 우리를 둘러싼 외부 세력을 상징한다.

2연에서는 우리의 자주 통일을 강조하고 있다. 화자는 통일의 싹은 우리 민족이 살고 있는 이 땅('우리가 디딘 아름다운 논밭')에서만 움튼다고 하며, 자주적 역량을 길러 통일을 이룩할 수밖에 없다고 했다.

3연에서는 분단의 원인과 통일의 방안을 제시했다. 여기서 '겨울'은 민족의 분단 상황을, '눈보라'는 분단의 고통, '바다'와 '대륙 밖'은 주변 국가, 즉 외세를 상징하고 있다. 즉 화자는 비록 우리가 외세에 의해 분단되기는 했지만, 분단의 아픔은 우리의 힘으로 극복해야 한다고 하는 것이다. 그래서 통일은 우리 민족 전체의 가슴 속에서 움터야 한다고 노래하는 것이다.

4연에서는 통일된 우리의 미래를 예언하고 있다. '미움의 쇠붙이'는 동족 간에 증오로 가득 찬 군사적 대결을 뜻하는 것으로, 통일이 이루어지면 동족 사이의 증오와 대결은 사라지고 새로운 화합이 이루어질 것이라고 화자는 말하고 있다.

## ■ 중요 내용 정리

### 01 '봄은'의 대립적 이미지

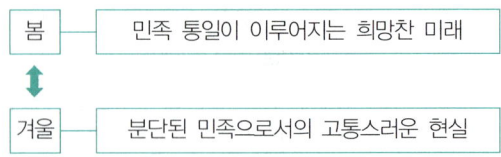

### 02 민족 분단을 소재로 한 시들
① 구상 「초토의 시」: 한국 전쟁으로 인한 분단의 비극에 초점을 맞춰 통일에 대한 염원을 주제로 제시
② 박봉우의 「휴전선」: 민족의 분단 현실을 탄식하면서 남북의 자세 전환을 촉구
→ 이들은 모두 공통적으로 분단이라는 부정적인 현실에서 벗어나 통일을 이룰 것을 염원하고 있다.

### 03 4·19와 문학
    4·19는 자유당 정권하에서 극단적으로 억압되었던 민족주의적 정열이 부활하는 계기였다. 1950년대에는 한국 전쟁의 참혹한 경험과 독재 권력을 유지, 강화하려는 자유당 정권에 의해 극단적인 반공 이데올로기가 강요되었고 이 때문에 민족의 화해나 통일 문제는 표면적으로 거론되기 어려웠다. 그러나 1960년대의 벽두에 터져 나온 4·19의 함성은 그동안 억압되었던 민주주의에 대한 요구와 함께 민족의 화해와 통일에 대한 열망을 부활시켰다. 이 같은 4·19의 정신은 문학에도 큰 영향을 미쳤다. 신동엽이 외세를 극복하고 외세와 이데올로기에 의해 분열된 민족의 화해를 소리 높여 부르짖을 수 있었던 것은 모두 4·19의 직접적 결과였다고 할 수 있다. 그런 의미에서 4·19는 순수 문학과 모더니즘이 지배하고 있던 우리 문학에 민족 문학과 민중 문학이 복권될 수 있는 가능성을 마련해 준 계기였다고 할 수 있다. 1970년대부터 본격적으로 대두된 민중 문학은 4·19에 그 뿌리를 두고 있는 것이다.

### 작품 3  산에 언덕에 (아사녀, 1963년)

그리운 그의 얼굴 다시 찾을 수 없어도
화사한 그의 꽃
산에 언덕에 피어날지어이.

그리운 그의 노래 다시 들을 수 없어도
맑은 그 숨결
들에 숲 속에 살아갈지어이

쓸쓸한 마음으로 들길 더듬는 행인(行人)아.

눈길 비었거든 바람 담을지네.
바람 비었거든 인정 담을지네.

그리운 그의 모습 다시 찾을 수 없어도
울고 간 그의 영혼
들에 언덕에 피어날지어이.

## 핵심정리

- **갈래** 자유시, 서정시
- **성격** 추모적, 상징적, 의지적, 희망적
- **어조** 간절한 그리움의 어조
- **표현** ① 유사한 구조의 반복의 통해 운율을 형성
  ② 특이한 종결어미의 사용으로 소박한 마음 표현
- **제재** 그리운 그의 얼굴
- **주제** 그리운 이가 추구하던 소망을 실현하려는 의지

## 이해와 감상

### 1 짜임 분석

'기-서-결'의 구조
- 기-(1연): 그의 소망에 대한 확신
- 서-(3연): 그의 자취를 찾아 헤매는 행인
- 결-(5연): 그의 소망에 대한 확신
- 기-(2연): 그의 소망과 신념의 추구
- 서-(4연): 따뜻한 인정을 간직하도록 권유

## 2 작품감상의 구조

| 구성 요소 | 구성 요소의 파악 | 그것이 지닌 의미·효과 | 주제와의 관련성 |
|---|---|---|---|
| 내용 요소 | ① 제재 | 이 시의 제재는 '그'로, 시대적 상황을 고려할 때 4·19혁명 때 목숨을 잃은 젊은 영혼으로 볼 수 있다. | 그리운 이들의 부활을 소망함 |
| | ② '행인'의 쓸쓸함 | 행인은 시적 화자의 대리인이며, 자신만 살아 남았다는 부끄러움 때문에, '그'가 갔어도 아직 변혁을 이루지 못했기 때문에 부끄러워 한다. | |
| | ③ 시대 배경 | 1960년 4·19로 인해 많은 젊은이들이 희생되었으며 그에 대한 추모의 내용이다. | |
| 형식 요소 | ① 유사한 연의 반복 | 유사 구조의 반복을 통해 운율을 형성하고 있고 의미를 강조하고 있다. | |
| | ② 시상 전개 : 기-서-결 | 시 전체 '기(1~2연) – 서(3~4연) – 결(5연)'의 구조를 통해 주제를 형상화하고 있음 | |
| | ③ 각운 | '-ㄹ지어이'의 반복을 통해 운율을 형성한다. | |
| 표현 요소 | ① 특이한 종결어미 | 특이한 종결어미(-ㄹ지어이)의 사용을 통해 소박한 마음을 표현하고 있다. | |
| | ② 상징 | '그의 꽃, 그의 숨결, 그의 영혼, 눈길, 바람, 산에 언덕에' 등이 모두 의미를 지닌 상징이다. | |

## 3 감상의 길잡이

　이 시에는 '그리운 그'와 그의 모습을 찾아 들길을 더듬는 '행인'과 목소리의 주인공인 화자, 이렇게 세 인물이 관련되어 있다. 그러나 행인은 화자와 정서적으로 근접되어 있는 인물이기 때문에 화자의 객관적 대리인이라고 보아도 좋을 터이다. 마지막 연의 '울고 간 그의 영혼'이라는 구절로 미루어 보건대 행인이 쓸쓸한 마음으로 더듬으며 찾아 헤매고 있는 '그리운 그'는 아마도 불행한 삶을 살다 간 한 젊은이임이 짐작된다. 이 시가 쓰여진 1960년대를 상기할 때 그 젊은이가 4·19 혁명의 희생자일 수도 있겠다는 추측도 가능하다. 역사의 흐름 속에서 의롭게 죽은 이는 구차하게 살아남은 자의 마음속에 잊혀지지 않는 존재가 된다.

　지금 행인은 그를 생각하며 쓸쓸한 마음으로 눈 덮인 들길을 걷고 있다. 역사의 '봄'을 위해 한 젊은이가 죽고 난 지금은 '겨울' – '그리운 그'의 얼굴과 노래와 모습은 어디에도 보이지 않는다.

　세상이 텅 빈 듯한 공허함이 '비었거든'이라는 말 속에 함축되어 있다. 그러나 화자는 이러한 공허감에 그대로 침몰하지 않는다. 무엇이든 그 공허를 채워야 한다고 말한다. 그리고 그 공허를 메울 수 있는 것이 '인정'이라고 생각하고 있는 듯하다. 이 얼어붙은 삭막한 계절을 녹일 수 있는 것이 인정 말고 달리 무엇이 있을 수 있겠는가. 서로 다독이며 견딜 일이다. 그리운 그의 모습을 다시 찾을 수 없어도 그의 얼굴을 닮은 꽃과 그의 숨결이 느껴지는 노래를 산에 언덕에 다시 살려내는 일은 남아 있는 자들의 몫일 테니까

## 중요 내용 정리

### 01 '-ㄹ지어이'가 주는 시적 효과

'-ㄹ지어이'는 '마땅히 그러하게 하여라'의 뜻을 지닌 종결어미 '-ㄹ지어다'와 자신의 의사를 나타내는 '하게체'의 종결어미 '(으)이'가 결합된 어미이다. 이 어미는 '마땅히 ~ 해야 한다.'라는 소망과 당위의 의미를 가지고 있다. 이 시에서는 소박한 시어들과 함께 간곡한 당부와 추모, 그리움을 감정을 촉발시키는 역할을 하고 있다. 또한 반복 사용됨으로써 각운의 운율 효과를 주기도 한다.

### 02 '산에 언덕에'의 인물
① 그: 불행한 삶을 살다 죽음
② 행인: 죽은 영혼을 찾아다님 (슬픔)
③ 시적 화자: 산과 언덕에 그의 숨결이 있음을 확신함 (슬픔의 극복)

## 작품 4  누가 하늘을 보았다 하는가 (고대문화, 1969년)

누가 구름 한 송이 없이 맑은
하늘을 보았다 하는가.

네가 본 건, 먹구름
그걸 하늘로 알고
일생을 살아갔다.

네가 본 건, 지붕 덮은
쇠항아리,
그걸 하늘로 알고
일생을 살아갔다.

닦아라, 사람들아
네 마음 속 구름
찢어라, 사람들아,
네 머리 덮은 쇠항아리.

아침 저녁
네 마음 속 구름을 닦고
티 없이 맑은 영원의 하늘
볼 수 있는 사람은
외경(畏敬)을
알리라.

아침 저녁
네 머리 위 쇠항아릴 찢고
티 없이 맑은 구원의 하늘
마실 수 있는 사람은

연민(憐憫)을
알리라.
차마 삼가서
발걸음도 조심
마음 조아리며.

서럽게
아, 엄숙한 세상을
서럽게
눈물 흘려

살아가리라
누가 하늘을 보았다 하는가
누가 구름 한 자락 없이 맑은
하늘을 보았다 하는가.

## 핵심정리

▷ **갈래** 자유시, 서정시
▷ **성격** 현실 참여적, 격정적
▷ **어조** 강한 신념과 의지를 드러내는 격정적 어조
▷ **표현** ① 대립적 이미지로 주제 부각
　　　　② 단정적이고 강렬한 명령형의 어조로 저항적 의미 표현
▷ **제재** 하늘
▷ **주제** ① 구속과 억압을 벗어나기 위한 현실 극복의 의지
　　　　② 암울한 과거와 현실의 삶에 대한 극복 의지

## 이해와 감상

### 1 짜임 분석

- 기(1~3연) – 암울했던 과거의 삶
- 전(7~8연) – 인고의 삶
- 승(4~6연) – 현실 극복의 결의
- 결(9연) – 밝은 미래의 희망

### 2 작품감상의 구조

| 구성 요소 | 구성 요소의 파악 | 그것이 지닌 의미·효과 | 주제와의 관련성 |
|---|---|---|---|
| 내용 요소 | ① 제목 | 이 시의 제목 '누가 하늘을 보았다 하는가'는 '하늘'을 본 사람이 없다는 의미를 강조하는 반어적 의문이 나타난다. | 구속과 억압의 역사에 대한 비판과 밝은 미래에 대한 갈망 |
| | ② 제재 | 이 시의 제재는 '하늘'로 자유롭고 평화로운 세상을 상징하며 주제를 잘 드러낸다. | |
| | ③ 투철한 역사 의식 | 과거의 역사를 반추하면서 우리 역사에서 완전하게 자유롭고 평화로운 시기가 없었음을 드러내고, 그러한 세상을 추구하려 한다. | |
| 형식 요소 | ① 수미상관 | 앞뒤가 같은 수미상관의 구조를 통해 주제를 강조하고 있으며 구조적 안정화에 기여한다. | |
| | ② 반복 | 유사한 통사구조 및 연 구조를 통해 시의 운율을 형성한다. | |
| 표현 요소 | ① 반복법 | 동일 시구의 반복을 통해 주제를 강조하고 있다. | |
| | ② 행간 걸침 | 행간 걸침 기법을 통해 화자의 미세한 감정을 효과적으로 표현하고 의미의 다양한 울림을 얻는다. | |
| | ③ 상징 | '먹구름', '쇠 항아리', '구름' 등은 부정적 의미를 지닌 상징이고 '하늘'은 그것을 극복한 평화로운 세상을 의미하여 주제를 효과적으로 드러냈다. | |

### 3 감상의 길잡이

　　이 시는 우리 민족이 예로부터 현재까지 겪어 온 구속과 억압의 상황을 직시하게 함으로써, 이와 같은 상황을 극복하고 자유를 쟁취하기 위한 의지를 북돋우는 작품이다. 이 시에서 '하늘'은 자유롭고 평화로운 세상을 상징하는 핵심 시어로 계속 변화, 반복한다. 작품 속에서 '하늘'이 반복적으로 나타나는 것은 '누가 하늘을 보았다 하는가'라는 물음 속에서인데, 이 물음은 '아무도 하늘을 보지 못하고 살아 왔다'고 하는 뜻을 담고 있다. 이제까지 우리 민족은 구속과 억압 속에서 살아가면서 그것이 자유롭고 평화로운 삶('하늘')이라고 착각했다는 것인데, '지붕 덮은 쇠항아리'라는 무겁고 답답한 이미지의 표현이다. 그 구속과 억압을 형상화하고 있다. '먹구름'과 '쇠항아리'는 우리의 현실이 늘 짓눌린 삶이었다는 것을

상징적으로 보여주는 것으로 진정한 자유와 평화의 삶을 영위하는 '맑은 하늘'과 대립된 심상이다.

이 시는 이와 같이 우리 사회의 현실을 직시하라고 깨우치고 있는데, 이를 위해서는 '네 마음 속 구름'을 닦아 내고 찢어 버리는 노력이 수반되어야 한다. 시인은 우리가 이런 각성의 노력과 냉철한 현실 인식을 통해 자유와 평화('하늘')에 대한 '외경(畏敬)'의 자세를 얻을 수 있으며, 또한 민족에 대한 '연민(憐憫)'의 자세를 가지게 될 것이라고 말한다.

이 땅의 민중들이 한 번도 자유와 평화를 누리고, 마음껏 이상을 펼칠 수 있는 삶을 살아보지 못했다는 생각을 바탕으로 하여 쓰인 작품으로 한번도 제대로 자유를 누리지 못한 삶을 살아온 백성에 대한 따뜻한 애정에서 이 시는 출발한다. 시인은 '누가 구름 한 송이 없는 맑은 하늘을 보았다 하는가'라고 묻고 있는데 이는 현재 상황으로는 도저히 맑은 하늘을 볼 수 없음을 말하고 있다. 그러한 맑은 하늘은 1894년 동학 농민 혁명, 1919년 3·1 운동, 1960년 4·19 혁명에만 잠깐 빛이 났을 뿐이다. 시인은 진정으로 순수한 인간 본연의 마음, 이상적 현실을 염원하고 있는 것이다.

## ▣ 중요 내용 정리

### 01 「누가 하늘을 보았다 하는가」의 대립적 심상

이 시를 이해하기 위해서는 대립적 심상이 무엇을 의미하는지 파악해야만 한다. 이 시의 시작 동기는 한 번도 맑은 하늘 밑에서 살지 못한 이 땅 사람들의 인간적인 삶을 위한 것으로 추측할 수 있다.

'하늘'은 1960년대의 민중들이 추구했던, 닫힌 시대적 상황에서 진정한 자유를 누릴 수 있는 것을 상징한다.

'먹구름'과 '쇠항아리'는 민중이 진짜 하늘을 볼 수 없게 하는 방해물의 의미를 상징한다. '쇠항아리'의 '쇠'는 우선 군사 정권하의 총의 이미지를 연상시킨다. 즉, 우리 민족에게 시련을 준 부정적 존재라 할 수 있고, 항아리는 무언가를 덮는 이미지로 하늘을 보지 못하게 밝은 시야를 가리는 부정적 역할을 한다.

### 02 신동엽의 현실 참여시

> 신동엽의 참여시에서 '현실'은 역사적 현실이다. 그의 시는 역사의식이 압도하고 있는 점에서 사회의식, 시민 의식이 압도한 김수영의 참여시와 대조를 이룬다. 따라서 신동엽의 참여시가 역사적 사건에서 촉발되는 것은 자연스럽다기보다 필연적인 것이다. 4·19 혁명은 그의 참여시의 중요한 목록이다.
>
> — 김준오, 『신동엽 – 60년대 의미망을 위하여』

### 03 '하늘'의 의미

제목 '누가 하늘을 보았다 하는가'는 아무도 '하늘'을 본 사람이 없다는 의미를 내포하고 있다. 1960년대 시대 상황을 고려할 때, 시적 화자가 바라는 진정한 자유와 민주의 세상이 오지 않았음을 알 수 있다. 시적 상황 속의 '하늘'은 '먹구름'과 '지붕을 덮은 쇠 항아리'일 뿐이다. 진정한 '맑은 하늘'을 어떤 의도를 가지고 가리고 있는 어두운 하늘인 것이다. '구름'은 독재 정권 아래의 어둡고 부정된 시대에서 숨죽여 살아가는 사람들의 내면의 모습이고, '쇠 항아리'는 사람들을 억압하고 자유와 민주를 가로막고 있는 현실을 상징한다. 시적 화자는 이런 거짓된 현실에서 벗어나 '맑은 하늘'을 위해 노력해야 한다고 말하고 있다.

## 작품 5  금강(錦江) (금강, 1967년)

1
우리들의 어렸을 적
황토 벗은 고갯마을
할머니 등에 업혀
누님과 난, 곧잘
파랑새 노랠 배웠다.

울타리마다 담쟁이넌출 익어가고
밭머리에 수수모감 보일 때면
어디서라 없이 새 모는 소리가 들린다.

우이여! 훠어이!

쇠방울소리 뿌리면서
순사의 자전거가 아득한 길을 사라지고
그럴 때면 우리들은 흙토방 아래
가슴 두근거리며
노래 배워 주던 그 양품장수 할머닐 기다렸다.

새야 새야 파랑새야
녹두밭에 앉지 마라.
녹두꽃 떨어지면
청포장수 울고 간다.

잘은 몰랐지만 그 무렵
그 노랜 침장이에게 잡혀가는
노래라 했다.

지금, 이름은 달라졌지만
정오(正午)가 되면 그 하늘 아래로 오포(午砲)가 울리었다.
일 많이 한 사람 밥 많이 먹고
일하지 않은 사람 밥 먹지 마라.
오우우 …… 하고,

질앗티
콩이삭 벼이삭 줍다 보면 하늘을

비행기 편대가 날아가고
그때마다 엄마는 그늘진 얼굴로
내 손 꼭 쥐며
밭두덕길 재촉했지.

내가 지금부터 이야기하려는
그 가슴 두근거리는 큰 역사를
몸으로 겪은 사람들이 그땐
그 오포 부는 하늘 아래 더러 살고 있었단다.

앞마을 뒷동산 해만 뜨면
철없는 강아지처럼 뛰어 다니는 기억 속에
그래서 그분들은 이따금
이야기의 씨를 심어주고 싶었던 것이리.

그 이야기의 씨들은
떡잎이 솟고 가지가 갈라져
어느 가을 무성하게 꽃피리라.

그 일을 그분들은 예감했던 걸까.
그래서 눈보라치는 동짓달
콩강개 묻힌 아랫목에서
숨막히는 삼복(三伏) 순이 엄마 목매었던
그 정자나무 근처에서 부채로 매밋소리
날리며 조심조심 이야기했던 걸까.

배꼽 내놓고
아랫배 긁는
그 코흘리개 꼬마들에게.

2
우리들은 하늘을 봤다
1960년 4월
역사를 짓눌던, 검은 구름장을 찢고
영원의 얼굴을 보았다.

잠깐 빛났던,
당신의 얼굴은
우리들의 깊은
가슴이었다.

하늘 물 한아름 떠다,
1919년 우리는
우리 얼굴 닦아놓았다.
1894년쯤엔,
돌에도 나무등걸에도
당신의 얼굴은 전체가 하늘이었다.
하늘,
잠깐 빛났던 당신은 금세 가리워졌지만
꽃들은 해마다
강산을 채웠다.
태양과 추수(秋收)와 연애와 노동.
동해,
원색의 모래밭
사기 굽던 천축(天竺) 뒷길

방학이면 등산모 쓰고
절름거리며 찾아나섰다.
없었다.
바깥 세상엔, 접시도 살점도
바깥 세상엔
없었다.
잠깐 빛났던
당신의 얼굴은
영원의 하늘,
끝나지 않는
우리들의 깊은
가슴이었다.
(이하 생략)

## 핵심정리

▷ **갈래** 장편 서사시
▷ **성격** 저항적
▷ **표현** ① 서사적인 내용을 압축된 문장으로 제시
　　　　 ② 직설적인 문장을 사용하여 사회 모순을 비판
▷ **특징** 인물과 사건을 묘사하며 들려주는 서사시로, 이야기의 형식을 갖춘 시
▷ **주제** 부당한 역사에 대한 민중(농민)의 저항

## 이해와 감상

### 1 짜임 분석

'금강'은 도입에 해당하는 서장(2장)과 본편에 해당하는 1장부터 26장까지의 이야기, 그리고 후화(後話)(2장)로 전체 3장이며 주 내용은 동학의 발단과 실패로 되어 있다.

### 2 작품감상의 구조

| 구성 요소 | | 구성 요소의 파악 | 그것이 지닌 의미·효과 | 주제와의 관련성 |
|---|---|---|---|---|
| 내용 요소 | ① 인물 | | 민중인 신하늬와 동학 접주인 전봉준 | 부당한 역사에 대한 민중의 저항 |
| | ② 사건 | | 기이하게 출생하여 초혼에 실패했다가 '진아'를 만나는 '신하늬'와 동학에 입교하였다가 조병갑의 학정에 아버지를 잃은 전봉준과의 만남과 헤어짐이 중심축이다. | |
| | ③ 배경 | | 동학 혁명을 중심으로 한국 전쟁, 4·19 등을 넘나들면서 내용을 전개했다. | |
| | ④ 작자 의식 | | 동학 혁명의 시화를 통해서 민중적 세계관과 반외세에 대한 시인의 인식을 보여준다. | |
| 형식 요소 | ① 구성 | | 2장씩 전·후사를 포함하여 총 30장 4800여 행의 장편 서사시이다. | |

### ③ 감상의 길잡이

전쟁의 생채기를 꽃의 핏빛 이미지로 보여 준 「진달래 산천」(1959)에 이어 격동의 1960년대 초반을 지나온 신동엽은 4·19를 돌아보는 화자의 서정적 정서를 드러낸 「산에 언덕에」(1963)를 통해 그리운 사람에 대한 간절한 그리움을 노래하였다. 이 시를 통해 1960년대 대표적 참여 시인으로 자리를 잡은 그는 격동기를 겪으면서 역사의 허구성을 목격하게 됨으로써 권력의 폭력성을 배격하는 목소리를 지니게 된다. 민중·민족·민주의 정치적 신념을 드러낸 「껍데기는 가라」(1967)를 발표하여 우리 시문학사에 커다란 발자취를 남긴 그는 「종로 5가」(1967)를 거쳐 마침내 자신의 문학적 역량이 하나로 집약된 장편 서사시 「금강」을 발표함으로써 민족 시인으로서 자신의 이름을 이 땅에 깊이 새겨 놓고 1969년 39세의 젊은 나이로 세상을 떠나갔다.

「금강」은 서사(서화), 본사 26장, 후사(후화)로 구성된 총 30장 4800여 행의 장시로서 「국경의 밤」의 9300여 행이나 「남해찬가」의 1900여행과 비교해 볼 때 질·양적 측면에서 돋보이는 작품이다. 이 작품은 1894년 3월의 동학 혁명(작품의 주조를 이루는 사건과 시정신의 출발), 1913년 3월의 기미독립운동, 1960년의 4월의 혁명을 하나로 연결하여 과거와 현재를 하나의 연속적인 현실로 일깨우는 분노의 저항시이다.

실존 인물인 전봉준과 가공 인물인 신하늬로 대표되는 인물군(人物群)들을 등장시켜 동학 혁명을 형상화하고 있다. 동학 혁명이라는 역사적 사건의 시화(詩化)를 통해서 민중적 세계관과 반외세에 대한 시인의 인식 태도를 보여 주는 이 시는 여러 인물들 사이에 얽힌 사건들이 교직(交織)될 뿐 아니라, 시간의 넘나듦을 통해 재구성되고 있다. 특히, 기존에 발표했던 「종로 5가」, 「산사」 등 여러 서정시를 삽입하여 형상화하는 특징도 함께 보여 주고 있다.

이 시의 대체적인 사건 진행은 기이하게 태어난 후 초혼에 실패했다가 진아를 만나는 신하늬와, 동학에 입교하였다가 조병갑의 학정에 아버지를 잃은 전봉준과의 만남과 헤어짐으로 구성되어 있다. 그들의 만남은 동학 혁명으로 시작되며, 혁명의 실패로 끝난다. 즉, 혁명이 실패하자 신하늬는 아들을 낳은 후 죽음에 이르고, 전봉준은 체포 구금되어 형장의 이슬로 사라지게 된다. 이런 운명적인 만남을 통하여 역사의 유구함을 화자 자신으로 추정할 수 있는 신하늬의 아들에게서 확인하고 있다.

## 작품 6  종로 5가 (동서춘추, 1967년)

이슬비 오는 날,
종로 5가 서시오판 옆에서
낯선 소년이 나를 붙들고 동대문을 물었다.

밤 열한 시 반,
통금에 쫓기는 군산 속에서 죄 없이
크고 맑기만 한 그 소년의 눈동자와
내 도시락 보자기가 비에 젖고 있었다.

국민학교를 갓 나왔을까.
새로 사 신은 운동환 벗어 품고
그 소년의 등어리선 먼 길 떠온 고구마가
흙 묻은 얼굴들을 맞부비며 저희끼리 비에 젖고 있었다.

충청북도 보은 속리산, 아니면
전라남도 해남땅 어촌 말씨였을까.
나는 가로수 하나를 걷다 되돌아섰다.
그러나 노동자의 혼수 속에 묻혀 그 소년은 보이지 않았다.

그렇지.
눈녹이 바람이 부는 질척질척한 겨울날,
종묘 담을 끼고 돌다가 나는 보았어.
그의 누나였을까.
부은 한쪽 눈의 창녀가 양지쪽 기대 앉아
속내의 바람으로, 때 묻은 긴 편지 읽고 있었지.

그리고 언젠가 보았어.
세종로 고층 건물 공사장,
자갈 지게 등짐하던 노동자 하나이
허리를 다쳐 쓰러져 있었지.
그 소년의 아버지였을까.
반도의 하늘 높이서 태양이 쏟아지고,
싸늘한 땀방울 뿜어낸 이마엔 세 줄기 강물,
대륙의 섬나라의
그리고 또 오늘 저 새로운 은행국의
물결이 뒹굴고 있었다.

남은 것은 없었다.
나날이 허물어져 가는 그나마 토방 한 칸.

봄이면 쑥, 여름이면 나무뿌리, 가을이면 타작마당을 휩쓰는 빈 바람
변한 것은 없었다.
이조 오백 년은 끝나지 않았다.

옛날 같으면 북간도라고 갔지.
기껏해야 버스 길 삼백 리 서울로 왔지.
고층 건물 침대 속 누워 비료 광고만 뿌리는 그머리 마을,
또 무슨 넉살 꾸미기 위해 짓는지도 모를 빌딩 공사장,
도시락 차고 왔지.

이슬비 오는 날,
낯선 소년이 나를 붙들고 동대문을 물었다.
그 소년의 죄 없이 크고 맑기만 한 눈동자엔 밤이 내리고
노동으로 지친 나의 가슴에선 도시락 보자기가
비에 젖고 있었다.

## ■ 핵심정리

▷ **갈래** 자유시, 서정시
▷ **성격** 비판적, 회상적, 애상적
▷ **제재** 노동자의 삶
▷ **주제** 근대화의 모순과 도시 노동자들의 비애

▷ **특징** ① 시상을 변형하여 반복
② 회상 방식의 내용 전개
③ 체험과 상상을 결합하여 민중의 비극적 현실을 사실적으로 부각

## 이해와 감상

### ① 짜임 분석

- 1~2연 – 소년과의 만남
- 5~6연 – 창녀와 노동자의 모습 회상
- 9연 – 소년에 대한 연민
- 3~4연 – 소년의 비극적 운명
- 7~8연 – 농촌의 황폐한 현실과 농민의 이농 현상

### ② 작품감상의 구조

| 구성 요소 | 구성 요소의 파악 | 그것이 지닌 의미·효과 | 주제와의 관련성 |
|---|---|---|---|
| 내용 요소 | ① 시적 화자 및 상황 | 종로 5가 신호등 옆에서 우연히 만난 소년을 통해 노동자로 살아갈 소년의 앞날에 대해 동정과 연민을 드러냈다. | 근대화의 모순과 도시 노동자들의 비애 |
| 형식 요소 | ① 변형과 반복 | 9연은 1연의 시상을 변형, 반복해 표현하여 앞에서 서술된 내용에 대한 신빙성을 강화한다. | |
| 표현 요소 | ① 상징 | ㉠ 서시오판 : 신호등을 뜻하는 말로, 소년이 운명에 갈림길에 서 있음을 상징한다.<br>㉡ 동대문 : 농촌과 도시의 경계이자, 농민으로서의 삶과 노동자로서의 삶을 구분 짓는 경계, 노동자의 비참한 삶과 고통이 담겨 있는 현실적 삶의 공간이다. | |

### ③ 감상의 길잡이

화자가 종로 5가 신호등 앞에서 동대문을 묻는 한 소년과의 만남을 계기로 당대 민중들의 운명을 서술하는 형식을 취하고 있다. 즉, 산업화와 근대화를 부르짖던 1960년대 사회적 상황 속에서 도시 노동자나 창녀로 변해 가는 농민과 민중의 모습을 역사적 시각으로 형상화하고 있는 작품이다. 동민의 희생과 농촌의 붕괴를 담보로 해서 이루어진 산업화 정책으로 인해 농민들은 자신들의 생존을 위해 피폐해진 농촌을 떠나 어쩔 수없이 도시 노동자나 창녀로 전락하는 처지가 되었다. 그러므로 9연의 '노동으로 지친 나'라는 표현에서 알 수 있듯이 노동자 계급의 화자의 눈에 비친 현실은 '이슬비 오는 날'로 시작하여 '비에 젖고 있었다'로 끝나는 작품의 어두운 분위기만큼 침울하고 고통스럽다.

## ■ 중요 내용 정리

### 01 부정적 현실 인식
이 시의 5~6연은 언젠가 보았던 창녀와 막노동자의 모습을 회상하는 부분으로, 화자는 그들을 소년의 가족으로 상상하고 있다. 화자는 '부은 한쪽 눈의 창녀'와 '등짐하던 노동자'가 겪는 개인적 비극을 세 개의 외세, 즉 '대륙', '섬나라', '새로운 은행국'에서 그 원인을 찾고 있다. 농촌의 궁핍과 해체의 원인을 미국 자본에 의지하여 수출 주도형 산업화 정책을 펼치고 있는 1960년대 경제 정책(새로운 은행국, 외세 자본의 침략)과 외세 의존적 권력(대륙, 섬나라)으로 제시하여 비판하고 있는 것이다. 이러한 시인의 현실 인식은 결국 화자로 하여금 현실이 '이조 오백 년'과 다를 것이 없으며, '북간도'로 갈 수 밖에 없었던 일제 강점기에 비해 나을 것이 없다는 극단적 생각을 갖게 한 것이다.

### 02 「노동의 새벽」과의 비교
「노동의 새벽」은 생존이 위협받을 정도로 열악한 현실에 놓여 있는 노동자의 삶을 표현한 시이다. 절망적인 노동 현실과 현실에 대한 분노를 노동자의 관점에서 표현한 점에서 「종로 5가」와 공통점이 있다. 그러나 「종로 5가」가 노동자 삶에 대한 안타까움과 동정심을 노래한 반면, 「노동의 새벽」은 인간다운 삶이 보장된 세계를 염원하며 미래에 대한 희망과 단결 의지를 노래했다는 점에서 차이가 있다.

## 기출문제

**1.** 〈자료〉를 단서로 삼아 작품을 이해한 내용으로 적절하지 <u>않은</u> 것은?  2012년 기출 34번

> 이슬비 오는 날. / 종로 5가 서시오판 옆에서 / 낯선 少年이 나를 붙들고 東大門을 물었다.
>
> 밤 열한 시 반, / 통금에 쫓기는 群像 속에서 죄 없이 / 크고 맑기만 한 그 소년의 눈동자와 / 내 도시락 보자기가 비에 젖고 있었다.
>
> 국민학교를 갓 나왔을까. / 새로 사 신은 운동환 벗어 품고 / 그 소년의 등허리선 먼 길 떠나 온 고구마가 / 흙 묻은 얼굴들을 맞부비며 저희끼리 비에 젖고 있었다.
>
> 충청북도 보은 俗離山, 아니면 / 전라남도 해남땅 漁村 말씨였을까. / 나는 가로수 하나를 걷다 되돌아섰다. / 그러나 노동자의 홍수 속에 묻혀 그 소년은 보이지 않았다.
>
> 그렇지. / 눈녹이 바람이 부는 질척질척한 겨울날, / 宗廟 담을 끼고 돌다가 나는 보았어. / 그의 누나였을까. / 부은 한쪽 눈의 娼女가 양지쪽 기대앉아 / 속내의 바람으로, 때 묻은 긴 편지 읽고 있었지.
>
> 그리고 언젠가 보았어. / 세종로 고층 건물 공사장, / 자갈 지게 등짐하던 勞動者 하나이 / 허리를 다쳐 쓰러져 있었지. / 그 소년의 아버지였을까. / 半島의 하늘 높이서 太陽이 쏟아지고, / 싸늘한 땀방울 뿜어낸 이마엔 세 줄기 강물. / 대륙의 섬나라의 / 그리고 또 오늘 저 새로운 銀行國의 / 물결이 덩굴고 있었다.
>
> 남은 것은 없었다. / 나날이 허물어져 가는 그나마 토방 한 칸. / 봄이면 쑥, 여름이면 나무뿌리, 가을이면 타작마당을 휩쓰는 빈 바람. / 변한 것은 없었다. / 李朝 오백 년은 끝나지 않았다.
>
> 옛날 같으면 北間島라도 갔지. / 기껏해야 뻐스 길 삼백 리 서울로 왔지. / 고층 건물 침대 속 누워 肥料 廣告만 뿌리는 그머리 마을, / 또 무슨 넉살 꾸미기 위해 짓는지도 모를 빌딩 공사장, / 도시락 차고 왔지.
>
> 이슬비 오는 날, / 낯선 소년이 나를 붙들고 東大門을 물었다. / 그 소년의 죄 없이 크고 맑기만 한 눈동자엔 밤이 내리고 / 노동으로 지친 나의 가슴에선 도시락 보자기가 / 비에 젖고 있었다.
>
> *'/'는 행을 구분하는 표시임

―〈자료〉―

이 시는 1967년에 발표된 신동엽의 「종로 5가」라는 작품으로 원래 서사시 『금강』의 '후화(後話)〈Ⅰ〉'로 삽입되어 있다가 독립하여 한 편의 시로 완성된 것이다.

① 원작의 맥락에서 볼 때, 동학 혁명의 현재성을 보여 주는 작품이다.
② 시인의 인식 지평이 미래에 대한 낙관적 전망에까지는 이르지 못한 작품이다.
③ 시적 화자를 관찰자로 설정하여 지식인의 한계를 비판적으로 조명한 작품이다.
④ 1960~1970년대 순수·참여 논쟁에서 참여론의 문학적 성취 중 하나로 평가되는 작품이다.
⑤ 한 가족으로 상상되는 인물들의 삶의 모습을 통해 사회의 구조적 모순을 드러낸 작품이다.

정답 ③

▷ **신경림**
申庚林

1936 ~
충북 충주 출생

▷ **작가의 특징**
1. 1956년 ≪문학예술≫에 「갈대」 등의 시가 추천되어 등단하였다.
2. 초기 작품은 우리 삶의 보편적인 쓸쓸함과 고적함을 주된 분위기를 드러냈다.
3. 1960년대 중반 이후 농촌 현실 문제에 관심을 가지면서 농민 및 민중들의 삶의 애환을 구체화하기 시작하였다.
4. 근대화 과정에서 소외된 농민들의 한, 울분 등이 녹아 있는 농촌 공동체의 정서를 바탕으로 하여, 과거의 순수시 형태를 극복하며 민중현실과 민중 감정을 드러냈다.
5. 토속어를 새로운 감각으로 사용했다.
6. 민요에 관심을 가져 민중들의 삶을 민요적 가락으로 담아냈다.

## 작품 1  농무(農舞) (창작과 비평, 1971년)

징이 울린다 막이 내렸다.
오동나무에 전등이 매어달린 가설 무대
구경꾼이 돌아가고 난 텅빈 운동장
우리는 분이 얼룩진 얼굴로
학교 앞 소줏집에 몰려 술을 마신다.
답답하고 고달프게 사는 것이 원통하다.
꽹과리를 앞장세워 장거리를 나서면
따라붙어 악을 쓰는 건 쪼무래기들뿐
처녀애들은 기름집 담벽에 붙어 서서
철없이 킬킬대는구나.
보름달은 밝아 어떤 녀석은
꺽정이처럼 울부짖고 또 어떤 녀석은
서림이처럼 해해대지만 이까짓
산구석에 처박혀 발버둥친들 무엇하랴.
비료값도 안 나오는 농사 따위야
아예 여편네에게나 맡겨 두고
쇠전을 거쳐 도수장 앞에 와 돌 때
우리는 점점 신명이 난다.
한 다리를 들고 날라리를 불꺼나
고갯짓을 하고 어깨를 흔들이거나.

## 핵심정리

▷ **갈래** 자유시, 서정시
▷ **성격** 사실적, 묘사적
▷ **제재** 농무
▷ **주제** 암담한 현실에 대한 분노

▷ **특징** ① 역설적 상황 설정
② 이야기 형식의 운용
③ 산문적인 어조

## 이해와 감상

### 1 짜임 분석
- 1~6행 – 소외된 농민의 삶과 울분
- 11~16행 – 농촌 현실의 구조적 모순에 대한 비판
- 7~10행 – 공동체의 전통이 붕괴된 농촌 현실
- 17~20행 – 농촌의 울분과 신명

### 2 작품감상의 구조

| 구성 요소 | 구성 요소의 파악 | 그것이 지닌 의미·효과 | 주제와의 관련성 |
|---|---|---|---|
| 내용 요소 | ① 시적 화자 및 상황 | 어렵게 농사짓는 농민을 시적 화자로 하여 농정(農政)에 대한 불만을 농무로 표출하고 있다. | 농민들의 한과 고뇌 |
| | ② 리얼리즘 시 | 이촌향도로 붕괴된 농촌 현실(전형적 상황)에서 농사를 지어도 비료 값도 못 건지는 농민(전형적 인물)을 통해 농촌 현실의 문제를 객관적으로 드러냈다. | |
| | ③ 순수시의 극복 | 농촌을 소재로 하면서도 농민들이 현실에서 겪는 한과 울분을 그대로 담고 있어서 이전의 순수시의 농촌을 극복한 것으로 볼 수 있다. | |
| 형식 요소 | ① 산문적 리듬 | 행의 구분이 있지만, 산문적 리듬으로 되어 있어서 평이한 느낌을 주며, 주제를 잘 드러내었다. | |
| | ② 시상 전개 | 공간의 이동에 따라 시상이 전개되면서 농무의 역동성이 잘 드러난다. | |
| 표현 요소 | ① 직설적 표현 위주 | 직설적 표현을 통해 현실에 대한 화자의 인식을 분명하게 드러낸다. | |
| | ② 역설 | 비료값도 안 나오는 농사에서 신명이 난다고 하여 역설을 통해 농민의 울분을 강조하고 있다. | |

### 3 감상의 길잡이

연이 나누어지지 않은 20행의 자유시로, 농무를 추는 무리들이 공간적 무대의 진행에 따라 이동하며, 춤을 추는 동작과 그들의 애환을 서술하고 있는 시로, 내용상 4부분으로 구성되어 있다. 정형적인 리듬에 의존하지 않으면서도 동적인 생활의 현장을 표현함으로써 리듬 의식을 유지하고 있다.

① 1~6행: 학교 운동장의 가설 무대에서 하던 공연이 징을 울리며 막이 내리자, 공연에 참여했던 사람들은 학교 앞 소줏집에 모여 답답하고 고달픈 자신들의 삶을 소주로 달랜다.

② 7~10행: 그러다가 옛날의 풍습대로 꽹과리를 앞장세워 장거리로 나서지만, 이제는 신명나게 놀아주던 어른들은 찾아볼 수 있고 쪼무래기들만 악을 쓰면서 따라 붙는다. 그리고 먼 발치의 담벼락에 숨은 처녀애들이 엿보고 있을 뿐이다.

③ 11~16행: '우리'로 표현된 농무를 추는 무리들은 이미 생명을 잃어가는 산구석 농촌에서 비료값도 안 나오는 농사를 여편네에게 맡겨두고 나온 사람들이다. 그래서 그들은 보름달을 보며 자신들의 처지를 잊으려는 듯이 울부짖거나 해해대고 있다.

④ 17~20행: 그럼에도 쇠전을 돌아 도수장 앞에서 농악패들은 신명을 올리며 오늘 놀이의 절정을 맞고자 한다.

1970년대 초반 파괴되어 가는 농촌 공동체의 모습을 그들의 놀이인 농무의 신명에서 찾고 있는 시로, 문학이 사회적 현실의 변화를 시적으로 형상화하고 있는 대표적인 작품이다. 이미 산업화 물결의 여파로 신명나지 않는 농촌생활과 이를 안타깝게 지키려는 농민들의 몸짓을 사실적으로 전달하고 있다.

일반적으로 시는 주관적인 장르로 시인의 내면 정서를 직접 표출하거나 이를 비유적 형상으로 전달하는 것이다. 그러나 이 시는 이런 전통적인 서정시의 규범에 매달리지 않고, 서사적인 행위를 하는 시적 화자를 등장시키고 있다. 즉 농촌의 축제의 마당이 끝난 후 그 뒤로 전개되는 농무패들의 놀이마당을 따라가면서 변화되어 가는 농촌의 모습을 시적으로 형상화하고 있다.

학교 운동장에 설치했던 가설 무대의 공연이 끝나자 구경꾼들은 모두 돌아가고, '텅빈' 운동장만이 우선 제시된다. 이 텅빔은 실제로는 이제는 더 이상 농무에 신명을 느끼지 않는 농민들의 의식을 반영한 것이자, 공연자들의 이런 현실에 대한 안타까움과 공허함을 표현하는 것이다. 그래서 그들은 자신들의 텅빈 마음과 고달픈 삶을 소주로 채워서 달래고 있다.

그리고 '우리'로 표현되고 있는 시적 화자는 자신들의 '원통'함을 풀려고 꽹과리를 앞세워서 지신밟기를 하고 있다. 아마도 술기운에 시작한 것이리라. 그러나 여전히 그들의 주위에는 같이 길을 갈 친구들이 많지 않다. 그렇기에 신명은 잡히지 않고 호기심 많은 꼬마들과 처녀애들만이 무슨 구경거리라도 만난 듯이 그들의 주위를 맴돈다.

이런 시적 형상은 산업화에 의하여 소외되어 가는 농촌의 삶을 진솔하게 드러내는 것이다. 비료값도 안 나오는 농사를 짓는 자신들의 울분을 삭이기 위해서 '울부짖', '해해대', '발버둥치'고 있는 줄도 모른다. 오늘 하루만이라도 농사일은 아낙들에게 맡기고 산구석 촌놈의 한을 춤과 노래로 표현하고 있다. 특히 이 부분에서는 시적 화자 '우리'를 '꺽정이', '서림이' 등으로 특수화시키고 있으며, '어떤 녀석'을 행간 걸림의 기법으로 사용하여 절망감을 절실하게 표현하고 있다.

또 이런 절망감이나 소외 의식은 풀지 않으면 안 된다. 이 시는 이런 측면에서 마지막의 절정에서 신명으로 풀려고 하였다. 농무의 행렬이 도수장 앞에 왔을 때, 농민들은 자신들의 한과 설움을 신명나는 몸짓으로 풀려고 한다. '불거나', '흔들꺼나' 등의 표현에서 암시하듯이 완벽한 해설에는 미흡하지만, 그래도 나름대로 '우리'의 슬픔과 한이 원통함으로 맺혀서 끝나지는 않는다.

이 시는 농민들이 자신들이 생활공동체를 지키려는 몸부림을 사실적으로 표현함으로써, 소박한 농민들의 정취와 정감을 느끼게 한다. 그리고 농촌의 일상에서 쓰이는 언어들을 효과적으로 구사하여, 서정성을 제고시키고 있다. 또 시적 화자의 감정을 서술하는 표현 다음에는 농무의 동작이나 농악기의 소리로 시상을 정돈하여 절제된 시의 내면 공간을 이루고 있다.

## ◢ 중요 내용 정리

### 01 농민의 울분과 역설의 상황 설정
　　농민시가 농민 계급의 입장에서 본 현실 인식의 내용을 담고 있는 시라고 할 때 이 작품은 1970년대의 산업화의 과정에서 소외되고 강요된 희생 속에서 농민들이 느끼는 절망과 울분을 풍자와 역설의 기법과 사실적 시각으로 담아내고 있다는 점에서 1970년대의 대표적인 농민시라고 할 수 있다.
　　텅빈 운동장, 철없는 쪼무래기들만 따라 다니는 장거리의 농무, 채산성 없는 농사 등은 농민의 소외감과 울분을 효과적으로 보여주는 시적 상황 설정이다. 마지막에 가서 이에 따른 자조와 한탄이 '신명'으로 전환되는 것은 표면적으로는 흥겨움으로 나타나도 이면적으로는 살의가 느껴질 정도의 분노의 감정임을 놓쳐서는 안 된다. 뿌리 깊은 좌절감과 울분을 농무의 신명이라는 역설적 상황을 통해 보여주는 것이다.

### 02 '울음'의 의미
　　신경림의 시 「갈대」에서 그는 '산다는 것은 속으로 이렇게 / 조용히 울고 있는 것'이라는 표현을 하고 있다. 울음은 외면화된 외침이 아니라 내면화된 정적 울음임을 알 수 있다. 이러한 '모든 삶은 내면화된 정적 울음이다'라는 인식론적 각성은 '억압받는 혹은 소외된 자들의 삶은 정적 울음이다.'는 명제로 발전된다. 즉 억압받는 사람들의 울음의 현장을 직시하겠다는 다짐으로 이어지는 것이다. '농무'가 보여주는 '울음'은 이와 같이 소외 받는 자들의 비탄과 울분의 성격을 지닌다.

### 03 '농무'의 의미와 기능
　　'농무'는 원래 농촌에서 농번기의 공동 작업인 두렛일을 하고 나서 두레패가 함께 즐기던 농악놀이를 가리킨다. '농무'는 농민들의 춤이므로 그들의 애환이 서려 있다. '농무'는 광란을 통해 그것에 몰입해 있는 사람들이 일종의 카타르시스(catharsis, 감정의 정화)를 맛보게 하는 효과적인 소재라고 할 수 있다. 이 시에서 '농무'는 가설 무대의 한판과 도수장 앞의 한판으로 구성되어 있다.

### 04 시대적 현실
　　우리의 농민은 1970년대 산업화 시대를 맞아 '비료값도 안 나오는 농사 따위야 아예 여편네에게나 맡겨 두고' 어려운 농촌을 떠나 도시에서 저임금 노동자로 전락한다. 이들이 농촌을 떠난 이유는 자발적인 것이라기보다는 더 이상 농사를 지어서는 가족의 생계를 꾸리기가 어렵다는 판단에서이다. 그들의 모습은 마치 '쇠전을 거쳐 도수장'에 끌려온 소들과 같다고 할 수 있다. 즉, 이 시의 시적 화자가 도수장 앞에서 신명을 느끼는 것은 자신들의 처지와 유사한 상황을 보고 울분을 느끼는 것이라고 이해해야 할 것이다.

## 작품 2 목계 장터 (농무, 1973년)

하늘은 날더러 구름이 되라 하고
땅은 날더러 바람이 되라 하네.
청룡 흑룡 흩어져 비 개인 나루
잡초나 일깨우는 잔바람이 되라네.
뱃길이라 서울 사흘 목계 나루에
아흐레 나흘 찾아 박가분 파는
가을 볕도 서러운 방물장수 되라네.
산은 날더러 들꽃이 되라 하고
강은 날더러 잔돌이 되라 하네.
산서리 맵차거든 풀 속에 얼굴 묻고
물여울 모질거든 바위 뒤에 붙으라네.
민물 새우 끓어 넘는 토방 툇마루
석삼 년에 한 이레쯤 천치로 변해
짐 부리고 앉아 쉬는 떠돌이가 되라네.
하늘은 날더러 바람이 되라 하고
산은 날더러 잔돌이 되라 하네.

### 핵심정리

▷ **갈래** 자유시, 서정시
▷ **성격** 상징적, 관념적, 비유적
▷ **표현** ① 4음보의 민요조 가락
　　　　② 토속적 정취가 넘치는 시어를 구사함
　　　　③ 이미지의 대립을 통해 시상을 전개
▷ **제재** 민중(떠돌이)들의 삶
▷ **주제** ① 삶의 갈등과 극복 의지
　　　　② 자연 속에서 지혜를 발휘하며 살아가는 민중들의 삶의 이어짐

## 이해와 감상

### 1 짜임 분석

- 기(1~7행) – 방물장수의 떠돌이 삶 (자연의 의미를 배우며 떠도는 삶)
- 서(8~11행) – 정착을 강요받는 삶 (어려움 속에서 지혜를 발휘하는 삶)
- 결(12~16행) – 정착과 방랑 사이의 갈등 (자연 속에서 살아가는 민중의 삶의 이어짐)

### 2 작품감상의 구조

| 구성 요소 | 구성 요소의 파악 | 그것이 지닌 의미·효과 | 주제와의 관련성 |
|---|---|---|---|
| 내용 요소 | ① 소재 | 목계 장터라는 구체적 공간을 통해 서민들의 삶을 진솔하게 담아내고 있다. | 삶의 갈등과 극복 의지, 자연 속에서 지혜를 발휘하며 살아가는 민중들의 삶의 이어짐 |
| | ② 시적 화자 및 상황 | 시적 화자는 유랑하는 민중으로 자연 속에서 살아가며 갈등을 겪기도 하고 지혜를 발휘하기도 하는 삶을 드러냈다. | |
| | ③ '장터'의 의미 | ㉠ 방황과 정착의 갈등이 있는 곳<br>㉡ 민중들의 삶의 교류가 있는 곳 (활발한 삶이 있는 곳) | |
| 형식 요소 | ① 4음보 | 민요조의 4음보 운율의 구사로 음악성을 살리고 있다. | |
| | ② 각운 | '-하고', '-하네', '-라네' 등의 어미 반복을 통해 운율을 형성하였다. | |
| | ③ 시상의 전개 | '기-서-결'의 구조를 통해 내용을 설득력 있게 드러냈다. | |
| 표현 요소 | ① 향토적 시어 | 토속적 정취가 넘치는 향토적 시어의 구사를 통해 주제를 형상화하고 있다. | |
| | ② 이미지의 대립 | 대립적 이미지의 시어들을 통해 시상을 전개하여 내용을 효과적으로 드러내었다. | |
| | ③ 반복 | 비슷한 구조의 반복을 통해 주제를 부각하고 시의 구조적 안정성에 도움을 주었다. | |

### 3 감상의 길잡이

　이 시는 크게 세 부분으로 나눌 수 있고, 첫째와 둘째 부분은 다시 각각 두 부분으로 나눌 수 있다. 첫째 부분은 잡초나 '일깨우는' 잔바람이 되라 한다. 이 부분에서 단순한 떠돌이의 삶과 구분되는 것을 알 수 있다. 다음 부분에서는 '가을볕도 서러운 방물장수'가 되라고 한다. '가을볕'은 수확과 결실의 의미를 담고 있으며, 또, 다가올 겨울에 대한 대비의 의미를 담고 있다. 그래서 '떠돌이'에겐 가을볕이 서러울 수밖에 없는 것이다. 둘째 부분에서는 어려움 속에서 지혜를 발휘해 살아가는 방식과, 쉬어가는 삶에 대해 말하고 있다. 셋째 부분은 '하늘'과 '땅'이 '바람'에 의해 연결되어 있고, '산'과 '강'이 '잔돌'에 의해 연결되어 있다. 이러한 연결은 하늘과 땅이 별개의 것이 아니며, 산과 강이 별개의 존재가 아니라는 것을 드러냄과 동시에, 그러한 존재와 그 속에서 살아가는 삶의 관련성을 드러낸 것으로 볼 수 있다.

　이 시는 민요의 유연한 가락과 토속어를 효과적으로 사용하여 서정시의 진면목을 보여준다. 그리고 서정적 자아는 산전수전 다 겪은 나그네이면서 삶의 의미를 나름대로 체득하여 불혹에 이른 사람으로 볼 수 있으며, 그는 떠돌이의 삶을 거부하지 않는다. 4음보의 율격을 잘 활용하여 시를 전개하고 있으며, 음보 내에서 음절 수의 가변성으로 인해 단조로움을 벗어나 있다. 뿐만 아니라, '아흐레 나흘찾아'라는 부분이나 '석삼년'이란 부분에서 리듬을 의식하는 모습을 보여주고 있다.

## 중요 내용 정리

### 01 표현상의 특징
이 시는 표면상 1인칭 화자의 독백으로 진술되어 있다. 그렇지만 우리는 그 독백을 단지 화자 개인의 삶의 애환을 토로하는 것으로만이 아니라, 떠돌이의 삶을 살아갈 수밖에 없는 민중의 고뇌라는 일반화된 삶의 현실을 대변하는 것으로서 인식할 수 있다.

그것은 이 시가 '목계 장터'라는 생활 현실의 공간을 대상으로 하고 있기 때문이다. 말하자면 서정적 주체가 보고 듣고 체험한 사실들이 시적 표현의 바탕을 이루고 있다는 것이다. 특히 '구름', '바람' 등으로 표상되는 떠남의 심상과 '들꽃', '잔돌' 등으로 표상 되는 정착의 심상 사이의 대조적 표현은 퇴색해 가는 목계 나루에서 방랑과 정착의 갈림길에 서 있는 농촌 공동체의 시대적 삶과 화자의 개인적 삶 사이의 갈등을 선명하게 보여 준다.

### 02 '방물장수'의 역할
'방물장수'는 화자에게 운명적으로 부여된 삶의 모습을 집약하고 있는 시어이다. '방물장수'는 전통 사회에서 일종의 민중의 이야기꾼이었다. 여기저기 돌아다니면서 보고 들은 것들을 구수하게 엮어 내는 입담을 지닌 존재로, 민중들의 삶의 애환을 가장 가까운 거리에서 지켜보고 그 이야기들을 전파하는 존재였던 것이다. 따라서 '방물장수'가 되라는 것은 민중들의 삶을 가까이서 지켜보고 그들과 애환을 함께 하는 이야기꾼이 되라는 의미로 볼 수 있다.

### 03 '방랑'과 '정착'의 의미
'구름'과 '바람'은 자기가 가고 싶은 곳을 마음대로 갈 수 있는 자연물이다. 그런데 '들꽃'과 '잔돌'은 한 곳에 정착하여 생활하고 있는 대상들이다. 따라서 '구름'과 '바람'은 방랑의 의미를, '들꽃'과 '잔돌'은 정착의 의미를 함축한다.

### 04 '목계 장터'의 이미지
① 넉넉한 인정이 아직도 살아 있는 곳
② 민중들의 삶의 애환과 숱한 사연이 배어 있는 곳
③ 정착하거나 안주할 곳이 아니라 잠시 쉬어 가는 곳
④ 근대화 과정에서 몰락의 길을 걷고 있는 농촌 공동체

## 기출문제

※ (1~2) 다음 작품을 읽고 물음에 답하시오.

(가)
    노주인(老主人)의 장벽(腸壁)에
    무시(無時)로 인동(忍冬) 삼긴 물이 나린다.
    자작나무 덩그럭 불이
    도로 피어 붉고,
    구석에 그늘 지어
    무가 순 돋아 파릇하고,
    흙 냄새 훈훈히 김도 사리다가
    바깥 풍설(風雪) 소리에 잠착하다*.
    산중(山中)에 책력(冊曆)도 없이
    삼동(三冬)이 하이얗다.

* 잠착하다 : '참척하다'의 원말. 한 가지 일에만 정신을 골똘하게 쏟아 다른 생각이 없다.

                                                                - 정지용, 「인동차(忍冬茶)」

(나)
    하늘은 날더러 구름이 되라 하고
    땅은 날더러 바람이 되라 하네.
    청룡 흑룡 흩어져 비 개인 나루
    잡초나 일깨우는 잔바람이 되라네.
    뱃길이라 서울 사흘 목계 나루에
    아흐레 나흘 찾아 박가분 파는
    가을볕도 서러운 방물장수 되라네.
    산은 날더러 들꽃이 되라 하고
    강은 날더러 잔돌이 되라 하네.
    산서리 맵차거든 풀 속에 얼굴 묻고
    물여울 모질거든 바위 뒤에 붙으라네.
    민물 새우 끓어넘는 토방 툇마루
    석삼 년에 한 이레쯤 천치로 변해
    짐부리고 앉아 쉬는 떠돌이가 되라네.
    하늘은 날더러 바람이 되라 하고
    산은 날더러 잔돌이 되라 하네.

                                                                - 신경림, 「목계장터」

1. 다음은 위 시들을 이해하기 위해 두 시인의 시 세계를 비교한 것이다. ㉠과 ㉡에 들어갈, (가)와 (나)의 두드러진 표현상의 특징을 쓰시오. [2점]

2014년 기출 기입형 1번

| 구분 | (가) | (나) |
|---|---|---|
| 창작 연대 | 1930년대 | 1970년대 |
| 시인의 주요 관심 요소 | 회화성 | 음악성 |
| 관심 요소의 구체화 | ㉠ | ㉡ |

**예상답안**

㉠ 방 안의 붉은색·파릇한 색(생명, 정신)과 방 밖의 흰색(차가움, 일제하 현실)의 색채 이미지 대비에 의한 감각적 묘사
㉡ 4음보 율격 및 각운의 요소

2. (나)를 시상 전개에 따라 세 부분으로 나눌 때 중간 부분의 처음과 끝 어절을 쓰고, 그 중간 부분에서 (가)의 화자에게 시의 공간적 배경인 '방 안'이 갖는 의미와 유사한 역할을 하는 시구 3가지를 찾아 쓰시오. [2점]

2014년 기출 기입형 2번

**예상답안**

① 첫 어절과 끝 어절 : 산은 ~ 되라네
② '방 안'이 갖는 의미와 유사한 역할을 하는 시구 :
  ㉠ 풀 속
  ㉡ 바위 뒤
  ㉢ 토방 툇마루

## 작품 3  가난한 사랑 노래 (가난한 사랑 노래, 1988년)

- 이웃의 한 젊은이를 위하여

가난하다고 해서 외로움을 모르겠는가,
너와 헤어져 돌아오는
눈 쌓인 골목길에 새파랗게 달빛이 쏟아지는데.
가난하다고 해서 두려움이 없겠는가,
두 점을 치는 소리
방범 대원의 호각 소리, 메밀묵 사려 소리에
눈을 뜨면 멀리 육중한 기계 굴러가는 소리.
가난하다고 해서 그리움을 버렸겠는가.
어머님 보고 싶소 수없이 뇌어 보지만
집 뒤 감나무에 까치밥으로 하나 남았을
새빨간 감 바람 소리도 그려 보지만.
가난하다고 해서 사랑을 모르겠는가,
내 볼에 와 닿던 네 입술의 뜨거움,
사랑한다고 사랑한다고 속삭이던 네 숨결,
돌아서는 내 등 뒤에 터지던 네 울음.
가난하다고 해서 왜 모르겠는가,
가난하기 때문에 이것들을
이 모든 것들을 버려야 한다는 것을.

### 핵심정리

- **갈래** 자유시, 서정시
- **성격** 현실적, 감각적
- **표현** ① 다양한 감각적 이미지 사용
  ② 부정과 반문을 사용하여 호소력 짙게 드러냄
  ③ 같은 구문의 반복으로 운율감을 자아냄
- **제재** 가난한 삶
- **주제** ① 인간적 진실의 따뜻함과 아름다움
  ② 가난한 젊은이의 아픈 사랑과 의로운 삶

### 이해와 감상

#### 1 짜임 분석

- 1~3행 – 가난한 이의 외로움 (헤어짐)
- 8~11행 – 가난한 이의 그리움 (향수)
- 16~18행 – 가난한 이의 삶 (포기해야 하는 것들)
- 4~7행 – 가난한 이의 두려움 (현실)
- 12~15행 – 가난한 이의 사랑 (만남과 이별)

## ② 작품감상의 구조

| 구성 요소 | 구성 요소의 파악 | 그것이 지닌 의미·효과 | 주제와의 관련성 |
|---|---|---|---|
| 내용 요소 | ① 시적 화자 | 시적 화자는 '젊은이'를 잘 아는 어떤 어른이며 그 어른이 젊은이에게 감정이입되어 가난하기 때문에 인간적 정취마저도 외면하고 살아야 하는 각박한 현실을 드러내었다. | 가난한 젊은이들의 아픈 사랑과 외로운 삶, 인간적 진실의 따뜻함과 아름다움 |
| | ② 제재 | '가난한 삶'을 제재로 하여 그것이 사람마저 어렵게 하는 안타까운 현실을 보여준다. | |
| 형식 요소 | ① 반복 | 통사구조의 반복을 통해 운율감을 형성하였다. | |
| | ② 시상 전개 | 전체 5개의 의미 단락으로 나누어지며, 먼저 '가난하다고-하겠는가'로 제시하고 그에 해당하는 구체적 상황을 제시했다.(연의 반복과 유사한 형태) | |
| 표현 요소 | ① 반어적 의문(설의법) | 설의적인 동일 구문을 반복하여 젊은이의 안타까운 상황을 강조하고 있다. | |
| | ② 이미지 | 다양한 감각적 이미지의 사용으로 화자의 정서를 형상화했다. | |
| | ③ 열거 | 가난한 상황 때문에 할 수 없는 것들을 다양하게 제시하여 의미를 강조하였다. | |

## ③ 감상의 길잡이

가난하기에 인간적 정취마저도 외면하고 살아야 하는 각박한 도시 젊은이의 삶과 그들의 고통을 노래하고 있다. 이는 시인 자신이 가지고 있는 현대인의 삶에 대한 따뜻한 연민의 정을 표현하는 것이라고 할 수 있다.

까치밥으로 남긴 새빨간 감이 하나 열려 있을 시골 태생인 '너'. 그는 그런 시골을 떠나서 외로움과 두려움, 그리움, 사랑 등을 느낄 여유조차 없이 살고 있다. 그리고 그 이유는 가난이라는 생의 굴레이다. 도시의 변두리 골목에서 쉽게 만날 수 있는 이런 젊은이를 시인의 따뜻한 애정으로 이해하려고 한다.

주로 향토적인 정서를 민요와 같은 시로 읊던 시인의 시각이 도시로 옮겨진 것이다. 그러나 현실의 각박함 속에서 이런 인간적 애정을 놓치고 살고 있는 도시인의 각박한 삶의 모습과 정서를 표현하는 쪽으로 옮아와서도 삶의 진실함을 보여주려는 노력이 이 시에서는 돋보인다.

## ▣ 중요 내용 정리

### 01 표현상의 특징

이 시는 '가난하다고 해서 ~ 겠는가'란 설의적 표현을 반복해 시적 화자의 안타까운 심정을 강하게 전달하는 동시에 시적 화자의 진솔한 감정을 읽는 이에게 더욱 쉽고 구체적으로 전달하고 있다. 즉, 가난하지만 외로움도 알고, 두려움도 알고, 그리움도 느끼고, 사랑하는 마음도 있으며, 또 이 모든 것을 버리라고 현실을 강요하지만 결코 그럴 수도 없다고 시적 화자는 말하고 있다.

### 02 「가난한 사랑 노래」의 '가난'

이 시에서의 '가난'은 한 젊은 노동자의 가난으로 표현되어 있지만, 확대 해석하면 현대인 모두가 가지고 있는 마음의 가난함을 의미하기도 한다. 화자는 물질적으로는 결핍이 되어 있으나 오히려 정신적으로는 충만한 사람으로, 이러한 가난한 현실을 무척 안타까워한다. 시인은 도시의 변두리 골목에서 쉽게 만날 수 있는 젊은이의 삶을 따뜻한 애정으로 이해하고 있는 것이다.

# 기출문제

※ (1~2) 다음 작품을 읽고 물음에 답하시오. [총 7점]

(가)
걸어서 항구(港口)에 도착했다.
길게 부는 한지(寒地)의 바람
바다 앞의 집들을 흔들고
긴 눈 내릴 듯
낮게 낮게 비치는 불빛
지전(紙錢)에 그려진 반듯한 그림을
주머니에 구겨 넣고
반쯤 탄 담배를 그림자처럼 꺼버리고
조용한 마음으로
배 있는 데로 내려간다.
정박중의 어두운 용골(龍骨)들이
모두 고개를 들고
항구의 안을 들여다보고 있었다
어두운 하늘에는 수삼개(數三個)의 눈송이
하늘의 새들이 따르고 있었다.

― 황동규, 「기항지(寄港地) 1」

(나)
― 이웃의 한 젊은이를 위하여

가난하다고 해서 외로움을 모르겠는가
너와 헤어져 돌아오는
눈 쌓인 골목길에 새파랗게 달빛이 쏟아지는데.
가난하다고 해서 두려움이 없겠는가
두 점을 치는 소리
방범대원의 호각소리 메밀묵 사려 소리에
눈을 뜨면 멀리 육중한 기계 굴러가는 소리.
가난하다고 해서 그리움을 버렸겠는가
어머님 보고 싶소 수없이 되어보지만
집 뒤 감나무에 까치밥으로 하나 남았을
새빨간 감 바람소리도 그려보지만.
가난하다고 해서 사랑을 모르겠는가
내 볼에 와 닿던 네 입술의 뜨거움
사랑한다고 사랑한다고 속삭이던 네 숨결
돌아서는 내 등뒤에 터지던 네 울음.
가난하다고 해서 왜 모르겠는가
가난하기 때문에 이것들을
이 모든 것들을 버려야 한다는 것을.

― 신경림, 「가난한 사랑 노래」

1. 위 두 작품의 시적 상황은 유사하지만, 시적 자아의 정서는 다르게 표출되고 있다. 두 작품이 드러내는 시적 자아의 정서는 각각 무엇이며, 그러한 정서가 나타나게 된 까닭은 무엇인지, 위 시를 인용하여 비교, 설명하시오. [4점]

2003년 기출 9번

### 출제기관 채점기준

― 각 항목마다 획득한 점수를 누가하여 점수를 부여할 것
― 답안에서 괄호 안의 내용은 포함되어도 정답 처리
― 발문에 제시된 '시를 인용하여'는 시 구절을 직접 인용하라는 뜻으로 제한할 필요는 없음. 답안을 구체적으로 작성하였을 때에는 조건이 충족됨

① 시적 자아의 정서를 밝혔다. → 아래 두 항목 포함되면 1점
  ㉠ (가): 우울하고 고독하다 (고요하고 안정된 마음을 회복하였다)
  ㉡ (나): 안타깝고 답답하다
  • 이와 유사한 정서를 제시할 경우에도 정답 처리

② 대상에 대한 시적 자아의 정서가 다르게 드러났다. → 아래의 각 항목마다 1점 (총 2점)
- ㉠ (가) 낯설고 황량한 항구는 '나'로 하여금 정착할 수 없음을 깨닫게 하여 우울하고 고독하게 만든다. (하지만 정박해 있는 배들이 현실을 응시하는 고요하고 안정된 마음을 회복하게 한다.)
- ㉡ (나) 눈 쌓인 겨울밤의 골목길은 '나'로 하여금 사랑하는 사람의 부재를 새삼 느끼게 하면서, 이별을 강요하고 이별로 인한 슬픔마저도 용납하지 않는 현실에 안타깝고 답답한 마음을 갖게 된다.
- 유사한 정서로 판단될 경우 허용. 시적 분위기를 만드는 소재(항구, 골목길 등)와 시적 자아의 정서를 연결짓는 경우 정답 처리
- '시적 자아의 정서를 밝혔다'의 항목과 일치하더라도 중복하여 점수 부여

③ 두 작품의 공통점이나 차이점을 밝혀 답하였다. → 아래의 항목 중 어느 하나가 포함되면 1점
- ㉠ (가)와 (나)는 모두 불안하고 억압적인 현실을 배경으로 하고 있다.
- ㉡ (가)는 존재론적 차원에서 (나)는 사회적 차원에서 문제 상황을 받아들이고 있다.
- ㉢ (가)의 시적 자아는 자신의 감정을 드러내려 하지 않고 있지만, (나)의 시적 자아는 자신의 절박한 심정을 드러내고 있다.
- ㉣ (가)의 시적 자아에게 현실은 긍정할 만한 것으로 회복되고 있으나, (나)의 시적 자아에게는 억압적인 것으로 존재한다.
- ㉤ (가)의 '항구'와 (나)의 '골목길'은 시적 자아의 심정을 대리 표현하는 매개체이다.
- ㉥ 단, '유사한 시적 상황'을 소재 차원에서 밝힌 것은 해당 안 된다. (겨울, 밤, 눈 등의 소재가 공통적이라는 지적은 정답으로 인정하지 않음. 발문에서 이미 전제하고 있기 때문임)

### 출제기관 제시답안

(가)와 (나)는 인적 없는 황량한 겨울밤의 시적 공간을 배경으로 하고 있다. 항구는 방랑과 안주의 이중성을 지닌 공간이며, 골목길은 만남과 이별의 공간이다. 이곳에서 두 시적 자아는 모두 홀로 있다. (가)의 시적 자아는 피로한 현실의 삶으로부터 떠나 안식을 얻고자 하나, 안주할 수 없는 항구라는 공간이 그를 불안하고 우울하게 만든다. (그때 정박 중인 배의 용골이 그에게 삶을 응시하고 도전하라며 용기를 줌) (나)의 시적 자아에게 현실은 좀 더 사회적인 문제 상황이다. 그는 가난으로 인해 사랑하는 이와 이별하였다. 그에게 현실은 냉정할 뿐 아니라 억압적이기까지 하다. 슬퍼할 수 있는 감정조차 용납하려 하지 않는다. 이로 인해 시적 자아는 답답하고 안타까운 정서에 빠지게 된다.

### 예상답안

(가)의 시적 화자의 정서는 떠도는 삶의 외로움과 고독함, 막막함, 방황하는 마음 등이다. (나)의 시적 화자의 정서는 가난으로 인한 안타까움과 서글픔, 외로움이 드러나지만, 한편으로 가난한 삶에 대한 따뜻한 동정 또는 연대 의식을 담고 있다.

(가)에서 그러한 정서가 나타나게 된 까닭은 '정박 중의 어두운 용골(龍骨)들이 / 모두 고개를 들고 / 항구의 안을 들여다 보고 있었다'는 부분에서 잘 드러나는데, 정착하지 못하고 잠시 머물러 있는 배가 정착을 소망하는 마음을 드러내고 있다. (가)의 이러한 정서는 개인적 상황으로 인한 방황이며, 이런 추상적인 내면의 고뇌를 외면적 풍경으로 드러내었다.

(나)에서 가난은 '눈쌓인 골목길', '육중한 기계 굴러가는 소리'에서 드러나고, 또 '가난하기 때문에 이것들을 / 이 모든 것들을 버려야 한다는 것을.'이라는 부분과 반복되는 역설적 의문형의 사용에서 드러나며, 또 '이웃의 한 젊은이를 위하여' 라는 부제에서 그것을 따뜻한 마음으로 응시하는 시적 화자가 드러난다. (나)의 이러한 정서는 사회적인 성격이 드러나며, 구체적인 가난을 통해 소외된 삶에 대한 따뜻한 연대 의식을 보여준다.

2. 문학 작품을 더욱 잘 이해하고 감상하게 하려는 목적으로 창작 교육을 하려고 한다. (나) 작품의 창작 방법을 다음과 같이 추출하여, 이 방법에 따라 창작 수업을 할 때, 교사가 지도해야 할 시 쓰기의 유의점과 그 이유는 무엇인지 기술하시오. [3점]

| ① | 창작 방법 | 감정 이입을 통해 주인공의 절박한 심정을 드러낸다. |
|---|---|---|
| | 유의점 | |
| | 이유 | |
| ② | 창작 방법 | 유사한 소재를 병렬 배치하여 시적 율동감을 확보한다. |
| | 유의점 | |
| | 이유 | |

### 출제기관 채점기준

※ 점수 부여
- 3점 - ①, ② 모두 창작 방법으로부터 추론할 수 있는 유의점과 이유를 바르게 기술한 경우
- 2점 - ①, ② 모두 창작 방법으로부터 추론할 수 있는 유의점을 바르게 기술하였으나, ①, ② 중 어느 하나에서 그 이유를 바르게 기술하지 않은 경우
- 1점 - ①, ② 모두 창작 방법으로부터 추론할 수 있는 유의점을 바르게 기술하였으나, 두 가지 모두 그 이유를 바르게 기술하지 않은 경우
- 1점 - ①이나 ② 중 어느 하나에서 창작 방법으로부터 추론할 수 있는 유의점과 이유를 바르게 기술한 경우
- 0점 - 답안을 작성하지 않은 경우
- 0점 - 답안을 작성하였으나, 창작 방법으로부터 추론하기에 적합하지 않은 유의점과 이유를 기술한 경우

### 출제기관 제시답안

| ① | 창작 방법 | 감정 이입을 통해 주인공의 절박한 심정을 드러낸다. |
|---|---|---|
| | 유의점 | 시에서 시적 자아(혹은 화자)의 정서는 시적 형상화를 통해 표현되어야 한다. |
| | 이유 | 시적 자아에 대한 지나친 몰입은 주관의 과잉에 따른 감상주의로 이어질 수 있다. |
| ② | 창작 방법 | 유사한 소재를 병렬 배치하여 시적 율동감을 확보한다. |
| | 유의점 | 병렬 배치되는 시어들 간에서 시적 긴장감을 유지하고 이를 통해 새로운 의미를 생성할 수 있도록 시어 선택에 유의해야 한다. |
| | 이유 | 시어를 단순히 나열하여 시적 긴장감을 떨어뜨리는 것은 오히려 압축적이고 함축적인 시의 특성에 위배된다. |

### 예상답안

| | | |
|---|---|---|
| ① | 창작 방법 | 감정 이입을 통해 주인공의 절박한 심정을 드러낸다. |
| | 유의점 | 자신(시인)의 정서와 관련성이 있고 참신한 대상물을 찾아 감정을 투영한다. |
| | 이유 | 관련성이 깊은 대상이어야 그 정서에 독자들이 깊이 공감할 수 있고, 참신해야 더 깊은 감동을 주기 때문이다. |
| ② | 창작 방법 | 유사한 소재를 병렬 배치하여 시적 율동감을 확보한다. |
| | 유의점 | 시와 산문의 차이점을 알게 하고, 율동감을 형성하는 방법을 알게 한다. |
| | 이유 | 시에서 율동감은 중요한 요소이며 그것을 형성하는 방법을 알아야 좋은 시를 쓸 수 있기 때문이다. |

### 보충답안

① 유의점 : 감정을 대상물(다른 인간)에 투영하여 표현하도록 지도한다.
   이유 : 시에서는 감정을 직접적으로 표출하지 않고, 형상화한다.
② 유의점 : 소재를 다양한 순서로 병렬 배치해 본다.
   이유 : 소재를 어떻게 배열할 때, 율동감이 더 잘 살아나는지 알 수 있기 때문이다.

## 작품 4  파장(罷場) (창작과 비평, 1970년)

못난 놈들은 서로 얼굴만 봐도 흥겹다.
이발소 앞에 서서 참외를 깎고
목로에 앉아 막걸리를 들이키면
모두들 한결같이 친구 같은 얼굴들
호남의 가뭄 얘기 조합 빚 얘기
약장사 기타 소리에 발장단을 치다 보면
왜 이렇게 자꾸만 서울이 그리워지나
어디를 들어가 섰다라도 벌일까
주머니를 털어 색시집에라도 갈까
학교 마당에들 모여 소주에 오징어를 찢다
어느새 긴 여름해도 저물어
고무신 한 켤레 또는 조기 한 마리 들고
달이 환한 마찻길을 절뚝이는 파장(罷場)

## ■ 핵심정리

- ▷ **갈래** 자유시, 서정시
- ▷ **성격** 서정적, 사실적, 비판적, 한탄적, 향토적
- ▷ **어조** 삶의 애환과 절망감을 느끼는 어조
- ▷ **표현** ① 시간의 경과에 따른 압축적 묘사를 하고 있음
  ② 사실적 어휘(비속어의 직설적 표현) 사용
  ③ 4음보 중심의 경쾌하고 투박한 리듬
- ▷ **제재** 장터의 서민 모습, 파장
- ▷ **주제** ① 황폐화되어 가는 농촌 현실을 살아가는 농민들의 애환과 인고(忍苦)의 생활 모습
  ② 농촌의 경제적 궁핍과 농민의 애환

## 이해와 감상

### 1 짜임 분석

- 1~4행 – 농민들의 공동체적 삶에 대한 애정
- 11~13행 – 파장 이후의 애달픈 귀가의 모습
- 5~10행 – 농민들이 겪는 어려움에 대한 탄식

### 2 작품감상의 구조

| 구성 요소 | 구성 요소의 파악 | 그것이 지닌 의미·효과 | 주제와의 관련성 |
|---|---|---|---|
| 내용 요소 | ① 제재 | 장터에서 본 서민의 모습을 통해 주제를 드러내었다. | 황폐화되어 가는 농촌 현실을 살아가는 농민들의 애환과 인고의 생활 모습 |
| | ② 리얼리즘 시 | 농촌이 황폐화된 현실과 그 속에서 살아가는 농민의 모습을 전형적으로 그려내었다. | |
| | ③ 내용 전개 | 장터의 이곳저곳을 돌아다니며 사람들을 만나고, 음식과 술을 나누는 모습이 제시되어 장터 풍경을 잘 드러냈다. | |
| | ④ 시대 배경 | 1960~1970년대 산업화로 인해 농촌이 황폐화 된 현실에서 농민의 삶의 모습을 드러냈다. | |
| 형식 요소 | ① 구성 | 시간의 흐름에 따른 추보식 구성을 통해 장날의 모습을 잘 드러내었다. | |
| | ② 4음보 | 4음보 중심의 경쾌하고 투박한 리듬으로 운율을 형성했다 | |
| 표현 요소 | ① 사실적 어휘 | 비속어의 직설적 표현을 통해 독자들에게 더욱 현실감 있게 다가온다. | |
| | ② 상징 | '못난 놈', '절뚝이는' 등을 통해 민중들의 삶이 현실을 효과적으로 드러냈다 | |

### 3 감상의 길잡이

이 시는 신경림의 대표작 「농무」와 같은 경향의 시로 농촌의 현실을 소재로 하고 있는 작품이다. 시골장의 개장과 파장이라는 시간적 전개 상황을 통하여 흥겨운 만남에서 울적한 심정을 표현하고 있다. 화자의 기존의 삶은 1~4행에서 보여지듯이 인정이 넘치는 농촌을 토대로 하고 있는 삶이다. 못난 놈들의 어울림, 친구 같은 사람들과의 얘기가 있는 세상이다. 장터에 나서면 다정다감한 동료들을 만나지만 서로 이야기를 나누다 보면 어느새 서로의 마음이 무거워지는 농촌의 궁핍한 현실을 맞닥뜨리게 되는 것이다. 가뭄과 빚 이야기를 나누며 화자는 서울을 그리워한다. 이것은 도시를 그리워한다는 것이기보다는 농촌의 경제적 궁핍함으로 인하여 도피하고자 하는 심리로 받아들일 수 있다. 인정의 유무를 떠나서 도시는 적어도 궁핍함을 주지는 않기 때문이다. 인간들의 다정한 교류와 농촌의 소박한 정서를 포기할 정도로 심각해진 농촌 사회

현실은 화자로 하여금 노름이나 주색질로 삶을 자포자기하게 만드는 상황에까지 이르게 한다. 파장 이후 고무신과 조기를 사 들고 귀가하는 화자의 모습에서 농촌에서 살아가는 농민들의 아픔과 애환을 엿보게 되는데, 이러한 절망적 상황을 시인은 '절뚝이는'으로 표현하여 농촌 현실의 불구성을 시적으로 형상화하고 있다.

## ■ 중요 내용 정리

### 01 화자의 태도에 따른 내용의 구조

이 시는 어느 시골 장터에서 만난 농민들의 애환을 시간의 경과에 따라 진솔하고 토속적인 묘사로 압축하여 표현한 작품이다. 이야기를 지니는 시인의 대표작 중의 하나로 향토적인 정취를 서정적으로 잘 형상화하고 있다. 하나의 연으로 구성되어 있으나, 이야기의 전개상 세 부분으로 나눌 수 있으며, 일상적인 언어의 적절한 구사를 통하여 민요적 리듬 의식을 느끼게 하는 시이기도 하다.

처음 부분은 1~4행으로 농민들이 그들의 공동체적 삶에 대해 갖는 애정을 보여 준다. '참외, 선술집, 막걸리' 등에서 '모두들 친구 같은 얼굴들'이 되는 그들에게서 참으로 따뜻한 인간애를 느낄 수 있다. 그러므로 '못난 놈들'은 자기비하(自己卑下)가 아니라 친함에서 오는 동류애(同類愛)의 표현이다.

중간 부분은 5~9행으로 농민들이 겪고 있는 현실의 어려움을 표출하고 있다. '가뭄, 조합 빚' 등의 현실적 문제로 상경(上京)에 대한 미련을 버리지 못하는 화자의 모습에서 이농(離農)의 심각성을 유추할 수 있다. '떠남'의 의식은 기존의 '못난 놈들'의 인정이 넘치는 농촌의 삶을 폐기하는 것이다. 왜냐하면 도회는 인정이 없고 삭막하지만 적어도 경제적인 궁핍함을 주지는 않기 때문이다. 이러한 농촌의 경제적 황폐화 현상은 농민들에게 노름과 토색(討索)질 같은 자포자기의 절망을 몰아왔다.

끝 부분은 10~13행으로 현실을 수용하고 그 아픔을 감내하고자 하는 화자의 모습을 보여 준다. 화자는 '소주에 오징어를 찢으며' 자신의 삶의 터전을 침해하는 현실을 떠나고 싶었던 유혹을 물리치고, 현실을 인고하며 수용한다. 화자의 앞길을 비춰 주는 달빛은 밝은 내일을 암시하지만, 황폐화되어 가는 농촌 현실을 '절뚝이는' 것으로 나타내고 있다.

### 02 「농무」와 「파장」의 화자 비교

「농무」에서 '농무'는 분노와 슬픔을 표출하는 수단이지만, 그것으로 농촌의 붕괴 현실이 달라지지는 않는다. 마찬가지로 「파장」에서도 농민들의 순박한 인정과 공동체의 모습이 나타나 있지만 '가뭄'과 '조합 빚'에 힘겨워하고 '서울'을 그리워하고 있음을 보여 준다. 화자는 농사의 어려움으로부터 벗어나기 위한 탈출구로써, 1970년대 농촌의 보편적 사회 현상인 상경(上京)을 생각하고 있다.

## 예상문제

※ (1 ~ 2) 다음 글을 읽고 물음에 답하시오.

(가)
    못난 놈들은 서로 얼굴만 봐도 흥겹다.
    이발소 앞에 서서 참외를 깎고
    목로에 앉아 막걸리를 들이키면
    모두들 한결같이 친구 같은 얼굴들
    호남의 가뭄 얘기 조합 빚 얘기
    약장사 기타 소리에 발장단을 치다 보면
    왜 이렇게 자꾸만 서울이 그리워지나
    어디를 들어가 섰다라도 벌일까
    주머니를 털어 색시집에라도 갈까
    학교 마당에들 모여 소주에 오징어를 찢다
    어느새 긴 여름해도 저물어
    고무신 한 켤레 또는 조기 한 마리 들고
    달이 환한 마찻길을 절뚝이는 파장(罷場)

                                                                                                                                                                    – 신경림, 「파장(罷場)」

(나)
    막차는 좀처럼 오지 않았다.
    대합실 밖에는 밤새 송이눈이 쌓이고
    흰 보라 수수꽃 눈시린 유리창마다
    톱밥난로가 지펴지고 있었다.
    그믐처럼 몇은 졸고
    몇은 감기에 쿨럭이고
    그리웠던 순간들을 생각하며 나는
    한 줌의 톱밥을 불빛 속에 던져 주었다.
    내면 깊숙이 할 말들은 가득해도
    청색의 손바닥을 불빛 속에 적셔 두고
    모두들 아무 말도 하지 않았다.
    산다는 것이 때론 술에 취한 듯
    한 두름의 굴비 한 광주리의 사과를
    만지작거리며 귀향하는 기분으로
    침묵해야 한다는 것을
    모두들 알고 있었다.
    오래 앓은 기침 소리와
    쓴 약 같은 입술 담배 연기 속에서
    싸륵싸륵 눈꽃은 쌓이고
    그래 지금은 모두들

> ㉠눈꽃의 화음에 귀를 적신다.
> 자정 넘으면
> 낯설음도 뼈아픔도 다 ㉡설원인데
> 단풍잎 같은 몇 잎의 차창을 달고
> 밤 열차는 또 어디로 흘러가는지
> 그리웠던 순간들을 호명하며 나는
> 한 줌의 눈물을 불빛 속에 던져 주었다.
>
> — 곽재구, 「사평역(沙平驛)에서」

**1.** 위의 두 작품을 대상으로 '문학과 현실 상황'에 대해 교수·학습한다고 할 때, 아래 〈조건〉에 맞게 답하시오.

〈조건〉
1. (가)와 (나)에서 시대 배경이 가장 구체적으로 드러나는 부분을 찾아 제시할 것
2. (가)와 (나)의 현실 상황은 암담하지만, 암담하지 않게 드러낸 요소를 밝힐 것
3. 힘겨운 시대 상황을 그려낸 이 작품들이 감동을 주는 이유를 밝힐 것

### 예상답안

1. (가) ① '호남의 가뭄 얘기 조합 빚 얘기'
      ② '왜 이렇게 자꾸만 서울이 그리워지나'
   (나) ① '침묵해야 한다는 것을 / 모두들 알고 있었다.'
          (= 모두들 아무 말도 하지 않았다.)
      ② '그믐처럼 몇은 졸고 / 몇은 감기에 쿨럭이고'
2. (가) ① 민중들의 연대의식 (= 작은 것도 나누며 어울림)
      ② 고무신과 조기를 사서 가족에게 돌아가는 농민의 마음
   (나) ① 가난한 민중들에 대한 사랑과 동정의 마음 (연대의식)
      ② 어려운 현실을 서정적이고 아름답게 표현
3. ① 구체적 현실을 드러내어 현장감과 진정성을 느끼게 함
   ② 힘든 현실에 대해 깊이 생각하여 감정의 정화를 얻게 함

**2.** (나) 작품의 '기본 학습'에서 ㉠은 '이미지(감각)', ㉡은 '사용된 표현'을 다루었다고 할 때, 위의 ㉠과 ㉡의 내용과 관련하여 '심화 학습'에서 다루어야 할 적절한 학습 목표 1가지씩을 제시하라.

### 예상답안

㉠ 공감각적 표현이 이루어지는 원리에 대해 말할 수 있다.
   = 다른 작품에서 공감각적 표현이 사용된 부분을 찾아 발표할 수 있다.
   = 공감각적 표현이 사용된 효과에 대해 말할 수 있다.
   = 공감각적 표현과 주제와의 관계에 대해 말할 수 있다.
㉡ 상징이 이루어지는 원리에 대해 말할 수 있다.
   = 다른 작품에서 상징이 사용된 부분을 찾아 발표할 수 있다
   = 상징이 사용된 효과에 대해 말할 수 있다.
   = 상징과 주제와의 관계에 대해 말할 수 있다.

## 정희성 鄭喜成

1945 ~
시인. 경남 창원 출생

▷ **작가의 특징**
1. 1970년 〈동아일보〉 신춘문예에 「변신」이 당선되어 등단했다.
2. 소외된 사람들에 대한 애정과 안타까움을 차분하고 절제된 목소리로 표현하였다.
3. 엄숙한 선비의 목소리와 구체적 현실에 몸담은 노동자의 목소리를 낼 줄 아는 시인이란 평을 받고 있을 만큼 폭넓은 시를 쓰고 있다.

▷ **주요 작품**
시집: 『답청』(1974), 『저문 강에 삽을 씻고』(1978), 『한 그리움이 다른 그리움에게』(1991), 「시를 찾아서」(2001) 등

### 작품 1  저문 강에 삽을 씻고 (문학사상 65호, 1978년)

흐르는 것이 물뿐이랴.
우리가 저와 같아서
강변에 나가 삽을 씻으며
거기 슬픔도 퍼다 버린다.
일이 끝나 저물어
스스로 깊어 가는 강을 보며
쭈그려 앉아 담배나 피우고
나는 돌아갈 뿐이다.
삽 자루에 맡긴 한 생애가
이렇게 저물고, 저물어서
샛강 바닥 썩은 물에
달이 뜨는구나.
우리가 저와 같아서
흐르는 물에 삽을 씻고
먹을 것 없는 사람들의 마을로
다시 어두워 돌아가야 한다.

### 핵심정리

▷ **갈래** 자유시, 서정시
▷ **성격** 성찰적, 회고적
▷ **어조** 절제되고 단아한 어조
▷ **특징** 구체적 삶의 경험을 자연물의 이미지와 결합시킴
▷ **제재** 강물
▷ **주제** ① 강물에 삽을 씻으며 느끼는 인생의 의미
② 노동자의 삶의 애환과 그 속에서 희망을 찾는 의지

## 이해와 감상

### 1 짜임 분석

- 1 ~ 4행 – 강물에서 인생 의미 발견
- 9 ~ 12행 – 어려운 현실 속 희망의 발견
- 5 ~ 8행 – 삶의 무력감과 실의감
- 13 ~ 16행 – 희망을 안고 다시 삶의 현장으로 돌아감

### 2 작품감상의 구조

| 구성 요소 | 구성 요소의 파악 | 그것이 지닌 의미·효과 | 주제와의 관련성 |
|---|---|---|---|
| 내용 요소 | ① 시적 화자 및 상황 | 이 시의 시적 화자는 '노동자'로 노동을 끝내고 자신의 삶을 슬퍼하다가 희망을 느끼며 삶의 현장으로 돌아간다. | 노동자의 삶의 애환과 그 속에서 희망을 찾는 의지 |
| | ② 내용 전개 | 노동자로 평생을 살아온 자신의 삶에 비애를 느끼지만, 적극적 현실 극복 의지가 없고, 자신에게 가난만 안겨주는 노동일지라도 그것을 포용하려는 태도가 드러난다. | |
| | ③ 노동시 | 노동자의 삶의 애환을 드러내어, 노동 문제를 제기한 데 의의가 있다. | |
| 형식 요소 | ① 기승전결의 구조 | 4행씩 끊어서 보면, 기승전결의 구조가 드러나 내용을 논리적으로 드러내고 있다. | |
| | ② '절망 – 희망'의 구조 | 처음에 절망을 드러내다가(1 ~ 8행), 다시 희망을 드러내었다. (9 ~ 16행) | |
| 표현 요소 | ① 비유 | 삶의 모습을 자연물에 빗대어 형상화하였다. | |
| | ② 상징 | '강', '담배', '삽', '샛강바닥 썩은 물', '달' 등은 상징으로 의미를 효과적으로 드러낸다. | |

### 3 감상의 길잡이

이 시는 민중시가 나아가야 할 하나의 모범 답안이라고 할 정도로 극찬을 받은 작품이다. 정희성은 첫 시집 『답청』에서 전통적인 것, 신화적인 것에 대한 현대적 인식의 가능성을 작품을 통해 점검하기도 하고, 언어의 압축을 꾀하면서 서정성의 진폭을 시험하기도 하다가, 두 번째 시집 『저문 강에 삽을 씻고』에 이르러 그간의 절제된 형식에서 벗어나 형식의 자유로움과 감수성의 역동적 요건을 확보하며 마침내 현실의 한 가운데에 서게 된다. 이 시집에서 그의 시 세계는 두 가지의 방향으로 나타나는데, 그 하나는 시적 진실성에 대한 관심이며, 다른 하나는 민중적인 삶에 대한 애착이다. 이 두 가지 지향은 그의 시를 일상적인 삶의 문제와 현실의 국면에 더 많은 관심을 기울이게 만든 원동력이 된다.

이 시는 중년 노동자의 고단한 삶을 통해 인생의 궁극적 가치를 말하고 있음에도 불구하고, 시인은 자신의 감정을 철저히 통제하고 있을 뿐 아니라, 자기 스스로를 노동자의 처지에 밀착시킴으로써 민중시 계열의 많은 시들이 지닌 결함인 지식인 화자를 통해 목소리만 높이는 시적 어조의 불균형 문제를 말끔히 해소하고 있다는 점에서 주목된다. '샛강' 취로 사업장에서 날품을 파는 중년 노동자인 시적 화자는 하루분의 노동을 끝낸 저녁 무렵, '강변에 나가 삽을 씻으며' 인생의 의미를 발견하게 된다. 그는 '스스로 깊어가는 강'을 바라보며 '흐르는 것이 물뿐이' 아니라, 우리의 인생도 그와 같다고 생각한디. 쉼 없이 흐르는 강물처럼 잠시도 멈출 수 없는 것이 인생이라는 건강하고 활기찬 생각을 하면서도 그는 자신의 삶은 그러하지 못함을 깨닫는다. 보잘것없는 노동의 대가인 줄 알면서도, 또한 천대받는 일인 줄 알면서도 부양 가족들의 생존을 위해서는 어쩔 수 없이 이렇게 날품을 팔 수 밖에 없는 자신의 기막힌 삶을 돌아다보면서 그는 실의에 빠진다. 이렇듯 적극적인 현실 극복의 의지가 없는 그는 자신을 '삽자루에 맡긴 한 생애'라고 자학하며, 작업이 끝나면 그저 강가에 '쭈그려 앉아 담배나 피우고' 돌아가는 일이 전부이다.

그러나 '샛강 바닥 썩은 물에' 떠오른 달을 새삼 발견하면서 그는 지금까지의 절망적인 자아 인식 태도를 버리게 될 뿐 아니라, 비록 '먹을 것 없는 사람들의 마을'이지만, 왜 그곳으로 '돌아가야' 하는지를 비로소 알게 된다. 썩은 강물 속에 떠오른 달이지만, 그 달빛의 휘황함에서 그는 절망 속에서 희망을 찾아내게 된 것이며, 나아가 건강성을 회복하고 결연한 의지를 가슴에 담아내게 되는 것이다. 그러므로 마지막 구절이 단순히 '돌아간다'가 아닌, '돌아가야 한다'라는 당위적 종지형으로 마무리되고 있는 것이다. 한편, '삽'을 '씻는다'는 것은 노동자인 화자 자신의 생계 수단인 삽을 날카롭게 하여 밝은 미래를 앞당기겠다는 의지적 표현이라고 볼 수 있으며, 그와 같은 맥락으로 '돌아갈 뿐이다'와 '돌아가야 한다'는 구절 역시 모순된 현실 속으로 과감히 뛰어들겠다는 현실 극복 의지의 적극적 표명이라고 할 수 있다.

여기에다 또 한 가지 덧붙일 점은, 이 시가 환경 파괴의 위험성을 이미 20년이나 앞질러 통찰함으로써 '생태시' 또는 '환경시'로서의 전위적 역할을 하고 있다는 것이다. 즉, 1970년대의 왜곡된 근대화 과정에서 말미암은 자연과 인간의 괴리감 내지 환경 파괴의 위험성을 '저물어서 / 샛강 바닥 썩은 물에' 떠올라 물결에 흔들리는 쓸쓸한 달의 모습을 통해 극명히 보여주고 있는 것이다.

> **참고** '감상의 길잡이'와 다른 의견 – 좌절과 절망의 의미를 강조

1970년대 도시화, 산업화로 인해 소외된 도시 노동자의 삶을 차분한 어조로 노래하고 있다.

중년의 노동자인 화자가 하루 일을 끝내고 흐르는 강물에 삽을 씻으며 인생의 의미를 성찰하는 내용인데, 1~4행에서 고단한 하루의 노동을 끝낸 화자는 강물을 보며 삶의 슬픔을 포조하고 있다. 그러나 힘든 노동의 대가는 언제나 보잘것없다. 육체적 노동은 항상 천시당하기만 하고 노동자에게 무력감과 실의뿐이다. 5~8행에서는 적극적인 현실 극복의 의지 없이 체념하는 화자의 모습이 나타난다. 무력감과 실의에 빠진 모습이 '스스로 깊어 가는 강에서', '쭈그려 앉아 담배나 피우고', '돌아갈 뿐이다'의 시구에 드러난다. 9~12행은 젊어서부터 중년의 나이까지 그의 노동자 생활이 아무런 발전 없이 반복되어 왔음을 말해 준다. '썩은 물'은 그 세월동안 세상은 계속 썩어 왔음을 의미하는 것으로, 화자가 처한 암담한 현실을 보여 준다. 13~16행에서 화자는 그래도 시간이 되면 달은 어김없이 뜨고, 그 썩은 강 위에 뜨는 달과 같이 가난한 집으로 다시 돌아갈 수밖에 없음을 깨닫고 먹을 것 없는 사람들의 마을로 다시 돌아가고 있다. 이런 시적 화자의 모습에는 자신에게 가난만 안겨주는 노동일지라도 그것을 포용하려는 태도가 드러나 있다.

## 중요 내용 정리

### 01 이 시의 문학사적 의의

우리의 근대화 과정 속에서 소외된 사람들의 전형은 바로 노동자들이다. 따라서 그들의 울분을 대신하고 희망을 제시하기 위한 참여시들이 많이 등장하였다. 그러나 그런 시들은 생경한 시어와 정치 구호와 같은 내용으로 많은 비판을 받기도 한다. 그런데 이 시는 민중의 삶의 현장을 시적으로 형상화했다. 일상 생활의 영역에서 삶의 진실을 추구하면서 시적 역동성을 확보하고 있다. 차분하면서도 담담한 목소리로 우리의 노동 현실을 통해 삶의 가치를 묻고 있어 참여시가 나아가야 할 한 방향을 제시한 작품으로 평가 받고 있다.

### 02 '강물'의 이미지

이 시는 '강물'의 이미지가 화자의 세계 인식과 병행하여 전개되고 있다. 강물의 이미지는 곧바로 화자의 세계관을 대변한다. '강'은 도회를 흐르고 있으며, 시간적 배경은 해질녘이다. 이때의 강은 맑게 흐르는 강물이 아니라 무겁게 흐르는 강물이며 썩은 강물이다. 이러한 강물이 흐르듯이 소외받은 소시민의 삶도 정체성을 지니지 못하고 빈곤 속에 그렇게 흘러간다. 그들의 삶은 애환을 가슴 가득 안은 채 강물처럼 흘러간다. 화자는 하루의 노동이 끝난 뒤 삽을 씻으며 삶의 슬픔 또한 삽을 씻듯 씻어 본다. 그러나 그것은 그렇게 씻겨 나가는 아픔이 아니다. 그것은 개인 차원의 문제가 아니며, 일시적 현상도 아니다. 오랫동안 누적되어 온 생활고이며, 쉽게 해결될 성질의 것이 아님을 화자는 스스로 인정한다. 그렇기 때문에 노동자의 비애감은 강물처럼 무겁게 드리우는 것이다.

### 03 산업화로 인한 소외 현상을 그린 작품

1970년대 산업화 시대를 거치면서 도시화, 산업화로 인한 소외 계층이 발생하게 되자, 이를 형상화한 작품들이 많이 등장하게 되었다.

예 소설: 조세희의 「난장이가 쏘아올린 작은 공」, 황석영의 「삼포 가는 길」
시: 김광섭의 「성북동 비둘기」, 신경림의 「농무」 등

## 작품 2  길 (마침내 시인이여, 1984년)

아버지는 내가 법관이 되기를 원하셨고
가난으로 평생을 찌드신 어머니는
아들이 돈을 잘 벌기를 바라셨다.
그러나 어쩌다 시에 눈이 뜨고
애들에게 국어를 가르치는 선생이 되어
나는 부모의 뜻과는 먼 길을 걸어왔다.
나이 사십에도 궁티를 못 벗은 나를
살 붙이고 살아온 당신마저 비웃지만
서러운 것은 가난만이 아니다.
우리
맘 편하게 살도록 가만 두지 않는다.
세상 사는 일에 길들지 않은
나에게는 그것이 그렇게도 노엽다.
내 사람아, 울지 말고 고개 들어 하늘을 보아라.
평생에 죄나 짓지 않고 살면 좋으련만,
그렇게 살기가 죽기보다 어렵구나.
어쩌랴, 바람이 딴 데서 불어와도
마음 단단히 먹고
한 치도 얼굴을 돌리지 말아야지.

### 핵심정리

▷ **갈래** 자유시, 서정시
▷ **성격** 자전적, 현실 비판적, 의지적
▷ **제재** 시인의 삶
▷ **주제** 의로운 삶에 대한 다짐과 의지

## 이해와 감상

### 1 짜임 분석
- 1~3행 – 화자가 세속적인 가치를 추구하며 살기를 바라셨던 부모님
- 4~6행 – 시인과 선생의 삶을 살아온 화자
- 7~8행 – 가난한 화자를 비웃는 아내
- 9~13행 – 가진 것 없는 사람이 맘 편하게 살지 못하는 현실에 대한 노여움
- 14~19행 – 양심을 지키며 선하게 살아가겠다는 다짐

### 2 작품감상의 구조

| 구성 요소 | 구성 요소의 파악 | 그것이 지닌 의미·효과 | 주제와의 관련성 |
|---|---|---|---|
| 내용 요소 | ① 제재 | 길 – 이 시에서 말하는 길은 인생을 말하는 것으로 부모님이 원하는 것과 내가 살고자 하는 것으로 나눌 수 있다. | 자신의 가치관에 따라 양심을 지키며 선하게 살아가겠다는 다짐 |
| | ② 시적 화자 및 상황 | 부모님의 바람을 저버리고 교사가 된 시적 화자는 가난과 부조리한 현실이 괴롭지만, 굳은 의지로 의로운 삶을 다짐하고 있다. | |
| 형식 요소 | ① 시상의 전개 | 길의 의미를 '과거 – 현재 – 미래'로 나누어 주제를 효과적으로 그려내었다. | |
| | ② 시어의 특징 | 평이한 시어와 일상적인 말투를 사용하여 시상을 전개하였다. | |
| 표현 요소 | ① 대조 | 세속의 길과 자신이 가야할 길을 대조하여 표현함으로써 자신이 가는 길이 고난과 시련의 길임을 밝히고 있다. | |
| | ② 상징 | '하늘'은 의로운 삶, 정의로운 삶의 표상이고 '바람'은 유혹하는 존재로서 이러한 상징을 통해 의미를 효과적으로 드러내었다. | |

### 3 감상의 길잡이

　　이 시는 시인이 자신의 삶의 과정을 소재로 하여 세속적 가치가 아닌 진정한 삶의 가치를 추구하는 삶을 살겠다는 의지를 표현한 작품이다. 가난한 성장 과정을 거친 나에게 부모님은 권력이나 명예, 부를 얻을 수 있는 직업인이 되기를 원하였다. 그러나 나는 부모의 뜻을 거스르고 국어 교사가 되어 가난한 시인으로 살아간다. 실상 내가 원하는 것은 권력이나 명예, 부 같은 것이 아니고, 스스로 자족하며 선하게 사는 것인데, 세속화된 가치관이 팽배한 사회에서는 가난하지만 의롭고 선하게 산다는 것이 오히려 비웃음의 대상이 된다. 그래서 화자는 '그것이 그렇게도 노엽다'고 말한다. 세속적인 현실의 삶에 대한 화자의 노여움은 단지 자신의 삶에만 해당하는 것이 아니라 '우리들의 시대'를 향해 있다. 그것은 특정한 개인의 문제가 아닌 사회 구조의 문제인 것이다. 그래서 세상의 어떤 유혹이 닥쳐와도 '마음 단단히 먹고' 의롭고 선한 삶을 살아가겠다는 화자의 다짐과 의지는 현실에 대한 비판의 목소리로, 세속적이 가치를 추구하고 사는 우리들에게 준열한 꾸짖음으로 확장되어 울리는 것이다.

## 중요 내용 정리

### 01 시적 화자의 '길'

　　시적 화자의 부모님은 시적 화자가 '법관'이나 큰 부자가 되어 권력과 부의 길을 가기를 원하였다. 그렇지만, 시적 화자가 택한 길은 '애들에게 국어를 가르치는 선생'이었다. 나이 사십이 되어도 궁티를 벗지 못해 아내에게도 핀잔을 받지만, 시적 화자는 '가난'만을 서러워하지는 않고 있다. 시적 화자는 교사의 길을 걸으면서 '평생에 죄나 짓지 않고 살기'를 원했지만, 현실은 '없는 사람이 없는 대로 맘 편하게 살도록 가만 두지 않'고, '고개 숙어 울도록' 만들고 있다. 시적 화자는 그런 현실이 서럽고 노여운 것이다. 시적 화자는 모진 현실에 흔들리지 않고 '마음 단단히 먹고 한 치도 얼굴을 돌리지 않고' 살아가겠다고 다짐하고 있다. 이것이 바로 시적 화자가 가고자 하는 '길'이다.

### 02 표현상의 특징

　　이 시의 시적 화자는 자신이 과거에 걸어온 길, 현재의 길, 그리고 앞으로 가야 할 미래의 길을 담담한 어조로 말하고 있다. 부모님의 소망을 빌어 세속의 사람들이 걸어가고자 하는 길과 그와 다른 길을 가야 하는 시적 화자의 마음을 대조해서 표현함으로써 자신이 가는 길이 고난과 시련의 길임을 밝히고 있다. 그럼에도 불구하고 시적 화자는 자신의 길을 굳건히 갈 것이라고 다짐하고 있다. 17행의 '어쩌랴'는 시조의 낙장의 형식을 차용한 것으로 세속의 유혹을 뿌리치고 안분지족의 삶을 살아갔던 옛 선조의 마음에 빗대어 자신이 가야할 길을 노래하고 있다.

## ▷ 조태일 趙泰一
1941 ~ 1999
시인. 전남 곡성 출생

▷ **작가의 특징**
1. 1964년 〈경향신문〉 신춘문예에 「아침선박」이 당선되어 등단했다.
2. 등단 시절부터 현실 의식이 강한 시를 써 오며, 사람답게 사는 세상을 노래하고 이를 방해하는 요소들에 대한 저항을 담았다.
3. 삶의 순결성을 파괴하는 제도적인 폭력에 맞서서 쓴 「식칼론」은 시대적 삶에 대응하는 시인의 자세와 역사 의식이 잘 반영된 작품이다.

▷ **주요 작품**
시집: 『아침 선박』(1965), 『식칼론』(1970), 『국토』(1975), 『가거도』(1983), 『연가』(1985), 『별 하나에 사랑과』(1986), 『자유가 시인더러』(1987), 『풀꽃은 꺾이지 않는다』(1995) 등

## 작품 1  국토 11 (국토, 1991년)

물과 물은 소리 없이 만나서
흔적 없이 섞인다.
차가운 대로 혹은 뜨거운 대로 섞인다.

바람과 바람도 소리 없이 만나서
흔적 없이 섞인다.
세찬 대로 부드러운 대로 섞인다.

빛과 빛도 소리 없이 만나서
흔적 없이 섞인다.
쏜살같이 혹은 느릿느릿 섞인다.

한 핏줄끼리는 그렇게 만나고 섞이는데
한 핏줄의 땅을 딛고서도

사람은 사람을 만날 수가 없구나.
사람이면서 나는 사람을 만날 수가 없구나.

### 핵심정리

▷ **갈래** 자유시, 서정시
▷ **성격** 상징적, 대조적, 염원적
▷ **제재** 물, 바람, 빛, 사람
▷ **주제** 남북통일에 대한 염원

## 이해와 감상

### 1 짜임 분석

대조에 의한 전개
- 1~3연 – 사물들의 자유로운 교류
- 4~5연 – 분단으로 인한 안타까움

### 2 작품감상의 구조

| 구성 요소 | 구성 요소의 파악 | 그것이 지닌 의미·효과 | 주제와의 관련성 |
|---|---|---|---|
| 내용 요소 | ① 시적 화자 및 상황 | 시적 화자는 사물들은 자유롭게 뒤섞이는데 우리 민족은 서로 분단되어 적대시하고 있는 현실을 안타까워하고 있다. | 남북통일에 대한 염원 |
| | ② 분단 극복 | 남북분단을 인식하고 그것을 극복하려는 지향을 담고 있다. | |
| 형식 요소 | ① 시상 전개 | 1~3연은 사물들의 자유로운 교류를, 4~5연은 분단으로 인해 만나지 못하는 현실을 드러내어 대조에 의해 주제를 드러냈다. | |
| | ② 비슷한 연의 반복 | 1~3연은 비슷한 연 구조를 반복하여 의미를 강조하고 독자들이 익숙한 리듬을 느끼게 한다. | |
| 표현 요소 | ① 상징 | '물, 바람, 빛'은 상징으로 의미를 효과적으로 드러낸다. | |
| | ② 의인화 | '물, 바람, 빛'을 의인화하여 그 만남을 강조하고 주제를 잘 드러내었다. | |

## 이성부 李盛夫

1942 ~
시인. 광주 출생

### ▷ 작가의 특징
1. 〈전남일보〉 신춘문예에 시가 당선되고 1961년 ≪현대문학≫에 「백주」, 「열차」 등이 추천되어 등단했다.
2. 왜곡된 현실에 대한 분노와 그로 인해 고통을 당하는 민중들에 대한 한없는 애정이 공존한다. — 타인의 삶을 억압하고 고통스럽게 만드는 역사적 현실에 대해 깊은 관심을 가지고 이를 극복하기 위한 시각으로 세상을 들여다본다.
3. 농촌의 현실과 고통을 정직하게 노래하고, 전통적 서정과 민중적 연대감이 담겨져 있다.

### ▷ 주요 작품
시집: 『이성부 시집』(1959), 『우리들의 양식』(1974), 『백제행』(1977), 『평야』(1982), 『빈 산 뒤에 두고』(1989), 『야간 산행』(1996) 등

## 작품 1  벼 (우리들의 양식, 1974년)

벼는 서로 어우러져
기대고 산다.
햇살 따가워질수록
깊이 익어 스스로를 아끼고
이웃들에게 저를 맡긴다.

서로가 서로의 몸을 묶어
더 튼튼해진 백성들을 보아라.
죄도 없이 죄지어서 더욱 불타는
마음들을 보아라. 벼가 춤출 때,
벼는 소리 없이 떠나간다.

벼는 가을 하늘에도
서러운 눈 씻어 맑게 다스릴 줄 알고
바람 한 점에도
제 몸의 노여움을 덮는다.
저의 가슴도 더운 줄을 안다.

벼가 떠나가며 바치는
이 넓디넓은 사랑,
쓰러지고 쓰러지고 다시 일어서서 드리는
이 피 묻은 그리움,
이 넉넉한 힘…….

## 핵심정리

▷ **갈래** 자유시, 서정시
▷ **성격** 예찬적, 상징적, 낭만적
▷ **표현** 대상을 의인화하여 주제를 형상화
▷ **제재** 벼
▷ **주제** ① 공동체에 대한 자기희생의 정신
　　　　② 민중의 강인한 생명력과 공동체적 유대

## 이해와 감상

### 1 짜임 분석
- 기(1연) – 벼의 공동체적인 삶의 모습
- 전(3연) – 벼의 자정(自淨) 능력
- 승(2연) – 벼의 강렬한 삶의 의지
- 결(4연) – 벼의 자기희생과 사랑

### 2 작품감상의 구조

| 구성 요소 | 구성 요소의 파악 | 그것이 지닌 의미·효과 | 주제와의 관련성 |
|---|---|---|---|
| 내용 요소 | ① 시적 화자 및 상황 | 시적 화자가 벼를 관찰하거나 벼에 대해 인식한 내용을 민중들의 삶과 관련지어 제시했다. | 민중의 강인한 생명력과 공동체적 유대 |
| | ② 소재 | 벼를 통해 공동체 의식에 바탕을 둔 민중의 모습을 드러내었다. | |
| 형식 요소 | ① '기–승–전–결' | 시 전체가 '기–승–전–결'의 구조 속에 주제를 형상화하고 있다. | |
| | ② 현재형 어미의 사용 | 현재형 어미를 통해 장면을 구체적이고 생생하게 보여주며, 각운으로 운율 형성에 기여하였다. | |
| 표현 요소 | ① 의인화 | '벼'를 민중으로 의인화하여 주제를 형상화하는데 효과적이다. | |
| | ② 상징 | '벼, 햇살, 이웃들, 가을 하늘, 바람 한 점, 피 묻은 그리움' 등이 상징이며 의미를 효과적으로 드러냈다. | |

### 3 감상의 길잡이

　　이 시는 '벼'라는 생명 표상을 통해 민족, 민중의 공동체 의식을 나타낸 작품으로, 비유와 상징의 기법으로써 주제를 형상화시키고 있다. 일반적으로 이성부의 시에는 분노와 사랑의 감정이 함께 담겨 있다. 분노를 담고 있다는 것은 그의 시선이 내면세계나 자연과 같은 서정보다는 사회 현실에 더 많은 관심을 두고 있음을 알게 된다. 그런 까닭에 그의 시는 흔히 참여시로 분류된다. 그의 시 속에는 지난 역사 속에서 가혹하게 짓밟히고 고통 받는 사람들의 삶을 껴안고자 하는 일관된 의지가 나타나 있다. 다시 말해, 타인의 삶을 억압하고 고통스럽게 만든 역사적 현실에 대하여 깊은 관심을 나타내고 있다. 그러므로 그의 시에는 억압과 소외의 현실에 대한 고발과 함께 패배감을 극복하려는 현실 극복의 적극적인 의지가 담겨 있다.
　　이 시의 핵심적 이미지인 '벼'는 공동체 의식에 바탕을 둔 민중, 민족의식과 생명 의지로 상징된다. '기–승–전–결'의 4연 구성의 이 시는 벼의 외면적 모습, 벼의 내면적 덕성, 벼의 내면적 태도, 벼에 대한 예찬의 과정에 따라 시상을 전개시키고 있다.
　　1연의 '햇살 따가워질수록 / 깊이 익어 스스로를 아끼고'라는 구절에 온갖 고난을 이겨낸 민중의 모습이 형상화되어 있으며, '깊이 익어 스스로를 아끼고 / 이웃들에게 저를 맡긴다'는 구절에는 겸손한 자세로 이웃과 더불어 사는 민중의 삶이 나타나 있다.

2연에서 보듯, 이러한 민중들이 '서로가 서로의 몸을 묶'었을 때, '더 튼튼해진 백성들'이 된다는 것은, 개인이 공동체가 될 때 비로소 민중의 저력이 발휘됨을 의미한다. 그들은 아무 '죄도 없이 죄지'은 것처럼 권력에 짓밟혀 숨죽이며 살아온 사람들이다. 그렇지만 사회적 힘이 강해질 때면 그들은 바람에 흔들려 춤을 추는 벼와 같이 가슴에 세상을 향한 강렬한 저항의 불길이 일어나며, 자신들의 떠나야 할 때는 소리 없이 떠날 줄도 알고 있다.

3연은 2연의 부연 단락으로 민중들이 어질고 현명한 존재임을 보여 주고 있다. 하늘로 표상된 절대자를 향하여 서러움을 달랠 줄도 알고, 시련이 닥쳐올 때면 노여움을 삭일 줄도 안다. 그러나 그들은 무엇보다도 불의의 사회 현실에 대해 저항할 줄 아는 '더운 가슴'이 용솟음치는 민중들임을 강조하고 있다.

4연에는 고난과 시련에도 불구하고 역사의 주체로 일어서는 강한 민중의 생명력이 함축되어 있다. 비록 벼는 피 흘리며 베어지지만, 자기희생을 통해 이룩한 '넓디넓은 사랑'에 만족하며 조용히 쓰러진다. 쓰러짐이 끝이 아니라, 새로운 시작임을 아는 벼의 귀한 희생을 거쳐 새로운 벼가 탄생되듯, 이러한 연속성 속에서 인간의 삶이 유지되는 것을 민중들은 안다. 그러므로 그들은 서로의 처지를 이해하고, 서로의 아픔을 위로하는 삶의 동반자로서의 공동체 의식을 강화함으로써 역사의 주체로 일어설 수 있는 강한 힘을 얻게 되는 것이다

**참고** 문학에 나타난 역사와 현실

문학은 스스로 어떠한 목적의 도구가 되기를 거부한다. 그러나 문학은 그것을 낳은 시대나 사회를 반영한다. 문학은 현실과 역사, 또는 모든 사회 현상과 만나면서 느끼고, 생각하고 판단하는 내용을 미적으로 형상화하는 것이기 때문에 그 내용 속에 직접적으로 역사나 현실의 문제가 중심 요소로 자리잡기도 한다. 특히 한 나라가 역사적으로 어려움에 직면했을 때 그 사회의 구성원으로서 시인은 무엇보다 그 문제에 관심을 가지고 그 문제를 문학의 내용으로 삼기도 한다. 문학의 현실 참여가 여기에서 이루어진다. 그러나 이러한 시들은 역사와 사회를 바라보는 날카로운 비판 의식과 더불어 시적 형상화가 뒤따르지 못할 때 생경한 구호나 단순한 문자의 나열에 떨어질 염려가 있다.

## ▣ 중요 내용 정리

### 01 「벼」와 이성부의 민중의식

「벼」에서 그는 시의 전통적인 형식이나 문법을 그대로 지키려는 매우 보수적인 미학을 견지하되 그 속에 담고 있는 내용은 매우 진보적인 성향을 띤다. 이 시는 공동체 의식에 기초한 민중 의식과 민족 의식, 생명 의식이 드러난 점에서 관심을 끈다. 이 점에서 이성부의 민족 의식, 민중 의식 그리고 생명 의식이 '벼'라는 상징을 통해서 잘 형상화된 작품이다.

시 「철거민의 꿈」 등에 보이는 빈궁과 노동 의식을 바탕으로 한 민중적 세계관이 이성부 시의 견고한 뼈대가 된다는 점에서 그의 노동사상과 민중적 세계관을 확인할 수 있다.

### 02 '벼'의 의미

우리 민족은 수천 년 간 '벼'를 재배해 왔다. 즉 '벼'는 우리와 오랫동안 지내왔으며, 김수영의 「풀」에서 '풀'과 마찬가지로 우리 민족적 삶의 뿌리이자 역사의 저력을 상징하는 데 적합하다. 시적 화자는 '벼'의 서로 어우러져 기대는 모습으로부터 공동체적 유대와 신뢰감을, 서로의 몸을 묶고 떠나는 모습으로부터 민중의 저력과 희생의 모습을, 서러움을 달래고 노여움을 삭이는 모습으로부터 민중의 현명함과 지혜로움을 발견하고 있다.

### 03 구성상의 특징

이 시가 '벼'의 특성을 통해 우리 민중의 생명력을 노래하고 있음을 고려해서 시상의 흐름을 파악해야 한다. 시적 화자는 들판의 '벼'의 모습을 보고 우리 민중의 모습을 떠올리고 있다. 시적 화자는 우선 벼의 외면에 주목한 다음 벼의 내면으로 그 시선을 옮기고 있다. 1연에서는 서로 몸을 기대어 있는 듯한 벼의

외면적 모습에서 우리 민중의 모습을 발견한 후, 2~4연에서는 벼의 내면에 초점을 두어 우리 민중의 강인한 생명력(2연), 지혜로움(3연), 사랑과 그리움(4연)을 서술하고 있다.

### 04 유추에 의한 주제의 형상화

'벼'의 다양한 형상을 통해 민중의 삶의 모습을 형상화한 시로, 유추에 의한 표현 방식을 사용하고 있다. 즉, 개체 하나하나로는 연약한 것 같으나 묶임으로써 큰 힘을 발휘하는 '벼'라는 자연물을 통해 수천 년 동안 눈물과 땀, 피가 배어 있는 이 땅에서 민족적 삶의 뿌리와 역사의 저력으로서 전개되어 온 민중의 한과 그 공동체 이식을 형상화하고 있는 것이다. 이 시에서 벼는 각 개체가 공동체 의식을 가지고 튼튼히 단합할 때, 그 저력을 발휘할 수 있다는 발상을 전제로, 개체로서의 민중의 삶, 또는 생명 의지로 표상된다. 이 작품의 마지막 연에는 공동체에 대한 자기희생의 실천 속에 소망하는 삶의 길이 열린다는 주제 의식이 집약적으로 나타나 있다. 즉, 자기희생을 통해 더 큰 이념과 사랑을 구현하는 자세가 필요하다는 내용으로 주제를 부각하고 있다.

## 예상문제

※ (1~3) 다음 작품을 읽고 물음에 답하시오.

(가)
일어서라 풀아
일어서라 풀아
땅 위 거름이란 거름 다 모아
구름송이 하늘 구름송이들 다 끌어들여
끈질긴 뿌리로 굵힌 얼굴로
빛나라 너희 터지는
목청 어영차
천지에 뿌려라.

이제 부는 바람들
전부 너희 숨소리 지나온 것
이제 꾸는 꿈들
전부 너희 몸에 맺혀 있던 것
저 바다 집채 파도도
너희 이파리 스쳐 왔다.
너희 그림자 만지며 왔다.

㉠ 일어서라 풀아
일어서라 풀아
이 세상 숨소리 빗물로 쏟아지면
빗물 마시고 흰 눈으로 펑펑 퍼부으면

가슴 한아름
쓰러지는 풀아
영차 어영차
빛나라 너희
죽은 듯 엎드려
실눈 뜨고 있는 것들.

— 강은교, 「일어서라 풀아」, 『소리집』(1982)

(나)
벼는 서로 어우러져
기대고 산다.
햇살 따가워질수록
깊이 익어 스스로를 아끼고
이웃들에게 저를 맡긴다.

서로가 서로의 몸을 묶어
더 튼튼해진 백성들을 보아라.
죄도 없이 죄지어서 더욱 불타는
마음들을 보아라. 벼가 춤출 때,
벼는 소리 없이 떠나간다.

벼는 가을 하늘에도
서러운 눈 씻어 맑게 다스릴 줄 알고
바람 한 점에도
제 몸의 노여움을 덮는다.
저의 가슴도 더운 줄을 안다.

벼가 떠나가며 바치는
이 넓디넓은 사랑,
쓰러지고 쓰러지고 다시 일어서서 드리는
이 피 묻은 그리움,
이 넉넉한 힘…….

— 이성부, 「벼」, 『우리들의 양식』(1974)

1. (가)의 밑줄 친 ㉠의 결과를 (나)에서 찾을 때 그것을 가장 잘 드러낸 부분을 제시하고 그 의미를 밝히시오. [2점]

### 예상답안
㉠ 가장 잘 드러낸 부분: 이 피 묻은 그리움, 이 넉넉한 힘…….
㉡ 의미: 민중이 꿈꾸는 자유와 평등의 세계이며 희생을 통해 사랑을 이룩한 모습

2. (가)와 (나)의 대상에 공통적으로 나타나는 가치와 달리 나타나는 가치를 각각 1가지씩 제시하시오. [2점]

> **예상답안**
>
> ㉠ 공통적으로 나타나는 가치 : 고난을 참고 견디는 자세와 인내하는 태도 (강한 생명력)
> ㉡ 달리 나타나는 가치 : (가) 자립, 개혁(저항)과 포용하는 자세, (나) 희생하는 자세와 연대하는 마음

3. (가)와 (나)에서 시적 상황의 차이점을 밝히고, 그 차이를 시적 화자의 어조와 관련지어 설명하시오. [4점]

> **예상답안**
>
> (가)의 시적 화자는 풀을 현상적 청자로 설정하여 아직 부족한 부분을 채우고 자립하여 주체가 되라고 말하고 있다. (나)의 시적 화자는 벼가 이미 갖추고 있는 민중의 생명력과 연대의식을 서술하듯이 제시하고 있다.
> 그래서 (가)의 화자는 명령형으로 요구하고 바라는 의지적, 적극적, 참여적 어조를 통해 결핍된 부분이 채워지기를 바라는 마음을 잘 드러냈고, (나)의 화자의 어조는 평서형과 현재형으로 예찬하는 어조를 통해 갖추고 있는 가치를 담담한 목소리로 현장감 있게 제시하고 있다.

## 작품 2  봄 (우리들의 양식, 1974년)

기다리지 않아도 오고
기다림마저 잃었을 때에도 너는 온다.
어디 뻘밭 구석이거나
썩은 물 웅덩이 같은 데를 기웃거리다가
한눈 좀 팔고 싸움도 한 판 하고,
지쳐 나자빠져 있다가
다급한 사연 듣고 달려간 바람이
흔들어 깨우면
눈 부비며 너는 더디게 온다.
더디게 더디게 마침내 올 것이 온다.
너를 보면 눈부셔
일어나 맞이할 수가 없다.
입을 열어 외치지만 소리는 굳어
나는 아무것도 미리 알릴 수가 없다.
가까스로 두 팔 벌려 껴안아 보는
너, 먼 데서 이기고 돌아온 사람아.

## 핵심정리

▷ **갈래** 자유시, 서정시
▷ **성격** 현실 참여적, 상징적, 희망적
▷ **어조** 간절한 기다림의 어조, 확고한 신념에 찬 어조
▷ **표현** 의인화한 대상을 상징적인 의미로 그려냄
▷ **제재** 봄
▷ **주제** ① 자유와 평화의 새 시대를 기다리는 소망
　　　② 새 날의 도래에 대한 기다림

## 이해와 감상

### 1 짜임 분석
- 1 ~ 2행 – 봄이 오리라는 절대적 믿음
- 3 ~ 10행 – 봄이 오는 더디고 험난한 과정
- 11 ~ 16행 – 봄을 맞는 감격

### 2 작품감상의 구조

| 구성 요소 | 구성 요소의 파악 | 그것이 지닌 의미·효과 | 주제와의 관련성 |
|---|---|---|---|
| 내용 요소 | ① 시적 화자 및 시적 상황 | 현재 시적 화자는 암울하고 우울한 시대를 살고 있으면서 봄(자유, 평화)을 기다리고 있다. | 자유와 평화의 새 시대를 기다리는 소망 |
| | ① 제재 | 겨울이 지나면 항상 오게 되는 '봄'을 통해 자연 변화와 같이 새 시대도 도래할 것임을 효과적으로 제시했다. | |
| | ③ 어조 | 확고한 신념에 찬 어조를 통해 새 시대가 오리라는 화자의 믿음을 강조하였다. | |
| 형식 요소 | ① 시상 전개 | '믿음 – 험난한 과정 – 믿음의 실현'을 통해 주제를 효과적으로 드러냈다. | |
| | ② 운율의 요소 | 유사하거나 같은 단어의 반복, 대등적 연결을 통한 행동의 나열 등을 통해 리듬감을 형성하였다. | |
| 표현 요소 | ① 상징 | '뻘밭 구석', '썩은 물 웅덩이', '바람', '봄' 등은 상징이며 의미를 효과적으로 드러낸다. | |
| | ② 의인화 | 대상을 의인화하여 시상을 전개하고 있다. | |
| | ③ 어조 | 확고한 신념에 찬 어조를 통해 화자의 믿음을 강조했다. | |

### 3 감상의 길잡이

　　이 시의 화자는 '봄'이 상징하는 자유와 평화를 간절히 바라고 있다. 화자는 그 '봄'이 너무도 더디게 와서 어떤 이는 암울한 현실에 지쳐 기다림마저 잃어버렸음을 말하면서도, 새로운 시대에 대한 희망과 의지를 분명하게 표현하고 있다. '봄'이 머지않아 올 것이며 반드시 오고야 말 것이라는 표현의 반복은, '너를 보면 눈부셔 / 일어나 맞이할 수가 없다.'는 시구에서도 나타나듯이, 새로운 시대에 대한 화자의 소망이 얼마나 간절한 것인지를 잘 보여 준다.

## 중요 내용 정리

### 01 '봄'의 의미
　　시적 화자는 '봄'을 기다리고 있다. 그렇다면 지금 시적 화자가 처한 현실은 겨울이라고 추측할 수 있다. 하지만 그 '봄'은 현재와 아주 멀리 떨어진 곳에 존재하는 것이 아니다. 시적 화자가 고통의 시간을 보내고 있는 지금, '봄'은 '뻘밭 구석'이나 '썩은 물 웅덩이'에서 한눈을 팔고, 싸움도 하고 아무데서나 나자빠져 있다. 하지만, 그러한 '봄'은 '바람'이 전하는 우리의 간절한 사연을 듣기만하면 '눈부시게' 우리의 곁으로 '마침내 올 것이'라고 시적 화자는 확신하고 있다. 즉, 현재의 암울한 현실을 걷어내고 자유와 평화의 눈부신 봄은 반드시 온다는 것이다. 그리고 그렇게 찾아온 '봄'을 시적 화자는 '이기고 돌아온 사람'이라고 해서 폭력과 독재가 난무한 시대에 맞서 싸우고 돌아온 승리자로 여기고 있다.

### 02 시적 화자의 태도
　　1~2행에서 시적 화자는 너무도 기다려 '봄'을 기다리고 있다는 의식조차 잊어버려도 '봄'은 올 것이라고 했다. 그리고 7~8행에서 그러한 '봄'은 더디지만 마침내 오고야 말 것이라고 했다. 즉, 시적 화자는 '봄'이 올 것이라는 확신에 차 있다. 그리고 마침내 '봄'이 왔을 때, 시적 화자는 너무도 감격에 겨워 일어서지도 못하고 소리도 지르지 못할 정도일 것이라고 상상하고 있다. 간절한 바람으로 힘껏 껴안을 힘조차 남아있지 않을 것이지만, 그래도 팔을 벌려 '봄'을 꼭 껴안아 볼 것이라고 했다. '봄'을 기다리는 시적 화자의 간절한 소망을 엿볼 수 있다.

### 03 「봄」의 배경
　　시에서 표현된 것처럼 기다리지 않아도 봄은 온다. 이것이 자연의 섭리이다. 그러나 현실은 그렇지 않다. 현실은 봄을 감격스러운 태도로 맞아야 할 만큼 힘들고 어렵다. 유신 독재의 그늘이 짙게 드리워진 한국 사회는 봄은 커녕 여전히 추운 겨울에 불과하다. 이와 같은 상황에서 시인 이성부가 붙잡은 것이 '봄'이다. 봄은 절대적인 자연의 섭리에 따라 반드시 온다. 이러한 자연에 대한 믿음을 바탕으로 시인은 현실을 바라보고 있다. 지금은 비록 겨울과 같은 추운 계절이지만 자연의 섭리가 어김없듯이 민주주의와 자유가 물결치는 시대 역시 자연의 섭리와 같이 올 것이라는 시인의 기대감이 이 시에 강하게 부각되어 있다.

## 김종길 金宗吉
1926 ~
경북 안동 출생

▷ **작가의 특징**
1947년 〈경향신문〉 신춘문예에 「문」이 당선되어 등단했고, 고전적 품격을 지닌 이미지즘 시풍의 시를 많이 썼다.

▷ **주요 작품**
시집: 『성탄제』, 『하회에서』, 『황사 현상』 등

### 작품 1  성탄제(聖誕祭) (성탄제, 1969년)

어두운 방 안엔
바알간 숯불이 피고,

외로이 늙으신 할머니가
애처로이 잦아드는 어린 목숨을 지키고 계시었다.

이윽고 눈 속을
아버지가 약을 가지고 돌아오시었다.

아, 아버지가 눈을 헤치고 따 오신
그 붉은 산수유 열매 ─.

나는 한 마리 어린 짐승,
젊은 아버지의 서느런 옷자락에
열(熱)로 상기된 볼을 말없이 부비는 것이었다.

이따금 뒷문을 눈이 치고 있었다.
그 날 밤이 어쩌면 성탄제의 밤이었을지도 모른다.

어느 새 나도
그 때의 아버지만큼 나이를 먹었다.

옛 것이라곤 찾아볼 길 없는
성탄제(聖誕祭) 가까운 도시에는
이제 반가운 그 옛날의 것이 내리는데,

서러운 서른 살, 나의 이마에
불현듯 아버지의 서느런 옷자락을 느끼는 것은,

눈 속에 따 오신 산수유 붉은 알알이
아직도 내 혈액 속에 녹아 흐르는 까닭일까.

## 핵심정리

▷ **갈래** 자유시, 서정시
▷ **성격** 주지적, 회상적, 고백적
▷ **어조** 회상에 젖은 감상적 낭만성을 띤 목소리
▷ **제재** 성탄절 무렵의 눈
▷ **특징** ① 상징적 시어를 통한 시상의 집약적 표현
　　　　② 과거와 현재, 시골과 도시라는 배경의 대칭 구조
▷ **주제** 아버지의 따스한 사랑에 대한 그리움

## 이해와 감상

### 1 짜임 분석

- 1～6연 – 어린 시절에 대한 회상
- 7연 – 아버지에 대한 회상에서 현실로 돌아옴 : 시상의 전환
- 8～10연 – 삭막한 현재의 모습과 아버지의 사랑에 대한 그리움

### 2 작품감상의 구조

| 구성 요소 | 구성 요소의 파악 | 그것이 지닌 의미·효과 | 주제와의 관련성 |
|---|---|---|---|
| 내용 요소 | ① 시적 화자 | 현재 삭막한 도시에서 각박한 삶을 살아가는 '나'가 성탄제 날에 옛날 아버지의 사랑을 생각하고 있다. | 아버지의 따스한 사랑에 대한 그리움 |
| | ② 제재 | '산수유 열매'는 아버지의 자식에 대한 사랑을 잘 드러내어 자식이 아버지를 생각하는 매개가 된다. | |
| | ③ 아버지와 나의 대비 | 아버지의 삶과 나의 삶을 대비하여 아버지에 대한 그리움을 강조하였다. | |
| 형식 요소 | ① 시상의 전개 | 전반부(1～6연)의 '과거 회상'과 후반부(7～10연)의 '현재'가 대칭 구조를 이루며 아버지의 사랑을 효과적으로 드러내었다. | |
| | ② 구조의 특징 | 과거와 현재, 시골과 도시라는 배경의 대칭 구조를 통해 주제를 효과적으로 드러낸다. | |
| 표현 요소 | ① 색채의 대비 | '어두운 방 ↔ 바알간 숯불, 눈 ↔ 붉은 산수유 열매'를 통해 선명한 이미지를 형상화했다. | |
| | ② 상징 | '산수유 열매', '어린 짐승' 등의 상징적인 시어를 사용하여 시상을 표현하고 있다. | |

### 3 감상의 길잡이

　1969년 시집 『성탄제』에 수록된 작품으로 화자는 병으로 고통스러워하는 어린 시절 아버지가 보여 준 헌신적인 사랑을 회상하고 있다.
　이 시는 5연과 8연을 제외하고는 대체로 2행으로 연이 구성되어 있다. 전체 10연 중에서 7연을 분기점으로 하여 전반부에는 화자의 어린 시절에 대한 회상을, 후반부에는 어린 시절을 회상하고 있는 어른으로서의 자신의 모습을 대칭적으로 구성하고 있다. 전반부를 보면 어린 시절의 화자는 열병을 앓고 있었으며, 아버지가 눈을 헤치고 따 온 붉은 산수유 열매와 아버지의 서느런 옷자락을 생각한다. 여기서 '붉은 산수유 열매'는 아버지의 아들에 대한 사랑을 의미한다. 후반부에서는 어른으로서의 화자가 이제 열병을 앓던 어린 시절을 그리워하고 있다. 이러한 기억을 되살려 내는 계기는 성탄제 가까운 어느 날 서른 살의 이마에 와 닿는 눈의 서느런 감촉이다. 이 감촉은 아버지의 서느런 옷자락을 연상케 하는 회상의 매개체인 것이다.

표현의 특징을 보면 시간의 진행에 따른 연 구분이라는 점과 '어두운 방'과 '바알간 숯불', '흰 눈'과 '붉은 산수유 열매' 등으로 시어의 대비를 통한 시각적 심상이 두드러진다는 점이다. 이를 통해 작가는 아버지에 대한 그리움을 구체화 시키며 생생한 이미지를 제공하고 있다.

## ▶ 중요 내용 정리

### 01 '성탄제'의 의미
이 시에서의 '성탄제'는 예수의 탄생이라는 종교적인 의미를 벗어나 아버지와 나(화자)의 새로운 만남을 촉진시키는 기능을 한다. 그러므로 '성탄제'는 서구의 화려하고 시끌벅적한 축제로서의 의미가 아닌, 한국의 전통적·복고적 정서로 전이되어 인간의 보편적이고 충만한 사랑의 정점을 보여 주는 것이다. 또한 그 사랑이 영원히 지속됨을 드러내어 성탄제의 의미를 한 차원 상승시키고 있다고 할 수 있다.

### 02 '눈'의 기능
시적 화자는 성탄제 가까운 어느 날, 도시에 내리는 눈을 보고 있다. 그리고 그 '눈'을 통해 어린 시절의 일을 회상하고 있다. 눈이 많이 내리던 어느 날, 열병을 앓고 있던 시적 화자를 위해 '산수유 열매'를 따오신 아버지를 회상하며, 아버지의 충만한 사랑을 기억하는 것이다. 그리고 현재에도 눈은 내리지만 순수한 사랑이 없어 삭막하기만 한 현실과 대조를 이루고 있다. 눈이 지닌 서늘함이 따뜻한 사랑을 회상하게 하는 것이 아이러니하기도 하지만, 화자는 눈을 통해 아버지의 사랑을 반추하게 된다.

### 03 시적 화자
이 시의 시적 화자는 '옛것이란 거의 찾아볼 수 없는 삭막한 도시'에서 각박한 삶을 살아가고 있다. 성탄제 가까운 무렵에도 그 곳의 도시는 그저 떠들썩하고 외면적인 흥성스러움만 가득할 뿐, 성탄제 본래의 충만한 사랑은 존재하지 않는다. 시적 화자는 이러한 현실을 '서럽게' 여기며, 어린 시절 아버지가 보여 준 절대적이고 순수한 사랑을 그리워하고 있다.

### 04 「성탄제」에 나타난 유가적(儒家的) 전통
김종길의 시의 뿌리를 이루는 것은 유가적 전통이다. 그의 시의 특성인 절제된 감정과 시어, 명징한 이미지와 고전적 품격 등은 모두 유가적 덕목을 이루는 요소들이다. 이 시에서 시적 화자가 보여주고 있는 것은 아버지에 대한 그리움도 결국 그의 이런 근본에서 자란 것임을 알 수 있다. 서른 살의 나이에 이른 화자는 눈을 매개로 하여, 어린 시절 병든 자신을 위해 눈 속을 헤쳐 산수유 열매를 따오시던 아버지를 회상하고 있다. 따라서 그 아버지는 부모의 은덕을 효로 보답해야 한다는 효제(孝悌)의 원리를 절로 떠오르게 하는 아버지이며, 화자는 그런 아버지로 표상되는 애정 넘치는 과거의 생활상을 그리워하고 있는 것이다.

## 고 은 (高銀)

1933 ~
시인. 전북 군산 출생
1970년대 이후의 대표적 민중·민족 시인

▷ **작가의 특징**
1. 1958년 ≪현대문학≫에 「봄비의 말씀」, 「눈길」, 「천은사운(韻)」 등이 추천 받았다.
2. 1960년대 – 모더니즘시 (허무의 정서에 바탕을 둔 생에 대한 절망을 노래)
   탐미적이고 감상성을 벗어나지 못한 채 불안정한 정의 편린을 표출하고 있다.
3. 1970년대 – 문학의 현실 참여를 주장하였다. (시의 사회적 기능을 강조한 시)
4. 동시대에 대한 비판적 안목과 민중 중심의 역사관에 바탕을 두었다.
5. 자기 인식을 통해 정의롭지 못한 현실에 대한 격렬한 투쟁 의지를 노래하였다. (독재에 대한 저항, 분단 극복)
6. 1980년대 – 시인의 상상력을 통해 현실의 다면성을 그려내려 시도하였다.

### 작품 1  눈길 (피안 감성, 1960년)

이제 바라보노라.
지난 것이 다 덮여 있는 눈길을.
온 겨울을 떠돌고 와
여기 있는 낯선 지역을 바라보노라.
나의 마음속에 처음으로
눈 내리는 풍경
세상은 지금 묵념의 가장자리
지나온 어느 나라에도 없었던
설레이는 평화로서 덮이노라.
바라보노라 온갖 것의
보이지 않는 움직임을.
눈 내리는 하늘은 무엇인가.
내리는 눈 사이로
귀 기울여 들리나니 대지(大地)의 고백(告白)
나는 처음으로 귀를 가졌노라.
나의 마음은 밖에서는 눈길
안에서는 어둠이노라.
온 겨울의 누리 떠돌다가
이제 와 위대한 적막(寂寞)을 지킴으로써
쌓이는 눈더미 앞에
나의 마음은 어둠이노라.

### 핵심정리

▷ **갈래** 자유시, 서정시
▷ **성격** 명상적, 관념적, 상징적
▷ **표현** ① 상징적인 시어 사용
　　　　② 종결형 어미 '-노라'의 반복으로 분위기를 표출
▷ **제재** 눈 내리는 풍경
▷ **주제** 명상을 통하여 얻은 내면의 평화

## 이해와 감상

### 1 짜임 분석
- 기(1~4행) – 오랜 방황의 끝의 명상
- 전(10~15행) – 새로운 정신세계의 열림
- 승(5~9행) – 정화된 내면 세계
- 결(16~21행) – 정화된 외면 세계의 내면화

### 2 작품감상의 구조

| 구성 요소 | 구성 요소의 파악 | 그것이 지닌 의미·효과 | 주제와의 관련성 |
|---|---|---|---|
| 내용 요소 | ① 시적 화자 및 상황 | 온 겨울 세상을 떠돌던 시적 화자가 내리는 눈을 바라보면서 마음의 평안과 안정을 찾았음을 드러내고 있다. | 방황을 끝내고 눈 내리는 풍경을 바라보며 얻은 마음의 평화 |
| | ② 제재 | '눈 내리는 풍경'을 제재로 하여 그 속에서 시적 화자가 얻은 고요와 평화라는 깨달음을 잘 드러내었다. | |
| 형식 요소 | ① '기-승-전-결' | 전통적 서술 방식인 '기-승-전-결'의 구조를 취해 시적 화자의 깨달음을 효과적으로 제시하고 있다. | |
| | ② 각운 ('-노라'의 반복) | '-노라'의 반복을 통해 운율을 형성하고 있으며, 1인칭 화자인 나의 깨달음을 잘 드러낸다. | |
| 표현 요소 | ① 상징 | '눈'은 '과거의 것을 덮는 평화와 포용', '어둠'은 '고요하고 평화로운 정신 상태'로서 상징을 통해 의미를 효과적으로 표현했다. | |
| | ② 역설 | '바라보노라 온갖 것의 보이지 않는 움직임을'에서 역설적 표현을 통해 시상을 전개하고 있다. | |

### 3 감상의 길잡이

이 시는 희고 깨끗한 눈이 내려 모든 지저분한 것들을 다 덮어버린 눈길을 바라보면서 오랫동안의 방황과 고뇌를 가라앉히고 무념무상의 상태에 다달아 새로운 귀가 열리는 상태를 드러낸다. '방황과 고뇌 끝에 얻은 무념무상의 경지'를 노래하고 있는 것이다. 1950년대 말에 발표된 고은의 초기 시이며, 승려 생활을 할 때의 깨달음을 읊은 것으로 불교의 '적멸'에 관한 인식을 드러내었다.

눈은 일반적으로 너그러운 관용의 이미지이며 온갖 부정한 것을 하얗게 덮어버리는 정화와 포용의 이미지이다. 흰 눈이 내리면서 하얗게 세상을 덮어 순백의 세계로 만들어가는 것을 보면서 자신이 걸어온 삶을 회상한다. 그리고 지난날을 깨끗하게 덮어주는 눈으로부터 무한한 너그러움과 평화를 배운다.

내용상 세 단락 혹은 네 단락으로 나누어 볼 수 있는데, 첫째 부분은 1~9행으로 방황의 끝에서 바라본 눈 덮인 정경의 평화로움을 노래하고, 둘째 부분은 10~15행으로 눈을 통한 새로운 정신세계의 체험을 그렸으며, 셋째 부분은 무념무상의 경지를 노래하고 있다. 이 시는 전체적으로 눈 내리는 것을 고요히 응시하는 관조적 자세가 드러나 있다. 각 단락으로 나눌 수 있는 부분에 쓰인 '-노라'라는 1인칭 서술어가 개인의 체험을 잘 드러내고 있으며, 길게 이어지는 의미를 구분해 주고 있다. 서정적 자아는 대체로 구도를 위해 떠돌아다니는 나그네, 혹은 승려라고 할 수 있으며, 눈길을 보고서 그러한 깨달음을 형상화하고 있다. 마지막 부분에서 은유법을 통해 깨달음의 경지를 보여주고 있다.

시인은 눈길을 보면서 회한과 집착을 버리고 자신의 길을 되돌아본다. 그리고 눈 내리는 하늘과 그것을 받아들이는 대지를 보면서 마음의 귀를 연다. 그때 들려오는 소리는 모든 것의 적멸 후에 오는 자연의 섭리이며, 이것은 불교에서 말하는 무념무상의 경지이다. 그러한 경지가 드러난 마음은 '눈길'이고 또한 '어둠'이다. 여기서 '어둠'이라는 것은 부정적 이미지가 아니라는 것을 주의해야 한다. 흔히 어둠은 부정적 이미지로 사용되는데, 여기서는 모든 것이 고요히 가라앉은 평화의 상태이고, 무아의 상태이며, 새로운 빛을 받아들일 수 있는 마음의 상태이다.

## 중요 내용 정리

### 01 '눈'과 '어둠'의 의미
이 시의 시적 화자는 내리는 '눈'을 바라보며 명상에 잠겨 있다. '눈'은 '순수', '평화', '정화'의 이미지를 바탕으로 마음속의 평온함을 주는 것으로, '눈길'은 혼란스럽고 번민이 가득했던 심경에서 벗어나 내면적인 평화와 안정을 얻는 시적 화자의 마음 상태를 의미한다. '어둠' 역시 혼돈과 갈등을 극복한 새로운 깨달음의 경지로 이해된다. '어둠'은 일반적으로 '죽음', '공포', '절망', '고통'과 같은 부정적인 의미를 상징하는 시어로 많이 쓰이지만, 이 시에서는 긍정적인 의미로 사용되고 있다. 다시 말해, '어둠'은 마음 속의 혼란과 방황이 사라진 평온한 정신세계를 상징한다. '어둠'은 '눈길'과 함축적 의미가 상통하는 시어로, 작품 속에서 고요하고 정적인 분위기를 조성하는 데에 크게 이바지하고 있다.

### 02 시적 분위기
이 시는 전체적으로 정적인 느낌을 주고 있다. 온갖 번민과 고뇌 때문에 방황을 거듭했던 시적 화자는 지상의 모든 것을 가려 줄 듯이 내리는 눈을 보며 마음의 평화를 얻고 있다. 즉, 고요하고 적막한 눈길을 바라보고 마음속의 귀로 대자연의 소리를 들으며 '위대한 적막'의 상태에 이르게 된 것이다. 이러한 정신적 경지는 무위(無爲)사상이나 불교의 공(空)사상과 밀접한 관련이 있다.

### 03 「눈길」과 김수영의 「눈」에서 눈의 기능
김수영의 「눈」은 '눈'을 제재로 하여 부정적 현실에 대한 비판과 자기 정화 의지를 표현한 작품이다. 이 시의 '눈'은 순수하고 강인한 생명력을 가진 존재이며, 화자는 '눈'의 순수함을 통해 속물적인 더러움을 씻고 깨끗해지고자 하는 의지를 드러내고 있다.

한편 고은의 「눈길」에서 '눈'은 빛깔로는 정화(淨化)를, 만물을 감싼다는 점으로는 포용(包容)을 상징한다. 이 시의 '눈'은 지나온 괴로운 과거의 길을 모두 덮어 줌으로써 시적 화자가 마음의 평화를 찾게 하고 있다.

### 04 고은의 삶과 초기 시 경향
이 시의 '지나온 어느 나라에도 없었던 / 설레이는 평화', '온 겨울의 누리 떠돌다가'라는 표현은 시적 화자가 고통과 방황의 삶을 살아왔다는 것을 짐작하게 한다. 실제로 이 시를 쓴 고은의 삶은 이 시에 표현된 것과 같이 고통과 방황의 연속이었고, 따라서 그의 초기 작품들은 허무주의 경향을 보인다.

어린 시절 고은은 내성적이고 수줍은 아이였다. 그리고 초등학교 3학년 시절, 커서 '천황'이 되겠다는 말로 일제에 의해 혹독한 처벌을 받기도 한다. 그러나 그를 허무의 세계로 빠뜨린 것은 바로 6·25 전쟁의 체험이었다. 그는 6·25 전쟁이 비극을 몸소 체험하며 인간에 대한 근본적 신뢰와 농경 사회의 순수성에 대한 믿음을 상실하게 된다. 이로 말미암아 그는 정신 착란에 빠지는가 하면, 자살 기도, 가출 등 자학 증세를 보인다. 급기야 1952년에는 불가에 귀의하여 승려가 되지만 10년이 넘게 방황, 기행, 폭언, 취중 난동 등을 일삼으며 현실에 적응하지 못하고 허무주의 문학에 빠져든다. 「눈길」 역시 이런 허무주의 의식이 지배적이었던 시기에 쓰인 작품으로, 그의 험난했던 인생사의 결과물로 볼 수 있다.

### 작품 2 | 문의(文義)마을에 가서 (문의 마을에 가서, 1974년)

겨울 문의(文義)*에 가서 보았다.
거기까지 닿은 길이
몇 갈래의 길과
가까스로 만나는 것을.
죽음은 죽음만큼 길이 적막하기를 바란다.
마른 소리로 한 번씩 귀를 닫고
길들은 저마다 추운 쪽으로 뻗는구나.
그러나 삶은 길에서 돌아가
잠든 마을에 재를 날리고
문득 팔짱 끼어서
먼 산이 너무 가깝구나.
눈이여, 죽음을 덮고 또 무엇을 덮겠느냐.

겨울 문의(文義)에 가서 보았다.
죽음이 삶을 껴안은 채
한 죽음을 받는 것을.
끝까지 사절하다가
죽음은 인기척을 듣고
저만큼 가서 뒤를 돌아다본다
모든 것은 낮아서
이 세상에 눈이 내리고
아무리 돌을 던져도 죽음에 맞지 않는다.
겨울 문의(文義)여, 눈이 죽음을 덮고 또 무엇을 덮겠느냐.

* 문의(文義) : 충북 청원군 대청 호반(湖畔) 마을

## ▌핵심정리

- ▷ **갈래** 자유시, 서정시
- ▷ **성격** 명상적, 주지적, 철학적
- ▷ **어조** 담담하게 감정이 절제된 어조
- ▷ **제재** 장례 의식
- ▷ **주제** ① 죽음과 삶의 거리와 합일
  ② 죽음을 통해 깨달은 삶의 진지함

## 이해와 감상

### 1 짜임 분석

- 1연 – 죽음과 삶의 길이 어떻게 다른가
- 2연 – 죽음과 삶의 길이 하나임

## ② 작품감상의 구조

| 구성 요소 | 구성 요소의 파악 | 그것이 지닌 의미·효과 | 주제와의 관련성 |
|---|---|---|---|
| 내용 요소 | ① 시적 화자 및 화자의 상황 | 시적 화자가 동료 시인의 모친상을 당해 찾아간 문의 마을에서 내리는 눈을 보고 삶과 죽음에 대한 인식을 드러내었다. | 죽음과 삶의 거리와 합일(合一), 죽음을 통하여 깨달은 삶의 진지함과 경건성 |
| | ② 제재 | '장례 의식'을 바탕으로 하여 삶과 죽음의 깨달음에 관한 의식을 효과적으로 드러내었다. | |
| | ③ 명상적 어조 | 명상적·독백적 어조를 통해 화자의 깨달음을 효과적으로 표현했다. | |
| 형식 요소 | ① 시의 구조 | 1연은 삶과 죽음에 대한 인식, 2연은 삶과 죽음이 하나라는 인식을 드러내어 주제를 잘 드러낸다. | |
| | ② 유사한 형태의 연 구조 | 유사한 형태의 연 구조 및 시행 배열을 통해 시의 리듬감을 살리고, 의미를 강조하여 표현했다. | |
| | ③ '-여, -느냐'의 표현 | 돈호법과 의문형을 통해 시상을 집중하면서 깨달음의 내용에 대해 깊이 생각할 수 있게 한다. | |
| 표현 요소 | ① 상징 | ㉠ '눈' – 죽음과 삶을 모두 포용하는 존재의 의미이다.<br>㉡ '길' – 삶의 여정이자 죽음의 과정으로 이를 통해 삶과 죽음이 하나라는 인식을 전달한다.<br>㉢ '아무리 돌을 던져도 죽음에 맞지 않는다'의 죽음은 피할 수 없는 운명을 의미한다. | |

## ③ 감상의 길잡이

고은의 네 번째 시집 『문의(文義) 마을에 가서』(1974)의 표제시다. 이 시는 시인이 1950~1960년대 초기시의 허무주의에서 벗어나 작가의 사회적, 역사적 책무를 절감하고 민중적 각성의 시인으로 변신한 중기시의 서두를 장식한 것이다. 이 시는 모친상을 당한 신동문 시인의 고향인 충북 청원군 문의 마을에 가서 장례식을 주관했던 사실을 배경으로 하고 있다.

전기적 사실이야 어떻든 문면(文面)에 드러난 바로 '문의 마을'은 이 시에서 죽음과 삶의 의미를 깨닫게 하는 시적 공간으로 이해될 수 있다. 두 개의 연으로 이루어진 이 시의 첫 연에서 죽음은 길이 '적막'하기를 바라고, 삶은 길에서 돌아가 잠든 마을에 재를 날리는 것으로 표현되어 있어, 삶과 죽음의 길이 어떻게 다른 것인가를 느끼게 한다. 그러나 둘째 연에 가면 죽음이 삶을 껴안은 채 한 죽음을 받아들이고 있으며, 또한 죽음이 '인기척'을 듣고 저만큼 가다가 돌아보는 것으로 표현되어 있어, 죽음과 삶의 길이 궁극적으로는 하나로 만날 수밖에 없다는 깨달음에 이르고 있음을 알 수 있다.

첫째 연과 둘째 연이 서로 대립적이면서도 상응하는 구조인 바, '겨울 문의에 가서 보았다. / 거기까지 닿은 길이 / 몇 갈래의 길과 / 가까스로 만나는 것을'이라는 구절은 '겨울 문의에 가서 보았다. / 죽음이 삶을 껴안은 채 / 한 죽음을 받는 것을'이라는 구절과 대응하는 것임을 유의할 필요가 있다.

한편, 제2연 6행의 '저만큼 가서 뒤를 돌아다본다'는 구절에서는 기묘하게도 죽음과 삶의 상거(相距)와 합일(合一)을 함께 읽을 수 있다. 죽음과 삶의 길은 서로 모순된 것이면서도 하나일 수밖에 없다는 것이 시인의 생각일 터이다.

그러므로 살아 있는 자가 아무리 돌을 던져 쫓고자 하여도 죽음은 피할 수 없는 숙명임을 깨닫게 된다.

## ▨ 중요 내용 정리

### 01 '문의 마을'의 의미
　　시 속에 등장하는 '문의 마을'은 시적 화자가 삶과 죽음의 의미를 새롭게 깨닫게 되는 공간이다. 단순히 삶과 분리된 죽음의 공간으로, 고요하고 적막한 느낌으로만 문의 마을을 받아들인 시적 화자에게 '눈'은 마을을 덮고, 길을 덮고, 삶과 죽음의 세계 모두를 하나로 팔짱 끼게 하며, 죽음의 공간뿐만 아니라, 삶의 공간도 덮는 모습을 보여 주고 있다. 그 모습을 통해서 시적 화자는 삶과 죽음이 거리를 둔 것이 아니라, 함께 존재한다는 것을 새롭게 깨닫는다.

### 02 '죽음'을 이해하는 시적 화자의 태도
　　1연의 '죽음은 죽음만큼 길이 적막하기를 바란다.'하는 표현과, '삶은 길에서 돌아와. / 잠든 마을에 재를 날리고'라는 표현으로 보아, 시적 화자는 죽음과 삶의 길이 다르다고 생각하고 있음을 알 수 있다. 그러나 온 세상을 소리 없이 뒤덮는 눈을 본 후, 시적 화자의 태도는 변하고 있다. 2연에서 '죽음이 삶을 껴안은 채 / 한 죽음을 받는 것', '죽음은 인기척을 듣고 / 저만큼 가서 뒤를 돌아다본다.'라는 표현을 통해 시적 화자는 죽음과 삶의 길이 궁극적으로 하나라는 깨달음을 얻고 있다.

## 기출문제

※ (1~2) 다음 글을 읽고 물음에 답하시오. [20점]

(가)
어제도 하로밤
나그네 집에
가마귀 가왁가왁 울며 새였소.

오늘은
또 몇 십 리
어디로 갈까.

산으로 올라갈까
들로 갈까
오라는 곳이 없어 나는 못 가오.

말 마소, 내 집도
정주(定州) 곽산(郭山)
차(車) 가고 배 가는 곳이라오.

여보소, 공중에
저 기러기
공중엔 길 있어서 잘 가는가?

여보소, 공중에
저 기러기
열 십자(十字) 복판에 내가 섰소.

갈래갈래 갈린 길
길이라도
내게 바이 갈 길은 하나 없소.

— 김소월, 「길」

(나)
겨울 문의(文義)에 가서 보았다.
거기까지 닿은 길이
몇 갈래의 길과
가까스로 만나는 것을.
죽음은 죽음만큼 길이 적막하기를 바란다.
마른 소리로 한 번씩 귀를 달고
길은 저마다 추운 쪽으로 벋는구나.
그러나 삶은 길에서 돌아가
잠든 마을에 재를 날리고
문득 팔짱 끼어서
먼 산이 너무 가깝구나.
눈이여 죽음을 덮고 또 무엇을 덮겠느냐.

겨울 문의에 가서 보았다.
죽음이 삶을 껴안은 채
한 죽음을 받는 것을.
끝까지 사절하다가
죽음은 인기척을 듣고
저만큼 가서 뒤를 돌아다 본다.
모든 것은 낮아서
이 세상에 눈이 내리고
아무리 돌을 던져도 죽음에 맞지 않는다.
겨울 문의여 눈이 죽음을 덮고 또 무엇을 덮겠느냐.

— 고은, 「문의(文義)마을에 가서」

1. (가)~(다)는 〈보기〉를 참고로, '길 모티프' 중심의 통합 수업을 하기 위해 선정한 제재이다. 아래 〈조건〉에 따라 (가)~(다)의 '길 모티프'를 각각 분석하여 '길'의 상징적 의미를 파악한 다음, 모티프 중심 통합 수업의 의의를 '가치 있는 경험의 확장'이라는 문학 교육의 목적과 관련하여 논술하시오. [10점]

2009년 모의 기출 2차 논술형

─〈보기〉─

문학은 인간의 가치 있는 경험을 언어를 통해 예술적으로 형상화한 것이다. 무엇을 인간의 가치 있는 경험으로 볼 것인가를 명확하게 규정하기는 어렵다. 하지만 인류 역사 속에서 지속적으로 반복되면서 삶에 의미를 부여해 온 경험이라면 '가치 있다'고 말할 수 있다. 이처럼 문학 작품 속에서 지속적으로 반복되어 제시되는 사물, 행위, 사건의 최소 단위를 모티프라고 부른다. 모티프는 인간의 보편적인 관심사이면서 개별적인 특성을 구현할 수 있다는 점에서, 주제론적 관점에서 문학 작품을 이해하는 데 중요한 역할을 한다. 대표적인 모티프에는 사랑, 입사, 변신, 꿈, 금기 위반, 낙원 상실, 희생양, 거울, 아비 찾기, 형제 갈등, 길, 귀향 등이 있다.

─〈조건〉─

(1) (다)의 경우, 작품 전체를 대상으로 할 것
(2) (가) ~ (다)의 '길 모티프'를 분석할 때 구체적인 예를 제시할 것
(3) 답안은 20줄(±2줄)로 쓸 것

## 출제기관 채점기준

※ 점수 부여
(1) 길의 상징적 의미 (6점)
  2점 – (가)의 내용을 바탕으로 길의 의미가 맞게 드러난 경우
  2점 – (나)의 내용을 바탕으로 길의 의미가 맞게 드러난 경우
  2점 – (다) 작품의 내용을 바탕으로 길의 의미가 맞게 드러난 경우
(2) 가치 있는 경험의 확장 (3점)
  3점 – 가치 있는 체험의 내용이 위와 같이 2가지 맞게 드러난 경우
(3) 분량 (1점)
  1점 – 분량이 맞게 제시된 경우 (20줄±2줄 : 18 ~ 22줄)

## 예상답안

(가)의 경우 제 길 잘 가는 기러기와 달리 열십자 복판에 서서 방황하는 나와, 여러 갈래 길이 있지만 내가 갈 길은 없다는 내용에서 '길'은 '방황, 유랑, 방향 상실'의 의미를 지니며, 이를 당대 현실에서 보면 일제 식민지하에서 고향을 떠난 유이민들의 고통스럽고 절망적인 상황을 의미한다.

(나)의 경우, 1연의 7~9행, 2연의 2~6행에서, 길은 걸어가는 자들의 세계이므로 '삶의 길'을 의미한다. 그러면서 그것이 향하는 곳을 생각하면 '죽음의 길'을 의미한다. 여기서 길은 '삶'이자, '죽음'이며, 또한 '삶과 죽음이 하나임'을 의미한다.

(다)의 경우, 주인공은 화려하고 번화한 일본 사람들의 큰길(전찻길)의 삶과, 허술하고 너저분한 조선 사람들의 골목길의 삶 및 집이 없는 현실을 통해 조선 민중이 처한 현실을 보여준다. 즉, (다) 작품은 주인공이 여행을 하는 길(여로형 구조)을 통해 암담한 조선의 현실을 드러내며, 이 작품에서 길은 '식민지 현실의 발견과 그것을 통한 자아의 각성'이라는 의미를 지닌다.

모티프 중심의 통합 수업은 인간의 가치 있는 경험의 확장이라는 문학교육의 목표를 효과적으로 달성하게 한다. 위의 예처럼 모티프에 관한 여러 작자들의 가치 있는 경험을 통합하여 수업하면 첫째, 작가들이 모티프에 대해 형상화한 다양한 의미와 그 공통점 및 차이점, 그리고 문학사의 전개 속에서 모티프의 반복과 재창조 등에 대해 파악할 수 있다. 둘째, 독자들이 추체험하기 쉬우며, 자신의 경험을 바탕으로 창작 활동을 할 때 도움을 받을 수 있다. 셋째, 제재(모티프)에 대해 다양한 관점에서 접근이 가능하므로 사회 문제 및 공동체의 문제에 대해 폭넓게 인식하게 함으로서 가치 있는 경험의 확장이라는 문학교육의 목표를 달성할 수 있다.

2. 김 교사는 수업에 앞서, 학생들에게 (가)~(다)를 읽고 감상문을 작성해 오도록 하였다. 〈보기〉는 학생들이 제출한 과제물을 분석하고, 그 결과를 통해 다음 차시 수업의 방향을 설계하려는 김 교사의 사고 과정을 구체화한 것이다. 제시된 해결 방안 가운데 ㉠과 ㉡을 중심으로 김 교사가 수행해야 할 교수·학습 내용을 아래 〈조건〉에 따라 제시하시오. [10점]

2009년 모의 기출 2차 논술형 4번

〈보기〉

| 사고 과정 | 내용 |
|---|---|
| 과제물 분석 | 대부분의 학생들은 (가)는 일제 치하에서 집을 잃고 고향을 떠나 유랑하는 민족의 애환을 그리고 있으며, (나)는 일제 강점기의 암울한 현실을 '죽음'으로 표현하고 있다고 이해함. (다)는 일제의 강점으로 살 곳을 잃고 주변부의 삶으로 전락하는 민중들의 모습을 그리고 있다고 봄 |
| 문제 인식 | 지금까지 일제 강점기에 쓰인 작품을 모두 저항 정신 혹은 비극적인 현실 인식과 연관지어 가르치다 보니, (나)처럼 시대를 달리하는 작품이라고 하더라도 암울한 삶의 모습이 두드러진 작품이 나오면, 무조건 일제 강점기 작품으로 오독하는 경향을 보임. (가)와 같이 다른 방식으로 해석할 수 있는 작품의 경우에도 역사주의적 관점으로 환원하여 해석하는 경향이 있음 |
| 해결 방안 모색 | 1) 시대적 배경과 연관 지어 작품을 수용하는 일도 필요하지만 다른 한편으로, 작품을 다양한 관점에서 수용하도록 하는 활동이 필요함. 학생들의 작품에 대한 고정된 시각을 버리고 작품의 해석 가능성을 열어두도록 교육할 필요가 있음<br>2) 다음 차시 교수·학습 내용<br>　㉠ 문학을 바라보는 관점에는 반영론, 표현론, 구조론, 수용론이 있다는 것을 설명: 각각의 개념과 원리를 소개하여, 하나의 작품도 다양한 관점으로 해석될 수 있다는 것을 보여줌<br>　㉡ (다)를 활용하여 반영론, 구조론, 수용론의 구체적인 사례를 설명함으로써 학생들이 스스로 다른 작품에 적용할 수 있도록 안내함<br>　㉢ (가), (다)를 제재로 삼아 학생들 스스로 다양한 관점을 적용해 보도록 함 |

〈조건〉

(1) 반영론, 표현론, 구조론, 수용론의 개념, 원리를 밝히고, 이를 (다)에 적용할 것
(2) 답안은 15줄(±2줄)로 쓸 것

### 출제기관 채점기준

※ 점수 부여
　(1) 개념·원리 (4점)
　　　4점 – 개념·원리가 맞으면 각각 1점
　(2) (다)에 적용한 내용 (5점)
　　　5점 – (다)에 적용한 내용이 맞으면(반영론, 효용론, 수용론) 각각 1점
　　　2점 – 구조론 2가지
　　　1점 – 1가지
　(3) 분량이 맞으면 (1점) (15줄 ± 2줄 : 13~17줄)

### 예상답안

　　반영론은 작품이 대상으로 삼은 현실 세계 및 대상 세계와 현실 세계의 비교, 현실 세계의 문제점 등을 중시하는데, (다)에서 1910년대 말 전차가 들어오는 중심부는 일제가 장악했고, 그로 인해 주변부로 내몰린 채 집도 없이 살아가는 조선 민중들의 비참한 현실을 반영했음을 알게 한다.

　　표현론은 작품을 창작한 작가의 창작 의도, 전기적 사실, 심리 상태 등을 중시하는데, (다)에서 주인공은 일제식민지 조선의 비참한 현실을 인식하면서도 소극적 태도를 보이는데, 이는 작가가 현실에 대해 가치중립적 태도를 취하며 충실한 관찰자의 입장을 취했다는 점과 관련이 있음을 알게 한다.

　　구조론은 작품의 구성 요소와 그것이 지닌 의미, 효과 등 작품 자체와 작품의 내적 의미를 중시하는데, (다)에서 1인칭 관찰자를 주인공으로 택해 현실을 잘 관찰했다는 점, 여로형 구조를 도입하여 주제를 효과적으로 표현한 점, 소극적이고 수동적인 주인공의 성격과 사건 전개가 일치한다는 점, '전찻길'과 '골목길'의 대비를 통해 현실을 잘 드러낸 점, '흰옷 입은 백성'들은 상징적 의미로 우리 민족을 의미한다는 점 등을 알게 한다.

　　수용론은 작품 수용에서 독자의 능동적 참여와 독자의 역할을 강조하면서 작품이 독자에게 어떤 효과(기능)를 주는가를 중시하는데, (다)에서 주변부로 내몰린 조선 민중의 비참한 현실을 인식하고 반성하면서, 그 운명에서 벗어날 방법에 대해 생각하는 교훈적 기능을 알게 한다.

## 작품 3  성묘(省墓) (문의 마을에 가서, 1974년)

아버지, 아직 남북 통일이 되지 않았습니다.
일제 시대 소금 장수로
이 땅을 떠도신 아버지.
아무리 아버지의 두만강 압록강을 생각해도
눈 안에 선지가 생길 따름입니다.
아버지의 젊은 시절
두만강의 회령 수양버들을 보셨지요.
국경 수비대의 칼날에 비친
저문 압록강의 붉은 물빛을 보셨지요.
그리고 아버지는
모든 남북의 마을을 다니시면서
하얀 소금을 한 되씩 팔았습니다.
때로는 서도(西道) 노래도 흥얼거리고
꽃 피는 남쪽에서는 남쪽이라
밀양 아리랑도 흥얼거리셨지요.
한마디로, 세월은 흘러서
멈추지 않는 물인지라
젊은 아버지의 추억은
이 땅에 남지도 않고
아버지는 하얀 소금이 떨어져서 돌아가셨습니다.
아버지, 남북 통일이 되면
또다시 이 땅에 태어나서

남북을 떠도는 청청한 소금 장수가 되십시오.
"소금이여", "소금이여"
그 소리, 멀어져 가는 그 소리를 듣게 하십시오.

## 핵심정리

▷ **성격** 회상적, 추모적, 희망적, 현실 참여적
▷ **어조** 그리움이 느껴지는 추모와 회상의 어조
▷ **표현** 분단 이전의 과거와 분단의 현실을 대비시키고, 통일된 조국의 미래에 대한 희망을 제시하고 있음
▷ **제재** 아버지의 일생
▷ **주제** 통일을 바라는 소망

## 이해와 감상

### 1 짜임 분석

기 – 서 – 결의 구조
- 기(1~5행) – 조국의 분단 현실 확인
- 서(6~20행) – 분단 이전의 과거에 대한 회상
- 결(21~25행) – 통일된 조국의 미래에 대한 희망

### 2 작품감상의 구조

| 구성 요소 | 구성 요소의 파악 | 그것이 지닌 의미·효과 | 주제와의 관련성 |
|---|---|---|---|
| 내용 요소 | ① 시적 화자 및 화자의 상황 | 이 시의 시적 화자인 나는 옛날 소금 장수를 하며 남북을 돌아다니던 아버지의 묘소에 성묘를 와서, 다시 남북을 자유롭게 돌아다니며 장사하는 모습을 보고 싶어한다. | 분단된 조국을 통해 조국 분단의 한을 느끼고 통일을 염원함 |
| | ② 제재 | '소금장수를 하던 아버지의 삶'을 통해 남북을 자유롭게 왕래하던 그 시절에 대한 그리움을 드러내었다. | |
| | ③ 기원적 어조 | 기원적이고 독백적 어조를 통해 통일에 대한 염원을 표현한다. | |
| 형식 요소 | ① 기 – 서 – 결 | 시 전체 내용으로 보아 '기 – 서 – 결'의 형식을 취해 주제를 효과적으로 드러내었다. | |
| | ② 시상의 전개 | 분단 이전의 과거와 분단의 현실을 대비시키고, 통일된 조국의 미래에 대한 희망을 제시하고 있다. | |
| 표현 요소 | ① 상징 | '소금'은 남과 북을 연결하는 매개체이며, 아버지의 삶을 지탱하게 해 준 정신적 가치이고, 이 땅의 민중들과 나누었던 삶의 애환이라는 의미를 지닌다. | |

### 3 감상의 길잡이

  이 시는 평생을 소금 장수로 이 땅을 떠돌다가 돌아가신 아버지를 추모하는 형식으로 되어 있다. 일제시대 소금 장수로 남북의 모든 마을을 오가며 '하얀 소금을 한 되씩' 팔던 아버지의 무덤에 화자가 성묘(省墓)를 온 것이다. 아버지가 팔았다는 이 '하얀 소금'은 장돌뱅이인 아버지가 이 땅 민중들과 함께 나눠 온 삶의 애환인 동시에, 민족에 대한 소박한 애정이라 할 수 있다. 그러므로 화자는 분단으로 인해 남북을 오갈 수 없게 된 이후에 돌아가신 아버지에 대해 '아버지는 하얀 소금

이 떨어져서 돌아가셨습니다.'라고 말하는 것이다. 이렇게 분단 이전의 과거와 분단의 현실을 대비시켜 이 땅의 아픈 현실을 드러낸 뒤에, 작품의 마지막에서 화자는 아버지에게 '남북 통일이 되면 / 또다시 이 땅에 태어나서' 소금 장수가 되시라는 위로의 말을 건넨다. 그 날이 있을 때 아버지에게 외치라는 '소금이여'라는 '멀어져 가는 그 소리'는 통일된 그 날의 기쁨과 행복을 청각적으로 형상화한 표현인 동시에, 군사 독재 치하에서 억눌려 있는 민중의 소망을 나타낸 것이라 하겠다.

## ▨ 중요 내용 정리

### 01 '아버지'의 삶은?

시적 화자의 아버지는 '일제 시대 소금 장수'였다. 두만강으로 압록강으로, 북쪽(서도 민요)으로 남쪽(남도 민요)으로 소금을 팔러 다니는, 삶의 터전을 빼앗기고 유랑하고 방랑하던 우리 민족의 삶의 전형을 보여 주고 있다. 시적 화자는 이런 아버지의 삶을 보여 주면서 아버지가 온갖 설움을 참으면서 기다렸던 조국이 지금은 분단의 상처를 안고 있음을 슬퍼할 것이라고 한다. 즉, 아버지의 삶을 자식이 이어가듯이 나라를 빼앗겼던 우리의 슬픈 역사가 조국의 분단으로 여전히 이어지고 있음을 시적 화자는 밝히고 있는 것이다. 21~25행에서 시적 화자는 아버지가 다시 태어나서 자유롭게 '남북을 떠도는 청청한 소금 장수'가 되기를 소망하고 있다. 즉, 남북의 희망찬 통일을 기대하고 있는 것이다.

### 02 '소금'의 의미

'아버지는 하얀 소금이 떨어져서 돌아가셨습니다.'라는 구절을 통해 '소금'은 아버지의 생계를 위한 삶의 수단이면서, 삶의 고단함과 역경 속에서도 아버지가 살아갈 수 있도록 지탱해 준 힘이었음을 알 수 있다. '소금'은 그 자체가 부패하지 않을뿐더러 다른 것이 썩지 않게 하는 힘을 지니고 있다. 즉, 일제 강점기를 이겨낸 우리 민족의 정신인 것이다. 아버지와 함께 사라진 '소금'을 시적 화자는 기다린다. 즉, '소금'은 아버지 시대에 그러했듯이 우리 민족에게 썩지 않고 부패하지 않고 민족을 지켜나가는 힘으로, 절망적인 현실을 극복하는, 통일의 염원을 담고 있는 상징적 의미를 담고 있다.

## 작품 4   머슴 대길이 (만인보 제1권, 1986년)

새터 관전이네 머슴 대길이는
상머슴으로
누룩 도야지 한 마리 번쩍 들어
도야지 우리에 넘겼지요.
그야말로 도야지 멱 따는 소리까지도 후딱 넘겼지요.
밥 때 늦어도 투덜댈 줄 통 모르고
이른 아침 동네길 이슬도 털고 잘도 치워 훤히 가리마 났지요.
그러나 낮보다 어둠에 빛나는 먹눈이었지요.
머슴방 등잔불 아래
나는 대길이 아저씨한테 가갸거겨 배웠지요.
그리하여 장화홍련전을 주룩주룩 비오듯 읽었지요.
어린 아이 세상에 눈 떴지요.
일제 36년 지나간 뒤 가갸거겨 아는 놈은 나밖에 없었지요.

대길이 아저씨더러는
주인도 동네 어른도 함부로 대하지 않았지요.
살구꽃 핀 마을 뒷산에 올라가서
홑적삼 큰아기 따위에는 눈요기도 안 하고
지게 작대기 뉘어 놓고 먼 데 바다를 바라보았지요.
나도 따라 바라보았지요.
우르르르 달려가는 바다 울음소리 들었지요.

찬 겨울 눈더미 가운데서도
덜렁 겨드랑이에 바람 잘도 드나들었지요.
그가 말했지요.
사람이 너무 호강하면 저밖에 모른단다.
남하고 사는 세상인데

대길이 아저씨
그는 나에게 불빛이었지요.
자다 깨어도 그대로 켜져서 밤 새우는 불빛이었지요.

## ▌핵심정리

▷ **갈래** 자유시, 서정시
▷ **성격** 민중적, 토속적, 회고적
▷ **제재** 머슴 대길이
▷ **주제** 민중의 삶의 건강성과 더불어 사는 삶의 아름다움

▷ **특징** ① 이야기 형식을 빌려 소박하고 친근한 분위기 형성
       ② 구체적 지명과 대사를 인용하여 내용의 사실성을 강하게 드러냄

## 이해와 감상

### 1 짜임 분석
- 1연 – 힘세고 근면하며 나에게 한글을 가르쳐 준 대길이
- 2연 – 인격적이고 생각이 깊은 대길이
- 3연 – 가난하나 남과 함께 사는 대길이
- 4연 – 나의 영원한 스승 대길이

### 2 작품감상의 구조

| 구성 요소 | 구성 요소의 파악 | 그것이 지닌 의미·효과 | 주제와의 관련성 |
|---|---|---|---|
| 내용 요소 | ① 시적 화자 | 어린 시절의 '나'를 시적 화자로 하여 어린 시절에 본 머슴 대길이의 힘과 사려 깊음과 공동체를 생각하는 마음을 드러내었다. | 민중의 삶의 건강성과 더불어 사는 삶의 아름다움 |
| | ② 제재 | 머슴 대길이를 통해 민중의 힘과 지혜 및 강인한 삶의 자세를 효과적으로 드러내었다. | |
| | ③ 구체적 인물·지명 및 대사 | 구체적 인물과 지명 및 대사를 인용하여 내용의 사실성을 강하게 드러내고 있다. | |
| 형식 요소 | ① 각운 | '–지요'의 종결어미의 사용으로 각운의 효과를 나타내고 운율감을 형성한다. | |
| | ② 액자 구성 | 시적 화자인 어린 시절의 '나'가 내부이야기인 머슴 대길이의 이야기를 독자에게 전하는 형식을 취해 이야기의 신뢰성을 강조한다. | |
| 표현 요소 | ① 이야기체 | 이야기체 표현 '–지요'를 사용하여 친근한 분위기를 형성한다. | |
| | ② 토속적 시어 | 토속적 시어의 사용을 통해 향토적, 민중적 정서를 전달한다. | |
| | ③ 인용 | '대길이'의 말을 직접 인용하여 주제 의식을 분명하게 드러낸다. | |

### 3 감상의 길잡이

고은의 연작 시집 『만인보(萬人譜)』에 수록된 작품으로 시인에게 올바른 삶의 방향을 제시해 준 머슴 대길이를 회상하면서 그가 가르쳐 준 삶의 의미를 생각해 보게 하는 '성장시'이다.

'대길이'는 단순히 한글을 깨우쳐 주어 '장화홍련전을 비오듯' 읽게 해준 인물에 머물지 않고, '자다 깨어도 그대로 켜져서 밤새우는 불빛'과도 같은 존재이다. 여기서 대길이는 '함께 사는 삶'의 진정한 아름다움을 몸소 가르쳐준 인생의 큰 스승으로 아로새겨져 있다. 그러나 이 '함께 사는 삶'은 단지 인간 사이에서만 유효한 것이 아니라, 우리 삶의 터전인 대지에 모여 사는 사물에까지 속속들이 적용되는 매우 폭 넓은 개념임을 유의할 필요가 있다. 온전한 의미의 이 같은 인간주의야말로 「만인보」를 힘차게 관통하는 시인 정신의 저류이다.

'대길이'와 같은 머슴은 소외받고 박해받는 인물군에 속한다. 이들은 크게 보아 역사 과정에서 고달픈 삶을 살아가는 소외당한 인물들이지만, 삶을 긍정하고 이겨 나가려는 민족적인 삶, 민중적인 삶의 원초적인 모습으로서 전형성을 지닌다. 천대받는 머슴살이 속에서도 꿋꿋하게 일하며, 남을 위해 넉넉한 마음을 갖고 사람을 사랑하는 인간상이야말로 이 땅, 수난의 역사를 이겨 온 원동력이 아닐 수 없다.

**참고** 시집 『만인보』와 「머슴 대길이」

　이 시는 대하연작시 「만인보(萬人譜)」의 시리즈 제1권(1986)에 실려 있다. 고은은 『만인보(萬人譜)』를 손바닥만한 창 하나 없이 사방이 벽으로 막혀 있는 무덤과 같은 감방에서 구상했다. 1980년 광주 민주화 운동 때 내란 음모 및 계엄법 위반으로 특별 감방에 수감되어 있던 그는 감옥에서 나가면 만난 사람 하나하나를 떠올리며 시를 쓰겠다는 다짐을 했다고 한다. 제목 '만인보'의 '만인'은 숫자상 '만(萬)'의 뜻이 아닌, 다양한 삶의 초상이 내재하고 있는 모든 존재를 의미한다. 그래서 고은「만인보」를 '이 세상에 와서 알게 된 사람들에 대한 노래의 집결'이라고 표현하기도 하고, "반만년의 한국사에 명멸한 인간 군상의 부침과 영욕을 담아냈다"라고 언급하기도 했다. 1986년을 시작으로 총 30권 4001편의 작품에 무려 5600여명의 인간 군상을 담았으며, 25년의 집필 끝에 2010년 4월 9일 완간되었다.
　「만인보」는 특정 인물을 시적 대상으로 삼고 있는, '사람 사는 이야기'로서의 실명시(實名詩)가 압도적 다수를 차지하고 있다. 이 가운데 이채를 띠는 것은, 시인에게 삶의 올바른 지향을 감동적으로 일깨워 준 사람들에 관한 몇 편의 '성장시(成長詩)'다. 가장 강렬하게 각인된 인물은 '꿈'과 '모험'의 이미지로 각자 대표되는 아버지와 외삼촌이며, '세상에 대한 전율적 개안(開眼)'을 가능케 한 또 하나의 인물로 이 '머슴 대길이'를 들 수 있다.
　「만인보」에 등장하는 사람들을 분류해 보면 삶의 세 가지 층위가 있다. 시인이 개인적으로 만난 실전적 인물들의 층위, 사회 속에 뛰어들어 만난 사회적, 역사적 인물군으로서의 사회적, 역사적 층위, 그리고 불교적 체험에서 만난 초월적 층위가 그것이다. 이 시의 주인공은 첫 번째 층위의 인물군에 속한다.

## ■ 중요 내용 정리

### 01 '머슴 대길이'란 인물의 의미

　이 시의 대상이 되고 있는 '대길이'는 마을 머슴이지만, 성실하고 지식도 갖추고 있고, 또 인격적으로 성숙한 사람으로 그려지고 있다. 이 '대길이'가 실존 인물인지는 밝혀지지 않았지만, 시적 화자가 어릴 적 인생관을 세우는 시점에 많은 영향을 주었던 것 같다. 한글을 배우기 힘들었던 당시에 한글을 통해 우리 민족의 정신과 어려운 현실을 깨우쳐 주었고, 또한 가난하고 힘들어도 '남하고 사는 세상'을 살아가는 방법도 깨우쳐 주었다. 대길이는 시적 화자가 4연에서 '불빛'이라고 표현한 것처럼 시적 화자의 삶의 방향까지 바꾸어 놓은 우상이다. 시적 화자는 이런 대길이를 어른이 된 지금, 민주화의 열풍이 불고 있는 상황에서 회상하며, 그가 전해 준 삶의 진리를 다시 되새겨 보고 있다.

### 02 표현상의 특징

　이 시는 이야기 형식으로 전개되고 있다. 즉, 시적 화자가 읽는 이에게 자신의 유년 시절 이야기를 들려 주듯이 하여, '대길이 아저씨'의 존재에 사실성을 높이고 있다. 또한, '낮보다 어둠에 빛나는 먹눈이었지요.', '그는 나에게 불빛이었지요.'와 같은 예찬적인 표현을 통해 시적 대상인 인물의 행동과 생각을 긍정적으로 표현하고 있다.

### 03 '대길이'의 인물형과 공동체 의식

　대길이는 '고달픈 삶을 살아가는 소외당한 하층민'이다. 그에 대한 '머슴'이란 호칭은 대길이라는 인물이 신분제가 폐지되는 역사적 과정에서도 주목받지 못하고 소외된 인물임을 보여준다. 그러나 그는 '삶을 긍정하며 극복하려는 전형적 인물'로 역사 의식을 가지고 삶을 긍정하며 극복하려는 삶의 태도를 보여준다. 또한 '남과 더불어 살고 남을 사랑할 줄 아는' 인물이다. 자신은 하층민인 머슴의 삶을 살고 있지만, 타인을 배려하고 남과 더불어 공존하는 조화로운 삶을 추구하는 인물로 대길이의 공동체 의식과 더불어 사는 삶의 아름다움을 드러내고 있다.

## 예상문제

※ (1~3) 다음 글을 읽고 물음에 답하시오.

(가)
　　새터 관전이네 머슴 대길이는
　　상머슴으로
　　누룩 도야지 한 마리 번쩍 들어
　　도야지 우리에 넘겼지요.
　　그야말로 도야지 멱 따는 소리까지도 후딱 넘겼지요.
　　밥 때 늦어도 투덜댈 줄 통 모르고
　　이른 아침 동네길 이슬도 털고 잘도 치워 훤히 가리마 났지요.
　　그러나 낮보다 어둠에 빛나는 먹눈이었지요.
　　머슴방 등잔불 아래
　　나는 대길이 아저씨한테 가갸거겨 배웠지요.
　　그리하여 장화홍련전을 주룩주룩 비오듯 읽었지요.
　　어린 아이 세상에 눈 떴지요.
　　일제 36년 지나간 뒤 가갸거겨 아는 놈은 나밖에 없었지요.

　　대길이 아저씨더러는
　　주인도 동네 어른도 함부로 대하지 않았지요.
　　살구꽃 핀 마을 뒷산에 올라가서
　　홑적삼 큰아기 따위에는 눈요기도 안 하고
　　지게 작대기 뉘어 놓고 먼 데 바다를 바라보았지요.
　　나도 따라 바라보았지요.
　　우르르르 달려가는 바다 울음소리 들었지요.

　　찬 겨울 눈더미 가운데서도
　　덜렁 겨드랑이에 바람 잘도 드나들었지요.
　　그가 말했지요.
　　사람이 너무 호강하면 저밖에 모른단다.
　　남하고 사는 세상인데

　　대길이 아저씨
　　그는 나에게 불빛이었지요.
　　자다 깨어도 그대로 켜져서 밤 새우는 불빛이었지요.

　　　　　　　　　　　　　　　　　　- 고은, 「머슴 대길이」

(나)
　벼는 서로 어우러져
　기대고 산다.
　햇살 따가워질수록
　깊이 익어 스스로를 아끼고
　이웃들에게 저를 맡긴다.

　서로가 서로의 몸을 묶어
　더 튼튼해진 백성들을 보아라.
　죄도 없이 죄지어서 더욱 불타는
　마음들을 보아라. 벼가 춤출 때,
　벼는 소리없이 떠나간다.

　벼는 가을 하늘에도
　서러운 눈 씻어 맑게 다스릴 줄 알고
　바람 한 점에도
　제 몸의 노여움을 덮는다.
　저의 가슴도 더운 줄을 안다.

　벼가 떠나가며 바치는
　이 넓디넓은 사랑,
　쓰러지고 쓰러지고 다시 일어서서 드리는
　이 피 묻은 그리움,
　이 넉넉한 힘…….

　　　　　　　　　　　　　　　　— 이성부, 「벼」

1. (가) 작품의 '대길이'와 유사한 인물을 고전소설이나 현대소설에서 찾는다면 각각 적절한 작품과 인물을 1가지씩 제시하고, 그렇게 파악한 근거를 각각 제시하라. [3점]

### 예상답안

① 고전소설 : 홍길동전의 '홍길동', 예덕선생전의 '예덕선생', 전우치전의 '전우치', 임경업전의 '임경업' 등
　근거 – 뛰어난 능력을 지녔으며 민중 영웅에 가까운 인물임
② 현대소설 : 인간문제의 '첫째', 유자소전의 '유자(유재필)', 아우를 위하여의 '교생 선생님', 사하촌의 '들깨', 고향의 '김희준', 탁류의 '남승재', 낙동강의 '박성운' 등
　근거 – 뛰어난 능력을 지녔으며, 소외된 사람들과 더불어 살아가려는(민족의 안위를 걱정하는) 마음을 지닌 인물임

2. (가)와 (나) 작품에서 밑줄 친 부분에 사용된 어미(선어말 어미와 어말 어미)의 종류를 밝혀 제시하고, 그것이 각 작품의 내용을 드러내는 데 어떤 각각 어떤 효과가 있는지 아래 표에 맞게 설명하라. [4점]

### 예상답안

| 구분 | | (가) 작품 | (나) 작품 |
| --- | --- | --- | --- |
| 선어말 어미 | 종류 | -었-/-았-<br>과거시제 | -ㄴ-/-는-<br>현재시제 |
| | 사용의 효과 | 과거에 겪은 대길이 아저씨의 삶을 보다 효과적으로 드러냄 | 현재의 장면을 생생하게 묘사하거나 보편적 진실을 드러냄 |
| 종결 어미 | 종류 | 평서형의 비격식체 '해요'체 종결 | 평서형의 격식체 '해라체' 종결 |
| | 사용의 효과 | 상대를 높여 화자가 제시하려는 내용을 쉽고 친근하게 받아들이게 함 | 화자가 제시하려는 내용을 직접적·단정적으로 받아들이게 하는 효과가 있음 |

3. (가)와 (나) 작품의 관련성을 심화 학습하기 위해, 두 작품에 나타난 '대길이'와 '벼'의 관계를 설명하고자 한다. 교사가 이러한 관계에 대해 지도할 내용을 2가지 파악하여 제시하라. [2점]

### 예상답안

① (가)는 민중 개인이고, (나)는 민중 전체로 볼 수 있음을 알게 함
② (가)는 민중답게 살아간 예이고, (나)는 민중이 지향해야 할 삶임을 알게 함
③ (가)는 작자가 겪은 체험을 바탕으로 했고, (나)는 작자의 관념을 바탕으로 했음을 알게 함
④ (가)는 민중의 구체적 삶이고, (나)는 민중의 일반적 삶을 담고 있음을 알게 함

## ▷ 곽재구
郭在九

1954 ~
시인. 전남 광주 출생

▷ **작가의 특징**
1. 1981년 〈중앙일보〉 신춘문예에 시 「사평역에서」가 당선되어 등단했다.
2. 민중의 삶에 대한 애정을 애상적으로 표현한 작품을 주로 썼다.
3. 흔히 지나치기 쉬운 일상의 삶을 아름답게 형상화하였다.
4. 혼란한 정치적 현실에 맞서는 넉넉한 정신을 표현했다.
5. 다양한 일상에 대한 쓸쓸한 감수성과 세련된 시적 표현을 보인다.

▷ **주요 작품**
시집: 『사평역에서』(1983), 『전장포 아리랑』(1985), 『꽃보다 먼저 마음을 주었네』(1999) 등

### 작품 1 사평역(沙平驛)에서 (사평역에서, 1981년)

막차는 좀처럼 오지 않았다.
대합실 밖에는 밤새 송이눈이 쌓이고
흰 보라 수수꽃 눈시린 유리창마다
톱밥난로가 지펴지고 있었다.
그믐처럼 몇은 졸고
몇은 감기에 쿨럭이고
그리웠던 순간들을 생각하며 나는
한 줌의 톱밥을 불빛 속에 던져 주었다.
내면 깊숙이 할 말들은 가득해도
청색의 손바닥을 불빛 속에 적셔 두고
모두들 아무 말도 하지 않았다.
산다는 것이 때론 술에 취한 듯
한 두름의 굴비 한 광주리의 사과를
만지작거리며 귀향하는 기분으로
침묵해야 한다는 것을
모두를 알고 있었다.
오래 앓은 기침 소리와
쓴 약 같은 입술 담배 연기 속에서
싸륵싸륵 눈꽃은 쌓이고
그래 지금은 모두들
눈꽃의 화음에 귀를 적신다.
자정 넘으면
낯설음도 뼈아픔도 다 설원인데
단풍잎 같은 몇 잎의 차창을 달고
밤 열차는 또 어디로 흘러가는지
그리웠던 순간들을 호명하며 나는
한 줌의 눈물을 불빛 속에 던져 주었다

## 핵심정리

▷ **갈래** 자유시, 서정시
▷ **성격** 애상적, 감각적, 회고적, 묘사적
▷ **어조** 연민과 아픔을 드러내는 어조
▷ **표현** ① 기차역 대합실의 모습을 묘사적으로 드러냄
　　　　② 시각적 이미지와 그 대비를 효과적으로 사용
　　　　③ 쓸쓸한 소멸과 정처 없는 떠돎의 이미지를 담은 시어를 사용
▷ **특징** ① 차가움과 따뜻함의 이미지를 대조를 통해 시적 대상을 표현함
　　　　② 간결하고 절제된 어조로 표현함
▷ **제재** 막차를 기다리는 기차역 대합실의 정경
▷ **주제** 가난한 사람들의 삶의 애환과 그에 대한 연민

## 이해와 감상

### 1 짜임 분석

- 1~4행 – 대합실 안팎의 정경
- 9~16행 – 침묵하며 막차를 기다리는 사람들
- 22~27행 – 삶에 대한 연민과 슬픔
- 5~8행 – 과거에 대한 회상
- 17~21행 – 눈꽃을 통해 얻는 위안

### 2 작품감상의 구조

| 구성 요소 | | 구성 요소의 파악 | 그것이 지닌 의미·효과 | 주제와의 관련성 |
|---|---|---|---|---|
| 내용 요소 | | ① 시적 화자 및 화자의 상황 | '나'는 사평역 대합실에서 막차를 기다리며 주위 사람들을 보고 그들의 애환에 대해 생각하고 있다. | 가난한 사람들의 삶의 애환과 그에 대한 연민 |
| | | ② 시대 배경 | 1980년대 초 군사정권 하에서 소외된 민중들이 침묵하며 고달프게 살던 현실을 담고 있다. | |
| | | ③ 시적 화자의 따뜻한 마음 | 시적 화자는 민중들의 고달픈 현실에 안타까워하며, 그들을 위해 톱밥을 넣고 눈물을 흘리며 연대 의식을 보인다. | |
| 형식 요소 | | ① 간결하고 절제된 시어 | 간결하고 절제된 표현을 통해 시상의 집약이 이루어지고 리듬감이 잘 드러난다. | |
| 표현 요소 | | ① 대조적 이미지 | 차가움과 따뜻함의 이미지를 대조하여 통해 시적 대상을 표현했다. | |
| | | ② 공감각적 이미지 | '눈꽃의 화음에 귀를 적신다'에서 눈 내리는 창 밖의 풍경을 공감각 이미지로 드러내었다. | |
| | | ③ 상징 | '막차, 청색의 손바닥, 입술 담배 연기' 등은 민중들의 고달픈 삶을 드러내고, '설원'은 추억이나 그리움을 의미하여 내용을 잘 드러냈다. | |

## ■ 중요 내용 정리

**01 시적 화자의 시선**

　　이 시의 화자는 가난하고 소외된 자들의 삶의 애환을 조용하게 응시하고 있다. 이 시에 등장하는 사람들은 오래 앓은 기침 소리를 내고 쓴 약 같은 담배 연기를 내뿜으며 아무 말을 하지 않은 채 막차를 기다리고 있다. 화자는 과거의 그리웠던 순간들, 즉 밝고 따뜻했던 순간들을 생각하며, 현재의 삶의 무게를 묵묵히 짊어지고 있는 사람들에게 연민을 느낀다. '자정 넘으면 / 낯설음도 뼈아픔도 다 설원인데'라는 표현을 통해 현재의 삶의 무게와 고통도 지나가면 그리운 추억으로 변할 것이라는 시적 화자의 시선을 드러내고 있는 것이다.

**02 「사평역에서」에 드러난 비극적 서정**

　　춥고 깊은 겨울 밤 막차를 기다리는 사람들의 서글픈 여정은 고향이라는 영혼의 안식처를 향하는 것이다. 그들이 말이 없는 이유는 바로 그들의 삶이 너무 힘들고 고달프기 때문이다. 대합실 밖에는 눈이 내리고 급행 열차는 이 작은 역을 스쳐 지나가기만 한다. 기다림과 쓸쓸한 이미지를 지닌 '막차', '그믐'과 차가운 이미지를 지닌 '송이눈', '눈시린 유리창', '청색의 손바닥', 고달픔 삶을 무게를 느끼게 하는 '오래 앓은 기침 소리', '쓴 약과 같은 입술' 등은 소외된 사람들의 애환을 효과적으로 나타내 주어 이 시의 비극적 서정을 부각시킨다.

**03 '대합실'이라는 공간적 배경의 의미**

　　이 시의 공간적 배경은 역의 대합실이다. 이 시에 나오는 대합실은 인생의 행로를 보여 주는 공간으로, 인생 역정과 삶의 애환을 담고 있다. 인물들의 시선을 내면세계로 향하게 하고, 침묵 속에서 자신과 인생을 응시하는 공간이라고 할 수 있다.

**04 「사평역에서」에 드러난 삶의 의미**

　　이 시에서 '삶이란 기차를 타고 설원을 달리는 것과 같다.'고 말하고 있다. 낯설고 고통스런 세상을 설원에, 그 속을 쓸쓸히 달리는 기차는 힘겹고 고달픈 우리의 인생 역정을 비유한 것이다. 이러한 우리의 인생은 단풍잎처럼 작고 초라하며 쓸쓸하다. 그런 삶을 지탱하며 살아가는 나약한 사람들과 이를 지켜보는 화자 역시 결국은 같은 존재이다. 이 시에게 인생은 누구에게나 힘들고 고달픈 것으로 그려지고 있다.

## 기출문제

1. 박 교사는 임철우의 「사평역」에서 대해 다음과 같은 교수·학습 계획을 세웠다. 교수·학습 활동 단계를 고려하여 빈칸에 알맞은 내용을 쓰시오. [5점]

   2008년 기출 20번

- 학습 목표 : 작품의 재구성 동기를 파악할 수 있다.
  * 국어과 교육과정 관련 부분 확인 : 두 작품의 상호 텍스트적 연관 관계를 파악할 수 있는 요소 (시대적 특성, 내용 구성, 구체적 표현, 형식, 시 장르 경험 등)
- 대상 : 중학교 3학년
- 교수·학습 자료 : - 임철우, 「사평역」 / - 곽재구, 「사평역에서」
  * 수업 시간에는 시 전문을 참고 자료로 제공
- 교수·학습 활동 계획 :

| 교수·학습 활동 | | 교수·학습 내용 |
|---|---|---|
| 활동 1 | 사회·문화적 상황 파악하기 | • 작품 발표 연도 확인하기 | • 소설 「사평역」, 1984<br>• 시 「사평역에서」, 1981 |
| | | • 위의 부분에서 시대적 상황 파악할 수 있는 부분 찾기 | • |
| 활동 2 | 작품 구성 방식 파악하기 | • | • 고단한 일상을 살아가는 서민들의 모습이 시에는 함축적으로만 표현되어 있으므로 이를 구체적으로 표현하고자 하는 의도를 보여주기 위해서 |
| | | • 시에 나타나 있지 않는 '특급열차'를 등장시킨 이유 파악하기 | • |

### 예상답안

| | 교수·학습 활동 | | 교수·학습 내용 |
|---|---|---|---|
| 활동 1 | 사회·문화적 상황 파악하기 | • 작품 발표 연도 확인하기 | • 소설 「사평역」, 1984<br>• 시 「사평역에서」, 1981 |
| | | • 위의 부분에서 시대적 상황 파악할 수 있는 부분 찾기 | • 청년이 자기도 모르게 재판을 받아 제적 처분을 받았다는 부분이 1980년대의 상황을 드러냄<br>• 특급 열차가 간이역을 빨리 통과한다는 부분이 1980년대의 상황을 드러냄<br>(• 시골 간이역에 고달픈 사람들이 모여 있는 부분이 1980년대의 상황을 드러냄) |
| 활동 2 | 작품 구성 방식 파악하기 | • 시를 앞부분에 제시한 이유 찾기<br>• 시와 다르게 서민들의 다양한 삶의 양상과 그 내면을 그려낸 이유 | • 고단한 일상을 살아가는 서민들의 모습이 시에는 함축적으로만 표현되어 있으므로 이를 구체적으로 표현하고자 하는 의도를 보여주기 위해서 |
| | | • 시에 나타나 있지 않는 '특급열차'를 등장시킨 이유 파악하기 | • 가난하고 소외된 계층과 부유한 계층을 대비시켜 불평등한 사회 현실을 드러내고, 서민들의 애환을 강조함 |

## 작품 2　은행나무 (받들어 꽃, 1991년)

너의 노오란 우산깃 아래 서 있으면
아름다움이 세상을 덮으리라던
늙은 러시아 문호의 눈망울이 생각난다
맑은 바람결에 너는 짐짓
네 빛나는 눈썹 두어 개를 떨구기도 하고
누군가 깊게 사랑해 온 사람들을 위해
보도 위에 아름다운 연서를 쓰기도 한다
신비로와라 잎사귀마다 적힌
누군가의 옛 추억을 읽어 가고 있노라면
사랑은 우리들의 가슴마저 금빛 추억의 물이 들게 한다
아무도 이 거리에서 다시 절망을 노래할 수 없다
벗은 가지 위 위태하게 곡예를 하는 도롱이집* 몇 개
때로는 세상을 잘못 읽은 누군가가
자기 몫의 도롱이집을 가지 끝에 걸고
다시 이땅 위에 불법으로 들어선다 해도
수천만 황인족의 얼굴 같은 너의
노오란 우산깃 아래 서 있으면
희망 또한 불타는 형상으로 우리 가슴에 적힐 것이다.

\* 도롱이집 : 도롱이나방의 집

### ■ 핵심정리

▷ **갈래** 자유시, 서정시
▷ **성격** 종
▷ **계절적 배경** 가을
▷ **시대적 배경** 암울하고 부정적 현실
▷ **표현** 다양한 비유와 상징을 사용함
▷ **주제** ① 미래에 대한 희망
　　　　② 은행나무에서 배우는 의연한 삶의 모습

### 이해와 감상

#### 1 짜임 분석

- 1～3행 – 아름다운 은행나무 아래에서 러시아 문호의 말을 떠올림
- 4～10행 – 떨어진 은행잎을 연서로 생각하며 금빛 추억을 떠올림
- 11～18행 – 은행잎을 보면서 희망을 가지게 됨

## ② 작품감상의 구조

| 구성 요소 | 구성 요소의 파악 | 그것이 지닌 의미·효과 | 주제와의 관련성 |
|---|---|---|---|
| 내용 요소 | ① 시적 화자 및 화자의 상황 | 시적 화자는 은행나무의 아름다움과 효용적 가치를 생각하면서 희망적 미래를 생각한다. | 미래에 대한 희망, 은행나무에서 배우는 의연한 삶의 모습 |
| | ② 소재 | '은행나무'라는 소재를 사용하여 희망을 노래했다. | |
| | ③ 낙관적 인식 | 시적 화자는 은행나무의 의연한 모습을 배워 미래에 대한 희망을 드러냈다. | |
| 형식 요소 | ① 시상의 전개 | 아름다움(1~3행), 추억(4~10행), 절망을 극복한 희망의 내용으로 전개된다. | |
| 표현 요소 | ① 비유적 표현 | '노오란 우산 깃', '빛나는 눈썹', '아름다운 연서', '수천만 황인족의 얼굴' 등의 비유적 표현을 사용하여 은행나무 잎과 민중의 모습을 구체화했다. | |

## ③ 감상의 길잡이

'은행나무'라는 자연물을 인격화시키고 다양한 비유와 상징을 활용하여 인간의 삶을 형상화 하고 있는 작품이다. 화자는 지금 부정적인 현실 속에서 살아가고 있으며, 그로 인해 절망을 느끼게 된다. 그런데 은행나무는 위태로운 상황에서도 꿋꿋하게 그 모습을 지켜 나가고 있기에 화자는 여기에서 현실을 이겨 나가겠다는 의지를 배우고 있다. 자연물이 인간에게 삶에 대한 새로운 태도를 가르치고 있는 것이다.

# 중요 내용 정리

## 01 작품의 맥락 읽기

시적 화자는 보도 위를 걸어가다 아름다운 은행나무에 넋이 빠져 바라보고 있다. 화자가 서 있는 보도는 노오랗게 물든 은행나무가 있고 보도에 깊은 사랑의 연서 같은 은행잎들이 깔려 있다. 화자가 바라보는 은행나무는 노란 은행잎들을 우산깃 같은 모습으로 무수히 달려 있고 몇 개의 도롱이집들도 달려 있다. 화자는 은행나무의 아름다움에 감동하여 '아무도 이 거리에서 다시 절망을 노래할 수 없다', '희망 또한 불타는 형상으로 우리 가슴에 적힐 것이다'라고 이야기 한다. 은행나무와 은행잎들은 화자에게 세상이 아무리 추악하고 더러워 도저히 구원의 가능성이 보이지 않을 것 같지만 그래도 이 세상에 아름다움이 존재하는 한 그런 것들은 결국 아름다움 앞에 굴복할 수밖에 없다는 깨달음을 준다. 화자가 사는 현실은 '벗은 가지 위~ 불법으로 들어선다 해도'와 같이 절망적이며 희망이 잘 보이지 않는 부정적 현실이지만, 화자가 바라는 것은 그러한 현실을 극복할 수 있는 아름다움이 가져올 희망적인 미래이다.

결국 화자는 길을 가다 우연히 무척 아름다운 은행나무와 은행잎 깔린 보도를 보게 되고 이런 아름다움이 존재하는 한 세상이 절망적이지만은 않다는 생각을 하게 되고 미래에 대한 희망에 젖게 된다.

## 02 '은행나무'의 비유적 표현

이 시는 '은행나무 잎'의 유추를 통한 연상, 상상을 통해 '은행나무'라는 자연물을 인격화시키고 다양한 비유를 활용하여 인간 삶의 모습을 형상화하고 있다.

'노오란 우산깃', '빛나는 눈썹', '아름다운 연서', '수천만 황인족의 얼굴' 등은 모두 은행나무 잎을 비유한 표현들이다. 화자는 우산깃과 같은 모습으로 가지에 매달려 있는 은행나무 잎의 모습과 노란 은행잎에 깔린 아름다운 길의 모습을 보며 미래에 대한 희망을 갖게 된다.

또한 '노란 우산깃'이라는 표현은 처음과 끝에서 반복적으로 사용되었는데, 이는 대상을 '아름다운 존재'에서 '수천만 황인족의 얼굴'이라는 의미로 확장시키고 있다.

### 03 '아름다움이 세상을 덮으리라.'

인간의 근본적인 선성(善性)에 대해 탐구한 도스토예프스키의 장편 소설 「백치」의 주인공 무이쉬킨의 대사를 인용한 부분으로, 세상이 아무리 추악하고 더러워서 구원의 가능성이 도저히 보이지 않을지라도 세상의 아름다움이 존재하는 한 그런 것들은 결국 아름다움 앞에서 굴복할 수밖에 없다는 뜻을 내포하고 있다.

## 작품 3　전장포 아리랑 (전장포 아리랑, 1985)

아리랑 전장포 앞 바다에
웬 눈물 방울 이리 많은지
각이도 송이도 지나 안마도 가면서
반짝이는 반짝이는 우리나라 눈물 보았네
보았네 보았네 우리나라 사랑 보았네
재원도 부남도 지나 낙월도 흐르면서
한 오천년 떠밀려 이 바다에 쫓기운
자그맣고 슬픈 우리나라 사랑들 보았네
꼬막껍질 속 누운 초록 하늘
못나고 뒤엉킨 보리밭길 보았네
보았네 보았네 멸치 덤장 산마이 그물 너머
바람만 불어도 징징 울음 나고
손가락만 스쳐도 울음이 배어나올
서러운 우리나라 앉은뱅이 섬들 보았네
아리랑 전장포 앞 바다에
웬 설움 이리 많은지
아리랑 아리랑 나리꽃 꺾어 섬그늘에 띄우면서

### ▌핵심정리

▷ **갈래** 자유시, 서정시
▷ **성격** 전통적, 애상적
▷ **제재** 신안군 임자면 항구 앞
▷ **주제** 우리 민족의 서러운 삶에 대한 애정과 찬사

## 이해와 감상

### 1 짜임 분석
- 1~4행 – 우리나라 눈물과 같은 전장포 앞바다의 섬
- 5~8행 – 섬을 통해 느낄 수 있는 우리나라 사람들
- 9~14행 – 울음이 베어 나올 것 같은 섬사람들의 생활
- 15~17행 – 전장포 앞바다의 설움

### 2 작품감상의 구조

| 구성 요소 | 구성 요소의 파악 | 그것이 지닌 의미·효과 | 주제와의 관련성 |
|---|---|---|---|
| 내용 요소 | ① 시적 화자 및 화자의 상황 | 화자는 전장포 앞바다의 작은 섬들을 둘러보며, 그 섬에 얽힌 한 서린 우리 민족의 삶에 대한 애정을 드러내고 있다. | 우리 민족의 서러운 삶에 대한 애정과 찬사 |
| | ② 시어 | ⊙ 구체적 지명을 열거하여 사실성과 향토성을 만들어 내고 있다.<br>ⓒ 멸치 덤장, 산마이 그물 등 완도에서 흔히 쓰고 있는 어구(漁具), 어법(漁法)을 시어로 표현하여 친근감을 주고 있다. | |
| 형식 요소 | ① 유사 문장 구조 반복 | '보았네'를 반복하여 각운을 형성, 운율감을 준다. | |
| 표현 요소 | ① 비유적 표현 | 작은 섬들을 '눈물방울', '사랑'에 빗대어 표현하였다. | |

### 3 감상의 길잡이

전장포 앞바다에 점점이 떠 있는 각이도, 송이도, 안마도, 재원도, 부남도, 낙월도 그리고 이름 없는 자그맣고 못나게 뒤엉켜 슬픈 섬들에서, 화자는 아리랑의 눈물바람을 떠올린다. 한 오천년 우리의 못난 삶의 시름을 다스려온 민요의 가락을 발견하는 것이다. 그 가락은 모두 설움과 사랑을 위해 바쳐져 있다.

거기 깃들이고 살아온 사람들의 삶의 본질이 설움과 사랑이라면, 그것을 발견하고 있는 화자·시인의 앞으로의 삶도 설움과 사랑에 바쳐져야 하는 것이 아닐까. 반복되는 '보았네'에서 그러한 자기 다짐을 읽을 수 있다. '아리랑 아리랑 나리 꽃 꺾어 섬그늘에 띄우면서'하고 마지막 행을 열어둔 이유는 설움과 신명의 삶이 그럼에도 계속되어야 한다는 것과 그런 삶을 찾아다니는 화자의 여로도 계속 이어져야 한다는 것을 암시하고 있다.

## ▷ 김명인 金明仁
1946 ~
시인. 경북 울진 출생

▷ 작가의 특징
1973년 〈중앙일보〉 신춘문예에 「출항제(出港祭)」가 당선되어 등단했다.

▷ 주요 작품
시집:『동두천』(1979),『머나먼 곳 스와니』(1988),『물속의 빈 집』(1991),『물 건너는 사람』(1992),『푸른 강아지와 놀다』(1994) 등

## 작품 1  동두천(東豆川) 1 (동두천, 1979년)

기차가 멎고 눈이 내렸다 그래 어둠 속에서
번쩍이는 신호등
불이 켜지자 기차는 서둘러 다시 떠나고
내 급한 생각으로는 대체로 우리들도 어디론가
가고 있는 중이리라 혹은 떨어져 남게 되더라도
저렇게 내리면서 녹는 춘삼월 눈에 파묻혀 흐려지면서

우리가 내리는 눈일 동안만 온갖 깨끗한 생각 끝에
역두(驛頭)의 저탄 더미에 떨어져
몸을 버리게 되더라도
배고픈 고향의 잊힌 이름들로 새삼스럽게
서럽지는 않으리라 그만그만했던 아이들도
미군을 따라 바다를 건너서는
더는 소식조차 모르는 이 바닥에서

더러운 그리움이여 무엇이
우리가 녹은 눈물이 된 뒤에도 등을 밀어
캄캄한 어둠 속으로 흘러가게 하느냐
바라보면 저다지 웅크린 집들조차 여기서는
공중에 뜬 신기루 같은 것을
발 밑에서는 메마른 풀들이 서걱여 모래 소리를 낸다

그리고 덜미에 부딪쳐 와 끼얹는 바람
첩첩 수렁 너머의 세상은 알 수도 없지만
아무것도 더 이상 알 필요도 없으리라
안으로 굽혀지는 마음 병든 몸뚱이들도 닳아
맨살로 끌려가는 진창길 이제 벗어날 수 없어도
나는 나 혼자만의 외로운 시간을 지나
떠나야 되돌아올 새벽을 죄다 건너가면서

## 핵심정리

▷ 갈래  자유시, 서정시
▷ 성격  의지적, 현실적
▷ 특징  ① 서사적으로 시상 전개
　　　　② 특정 지역을 통해 역사적 슬픔을 이야기함
▷ 제재  동두천, 눈
▷ 주제  아픈 역사의 극복과 순수한 인간적 삶 추구

## 이해와 감상

### 1 짜임 분석

- 1연 – 기차역에 내리는 눈을 보며 상념에 젖음
- 2연 – 미국으로 간 혼혈 아이들의 소식에 대한 궁금함
- 3연 – 동두천의 삶에 대한 설움과 순수한 삶에의 그리움
- 4연 – 순수하고 인간적인 삶에 대한 의지

### 3 감상의 길잡이

　이 시는 그가 대학을 마친 직후 동두천의 어느 고등학교에서 잠시 교사생활을 할 때 만났던 무수한 혼혈아들을 떠올리며 지은 작품으로, 동두천역 저탄더미에 내려 쌓이는 눈을 통해 혼혈아와 같은 소외된 인간의 설움을 형상화하고 있다. 유년의 전후 폐허 속에서 자연스럽게 배태된 허무 의식과 유신 체제라는 1970년대의 암울한 정치적 상황에서 형성된 절망적 현실 의식이 작품에 투영됨으로써 이 시는 과거의 어두운 기억만이 아니라, 현재의 삶도 캄캄한 어둠으로 나타나 있다.

　이 작품의 시적 배경인 동두천은 우리 민족에게 일종의 상처와도 같은 도시이다. 동족간의 비극적인 전쟁에 개입했던 미국 군대가 아직까지 머무르고 있는 그 곳엔 그들을 상대로 몸을 팔아 살아가는 여자들이 있으며, 그들 사이에서는 약소민족의 슬픔을 자신의 운명으로 안고 혼혈이라는 이름의 불행한 아이들이 태어난다. 시인은 그 도시에서, 그것도 떠나가는 사람과 남는 사람의 운명을 표상하는 기차역에서 저탄더미에 떨어져 내리는 눈을 바라다본다. 신호등이 바뀌자 서둘러 떠나가는 기차를 보면서 인생도 저렇게 '어디론가 / 가고 있는 중'이라는 상념에 잠겨 있다가, 혹시나 군중에서 '떨어져 남게 되더라도 / 저렇게 내리면서 녹는' 순간 석탄과 구분되지 않는 진창의 검은 물이 되어 흐르는 것을 발견한 그는 결국 제 아버지들을 따라 바다를 건너가게 될 혼혈아들의 운명이 바로 그와 동일함을 깨닫게 된다. 낯선 나라 험한 세상에서 그들이 어린 날의 순수함을 그대로 간직하며 살아가기는 어려울 것이라는 생각 때문이다.

　그러나 그들을 '첩첩 수렁 너머의 세상'으로 떠나보내야 하는 이 땅이야말로 절망적인 진창길임을 알고 있는 시인은 마침내 그들과 하나가 되어 '더러운 그리움이여 무엇이 / 우리가 녹은 눈물이 된 뒤에도 등을 밀어 / 캄캄한 어둠 속으로 흘러가게 하느냐'라고 부르짖는다. 여기서 '그리움'이란 좀 더 순수하고 인간적인 삶에 대한 희망을 의미하는 것으로, 그것이 '더럽다'는 것은 그 희망이 늘 우리를 배반했었다는 뜻이다. 그러므로 이 구절은 처음에 '눈'처럼 순수했던 우리였지만, 그리움에 현혹되어 진흙탕의 눈물이 되고, 그 다음에는 또 다른 욕망에 이끌려 현실을 '신기루'처럼 여기며 '캄캄한 어둠 속'에서 어디론가 흘러가게 되는 막막한 존재의 설움을 노래한 것이다.

　그런데 이 '눈물'은 중의적 의미로, 눈이 녹은 물인 동시에 시인이 흘리는 슬픔의 눈물이다. 그가 눈물을 흘리는 것은 그가 순수한 사람임을 알게 하는 행위이지만, 이 눈물도 역시 눈 녹은 물처럼 '맨살로 끌려가는 진창길을 벗어날 수 없다'. 한편, 자신의 순수한 시가 맞이하게 될 운명도 결국 그와 같은 것임을 알고 있는 그는 마침내 '혼자만의 외로운 시간을 지나' 현실의 진창까지도 다 건너야 비로소 순결한 새벽으로 돌아올 수 있음을 깨닫게 된다. 다시 말해, 순수한 눈이 녹아 떨어지는 이 진창과, 자신의 순수한 시가 미래를 두려워하지 않고 끌어안아야 하는 그 어두움이야말로 새벽으로 상징된 순수한 인간적 삶에 다다를 수 있는 유일한 통과 의례임을 인식하게 된 것이다.

## ▷ 김용택 金龍澤

1951 ~
시인. 전북 임실 출생

▷ **작가의 특징**
1. 농촌 현장의 생활을 담고 있는 시 – 농촌 공동체에 대한 소망을 담고 있다.
2. 농촌에 대한 친근감 넘치는 묘사와 현상 파악에만 머무르지 않고 매서운 비판의 눈을 동반한다.
3. 전라도 사투리의 가사체, 타령조, 판소리체 등이 농촌 공동체의 유대감을 더욱 잘 드러냈다.

### 작품 1 | 섬진강 1 (섬진강, 1985년)

가문 섬진강을 따라가며 보라
퍼 가도 퍼 가도 전라도 실핏줄 같은
개울물들이 끊기지 않고 모여 흐르며
해 저물면 저무는 강변에
쌀밥 같은 토끼풀꽃,
숯불 같은 자운영꽃 머리에 이어 주며
지도에도 없는 동네 강변
식물 도감에도 없는 풀에
어둠을 끌어다 죽이며
그을린 이마 훤하게
꽃등도 달아 준다
흐르다 흐르다 목메이면
영산강으로 가는 물줄기를 불러
뼈 으스러지게 그리워 얼싸안고
지리산 뭉툭한 허리를 감고 돌아가는
섬진강을 따라가며 보라
섬진강물이 어디 몇 놈이 달려들어
퍼낸다고 마를 강물이더냐고,
지리산이 저문 강물에 얼굴을 씻고
일어서서 껄껄 웃으며
무등산을 보며 그렇지 않느냐고 물어 보면
노을 띤 무등산이 그렇다고 훤한 이마 끄덕이는
고갯짓을 바라보며
저무는 섬진강을 따라가며 보라
어디 몇몇 애비 없는 후레자식들이
퍼 간다고 마를 강물인가를.

## ▌핵심정리

▷ **갈래** 자유시, 서정시
▷ **성격** 서정적, 민중적, 상징적, 향토적
▷ **제재** 섬진강
▷ **주제** 민중의 소박하고 건강한 삶과 끈질긴 생명력

▷ **특징** ① 명령투의 어조를 통해 강한 자신감을 드러냄
② 자연물을 의인화하고 상징의 표현 기법을 통해 주제 의식을 형상화함

## 이해와 감상

### ① 짜임 분석

- 전반부(1~11행) – 섬진강 주변의 소박한 풍경
- 후반부(12~26행) – 섬진강의 건강한 생명력

### ② 작품감상의 구조

| 구성 요소 | 구성 요소의 파악 | 그것이 지닌 의미·효과 | 주제와의 관련성 |
|---|---|---|---|
| 내용 요소 | ① 시적 화자 및 화자의 상황 | 시적 화자가 섬진강의 아름다운 모습과 생명력을 드러내면서 다양한 꽃과 지리산과 무등산이 대화를 나누는 모습으로 제시하고 있다. | 민중의 소박하고 건강한 삶과 끈질긴 생명력 |
| | ② 소재 | 토속적인 시어를 사용하여 민중의 생명력을 나타낸다. | |
| 형식 요소 | ① 통사구조의 반복 | '퍼 간다고 마를 강물인가'를 반복하여 외부의 위협에도 굴복하지 않는 섬진강, 즉 건강한 민중의 생명력을 표현하면서 리듬감을 드러낸다. | |
| | ② -보라 | 명령형으로 시적 화자가 믿는 섬진강의 생명력에 대한 자신감을 드러내고, 시의 의미를 구분해주며, 리듬감을 살렸다. | |
| | ③ 의인화된 산의 대화 | 섬진강의 생명력과 다른 자연·인간과의 연대감을 드러냈다. | |
| 표현 요소 | ① 상징적 시어 | ㉠ '토끼풀꽃, 자운영꽃' 등은 소외되어 있지만 소박하고 건강한 농민들의 모습을 나타내고 있다.<br>㉡ '그을린 이마, 꽃등, 후레자식' 등도 의미를 효과적으로 드러내는 상징이다. | |
| | ② 의인화 | '섬진강, 지리산, 무등산'을 의인화하여 표현함으로서 친근하게 느낄 수 있다. | |

### ③ 감상의 길잡이

김용택의 시 세계는 현대인들이 잊고 지내는 농촌, 풀 한포기, 어머니의 머릿기름 냄새 등에서 출발점을 이룬다. 그가 쏟아 넣은 애정의 대상은 어떤 특별한 존재가 아니라, 우리의 주변 사람들이거나 지나치기 쉬운 주위의 흔한 사물들에 대한 것이기 때문에 도시인들에게는 더욱 소중한 것으로 다가오게 된다.

전체 시상의 전개는 섬진강을 따라가며 바라본 풍경들이 등장하면서 시작된다. 2행부터 11행까지는 전라도의 실핏줄 같은 개울물들이 모이는 섬진강변의 작은 들꽃과 풀들이 어울려 있는 모습이 나타난다. 여기서 섬진강변의 소박한 모습을 통해 민중의 소박한 삶과 연결되면서 민중의 저력이 드러난다. 즉 개개인의 힘은 미약할지라도 개인이 모여 커다란 힘을 드러낼 수 있다는 것이다.

12행부터 마지막 행으로 가면서 시에는 힘이 넘치면서 호탕한 기세가 펼쳐진다. 영산강, 지리산, 무등산의 주변을 흐르는 섬진강의 모습이 나타나는데, 그 기세는 몇 놈씩이고 달려들어 퍼 간다 하더라도 결코 마르지 않을 당당함을 보인다. 산과 강이 어우러지고 있는 것처럼 자연의 힘찬 생명력이 한데 어우러지는 장관이 펼쳐지는 것이다.

그의 시가 갖는 소중함은 농촌에 대한 친근감 넘치는 섬세한 묘사가 단지 현상 파악에 그치지 않고, 매서운 비판의 시선을 동반하고 있기 때문이다. 더욱이 그의 시에는 오랜 옛날부터 전해오는 공동체에 대한 소박한 소망이 깔려 있다. 그 소박함이야말로 화려한 논리가 난무하고 가치가 왜곡된 현실 상황에서 '우리'가 누구인지 깨닫게 해 줄 뿐 아니라, '우리'를 지킬 수 있는 유일한 수단임을 고려할 때, 그의 시는 더욱 존재 가치를 얻게 된다. 거기에다 전라도 사투리로 진행되는 가사체, 타령조, 판소리체 가락과 형식은 그의 시를 옹골찬 비판의 맛이 잘 드러나게 하는 동시에, 농촌 공동체적 유대감을 더욱 강화시킨다.

시인은 이 시에서 섬진강을 어머니의 젖줄로 하여 질박한 공동체적 삶을 살아가는 남도 사람들의 가슴 속 상처가 된 응어리진 한과 설움을 보여 주는 한편, 그들의 설움을 위무해 주는 포용력을 제시하고 있다. 그러기에 '전라도 실핏줄 같은 / 개울물들이 끊기지 않고 모여 흐르'는 섬진강은 '지도에도 없는 동네 강변'에 피어나 '토끼풀꽃'과 '자운영꽃'과 같이 '식물도감에도 없는 풀'에 온갖 서러운 '어둠을 끌어다 죽이'는 젖줄로 흐를 뿐 아니라, '그을린 이마'로 제시된 남도의 깊은 한을 달래며 '훤하게 꽃 등도 달아주'기까지 한다. 그렇게 흘러가는 섬진강은 지역에 따라서는 영산강을 가까이 불러내기도 하고, '지리산 뭉툭한 허리를 감고 돌아가는' 한편, 지리산과 무등산 사이를 굽이치며 흘러가면서 남도를 상징하는 대표적인 두 산을 교통, 결합시키기도 한다. 이렇듯 어느 한 구석도 빼놓지 않고 남도 전체를 푸근히 얼싸안고 흘러가는 섬진강이기에 '애비 없는 후레자식들'로 제시된 위정자 내지 정책 당국이 아무리 남도 사람들의 삶을 위협한다 해도 그들은 결코 위축되거나 굴복되지 않을 것임을 몇 번씩이나 강조한다. 그렇게 함으로써 이 시는 남도의 지극한 한과 설움의 세계로까지 심화, 확대되어 마침내 폭넓은 민중성을 획득하게 되는 것이다.

## ▨ 중요 내용 정리

### 01 시어가 가지는 의미

'섬진강'은 남도 민중들의 끈질긴 생명력을 상징하며 '토끼풀꽃, 자운영꽃, 식물 도감에도 없는 풀'은 민중들의 소박한 삶을 상징한다. '영산강, 지리산, 무등산'은 섬진강과 함께 남도를 대표하는 자연물로서, 민중의 건강한 삶과 힘을 상징한다. 또한 '몇 놈, 후레자식들'은 섬진강에게 위해가 되는 부정적 세력을 상징한다. 따라서 섬진강이 이름 없는 풀꽃과 작은 개울들이 모여 이루어지며 절대 마르지 않을 것이라고 역설하는 내용은 민중의 소박한 삶과 저력이 결코 부정한 세력에 의해서 좌절하지 않고 민중의 건강하고 끈질긴 생명력이 이어질 것임을 나타내고 있다고 볼 수 있다.

### 02 남도의 역사 속의 '섬진강'

남도는 우리 현대사에서 오랫동안 정치적, 경제적으로 소외되어 온 곳이다. 따라서 자연스럽게 민중들의 지극한 한과 설움이 내면화된 곳이라 할 수 있다. 그러므로 이러한 남도를 넉넉하고 푸근하게 감싸 안으며 힘차고 당당하게 흘러가는 섬진강은 곧 저마다의 사연과 한을 고스란히 가지고 있으면서도 소박한 공동체적 삶을 살아가는 남도 민중들의 모습으로 이해할 수 있다.

### 03 김용택 〈굽이굽이 5백리 '내 마음의 고향'〉 중에서

> "내가 시를 쓰기 시작하면서 바라보게 된 강물은 예사로운 강물이 아니었다. 강은 역사의 강이었고 강물의 외침은 역사의 외침이었다. 강은 내 시의 젖줄이었고, 가난한 마을 사람들의 얼굴이었고, 핏줄기였다. 강과 마을 사람들의 일상은 내 시가 되어 세상에 얼굴을 내밀었다. 그들의 분노, 슬픔, 기쁨은 강물을 떠나 있을 수 없었다. 작고 보잘 것 없어 보이는 마을 사람들의 사는 모습은 내가 보고 알고 있는 그 어떤 삶의 모습보다 조촐하고 아름다웠다. 그들의 아름답고 작은 삶은 모두 강물을 닮아 있었다. 늘 고운 앞산, 산을 닮아 이쁜 앞강, 그리고 그 작은 마을 사람들의 일상은 늘 내가 꿈꾸는 삶의 모습이었다. 나는 내 문학은 그 강가 거기에서 태어났고, 거기서 자랐고, 거기 그 강에 있을 것이다. 섬진강은 나의 전부이다."

## 작품 2  교실 창가에서 (강 같은 세월, 1995년)(중 2-2)

아이들은 교실에 들어서자마자
왁자지껄 떠들어 대고
교실 창 밖 강 건너 마을 뒷산 밑에
보리들이 어제보다 새파랗습니다.
저 보리밭 보며 창가에 앉아 있으니
좋은 아버지와 좋은 스승이 되고 싶다 하시던
형님이 생각납니다.

운동장 가에 살구나무 꽃망울은 빨갛고
나는 새로 전근 와 만난
새 아이들과 정들어 갑니다.
아이들이 내 주위에서
내게 다가왔다가 저만큼 멀어지고
멀어졌다가는 어제보다 더 가까이 다가오는 모습들이
마치 보리밭에 오는 봄 같습니다.

형님,
이렇게 저렇게
아이들과 부딪치고 싸우며
정들어 가는 이 사랑싸움을 나는 좋아합니다.
다치고 상처받고 괴로워하며
자기를 고치고 마음을 새로 열어 가는
이 아름다운 마음의 행진이
이 봄날에 한없이 눈물겹습니다.
세상이 새로워지면 사랑이고 행복이지요.

들어갈 벨이 울리자
아이들이 일제히 내 쪽으로
붉은 얼굴을 돌립니다.
저럴 땐 얼굴들이 나를 향해 피는 꽃 같습니다.
봄이 오는 아이들의 앞과 등의 저 눈부심이 좋아
이 봄에 형님이 더욱 그립습니다.

## ■ 핵심정리

▷ **갈래** 자유시 서정시
▷ **성격** 감각적, 향토적, 고백적
▷ **특징** ① 향토적 소재의 사용으로 시골의 정취를 느끼게 함
② '-ㅂ니다'의 반복으로 운율을 느끼게 함
③ 대상을 바라보는 온화하고도 정겨운 시선이 느껴짐

▷ **제재** 교실의 아이들
▷ **주제** 천진난만한 아이들을 가르치는 기쁨

## 이해와 감상

### 1 짜임 분석

- 1연 – 보리밭을 보며 형님을 떠올림
- 3연 – 아이들과 살아가면서 느끼는 행복
- 2연 – 정들어 가는 아이들의 모습
- 4연 – 아이들을 보며 형님을 그리워함

### 2 작품감상의 구조

| 구성 요소 | 구성 요소의 파악 | 그것이 지닌 의미·효과 | 주제와의 관련성 |
|---|---|---|---|
| 내용 요소 | ① 시적 화자 및 화자의 상황 | 교사가 된 시적 화자가 시골학교에서 행복감을 느끼며 교가가 되고 싶어하던 형에게 편지를 쓰는 상황이다. | 천진난만한 아이들을 가르치는 기쁨 |
| | ② 소재 | '보리, 보리밭, 살구나무, 꽃망울' 등 향토적 소재를 사용하여 시골 학교의 정취를 드러냈다. | |
| 형식 요소 | ① 각운 | '-ㅂ니다'를 반복하여 운율을 형성하고 있다. | |
| | ② 서간문의 형식 | 형님에게 편지를 쓰는 형식을 통해 형님에 대한 그리움을 강조한다. | |
| 표현 요소 | ① 비유 | 아이들을 '새파란 보리밭'에 비유하여 봄의 생명력을 나타내고, 아이들을 '빨간 살구나무 꽃망울'에 비유하여 아름다움을 나타내고 있다. | |

### 3 감상의 길잡이

이 시는 교실 창가에서 서서 창 밖에 펼쳐진 봄날의 정경을 감상하면서 그리움의 대상인 형님에게 고백하는 형식으로 쓴 시이다. 천진난만하게 뛰노는 아이들의 사랑스러운 모습과 그들에게서 느끼는 애정을 노래하고 있다. 이 시의 화자는 부딪치고 싸우면서 성장해 가는 아이들을 따스한 시선으로 바라보면서, 농촌의 작은 학교에서 아이들을 가르치는 생활을 큰 기쁨으로 여기고 있다.

## 작품 3　농부와 시인 (그 여자네 집, 1998년) (중 2-2)

아버님은
풀과 나무와 흙과 바람과 물과 햇빛으로
집을 지으시고
그 집에 살며
곡식을 가꾸셨다.
나는
무엇으로 시를 쓰는가.
나도 아버지처럼
풀과 나무와 흙과 바람과 물과 햇빛으로
시를 쓰고
그 시 속에서 살고 싶다.

### 핵심정리

▷ **갈래**　자유시, 서정시
▷ **성격**　고백적, 염원적, 향토적, 박복적
▷ **제재**　농부(아버지)와 시인
▷ **특징**　① 비교의 방법을 통하여 자신이 추구하는 삶의 모습 강조
　　　　② 앞부분과 뒷부분의 시어가 서로 대응 관계를 유지
▷ **주제**　자연을 노래하는 시인으로서의 삶을 살고 싶은 마음

### 이해와 감상

① **짜임 분석**
- 1~5행 - 아버지의 삶
- 6~11행 - '나'가 바라는 삶

## ② 작품감상의 구조

| 구성<br>요소 | 구성 요소의 파악 | 그것이 지닌 의미·효과 | 주제와의<br>관련성 |
|---|---|---|---|
| 내용<br>요소 | ① 시적 화자 및 화자의 상황 | 시적 화자는 자연에서 살아가던 아버지와 같이 자연을 노래하는 시를 쓰고 싶어한다. | 자연을<br>노래하는<br>시인으로 살고<br>싶은 마음 |
| | ② 소재 | 자연적 정취를 불러 일으키는 소재를 사용하여 시적 화자가 자연 속에서 문학가의 삶을 살고 싶은 소망을 표현하고 있다. | |
| 형식<br>요소 | ① 시상전개 | 전반부와 후반부의 대비를 통해서 아버지와 나의 삶의 대비하고 있다. | |
| | ② 유사한 통사구조의 반복 | 유사한 통사구조를 반복하여 운율을 형성하고 아버지의 삶을 닮고 싶은 마음을 드러내었다. | |
| | ③ 문답체 | 스스로에게 질문을 하고 스스로 답하는 형식을 통하여 시적 화자의 생각을 잘 표현하였다. | |
| 표현<br>요소 | ① 비교 | 아버지와 자신의 삶을 비교하여 시적 화자가 추구하는 삶의 모습과 의미를 강조하고 있다. | |
| | ② 열거 | 자연을 나타내는 다양한 사물들을 나열하여 주제를 효과적으로 드러냈다. | |

## ③ 감상의 길잡이

이 시는 자연과 더불어 토착 농민으로의 삶을 사신 아버지처럼 농촌에 머물면서 자연적인 정취를 느낄 수 있는 소재로 시를 쓰며 문학가로서의 삶을 살고 싶은 소망을 담은 작품이다. '농부'와 '시인'을 서로 대응하면서 농부의 삶을 시인의 삶에 적용시키고 있는데, '농부'는 일의 수고로움 속에서도 활기 있는 모습과 낙천적인 삶의 자세를 잃지 않는 긍정적인 인물로 소개되고 있다. 시인이 '농부'를 소재로 택한 것은 그가 살고 있는 곳이 농촌이고, 그의 작품 세계가 농촌 생활과 밀접한 관계가 있기 때문이다.

### ■ 중요 내용 정리

**01 '교실 창가에서'와 공통점**

'교실 창가에서'는 아이들과 함께 더불어 살아가는 삶의 행복과 형님에 대한 그리움을 담고 있다. '농부와 시인'에서는 자연과 더불어 소박한 삶을 노래하는 시인으로 살고자하는 바람이 담겨져 있다. 즉 이 둘의 작품에 공통적으로 담겨져 있는 작가의 생각은 첫째 작은 존재를 소중히 여기고 사랑하는 마음이고, 둘째 자연 속에서 살아가는 소박한 삶에 대한 애정이다.

## 문병란 文炳蘭

1935 ~
시인. 전남 화순 출생

▷ **작가의 특징**
1. 1963년 ≪현대문학≫에 「가로수」 등이 추천되어 등단했다.
2. 생활 감정의 승화와 서정을 노래하면서 의식의 내면을 탐구했다.
3. 뛰어난 서정성을 바탕으로 민족적, 저항적 내용을 표현했다.

▷ **주요 작품**
시집:『문병란 시집』(1971), 『정당성』(1973), 『죽순밭에서』(1977), 『땅의 연가』(1981), 『무등산』(1986) 등

### 작품 1 | 직녀(織女)에게 (땅의 연가, 1981년)

이별이 너무 길다
슬픔이 너무 길다
선 채로 기다리기엔 은하수가 너무 길다.
단 하나 오작교마저 끊어져 버린
지금은 가슴과 가슴으로 노둣돌을 놓아
면도날 위라도 딛고 건너가 만나야 할 우리,
선 채로 기다리기엔 세월이 너무 길다.
그대 몇 번이고 감고 푼 실올
밤마다 그리움 수놓아 짠 베 다시 풀어야 했는가.
내가 먹인 암소는 몇 번이고 새끼를 쳤는데,
그대 짠 베는 몇 필이나 쌓였는가?
이별이 너무 길다
슬픔이 너무 길다
사방이 막혀 버린 죽음의 땅에 서서
그대 손짓하는 연인아,
유방도 빼앗기고 처녀막도 빼앗기고
마지막 머리털까지 빼앗길지라도
우리는 다시 만나야 한다.
우리들은 은하수를 건너야 한다.
오작교가 없어도 노둣돌이 없어도
가슴을 딛고 건너가 다시 만나야 할 우리,
칼날 위라도 딛고 건너가 만나야 할 우리,
이별은 이별은 끝나야 한다.
말라붙은 은하수 눈물로 녹이고
가슴과 가슴을 노둣돌 놓아
슬픔은 슬픔은 끝나야 한다, 연인아.

## 핵심정리

▷ **갈래** 자유시, 서정시
▷ **성격** 참여적 (민족 분단 현실)
▷ **어조** 강렬한 호소의 목소리
▷ **표현** ① 견우가 직녀에게 건네는 말의 형식
　　　　② 반복을 통한 의미의 강조
▷ **특징** 견우와 직녀의 설화를 빗대어 남과 북의 상황을 잘 묘사
▷ **제재** 이별의 슬픔, 견우와 직녀 이야기
▷ **주제** 이별(분단)의 슬픔과 극복 의지

## 이해와 감상

### 1 짜임 분석

- 1~11행 – 직녀와 '나'의 긴 이별과 슬픔
- 12~26행 – 이별의 슬픔과 극복의 소망

### 2 작품감상의 구조

| 구성<br>요소 | 구성 요소의 파악 | 그것이 지닌 의미·효과 | 주제와의<br>관련성 |
|---|---|---|---|
| 내용<br>요소 | ① 시적 화자 및 화자의 상황 | 직녀와 헤어져 있는 견우를 시적 화자로 설정하여 온갖 어려움과 고난을 극복하고 만나야 할 당위성을 강조하였다. | 이별(분단)의<br>슬픔과 극복<br>의지 |
| | ② 소재 | 견우와 직녀의 설화적 모티프를 차용하여 만남에 대한 바람을 드러냈다. | |
| | ③ 만남을 위한 수단 | ㉠ 오작교, 노둣돌 – 외부에서 마련해준 조건<br>㉡ 가슴, 눈물 – 주체적이고 적극적 의지로 스스로 만든 것 | |
| 형식<br>요소 | ① 시상의 전개 | 만나야 한다는 의미의 내용을 여러 번 반복하여 이별 상황을 극복하고 싶어 하는 마음을 드러냈다. | |
| | ② 대화체 | 견우가 직녀를 화자로 설정하여 화자를 앞에 두고 말하는 형식으로 내용을 제시했다. | |
| 표현<br>요소 | ① 비유적 표현 | 견우와 직녀의 설화를 남과 북의 상황에 빗대어 표현하고 있다. | |
| | ② '만남'의 중의적 의미 | ㉠ 견우와 직녀의 만남을 의미한다.<br>㉡ 암울한 정치 현실에서 자유·민주와의 만남을 의미한다.<br>㉢ 분단 현실에서 남과 북의 동포들끼리의 만남을 의미한다. | |
| | ③ 상징 | '오작교, 노둣돌, 암소, 베, 유방, 처녀막, 머리털, 칼날, 은하수, 눈물, 가슴'은 모두 상징으로 의미를 효과적으로 드러냈다. | |

### 3 감상의 길잡이

　이 시는 예로부터 전해 오는 '견우(牽牛)와 직녀(織女)'의 전설을 바탕으로 하여, 견우가 직녀에게 건네는 말의 형식으로 된 이 작품이다. 견우와 직녀를 그냥 단순하게 남과 여로 볼 수도 있겠지만, 시인의 현실참여적인 성향을 참고로 한다면 이 시에서 견우와 직녀는 남과 북으로 보는 것이 옳을 것이다.
　시적 화자인 '나'가 '견우'가 되어 지금 직녀가 있는 반대편에서 직녀를 향하여 아주 강렬한 목소리로 말하고 있다. 두 사람은 현재 이별의 상황에 처해 있는데, '나'는 직녀와 만나야 한다고 노래한다. 견우가 그토록 원하는 직녀와의 만남에

대한 절박성은 '면도날, 유방, 처녀막, 마지막 머리털, 칼날' 등에 나타나 있으며, 그들의 만남을 가로막는 장애물은 '말라붙은 은하수'로 설정되어 있다. 그들의 만남이 이루어지려면 '오작교, 노둣돌(말을 타거나 말에서 내릴 때에 발돋움으로 쓰려고 대문 앞에 놓은 큰 돌), 가슴, 눈물' 등이 있어야 한다고 시적 화자인 견우는 노래하고 있다. 여기서 만남을 위한 수단으로 제시된 '오작교, 노둣돌'은 남이 마련해 준 조건이라고 한다면, '눈물, 가슴'은 주체적이고 적극적인 의지로 자신들 스스로 만들 수 있는 것이다. 만약 이들이 온갖 어려움을 극복하고 소원대로 만남이 이루어진다면, 그들에게 있어서 슬픔은 끝이 나고 사방이 꽉 막힌 죽음의 땅에서 벗어나게 되는 것이다. 그러나 그들이 서로 만나지 못하면 슬픔은 끊임없이 이어지고, 사방은 막혀 버린 채 죽음의 땅에서 그야말로 죽음 같은 삶을 살아야 하는 것이다. 이렇게 결여와 소실의 위기에 놓인 상황에서 소중한 대상을 되찾기를 갈망하고 있는 이 작품은 곧 '자유 또는 만남에 대한 갈망'에서 주제를 찾아야 한다.

한편, 이 시를 민족의 현실이 낳은 대립과 이별의 아픔을 견우와 직녀의 이야기에 비유하였다고 본다면 그 대립과 아픔이 하루 빨리 사라지기를 염원하고 있다고 하겠다.

## ▶ 중요 내용 정리

### 01 '오작교'의 의미

견우와 직녀는 두 사람 사이에 놓인 은하수(은하물) 때문에 만나지 못하는 것이지만 1년에 단 한 번 만남을 갖는 장소 또한 은하수 위 오작교인 것이다. 1년에 꼭 한번 까막까치가 그 은하물 위에 다리를 놓아주는 날 두 사람은 오랫동안 서로를 그리워하다 만남을 갖게 되는 것이다. 따라서 위 시에서의 '은하수'의 의미는 견우와 직녀, 남과 북을 나누고 있는 현실을 의미하는 것이고 '오작교'는 두 사람의 만남의 장소 또는 만남의 계기의 역할을 하는 것이라 볼 수 있다.

### 02 주제 의식 강조

전반부에서는 '너무 길다', 후반부에서는 '～야 한다'를 반복함으로써 화자가 말하고자 하는 의미를 강조하고 있다. '너무 길다'는 화자가 처한 부정적 현실의 시간성을, '～야 한다'는 그에 대한 극복의 당위성을 드러낸다.

## 예상문제

※ (1~3) 다음 작품을 읽고 물음에 답하시오.

(가)
　이별이 너무 길다
　슬픔이 너무 길다
　선 채로 기다리기엔 은하수가 너무 길다.
　단 하나 오작교마저 끊어져 버린
　지금은 가슴과 가슴으로 노둣돌을 놓아
　면도날 위라도 딛고 건너가 만나야 할 우리,
　선 채로 기다리기엔 세월이 너무 길다.
　그대 몇 번이고 감고 푼 실올
　밤마다 그리움 수놓아 짠 베 다시 풀어야 했는가.
　내가 먹인 암소는 몇 번이고 새끼를 쳤는데,
　그대 짠 베는 몇 필이나 쌓였는가?
　이별이 너무 길다
　슬픔이 너무 길다
　사방이 막혀 버린 죽음의 땅에 서서
　그대 손짓하는 연인아,
　유방도 빼앗기고 처녀막도 빼앗기고
　마지막 머리털까지 빼앗길지라도
　우리는 다시 만나야 한다.
　우리들은 은하수를 건너야 한다.
　오작교가 없어도 노둣돌이 없어도
　가슴을 딛고 건너가 다시 만나야 할 우리,
　칼날 위라도 딛고 건너가 만나야 할 우리,
　이별은 이별은 끝나야 한다.
　말라붙은 은하수 눈물로 녹이고
　가슴과 가슴을 노둣돌 놓아
　슬픔은 슬픔은 끝나야 한다, 연인아.

　　　　　　　　　　　　　　　　－ 문병란, 「직녀에게」

(나) 〈전략〉
　다섯 시가 지나자, 재규는 초조함이 더해졌다.
　"혹시 그 사이에 무슨 연락이 있는지 알아봐 주실 수는……."
　"아, 염려 마십시오. 연락이 오면 다 이 쪽으로 소식이 오게 돼 있습니다."
　"권 선생님……. 그래도 어떻게 이렇게 기다리고만 있겠습니까? 직접 찾아가는 것이 어떨까요?"
　재규는 권 과장을 응시하면서 말했다.
　"염려 마십시오. 조금 기다리다가 소식이 없으면 같이 가 보시죠."
　침묵이 흘렀다. 재규는 연방 담배에 불을 붙였다. 시간은 마구 흘러갔다.

"할 수 없군요. 일어서서 가 보실까요?"
권 과장의 말에 일어서서 몇 발자국 떼어 놓는데 문이 열렸다.
"권 과장님! 오셨습니다." / 직원이 들어와서 머리를 굽혔다.
두 사람의 눈이 빛났다. / "어서 들어오시라고 해요."
재규는 가슴이 또 뛰기 시작했다. 태규 형님을 보고 무슨 말을 하지? 무어라고 해야지?
직원이 나가자 다시 문이 열렸다.
재규는 두어 발자국 앞으로 다가섰다. 태규 형님, 옛날 그대로일까?
문을 밀면서 기현이 들어왔다. 가슴에 무엇을 안고 있다.
"아니, 이건……." / 재규는 우뚝 그 자리에 멈추었다.
기현이 조용히 앞으로 걸어왔다. 재규 앞에서 발을 멈추었다.
"아버님이십니다." / 재규를 바라보면서 기현이가 나직이 말했다.
재규는 눈앞이 캄캄하고 정신이 아찔했다. 몸을 가누고 눈을 다시 떴다. 영정이 번히 떠 보였다. 망연히 바라봤다. 주먹코며 이마며 얼굴 모습이 태규 형님이 틀림없다.
"오늘 정오에 가셨습니다. 제 손을 잡으시고 '재규야.'라고 부르면서 운명하셨습니다."
기현의 말이 떨어지자, 재규가 무릎을 꾸부리고 영정을 응시하다가는
"형님! 태규 형님! 재규가 왔습니다. 재규가요!"
채 말을 끝맺지도 못하고 영정을 안고 뒹굴었다.
"태규 형님! 재규예요, 재규……. 말 좀 해 봐요, 재규를 불러 봐요, 네? 형님!" / "작은아버지!"
망연히 서 있던 기현이도 영정을 안고 뒹구는 재규를 부여안고 울음을 터뜨렸다.
"작은아버지! 왜 일찍 오지 않았어요, 네?"
"형님! 굽어보지만 말고 말씀 좀 해 봐요. 말씀을요, 형님……."
"아버지! 작은아버지예요. 그렇게 보고 싶어하시던 작은아버지예요."
재규와 기현이 영정을 부여잡고 뒹굴며 울부짖는 소리가 실내를 메아리쳐 창 너머로 번져 갔다.
— 구인환, 「숨 쉬는 영정」

1. (나) 작품을 아래의 학습지도안에 따라 교수·학습하려고 한다. 표의 〈대단원의 주요 내용〉에 따라 교수-학습한다고 할 때, 아래 활동의 과제에 적절한 지도 내용을 제시하라.

〈대단원 학습의 주요 내용〉
1. 소통 행위로서 문학의 특성
2. 작품의 사회적, 역사적, 문화적 상황에 대한 이해

| 대단원 | 6. 문학과 독자 | 소단원명 | (2) 숨쉬는 영정 | 차시 | |
|---|---|---|---|---|---|
| 학습 목표 | 1. 소통행위로서 문학의 특성을 안다<br>2. | | | | |

| 학습 단계 | 시간 | 지도 내용 | 교수 – 학습 활동 교사 | 교수 – 학습 활동 학생 | 학습 형태 | 학습 자료 및 매체 | 지도상 유의점 |
|---|---|---|---|---|---|---|---|
| 도입<br>(학습 내용 인식) | | | | | | | |
| 전개<br>(분석 및 접근) | | 읽기전 | (소재, 상황, 배경지식) | | | | |
| | | 읽기중 | | | | | |
| | | 읽기후 | | | | | |
| 정리 | | | | | | | |
| 평가제 | 1.<br>2.<br>3.<br>〈평가문제는 별지로 제시할 수도 있음〉 | | | | | | |

### 예상답안

| 구분 | | 과제 및 지도 내용 |
|---|---|---|
| 활동 1 | 과제 | 대단원의 주요 내용을 고려하여 적절한 학습목표를 1가지 더 제시할 것 |
| | 지도내용 | 작품의 사회적, 역사적, 문화적 상황에 대해 말할 수 있다. |
| 활동 2 | 과제 | 위의 학습 지도안의 도입 단계에서 '동기유발'의 적절한 내용을 제시할 것 |
| | 지도내용 | 소재 : 이산가족의 만남에 관한 동영상을 보여주고 그 느낌을 이야기한다.<br>상황 : 이산가족을 둔 사람이 있으면 그 슬픔에 대해 이야기해 보게 한다. |
| 활동 3 | 과제 | 전개의 '읽기 전' 단계에서 (가)자료를 어떻게 사용할 수 있는지 적절한 사용 방법을 제시할 것 |
| | 지도내용 | 이 시를 읽게 하고, 사랑하는 사람과의 이별에 대해 이야기하게 한다. |
| 활동 4 | 과제 | 수업의 정리 단계에서 (가) 자료를 어떻게 사용할 수 있는지 적절한 사용 방법을 제시할 것 |
| | 지도내용 | 평가 후, 내면화의 단계에서 이 시를 읽고 (나)와 이 작품을 어떤 측면에서 볼 때 관련성이 있는지, 만남의 의미는 무엇인지 파악하여 토론을 하거나 글을 쓰게 한다. |

2. (가)와 (나) 작품을 감상할 때, (가)는 '상황'의 측면에서 객관적 상관물의 요소를, (나)는 '문학적 진실(심리적 실재)'의 측면에서 이해될 수 있는 요소를 각각 밝히고, 그 효과를 각각 제시하시오.

**예상답안**

| 특징 | (가) '상황'의 측면에서 객관적 상관물 | (나) 문학적 진실(심리적 실재) |
|---|---|---|
| 구체적 예 | 견우와 직녀 설화의 애달픈 이별 상황이 객관적 상관물임 | '숨 쉬는 영정'이라는 제목 |
| 작품에서의 효과 | 견우와 직녀의 이별은 부자유스런 현실에서 자유를 갈망하거나, 분단의 현실에서 통일을 갈망하는 의미를 효과적으로 드러낼 수 있음 | 실제 영정이 숨을 쉬지 않지만, 만남에 대한 마음이 너무 간절하여 독자에게 숨을 쉬는 것같이 느껴져 더욱 감동을 줌 |

3. (가)와 (나)의 이별을 사회·문화적 상황에서 비교할 때, 그 공통점 1가지와 차이점 2가지를 아래 표에 제시하라.

**예상답안**

| 구분 | (가) 작품 | (나) 작품 |
|---|---|---|
| 공통점 | 민족의 분단 및 전쟁과 관련된 사회적 문제로 이별이 일어났음 | |
| 차이점 | (가)는 분단 문제와 정치현실의 부자유로 인한 의미를 모두 지님 | (나)는 분단 문제로 인한 이별의 의미만 지님 |
| | (가)는 사회·문화적 장애가 현재까지 만남을 가로막고 있음 | (나)는 개인적 상황에 의한 장애로 만남이 미루어졌음 |

## ▷ 김명수 金明秀

1945 ~
시인. 경북 안동 출생

▷ **작가의 특징**
1977년 〈서울신문〉 신춘문예에 당선되어 등단했다.

▷ **주요 작품**
1980년 첫 시집 『월식』, 『하급반 교과서』, 『피뢰침과 심장』, 『침엽수 지대』, 『바다의 눈』 등

### 작품 1  하급반 교과서 (하급반 교과서, 1983년)

아이들이 큰 소리로 책을 읽는다.
나는 물끄러미 그 소리를 듣고 있다.
한 아이가 소리내어 책을 읽으면
딴 아이도 따라서 책을 읽는다.
청아한 목소리로 꾸밈없는 목소리로
"아니다 아니다!" 하고 읽으니
"아니다 아니다!" 따라서 읽는다.
"그렇다 그렇다!" 하고 읽으니
"그렇다 그렇다!" 따라서 읽는다.
외우기도 좋아라 하급반 교과서
활자도 커다랗고 읽기에도 좋아라.
목소리도 하나도 흐트러지지 않고
한 아이가 읽는 대로 따라 읽는다.

이 봄날 쓸쓸한 우리들의 책 읽기여
우리나라 아이들의 목청들이여.

### 핵심정리

▷ **갈래** 자유시, 서정시
▷ **성격** 풍자적, 비판적
▷ **표현** 반복법, 인용법
▷ **제재** ① 하급반 책 읽기
② 유신 시절의 강요된 획일주의
▷ **주제** 표현의 자유가 억압되어 고통받던 현실을 비판

# 이해와 감상

## 1 짜임 분석
- 1연 – 교과서를 똑같이 따라 읽는 하급반 아이들을 바라봄
- 2연 – 획일화된 아이들에 대한 안타까움

## 2 작품감상의 구조

| 구성 요소 | 구성 요소의 파악 | 그것이 지닌 의미·효과 | 주제와의 관련성 |
|---|---|---|---|
| 내용 요소 | ① 시적 화자 및 화자의 상황 | 하급반 아이들이 책을 따라 읽는 모습을 본 시적 화자가 그것을 강요된 획일주의가 판치는 정치 현실에 빗대어 드러냈다. | 표현의 자유가 억압되어 고통받던 현실을 비판 |
| | ② 어조 | 발랄하고 명랑한 어조를 사용하여 풍자성을 강조한다. | |
| | ③ 시대 상황 | 1970년대 말 박정희 집권 말기 언론과 표현의 자유가 억압된 속에서 강요된 획일주의 때문에 고통받던 현실을 담고 있다. | |
| 형식 요소 | ① 통사구조의 반복 | 비슷한 통사구조를 반복하여 시의 운율을 형성한다. | |
| | ② 4음보 | 민요조로 익숙한 4음보의 반복을 통해 하급반 아이들의 상황을 풍자적으로 표현했다. | |
| 표현 요소 | ① 반어법 | '청아한, 좋아라' 등의 반어법을 통해서 대상을 풍자하고 있다. | |
| | ② 우의적 | 민중의 모습을 하급반 아이들의 책 읽기 모습에 빗대어 표현함으로써 우의적이며 풍자적이다. | |
| | ③ '아니다'와 '그렇다'의 반복 | 거부와 수용의 기본적 가치 판단이며, 내려진 판단에 따라가는 것이므로 획일화된 사회의 모습을 잘 드러낸다. | |

## 3 감상의 길잡이

박정희 대통령 집권 말기였던 유신 시절, 모든 언론과 표현의 자유가 억압된 상황 속에서 강요된 획일주의 때문에 고통받던 현실을 초등학교 하급반 아이들의 책 읽기를 통해 비판한 작품이다. 하급반 아이들의 따라 읽기처럼 오직 한 목소리로 같은 내용을 읊조려야만 하는 암담한 현실이 잘 드러나 있다.

'아이들'은 물론 민중이다. 그들은 책을 따라 읽는다. 스스로 읽는 것이 아니고, 다른 사람이 읽는 대로 똑같이 따라 읽는다. 이것은 통제 사회에서의 맹목적 추종을 뜻한다. '한 아이'는 물론 지도자를 말하는데 선도적 입장에 처해 있다. 그가 하는 대로 민중은 따르게 마련인 사회의 부정성을 청아하고 명랑한 목소리에 의해 드러냄으로써 그 풍자성을 강화한다.

'아니다'와 '그렇다'는 수용과 거부라는 기본적 가치 판단이다. 민중들은 자기 스스로 '아니다' 또는 '그렇다'를 표명하지 않는다. 그러니 권력자의 입장에서 보면 다스리기도 쉽고, 민중의 입장에서도 주체적으로 고뇌할 이유가 없어 편하다. '활자'도 커다랗게 제시되어 있듯이 목표도 단순하고 선명하다. 그저 따르면서 일사불란(一絲不亂)한 행동만 보이면 된다. 이것이 획일화된 사회, 전제성(專制性)이 여전히 지배 논리가 되는 사회의 실상이다. 그러니 사회 구성원 모두는 하급반 수준이며, 그들의 삶의 형태도 교과서처럼 단순한 규범에서 벗어나지 않는다.

## 중요 내용 정리

### 01 풍자

이 시는 풍자적이다. '하급반'은 질적으로 낮은 수준에 있는 민중이나 그 사회 계급을 의미하고, '교과서'는 하나의 전범(典範)으로서의 획일성, 권위 따위를 의미하게 되어 '하급반 교과서'는 질 낮은 사회의 획일성·전제성(專制性)을 상징하는 말이 된다.

지도적인 위치에 있을 것으로 보이는 한 아이가 책을 읽으면 다른 아이들은 그저 따라 읽기만 할 뿐인 책 읽기가 뜻하는 것은 무엇인가?

그것은 통제된 사회에서의 맹목적 추종을 뜻한다. '아니다'와 '그렇다'는 거부와 수용이라는 기본적 가치 판단이다. 그러나 통제된 사회에서의 의사 표명은 자유롭지도 않거니와 하급반 수준의 사회 구성원들은 맹목적으로 압제자가 제시하는 '교과서'를 따라 읽을 뿐이다. 이 때 '교과서'는 하나의 전범(典範)으로서의 권위와 획일성을 지닌 것인데, 이 시의 화자인 '나'는 각성된 눈으로 제가 살고 있는 사회 현실을 보지 못하는 '아이들'의 맹목성과 우매성을 안타까워하며 쓸쓸해하고 있는 것이다.

### 02 율격

이 시에서 주목해야 할 요소 중 하나가 율격인데, 4음보격의 규칙성을 띠는 이 운율은 매우 대중적이고 단순하며 일정한데, 이것은 시의 내용과 일치한다. 민중의 바보스러움, 사회의 저급 차원에 걸맞게 운율이 부여되어 있다는 점이다. 이 점도 이 시의 우수성을 돕는 데 이바지한다.

## ▷ 박노해
### 朴勞解

1958 ~
시인. 본명은 기평(基平)
전라남도 고흥 출생

▷ **작가의 특징**
1. 1983년 ≪시와 경제≫에 「시다의 꿈」 외 6편을 발표하여 등단하였다.
2. 1980년대 노동자의 현실을 사실적으로 그려냈다.

▷ **주요 작품**
시집: 『노동의 새벽』(1984), 『참된 시작』(1993)

## 작품 1 노동의 새벽 (노동의 새벽, 1984년)

전쟁 같은 밤일을 마치고 난
새벽 쓰린 가슴 위로
차거운 소주를 붓는다
아
이러다간 오래 못가지
이러다간 끝내 못가지

설은 세 그릇 짬밥으로
기름투성이 체력전을
전력을 다 짜내어 바둥치는
이 전쟁 같은 노동일을
오래 못가도
끝내 못가도
어쩔 수 없지

탈출할 수만 있다면,
진이 빠져, 허깨비 같은
스물아홉의 내 운명을 날아 빠질 수만 있다면
아 그러나
죽음이 아니라면 어쩔 수 없지
어쩔 수 없지 어쩔 수 없지
이 질긴 목숨을,
가난의 멍에를,
이 운명을 어쩔 수 없지

늘어처진 육신에
또다시 다가올 내일의 노동을 위하여
새벽 쓰린 가슴 위로
차거운 소주를 붓는다

소주보다 독한 깡다구를 오기를
분노와 슬픔을 붓는다

어쩔 수 없는 이 절망의 벽을
기어코 깨뜨려 솟구칠
거치른 땀방울, 피눈물 속에
새근새근 숨쉬며 자라는
우리들의 사랑
우리들의 분노
우리들의 희망과 단결을 위해
새벽 쓰린 가슴 위로
차거운 소주잔을
돌리며 돌리며 붓는다
노동자의 햇새벽이
솟아오를 때까지

## 핵심정리

▷ **갈래** 자유시, 서정시, 참여시
▷ **성격** 참여적, 사실적
▷ **제재** 노동자의 삶
▷ **주제** ① 비참한 노동의 현실과 노동자의 울분
　　　　② 노동 해방을 통한 인간 해방의 열망

## 이해와 감상

### 1 짜임 분석

- 1연 – 생존을 위협하는 고된 노동과 열악한 노동 현실
- 2연 – 열악한 현실에 대한 체념
- 3연 – 현실을 벗어나려는 욕망과 현실 사이의 갈등
- 4연 – 열악한 현실에 대한 분노
- 5연 – 현실 극복의 의지

## ② 작품감상의 구조

| 구성 요소 | 구성 요소의 파악 | 그것이 지닌 의미·효과 | 주제와의 관련성 |
|---|---|---|---|
| 내용 요소 | ① 시적 화자 및 화자의 상황 | 전쟁과 같은 고된 노동을 하는 시적 화자가 노동자의 굴레를 벗어날 수 없는 상황에 절망하다가도 다시 희망과 단결을 위해 결의하는 모습을 보여준다. | 비참한 노동 현실과 노동자의 울분, 노동 해방을 통한 인간 해방의 열망 |
| | ② 시대 상황 | 1980년대 초의 열악한 노동 현실과 자본가의 노동 착취 현실을 배경으로 한 시이다. | |
| | ③ 노동시의 의의 | 박노해 이전까지 분명한 의미의 노동자가 없었는데 박노해가 노동자의 삶과 울분 및 결의를 담은 시를 발표하여 1980년대 시사에서 중요한 의미를 지닌다. | |
| | ④ 리얼리즘 시 | 1980년대에 노동자가 처한 상황과 현실을 전형적인 노동자를 통해 제시한 리얼리즘 시이다. | |
| 형식 요소 | ① 시상의 전개 | 노동자 운명에 좌절(1~3연), 소주를 마시며 분노를 삭임(4연), 노동 해방에 대한 새로운 결의(5연)로 이어진다. | |
| | ② 통사구조의 반복 | '오래 못 가지', '어쩔 수 없지'라는 표현을 통해 운율을 형성하였다. | |
| 표현 요소 | ① 상징 | 노동자의 삶을 사실적으로 꾸밈없이 표현한다. | |
| | ② 부정적 표현 | 1~3연의 '못 가지, 어쩔 수 없지'는 부정적 표현으로 현실에 대한 좌절감을 잘 드러내었다. | |
| | ③ 비유 | '전쟁 같은 밤일, 허깨비 같은 스물아홉의 운명' 등의 직유와 '가난의 멍에'와 같은 은유를 통해 노동자의 현실을 구체적으로 드러냈다. | |

## ③ 감상의 길잡이

『노동의 새벽』은 우리 문학사에 있어 하나의 충격으로 받아들이는 작품이다. '현장적 구체성', '체험의 진실성', '최고 수준의 정치적 의식과 예술적 형상화 능력' 등의 말로 칭송받았던 이 시집의 작품들은 지식인의 관념이 아닌, 노동자의 노동 현장의 일상적 삶이 노동자의 언어로 형상화되었다는 점에서 더욱 충격적이었다. 그에게 있어 현실은 극복의 대상이 아니라, 새로운 질서에 의한 부정의 대상이었다. 『노동의 새벽』의 표제시인 이 시는 5연 40행으로 이루어진 작품으로 의미상 네 단락으로 나눌 수 있다.

첫째 단락은 1연으로 철야 작업을 끝내고 피곤한 몸을 달래기 위해 소주를 마시는 장면으로 시작하여, '이러다간 오래 못 가지'라고 위기를 느끼는 발단 부분이다. 둘째 단락인 2~3연은 화자의 서로 상반되는 자세가 나타나는 전개 부분이다. 즉, 2연은 '오래 못 가도 / 어쩔 수 없다'는 체념을 나타내며, 3연은 '진이 빠진 / 스물 아홉의 운명'으로부터 벗어나고자 하는 욕망과, '운명을 어쩔 수 없다'는 갈등이 상반된다. 셋째 단락인 4연에서는 '차가운 소주를 붓는' 행동이 '분노와 슬픔을 붓는' 행동으로 바뀌는 전환 부분이다. '슬픔'은 앞에서 나타났던 갈등의 연속이라면, '분노'는 체념을 넘어서는 힘이 된다. 넷째 단락인 5연은 절정과 화해를 이루는 부분으로, 4연에서의 분노의 힘이 더욱 확산되어 '절망의 벽을 / 기어코 깨뜨려 솟구칠 / 거치른 땀방울'로 퍼져 나간다. 절망은 사라지고, 그 대신 '햇새벽이 솟아오를 때까지' 희망과 단결의 의지를 다지는 화자의 모습이 나타난다. 그러므로 이 시의 제목 '노동의 새벽'에서 '노동'은 현실의 고통과 절망을 의미하며, '새벽'은 그러한 현실 속에서도 희망과 사랑을 지키려는 결연한 의지를 상징하는 것이다. 이와 같은 삶의 고통과 초월 이라는 대립 구조가 우리에게 감동을 주는 것은 물론 단순한 대립 구조 때문만은 아니다. 그의 갈등과 전환은 '절망의 벽'으로 제시된 노동 현실을 벗어나지 않으며, 그 운명을 감싸 안고 살아가려는 몸부림을 절실히 그려낸다는 점에 있다고 할 것이다.

##  중요 내용 정리

### 01 노동시

　이 시는 1980년대 대표적인 노동시이다. 노동자인 시인이 자신의 직접적인 체험을 바탕으로 노동 현장의 분노와 사랑을, 절망과 희망의 숨결을 실감 있게 노래하고 있다. 가난의 멍에와 질긴 목숨 때문에 전쟁 같은 노동일을 어쩔 수 없이 할 수밖에 없는 노동자의 처지가 비관적인 어조로 토로되고 있다. 죽지 않기 위해 하는 노동이 너무도 힘겹고 고되기 때문에 죽음이 연상되는 것은 당연하다. 시인은 이 절망의 벽을 깨뜨릴 반역의 꿈을 키운다. '거치른 땀방울 피눈물 속에 / 새근새근 숨쉬며 자라는' 그것은 바로 우리들의 분노이면서 희망이며 사랑이라고 이름 붙일 수 있다. 시인은 가슴 위로 소주를 붓는다. 억압이 없는, 노동자가 참된 주인이 되는 해방의 세상을 위한 투쟁의 단결을 위해 그는 벗들에게 차가운 소주를 돌리는 것이다. 노동자의 햇새벽이 술과 분노와 희망에 취한 그들의 눈 앞에 어른거리는 듯하다. 이 시는 착취와 피착취라는 자본주의의 첨예한 계급 모순과 그 변혁의 비장한 결의를 현장 노동자의 목소리를 통해 노래하고 있다.

> **참고** '박노해'에 대한 이해
>
> 　'얼굴 없는 시인'으로 알려져 있는 박노해는 고등학교를 졸업한 직후 산업 현장으로 뛰어들어 자신의 일상적인 노동 체험을 시적 언어로 형상화 해낸 시인이다. '노동 해방'의 약자인 '노해'를 그의 필명으로 삼은 그는 노동운동사상 '전태일' 이후 노동자의 대표적 상징체이기도 하다. 그의 첫 시집 『노동의 새벽』은 대학가를 중심으로 급속히 독자층을 확대해 나감으로써 1980년대 노동문학, 혹은 노동자문학의 활성화에 불을 당긴 것으로 평가되기도 한다. 그 후 소위 시국 사건에 연루되어 공식적인 활동이 불가능하게 되었다가 1987년 민주화 운동의 결과로 1988년 제1회 노동문학상을 수상하게 된다.
> 　1989년 결성된 세칭 '사노맹'의 중앙 위원으로 활동하던 그는 이 사건에 연루되어 복역했으며, 옥중에서 쓴 작품들을 모아 1993년 『참된 시작』을 출간하였다.

## ▷ 김남주
金南柱

1946 ~ 1994
시인. 전남 해남군 출생

▷ **작가의 특징**
1. 1974년 ≪창작과 비평≫ 여름호에 「진혼가」, 「잿더미」 등 7편의 시를 발표하면서 작품 활동을 시작했다.
2. 1978년 상경하여 '남조선 민족 해방전선 준비위원회'에 가입하고 남민전 전위대 전사로 활동했다.
3. 민족의 역사적 현장과 비극을 시로 표현했고, 저항시인, 혁명시인으로 평가된다.

▷ **주요 작품**
시집: 1984년 첫 시집 『진혼가』, 1992년 제6시집 『이 좋은 세상에』, 옥중 시선집 『저 창살에 햇살이 1·2』(창작과 비평사) 출간

### 작품 1 조국은 하나다 (함께 가자 우리 이 길을, 1991년)

조국은 하나다
이것이 나의 슬로건이다
꿈속에서가 아니라 이제는 생시에
남 모르게가 아니라 이제는 공공연하게
조국은 하나다
양키 점령군의 탱크 앞에서
자본과 권력의 총구 앞에서
조국은 하나다

이제 나는 쓰리라
사람들이 주고받는 모든 언어 위에
조국은 하나다 라고
탄생의 말 응아응아로부터 시작하여
죽음의 말 아이고아이고에 이르기까지
조국은 하나다 라고
갓난아기가 엄마로부터 배우는 최초의 말
엄마 엄마 위에도 쓰고
어린아이가 어른들로부터 배우는 최초의 행동
아장아장 걸음마 위에도 쓰리라
조국은 하나다 라고

나는 또한 쓰리라
사람들이 오고가는 모든 길 위에
조국은 하나다 라고
만나고 헤어지고 헤어지고 만나고
기쁨과 슬픔을 나눠 가지는 인간의 길
오르막길 위에도 쓰고

내리막길 위에도 쓰리라
조국은 하나다 라고
바위로 험한 산길 위에도 쓰고
파도로 사나운 뱃길 위에도 쓰고
끊어진 남과 북의 철길 위에도 쓰리라

오 조국이여
세상에서도 가장 아름다운 꽃이여 이름이여
나는 또한 쓰리라
인간의 눈길이 닿는 모든 사물 위에
조국은 하나다 라고
눈을 뜨면 아침에
당신이 맨 먼저 보게 되는 천정 위에도 쓰고
눈을 감으면 한밤에
맨 나중까지 떠 있는 샛별 위에도 쓰리라
조국은 하나다 라고
그리고 아침 저녁으로 축복처럼
만인의 배에서 차오르는 겨레의 양식이여
나는 쓰리라 쌀밥 위에도 쓰고 보리밥 위에도 쓰리라
조국은 하나다 라고

바다에 가서 쓰리라 모래 위에
조국은 하나다 라고
파도가 와서 지워 버리면 그 이름
산에 가서 쓰리라 바위 위에
조국은 하나다 라고
세월이 와서 지워 버리면 그 이름
가슴에 내 가슴에 수놓으리라
아무리 사나운 자연의 폭력도
아무리 사나운 인간의 폭력도
감히 어쩌지 못하도록
누이의 붉은 마음의 실로
조국은 하나다 라고
그리하여 마침내 나는 외치리라

인간이 세워놓은 모든 벽에 대고
조국은 하나다 라고
아메리카 카우보이와 자본가의 국경
삼팔선에 대고 외치리라
조국은 하나다 라고
식민지의 낮과 밤이 쌓아 올린
분단의 벽에 대고 나는 외치리라

조국은 하나다 라고
압제와 착취가 날조해낸 허위의 벽
반공 이데올로기에 대고 나는 외치리라
조국은 하나다 라고

그리하여 마침내 나는 내걸리라
지상에 깃대를 세워 하늘 높이에
나의 슬로건 조국은 하나다를
키가 장대 같다는 양키의 손가락 끝도
가난의 등에 주춧돌을 올려놓고 그 위에
거재를 쌓아 올린 부자들의 빌딩도
언제고 끝내는 가진 자들의 형제였던 교회의 첨탑도
감히 범접을 못하도록
최후의 깃발처럼 내걸리라
자유를 사랑하고 민중의 해방을 꿈꾸는
식민지 모든 인민이 우러러볼 수 있도록
남과 북의 슬로건
조국은 하나다를!

## ▌핵심정리

▷ **갈래** 자유시, 서정시
▷ **성격** 참여적, 의지적
▷ **제재** 조국 통일
▷ **주제** 조국 통일을 바라는 간절한 심정

## 이해와 감상

### ① 짜임 분석

- 1연 – 통일의 염원 제시
- 2~4연 – 염원이 언어와 생활에 이르기까지 확산되는 것을 보여줌
- 5~6연 – 통일의 염원이 적대 세력의 탄압에 의해서도 절대 꺾이지 않을 것임을 말함
- 7연 – '조국은 하나다'라는 슬로건이 민족 모두의 가슴에 심어질 것을 확신에 찬 어조로 노래

### ② 감상의 길잡이

이 시는 조국 통일을 바라는 시인의 절실한 심정을 노래하고 있다. '조국은 하나다'라는 선언적인 시구를 맨 앞에 제시함으로써 또 이 말을 여러 차례 반복함으로써 시인은 민족의 통일이 다른 어떤 것보다도 앞서는 것이요 본질적인 것임을 주장한다. 그러나 시인이 보기에 통일을 바라지 않는 세력들이 있다. 그 세력들은 이 시에서는 '양키 점령군'과 '자본과 권력'으로 제시되어 있다. 그 세력들은 자신들의 이익이 계속 보장될 수 있는 분단 현실을 유지하기 위해 겉보기와는 달리 실제로는 통일을 말하는 것을 싫어하고 통일을 위한 일을 실천하는 것을 탄압한다.

그럼에도 불구하고 시인은 '공공연하게', '생시에' 통일을 말하려고 한다. 통일에 대한 염원을 남모르게만 간직하거나 꿈속에서만 말하는 것은 결과적으로 통일에 적대적인 세력을 용인하는 것이 되기 때문이다. 따라서 시인은 모든 사람들이 일상적으로 쓰는 말에서부터 분단된 민족의 삶과 생활, 그리고 자연에 이르기까지 '조국은 하나다'라는 절실한 외침을

새겨 놓는다. 이러한 시인의 행위가 처음에는 비록 적대 세력에 의해 파묻히고 억압받는다 하더라도 그 외침은 결국에는 민족 전체의 공감을 얻을 것으로 시인은 믿고 있다.

## 중요 내용 정리

### 01 시구의 해석

① 조국은 하나다 : 선언적이고 분명하고 최우선적임을 천명한다.

② 양키 점령군과 자본과 권력 : 반통일 세력자들로 자신의 이익이 계속 보장되도록 분단 현실을 유지하려한다.

### 02 구조화

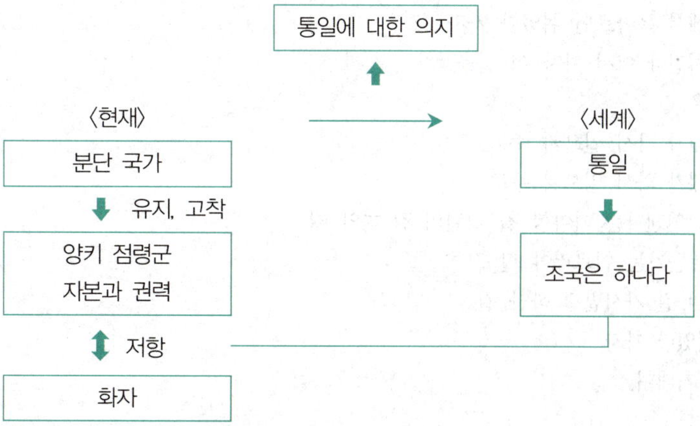

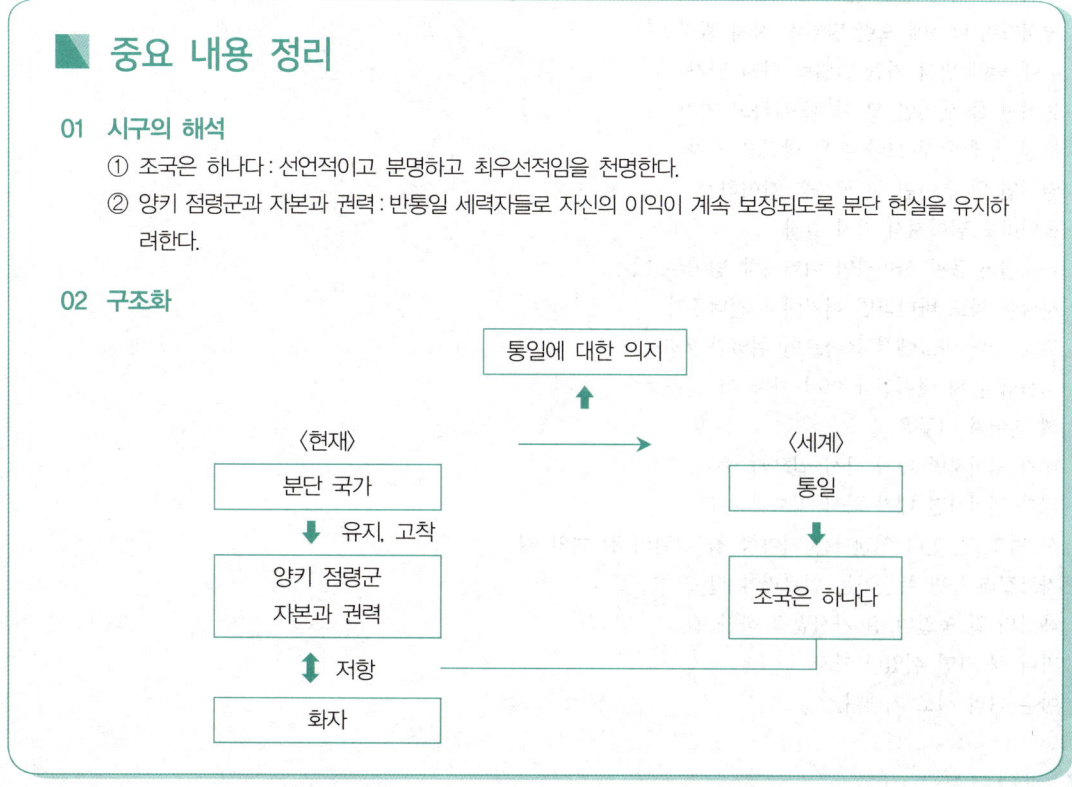

## 작품 2  함께 가자 우리 이 길을 (사랑의 무기, 1989년)

함께 가자 우리 이 길을
셋이라면 더욱 좋고 둘이라도 함께 가자
앞서가며 나중에 오란 말일랑 하지 말자
뒤에 남아 먼저 가란 말일랑 하지 말자
둘이면 둘 셋이면 셋 어깨동무하고 가자
투쟁 속에 동지 모아 손을 맞잡고 가자
열이면 열 천이면 천 생사를 같이하자
둘이라도 떨어져서 가지 말자
가로질러 들판 산이라면 어기여차 넘어주고
사나운 파도 바다라면 어기여차 건너주자
고개 너머 마을에서 목마르면 쉬었다 가자
서산낙일 해 떨어진다 어서 가자 이 길을
해 떨어져 어두운 길
네가 넘어지면 내가 가서 일으켜 주고
내가 넘어지면 네가 와서 일으켜 주고
산 넘고 물 건너 언젠가는 가야할 길 시련의 길 하얀 길
가로질러 들판 누군가는 이르러야 할 길
해방의 길 통일의 길 가시밭길 하얀 길
가다 못 가면 쉬었다 가자
아픈 다리 서로 기대며.

### ▌핵심정리

- **갈래** 자유시, 서정시
- **성격** 현실 참여적, 의지적, 선언적
- **표현** 대구법
- **운율** 4음보의 리듬감
- **제재** 분단 조국의 완전한 해방과 독립
- **어조** 조국의 완전한 해방과 독립의 길에 동참할 것을 권유하는 남성적 어조
- **주제** 분단 조국의 완전한 해방과 통일의 길에 동참 권유

## 이해와 감상

### 1 작품감상의 구조

| 구성 요소 | 구성 요소의 파악 | 그것이 지닌 의미·효과 | 주제와의 관련성 |
|---|---|---|---|
| 내용 요소 | ① 시적 화자 및 화자의 상황 | 조국의 통일을 염원하는 시적 화자가 통일의 길, 해방의 길을 서로 도와가며 함께 갈 것을 권유하는 내용이다. | 분단 조국의 완전한 해방과 통일의 길에 동참을 권유 |
| | ② 시대 현실 | 1980년대 후반에 민족 문제에 대한 인식이 심화되면서 통일을 지향하는 분위기가 나타났다. | |
| | ③ 통일시의 의의 | 통일이 중요한 문제였지만, 당시 직접 통일을 언급하는 것은 금기였다. 김남주 시인이 이 문제를 정면으로 제기했다. | |
| 형식 요소 | ① 4음보와 대구 | 4음보의 전통적 율격을 적절히 변형시키면서 리듬감을 주었다. | |
| | ② 청유형 | 청자 또는 독자에게 청유형을 통해 함께 독립할 것을 드러내며, 이것의 반복을 통해 운율을 형성하고 각운의 효과를 드러낸다. | |
| 표현 요소 | ① 민요와 유행가 삽입 | 민요나 유행가 가사와 같이 민중에게 친숙한 구절들을 삽입하여 독자에게 친근감을 느끼게 하며 이것이 다시 민중가요로 불려졌다. | |
| | ② 대구 | 대구를 통해 운율을 형성하고 유사한 내용을 통해 의미를 강조했다. | |
| | ③ 상징 | '산, 바다, 가시밭길' 등은 통일의 길이 어려움을 드러내는 의미를 지닌 상징이다. | |
| | ④ 평이한 서술 | 함께 가야 할 통일의 길의 당위성, 현실적 필요성, 어려움 등을 평이하게 서술했다. | |

### 2 감상의 길잡이

　우리 민족의 가장 절실한 관심사는 조국과 민족의 완전한 통일이다. 그러나 이 문제는 한동안 일반인의 화제에 오르는 것이 금기(禁忌)로 여겨졌다.

　이런 불행한 시대에 김남주는 통일의 당위성과 필요성을 역설하고, 그것은 순수한 열정과 희생이 따라야만 가능하다는 점을 노래하고 있다. 또, 전통적 율격과 민요 또는 유행가 가사를 적절히 삽입함으로써 민중의 정서를 충실하게 반영하고 있다.

　한 평자는, 김남주의 문학은 우리 시대의 핵심적 모순들에 대한 집요하고도 강인한 시적 탐구의 결과라 말한다. 그의 시들이 씌어졌던 혹독한 상황을 고려할 때 그것은 거의 퇴로를 차단당한 절박한 국면에서의 작업이었고, 따라서 그의 시들은 상투적 구호시들과 완전히 구별되는 진정성을 가지고 있다는 것이다.

　이 시를 통해 드러나는 시인의 육성은 대단히 명료하다. 그것은 '해방의 길 통일의 길'을 '우리 함께 가자'는 것으로 요약할 수 있다. 우리 민족에게 가장 긴급한 과제가 분단의 벽을 허물고 완전한 통일을 이루는 것이라는 사실을 말하는 자체가 새삼스러운 일이지만, 통일에 대한 논의가 일종의 금기로 여겨져 왔던 것 또한 엄연한 현실이었다. 이 시의 화자는 마치 어린 동생이나 정다운 친구에게 이야기하듯 혹은 나이 많은 어른이나 배운 것 부족한 노동자들과 대화하듯 쉬우면서도 힘 있는 어조로 통일의 당위성과 그 길에 동참할 것을 역설하고 있다. 전통 민요나 사설을 읊조릴 때 저절로 생겨나는 가락을 이 시 또한 가지고 있는데, 그것은 시인이 민중의 삶과 의식에 그만큼 친숙하다는 증거이다.

이 시의 또 하나의 특징은 통일의 길을 방해하는 적대 세력이 등장하지 않는다는 사실이다. 세계와 현상을 이해하는 이분법적 도식주의가 김남주 시의 문제로 제기되기도 하였지만, 이 시에서는 그런 도식성과 적의(敵意)가 드러나지 않는다. 그것은 통일의 길에 어떠한 반대 세력도 있을 수 없다는 시인의 단호한 태도를 설명해 주는 요인이 된다. 물론 '산', '강' 등의 시어가 통일을 방해하는 세력을 뜻하는 것으로 읽힐 수도 있지만, 이와 같은 고난과 시련은 어느 상황에서도 발생할 수 있는 것이다. 또, 그러한 어려움이 없었다면 통일은 이미 오랜 전에 이루어졌을 것이라는 점도 생각해야 한다. 따라서, 이 시에 나타난 '산'과 '강'은 통일의 어려움을 시사하는 단순한 비유일 뿐인 것이다.

### ▶ 중요 내용 정리

#### 01 표현 방법
① 4음보의 전통적 율격을 적절히 변형시키면서 대구를 이용하여 시의 주제를 성공적으로 형상화하고 있다.
② 민요나 유행가 가사와 같이 민중에게 친숙한 구절을 삽입하여 독자에게 친근감을 느끼게 한다.

#### 02 시상 전개
시련의 길, 가시밭길이지만 언젠가는 가야하고 누군가는 이르러야 할 길인 해방과 통일의 길을 함께 가자고 권유하며, 그것의 역사적 당위성과 현실적 필요성, 어려움을 평이하게 진술하고 있다.

## 오규원 吳圭原

1941 ~
시인. 경남 밀양 출생

▷ **작가의 특징**
1. 1968년 ≪현대문학≫에 「우계(雨季)의 시(詩)」, 「몇 개의 현상(現象)」 등으로 등단했다.
2. 사회의 물신화(物神化) 또는 정치화(政治化)된 대상과 관념의 옷을 벗기는 언어의 해체 작업을 했다.
3. 형태를 파괴함으로써 양식의 구속으로부터 벗어나 자유로운 정신의 장(場)으로 열어 놓았다.

▷ **주요 작품**
시집 : 『분명한 사건(事件)』(1971), 『순례(巡禮)』(1973), 『사랑의 기교』(1975), 『왕자가 아닌 한 아이에게』(1978), 『이 땅에 씌어지는 서정시』(1981), 『희망 만들며 살기』(1985), 『가끔은 주목 받는 생이고 싶다』(1987) 등

### 작품 1  프란츠 카프카 (가끔은 주목받는 생이고 싶다, 1987년)

　　　　　-MENU-
샤를르 보들레르　　　　800원
칼 샌드버그　　　　　　800원
프란츠 카프카　　　　　800원
이브 본느프와　　　　1,000원
에리카 종　　　　　　1,000원
가스통 바슐라르　　　1,200원
이하브 핫산　　　　　1,200원
제레미 리프킨　　　　1,200원
위르겐 하버마스　　　1,200원
시를 공부하겠다는
미친 제자와 앉아
커피를 마신다
제일 값싼
프란츠 카프카

### 핵심정리

▷ **갈래** 자유시, 서정시
▷ **성격** 풍자적, 파격적, 시각적
▷ **어조** 자조적, 비판적인 어조
▷ **제재** 메뉴판
▷ **주제** 모든 것을 교환 가치로 환산해버리는 현대의 문화적 풍토에 대한 풍자

▷ **특징** ① 작가와 저술가들의 이름을 커피 메뉴판 모양으로 만들어 열거
② 비판적 태도를 나타내기 위해 과격한 표현 사용
③ 현대 문명의 물신화, 상품화, 계량화 현상을 노골적으로 비판

## 이해와 감상

### 1 짜임 분석
- 1~10행 – 모든 것을 교환 가치로 환산하는 현대의 문화
- 11~15행 – 상업주의, 물질주의가 지배하는 사회에서 문학이 겪는 소외

### 2 작품감상의 구조

| 구성 요소 | 구성 요소의 파악 | 그것이 지닌 의미·효과 | 주제와의 관련성 |
|---|---|---|---|
| 내용 요소 | ① 시적 화자 및 화자의 상황 | 시적 화자는 물질주의가 팽배한 사회를 풍자하기 위해 문인들을 메뉴 속에 제시하고 그것을 통해 물질주의를 비판하였다. | 물질적 가치만 중시하는 현실 풍자 |
| | ② 시대 배경 | 자본주의가 심화되면서 모든 것을 교환 가치로 환산해버리는 물질만능주의에 대한 비판을 담고 있다. | |
| 형식 요소 | ① 나열과 열거 | 문학가와 철학가의 이름과 가격을 나열, 열거하여 모든 가치가 수량화 되는 물질만능주의를 비판하고 있다. | |
| | ② 새로운 형식 실험 (파격적 형식) | 사상가나 문인을 메뉴처럼 나열하여 제시한 것은 새로운 기법이며, 물질주의 사회에 대한 풍자를 드러낸다. | |
| 표현 요소 | ① 풍자 | 물질주의가 팽배한 현대사회를 비판한다. | |
| | ② 역설 | '시를 공부하겠다는 미친 제자' 부분에서 자본주의 물질사회에서 순수 예술 하는 것이 자본주의 원리에 어긋난다의 의미로 물질문명을 비판했다. | |
| | ③ 반어 | '제일 값싼'은 실제로는 '가장 값진'의 의미로 주제를 효과적으로 드러낸다. | |
| | ④ 상징 | '시' – 상징으로 각각 '예술·인간성의 추구'의 의미를 지녀 자본주의와 대립되는 개념으로 사용되었다. | |

### 3 감상의 길잡이

이 작품은 일상에서 흔히 볼 수 있는 메뉴판에서 서구의 유명한 문학가, 철학가 등을 이용하여 문학이나 인간의 정신도 상품화되어 있는 현실을 비판한 작품이다. 모든 것이 교환 가치에 의해 평가되고, 문학과 사상마저도 이런 교환 가치에 의해 평가됨으로써 원래의 질적 가치를 잃어버린 현대 사회, 즉 오늘날의 문화적 풍토를 풍자하고 있다. 작가는 이러한 비판 의식을 시인과 소설가, 문학 평론가, 철학자들의 이름을 커피숍 메뉴판의 음료 이름 자리에 위치시키고, 시를 공부하겠다는 제자에게 '미친'이라는 표현을 씀으로서 효과적으로 드러내고 있다. 물질적 가치가 중시되는 현실에서 문학을 공부한다는 것은 비현실적인 것일지도 모를 일이다. 하지만 정작 인간에게 중요한 것은 인간의 정신적 가치일 것이다. 시인은 문학과 사상, 철학 등의 인문학이 물질 만능의 각박한 현실에 외면당하고 있음을 단적으로 제시하는 동시에 그와 같은 현실 풍조를 비판하고 있다.

## ◼ 중요 내용 정리

### 01 시인의 자조적 현실 인식
　이 시에서는 음식이나 음료의 명칭과 가격이 적혀 있어야 할 메뉴판에 문학가나 철학가들의 가격이 매겨져 있는데, 이는 모든 가치가 수량화되는 현대사회의 물질만능주의를 비판하고자 하는 시인의 계산된 의도로 볼 수 있다.
　하지만 현실을 비판하는 시인의 태도는 자조적인 형태를 띤다. 시를 공부하겠다는 제자를 '미친' 것으로 판단하는 것이다. 물질만능의 시대에 시를 쓰는 것은 생산적인 일이 못 되기 때문이다. 그러나 자신도 시를 쓰면서, 시를 쓰겠다는 제자를 미쳤다고 말하는 것은 분명 자조적이라 볼 수 있다. 그러면서 그 제자와 가장 값싼 커피를 마친다. 생산적인 일을 못하는 사람으로서 당연히 가장 값싼 커피를 마셔야 된다는 논리이다. 이 부분에서도 현실에 대한 시인의 자조적인 인식이 드러나고 있다.

### 02 인용적 묘사
　이 시의 작가인 오규원은 이 시에서 사용된 기법을 '인용적 묘사'라고 지칭한다. 인용적 묘사는 인용을 하고 있다는 점에서 인유와 비슷하나, 인용의 출처가 모두 우리 주변의 흔한 기성품에서 유래된 것이라는 면에서 차이가 난다.
　이 시의 경우 음식이나 음료의 명칭과 가격이 적혀 있어야 할 메뉴판에 철학자나 시인의 이름을 올려놓음으로써 그들을 상품으로 취급하고 있다. 이는 문학과 사상, 철학 등의 인문학이 물질 만능의 각박한 현실에서 외면당하고 있음을 단적으로 제시하는 동시에, 그와 같은 현실 풍조를 비판하기 위한 작자의 의도가 숨어 있다. 이처럼 인용적 묘사의 경우 인용 내용 자체가 비판과 풍자를 의도로 한다는 점에서 보다 날카로운 현실 인식의 태도가 요구된다고 할 수 있다.

### 03 정신적 가치 상품화의 효과는?
　이 시의 메뉴판에 적혀 있는 사람들은 모두 값싼 커피 값 정도로 그 가치가 책정되어 있다. 시인이 값을 부여할 수 없는 문학가, 철학자들에게 가격을 붙인 것은 이들을 무시하기 위한 의도라기보다는 정신적 가치를 상품화시키는 현대사회를 비판하기 위함이다. 특히 메뉴판 형식의 시 형태는 물질 만능주의 비판이라는 주제 의식을 드러내는 데 효과적으로 기여하고 있다.

## 예상문제

※ (1 ~ 4) 다음 작품을 읽고, 물음에 답하시오.

(가)
   – MENU –
 샤를르 보들레르    800원
 칼 샌드버그     800원
 프란츠 카프카    800원
 이브 본느프와    1,000원
 에리카 종      1,000원
 가스통 바슐라르   1,200원
 이하브 핫산     1,200원
 제레미 리프킨    1,200원
 위르겐 하버마스   1,200원

 시를 공부하겠다는
 미친 제자와 앉아
 커피를 마신다
 제일 값싼
 프란츠 카프카

– 오규원, 「프란츠 카프카」, 『가끔은 주목받는 생이고 싶다』(1987)

(나)
       山
     절망의산,
    대가리를 밀어버
   린, 민둥산, 벌거숭이산
   분노의산, 사랑의산, 침묵의
   산, 함성의산, 증인의산, 죽음의산,
   부활의산, 영생하는산, 생의산, 희생의
   산, 숨가쁜산, 치밀어오르는산, 갈망하는
  산, 꿈꾸는산, 꿈의산, 그러나 현실의산, 피의산,
  피투성이산, 종교적인산, 아아너무나너무나 폭발적인
  산, 힘든산, 힘센산, 일어나는산, 눈뜬산, 눈뜨는산, 새벽
 의산, 희망의산, 모두모두절정을이루는평등의산, 평등한산, 대
 지의산, 우리를감싸주는, 격하게, 넉넉하게, 우리를감싸주는어머니

– 황지우, 「무등」, 『겨울 – 나무로부터 봄 – 나무에로』(1985)

1. (가)와 (나)에서 구체적 근거를 바탕으로 각 작품의 사회·문화적 배경에 대해 밝히시오. [2점]

> **예상답안**
>
> ① 제일 값싼 프란츠 카프카, 시를 공부하겠다는 미친 제자 : 물질만능주의 사회에서 인문학적 가치가 천대받는 현실을 제시
> ② 피의산, 피투성이산 : 5·18 광주 민주화 운동의 치열함과 비극을 제시

2. (가)와 (나) 작품을 대상으로 각 작품에 나타난 미적 범주를 모두 구체적으로 파악하여 서술하시오. [4점]

> **예상답안**
>
> (가)의 미적 범주는 있어야 할 것에 의한 상반으로, 현실에 있어야 할 인문학적 가치가 천대받는다는 점에서 비장미가 드러난다.
> (나)의 미적 범주는 두 가지가 나타나는 데 먼저 있어야 할 것에 의한 융합으로 5·18을 통해 희망과 포용의 가치를 추구하므로 숭고미가 드러난다. 그리고 있어야 할 것에 의한 상반으로, 민주화가 이루어지지 않아 5·18 광주 민주화 운동 과정의 희생과 비극이 초래되었기 때문에 비장미가 드러난다.

3. (가)와 (나) 형식(표현)의 공통점을 밝히고, 각 작품에서의 효과를 설명하시오. [4점]

> **예상답안**
>
> (가)와 (나)는 모두 시인의 의도를 드러내기 위해 시각적 효과를 중시하여 시행을 제시했다.
> (가)는 메뉴판의 모양을 그대로 제시하여, 모든 것을 금전으로 환산하는 현대문명을 비판했고, (나)는 제재인 무등산에 맞춰 시행을 산처럼 배열하여 고난을 극복한 희망과 포용을 강조하고 있다.

4. (가)와 (나) 작품의 문학 유파를 밝히고, 그 특징을 내용과 형식(표현)면에서 각각 구체적 예를 찾아 제시하시오. [5점]

> **예상답안**
>
> (가)와 (나)는 모더니즘 시로 볼 수 있다. (가)에는 형식(표현)면의 근거로 첫째, 메뉴를 시에 그대로 제시한 점, 역설·반어 등의 낯선 기법을 사용한 점 등을 들 수 있다. 내용면에서 1연의 메뉴 제시나 2연의 '시를 공부하겠다는 미친 제자' 부분에서 교환 가치로 환산하는 현대 문화에 대한 비판적인 지적 인식이 나타나 있다. (나)는 형식면에서 시행 배열을 산 모양으로 제시한 점, 산의 열거만으로 내용을 제시한 등이 새로운 형식과 기법의 실험에 해당된다. 내용면에서 독재 정치에 억눌려 살아온 광주에 대한 인식과 5·18 민주화 운동에 관한 지적 인식이 드러나 있다.

## 작품 2  시인 구보씨의 일일(一日)·1 (가끔은 주목 받은 생이고 싶다, 1987년)

― 구보(久甫)씨(氏)가 당신에게 보내는 사신(私信) 또는 희망 만들며 살기 ―

1
가을. 하고도가을어느날.

길을가다가자리를잘못잡아지상(地上)에서반짝이는별, 그런별몇개로반짝이는황국(黃菊)이나야국(野菊)을만나면가을동안가을이게두었다가그다음국(菊)을다시별로불러별이되게하고몇개는내주머니에늘넣고다니리라.

내주머니가작기는하지만그곳도우주이니별이뜰자리야있습지요. 단은주머니가낡아서몇군데구멍이있는데혹시나다니는길에무슨모양을하고떨어져있거든눈꼽이며그곳이나비누로좀닦아서어디든두고안부나그렇게만전해주시기를.

2
오해하고싶더라도제발오해말아요
시인도시(詩)먹지않고밥먹고살아요
시인도시(詩)입지않고옷입고살아요
시인도돈벌기위해일도하고출근도하고돈없으면라면먹어요
오해하고싶더라도제발오해말아요
오해하고싶으면제발오해해줘요
시인도밥만먹고는못살아요
시인도마누라만으로는못살아요
구경만하고는만족못해요
그러니까시인도무슨짓을해야지요
무슨짓을하긴하는데그게좀그래요
정치는정치가들이더좋아하고
사기는사기꾼들이더좋아하고
밀수는밀수업자들이더잘하고
작당은꾼들이더잘하고
시인은시를더좋아하니까
시에미치지요밥만먹고못사니까
밥안먹고못사는이야기에미쳤지요
그래요미쳤지요허지만시인도
밥먹고살아요돈벌기위해일도하고
출근해요출근하지못하면정말곤란해요
순사가검문하면주민등록증보여야해요
순사가검문해도번호가없는시(詩)는그러니까
위법이지요위법이니까그게좀그래요
위법은또하나의법(法)이니유쾌해요그게그래요
거리를가다가혹시시(詩)가있거든눈꼽이며
그곳이나비누로닦아주고안부나
그렇게만전해줘요그게그렇다구요

## ▌핵심정리

- ▷ **갈래** 자유시, 서정시
- ▷ **성격** 고백적
- ▷ **표현** 어법의 파괴, 패러디
- ▷ **제재** ① 시인의 삶
  ② 박태원의 소설「소설가 구보씨의 일일」
- ▷ **주제** 생활인으로서 시인의 삶

## 이해와 감상

### ① 짜임 분석

- 1연 – 무료한 일상
- 2연 – 평범한 생활인으로서의 시인

### ② 작품감상의 구조

| 구성 요소 | 구성 요소의 파악 | 그것이 지닌 의미·효과 | 주제와의 관련성 |
|---|---|---|---|
| 내용 요소 | ① 시적 화자 및 화자의 상황 | 시인도 보통 사람과 같은 사람임을 알아주기를 기대하고 있다. | 생활인으로서의 시인의 삶 |
| 형식 요소 | ① 편지 형식 | 이 시는 독자에게 보내는 편지 형식을 통해서 생활인으로서의 시인의 모습을 독자가 알아주기를 바란다. | |
| 표현 요소 | ① 어법의 파괴 | 띄어쓰기를 무시하는 등 어법의 파괴를 보인다. | |
| | ② 열거와 반복 | 반복과 열거를 통해서 시인이 특별한 존재가 아닌 생활인으로서의 모습을 보여주고 있다. | |

### ③ 감상의 길잡이

　이 시는 박태원의 소설「소설가 구보씨의 일일」이란 제목을 차용하여 시인의 삶을 시화한 작품이다. 소설「소설가 구보씨의 일일」에서 구보씨는 소설가로서 현실과는 어느 정도 거리를 두고 고독한 예술가로서의 삶을 사는 인물이다. 그래서 그는 생활인으로서는 무능하게 비쳐진다. 그러나 이 시에서 시인은 예술가로서 고독하거나 고상한 삶을 사는 것이 아니라, 시인도 생활인이란 것을 강조하고 있다.

　보통 사람들은 시인이 돈이나, 명예, 권력, 건강 등과 같은 세속적인 일에는 관심이 없고 오직 고상하고 예술적 가치만 추구하는 사람으로 오해하는 경우가 많다. 그러나 이 시에서 시인은 시인도 일반 사람과 똑같은 생활인이란 것을 애써 강조한다. 즉, 시인도 일반 생활인이며 사회의 구성원으로서 사람과 관계를 맺지 않고는 살 수 없다고 한다.

## 중요 내용 정리

#### 01 편지의 형식

'구보씨가 당신에게 보내는 사신 또는 희망 만들기'라는 부제가 붙어 있는 이 시는, 구보씨가 독자들에게 보내는 편지의 형식을 띠고 있다. '희망 만들며 살기'라는 어구는 이 작품이 말하고자 하는 바이지만, 실상 이 작품 속에서 희망을 발견하기는 어렵다. 다만 일상이 무료하다는 것을 알고 있다는 사실이 희미하나마 미래에는 달라질 것임을 암시할 뿐이다.

#### 02 이 작품의 의의

이 작품은 형식과 내용에서 반엘리트주의, 반권위주의, 반교양주의를 표방함으로써 시의 대중화를 선도하고 있다는 평가를 받는다. 일상적 삶이 시가 될 수 있고, 시인도 독자와 마찬가지로 평범한 인간임을 강조한 오규원의 시 쓰기는, 독특한 창조력이나 특수한 능력의 소산이 아니라 시작 그 자체가 생활 세계임을 강조하고 있다. 시적 구조에서 숭고함을 희화화하는 오규원의 시는 고상한 감격이 곧 예술이며 시가 되던 시대에 대한 도전이라고 할 수 있다.

## 황동규 黃東奎

19398 ~
시인. 평남 숙천 출생
소설가 황순원의 아들

▷ **작가의 특징**
1. 1958년 ≪현대문학≫에 「시월」, 「즐거운 편지」 등이 추천되어 등단했다.
2. 세련된 감수성과 지성을 바탕으로 한 견고한 서정의 세계가 나타난다.
4. 서정시 : ① 사랑에 관한 서정시, ② 숙명적 비극성을 담백하게 받아들여 구체화하는 모습을 드러낸다.
5. 시대적 상황의 모순을 역사적·고전적 제재를 통해 간접적으로 표현하려는 시도 – 사회 비판시는 예각적인 상황 의식을 표출하기보다는 암시와 간접화의 표현법을 사용했다.
6. 한 군데에 안주하지 않고 늘 변하였다. ('현재 진행형의 시인') 혹은 '여행의 시인' – '낯설게 하기'를 즐겨 사용하였다.

▷ **주요 작품**
시집 : 『어떤 개인날』(1961), 『비가』(1964), 『삼남에 내리는 눈』(1975), 『나는 바퀴를 보면 굴리고 싶어진다.』(1978), 『미시령 큰 바람』(1993) 등

### 작품 1  풍장(風葬) 1 (풍장, 1984년)

내 세상 뜨면 풍장시켜 다오
섭섭하지 않게
옷은 입은 채로 전자 시계는 가는 채로
손목에 달아 놓고
아주 춥지는 않게
가죽 가방에 넣어 전세 택시에 싣고
군산(群山)에 가서
검색이 심하면
곰소쯤에 가서
통통배에 옮겨 실어 다오

가방 속에서 다리 오그리고
그러나 편안히 누워 있다가
선유도 지나 무인도 지나 통통 소리 지나
배가 육지에 허리 대는 기척에
잠시 정신을 잃고
가방 벗기우고 옷 벗기우고
무인도의 늦가을 차가운 햇빛 속에
구두와 양말도 벗기우고
손목시계 부서질 때
남몰래 시간을 떨어드리고
바람 속에 익은 붉은 열매에서 툭툭 튕기는 씨들을
무연히 안 보이듯 바라보며
살을 말리게 해다오
어금니에 박혀 녹스는 백금(白金) 조각도
바람 속에 빛나게 해다오

바람 이불처럼 덮고
화장(化粧)도 해탈(解脫)도 없이
이불 여미듯 바람을 여미고
마지막으로 몸의 피가 다 마를 때까지
바람과 놀게 해다오.

## ■ 핵심정리

- ▷ **갈래** 자유시, 서정시
- ▷ **성격** 주지적, 상징적
- ▷ **제재** 풍장(風葬)
- ▷ **주제** 존재의 소멸을 통한 자연과의 합일
- ▷ **표현** ① 원망형 서술어('–다오')를 각 연 마다 반복적으로 제시하고 있다.
  ② 관념적인 대상('바람')을 구체적 사물('이불', '옷')로 표현하고 있다.

## 이해와 감상

### 1 짜임 분석

- 기(1연) – 풍장을 준비함
- 서(2연) – 풍장의 진행 과정
- 결(3연) – 풍장의 의미

### 2 작품감상의 구조

| 구성 요소 | 구성 요소의 파악 | 그것이 지닌 의미·효과 | 주제와의 관련성 |
|---|---|---|---|
| 내용 요소 | ① 시적 화자 | 이 시의 시적 화자는 '나'로 자신이 죽은 후의 상황을 가정하며 남은 사람에게 자신의 장례를 풍장으로 치르는 절차에 대해 당부의 말을 전하고 있다. | 존재의 소멸을 통한 자연과의 합일 |
| | ② 제재 | 자연에 가까운 장례 방식인 풍장을 소재로 자연과의 동화를 드러낸다. | |
| 형식 요소 | ① '기–서–결'의 구성 | 시 전체가 '기–서–결'의 형식으로 구성되어 내용을 효과적으로 드러내었다. | |
| | ② 유서 형식 | 유서 형식을 빌려 시상을 전개하고 있다. | |
| 표현 요소 | ① 대립적 이미지 | 구속과 자유의 대립적 이미지를 통해 화자가 지향하는 세계를 형상화했다. | |
| | ② 상징 | '풍장'은 자유로운 삶에 대한 소망을 드러내고, '무인도'는 진정한 자유를 얻을 수 있는 공간이며, '바람'은 모든 존재를 소멸시켜 자연의 품으로 돌아가게 만드는 풍화 작용을 의미한다. | |

### ③ 감상의 길잡이

연작시「풍장(風葬)」중 첫 번째 작품으로 자신이 죽은 뒤 풍장을 해 줄 것을 당부하는 내용으로 되어 있다. 여기에서의 죽음은 일반적인 관념과는 달리 자연과 우주의 무한한 순환 과정의 작은 일부에 지나지 않는다. 그러므로 크게 슬퍼할 것도 미화시킬 필요도 없고, 어떤 종교적인 의미를 첨가하여 신성화할 필요는 더더구나 없는 것이다. 죽음에 대한 작가의 이와 같은 태도는 상식을 뛰어넘는 것이라고 할 수 있다. 작가는 자신의 죽은 몸을 자연의 풍화 작용에 맡겨 자연의 일부가 되게 함으로써 자연과의 합일을 이룰 수 있다고 믿고 있는 것이다.

## 작품 2 기항지*(寄港地) 1 (현대문학, 1967년)

걸어서 항구에 도착했다.
길게 부는 한지(寒地)의 바람
바다 앞의 집들을 흔들고
긴 눈 내릴 듯
낮게 낮게 비치는 불빛
지전(紙錢)에 그려진 반듯한 그림을
주머니에 구겨 넣고
반쯤 탄 담배를 그림자처럼 꺼 버리고
조용한 마음으로
배 있는 데로 내려간다.
정박(碇泊) 중의 어두운 용골*(龍骨)들이
모두 고개를 들고
항구의 안을 들여다보고 있었다.
어두운 하늘에 수삼 개(數三個)의 눈송이
하늘의 새들이 따르고 있었다.

* 기항지 : 항해 중에 배가 잠시 들르는 항구
* 용골 : 배에서 앞뒤로 통하는 중심선으로 뱀의 등뼈 같은 밑바닥 뼈대

### ■ 핵심정리

▷ **갈래** 자유시, 서정시
▷ **성격** 주지적, 감각적, 회화적
▷ **특징** ① 묘사와 서술을 통해 고도로 감정을 절제
　　　　② 항구 안과 항구 밖의 세계를 대치시킴으로서 시적 긴장감 조성
▷ **제재** 항구의 밤 풍경
▷ **주제** 여행지 항구의 밤풍경에서 느끼는 삶의 쓸쓸함

## 이해와 감상

### ① 짜임 분석
- 1행 – 항구에 도착
- 6~10행 – 우울한 마음으로 배에 다가감
- 14~15행 – 눈송이를 따르는 새
- 2~5행 – 쓸쓸한 항구의 모습
- 11~13행 – 항구를 들여다보고 있는 배

② 작품감상의 구조

| 구성<br>요소 | 구성 요소의 파악 | 그것이 지닌 의미·효과 | 주제와의<br>관련성 |
|---|---|---|---|
| 내용<br>요소 | ① 시적 화자 및 화자의 상황 | 시적 화자는 방황하는 삶을 살아가는 나그네이며, 잠시 머무는 겨울 항구에서 정착에 대해 갈등하는 마음을 드러냈다. | 여행지 항구의<br>밤 풍경에서<br>느끼는 삶의<br>쓸쓸함 |
| | ② 제재 | '기항지'는 잠시 머물다 가는 곳으로 방황과 정착의 갈등을 효과적으로 드러낸다. | |
| 형식<br>요소 | ① 시상 전개 1 | 시간의 흐름에 따른 시상의 전개가 드러나며 이를 통해 시적 화자가 내면의식이 드러난다. | |
| | ② 시상 전개 2 | 시선의 이동에 따라 시상을 전개하며, 이를 통해 화자의 심리가 잘 드러난다. | |
| 표현<br>요소 | ① 회화적 묘사 | 대상에 대한 회화적 묘사를 통해 화자의 내면을 표출했다. | |
| | ② 객관적 상관물 | '눈송이'와 '새'는 자유롭게 떠도는 삶의 의미를 지닌 상징이며 객관적 상관물로 볼 수 있다. | |

③ 감상의 길잡이

　이 시의 화자는 여행 중이다. 여행의 끝에서 어느 항구에 닿았다. 항구란 배의 기항지이자, 육지의 끝이라는 점에서 화자의 기항지이기도 하다. 아마도 삶이 안겨 주는 젊은 날의 방황과 막막함에 밀려 이 항구로 찾아 든 화자에게 있어 모든 것은 스산할 수밖에 없을 것이다. 바닷가의 집들을 흔들고 가는 바람이 그렇고, 눈 내릴 듯 낮게 깔리는 불빛이 그렇고, 을씨년스러워서, 화자는 배 있는 데로 내려가 보고 모든 배들이 항구의 안을 들여다보고 있다는 것을 알게 된다. 용골을 들고 어둠 속에서 삭막하게 항구 쪽을 보는 배와 배를 보는 화자와는 순간 동일한 이미지로 겹쳐진다. 화자의 마음 속이 용골을 드러낸 배의 느낌으로 드러나는 것이다. 그러한 쓸쓸한 정서를 뒷받침하듯이 하늘에는 몇 개의 눈송이가 뜨고 어둠 속에 밤새가 날고 있다.

　이 시를 쓸 무렵, 이 시인이 즐겨 쓴 비유의 하나로 눈송이가 있다. 어디에 앉지도 못하고 떠다니는 부유하는 젊음을 나타내는 심상이다. 또한 이 소재가 환기하는 정서는 막연함, 차가움, 덧없음 등과 관련되어 있어서 그의 시의 핵심적 감정 전달 매개로 기여했다. 결국 이 시는, 여행지인 항구의 밤 풍경이 던지는 몇 가지 소재들을 통해 뿌리내리지 못하고 떠도는 화자의 심리 상태를 드러낸 시라 하겠다.

## 중요 내용 정리

### 01 시의 회화성

　현대시는 직접적인 이미지 제시보다는 상관물을 통한 이미지의 상호 결합에 의해서 정서와 사상이 효과적으로 표출되는 특성을 보인다. 스케치풍의 묘사로 한편의 아름다운 서정시를 보는 것 같은 느낌을 준다. 서정적 자아의 감정이나 사상은 없고 처음부터 끝까지 묘사로서 한 편의 시를 완성한 형태이다. 거기에는 기술적이고 의도적인 간접적 암시와 대조 비판이 숨어있다.

　이 시 「기항지」는 '걸어서 항구에 도착했다'로 시작되고 있다. 이후의 풍경들은 모두 항구에 도착한 나의 행동. 그 범주 내에서 보여지는 풍경이 전부다. 바람과 불빛, 육지를 향해 거북처럼 고개를 들고 있는 배, 눈송이와 새 등 을씨년스러운 항구의 공간이 비쳐져 있다. 언어로 그린 항구의 모습이다.

　그러나 이 시는 항구의 풍경을 담담하고 침착하게 묘사하는 가운데 매우 상징적 이미지들로 충전되어 있음을 확인할 수 있다. '길게 부는 한지(寒地)의 바람', '낮게 낮게 비치는 불빛', '용골들이 ~ 항구의 안을 들여다보고 있었다' 등 선택된 세부들이 독특한 뉘앙스를 풍기며 신선한 매력을 주는 것이다.

### 02 표현상의 특징
① 내면적 고백보다는 객관적 묘사에 의존하고 있다.
② 외면적 풍경을 통해 시인의 내면을 암시한다.
③ 사물을 의인화하여 서정적 자아의 내면적 정서를 담고 있는 매개물로 사용하고 있다.

## 작품 3  즐거운 편지 (현대문학, 1958년)

Ⅰ
　내 그대를 생각함은 항상 그대가 앉아 있는 배경(背景)에서 해가 지고 바람이 부는 일처럼 사소한 일일 것이나 언젠가 그대가 한없이 괴로움 속을 헤매일 때에 오랫동안 전해오던 그 사소함으로 그대를 불러 보리라.

Ⅱ
　진실로 진실로 내가 그대를 사랑하는 까닭은 내 나의 사랑을 한없이 잇닿은 그 기다림으로 바꾸어 버린 데 있었다. 밤이 들면서 골짜기엔 눈이 퍼붓기 시작했다. 내 사랑도 어디쯤에선 반드시 그칠 것을 믿는다. 다만, 그 때 내 기다림의 자세(姿勢)를 생각하는 것뿐이다. 그 동안에 눈이 그치고 꽃이 피어나고 낙엽이 떨어지고 또 눈이 퍼붓고 할 것을 믿는다.

### ■ 핵심정리
▷ **갈래** 자유시, 서정시
▷ **성격** 서정적, 고백적, 사색적
▷ **제재** 사랑
▷ **주제** 기다림을 통한 이별의 정한 극복

## 이해와 감상

### 1 짜임 분석
- Ⅰ – '그대'에 대한 간절하고 소중한 사랑
- Ⅱ – 기다림으로 승화된 변함없는 사랑

### 2 작품감상의 구조

| 구성 요소 | | 구성 요소의 파악 | 그것이 지닌 의미·효과 | 주제와의 관련성 |
|---|---|---|---|---|
| 내용 요소 | ① | 시적 화자 및 화자의 상황 | 시적 화자인 '나'는 '그대'를 사랑하는 사람이며, 그대에 대해 변함없는 사랑을 자연 현상에 빗대어 제시했다. | 사랑의 간절함, 기다림을 통한 이별의 극복 |
| | ② | 나의 사랑을 자연현상과 관련지어 표현 | 화자의 사랑을 해가 지고 바람이 부는 일이나, 자연의 변화에 빗대어 효과적으로 표현했다. | |
| 형식 요소 | ① | 시상 전개 | 1연은 그대에 대한 간절한 사랑을, 2연은 기다림으로 승화된 변함없는 사랑을 드러내어 주제를 잘 드러낸다. | |

| | | |
|---|---|---|
| | ② 산문시의 리듬 | 산문시의 리듬을 통해 내면의 깊은 사랑을 효과적으로 드러내었다. |
| | ③ 반복 | 시구의 반복을 통해 리듬감을 형성하고, 의미를 강조하여 표현했다. |
| 표현 요소 | ① 반어 | 나의 사랑을 사소한 일이라고 하여 반어적으로 표현했으며, 이를 통해 자신이 지닌 사랑의 간절함을 드러낸다. |
| | ② 역설 | 제목과 내용에서, 또 2연의 첫 번째 문장에서 역설이 나타나며 역설을 통해 그대에 대한 기다림과 사랑을 더욱 강조하여 표현했다. |
| | ③ 상징 | '밤'은 견디기 힘든 시간, '골짜기'는 '힘겹게 지탱하는 나의 삶'을 '눈'은 시련이나 어려움을 의미하여 주제를 잘 드러낸다. |

### ③ 감상의 길잡이

2연으로 이루어진 산문시로 변함없는 기다림의 즐거움을 노래한 작품이다.

화자는 자신의 사랑이 아무리 사소한 것으로 받아들여지더라도 계속해서 기다리고 있으며, 계절이 수없이 순환하더라도 그 사랑은 변하지 않을 것임을 다짐하고 있다. 그러나 이 시에서 화자가 자신의 사랑을 사소하다고 말하고, 그 사랑이 언젠가는 그칠 것이라 말하는 것은 모두 반어적 표현이다. 사랑은 영원토록 변하지 않을 것 같지만, 그것은 마치 내리고 있는 '눈'과 같아서 시간이 경과하면 반드시 그칠 수밖에 없다. 그러므로 순간의 격정적인 사랑보다 우리 삶에서 더 중요한 것은 모든 것을 다 감싸 안을 수 있는 넓은 '기다림'이다. 헤어짐의 고통을 극복하기 위해서는 사랑이 모든 것을 포용할 수 있는 넓은 마음의 영원히 변치 않는 기다림으로 바뀌어야 한다. 그 '기다림'이란 변함없음, 즉 영속적인 정서를 바탕으로 하는 것이기에 그대의 반응에 관계없이 화자는 '그대'를 사랑하는 것이다. 그것은 고통스럽지만 그 고통의 눈 내리는 계절을 지나오면서 이루어 낸 기다림의 자세는 아름답고 즐거운 것이다.

## ▎ 중요 내용 정리

### 01 「즐거운 편지」의 반어적 표현

이 시의 화자는 자신의 사랑을 사소하다고 말하고, 그 사랑이 언젠가는 그칠 것이라 말하고 있는데 이는 화자가 자신의 사랑이 소중하고 계속될 것이라고 말하기 위해 사용한 반어적 표현으로 보아야 한다. '사소함'이나 '사랑의 그침'이라는 시어가 자연 순환의 불변의 진리와 연결되어 '변함없는 사랑'이라는 의미를 획득하기 때문이다. 이것은 이 시를 직설적인 표현으로 바꾸었을 때 해석이 원래의 의미와 같지 않음을 통해 더욱 극명히 드러난다. 다시 말해 이 시의 중심적 표현 기법인 반어법은, 화자 자신의 사랑이 영원할 것이라고 선언할 수 없는, 그러나 그 영원성을 스스로는 믿으며 또한 '그대'도 느낄 수 있기를 바라는 간절한 마음에서 나왔다고 할 수 있다.

### 02 시적 화자의 사랑에 대한 인식

시적 화자는 Ⅰ에서 사랑하는 자신의 마음을 '해가 지고 바람이 부는 일처럼 사소한 일'이라고 한다. 하지만, 이것은 보잘 것 없는 하찮은 일이 아니라, 매일매일 반복되는 자연의 진리처럼 변함없음을 표현한 것이다. 그리고 사랑하는 사람이 한없이 괴로워할 때에는 오랫동안 간직해 온 그 '사소함'으로 그대를 위로한 것이라고 한다. Ⅱ에서 시적 화자는 그런 마음을 '기다림'으로 표현하고 있다. 시적 화자는 자신의 사랑이 눈이 그치듯이 언젠가 그칠 것임을 알고 있다. 하지만, '눈이 그치고 꽃이 피어나고 낙엽이 떨어지고 또 눈이 퍼붓'듯이 자신의 사랑도 기다림으로 변해서 반복될 것이라고 한다.

### 03 황동규의 시 세계

황동규 시의 핵심에는 자아와 현실 사이의 갈등이 도사리고 있으며, 꿈과 이상을 억압하는 현실에 대한 부정이 시적 원동력으로 작용한다. 즉, 그는 현실과의 적절한 거리를 유지한 채 고통스러운 시대를 사는 사람들의 비극적인 아름다움을 시적 주제로 삼아왔다. 「태평가」를 비롯한 「삼남에 내리는 눈」은 이러한 주제를 담고 있으며, 시적 감정을 전달하는 시인의 목소리가 반어적인 울림으로 드러난 경우이다.

후기에 이르러 한층 유연해진 황동규의 어법은 「풍장(風葬)」 연작시에서 삶과 죽음을 하나로 감싸안으며 죽음의 허무를 초극한다. 죽음에 대한 명상으로써 삶의 무게를 덜어 나아가 죽음조차 길들이겠다는 의미의 자유분방한 표현을 담고 있다.

## 기출문제

1. 비평문을 활용하여 다양한 관점에서 작품을 해석하는 수업을 하고자 한다. 수업을 계획할 때 필요한 내용을 〈조건〉에 따라 한 편의 글로 논술하시오. [20점]  <sub>2011년 기출 논술형 2차 4번</sub>

(가)
안 초시의 소위 영결식(永訣式)이 그 딸의 연구소 마당에서 열리었다.

서 참위와 박희완 영감은 술이 거나하게 취해 갔다. 박희완 영감이 무얼 잡혀서 가져왔다는 부의(賻儀)이 원을 서 참위가,

"장례비가 넉넉하지 자네 돈 그 계집애 줄 거 없네."

하고 우선 술집에 들러 거나하게 곱빼기들을 한 것이다.

영결식장에는 제법 반반한 조객들이 모여들었다. 예복을 차리고 온 사람도 두엇 있었다. 모두 고인을 알알 온 것이 아니요, 무용가 안경화를 보아 온 사람들 같았다. 그중에는 고인의 슬픔을 알아 우는 사람인지, 덩달아 기분으로 우는 사람인지 울음을 삼키느라고 끽끽하는 사람도 있었다. 안경화도 제법 눈이 젖어 가지고 신식 상복이라 공단 같은 새까만 양복을 관 앞에 나와 향불을 놓고 절하였다. 그 뒤를 따라 한 이십 명 관 앞에 와 꾸벅거리었다. 그리고 무어라고 지껄이고 나가는 사람도 있었다.

그들의 분향이 거의 끝난 듯하였을 때,

"에헴!"

하고 얼굴이 시뻘건 서 참위도 한마디 없을 수 없다는 듯이 나섰다. 향을 한 움큼이나 집어 놓아 연기가 시커멓게 올려 솟더니 불이 일어났다. 후후 불어 불을 끄고, 수염을 한 쓰다듬고 절을 했다. 그리고 다시,

"헴……."

하더니 조사(弔辭)를 하였다.

"나 서 참윌세. 알겠나? 흥……. 자네 참 호살세. 호사야……. 잘 죽었으니. 자네 살았으믄 이만 호살 해보겠나? 인전 안경다리 고칠 걱정두 없구……. 아무튼지…….

하는데 박희완 영감이 들어서더니,

"이 사람 취했네그려."

하며 서 참위를 밀어냈다.

박희완 영감도 가슴이 답답하였다. 분향을 하고 무슨 소리를 한마디 했으면 속이 후련히 트일 것 같아서 잠깐 멈칫하고 서 있어 보았으나,

"으흐흑……."

하고 울음이 먼저 터져 그만 나오고 말았다.
　　서 참위와 박희완 영감도 묘지까지 나갈 생각이었으나 거기 모인 사람들이 하나도 마음에 들지 않아 도로 술집으로 내려오고 말았다.

- 이태준, 「복덕방」

(나)
　　단편 작가로서의 이태준은 벌써 일가(一家)를 이루었다는 것이 움직이지 않는 세평(世評)이다. 최근의 '복덕방'은 한 사람의 가쾌*를 통하여 생(生)과 사(死)에 대한 어떤 암시를 보여 주고 있다. 만일에 안 초시가 몰락하여 가는 안 초시대로만 있었다면, 그는 가늘고 어두우나마 그의 생명의 길을 좀 더 밟아 갔을 것이다. 이태준의 '우암노인'이라는 작품의 주인공 우암노인이 말년에 아들을 얻은 것으로 말미암아 도리어 사(死)의 공포를 느끼게 되는 것과 일맥상통하는 데가 있다. 인생의 아이러니에 대한 관찰과 해명이다.
\* 집 흥정을 붙이는 일을 직업으로 가진 사람

(다)
　　1
　　내 그대를 생각함은 항상 그대가 앉아 있는 배경에서 해가 지고 바람이 부는 일처럼 사소한 일일 것이나 언젠가 그대가 한없이 괴로움 속을 헤매일 때에 오랫동안 전해오던 그 사소함으로 그대를 불러보리라

　　2
　　진실로 진실로 내가 그대를 사랑하는 까닭은 내 나의 사람을 한없이 잇닿은 그 기다림으로 바꾸어버린 데 있었다. 밤이 들면서 골짜기엔 눈이 퍼붓기 시작했다. 내 사랑도 어디쯤에선 반드시 그칠 것을 믿는다. 다만 그때 내 기다림의 자세를 생각하는 것뿐이다. 그 동안에 눈이 그치고 꽃이 피어나고 낙엽이 떨어지고 또 눈이 퍼붓고 할 것을 믿는다.

- 황동규, 「즐거운 편지」

(라)
　　이 시가 사랑이 고통을 표현하지 않은 것은 아니지만, 그보다는 사랑의 기쁨을 표현한다고 말하고 싶다. 내 첫사랑의 기쁨을 떠올려 보면 정말 그렇다. 친구들은 사랑이 고통을 줄 뿐이라고 하지만 그렇지 않다. 물론 그때는 어느 정도 아프기도 했다. 그러나 누가 뭐라 해도 나는 첫사랑의 추억과 기쁨을 소중하게 생각한다. 그런데 이 시는 개인적인 사랑의 감정만을 표현하지 않아서 더욱 의미가 있다. '밤이 들면서 골짜기엔 눈이 퍼붓기 시작했다.', '낙엽이 떨어지고 또 눈이 퍼붓고 할 것'이라는 구절을 보면 산업화 시대의 암울한 모습 또한 상징한다고 볼 수 있으니 말이다. 산업화 시대의 고통을 표현하여 더 많은 사람들의 공감을 얻고 있는 것이다.

───────〈조건〉───────

(1) '다양한 관점에서 작품 해석하기'의 문학교육적 의의 2가지를 서술할 것
(2) 아이러니(반어)에 초점을 맞추어 (가)와 (다)를 구체적으로 해석할 것. 단, (가)와 (다)에 공통적으로 나타나는 아이러니(반어) 유형을 밝히고, (가)에 대한 해석의 경우 (나)를 활용하여 작품 전체를 대상으로 해석한 내용도 포함할 것
(3) '(다)에 대하여 자신의 관점으로 비평문을 쓰시오.'라는 과제를 수행한 (라)의 문제점 2가지를 지적하고, 이를 개선하기 위한 교사의 지도 내용을 서술할 것

### 예상답안

'다양한 관점에서 작품 해석하기'는 고정되고 편협한 시각에서 벗어나 다양한 해석으로 작품의 의미를 포괄적으로 수용하게 한다. 또 교사 주도의 설명식 수업에서 벗어나 학습자 스스로의 감상 능력을 향상시켜, 학습자의 적극적인 수업 참여를 유도하고 다른 작품을 감상할 때에도 주체적 태도로 적용이 가능하게 한다는 점에서 의의가 있다.

(가)와 (다)에는 언어적 아이러니와 상황적 아이러니 모두 공통적으로 나타난다고 볼 수 있다. (가)에 나타나는 아이러니는 먼저 안 초시의 죽음에 대해 '호사'라고 하여 언어적 아이러니(말의 아이러니)가 나타난다. 또한 제목과 관련지어 복덕방은 복과 덕이 있는 방인데, 실제로는 안 초시의 죽음이 나타나 극적 아이러니(상황적 아이러니)가 나타난다. 안 초시는 안경화로 대표되는 신세대의 무관심으로 경제적 곤란을 겪는다. 그 상황에서 (나)에 나타난 바와 같이 불행을 안고 그대로 살아갔다면 죽음에 이르지는 않았을 것이지만, 그 불행을 극복하고 행복을 얻기 위해 무리수를 두다가 오히려 죽게 되는 모습을 통해 극적 아이러니가 나타난다. 이를 통해 행복하게 살려고 하다가 오히려 죽음에 이르는 '생과 사에 대한 암시'를 엿볼 수 있다.

(다)에 나타나는 아이러니는 자신의 사랑을 '사소한 일, 그 사소함으로'이라고 표현한 언어적 아이러니가 나타난다. 일상적인 것은 늘 사소하다고 생각되지만 그것이 가장 중요하다는 것을 나타내는 것이다. 또 제목인 '즐거운 편지'와 관련지을 때와 시의 담겨 있는 상황, 내용을 보면 기다림의 고난, 사랑의 실패가 나타나므로 극적 아이러니가 나타난다고 볼 수 있다. 사랑이 이루어지지 않지만 생각만으로 기쁘고 즐겁다는 희생적 사랑, 인내하는 사랑의 면모가 나타난다.

(라)에 나타난 문제점은 먼저 (다)의 시의 주제는 '사랑의 간절함', '기다림을 통한 이별의 극복'인데 (라)에서는 이 시가 사랑의 기쁨을 표현했다고 잘못 이해하여 자신의 경험을 적절하게 적용하지 못했다. 이를 교정하기 위해서는 시에 나타난 반어적 표현의 의미를 생각하여 (다)의 시의 의미를 정확하게 파악하도록 지도한다. 둘째, (라)에 나타난 '산업화 시대의 고통'은 자신의 관점도 아니며 또한 그렇게 파악한 내용도 적절하지 않다. 이렇게 파악한 것은 반영론적 관점으로 접근한 것이므로 이를 교정하기 위해서는 작품의 해석을 효과적으로 할 수 있는 구조론이나 표현론의 관점에서 그 의미를 정확하게 파악하도록 지도한다.

### 작품 4  조그만 사랑 노래 (나는 바퀴를 보면 굴리고 싶어진다, 1978년)

어제를 동여맨 편지를 받았다
늘 그대 뒤를 따르던
길 문득 사라지고
길 아닌 것들도 사라지고
여기저기서 어린 날
우리와 놀아주던 돌들이
얼굴을 가리고 박혀 있다
사랑한다 사랑한다, 추위 가득한 저녁 하늘에
찬찬히 깨어진 금들이 보인다
성긴 눈 날린다
땅 어디에 내려앉지 못하고
눈 뜨고 떨며 한없이 떠다니는
몇 송이 눈.

## 핵심정리

▷ **갈래** 자유시, 서정시
▷ **성격** 감상적, 낭만적, 감각적
▷ **표현** ① 구체적 사물에 감정을 이입하여 화자의 정서를 드러냄
② 상실과 소멸의 이미지를 통해 주제 형상화
③ 깨어진 사랑과 추억을 감각적으로 표현
▷ **제재** 눈(이별)

▷ **시적 화자** ① 실연한 화자가 슬픔과 방황을 드러냄
② 1970년대 시대 배경을 통해 억압적 현실에 대한 고뇌와 안타까움을 드러냄
▷ **주제** ① 사랑의 상실로 인한 아픔 – 어제(과거)를 동여맨 편지
② 자유와 정의가 사라진 사회에서의 비극적 인식 – 1970년대 유신시대와 관련

## 이해와 감상

### 1 짜임 분석

- 1~4행 – 과거와 현재의 단절
- 8~9행 – 현실의 아픔에 대한 자각
- 5~7행 – 추억마저 외면하는 암담한 현실 상황
- 10~13행 – 암담한 현실 속 화자의 처지

### 2 감상의 길잡이

이 시는 제목이 의미하듯 일종의 '사랑 노래'로 이루어져 있다. 연시(戀詩)는 대개 실연의 상처를 노래하거나 사랑의 대상에 대한 간절한 그리움을 표현함으로써 임을 떠나보내고 혼자 남은 자의 고독과 상처를 드러내는 특징을 갖는다. 그러나 이 시에서는 누가 떠났고 누가 남았는지 분명하지 않다. 단지 실연이라는 상황에 두 사람 모두 연루되어 있음을 암시할 뿐, '어제를 동여맨 편지'의 구체적인 내용이 무엇인지 밝히지 않고 있다. 그러나 그 편지는 두 사람의 행복했던 어제와 내일을 단절시키는 편지일 것임은 분명하다. 그 어제의 사라짐과 함께, 길과 길 아닌 것, 즉 어제의 모든 것들이 사라진다. 어제의 사라짐은 '어린 날 / 우리와 놀아 주던 돌들이 / 얼굴을 가리고 박혀 있다'는 이미지와 연관된다. '돌'이 어린 날의 어떤 특정한 추억과 관련된다면, '얼굴을 가리고 박혀 있는' 돌의 상태는 분명 그 추억이 더 이상 행복하거나 자랑스러운 것이 아님을 의미한다. '깨어진 금들'은 바로 이러한 깨어진 추억의 상처를 드러내는 것으로, 추억의 그 빈 자리엔 이제 '몇 송이 성긴 눈'만 날릴 뿐이다. '땅 어디에 내려앉지 못하고 / 눈 뜨고 떨며 한없이 떠다니는' 눈은 화자가 아무리 '사랑한다 사랑한다' 외쳐 보아도 결코 실현될 수 없는 비극적 운명임을 확인시켜 줄 뿐이다.

그렇다면, 이 화자가 갖는 그 비극적 운명은 무엇일까? 이 시가 창작된 1970년대 초 암울했던 현실 상황과 관련한다면 '어제를 동여맨 편지'나 '문득 사라진 길'은 지난날 추구해 오던 가치가 억류되었거나 잘못된 방향으로 가고 있음을 의미한다고 볼 수 있다. '추위 가득한 저녁 하늘'로 상징된 사회적 상황을 안타까운 마음으로 바라보는 화자는 바람직한 방향과는 어긋난 방향으로 나아가고 있는 현실을 '얼굴을 가리고 박혀 있는' 돌과 '한없이 떠다니는' 눈송이의 이미지를 통해 보여 주는 것이다. 그러므로 이 '사랑 노래'는 한 개인에게 전하는 것이라기보다는 사회·국가와 같은 공동체를 대상으로 하고 있음을 확인할 수 있다. 그러나 그것이 '조그만 사랑'이 아닌 '큰 사랑'으로 심화, 확산되지 못했다는 안타까움을 느낄 수밖에 없다.

## 중요 내용 정리

### 01 제목이 지니는 중의성
「조그만 사랑 노래」는 '조그마한 사랑의 노래'라는 뜻으로 볼 수도 있고, '조그맣게 사랑을 노래한'의 뜻으로 볼 수 있다. 시적 화자는 이별을 통보받은 상황이지만 사랑의 감정을 포기할 수는 없다. 어떻게든 사랑을 이어갈 길은 없을까 고민하고 있다. 하지만 그런 사랑이 용납되기에는 현실의 상황이 너무 암담하다. 이처럼 현실 상황이 너무도 암담하고, 다시 이루어질 희망도 거의 없기에 시적 화자의 사랑은 '조그만' 것일 수밖에 없다. 그렇게 이렇게 사랑을 조그맣게 만들어 버리는 현실 상황에서는 그러한 사랑을 노래하는 목소리조차 '조그맣게' 될 수밖에 없다.

### 02 '편지'를 받은 시적 화자
그대에게 '어제를 동여맨 편지'를 받은 시적 화자는 '길'을 잃고 방황하고, 추운 저녁 하늘에 '사랑한다'고 외치며 다시금 사랑을 꿈꿔 보지만 아픈 상처를 확인할 뿐이다. 그리고 겨울날 땅에 내려앉지도 못하고 흩날리는 눈을 보며 고독함을 느끼고 있다. 즉, 암담한 사회 현실에 '깨어진 금'과 같은 상처를 받은 시적 화자는 조금이나마 사회에 희망을 품어 보지만, '눈'도 내려앉지 못하는 현실은 긍정적이지 않은 것이다.

## 기출문제

**1.** 시의 심상을 중심으로 하여 (가)와 (나)를 감상하고자 한다. 시 전체의 의미 맥락에서 '눈'의 의미를 비교·해석한 것으로 가장 적절한 것은?

2009년 기출 35번

(가)
어제를 동여맨 편지를 받았다.
늘 그대 뒤를 따르던
길 문득 사라지고
길 아닌 것들도 사라지고
여기저기서 어린 날
우리와 놀아 주던 돌들이
얼굴을 가리고 박혀 있다
사랑한다 사랑한다, 추위 가득한 저녁 하늘에
찬찬히 깨어진 금들이 보인다.
성긴 눈 날린다.
땅 어디에 내려앉지 못하고
눈 뜨고 떨며 한없이 떠다니는
몇 송이 눈
— 황동규, 「조그만 사랑 노래」

(나)
아직 멎지 않은
몇 편의 바람.
저녁 한끼에 내리는
젖은 눈, 혹은 채 내리지 않고
공중에서 녹아 한없이 달려오는
물방울, 그대 문득 손을 펼칠 때
한 바람에서 다른 바람으로 끌려가며
그대를 스치는 물방울.
— 황동규, 「더 조그만 사랑 노래」

① (가)의 '길'의 부재와 연결된 '성긴 눈'의 심상과 (나)의 '바람'에 의지한 '젖은 눈'의 심상은 현재에 대한 불안 의식과 초월 의지를 암시한다는 점에서 공통적이다.
② (가)의 '눈'은 소멸의 심상으로서 냉혹한 현실에 대한 화자의 절망을 보여주지만, (나)의 '눈'은 생성의 심상으로 그러한 현실을 일탈하고자 하는 화자의 의지를 드러낸다.
③ (가)에서 떠다니는 '눈'의 심상이 안주하지 못하는 화자의 의식을 대변한다면, (나)에서 '눈'은 '물방울'의 심상으로 변화됨으로써 '그대'와의 거리를 좁히고자 하는 화자의 소망을 보여준다.
④ (가)에서 '눈'은 유년의 행복한 화해 공간을 지향하는 매개체로 나타나지만, (나)에서 '눈'은 '바람'에 구속된 존재의 심상으로 나타남으로써 화자의 좌절감을 드러낸다.
⑤ (가)와 (나)의 '눈'은 정화를 상징한다는 점에서는 공통적이지만, (가)에서는 새로운 세계에 대한 전망을 보여주는 데 비해, (나)에서는 근원으로의 회귀를 매개하고 있다.

정답 ③

## 작품 5 나는 바퀴를 보면 굴리고 싶어진다. (나는 바퀴를 보면 굴리고 싶어진다, 1978년)

나는 바퀴를 보면 굴리고 싶어진다.
자전거 유모차 리어카아의 바퀴
마차의 바퀴
굴러가는 바퀴도 굴리고 싶어진다.
가쁜 언덕길을 오를 때
자동차 바퀴도 굴리고 싶어진다.

길 속에 모든 것이 안 보이고
보인다, 망가뜨리고 싶은 어린 날도 안 보이고
보이고, 서로 다른 새떼 지저귀던 앞뒤 숲이
보이고 안 보인다, 숨찬 공화국이 안 보이고
보인다, 굴리고 싶어진다, 노점에 쌓여 있는 귤,
옹기점에 엎어져 있는 항아리, 둥그렇게 누워 있는 사람들,
모든 것 떨어지기 전에 한 번은 날으는 길 위로.

## 핵심정리

▷ **갈래** 자유시, 서정시
▷ **성격** 암시적, 상징적, 주지적, 사회비판적
▷ **제재** 바퀴
▷ **주제** 정체된 현실을 변화시키고 싶은 소망

▷ **표현** ① 반복법, 상징법
  ② 사물을 통해 주제 의식을 상징적으로 묘사

## 이해와 감상

### 1 짜임 분석
- 1연 – 굴리고 싶은 마음
- 2연 – 정체된 모든 것을 굴리고 싶은 마음

### 2 작품감상의 구조

| 구성 요소 | 구성 요소의 파악 | 그것이 지닌 의미·효과 | 주제와의 관련성 |
|---|---|---|---|
| 내용 요소 | ① 제재 | 지적 고뇌를 굴러가지 못하는 바퀴로 설정하여 주제를 드러냈다. | 이상을 향한 전진의 의욕 |
| | ② 시적 화자 및 화자의 상황 | 시적 화자는 유신독재 하의 억압적 상황에서 정체와 퇴보로 나아가지 현실을 비판하며 나아가고 싶어하는 마음을 담았다. | |
| 형식 요소 | ① 반복 | '–싶어진다'의 반복적 표현을 통해 운율을 형성한다. | |
| | ② 2연에 나타난 부정 표현 | '안 보이고 보이다'는 부정적 현실과 이에 대한 극복의 전망을 제시했고, '보이고 안보이다'는 긍정적 세계가 존재하다가 사라지는 불안 의식을 표현했다. | |
| 표현 요소 | ① 상징 | '바퀴'라는 사물을 통해 주제 의식을 상징적으로 표현했다. | |
| | ② 반복 | 반복적 표현을 통해 화자의 소망과 의지를 강조했다. | |

### 3 감상의 길잡이

긴급 조치가 발동되던 1970년대 말의 억압적 상황에 대한 지적 고뇌를 굴러가지 못하는 바퀴를 설정하여 상징적으로 변용시키고 있다. 이 작품에는 현실을 비판하는 직설적 언급은 없다. 구태여 찾아보자면 2연 4행에 '숨찬 공화국'이란 표현 정도가 암묵적으로 억압된 현실을 지시하고 있다. 그것도 화자는 '보이고 / 안하고 있'라는 말의 변주를 통해 마치 바위 속에 자신의 진실을 숨겨 놓은 듯이 말한다. 2연의 진술은 ',(쉼표)'에 의해 숨바꼭질하듯이 전개되는데 문맥의 이해에는 별다른 무리가 없다. 이 시의 1연에 등장하는 언덕을 올라가는 숨찬 자동차가 2연에서는 숨찬 공화국으로 변용된 다음의 시적 진술에 주목할 필요가 있다. '노점에 쌓여 있는 귤', '옹기점에 엎어져 있는 항아리', '둥그렇게 누워 있는 사람들' 등의 등장이 우연이 아니라는 것이다. 귤과 항아리와 사람들을 모두 둥근 것으로 표현하고, 그들이 자기의 길을 가도록 굴리고 싶다는 것이 시인의 진술이다. 그런데 '모든 것 떨어지기 전에 한 번은 날으는 길'이란 표현에 주목해 볼 때 '귤'이 날아가는 돌로 '사람들'은 억압된 정체를 밀고 나갈 동적 에너지를 가진 혁명적 전위로도 읽힐 수 있다는 것이다. 다시 돌아가 보면 1연에서 '굴러가는 바퀴도 굴리고 싶어진다'라고 했을 때 그것은 2연의 '망가뜨리고 싶은 어린 날'과 결합되어 제대로 굴러가고 있지 못하는 역사적 흐름의 왜곡을 지적한다고 말할 수 있을 것이다.

이 시는 '정체되어 있는 상태'에 대한 시인의 각성에서 출발하고 있다. 삶의 진실성을 '바퀴'라는 일상적 소재를 상징적으로 형상화하여 시대적인 문제 의식도 함께 표출시키고 있다.

바퀴의 본질적인 속성이 굴러가는 것임에 착안하여, 부지런히 굴러가야 할 바퀴처럼 우리 삶의 세계도 당연히 굴러가야 할 것임을 강조하는 시로서 시대적 상황과 아픔이 바탕에 내재되어 있다. 즉, 바퀴는 굴러가야 하는 것이 그 소임이다. 그렇지 않으면 그것은 정체요, 퇴보라고 할 수 있다. '노점에 쌓여 있는 귤, 옹기점에 엎어져 있는 항아리, 둥그렇게 누워 있는 사람들'은 현실에 무기력하게 적응하는 삶의 표상이다. '싶어진다'는 소망형 종결어미를 반복적으로 사용함으로써 시인의 이상주의적 전진 욕구를 드러내고 있다고 볼 수 있다.

## 예상문제

※ (1~3) 다음 작품을 읽고 물음에 답하시오.

(가)
나는 바퀴를 보면 굴리고 싶어진다.
자전거 유모차 리어카아의 바퀴
마차의 바퀴
굴러가는 바퀴도 굴리고 싶어진다.
가쁜 언덕길을 오를 때
자동차 바퀴도 굴리고 싶어진다.

길 속에 모든 것이 안 보이고
보인다, 망가뜨리고 싶은 어린 날도 안 보이고
보이고, ㉠ <u>서로 다른 새떼 지저귀던 앞뒤 숲</u>이
보이고 안 보인다, 숨찬 공화국이 안 보이고
보인다, 굴리고 싶어진다, 노점에 쌓여 있는 귤,
옹기점에 엎어져 있는 항아리, 둥그렇게 누워 있는 사람들,
모든 것 떨어지기 전에 한 번은 날으는 길 위로.

- 황동규,「나는 바퀴를 보면 굴리고 싶어진다」, 『나는 바퀴를 보면 굴리고 싶어진다』(1978)

(나)
너의 노오란 우산깃 아래 서 있으면
아름다움이 세상을 덮으리라던
늙은 러시아 문호의 눈망울이 생각난다
맑은 바람결에 너는 짐짓
네 빛나는 눈썹 두어 개를 떨구기도 하고
누군가 깊게 사랑해 온 사람들을 위해
보도 위에 ㉡ <u>아름다운 연서</u>를 쓰기도 한다
신비로와라 잎사귀마다 적힌
누군가의 옛 추억들 읽어 가고 있노라면
사랑은 우리들의 가슴마저 금빛 추억의 물이 들게 한다
아무도 이 거리에서 다시 절망을 노래할 수 없다
벗은 가지 위 위태하게 곡예를 하는 도롱이집* 몇 개
때로는 세상을 잘못 읽은 누군가가
자기 몫의 도롱이집을 가지 끝에 걸고
다시 이땅 위에 불법으로 들어선다 해도
수천만 황인족의 얼굴 같은 너의
노오란 우산깃 아래 서 있으면
희망 또한 불타는 형상으로 우리 가슴에 적힐 것이다.

- 곽재구,「은행나무」, 『받들어 꽃』(1991)

1. (가)와 (나)에서 각각 현실의 문제점과 그것을 극복할 대안을 각각 가장 구체적으로 제시한 시어를 각각 찾아 제시하시오. [2점]

**예상답안**

| 구분 | 현실 문제를 드러낸 시어 | 극복할 대안의 시어 |
|------|------------------------|---------------------|
| (가) | 숨찬 공화국 | 날으는 길, 바퀴 |
| (나) | 도롱이집 | 노오란 우산깃 |

2. 재제와 주제의 관계를 이해할 때, (가)의 '바퀴'와 (나)의 '은행나무'가 지닌 의미를 빈 칸에 맞게 제시하시오. [2점]

〈보기〉

　(가)의 바퀴는 굴러가는 속성, 변화시키는 속성을 지닌 존재이다. 이를 통해 ( ㉠ ) 현실을 변화시키려는 주제를 잘 드러낸다.
　(나)의 은행나무는 노랗게 물든 것으로 따뜻함과 위안을 주는 존재이다. 이를 통해 부정적 현실 속에서 미래의 ( ㉡ )을 지향하는 주제를 잘 드러낸다.

**예상답안**

㉠ 정체된(부조리한) (정치) 현실
㉡ 희망

3. '비유와 상징을 구분할 수 있다.'는 목표로 교수·학습을 진행할 때, 아래 〈조건〉을 고려하여 물음에 맞게 서술하시오. [5점]

〈조건〉

1. (가)의 ㉠과 (나)의 ㉡에 나타난 표현의 종류 및 개념을 각각 밝힐 것
2. (가)의 ㉠과 (나)의 ㉡의 표현을 구분하는 방법을 3가지 제시하여 서술할 것

**예상답안**

　(가)의 ㉠은 원관념인 '은행잎'을 보조관념인 '아름다운 연서'로 표현한 비유인데, 원관념이 드러나지 않았으므로 환유이다. 환유는 사물을 다른 사물에 빗대어 표현하되, 원관념이 제시되지 않는 비유이다. (나)의 ㉡은 원관념인 '자유가 있는 사회, 하고 싶은 말을 하고 살 수 있는 사회' 등의 원관념을 보조관념인 '서로 다른 새떼 지저귀는 앞뒤 숲'으로 표현한 상징이다. 상징은 어떤 관념적, 추상적인 내용을 구체적 사물을 통해 표현하는 것이다.
　㉠의 환유는 원관념인 '사물'을 보조관념인 '사물'로 표현하지만, ㉡의 상징은 원관념인 '관념, 추상'을 '사물'로 표현한다.
　㉠의 환유는 원관념과 보조관념의 관계가 유사성에 바탕을 두어 가깝고, ㉡의 상징은 유추 관계여서 비유보다 거리가 멀다.
　㉠의 환유는 원관념과 보조관념의 의미 관계가 1 : 1이고, ㉡의 상징은 원관념과 보조관념의 의미 관계가 대(多) : 1이다.

## ▷ 강은교 姜恩喬

1945 ~
함경남도 흥원 출생

### ▷ 작가의 특징
1. 1968년 ≪사상계≫ 신인 문학상에 「순례의 잠」이 당선되어 등단했다.
2. 삶의 현상과 본질을 변증법적으로 천착했다.
3. 거짓된 삶의 현상 속에서 죽음의 참모습과 무기력한 죽음의 현실 속에서 진실한 삶의 모습을 깨닫고 있다.
4. 새로운 세계로 그의 시 세계를 확대, 심화시켜 나아가면서도 시의 형상성을 단단하게 유지한다.

### ▷ 주요 작품
시집 : 『허무집(虛無集)』(1977), 『빈자일기(貧者日記)』(1977), 『소리집(集)』(1982), 『우리가 물이 되어』(1986), 『바람 노래』(1987), 『오늘도 너를 기다린다』(1989), 『그대는 깊디 깊은 강』(1991), 『벽 속의 편지』(1992) 등

## 작품 1 우리가 물이 되어 (우리가 물이 되어, 1986년)

우리가 물이 되어 만난다면
가문 어느 집에선들 좋아하지 않으랴.
우리가 키 큰 나무와 함께 서서
우르르 우르르 비 오는 소리로 흐른다면.

흐르고 흘러서 저물녘엔
저 혼자 깊어지는 강물에 누워
죽은 나무 뿌리를 적시기도 한다면.
아아, 아직 처녀(處女)인
부끄러운 바다에 닿는다면.

그러나 지금 우리는
불로 만나려 한다.
벌써 숯이 된 뼈 하나가
세상에 불타는 것들을 쓰다듬고 있나니

만 리(萬里) 밖에서 기다리는 그대여
저 불 지난 뒤에
흐르는 물로 만나자.

푸시시 푸시시 불 꺼지는 소리로 말하면서
올 때는 인적(人跡) 그친
넓고 깨끗한 하늘로 오라.

## 핵심정리

- 갈래 자유시, 서정시
- 성격 의지적, 상징적
- 특징 ① 이별의 고통을 뛰어 넘어 만나고 싶은 열망
  ② 만남에 대한 기대를 적극적, 능동적 자세로 노래하였으며, 물과 불의 이미지로 만남을 노래함
- 제재 물의 흐름과 만남
- 주제 ① 순수한 마음으로 만나는 삶
  ② 원시적 생명력과의 만남에 대한 희구

## 이해와 감상

### 1 짜임 분석

- 1~2연 – 물이 되어 만나고 싶은 심정
- 3연 – 물과 불의 대비
- 4~5연 – 불이 지난 뒤의 만남

### 2 작품감상의 구조

| 구성 요소 | 구성 요소의 파악 | 그것이 지닌 의미·효과 | 주제와의 관련성 |
|---|---|---|---|
| 내용 요소 | ① 시적 화자 및 화자의 상황 | 시적 화자는 메마르고 각박한 현대 사회에서 물과 같이 순수한 생명의 세계를 지향하고자 한다. | 순수한 마음으로 만나는 삶, 원시적 생명력과의 만남에 대한 희구 |
| | ② 제재 | 물을 통해 순수하고 맑은 생명의 세계를 드러내었다. | |
| 형식 요소 | ① 변증법적 구조 | 1~2연은 물의 세계, 3연은 불의 세계, 4~5연은 불의 세계를 극복한 물의 세계이며 이를 통해 주제를 효과적으로 드러내었다. | |
| | ② 가정법 | '물이 되어 만난다면'이라는 가정법 문장으로 만남에 대한 소망과 그렇지 못한 것에 대한 극복 의지를 표현하고 있다. | |
| 표현 요소 | ① 대조 | 물과 불의 세계를 대조하여 불의 세계를 극복하고 물의 세계를 지향하려고 한다. | |
| | ② 상징 | ㉠ 물과 불의 상징적 이미지를 통해 형상화하였는데, 일반적으로 물은 '화합, 생성, 정화'를 나타내며, 불은 '갈등, 투쟁, 소멸' 등을 상징한다.<br>㉡ 가문 어느 집, 키 큰 나무, 죽은 나무 뿌리, 숯이 된 뼈 등 다양한 상징이 사용되었다. | |

### 3 감상의 길잡이

이 시는 개성 있는 발상에 의해 '만남'을 노래한 자유시이다. '나'와 '너'를 '우리'로 합일(合—)시킬 수 있는 매체인 물의 현상에 비겨 노래했다. 곧 이 시는 이별의 슬픔이나 고통, 한스러움의 부정적인 상황을 탈피하여 만나고 싶은 열망, 만남에 대한 기대감을 표출하고 있다.

이 시의 구조는 크게 세 부분으로 나눌 수 있다.

① 1~2연에서 우리가 물이 되어 만난다면, 그래서 이 세상의 가뭄을 해소시켜 줄 수 있다면 얼마나 좋겠는가라고 노래한다.

② 3연에서 그러나 지금 우리는 불로 만나려 한다고, 물의 세계와 불의 세계를 대비시키고 있다.

③ 4~5연에는 '만 리 밖에서 기다리는 그대여' 불이 다 지난 다음에 물이 되어서 만나자는 내용이 나온다.

물, 불, 그리고 불을 감싸는 물의 세계, 따라서 보편적인 이미지라고 할 수 있는 '물', '불'이 이 시의 중심이 된다. 이 시에서 '물'은 주체와 객체를 '우리'로 만나게 하는 매체이며, '가뭄'으로 상징되는 기계 문명의 편의성에 물들어 타인과의 교감 없이 메말라 가는 삶의 고독을 해소시켜 주는 역할을 하고 있다. 물이 유동적이면서 서로 완벽하게 하나로 섞일 수 있는 것을 생각해 보면 이해가 될 것이다. 우리가 물로 만나 흐를 때, 비로소 힘을 지니어 현대 사회의 여러 병폐에 찌들어 사라져 버리는 것들에 새 생명을 부여할 수 있다는 말이다.

그러면 불은 무엇인가? 불은 삶의 기본 원리가 되는 물의 이미지와 대비되는 것으로 죽음, 파괴, 파멸 등 바람직하지 않은 삶의 방향을 상징한다. 이제 이 불이 모든 것들을 깨끗하게 태우고 지나간 후에 '넓고 깨끗한 하늘'에서 만나자는 것은 단순한 연인이나 친구가 아닌, 원시적 생명력과의 만남, 합일에의 희구라 할 수 있다.

## ▰ 중요 내용 정리

### 01 가정법을 통한 소망 표출

이 시의 1~2연에는 '~다면'이라는 가정법을 통해 화자의 소망이 집중적으로 나타나 있다. 화자가 이처럼 가정법을 사용하여 자신의 소망을 거듭 밝히는 것은 소망이 그만큼 간절함을 표현하기 위함이다. 그리고 화자의 바람이 그토록 절실한 것은 현실 상황이 그렇지 못한 것에 대한 부정과 강한 극복 의지가 작용하기 때문이다.

### 02 시어의 의미

① 가문 어느 집 : 메마른 현대 사회의 모습
② 키 큰 나무 : 우리의 현실적 문제 상황을 해결해 줄 수 있는 존재
③ 강물 : 삶의 과정, 또는 시간의 흐름 속에서 불순한 것들이 걸러진 생명의 공간
④ 부끄러운 바다 : 비인간적이고 문명적인 것을 떨쳐버린 순수성을 지닌 이상향의 세계
⑤ 넓고 깨끗한 바다 : 삶의 충만함이 존재하는 공간으로 화자가 지향하는 세계

### 03 '물'과 '불'의 대립적 이미지

일반적으로 '물'은 시에서 '생명, 죽음, 정화' 등의 이미지로 사용된다. 이 시에서의 '물'은 1연 '가뭄을 해소해 주는 생명의 원천'의 이미지에서 2연에서 '강물과 바다'로 구체화 되면서, '흐름을 통해 비인간적이고 문명화된 불순물을 다 걸러 내는 마침내는 순수한 존재'로 나타난다.

이 시에서 이러한 '물'과 대립적인 이미지를 지닌 것은 1연의 '가뭄'과 3연의 '불'이다. '가뭄'은 '물', 즉 '생명'이 고갈된 상태를 말하며 '불'은 대결과 파괴, 소멸의 이미지로 제시되어 생명의 파괴를 함축적으로 의미한다. 시적 화자는 세속적 욕망과 타인에 대한 증오, 순수하지 못한 열정은 결국 인간 자신을 파괴하여 결국에 '숯이 된 뼈', 즉 황폐화된 삶을 초래할 것이라고 말하고 있다. 이러한 시인의 인식은 비인간적인 삶과 물질문명에 대한 통찰에서 비롯된 것이라고 할 수 있다.

### 04 작품 속 '현실'의 모습

이 시는 이기주의, 무관심, 물질적 가치에 기울어진 삶을 살아가는 현대 사회의 인간과 인간의 관계가 안고 있는 문제점과 이러한 현실에서 어떤 삶을 살아가야 하는가에 대한 답을 제시하고 있다. 특히 '가뭄'은 삶의 삭막함과 고독감, 기계 문명의 편의성, 이기주의로 메말라 가는 존재의 상황을 상징하는 시어로서, 시인이 바라본 현실의 문제가 무엇인지 파악하는 데 열쇠가 될 수 있다.

### 05 강은교의 시 세계

초기 시는 허무주의를 주요한 모티프로 차용하고 있다. 그러나 이 허무 의식은 단순히 현실 상황의 토대를 외면한 채 개인주의적 주관주의에 함몰되고 있는 것이 아니라, 새로운 삶을 모색하기 위한 정직하고 견고한 디딤돌로 기능하고 있다. 그러다 후기 시는 어둠과 비극적 이미지가 사라지고, 적극적인 현실 속에서 삶에 대한 낙관적인 전망을 강하게 드러낸다. 삶에 대한 내재적 진실성을 민중적 시각에서 추구하고 있다는 점에서 그의 후기 시는 민중시에 접근하고 있다는 평가를 받는다. 그러나 여타의 민중시들이 현실을 당위적인 차원에서 단순히 형상화한 데 반해 그의 시는 이를 관념성과의 적절한 조화를 통해 형상화하고 있다는 점에서 이들과는 뚜렷이 구분되는 특징을 보여 준다.

### 작품 2　일어서라 풀아 (소리집, 1982년)

일어서라 풀아
일어서라 풀아
땅 위 거름이란 거름 다 모아
구름송이 하늘 구름송이들 다 끌어들여
끈질긴 뿌리로 긁힌 얼굴로
빛나라 너희 터지는
목청 어영차
천지에 뿌려라.

이제 부는 바람들
전부 너희 숨소리 지나온 것
이제 꾸는 꿈들
전부 너희 몸에 맺혀 있던 것
저 바다 집채 파도도
너희 이파리 스쳐 왔다.
너희 그림자 만지며 왔다.

일어서라 풀아
일어서라 풀아
이 세상 숨소리 빗물로 쏟아지면
빗물 마시고 흰 눈으로 펑펑 퍼부으면
가슴 한아름
쓰러지는 풀아
영차 어영차
빛나라 너희
죽은 듯 엎드려
실눈 뜨고 있는 것들.

# 핵심정리

▷ **갈래** 자유시, 서정시
▷ **성격** 상징적, 역동적, 의지적
▷ **제재** 풀
▷ **주제** 현실을 이겨 내는 민중의 생명력

▷ **특징** ① 동일한 시어와 시구를 반복적으로 사용하여 리듬감을 형성하고 주제를 강조함
② 자연물을 의인화하여 청자로 등장시킴
③ 명령법을 사용하여 주제를 강렬하게 전달함

## 이해와 감상

### 1 짜임 분석

- 1연 – 민중의 힘을 모아 빛나는 목소리를 천지에 뿌릴 것을 촉구함
- 2연 – 민중이 지닌 희망과 강인함을 환기함
- 3연 – 민중의 끈질긴 생명력과 의지를 촉구함

### 3 감상의 길잡이

이 시는 자연물인 '풀'을 통해 강인한 생명력을 지닌 민중을 상징적으로 형상화하여, 부정적인 현실과 세력으로 인한 고난과 시련을 극복하고 새로운 시대로의 변화와 희망의 주체가 되는 민중을 노래하고 있다.

1연에서는 '일어서라 풀아'라고 명령형의 어조를 반복하여 사용함으로써, 청자를 강하게 독려하며 시작하고 있다. '풀'에게 영양분이 되는 '거름'과 희망이 되는 '구름송이'를 다 끌어 모아서라도 일어서라고 말하고 있다. '풀'의 생명의 근원이자, 어떠한 외부 시련에도 흔들리지 않게 해 주는 '끈질긴 뿌리'로, 시련과 고통을 겪으며 생긴 '굵힌 얼굴'로 부정한 현실에 '어영차'하고 민중의 목소리를 높이라고 주문한다. 2연에서는 변화의 기운을 몰고 오는 '바람'과 미래의 희망인 '꿈', 그리고 변화를 이루어 낼 거대한 힘인 '바다 집채 파도' 모두 '풀'로 비유되는 민중에게서 시작된 것이며, 또한 민중과 계속 함께해 왔음을 말하고 있다. 3연에서는 1연의 '일어서라 풀아'를 다시 반복하며 '빗물'과 '흰 눈'과 같은 시련과 고난을 감내하고 견디며 '죽은 듯 엎드려' 있다가도 '실눈 뜨고' 다시 얼어서 기회를 노리고 있는, 패배하거나 굴복한 것이 아니라 생명력을 잃지 않는 역사 발전의 주체로서의 민중을 그리고 있다.

| |
|---|
| • 땅 위 거름 다 모아 |
| • 하늘 구름송이들 다 끌어들여 |
| • 끈질긴 뿌리로 굵힌 얼굴로 |

| |
|---|
| 일어서라 풀아 |

↑

| |
|---|
| • 쏟아지는 빗물 마시고 |
| • 퍼붓는 흰 눈 가슴으로 안고 |
| • 죽은 듯 엎드려 실눈 뜨고 있는 |

## 중요 내용 정리

### 01 '풀'의 상징성
이 시에서 '풀'은 '힘없는 민중' 또는 '사회적으로 소외된 계층'을 의미한다. 시적 화자는 의인화된 대상인 '풀'에게 일어서라는 명령투의 어조를 사용하여 '풀'이 자신에게 닥친 시련과 고난을 극복하고 다시 일어설 것을 염원하는 마음을 드러내고 있다. 즉, '풀'로 비유된 힘없는 민중들이 강인한 생명력으로 고된 현실을 극복하기를 염원하고 있다.

### 02 '풀'로부터 영향을 받은 존재들
2연에서 '바람', '꿈', '집채 파도'는 모두 '풀'의 숨소리를 지나오거나, '풀'의 몸에 맺혀 있던 것이거나, '풀'의 이파리를 스치고 그림자를 만지며 온 것이라 말하고 있다. 이는 '바람', '꿈', '집채 파도'가 '풀'로부터 받은 영향에 대해 표현하고 있는 것으로 볼 수 있다. '바람'은 외부에서 불어오는 변화의 물결을, '꿈'은 미래에 대한 희망을, '집채 파도'는 온 세상을 뒤덮을 만큼의 커다란 변화를 의미한다고 볼 때, 이러한 모든 것들이 '풀'로 비유되는 민중으로부터 시작된 것이고, 하루 아침에 만들어진 것이 아니라 민중과 쭉 함께해 왔다는 인식을 드러내고 있다고 볼 수 있다.

### 03 '풀'이 일어설 수 있도록 도움이 되는 존재
1연에서 시적 화자는 '풀'을 청자로 설정하여 '일어서라'라고 명령적 청유를 사용하여 말하고 있다. 명령적 청유는 청자에게 행동 지침을 제시하고 의욕을 북돋을 때 발화 형태이다. 따라서 화자는 '풀'에게 "땅 위 거름"을 다 모아서, '하늘 구름송이들'도 다 끌어들여서라도 '일어서라'라고 힘을 북돋아 주고 있는 것이다. '거름'은 식물의 생장을 위해 필요한 영양분을 공급하는 것이므로, '풀'이 일어설 수 있도록 도움을 주는 존재라 할 수 있고, '구름송이'는 하늘에 있는 구름을 의미하므로 미래를 향한 희망을 의미한다고 볼 수 있다. 즉, '풀'이 일어서기 위해서는 지금 많은 힘을 기르는 것도 중요하지만, 미래에 대한 희망 역시 그에 못지않게 중요하다는 것을 이끌어 낼 수 있다.

### 04 시련과 역경의 극복
3연에서 '풀'은 '빗물'이 쏟아지면 빗물을 마시고, '흰 눈'이 펑펑 퍼부으면 눈을 끌어안고 쓰러지는 모습으로 그려지고 있다. 이때 '빗물'과 '흰 눈'은 '풀'을 쓰러뜨리는 외부의 시련과 역경을 의미한다. 이러한 시련과 역경이 닥쳤을 때 힘이 없는 민중들은 적극적으로 저항하고 맞서 싸울 수 없는 경우가 있다. 이러한 경우에도 민중은 부정한 세력에 대한 저항을 아예 포기하거나 순응하면서 사는 것이 아니라, '실눈'을 뜨고 다시 일어날 기회를 엿보며 기다린다. 이는 어려운 현실 속에서도 저항 정신을 잃지 않는 민중의 생명력 넘치는 모습을 형상화하고 있다고 볼 수 있다.

## ▷ 정현종 鄭玄宗
1939 ~
서울 출생

▷ **작가의 특징**
1. 1965년 ≪현대 문학≫에 「화음(和音)」, 「여름과 겨울의 노래」 등이 추천되어 등단하였다.
2. 사물과의 거리와 긴장을 유지하면서 대상을 현상적으로 파악하는 데에 있다.

▷ **주요 작품**
시집: 『사물(事物)의 꿈』(1972), 『떨어져도 튀는 공처럼』(1984), 『사랑할 시간이 많지 않다』(1989), 『세상의 나무들』(1995) 등

### 작품 1　풀잎 (풀잎, 1995년)

아주 뒷날 부는 바람을
나는 알고 있어요.
아주 뒷날 눈비가
어느 집 창틀을 넘나드는 지도
늦도록 잠이 안 와
살(肉) 밖으로 나가 앉는 날이면
어쩌면 그렇게도 어김없이
울며 떠나는 당신들이 보여요
누런 베수건 거머쥐고
닦아도 닦아도 지지 않는 피(血)를 닦으며
아, 하루나 이틀
해 저문 하늘을 우러르다 가네요.
알 수 있어요, 우린
땅 속에 다시 눕지 않아도

### ■ 핵심정리

▷ **갈래** 자유시, 서정시
▷ **성격** 관조적, 철학적
▷ **제재** 풀잎
▷ **주제** 삶의 허무 인식과 성숙한 삶으로의 지향

### 이해와 감상

#### 1 감상의 길잡이
　이 시에서는 「자전」 연작시와 마찬가지로 허무의 그림자를 느낄 수 있다. 화자가 허무와 직접 대면하고 있지 않고 또한, 허무감을 불러일으키는 상황이 실제로 도래한 것이 아닌데도 허무에 젖어 있는 것은, 허무가 존재의 근원이라는 시적 인식에서 말미암은 것이다. 모든 존재는 결국 '아주 뒷날'이 되면 '어김없이' 죽음으로 수렴되고 만다는 것을 미리 체험하는 것이다. 그렇기 때문에 현재와 미래는 동떨어지는 것이 아니고 하나의 흐름 속에 놓인 동일체로 인식된다.

이 시에서 시제(時制)는 특이하다. '아주 뒷날'에 불 바람을 '알고 있다'고 하여, 미래를 현재로 기정사실화한다. 아주 뒷날 불 바람을 미리 안다는 것은 의식 속에서 바람을 선험적(先驗的)으로 인식한다는 말이다. '바람'은 물론 허무의 비유이다. 또 '눈비'도 그렇다. 아주 뒷날 허무의 바람과 눈비가 넘나들 것을 예감하며 깊은 밤 뒤척이며 고뇌하는 화자의 의식을 엿볼 수 있다. 잠이 오지 않아 살(肉) 밖으로 나가 앉는다는 것은 또 무엇일까? 살은 육신이다. 그 육신 밖으로 나가 앉는다는 것은, 육체적 현존에서 떠나 정신적 상념에만 오롯이 머물게 됨을 뜻한다. 그렇게 영혼만으로 뒷날을 예감하면, 의식 속에서 울며 떠나는 삶들의 슬픈 모습이 보인다. 죽음의 장면이다. 인간은 뒷날에 죽게 마련이다. 죽음이 실제로 도래하기 전에 미리 죽음을 예감하고 정신적으로 체험하는 화자의 의식에서, 죽음이라는 한계 상황이 주는 우울한 허무의 그림자에 화자가 깊게 빠져 있음을 보게 된다.

'누런 베수건'도 그런 장례 의식을 떠올리는 것이다. 지난 삶의 흔적(피)을 닦아도 닦아지지 않는 미련과 아픔을 안은 채 죽음을 맞는 서글픈 인간 실존을 미리부터 예감하고 절망에 잠긴다. 짧은 삶(하루나 이틀)이 주는 서글픔은, '해저문 하늘'의 쇠잔함과 소멸 이미지와 맞닿으면서 허무감을 준다. 그렇게 애절한 삶을 뒤로한 채 죽어가는 것이 생명의 한계이다. 그것을 화자는 죽지 않아도 – 땅속에 다시 눕지 않아도 – 예감하고 슬픔에 잠기는 것이다. 생명의 한계야말로 인간에게 허무감을 주는 근본 요인이다.

그러나 허무에의 절망은 단순히 절망만으로 그치는 것은 아니다. 허무를 인식하고 난 뒤에 성숙한 삶으로의 지향도 가능해지는 것이다. 이 시에서는 삶의 본질이 허무라는 인식에 도달하고 있는 정신적 깊이가 보인다.

## 작품 2  모든 순간이 꽃봉오리인 것을 (사랑할 시간이 많지 않다, 1989년)

나는 가끔 후회한다.
그 때 그 일이
노다지였을지도 모르는데…….
그 때 그 사람이
그 때 그 물건이
노다지였을지도 모르는데…….
더 열심히 파고들고
더 열심히 말을 걸고
더 열심히 귀 기울이고
더 열심히 사랑할 걸…….

반벙어리처럼
귀머거리처럼
보내지는 않았는가,
우두커니처럼…….
더 열심히 그 순간을
사랑할 것을…….

모든 순간이 다아
꽃봉오리인 것을,
내 열심에 따라 피어날
꽃봉오리인 것을!

## ■ 핵심정리

▷ 갈래 자유시, 서정시
▷ 성격 반성적, 비유적, 경험적
▷ 제재 꽃봉오리
▷ 주제 지나간 삶에 대한 후회와 깊은 성찰

## ② 작품감상의 구조

| 구성 요소 | 구성 요소의 파악 | 그것이 지닌 의미·효과 | 주제와의 관련성 |
|---|---|---|---|
| 내용 요소 | ① 시적 화자 | 이 시의 시적 화자는 '시인'으로 삶을 되돌아보며 모든 순간이 중요하다는 깨달음을 드러냈다. | 지난 삶에 대한 후회와 성찰 – 삶의 모든 순간이 중요함에 대한 깨달음 |
| | ② 제재 | 꽃봉오리는 소중하고 가치 있는 것, 지금 최선을 다하면 시간이 흐른 뒤에 좋은 결과를 얻을 수 있는 것 등의 의미이며 주제를 잘 드러낸다. | |
| 형식 요소 | ① 반복 | 시어의 반복 및 유사한 통사구조의 반복을 통하여 운율을 형성하고 있으며, 의미를 강조한다. | |
| | ② 나열 | 다양한 시어를 나열하여 운율을 형성하고 의미를 강조한다. | |
| | ③ 생략 | 시어의 생략과 말줄임표를 통해 독자들에게 깊은 여운과 감동을 주고 있다. | |
| 표현 요소 | ① 상징 | '꽃봉오리'나 '노다지'는 상징이며 이를 통해 주제를 잘 드러낸다. | |
| | ② 비유 | '–처럼'이라는 비유를 통해 나의 삶에 대한 후회를 효과적으로 드러낸다. | |

## ③ 감상의 길잡이

　이 시는 열심히 살지 못한 과거의 삶에 대한 후회의 마음을 담은 작품이다. 시 속의 화자는 지나온 삶을 돌이켜 생각하면서, 일을 열심히 하지 않은 것과 사람이나 물건을 소홀하게 대한 소극적인 삶의 자세를 반성하고 있다. 훗날 생각해 보니, 좀 더 애정을 가지고 행했다면 성공적인 결과를 이룰 수 있는 대상들이었기 때문에 더 큰 아쉬움을 느끼는 것이다. 자신의 삶을 진지하게 돌아보면서 모든 순간을 소중히 여기고 열심히 살아가는 것이 바람직한 삶의 자세임을 깨닫게 하는 작품이다.

## ▰ 중요 내용 정리

### 01 '꽃봉오리'의 의미

　'꽃봉오리'는 소중하고 가치 있는 것, 지금 최선을 다하면 시간이 흐른 뒤에 좋은 결과를 얻을 수 있는 것 등의 의미를 지니고 있다. 바람직한 삶의 태도가 무엇인지를 깨닫게 하는 소재이며, 시상이 집중되고 있는 시어이다.

### 02 표현상의 특징

　비유법과 반복법의 사용으로 표현의 효과를 높이고 있으며, 평범하고 쉬운 시어를 사용하여 이해하기 쉽다. 생략법의 사용으로 여운의 효과를 높이고 있다. '–이', '–고', '–데', '–럼', '–을' 등의 규칙적 사용을 통한 각운과, 비슷한 시행의 반복으로 음악적 가락이 느껴진다.

## 김광규 金光圭

1941 ~
시인. 서울 출생

▷ **작가의 특징**
1. 1975년 〈문학과 지성〉에 「영산」, 「유무」 등을 발표하여 등단했다.
2. 대부분 평이한 언어와 명료한 구문(構文)으로 씌여진 일상시(日常詩)이면서도 그 속에 깊은 내용을 담고 있어, 흔히 난해시에 식상한 독자와의 통교(通交)를 회복시킨 시인으로 평가하고 있다.

▷ **주요 작품**
시집:『우리를 적시는 마지막 꿈』(1979), 『반달곰에게』(1981), 『아니다 그렇지 않다』(1983), 『크낙산의 마음』(1986), 『좀팽이처럼』(1988), 『아니리』(1990), 『물길』(1994) 등

### 작품 1 희미한 옛사랑의 그림자 (우리를 적시는 마지막 꿈, 1979년)

4·19가 나던 해 세밑
우리는 오후 다섯 시에 만나
반갑게 악수를 나누고
불도 없이 차가운 방에 앉아
하얀 입김 뿜으며
열띤 토론을 벌였다
어리석게도 우리는 무엇인가를
정치와는 전혀 관계없는 무엇인가를
위해서 살리라 믿었던 것이다
결론 없는 모임을 끝낸 밤
혜화동 로터리에서 대포를 마시며
사랑과 아르바이트와 병역 문제 때문에
우리는 때 묻지 않은 고민을 했고
아무도 귀 기울이지 않는 노래를
누구도 흉내 낼 수 없는 노래를
저마다 목청껏 불렀다
돈을 받지 않고 부르는 노래는
겨울밤 하늘로 올라가
별똥별이 되어 떨어졌다
그로부터 18년 오랜만에
우리는 모두 무엇인가 되어
혁명이 두려운 기성세대가 되어
넥타이를 매고 다시 모였다
회비를 만 원씩 걷고
처자식들의 안부를 나누고
월급이 얼마인가 서로 물었다
치솟는 물가를 걱정하며

즐겁게 세상을 개탄하고
익숙하게 목소리를 낮추어
떠도는 이야기를 주고받았다
모두가 살기 위해 살고 있었다
아무도 이젠 노래를 부르지 않았다
적잖은 술과 비싼 안주를 남긴 채
우리는 달라진 전화 번호를 적고 헤어졌다
몇이서는 포커를 하러 갔고
몇이서는 춤을 추러 갔고
몇이서는 허전하게 동숭동 길을 걸었다
돌돌 말은 달력을 소중하게 옆에 끼고
오랜 방황 끝에 되돌아온 곳
우리의 옛사랑이 피 흘린 곳에
낯선 건물들 수상하게 들어섰고
플라타너스 가로수들은 여전히 제자리에 서서
아직도 남아 있는 몇 개의 마른 잎 흔들며
우리의 고개를 떨구게 했다
부끄럽지 않은가
부끄럽지 않은가
바람의 속삭임 귓전으로 흘리며
우리는 짐짓 중년기의 건강을 이야기했고
또 한 발짝 깊숙이 늪으로 발을 옮겼다

## ▌핵심정리

▷ **갈래** 자유시, 서정시
▷ **성격** 회고적, 자기 성찰적, 서사적
▷ **제재** 중년의 삶
▷ **주제** 순수와 열정을 잃어버린 중년의 삶에 대한 회한

▷ **표현** ① 일상을 나열하여 현실감을 획득하고 있음
② 과거와 현재의 대비를 통해 주제를 형상화하고 있음
③ 소박한 일상어로 시적 이미지를 형상화하고 있음

## 이해와 감상

### 1 짜임 분석

- 기(1~19행) – 순수와 열정을 간직했던 젊은 시절에 대한 회상
- 서(20~38행) – 18년 지난 후 소시민으로 살아가는 중년의 모습
- 결(39~50행) – 소시민의 삶에 대한 반성

## ② 작품감상의 구조

| 구성 요소 | 구성 요소의 파악 | 그것이 지닌 의미·효과 | 주제와의 관련성 |
|---|---|---|---|
| 내용 요소 | ① 시적 화자 | 젊은 시절 4·19를 겪은 중년의 남성인 시적 화자가 18년이 지나 기성세대가 되어 옛날의 순수함을 잃어버리고, 옛날 혁명을 꿈꾸던 그 시절을 그리워 한다. | 순수했던 젊은 시절에 대한 회상과 소시민으로 살아가는 삶에 대한 부끄러움과 서글픔 |
|  | ② 소시민의 일상 | 소시민의 일상을 그대로 나열하여 현실감을 획득 |  |
|  | ③ 시대 배경 | 1960년에 4·19 혁명이 일어났지만, 완전한 혁명이 되지 못하고, 유신 독재가 1970년대 말까지 이어지는데, 이러한 긴 시간을 배경으로 하여 4·19에 참여했던 청년이 18년이 지난 오늘날 소시민이 되어 있는 모습을 보여준다. |  |
| 형식 요소 | ① 기-서-결 | 시 전체가 기(1~19행) - 서(20~37행) - 결(38~끝)의 구조 속에서 내용을 전개하고 있다. |  |
|  | ② 시어 | 평범한 일상어를 사용하여 쉽게 전달되고 내용이 생동감이 있게 느껴지게 한다. |  |
| 표현 요소 | ① 대조 | ㉠ 과거의 모습과 현재의 모습을 대비하여 표현하여 주제를 효과적으로 드러내었다.<br>㉡ '노래'와 '이야기'를 대조적으로 제시하여 젊은 날의 삶과 오늘의 삶을 대조하여 제시하였다. |  |
|  | ② 상징 - 플라타너스, 가로수 | 시간의 흐름에도 변하지 않는 존재이며, 이 시에서 나에게 부끄러움을 느끼게 하고 이 시를 쓰게 한 매개이다. |  |

## ③ 감상의 길잡이

이 시에는 화자가 중심이 된 간단한 줄거리가 담겨 있다. 4·19가 일어나던 무렵, 젊은 혈기와 '때묻지 않은' 순수로 살던 화자는, 20년 가까운 세월이 지난 어느 '세밑', 중년의 '혁명이 두려운 기성세대'가 되어 옛 추억이 서린 곳에서 동창들을 만난다. 그들은 '적잖은 술과 비싼 안주를 남기'고 전화번호가 달라진 만큼, 각 분야에서 어느 정도의 부와 지위를 얻은, 비교적 성공적인 삶을 영위하는 중년이 되어 있다. 월급이 대화의 전부가 되고, 물가가 고민의 주종을 이루는 소시민의 중년이 되어 버린 그들은, '늪'같은 일상적 생활에서 벗어나기 위해 '옛사랑'을 노래하던 젊음을 떠올려 보기도 하지만, 결국은 '포커'나 '춤'으로 대표되는 향락적 세계를 즐길 뿐이다.

그러므로 행여 누가 들을까 두려운 마음으로 '익숙하게 목소리를 낮추어 / 떠도는 이야기를 주고받'는 그들의 모습에서 우리는 서로의 마음을 열지 못한 채, 그저 '살기 위해 살고 있는' 소시민적 생활인의 모습을 발견할 수 있다. 그들에게 순수와 젊음을 반추시켜 주는 것은 더 이상 존재하지 않고, 다만 '플라타너스 가로수'만이 간신히 남아 그들을 반겨 주지만, 그들은 더 이상 '하얀 입김 뿜으며 / 열띤 토론을 벌일' 수 없는 자신들을 확인할 뿐이다. '부끄럽지 않은가 / 부끄럽지 않은가'라며 꾸짖는 것 같은 바람 소리를 들으면서도 '또 한 발짝 깊숙이 늪으로 발을 옮기'는 화자의 무거운 발자국에서, 우리는 유수 같은 세월 속에 젊음과 열정, 순수와 이상을 잃어버리고 거의 맹목적일 만큼 현실적인 삶을 살아가는 중년의 소시민적 의식 구조를 엿볼 수 있다.

## 중요 내용 정리

### 01 제목의 의미
시의 제목인 '희미한 옛사랑의 그림자'는 예전과 달리 무기력하게 변화된 시적 화자의 삶에 대한 안타까움과 젊은 시절에 대한 그리움을 드러내고 있다. 현실의 부조리에 적극적인 저항을 보였던 예전과 달리, 이제 그러한 현실에 젖어 생활하고 있는 자신들의 모습을 부끄러워하기 때문에 시적 화자와 친구들은 스쳐가는 바람의 속삭임으로도 이내 고개를 떨구고 있다. 그러나 그 부끄러움을 묻어 두고 일상 속으로 걸어가고 마는 소시민의 모습은 그야말로 그들이 과거에 꿈꾸었던 열정과 열망은 모두 뒤로 사라진 '희미한 옛사랑의 그림자'인 것이다.

### 02 시적 화자의 태도
이 시의 시적 화자는 4·19를 체험한 세대로, 중년이 되면서 변해버린 자신의 삶에 대해 반성하는 모습을 보여 준다. 젊은 시절에는 이상과 순수한 열정으로 민족과 나라를 생각하던 모습이었다면, 중년이 된 지금은 철저하게 생활과 타협하며 살아가는 소시민적인 모습이다. '불도 없이 차가운 방에서 열띤 토론을 벌였던' 그들은 18년이 지난 후에는 다시 만나, '처자식의 안부', '월급', '물가' 등 현실적 문제를 가볍게 얘기하고 있다. 젊은 날의 이상과 너무 멀리 떨어져 버린 것을 애써 감추려고 하지만, 서로의 엇갈리는 대화 속에서 부끄러움을 느끼고 고개를 숙인다. 그러한 반성적인 노력도 헛되이 너무나 익숙해진 일상 속으로 말없이, 그리고 더욱 깊숙하게 돌아가는 소시민의 삶을 사실적으로 보여준다.

### 03 '플라타너스'의 의미
동창회에서 가슴이 텅 비어 버린 것 같은 느낌을 받은 몇몇 사람은 오래 전에 그들이 자유를 외치며 혁명을 부르짖던 동숭동(대학로) 거리를 걷는다. 이미 거리의 모습은 자신들처럼 바뀌었고 낯선 건물들만 줄지어 있지만, 여전히 '플라타너스'는 변하지 않은 채 서 있다. 시적 화자는 '겨우 남아 있는 듯한 몇 개의 마른 잎'을 흔들며 과거의 기억을 희미하게 되살려 주는 플라타너스를 통해 부끄러움과 죄책감을 느끼게 된다. 즉, 이 시에서 '플라타너스'는 시적 화자에게 예전의 기억을 떠올리게 하고, 시대의 흐름에 무기력하게 변해 버린 자신을 되돌아보게 하는 매체인 것이다.

### 04 '바람의 속삭임'의 역할
시적 화자가 걷고 있는 길은 오래 전에 자신들이 혁명을 노래했던 곳이다. 세월이 흐른 뒤 오랜만에 그 길을 걸으면서 시적 화자는 젊은 시절의 순수와 열정을 잃어버린 채 살고 있는 현재의 삶에 부끄러움을 느낀다. 그 때나 지금이나 제자리에 서 있는 플라타너스의 마른 잎이 흔들리는 소리가 시적 화자에게 이런 부끄러움을 환기시키는 것이다. '바람의 속삭임'은 과거와 현재를 이어주며, 시적 화자에게 반성의 계기를 만들어 준다. 그러나 시적 화자는 이를 외면하고 만다.

## 기출문제

1. "작품에 드러난 사회·문화적 상황과 작품의 창작 동기를 관련지어 이해한다."라는 학습 목표를 성취하기 위한 문학 수업을 준비하고 있는 중이다. (가)에 근거하여 (나)를 감상 지도한다고 할 때, 〈조건〉에 따라 지도 내용을 서술하시오. [8점]

2006년 기출 23번

(가) 감상 지도의 주안점
　　작품의 배경이 되는 사회·문화적 상황은 작가의 창작 동기와 긴밀한 관련이 있다. 이 관련성을 이해하는 것은 작품 감상에 도움이 된다. 그런데 작품의 사회·문화적 상황은 실제의 역사적 현실이라기보다는 예술적 형상화를 통해 재구성된 문학적 현실이다. 이 수업에서는 학습자들이 문학적 현실로부터 사회·문화적 상황과 작가의 창작 동기를 추정하고 상호 관련짓는 활동을 통해 작품 감상에 이르도록 지도한다.

(나)
　　4·19가 나던 해 세밑
　　우리는 오후 다섯 시에 만나
　　반갑게 악수를 나누고
　　불도 없이 차가운 방에 앉아
　　하얀 입김 뿜으며
　　열띤 토론을 벌였다
　　어리석게도 우리는 무엇인가를
　　정치와는 전혀 관계없는 무엇인가를
　　위해서 살리라 믿었던 것이다
　　결론 없는 모임을 끝낸 밤
　　혜화동 로우터리에서 대포를 마시며
　　사랑과 아르바이트와 병역 문제 때문에
　　우리는 때묻지 않은 고민을 했고
　　아무도 귀기울이지 않는 노래를
　　누구도 흉내낼 수 없는 노래를
　　저마다 목청껏 불렀다
　　돈을 받지 않고 부르는 노래는
　　겨울밤 하늘로 올라가
　　별똥별이 되어 떨어졌다
　　그로부터 18년 오랜만에
　　우리는 모두 무엇인가 되어
　　혁명이 두려운 기성세대가 되어
　　넥타이를 매고 다시 모였다
　　회비를 만 원씩 걷고
　　처자식들의 안부를 나누고

　　월급이 얼마인가 서로 물었다
　　치솟는 물가를 걱정하며
　　즐겁게 세상을 개탄하고
　　익숙하게 목소리를 낮추어
　　떠도는 이야기를 주고받았다
　　모두가 살기 위해 살고 있었다
　　아무도 이젠 노래를 부르지 않았다
　　적잖은 술과 비싼 안주를 남긴 채
　　우리는 달라진 전화번호를 적고 헤어졌다
　　몇이서는 포우커를 하러 갔고
　　춤을 추러 갔고
　　몇이서는 허전하게 동숭동 길을 걸었다
　　돌돌 말은 달력을 소중하게 옆에 끼고
　　오랜 방황 끝에 되돌아온 곳
　　우리의 옛사랑이 피 흘린 곳에
　　낯선 건물들 수상하게 들어섰고
　　플라타너스 가로수들은 여전히 제자리에 서서
　　아직도 남아 있는 몇 개의 마른잎 흔들며
　　우리의 고개를 떨구게 했다
　　부끄럽지 않은가
　　부끄럽지 않은가
　　바람의 속삭임 귓전으로 흘리며
　　우리는 짐짓 중년의 건강을 이야기했고
　　또 한 발짝 깊숙이 늪으로 발을 옮겼다

　　　　　　　　- 김광규, 「희미한 옛사랑의 그림자」

―〈조건〉―
(1) 다음의 항목들을 순서대로 포함할 것
 - '이야기'와 '노래'를 단서로 삼아 작품 속 상황을 설명
 - 시어와 관련지어 시적 발상의 계기를 설명
 - 앞의 두 설명으로부터 작품의 창작 동기를 추정
 - 창작 동기와 사회·문화적 상황을 관련지어 제목의 함축적 의미를 해석
(2) 아래의 도입부에 이어서 쓰되, 500~550자로 서술할 것

이 작품은 '4·19 나던 해 세밑'과 그로부터 18년이 지난 어느 해 겨울을 배경으로 하고 있다. 이 작품에서 서정적 주체는 시대 상황을 직접 설명하는 대신 '이야기'와 '노래'라는 단서를 통해

### 출제기관 채점기준

※ 점수 부여
2점 – '이야기①'와 '노래②'의 작품 속 상황이 맞으면 각각 1점
2점 – 시어(①-㉠, ㉡)와 시적 발상(②)이 맞으면 각각 1점
2점 – 두 설명(①-㉠, ㉡)과 창작 동기(②)가 맞으면 각각 1점
2점 – 창작동기 및 사회·문화적 상황(①)과 관련된 제목의 함축적 의미가 맞으면 각각 1점
 (분량은 500자 이상이면 되고, 정해진 칸을 벗어나지 않으면 문제가 없을 것으로 추측함)

### 예상답안

주의 위 (1)의 두 번째 조건의 '시어'가 바로 위 문제와 관련 있는지 그렇지 않은지에 따라 답이 1과 2로 달라질 수 있음

1. (1)의 둘째 '시어'를 바로 위의 '노래'와 '이야기'로 볼 때

 이 작품은 '4·19 나던 해 세밑'과 그로부터 18년이 지난 어느 해 겨울을 배경으로 하고 있다. 이 작품에서 서정적 주체는 시대 상황을 직접 설명하는 대신 '이야기'와 '노래'라는 단서를 통해 설명하는데, '노래'를 목청껏 부르는 모습을 통해 ① 혁명을 꿈꾸던 젊은날의 이상과 열정을 말하고, 소리를 낮추어 주고받는 '이야기'를 통해 ② 중년이 되어 소시민적 삶을 살아가는 현재의 모습을 드러낸다.
 '노래'는 음의 높낮이가 있어 내면을 ①-㉠ 마음껏 드러내고 발산할 수 있고, '이야기'는 소리를 낮추어 ①-㉡ 조심스럽게 주고받는 것이므로 이것에서 시적 발상을 얻어 ② 젊은 날의 열정과 오늘날의 현실 순응을 비교하여 드러내었다.
 젊은 날 혁명에 대한 열정을 목청껏 드러내던 ① '노래'가 세월이 흐르면서 변질되어 버리고, 오늘날 중년이 된 소시민들의 목소리 낮춘 '이야기'로 남아있음을 통해 작가는 ② 젊은날의 이상을 잃어버린 소시민의 부끄러움(= 반성 = 자기 비판)을 드러내려고 했다.
 ① 1960년 4·19혁명 이후 자유와 민주에 대한 요구가 드셌지만, 그것이 좌절되고 18년이 지났지만, 시대 상황은 아직도 암담한 겨울인데, 이제는 오히려 혁명을 두려워하는 기성세대가 되어 숨죽이며 살아가는 모습과 그러한 삶에 대한 반성의 측면에서 '희미한 옛사랑의 그림자'는 ② 이미 지나가버린 젊은 시절의 열정과 순수(4·19혁명 당시의 토론의 열기)에 대한 그리움과 자신에 대한 반성(= 비판)을 의미한다.

2. (1)의 둘째 시적 발상의 '시어'를 작품에서 찾아 제시할 때

　　이 작품은 '4·19 나던 해 세밑'과 그로부터 18년이 지난 어느 해 겨울을 배경으로 하고 있다. 이 작품에서 서정적 주체는 시대 상황을 직접 설명하는 대신 '이야기'와 '노래'라는 단서를 통해 설명하는데, '노래'를 목청껏 부르는 모습을 통해 ① 혁명을 꿈꾸던 젊은 날의 이상과 열정을 말하고, 소리를 낮추어 주고받는 '이야기'를 통해 ② 중년이 되어 소시민적 삶을 살아가는 현재의 모습을 드러낸다.

　　화자는 소시민으로 주저앉아 살아가고 있는데, ① 여전히 제자리에 서 있는 '플라타너스 가로수'들의 마른 잎이 ② 화자 내면의 부끄러움과 죄책감을 일깨운 것이 발상의 계기이다.

　　젊은 날 혁명을 꿈꾸던 ①-㉠ '노래'가 변질되어, 오늘날 소시민들의 낮은 '이야기'로 남아 있다는 점과, ①-㉡ 우리는 젊은 날의 꿈과 이상을 잊어버리고 살아가는데 플라타너스 가로수의 잎들은 여전히 제자리에 서 있는 모습을 통해 ② 젊은날의 이상을 잃어버린 소시민의 부끄러움(= 반성 = 자기비판)을 드러내려고 했다.

　　① 1960년 4·19혁명 이후 자유와 민주에 대한 요구가 드셌지만, 그것이 좌절되고 18년이 지났지만, 시대 상황은 아직도 암담한 겨울인데, 이제는 오히려 혁명을 두려워하는 기성세대가 되어 숨죽이며 살아가는 모습과 그러한 삶에 대한 반성의 측면에서 '희미한 옛사랑의 그림자'는 ② 이미 지나가버린 젊은 시절의 열정과 순수(4·19혁명 당시의 토론의 열기)에 대한 그리움과 자신에 대한 반성(= 비판)을 의미한다.

2. (가)와 (나)를 활용하여 "작품 속 인물들의 삶과 생각을 이해하고 평가하면서 자신을 성찰한다."라는 학습 목표를 구현하기 위한 학습 활동을 구안하고자 한다. 〈작성 방법〉에 따라 한 편의 글로 논술하시오. [10점]

2016년 B형 논술형 8번

(가)
　　4·19가 나던 해 세밑
　　우리는 오후 다섯 시에 만나
　　반갑게 악수를 나누고
　　불도 없이 차가운 방에 앉아
　　하얀 입김 뿜으며
　　열띤 토론을 벌였다
　　어리석게도 우리는 무엇인가를
　　정치와는 전혀 관계없는 무엇인가를
　　위해서 살리라 믿었던 것이다
　　결론 없는 모임을 끝낸 밤
　　혜화동 로터리에서 대포를 마시며
　　사랑과 아르바이트와 병역 문제 때문에
　　우리는 때 묻지 않은 고민을 했고
　　아무도 귀 기울이지 않는 노래를
　　누구도 흉내 낼 수 없는 노래를
　　저마다 목청껏 불렀다
　　돈을 받지 않고 부르는 노래는
　　겨울밤 하늘로 올라가
　　별똥별이 되어 떨어졌다
　　그로부터 18년 오랜만에

우리는 모두 무엇인가 되어
혁명이 두려운 기성세대가 되어
넥타이를 매고 다시 모였다
회비를 만 원씩 걷고
처자식들의 안부를 나누고
월급이 얼마인가 서로 물었다
치솟는 물가를 걱정하며
즐겁게 세상을 개탄하고
익숙하게 목소리를 낮추어
떠도는 이야기를 주고받았다
모두가 살기 위해 살고 있었다
아무도 이젠 노래를 부르지 않았다
적잖은 술과 비싼 안주를 남긴 채
우리는 달라진 전화번호를 적고 헤어졌다
몇이서는 포커를 하러 갔고
몇이서는 춤을 추러 갔고
몇이서는 허전하게 동숭동 길을 걸었다
돌돌 말은 달력을 소중하게 옆에 끼고
오랜 방황 끝에 되돌아온 곳
우리의 옛사랑이 피 흘린 곳에
낯선 건물들 수상하게 들어섰고
플라타너스 가로수들은 여전히 제자리에 서서
아직도 남아 있는 몇 개의 마른 잎 흔들며
우리의 고개를 떨구게 했다
부끄럽지 않은가
부끄럽지 않은가
바람의 속삭임 귓전으로 흘리며
우리는 짐짓 중년기의 건강을 이야기했고
또 한 발짝 깊숙이 늪으로 발을 옮겼다

— 김광규, 「희미한 옛사랑의 그림자」

(나)
[이전 줄거리] Y학교 교사인 '석'에게 6·25 발발 이후 소식을 몰랐던 친구 '조운'이 갑자기 나타난다. 개성이 뚜렷하고 자존심이 강한 작가였던 '조운'은 전쟁을 겪으며 성공한 사업가로 변신하여 '석'의 앞에 나타난 것이다. '석'은 '조운'으로부터 그동안 '조운'이 겪었던 일과 그를 따르던 작가 지망생 '미이'에 관한 이야기를 듣게 된다. 부유한 집안의 딸로서 재기발랄했던 '미이'는 항상 검정 넥타이를 매고 다니던 '조운'에게 화려한 무늬의 넥타이를 선물한다. 전쟁 중에 헤어졌던 이들은 전쟁 후 우연히 만나게 되는데, '조운'은 그동안 '미이'의 집안이 몰락한 사정을 알게 되고 그녀를 도와주려 한다.

　나는 미이의 가족을 구해야겠다는 생각이 더욱 간절했네. 그러나 미이와 자주 만나는 사이 처음의 순수했던 생각보다도 야심이 더 앞을 섰다는 것을 고백하네. 술과 계집이 마음대로였던 내 생활이라, 미이에 대해 밖으로 나타나는 태도도 좀 다르다고 미이 자신이 눈치 챘을 것일세.

나는 다방을 하나 차려 줄 것에 생각이 미치었네. 이것이면 내 힘으로 자금 유통이 되고, 미이의 명랑성도 센스도 살릴 수 있고, 수입 면도 문제없다고 생각했네. 이 계획을 말했더니, 처음에는 그럴싸하게 듣고, 얼굴에 희망의 불그레한 홍조까지 떠올리던 미이였으나, 다음 날 5일간의 생각할 여유를 달라는 것이었었네. 더 생각할 여지도 없는 일일 터인데 망설이는 것이 수상쩍었으나, 그러마 하고 나는 동아 극장 옆에 있는 마침 물려주겠다는 다방 하나를 넘겨 맡기로 이야기가 다 되었었네. 그 닷새 되는 날이 오늘이고, 정한 시각에 연락 장소인 다방엘 갔더니, 레지*가 내민 것이 종이 꾸러미였었네. 펴 보고 놀라지 않을 수 없었네. 다른 길과 달라 간호 장교이고 보니, 생활 방편을 위한 것이 아님이 대뜸 짐작이 갔고, 더욱 나의 뒤통수를 때린 것이 검정 넥타이였었네. 그러면 미이가 첫날 다방에서 '사명 운운' 했던 것은 그 길을 말함이었던가? 나는 부끄럽기 짝이 없었네. 검정 넥타이를 들고 나는 비로소 3년 동안 내가 정신적으로 타락의 길을 걷고 있었다는 것을 뼈아프게 느끼었네. 미이가 말하는 그 사명을 찾는 길, 사명을 다하는 일을 나는 사변이라는 외적인 격동 때문에 포기하고 만 것일세. 가장 잘 생각하는 척하던 나는 가장 바보같이 생각했고, 부박하다고 세상을 모른다고 여기었던 미이는 사변에서 키워졌고 굳세어졌고, 올바른 사람이 된 것일세. 이렇게 생각하자 나는 천야만야한 낭떠러지를 굴러 떨어지는 듯했네. 구르면서 걷어잡으려고 한 것이 친구의 구원이었네. 자네를 찾은 것은 이 때문일세······.

조운의 긴 이야기를 듣고 난 석, 여기 올 때까지 그렇게 호기심을 끌었고 기대의 대상이 되었던 그에게는 이젠 아무런 흥미도 가지지 않았다. 더욱이 그의 고민 같은 것은 문제도 아니었다.

석의 뇌와 마음은 강렬한 미이의 인상으로 꽉 차 있었다. 그리고 미이가 조운의 마음에 던져준 충격 이상의 충격을 석도 받지 않을 수 없었다.

안주가 좋아서만이 아니었다. 그 강렬한 배갈*도 석을 취하게 하지 못했다.

역시 마음이 미이로 말미암아 팽팽 차 있었기 때문이었다. 조운의 차로 집에 돌아와서도 석은 큰소리를 탕탕 치거나 울거나 하지 않았다. 얌전하게 자리에 들어가 가족들을 들볶지 않았다.

그의 엄숙한 태도에 가족들은 술을 먹었다고 잔소리를 할 수 없었다. 자리에 누워 그는 생각하였다.

'조운의 말로 조운은 사변의 압력으로 그의 사명을 포기했고, 사변을 통하여 미이는 용감하게 시대적 요구에 응할 수 있는 사람으로 변하다. 그러면 나는?'

눈을 감았다 뜨며 석은 중얼거렸다.

"사명을 포기치도 그것에 충실치도 못하고 말라가는 나는? 나도 사변이 빚어낸 한 타입이라고 할까?"

* 레지 : 다방 종업원
* 배갈 : 고량주. 국술의 일종

– 안수길, 「제3인간형」

―〈작성 방법〉―

○ (가)의 '넥타이'와 (나)의 '검정 넥타이'의 내포적 의미를 포함하여 (가)의 화자와 (나)의 '조운'이 자신의 삶에 대해 성찰하는 내용이 무엇인지 설명할 것

○ (가)의 화자와 (나)의 '조운'의 삶의 태도를 평가하기 위한 학습 활동으로 독서 토의를 하려고 할 때, 설정할 수 있는 토의 주제 1가지를 의문문 형식으로 제시하고 그 이유를 밝힐 것

○ (가)와 (나)를 읽고 학습자가 자신의 삶을 성찰할 수 있게 하는 구체적 학습 활동을 1가지 제시하고 그 이유를 밝힐 것.

○ 서론 1문단, 본론 3문단으로 구성하되, 결론은 생략할 것

## 예상답안

※ 2, 3번째 조건 복수 답안 제시

　문학 작품에는 다양한 인물들의 삶과 생각이 담겨 있다. 그래서 문학을 읽으면 그 사람들을 둘러싼 사회·문화적 배경과 그들이 처한 삶의 환경을 이해할 수 있다. 또, 그 인물들의 행동이나 생각에 대해 나름의 관점으로 평가를 해 볼 수 있다. 이러한 활동은 곧 독자 자신의 삶에 대한 성찰로 이어지고, 내면화를 통해 인간과 세계에 대한 바람직한 태도를 형성할 수 있다.

　(가)의 '넥타이'는 '현실에 얽매어 살아가는 삶, 현실에 안주하는 삶'을 의미하며, 시적 화자는 순수한 젊은 날의 가치와 열정을 잊어버리고 넥타이를 매고 현실에 안주하는 소시민적 태도에 대해 성찰하고 있다. (나)의 '검정 넥타이'는 문학에 대한 자부심과 작가의식을 지닌 채 작가의 길을 걷던 삶을 의미하며, '조운'은 문인의 길을 버리고 세속적 성공을 거둔 상황에서 자신이 과거에 지니고 있던 작가의 사명인 '검정넥타이'의 가치를 잃어버린 점에 대해 성찰하고 있다.

　① (가)의 화자와 (나)의 '조운'의 삶의 태도를 평가하기 위한 토의 주제로 '인물들이 처음 지녔던 의지나 가치를 유지하고 있는가?'로 설정할 수 있다. (가)의 시적 화자는 순수했던 젊은 날의 열정을 상실한 채 소시민이 되어있고, (나)의 '조운'은 전쟁 후 작가의 길을 버리고 세속적 성공에 안주하는 인물이 되어 있기 때문이다. ② (가)의 화자와 (나)의 '조운'의 삶의 태도를 평가하기 위한 토의 주제로 '인물들이 어떻게 변했으며, 변화한 이유가 무엇인가?'로 설정할 수 있다. (가)의 시적 화자는 순수한 열정을 상실한 채 소시민이 되어있는데 그 원인은 현실에 얽매이다 세상에 길들여졌기 때문이고, (나)의 '조운'은 세속적 성공에 안주하는 인물이 되어 있는데, 한국전쟁을 겪으면서 작가의 길을 버렸기 때문이다.

　① (가)와 (나)를 읽고 학습자가 자신의 삶을 성찰할 수 있도록 학습 활동은 '학습자 자신의 삶에서 의지(가치)를 정해놓고 지키지 못한 사례에 대해 발표하기(글(반성문, 감상문)로 쓰기)'를 제시할 수 있다. (가)의 시적 화자와 (나)의 '조운'이 상황의 변화에 따라 처음의 의지를 상실했기 때문에 그 점에 초점을 맞추어 나의 삶을 성찰할 수 있다. ② (가)와 (나)를 읽고 학습자가 자신의 삶을 성찰할 수 있도록 학습 활동은 '학습자 자신이 현재 추구하는 가치는 무엇이고, 그 가치가 흔들릴 때 어떤 대응이 필요한지 발표하기(글로 쓰기)'를 제시할 수 있다. (가)의 시적 화자와 (나)의 '조운'이 상황의 변화에 따라 처음의 의지를 상실했기 때문에 학습자는 그러한 변화의 상황을 미리 알고 그 상황이 되면 어떻게 대응할지 생각하면서 나의 삶에 대해 성찰할 수 있다.

## 작품 2 상행(上行) (반달곰에게, 1981년)

가을 연기 자욱한 저녁 들판으로
상행 열차를 타고 평택을 지나갈 때
흔들리는 차창에서 너는
문득 낯선 얼굴을 발견할지도 모른다.
그것이 너의 모습이라고 생각지 말아 다오.
오징어를 씹으며 화투판을 벌이는
낯익은 얼굴들이 네 곁에 있지 않느냐.
황혼 속에 고함치는 원색의 지붕들과
잠자리처럼 파들거리는 TV 안테나들
흥미 있는 주간지를 보며
고개를 끄덕여 다오.
농약으로 질식한 풀벌레의 울음 같은
심야 방송이 잠든 뒤의 전파 소리 같은
듣기 힘든 소리에 귀 기울이지 말아 다오.
확성기마다 울려 나오는 힘찬 노래와
고속도로를 달려가는 자동차 소리는 얼마나 경쾌하냐.
예부터 인생은 여행에 비유되었으니
맥주나 콜라를 마시며
즐거운 여행을 해 다오.
되도록 생각을 하지 말아 다오.
놀라울 때는 다만 '아!'라고 말해 다오.
보다 긴 말을 하고 싶으면 침묵해 다오.
침묵이 어색할 때는
오랫동안 가문 날씨에 관하여
아르헨티나의 축구 경기에 관하여
성장하는 GNP와 증권 시세에 관하여
이야기해 다오.
너를 위하여
그리고 나를 위하여.

## 핵심정리

▷ **갈래** 자유시, 서정시
▷ **성격** 비판적, 현실 참여적, 반어적
▷ **어조** 냉소적이고 비판 태도가 나타나는 반어적 어조
▷ **제재** 기차의 창을 통해 보이는 풍경
▷ **주제** ① 소외된 농민의 고통에 무관심한 소시민의 속물적 태도에 대한 비판
② 잘못된 근대화 비판

## 이해와 감상

### 1 짜임 분석
- 1~5행 – 일상의 익숙함에서 벗어나 문득 새로이 발견하게 되는 비판 의식
- 6~11행 – 일상의 낯익은 모습들, 근대화의 외면만 바라보는 현실에 대한 비판 의식
- 12~19행 – 부정적 사회 현실에 대해 비판 의식을 갖기를 바람
- 20~29행 – 침묵을 강요하는 사회에 대한 비판 의식의 필요성 강조

### 2 감상의 길잡이
　이 시는 화자가 서울로 올라오는 상행 열차 안에서 바라본 1970년대 우리나라의 모습을 그린 것이다. 1970년대는 외형적으로 경제 성장과 근대화를 이룩했지만, 그것은 겉으로 드러나는 모습일 뿐 진정한 의미의 근대화는 아니다. '황혼 속에 고함치는 원색의 지붕', '잠자리처럼 파들거리는 TV 안테나' 등은 농촌의 발전된 모습을 보여 주는 것 같지만, 실상은 주위 환경과 전혀 조화를 이루지 못하고, 서민들의 삶과 유리되어 있다. 게다가 독재 정권하에서 개인의 사고와 표현의 자유마저 제한되어 있었다. '심야 방송이 잠든 뒤의 전파 소리 같은 듣기 힘든 소리'에는 귀 기울이지 말라는 것은 언론을 통제하던 당시의 현실을 나타내며, '되도록 생각을 하지 말'고, '침묵'하며, '아르헨티나 축구 경기', 'GNP', '증권 시세'와 같은 중요하지 않은 일들에 대해 이야기하라는 것은 개인의 사고와 표현을 제한하는 현실을 나타낸 것이다.
　즉, 화자는 본질적인 문제에 대해 진지한 관심을 갖지 말고 가볍게 인생을 즐기라고 설득하고, 사회에 대해 비판하지 말고 침묵을 지킬 것을 요구하고 있다. 이것은 반어적 표현으로 시적 화자는 자신의 삶에 대한 성찰이나 진실을 알리는 노력 없이 일상에 안주하며 살아가는 소시민의 삶에 대해 비판을 하고 있다. '너를 위하여 / 그리고 나를 위하여'를 통해서 이같은 비판은 작가 자신에게도 향하고 있음을 보여 준다.

## 중요 내용 정리

### 01 반어적 표현
　　이 시는 표면적으로는 소시민적인 삶을 부추기고 있지만 이면에는 이러한 삶에 대한 반성과 비판이 숨어 있는 반어적인 기법이 사용되고 있다. 이 시는 반어적인 어법을 통해서 소시민적으로 살아가는 사람들의 삶에 대한 부정적인 모습들을 선명하게 부각시키는 효과를 주고 있다. 예를 들어 '맥주나 콜라를 마시며 즐거운 여행을 해 다오. 되도록 생각을 하지 말아 다오.'라는 것은 '맥주나 콜라를 마시며 가벼운 여행만 하지 말고, 가능하다면 현실의 문제와 소시민적인 삶을 사는 자신의 모습을 돌아보고 반성해 보는 삶을 살아가 달라.'는 뜻이다.

### 02 차창 밖과 안의 대비
　　서울로 가는 기차 안과 기차 밖의 풍경을 대비시키고 있다. 기차 밖의 모습은 근대화가 가져온 풍요에서 소외된 서민들의 고통스런 현실이다. '농약으로 질식한 풀벌레의 울음'과 '오랫동안 가문 날씨'는 서민들의 고통스런 현실을 함축적으로 보여 준다. 이에 비해 기차 안은 근대화의 혜택을 누리며 풍요롭게 살아가는 사람들의 모습이다. 그들은 그저 화투판을 벌이고, 주간지나 들여다보며, 맥주나 콜라를 즐기고, 겉으로 근대화된 농촌의 모습을 보고 있다. 화자는 겉으로는 농촌이나 서민들의 삶에 관심조차 갖지 말고 편안하고 유쾌하게 살아가라고 말한다. 그러나 그 이면에는 그러한 현실이 권력에 의해 조작된 것이라는 사실조차 깨닫지 못하고 안일하게 쾌락만을 추구하며 속물적으로 살아가는 소시민적인 삶의 태도에 대한 비판이 담겨 있다. 또한 근대화의 모습 또한 껍데기뿐인 허위적인 것으로 보고 있다. 즉, 시적 화자는 서민들의 삶과 동떨어진 근대화에 대한 부정적이고 냉소적인 태도를 보이고 있다.

### 03 시대적 배경
　　차창 밖에 보이는 풍경들은 1970년대의 근대화된 풍경을 보여준다. '원색의 지붕, 파들거리는 TV 안테나' 등에는 근대화를 바라보는 시적 화자의 비판적이고 부정적인 태도가 드러난다. 또한, '듣기 힘든 소리', '침묵' 등에는 언론을 통제하고 개인의 표현의 자유를 통제하던 당시의 현실에 대한 비판적인 시각이 드러난다.

### 04 김광규의 시 세계
　　김광규의 시는 1960년대의 난해하고 현실과 유리된 관념시의 형태를 벗어나, 시적 세계와 현실 세계와의 단절을 메꾸면서 동시에 시의 언어에 살아 움직이는 현실적 생동감을 불어넣게 된다. 이로 말미암아 평이하고 구체적인 체험이 많이 담긴 탄력 있는 시들이 양산되는데, 이로 인해 시 세계와 현실과의 간격은 물론이고 시와 독자 사이의 거리도 많이 좁히게 되었다. 그의 시는 평이한 언어와 명료한 구문으로 씌어진 일상시이면서도 그 속에 깊은 내용을 담고 있어 삶의 허구성을 집요하게 비판하였다는 평가를 받는다.

## 작품 3 젊은 손수 운전자들에게 (크낙산의 마음, 1986년)

네가 벌써 자동차를 갖게 되었으니
친구들이 부러워할 만도 하다.
운전을 배울 때는
어디든지 달려갈 수 있을
네가 대견스러웠다.
면허증은 무엇이나 따 두는 것이
좋다고 나도 여러 번 말했었지.
이제 너는 차를 몰고 달려가는구나.
철 따라 달라지는 가로수를 보지 못하고
길가의 과일 장수나 생선 장수를 보지 못하고
아픈 애기를 업고 뛰어가는 여인을 보지 못하고
교통 순경과 신호등을 살피면서
앞만 보고 달려가는구나.

너의 눈은 빨라지고
너의 마음은 더욱 바빠졌다.
앞으로 기름 값이 또 오르고
매연이 눈앞을 가려도
너는 차를 두고
걸어 다니려 하지 않을 테지.
걷거나 뛰고
버스나 지하철을 타고 다니며
남들이 보내는 젊은 나이를 너는
시속 60km 이상으로 지나가고 있구나.
네가 차를 몰고 달려가는 것을 보면
너무 가볍게 멀어져 가는 것 같아
나의 마음이 무거워진다.

### 핵심정리

▷ **성격** 비판적
▷ **어조** 상대방에게 이야기하는 듯한 목소리
▷ **정서** 소중한 가치를 잃고 살아가는 현실에 안타까움을 느낌
▷ **제재** 손수 운전자, 자동차
▷ **주제** 더불어 사는 삶의 소중함 추구

## 이해와 감상

### 1 짜임 분석
- 1~7행 – 처음 자동차를 갖게 된 너에 대한 대견함
- 8~23행 – 자동차의 편리함과 속도에 빠져 이웃에 무관심한 너의 모습
- 24~26행 – 너의 모습에 대한 우려와 안타까움

### 2 감상의 길잡이

　　이 시는 현대의 물질문명을 표상하는 자동차가 지니는 편리성과 속도감에 길들어져서 이웃에 무관심해지기 쉬운 현대인의 삶에 대한 안타까움과 경각의 메시지를 시각적으로 형상화한 작품이다.

　　이 시에서 '자동차'는 현대 물질 문명의 상징으로 편리함을 추구하며 물질에 얽매어 바쁘게 살아가는 현대인들의 삶을 비판하고 있다. 현대 사회에서 차의 속도감을 즐기는 현대인의 모습을 '이제 너는 차를 몰고 달려가는구나.'로 드러내며 빠른 속도로 인해 '철따라 달라지는 가로수를 보지 못하고', 주위의 풍광을 살피지 못하는 모습에 대한 비판적인 시각을 드러낸다. 아울러 이웃에 대한 관심과 사랑 같은 근원적인 소중한 가치를 잃고 생활하는 인간에 대한 안타까움도 보이고 있다. 즉, '길가의 과일 장수나 생선 장수'의 서민들의 삶이나 '아픈 애기를 업고 뛰어가는 여인'에 대한 동정하는 마음마저 잃어버리고 '교통 순경과 신호등을 살피'느라 소중한 대상인 '가로수, 과일 장수, 생선 장수, 애기를 업은 여인'을 잊고 살아가게 되어 버린 젊은 운전자에 대해 안타까워하고 있는 것이다. 현대 물질문명의 편리함과 속도감에 길들여져 더이상 '걷거나 뛰고 / 버스나 지하철을 타고 다니'는 함께 보내는 삶을 잊은 채 '자동차' 속의 혼자 보내는 삶을 즐기게 된 모습을 통해, 인간이 보다 편리한 생활을 하기 위한 도구에 지나지 않는 물질 문명이 도리어 인간을 지배하고 있는 현실에 대해 경고의 메시지를 전하고자 하는 시인의 의도가 뚜렷하게 드러나 있다.

## ▷ 김지하
金芝河

1941 ~
시인. 목포 출생
본명은 영일

▷ **작가의 특징**
1. 1969년 〈시인〉지를 통해 「황톳길」 등의 5편의 작품을 발표하며 작품 활동을 시작하였다.
2. 1970년대 대표적 반체제 시인으로 하층민의 설움, 핍박받는 민중의 비극적 삶의 체험을 처절하고도 절제된 언어로 표출하면서 격정적 비판으로 형상화했다.
3. 후기 - 개인적인 내면의 독백과 자연에 대한 동화를 나타냈다. (서정주의와 자연적 리듬)
4. 김지하 평론 「자살(自殺)이냐 풍자(諷刺)냐」(1970)
   ① 김수영 시에서 인정하는 내용 : 자기 자신을 희생하여 넋의 생활력이 회복되길 희망한 하나의 강력한 부정의 정신
      → 즉, 참된 시민성의 개화(開花)를 열망한 뜨거운 진보(進步)에의 열망(熱望)
      → 풍자(諷刺) 선택은 옳고 인정함
   ② 김수영 시에서 인정하지 않는 내용
      시적 폭력(暴力) 표현 방법으로 그 방향을 '민중(民衆)'에게만 집중하고 '특수집단'의 악덕(惡德)에는 무관심
5. 김지하 시의 의의 : 김수영의 시대적 한계를 극복한 1970년대의 시인이라는 점이다. (김수영은 시인으로서의 비애(悲哀)는 있었으나, 비애의 최고 형태인 한(恨)으로 승화시키는 못함)

▷ **주요 작품**
시집 : 『황토』(1970), 『타는 목마름으로』(1982), 『애린』(1987), 담시 『오적』(1970)

## 작품 1  황톳길 (황토, 1970년)

황톳길에 선연한
핏자욱 핏자욱 따라
나는 간다 애비야
네가 죽었고
지금은 검고 해만 타는 곳
두 손엔 철삿줄
뜨거운 해가
땀과 눈물과 모밀밭을 태우는
총부리 칼날 아래 더위 속으로
나는 간다 애비야
네가 죽은 곳
부줏머리 갯가에 숭어가 뛸 때
가마니 속에서 네가 죽은 곳

밤마다 오포산에 불이 오를 때
울타리 탱자도 서슬 푸른 속이파리
뻗시디뻗신 성장처럼 억세인
황토에 대낮 빛나던 그날
그날의 만세라도 부르랴
노래라도 부르랴

대숲에 대가 성긴 동그만 화당골
우물마다 십 년마다 피가 솟아도
아아 척박한 식민지에 태어나
총칼 아래 쓰러져간 나의 애비야
어이 죽순에 괴는 물방울
수정처럼 맑은 오월을 모르리 모르리마는

작은 꼬막마저 아사하는
길고 잔인한 여름
하늘도 없는 폭정의 뜨거운 여름이었다
끝끝내
조국의 모든 세월은 황톳길은
우리들의 희망은

낡은 짝배들 햇볕에 바스라진
뻘길을 지나면 다시 모밀밭
희디흰 고랑 너머
청천 드높은 하늘에 갈리던
아아 그날의 만세는 십 년을 지나
철삿줄 파고드는 살결에 숨결 속에
너의 목소리를 느끼며 흐느끼며
나는 간다 애비야
네가 죽은 곳
부줏머리 갯가에 숭어가 뛸 때
가마니 속에서 네가 죽은 곳.

## 핵심정리

▷ **갈래** 자유시, 서정시
▷ **성격** 저항적, 비판적, 비극적
▷ **제재** 황톳길
▷ **주제** 민중의 고난과 멈추지 않는 투쟁의 의지

## 이해와 감상

### 1 짜임 분석
- 1연 – 멈출 수 없는 투쟁의 길
- 3연 – 무력으로 억압받는 투쟁
- 5연 – 멈출 수 없는 투쟁의 길
- 2연 – 투쟁이 성과를 거두던 그 날
- 4연 – 절망적인 조국의 현실

### 2 작품감상의 구조

| 구성 요소 | 구성 요소의 파악 | 그것이 지닌 의미·효과 | 주제와의 관련성 |
|---|---|---|---|
| 내용 요소 | ① 시적 화자 및 화자의 상황 | 참혹한 민중의 삶을 상징하는 '황톳길'에서 권력의 억압에 맞서 좋은 세상을 꿈꾸며 투쟁의 길을 걸었던 아버지의 삶을 아들인 시적 화자도 죽음을 무릅쓰고 그 길을 따라갈 것임을 다짐하고 있다. | 민중의 고난과 멈추지 않는 투쟁의 의지 |
| 형식 요소 | ① 반복 | '나는 간다 애비야'의 반복을 통해 처절하고도 결연한 의지를 드러내었다. | |
| 표현 요소 | ① 상징적 시어 | 상징적 시어를 사용하여 민중의 모순을 표현했다. | |
| | ② 이미지 | 시각적 이미지를 활용하여 시의 정황을 감각적으로 보여 주고 있다. | |

### 3 감상의 길잡이

우리 현대사는 민중들의 수난의 역사라고 할 수 있을 만큼 많은 시련과 고난의 연속이었다. 김지하의 「황톳길」은 민중의 시각에서 본 왜곡된 역사에 대한 깊은 통찰과 뼈저린 분노를 담고 있다.

붉은 흙의 '황톳길'은 척박한 식민지의 땅과 그 땅에서 목숨을 부지하고 살아온 참혹한 민중의 삶을 상징한다. 현대사의 소용돌이에서 민중의 삶은 모든 면에서 피폐할 대로 피폐해졌다. 역사의 주체로서 민중은 현실의 모순을 타파하고 살기 좋은 세상을 만들기 위한 노력을 그치지 않았지만, 이를 원천 봉쇄하려는 권력의 탄압 또한 집요하고도 혹독하게 계속되었다.

'황톳길에 선연한 / 핏자욱'은 민중들의 지난한 투쟁의 자취를, '부줏머리 갯가에 숭어가 뛸 때 / 가마니 속에서' 죽은 애비는 권력의 총칼에 희생된 죄없는 백성을 의미한다. 그러나 계속되는 투쟁과 희생 속에서도 민중이 처한 현실은 조금도 개선될 기미를 보이지 않는다. '지금은 검고 해만 타는' 어둠의 시대이며, 아들인 화자 역시 '두 손엔 철삿줄'이 묶인 채 애비가 간 길을 따라가고 있다.

한때는 역사의 강물이 푸르게 흐르던 희망 가득한 시절도 있었다. 2연에서 보듯 '황토에 대낮 빛나던' 혁명이 아래로부터 백성의 손으로 달성되었던 때이다. 그날의 만세와 노래를 다시 부를 날이 언제일 것인가. 잔혹한 폭정에 백성의 원한이 사무쳐 어떤 징후처럼 '우물마다 십 년마다 피가 솟아도' 총칼을 앞세운 권력의 폭압은 수그러들지 않는다. 이처럼 '작은 꼬막마저 아사하는 / 길고 잔인한 여름'은 조국의 모든 세월과 우리들의 희망을 무모하게 짓밟고 있다.

그러나 '낡은 짝배들 햇볕에 바스라진' 파괴된 생존의 터전을 지나면 '다시 모밀밭'이 있어 삶의 토대는 강인하고도 끈질기게 유지되고 있음을 보게 한다. 청천 하늘에 퍼지던 그 날의 만세 소리는 지금 철삿줄 파고드는 화자의 살결과 숨결 속에 고스란히 살아 있다. 남은 일은 끝까지 이 투쟁을 멈추지 않는 것이다. 죽은 애비가 간 고난의 길을 따라 화자도 '나는 간다 애비야' 흐느끼며 간다. 그 길은 무수한 민중들이 자신을 희생하며 떠나간 길이지만 현실의 부정성과 질곡을 그대로 드러내어 내일의 광명을 처절하게 꿈꾸는 길이기도 하다.

## 중요 내용 정리

### 01 시 발표

「황톳길」은 1969년 ≪시인≫지에 수록된 신인 작품이다. ≪시인≫지는 조태일이 조그만 인쇄소에서 1인 몇 역으로 만들었던 시 잡지이지만 김지하와 같은 이른바 참여 시인들의 작품을 수록함으로써 당시 『창비』이외에는 갈 곳이 마땅치 않던 참여쪽 신인의 문호를 개방한 공적이 있다. 당시에 이 작품을 읽으면서 필자는 그의 어법이 독자적이라는 점에서 우선 호감이 갔으나, 그 내용이 대체로 격앙된 감정의 토로라는 데 불만을 감추기 어려웠다. 특히나 격정적인 웅변조는 눈살을 찌푸릴 만한 것이었다. 그러나 '애비의 죽음'과 그 죽음으로 걸어가는 처열한 정신은 남다른 것으로서 '부줏머리 갯가에 숭어가 뛸 때 가마니 속에서 네가 죽은 곳'이라는 도입부와 마무리 부분의 반복을 통해 내용의 증폭이 이루어지고 있다. 김지하는 시작 노트에서 이렇게 말하고 있다.

'기다리는 이 길고 긴 세월. 기다리는 그가 누구인지도 이젠 잊어버린 이 덧없는 시간의 지속. 때론 그 누군가가 맹폭스럽게도 끝내줘 버리기를 바라는 이 기다림. 이 기다림을 끝낸다는 것. 이제 끝낸다는 일만이 기다림의 모든 것이 되어버렸다. 크게 끝내지 못하는 사람은 작게 끝내겠지. 작게 끝내는 사람은 끝내는 일에도 죽음을 걸어야 한다. 누군가와 헤어진다는 일조차 죽음을 걸지 않고는 힘든 세월. 이 세월에 살고 있다는 일의 역겨움이 작은 죽음으로 하여 아주 없어질 것인지. 없어지지 않는다 해도 나는 부단히 그 누군가와 헤어지고 싶다.' 죽더라도 몇 천 번 죽더라도, 이야기를 작품으로 형상화하기는 결코 쉬운 일이 아니다. 공상적이건 현실적이건 간에 이야기는 언제나 구체적인 표현을 얻어야만 작품이 된다. 김지하는 이야기를 형상화해냈다. 이 작품의 성취도도 높다.

### 02 시적 화자 '나'와 '애비'의 관계

권력의 총칼 아래 죄 없이 죽어간 '애비'의 길, 아직도 '핏자국'이 선연하게 남아 있는 척박한 '황톳길'을 시적 화자는 가고 있다. 시적 화자의 '애비'는 일제 강점기 식민지 시대에 태어나 대숲의 대나무를 베어 만든 죽창으로 저항하고, '우물'을 핏빛으로 물들이면서 '낡은 짝배들 햇볕에 바스라진', '뻘밭'을 희디흰 '모밀밭'으로 바꾸어 놓았고, '그 날의 만세'를 불렀다. 하지만 애비가 죽고 없는 현실, '모밀밭'은 다시 '뜨거운 해'가 태우고 있다. 이에 시적 화자는 애비가 간 '황톳길'을 따라 애비가 갔던 투쟁의 길을 나선 것이다. 그리고 두 손을 묶은 '철삿줄 파고드는 살결에 숨결 속에' 애비가 불렀던 '그 날의 만세'를 다시 부를 수 있기를 기원하고 있다.

### 03 '그 날의 만세'의 의미

'황톳길'은 척박한 식민지의 땅에서 목숨을 부지하며 살아온 시련과 고난, 투쟁의 삶을 상징한다. 역사의 주체로서 민중은 민중이 주인이 되는 세상을 만들기 위해 노력했지만 이를 막으려는 권력의 탄압 또한 집요하게 계속되었다. 2연에서 보듯 '황토에 대낮 빛나던' 혁명이 달성 되었던 때도 있었지만, 조국의 현실은 우리의 작은 희망마저 무모하게 탄압하는 '작은 꼬막마저 아사하는 길고 잔인한 여름', '폭정의 뜨거운 여름'이다. 이에 시적 화자는 '애비'가 갔던 투쟁의 길을 다시 나서고 있다. 민중의 힘이 결집되어 억압하는 세력을 물리치고 개가를 올렸던 '그 날의 만세'를 기억하며 그 시대가 반드시 도래할 것이라 믿고 있기 때문이다.

## 작품 2 타는 목마름으로 (타는 목마름으로, 1982년)

신새벽 뒷골목에
네 이름을 쓴다 민주주의여
내 머리는 너를 잊은 지 오래
내 발길은 너를 잊은 지 너무도 너무도 오래
오직 한 가닥 있어
타는 가슴 속 목마름의 기억이
네 이름을 남 몰래 쓴다 민주주의여

아직 동 트지 않은 뒷골목의 어딘가
발자욱 소리 호르락 소리 문 두드리는 소리
외마디 길고 긴 누군가의 비명 소리
신음 소리 통곡 소리 탄식 소리 그 속에 내 가슴팍 속에
깊이깊이 새겨지는 네 이름 위에
네 이름의 외로운 눈부심 위에
살아오는 삶의 아픔
살아오는 저 푸르른 자유의 추억
되살아오는 끌려가던 벗들의 피묻은 얼굴
떨리는 손 떨리는 가슴
떨리는 치떨리는 노여움으로 나무판자에
백묵으로 서툰 솜씨로
쓴다.

숨죽여 흐느끼며
네 이름을 남 몰래 쓴다.
타는 목마름으로
타는 목마름으로
민주주의여 만세

## 핵심정리

▷ **갈래** 서정시, 참여시
▷ **성격** 서정적, 저항적, 의지적
▷ **표현** 반복법, 상징법
▷ **제재** 민주주의
▷ **특징** ① 대상을 의인화
② 청각적 이미지를 구사하여 상황의 절박성을 표현
▷ **주제** 민주주의에 대한 강한 열망

## 이해와 감상

### 1 짜임 분석
- 1연 – 민주주의에 대한 갈망
- 2연 – 암울한 시대의 억압 및 고통
- 3연 – 민주주의에 대한 염원

### 2 작품감상의 구조

| 구성 요소 | 구성 요소의 파악 | 그것이 지닌 의미·효과 | 주제와의 관련성 |
|---|---|---|---|
| 내용 요소 | ① 시적 화자 및 화자의 상황 | 지식인(지사)인 시적 화자가 1970년대 군사 정권의 암담한 독재 속에서 민주 또는 자유를 애타게 갈망한다. | 민주주의에 대한 열망 |
| | ② 사실주의 | 암담한 독재 현실의 상황을 그대로 드러내면서 현실과 관련된 소재를 사용하여 현장감과 사실성을 느끼게 한다. | |
| 형식 요소 | ① 반복 | '~에 네 이름을 쓴다.'는 구문의 반복을 통해 운율감 형성과 시적 화자의 의지를 표현했다. | |
| | ② 호격 조사를 통한 부름 | 호격 조사를 사용하여 대상을 간절하게 부름으로서 시적 화자의 소망을 강조했다. | |
| 표현 요소 | ① 의인법 | 민주주의나 자유를 '너'로 의인화하여 표현하여 민주주의를 가까운 대상으로 느끼게 한다. | |
| | ② 역설법 | '외로운 눈부심'은 모순어법으로 민주주의를 향한 고통과 희망이 동시에 스며 있는 표현이다. | |
| | ③ 청각적 심상 | 여러 가지 소리의 나열을 통해 당시의 시대 상황을 청각적으로 생생하게 형상화하고 있다. | |
| | ④ 상징적 시어 | '신새벽과 뒷골목' 순수와 자유의 생명이 탄생하는 시간인 새벽과 감추어지고 그늘인 공간인 뒷골목의 의미 구조는 민주주의의 새아침을 기다리는 시적 화자의 신념을 드러내고 있다. | |

### 3 감상의 길잡이

이 시는 1970년대를 온통 수형(受刑) 생활로 보낸 시인이 민주주의에 대한 간절한 염원을 '타는 목마름'으로 노래한 작품이다.

시인은 첫째 연에서 '신새벽'이라는 시간과 '뒷골목'이라는 공간이 갖는 복합적 의미 구조를 통해 화자가 처한 현실을 압축적으로 보여 주고 있다. '신새벽'은 순수와 자유의 생명이 탄생하는 시간이고, '뒷골목'은 그늘지고 어두운 공간을 표상하므로 시인은 암담한 현실 속에서도 민주주의에 대한 꿈을 포기하지 않는다. 여기에 '밤이 깊을수록 새벽이 가깝다'는 역설적 원리를 대입한다면, 박정희 군사 독재 정권의 폭압이 심할수록 조국의 민주주의도 그 속에서 싹을 틔운다는 의미가 될 수 있을 뿐 아니라, 뒷골목 같은 후미진 곳에서만 간신히 행해지는 민주화 투쟁을 보여 줌으로써 현실 상황이 얼마나 폭압적인가 하는 것을 뜻한다고 볼 수도 있다.

둘째 연은 여러 가지 소리의 중첩을 통해 이 시대의 공포와 고통을 날카롭게 드러내고 있다. '발자국 소리'에서부터 '탄식 소리'에 이르기까지 구체적 사건의 서술은 일정 배제되어 있으면서도 그 소리들 사이에 놓여있는 살벌한 상황이 읽는 이의 상상 속에서 생생하게 떠오르도록 해 주고 있다.

화자는 이와 같은 상황에서의 분노와 비통함으로 흐느끼면서 뒷골목의 나무판자에 '민주주의여 만세'라고 쓴다. 뒷골목에서 '숨죽여 흐느끼며', '남몰래 타는 목마름으로', '민주주의 만세'를 쓸 수밖에 없었던 상황을 보여주는 이 구절은 그 어떤 산문적 서술보다 뚜렷하게 당시의 정치적 현실을 증언하고 있으며, 아울러 시대의 아픔을 넘어 '저 푸르른 자유'로 달려가겠다는 비장한 의지를 내포하고 있다.

##  중요 내용 정리

### 01 '외로운 눈부심'의 시적 효과
'외로움'과 '눈부심'은 수식 관계를 이루기에는 의미적으로 거리가 너무 멀다. '외로움'은 현재의 억압과 분노를 느끼게 하는데 반해, '눈부심'은 언젠가 찾아올 민주주의의 찬란함을 의미한다. 이러한 시적 긴장은 역설의 효과를 불러일으킨다.

### 02 김지하와 민주주의
이 시에서 시인은 군사 정권 아래서 압살 당해온 민주주의를 '너'라고 지칭하며 애타게 부르고 있는데, 거기에는 민주주의에 대한 갈망과 절규, 자유를 원하는 신앙적 기다림이 있다. 특히 이 시는 절실하면서도 자칫하면 추상적인 구호의 수준에 그치기 쉬운 민주주의에 대한 열망이라는 생경한 주제를 다루면서도 막연한 구호에 그치지 않고 그것을 시인 자신의 개인적 서정으로 육화(肉化)시켜 표현함으로써 깊은 공감을 이끌어 내고 있다.

### 03 발자국 소리, 호루라기 소리, 비명 소리, 신음 소리, 탄식 소리
자유가 없는 공포와 고통의 시대 상황을 여러 가지 소리의 나열을 통해 당시의 시대 상황을 청각적으로 생생하게 형상화하고 있다. 구체적인 사건의 진술을 하기 보다는 소리의 중첩을 통해 이 소리들 사이에 숨어 있는 무서운 사태를 상상하여 생생하게 떠올릴 수 있게 한다.

### 04 신새벽과 뒷골목
순수와 자유의 생명이 탄생하는 시간인 신새벽과 이것이 감추어지고 그늘진 공간인 뒷골목의 의미 구조는 민주주의의 새아침을 기다리는 시적 화자의 신념을 드러내고 있다.

| 참고 | 참여시의 계보 |
|---|---|
| 1960년대 김수영<br>(시민 민주주의) | 김수영은 소시민적인 자아를 시에 자주 등장시켜 시민 민주주의를 노래하였다. 그의 시들은 자기반성과 자각을 보여 주는데, 자신의 부끄러움을 통해 시민의 자각을 이끌어 내었다. |
| 1970년대 김지하<br>(진정한 민주주의) | 김지하에 이르러 참여시는 민주주의에 대한 본격적인 열망을 표현할 수 있게 되었다. 김지하에 이르러서는 시를 썼다는 이유로 감옥 생활을 감수하게 된다. 그러나 그는 민주주의에 대한 확신이 있었기 때문에 참여시를 쓰는 것에 주저하지 않았다. |
| 1980년대 김남주<br>(혁명적 민주주의) | 김남주는 감옥에서 직설적인 표현의 시를 쓴 시인이다. 그의 시는 보통의 민주주의를 넘어서 혁명적 민주주의 시라고 할 수 있다. 시를 혁명의 도구로 생각하는 그는 민주주의를 그저 외치는 정도의 시에서 벗어나 혁명을 일으켜 민주주의를 도모할 것을 주창한다. |

→ 이들 세 계열의 참여시들은 모두 당대의 사회상과 관련성을 가진다. 김수영의 시는 이승만과 초기 박정히 때의 시라면, 김지하의 시는 폭압적인 독재 정권 아래에서 창작되었다. 김남주의 시는 신군부라는 부정한 권력자들에 대한 직접적인 저항으로서의 의미를 지닌다.

## 예상문제

※ (1~3) 다음 작품을 읽고 물음에 답하시오.

(가)
　산산이 부서진 이름이여!
　허공 중(虛空中)에 헤어진 이름이여!
　불러도 주인 없는 이름이여!
　부르다가 내가 죽을 이름이여!

　심중(心中)에 남아 있는 말 한 마디는
　끝끝내 마저 하지 못하였구나.
　㉠ 사랑하던 그 사람이여!
　사랑하던 그 사람이여!

　붉은 해는 서산(西山) 마루에 걸리었다.
　사슴의 무리도 슬피 운다.
　떨어져 나가 앉은 산(山) 위에서
　나는 그대의 이름을 부르노라.

　설움에 겹도록 부르노라.
　설움에 겹도록 부르노라.
　부르는 소리는 비껴가지만
　하늘과 땅 사이가 너무 넓구나.

　㉡ 선 채로 이 자리에 돌이 되어도
　부르다가 내가 죽을 이름이여!
　사랑하던 그 사람이여!
　사랑하던 그 사람이여!

　　　　　　　- 김소월, 「초혼(招魂)」, 『진달래꽃』(1925)

(나)
　신새벽 뒷골목에
　네 이름을 쓴다 민주주의여
　내 머리는 너를 잊은 지 오래
　내 발길은 너를 잊은 지 너무도 너무도 오래
　오직 한 가닥 있어
　타는 가슴 속 목마름의 기억이
　네 이름을 남 몰래 쓴다 ㉢ 민주주의여

> 아직 동 트지 않은 뒷골목의 어딘가
> 발자욱 소리 호르락 소리 문 두드리는 소리
> 외마디 길고 긴 누군가의 비명 소리
> 신음 소리 통곡 소리 탄식 소리 그 속에 내 가슴팍 속에
> 깊이깊이 새겨지는 네 이름 위에
> 네 이름의 외로운 눈부심 위에
> 살아오는 삶의 아픔
> 살아오는 저 푸르른 자유의 추억
> 되살아오는 끌려가던 벗들의 피묻은 얼굴
> 떨리는 손 떨리는 가슴
> 떨리는 치떨리는 노여움으로 나무판자에
> 백묵으로 서툰 솜씨로
> 쓴다.
>
> 숨죽여 흐느끼며
> 네 이름을 남 몰래 쓴다.
> 타는 목마름으로
> 타는 목마름으로
> 민주주의여 만세
>
> – 김지하, 「타는 목마름으로」, 『타는 목마름으로』(1982)

**1.** (가)의 ⓒ과 가장 유사한 의미를 지닌 부분을 (나)에서 찾아 제시하고, 그 의미를 밝히시오. [2점]

### 예상답안

① 유사한 의미를 지닌 부분: (나) 마지막 연의 '타는 목마름으로 / 타는 목마름으로'
② 의미: 공통적 의미는 대상에 대한 간절한 기다림을 드러냈음

**2.** (가)의 ㉠과 (나)의 ㉢이 지닌 의미의 공통점을 제시한 후 그것이 지닌 의미의 차이점을 3가지 제시하시오. [2점]

### 예상답안

  (가)의 ㉠과 (나)의 ㉢은 모두 시적 화자가 간절히 바라고 사랑하는 대상이며, 당대 민족 현실에서 추구하고 지향해야 할 가치로 볼 수 있다.
  (가)의 ㉠은 다시 회복될 수 없는 절망의 대상이고, (나)의 ㉢은 간절한 노력을 통해 회복할 수 있는 대상이다. 또 (가)의 ㉠은 '사별한 님'과 '잃어버린 조국'의 의미를 지니지만, (나)의 ㉢은 '민주주의' 외의 다른 의미가 없다. 그리고 (가)의 ㉠은 개인적 바람의 대상이지만, (나)의 ㉢은 사회적 요구의 의미를 지닌 대상이다.

3. '시의 형식(표현)을 알고 감상하기'를 목표로 교수·학습할 때, 아래 〈조건〉에 맞게 서술하시오. [5점]

〈조건〉
1. (가)에 나타나는 운율상의 특징을 2가지 밝히고 그것을 주제와 관련지어 설명할 것 (2점)
2. (가)와 (나)에서 주제를 효과적으로 드러내는 공통적인 표현을 3가지 찾고, 각 작품에서 그 효과를 설명할 것 (3점)

### 예상답안

 (가)의 1연과 3연은 3음보, 2연과 5연은 층량 3보격과 2음보(층량 2보격), 그리고 4연은 3음보와 층량 3보격이 나타나, 운율상 1~5연을 'A-B-A-C-B' 구조로 볼 수 있다. (가)는 첫째 이와 같이 유사한 연의 반복을 통해 의미를 강조하고 주제를 효과적으로 드러내며, 둘째 3음보나 층량 3보격의 운율로 남녀의 이별에 관한 주제를 효과적으로 드러내었다.
 (가)와 (나)에는 각각 호격 조사 '여/이여'가 사용되었다. (가)에서는 사별한 님에 대한 간절한 그리움을, (나)에서는 민주주의에 대한 바람을 잘 드러낸다.
 (가)와 (나)에는 단어 또는 통사구조의 반복이 나타난다. (가)에서는 님을 부르는 부분에서 반복을 통해 주제를 잘 드러내고, (나)에서는 매 연마다 단어 또는 통사구조의 반복을 통해 주제를 잘 드러낸다.
 (가)와 (나)에는 단어 또는 문장의 열거가 있다. (가)의 경우 1연에서 열거를 통해 주제를 잘 드러내고, (나)의 경우 '소리'의 열거를 통해 독재 현실의 부조리를 잘 드러낸다.

### 작품 3   서울길 (황토, 1970년)

간다
울지 마라 간다
흰 고개 검은 고개 목마른 고개 넘어
팍팍한 서울길
몸 팔러 간다

언제야 돌아오리란
언제야 웃음으로 화안히
꽃피어 돌아오리란
댕기 풀 안쓰러운 약속도 없이
간다
울지 마라 간다
모질고 모진 세상에 살아도
분꽃이 잊힐까 밀 냄새가 잊힐까
사뭇 사뭇 못 잊을 것을
꿈꾸다 눈물 젖어 돌아올 것을
밤이면 별빛 따라 돌아올 것을

간다
울지 마라 간다
하늘도 시름겨운 목마른 고개 넘어
팍팍한 서울길
몸 팔러 간다.

## ■ 핵심정리

- ▷ **갈래** 자유시, 서정시
- ▷ **성격** 독백적
- ▷ **화자** 정든 고향을 떠나서 도시로 이주해야 하는 상황
- ▷ **시상 전개** 변형된 수미상관
- ▷ **특징** 유사 구조 반복을 통한 운율감 형성
- ▷ **제재** 이촌향도
- ▷ **주제** 생존을 위해 고향을 등지는 농민들의 비애

## 이해와 감상

### 1 짜임 분석

- 1연 – 서울로 가는 시적 화자
- 2연 – 고향을 등지고 가는 시적 화자의 괴로움과 안타까움
- 3연 – 어쩔 수 없이 서울로 가야 하는 상황

### 2 감상의 길잡이

　1960년대 이후 우리 농촌은 왜곡된 경제화 정책과 농촌이 안고 있는 구조적 모순으로 말미암아 서서히 쇠퇴 일로를 걷기 시작하였다. 그로 인한 농민들의 대규모 이농(離農) 현상과 농촌의 공동화(空洞化) 현상은 심각한 사회 문제로 대두하게 되었다. 가족들의 생계를 위해 도시로 몰려간 농민들은 단순히 노동력만을 파는 것을 지나 여인들은 몸을 팔게 되었음은 물론, 결국에는 농촌의 삶 또는 그들의 정신마저 도시에 팔게 되는 비극적 결과를 초래하게 되었다. 그리하여 이 이농 현상은 단순히 농촌만의 문제가 아닌, 전 국민적 관심사로 대두된 동시에 한국인 모두가 고향을 잃어버리게 됨으로써 심각한 고향 상실 의식을 갖게 되었다. 삶의 원형적이고 화해로운 질서로서의 고향 공간은 사라져 버린 대신, 시멘트로 대표되는 획일적이고 비인간적인 도시 문화만이 이 땅에 남게 되었다. 이 시는 바로 이러한 이농 현상과 그로 인한 농촌 문화의 붕괴를 안타까운 눈으로 바라보는 시인의 서글픔을 형상화한 작품이다.

　이 시의 표현은 '간다 / 울지 마라 간다'는 구절의 세 번에 걸친 반복에 초점이 놓여 있다. 이 구절이 작품의 서두, 중간, 결말 부분에 놓여 시상을 개폐시킴은 물론 시상을 응축시키는 기능도 갖고 있다. 몸을 팔기 위해 서울로 가야만 한다는 표현은 그 결연한 의지만큼이나 상대적으로 서글프고 우울한 분위기를 자아냄으로써 비장한 느낌을 전해 주고 있다. 그러므로 이 시의 묘미는 이러한 단호함과 비장함이 한데 맞물려서 서로 밀고 당기는 것에서 시적 긴장이 생겨나는 것이며, 그 긴장의 구도가 세 번씩이나 반복되며 주제를 강화시키고 있다.

　한편, 화자는 서울에서 일용 노동자로서 힘겨운 삶을 살아야 하는 자신의 처지를 '몸 팔러 가는' 상황으로 표현함으로써 더욱 비감스러운 분위기를 조성하는 한편, 수출 주도형의 경제 구조 지탱을 위한 저임금과, 농민들에 대한 정부의 저곡가 정책을 비판하고 있다. 언제 돌아온다는 약속도 할 수 없이, 사랑하는 여인에게 결혼을 맹세할 수도 없이 막막한 심정으로 고향을 떠나 '모질고 모진' 서울로 향해 가는 무거운 발걸음이지만, 결코 고향의 '분꽃'과 '밀냄새'는 잊을 수 없을 것이라는 고백 속에는 화자의 회한과 분노가 짙게 배어 있음을 알 수 있다.

## 중요 내용 정리

### 01 시적 화자의 상황
　　이 시의 화자는 어려운 생활고를 극복하기 위해 서울로 가고 있다. 경제 발달로 인한 급속한 산업화로 농촌이 생활고에 시달리자 서울로 가는 것이다. 그러나 그 서울은 생존을 위해 몸부림치는 사람들이 살아가는 공간으로 화자에게 서울길은 희망적인 길이 아니다. 서울로 떠나는 길에도 화자는 '분꽃', '밀냄새'를 잊지 못할 것이라고 회고하고 있고, 그것으로 미루어 볼 때, 화자가 떠나는 그 길은 다시 돌아올 수 없을 지도 모르는 길이며, 우리의 전통적인 삶을 바꿔놓는 길일 뿐이며, 몸을 파는 극단적인 일을 할 수 밖에 없는 비운의 길이다.

### 02 구성 분석
　　1연과 3연은 변형된 수미상관의 구조를 이루고 있다. 다만 1연의 3행 '흰 고개 검은 고개 목마른 고개 넘어'가 3연의 3행에서는 '하늘도 시름겨운 목마른 고개 넘어'로 바뀌어 변주되고 있을 뿐이다. 특히 각각의 1행, '간다'라는 단도직입적이면서 의지적인 표현이 강하다. 그렇다고 그 표현이 무슨 경쾌하고 강렬한, 혹은 힘찬 의미와 연결되고 있지는 않다. 울분과 슬픔을 모질게 참으며 힘들게 뿌리치는 모습이 담겨있다.

　①1연 : (나는) 힘들고 힘든 생활의 고개를 넘어 팍팍하고 메마른 서울로 몸을 팔러 갈테니 (너는) 울지 말아라.
　②2연 : (나는) 언제 돌아오리라는, 돌아와 너와 댕기풀고 한 평생 살아가리라는 약속도 남기지 못한 채, 떠나 간다. 하지만 서울이라는 모질고 모진 세상에 살아도 분꽃이 잊히겠는가, 밀냄새가 잊히겠는가, 결코 고향을 잊지는 못할 것이다. 잊기는커녕 밤마다 꿈길을 밟아, 눈물젖어 별빛 따라 돌아올 것이다.
　③3연 : (나는) 팍팍한 서울, 몸을 팔러 간다.

## ▷ 이성복
李晟馥

1952 ~
시인. 경북 상주 출생

▷ **작가의 특징**
1. 1977년 ≪문학과 지성≫에 「정든 유곽에서」 등을 발표하면서 등단했다.
2. 개인적 삶을 통해서 얻은 고통스런 진단을 보편적인 삶의 양상으로 확대하면서, 시대적 아픔을 치유하는 단초를 제공하고 있다.

▷ **주요 작품**
  시집 : 『뒹구는 돌은 언제 잠깨는가』(1979), 『남해금산』(1986), 『그 여름의 끝』(1990), 『호랑가시나무의 추억』(1993) 등

## 작품 1  그날 (뒹구는 돌은 언제 잠깨는가, 1980년)

그 날 아버지는 일곱 시 기차를 타고 금촌으로 떠났고
여동생은 아홉 시에 학교로 갔다 그 날 어머니의 낡은
다리는 퉁퉁 부어올랐고 나는 신문사로 가서 하루 종일
노닥거렸다 전방은 무사했고 세상은 완벽했다 없는 것이
없었다 그 날 역전에는 대낮부터 창녀들이 서성거렸고
몇 년 후에 창녀가 될 애들은 집일을 도우거나 어린
동생을 돌보았다 그 날 아버지는 미수금 회수 관계로
사장과 다투었고 여동생은 애인과 함께 음악회에 갔다
그 날 퇴근길에 나는 부츠 신은 멋진 여자를 보았고
사람이 사람을 사랑하면 죽일 수도 있을 거라고 생각했다
그 날 태연한 나무들 위로 날아 오르는 것은 다 새가
아니었다 나는 보았다 잔디밭 잡초 뽑는 여인들이 자기
삶까지 솎아내는 것을, 집 허무는 사내들이 자기 하늘까지
무너뜨리는 것을 나는 보았다 새占치는 노인과 변통(便桶)의
다정함을 그 날 몇 건의 교통사고로 몇 사람이
죽었고 그 날 시내 술집과 여관은 여전히 붐볐지만
아무도 그 날의 신음 소리를 듣지 못했다
모두 병들었는데 아무도 아프지 않았다

## ■ 핵심정리

▷ **갈래** 산문시, 서정시
▷ **성격** 현실 고발적, 비판적
▷ **제재** 가족의 일상사
▷ **주제** 현대 사회와 현실의 부조리

## 이해와 감상

### 1 감상의 길잡이

이성복은 평상인들을 뛰어넘는 특유의 상상력에 의한 자유 연상의 기법으로 등단부터 주목을 받아오고 있는 시인이다. 현실과 직결되며 현재의 불행을 구성하는 온갖 누추한 기억이 연쇄적으로 이어지는 연상은 초현실주의 시를 방불하게 하는 현란한 이미지를 빚어낸다.

이처럼 현실과 밀착된 기억에서부터 창출해내는 비현실적인 이미지는 바로 왜곡된 현실을 고발하는 시적 방법이라는 의미를 갖는다. 그러므로 그의 시는 지극히 개인적인 소재를 가지고도 보편적이고 공적인 차원으로까지 그 의미를 확대시킬 수 있다. 삶의 범주 차원에서 그의 시가 암시하는 것은 모든 사물은 상관적으로 존재할 뿐 아니라, 유일한 핵심은 없다는 점이다.

이 시는 연상의 원리를 특징으로 하는 이성복의 초기 시 대표작이다. 시적 화자의 연상에 의해 그려지는 일상의 소묘는 무감각하게 마비된 병든 삶의 모습을 담담하게 드러내고 있다. 그의 시에서 가족이란 삶의 기본 단위로서 중요한 의미를 갖지만, 이 시에서 보는 것처럼 초기 시에서는 주로 피폐하고 타락한 현실의 초상을 보여 주는 역할을 한다.

가장인 아버지의 움직임에서 출발한 연상 작용은 여동생과 어머니에 이어, '나'에까지 이른다. '하루 종일 노닥거렸다'에서 아버지와 어머니의 고단한 삶에 비해 무기력하게 소일하는 화자 자신의 자괴감을 엿볼 수 있다. 젊은 그가 한가롭게 노닥거리는 행동은 한반도의 분단 현실에 비추어 전방의 무사함을 연상시킬 뿐 아니라, 불안한 휴전 상태가 삶의 조건이 되어 있는 현실은 전방이 무사하기만 하면 세상은 완벽하다는 아이러니를 유발시킨다. 이러한 연상의 고리는 통치의 미비함을 무마하고 체제를 유지하기 위해 전시 상황을 강조하던 당시의 정치 현실에 대한 은밀한 비판을 이루기도 한다. 완벽한 세상이라면 없는 것이 없어야 함에도 불구하고, 뒤이어 나타나는 창녀들에 대한 연상을 통해 화자는, 이 현실이 없어야 할 것조차 있는 부조리의 세상임을 강조한다. 게다가 더욱 섬뜩하게 이어지는 '몇 년 후에 창녀가 될 애들'의 연상은 미래에 대한 비관적인 전망으로까지 연결되는 강한 현실 부정에서 비롯된다. 집일을 돕는 애들의 연상은 가장인 아버지의 피로한 일상으로 다시금 이어지고, 여동생의 데이트에 대한 상상에 이어 '멋진 여자'를 본 기억으로 가 닿는다. 자신의 잘 풀리지 않는 사랑에 대해 골똘히 생각한 끝에 '사람이 사람을 사랑하면 죽일 수도 있을' 것이라는 과격한 상상을 하기도 한다.

'완벽한 세상'에서 태평스럽게 노닥거리는, 그러나 전혀 편하지 않은 '나'의 현실은 '태연한 나무들 위로 날아오르는 것'들이 모두 다 새가 아니라는 생각에 이르며, '잔디밭 잡초 뽑는 여인들이 자기/삶까지 속아내는 것'과 '집 허무는 사내들이 자기 하늘까지/무너뜨리는' 것을 발견기도 하는 등 곤고한 사람들의 삶에 가 닿는다. 그러다가 '새점치는 노인과 변통의/다정함'을 떠올리기도 하고 교통사고로 인해 여러 사람이 죽는 사건을 떠올리기도 하지만, '시내 술집과 여관은 여전히 붐볐'음에도 불구하고 그들은 자신의 향락을 즐기기만 할 뿐, 죽어가는 사람의 신음 소리를 듣지 못한다며 씁쓸해 한다. 결국 화자는 '모두 병들었는데 아무도 아프지 않았다'라는 마지막 시행으로 시상을 마무리하며 자신을 포함한 모든 사람들이 궁핍과 퇴폐의 현실적 삶 속에 살아가는 존재일 뿐 아니라, 이 현실이 얼마나 부조리한 곳인지 역설적으로 보여 주고 있다.

### ■ 중요 내용 정리

#### 01 연상의 기법

이 시에서 연상에 의해 끊임없이 이어지면서 그려지는 일상은 무감각하게 마비된 병든 삶의 모습을 드러낸다. 자신을 포함한 모든 사람은 궁핍과 퇴폐, 연대감의 상실과 소외 속에 살아가는 존재이며 이러한 현실의 부조리를 역설적으로 보여주고 있다.

## 예상문제

### ※ (1~3) 다음 작품을 읽고 물음에 답하시오.

(가)
    그 날 아버지는 일곱 시 기차를 타고 금촌으로 떠났고
여동생은 아홉 시에 학교로 갔다 그 날 어머니의 낡은
다리는 통통 부어올랐고 나는 신문사로 가서 하루 종일
노닥거렸다 전방은 무사했고 세상은 완벽했다 없는 것이
없었다 그 날 ㉠역전에는 대낮부터 창녀들이 서성거렸고
몇 년 후에 창녀가 될 애들은 집일을 도우거나 어린
동생을 돌보았다 그 날 아버지는 미수금 회수 관계로
사장과 다투었고 여동생은 애인과 함께 음악회에 갔다
그 날 퇴근길에 나는 부츠 신은 멋진 여자를 보았고
사람이 사람을 사랑하면 죽일 수도 있을 거라고 생각했다
그 날 태연한 나무들 위로 날아 오르는 것은 다 새가
아니었다 나는 보았다 잔디밭 잡초 뽑는 여인들이 자기
삶까지 솎아내는 것을, 집 허무는 사내들이 자기 하늘까지
무너뜨리는 것을 나는 보았다 새점치는 노인과 변통(便桶)의
다정함을 그 날 몇 건의 교통사고로 몇 사람이
죽었고 그 날 시내 술집과 여관은 여전히 붐볐지만
아무도 그 날의 신음 소리를 듣지 못했다
   ㉮ 모두 병들었는데 아무도 아프지 않았다
                                      - 이성복, 「그날」, 『뒹구는 돌은 언제 깨는가』(1980)

(나) ㉡ 사평역(沙平驛)에서

막차는 좀처럼 오지 않았다.
대합실 밖에는 밤새 송이눈이 쌓이고
흰 보라 수수꽃 눈시린 유리창마다
톱밥난로가 지펴지고 있었다.
그믐처럼 몇은 졸고
몇은 감기에 쿨럭이고
그리웠던 순간들을 생각하며 나는
한 줌의 톱밥을 불빛 속에 던져 주었다.
내면 깊숙이 할 말들은 가득해도
청색의 손바닥을 불빛 속에 적셔 두고
모두들 아무 말도 하지 않았다.
산다는 것이 때론 술에 취한 듯
한 두름의 굴비 한 광주리의 사과를
만지작거리며 귀향하는 기분으로

침묵해야 한다는 것을
　　　모두들 알고 있었다.
　　　오래 앓은 기침 소리와
　　　쓴 약 같은 입술 담배 연기 속에서
　　　싸륵싸륵 눈꽃은 쌓이고
　　　그래 지금은 모두들
　　　ⓒ 눈꽃의 화음에 귀를 적신다.
　　　자정 넘으면
　　　낯설음도 뼈아픔도 다 설원인데
　　　단풍잎 같은 몇 잎의 차창을 달고
　　　밤 열차는 또 어디로 흘러가는지
　　　그리웠던 순간들을 호명하며 나는
　　　한 줌의 눈물을 불빛 속에 던져 주었다
　　　　　　　　　　- 곽재구, 「사평역에서」, 『사평역에서』(1981)

1. 아래 표의 내용에 따라 ㉮와 ㉯에 대해 구체적으로 지도할 내용을 각각 제시하시오. [2점]

| 구분 | (가) 작품의 ㉮ | (나) 작품의 ㉯ |
|---|---|---|
| 과제 | 표현 및 그 의미 | 이미지의 특징 |
| 설명할 내용 | | |

**예상답안**

㉮의 표현은 역설이고, 사회적 모순이나 병폐가 많지만 그것이 밖으로 드러나지 않음을 의미함
㉯는 시각의 청각화로 감각의 전이가 나타나는 공감각적 표현임

2. 시에 나타난 공간의 의미 파악하기를 목표로 교수·학습할 때, (가)의 ㉠과 (나)의 ㉡이 지닌 의미의 공통점과 차이점을 각각 2가지씩 밝히시오. [4점]

**예상답안**

　(가)의 ㉠과 (나)의 ㉡이 지닌 의미의 공통점은 첫째, 자본주의 사회 속에서 소외된 곳이며, 둘째, 서민들의 애환이 있는 곳이라는 점이다.
　(가)의 ㉠과 (나)의 ㉡이 지닌 의미의 차이점은 첫째, ㉠의 경우에는 유곽 등 왜곡된 자본주의 문화가 존재하는 부정적인 장소이고, ㉡의 경우에는 민중들의 연대의식이 있는 긍정적인 장소라는 점, 둘째 ㉠은 도회적 삶의 양상과 관련이 있고, ㉡은 농촌의 삶의 양상과 관련이 있다는 점, 셋째 ㉠은 도회의 여러 장소 중 일부의 의미를 지니지만, ㉡은 그 자체가 중심적 장소이고 중심적 의미를 지닌다는 점을 들 수 있다.

3. (가)와 (나)에서 시적 화자의 현실 인식의 공통점을 밝히고, 현실 대응 방식의 차이점을 서술하시오. [4점]

> **예상답안**
>
> (가)와 (나)의 시적 화자는 암울한 정치 현실 속 억눌려 살아가는 서민들의 다양한 삶을 관찰하여 제시하고 있다. 그러나 (가)는 문제의 현상을 다양하게 보여줌으로서 그러한 문제에 대한 비판 의식만 드러냈지만, (나)는 암담한 정치 현실 속 고달픈 삶의 현실에 연민을 느끼고 그들을 위해 난로에 톱밥을 넣어 도우려고 한다는 점이 다르다.

## 작품 2 꽃피는 시절 (그 여름의 끝, 1990년)

멀리 있어도 나는 당신을 압니다
귀먹고 눈먼 당신은 추운 땅속을 헤매다
누군가의 입가에서 잔잔한 웃음이 되려 하셨지요

부르지 않아도 당신은 옵니다
생각지 않아도, 꿈꾸지 않아도 당신은 옵니다
당신이 올 때면 먼발치 마른 흙더미도 고개를 듭니다

당신은 지금 내 안에 있습니다
당신은 나를 알지 못하고
나를 벗고 싶어 몸부림하지만

내게서 당신이 떠나갈 때면
내 목은 갈라지고 실핏줄 터지고
내 눈, 내 귀, 거덜난 몸뚱이 갈가리 찢어지고

나는 울고 싶고, 웃고 싶고, 토하고 싶고
벌컥벌컥 물 사발 들이켜고 싶고 길길이 날뛰며
절편보다 희고 고운 당신을 잎잎이, 뱉아 낼 테지만

부서지고 무너지며 당신을 보낼 일 아득합니다
굳은 살가죽에 불 댕길 일 막막합니다
불탄 살가죽 뚫고 다시 태어날 일 꿈 같습니다

지금 당신은 내 안에 있지만
나는 당신을 어떻게 보내 드려야 할지 모르겠습니다
조막만 한 손으로 뻣센 내 가슴 쥐어뜯으며 발 구르는 당신

## 핵심정리

- **갈래** 자유시, 서정시
- **성격** 고백적, 예찬적
- **제재** 꽃이 피어나는 과정
- **주제** 꽃의 강인한 생명력

- **특징** ① 의인화한 대상과 대화하는 어조로 표현함
  ② 경어체의 어조를 활용하여 시상을 전개함
  ③ 감각적 묘사를 바탕으로 주제를 형상화함

## 이해와 감상

### 1 감상의 길잡이

이 시는 꽃을 둘러싼 외피(줄기)를 '나'로, '꽃'을 '당신'으로 설정하여 추운 땅속에서 온갖 시련을 겪으며 헤매다 '나'에게 벗어나 하얀 꽃잎으로 피어나는 모습을 비유적으로 형상화하고 있는 작품이다. 이처럼 어려움을 이겨 내는 꽃에 대한 감탄을 바탕으로 꽃의 강인한 생명력을 드러내고 있는 것이다.

꽃을 피워 내기 위해서는 목이 갈라지고 실핏줄이 터지고, 눈, 귀, 몸뚱이 갈가리 찢어지는 시련을 거쳐야 한다. '굳은 살가죽에 불 댕길 일 막막'하고, '불탄 살가죽 뚫고 다시 태어날 일 꿈' 같지만 거쳐야 할 일이다. 이처럼 꽃을 피우기 위해서는 누군가의 고통과 희생이 있을 수밖에 없다는 인식도 함께 드러내고 있다.

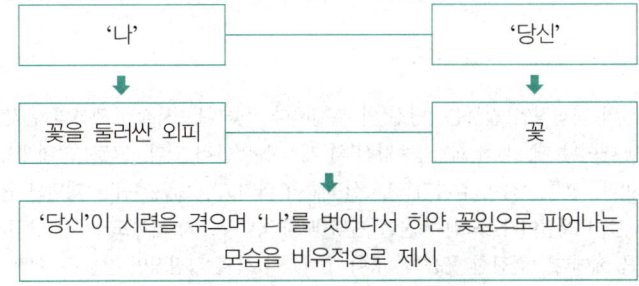

## 중요 내용 정리

### 01 '꽃'을 피우기 위한 통과 의례로서의 고통

이 시에서는 절편보다 희고 고운 '꽃'을 피우기 위해 겪어야 하는 '시련'과 '고통'이 형상화되어 있다. 자연의 섭리에 따라 부르지 않아도, 생각지 않아도, 꿈꾸지 않아도 오는 당신이지만, 당신이 아름다운 꽃으로 거듭나기 위해서는 반드시 거쳐야 할 통과 의례가 있는 것이다. 즉, 이 시에서는 이러한 통과 의례적 시련과 고통을 적극적이면서도 긍정적인 자세로 이겨내는 꽃의 강인한 생명력을 형상화하고 있다고 볼 수 있다.

### 02 경어체의 종결형 사용

이 시의 특징 중 하나는 '~ㅂ니다'와 같은 경어체의 종결 어법을 사용하여 시상을 전개하고 있다는 점이다. 이러한 표현을 통해 분위기를 차분하고 경건하게 만들고 있으며, '당신'이 꽃잎으로 피어나는 과정을 경외롭게 바라보는 시인의 시선을 드러내는 데 기여하고 있다.

| 경어체의 종결 어법 |  | • 차분하고 경건한 분위기 형성<br>• 꽃이 피어나는 과정에 대한 작가의 경이로움 표현 |
|---|---|---|

### 03 직접적인 갈등의 원인, '당신'의 부재

이 시에서의 직접적인 갈등은 '당신'의 부재이다. '꽃피는 시절', 세상의 온갖 것들이 새로운 것으로 다시 태어날 때, 시적 화자는 '당신'의 계절에 머물러 있다. 그것은 '내게서 당신이 떠나갈 때'의 계절이다. 고통, '목이 갈라지고', '실핏줄이 터지고', '눈', '귀', '거덜난 몸뚱이'가 갈가리 찢어지는 고통의 계절이다. 오랜 겨울을 견뎌낸 시간, '부르지 않아도 오는' 당신처럼 봄은 온다. '추운 땅속을 헤매다' '잔잔한 웃음이 되'어 온다. 이 시의 직접적인 갈등은 '부르지 않아도' 오는 '당신'으로 객관화되는 봄, 즉 '꽃피는 시절'이다. 받아들일 수 없음, 받아들일 수밖에 없음의 시절, 아직 '당신'을 보내지 못하고 있는 시적 화자에게 (그래서 당신을 안에 품고 있는) 또 다른 계절이 온다는 것은 단순한 계절의 바뀜이라는 의미를 넘어 어떤 '고통'의 의미를 부여한다. '지금 당신은 내 안에 있지만 / 나는 당신을 어떻게 보내드려야 할지 모르겠습니다'의 마지막 연 첫 행의 언술은 꽃피는 시절의 아득하고 환몽적인 분위기와 어울려 이 시에서 드러나는 고통의 모습을 폭발적으로 확장시킨다.

― 박진성, 『꽃피는 시절에 대한 감상』

## 장정일 蔣正一

1962 ~
시인. 소설가. 극작가
경북 달성군 출생

▷ **작가의 특징**
1. 1984년 ≪언어 세계≫ 「강정간다」 외 4편의 시를 발표하면서 등단했다.
2. 포스트모더니즘적 도시적 감수성과 방법적 해체 기법을 통해 사회의 병적인 자본주의 현실을 비판하고 있다.

▷ **주요 작품**
시집 : 『햄버거에 관한 명상』(1987), 『길 안에서의 택시 잡기』(1988)

### 작품 1  라디오와 같이 사랑을 끄고 켤 수 있다면 (길 안에서의 택시 잡기. 1988년)

내가 그의 단추를 눌러 주기 전에는
그는 다만
하나의 라디오에 지나지 않았다.

내가 그의 단추를 눌러 주었을 때
그는 나에게로 와서
전파(電波)가 되었다.

내가 그의 단추를 눌러 준 것처럼
누가 와서 나의
굳어버린 핏줄기와 황량한 가슴 속 버튼을 눌러다오.
그에게로 가서 나도
그의 전파가 되고 싶다.

우리들은 모두
사랑이 되고 싶다.
끄고 싶을 때 끄고 켜고 싶을 때 켜는
라디오가 되고 싶다.

## 핵심정리

▷ **갈래** 자유시, 서정시
▷ **성격** 관념적, 풍자적, 비판적
▷ **제재** 라디오, 김춘수 '꽃'
▷ **주제** 쉽게 만나고 헤어지는 현대인들의 사랑에 대한 비판

▷ **특징** ① 패러디 기법을 사용하여 '꽃'의 운율과 통사구조 등 형식적인 면을 그대로 차용
② 추상적이고 관념적인 의미를 구체적 사물을 활용하여 드러냄

## 이해와 감상

### 1 짜임 분석
- 기(1연) – 무의미한 존재 (인식 전) : 사랑하기 이전의 존재인 그
- 승(2연) – 의미 있는 존재 (인식 후) : 사랑하는 존재가 된 그
- 전(3연) – 상대방에게 확인을 받고 싶은 존재 : 사랑받는 존재가 되고 싶은 나의 사랑
- 결(4연) – 관계의 확산 (소망) : 편리한 사랑을 원하는 우리의 소망

### 2 작품감상의 구조

| 구성 요소 | 구성 요소의 파악 | 그것이 지닌 의미·효과 | 주제와의 관련성 |
|---|---|---|---|
| 내용 요소 | ① 시적 화자 및 화자의 상황 | 편리하고 일회적인 사랑을 추구하는 시적 화자를 설정하여 일회적이고 인스턴트적인 사랑을 추구하는 현실을 풍자하고 있다. | 쉽게 만나고 헤어지는 현대인들의 사랑에 대한 비판 |
| | ② 패러디 | 김춘수의 「꽃」을 패러디한 작품이다. | |
| | ③ 두 가지의 의미 | ㉠ 편리하고 익명적인 사랑을 추구하는 현대인의 사랑에 대한 비판을 의미한다.<br>㉡ 존재의 의미 추구와 관계의 확산을 의미한다. (김춘수와 같음) | |
| 형식 요소 | ① 시상의 전개 1 | 기승전결의 구조를 통해 내용을 논리적으로 드러낸다. | |
| | ② 시상의 전개 2 | 라디오(의미 없는 대상) – 전파(사랑에 대한 근원적 갈망) – 사랑('우리'로 확대되는 인스턴트 사랑)으로 이어진다. | |
| 표현 요소 | ① 패러디 | 김춘수의 '꽃'을 패러디 하여 존재의 본질을 추구하는 내용에서 편리하고 익명적인 사랑을 추구하는 내용으로 바뀌었다. | |
| | ② 비유 | 현대인의 가벼운 사랑을 '단추' 하나로 마음 내키는 대로 할 수 있는 '라디오'에 비유하고 있다. | |
| | ③ 상징 | '라디오, 전파, 단추, 버튼' 등은 상징으로 추상적이고 관념적인 의미를 구체적 사물을 통해 표현했다. | |

### 3 감상의 길잡이

이 시는 사물로서의 '꽃'의 이름과 그 의미에 대한 관계를 고찰을 바탕으로 철학적 접근을 통해 시적 의미를 형상화한 김춘수의 「꽃」을 패러디한 작품이다. 「꽃」을 패러디한 이 작품은 무의미한 존재(라디오)에 지나지 않았던 대상(그)이 '단추(버튼)'를 누르는 '나'의 행위에 의해 참되고도 절실한 의미를 띤 존재(전파)로 변화되는 과정이 형상화되고 있다. '나' 또한 다른 누구(너)로부터 자기의 본질(빛깔과 향기)에 맞는 이름이 불려짐으로써 '나'와 '너' 사이에 의미 있는 관계(전파, 사랑, 라디오)를 이루고 싶다는 소망이 형상화 되고 있다.

결국 이 시는 쌍방향의 상호적 관계를 통한 의미 부여 행위(이름 불러주기)로 이루어진 진실한 인간관계가 이루어질 때 '나' 혹은 '너'만이 중심이 되지 않고 우리 모두가 같이 세상의 중심이 될 때, 아름다운 세상이 이루어질 것임을 말하고 있다.

또한 대중에게 널리 알려져 있는 작품인 「꽃」의 의미를 작가 특유의 방법으로 뒤집어 현대 사회의 풍속도를 제시하고 있는 것이다. 그것은 타인과의 지속적이고 친밀한 관계를 원하지 않는 메마른 태도로 나타나며, 또한 자신이 내킬 때는 애정을 나누다가도 마음이 바뀌면 상대가 곧 사라져 주기를 바라는 이기적인 태도로 그려져 있다. 김춘수의 「꽃」을 패러디 함으로써 작가는, 「꽃」에 나타나 있는 것과 같은 진지하고 친밀한 인간관계가 오늘날에도 감동과 갈망을 불러일으킬 수 있겠느냐는 반문(反問)을 던지고 있다.

## 중요 내용 정리

### 01 시적 대상 '그'의 의미 변화
이 시에 등장하는 '그'는 '라디오 → 전파 → 사랑'으로 모습의 변화를 보이고 있다. 처음의 '그'는 전원을 켜지 않은 상태의 의미 없는 대상인 '라디오'에 지나지 않았다. 그러다가 '나'의 누름에 의해 비로소 생명을 얻으며 '나'에게 의미 있는 대상인 '전파'로 다가온다. 이 '전파'는 화자의 '굳어버린 핏줄기와 황량한 가슴 속'을 치유하는 인간관계의 그 무엇인가로 다름 아닌 '사랑'을 가리킨다. 그런데 그토록 소망하는 사랑이 '끄고 싶을 때 끄고 켜고 싶을 때 켜는 라디오'의 모습을 띠면서, 이 시는 일반적인 사랑 시가 아닌 소비적인 사랑 행위를 꼬집는 풍자시가 되고 있다.

### 02 문학의 창조적 재구성
김춘수의 「꽃」을 패러디의 기법을 사용하여 재창작한 작품이다. 김춘수의 '꽃'은 존재론적인 탐구라는 의미를 부여받은 작품으로 대중들에게 널리 알려진 작품이다. 작가는 이를 라디오와 단추라는 소재로 패러디함으로써 그 작품의 철학적 위상을 전복시키고 인스턴트식 사랑 노래로 만들고 있는 것이다.

### 03 김춘수의 「꽃」과의 비교
김춘수의 「꽃」은 한 존재가 의미 있는 존재가 되는 과정을 보여 주면서 존재 사이의 순수하고 아름다운 만남을 소망한 것이라 볼 수 있다. 이러한 소망은 누구에게나 있을 수 있는 것이나 매우 본질적이며 철학적인 것이다.

작가는 이 「꽃」을 패러디 하여 「라디오와 같이 사랑을 끄고 켤 수 있다면」이라는 시를 썼다. 작가가 김춘수의 「꽃」을 읽고 아마도 일상에서 존재와 존재의 가장 아름다운 만남은 사랑이라고 생각했을 것이다. 그러나 작가가 살아가는 시대의 사랑은 김춘수의 「꽃」과 같이 본질적이면서도 존재론적으로 완전한 만남은 아닌 듯하다. 이 시대의 사랑은 절망적인 만큼 더욱 간절하지만, 그러나 그것은 라디오를 끄고 켜는 것처럼 손쉬워 하는 것이다.

작가는 김춘수의 「꽃」을 읽고 흔히 이야기하는 인식론적이며 존재론적인 철학적 탐구보다 자신의 삶인 현실의 실제 사랑을 생각했으며, 그 생각의 결과를 창조적으로 표현함으로써, 또 다른 독자에게 이 시대의 사랑에 대해 대화를 위한 물음을 던진 것이다.

---

**참고** 패러디

패러디란, 어떤 작가의 작품을 모방하여 그것을 풍자적으로 바꾸어 표현하는 기법을 의미한다.

김춘수의 작품 「꽃」은 장정일이라는 작가에 의해 의도적으로 패러디되고 있다. 김춘수의 「꽃」에 나오는 '꽃'은 장정일의 작품에서 '라디오의 전파'로 패러디되었고, 원작품의 '이름을 불러 주는 행위'는 패러디 작품에서 '단추를 눌러 주는 행위'로 바뀌었다. 이렇게 패러디는 원작품을 의도적으로 일정한 패턴에 의해 바꿔주는 기법을 의미한다.

패러디는 보통 권위를 갖고 있는 대상을 풍자하고 공격하기 위한 수단으로 사용된다. 예를 들어, 정치인이나 사회 지도급 인사의 언행을 풍자하여 만든 인터넷 신문 〈딴지일보〉가 이러한 패러디를 사용하고 있다. 여기서 정치인들의 비리, 그들의 허위 의식은 욕설과 조롱을 통해 우스꽝스럽게 되어 버리고, 신문을 읽는 대중들은 쾌감과 카타르시스를 느끼게 된다. 여기서 중요한 것은 패러디는 모든 성역과 권위에 도전하는 일반 대중들의 적극적인 공격 수단으로 활용될 수 있다.

반면, 패러디가 비판 의식을 상실하고 단지 모방을 통한 웃음의 수단으로 전락하는 경우도 있다. 예컨대, 광고에 자주 등장하는 패러디이다. 광고에 사용된 패러디는 주로 유명한 영화의 한 장면을 모방하여 자신의 상품을 적극적으로 홍보하는데에 쓰인다. 여기에서는 패러디의 고유한 정신인 비판 의식이나 풍자 정신을 찾아보기 어렵다. 패러디가 웃음을 유발하고 관심을 주목시키는 단순한 기능으로 전락해 버린 것이다

## 작품 2  하숙(下宿) (햄버거에 대한 명상, 1987년)

녀석의 하숙방 벽에는 리바이스 청바지 정장이 걸려 있고
책상 위에는 쓰다만 사립대 영문과 리포트가 있고 영한 사전이 있고
재떨이엔 필터만 남은 켄트 꽁초가 있고 씹다 버린 셀렘이 있고
서랍 안에는 묶은 플레이보이가 숨겨져 있고
방 모서리에는 파이오니아 엠프가 모셔져 있고
레코드 꽂이에는 레오나드 코헨, 존 레논, 에릭 클랩튼이 꽂혀 있고
방바닥엔 음악 감상실에서 얻은 최신 빌보드 차트가 팽개쳐 있고
쓰레기통엔 코카콜라와 조니 워커 빈 병이 쑤셔 박혀 있고
그 하숙방에, 녀석은 혼곤히 취해 대자로 누워 있고
죽었는지 살았는지, 꼼짝도 않고

### 핵심정리

▷ 갈래 자유시, 서정시
▷ 성격 묘사적, 세태 고발적
▷ 표현 서구 문물과 사람을 객관적으로 보여 줌으로써 독자로 하여금 비판 의식을 느끼게 함
▷ 제재 서구 문물, 하숙방
▷ 특징 ① 화자가 관찰자의 입장에서 대상을 묘사
② 여러 가지 사물들을 나열하고 열거하여 독자로 하여금 주제 의식을 유추
▷ 주제 서구 문물에 경도(傾倒)된 젊은이의 의식 비판

### 이해와 감상

#### 1 짜임 분석
- 1~8행 – 방 안에 널려 있는 서구 문물
- 9~10행 – 비판 의식 없이 서구 문명에 경도(傾倒)된 젊은이

#### 2 감상의 길잡이

　이 시는 지극히 일상적인 생활 체험을 바탕으로 화자가 처한 사회·문화적 배경을 효과적으로 드러내고 있는 작품이다. 이 시에서 화자는 '녀석'이라고 불리는 어떤 인물의 하숙방을 눈으로 훑듯이 소개하고 있다. 화자는 단순히 관찰자의 입장에서 녀석의 의복, 사전과 담배, 음악, 주류와 기호품들을 하나하나 늘어놓는다. 그리고 '녀석'이 꼼짝하지 않고 누워 있는 모습을 지극히 담담한 어조로 말하고 있다.

　이 시는 '녀석'이 일상적인 삶 속에서 소비하는 여러 물품들의 관계를 이해해야 작가의 창작 의도를 밝혀 낼 수 있다. 작품 속에 등장하는 사물들을 젊은이들 사이에서 유행하는 서구식 물품으로, 그런 외제품이 어지럽게 널려 있는 방은 바로 그의 평소 관심사를 보여 준다. 순간적이고 감각적인 즐거움을 충족시킬 수 있는 서구식 물품을 매일매일 소비하며 하루의 삶을 영위하는 것이다. 그런데 문제는 '녀석'의 의식이다. 그의 의식은 잠들어 있다. '녀석'은 혼곤히 취해 대자로 잠이 들어 있는 모습은 단순히 잠을 자는 것이 아니라 주체성이나 자기 정체성이 없는, 의식이 죽은 상태인 것이다. '녀석'은 10행에서 나타나듯 '죽었는지 살았는지, 꼼짝도 않고' 있는 젊은이로, 반성적인 거리감을 갖고 자신의 삶이나 자신을 둘러싼 서구 외래 문물을 돌아보지 못하고 의식이 잠들어 있는 채 비판적 의식이 증발되어 있거나 아니면 처음부터 그러한 의식이 내재되어 있지 못했던 인물인 것이다.

　결국 무비판적으로 서구 문물을 받아들이고 이를 사용하는 의식 없는 젊은이를 비판하고 있는 작품이다.

## 중요 내용 정리

### 01 시대적 배경
　　광복 이후 미군이 주둔한 이래 우리나라에는 서구 문물이 밀물처럼 밀려 들어왔다. 봉건적 사고에 물들어 살던 사람들에게 이 서구 문물은 우리 것보다 우월한 것으로, 우리의 삶을 크게 변화시켜 줄 수 있는 좋은 것으로 여겨졌다. 이에 따라 '우리 것'은 시대에 뒤떨어진 것, 가치 없는 것, 따라서 버려야 할 것이란 인식을 갖게 되었다. 그 결과 무비판적이고 무차별적으로 외래 문물을 받아들였다. 더구나 과학 문명과 결합된 서구 문물은 우리의 삶과 가치관까지 크게 흔들어 놓았다. 영어를 한두 마디라도 할 줄 알고 외제 물품을 가지고 다니면 마치 특권층이라도 되는 줄로 착각하는 사람들이 생겼다. 이 시는 요즈음 젊은이들의 경박한 풍조와 세태를 비판하는데 초점을 맞추고 있다. 아무런 여과 장치도 없이 서구의 물질문명을 무비판적으로 받아들이려고 하는 젊은이들의 서양 문화에 대해 심취하는 태도 또는 종속성을 비판하고 고발하는 이 시는 특이한 방법으로 한 시대의 사회 문화적 속성을 시의 배경 속으로 끌어들이고 있다.

　　이렇게 서구 문물에 무비판적으로 경도(傾倒)되었던 삶으로부터 다시 주체성을 각성하고 우리의 전통에 눈을 돌리기 시작한 것은 1970년대 이후이다. 우리 것에 대한 반성과 자각이 싹트기 시작했으나, 그 자각은 밀려드는 서구 문명 앞에 미약하기만 했다. 그러나 1980년대 이후에는 이런 반성이 좀더 깊이 있게 나타나기 시작했다.

### 02 시적 화자의 현실 인식
　　이 시의 화자는 물질문명에 푹 빠진 오늘날의 세태에 대해 매우 부정적인 시각을 지니고 있다. 이는 시적 화자가 시적 대상인 '녀석'에 대해 관찰자의 시선으로 거리를 두어 묘사함으로써 가치 평가를 독자에게 돌리는 방법을 통해 보다 극명하게 드러난다.

　　비판 대상에 대한 간접적 비판은 직접적 비판보다 의미 전달 면에서 명확성은 떨어지지만 독자의 공감대를 형성하는 데는 거부감이 적다고 말할 수 있다. 이뿐 아니라 독자에게로의 가치 평가 전도는 독자마저 시적 화자의 인식 세계로 끌어들이는 효과적인 장치로 작용한다고 보아야 할 것이다.

### 03 시적 화자와 대상의 심리적 거리
　　이 시에서 시적 화자는 시적 대상('녀석')에 대해 처음부터 계속하여 심리적 거리를 일정하게 유지하고 있다. 즉 시적 화자는 자신의 주관을 배제한 채 관찰자의 시선으로 시적 대상인 '녀석'의 방 풍경과 '녀석'의 사는 모습을 있는 그대로 묘사함으로써 독자에게 비판적 사고의 기회를 제공하고 있다.

### 04 표현상의 특징
　　이 시는 방에 널려 있는 외제 물건과 혼곤히 취해 자는 '녀석'의 모습을 묘사하고 있다. 별다른 기교가 없어 산문 같지만, 1~9행에서는 '있고'로 끝내다가 마지막 행에서만 '않고'로 변화를 주면서 나름대로 율격을 얻고 있다. 그리고 1~8행은 방 안에 널려 있는 서구 문물에 초점을 맞추어 진술하고 있는데, 이는 외래 문화에 경도(傾倒)된 젊은이의 의식을 보여 준다. 9~10행에는 진술의 초점이 '녀석'에 있다. 혼곤히 취해 잠을 자고 있는 '녀석'의 모습은 그가 외래문화를 아무 비판 의식도 없이 받아들이는 젊은이란 것을 보여 준다.

## 김대규
金大圭

1942년 ~
시인. 경기 안양 출생

▷ **작가의 특징**
제도적 등단의 관문을 거부하고, 홀로 스스로의 문학의 길을 열어 '흙의 시인', '사랑의 시인'으로 수많은 독자들의 영혼의 갈증을 가셔 주고 있다는 평을 듣고 있다.

▷ **주요 작품**
시집: 『영(靈)의 유형(流刑)』, 『흙의 사상』 등

### 작품 1  야초(野草) (흙의 노래, 1995년)

돈 없으면 서울 가선
용변도 못 본다.
오줌통이 퉁퉁 불어 가지고
시골로 내려오자마자
아무도 없는 들판에 서서
그걸 냅다 꺼내들고
서울 쪽에다 한바탕 싸댔다.
이런 일로 해서
들판의 잡초들은 썩 잘 자란다.
서울 가서 오줌 못 눈 시골 사람의
오줌통 불리는 그 힘 덕분으로
어떤 사람들은 앉아서 밥통만 탱탱 불린다.
가끔씩 밥통이 터져 나는 소리에
들판의 온갖 잡초들이 귀를 곤두세우곤 한다.

### 핵심정리

▷ **갈래** 자유시, 서정시
▷ **성격** 풍자적, 직설적, 현실 비판적
▷ **어조** 사회적 모순을 조롱하는 듯한 어조
▷ **특징** ① 배뇨 행위를 통해 비정한 현실을 비판함
② 야유와 조롱조로 현실 세계에 대한 불만을 드러냄
▷ **제재** 야초(野草)
▷ **주제** ① 이분화(二分化)된 사회에 대한 비판
② 비정한 사회에 대한 비판

## 이해와 감상

### 1 짜임 분석
- 1~2행 – 서울의 경험
- 8~14행 – 서울에 대한 생각
- 3~7행 – 시골에 내려온 다음의 행위

### 2 감상의 길잡이

　이 시는 서울이라는 비정한 공간을 대상으로 하여 사회에 대한 비판적인 목소리를 높이고 있는 작품이다. 그 비판의 초점은 빈부의 차이로 인해 발생한 계층 구조에 두어져 있다. 시골과 도시, 가난한 자와 부자의 이분화된 우리 사회가 극명한 모순이 하나의 에피소드로 극화되고 있으며, 조롱조의 어조로 그것을 강화하고 있다.

　이 작품에서 '서울'은 자본주의의 실상이 확연히 드러나는 곳으로 설정되어 있으며, 시골은 그 반대로 설정되어 있다. 돈 많은 사람들은 서울에 모여 있고 상대적으로 시골에는 가난한 사람들이 산다. 돈이 없으면 서울에서는 가장 기본적인 생리적 욕구도 해결할 수 없는 비정한 곳이다. 화자는 그것을 신랄하게 비판한다. '오줌통이 탱탱 불은 그것'은 시골 사람의 것이지만, 이 시구로 서울 사람들에 대한 야유를 퍼붓고 있다. 욕설과 야유는 가장 원초적인 비판 의식이다. '서울 쪽에다 한 바탕 싸대'는 행위는 그것을 노골적으로 드러내는 행위이다. 잡초들은 오줌 덕분에 잘도 자라고, 더불어 곡식도 잘 자란다. 이 곡식으로 서울 사람들은 밥통을 채운다. 시골 사람들의 불만과 원성이 높아져 가면 갈수록 서울 사람들은 밥통이 탱탱 불어난다. 여기에서 양자의 대립은 극에 달한다. 화자는 계속해서 야유를 보낸다. '밥통'이 그것이다. '밥통'은 배부름과 함께 무지의 뜻을 함유하고 있다.

　13~14행에 이르면 시상은 크게 변한다. 직선적 야유와 불만은 약자의 대응 방식이다. 1~12행에서 계속 이어져 오던 이런 성격이 여기에 이르면 여유로운 비판으로 바뀐다. 서울 사람들의 밥통 터지는 소리에 잡초가 귀를 곤두세우는 정황 제시를 통해 노골적인 불만보다는 지적 아름다움을 주는 유희적 측면으로 바뀐 것이 그것이다. 앞서의 화자가 야만스러운 정도의 우악스런 표현을 거침없이 내뱉는 것으로 감정적 비판 의식을 나타냈었다면 뒤에서는 그런 거친 태도를 자제하여 여유로운 비판의 태도를 지닌다. 이렇게 여유 있는 비판을 함으로써 또 다른 힘을 느끼게 한다.

## 중요 내용 정리

### 01 시적 화자

　이 작품은 현대 도시인들의 비인간적 삶을 비판하려는 목적에서 쓰여진 것으로 보인다. 이런 테마에는 어울리는 화자는 아마도 어쩌다가 서울에 올라 간 시골 사람 가운데에서도 우직한 남자일 것이다. 의미적 국면에서 전체를 세 부분으로 구성한 것은 화자의 행위가 '서울의 경험', '시골에 내려온 다음의 행위', '서울에 대한 생각'으로 나눠지기 때문이다. 그리고 서울에 대한 부분을 짧게, 시골에 대한 부분을 길게 이야기한 것은 '서울'이라면 더 이상 생각하기 싫다는 거부감과, '아, 고향에 내려오니 살 것 같다'라는 해방감이 작용한 탓이라고 볼 수 있다. 인간은 누구나 자기가 좋아하는 것은 자세히 이야기하고, 싫어하는 것은 짧고 추상적으로 말하는 것이 보통이기 때문이다.

### 02 시어와 어조

　세련된 시어를 골라 점잖은 어조로 말한다면 우직한 시골 사람답지 않을 것이다. 뿐만 아니라, 용변 같은 이야기를 꺼낼 수 없다. 그래서 시골 사람답게 '오줌통이 불어', '그걸 냅다 꺼내 들고 / 서울 쪽에다 한바탕 싸댔다'라고 걸쭉한 어휘를 선택하고, '밥통만 탱탱 불린다'라고 표현한 것이다. 그리고 각 행의 길이를 짧고 불규칙하게 잡으면서 리듬을 배제한 것은 화자의 다급한 정서와 서민층의 정제되지 않은 어조를 유지하기 위해서라고 볼 수 있다. 따라서 시 창작에서 무엇보다 중요한 것은 테마의 발견보다는 테마에 걸맞는 화자를 설정하는 일이라고 할 수 있다.

## 복효근

1962 ~
시인. 전북 남원 출생

▷ **작가의 특징**
1991년 계간 ≪시와 시학≫으로 등단하였다.

▷ **주요 작품**
시집: 『당신이 슬플 때 나는 사랑한다』, 『버마재비 사랑』, 『새에 대한 반성문』, 『누우떼가 강을 건너는 법』

### 작품 1 　토란잎에 궁그는 물방울같이는 (새에 대한 반성문, 2000년)

그걸 내 마음이라 부르면 안 되나.
토란잎이 간지럽다고 흔들어 대면
궁글궁글 투명한 리듬을 빚어 내는 물방울의 둥근 표정.
토란잎이 잠자면 그 배꼽 위에
하늘 빛깔로 함께 자고선
토란잎이 물방울을 털어 내기도 전에
먼저 알고 흔적 없어지는 그 자취를
그 마음을 사랑이라 부르면 안 되나.

## 핵심정리

▷ **성격** 동화적, 감각적
▷ **특징** ① 대상을 의인화하여 표현함으로써 친근감을 줌
　　　　② 생동감 있는 묘사와 적절한 비유, 감각적인 표현이 돋보임
　　　　③ 자연 현상을 긍정적이고 따스한 시선으로 바라보면서 사랑의 의미를 깨닫고 있음
▷ **제재** 토란잎과 물방울
▷ **주제** 조화로운 세계와 참다운 사랑의 의미

## 이해와 감상

① **짜임 분석**
- 1~3행 – 토란잎에 고인 물방울의 모습
- 4~8행 – 자연 질서에 순응하며 사라지는 물방울과 같은 사랑

## ② 작품감상의 구조

| 구성 요소 | 구성 요소의 파악 | 그것이 지닌 의미 · 효과 | 주제와의 관련성 |
|---|---|---|---|
| 내용 요소 | ① 시적 화자 및 화자의 상황 | 시적 화자가 토란잎에 궁그는 물방울을 보고 사랑의 의미를 드러내었다. | 조화로운 세계와 참다운 사랑의 의미 |
| | ② 동시적 발상 | 내용이나 표현이 동시와 유사하다. | |
| | ③ 사랑의 모습 | 토란 잎에 함께 있다가 먼저 알고 사라지는 그 마음을 사랑이라고 하여 자연질서에 순응하는 조화로운 사랑을 제시한다. | |
| 형식 요소 | ① 수미상관 | 1행과 8행에서 수미상관을 이루어서 여운을 주고 구조적 안정감과 주제를 강조한다. | |
| | ② 시상전개 | 물방울의 모습(1~3행), 물방울과 같은 사랑(4~8행)으로 전개하여 주제를 잘 드러난다. | |
| 표현 요소 | ① 의인법 | 대상을 의인화하여 표현하여 친근함을 준다. | |
| | ② 부정적 표현 | '안 되나'의 표현을 통해 오히려 '된다'의 의미를 강조하고 있다. | |
| | ③ 감각적 표현과 생동감 있은 표현 | 시각, 촉각, 공감각 등을 통해 구체적으로 느끼게 하고 '궁근 궁근 투명한 리듬', '물방울의 두근 표정' 등에서 생동감 있는 묘사가 드러난다. | |

## ③ 감상의 길잡이

토란잎과 그 위에 구르는 물방울의 관계를 아름답게 그려 놓은 시이다. 둥근 토란잎에 둥근 물방울 구르는 모습을 통해, 시인이 서로가 둥글어 모나지 않고 마찰 없이 원만한 관계를 유지하며 살아가는 세상을 바라고 있음을 알 수 있다.

## ▷ 김기택
金基澤

1957 ~
시인. 경기도 안양 출생

▷ **작가의 특징**
1. 1989년 〈한국일보〉 신춘문예로 등단했다.
2. 일상과 사물을 깊이 있는 시선으로 바라보고, 특유의 묘사와 비유를 사용하여 시를 표현한다.

▷ **주요 작품**
시집 : 1991년 『태아의 잠』, 1994년 『바늘 구멍 속의 폭풍』, 1999년 『사무원』 등

### 작품 1  바퀴벌레는 진화 중 (태아의 잠, 1999년)

믿을 수 없다, 저것들도 먼지와 수분으로 된 사람 같은 생물이란 것을. 그렇지 않고서야 어찌 시멘트과 살충제 속에서만 살면서도 저렇게 비대해질 수 있단 말인가. 살덩이를 녹이는 살충제를 어떻게 가는 혈관으로 흘러보내며 딱딱하고 거친 시멘트를 똥으로 바꿀 수 있단 말인가. 입을 벌릴 수밖에 없다, 쇳덩이의 근육에서나 보이는 저 고감도의 민첩성과 기동력 앞에서는.

사람들이 최초로 시멘트를 만들어 집을 짓고 살기 전, 많은 벌레들을 씨까지 일시에 죽이는 독약을 만들어 뿌리기 전, 저것들은 어디에 살고 있었을까. 흙과 나무, 내와 강, 그 어디에 숨어서 흙이 시멘트가 되고 다시 집이 되기를, 물이 살충제가 되고 다시 먹이가 되기를 기다리고 있었을까. 빙하기, 그 세월의 두꺼운 얼음 속 어디에 수만 년 썩지 않을 금속의 씨를 감추어가지고 있었을까.

로봇처럼, 정말로 철판을 온몸에 두른 벌레들이 나올지 몰라. 금속과 금속 사이를 뚫고 들어가 살면서 철판을 왕성하게 소화시키고 수억 톤의 중금속 폐기물을 배설하면서 불쑥불쑥 자라는 잘 진화된 신형 바퀴벌레가 나올지 몰라. 보이지 않는 빙하기, 그 두껍고 차가운 강철의 살결 속에 씨를 감추어 둔 채 때가 이르기를 기다리고 있을지 몰라. 아직은 암회색 스모그가 그래도 맑고 희고, 폐수가 너무 깨끗한 까닭에 숨을 쉴 수가 없어 움직이지 못하고 눈만 뜬 채 잠들어 있는지 몰라.

#### ■ 핵심정리

▷ **갈래** 자유시, 서정시
▷ **성격** 비판적, 상징적, 반어적
▷ **특징** 바퀴벌레의 끈질긴 생명력을 말하는 과정에서 환경 문제에 대한 우려를 드러냄
▷ **제재** 바퀴벌레
▷ **주제** 환경 문제의 심각성

### 이해와 감상

① **짜임 분석**
- 1연 – 시멘트와 살충제 속 바퀴벌레
- 2연 – 바퀴벌레의 놀라운 생존력
- 3연 – 로봇처럼 진화된 바퀴벌레

② 작품감상의 구조

| 구성 요소 | 구성 요소의 파악 | 그것이 지닌 의미·효과 | 주제와의 관련성 |
|---|---|---|---|
| 내용 요소 | ① 시적 화자 및 화자의 상황 | 환경 문제와 그 속에 존재하는 인간들의 삶에 대한 우려를 표현하고 있는 시적 화자이다. | 환경 문제의 심각성 |
| | ② 발상 | 환경 문제의 심각성을 바퀴벌레의 진화라는 독특한 발상으로 전개하고 있다. | |
| 표현 요소 | ① 반어 | 3연에서 지금의 오염 수준이 미래에는 깨끗한 수준이 될지도 모른다는 표현을 통해 환경오염의 심각성을 표현하였다. | |

② 감상의 길잡이

　이 작품의 화자는 바퀴벌레의 믿을 수 없을 정도로 강한 생명력에 대한 놀라움을 표현하고 있다. 이 시에서 '시멘트와 살충제'는 인간의 근대 문명을 상징적으로 드러내는 시구 '로보트처럼, 정말로 철관을 온몸에 두른 벌레들이 나올지 몰라.'라는 말로 미래에 대한 우려를 표현하고 있다. 미래에 대한 우려를 표현하면서 화자는 '수억 톤의 중금속 폐기물', '암회색 스모그', '폐수'로써 우리 문명의 환경 파괴적인 속성을 드러내고 있는데, 이것들이 더 심해질 것이라는 화자의 우려를 통해서 이 작품은 환경 문제에 대한 심각한 문제 제기를 하고 있는 것이다.

### ■ 중요 내용 정리

#### 02 '바퀴벌레'의 모습

　1연에서 바퀴벌레는 '시멘트'와 '살충제'로 대표되는 비생명적 공간에서 자신을 '쇳덩이'와 같은 비생명적인 것으로 바꿔서 살아가고 있다. 이는 자신을 억압하고 있는 비생명적이고 기계적인 현실에서 살아가기 위한 어쩔 수 없는 변화인 것이다. 2연에서 '바퀴벌레'는 '금속의 씨'로 변화한다. 즉 바퀴벌레의 진화가 일시의 현상이 아니라, 빙하기로 설정된 아주 오랫동안 진행되어 온 현상으로 그 변화의 끝을 확인할 수 없다는 의미를 담고 있다. 즉 미래를 이어나갈 번식 기능으로서 생명성까지 '금속의 씨'로 철저하게 진화하고 있음을 표현한 것이다. 3연에서 시적 화자는 현재 우리의 최고 문명의 폐해인 중금속, 스모그 등을 먹고 살아가는 '로봇 바퀴벌레'를 상상하고 있다. 이처럼 오염된 문명에 따라 진화해 가는 '바퀴벌레'는 문명의 발전을 위해 환경을 오염시키고, 그 환경오염으로 인해 생명성도 잃어갈 수밖에 없는 우리의 모습으로 이해할 수도 있다.

#### 02 시적 화자

　이 시의 시적 화자는 바퀴벌레의 생명력에 놀라움을 금치 못하고 있다. 바퀴벌레가 오염된 환경을 이겨내고 진화하고 있다는 이 시의 내용은 이면에 바퀴벌레조차도 생명성을 잃어갈 정도로 심각한 환경오염에 대한 비판이 담겨 있다. 3연에서 시적 화자는 미래의 바퀴벌레 모습을 상상하고 있다. 이는 지금의 오염된 환경에 적응할 바퀴벌레의 모습으로 그 때에는 지금의 스모그를 '맑고 희'다고, 폐수를 '너무 깨끗'하다고 여길지도 모른다는 것이다. 즉 시적 화자는 이런 반어적인 표현을 통해서 환경오염의 심각성을 표현하고 있다.

## 작품 2  멸치 (바늘구멍 속의 폭풍, 1994년)

굳어지기 전까지 저 딱딱한 것들은 물결이었다
파도와 해일이 쉬고 있는 바닷속
지느러미의 물결 사이에 끼어
유유히 흘러다니던 무수한 갈래의 길이었다
그물이 물결 속에서 멸치들을 떼어 냈던 것이다
햇빛의 꼿꼿한 직선들 틈에 끼이자마자
부드러운 물결은 팔딱거리다 길을 잃었을 것이다
바람과 햇볕이 달라붙어 물기를 빨아들이는 동안
바다의 무늬는 뼈다귀처럼 남아
멸치의 등과 지느러미 위에서 딱딱하게 굳어 갔던 것이다
모래 더미처럼 길거리에 쌓이고
건어물집의 푸석한 공기에 풀리다가
기름에 튀겨지고 접시에 담겨졌던 것이다
지금 젓가락 끝에 깍두기처럼 딱딱하게 잡히는 이 멸치에는
두껍고 뻣뻣한 공기를 뚫고 흘러가는
바다가 있다 그 바다에는 아직도
지느러미가 있고 지느러미를 흔드는 물결이 있다
이 작은 물결이
지금도 멸치의 몸통을 뒤틀고 있는 이 작은 무늬가
파도를 만들고 해일을 부르고
고깃배를 부수고 그물을 찢었던 것이다

### ■ 핵심정리

▷ **갈래** 자유시, 서정시
▷ **성격** 비유적, 반성적, 비판적
▷ **제재** 멸치
▷ **주제** 멸치를 통한 삶의 비애와 생명력 회복에 대한 의지

### 이해와 감상

#### ① 짜임 분석
- 1~4행 – 생명력 있는 멸치의 본래 모습
- 14~17행 – 생명의 생동감을 상상함
- 5~13행 – 인간에 의해 생명을 상실해 가는 과정
- 18~21행 – 생명력을 환기하고 회복을 염원함

#### ② 감상의 길잡이
이 시의 화자는 밥상 위의 멸치 볶음을 보고 바다속에서 멸치가 지녔던 생명력을 상상한다. 시인은 밥상 위의 멸치가 생명에 대한 탐욕과 위협이 판치는 현대를 살아가는 우리의 자화상이 아닌지 되묻고 있다. 즉, 멸치의 일생을 통해 생명력을 잃어가는 문명 속의 비애를 전달하고, 생명이 지닌 큰 힘을 환기하고, 문명에 의해 파괴되고 상실된 생명력의 회복에 대한 염원을 노래하고 있다. 또한, 섬세한 시각적 이미지들을 통해 사물의 생동감을 강화시켰다.

## 작품 3  유리에게 (태아의 잠, 1991년)

네가 약하다는 것이 마음에 걸린다
작은 충격에도 쉬이 깨질 것 같아 불안하다
쨍그랑 큰 울음 한번 울고 나면
박살 난 네 몸 하나하나는
끝이 날카로운 무기로 변한다
큰 충격에도 끄떡하지 않을 네가 바위라면
유리가 되기 전까지 수만 년
깊은 땅속에서 잠자던 거대한 바위라면
내 마음 얼마나 든든하겠느냐
깨진다 한들 변함없이 바위요
바스러진다 해도 여전히 모래인 것을
그 모래 오랜 세월 썩고 또 썩으면
지층 한 무늬를 그리며 튼튼하고 아름다운
다시 바위가 되는 것을
누가 침을 뱉건 말건 심심하다고 차건 말건
아무렇게나 뒹굴어다닐 돌이라도 되었으면
내 마음 얼마나 편하겠느냐
너는 투명하지만 반들반들 빛이 나지만
그건 날카로운 끝을 가리는 보호색일 뿐
언제고 깨질 것 같은 너를 보면
약하다는 것이 강하다는 것보다 더 두렵다

### ▌핵심정리

▷ **갈래** 자유시
▷ **성격** 주지적, 관념적, 역설적
▷ **제재** 유리
▷ **주제** 약한 존재가 지닌 위험성에 대한 경계와 강한 존재가 지닌 든든함의 추구

## 이해와 감상

### 1 짜임 분석
- 1~5행 – 약한 유리가 깨어져 무기가 될 때의 두려움 (A)
- 6~17행 – 바위같이 강한 존재가 주는 든든함에 대한 지향 (B)
- 18~끝 – 깨지기 쉬운 유리에 대한 불안감의 강조 (A′)

### 2 작품감상의 구조

| 구성 요소 | 구성 요소의 파악 | 그것이 지닌 의미·효과 | 주제와의 관련성 |
|---|---|---|---|
| 내용 요소 | ① 시적 화자 및 화자의 상황 | 시적 화자는 시인 또는 지식인이며, 약한 유리가 지닌 특성에 대해 깊이 생각하여 그 위험성을 드러냈다. | 약한 존재가 지닌 위험에 대한 경계와 강한 존재가 지닌 든든함에 대한 추구 |
| | ② 제재 | 유리를 통해 그것이 약해서 깨지기 쉽지만, 깨진 후에 위험한 존재가 되는 점을 강조했다. | |
| | ③ 역설적 인식 | 이 시는 약한 존재가 오히려 위험하고, 강한 존재가 오히려 든든하다는 역설적 인식에 바탕하여 내용을 전개하고 있다. | |
| 형식 요소 | ① 종결 어미 | • 유리에 관한 내용: '-다'로 제시하여 유리에 관한 단정적·직접적 서술을 드러냈다.<br>• 바위에 관한 내용: '-겠느냐'로 제시하여 바위를 지향하려는 염원을 효과적으로 드러냈다. | |
| | ② A-B-A′ | '약한 유리가 지닌 불안함 – 강한 바위가 주는 든든함 – 약한 유리가 지닌 불안함의 강조'를 통해 시상을 전개하고 있다. 각각 종결 어미도 '-다', '-느냐', '-다'로 사용하여 시상 전개와 대응된다. | |
| 표현 요소 | ① 상징 | • 유리 – 약한 존재, 약하지만 위험성을 내포한 존재, 남에게 해를 끼칠 수 있는 존재, 물성이 변하는 존재를 상징한다.<br>• 바위(돌, 모래) – 강한 존재, 강하지만 든든함을 지닌 존재, 남에게 해를 끼치지 않는 존재, 물성이 변하지 않는 존재를 상징한다. | |
| | ② 역설 | • 1행, 4~5행, 끝행 – 역설을 통해 약한 존재가 주는 두려움 강조한다.<br>• 바위 ~ 든든하겠느냐 – 역설을 통해 강한 존재가 주는 든든함 강조한다. | |
| | ③ 의인화 | 유리를 의인화하여 유리가 지는 속성을 쉽게 드러내고, 인간적 속성과 쉽게 관련지을 수 있게 한다. | |

## 기출문제

1. 다음 시를 읽고 화자가 '유리'를 두려워하는 이유를 찾아 쓰고, '유리'와 '유리에 대비되는 것들'의 내포적 의미를 각각 밝힌 후, 이를 토대로 이 시의 주제를 서술하시오. [3점]   2014년 기출 A형 서술형

> 네가 약하다는 것이 마음에 걸린다
> 작은 충격에도 쉬이 깨질 것 같아 불안하다
> 쨍그랑 큰 울음 한번 울고 나면
> 박살 난 네 몸 하나하나는
> 끝이 날카로운 무기로 변한다
> 큰 충격에도 끄떡하지 않을 네가 바위라면
> 유리가 되기 전까지 수만 년
> 깊은 땅속에서 잠자던 거대한 바위라면
> 내 마음 얼마나 든든하겠느냐
> 깨진다 한들 변함없이 바위요
> 바스러진다 해도 여전히 모래인 것을
> 그 모래 오랜 세월 썩고 또 썩으면
> 지층 한 무늬를 그리며 튼튼하고 아름다운
> 다시 바위가 되는 것을
> 누가 침을 뱉건 말건 심심하다고 차건 말건
> 아무렇게나 뒹굴어다닐 돌이라도 되었으면
> 내 마음 얼마나 편하겠느냐
> 너는 투명하지만 반들반들 빛이 나지만
> 그건 날카로운 끝을 가리는 보호색일 뿐
> 언제고 깨질 것 같은 너를 보면
> 약하다는 것이 강하다는 것보다 더 두렵다
>
> – 김기택, 「유리에게」

### 예상답안

시적 화자는 2행에서 유리가 쉽게 깨질 것 같고, 또 5행에서 그것이 깨어져 날카로운 무기가 되기 때문에 두려워한다. '유리'는 쉽게 깨어지는 것으로 '약한 존재' 또는 '깨어지며 위험을 내포한 존재', '물성이 쉽게 변하는 존재' 등의 의미이다. '유리와 대비되는 것들'은 '바위, 모래, 돌' 등이 있다. '바위' 등은 '강한 존재', '깨어져도 위험하지 않은 존재', '물성이 쉽게 변하지 않는 존재' 등의 의미이다. ('모래'나 '돌'은 바위가 깨어진 것으로 '단단하지만 위험하지 않은 존재'의 의미임) 이를 토대로 이 시의 주제는 '약한 존재가 지닌 위험에 대한 경계와 강한 존재가 지닌 든든함에 대한 추구'로 볼 수 있다.

## ▷ 정호승 鄭浩承

1950 ~
시인. 경남 하동 출생

▷ **작가의 특징**
1. 1973년 〈대한일보〉 신춘문예에 시 「첨성대」가 당선되어 등단하였다.
2. 그의 시는 보통 빈민이라는 존재의 고독과 좌절 등을 다루지만, 그러나 내일을 향한 희망이 숨겨져 있는 노래를 부르고 있으며 섬세한 정서가 가득한 다정한 세계를 창조하였다.
3. '슬픔'을 통한 화해와 용서 그리고 사랑의 가치를 다룬 시가 많다.
4. 삶과 죽음의 양가성과 그 초월을 다룬 시가 많다.

▷ **주요 작품**
시집 : 『슬픔이 기쁨에게』(1979), 『서울의 예수』(1982), 『새벽 편지』(1987), 『별들은 따뜻하다』(1990), 『사랑하다가 죽어버려라』(1997) 등

## 작품 1 내가 사랑하는 사람 (내가 사랑하는 사람, 2001년)

나는 그늘이 없는 사람을 사랑하지 않는다.
나는 그늘을 사랑하지 않는 사람을 사랑하지 않는다.
나는 한 그루 나무의 그늘이 된 사람을 사랑한다.
햇빛도 그늘이 있어야 맑고 눈이 부시다.
나무 그늘에 앉아
나뭇잎 사이로 반짝이는 햇살을 바라보면
세상은 그 얼마나 아름다운가.

나는 눈물이 없는 사람을 사랑하지 않는다.
나는 눈물을 사랑하지 않는 사람을 사랑하지 않는다.
나는 한 방울 눈물이 된 사람을 사랑한다.
기쁨도 눈물이 없으면 기쁨이 아니다.
사랑도 눈물 없는 사랑이 어디 있는가.
나무 그늘에 앉아
다른 사람의 눈물을 닦아 주는 사람의 모습은
그 얼마나 고요한 아름다움인가.

## ▌핵심정리

▷ **갈래** 자유시, 서정시
▷ **성격** 고백적, 사색적, 상징적
▷ **제재** 내가 사랑하는 사람 (그늘, 눈물)
▷ **주제** 남의 아픔을 위로하며 더불어 사는 삶의 아름다움

▷ **특징** ① 비슷한 시구와 시어의 반복에 의한 운율
② '-다', '-가', '-아' 등의 각운 사용에 의한 운율
③ 이분법적인 소재를 사용하면서도 선과 악, 좋은 것과 나쁜 것이라는 단순 논리로 떨어지지 않고 있음

## 이해와 감상

### 1 짜임 분석
- 1연 – 그늘이 있는 사람을 사랑함
- 2연 – 눈물이 있는 사람을 사랑함

### 2 작품감상의 구조

| 구성 요소 | 구성 요소의 파악 | 그것이 지닌 의미·효과 | 주제와의 관련성 |
|---|---|---|---|
| 내용 요소 | ① 시적 화자 및 화자의 상황 | 시적 화자가 아픔과 슬픔을 지닌 사람을 포용하고 사랑하려는 마음을 드러냈다. | 남의 아픔을 위로하며 더불어 사는 삶의 아름다움 |
| | ② 제재 | '눈물'과 '그늘'을 통해 주제를 효과적으로 드러내었다. | |
| 형식 요소 | ① 각운 | '-다', '-가', '-아' 등의 각운을 사용하여 리듬감을 형성했다. | |
| | ② 통사구조의 반복 | 비슷한 통사구조를 반복하여 운율을 형성하고 주제를 강조한다. | |
| | ③ 유사한 형태의 연 반복 | 비슷한 연 구조를 반복하여 주제를 효과적으로 드러내었다. | |
| 표현 요소 | ① 설의법 | 설의적 표현을 통해서 여운을 주고 단조로움을 피하고 독자 스스로 결론을 내리게 함으로써 주제를 강조하고 있다. | |
| | ② 이중 부정 표현 | 이중 부정 표현을 통해 리듬감을 살리고 의미를 강조하여 간절한 느낌, 마음을 잘 드러낸다. 또한 참신하고 새로움을 나타내었다. | |
| | ③ 상징 | ㉠ '그늘' – 슬픔, 어려움, 아픈 과거, 고통, 시련을 나타낸다.<br>㉡ '눈물' – 동정심, 이해심, 인간미, 포용력, 자기희생을 의미하며, 주제를 효과적으로 드러내었다. | |
| | ④ 역설 | '기쁨도 눈물이 없으면 기쁨이 아니다'에서 역설을 통해 주제를 효과적으로 드러내었다. | |

### 3 감상의 길잡이

이 시는 '그늘'과 '눈물'을 통해 깨달은 삶의 기쁨과 참다운 사랑의 의미를 고백적인 어조로 노래하고 있는 시이다. '그늘'과 '눈물'을 향하는 시인의 시선은 따스하며 애정이 가득하고, 시인의 마음은 세상의 어두운 부분까지도 감싸 안을 수 있을 정도로 포용력이 있다. 시인은 가난하고 고통 받는 사람에게 관심을 갖는다. 소외되고 외로운 사람의 처지를 이해하고 함께 살아가길 바라고 있고, 시련과 고난 속에서 절망하는 사람들을 위로하길 바란다. 시인은 희망찬 삶은 다른 사람에 대한 이해와 자기희생에서 비롯된다고 생각을 가지면서 이러한 삶의 태도가 아름다운 세상을 이룰 수 있는 힘이라고 확신하고 있는 것이다.

'세상은 그 얼마나 아름다운가', '사랑도 눈물 없는 사랑이 어디 있는가', '그 얼마나 고요한 아름다움인가' 등이 갖는 표현상의 특징과 그 효과는 평서문의 내용을 일부러 묻는 형식을 취하고 있는데(설의법), 독자 스스로 결론을 내리게 함으로써 변화를 주고 강조 효과와 함께 여운을 남길 수 있다.

## 작품 2  슬픔이 기쁨에게 (슬픔이 기쁨에게, 1979년)

나는 이제 너에게도 슬픔을 주겠다.
사랑보다 소중한 슬픔을 주겠다.
겨울 밤 거리에서 귤 몇 개 놓고
살아온 추위와 떨고 있는 할머니에게
귤값을 깎으면서 기뻐하던 너를 위하여
나는 슬픔의 평등한 얼굴을 보여 주겠다.
내가 어둠 속에서 너를 부를 때
단 한 번도 평등하게 웃어 주질 않은
가마니에 덮인 동사자가 다시 얼어 죽을 때
가마니 한 장조차 덮어 주지 않은
무관심한 너의 사랑을 위해
흘릴 줄 모르는 너의 눈물을 위해
나는 이제 너에게도 기다림을 주겠다.
이 세상에 내리던 함박눈을 멈추겠다.
보리밭에 내리던 봄눈들을 데리고
추위 떠는 사람들의 슬픔에게 다녀와서
눈 그친 눈길을 너와 함께 걷겠다.
슬픔의 힘에 대한 이야기를 하며
기다림의 슬픔까지 걸어가겠다.

### ▌핵심정리

- ▷ **성격** 자성적(自省的), 현실 비판적, 의지적, 설득적
- ▷ **특징** 이야기의 형식과 역설적인 표현을 사용하여 주제를 형상화함
- ▷ **제재** 슬픔, 기쁨
- ▷ **주제** ① 이기적인 삶에 대한 반성 촉구
   ② 더불어 사는 삶의 소중함

### 이해와 감상

#### 1 짜임 분석

- 1~6행 – 슬픔의 새로운 의미
- 7~14행 – 이기적인 본성에 대한 비판
- 15~20행 – 기다림에 대한 새로운 인식과 사랑의 회복

### ② 감상의 길잡이

　　이 시는 슬픔에 대한 성찰을 통하여 이기적인 삶의 자세를 반성하고, 사랑을 위해서는 슬픔이 필요하다는 것을 역설적으로 표현하고 있다. "모든 진정한 사랑에는 슬픔이 있다는 것을 알게 되었다. 사랑은 슬픔을 어머니로 하고 눈물을 아버지로 한다. 사랑이 위대하고 아름다운 것은 바로 고통 때문이다."라는 시인의 깨달음을 잘 보여 주는 작품이다. 이 시에서는 '슬픔'과 '기쁨'이 가지고 있는 일반적 통념을 뒤집어 보아 '기쁨'을 소외된 사람들에게 무관심한 이기적인 존재로, '슬픔'을 남의 아픔을 보듬고 소외된 사람을 사랑하는 아름다운 존재로 표현하고 있다. 화자는 가난한 이웃의 삶을 통찰하는 따뜻한 마음이 없으며('겨울 밤 거리에서 귤 몇 개 놓고 / 살아온 추위와 떨고 있는 할머니에게 / 귤값을 깎으면서 기뻐했다.'), 도움이 필요한 이웃을 외면하고 살 뿐만 아니라('내가 어둠 속에서 너를 부를 때 / 단 한 번도 평등하게 웃어 주질 않았다.'), 이웃의 죽음에 조차 냉담한('가마니에 덮인 동사자가 다시 얼어 죽을 때~무관심한'), 세속적인 '기쁨'만을 추구하고 살아온 '너'에게 '슬픔'과 '기다림'을 주겠다고 한다. '기쁨'과 대립적인 이미지를 형성하고 있는 '슬픔'과 '기다림'은 이 시에서 곧 이웃의 불행을 아파하고, 함께 슬퍼하며, 이웃을 아끼고 사랑하는 마음을 의미한다. 이 시의 청자인 '너'는 이기적으로 살아가는 우리 모두일 수 있다. 결국 시적 화자는 자신의 행복을 위해서 자신만의 안일을 위해 남의 아픔에 무관심하거나 그 아픔을 돌볼 줄 모르는 이기적인 세태를 비판하고 있는 것이다.

　　그러나 화자는 불평등한 사회와 가진 자에 대한 날카로운 비판의 칼날을 드러내면서도 그런 '너'에게 '슬픔의 힘에 대해 이야기하며' '너와 함께 걷겠다.'고 함으로써 대결과 투쟁이 아니라 진정한 화합과 조화의 삶을 지향하고 있다. 고통에 대한 진지한 성찰을 통하여 평등한 삶과 사랑을 위해 슬픔이 필요함을, 그리고 더불어 사는 삶의 소중함을 되짚어 보게 하는 작품이다.

## 작품 3  나팔꽃 (포옹, 2007년)

한쪽 시력 잃은 아버지
내가 무심코 식탁 위에 놓아둔
까만 나팔꽃 씨를
환약인 줄 알고 드셨다
아침마다 창가에
나팔꽃으로 피어나
자꾸 웃으시는 아버지

### ■ 핵심정리

▷ **갈래** 자유시, 서정시
▷ **성격** 비유적
▷ **특징** 자연물을 통해 인물의 모습을 비유적으로 표현
▷ **제재** 나팔꽃
▷ **주제** 아버지에 대한 안타까움 극복

### 이해와 감상

#### ① 짜임 분석

- 1~4행 – 나팔꽃 씨를 환약으로 착각해서 드신 아버지
- 5~6행 – 아버지의 환한 웃음 속에서 나팔꽃의 이미지를 떠올림

## ② 감상의 길잡이

화자는 한쪽 시력을 잃은 아버지께서 '나팔꽃 씨'를 환약으로 착각하여 드신 일과 환하게 웃으시는 아버지를 보며 '나팔꽃'의 이미지를 떠올린다. 아침마다 창가에 피어나는 '나팔꽃'은 실제 나팔꽃이 아니라 환하게 웃으시는 아버지를 의미하며, 아버지에 대한 안타까움을 극복하고 있다.

# 기출문제

1. 다음은 시의 상징을 이해하기 위한 수업 자료이다. 교사의 지도 내용을 〈보기〉의 지시에 따라 서술하시오.

[5점]

(가)
　간밤에 부든 부람에 ⊙눈서리 티단 말가
　낙락장송(落落長松)이 다 기우러 가노미라
　허물며 못다 핀 곶이야 닐너 무슴 ᄒ리오
　　　　　　　　　　　　　　　　　　　　　　　　　　　－ 유응부

　천한(天寒)코 ⓒ설심(雪深)ᄒ 날에 님을 ᄯᅡ라 태산(泰山)으로 넘어갈 졔
　갓 버셔 등에 지고 보션 버셔 품에 품고 신이란 버셔 손에 들고 천방지방(天方地方) 지방천방(地方天方) ᄒᆞᆫ 번도 쉬지 말고 허위허위 넘어가니
　보션 버슨 발은 아니 스리되는 여러 번 념편 가슴이 산득산득ᄒ여라
　　　　　　　　　　　　　　　　　　　　　　　　　　　－ 작자 미상

(나)
　눈 내려 어두워서 길을 잃었네
　갈 길은 멀고 길을 잃었네
　사람도 없는 겨울밤 이 거리를
　찾아오는 사람 없어 노래 부르니
　눈 맞으며 세상 밖을 돌아가는 사람들뿐
　등에 업은 아기의 울음소리를 달래며
　갈 길은 먼데 함박눈은 내리는데
　사랑할 수 없는 것을 사랑하기 위하여
　용서받을 수 없는 것을 용서하기 위하여
　눈사람을 기다리며 노랠 부르네
　세상 모든 기다림의 노랠 부르네
　눈 맞으며 어둠 속을 떨며 가는 사람들을
　노래가 길이 되어 앞질러가고
　돌아올 길 없는 길 앞질러가고
　아름다움이 이 세상을 건질 때까지
　절망에서 즐거움이 찾아올 때까지

함박눈은 내리는데 갈 길은 먼데
무관심을 사랑하는 노랠 부르며
눈사람을 기다리는 노랠 부르며
이 겨울 밤거리의 눈사람이 되었네
눈이 와도 녹지 않을 ⓒ눈사람이 되었네

— 정호승, 「맹인 부부 가수」

―〈조건〉―
1. (가)의 ㉠, ㉡이 공통으로 상징하는 의미와 (나)의 ㉢이 상징하는 의미를 밝힐 것
2. ㉠, ㉡을 관습적 상징, ㉢을 개인적 상징이라고 할 때, 개인적 상징과 구별되는 관습적 상징의 성격을 서술할 것

※ 고전시가와 현대시가 결합된 문제로, 과거에는 시가나 현대시를 결합한 문제가 없었는데, 고전과 현대를 결합하여 제시한 것은 문학사의 연속성 이해를 위해 좋은 시도라고 생각함
  문학내용학 현대시 분야의 표현 중 '상징'을 바탕으로 한 문제임. 의미 파악과 상징의 종류 및 특징 등을 묻는 문제이며 문제도 분명하고 좋은 문제임

### 예상답안

㉠은 '시련, 고난, 어려움' 등의 의미가 있고, ㉡은 '타인에 대한 배려(사랑), 희망, 따뜻한 인정'의 의미가 있다.

㉠, ㉡의 관습적 상징은 ㉢과 같은 개인적 상징과 달리 첫째, 관례적이고 공공성을 띠어 공동체(대중)가 함께 향유한다는 점, 둘째, 널리 사용되어 그 의미를 쉽게 이해할 수 있다는 점, 셋째, 표현면에서 새로움이나 참신함이 적고 상투적 표현이 된다는 점 등이 그 특징이다.

## ▷ 황지우 黃芝雨

1952 ~
시인. 전라남도 해남 출생

▷ **작가의 특징**
1. 1980년 〈중앙일보〉 신춘문예에 「연혁(沿革)」이 입선, ≪문학과 지성≫에 「대답없는 날들을 위하여」 등을 발표하여 등단하였다.
2. 섬세한 서정성과 언어적 감수성으로 현실을 비판·풍자하였다.
3. 민중시의 내용과 실험적 기법의 조화 – 섬세한 서정성이 바탕이 된다.
4. 폭력적이고 억압적인 정치 현실에 대한 극도의 좌절감을 풍자로 드러내었다. 예 「새들도 세상을 뜨는구나」

▷ **주요 작품**
시집 : 『새들도 세상을 뜨는구나』(1983), 『겨울 – 나무로부터 봄 – 나무에로』(1985), 『나는 너다』(1987), 『게눈 속의 연꽃』(1990) 등

### 작품 1  새들도 세상을 뜨는구나 (새들도 세상을 뜨는구나, 1987년)

영화가 시작하기 전에 우리는
일제히 일어나 애국가를 경청한다.
삼천리 화려 강산의
을숙도에서 일정한 군(群)을 이루며
갈대 숲을 이륙하는 흰 새떼들이
자기들끼리 끼룩거리면서
자기들끼리 낄낄대면서
일렬 이열 삼렬 횡대로 자기들의 세상을
이 세상에서 떼어 메고
이 세상 밖 어디론가 날아간다.
우리도 우리들끼리
낄낄대면서
깔쭉대면서
우리의 대열을 이루며
한 세상 떼어 메고
이 세상 밖 어디론가 날아갔으면
하는데 대한 사람 대한으로
길이 보전하세로
각각 자기 자리에 앉는다.
주저앉는다.

## 핵심정리

▷ **갈래** 자유시, 서정시
▷ **성격** 현실 비판적, 풍자적
▷ **제재** 새
▷ **주제** 암울한 현실에 대한 좌절감과 비판

▷ **특징** ① '애국가'가 나올 때의 배경 화면에 따라 시상 전개
　　　　② 냉소적인 어조를 지님
　　　　③ 반어법과 반복법을 사용함

## 이해와 감상

### 1 짜임 분석
- 1~2행 – 애국가의 경청
- 3~10행 – 자유로운 새들의 비상
- 11~20행 – 시적 화자의 이상과 좌절

### 2 작품감상의 구조

| 구성 요소 | 구성 요소의 파악 | 그것이 지닌 의미·효과 | 주제와의 관련성 |
|---|---|---|---|
| 내용 요소 | ① 이 작품의 이해를 위한 배경 | ㉠ 1980년대의 암담한 독재 정치로 인하여 혼란스러웠다.<br>㉡ 당시 영화관에서 영화를 시작하기 전에 모두 일어서서 애국가를 먼저 들어야 했다.<br>㉢ 당시 애국가가 연주되던 영상 속에 을숙도에서 새떼가 날아가는 장면이 나왔다. | 암울한 정치 현실에 대한 좌절감과 비판 |
| | ② 시적 화자 및 화자의 상황 | 시적 화자는 암담한 독재 현실에 절망하여 새처럼 현실을 떠나고 싶어 하지만 떠나지 못하고 주저앉게 된다. | |
| | ③ 냉소적, 비판적 어조 | 현실에 대한 냉소적, 비판적 어조를 통해 주제를 효과적으로 드러내었다. | |
| 형식 요소 | ① 시상 전개 | '애국가'의 전체적인 내용에 따라 시의 내용이 전개되어 주제를 효과적으로 드러내었다. | |
| | ② 새들과 인간의 대비 | 새들은 자유롭게 떠나가지만, 인간은 그렇지 못한 현실을 통해 암담한 현실을 더욱 강조하였다. | |
| 표현 요소 | ① 반어법 | ㉠ '애국가를 경청한다', '낄낄거린다', '길이 보전하세' 등에서 반어적 표현을 사용하였다.<br>㉡ 날아가고 싶지만 주저앉는 부분에서 낭만적 아이러니가 나타난다. | |
| | ② 역설 | ㉠ 삼천리 화려강산인데 떠나가고 싶어한다는 내용에서 역설이 나타난다.<br>㉡ 한 세상 떼어 매고 새처럼 날아가고 싶다는 것은 시적 역설이 나타난다. | |
| | ③ 패러디 | 애국가를 패러디하여 주제를 효과적으로 드러냈다. | |

### ③ 감상의 길잡이

1980년대의 시가 세칭 민중시와 형태 파괴시에 의해 주도되었다고 할 때, 그 두 가지 흐름을 하나로 통합시키며 독자적인 시 세계를 구축하는 데 성공한 시인이 바로 황지우이다. 그가 이질적인 두 세계를 하나로 통합시킬 수 있던 바탕은 물론 섬세한 서정성이다. 그는 민중시 운동이 부분적으로 드러내고 있던 극단적인 이념 추구 방향뿐 아니라, 순수시의 정서적 안일성까지도 극복의 대상으로 삼고 다양한 실험적 기법을 사용, 언어의 힘을 최대로 활용한다.

'시를 당대에 대한, 당대를 위한, 당대의 유언으로' 쓰고자 했던 그가 바라본 1980년대는 죽음과 절망으로 가득 찬 곳이자, 차라리 초월해 버리고 싶은 환멸의 공간이었다. 이 시는 바로 그러한 현실 인식을 형상화한 작품으로, 폭압적 현실 상황에 대한 극도의 좌절감을 풍자라는 수법을 통해 보여 주고 있다. 풍자라는 면에서는 당대의 그 어떤 시도 달성하지 못한 극적인 야유 효과를 갖고 있으며, 그 효과의 실체는 신성 모독에 있다. 자신이 태어난 조국이 정말로 살고 싶지 않은 곳이라는 환멸적 인식과, 그러나 어쩔 수 없이 살고 있다는 자괴감은 극장에서의 애국가 상영을 매개로 형상화됨으로써 충격적 효과를 배가시킨다.

영화가 시작되기 전, 관람석의 불이 모두 꺼진 캄캄한 극장은 바로 암울한 현실 상황을 표상하며, '삼천리 화려 강산'을 배경으로 울려 퍼지는 애국가를 따라 자리에서 일어나 일제히 부동자세를 취하는 관객들은 군사 독재 정권하에서 맹목적인 삶을 따라야 했던 당시의 민중들을 의미한다. 그러한 삶을 살아가는 민중의 한 사람인 화자는 '삼천리 화려 강산'을 떠나 줄지어 '이 세상 밖 어디론가 날아가'는 극장 화면이 새떼들을 보며, '한 세상 떼어 메고 / 이 세상 밖 어디론가 날아갔으면' 하는 우울한 소망을 갖는다. 그 같은 소망도 잠시일 뿐, 애국가가 끝나는 순간, 다른 이들과 마찬가지로 '자기 자리에 주저앉을' 수밖에 없는 화자는 더 큰 좌절감에 빠져든다. 여기서 '삼천리 화려 강산'이란 풍자의 대상인 조국이 더 이상 '화려 강산'일 수 없다는 역설로 쓰이고 있음은 두말할 것도 없다.

> **참고** 1980년대 시대적 배경
>
> 이 시가 쓰여진 1980년대는 광주 민주화 운동 이후 군사 정권의 폭압적인 정치 속에서 유래없는 갈등과 정치적 억압을 겪어야 하는 시기였다. 작가는 이러한 시대 상황에서 '이 세상 밖 어디론가 날아가는' 흰 새떼처럼 비상하고자 하나, 암울하고 억압적인 군사 정권의 현실은 그를 붙잡는다. 결국 애국가 노래 가사가 끝나기 무섭게 서둘러 자리에 주저앉는 시적 화자의 모습은 작가의 현실에 대한 강한 절망감이요, 좌절감의 표현인 것이다.
>
> 또한 1980년대 극장 문화는 지금의 극장 문화와는 달랐다. 영화가 시작되기 전 먼저 애국가가 울려 퍼지면 관객들은 모두 일어나 왼쪽 가슴에 손을 얹고 경청해야만 했다. 화면에는 우리나라 이곳저곳의 풍경을 담은 영상, 체육인이나 산업 노동자 등이 경기장과 일터에서 땀 흘리며 열심히 뛰고 일하는 영상 등이 이어 나왔다. 을숙도 갈대숲 위를 철새들이 날아오르는 영상도 있었는데 이 시에 나오는 '새 떼'는 그 철새들이다.

## 중요 내용 정리

### 01 애국가 삽입의 효과

'애국가'가 울려 퍼질 때 배경 화면은 평화로운 정경이지만 우리의 현실 상황은 전혀 그렇지 못하는 데에서 시적 화자는 아이러니를 느낀다. 즉, '애국가'가 울려 퍼질 때의 화면 속 풍경은 실제 현실에는 존재하지 않는 이상화된 공간인 것이다. 따라서 그러한 상황을 묘사하는 화자의 어조는 신랄하고 비판적이다. 다시 말해 '애국가'의 현실을 인정하는 듯 하지만 잘 살펴보면 그것이 꾸며 낸 현실이고 어리석은 국민들을 지배하기 위한 우민화(愚民化) 정책에 의해 교묘하게 포장된 것임을 고발하고 있는 것이다.

시적 화자는 극장에 앉아 있다. 화면에는 '삼천리 화려 강산'을 떠나 자기들의 세상으로 날아가는 새들이 비치고, 화자는 이들의 모습을 바라보면서 현실을 벗어나고 싶어한다. 화자에게 있어서 극장에까지 와서 애국가를 들어야 하는 현실은 결코 '화려 강산'이 아니다. 결국, 이 시에서 애국가 경청 장면의 삽입은 애국심의 고취라는 애국가의 본래 의도와는 달리 현실에 대한 환멸과 냉소를 느끼게 할 뿐이다. 이러한 신성 모독은 반어(反語)적 효과를 불러일으키고 있다.

### 02 냉소적 어조

이 시의 화자는 극장에서 '애국가'를 경청하면서 국민들을 지배하기 위한 지배 이데올로기의 허위적인 모습을 생각하게 된다. 그는 이러한 문제를 제기하기 위해 '낄낄대며'라든지, '깔쭉대며'처럼 대단히 냉소적인 표현을 사용하고 있다. 이런 새들의 의성어는 애국가가 울려 퍼질 때의 아름답고 평화로운 정경에 대해 냉소적이고 비판적인 역할을 한다. '애국가'는 '우리의 현실은 아름답고 평화로우므로, 현실에 순응하면서 지내기'를 암묵적으로 강요한다. 시적 화자는 이러한 암묵적 강요에 대한 비판을 냉소적인 어조를 통해 독자에게 전달하고 있다.

### 03 '주저앉는다'의 의미

'주저앉는다'는 표현은 현실적 제약으로 인한 좌절을 의미하는 것으로, '애국가'가 진행되는 순간 시적 화자는 이 세상에서 벗어나 멀리 떠나고자 하지만 '애국가'가 끝나자 자리에 앉듯이 더 이상 자신의 이상을 추구하지 못한 채 현실에 좌절하고 마는 것이다. 즉, 현실적인 장애에 부딪쳐 어쩔 수 없이 다시 제자리에 머물러야 하는 안타까운 심정과 깊은 좌절을 담고 있는 것이다.

## 작품 2 너를 기다리는 동안 (새들도 세상을 뜨는구나, 1987년)

네가 오기로 한 그 자리에
내가 미리 가 너를 기다리는 동안
다가오는 모든 발자국은
내 가슴에 쿵쿵거린다.
바스락거리는 나뭇잎 하나도 다 내게 온다
기다려 본 적이 있는 사람은 안다
세상에서 기다리는 일처럼 가슴 에리는 일 있을까
네가 오기로 한 그 자리, 내가 미리 와 있는 이곳에서
문을 열고 들어오는 모든 사람이
너였다가
너였다가, 너일 것이었다가
다시 문이 닫힌다
사랑하는 이여
오지 않는 너를 기다리며
마침내 나는 너에게 간다
아주 먼 데서 나는 너에게 가고
아주 오랜 세월을 다하여 너는 지금 오고 있다
아주 먼 데서 지금도 천천히 오고 있는 너를
너를 기다리는 동안 나도 가고 있다.
남들이 열고 들어오는 문을 통해
내 가슴에 쿵쿵거리는 모든 발자국 따라
너를 기다리는 동안 나는 너에게 가고 있다

### ■ 핵심정리

▷ **갈래** 자유시, 서정시
▷ **성격** 서정적, 희망적, 감각적, 고백적
▷ **어조** 간절한 기다림과 희망이 나타난 어조
▷ **제재** 기다림
▷ **주제** 누군가를 기다리는 동안의 설레는 기대감과 만나고 싶은 의지
▷ **특징** ① 절실하고 안타까운 어조로 임에 대한 기다림을 형상화함
② 기다림의 과정 속에서 재회에 대한 희망과 의지를 드러냄

## 이해와 감상

### 1 짜임 분석
- 1~12행 – 너를 만나기로 한 곳에서 너를 기다림
- 13~22행 – 너에게 다가가며 너를 기다림

### 2 작품감상의 구조

| 구성 요소 | 구성 요소의 파악 | 그것이 지닌 의미·효과 | 주제와의 관련성 |
|---|---|---|---|
| 내용 요소 | ① 시적 화자 및 상황 | 시적 화자가 문을 바라보며 네가 오기를 간절히 기다리고 있다가 다시 너에게로 가고, 너도 나를 향하여 와서 만나기를 기원하였다. | 누군가를 기다리는 동안의 설레는 기대감과 만남에 대한 굳은 의지 |
| 형식 요소 | ① 의성어 | 발자국 소리의 의성어 '쿵쿵'을 가슴이 쿵쿵거리는 것으로 연결시켜 표현하여 네가 오는 것을 강조하여 표현했다. | |
| | ② 시의 구성 | 전반부(1~12행)은 너를 기다리는 마음이고, 후반부는 너를 만나기 위한 행동과 의지를 드러내었다. | |
| 표현 요소 | ① 상징 | ㉠ '너'는 사랑하는 연인이기도 하고, 암담한 시대 현실 속에서 민주·자유 등의 의미로 볼 수도 있다.<br>㉡ '문'은 네가 오는 통로이며, 기대와 기다림의 의미도 지닌다. | |
| | ② 반복 | 반복적 표현을 통해 화자의 의지를 강조하여 드러냈다. | |

### 3 감상의 길잡이

　이 시는 누군가를 기다리는 절실한 심정을 평범한 일상어를 통해 절묘하게 형상화하여 표현한 작품이다. 기다림이라는 것은 일방적인 것에 그치지 않고 너에게로 가는 능동적인 행위가 된다는 것을 '너를 기다리는 동안 나도 가고 있다'라는 구절을 통해 드러내고 있다. 이 시의 화자가 기다리는 것은 '오지 않는 너'이지만, 화자는 오히려 '너'에 대한 기다림을 설레는 기대감과 행복하고 충만한 심정으로 표현하고 있다. 이 작품은 이렇게 만남의 시간이 될 미래와, 기다림의 시간인 현재에 대하여 다 같이 축복을 내리고 있다. 아니, 어쩌면 정작 '너'를 만나게 될 미래보다도 그 미래를 기다리는 현재를 더 축복하고 있다고 해야 할지도 모른다. 현재라는 시간은 화자에게 있어서 '너'가 멀고 먼 곳에서 자신에게로 다가오고 있는 시간이며, 또한 '너를 기다리는 동안 나는 너에게 가고 있다.'라는 마지막 행에 나타나듯이, 이런 생각을 하며 기다리고 있는 화자가 '너'와 더 가까워지는 축복의 시간이기 때문이다.

## 중요 내용 정리

### 01 기다림의 대상 – '너'

이 시에서 화자가 절실하게 기다리는 '너'는 누구일까? 그것은 13행에 드러난 대로 사랑하는 연인일 수도 있으며, 작가가 작품의 후기에서 말한 것처럼 '민주, 자유, 평화, 숨결 더운 사랑'일 수도 있다. 그것은 반드시 있어야만 하는 소중한 것이지만, 현재에는 부재하는 어떤 것들, 즉 소망의 대상이라고 할 수 있다. 끝내 오지 않을지도 모를 '너'를 기다리는 행위는 실현되지 않을 미래에 대한 기대라는 점에서 비극적이고 절망적이지만, 「너를 기다리는 동안」의 '나'를 절망의 현재로부터 희망의 미래로 향하게 한다는 점에서 긍정적이다. 이런 점에서 이 시는 한용운의 「님의 침묵」이 보여 준 역설적인 깨달음처럼, 부재와 상실이라는 절망적 순간에서 오히려 희망을 건져 올리는 시라고 할 수 있다.

### 02 절망적 순간에서 찾은 희망

소망에 대한 기다림은 반드시 성취될 때만 소중한 것이 아니라, 「너를 기다리는 동안」의 초조와 절망 속에서 오히려 희망을 확인하게 되는 역설적인 것이다. 즉 오히려 너의 부재라는 절망적 순간에 나의 삶은 두근거리고 빛나는 것이 될 수 있는 것이다.

## 기출문제

※ (1 ~ 2) 다음 글을 읽고 물음에 답하시오.

(가)
어쩌자고 자꾸만 그리워지는
당신네들을 깨끗이 잊어버리고자
북에서도 북쪽
그렇습니다 머나먼 곳으로 와버린 것인데
산굽이 돌아 돌아 막차 갈 때마다
먼지와 함께 들이키기엔
㉠ 너무나 너무나 차거운 유리잔

– 이용악, 「막차 갈 때마다」

(나)
네가 오기로 한 그 자리에
내가 미리 가 너를 기다리는 동안
다가오는 모든 발자국은
내 가슴에 쿵쿵거린다
바스락거리는 나뭇잎 하나도 다 내게 온다.
기다려본 적이 있는 사람은 안다
세상에서 기다리는 일처럼 가슴 애리는 일 있을까

네가 오기로 한 그 자리, 내가 미리 와 있는 이곳에서
문을 열고 들어오는 모든 사람이
너였다가
너였다가, 너일 것이었다가
ⓒ 다시 문이 닫힌다
사랑하는 이여
오지 않는 너를 기다리며
마침내 나는 너에게 간다
아주 먼데서 나는 너에게 가고
아주 오랜 세월을 다하여 너는 지금 오고 있다
아주 먼데서 지금도 천천히 오고 있는 너를
너를 기다리는 동안 나도 가고 있다
남들이 열고 들어오는 문을 통해
내 가슴에 쿵쿵거리는 모든 발자국 따라
너를 기다리는 동안 나는 너에게 가고 있다.

着語 : 기다림이 없는 사랑이 있으랴. 희망이 있는 한, 희망을 있게 한 절망이 잇는 한. 내 가파른 삶이 무엇인가를 기다리게 한다. 민주, 자유, 평화, 숨결 더운 사랑. 이 늙은 낱말들 앞에 기다리기만 하는 삶은 초조하다. 기다림은 삶을 녹슬게 한다. 두부 장수의 필경 소리가 요즘은 없어졌다. 타이탄 트럭에 채소를 싣고 온 사람이 핸드 마이크로 아침부터 떠들어대는 소리를 나는 듣는다. 어디선가 병원에서 또 아이가 하나 태어난 모양이다. 젖소가 제 젖꼭지로 그 아이를 키우리라. 너도 이 녹 같은 기다림을 제 삶에 물들게 하리라.

— 황지우, 「너를 기다리는 동안」

1. **(가)와 (나)의 밑줄 친 부분과 관련하여 아래의 빈칸을 완성하시오. [4점]**  2008년 기출 21번

| '유리잔'과 '문'의 공통적 기능 | |
|---|---|
| ㉠과 ㉡의 시적 의미 | ㉠ |
| | ㉡ |

### 출제기관 채점기준

※ 점수 부여
   2점 – '공통적 기능'과 '객관적 상관물'이 모두 맞으면 각각 1점
   2점 – ㉠, ㉡의 시적 의미가 각각 맞으면 각각 1점

### 예상답안

| '유리잔'과 '문'의 공통적 기능 | 시적 화자의 정서(절망, 좌절)를 간접적으로 환기하여 드러내기 위해 제시한(= 효과적으로 표현하기 위한) 객관적 상관물 | |
|---|---|---|
| ㉠과 ㉡의 시적 의미 | ㉠ | 고향에 갈 수도 없고, 고향을 잊을 수도 없는 괴로운 마음 |
| | ㉡ | 간절한 기다림이 허사로 돌아가 버린 절망적 심정 |

> **참고** 막차 갈 때마다 (이용악집, 1949년)
>
> 어쩌자고 자꾸만 그리워지는
> 당신네들을 깨끗이 잊어버리고자
> 북에서도 북쪽
> 그렇습니다. 머나먼 곳으로 와 버린 것인데
> 산굽이 돌아 돌아 막차 갈때마다
> 먼지와 함께 들이켜기엔
> 너무나 너무나 차가운 유리잔.

**2.** 다음은 경호가 (나)를 읽고 쓴 감상문이다. 이 감상문에서 부적절한 <u>두 곳</u>을 찾아 지도해야 할 내용을 〈조건〉에 따라 쓰시오. [4점]   2008년 기출 22번

〈조건〉
작품에 대한 해석 부분에 초점을 맞출 것

> 문학의 가치가 일상적인 경험이나 생활을 환기하는 차원으로 한정된다면 그 의미는 반감될 수밖에 없다. 문학은 우리가 발 디디고 서 있는 이 사회를 충실하게 그려내는 기능도 담당한다. 황지우의 이 시도 그런 면에서 사회적 의미를 찾을 수 있다. 특히 '착어'를 보면 작가의 그러한 의도를 짐작할 수 있다.
> '착어'에서는 '민주, 자유, 평화, 숨결 더운 사랑' 등을 '늙은 낱말들'이라고 언급하고 있다. '늙은 낱말들'은 시를 읽어 보면 오랜 세월을 다하여 먼 데서 천천히 오고 있는 대상임을 알 수 있다. 이제는 늙어버려서 효용 가치가 떨어진 대상이며 구시대의 산물이므로 시적 화자에게는 더 이상 기다림의 대상이 될 수 없다. 그래서 시적 화자는 '절망'을 이야기하고 '녹 같은 기다림'을 언급한다.
> 황지우 시인은 섬세한 감각을 현실 비판적인 작품 속에 적절히 결합하고 있는 시인으로 평가받고 있다. 시 '너를 기다리는 동안'도 이러한 작품 경향의 연장선 상에 놓이므로, '숨결 더운 사랑'은 민주, 자유, 평화와 유사한 성격을 가진 시어로 보아야 한다. 인간의 따뜻한 정서가 살아 숨쉬는 사회, 개인과 개인 간의 뜨거운 사랑으로 '숨결 더운 사랑'을 해석하는 것은 적절하지 않다.

### 출제기관 채점기준

※ 점수 부여
  2점 - '늙은 낱말들'에 대한 부적절한 해석과 그 지도 내용이 맞으면 각각 1점
  2점 - '숨결 더운 사랑'에 대한 부적절한 해석과 그 지도 내용이 맞으면 각각 1점

### 예상답안

① '늙은 낱말들'이 효용 가치가 떨어졌거나 구시대의 산물이므로 더 이상 기다림의 대상이 아니라는 부분이 부적절한데, 이것은 오래 기다려 왔다는 의미이며, 그것이 아직 이루어지지 않은 것이므로 우리 사회가 앞으로도 계속 지향하고 추구해야 할 가치임을 지도한다.

② '숨결 더운 사랑'을 따뜻한 정서가 살아 숨쉬는 사회, 개인과 개인 간의 사랑으로 해석할 수 없다는 부분이 부적절한데, 이것은 사회적 사랑의 의미도 있지만, 인간의 정이나 개인 간의 사랑의 의미를 지니는 것으로도 파악할 때, 함축적 의미가 잘 살아나며 작품을 다양한 관점에서 감상할 수 있음을 지도한다.

## 작품 3 무등 (겨울-나무로부터 봄-나무에로, 1985년)

山
절망의산,
대가리를 밀어버
린, 민둥산, 벌거숭이산
분노의산, 사랑의산, 침묵의
산, 함성의산, 증인의산, 죽음의산,
부활의산, 영생하는산, 생의산, 희생의
산, 숨가쁜산, 치밀어오르는산, 갈망하는
산, 꿈꾸는산, 꿈의산, 그러나 현실의산, 피의산,
피투성이산, 종교적인산, 아아너무나너무나 폭발적인
산, 힘든산, 힘센산, 일어나는산, 눈뜬산, 눈뜨는산, 새벽
의산, 희망의산, 모두모두절정을이루는평등의산, 평등한산, 대
지의산, 우리를감싸주는, 격하게, 넉넉하게, 우리를감싸주는어머니

### ■ 핵심정리

▷ **갈래** 자유시, 서정시
▷ **성격** 실험적, 현실 비판적
▷ **어조** 반복적, 희망적 어조
▷ **제재** 무등산(無等山)
▷ **주제** 역사적 공간으로서의 무등산과 무등산을 통해 바라본 밝은 미래

## 이해와 감상

### 1 감상의 길잡이

이 시는 5·18 광주 민주화 운동의 뜨거운 외침과 아픔을 내포하고 있는 '무등산'을 제재로 한 작품이다.

우선 이 시는 산의 모습처럼 시어를 삼각형으로 배열함으로써 독특한 시각적 효과를 주고 있다. 그러나 이 시에서 삼각형의 독특한 형태는 형태 자체만으로 의미를 지니는 것은 아니다. 제목 '무등'과 첫 행의 '山'이라는 시어를 통해 독자는 시인이 단순히 산의 아름다움이나 그것의 철학적 의미를 이야기하려는 것이 아니라, 현대사 속에서 쟁점이 되었던 역사적 공간으로서의 무등산을 이야기한다는 것을 감지할 수 있다. 즉 이 시는 우리의 현재적 삶과 관련된 역사적 공간으로서 무등산의 다양한 의미를 특이한 행의 배열을 통해 표현하고 있다.

시행의 점층적 확장과 함께 무등산의 이미지가 앞부분에서는 역사적 질곡으로 인한 절망적인 내용(절망의산, 민둥산, 벌거숭이산, 분노의산)으로 드러나 있다. 그러나 뒷부분으로 가면서 민중의 역사적 힘과 희망에 가득 찬 미래에 대한 전망을 제시하는 내용(폭발적인산, 힘센산, 일어나는산, 눈뜨는산, 희망의산, 평등의산)으로 발전하고 있다. 앞부분에서 부정적 이미지를 담고 있다가 10행부터 민중의 역사적 힘과 희망에 가득한 미래에 대한 전망을 제시하여 긍정적인 이미지로 드러내는 것을 통해 모든 아픔과 상처를 감싸 안는 어머니로서의 산의 이미지를 부각시키고 있다.

이 시는 상투화된 서정시의 오랜 경직성에 대해 혁명적인 도전을 감행했던 황지우의 실험 정신을 잘 보여 주는 작품 중의 하나이다.

## ▰ 중요 내용 정리

### 01 표현상의 특징

이 시는 인간과 관련된 산의 다양한 의미를 특이한 시행의 배열을 통해 표현하고 있는데, 시행들이 만들어 내는 삼각형은 산의 모습을 보여 줌으로써 독특한 시각적 효과를 준다. 시 특유의 음악성을 통해 순간의 고양된 감정을 느끼게 한다. '~산'의 계속되는 반복과 절박하고 숨가쁜 호흡이 느껴지게 하는 단어 배열로 최면 효과를 준다. 시가 고도의 형식미를 갖춘 문학의 갈래라는 것을 예로 보여줄 수 있는 작품이다

### 02 구체시

이 시는 이른바 구체시, 즉 시 본문의 글자를 구체적인 형상을 닮은 형태로 배열함으로써 주제를 드러내는 형식의 시이다. 이 시의 본문은 글자의 배열 형태를 통해서도 산이라는 제재를 시각화하고 있다. 사실 황지우의 첫 시집 『새들도 세상을 뜨는구나』(1983)에는 구체시가 많이 실려 있다. 구체시의 형식은 한 편의 시가 그 자체로서 시각적인 통일체로 인식되어 독자의 주의를 끈다는 점이 특징이다. 시인은 이 시에서 무등산에 대해 수많은 명사구를 병렬하고 있다. 쉼표로 나누어진 이 수많은 시구들은 '산'으로 끝나는 대등한 명사구이다.

## 작품 4 | 겨울 – 나무로부터 봄 – 나무에로 (겨울 – 나무로부터 봄 – 나무에로, 1985년)

나무는 자기 몸으로
나무이다.
자기 온몸으로 나무는 나무가 된다
자기 온몸으로 헐벗고 영하(零下) 십삼 도
영하 이십 도 지상(地上)에
온몸을 뿌리박고 대가리 쳐들고
무방비의 나목(裸木)으로 서서
두 손 올리고 벌받는 자세로 서서
아 벌받은 몸으로, 벌받는 목숨으로 기립(起立)하여, 그러나
이게 아닌데 이게 아닌데
온 혼(魂)으로 애타면서 속으로 몸 속으로 불타면서
버티면서 거부하면서 영하에서
영상(零上)으로 영상 오 도 영상 십삼 도 지상으로
밀고 간다, 막 밀고 올라간다
온몸이 으스러지도록
으스러지도록 부르터지면서
터지면서 자기의 뜨거운 혀로 싹을 내밀고
천천히, 서서히, 문득, 푸른 잎이 되고
푸르른 사월 하늘 들이받으면서
나무는 자기의 온몸으로 나무가 된다
아아, 마침내, 끝끝내
꽃피는 나무는 자기 몸으로
꽃피는 나무이다

### ■ 핵심정리

- **갈래** 자유시, 서정시
- **성격** 의지적, 상징적, 예찬적
- **주제** 시련과 고통을 극복해 가는 나무의 생명력
- **특징** ① 상징적, 대립적 시어로 시대 현실을 대변함
  ② 계절의 순환이라는 자연 현상을 통해 주제를 형상화함

### 이해와 감상

#### 1 짜임 분석

- 1~3행 – 나무의 자립성, 강인한 생명력
- 4~9행 – 나무가 겪는 고난과 시련의 현실 상황
- 10~20행 – 생명력을 실현하기 위한 나무의 의지
- 21~23행 – 시련을 이기고 꽃을 피우는 나무

### ② 감상의 길잡이

　이 시에서 '겨울 나무'는 고난과 시련을 겪고 있는 상태를, '봄 나무'는 이를 극복한 생명력 넘치는 상태를 의미하고 있다. 화자는 '겨울 나무'로부터 '봄 나무'로의 변화를 자기가 속한 상황의 부정을 통한 변화로 파악하고, 그 극복의 과정을 상승과 역동의 이미지로 표현하고 있다. 그리고 이를 통해 '봄'은 겨울을 극복하고 쟁취한 굳은 의지의 산물임을 드러내고 있다. 이 시가 1980년대의 억압의 시대에 창작되었음을 감안할 때, 이 시에서의 겨울과 영하의 땅은 현실을 상징한다고 볼 수 있겠다. 그것도 아주 고통스럽고 열악한, 모든 생명들을 죽게 만드는 고난의 현실을 상징한다. 나무라는 생명체의 삶을 억압하고 수고하는 현실을 상징하는 것으로 판단할 수 있으며, 그 억압을 이기고 꽃을 피우는 나무는 역사 속의 민중이나 민중의 생명력을 상징하는 것으로 볼 수 있겠다.

　이 작품은 상승적·역동적 이미지와 상징적·대립적 시어를 활용하여, 계절이 순환함에 따라 겨울 나무가 봄 나무로 변화하는 과정을 형상화한 시이다. 이를 통해 부정적 현실 속에서 화자 자신이 지니고자 하는 의지적 삶의 태도를 노래하였다. 이 시에서의 나무는, 봄이 되면 당연히 꽃을 피우는 수동적인 존재가 아니라 겨울을 이겨 내고 스스로 싹과 잎과 꽃을 피워 내는 주체적이고 자율적 의지를 지닌 존재이다. 부정적 현실은 강인한 생명력을 가지고 혹독한 자기 시련과 치열한 고뇌의 과정을 이겨 내야만 극복될 수 있다는 믿음이 바탕에 깔려 있다.

## ▣ 중요 내용 정리

### 01 '겨울 – 나무'와 '봄 – 나무' 표기의 효과

　'겨울 – 나무'라는 표기는, '겨울 / 나무' 혹은 '겨울과 나무' 등의 표기와 비교하면 겨울과 나무를 완전히 단절시키지 않는다는 것을 알 수 있다. 줄표를 넣음으로써 나무와 계절 간에 새로운 관계를 설정한다. 그것이 바로 나무가 겨울로부터 고통을 받는 한편, 겨울로 인해서 봄 나무가 성장할 수 있게 된다는 나무와 계절 간의 역설적 관계이다.

　'봄 – 나무'라는 표기는, 봄과 나무 사이에 줄표를 넣음으로써 '봄이 되어 나무가 꽃을 피우는 것'이라는 일상적 인식을 해체하고 나무가 꽃을 피운 것은 겨울을 견뎌 냈기 때문이라는 생각을 드러낸다. 이런 생각은 '꽃피는 나무는 자기 몸으로 / 꽃피는 나무이다'라고 표현된다.

### 02 연 구분을 하지 않아 얻는 효과

　이 시를 연 구분을 했다면 겨울 나무와 봄 나무가 각기 다른 연이 되었을 것이다. 그렇게 되면 겨울 나무와 봄 나무가 명확히 구분된다. 그런데 시인은 겨울 나무와 봄 나무가 구분될 수 있는 지점인 12행과 13행에서 연 구분을 하지 않고, 4행부터 14행까지를 하나의 문장으로 처리했다.

　이렇게 겨울 나무와 봄 나무를 분명하게 나누지 않은 것은 겨울이 조금씩 변해서 어느새 봄이 되듯이, 인간도 힘든 현실을 견디며 극복하려 노력하다 보면 어느 순간 소망하는 현실을 맞이하게 된다는 것을 말하고자 한 것이다. 또한 시를 읽으며 현실에 대한 저항과 극복이 연속성을 띠고 있다고 느끼게 된다.

### 03 화자의 현실 대응 방식

　겨울에 헐벗은 나무가 겨울의 온갖 고통을 이기고 봄에 꽃을 피우기까지의 과정을 통해 나무의 강인한 생명력을 그리고 있다. '겨울'은 1980년대의 독재 시대를, '봄'은 이런 부정적 현실이 극복된 시기를 상징한다. 또한 영하의 추위를 이겨 내는 강인한 생명력을 지닌 나무는 외적 시련에도 굴하지 않고 현실의 시련을 이겨내는 인간의 모습을 의미한다. 화자는 독립적이고 생명력이 강한 나무가 봄을 쟁취하며 꽃을 피워내는 모습을 통해 인간 역시 현실에 적극적으로 대처하여 소망하는 자유와 민주의 세상을 앞당기자고 말하고 있다.

### 04 '나무'와 '인간'의 은유 관계

겨울에 헐벗은 몸으로 고통을 당하는 나무는 스스로의 힘으로 싹을 내밀고 꽃을 피우는 봄 나무가 된다. 겨울이 영하의 날씨로 나무에게 시련을 주듯이 부정적인 현실도 인간에게 고통을 준다. 나무가 고통을 견디어 내고 꽃을 피우듯이 인간도 부정적인 현실을 극복하면서 성장한다. 겨울과 부정적인 현실은 시련을 상징함과 동시에 성장의 동력이라는 점에서 서로 닮았다. 이러한 유사성으로 인해 나무와 겨울이 맺는 관계와 인간과 부정적 현실이 맺는 관계는 은유 관계에 놓일 수 있다.

### 05 표현상의 특징

① 잦은 쉼표의 사용 : 쉼표에 의해 긴 문장의 중간중간에 호흡을 끊어 급박한 느낌을 준다.
② 시구의 반복 : 같은 시구를 반복하거나 변용하여 사용함으로써 운율을 형성한다.
③ 의도적인 만연체 사용 : 운율을 형성하면서 시적 의미를 강화한다.

## 예상문제

※ (1~2) 다음 작품을 읽고 물음에 답하시오.

> 나무는 자기 몸으로
> 나무이다
> 자기 온몸으로 나무는 나무가 된다
> 자기 온몸으로 헐벗고 영하 13도
> 영하 20도 지상에
> 온몸을 뿌리박고 대가리 쳐들고
> 무방비의 나목(裸木)으로 서서
> 두 손 올리고 벌 받는 자세로 서서
> 아 벌 받은 몸으로, 벌 받는 목숨으로 기립하여, 그러나
> 이게 아닌데 이게 아닌데
> 온 혼(魂)으로 애타면서 속으로 몸속으로 불타면서
> 버티면서 거부하면서 영하에서
> 영상으로 영상 5도 영상 13도 지상으로
> 밀고 간다, 막 밀고 올라간다
> 온몸이 으스러지도록
> 으스러지도록 부르터지면서
> 터지면서 자기의 뜨거운 혀로 싹을 내밀고
> ㉮ 천천히, 서서히, 문득, 푸른 잎이 되고
> 푸르른 사월 하늘 들이받으면서
> 나무는 자기의 온몸으로 나무가 된다
> ㉯ 아아, 마침내, 끝끝내
> 꽃 피는 나무는 자기 몸으로
> 꽃 피는 나무이다.
>
> — 황지우, 「겨울 – 나무로부터 봄 – 나무에로」

1. 〈보기〉는 김 교사가 위의 시 ㉮과 ㉯의 구절을 교수·학습하기 위해 정리한 자료이다. 〈보기〉의 ㉠, ㉡에 각각 적절한 단어를 제시하시오. [2점]

―〈보기〉―

㉮의 '천천히', '서서히'는 '싹'이 '잎'이 되는 데 ( ㉠ )이/가 필요함을 드러내며 ㉯는 '자기의 온몸으로'가 '자기 몸으로 꽃 피는' 것으로 비약하는 것에 대한 정서적 반응이다.
㉮와 ㉯는 모두 앞과 뒤에 배치 된 시상의 진행을/를 의도적으로 ( ㉡ )시켜 화자의 감정과 인식에 독자가 주목하게 하는 효과가 있다.

### 예상답안

㉠ 긴(오랜) 시간, ㉡ 지연

2. 위 시의 형식(표현)상의 특징 및 그 효과를 4가지 제시하시오. [4점]

> **예상답안**
> ① 위의 시는 '나무'를 의인화하여 나무가 겨울을 견디는 강인한 의미와 함께 나무에 대한 정서적 동질감을 잘 드러냈다.
> ② '자기 몸으로', '자기 온몸으로' 등에서 유사한 형태의 구절을 반복하여 의미를 스스로 극복하는 의미를 강조하고 있다.
> ③ '겨울'에서 '봄'으로 계절의 순환이라는 자연 현상을 활용하여 변화와 극복이라는 주제를 나타내고 있다.
> ④ '영상-영하', '무방비의 나목-꽃피는 나무'라는 대립적 시어를 사용하여 시대 현실을 반영하고 있다.
> ⑤ '그러나'를 기점으로 수난에서 극복으로 시상의 전환이 일어나며 대상의 변화가 나타난다.

## 작품 5 한국생명 보험회사 송일환 씨의 어느 날 (새들도 세상을 뜨는구나, 1983년)

1983년 4월 20일, 맑음, 18℃

토큰 5개 550원, 종이컵 커피 150원, 담배 솔 500원, 한국 일보 130원, 자장면 600원, 미스 리와 저녁 식사하고 영화 한 편 8,600원, 올림픽 복권 5장 2,500원.

표를 주워 주인에게 돌려
준 청과물상 金正權(46)

령=얼핏 생각하면 요즘
세상에 趙世衡같이 그릇된

셨기 때문에 부모님들의 생
활 태도를 일찍부터 익혀 평

가하는 것이 더욱 중요한 것
이다. (李元柱 군에게) 아

임감이 있고 용기가 있으니
공부를 하면 반드시 성공

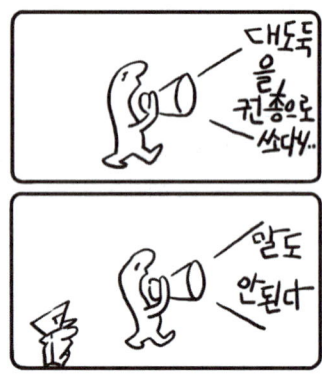

대도둑은 대포로 쏘라

- 안의섭, 「두꺼비」

(11) 第 10610 號
▲ 일화15만엔(45만원) ▲ 5.75캐럿물방울다이아1개(2천만원) ▲ 남자용파텍시계1개(1천만원) ▲ 황금목걸이5돈쭝1개(30만원) ▲ 금장로렉스시계1개(1백만원) ▲ 5캐럿에머럴드반지1개(5백만원) ▲ 비취나비형브로치2개(1천만원) ▲ 진주목걸이꼰것1개(3백만원) ▲ 라이카엠5카메라1대(1백만원) ▲ 청자도자기3점 (싯가미상) ▲ 현금(2백50만원)

너무 巨하여 귀퉁이가 안 보이는 灰(회)의 왕궁에서 오늘도 송일환 씨는 잘 살고 있다. 생명 하나는 보장되어 있다.

## ■ 핵심정리

▷ **갈래** 자유시, 서정시
▷ **갈래** 모더니즘시, 실험시, 해체시
▷ **성격** 감각적, 반어적, 비판적
▷ **제재** ① 1983년 4월 20일자 신문 기사
　　　 ② 송일환씨의 하루 생활비 내역

▷ **주제** 소외와 단절을 조장하는 현대 사회의 모순과 부조리에 대한 비판
▷ **특징** ① 현실적 소재를 가공하지 않고 그대로 시어로 채택
　　　 ② 콜라주(collage, 근대 미술에서 화면에 종이, 인쇄물, 사진 따위를 오려 붙이고 일부에 가필하여 작품을 만드는 일) 기법의 사용

## 이해와 감상

### ① 짜임 분석

- 1연 – 대도 조세형이 붙잡힌 날
- 2연 – 송일환 씨가 하루 쓴 생활비 내역
- 3~8연 – 신문 기사의 짜깁기
- 9연 – 대도둑(조세형)이 훔친 물건 목록과 생명 하나만 보장된 서민의 삶

## ② 감상의 길잡이

　이 시는 한 평범한 월급쟁이의 하루를 간략하게 요약해서 보여 준다. 이 시에는 일상적인 하루를 설명하는 언어가 등장하고 있다. '토큰', '종이컵 커피', '담배 솔', '한국일보', '자장면' 등은 그동안 시어로 보기 어려운 것들이었다. 또한 만화 2컷이 그대로 시에 들어와 있다. 대도 조세형이 훔친 물건 목록은 신문에서나 등장할 법한 내용이지 시에는 걸맞지 않은 듯하다. 하지만 이 시는 평범한 일상인의 눈에 띄는 것들을 그대로 제시하고 있다. 이처럼 각종 기호, 그림, 만화, 신문 기사 등을 결합하는 기법은 당시로서는 기존 시의 경계를 넘어서는 새로운 방식이었다. 이런 방식을 통해 이 시는 평범한 시민의 일상을 그대로 보여주기만 하는 것이 아니라, 평범한 시민의 눈이 머무는 곳을 중심으로 우리의 일상적인 삶의 모습을 다시금 관찰하면서 새롭게 해석할 것을 요구하고 있다.

　전통적 시 형식을 파괴한 해체시로 이제까지 시인들이 써 온 언어는 더 이상 발화의 수단이 되지 못한다는 언어의 위기 의식을 반영하고 있는 작품이다. 해체시 계열의 작품들은 이제까지 고상한 시어의 주변에 맴돌고 있던 모든 상징 기호들을 과감히 시의 중심부에 위치시킨다. 이 시에서는 신문 기사(만화를 포함하여)까지도 시인의 편집 과정을 거쳐 시어로 채택되고 있다.

## ■ 중요 내용 정리

### 01 실험적 기법을 통한 부조리한 사회 현실 풍자

　우선 한국생명보험회사 송일환 씨가 하루 동안에 쓴 생활비 내역과 대도둑이 훔친 현금, 귀금속류 목록이 선명한 대조를 이루는 것이 눈에 띈다. 이를 통해 우리 사회가 안고 있는 경제적 불평등 문제를 환기시키고 있다.

　이 시는 전통적인 시의 형식을 깨뜨리고 있다. 특히 종이, 인쇄물, 사진 등을 올려 붙이고 일부에 가필(加筆)하여 구성하는 미술 기법인 콜라주 기법을 활용하고 있다.

　3연에서 7연까지는 신문 기사를 스크랩하는 과정에서 의도적으로 첫머리와 끝머리 일부를 배제한 것으로 보인다. 내용이 완결되지 않고 문맥도 통일성이 없어 도무지 조리에 맞지 않으며, 부분과 부분이 단절된 느낌을 준다. 신문 기사의 글자를 빠트린 것은 송일환 씨가 기사를 주의 깊게 보지 않았음을 드러내기 위해서이다. 이 역시 부조리한 현실 상황을 드러내기 위한 의도로 시인이 재배열해 넣은 것으로 볼 수 있다. 8연에서는 안의섭의 '두꺼비'라는 만화가 인용되고 있는데, 여기서 비판의 초점은 훔친 사람이 '대도둑'이라기보다는 그러한 도둑을 탄상하게 한 사회의 모순과 부조리에 맞춰져 있다. 만화 작품에서 대도둑을 비판하기 보다는 대도둑을 잡은 쪽을 비판하고 있기 때문이다. 그리고 '말도 안 된다'는 만화 속 등장인물('두꺼비')의 외침은 현대 사회의 모순 구조, 부조리를 질타하는 목소리다. 대도둑은 거물들의 집만 골라 귀금속류를 훔쳤으나 만일 집에 보관하고 있던 현금과 귀금속류를 도둑맞은 거물들이 정당하지 못한 방법으로 재산을 불린 부정 축재자라면 그들 또한 대도둑일 것이다. 이를 통해 이 시는 큰 파장을 일으키며 의미의 확장을 가져 온다.

### 02 황지우의 시 세계

　1980년대의 시는 민중시와 형태 파괴시라는 두 가지 흐름에 의해 주도되었다고 할 때, 그 두 가지 흐름을 하나로 통합시키며 독자적인 시 세계를 구축하는 데 성공한 이가 황지우 시인이다. 그는 냉철한 현실 인식과 섬세한 서정성을 바탕으로 민중시 운동이 부분적으로 드러내고 있던 극단적인 이념 추구 방향뿐 아니라, 순수시의 정서적 안일성까지도 극복의 대상으로 삼고 다양한 실험적 기법을 사용, 언어의 힘을 최대로 활용함으로써 해체시의 틀을 제시하였다.

## 예상문제

※ (1~4) 다음 작품을 읽고 물음에 답하시오.

(가)
　　아이들이 큰 소리로 책을 읽는다.
　　나는 물끄러미 그 소리를 듣고 있다.
　　한 아이가 소리내어 책을 읽으면
　　딴 아이도 따라서 책을 읽는다.
　　청아한 목소리로 꾸밈없는 목소리로
　　㉠"아니다 아니다!" 하고 읽으니
　　"아니다 아니다!" 따라서 읽는다.
　　"그렇다 그렇다!" 하고 읽으니
　　"그렇다 그렇다!" 따라서 읽는다.
　　외우기도 좋아라 하급반 교과서
　　활자도 커다랗고 읽기에도 좋아라.
　　목소리도 하나도 흐트러지지 않고
　　한 아이가 읽는 대로 따라 읽는다.

　　이 봄날 쓸쓸한 우리들의 책 읽기여
　　우리 나라 아이들의 목청들이여.
　　　　　　　　　- 김명수, 「하급반 교과서」, 『하급반 교과서』(1983)

(나)
　1983년 4월 20일, 맑음, 18℃

　토큰 5개 550원, 종이컵 커피 150원, 담배 솔 500원, 한국 일보 130원, 자장면 600원, 미스 리와 저녁 식사하고 영화 한 편 8,600원, 올림픽 복권 5장 2,500원.

　　표를 주워 주인에게 돌려
　　준 청과물상 金正權(46)

　　령=얼핏 생각하면 요즘
　　세상에 趙世衡같이 그릇된

　　셨기 때문에 부모님들의 생
　　활 태도를 일찍부터 익혀 평

　　가하는 것이 더욱 중요한 것
　　이다. (李元柱 군에게) 아

임감이 있고 용기가 있으니
공부를 하면 반드시 성공

대도둑은 대포로 쏘라

– 안의섭, 두꺼비

(11) 第 10610 號
▲ 일화15만엔(45만원) ▲ 5.75캐럿물방울다이아1개(2천만원) ▲ 남자용파텍시계1개(1천만원) ▲ 황금목걸이5돈종1개(30만원) ▲ 금장로렉스시계1개(1백만원) ▲ 5캐럿에머럴드반지1개(5백만원) ▲ 비취나비형브로치2개(1천만원) ▲ 진주목걸이끈것1개(3백만원) ▲ 라이카엠5카메라1대(1백만원) ▲ 청자도자기3점(싯가미상) ▲ 현금(2백50만원)
ⓒ 너무 巨하여 귀퉁이가 안 보이는 灰(회)의 왕궁에서 오늘도 송일환 씨는 잘 살고 있다. 생명 하나는 보장되어 있다.

– 황지우, 「한국생명 보험회사 송일환 씨의 어느 날」, 『새들도 세상을 뜨는구나』(1983)

1. (가)의 ㉠과 가장 대조적인 삶이 드러난 연을 (나)에서 찾아 각각의 의미를 밝히고, (가)에서 비판하는 상황을 (나)에서 가장 적절하게 표현한 시어를 찾아 제시하시오. [2점]

> **예상답안**

① (나)의 9연 : (가)의 ㉠은 비판 의식 없이 획일적으로 살아가는 서민들의 삶의 모습이고, (나)의 9연은 부유층의 삶의 모습을 제시한 것이다.
② 灰(회)의 왕궁

2. (나)에서 가장 두드러지게 나타난 표현 기법을 밝히고, 그와 관련지어 아래 표에 제시한 (나)의 각 부분을 제시한 의도를 각각 밝히시오. [4점]

### 예상답안

(나)는 신문 기사, 삽화 등 다양한 자료를 오려 붙여 시대상을 제시한 콜라쥬 기법을 사용했음

| 연 | 제시한 의도 |
|---|---|
| 1연 | ① 일기 형식을 통해 구체적 시대 배경과 그 배경의 현장감을 살림<br>② 18도는 욕설로 부정적 현실에 대한 조롱의 의미를 담음 |
| 3연~7연 | 신문 기사를 통해 1980년대의 시대상을 드러내기 위해 |
| 8연 | 삽화를 인용하여 표면으로는 조세형을, 이면으로는 부정 축재한 인물들을 비판하려고 했음 |

**3.** (나)의 ㉡에 나타난 표현의 특징을 모두 찾아 구체적으로 밝히고, 각각 그 효과를 밝히시오. [4점]

### 채점기준

※ 점수 부여
  4점 - 아래와 같이 표현과 그 효과가 맞으면 각각 1점

### 예상답안

① 회의 왕궁 : 상징 - 부정과 비리들로 혼탁한 당대 현실을 의미하며 부조리한 현실에 대한 비판의 의미를 효과적으로 드러내었다.
② 너무 튼하여 귀퉁이가 안 보이는 : 역설 - 부조리와 모순의 규모가 너무 거대하여 그 끝을 알 수 없다는 모순을 통해 부조리한 현실을 강조하여 표현했다.
③ 잘 살고 있다. : 반어 - 부조리한 현실 속에 서민들이 힘겹게 살아가는 현실을 반대로 표현하여 힘겹게 살아가는 서민들의 삶을 강조했다.
④ 잘 살고 있다 ~ 생명 하나는 보장되어 있다. : 역설 - 잘 사고 있는 것이 겨우 생명 하나만 보장된 것으로 모순되게 제시하여 생명 외에는 아무 것도 보장 받지 못한 현실을 강조하여 드러냈다.

**4.** (가)와 (나)의 구체적 내용을 바탕으로 '풍자의 원리'에 따라 비교하여 공통점 4가지와 차이점 1가지를 밝히시오. [10점]

### 예상답안

(가)에서 풍자의 대상은 모든 언론을 획일화 시켜가는 정치와 그것에 순응하는 서민들이며, (나)에서는 비리와 부정이 많은 부조리한 정치 현실인데, 풍자가(시적 화자)는 이러한 현실보다 정신적으로 우위에서 현실을 그려냈다. (가)에서 풍자의 대상은 모든 언론을 획일화 시켜가는 정치와 그것에 순응하는 서민들이며, (나)에서는 비리와 부정이 많은 부조리한 정치 현실인데, 풍자가(시적 화자)는 이러한 현실에 대해 모두 비판성, 공격성을 드러내고 있어서 풍자가와 대상이 구분된다. (가)에서 풍자의 대상은 모든 언론을 획일화 시켜가는 1980년대의 정치와 그것에 순응하는 서민들이며, (나)에서는 비리와 부정이 많은 1980년대의 부조리한 정치 현실인데, 풍자가는 이와 같이 부조리하거나 모순된 시대 상황을 대상으로 하고 풍자는 이러한 혼란한 현실을 담는다. (가)에서 풍자의 대상은 모든 언론을 획일화 시켜가는 정치와 그것에 순응하는 서민들이며, (나)에서는 비리와 부정이 많은 부조리한 정치 현실인데, 풍자가(시적 화자)는 이러한 현실을 개선하기 위한 의도로 이 작품을 쓴 것이다. (가)에서 획일적인 언론과 독재현실을 독자가 알 수 있게 표현했고, (나)에서 부조리한 현실을 신문 내용을 오려 붙이듯 제시하여 독자가 알 수 있게 제시하여 풍자가의 지적 수준은 모두 평범한 것으로 볼 수 있다.

그러나 풍자가는 현실의 잘잘못에 대한 가치를 직접 드러내지 않는데 (가)의 경우 '이 봄날 쓸쓸한' 부분에서 풍자가 획일화된 현실에 대한 부정적 인식을 직접 드러냈지만, (나)의 경우 부조리한 현실에 대한 부정적 인식을 직접 드러내지 않았다(부분적으로 드러나도 상징으로 표현되었음)는 점은 차이점이다.

## 도종환 (都鍾煥)

1954 ~
시인. 충북 청주 출생

▷ **작가의 특징**
1. 1984년 동인지 ≪분단 시대≫를 통해 작품 활동을 시작했다.
2. 그의 시는 풍요로운 서정성을 바탕으로 버림받은 것들이 가지는 참다운 가치를 일깨워 준다.
3. 죽음이란 소재에 함몰되지 않고 자신의 삶에 대한 통찰과 주변 이웃의 어려움에 대한 각성을 시로 표현했다.

▷ **주요 작품**
시집:『고두미 마을에서』,『접시꽃 당신』,『지금 비록 너희 곁을 떠나지만』,『당신은 누구십니까』 등

### 작품 1  흔들리며 피는 꽃 (사람의 마을에 꽃이 진다, 1994년)

흔들리지 않고 피는 꽃이 어디 있으랴
이 세상 그 어떤 아름다운 꽃들도
다 흔들리면서 피었나니
흔들리면서 줄기를 곧게 세웠나니
흔들리지 않고 가는 사랑이 어디 있으랴

젖지 않고 피는 꽃이 어디 있으랴
이 세상 그 어떤 빛나는 꽃들도
다 젖으며 젖으며 피었나니
바람과 비에 젖으며 꽃잎 따뜻하게 피웠나니
젖지 않고 가는 삶이 어디 있으랴

## ■ 핵심정리

▷ **갈래** 자유시, 서정시
▷ **성격** 관조적, 명상적
▷ **제재** 꽃
▷ **주제** ① 시련과 역경 속에 완성되는 사랑과 삶
② 고난과 역경을 끌어안고 가는 삶

## 이해와 감상

### 1 짜임 분석
- 1연 – 시련 속에 이루어가는 사랑
- 2연 – 시련 속에 이루어가는 삶

### 2 감상의 길잡이

흔들리거나 젖지 않고 피는 꽃은 없다고 시인은 말한다. 여기서 흔들린다는 것은 결실을 이루기까지 걸어야 하는 힘난한 길을 뜻한다. 2연에서는 흔들림 대신 비바람에 젖음을 고난으로 표현하여 고난 없이 피는 꽃은 없다는 것을 강조하고 있다. 어떤 아름다운 꽃도 어떤 아름다운 사랑도 흔들리지 않고 결실을 맺는 것은 없고 비바람에 젖지 않고 갈 수는 없다. 더

나아가 꽃이 수없이 많은 흔들림을 견디고 자라는 것처럼 우리의 삶도 젖지 않고는 갈 수 없다고 말한다. 따라서 '어디 있으랴'의 반복적 물음 속에는 대답이 이미 마련되어 있는 것이다. 삶의 과정 속에서 고난을 담대하게 받아들이고 묵묵히 걸어 나갈 때 꽃이 피는 것과 같이 결실을 맺을 수 있다는 뜻을 내포하고 있다.

이 시는 표현상 '- 으랴', '- 나니'의 반복과 1연과 2연의 대칭 구조를 율격을 획득하고 있는, 비교적 단순한 구조를 가진 시이다. 1연에서 꽃이 '흔들리며 핀다'는 것과 2연에서 '젖으며 핀다'는 것은 시련과 역경을 견뎌 내야 꽃이 핀다는 평범한 진리를 보여 준다. 이와 마찬가지로 사랑도 흔들리며 가고 인간의 삶도 흔들리며 간다는 것이다. 인간의 사랑이나 삶 모두 역경과 시련을 견디고 완성되는 것이다.

## 작품 2 담쟁이

저것은 벽
어쩔 수 없는 벽이라고 우리가 느낄 때
그때,
담쟁이는 말없이 그 벽을 오른다.

물 한 방울 없고, 씨앗 한 톨 살아남을 수 없는
저것은 절망의 벽이라고 말할 때
담쟁이는 서두르지 않고 앞으로 나간다.

한 뼘이라도 꼭 여럿이 함께 손을 잡고 올라간다
푸르게 절망을 다 덮을 때까지
바로 그 절망을 잡고 놓지 않는다.

저것은 넘을 수 없는 벽이라고 고개를 떨구고 있을 때
담쟁이 잎 하나는 담쟁이 잎 수천 개를 이끌고
결국 그 벽을 넘는다.

### ▮ 핵심정리

▷ **갈래** 자유시, 서정시
▷ **성격** 교훈적, 의지적
▷ **주제** 절망과 모순의 극복 의지

### 이해와 감상

**1 짜임 분석**
- 1연 – 모두가 좌절할 때 말없이 담을 오르는 담쟁이
- 2연 – 모두가 절망할 때 서두르지 않고 나아가는 담쟁이
- 3연 – 손에 손을 잡고 절망을 푸르게 뒤덮는 담쟁이
- 4연 – 모두가 포기할 때 잎들을 이끌고 결국 벽을 넘는 담쟁이

## ② 감상의 길잡이

　이 시는 담쟁이 덩굴이 담벼락을 타고 무성이 번져 결국 담을 넘는 모습을 통해 부정적 현실의 벽 앞에서 쉽게 포기하고 좌절하는 사람들에게 교훈적 메시지를 전달하고 있다. 일상적 소재인 담쟁이 덩굴을 비유의 대상으로 활용하여 주제를 전달하고 있다. 단호한 서술어의 사용을 통해 화자의 굳은 신념을 표출했다.

## 예상문제

**1.** 다음 작품을 읽고 〈조건〉에 맞게 서술하시오. [10점]

(가)
저것은 벽
어쩔 수 없는 벽이라고 우리가 느낄 때
그때,
담쟁이는 말없이 그 벽을 오른다.

물 한 방울 없고, 씨앗 한 톨 살아남을 수 없는
저것은 절망의 벽이라고 말할 때
담쟁이는 서두르지 않고 앞으로 나간다.

한 뼘이라도 꼭 여럿이 함께 손을 잡고 올라간다
푸르게 절망을 다 덮을 때까지
바로 그 절망을 잡고 놓지 않는다.

저것은 넘을 수 없는 벽이라고 고개를 떨구고 있을 때
담쟁이 잎 하나는 담쟁이 잎 수천 개를 이끌고
결국 그 벽을 넘는다.

　　　　　　　　　　　　　　　　　　　　　－ 도종환, 「담쟁이」

(나)
　"육이오가 터지고 세상이 뒤집히니께, 지 마음도 세상과 함께 뒤집힙디다요. 좌우당간에 어르신헌테 한 번 따져봐야겠다는 생각이 들드만요. 그래서 그 어른을 데리고 지리산으로 들어갔지요. 어르신한테 지가 오래오래 품속에 간직해 왔던, 지 조부님 종 문서허고, 도련님 조부님이 지어주셨다는 우리 부자 이름이 적힌 종이를 보이면서, 지 신분을 밝혔어요. 그러고 우리 아버지를 어디서 죽였느냐고 성질을 냈어요. 사실 그때 저는 어르신네께서 거짓말로라도 지 아버지를 절대 죽이지 않았다고 말하기를 맘속으로 얼마나 바랬는지 몰라요. 그란디…… 그란디 말입니다. 어르신께서는 지가 그렇게 바랬던 것과는 달리 우리 아버지를 세석평전에서 엽총으로 쏴 죽였다고 쉽게 고백을 하시고 말았어요. 아버지가 언젠가는 낫으로 어르신의 아버지를 찍어 죽일 것만 같았고…… 또 지 부자가 도련님댁 족보에 오르는 것이 싫어서 멧돼지 사냥을 나와 세석평전까지 끌고 가서 쏴 죽였다고 허드만요. 어르신은 그러면서 보잘것없는 지한테 용서를 빌었어요. 지는 그런 어르신이 싫었든 거지요. 차라리 그때 나헌티 불호령을 치셨더라면 지 마음이 약해져서……"
　"그래서 판돌씨도 우리 아버지를 세석평전까지 끌고 와서……"

"어르신께서 지 아버지를 죽인 곳을 알고 있다고 해서……, 지도 어머니 유언대로 울 아버지 뼈라도 찾을까 허고……."

〈중략〉

나는 마치 무거운 쇠망치로 계속해서 뒤통수를 얻어맞고 있는 기분으로 아침이 밝아 오기만을 기다렸다. 박 판돌의 말마따나 판돌이의 부자가 당한 내력을 미리 알았더라면 나는 아버지의 유골을 찾으러 고향에 오지 않았을지도 모를 일이었다. 그렇다고 해서 나는 결코 아버지의 유골을 조금도 주체스럽게 생각하지는 않았다. 죽은 사람들의 역사는 죽은 사람과 함께 무덤 속에 묻어두는 것이 좋을 듯 싶었다.

나는 지리산 골짜기에 떠돌음하는 박쇠의 원혼과, 그런 아버지의 원혼을 달랠 길 없어 괴로워하는 박판돌이한테 죽은 아버지 대신 용서를 빌고 싶었다.

〈중략〉

세석평전 철쭉꽃밭에 내려와 전날에 유골을 파냈던 바로 그 자리에 봉긋하게 봉분을 만들어 아버지 유해를 안장(安葬)했다.

봉긋한 아버지의 무덤 위에 ⊙철쭉꽃 그늘이 우쭐거렸다.

"저 꽃들이 아버님의 모습같이 느껴지는군요."

내 말에 박 영감도 고개를 커다랗게 끄덕이면서,

"이름난 한량이었던 어르신은 죽어서도 저렇게 멋들어지는구먼!"

하고 푸실하게 웃어 보였다.

"내년 철쭉제에도 꼭 오겠습니다."

― 문순태, 「철쭉꽃」

〈조건〉

1. (나)의 밑줄 친 ⊙과 유사한 의미를 지닌 시어를 (가)에서 찾아 제시하고, (가)의 그 시어를 '객관적 상관물'의 관점에서 서술하시오. (2점)
2. (가)와 (나)에 대해 각각 '가치 있는 내용의 형상화'에 대해 설명할 때, '가치 있는 내용'과 '형상화(상상에 의한 재구성)'에 대해 지도할 내용을 각각 1가지씩 제시하시오. (4점)
3. (가)와 (나)에 대해 '우리 사회의 다양한 공동체와 문제의식을 공유하고 소통한다.'는 관점에서 교수·학습할 때, 각 작품에 나타난 '문제의식'과 그에 대한 '소통·공유의 내용(문제 해결)'에 대해 지도할 내용을 각각 1가지씩 제시하시오. (4점)

### 예상답안

(가)에서 적절한 시어는 담쟁이이다. 시인(작자)은 고난을 극복하려는 강한 의지를 구체적 사물인 '담쟁이'로 표현하여 간접적으로 그 정서를 환기하며, 그 의미가 독자의 공감을 얻기 때문에 객관적 상관물이 된다.

(가)에서 '독재, 억압적 현실 등의 부정적 현실을 극복하려는 의지'가 가치 있는 내용이고, 그것을 담쟁이가 벽을 넘는 상황(내용), 벽, 담쟁이 등의 상징(표현), 현재형 어미의 사용(형식) 등의 다양한 요소를 통해 형상화한 것이다.

(나)에서 '신분 제도의 모순과 전쟁으로 인한 비극의 극복'이 가치 있는 내용이고, 그것을 주인공 '나'와 박판돌이라는 인물의 설정, 나와 박판돌에 얽힌 가족사의 사건, 1인칭 주인공 시점, 한국전쟁 시기와 현재라는 두 가지 시간적 배경, 지리산이라는 공간적 배경 등을 통해 형상화했다.

(가)에 나타난 문제는 독재, 억압적 현실 등 부조리한 현실이 있다는 점이고, 문제의 해결은 부정적 현실에 굴하지 않는 집단적 의지로 그것을 극복하자는 의도이다.

(나)에 나타난 문제는 전쟁으로 인한 이념적 대립, 봉건적 신분 모순의 잔재 등이 있는 현실이며, 상대에 대한 이해를 통해 이념 대립을 극복하고 화해를 이루자는 의도가 담겨있다.

## ▷ 정일근 鄭一根

1958 ~
시인. 경남 진해 출생

▷ **작가의 특징**
1. 1985년 〈한국일보〉 신춘문예에 시가 당선, 1986년 〈서울신문〉 신춘문예에 시조가 당선되어 등단했다.
2. 아름답고 평이한 시어로 따뜻하고 보편적인 정서를 담은 서정시를 주로 썼다.

▷ **주요 작품**
시집:『바다가 보이는 교실』,『유배지에서 보내는 정약용의 편지』,『처용의 도시』,『경주 남산』 등

### 작품 1 　바다가 보이는 교실 (바다가 보이는 교실, 1987년)

참 맑아라.
겨우 제 이름밖에 쓸 줄 모르는
열이, 열이가 착하게 닦아 놓은
유리창 한 장

먼 해안선과 다정한 형제 섬
그냥 그대로 눈이 시린
가을 바다 한 장

열이의 착한 마음으로 그려 놓은
아아, 참으로 맑은 세상 저기 있으니.

### ■ 핵심정리

▷ **갈래** 자유시, 서정시
▷ **성격** 회화적, 비유적, 감각적
▷ **화자** 열이가 닦아 놓은 유리창을 바라보는 사람
▷ **제재** 유리창
▷ **주제** 맑고 깨끗한 세상의 추구

## 이해와 감상

### 1 짜임 분석
- 1연 – 착한 마음을 지닌 열이
- 2연 – 유리창 밖으로 보이는 가을 바다의 풍경
- 3연 – 맑고 깨끗한 세상에 대한 소망

### 2 작품감상의 구조

| 구성 요소 | 구성 요소의 파악 | 그것이 지닌 의미·효과 | 주제와의 관련성 |
|---|---|---|---|
| 내용 요소 | ① 시적 화자 및 화자의 상황 | 교사인 시적 화자가 공부는 못하지만 성실하고 착한 열이가 닦아놓은 유리창을 통해 바다를 보고 있다. | 맑고 깨끗한 세상의 추구 |
| | ② 유리창의 의미 | 교실 안과 교실 밖을 연결해 주며, '열이'의 착한 마음이 반영된 소재이다. 맑고 깨끗한 세상을 바라보게 하는 매개체이다. | |
| 형식 요소 | ① 점층적 구조 | 유리창 한 장에서 바다 한 장, 그리고 맑은 세상으로 점차 커져가는 모습을 보인다. | |
| | ② 명사형의 압축적 표현 | 명사형으로 끝나는 압축적인 표현으로 간결한 느낌이 들게 한다. | |
| 표현 요소 | ① 도치법 | 1연에서 도치법이 사용되어 시상을 집중시킨다. | |
| | ② 비유 | 1연의 '유리창 한 장'은 가을 바다의 경치를 은유법으로 드러내어 효과적으로 표현하였다. | |
| | ③ 감정이입 | 감정이입을 통해 주제를 효과적으로 드러내었다. | |

### 3 감상의 길잡이

 이 시는 한가로운 교실에서 바라본 섬마을 푸른 바다의 풍경을 아름다운 언어로 옮겨 놓은 작품이다. 착한 마음을 지닌 '열이'라는 어린 소년이 닦아 놓은 맑은 유리창, 그리고 그 너머에 펼쳐진 맑고 깨끗한 세계. 한 폭의 그림을 보는 듯한 목가적인 분위기 속에 가을 하늘 아래 짙푸른 바다 물결이 눈앞에 출렁이는 듯하고, 맑은 파도 소리가 생생하게 귀에 와 닿는 듯하다. 따스한 시선으로 '열이'의 행동을 관찰하면서 순수한 마음으로 티없이 맑은 세상을 살아가기를 바라는 시적 화자의 내면의 목소리가 들리는 듯하다.
 1연에 나타난 열이는 비록 똑똑하지 않지만 착한 마음을 지닌 소년이다. 이러한 열이의 순수함이 유리창을 깨끗이 닦는 행위를 통해서 표현되고 있다. 2연에서는 유리창 밖으로 보이는 가을 바다의 풍경을 한 폭의 그림을 보는 것처럼 감각적이고 묘사적으로 표현하였다. 3연에서 시의 화자는 유리창에 그려 놓은 듯한 아름다운 바다를 보면서, 순수한 마음으로 살아가는 맑고 깨끗한 세상에 대한 소망을 표현하고 있다.

## 중요 내용 정리

### 01 시상 전개
'유리창 → 바다 → 세상'으로 연결되고 있다. 시의 화자가 바라보는 대상으로, 시의 전개에 따라 점차 확대되며 공통적으로 '맑음'의 이미지를 지닌다. 열이의 착한 마음과 연결되면서 시 전체의 분위기를 조성한다.

### 02 '유리창'의 의미
교실 안과 교실 밖을 연결해 주며, '열이'와 세상을 이어 준다. '열이'의 순수함, 착함과 연결되고 '열이'의 착한 마음이 반영된 소재이다. 맑고 깨끗한 세상을 바라보게 하는 매개체이기도 하다.

### 03 표현상의 특징
연작시 중에서 10번째 시이다. 평범하고 쉬운 시어를 사용하여 이해하기가 쉽고 시각적이고 회화적인 심상이 주를 이룬다. 시상이 '유리창 → 바다 → 세상'의 순으로 점차 확대되고 있으며, 명사형으로 끝나는 압축적인 표현으로 간결한 느낌이 들게 한다.

## ▷ 안도현 安度眩

1961 ~
시인. 경북 예천 출생

▷ **작가의 특징**
1. 〈대구매일신문〉 신춘문예(1981), 〈동아일보〉 신춘문예(1984)에 당선하여 등단했다.
2. 소외된 이웃에 대한 따뜻한 시선을 나타낸 작품을 주로 창작했다.
3. 자연의 아름다움과 향토적 정서를 불러일으키는 시를 주로 창작했다.

▷ **주요 작품**
『서울로 가는 전봉준』, 『모닥불』, 『그리운 여우』, 『바닷가 우체국』, 『연어』, 『사진첩』, 산문집에 『외로울 때는 외로워 하자』 등

## 작품 1  모닥불 (모닥불, 1989년)

모닥불은 피어오른다.
어두운 청과 시장 귀퉁이에서
지하도 공사장 입구에서
잡것들이 몸 푼 세상 쓰레기장에서
철야 농성한 여공들 가슴 속에서
첫차를 기다리는 면사무소 앞에서
가난한 양말에 구멍 난 아이 앞에서
비탈진 역사의 텃밭가에서
사람들이 착하게 살아 있는 곳에서
모여 있는 곳에서
모닥불은 피어오른다.
얼음장이 강물 위에 눕는 섣달에
낮도 밤도 아닌 푸른 새벽에
동트기 십 분 전에
쌀밥에 더운 국 말아 먹기 전에
무장 독립군들 출정가 부르기 전에
압록강 건너기 전에
배부른 그들 잠들어 있는 시간에
쓸데없는 책들이 다 쌓인 다음에
모닥불은 피어오른다
언 땅바닥에 신선한 충격을 주는
훅훅 입김을 하늘에 불어 넣는
죽음도 그리하여 삶으로 돌이키는
삶을 희망으로 전진시키는
그 날까지 끝까지 울음을 참아 내는
모닥불은 피어오른다.
한 그루 향나무 같다.

## ▌ 핵심정리

▷ **갈래** 자유시, 서정시
▷ **성격** 상징적, 비유적, 나열적
▷ **어조** 의지적 어조
▷ **표현** 부정적 이미지의 나열, 반복법
▷ **제재** 모닥불
▷ **주제** 고단한 삶에 대한 위로와 희망적 삶에 대한 기대

### 이해와 감상

#### ① 짜임 분석
- 1~10행 – 가난하지만 착하게 살아가는 사람들의 모습
- 11~19행 – 암울한 시대 상황을 살아가는 사람들의 모습
- 20~27행 – 현실의 삶의 변화와 희망을 주는 모닥불의 모습

#### ② 감상의 길잡이
　화자의 감정 표현을 배제한 채, 장소와 시간을 나열하고 그 가운데 모닥불이 피어오르는 광경을 묘사하고 있다. 시적 화자는 시공간을 자유롭게 넘나들면서 사람들의 고단한 삶과 역사적 암흑기 등을 열거하면서 그 어둠과 시련 속에서도 모닥불은 사람들에게 희망을 잃지 않게 불빛을 비추어 주고 있다. 모닥불은 스스로를 태우면서 어둠을 밝히는 존재이다. 모닥불처럼 자신을 불태우더라도 희망을 잃지 말라는 위로의 메시지를 시련에 빠져 있는 이들에게 보내고 있는 시이다.

### ▌ 중요 내용 정리

#### 01 표현상의 특징
① 동일한 시행을 반복함으로써 화자가 전달하려는 의미를 강조한다.
② 일상적 삶의 모습들을 제시하여 시적 상황을 이해하기 쉽게 한다.
③ 특정 음절들을 일정한 곳에 배치시켜서 규칙적인 리듬감을 느낄 수 있도록 한다.
④ 화자의 정서를 직접 드러내지 않고, '장소'와 '시간'의 나열을 통해 간접적으로 보여준다.

#### 02 이미지
① 부정적 이미지 : 어려운 삶이 드러난 곳, 어두운 청과 시장, 지하도 공사장, 쓰레기장, 철야농성한 여공들의 가슴, 양말에 구멍난 가난한 아이 앞
② 긍정적 이미지 : 이러한 장소와 시간에 피어오르는 모닥불 (=삶을 희망으로 전환시키는 존재)

#### 03 '모닥불'의 상징성
① 장소 : 소외된 민중의 앞
② 시간 : 시련의 시간 (그러나, 동트기 직전 : 희망이 준비된)
③ 의미 : 죽음 → 삶
④ 절망 → 희망 ⇒ 인내 : 그날 (=동트는 날=희망 달성된 날)

## 작품 2 연탄 한 장 (외롭고 높고 쓸쓸한, 1994년)

또 다른 말도 많고 많지만
삶이란
나 아닌 그 누구에게
기꺼이 연탄 한 장 되는 것

방구들 선들선들해지는 날부터 이듬해 봄까지
조산팔도 거리에서 제일 아름다운 것은
연탄차가 부릉부릉
힘쓰며 언덕길을 오르는 거라네.
해야 할 일이 무엇인가를 알고 있다는 듯이
연탄은, 일단 제 몸에 불이 옮겨 붙었다 하면
하염없이 뜨거워지는 것
매일 따스한 밥과 국물 퍼먹으면서도 몰랐네.
온 몸으로 사랑하고 나면
한 덩이 재로 쓸쓸하게 남는 게 두려워
여태껏 나는 그 누구에게 연탄 한 장도 되지 못하였네.

생각하면
삶이란
나를 산산이 으깨는 일

눈 내려 세상이 미끄러운 어느 이른 아침에
나 아닌 그 누가 마음 놓고 걸어갈
그 길을 만들 줄도 몰랐었네, 나는

## 핵심정리

- **갈래** 자유시, 서정시
- **성격** 교훈적, 상징적
- **특징** ① 연탄의 구체적인 속성을 삶의 속성과 결부시킴
  ② '- 네'라는 종결어미의 반복을 통해 운율을 형성함
- **제재** 연탄
- **주제** 연탄의 자기희생적인 모습을 통해 자신의 이기적 삶을 반성함

## 이해와 감상

### 1 짜임 분석
- 1연 - 연탄을 통해 깨닫는 삶의 의미
- 3연 - 삶의 의미와 자기희생
- 2연 - 연탄의 희생적 사랑과 자신의 이기적 태도에 대한 각성
- 4연 - 자신의 삶에 대한 반성

### 2 감상의 길잡이

　이 시는 '연탄'의 특성을 인간의 삶에 비유하여, 어떠한 삶이 바람직한가를 제시한 작품이다. '연탄'은 자신을 태워서 타인을 따뜻하게 해 주고, 다 타고 난 후에도 겨울날 빙판길에 뿌려지는 재가 되어 사람들이 미끄러지지 않게 도움을 주는 존재이다. 그러므로 '연탄'은 자기만을 위한 삶을 사는 이기적인 존재가 아니라, 자신이 가진 모든 것을 내어주는 헌신적인 사랑을 하는 존재인 것이다.

　1연에서 화자는 '삶이란 나 아닌 그 누구에게 기꺼이 연탄 한 장 되는 것'이라고 말하며 화자가 생각하는 '삶'의 정의를 내리고 있다. 그 구체적인 내용은 2연에서 이어지는데, 겨울날 가장 아름다운 모습은 '연탄 차'가 언덕길을 오르는 것이라 말한다. 그 이유는 '연탄 차'가 가난한 우리 이웃을 따뜻하게 해 주기 위해서 언덕길을 힘겹게 오르기 때문이다. 또한 화자는 제 몸을 태워 방을 덥히고, 밥과 국물을 따뜻하게 하는 '연탄'의 역할에서 '온몸으로 하는 사랑'을 발견한다. 하지만 자신은 '한 덩이 재'로 남는 것이 두려워 '연탄'과 같은 헌신적인 사랑을 한 번도 해보지 못했다는 것에 대해 반성한다. 3~4연에서는 온몸을 불태우는 것에서 더 나아가 '산산이 으깨'져 겨울날 빙판길에 뿌려지는 '연탄'을 말하고 있다. 다른 사람들이 넘어지지 않도록 자신의 몸을 으깨 길을 만드는 '연탄'의 철저히 헌신적인 모습에서 화자는 그렇게 살아오지 못한 자신의 삶을 반성하고, 이제는 그런 희생적인 사랑을 베푸는 존재로 살아갈 것을 다짐하고 있다.

| 1연 |
|:---:|
| '연탄'처럼 온몸을 불태워 다른 사람을 위해 희생하는 삶 |

| 2연 |
|:---:|
| '연탄재'로 남는 것이 두려워 '연탄'처럼 살아오지 못한 과거에 대한 반성 |

| 3연 |
|:---:|
| '연탄'처럼 자신을 으깨는 삶이 진정한 가치임을 깨닫고 자신도 그렇게 살아가리라 다짐함 |

## 중요 내용 정리

### 01 이 시의 대립적 구조

| 연탄 | | 화자 |
|---|---|---|
| 해야 할 일이 무엇인가를 알고 있음 | ↔ | 바람직한 삶이 무엇인지 모르고 있었음 |
| 타인을 위해 매일 따스한 밥과 국물을 만듦 | ↔ | 누군가 해 준 따스한 밥과 국물을 먹음 |
| 온몸으로 사랑하고 한 덩이 재로 남음 | ↔ | 온몸으로 사랑하고 한 덩이 재로 남는 것을 두려워함 |
| 으깨어져서 타인을 위한 길이 됨 | ↔ | 누군가가 희생하여 만든 길을 밟고 다님 |

### 02 '연탄'의 의미

  산업화 시대를 거치면서 우리는 난방 연료로 주로 '연탄'을 사용했다. '연탄'은 기성세대에 있어 추억의 대상이면서 때로는 두려움의 대상이기도 하다. 많은 서민들이 연탄가스로 생명을 잃기도 했기 때문이다. 하지만 많은 사람들에게 '연탄'이 주는 이미지는 이 시에서 말하고 있는 것처럼 '희생'과 '사랑'이다. 가난한 서민들, 달동네에 사는 서민들에게는 '연탄'만큼 소중한 연료가 없었기 때문이다. 서민들은 겨울이 다가오면 가장 먼저 하는 일이 '연탄'을 창고에 쌓아 놓는 일이었다. 언덕 길 위 마을에 '연탄'을 배달하는 일은 쉬운 일이 아니었다. 차가 들어갈 수 없는 동네는 지게에 '연탄'을 지고 오르기도 했고, 구멍을 끈으로 묶어 몇 개씩 나르기도 했다. 하지만 창고에 '연탄'이 가득히 쌓인 모습을 보면서 사람들은 겨울 준비를 끝냈다는 뿌듯함을 느꼈다. '연탄'을 사용하고서는 하얀 연탄을 집 앞 쓰레기통 앞에 쌓아 두는 것이 일반적이었다. 그러다가 언덕길에 눈이 내려 미끄러울 때면 그 '연탄'을 발로 으깨어 연탄재를 눈길 위에 뿌렸다. 눈길 위에 뿌려진 연탄재는 눈길의 미끄러움을 막아 주었다. 그러면 사람들은 편안하게 그 길을 걸어 다닐 수 있었던 것이다.

### 03 안도현과 '아포리즘'

  '아포리즘(aphorism)'이란 깊은 진리를 간결하게 표현한 말이나 글로, '격언, 금언, 잠언, 경구' 등을 가리킨다. 안도현은 쉽게 이해할 수 있는 어휘와 표현을 사용하여 많은 이들이 공감할 수 있는 시를 쓰는 시인으로 유명하다. 특히 눈에 잘 띄지 않는 소박한 사물들에 관심을 기울여, 격언과도 같은 구절을 자주 쓰고 있다는 점에서 '아포르즘적인 시인'이라고 할 수 있다. 이 시와 같이 '연탄'을 소재로 한 '너에게 묻는다'라는 시도 '연탄재 함부로 발로 차지 마라 / 너는 / 누구에게 한 번이라도 뜨거운 사람이었느냐'라는 짤막한 금언으로 사소하고 불필요해 보이는 존재에서 삶의 가치와 교훈을 이끌어 내는 모습을 보여주고 있다.

### 작품 3  너에게 묻는다 (외롭고 높고 쓸쓸한, 1994년)

연탄재 함부로 차지 마라
너는
누구에게 한 번이라도 뜨거운 사람이었느냐

## 핵심정리

▷ **갈래** 자유시, 서정시
▷ **성격** 교훈적, 사색적, 명령적, 의지적
▷ **제재** 연탄재
▷ **주제** 삶의 가치에 대한 인식

▷ **특징** ① 일상적 소재를 통한 삶의 깨달음을 표현함
② 명령형과 의문형의 문장을 통해 독자의 반성을 유도함

## 이해와 감상

### 1 감상의 길잡이

이 시는 하찮은 사물인 연탄재를 통해 삶의 가치를 인식시키는 작품이다. 비록 지금은 하찮은 타버린 연탄재이지만 한때는 자신을 뜨겁게 태움으로써 이웃에게 따스한 온기를 전해주었던 존재인 것이다. 그렇기에 화자는 연탄재를 함부로 대하지 말라고 외치고 있는 것이다. 타인을 위한 사랑, 즉 이타심(利他心)을 내세워 삶을 되돌아보게 만드는 작품이다.

이 시는 매우 단순하면서도 함축적인 의미를 드러내고 있다. 일상에서 흔히 접할 수 있는 연탄재를 통해 뜨거운 열정도 없이 타성에 젖어 살아가는 우리들의 속물성(俗物性)과 허위 의식을 준열하게 질타하고 있는 것이다. 시인은 하찮은 연탄재에도, 지난 시절 불 같은 열정을 꽃 피웠던 한때가 있었음을 상기하며, 인간이 어떻게 살아야 하는가를 제시하고 있다.

## ■ 중요 내용 정리

### 01 시인의 후기

> 단 세 줄로 된 짧은 시 「너에게 묻는다」는 1990년대 초반 전교조 해직 교사 시절에 쓴 시입니다. 제 스스로 뜨거운 사람이 되고 싶은 꿈을 가슴 깊숙이 넣어 두고 살 때이지요. 첫 줄의 명령형과 끝줄의 의문형 어미가 참 당돌해 보이지요? 밥줄을 끊긴 자의 오기 혹은 각오가 이런 시를 만들어 낸 것 같습니다. 사실 저는 이 시의 제목이 마음에 들지 않습니다. 단도직입적으로 따지듯이, 나무라듯이 이렇게 말하는 게 아니었습니다. 화자는 무슨 자격으로 이렇게 함부로 말할까하고 생각해보지 않으셨습니까? 그래서 저는 이 시를 볼 때마다 제목을 고칩니다. '나에게 묻는다'라고요.

### 02 연탄재의 의미

사람들은 '연탄재'를 쓸모없다고 생각한다. 왜냐하면 그것 자체는 연탄이 아니고 연탄재이기 때문이다. 재는 타고 남은 후의 찌꺼기다. 즉 다시 연소하지 않는다. 그래서 사람들은 그것을 중요하다고 생각하지 않고, 그저 밑바닥에 굴러다니면 다니는대로 내버려 두고, 어쩌다 지나면 차기도 한다. 그런데 시인은 함부로 차지 말라고 한다. 연탄재가 본래의 연탄으로 자신을 불과 함께 몸을 뒤섞어 뜨겁게 하여 자신도

타고, 대신 자신의 온기로 인간을 따뜻하게 하는 역할을 하기 때문이다. 연탄은 그 자신의 안위만을 위하여 타지 않는다. 타는 것 자체가 남을 위하여 타는 것이고, 그 모습과 온기가 매우 뜨겁기 때문이다. 그래서 남을 '배려함'이라고 시인은 내포한 의미를 담아내고 있다. 그러니, 다 타고 남은 재일망정 무관심하고 다른 이를 위해 배려함을 가지지 못한 인간이 함부로 그것을 대하여서는 안 된다고 말하고 있다.

## 작품 4 간격 (너에게 가려고 강을 만들었다, 2004년)

숲을 멀리서 바라보고 있을 때는 몰랐다
나무와 나무가 모여
어깨와 어깨를 대고
숲을 이루는 줄 알았다
나무와 나무 사이
넓거나 좁은 간격이 있다는 걸
생각하지 못했다
벌어질 대로 최대한 벌어진,
한데 붙으면 도저히 안 되는,
기어이 떨어져 서 있어야 하는,
나무와 나무 사이
그 간격과 간격이 모여
울울창창(鬱鬱蒼蒼) 숲을 이룬다는 것을
산불이 휩쓸고 지나간
숲에 들어가 보고서야 알았다

### 핵심정리

▷ **갈래** 자유시, 서정시
▷ **성격** 상징적, 성찰적
▷ **제재** 간격
▷ **주제** 적당한 간격의 소중함에 대한 깨달음

▷ **특징** ① 자연물을 통해 얻은 깨달음을 인간관계로 확장함
② 나무를 인격화하여 인간의 삶과 관련한 의미를 부여함
③ 새롭게 깨달은 바를 깨달음을 얻기 전의 상황과 대비하여 표현함

## 이해와 감상

### 1 짜임 분석

- 1~7행 – 피상적 관찰만으로 나무들이 밀착되어 숲을 이룬다고 믿음
- 8~15행 – 산불이 지나간 숲에 들어가 보고 나무와 나무 사이의 간격이 모여 숲을 이룬다는 것을 깨달음

② 감상의 길잡이

이 시는 불에 타 버린 숲을 보며 느낀 체험을 바탕으로 하여 나무와 나무 사이의 거리에 대한 새로운 깨달음을 노래한 작품이다.

1∼7행까지는 울창한 숲을 원경으로 바라보았을 때의 인식을 다루었다. 그때까지 시적 화자는 나무들이 빈틈없이 모여서 울창한 숲을 이루고 있다고 생각한다. 그러나 8∼15행에서는 이러한 시적 화자의 인식에 결정적 변화가 나타나게 된다. 여기서 시적 화자는 불에 타 버린 숲의 한 가운데 들어와 보고 나서 숲을 이루는 것이 나무와 나무 사이의 적당한 거리에 있었음을 발견한다. 그것은 인간의 삶에도 적용될 수 있는 것이다. 진정한 사랑이나 우정은 개인과 개인이 무조건적으로 가까이 있을 때 형성되는 것이 아니라, 때로는 한 발짝 떨어진 위치에서 관조할 수 있는 여유와 조급해하지 않는 기다림의 거리를 유지할 때 완성되는 것이다. 이처럼 시적 화자는 숲을 이루는 나무들의 모습에서 인간 사회의 바람직한 관계를 발견해 내고 있다.

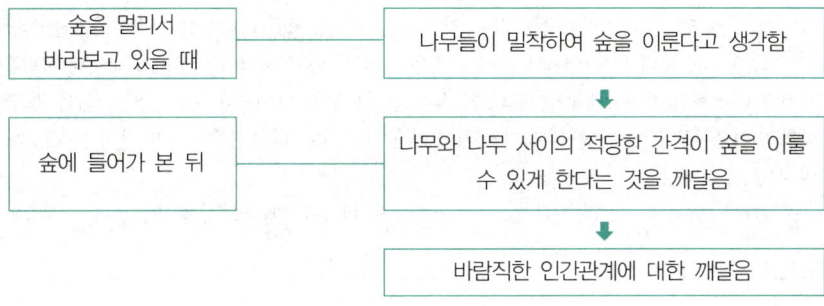

## 중요 내용 정리

### 01 사물의 인격화

이 시는 표면적으로는 '나무'와 '숲'을 중심으로 시상을 전개하고 있는 것처럼 보이지만, 작품을 통해 작자가 이야기하고자 하는 바는 사람과 사람의 관계, 즉 바람직한 인간관계란 어떠해야 하는가에 대한 문제이다. 즉 나무는 개인으로, 나무가 모여 이룬 숲은 개인들이 모여 이룬 공동체, 혹은 개인과 개인의 관계로 보아야 한다.

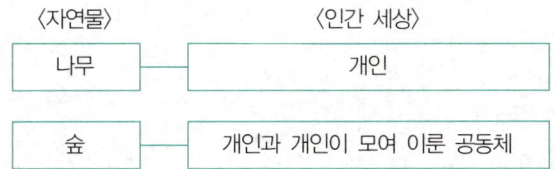

### 02 시상의 전개 과정

이 시는 시간의 경과와 공간의 이동에 따라 시상이 전개되고 있다. 숲에 가 보기 전에 화자는 숲을 보면서 막연히 숲속의 나무들이 빽빽하게 들어서 있을 것으로 생각했다. 그러나 숲속에 들어가 보고 나서 나무들이 일정 정도의 간격을 유지한 채 서 있다는 것을 발견하게 된다. 즉 깨달음을 얻기 전과 깨달음을 얻은 후가 시간의 경과에 따라 제시되어 있고, 숲을 멀리서 지켜본 것과 숲속에 직접 가고 난 후라는 공간적 이동을 살펴볼 수 있다.

### 03 나무 사이의 간격을 보면서 얻은 깨달음

> 시인의 세밀한 관찰과 아름다운 서정을 바탕으로 '관계'에 대한 깊이 있는 탐색을 보여 주는 '안도현' 시집. 인간 사이의 여러 관계 중에서도 '사랑'에 대한 탐색이 두드러지는 시집으로, 세속적인 것과는 거리가 먼 사랑으로 '외롭다든지 사랑한다든지 입 박에 꺼내지 않고', '타인에게 귀를 맡겨두는 것'('여치소리를 듣는다는 것')이라는 것을 비롯해 다양한 사랑이야기들이 담겨 있다. 그늘은 처음부터 빛도 어둠도 아닌 간격을 가지고 있다. 시인이 나무에서 찾아낸 사랑은 서로 가지를 이어붙인 것이 아니라 사랑의 거리의 간격을 두는 나무이다. 이 간격은 '산불'과 같은 참화를 입었을 때 나무들이 불을 옮기지 않고 대신 몸을 태운다고 말하는 시 '간격'을 비롯해 50개의 시를 수록했다.
> 
> ―「너에게 가려고 강을 만들었다.」 서평의 일부

## ▷ 기형도 奇亨度

1960 ~ 1989
시인. 인천 옹진 출생

▷ **작가의 특징**
1. 1985년 〈동아일보〉 신춘문예 시 부문에 「안개」가 당선되면서 문예지에 시를 발표하기 시작했다.
2. 유년 시절 불우한 가족사와 경제적 궁핍, 죽음에 대한 체험과 이에 대한 강렬한 심미적 각인이 그의 시적 모티프에 영향을 주었다.
3. 죽음과 절망, 불안과 허무, 그리고 불행의 이미지를 초현실적이고 공격적인 시인 특유의 개성적 문체와 결합시켜 독특한 느낌의 시를 표현하고 있다.
4. 동일 이미지의 반복이 중첩에 의해 더욱 강화된다든지 돌연한 이미지와 갑작스런 이질적 문장의 삽입, 도치, 감정의 고조 등 시어 구성과 문체는 그의 암울한 세계관의 부정적 이미지를 형상화시키는 데 효과적으로 사용되고 있다.

▷ **주요 작품**
시집 : 유고 시집인 『입 속의 검은 잎』(1989), 산문집 『짧은 여행의 기록』(1990), 『기형도 전집』(1999) 등

### 작품 1  엄마 걱정 (입 속의 검은 잎, 1989년)

열무 삼십 단을 이고
시장에 간 우리 엄마
안 오시네, 해는 시든 지 오래
나는 찬밥처럼 방에 담겨
아무리 천천히 숙제를 해도
엄마 안 오시네, 배춧잎 같은 발소리 타박타박
안 들리네, 어둡고 무서워
금간 창 틈으로 고요한 빗소리
빈 방에 혼자 엎드려 훌쩍거리던

아주 먼 옛날
지금도 내 눈시울을 뜨겁게 하는
그 시절 내 유년의 윗목

### ■ 핵심정리

▷ **갈래** 자유시, 서정시
▷ **성격** 회상적, 서사적
▷ **제재** 열무 장사 나간 어머니
▷ **주제** 유년 시절 장사를 나가 돌아오지 않는 어머니에 대한 걱정

▷ **표현** ① 어린아이의 심리를 묘사하고 있음
② 어린 시절의 경험을 서사적으로 이야기하고 있음
③ 어린아이의 목소리를 통하여 동시적 분위기를 형성하고 있음

## 이해와 감상

### 1 짜임 분석
- 1연 – 어머니를 기다리던 어린 시절
- 2연 – 어린 시절에 대한 그리움

### 2 작품감상의 구조

| 구성 요소 | 구성 요소의 파악 | 그것이 지닌 의미·효과 | 주제와의 관련성 |
|---|---|---|---|
| 내용 요소 | ① 시적 화자 및 화자의 상황 | 어린아이가 빈방에서 시장에 가서 돌아오지 않는 어머니를 기다리는 상황이다. | 유년 시절 장사 나가 돌아오지 않는 어머니에 대한 걱정 |
| | ② 동시적 분위기 | 어린아이의 목소리를 통하여 동시적 분위기를 형성하고 있다. | |
| | ③ 회상 | 어린 시절 화자의 '그 어느 하루'를 제시함으로써 화자의 정서와 심리를 섬세하게 묘사하고 있다. | |
| 형식 요소 | ① 반복 | '– 안 오시네'를 반복하여 어머니의 부재와 어머니에 대한 그리움을 강조하고 있다. | |
| | ② 행 배열의 특징 | 1연을 비종결어미로 끝을 맺어 내용상 마지막 행의 '내 유년기의 윗목'을 수식하는데, 이러한 구조는 시상을 '내 유년기의 윗목'으로 집중시키며, 유년기의 고통을 현재까지 연장시키는 효과를 보인다. | |
| 표현 요소 | ① 비유 | '찬밥처럼', '배춧잎 같은 발소리' 등 비유를 통해 유년시절의 가난과 외로움, 기다림 등을 잘 드러냈다. | |
| | ② 이미지에 의한 표현 | 감각적 이미지를 사용하여 '엄마'의 고된 삶(배추 잎 같은 발소리 타박타박)과 '나'의 정서('해는 시든지 오래', '찬밥처럼 방에 담겨')를 생생하게 표현하였다. | |

### 3 감상의 길잡이

이 시는 가난했던 어린 시절의 외로움을 주제로 하여 시적 화자의 어린 시절 가운데 엄마를 기다리던 '그 어느 하루'를 제시하는 방식으로 구성되었다. 1연에서는 당시의 상황을 제시하고 있는데, 특히 화자의 심리를 섬세하게 표현하고 있다. 어두워진 방에 혼자 '찬밥'처럼 남겨진 화자는 잠시나마 외로움을 떨쳐내고자 엄마를 기다리며 숙제를 해 보지만, 아무리 숙제를 천천히 해도 엄마는 돌아오지 않고, 창 틈으로 들려오는 빗소리가 오히려 화자의 외로움을 더욱 고조시킨다. 더불어 1연에서는 고된 어머니의 삶도 묘사되어 있는데, 열무를 팔러 간 어머니도 그 열무들이 시들 만큼 해가 저문 늦은 저녁이 되어서야 삶에 지쳐 '배춧잎 같은 발소리'를 내며 돌아온다. 뒤이어 그 시절의 기억이 성인이 된 화자에게 아직까지도 생생하며 지금의 삶에도 영향을 미치고 있다고 평가하는 것으로 2연을 구성하고 있다.

빈 방에서 추위와 무서움에 떨며 혼자 기다리는 자신을 '찬밥'에, 고단한 몸을 끌고 걸어오는 어머니의 발걸음을 '배추 잎'에 비유한 것은 매우 개성적인 표현이다.

## ■ 중요 내용 정리

### 01 구성상의 특징
　　1연에서 두 개의 과거 이야기가 현재형으로 그려진다. '열무 삼십 단을 이고' 시장에 가서 해가 '시든 지 오래' 되어서야 '배추 잎' 같은 '지친 발소리'를 내며 돌아오시던 엄마의 고된 삶에 대한 이야기이다. 다른 하나는, 엄마가 시장에 가고 나면 '빈 방'에 '찬밥처럼' 홀로 남겨져 '어둡고 무서워 훌쩍거리던' 어린 시절 화자의 외로움과 공포에 대한 이야기이다.
　　2연에서 화자는 1연에서의 정황을 '지금까지도 내 눈시울을 뜨겁게' 한다고 포괄적으로 평가함으로써, 그 유년기의 고통이 성인이 된 지금까지도 기억 속에 뚜렷한 흔적을 남겼음을 표현하고 있다. 이렇듯, 이 시는 어린 시절 화자의 '그 어느 하루'를 제시함으로써 화자의 정서와 심리를 섬세하게 묘사하고 있다.

### 02 표현상의 특징
① 상황의 제시를 통해 심리를 섬세하게 묘사하였다.
② 유사한 문장의 반복과 변조('안 오시네', '엄마 안 오시네', '안 들리네')를 통해 리듬감을 형성하고 의미를 심화하였다.
③ 각 시행은 비종결어미로 끝을 맺음으로써 내용상 마지막 행의 '내 유년기의 윗목'을 수식하고 있다. 이러한 문장 구조는 시상을 '내 유년기의 윗목'으로 집중시키며, 유년기의 고통을 현재까지 연장시키는 효과를 낳았다.
④ 감각적 이미지를 사용하여 '엄마'의 고된 삶(배추 잎 같은 발소리 타박타박)과 '나'의 정서('해는 시든 지 오래', '찬밥처럼 방에 담겨')를 생생하게 표현하였다.

### 03 박재삼의 시 '추억에서'와 비교
　　박재삼의 「추억에서」와 기형도의 「엄마 걱정」은 어머니의 고단한 삶을 소재로 가난했던 유년 시절을 회상하고 있는 작품이라는 점에서 매우 유사하다. 각 작품에서 '생선 장수(「추억에서」)'와 '채소 장수(「엄마 걱정」)'로 구체화된 어머니의 고된 삶과 '오누이의 머리 맞댄 골방 안(「추억에서」)'과 '나는 찬밥처럼 방에 담겨(「엄마 걱정」)'로 표현된 두렵고 외로웠던 유년 시절에 대한 추억이 그러하다. 하지만 「추억에서」가 주로 어머니의 아픈 마음에 초점을 맞추어 애틋하지만 밝은 이미지를 형상화하고 있다면, 시적 화자의 아픈 마음을 주로 드러내고 있는 「엄마 걱정」의 이미지는 좀 더 어둡고 불행하다는 점에서 차이가 있다.

### 작품 2  빈집 (입 속의 검은 잎, 1989년)

사랑을 잃고 나는 쓰네

잘 있거라, 짧았던 밤들아
창밖을 떠돌던 겨울 안개들아
아무것도 모르던 촛불들아, 잘 있거라
공포를 기다리던 흰 종이들아
망설임을 대신하던 눈물들아
잘 있거라, 더 이상 내 것이 아닌 열망들아

장님처럼 나 이제 더듬거리며 문을 잠그네
가엾은 내 사랑 빈집에 갇혔네

## 핵심정리

- **갈래** 자유시, 서정시
- **성격** 애상적
- **제재** 사랑의 상실
- **주제** 사랑을 잃은 후의 슬픔과 폐쇄된 마음
- **특징** ① 비극적이면서도 낭만적인 목소리로 사랑의 상실을 노래함
  ② 반복적인 표현을 통해 의미를 강조함

## 이해와 감상

### 1 짜임 분석
- 1연 – 사랑을 잃고 시를 씀
- 2연 – 지나간 것에 대한 호명
- 3연 – 사랑을 가슴 속에 묻음

### 2 감상의 길잡이

시적 자아는 아마 어떤 대상을 짝사랑한 모양이다. 밤새도록 그 사람만 생각하며 간절히 그리워했기에 긴긴 겨울밤도 '짧아' 보이고 그 사람 생각에 못 이겨 캄캄한 밤 창문을 열었기에 '하얀 겨울 안개'도 볼 수 있었을 것이다. 마침내 그리움을 못 이긴 시적 자아는 촛불을 켜고 사랑 고백이라는 조마조마하고 무섭기까지 한 편지('공포를 기다리던 흰 종이들아')를 쓰려고 했을 것이고 그러나 차마 사랑한다는 표현은 하지 못하고 망설이면서 눈물을 흘린다. 그런 일이 늘 반복되어 이제 그 사물들이 친구처럼 사람처럼 친근하게 다가올 정도이다.

그런데 어느 날 시적 자아가 사랑하면서 간절히 그리워했지만 표현 한 번 못해 보았던 그 사랑을 그만 잃어 버렸다. 의미를 가졌던 모든 사물들은 이별을 고해야 하는 대상이 되고 말았다. 밤도 안개도 촛불도 흰 종이도 눈물도 열망도 그 모든 것이 무의미해져 버리고 말았다. 그 모든 것을 결별하고 시적 자아는 돌아서야 한다. 그러나 그렇게 하지 못하다. 사랑하는 마음은 끝까지 버릴 수 없다. 그 모든 것에 결별을 고하면서도 결별을 고하지 못하는 대상에 대한 서러운 사랑. 그래서 결별의 인사는 사랑을 떠나는 일이 아니라, 거꾸로 '사랑이 갇히는 일'이 되고 말았다. 모든 것을 잊을 수 있다고 생각하고 사랑과 함께 의미를 가졌던 것들을 모두 버릴 수 있다고 생각했는데 그래서 대상에 대한 간절한 짝사랑의 기억까지 버릴 수 있다고 생각했는데 그 기억을 버릴 수 없다. '사랑을 잃고', '나'라는 시적 자아는 그 사랑과 함께 의미를 가졌던 모든 것들을 결별하고 사랑의 기억마저 결별하려고 시를 '쓰'고 '문'까지 잠그지만 결국은 '빈집에 갇혀 버려', 아무런 주체적 결별도 이루어 낼 수 없는, '가엾은 내 사랑'이다.

아무리 잊으려 해도, 아무리 '잘 있거라'라고 목청껏 결별을 선언해도 잊혀지지 않은 사랑. 어떤 탈출도 이룰 수 없는 짝사랑에 대한 처절한 미련이 '가엾은 내 사랑 빈 집에 갇혔네.'라는 구절로 형상화되어 있다. 고백 한 번 못해 본 외로운 짝사랑, 더구나 그 짝사랑과의 결별을 확인하는 순간의 고독은 얼마나 더 큰가? 잊어버리자고 시를 썼지만 잊어버리지 못하는 안타까운 미련, 그래서 시적 자아는 통곡한다. '가엾은 내 사랑 빈 집에 갇혔네.' 이 시는 짝사랑하는 대상, 그러나 고백 한 번 못해보고 잃어버린 짝사랑에 대한 처절할 정도의 미련이 잘 형상화되어 있는 짝사랑 이별가, 짝사랑 사랑가의 절창이다.

## ▮ 중요 내용 정리

### 01  시적 상황

　　화자는 이별을 겪은 이후 편지를 쓰고 있다. 그 편지의 수신인은 과거의, 이별하기 전의 자신의 모습들이다. 그 과거의 모습은 '짧았던 밤', '창 밖을 떠돌던 겨울 안개', '촛불', '종이들', '눈물들'과 같은 시어들로 암시적으로 표현된다. 이 시어들을 통해서 우리는 몇 가지 장면들을 떠올려 볼 수 있다. 촛불이 켜져 있는 밤이다. 그때 창 밖에는 겨울 안개가 떠돌고 있다. 화자는 촛불이 켜진 방에서 흰 종이를 펼쳐 놓고 무언가를 쓴다. 그러나 그는 흰 종이를 보며 공포를 느낀다. '사랑한다'는 고백을 쓰고 싶지만 용기가 없기 때문일 것이다. 그래서 그는 내내 망설인다. 망설이는 자신이 안타깝고 답답해서 급기야는 서글픈 마음이 들어 눈물을 흘린다. 그러다 문득 밤은 다 지나가고 날이 밝아온다. 화자는 이런 자기 자신의 모습들에 하나하나 인사를 한다.

　　3연에서는 안녕을 고한 과거의 자신에게서 떠나면서 그들이 머무르고 있는 공간을 폐쇄시킨다. 그 '폐쇄' 작업은 그것들이 있는 공간 바깥에서 '장님처럼 더듬거리며' 문을 잠근다는 설정으로 표현된다. 나의 그 모든 '열망'(가엾은 내 사랑)들은 빈집에 갇히고, 나는 그 빈집을 떠나가는 것이다.

### 02  기형도의 시 세계

> 　　기형도 시의 아름다움은 가난이나 이별 등의 상처에서 독특한 '미학적 의미'를 추출해 내는 데 있다. 기형도의 시는 검고 흰 무채색의 상상력, 죽음, 어둠, 두려움과 공포, 슬픔 등 현실을 철저히 부정적이고 고통스러운 시각으로 들여다보는 특징을 지니고 있다. 그의 많은 시들은 근대적 삶의 위기에 대한 부정적이고 절망적인 시 의식으로 산업 사회의 근본적인 모순과 부조리를 그리고 있다. 이처럼 현실의 어둠을 직시해 내는 시각을 지니게 된 것은 유년의 가난한 체험과 닿아 있다. 많은 직업을 전전하고 간척 사업의 실패로 인한 아버지의 중풍과 가난한 삶의 체험은 그의 시를 어둠과 고통의 이미지로 채우는 데 적지 않은 영향을 끼쳤다.
> 　　이런 점은 「빈집」에서도 나타나는데 이 시는 그의 사후 시집 『입 속의 검은 잎』에 수록된 시의 하나로 모든 것을 포기하고 그 모든 것 가운데 가장 소중한 사랑을 포기하고 떠나는 심정을 표현하여 사랑을 빈집에 가두고 떠나는 이의 고통스러움을 노래하고 있다. 사랑을 집에 남겨 두고 스스로 문을 잠그는 괴로운 마음과 결국 모든 것은 비어 있음, 잠글 필요도 없이 비어 있음의 허망함이 그 속에 가졌던 열망과 대조된다. 이별의 상처에 객관적 거리를 두면서 그 이별의 체험에서 기형도다운 아름다운 미학을 추출해 낸다.
>
> 　　　　　　　　　　　　　　　　　　　　　　　　　　　　― 박나영, 『빈집』

## 작품 3  바람의 집 - 겨울판화·1 (입 속의 검은 잎, 1989년)

내 유년 시절 바람의 문풍지를 더듬던 동지의 밤이면 어머니는 내 머리를 당신 무릎에 뉘고 무딘 칼끝으로 시퍼런 무를 깎아주시곤 하였다. 어머니 무서워요 저 울음소리, 어머니조차 무서워요. 얘야, 그것은 네 속에서 울리는 소리란다. 네가 크면 너는 이 겨울을 그리워하기 위해 더 큰 소리로 울어야 한다. 자정 지나 앞마당에 은빛 금속처럼 서리가 깔릴 때까지 어머니는 마른 손으로 종잇장 같은 내 배를 자꾸만 쓸어내렸다. 처마 밑 시래기 한 줌 부스러짐으로 천천히 등을 돌리던 바람의 한숨. 사위어가는 호롱불 주위로 방안 가득 풀풀 수십 장 입김이 날리던 밤, 그 작은 소년과 어머니는 지금 어디서 무엇을 할까?

### ■ 핵심정리

▷ **성격** 산문적
▷ **표현** 묘사적, 감각적
▷ **제재** 가난했던 어린 시절
▷ **주제** 가난했던 어린 시절의 추억과 회고

## 이해와 감상

### 1 감상의 길잡이

기형도의 어린 시절은 가난의 연속이었다. 그래서 그의 시에는 경제적으로 궁핍했던 기억들을 개성적이면서도 독창적인 언어로 시화(詩化)한 것이 많은데, 이런 시들은 상당수가 부정적이고 암울한 이미지를 지니고 있다. 시인은 가난의 체험을 과장하거나 감추지 않고 말하고 있다. 이 시도 그의 다른 시인 「엄마 걱정」과 마찬가지로 어린 시절 가난했던 추억을 떠올리며 쓴 시로, 촉각, 시각, 청각을 동원한 감각적인 표현이 뛰어나다. 마치 한 장의 판화처럼 시인의 머릿속에 각인되어 남아 있던 가난과 추위로 인해 떨며 지낸 어릴 적 겨울밤의 추억을 묘사해 놓은 시라는 느낌을 준다.

## 최두석 崔斗錫
1955 ~
시인. 전남 담양 출생

▷ **작가의 특징**
1. 1980년 「심상」에 작품을 발표하며 등단하였다.
2. 성과 지성을 조화시킨 '이야기시 형식'으로 현실의 여러 모습들을 담담하게 이야기 식으로 담아 펼쳐내고 있다.

▷ **주요 작품**
시집: 『대꽃』(1984), 『임진강』(1986), 『성에꽃』(1990) 등

### 작품 1 　성에꽃 (성에꽃, 1990년)

새벽 시내 버스는
차창에 웬 찬란한 치장을 하고 달린다
엄동 혹한일수록
선연히 피는 성에꽃
어제 이 버스를 탔던
처녀 총각 아이 어른
미용사 외판원 파출부 실업자의
입김과 숨결이
간밤에 은밀히 만나 피워 낸
번뜩이는 기막힌 아름다움
나는 무슨 전람회에 온 듯
자리를 옮겨 다니며 보고
다시 꽃이파리 하나, 섬세하고도
차가운 아름다움에 취한다
어느 누구의 막막한 한숨이던가
어떤 더운 가슴이 토해 낸 정열의 숨결이던가
일없이 정성스레 입김으로 손가락으로
성에꽃 한 잎 지우고
이마를 대고 본다
덜컹거리는 창에 어리는 푸석한 얼굴
오랫동안 함께 길을 걸었으니
지금은 면회마저 금지된 친구여.

### 핵심정리

▷ **갈래** 자유시, 서정시
▷ **성격** 상징적, 현실 참여적
▷ **어조** 그리움과 공감의 어조
▷ **제재** 새벽 시내버스 차창에 서린 성에
▷ **표현** 촉각적 이미지와 시각적 이미지로 성에를 아름답게 묘사
▷ **주제** 서민의 삶에 대한 사랑과 시대 현실에 대한 아픔

## 이해와 감상

### 1 짜임 분석
- 1~4행 – 새벽 시내 버스에서 본 성에꽃
- 5~19행 – 성에꽃에 나타나는 서민들의 삶의 모습
- 20~22행 – 친구에 대한 영상

### 2 작품감상의 구조

| 구성 요소 | 구성 요소의 파악 | 그것이 지닌 의미·효과 | 주제와의 관련성 |
|---|---|---|---|
| 내용 요소 | ① 시적 화자 및 화자의 상황 | 서민들에 대한 따뜻한 시선을 지니고 있는 시적 화자가 겨울 새벽 버스에 맺힌 성에꽃을 보면서 서민들의 삶에 대한 사랑을 드러낸다. | 서민들의 삶에 대한 사랑과 시대 현실에 대한 아픔 |
| | ② 서민의 삶에 대한 관심 | 이러한 주제를 드러낸 작품으로 「사평역에서」(곽재구), 「내가 사랑하는 사람」 등이 있다. | |
| 형식 요소 | ① 장면 전환 | 1~2연은 서민들의 모습을 서술하고 3연은 장면을 전환하여 친구의 모습을 서술했는데, 내용이 유기적으로 연결되지 않았다. | |
| 표현 요소 | ① 은유법 | 2연에서 성에꽃을 '아름다움'으로 표현하여 은유법이 사용되고 있다. | |
| | ② 상징 | '성에꽃, 한숨, 이마' 등은 상징으로 의미를 효과적으로 드러낸다. | |

### 3 감상의 길잡이

　이 작품은 어느 추운 겨울 새벽, 시내 버스의 차창에 어린 성에를 통하여 함께 어울려 살아가는 서민들의 삶에 대한 애정과 시대 현실에 대한 아픔을 함께 노래하고 있다. 시적 화자가 같은 시대를 살아가는 사람들의 삶의 모습을 차창 너머로 바라보는 것이 아니라, 같은 버스를 탔던 사람들이 남긴 숨결을 통해 느낀다는 점에 주목할 만하다. 차창에 서린 '성에꽃'의 '꽃이파리'들을 자리를 옮겨 다니면서 들여다보는 화자의 행동은, 그들의 삶과 정서를 자신에게도 의미 있고 소중한 것으로 느끼는 시인의 내면을 드러내 주기 때문이다. 한편, 이 시에서 '엄동 혹한'은 군사 독재가 겉옷만 바꿔 입은 채 연장되고 있던 당시의 암울한 시대상을 상징하고 있는데, '지금은 면회마저 금지된 친구여.'라는 마지막 시구에서 이 점이 분명히 드러난다. 그러니까 화자의 정서는 같은 시대에 사는 서민들의 삶에 대한 애정으로부터 구속된 벗에 대한 그리움으로 나아가고 있는데, 이는 그 벗이 화자와 함께 오랫동안 걸어왔다는 그 길(구속과 면회 금지의 원인이 된)이 민중과 민족에 대한 애정을 실천하는 삶이었음을 암시적으로 나타내 준다고 하겠다.

## 중요 내용 정리

### 01 '성에꽃'의 의미
　　이 시에서 사용된 '성에꽃'은 유리창에 핀 성에를 의미한다. 그러나 단순히 유리창에 서린 지시적, 사전적 의미로서의 성에를 의미하는 것은 아니다. 그것은 늦은 밤이나 새벽, 시내 버스를 타고 차가운 삶의 현장을 다녀야만 하는 서민들의 입김과 숨결을 의미한다. 즉 서민들의 막막한 한숨, 또는 정렬의 숨결이 만나 피워 낸 아름다운 꽃인 것이다. 화자는 그 숨결을 통해 그들의 삶이 얼마나 고단하고 막막하지를 생각해 보게 된다. 그리고 그들의 고단한 삶을 역설적으로 아름다운 '성에꽃'을 피우는 아름다운 삶이라고 표현하고 있는 것이다. 이는 화자가 그 사람들의 삶을 자신에게 의미 있고 소중한 것으로 받아들이기 때문에 가능한 것이다.

### 02 '창'의 의미
　　일반적인 시에서 '창'은 흔히 외부 세계와의 연결 통로 또는 매개체로 사용된다. 이 시에서도 이른 새벽 성에가 낀 버스의 창은 세상을 바라보는 통로가 된다. 비록 성에 낀 창을 통해 보는 세계가 차창 너머의 세계가 아닌, 같은 버스에 앉았을 서민들의 숨결을 통해 느끼는 세계라 할지라도 세계를 바라보는 통로임에는 분명하다. 그 창에 비친 세상의 풍경은 얼룩져 있고, 그것을 바라보는 시인의 마음은 막막하다. 그러나 그 막막하고 팍팍함에서 오는 슬픔을 '성에'의 아름다움을 통해 잊게 된다. 왜냐하면 '성에'는 동시대인들의 숨결과 입김, 즉 공동체 의식 그 자체를 의미하기 때문이다.

### 03 감성과 지성의 조화
　　1990년대에 나온 '성에꽃'은 현실을 좀 더 깊이 파고들면서도 감성과 지성 어느 한쪽으로도 기울어지지 않는 시인의 균형 감각을 보여 준다. 그것은 현실의 정황과 함께 전형적으로 묘사해 내는 그의 시 정신에서 획득되는데, 그런 그의 시는 날카로운 쐐기처럼 현실의 거짓되고 모순 된 틈에 정밀하고 꼼꼼하게 박혀든다. 시인은 새벽 시내 버스의 유리창에 서린 성에꽃에서 세상을 개미처럼 열심히 살아가는 서민들의 아름다운 몸짓을 본다. 생명의 힘을 느끼고 한숨과 정열의 숨결을 상상한다. 하지만 그 상상은 문득 차단당한다. 차가 덜컹거리는 순간 돌연 장면이 바뀌고 지금은 면회마저 금지된 친구의 푸석한 얼굴이 그 한숨과 정열의 아름다움을 가로막는 것이다.

## 예상문제

※ (1~3) 다음 작품을 읽고 물음에 답하시오.

(가)
또 다른 말도 많고 많지만
삶이란
나 아닌 그 누구에게
기꺼이 연탄 한 장 되는 것

방구들 선들선들해지는 날부터 이듬해 봄까지
조산팔도 거리에서 제일 ㉠아름다운 것은
연탄차가 부릉부릉
힘쓰며 언덕길을 오르는 거라네.
해야 할 일이 무엇인가를 알고 있다는 듯이
연탄은, 일단 제 몸에 불이 옮겨 붙었다 하면
하염없이 뜨거워지는 것
매일 따스한 밥과 국물 퍼먹으면서도 몰랐네.
온 몸으로 사랑하고 나면
한 덩이 재로 쓸쓸하게 남는 게 두려워
여태껏 나는 ⓐ그 누구에게 연탄 한 장도 되지 못하였네.

생각하면
삶이란
나를 산산이 으깨는 일

눈 내려 세상이 미끄러운 어느 이른 아침에
나 아닌 그 누가 마음 놓고 걸어갈
그 길을 만들 줄도 몰랐었네, 나는
　　　　　　　　　　- 안도현, 「연탄 한 장」, 『외롭고 높고 쓸쓸한』(1994)

(나)
새벽 시내 버스는
차창에 웬 찬란한 치장을 하고 달린다
엄동 혹한일수록
선연히 피는 성에꽃
어제 이 버스를 탔던
처녀 총각 아이 어른
미용사 외판원 파출부 실업자의
입김과 숨결이
간밤에 은밀히 만나 피워 낸
번뜩이는 기막힌 ㉡아름다움
나는 무슨 전람회에 온 듯
자리를 옮겨 다니며 보고
다시 꽃이파리 하나, 섬세하고도
차가운 아름다움에 취한다
어느 누구의 막막한 한숨이던가
어떤 더운 가슴이 토해 낸 정열의 숨결이던가
일없이 정성스레 입김으로 손가락으로
성에꽃 한 잎 지우고
이마를 대고 본다

덜컹거리는 창에 어리는 푸석한 얼굴
오랫동안 함께 길을 걸었으니
지금은 면회마저 금지된 친구여.

― 최두석, 「성에꽃」, 『성에꽃』(1990)

1. (가)와 (나)의 제목이 지닌 의미의 공통점과 차이점을 각각 밝히시오. [2점]

   **예상답안**

   ① 공통점: 서민의 삶과 관련 있는 제재
   ② 차이점: (가)는 자신을 희생하여 서민들을 따듯하게 하는 존재라면, (나)는 서민들의 삶이 피워낸 존재라는 점

2. (가)의 ㉠과 (나)의 ㉡에 담긴 시적 화자의 아름다움에 의미 차이를 밝히고, (가)의 ⓐ에 해당하는 것을 (나)에서 찾아 제시하시오. [2점]

   **예상답안**

   (가)의 ㉠에서는 연탄과 같이 자신을 희생하는 삶의 아름다움을 강조하고, (나)의 ㉡에서는 서민들끼리의 융화, 연대하는 아름다움을 강조한다.
   (가)의 ⓐ에 해당하는 것은 (나)에서 6행~7행(처녀~실업자) 부분이다.

3. (가)와 (나)에서 시적 화자와 제재의 관계를 각각 밝히고, 그것이 시의 어조 및 주제와 어떤 관련이 있는지 밝히시오. [4점]

   **예상답안**

   (가)에서 시적 화자와 연탄은 대립적 관계이다. 연탄의 희생적인 삶에 비해 화자는 그렇게 살지 못했기 때문에 대립적 관계를 통해 자신을 비판 반성한다. 그래서 어조는 긍정적인 연탄에 대해 칭찬, 찬양, 동경하는 어조이고, 자신에 대해 비판, 반성, 성찰하는 어조이다. 이러한 관계 및 어조를 통해 '연탄의 희생적 모습을 통해 자신의 이기적 삶을 반성'하는 주제를 잘 드러낸다.
   (나)에서 화자는 성에꽃을 세밀하게 관찰하여 제시했다. 성에꽃의 생성 담긴 서민의 삶과 그것이 지닌 아름다움을 파악하여 거기에 동화되려고 한다. 그래서 어조는 그리움, 동정, 공감의 어조이다. 이러한 관계 및 어조를 통해 '서민의 삶에 대한 사랑'이라는 주제를 잘 드러낸다.

## 고정희

高靜熙    1948 ~ 1991
         시인. 전남 해남 출생

▷ **작가의 특징**
1. 1975년 ≪현대시학≫에 「연가」, 「부활 그 이후」 등이 추천되면서 등단하였다.
2. 기독교적 상상력에 바탕을 둔 역사의식과 여성 해방 의식을 탐구한 시를 썼다.

▷ **주요 작품**
시집: 『누가 홀로 술틀을 밟고 있는가』(1979), 『이시대의 아벨』(1983), 『아름다운 사람 하나』(1990)

### 작품 1  상한 영혼을 위하여 (이 시대의 아벨, 1983년)

상한 갈대라도 하늘 아래선
한 계절 넉넉히 흔들리거니
뿌리 깊으면야
밑둥 잘리어도 새순은 돋거니
충분히 흔들리자 상한 영혼이여
충분히 흔들리며 고통에게로 가자

뿌리 없이 흔들리는 부평초 잎이라도
물 고이면 꽃은 피거니
이 세상 어디서나 개울은 흐르고
이 세상 어디서나 등불은 켜지듯
가자 고통이여 살 맞대고 가자
외롭기로 작정하면 어딘들 못 가랴
가기로 목숨 걸면 지는 해가 문제랴

고통과 설움의 땅 훨훨 지나서
뿌리 깊은 벌판에 서자
두 팔로 막아도 바람은 불 듯
영원한 눈물이란 없느니라
영원한 비탄이란 없느니라
캄캄한 밤이라도 하늘 아래선
마주 잡을 손 하나 오고 있거니

### ▋ 핵심정리

▷ **갈래** 사유시, 서정시
▷ **성격** 비유적, 의지적, 긍정적, 역설적, 상징적
▷ **화자** 내면의 상처를 안고 살아가는 사람
▷ **제재** 상처 입은 사람들
▷ **표현** 청유형 표현을 통해 독자의 공감을 유도하고 설득하는 효과를 냄
▷ **주제** 고통을 수용하는 성숙한 삶의 자세 촉구

## 이해와 감상

### 1 짜임 분석
- 1연 – 내면의 고통을 대면하려는 의지
- 2연 – 고통에 대한 수용과 포용의 태도
- 3연 – 고통으로 인한 깨달음과 내면의 성숙

### 2 감상의 길잡이
　이 시는 상처받은 내면의 고통과 시련을 극복하는 긍정적 자세를 자연물의 모습을 통해 효과적으로 노래하고 있는 작품이다. 그러나 이 시는 내면에 지극한 상처를 드리우고 살아가는 삶의 고단함을 노래하는 데서 그치지 않는다. '갈대의 흔들림'과 '뿌리 깊음'의 이미지와 뿌리 없이 떠돌아다니면서도 질긴 생명력을 이어가는 '부평초'의 이미지를 통해, 고통을 부정하거나 회피하는 것이 아니라 고통과 직접 대면하고 고통을 수용하여 더욱 값진 삶을 살고자 하는 시인의 의지를 드러내고 있다. 고통을 반드시 부정해야 할 것으로 여기지 않고, 이를 통해 더욱 강인해지고자 하는 시인의 소망이 담겨 있다는 점에서 이 시는 고통을 노래한 다른 시들과 구분된다. 이 시에서는 시의 전개에 따라 고통을 대하는 시인의 태도가 더욱 성숙해지고 있는 점이 눈에 띈다. '상한 갈대'와 '부평초'를 넘어 '뿌리 깊은 벌판'으로 옮겨가는 시인의 시선에는 '고통이 존재하지 않는 세계'란 없으며, 따라서 고통을 받아들임으로써 고통을 초월하고자 하는 시인의 강한 의지가 배어 있는 것이다.

## ▮ 중요 내용 정리

### 01 기독교적 사랑과 희망의 표상
　이 시는 민주화 이전의 암울한 현실을 시대적 배경으로 삼고 현실에 대한 날카로운 의식과 민중적 한을 밑바탕에 깔고 있다. 그러면서도 사실상 궁극적 귀결점은 대결과 좌절을 극복한 자리에서 얻어지는 기독교적 사랑과 희망이라 할 수 있다. '상한 갈대'와 '뿌리 없이 흔들리는 부평초 잎'은 모두 소외되고 상처받은 영혼을 지칭하며, '하늘'은 그 상한 영혼을 치유해 주는 절대자를 지칭한다. 화자는 '캄캄한 밤'이라 할지라도 역경과 고난에 굴하지 않고 고통과 직접 대면하여 견디어 나가는 과정을 통해 진정한 영혼의 내면적 성숙을 실현할 수 있음을 나타내고 있다.

### 02 '흔들리다'와 '고통'

> 　이 시에서는 '흔들리다'라는 동사가 '바람 불다'로 변주된 것을 포함하여 네 번 나타난다. 또한 그 흔들림의 반대편에는 '뿌리 깊음'이 있다. '흔들림' 즉 고통을 부정하거나 회피하지 않고, 탄탄한 '뿌리'로써 고통과 대면하고 고통을 포용하는 것이 이 시가 담고 있는 삶에 대한 태도이다. 정신적 고통을 주로 갈대나 흔들림의 이미지를 통해 비유적으로 노래하고 있지만, '고통'이라는 추상적 단어 역시 등장한다. 3연으로 이루어진 구성에서 '고통'은 각 연마다 한 번씩 나타난다. 시의 전개에 따라 '고통'에 대한 시인의 위치, 곧 태도가 변화하고 성숙해진다는 점이다.
> 　　　　　　　　　　　　　　　　　　　　　　　　　　　　－ 한계전,『명시 읽기』

### 03 고통의 긍정적 수용 자세
　'꽃이 핀다는 것', '개울은 흐른다는 것', '등불은 켜진다는 것'을 통해 고통을 극복할 수 있을 것이라는 믿음과 희망의 메시지를 전달하고 있다. 또한 두 팔로 막아도 바람은 불듯이 어떤 상황에서도 시련은 존재하는 것이고 피할 수 없는 것임을 화자는 이미 인식하고 있다. 이러한 인식을 통해 화자가 고통을 피하지 않고 적극적으로 수용할 수 있는 계기가 된다고 볼 수 있다.

### 04 '갈대'와 '부평초'의 이미지

보통 시에서 '갈대'는 외유내강을 의미하는 소재로 자주 사용된다. 이 시에서도 이러한 의미가 전혀 고려되지 않은 것은 아니지만, 이때의 '갈대'는 좀 더 구체적인 의미를 지니고 있다. 이 시에서 사용되고 있는 '갈대'의 이미지가 무엇인가를 알아보기 위해서는 같은 시에서 유사한 의미로 사용된 '부평초'의 이미지를 먼저 떠올려 볼 필요가 있다. '부평초'의 표면적 의미는 뿌리 없이 호수나 개울을 떠다니며 꽃을 피우는 식물이다. 이때 '부평초'가 함축하고 있는 의미는 '근원도 없이 떠돌아다니면서도 질긴 생명력을 잃지 않는 것'이다. 이러한 '부평초'의 이미지를 염두에 두고 '갈대'의 이미지를 생각해보면, 이때의 '갈대' 역시 '온갖 세파에 멍이 들었을지언정 뿌리 깊음에 대한 믿음을 바탕으로 한평생 흔들림에도 불구하고 끈질긴 생명력만은 잃지 않은 존재'라는 의미로 다가올 것이다.

## 작품 2 우리 동네 구자명 씨 (지리산의 봄, 1987)

맞벌이 부부 우리 동네 구자명 씨
일곱 달 된 아기 엄마 구자명 씨는
출근 버스에 오르기가 무섭게
아침 햇살 속에서 졸기 시작한다.
경기도 안산에서 서울 여의도까지
경적 소리에도 아랑곳없이
옆으로 앞으로 꾸벅꾸벅 존다.

차창 밖으론 사계절이 흐르고
진달래 피고 밤꽃 흐드러져도 꼭
부처님처럼 졸고 있는 구자명 씨
그래 저 십 분은
간밤 아기에게 젖 물린 시간이고
또 저 십 분은
간밤 시어머니 약 시중 든 시간이고
그래그래 저 십 분은
새벽녘 만취해서 돌아온 남편을 위하여 버린 시간일 거야

고단한 하루의 시작과 끝에서
집 속에 흔들리는 팬지꽃 아픔
식탁에 놓인 안개꽃 멍에
그러나 부엌문이 여닫기는 지붕마다
여자가 받쳐든 한 식구의 안식이
아무도 모르게
죽음의 잠을 향하여
거부의 화살을 당기고 있다

## ■ 핵심정리

▷ **갈래** 자유시, 서정시
▷ **성격** 비판적
▷ **제재** 남성 중심적 사회에서 여성의 삶
▷ **주제** 여성의 일방적인 희생을 강요하는 현실을 비판

▷ **특징** ① 개인의 모습에서 보편적인 한국 사회의 여성의 모습으로 시상 확대
② 구체적 생활의 모습을 제시해 공감 획득

## 이해와 감상

### 1 짜임 분석
- 1연 – 출근 버스에서 졸고 있는 구자명 씨
- 2연 – 구자명 씨의 고단한 일상에 대한 추측 (가족을 위해 희생하는 삶)
- 3연 – 여성의 희생으로 유지되는 가정의 모습을 비판

### 3 감상의 길잡이

이 작품은 가사 노동과 직장 생활이라는 두 가지 일에 시달리는 어느 여성의 고된 하루 일과를 그린 시이다. 아침 일찍 먼 곳으로 출근하면서 출근 버스 안에서 졸고 있는 모습, 퇴근 후에도 쉴새없이 일하는 '구자명 씨'는 가부장제 사회에서 집안일과 직장 일에 시달리는 우리 사회 여성의 모습이다. 그러한 여성을 고통을 '잠'이라는 소재를 통해 형상화하고 있는 작품이다.

이 시는 남성 중심의 억압적 구조 속에서 이중으로 고통 받는 여성의 모습을 보여준다. 구자명 씨는 7개월 된 아이가 있는 맞벌이 주부로 그녀는 날마다 안산에서 서울 여의도까지 출퇴근하는 직장 여성이면서 가정의 일도 돌보느라 이중고에 시달린다. 그래서 그녀는 차창 밖으론 사계절이 흐르고 진달래 피고 밤꽃 흐드러져도 버스 안에서 졸고만 있다. 졸고 있는 동안의 십분, 십분이 '간밤에 시어머니 약시중'을 들거나 늦게까지 술을 마시고 들어온 남편을 위해 버린 시간이다. 때문에 이 시에서 나오는 '아침'은 구자명 씨가 피곤에 지쳐 졸고 있는 시간으로서 부정적인 의미이다. 또한 여기서 남성은 무책임하고 비생산적인 존재, 방해하고 귀찮으며 돌봐주어야 하는 존재로 그려지고 있으며, '고단한 하루의 시작과 끝'이란 시어가 암시하고 있는 것처럼, 그녀는 쉴 새 없이 가정과 직장을 오가며 한 가정을 책임지고 있다. '안개꽃 멍에'란 작지만 무수한 꽃을 피우는 안개꽃과 멍에를 동일시하며 구자명 씨의 고통 상태를 잘 나타내고 있다.

## ■ 중요 내용 정리

### 01 '구자명 씨'의 삶을 통한 주제 형상화

구자명 씨는 가사와 직장 일이라는 이중의 노동에 시달리고 있다. 특히 시어머니에게는 '효부', 남편에게는 '양처', 자식에게는 '현모'라는 보이지 않는 사회적 관념에 의해 여성의 일방적인 희생이 강요되는 현실을 형상화하고 있다. 시인은 이러한 실상을 구자명 씨의 고달픈 일과를 통해 적나라하게 드러내고 있다.

또한 바깥의 아름다운 경치와 그것을 볼 여력도 없이 버스에서 정신없이 졸고 있는 구자명 씨의 모습이 대비된다. '죽음의 잠'을 자고 있는 구자명 씨에게 '거부의 화살'을 당기고 있다는 표현은 여성의 일방적 희생을 강요하는 현대 사회에 대한 화자의 비판적 인식을 나타낸 것이라 볼 수 있다.

## 02 중의적 의미

가사 노동으로 인해 밤잠을 설친 '구자명 씨'가 버스에서 꾸벅꾸벅 졸고 있는 모습을 '부처님처럼 졸고 있다'고 표현하고 있다. 이 표현은 '부처님'을 강조하느냐, '졸고 있는'을 강조하느냐에 따라 의미가 달라진다.

'부처님'을 강조한 것으로 보았을 때는 식구들을 위해 자신을 희생하는 것이 '자비를 강조하는 부처님의 가르침을 따르는 것처럼 보인다.'는 의미로 해석될 수 있고, '졸고 있는'을 강조한 것으로 보았을 때는 바깥 날씨가 아무리 좋아도 구자명씨는 꼼짝 않고 자기만 한다는 의미로 해석될 수 있다.

마지막 구절인 '죽음의 잠'도 '죽은 듯이 든 잠'이라 해석해 '구자명 씨가 너무 피곤하여 죽은 것처럼 깊이 잠들었음'을 나타낸 의미로 볼 수 있고, '죽음과 같은 잠'이라 해석하여 '피곤함이 죽음처럼 삶을 갉아 먹고 있음'을 나타낸 의미로 볼 수도 있다.

# 예상문제

※ (1~5) 다음 작품을 읽고 물음에 답하시오.

(가)

동짓달에도 치자 꽃이 피는 신방에서 신혼 일기를 쓴다. 없는 것이 많아 더욱 따뜻한 아랫목은 평강 공주의 꽃밭 색색의 꽃씨를 모으던 흰 봉투 한 무더기 산동네의 맵찬 바람에 떨며 흩날리지만 봉할 수 없는 내용들이 밤이면 비에 젖어 울지만 이제 나는 산동네의 인정에 곱게 물든 한 그루 대추나무 밤마다 서로의 허물을 해진 사랑을 꿰맨다

…… 가끔 …… 전기가 …… 나가도 …… 좋았다 …… 우리는 ……

새벽녘 우리 낮은 창문가엔 달빛이 언 채로 걸려 있거나 별 두서넛이 다투어 빛나고 있었다 전등의 촉수를 더 낮추어도 좋았을 우리의 사랑방에서 꽃씨 봉지랑 청색 도포랑 한 땀 한 땀 흘려 깁고 있지만 우리 사랑 살아서 앞마당 대추나무에 뜨겁게 열리지만 장안의 앉은뱅이저울은 꿈쩍도 않는다 오직 혼수며 가문이며 비단 금침만 뒤우뚱거릴 뿐 공주의 애틋한 사랑은 서울의 산 일번지에 떠도는 옛날이야기 그대 사랑할 온달이 없으므로 더더욱

- 박라연, 「서울에 사는 평강 공주」, 『서울에 사는 평강 공주』(2000)

(나)

맞벌이 부부 우리 동네 구자명 씨
일곱 달 된 아기 엄마 구자명 씨는
출근 버스에 오르기가 무섭게
㉠ 아침 햇살 속에서 졸기 시작한다.
경기도 안산에서 서울 여의도까지
경적 소리에도 아랑곳없이
옆으로 앞으로 꾸벅꾸벅 존다.

차창 밖으론 사계절이 흐르고
　　진달래 피고 밤꽃 흐드러져도 꼭
　　ⓒ 부처님처럼 졸고 있는 구자명 씨
　　그래 저 십 분은
　　간밤 아기에게 젖 물린 시간이고
　　또 저 십 분은
　　간밤 시어머니 약 시중 든 시간이고
　　그래그래 저 십 분은
　　새벽녘 만취해서 돌아온 남편을 위하여 버린 시간일 거야

　　고단한 하루의 시작과 끝에서
　　집 속에 흔들리는 팬지꽃 아픔
　　식탁에 놓인 안개꽃 멍에
　　그러나 부엌문이 여닫기는 지붕마다
　　여자가 받쳐든 한 식구의 안식이
　　아무도 모르게
　　ⓒ 죽음의 잠을 향하여
　　거부의 화살을 당기고 있다

　　　　　　　　　　　　　－ 고정희, 「우리 동네 구자명 씨」, 『지리산의 봄』, (1987)

1. (가)와 (나)에서 시적 화자가 문제 삼는 현실을 가장 잘 드러낸 구절을 찾고, 그 의미를 각각 밝히시오. [2점]

> **예상답안**

　(가) 오직 혼수며 가문이며 비단 금침만 뒤우뚱거릴 뿐 : 진정한 사랑을 외면하고 물질적 가치를 중시하는 사랑에 대한 비판
　(나) 여자가 받쳐 든 한 식구의 안식 : 여성의 일방적인 희생을 강요하는 현실에 대한 비판

2. (가)에서 '평강공주 설화'를 차용한 이유와 그 효과를 밝히시오. [2점]

> **예상답안**

① 이유 : 화자는 역경과 고난 속에서 사랑을 지켜 간 평강 공주를 본받으려기 때문에 차용했다.
② 효과 : 화자 자신의 현재 삶이 가난하지만 자신을 평강공주와 동일시하여 순수한 사랑의 모습을 더 아름답게 그려내어 독자에게 감동을 준다.

3. (나)의 ㉠에 나타난 표현 및 효과를 밝히고, (가)에서 그러한 예를 2가지 찾아 제시하시오. [2점]

**예상답안**

㉠은 역설이며, 아침 햇살 속에서 조는 모습을 통해 가족을 위해 희생하는 여인의 피고하고 고달픈 삶을 효과적으로 드러낸다.
(가)에서는 '없는 것이 많아 더욱 따뜻한 아랫목은', '……가끔……전기가……나가도……좋았다……우리는……', '전등의 촉수를 더 낮추어도 좋았을 우리의 사랑방' 등에서 이러한 표현이 나타난다.

4. (나)의 ㉡, ㉢에 나타난 중의적 의미를 각각 밝히시오. [2점]

**예상답안**

㉡ 식구를 위해 부처님처럼 자비를 베풀고 있다는 의미와 피곤해서 꼼작 않고 자기만 한다는 의미가 드러난다.
㉢ 피곤해서 깊이 든 잠을 의미하기도 하고, 피곤이 죽음처럼 삶을 갉아먹는다는 의미가 드러난다.

5. 아래 〈조건〉을 바탕으로 물음에 맞게 답하시오. [10점]

〈조건〉
(1) (가), (나)에 나타난 시인의 현실 인식의 특징을 밝히시오. (4점)
(2) 위 (1)의 현실인식과 관련하여 소설에서 각각 (가), (나)와 대응될 수 있는 유파 및 그 이유를 제시하고, 작품의 예를 밝히시오. (6점)

**예상답안**

(가)는 물질적 가치만을 중시하는 자본주의 현실 속에서 가난한 삶의 모습을 그려냈지만, 부부의 사랑이 그러한 현실보다 소중하며 그러한 현실을 극복할 수 있음을 드러냈다. (나)는 맞벌이 하는 부부의 상황을 제시하고, 그 중 여인의 희생으로 가족의 삶이 유지되는 현실을 제시했는데, 일곱 살 된 아기를 돌보고 아픈 시어머니를 봉양하고, 남편의 수발을 드는 모습을 제시하고, 자신은 피곤하여 버스에서 조는 모습을 보이면서 독자들에게 여인이 처한 상황에 대한 인식과 개선을 바라고 있다.
(가)에 나타난 현실 인식은 황순원의 순수 소설과 유사하다. 그는 순수 소설에서 부조리나 모순이 있는 현실을 다루면서도 그 현실 자체에 주목하기보다 그 현실에서 변하지 않는 동심의 순수함이나 인간에 대한 믿음 등을 더 중요한 것으로 드러내며, 이것이 (가)에 나타난 태도와 유사하다. 그러한 작품으로는 황순원의 「학」, 「목넘이 마을의 개」, 「카인의 후예」 등을 들 수 있다.
(나)에 나타난 현실 인식은 사실주의(또는 페미니즘) 소설과 유사하다. 사실주의 소설에서는 당대 현실에 나타난 현실의 모순이나 부조리를 제시하고, 그 문제에 대해 작가의 비판 의식이나 해결의 전망을 제시함으로써 독자들이 그 문제에 대해 인식하고 공감하여 바뀔 수 있게 하며 이것이 (나)의 태도와 유사하다. 그러한 작품으로는 김정한의 「사하촌」, 현진건의 「고향」 등을 들 수 있다.

## ▷ 김선우 金宣佑
1970 ~
강원 강릉 출생

▷ **작가의 특징**
1996년 ≪창작과 비평≫에 「대관령 옛길」 등 10편의 시를 발표하며 등단하였다.

▷ **주요 작품**
『내 혀가 입속에 갇혀 있길 거부한다면』(2000), 『도화 아래 잠들다』(2003), 『내 몸속에 잠든 이 누구신가』(2007)

### 작품 1  낙화, 첫사랑 (내 몸속에 잠든 이 누구신가, 2007년)

1
그대가 아찔한 절벽 끝에서
바람의 얼굴로 서성인다면 그대를 부르지 않겠습니다
옷깃 부둥키며 수선스럽지 않겠습니다
그대에게 무슨 연유가 있겠거니
내 사랑의 몫으로
그대의 뒷모습을 마지막 순간까지 지켜보겠습니다
손 내밀지 않고 그대를 다 가지겠습니다

2
아주 조그만 먼저 바닥에 닿겠습니다
가장 낮게 엎드린 처마를 끌고
추락하는 그대의 속도를 앞지르겠습니다
내 생을 사랑하지 않고는
다른 생을 사랑할 수 없음을 늦게 알았습니다
그대보다 먼저 바닥에 닿아
강보에 아기를 받듯 온몸으로 나를 받겠습니다

### ■ 핵심정리

▷ **갈래** 자유시, 서정시
▷ **성격** 낭만적, 사색적, 애상적
▷ **제재** 낙화
▷ **주제** 첫사랑의 실패를 통해 얻게 된 정신적 성숙

▷ **표현** ① 산문투의 문장으로 서술
② 화자의 의지를 나타내는 종결어미 반복 사용
③ 경어체 사용

## 이해와 감상

### 1 짜임 분석
- 1연 – 이별의 수용과 사랑의 완성
- 2연 – 이별을 통해 얻게 된 깨달음과 정신적 성숙

### 2 감상의 길잡이
　시적 화자가 경험한 첫사랑 실패의 아픔을 통해 사랑의 완성과 새로운 깨달음에 도달하게 되는 정신적 성숙의 과정을 여성 화자의 목소리로 표현한 작품이다. 화자가 경험한 '그대'와의 결별을 '낙화'의 이미지에 대응시켜 시상 전개의 중심축으로 활용함으로써 주제 의식을 효과적으로 드러내었다.

　1연에서 화자가 이별을 수용하는 모습을 그리고 있다. 화자는 그대와의 이별을 슬프고 괴로운 것으로 인식하는 것이 아니라, 마치 때가 되면 꽃잎이 떨어지는 것처럼 이별을 순순히 수용하고 있다. 그리고 이처럼 그대를 떠나보내는 것이 곧 소중한 그대와의 사랑을 완성하고 온전히 간직하는 것이라고 믿는다.

　2연에서는 결별을 통해 얻게 된 깨달음과 함께 성숙한 행위의 의지를 통해 화자의 정신적 성숙을 그리고 있다. 화자는 나를 사랑할 줄 알아야만 다른 사람을 사랑할 수 있다는 이별의 교훈을 통해, 추락하는 자신을 소중히 받아 내겠다는 행위의 의지를 보여주고 있다.

## ▣ 중요 내용 정리

### 01  '이별'을 대하는 화자의 태도
　'그대를 부르지 않겠습니다', '수선스럽지 않겠습니다', '손 내밀지 않고 그대를 다 가지겠습니다' 등의 표현을 통해 그대와의 이별을 조용히 받아들여 수용하겠다는 의지를 나타낸다. 또한, 이별이 곧 사랑의 완성임을 알기에 그대가 떠나가는 순간까지도 최선을 다하는 태도를 갖고, 비록 떠나가는 그대를 붙잡지는 않지만, 이별을 통해 얻게 된 완전한 사랑을 온전히 간직하겠다는 의지를 표현하고 있다.

### 02  '낙화'가 주는 결별의 이미지
　'낙화'는 통상적으로 이별, 사랑의 종말, 젊고 아름다운 시절의 종식 등을 의미하는 시어로 자주 사용되었다. 이 시에서도 '낙화'는 사랑하는 사람과의 이별을 의미하고 있다.

　다른 시에서 '낙화'는 보통 화자가 꽃이 떨어지는 모습이나 광경을 목격하고, 그로부터 촉발된 정서나 이별의 슬픔을 나타내는 경우가 보편적인데 비해, 이 시에서는 화자가 구체적 자연 현상으로서 '낙화'를 경험한 정황이 드러나지 않는다. 즉, 이 시에서는 '낙화'라는 시어에 담겨 있는 시각적 이미지와 그것이 상징하는 '이별'의 의미만을 활용하고 있다.

### 03  나를 구원하는 행위
　화자는 2연에서 떨어지는 그대보다 더 빠른 속도로 추월하여 자신을 구원하겠다는 의지를 보이고 있다. 이별을 통해 화자는 '나를 사랑할 줄 알아야 다른 사람도 사랑할 수 있다'는 깨달음에 도달하게 된다. 따라서 '나'를 구원하는 것은 곧 그대를 사랑하기 위한 행위인 것이다. 그래서 나를 사랑하는 행위는 곧 그대를 사랑하는 행위가 되는 것이다.

## 작품 2  단단한 고요 (도화 아래 잠들다, 2003년)

 마른 잎사귀에 도토리알 얼굴 부비는 소리 후두둑 뛰어내려 저마나 멍드는 소리 멍석 위에 나란히 잠든 반들거리는 몸 위로 살짝살짝 늦가을 햇볕 발 디디는 소리 먼길 날아온 늙은 잠자리 채머리 떠는 소리 멧돌 속에서 껍질 타지면 가슴 동당거리는 소리 사그락사그락 고운 뼛가루 저희끼리 소곤대며 어루만져 주는 소리 보드랍고 찰진 것들 물속에 가라앉으며 안녕 안녕 가벼운 것들에게 이별 인사하는 소리 아궁이 불 위에서 가슴이 확 열리며 저희끼리 다시 엉기는 소리 식어 가며 단단해지며 서로 핥는 소리

 도마 위에 다갈빛 도토리묵 한 모

 모든 소리들이 흘러 들어간 뒤에 비로소 생겨난 저 고요
 저토록 시끄러운, 저토록 단단한,

### 핵심정리

- **갈래** 자유시, 서정시
- **성격** 감각적, 창조적, 개성적
- **제재** 도토리묵
- **주제** 도토리묵에 대한 개성적 인식

- **특징** ① 명사형 종결의 반복
  ② 열거, 도치를 통한 시상 전개
  ③ 청각적 이미지를 사용

### 이해와 감상

① **짜임 분석**
- 1연 – 도토리묵이 만들어지는 과정
- 2연 – 완성된 도토리묵의 이미지
- 3연 – 도토리묵의 개성적 이미지 환기

② **감상의 길잡이**

 우리가 흔히 무르고 연약하며, 밋밋한 것으로 인식하는 도토리묵을 의인화와 청각적 이미지를 통해 개성적으로 인식한 작품이다. 시인의 이러한 개성적 인식은 독특한 시상 전개와 표현 방식과 함께 산문적 리듬과 끊어 읽기의 호흡을 통해 한층 심화된 문학적 완성도를 보여 준다.

 1연에서 화자는 완성된 도토리묵이 아닌, 그것이 만들어지는 과정에 주목한다. 특히 도토리가 나무에서 떨어지는 순간부터 묵이 되어 식혀지는 과정을 의인화된 표현과 청각적 이미지, 명사형 종결을 통해 개성적으로 드러낸다. 그 과정에서 도토리는 멍들고, 말리고, 껍질 타지고, 소곤대기도 하고, 서로 어루만지며, 작별 인사도 하고 다시 엉기고 핥아 주는 가련한 대상으로 의인화된다. 2연에서는 1연의 과정을 통해 완성된 도토리묵이 단독 연으로 제시되며, 1연의 복잡한 이미지들이 하나의 대상으로 집중된다. 마지막 연에서는 도토리묵의 고요한 이미지와 함께 1연의 이미지가 환기되며 시상을 마무리 짓는다.

## ▎중요 내용 정리

### 01  표현상의 특징과 효과

산문적 리듬을 가진 자유시이면서도 명사형 종결의 반복을 통해 시상을 전개했다. 1연에서 도토리묵이 만들어지는 과정을 '~ 하는 소리'로 연결함으로써 각각의 과정이 지닌 이미지와 의미를 분명하게 제시한다. 독자는 이를 알맞은 호흡으로 끊어 읽으며 운율감을 느끼게 한다. 한편 2연에서는 1연에 제시된 여러 복합한 과정을 통해 완성된 도토리묵을 짧은 어구를 통해 제시함으로써 일시에 시상을 집약시키는 효과를 얻게 된다. 뿐만 아니라 시인은 '도토리'의 의인화와 감각적 이미지를 사용해 시적 대상에 대한 개성적이면서도 창조적 이미지를 창출한다. 시인은 다양한 의성어와 청각적 이미지를 통해 먹을거리인 '도토리묵'을 미각이 아닌 청각으로 표현하면서 대상이 지닌 이미지를 정교하게 전달한다. 독자들은 이를 통해 '도토리묵'을 새로운 감각과 정서로 받아들이게 되며, 작가의 개성적 인식은 도토리묵을 '시끄럽고 단단한 존재'로 인식하게 하는 개연성을 부여한다.

### 02  도토리묵의 민중적 이미지

시의 소재인 '도토리묵'은 그 외양과 속성, 변화의 과정 등 다양한 측면에서 민중의 이미지와 유사성을 가지고 있다.

① 화려하지 못한, 투박하고 밋밋한 외양을 지님
② 여리고 연약하지만 단단한 속성을 지님
③ 삶의 다양한 고통과 괴로움을 경험함
④ 어려움 속에서도 서로를 위안하고 함께 함

## ▷ 나희덕 羅喜德

1966 ~
시인. 충남 논산 출생

▷ **작가의 특징**
1. 1989년 〈중앙일보〉 신춘문예에 「뿌리에게」가 당선되어 등단했다.
2. 모성적 상상력을 바탕으로 대상을 따뜻한 시선으로 감싸고, 생명의 원리를 추구하는 서정적 작품을 창작했다.

▷ **주요 작품**
『뿌리에게』(1991), 『어두워진다는 것』(2001), 『야생 사과』(2009)

### 작품 1  뿌리에게 (중앙일보, 1989년)

깊은 곳에서 네가 나의 뿌리였을 때
나는 막 갈구어진 연한 흙이어서
너를 잘 기억할 수 있다
네 숨결 처음 대이던 그 자리에 더운 김이 오르고
밝은 피 뽑아 네게 흘려 보내며 즐거움에 떨던
아 나의 사랑을

먼 우물 앞에서도 목마르던 나의 뿌리여
나를 뚫고 오르렴,
눈부셔 잘 부스러지는 살이니
내 밝은 피에 즐겁게 발 적시며 뻗어가려무나

척추를 휘어접고 더 넓게 뻗으면
그때마다 나는 착한 그릇이 되어 너를 감싸고,
불꽃 같은 바람이 가슴을 두드려 세워도
네 뻗어가는 끝을 하냥 축복하는 나는
어리석고도 은밀한 기쁨을 가졌어라

네가 타고 내려올수록
단단해지는 나의 살을 보아라
이제 거무스레 늙었으니
슬픔만 한 두릅 꿰어 있는 껍데기의
마지막 잔을 마셔다오

깊은 곳에서 네가 나의 뿌리였을 때
내 가슴에 끓어오르던 벌레들,
그러나 지금은 하나의 빈 그릇,
너의 푸른 줄기 솟아 햇살에 반짝이면
나는 어느 산비탈 연한 흙으로 일구어지고 있을테니

## 핵심정리

▷ **갈래** 자유시, 서정시
▷ **성격** 희생적, 비유적
▷ **어조** 예찬의 어조
▷ **제재** 흙과 뿌리

▷ **주제** ① 뿌리에 대한 흙의 무조건적 사랑과 희생
② 생명(자식)의 탄생과 성장을 위한 희생적인 모성애
▷ **표현** ① 자연물을 의인화(비유)하여 주제를 드러냄
② 시간의 흐름에 의한 시상 전개와 영탄적 어조
③ 생명의 '탄생 – 성장'의 순환 구조를 취함

## 이해와 감상

### 1 짜임 분석

- 1연 – 흙과 뿌리의 만남: 뿌리를 향한 흙의 첫사랑
- 2~3연 – 성장하는 뿌리에 대한 흙의 희생적 사랑
- 4연 – 뿌리가 성장할수록 황폐해지는 흙
- 5연 – 뿌리가 성장한 후 다시 재생되는 흙의 순환적 삶 (생명 '탄생 – 성장'의 순환 구조)

### 2 감상의 길잡이

　기존의 여성주의 시는 남성과 여성의 대립을 통해 소외받는 여성의 삶을 부각하고 여성의 권리를 옹호하는 것을 주된 주제 의식으로 삼았다. 이러한 흐름과 달리, 나희덕은 모든 생명을 포용하고 길러 내는 여성(혹은 어머니)의 이미지를 부각하여 새로운 여성주의 시를 개척하였다. 나희덕의 모성적 상상력은 사물의 대립과 갈등 대신에 조화와 상생의 관점에서 바라보는 데서 잘 나타난다.
　이 시는 이러한 모성적 상상력을 유감없이 발휘된 작품이다. 의인화 수법을 빌려 화자를 '흙'으로 청자를 '뿌리'로 비유하고 있다. 뿌리가 '푸른 줄기'로 솟아나도록 흙은 자신의 모든 것을 뿌리에게 아낌없이 준다. 사랑의 대상을 향해 자신을 끊임없이 비움으로써 새로운 생명을 일구어 내는 흙은 어머니의 이미지와 통한다. 흙이 '착한 그릇 → 껍데기 → 빈 그릇'의 과정을 거쳐 다시 연한 흙이 된다고 하여, 또 다른 생명을 탄생·성장시키는 순환 과정의 구조를 보여주고 있다. 이러한 헌신적 사랑은 타인을 부정하고 개인적 이해 관계에 몰두하는 현대인에게 새로운 삶의 방향을 제시한다고 볼 수 있다.
　한편, 흙과 뿌리의 관계를 어머니와 자식의 관계로 보는 것과 함께 스승과 제자의 관계로 보는 견해도 있다.

## 중요 내용 정리

**01 표현상의 특징과 효과**
① 흙과 뿌리의 의인화 → 주제 의식 표출
② 청자에게 말을 건네는 방식 → 대상에 대한 화자의 태도 표현
③ 시간의 흐름에 따른 전개 → 뿌리의 성장 과정 표현
④ 뿌리와 흙의 대비 → 희생적 사랑 부각
⑤ 흙의 순환 과정 → 주제 의식 표현

## 예상문제

※ (1~3) 다음 작품을 읽고 물음에 답하시오.

> 깊은 곳에서 네가 나의 뿌리였을 때
> 나는 막 갈구어진 연한 흙이어서
> 너를 잘 기억할 수 있다
> 네 숨결 처음 대이던 그 자리에 더운 김이 오르고
> 밝은 피 뽑아 네게 흘려보내며 즐거움에 떨던
> 아 나의 사랑을
>
> 먼우물 앞에서도 목마르던 나의 뿌리여
> 나를 뚫고 오르렴,
> 눈부셔 잘 부스러지는 살이니
> 내 밝은 피에 즐겁게 발 적시며 뻗어가려무나
>
> 척추를 휘어접고 더 넓게 뻗으면
> 그때마다 나는 착한 그릇이 되어 너를 감싸고,
> 불꽃 같은 바람이 가슴을 두드려 세워도
> 네 뻗어가는 끝을 하냥 축복하는 나는
> 어리석고도 은밀한 기쁨을 가졌어라
>
> 네가 타고 내려올수록
> 단단해지는 나의 살을 보아라
> 이제 거무스레 늙었으니
> 슬픔만 한 두릅 꿰어 있는 껍데기의
> 마지막 잔을 마셔다오
>
> 깊은 곳에서 네가 나의 뿌리였을 때
> 내 가슴에 끓어오르던 벌레들,
> 그러나 지금은 하나의 빈 그릇,
> 너의 푸른 줄기 솟아 햇살에 반짝이면
> 나는 어느 산비탈 연한 흙으로 일구어지고 있을테니
>
> — 나희덕, 「뿌리에게」(1989)

**1.** 기존의 여성주의(페미니즘) 시와 이 시의 차이점을 밝히시오. [4점]

### 예상답안

　　기존의 여성주의 시는 남성과 여성의 대립을 통해 소외받는 여성의 삶을 부각하고 여성의 권리를 옹호하는 것을 주된 주제 의식으로 삼았는데(예 「우리 동네 구자명씨」), 이 시는 사물의 대립과 갈등 대신에 조화와 상생의 관점에서 모든 생명을 포용하고 길러 내는 여성(혹은 어머니)의 이미지를 부각하여 새로운 여성주의 시를 개척하였다.

2. 이 시를 다음 표의 구조로 이해할 때, ㉠에 담길 뿌리의 희생을 위의 시에서 4가지 찾아 그 의미를 밝히시오.
[2점]

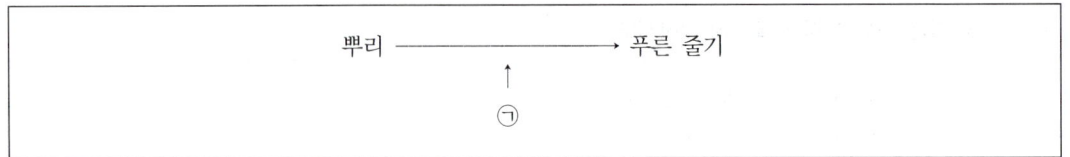

> **예상답안**
> 
> ① 밝은 피 : 생명이 자랄 수 있는 양분
> ② 착한 그릇 : 위험으로부터 지켜주는 존재
> ③ 단단해지는 나의 살 : 뿌리가 자랄 때까지 보호하는 존재
> ④ 껍데기의 마지막 잔 : 모성이 전해주는 최후의 사랑
> ⑤ 빈 그릇 : 뿌리를 위해 모든 것을 내어 준 모성의 모습

3. 이 시에 드러난 형식(표현)의 특징을 4가지 밝히고 그것의 효과를 각각 서술하시오. [4점]

> **예상답안**
> 
> 이 시에서는 흙과 뿌리를 각각 어머니와 자식처럼 의인화하여 흙의 뿌리에 대한 친근감과 사랑을 잘 드러내고 있다. 또 이 시에서는 흙을 화자로 뿌리를 현상적 청자로 설정하여 화자가 청자에게 말을 건네는 방식을 통해 흙의 희생적 태도를 효과적으로 드러낸다. 또한 이 시는 시간의 흐름에 따른 전개를 보여주는데, 이를 통해 뿌리가 줄기로 성장해가는 과정과 그 과정에서 모성의 역할을 잘 드러낸다. 그리고 이 시에서는 뿌리와 흙을 모자 관계처럼 대비시켜 표현했는데, 이를 통해 흙의 희생적 사랑을 부각시키고 있다. 마지막으로 '연한 흙 - 착한 그릇 - 껍데기 - 빈 그릇 - 연한 흙'의 순환 구조를 통해 다시 재생되는 흙의 순환적 삶을 잘 드러내었다.

## ▷ 송수권 宋秀權

1940 ~
시인. 전남 고흥 출생

▷ **작가의 특징**
1. 1975년 ≪문학사상≫에 「산문에 기대어」가 신인상으로 당선되어 등단했다.
2. 전통 서정시에 역사성과 현장성을 접목시킨 시를 주로 썼다.
3. 그의 시는 판소리의 맺고 풀림과 같이 옹이진 한을 승화시키는 상승의 미학이 있다는 평을 받고 있다.

▷ **주요 작품**
『산문에 기대어』(1980), 『꿈꾸는 섬』(1982) 등

### 작품 1  산문(山門)에 기대어 (문학사상, 1975년)

누이야
가을 산 그리메에 빠진 눈썹 두어 낱을
지금도 살아서 보는가
정정(淨淨)한 눈물 돌로 눌러 죽이고
그 눈물 끝을 따라 가면
즈믄 밤의 강이 일어서던 것을
그 강물 깊이깊이 가라앉은 고뇌의 말씀들
돌로 살아서 반짝여 오던 것을
더러는 물 속에서 튀는 물고기같이
살아오던 것을
그리고 산다화(山茶花) 한 가지 꺾어 스스럼없이
건네이던 것을

누이야 지금도 살아서 보는가
가을 산 그리메에 빠져 떠돌던, 그 눈썹 두어 낱을 기러기가
강물에 부리고 가는 것을
내 한 잔은 마시고 한 잔은 비워 두고
더러는 잎새에 살아서 튀는 물방울같이
그렇게 만나는 것을

누이야 아는가
가을 산 그리메에 빠져 떠돌던
눈썹 두어 낱이
지금 이 못 물 속에 비쳐옴을

## ■ 핵심정리

▷ **성격** 애상적, 회상적, 추모적
▷ **표현** 대화의 형식으로 전개되지만, 내용상으로는 독백임
▷ **제재** 죽은 누이에 건네는 말
▷ **주제** 죽은 누이에 대한 그리움

## 이해와 감상

### 1 짜임 분석
- 1연 – 죽은 누이에 대한 그리움과 한
- 2연 – 죽은 누이와의 재회에 대한 기대
- 3연 – 죽은 누이와의 재회에 대한 확신

### 2 작품감상의 구조

| 구성 요소 | 구성 요소의 파악 | 그것이 지닌 의미·효과 | 주제와의 관련성 |
|---|---|---|---|
| 내용 요소 | ① 시적 화자 및 화자의 상황 | 죽은 누이를 그리워하는 시적 화자가 절의 산문에 기대어 누이에 대한 그리움을 드러냈다. | 죽은 누이에 대한 그리움 |
| | ② 불교의 윤리사상 | ㉠ 산문이란 시어가 불교와 관련있다.<br>㉡ 1연은 누이의 삶, 2연은 누나의 죽음(기러기가 강물에 부림)과 환생(살아서 튀는 물방울)을 드러냈다. | |
| | ③ '제망매가'와 유사 | 제재와 배경 사상의 측면에서 유사성이 있다. | |
| 형식 요소 | ① 각운 | '–을'을 반복하여 각운을 형성하고 있고, 여운을 강조했다. | |
| | ② 시상의 전개 | 1연은 죽은 누이에 대한 한, 2연은 재회에 대한 기대, 3연은 재회에 대한 확신으로 되어있다. | |
| 표현 요소 | ① 대화체 | 형식상 대화의 형식을 가지고 있으면서 내용상 독백의 형식을 가지고 있다. | |
| | ② 상징 | ㉠ '가을 산 그리메에 빠진 눈썹 두어 낱'은 누이에 대한 그리움을 '잎새에 튀는 물방울'은 누이가 다시 나타난 모습을 의미하여 주제를 잘 드러냈다.<br>㉡ '돌'은 화자의 굳은 의지와 믿음이다.<br>㉢ 물은 3가지로 나타나는데, '눈물'은 누이의 죽음을, '강물'은 누이의 죽음과 재생을 연결하는 매개를 '못 물'은 누이의 소생에 대한 믿음이다. | |

### 3 감상의 길잡이

이 작품에서 시적 화자는 죽은 누이에게 말을 건네고 있다. 즉 대화의 형식을 가지고 있다. 그러나 내용상으로는 독백적인 성격을 띤다. 화자는 시각적 이미지를 통해 화자의 정서와 소망을 함축적으로 표현하고 있다.

1연과 2연에 반복되는 '가을산 그리매에 빠진 눈썹 두어 낱'은 아련한 그리움을 불러일으키는 누이의 삶을 암시적으로 나타낸 이미지이며, 그것을 기러기가 강물에 빠뜨리고 갔다는 2연의 표현은 누이의 죽음을 의미한다. 그 반면, '잎새에 살아서 튀는 물방울'은 어느 날 다시 화자의 누이가 나타나는 이유를 윤회와 불교적 가르침에 대한 믿음에서 찾을 수 있다.

## ■ 중요 내용 정리

### 01 '산문(山門)'의 의미
이 시에 제목 '산문에 기대어'에서 '산문(山門)'은 절의 문을 의미하지만, 단순히 절 문이 아니라 이승과 저승을 넘나드는 경계의 문으로 윤회와 부활을 상징한다. 따라서 이 시가 불교적 세계관을 바탕으로 하고 있음을 알 수 있다.

### 02 '돌'과 '물'의 상징적 의미
① '돌' : '돌'은 화자의 굳은 의지와 믿음을 상징한다. '정정(淨淨)한 눈물 돌로 눌러 죽이고'에서 화자는 누이를 잃은 슬픔을 무거운 '돌'로 눌러 극복하려 하고 있다. '돌'은 누이를 잃은 슬픔을 딛고 일어서려는 화자의 결연한 의지와 죽음에 대한 거부의 의미를 지니고 있다. 또, '돌로 살아서 반짝여 오던 것을'에서 '돌'은 앞으로 다가오게 될 내세에 대한 신념을 나타내는 것으로 윤회와 인연에 대한 믿음이 담겨 있다.
② '물' : '물'의 이미지는 '눈물', '강물', '못물'로 전환되며 제시되고 있다. '눈물'은 누이의 죽음에 대한 비극적 현실 인식의 결과이며, '강물'은 눈물의 흐름이자 기러기가 눈썹을 떨어뜨려 흐르게 한 대상, 죽음과 재생 사이를 연결해 주는 희망이고, '못물'은 누이의 소생에 대한 믿음이 이미지화 된 것으로 새로운 생성의 상징이다.

### 03 구조
이 작품의 1, 2연은 '누이야 ~ 지금도 살아서 보는가'라는 질문에 목적어가 결합된 의문문의 구조를 지니고 있다. 이러한 수사적 구조는 독자의 주의를 환기하는 역할을 한다. 3연에서는 '누이야 아는가'로 변용되었지만 같은 수사적 구조를 지니고 있다. 따라서 이 시의 각 연에 나열된 목적어를 파악하는 것은 이 시를 이해하는 첫걸음이 된다.

### 04 '누이야'라는 호칭의 사용 효과
이 시는 시적 화자인 '나'가 청자인 '누이'에게 말을 건네는 형식으로 되어 있다. 지금 누이는 없지만 마치 누이가 눈앞에 있는 것처럼 부름으로써 죽은 누이에 대한 화자의 간절한 그리움의 정서를 나타낸다. 또한 누이와의 추억을 누이에게 직접 말하는 형식으로 표현하여 독자로 하여금 애상적이고 회한 어린 정서를 불러일으키는 효과를 준다.

### 05 '눈썹'의 역할
이 시에서 '눈썹'은 화자로 하여금 죽은 누이를 회상하게 하는 대상이다. 화자는 가을 산의 그림자에서 누이의 눈썹을 떠올리고 누이의 인상이 살아 있는 것처럼 생생하게 떠올리고 있다. 또한 기러기가 열을 맞추어 날아가는 모습(눈썹의 형태)이 강물에 비친 것을 보고 그것에서 죽은 누이의 모습을 떠올리고 있다.

## 작품 2 세한도(歲寒圖) (꿈꾸는 섬, 1982)

먹붓을 들어 빈 공간에 선을 낸다
가지 끝 위로 치솟으며 몸놀림하는 까치 한 쌍
이 여백에서 폭발하는 울음…….

먹붓을 들어 빈 공간에 선을 낸다
고목나무 가지 끝 위에 까치집 하나
더 먼 저승의 하늘에서 폭발하는 울음…….

한 폭의 그림이
질화로같이 따습다.

### ■ 핵심정리

▷ **갈래** 자유시, 서정시
▷ **성격** 상징적
▷ **제재** 김정희의 '세한도'
▷ **주제** 삶과 죽음의 연결을 통한 세한의 극복
▷ **특징** ① 생략과 압축을 통해 시적 여백을 줌
② 기존의 예술 작품을 시인의 상상력을 바탕으로 새롭게 해석

### 이해와 감상

#### 1 짜임 분석
- 1연 – 세한도에 상상으로 까치를 그려 넣음
- 2연 – 세한도에 까치집을 그려 넣음
- 3연 – 삶과 죽음의 영속성을 깨달음

#### 2 감상의 길잡이
　이 시는 추사가 그린 '세한도'가 담고 있는 세계를 이해하는 데 머물지 않고 새로운 의미를 창조하고 있다. 빈 공간에 '까치'와 '까치집'을 그려 넣고 이승에 있는 까치의 울음소리와 저승에 있는 까치의 울음소리를 조응시킴으로써 '세한'의 공간을 확장하여 삶과 죽음이 하나가 되는 새로운 세계를 그려 내고 있다.

## 중요 내용 정리

### 01 예술 작품과 문학 작품과의 소통

문학 작품은 그림, 조각, 음악 등의 예술 작품과 교섭하면서 새로운 의미를 창조하기도 한다. 이 시와 같이 다른 예술 작품에서 얻어 문학 작품으로 재창조되기도 하고, 반대로 문학 작품에서 얻은 영감을 바탕으로 다양한 예술 작품이 재창조되기도 한다. 이러한 매체의 전환은 발상이나 관점의 전환을 가져오고 이전에는 미처 보지 못했던 새로운 면모들을 볼 수 있게 하여 새로운 의미의 창조를 가능하게 한다.

> 추사의 '세한도' : '소나무, 잣나무'를 통해 혹독한 상황(세한)에서도 변치 않는 모습을 간직하는 고고한 선비 정신을 그려냄

⬇ 문학적 재창조 : '먹붓을 들어 빈 공간에 선을 낸다' → 시인의 생각과 감정을 덧붙임

> 송수권의 「세한도」 : '세한도'에 '까치 한 쌍'과 '까치집 하나'를 더하여 삶과 죽음의 문제를 그려 냄

### 02 '울음'의 함축적 의미

1연의 '울음'은 여백의 정적을 깨고 폭발하듯 들리는 '울음'이고, 2연의 '울음'은 '더 먼 저승의 하늘'에서 들리는 울음이다. '울음'은 이승에서 저승으로 이어지고, 저승에서 이승으로 이어지면서 삶과 죽음이 분리된 것이 아니라 하나로 연결된 것임을 드러낸다.

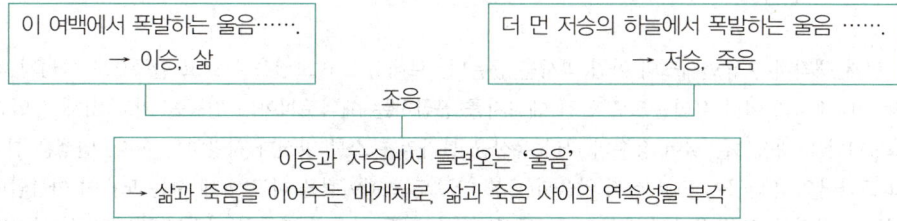

### 03 김정희의 '세한도'를 소재로 한 시

김정희의 '세한도'는 여러 시인들의 시심을 이끌어 내 다양한 시 작품으로 다시 태어났다.

예 김안진의 「세한도 가는 길」, 조정권의 「세한도」, 오세영의 「세한도」, 정호승의 「세한도」, 도종환의 「세한도」, 황지우의 「유리 끼운 세한도」 등

▷ **함민복**
咸敏復

1962 ~
충북 중원 출생

▷ **작가의 특징**
1. 1988년 『세계의 문학』에 「성선설」 등을 발표하며 등단했다.
2. 소박하고 일상적인 삶을 담은 작품을 썼고, 감성적 문체로 개인의 소외와 자본주의의 폭력성을 노래했다.

▷ **주요 작품**
시집: 『우울 씨의 일일』, 『자본주의의 약속』 등
대표작: 「눈물은 왜 짠가」, 「긍정적인 밥」, 「섬」, 「그리움」 등

## 작품 1  광고의 나라 (우울씨의 일일, 1990년)

광고의 나라에 살고 싶다
사랑하는 여자와 더불어
아름답고 좋은 것만 가득 찬
저기, 자본의 에덴동산, 자본의 무릉도원,
자본의 서방정토, 자본의 개벽세상

인간을 먼저 생각하는 휴먼테크의 아침 역사를 듣는다, 르네상스 리모컨을 누르고 한쪽으로 쏠리지 않는 휴먼퍼니처 라자 침대에서 일어나 우라늄으로 안전 에너지를 공급하는 에너토피아의 전등을 켜고 21세기 인간과 기술의 만남 테크노피아의 냉장고를 열어 장수의 나라 유산균 불가리~스를 마신다 사랑하는 여자, 인생은 한 편의 연극, 누군들 그 드라마의 주인공이 되고 싶지 않을까 드봉 아르드포 메이컵을 하고 함께 사는 모습이 아름답다 꼼빠니아 패션을 이는다 간단한 식사 우유에 켈로그 콘 프레이크를 먹고 가슴이 따뜻한 사람과 만나고 싶다는 명작 커피를 마시며 어떤 어려움이 닥쳐도 할 말을 하고 쓸 말을 쓰겠다는 신문을 뒤적인다 호레이 호레이 투우의 나라 쓸기담과 비가 와도 젖지 않는 협립 우산을 챙기며 정통의 길을 걸어온 남자에게는 향기가 있다는 리갈을 트럼펫 소리에 맞춰 신을 때 사랑하는 여자는 세련된 도시 감각 영에이지 심플리트를 신는다 재미로 먹는 과자 비틀즈와 고래밥 같은 부드럽고 속은 질긴 크리넥스 티슈가 놓여 있는, 승객의 안전을 먼저 생각하는 제3세대 승용차 엑셀을 타고 보람차고 알찬 주말을 함께 하자는 방송을 들으며 출근한다

제1의 더 톰보이가 거리를 질주하오
천만번을 변해도 나는 나
제2의 아모레 마몽드가 거리를 질주하오
나의 삶은 나의 것
제3의 비제바노가 거리를 질주하오
그 소리가 내 마음을 두드린다
제4의 비비안 팜팜브라가 거리를 질주하오
매력적인 바스트 살아나는 실루엣
제5의 캐리어쉬크 우바가 거리를 질주하오
오늘 봄바람의 이미지를 입는다
제6의 미스 빅맨이 거리를 질주하오

보여주고 싶다 새로운 느낌 새로운 경험
제7의 라무르 메이크업이 거리를 질주하오
사랑은 연두빛 유혹
제8의 주단학세랙션이 거리를 질주하오
나의 색은 내가 선택한다
제9의 캐리어가 거리를 질주하오
남자의 가슴보다 넓은 바다는 없다
제10의 마리떼프랑소와저버가 거리를 질주하오
거침없는 변혁의 몸짓
제11의 파드리느가 거리를 질주하오
지금 그 남자의 지배가 시작된다
제12의 르노와르 돈나가 거리를 질주하오
오늘, 이 도시가 그녀로 하여 흔들린다
제13의 피어리스 오베론이 거리를 질주하오
살아 있는 것은 아름답다

   자연은 후손에게 물려줄 유산이 아니라 후손에게 차용한 것이라고 말하는 공익광고협의회의 저녁 뺨에서 헹굼까지 사랑이란 이름의 세탁기를 돌리고 누가 끓여도 맛있는 오뚜기 라면을 끓이려다가 지방은 적고 단백질만 많은 로하이 참치를 끓인다 그리운 사람에게 사랑이란 말은 더 잘 들리는 하이폰 전화 몇 통 식후 은행잎에서 추출한 혈액순환제 징코민 한 알 미련하게 생긴 사람들이 광고하는 소화제 베아제 광고가 나오는 대우 프로비젼 티브이를 끄고 백년도 못 살면서 천년을 고민하는 중생들이 우습다는 소설 김삿갓 고려원을 읽다가 많은 분들께 공급하지 못해 죄송하다는 썸씽 스페셜을 한 잔 하고 그의 자신감은 어디서 오는가 패션의 시작 빅맨을 벗고 코스모스표 특수형 콘돔을 끼고 잠자리에 든다

   아아 광고의 나라에 살고 싶다
   사랑하는 여자와 더불어
   행복과 희망만 가득 찬
   절망이 꽃피는, 광고의 나라

## ▎핵심정리

▷ **갈래** 자유시, 서정시
▷ **성격** 반어적, 풍자적
▷ **특징** 자본주의 사회의 풍경을 반어적으로 형상화
▷ **제재** 광고
▷ **주제** 광고와 소비에 물든 현대인의 삶 풍자

## 이해와 감상

### 1 짜임 분석

- 1연 – 광고와 헛된 욕망의 세계 풍자
- 3연 – 욕망의 정신분열적 증상 (「오감도」 패러디)
- 5연 – 헛된 욕망이 절망이라는 사실을 깨달음
- 2연 – 다양한 광고로 헛된 욕망 나열
- 4연 – 광고, 헛된 욕망과 함께하는 일상의 모습

### 2 감상의 길잡이

광고는 상품 판매를 목적으로 하는 행위이다. 그런데 상품을 소비하게 하려면 소비자의 욕망을 부추기고 쓸모없는 필요를 만들어야 한다. 광고를 비판적으로 보자면, 헛된 욕망을 사람들에게 심어주는 이미지인 것이다. 이 시에서 '광고의 나라'는 헛된 욕망으로 가득찬 세계를 의미한다. 화자는 헛된 욕망을 표상하는 광고를 통해 자본주의 사회에서 정체성을 잃고 소비의 노예로 전락한 우리 사회의 현실을 풍자하고 있다.

---

## ▰ 중요 내용 정리

### 01 표현상의 특징

에덴동산이나 무릉동원은 인간의 이상향을 나타내는 말들인데 그 앞에 '자본의'라는 말이 붙어 있다. 화자는 '광고의 나라'를 지배하는 자본의 논리가 인간에게 또 다른 절대적 존재, 신과 같은 무소불위(無所不爲)의 위치에 올라섰다는 것을 비판하기 위해 반어적 표현을 사용하고 있다. 또한 광고 문구를 직접적으로 제시하여 사실성을 획득하고 있고, 기존의 작품을 패러디해 주제 의식을 드러냈다.

### 02 이상의 「오감도」 패러디

이 시의 3연은 이상의 「오감도」를 패러디 하고 있다. 이상이 근대의 모습을 정신 분열증이 걸린 것처럼 표현했듯이 시인도 욕망으로 가득한 공고의 나라가 정신 분열증적인 모습을 지닌 것으로 표현하여 욕망의 노예가 된 현대인을 풍자하였다.

현대인의 헛된 욕망을 상징하는 광고 문구를 두드러지게 보이기 위해 짝수 행의 서체를 다르게 했다.

### 03 현대인의 절망적 현실

5연에서 겉으로 그려진 이미지는 행복과 희망이 가득 차 있는 광고의 세계가 실제로는 채울 수 없는 욕망, 이룰 수 없는 만족의 세계임을 알려 주고 이러한 광고에 시달리는 현대인의 절망적 현실을 이야기 해주고 있다. '절망이 꽃피는'이라는 역설적 표현을 통해 채울 수 없는 욕망의 노예가 된 현대인을 묘사했다.

## 예상문제

※ (1~3) 다음 작품을 읽고 물음에 답하시오.

(가)
　광고의 나라에 살고 싶다
　사랑하는 여자와 더불어
　아름답고 좋은 것만 가득 찬
　저기, 자본의 에덴동산, 자본의 무릉도원,
　자본의 서방정토, 자본의 개벽세상

　　인간을 먼저 생각하는 휴먼테크의 아침 역사를 듣는다, 르네상스 리모컨을 누르고 한쪽으로 쏠리지 않는 휴먼퍼니처 라자 침대에서 일어나 우라늄으로 안전 에너지를 공급하는 에너토피아의 전등을 켜고 21세기 인간과 기술의 만남 테크노피아의 냉장고를 열어 장수의 나라 유산균 불가리~스를 마신다 사랑하는 여자, 인생은 한 편의 연극, 누군들 그 드라마의 주인공이 되고 싶지 않을까 드봉 아르드포 메이컵을 하고 함께 사는 모습이 아름답다 꼼빠니아 패션을 이는다 간단한 식사 우유에 켈로그 콘 프레이크를 먹고 가슴이 따뜻한 사람과 만나고 싶다는 명작 커피를 마시며 어떤 어려움이 닥쳐도 할 말을 하고 쓸 말을 쓰겠다는 신문을 뒤적인다 호레이 호레이 투우의 나라 쓸기담과 비가 와도 젖지 않는 협립 우산을 챙기며 정통의 길을 걸어온 남자에게는 향기가 있다는 리갈을 트럼펫 소리에 맞춰 신을 때 사랑하는 여자는 세련된 도시감각 영에이지 심플리트를 신는다 재미로 먹는 과자 비틀즈와 고래밥 겉은 부드럽고 속은 질긴 크리넥스 티슈가 놓여 있는, 승객의 안전을 먼저 생각하는 제3세대 승용차 엑셀을 타고 보람차고 알찬 주말을 함께 하자는 방송을 들으며 출근한다

　제1의 더 톰보이가 거리를 질주하오
　천만번을 변해도 나는 나
　제2의 아모레 마몽드가 거리를 질주하오
　나의 삶은 나의 것
　제3의 비제바노가 거리를 질주하오
　그 소리가 내 마음을 두드린다
　제4의 비비안 팜팜브라가 거리를 질주하오
　매력적인 바스트 살아나는 실루엣
　제5의 캐리어쉬크 우바가 거리를 질주하오
　오늘 봄바람의 이미지를 입는다
　제6의 미스 빅맨이 거리를 질주하오
　보여주고 싶다 새로운 느낌 새로운 경험
　제7의 라무르 메이크업이 거리를 질주하오
　사랑은 연두빛 유혹
　제8의 주단학세럭션이 거리를 질주하오
　나의 색은 내가 선택한다
　제9의 캐리어가 거리를 질주하오
　남자의 가슴보다 넓은 바다는 없다

제10의 마리떼프랑소와저버가 거리를 질주하오
거침없는 변혁의 몸짓
제11의 파드르느가 거리를 질주하오
지금 그 남자의 지배가 시작된다
제12의 르노와르 돈나가 거리를 질주하오
오늘, 이 도시가 그녀로 하여 흔들린다
제13의 피어리스 오베론이 거리를 질주하오
살아 있는 것은 아름답다

　자연은 후손에게 물려줄 유산이 아니라 후손에게 차용한 것이라고 말하는 공익광고협의회의 저녁 뺨에서 헹굼까지 사랑이란 이름의 세탁기를 돌리고 누가 끓여도 맛있는 오뚜기 라면을 끓이려다가 지방은 적고 단백질만 많은 로하이 참치를 끓인다 그리운 사람에게 사랑이란 말은 더 잘 들리는 하이폰 전화 몇 통 식후 은행잎에서 추출한 혈액순환제 징코민 한 알 미련하게 생긴 사람들이 광고하는 소화제 베아제 광고가 나오는 대우 프로비전 티브이를 끄고 백년도 못 살면서 천년을 고민하는 중생들이 우습다는 소설 김삿갓 고려원을 읽다가 많은 분들께 공급하지 못해 죄송하다는 썸씽 스페셜을 한 잔 하고 그의 자신감은 어디서 오는가 패션의 시작 빅맨을 벗고 코스모스표 특수형 콘돔을 끼고 잠자리에 든다

아아 광고의 나라에 살고 싶다
사랑하는 여자와 더불어
행복과 희망만 가득 찬
절망이 꽃피는, 광고의 나라

- 함민복, 「광고의 나라」, 『우울씨의 일일』(1990)

(나)
녀석의 하숙방 벽에는 리바이스 청바지 정장이 걸려 있고
책상 위에는 쓰다만 사립대 영문과 리포트가 있고 영한사전이 있고
재떨이엔 필터만 남은 켄트 꽁초가 있고 씹다 버린 셀렘이 있고
서랍 안에는 묶은 플레이보이가 숨겨져 있고
방 모서리에는 파이오니아 엠프가 모셔져 있고
레코드 꽂이에는 레오나드 코헨, 존 레논, 에릭 클랩튼이 꽂혀 있고
방바닥엔 음악 감상실에서 얻은 최신 빌보드 차트가 팽개쳐 있고
쓰레기통엔 코카콜라와 조니 워커 빈 병이 쑤셔 박혀 있고
그 하숙방에, 녀석은 혼곤히 취해 대자로 누워 있고
죽었는지 살았는지, 꼼짝도 않고

- 장정일, 「하숙(下宿)」, 『햄버거에 대한 명상』(1987)

1. (가)와 (나)에서 시적 화자의 의도를 가장 잘 드러낸 행을 제시하고 그 의미를 밝히시오. [2점]

   **예상답안**

   (가) 마지막 행으로 '절망이 꽃피는 광고의 나라': 자본주의 사회에서 화려한 광고는 헛된 욕망이며 그것이 이루어질 수 없다는 사실을 드러냄
   (나) 9행으로 '그 하숙방에 ~ 누워 있고': 비판 의식 없이 서구 문명에 취해 있는 삶의 모습을 비판함

2. (가)와 (나)에 가장 두드러지는 표현의 공통점을 밝히고, 각 작품에서 주제와 어떤 관련이 있는지 각각 밝히시오. [2점]

   **예상답안**

   ① 공통적으로 두드러지는 표현은 열거이다.
   ② (가)에서는 다양한 광고를 열거하여 자본주의 사회의 헛된 욕망을 강조하고, (나)에서는 하숙방에 다양한 서양 문화의 요소를 열거하여 서양 문화에 물든 삶을 강조한다.

3. (가)의 3연은 이상의 「오감도」를 패러디한 것이다. 이 부분을 패러디한 이유를 공통점과 관련지어 설명하고, 원작과 이 작품에서 각각 어떤 차이점이 있는지 서술하시오. [4점]

   **예상답안**

   이상은 「오감도」에서 자본주의 사회에서 도시적 삶의 문제를 드러내기 위해 이 부분을 제시했는데, 작가 역시 이 시에서 자본주의 사회에서 나타나는 도시적 삶의 문제를 효과적으로 드러내기 위해 이 부분을 제시했다.
   이상의 원작 '오감도'에서 해당 부분은 아해들의 질주를 통해 도시적 삶에서 느끼는 공포와 불안의식을 다루었다면, (가)에서는 욕망으로 가득한 광고를 제시하여 자본주의가 보여주는 화려한 삶에 헛된 욕망을 꿈꾸는 현대인을 풍자했다.

## 작품 2 　눈물은 왜 짠가 (모든 꽃은 경계에 핀다, 1996년)

　　지난 여름이었습니다 가세가 기울어 갈 곳이 없어진 어머니를 고향 이모님 댁에 모셔다 드릴 때의 일입니다 어머니는 차 시간도 있고 하니까 요기를 하고 가자시며 고깃국을 먹으러 가자고 하셨습니다 어머니는 한편생 중이염을 앓아 고기만 드시면 귀에서 고름이 나오곤 했습니다 그런 어머니가 나를 위해 고깃국을 먹으러 가자고 하시는 마음을 읽자 어머니 이마의 주름살이 더 깊게 보였습니다 설렁탕집에 들어가 물수건으로 이마에 흐르는 땀을 닦았습니다
　　"더울 때일수록 고기를 먹어야 더위를 안 먹는다 고기를 먹어야 하는데…… 고깃국물이라도 되게 먹어 둬라"
　　설렁탕 다대기를 풀어 한 댓 숟가락 국물을 떠먹었을 때였습니다 어머니가 주인 아저씨를 불렀습니다 주인 아저씨는 뭐 잘못된 게 있나 싶었던지 고개를 앞으로 빼고 의아해하며 다가왔습니다 어머니는 설렁탕에 소금을 너무 많이 풀어 짜서 그런다며 국물을 더 달라고 했습니다 주인 아저씨는 흔쾌히 국물을 더 갖다 주었습니다 어머니는 주인 아저씨가 안 보고 있다 싶어지자 내 투가리에 국물을 부어 주셨습니다 나는 당황하여 주인 아저씨를 흘금거리며 국물을 더 받았습니다 주인 아저씨는 넌지시 우리 모자의 행동을 보고 애써 시선을 외면해 주는 게 역력했습니다 나는 그만 국물을 따르시라고 내 투가리를 툭, 부딪쳤습니다 순간 투가리가 부딪치며 내는 소리가 왜 그렇게 서럽게 들리던지 나는 울컥 치받치는 감정을 억제하려고 설렁탕에 만 밥과 깍두기를 마구 씹어댔습니다 그러자 주인 아저씨는 우리 모자가 미안한 마음 안 느끼게 조심, 다가와 성냥갑만 한 깍두기 한 접시를 놓고 돌아서는 거였습니다 일순, 나는 참고 있던 눈물을 찔끔 흘리고 말았습니다 나는 얼른 이마에 흐르는 땀을 훔쳐 내려 눈물을 땀인 양 만들어놓고 나서, 아주 천천히 물수건으로 눈동자에서 난 땀을 씻어 냈습니다 그러면서 속으로 중얼거렸습니다

### ▌핵심정리
▷ **갈래** 산문시, 이야기시
▷ **성격** 서사적, 회상적
▷ **제재** 어머니
▷ **주제** 자식을 향한 어머니의 사랑 어머니와 아들 간에 느끼는 사랑과 연민

## 이해와 감상

### ① 감상의 길잡이
　　가난한 모자의 모습을 이야기 하듯 생활 속 일화를 하나의 그림처럼 생생하게 시각적으로 형상화하여 한편의 동화처럼 아름답게 보여주고 있다. 어머니는 자신의 병 때문에 고깃국을 전혀 먹지 못하나 더위를 타는 아들을 위해 고깃국을 먹으러 가고, 아들에게 더 주기 위해 국물을 더 달라고 한다. 고깃국은 어머니의 사랑을 의미한다. 나는 어머니의 깊은 사랑이 주는 아픔에 참고 있던 눈물을 흘리게 되고 게다가 주인아저씨의 배려에 또 다른 감동의 눈물은 흘린다.

## ▷ 하종오 河鍾五

1954 ~
경북 의성 출생

▷ **작가의 특징**
1. 1975년 ≪현대 문학≫에 '허수아비의 꿈'을 발표하며 등단하였다.
2. 초기 – 강한 민중 의식과 민족의식을 기초로 한 작품들을 발표하였다.
3. 1990년대 이후 – 조선족, 탈북자, 외국인 노동자, 결혼 이주 여성 등의 삶과 애환을 다룬 시들을 주로 창작하였다.
4. 독특한 상상력과 감수성으로 시대적 고뇌를 탁월하게 그려 내고 있다.

▷ **주요 작품**
시집: 『벼는 벼끼리, 피는 피끼리』(1981), 『님』(1999), 『입국자들』(2009) 등

### 작품 1 | 밴드와 막춤 (입국자들, 2009년)

동남아에서 한국에 취업 온
청년 넷이 밴드를 만들어 연습하다가
저녁 무렵 도심 지하보도에서
처음 한국인들에게 들려주기 위해
공연 준비를 마치자
노인네들이 몰려와 둘러섰다

기타는 스리랑칸 베이스는 비에트나미즈
드럼은 캄보디안 신시사이저는 필리피노
허름한 옷차림을 한 연주자들은
낡은 악기로 로큰롤을 연주했다

노인 한 분 나와서 몸 흔들어 대자
다른 노인 한 분 나와서 몸 흔들어 대고
노파 한 분 나와서 몸 흔들어 대자
다른 노파 한 분 나와서 몸 흔들어 댔다

막춤을 신나게 추던 노인네들은
연주자들이 블루스를 연주하기 시작하자
잠시 얼떨떨해하다가
노인 한 분과 노파 한 분
다른 노인 한 분과 다른 노파 한 분
양손으로 살포시 껴안고
양발로는 엇박자가 나도 돌았다

미소 짓던 동남아 청년 넷은
저마다 고국에 계신 노부모님께
이런 자리를 마련해 준 적 없었다 싶으니
더 정성껏 연주하고
노인네들은 저마다 자식들이
이런 자리를 마련해 준 적 없었다 싶으니
더 흥겹게 춤을 추었다.

## 핵심정리

▷ **갈래** 자유시, 서정시
▷ **성격** 교훈적, 의지적
▷ **제재** 이주 노동자 밴드의 공연
▷ **주제** 절망과 모순의 극복 의지

## 이해와 감상

### 1 짜임 분석
- 1연 – 동남아 이주 노동자 밴드의 공연 준비
- 2연 – 밴드 소개와 공연 시작
- 3연 – 노인들의 흥겨운 춤
- 4연 – 블루스 연주와 노인들의 춤
- 5연 – 무르익어 가는 공연장의 모습

### 2 감상의 길잡이

　　우리 사회의 소외 계층인 이주 노동자와 노인들이 한데 어울리는 장면을 따뜻하게 그리고 있다.
　　전혀 어울릴 것 같지 않은 두 소외 계층이 어우러지는 모습은, 우리 사회로 하여금 반성적 성찰을 요구하는가 하면 우리 사회의 소외 문제와 관련한 여러 가지 시사점을 주고 있다.
　　이 시는 동남아 출신 이주 노동자들이 결성한 밴드의 공연 준비와 실제 공연 과정을 중심으로 내용이 구성되어 있다. 1연에서는 동남아 이주 노동자들의 밴드가 공연 준비를 마치고 관객들이 모여드는 장면이 제시된다. 그리고 2연에서는 밴드를 소개하고 로큰롤 연주를 시작으로 공연의 막이 오른다. 그리고 3연과 4연에서는 이들의 흥겨운 무대 속에 또 다른 소외 계층인 노인들이 순수한 마음으로 돌아가 즐겁고 흥겹게 춤을 추는 모습이 점층적으로 제시된다. 그리고 마지막 5연에서는 소외된 이주 노동자들과 노인들이 지녀 왔던 마음이 질박하게 제시되면서 공연의 분위기가 한층 무르익는다.
　　시인 하종오는 이주 노동자와 결혼 이민자의 삶을 시로 형상화하는 데 주력해 왔는데 이 작품 역시 이주 외국인이라는 '타자'에 대한 우리의 인식, 그리고 이주 외국인이라는 거울에 비친 한국인의 자화상을 반성적으로 돌아보고 있다. 전혀 어울릴 것 같지 않은 두 소외 계층이 어우러지는 모습은, 우리 사회로 하여금 반성적 성찰을 요구하는가 하면 우리 사회의 소외 문제와 관련한 여러 가지 시사점을 주고 있다.

## ▰ 중요 내용 정리

### 01 '밴드'와 '막춤'이 주는 의의

　　소외된 이주 노동자들이 결성한 아마추어 '밴드'와 소외된 노인들의 미숙한 춤인 '막춤'은 우리 사회의 대표적 소외 계층들이 선보이는 무대이다. 이를 통해 우리 사회의 소외 문제를 개선할 수 있는 시사점을 제시하고 있고, 우리 사회 정주민과 이주민들이 조화롭게 공존할 수 있는 가능성과 방법을 제시하고 있다.

### 02 이주 노동자와 노인의 만남

　　우리 사회에서 이주 노동자와 노인들이 한데 어울리는 모습을 떠올리기는 쉽지 않다. 이주 노동자들과 노인들에게는 어떤 공통점을 발견하기 어려울 뿐만 아니라 오히려 상반된 속성이 더 많은 것이 사실이다. 그러나 이 시에서는 그들이 우리 사회의 소외 계층으로서 유사한 경험과 상처를 가진 채, 우리 사회에 공존하고 있음을 적나라하게 보여준다. 그리고 그들 스스로가 서로의 처지를 이해하고 위안하며 소외를 극복해 가는 모습을 통해 우리 사회에 반성적 성찰을 불러일으키고 있다.

### 03 시상 전개 방식 – 점층과 확장

　　이 시는 이주 노동자 밴드의 공연이 시작되면서 흥겹고 즐거운 분위기가 점차 확장되는 시상 전개 방식을 보이고 있다. 3연에서 신나는 로큰롤이 연주되자 노인들은 흥겨운 마음에 한 사람 한 사람 즐거운 춤판에 가세하게 된다. 한편 4연에서는 이런 즐거움과 흥겨움이 블루스를 통해 이어지면서 한층 높은 차원으로 고조되고 확장된다. 그리고 마지막 5연에서는 이주 노동자들과 노인들의 의식적 측면이 부각되며 공연장의 흥겨움과 즐거움이 무르익는다.

| 3연<br>양적 확장 | 4연<br>질적 확장 | 5연<br>의식적 확장 |
|---|---|---|
| • 신나는 로큰롤 음악<br>• 노인들이 하나둘씩 가세함 | • 분위기 있는 블루스 음악<br>• 즐겁고 흥겨운 분위기가 이어짐 | • 소외된 이들의 의식이 확장됨<br>• 연주와 춤의 즐거움이 무르익음 |

### 작품 2  신분 (입국자들, 2009년)

파파원한 씨는 이주민이고
지한석 씨는 정주민이지만
같은 공장 같은 부서에
근무하는 노동자여서
손발도 맞고 호흡도 맞다

공장의 불문율에는
일하고 있는 동안엔
남녀 구분하지 않고
불법 체류 합법 체류 구분하지 않고
출신 국가 구분하지 않는다는 걸
그도 알고 그녀도 안다
세계의 어떤 법령에도
노동하는 인간의 신분을 따질 수 있다고
씌어 있진 않을 것이다

한국 청년 지한석 씨가 내는 숨소리에
미얀마 처녀 파파원한 씨는 가만히 귀를 기울인다

## 핵심정리

- **갈래** 서정시, 자유시
- **성격** 서사적, 서술적
- **제재** 같은 공장에 근무하는 지한석 씨와 파파원한 씨
- **주제** 이주민과 정주민의 동등한 인간적 가치와 조화로운 공존의 가능성
- **특징** ① 대상의 구체적 이름을 드러내 사실성을 높임
  ② 대상의 상반된 속성으로부터 의미 있는 진실을 도출함
  ③ 유사한 문장 구조의 반복을 통해 대상의 속성을 드러냄

## 이해와 감상

### 1 감상의 길잡이

이 시는 우리나라의 한 공장에서 동료이자 동등한 노동자로 근무하고 있는 지한석 씨와 파파원한 씨의 모습을 통해, 이주민과 정주민 모두가 동일한 인격체임을 강조하고 이주민과 정주민이 조화롭게 공존할 수 있는 가능성을 보여 주는 작품이다.

이를 위해 시적 화자는 1연에서 이주민과 정주민으로 구분될 수 있는 두 사람이 같은 노동의 현장에서 너무나 조화롭게 공존하고 있는 모습을 보여 준다. 그리고 2연에서는 그러한 현실을 보다 심화시켜 이미 노동의 현장에서는 차별과 구분이 존재하지 않으며, 세상 어느 곳에서도 그러한 차별이 있을 수 없다는 시적 화자의 생각을 드러낸다. 그리고 마지막 3연에서는 이처럼 노동의 현장에서 지한석 씨의 숨소리에 귀 기울이며 호흡을 맞추는 파파원한 씨의 모습을 제시하며, '이주민과 정주민의 조화로운 공존'이라는 주제 의식을 강화하고 있다.

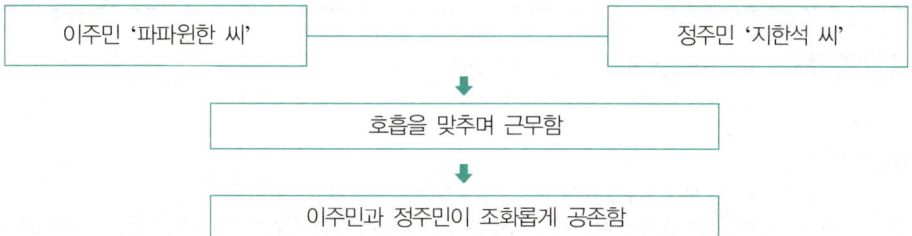

## 중요 내용 정리

### 01 인간, 차별적 인식을 넘어

이 시에 등장하는 지한석 씨와 파파원한 씨는 각각 정주민과 이주민으로 구분된다. 그리고 우리 사회 역시 정주민과 이주민을 구별 짓는 차별적 인식에 익숙해 있다. 그래서 작가는 이 시를 통해 우리 사회가 그들을 구분하는 모든 기준들, 가령 성별, 국적, 법적 지위 등을 모두 제시한다. 그리고 동시에 그러한 차이에도 불구하고 같은 공간에서 동등한 인격체이자 동료로서 조화롭게 공존하는 모습을 보란 듯이 제시한다. 마치 작가는 당신들이 다르다고 생각했던 많은 것들이 현실에서는 모두 부질없고 무의미한 것이며, 이주민들 역시 우리와 똑같은 인간이고 동료라는 점을 역설하고 있는 것이다.

### 02 '지한석 씨'와 '파파원한 씨'의 이름이 지닌 의미

이 시의 특징 중 하나는 정주민 노동자와 이주민 노동자의 실명이 거론되고 있다는 점이다. 사실 작가가 의도하고 있는 주제 의식은 '지한석 씨'로 대표되는 정주민과 '파파원한 씨'로 대표되는 이주민들 전체를 아우르는 것이지만, 작가는 그들의 실명을 의도적으로 거론하고 있다. 통상적으로 구체적 지명이나 인명을 거론하는 경우 시적 상황이나 대상의 구체적 사실성을 높이는 효과를 준다. 하지만 이 시에서는 그러한 효과뿐만 아니라 '지한석'과 '파파원한'이라는 인간 각자가 고유한 인격체로서 존중받아야 한다는 작가의 의식이 작용한 것으로 볼 수 있다.

### 03 '호흡'이 지닌 상징적 의미

이 시에 등장하는 '지한석 씨'와 '파파원한 씨'는 '호흡'이 맞는 동료이다. 그러나 이때 '호흡'이라는 표현에는 '함께 일을 하는 사람들과 조화를 이룸. 또는 그 조화'라는 사전적 의미 이상이 담겨 있다. '호흡'은 본래 '숨을 쉬는 것'이라는 의미로 생명 유지에 필수적인 과정이다. 따라서 '호흡'을 한다는 것은 그들 스스로에게 생명을 불어넣는 것이자 스스로를 존재하게 한다는 의미이다. 결국 '지한석 씨'와 '파파원한 씨'가 '호흡을 맞춘다'라는 의미는, 서로를 존재하고 살아 있게 하는 행위이자 그들의 조화로운 공존을 상징하는 것이기도 하다.

'호흡을 맞추다' → 함께 일하는 사람들과 노동의 조화를 이룸 →
- 함께 일하는 동료에게 생명을 불어넣음
- 함께 일하는 동료를 존재하게 함
- 함께 일하는 동료와 조화롭게 공존함

## ▶ 렴형미
여성 시인. 함경북도 청진 출생

▷ **작가의 특징**
1. 1987년 ≪조선문학≫을 통해 등단하였다.
2. 1999년 이후에 작품을 활발하게 발표하기 시작했는데, 북의 어려운 현실을 견디며 사는 여성의 목소리를 시에 주로 담고 있다.

### 작품 1 아이를 키우며 (조선문학, 2002년)

처녀 시절 나 홀로 공상에 잠길 때며는
무지개 웃는 저 하늘가에서
날개 돋쳐 훨훨 나에게 날아오던 아이
그 애는 얼마나 곱고 튼튼한 사내였겠습니까

그러나 정작 나에게 생긴 아이는
눈이 크고 가냘픈 총각 애
물푸레 아지인 양 매출한 두 다리는
어방없이 날쌘 장난꾸러기입니다.

유치원에서 돌아오기 바쁘게
고삐 없는 새끼 염소마냥
산으로 강으로 내닫는 그 애를 두고
시어머니도 남편도 나를 탓합니다
다른 집 애들처럼 붙들어 놓고
무슨 재간이든 배워 줘야 하지 않는가고

그런 때면 나는 그저 못 들은 척
까맣게 탄 그 애 몸에 비누 거품 일구어 댑니다
뭐랍니까 그애 하는 대로 내버려 두는데
정다운 이 땅에 축구공마냥 그 애 맘껏 딩구는데

눈 올 때면 눈사람도 되어 보고
비 올 때면 꽃잎마냥 비도 흠뻑 맞거라
고추잠자리 메뚜기도 따라잡고
따끔따끔 쏠쐐기에 질려도 보려무나

푸르른 이 땅 아름다운 모든 것을
백지같이 깨끗한 네 마음속에
또렷이 소중히 새겨 넣어라
이 엄마 너의 심장은 낳아 주었지만

그 속에서 한생 뜨거이 뛰어야 할 피는
다름 아닌 너 자신이 만들어야 한단다

네가 바라보는 하늘
네가 마음껏 딩구는 땅이
네가 한생토록 안고 살 사랑이기에
아들아, 엄마는 그 어떤 재간보다도
사랑하는 법부터 너에게 배워주련다

그런 심장이 가진 재능은
지구 우에 조국을 들어 올리기에……

## ■ 핵심정리

▷ **갈래** 자유시, 서정시
▷ **성격** 묘사적, 고백적, 기원적
▷ **특징** ① 시 속에서 청자가 바뀜
　　　　② 직유법과 외양 및 행동 묘사를 통해 인물 형상화
▷ **제재** 아이를 키우며 느끼는 감정
▷ **주제** 아이가 사랑하는 방법을 배우며 자연 속에서 자유롭게 자라기를 바라는 마음

## 이해와 감상

### 1 감상의 길잡이

　어머니가 아이를 키우며 느끼는 감정을 제재로 하고 있으며, 아이의 유년 시절의 상(像)에 대한 화자의 바람을 담고 있다. 시어머니나 남편은 주변 사람들처럼 아이에게 당장 도움이 될 수 있는 실용적인 재주를 가르치기를 원하지만, 화자는 그 어떤 재능보다도 중요하다고 생각하는 '사랑하는 법'을 아들이 익히기를 바란다. 이는 시의 5연에 형상화되어 있는데, 아들이 자연의 섭리에 따라 비나 눈도 맞아보고, 들판에 나가 고추잠자리나 메뚜기도 잡아보는 등 자연에서 보고 느끼며 배움을 얻고 건강하게 성장하길 바라고 있다. 한편 시가 전개되는 도중에 시의 청자가 바뀌게 되는데, 4연까지 불특정한 청자를 대상으로 내용이 전개되다가 이후부터는 아들인 '너'를 청자로 설정한 것을 알 수 있다. 직유법, 그리고 행동과 외모 등을 직접적으로 제시하는 '보여주기' 방식을 통해 아들의 외양 및 성격을 묘사하고 있으며, 시각적 심상을 주로 사용하여 형상화하고 있다.

> **참고** 　북한 여성 시인 렴형미의 시 세계
>
> 　북한 여성 시인 렴형미는 '문학 창작의 대중화'라는 국가적 붐을 타고 1987년 《조선문학》지를 통해 등단했다. 그녀의 시 세계에서 여성적 의식은 크게 세 단계를 거쳐 상승한다. '처녀 시기'와 '결혼 생활 초기' 그리고 '식량난 시기'이다.
> 　'처녀 시기'의 렴형미의 시 의식은 여성에 대한 애정과 여성의 눈으로 본 자연, 인간과 생활에 대한 찬미로 일관되어 있다. '결혼 생활 초기' 그녀의 시 의식은 고향과 가정에 대한 여성의 애정으로 충만해 있다. 그러나 '식량난 시기'의 시 의식은 살인적인 난관 속에서도 굴하지 않고 고난과 역경을 극복해 나가는 여성의 의지에 대한 예찬으로 가득 차 있다. 「아이를 키우며」는 '결혼 생활 초기'의 시로 렴형미 시인의 진보적 육아관이 제시되어 있다.

## ▷ 이문재 李文宰  1959 ~ 경기 김포 출생

▷ 작가의 특징
1. 1982년 ≪시운동≫에 「우리 살던 옛집 지붕」을 발표하여 등단하였다.
2. 튼튼한 자의식을 바탕으로 건강한 삶을 추구하는 시 세계를 보여 준다.

▷ 주요 작품
시집:『내 젖은 구두를 벗어 해에게 보여줄 때』(1988), 『마음의 오지』(1999), 『공간 가득 찬란하게』(2007) 등

### 작품 1  산성눈 내리네 (산책시편, 1993년)

산성눈 내린다
12월 썩은 구름들 아래
병실 밖 아이들이 놀다 간다
성가의 후렴들이 지워지고
산성눈 하얗게 온 세상 덮고 있다
하마터면 아름답다고 말할 뻔했다
캄캄하고 고요하다

그러고 보면 땅이나 하늘
자연은 결코 참을성 있는 게 아니다
산성눈 한 뼘이나 쌓인다 폭설이다
당분간은 두절이다
우뚝한 굴뚝, 은색의 바퀴들에
그렇다, 무서운 이 시대의 속도에 치여
몸과 마음의 서까래
몇 개의 소리 없이 내려앉는다

쓰러져 숨 쉬다 보면
실핏줄 속으로 모래 같은 것들 가득
고인다 산성눈 펑펑 내린다
자연은 인간에 대한
기다림을 아예 갖고 있지 않다
펄펄 사람의 죄악이 내린다
하늘은 저렇게 무너지는 것이다

## 핵심정리

- **갈래** 자유시, 서정시
- **성격** 교훈적, 현실 비판적
- **특징** ① 자연물(눈)에 상징적 의미를 부여함
  ② 자연을 의인화하여 주제 의식을 강조함
- **제재** 산성눈
- **주제** 자연에 대한 배려 없이 발전만을 생각하는 문명에 대한 비판

## 이해와 감상

### 1 감상의 길잡이

이 시는 환경 파괴의 심각성을 '산성눈'으로 형상화한 작품이다. 이미 '썩은 구름' 아래 내리는 눈은 아름답다고 착각할 만큼 '하얗게' 온 세상을 덮고 있다. 그러나 화자는 이것이 '우뚝한 굴뚝', '은색의 바퀴들', '무서운 속도'로 표상되고 있는 현대 문명의 발달로 인한 자연 파괴에 대해 자연이 참고 있는 것이자 소중한 것들을 은폐하고 있는 것에 불과하다고 이야기한다. 이 시 속에는 자연이 주는 경고가 구체적으로 제시되고 있는데, 지금은 폭설로 인한 '두절'이지만 언젠가는 '하늘이 저렇게 무너지는 것'이라고 말하는 것이 그것이다. 이미 화자는 환경 파괴에 대한 위기감을 느끼고 있기에, 더 늦기 전에 인간으로서 환경에 대한 죄의식을 느끼고 행동해야 함을 강조하고 있다.

## 중요 내용 정리

### 01 생태시

'생태 문학(eco-literature)'은 생태학이 20세기 중반에 심각해진 생태계 파괴상을 진단하고 환경 문제의 해결 방안을 모색하는 학문적 논의에 관심을 기울임에 따라 여러 학문에 영향을 끼친 결과 발생한 것이다.

한국에서 생태 문학에 대한 논의는 1990년대에 들어서 본격적으로 전개되었고, 소설보다 시 쪽의 활동이 상대적으로 활발하였다. 생태시는 환경 오염의 현장을 고발하는 작품과 이러한 오염상을 야기한 근본 원인이라 할 수 있는 현대 문명, 서구의 근대적 패러다임을 비판하는 작품의 두 형태로 활발히 창작되었다. 이후 점차 생태학적 자각의 깊이를 더하게 되면서 궁극적으로 독자의 생태학적 지각을 유도하려는 작품들이 창작되는 방향으로 나아가는 모습을 보이고 있다.

## 예상문제

※ (1~3) 다음 작품을 읽고 물음에 답하시오.

(가)
　　산성눈 내린다
　　12월 썩은 구름들 아래
　　병실 밖 아이들이 놀다 간다
　　성가의 후렴들이 지워지고
　　산성눈 하얗게 온 세상 덮고 있다
　　하마터면 아름답다고 말할 뻔했다
　　캄캄하고 고요하다

　　그러고 보면 땅이나 하늘
　　자연은 결코 참을성 있는 게 아니다
　　산성눈 한 뼘이나 쌓인다 폭설이다
　　당분간은 두절이다
　　우뚝한 굴뚝, 은색의 바퀴들에
　　그렇다, 무서운 이 시대의 속도에 치여
　　몸과 마음의 서까래
　　몇 개의 소리 없이 내려앉는다

　　쓰러져 숨 쉬다 보면
　　실핏줄 속으로 모래 같은 것들 가득
　　고인다 산성눈 펑펑 내린다
　　자연은 인간에 대한
　　기다림을 아예 갖고 있지 않다
　　펄펄 사람의 죄악이 내린다
　　하늘은 저렇게 무너지는 것이다

　　　　　　　　　　－ 이문재, 「산성눈 내리네」, 『산책시편』(1993)

(나)
　　이제 바라보노라.
　　지난 것이 다 덮여 있는 눈길을.
　　온 겨울을 떠돌고 와
　　여기 있는 낯선 지역을 바라보노라.
　　나의 마음속에 처음으로
　　눈 내리는 풍경
　　세상은 지금 묵념의 가장자리
　　지나온 어느 나라에도 없었던
　　설레이는 평화로서 덮이노라.

> 바라보노라 온갖 것의
> 보이지 않는 움직임을.
> 눈 내리는 하늘은 무엇인가.
> 내리는 눈 사이로
> 귀 기울여 들리나니 대지(大地)의 고백(告白)
> 나는 처음으로 귀를 가졌노라.
> 나의 마음은 밖에서는 눈길
> 안에서는 어둠이노라.
> 온 겨울의 누리 떠돌다가
> 이제 와 위대한 적막(寂寞)을 지킴으로써
> 쌓이는 눈더미 앞에
> 나의 마음은 어둠이노라.
>
> – 고은, 「눈길」, 『피안 감성』(1960)

1. (가)의 내용을 바탕으로 이 작품의 유파 및 그 특징에 대해 설명하시오. [4점]

   **예상답안**

   (가)는 산성눈이라는 환경오염을 야기한 이 시대의 무서운 속도 즉, 오염상을 야기한 현대 문명에 대해 비판하고 있다. 이러한 문학을 '생태문학(eco-literature)' 혹은 생태시라고 한다. 생태시는 환경오염의 현장을 고발하는 작품과 이러한 오염상을 야기한 근본 원인이라 할 수 있는 현대 문명, 서구의 근대적 패러다임을 비판하는 작품의 두 형태로 활발히 창작되었다.

2. (가)와 (나)에서 시적 대상과 화자의 어조를 각각 관련지어 설명하시오. [4점]

   **예상답안**

   환경을 오염시켜 인간이 피해를 입는 문제를 관찰하여 고발하는 내용이기 때문에 관찰자인 화자가 평서형으로 비판적·단정적으로 어조로 제시했다.

   눈을 통해 깨달은 자연의 섭리를 제시하기 때문에 1인칭 주인공 화자가 1인칭에 사용하는 '– 노라'를 통해 명상적·관념적 어조로 제시했다.

3. (가)와 (나)에서 제재인 '눈'이 지닌 의미의 공통점과 차이점을 각각 밝히시오. [4점]

   **예상답안**

   (가)와 (나)에서 '눈'은 첫째, 자연적 존재이며, 둘째, 사람들에게 무언가를 깨닫게 하는 존재이다.

   그렇지만 (가)에서 눈은 오염으로 인한 피해를 의미하고, (나)에서는 정화와 포용, 깨달음을 의미한다. (가)에서는 인간의 부정적 행위에 대한 징벌의 의미를 지니고, (나)에서는 부정적 의미 없이 정화와 포용의 의미만 지닌다. 그리고 (가)는 산업화된 사회 문제와 관련이 있고, (나)는 개인적 방황과 관련이 있다.

### 작품 2  광화문, 겨울, 불꽃, 나무 (제국 호텔, 2004년)

해가 졌는데도 어두워지지 않는다
겨울 저물녘 광화문 네거리
맨몸으로 돌아가 있는 가로수들이
일제히 불을 켠다 나뭇가지에
수만 개 꼬마 전구들이 들러붙어 있다
불현 듯 불꽃나무! 하며 손뼉을 칠 뻔했다

어둠도 이젠 병균 같은 것일까
밤을 끄고 휘황하게 낮을 켜 놓은 권력들
내륙 한 가운데에 서 있는
해군 장군의 동상도 잠들지 못하고
문닫은 세종문화회관도 두 눈 뜨고 있다

엽록소를 버린 겨울나무들
한밤중에 이상한 광합성을 하고 있다
광화문은 광화문(光化門)
뿌리로 내려가 있던 겨울나무들이
저녁마다 황급히 올라오고
겨울이 교란당하고 있는 것이다
밤에도 잠들지 못하는 사람들
광화문 겨울나무 불꽃나무들
다가오는 봄이 심상치 않다

## 핵심정리

- **갈래** 자유시, 서정시
- **성격** 비판적, 상징적
- **제재** 광화문 네거리의 밤 풍경
- **주제** 비정상적인 현실에 대한 걱정과 의심
- **특징** ① 역설적 표현과 상황을 제시하여 시상을 전개함
  ② 자연 대상물에서 인간의 문제로 확대하여 현실을 바라봄

## 이해와 감상

### 1 감상의 길잡이

이 시는 자연의 질서가 현대 문명으로 인해 파괴되고 있는 상황을 보여 주고 있다. 해가 졌는데도 거리는 어두워지지 않고, 겨울이 되었는데도 나무들은 켜놓은 전구들 때문에 잎 없이도 광합성을 하고 있다. 화자는 이러한 비정상적이고, 부자연스러운 현실의 모습을 안타깝게 바라보며 인간 중심적 태도를 비판하고 있다. 어둠은 휴식을 위한 시간이며, 나무들에게 겨울은 돌아올 봄을 위한 준비 기간이다. 해군 장군의 동상은 내륙 한가운데가 아닌 바다 앞에서 더 잘 어울린다. 문닫은 세종문화회관 역시 불을 끄고 있을 때 진정 문을 닫은 것이다. 그러나 광화문 네거리는 말 그대로 광화문(光化門)이다. 그곳은 단순한 자연의 순리조차 지켜지지 않는 곳이다. 그리고 이제는 사람들조차 밤에 잠들지 못하고 있다. 겨울의 모습이 이러하다면 다가오는 봄 또한 봄다운 봄이 아닐 것 같은 불안감을 느낀다.

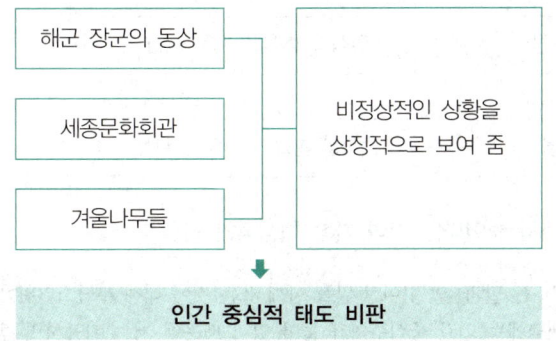

## ■ 중요 내용 정리

### 01 시상 전개 방식

화자는 겨울밤 자연의 생명력이 현대 문명으로 인해 파괴되는 비정상적인 장면을 바라보면서 그 상황을 인식하고 있다. 그리고 그것은 그 상황의 지속이 앞으로 다가올 봄에도 계속될지 모른다는 염려로 이어지고 있다.

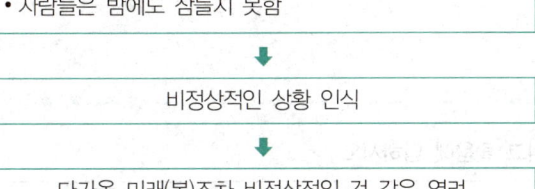

### 02 '어둠(밤)'과 '겨울'의 이미지

일반적으로 시에서 '어둠(밤)'과 '겨울'은 부정적인 이미지를 가지고 있다. 특히 시대적 상황을 이야기하는 시에서 '어둠(밤)'과 '겨울'은 견디기 힘든 시련이나 고난을 의미하는 것으로 부정적 현실을 상징하는 시어로 이해된다.

그러나 이 시에서 '어둠(밤)'과 '겨울'은 부정적인 이미지로 사용된 것이 아니다. 자연적인 상황에서 어둠은 모든 생명체가 새로운 에너지를 얻기 위한 '안식'과 '휴식'을 누리는 시간이다. '겨울'도 나무들이 새로운 봄을 준비하기 위해 자연의 흐름에 맞추어 생체 리듬을 조절하는 시기이다. 따라서 이러한 '어둠(밤)'과 '겨울'을 거부하고 자연의 순리를 거스르고 있는 도시 권력은 화자에게 있어 부정적인 대상이다. 비정상적인 상황을 만들고 있는 권력을 보면서 밤에도 잠들지 못하는 사람들 또한 비정상적인 상황에 놓여 있는 것으로 인식하게 된다. 이러한 상황 속에서 다가올 봄이 비정상적이지 않을까 하는 염려는 자연스러운 것이 아닐까 싶다.

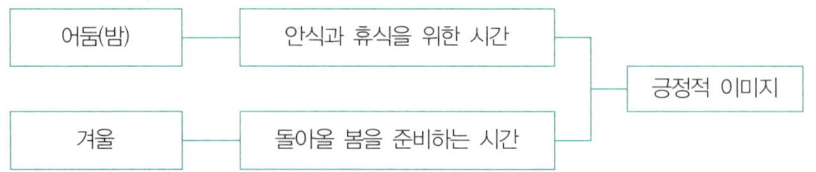

### 03 인간 중심주의에서 벗어나는 것이 가장 핵심적인 사안

> "저는 '생태'라는 말과 '환경'이란 말을 함께 쓰는 것에 대해 부담스러워합니다. 왜냐하면 환경이라는 말의 개념에는 인간 중심주의가 들어 있기 때문에 저는 가능하면 생태라는 말을 쓰려고 해요. 제가 생각하는 생태 문학의 개념은, 첫 번째는 인간 중심주의에서 벗어나는 것이 가장 핵심적인 사안입니다. 두 번째는 다양성, 총체성, 순환성, 연결성이란 네 가지 원칙을 갖는 문학, 그것을 저는 '생태 문학'이라고 오래 전부터 나름대로 정의해 놓고 있습니다."
>
> — 시인 이문재

### 04 역설적 표현과 상황

표면상으로는 모순된 표현이지만 잘 음미해 보면 그 속에 나름대로 진실을 담고 있는 표현을 역설적 표현이라 한다. 해군 장군의 동상이 내륙 한가운데 서 있고, 문닫은 세종문화회관은 여전히 불을 밝히고, 겨울나무들이 이상한 광합성을 하는 비정상적인 상황으로 인해 광화문 네거리는 해가 졌는데도 어두워지지 않는다. 이 시는 이러한 역설적 상황을 바탕으로 시상을 전개하고 있다.

## 예상문제

※ (1~4) 다음 작품을 읽고 물음에 답하시오.

(가)
해가 졌는데도 어두워지지 않는다
겨울 저물녘 광화문 네거리
맨몸으로 돌아가 있는 가로수들이
일제히 불을 켠다 나뭇가지에
수만 개 꼬마 전구들이 들러붙어 있다
불현 듯 불꽃나무! 하며 손뼉을 칠 뻔했다

어둠도 이젠 병균 같은 것일까
밤을 끄고 휘황하게 낮을 켜 놓은 권력들
내륙 한 가운데에 서 있는
해군 장군의 동상도 잠들지 못하고
㉠ 문닫은 세종문화회관도 두 눈 뜨고 있다

엽록소를 버린 겨울나무들
　　한밤중에 이상한 광합성을 하고 있다
　　광화문은 광화문(光化門)
　　뿌리로 내려가 있던 겨울나무들이
　　저녁마다 황급히 올라오고
　　겨울이 교란당하고 있는 것이다
　　밤에도 잠들지 못하는 사람들
　　광화문 겨울나무 불꽃나무들
　　다가오는 봄이 심상치 않다

　　　　　　　　　　　　　　－ 이문재, 「광화문, 겨울, 불꽃나무」

(나)
　　맞벌이 부부 우리 동네 ⓐ구자명 씨
　　일곱 달 된 아기 엄마 구자명 씨는
　　출근 버스에 오르기가 무섭게
　　아침 햇살 속에서 졸기 시작한다.
　　경기도 안산에서 서울 여의도까지
　　경적 소리에도 아랑곳없이
　　옆으로 앞으로 꾸벅꾸벅 존다.

　　차창 밖으론 사계절이 흐르고
　　진달래 피고 밤꽃 흐드러져도 꼭
　　부처님처럼 졸고 있는 구자명 씨
　　그래 저 십 분은
　　간밤 아기에게 젖 물린 시간이고
　　또 저 십 분은
　　간밤 시어머니 약 시중 든 시간이고
　　그래그래 저 십 분은
　　새벽녘 만취해서 돌아온 남편을 위하여 버린 시간일 거야

고단한 하루의 시작과 끝에서
집 속에 흔들리는 팬지꽃 아픔
식탁에 놓인 안개꽃 멍에
그러나 부엌문이 여닫기는 지붕마다
ⓑ여자가 받쳐든 한 식구의 안식이
아무도 모르게
죽음의 잠을 향하여
ⓒ거부의 화살을 당기고 있다

　　　　　　　　　　　　　－ 고정희, 「우리 동네 구자명씨 － 여성사 연구 4」

1. (가)와 (나)에서 시적 화자가 각각 비판하는 현실 문제를 각각 밝히시오. [2점]

   **예상답안**

   (가)는 빛의 공해에 시달리는 현대의 도시문명(= 생태계를 교란시키는 문명의 횡포)을 비판한다.
   (나)는 남성 중심 사회에서 여성의 일방적인 희생을 강요하는 현실을 비판한다.

2. (나)에서 제목과 부제가 지닌 기능을 각각 밝히시오. [2점]

   **예상답안**

   '우리 동네'라는 수식어는 우리 가까이 살고 있는 이웃을, '구자명'이라는 고유명사는 시적 상황의 사실성과 현장감을 높인다.
   부제인 '여성사 연구'라는 말을 통해 여성 문제 또는 페미니즘에 바탕한 시라는 점을 드러내고 있다.

3. (나)에서 밑줄 친 ⓐ, ⓑ부분의 변화를 지적하고, 그것을 통해 시적 화자의 의도를 밝히시오. [2점]

   **예상답안**

   '구자명'이라는 고유명사가 '여자'라는 일반 명사로 바뀌었다. 이는 시적 대상의 삶의 한 여인에게 국한된 것이 아니라 보편적인 여성 문제임을 강조하기 위한 의도이다.

4. 아래 〈조건〉을 고려하여 물음에 맞게 답하시오.

   ─〈조건〉─
   1. (가)의 ㉠에 나타난 표현 및 의미를 밝히고, (나)에서 그러한 표현을 2가지 찾아 그 의미를 각각 밝히시오. (3점)
   2. (가)와 (나)를 통해 시적 화자가 각각 문제 삼는 현실 문제를 작품의 구체적 내용을 바탕으로 각각 밝히시오. (4점)
   3. (나)의 ㉡이 독자에게 전하려는 의미를 밝히고, (가)에서 그와 가장 유사한 기능을 지닌 행을 찾고 그 의미를 밝히시오. (3점)

   **예상답안**

   (가)의 ㉠은 역설이 나타나는데, 저녁이 되어 세종문화회관이 문을 닫았지만 불을 밝혀 빛의 공해에 시달리는 모습을 강조한다. (나)에서 역설은 첫째, '아침 햇살 속에서 졸기 시작한다.(1연 4행)'가 있다. 해가 뜨는 시간에 출근해야하는 구자명 씨가 잠이 부족하여 버스를 타자마자 조는 모습을 통해 구자명 씨의 힘겨운 일상을 강조한다. 둘째, '팬지꽃 아픔(3연 2행)'을 통해 낮으면서 넓게 펴지는 아름다운 꽃잎과 아픔을 결합하여 구자명씨가 가족들을 위해 희생하는 상황의 안타까움을 강조한다. 셋째, '안개꽃 멍에(3연 3행)'를 통해 안개꽃의 아름다움과 앞이 보이지 않는 안개 또는 멍에의 의미를 결합하여 구자명 씨가 열심히 일해도 바뀌지 않는 궁핍한 가정의 암울한 미래를 강조했다.

(가)는 1연, 3연에서 나뭇가지에 꼬마 전등을 매달아 생태계를 교란 시키는 행위, 2연에서 내륙 한가운데서 잠들지 못하는 해군 장군의 동상, 2연에서 두 눈 뜨고 있는 세종문화 회관 등이다. 이러한 요소를 통해 빛의 공해에 시달리는 현대의 도시문명을 드러냈다. (나)는 1연에서 맞벌이를 하는 상황인데도 2연에서 아이에게 젖을 먹이고, 시부모를 모시며, 또한 남편의 수발을 드는 여인의 상황이 제시되어 있다. 이러한 요소를 통해 가족을 위해 맞벌이를 하며 힘겹게 살아가는 가정주부의 삶이 드러난다.

(나)의 ⓒ은 한 여인이 맞벌이를 하고 가족을 위해 모든 것을 희생하면서 살아가야 하는 상황에 대해 문제를 제기하면서 그러한 현실의 모순이 바뀌어야 함을 강조한다. (가)에서 그러한 의미를 지닌 행은 '다가오는 봄이 심상치 않다(3연 9행, 마지막 행)'이다. (가)에서는 밤에도 나무에 불을 켜서 생태계를 교란시키는 문명의 횡포에 문제를 제기하면서 그러한 현실로 인해 생태계에 문제가 생길 수 있음을 경고하고 있다.

## ▷ 박라연

1951 ~
전남 보성 출생

▷ **작가의 특징**
1. 1990년 ≪동아일보≫ 신춘문예에 「서울에 사는 평강 공주」가 당선되어 등단하였다.
2. 존재론적 슬픔과 타자를 향한 연민, 헌신의 시 세계를 보여 주고 있다.

▷ **주요 작품**
시집: 『너에게 세 들어 사는 동안』(1996), 『서울에 사는 평강 공주』(2000), 『빛의 사서함』(2009) 등

### 작품 1  서울에 사는 평강 공주 (서울에 사는 평강 공주, 2000년)

동짓달에도 치자 꽃이 피는 신방에서 신혼 일기를 쓴다. 없는 것이 많아 더욱 따뜻한 아랫목은 평강 공주의 꽃밭 색색의 꽃씨를 모으던 흰 봉투 한 무더기 산동네의 맵찬 바람에 떨며 흩날리지만 봉할 수 없는 내용들이 밤이면 비에 젖어 울지만 이제 나는 산동네의 인정에 곱게 물든 한 그루 대추나무 밤마다 서로의 허물을 해진 사랑을 꿰맨다 ……가끔……전기가……나가도……좋았다……우리는……

새벽녘 우리 낮은 창문가엔 달빛이 언 채로 걸려 있거나 별 두서넛이 다투어 나고 있었다 전등의 촉수를 더 낮추어도 좋았을 우리의 사랑방에서 꽃씨 봉지랑 청색 도포랑 한 땀 한 땀 흘려 깁고 있지만 우리 사랑 살아서 앞마당 대추나무에 뜨겁게 열리지만 장안의 앉은뱅이저울은 꿈쩍도 않는다 오직 혼수며 가문이며 비단 금침만 뒤우뚱거릴 뿐 공주의 애틋한 사랑은 서울의 산 일번지에 떠도는 옛날이야기 그대 사랑할 온달이 없으므로 더더욱

### 핵심정리

▷ **갈래** 자유시, 서정시
▷ **성격** 낭만적, 애상적, 상징적
▷ **제재** 산동네에서의 신혼 살림
▷ **주제** 가난한 산동네에서 만들어 가는 순수한 사랑

▷ **특징**
① 산문적 진술을 통해 시적 화자의 마음을 긴 호흡으로 드러냄
② 말줄임표를 효과적으로 사용하여 시적 긴장감과 함께 여운을 줌
③ 순수한 사랑을 강조하기 위해 시적 화자가 자신을 평강 공주에 비유함

### 이해와 감상

#### 1 감상의 길잡이

이 시는 '바보 온달과 평강 공주' 설화를 차용하여 순수한 사랑의 힘과 가치를 강조한 작품으로, 역사 속의 평강 공주가 현대의 서울에 산다는 독특한 설정을 통해 독자들의 호기심을 자극하고 있다.

1연에서 화자는 자신이 서울의 산동네서 꽃씨 봉투를 깁는 일을 하는 신혼의 새댁임을 밝히고 있다. 세찬 바람이 불고 비바람이 치는 산동네지만 화자는 없는 것이 더욱 많아 따뜻하다는 역설적 인식을 통해 긍정적인 마음으로 살아가고 있다. 산동네의 가난과 삶의 비애로 마음이 아파 울 때도 있었지만, 이제는 한 그루 대추나무가 되어 성숙한 사랑의 마음으로 상대방의 허물을 감싸줄 수 있게 되었다. 그리고 화자는 멈칫거리며 띄엄띄엄 말한다. 가끔 전기가 나가도 좋았다고. 머뭇거리며 말하는 모습에서 새댁의 부끄러움과 진실됨이 느껴진다.

하지만 세상은 그렇게 만만하지가 않다. 장안의 앉은뱅이저울은 이러한 사랑만으로는 꿈쩍도 하지 않는다. 장안은 혼수나 가문, 비단 금침 같은 세속적 가치가 중요한 세상이다. 화자가 꿈꾸는 평강 공주의 애틋한 사랑은 흘러간 옛날 이야기일

뿐이다. 특히 '그대 사랑할 온달이 없으므로'라는 구절은 중요한 메시지를 던진다. 평강 공주의 순수한 사랑은 온달이 있어야만 완성되는데, 지금의 세상엔 그런 사람이 없다는 뜻이다. 물질적 가치에만 관심을 기울이는 현대인들의 세속적인 사랑에 대한 시인의 비판적 태도가 느껴진다.

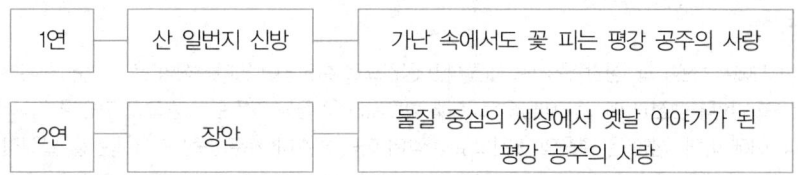

### 참고 | '평강 공주' 설화의 차용

평강 공주는 사랑의 힘으로 온달의 이름을 빛나게 한 의리 있고 어진 여성이다. 이 시에서 화자가 자신을 평강 공주에 비유한 것은 삶의 역경과 고난에도 불구하고 순수한 사랑을 지켜 간 평강 공주의 모습을 본받고자 하는 마음 때문이다. 가난이라는 시련이 삶을 힘들게 하지만 이를 순수한 사랑의 힘으로 극복하려 하는 것이다.

## 중요 내용 정리

### 01 시의 구조
이 시에서 '신방'과 '장안'은 서로 대립적인 공간으로 설정되어 있다. '신방'은 가난한 신혼부부가 사는 공간으로 비록 정전과 매서운 바람으로 인해 힘들지만, 이들의 따뜻한 사랑으로 고난을 극복해 가는 곳이다. 이에 비해 '장안'은 결혼의 조건으로 사랑이 아닌 혼수나 가문 등을 중시하는 등 물질적 가치에만 움직이는 부정적 공간이다. 가난한 신혼부부가 사랑만으로 결혼한 것과 대조적이다.

화자는 지금 신방에 살고 있으며 따뜻한 사랑의 힘으로 현실의 어려움을 이겨나가고 있다. 하지만 신방 역시 서울(장안) 안에 존재하는 공간이라는 점에서 물질적인 가치로부터 영원히 자유로울 수는 없을 것이다. 온달의 부재를 강조하는 시의 마지막 부분에서 이를 추측할 수 있다.

| 신방 | | 장안 |
|---|---|---|
| • 없는 것이 많은 살림살이<br>• 사랑이 있는 따뜻한 공간<br>• 온달이 존재하는 공간<br>• 순수한 사랑으로 빛나는 공간<br>• 정신적인 가치 추구 | 대조 ↔ | • 혼수, 가문, 비단 금침<br>• 사랑이 없는 차가운 공간<br>• 온달이 존재하지 않는 공간<br>• 사랑 대신 전기로 환한 공간<br>• 물질적인 가치 추구 |

### 02 가난한 신혼 새댁과 평강 공주
이 시에서 가난한 신혼 새댁인 화자는 자신을 평강 공주에 비유하면서 이를 통해 시상을 전개해 나간다. 그러나 현대의 서울에 사는 화자와 고구려에 사는 평강 공주는 서로 차이점을 갖는다. 화자는 꽃씨 봉지 붙이는 일을 하고 있으며, 평강 공주는 도포 깁는 일을 하고 있다.

하지만 이 일에는 공통점이 있다. 한 땀 한 땀 흘려 꽃씨 봉지와 청색 도포를 깁고 있다는 것이다. 이때 꽃씨 봉지와 청색 도포는 사랑을 의미한다. 1연의 해진 사랑을 꿰맨다는 말에서도 알 수 있듯이 이들의 일은 사랑을 만들어 가는 일이다. 화자가 봉하는 꽃씨는 아름다운 꽃(사랑)을 피우기 위한 희망이며, 평강 공주의 바느질은 조각난 사랑을 촘촘히 엮어 가는 포용인 것이다.

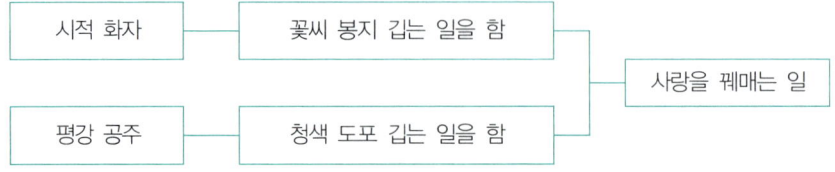

### 03 시인이 시적 발상을 얻은 계기
이 시는 박라연 시인이 결혼 후 10년 쯤 지나 쓴 신혼일기다. 스물 일곱에 결혼할 때 남편은 가난했지만 그녀는 쌀이랑 연탄만 안 떨어지면 족하다 생각했다. 그러다 늦깎이로 온달 설화를 소재로 시 쓰기에 매달리던 즈음, 한 친구가 어느 시인의 집을 보러 가자고 했다. 찾아간 자그마한 시인의 집은 감동적이었다. 넝쿨장미가 활짝 핀 담장 너머 대추나무가 있는 산동네 소박한 시인의 집은 그림처럼 밝았다. 박라연 시인이 매달려 있던 시의 부족한 2%를 채워줄 무언가가 벼락처럼 찾아들었다. 사랑만 있으면 두려운 것이 없던 자신의 신혼살림과 온달 설화와 가난한 산동네를 환하게 하던 시인의 집이 주는 따뜻한 영감이 한 편의 시 속에 어우러졌다. 박라연 시인은 이 시로 그 해 신춘문예에 당선되어 시인이 되었다. 정릉에 있던 그 '시인의 집'이 신경림 시인의 집이었다는 걸 나중에 알게 되었다고 한다.

## 예상문제

**1.** 아래 두 작품에 담긴 '이야기(모티프, 사건)'의 차이를 기준에 따라 적절하게 서술하시오. [4점]

(가)

　동짓달에도 치자 꽃이 피는 신방에서 신혼 일기를 쓴다. 없는 것이 많아 더욱 따뜻한 아랫목은 평강 공주의 꽃밭 색색의 꽃씨를 모으던 흰 봉투 한 무더기 산동네의 맵찬 바람에 떨며 흩날리지만 봉할 수 없는 내용들이 밤이면 비에 젖어 울지만 이제 나는 산동네의 인정에 곱게 물든 한 그루 대추나무 밤마다 서로의 허물을 해진 사랑을 꿰맨다

　……가끔……전기가……나가도……좋았다……우리는……

　새벽녘 우리 낮은 창문가엔 달빛이 언 채로 걸려 있거나 별 두서넛이 다투어 빛나고 있었다 전등의 촉수를 더 낮추어도 좋았을 우리의 사랑방에서 꽃씨 봉지랑 청색 도포랑 한 땀 한 땀 흘려 깁고 있지만 우리 사랑 살아서 앞마당 대추나무에 뜨겁게 열리지만 장안의 앉은뱅이저울은 꿈쩍도 않는다 오직 혼수며 가문이며 비단 금침만 뒤우뚱거릴 뿐 공주의 애틋한 사랑은 서울의 산 일번지에 떠도는 옛날이야기 그대 사랑할 온달이 없으므로 더더욱

— 박라연, 「서울에 사는 평강 공주」, 『서울에 사는 평강 공주』(2000)

(나)

　이런 일이 있은 지 한 달쯤 뒤, 가을도 다 끝나고 이제 곧 겨울나무 준비로 바쁜 어느 날, 간난이 할아버지는 서산 너머의 옛날부터 험한 곳이라고 해서 좀처럼 나무꾼들이 드나들지 않는, 따라서 거기만 가면 쉽게 나무 한 짐을 해 올 수 있는 여웃골로 나무를 하러 갔다. 손쉽게 나무 한 짐을 해 가지고 돌아오는 길에, 무심코 길 한옆에 눈을 준 간난이 할아버지는 거기 웬 짐승의 새끼가 몽켜(한데 엉키어) 있는 걸 보았다. 이게 범의 새끼나 아닌가 하고 놀라 자세히 보니, 그것은 다른 것 아닌 잠든 강아지들이었다. 그리고 저만큼에 바로 신둥이 개가 이쪽을 지키고 서 있는 것이었다. 앙상하니 뼈만 남아 가지고.

　간난이 할아버지가 강아지께로 가까이 갔다. 다섯 마린가 되는 강아지는 벌써 한 스무 날은 넉넉히 됐을 성싶었다. 그러자 간난이 할아버지는 다시 한 번 속으로 놀라고 말았다. 잠이 들어 있는 다섯 마리 강아지 속에는 틀림없는 누렁이가, 검둥이가, 바둑이가 섞여 있는 게 아닌가.

　그러나 다음 순간, 이건 놀랄 일이 아니라 응당 그럴 일이라고, 그 일견 험상궂어 뵈는 반백의 텁석부리 속에 저절로 미소가 지어지는 것이었다. 좀만에 그 곳을 떠나는 간난이 할아버지는 오늘 예서(여기서) 본 일은 아무한테나, 집안 사람한테도 이야길 말리라 마음먹었다.

　이것은 내 중학 이삼 년 시절, 여름방학 때 내 외가가 있는 목넘이 마을에 가서 들은 이야기로, 그 때 간난이 할아버지와 김 선달과 차손이 아버지가 서산 앞 우물가 능수버들 아래에 일손을 쉬며 와 앉아, 이런 이야기 저런 이야기 끝에 한 이야기다. 간난이 할아버지가 주가 되어 이야기를 해 나가는 도중 벌써 수삼 년 전 일이라, 이야기의 앞뒤가 바뀐다든가 착오가 있으면 서로 바로잡고 빠지는 대목은 서로 보태 가며 하는 것이었다.

— 황순원, 「목넘이 마을의 개」

## 채점기준

※ 점수 부여
  4점 – 아래와 같이 기준에 따른 차이가 맞게 드러났으면 각각 1점

## 예상답안

| 차이의 기준 | 제시할 내용 |
| --- | --- |
| ① 독자의 배경지식 관련 차이 | (가)의 '평강공주와 온달' 이야기는 독자들이 배경지식으로 잘 알고 있는 이야기이지만, (나)의 '목넘이 마을의 개(신둥이 개)' 이야기는 작자가 창조한 것으로 독자들에게 낯선 이야기이다. |
| ② 화자(서술자)가 활용한 의도의 차이 | (가)는 가난 속에서 행복을 느끼는 '나'의 정서를 드러내기 위한 것이고, (나)는 우리민족의 생명력이라는 다른 삶의 이야기를 전달하기 위해 사용했다. |
| ③ 제시한 내용의 차이 | (가)는 평강공주, 온달 등 이름이나 일부 상황만 제시되었고, (나)는 간난이 할아버지라는 인물, 목넘이 마을이라는 배경, 신둥이 개가 생명을 퍼뜨리는 사건 등 이야기의 요소가 모두 제시되었다. |
| ④ 이야기의 중요도에 다른 차이 | (가)에서 모티프는 정서를 드러내는 데 부차적 기능(= 제재)을 하고, (나)에서 이야기는 그 자체가 주제를 드러내는 중심적 기능을 한다. |

## ▷ 문정희
文貞姬

1947 ~
전남 보성 출생

▷ **작가의 특징**
1. 1969년 "월간문학" 신인상에 「불면」과 「하늘」이 당선되어 등단하였다.
2. 주로 삶의 생명력과 의미에 대한 관찰 및 통찰을 시로 나타냈으며, 최근에는 여성의 삶을 비롯한 일상사를 건강하고 솔직하게 그리고 있다.

▷ **주요 작품**
시집: 『문정희 시집』(1973), 『그리운 나의 집』(1987), 『제 몸속에 살고 있는 새를 꺼내 주세요』(1990), 『찔레』(2008) 등

### 작품 1  겨울 일기 (어린 사랑에게, 1991년)

나는 이 겨울을 누워 지냈다.
사랑하는 사람을 잃어버려
염주처럼 윤나게 굴리던
독백도 끝이 나고
바람도 불지 않아
이 겨울 누워서 편히 지냈다.

저 들에선 벌거벗은 나무들이
추워 울어도
서로 서로 기대어 숲이 되어도
나는 무관해서

문 한 번 열지 않고
반추 동물처럼 죽음만 꺼내 씹었다.
나는 누워서 편히 지냈다.
사랑하는 사람을 잃어버린
이 겨울.

## 핵심정리

▷ **갈래** 자유시, 서정시
▷ **성격** 절망적, 체념적, 반어적
▷ **제재** 이별
▷ **주제** 이별로 인한 슬픔과 고통

▷ **특징** ① 반어적 표현을 통해 슬픔을 극대화함
② 낮고 어두운 어조로 시의 분위기를 형성함
③ 직유법을 통해 자신의 정서를 효과적으로 표현함

## 이해와 감상

### 1 감상의 길잡이

　　이 시는 사랑하는 임과 이별한 사람의 슬픔과 고통을 반어적으로 표현한 작품이다. 이 시에서 이별의 계절은 하필이면 차갑고 추운 겨울이다. 임과 이별하게 된 시적 화자는 그저 누워서 죽을 것 같은 고통만 반추 동물처럼 반복해서 씹으면서 무기력하게 겨울을 보내고 있다. '누워서 편히 지냈다'라는 것은 반어법으로, 실제로 편하게 지내서가 아니라 살아도 산 것 같지 않은 상태로 겨울을 보냈음을 뜻하는 표현이다. 어떻게든 되돌려 보려고 내뱉었던 수많은 말들도 아무 소용없이 지나가고, 이젠 마음속에 어떤 분노나 열정도 남아 있지 않은 채 화자가 할 수 있는 것은 그저 죽음만을 생각하며 누워 있는 것 뿐이다. 모든 것에 관심을 끊고 체념한 화자의 모습은 이별을 겪어 본 독자들이라면 누구나 공감할 수 있을 것이다.

> **참고**　문정희와 이별시
> 
> 　　문정희 시인은 많은 이별시를 썼다. 주로 여성의 입장에서 이별 후에 겪을 수 있는 슬픔과 고통의 감정을 표현하였는데, 그 표현은 처절하거나 죽을 것 같다기보다는 건조하고 사실적인 것이 많다. 문정희 시인은 화려한 수식어나 부풀린 감정 대신 이별 후 일상에서 느낄 수 있는 감정의 조각들을 소소하게 기록함으로써, 이별 또한 우리의 일상적인 삶의 일부라고 말한다.

## 나태주 羅泰柱

1945 ~
충남 서천 출생

▷ **작가의 특징**
1. 1971년 서울신문 신춘문예 시 「대숲 아래서」 등단하였다.
2. 흙의 문학상, 충청남도문화상, 현대불교문학상, 박용래문학상 등을 수상했다.
3. 그의 시는 복잡한 도심을 떠나 자연의 품에 안겨 여유를 느끼고 싶어하는 현대의 독자에게 마음의 고향 같은 시상을 심어주고 있다. 그의 시에는 자연이 있고, 잃어버린 고향이 있고, 살가운 이웃이 있고, 추억이 있다.

▷ **주요 작품**
시집 : 『내 젖은 구두를 벗어 해에게 보여줄 때』(1988), 『마음의 오지』(1999), 『공간 가득 찬란하게』(2007) 등

### 작품 1 사는 일 (너도 그렇다, 2009년)

오늘도 하루 잘 살았다.
굽은 길은 굽게 가고
곧은 길은 곧게 가고

막판에는 나를 싣고
가기로 되어 있는 차가
제시간보다 일찍 떠나는 바람에
걷지 않아도 좋은 길을 두어 시간
땀 흘리며 걷기도 했다.

그러나 그것도 나쁘지 아니했다
걷지 않아도 좋은 길을 걸었으므로
만나지 못했을 뻔했던 싱그러운
바람도 만나고 수풀 사이
빨갛게 익은 멍석딸기도 만나고
해 저문 개울가 고기비늘 찍으러 온 물총새
물총새, 쪽빛 날개짓도 보았으므로.

이제 날 저물려 한다
길바닥을 떠돌던 바람은 잠잠해지고
새들도 머리를 숲으로 돌렸다
오늘도 하루 나는 이렇게
잘 살았다.

## 핵심정리
▷ **갈래** 자유시, 서정시
▷ **특징** 일상생활에서 느낀 소박한 감동을 별다른 기교 없이 담백하게 표현함
▷ **주제** 주어진 순리를 따를 때 얻을 수 있는 삶의 만족과 즐거움

## 이해와 감상

### 1 감상의 길잡이

굽은 길은 굽게, 곧은 길은 곧게 순리대로 살아가는 화자의 모습에서 여유 있는 삶의 행복감을 확인할 수 있는 작품이다. 불행에 얽매이지 않고 주어진 것들에서 기쁨을 찾으려는 화자의 긍정적 삶의 자세가 잘 드러나 있다.

### ▶ 중요 내용 정리

**01 나태주가 말하는 나태주 시인**

> 한때 '참여'라는 말이 나왔습니다마는, 저는 그렇게 생각하지요. 시인이 시인인 것만로도 충분히 '참여'라고요. 대사회적인 발언을 하든 안 하든, 시를 쓰고 있는 한 우주에 참여한다는 생각을 했으니까요. 어디엔가 제가 썼습니다만, '마당을 쓸었습니다. 지구의 한 모퉁이가 깨끗해졌습니다.'라는 글이요. 마당을 쓰는 것 하나도 작지만 지구를 깨끗하게 만드는 작업의 일환이라는 심정이에요. 이런 걸 제 시와 연계시켜 보면 '가슴 속에 시 하나 싹 텄습니다. 지구 한 모퉁이가 환해졌습니다. 그리고 아름다워졌습니다.'가 되거든요. 그래서 저는 이렇게 말합니다. 시인들이여, 절대로 남을 위해서 자신이 구원자라고, 혹은 예언자라고 말하지 말자고요. 제 생각에는, 시인이란 그저 세상에 꽃 한 송이가 피어 있듯이 그냥 존재할 뿐이거든요.
>
> — 나태주 시인 대담, 『웹진 시인광장』 27호, 2011

## ▷ 한명희

1965 ~
대구 출생

▷ **작가의 특징**
1. 1992년 ≪시와시학≫에 「시집읽기」 등을 발표하며 등단하였다.
2. 2003년 시와 시학사 '젊은 시인상' 수상하였으며, 현재 강원대 교수로 재직 중이다.

▷ **주요 작품**
시집 : 『시집 읽기』(1996), 『두 번의 쓸쓸한 전화』(2002), 『내 몸 위로 용암이 흘러갔다』(2005) 등

### 작품 1  힘내라, 네팔-외국인을 위한 한국어 초급반1
(두 번 쓸쓸한 전화, 2002년)

세계 각국 사람들이 다 모이는
한국어 시간
앉아 있는 것만 봐도
세계 지도를 알겠다
미국 사람들 주변으로 캐나다가 모이고
네팔은 인도와 짝이다
소란스럽고 질문이 많은 건
미국이나 호주고
베트남이나 라오스는 아무래도 말수가 적다

수업이 끝나기를 기다리는 그는
네팔 여자의 남편이다
집사람, 잘 부탁합니다
한국어도 유창한 네팔 사람이다
일주일에 두 번
한국어 공부 끝나고 세 시간
그들의 유일한 데이트 시간이다
남편은 한국에서 아내는 네팔에서
그렇게 삼년
남편은 불광동에서 아내는 영등포에서
또 그렇게 삼년
일주일에 두 번
한국어 공부 끝나고 세 시간
네팔 말이 한국말보다 아름다운 시간이다

## 핵심정리

▷ **갈래** 자유시, 서정시
▷ **성격** 비유적, 관조적
▷ **제재** 한국어 수업 시간
▷ **주제** 국제 역학 관계에 대한 비판과 네팔인 부부에 대한 연민

▷ **특징** ① 시간 순서대로 시상을 전개하고 있음
② 국제 역학 관계를 한국어 수업 시간의 모습으로 대유함
③ 반복법을 사용하여 네팔인 부부의 사연의 안타까움을 강조함

## 이해와 감상

### 1 감상의 길잡이

이 시는 시적 화자가 정면으로 드러나지 않고 작품 밖에서 상황을 관조하며 시상을 전개하고 있다. 1연에서는 세계 각국의 사람들이 모이는 한국어 수업 시간을 묘사하고 있는데, 미국인과 캐나다인들은 모여 앉아 있고, 네팔인과 인도인은 짝으로 앉아 있다. 화자는 이 장면에서 '~ 사람' 혹은 '~ 인'이라는 말을 붙이지 않고 나라 이름만으로 그 국민을 표현함으로써, 이 장면이 단순히 수업 시간에 함께 앉는 사람들을 이야기하는 것이 아니라 실제로 국제적인 역학 관계가 어떻게 돌아가는지를 보여 준다. 말수의 차이는 곧 그 나라가 국제 문제에서 가지는 발언권을 의미하는 것이다. 2연에서는 네팔인 부부에게 집중한다. 네팔인 부부가 떨어져서 생활하는 모습을 보여 주고 수업 시간이 끝난 후 아내를 만나러 오는 남편의 모습을 통해 힘든 환경 속에서도 서로를 사랑하는 마음을 드러낸다. 화자는 이 모습을 말하는 가운데 '네팔 말이 한국말보다 아름다운 순간이다'라고 유일하게 자신의 감정을 드러낸다.

**참고** 한국 사회와 외국인 노동자

그동안 한국 사회는 눈부신 경제 성장과 함께 높은 교육 수준도 달성하여 대다수의 사람들이 대학에 진학하게 되었다. 그러나 여전히 단순 노동이나 3D 업종에 종사할 노동자는 필요하였고, 고학력자들은 이러한 직업을 원하지 않아 직종의 수요와 공급에 이상이 생기게 되었다. 이를 위한 해결책으로 정부는 외국인 노동자의 노동 입국을 허락하게 되었으며, 중소기업을 비롯한 많은 기업은 외국인 노동자들을 고용하여 비교적 싼 임금으로 작업을 수행했다. 주로 동남아시아 국가권에서 많은 사람들이 들어왔고, 요즘은 그 범위가 중앙아시아 국가로 확대되고 있다. 하지만 외국인 노동자들은 타국에서 힘든 노동을 하고도 저임금을 받아 왔다. 근래 들어 외국인 노동자의 고용 과정과 그 이후에 받는 불이익이 사회적으로 문제화 되고 있으며, 이들의 인권을 위한 노력이 전개되고 있다.

# 제 2 절 현대시조

> ### 김상옥
> 金相沃
>
> 1920 ~ 2004
> 시조 시인. 호는 초정(草汀)
> 경상 남도 통영 출생
>
> ▷ **작가의 특징**
> 1. 1940년 ≪문장≫지에 「봉선화」가 추천되고, 1941년 〈동아일보〉에 「낙엽」이 당선되어 등단하였다.
> 2. 전통적 제재를 취한 회고적 작품이 주류를 이루며, 섬세한 언어를 잘 구사하여 아취 있고 향수어린 독특한 시 세계를 형성하였다.
>
> ▷ **주요 작품**
> 시조 : 『초적』, 『이단의 시』, 『목석의 노래』 등

## 작품 1 　사향(思鄕) (초적, 1947년)

눈을 가만 감으면 굽이 잦은 풀밭길이,
개울물 돌돌돌 길섶으로 흘러가고,
백양 숲 사립을 가린 초집들도 보이구요.

송아지 몰고 오며 바라보던 진달래도
저녁 노을처럼 산을 둘러 퍼질 것을.
어마씨 그리운 솜씨에 향그러운 꽃지짐.

어질고 고운 그들 멧남새도 캐어 오리.
집집 끼니마다 봄을 씹고 사는 마을,
감았던 그 눈을 뜨면 마음 도로 애젓하오.

### ■ 핵심정리

▷ **갈래** 현대시조, 연시조
▷ **성격** 회고적, 향토적, 묘사적
▷ **심상** 시각적, 청각적, 후각적, 미각적
▷ **제재** 고향
▷ **주제** 고향에 대한 그리움

## 이해와 감상

### 1 짜임 분석
선경후정
- 1연 – 고향의 정경에 대한 회상
- 2연 – 그리운 고향과 어머니
- 3연 – 어질고 착한 고향 사람들

### 2 작품감상의 구조

| 구성 요소 | 구성 요소의 파악 | 그것이 지닌 의미·효과 | 주제와의 관련성 |
|---|---|---|---|
| 내용 요소 | ① 시적 화자 및 화자의 상황 | 눈을 감고 고향의 정경을 회상하다가 다시 눈을 뜨고 고향을 그리워하는 시적 화자이다. | 고향에 대한 그리움 |
| | ② 소재 | 향토적인 소재를 사용하여 고향의 정경을 그려냈다. | |
| 형식 요소 | ① 역순행적 구성 방식 | '현재 – 과거 – 현재'의 역순행적 구성 방식을 사용하였다. | |
| | ② 시상이 전개 | 선경후정 방식을 취하고 있다. | |
| 표현 요소 | ① 사투리의 사용 | 사투리를 사용하여 토속적 정취를 형상화했다. | |
| | ② 감각적 이미지 | 시각적인 이미지를 사용하여 고향의 정경을 그려내고 있을 뿐만 아니라 청각, 후각, 미각 등의 다양한 이미지를 사용하여 고향의 구체적인 모습을 형상화하고 있다. | |

### 3 감상의 길잡이

　이 작품은 3수로 된 연시조로서 제목이 시사하는 바처럼 고향에 대한 그리움을 노래한 시조이다. 눈을 감고 고향을 회상하면 마을의 전경이 떠오르고(제1연), 진달래꽃을 보며 어머니의 꽃지짐 솜씨를 떠올리며(제2연), 가난했으나 어질고 고운 고향 사람들이 그리워지며 눈을 뜨니 애틋하다(제3연)는 내용이다.

　평화스런 한 폭의 풍경화처럼 펼쳐진 마을의 전경 속에서 진달래의 아름다움과 꽃지짐의 향그러운 입맛이 어머니의 따뜻한 정과 어울려 있으며 가난 속에서도 함께 어울려 사는 인정과 고운 마음을 간직했던 사람들의 모습이 함께 떠오르고 있다.

　산업화와 도시화로 인하여 시골(고향)은 더욱 황폐화되고 도시 문명은 더욱 거대화되어가고 있다. 생활의 편리는 주어졌으나 항상 마음 한구석이 허전하고 텅 비어 있는 것 같은 이유는 무엇일까? 그것은 아무래도 우리가 고향을 상실해 가고 있다는 증거일 것이다. 그러나 고향을 생각한다는 것은 얼마나 즐겁고 흐뭇한 일인가 비록 이 시조가 제시한 고향이 이상화, 낭만화된 고향이라 할지라도 우리는 아련히 떠오르는 고향의 인정을 다시 한 번 되새겨 볼 수 있다.

## 중요 내용 정리

**01 표현상의 특징**
① 다양한 감각적 심상을 통해 고향의 정경을 묘사하였다.
② 사투리를 사용하여 토속적인 정취를 형상화하였다.
③ 고향에 대한 그리움을 사실적으로 묘사하였다.
④ 추억의 세계를 감각적으로 제시하였다.

**02 선경후정의 구조**

이 시조는 각 연이 '경치(1연) – 경치·정취(2연) – 정취(3연)'의 순으로 구성되어 있는 선경후정의 전개 구조를 보이고 있다. 1연에서는 고향 마을의 전경에 대한 회상이 시작되면서 구불구불한 풀밭길과 개울 물, 초가집 등 전형적인 시골 마을의 풍경이 펼쳐진다. 2연에서는 어린 시절 화자가 송아지를 몰아 보았던 진달래꽃 등 세부적인 풍경이 펼쳐지다가 어머니가 부쳐주시던 화전을 떠올리면서 어머니에 대한 그리움으로 정서가 집약되고 있다. 3연에서는 따뜻했던 고향 마을 사람들을 떠올리다가 회상에서 다시 현실로 돌아오면서 '애젓하오'라고 말함으로써, 고향에 대해 화자가 지니는 애틋한 마음을 표현하고 있다.

**03 회상적 수법의 사용**

이 시는 과를 회상하며 주제를 드러내고 있다. 즉 '현실 – 현실 – 현실'이라는 전개 구조를 취함으로써 시적 화자의 과거, 즉 고향에 대한 그리움을 잘 드러내고 있는 것이다. 이 작품에서의 회상은 '눈을 가만 감으면'에서 시작하여 '감았던 그 눈을 뜨면'으로 끝남으로써 형식적 완결미를 돋보이게 하고 있다.

**04 감각적 이미지**
① 개울물 돌돌 : '돌돌'이라는 의성어로 개울물 흐르는 모습을 청각적 심상으로 제시하였다.
② 진달래도 저녁 노을처럼 산을 둘러 퍼질 것을 : 산에 피는 붉은 진달래의 모습을 저녁 노을에 비유하여 봄의 전경과 정취를 시각적으로 묘사하였다.
③ 어마씨 그리운 솜씨에 향그러운 꽃지짐 : '향그러운'이라는 감각적 시어를 통해 꽃지짐을 후각적으로 표현한 동시에 어머니에 대한 향수를 효과적으로 표현하였다.
④ 봄을 씹고 사는 마을 : 마을 사람들이 나물을 뜯고 정답게 사는 모습을 계절적 배경과 함께 미각적으로 표현하였다.

## 이호우 李鎬雨

1912 ~ 1970
호는 이호우(爾豪愚)
경북 청도(淸道) 출생

▷ **작가의 특징**
1. ≪문장(文章)≫지에 시조 「달밤」이 추천되어 등단했고, 대구에 기거하면서 주로 신문사에 몸을 담고 지방 문화 창달과 후진양성에 힘썼다.
2. ≪죽순(竹筍)≫ 동인으로 시조 창작 운동을 전개하며, 전통적 시조의 양식적 특성을 존중하면서 현대적인 감각과 정서를 담는 데 성공했다.

▷ **주요 작품**
시: 「개화(開花)」, 「휴화산」, 「바위 앞에서」, 「깃발」 등
시집: 『이호우 시조집(爾豪愚時調集)』(1955)

## 작품 1  개화(開花) (이호우 시조집, 1955년)

꽃이 피네
한 잎 한 잎
한 하늘이
열리고 있네

마침내
남은 한 잎이
마지막 떨고 있는 고비

바람도 햇볕도
숨을 죽이네
나도 그만
눈을 감네.

### 핵심정리

▷ **갈래** 현대시조, 서정시
▷ **율격** 4음보의 정형률
▷ **성격** 관념적, 관조적, 명상적
▷ **시상 전개** 점층적 구성
▷ **표현** 활유법, 의인법, 대유법
▷ **특징** 구별 배행
▷ **제재** 개화
▷ **주제** ① 생명 탄생의 신비감
② 개화를 통한 생명의 신비감과 경건성
③ 개화 순간의 황홀감

## 이해와 감상

### 1 짜임 분석
- 기(1연) – 개화를 통해 열리는 새로운 세계 (개화의 진행)
- 서(2연) – 개화를 위한 마지막 고통 (개화의 절정)
- 결(3연) – 생명 탄생에 대한 경이로움 (개화의 완성)

### 2 작품감상의 구조

| 구성 요소 | 구성 요소의 파악 | 그것이 지닌 의미·효과 | 주제와의 관련성 |
|---|---|---|---|
| 내용 요소 | ① 시적 화자 및 화자의 상황 | 꽃이 피어나는 순간의 극적 상황을 포착하여 제시하고 있다. | 생명 탄생의 신비감, 개화를 통한 생명의 신비감과 경건성, 개화 순간의 황홀감 |
| | ② 소재 | '개화'를 통해 새로운 생명의 탄생을 드러내고 있다. | |
| 형식 요소 | ① 4음보, 각운 | 4음보와 각운(-네)을 통해 운율을 형성하고 있다. | |
| | ② 구별 배행 | 음수율의 제약에서 벗어났고 구별 배행을 통해 자유시처럼 변형하여 주제를 효과적으로 드러내고 있다. | |
| | ③ 추보식, 점층적 구성 | 개화할 때까지의 과정을 시간적인 순서에 따라 점층적인 구성에서 탈피하여 여러 행으로 배열함으로써 자유시적인 감각이 선명하게 부각되도록 하였다. | |
| 표현 요소 | ① 대유법(환유) | '한 하늘이 열리고 있네'를 통해 개화를 비유하고 있다. | |
| | ② 의인법 | 바람과 햇볕이 숨을 죽인다고 표현하여 개화 순간의 신비감과 긴장감이 나타난다. | |

### 3 감상의 길잡이

언뜻 보기에 자유시처럼 보이는 이 작품은 시조의 현대화가 이룩한 최고의 성과물로 평가될 수 있다. 행의 배열이나 언어 감각이 여타의 현대 시조와도 구별되는 특이함을 보여 준다.

세 개의 연은 각각 시조의 초·중·종장에 해당되는 바, 특히 시조의 기본 틀을 빌어 왔으면서도 음수율의 제약에서는 과감하게 벗어나 있는 점이 눈에 띈다.

이 시는 '개화'라는 제목이 암시하듯이 꽃이 피어나는 순간의 극적인 상황을 포착하고 있다. 모든 구절은 꽃이 피어나는 순간의 긴장감을 향해 일사불란하게 집중되어 있다. '바람도 햇볕도 숨을 죽이네. / 나도 가만 눈을 감네.'라는 마지막 연에서 그 긴장감은 절정을 이룬다.

서정주가 「국화 옆에서」라는 시에서 한 송이의 국화꽃을 피우기 위해 봄부터 소쩍새가 울고, 천둥이 먹구름 속에서 울고, 간밤에 무서리가 저리 내렸다고 하여 하나의 생명이 탄생하기까지 전 우주적인 참여가 있었다는 뜻의 표현을 하고 있듯이, 이 시인도 꽃잎 하나하나가 피는 것을 '한 하늘이 열리고 있네'라고 표현하고 있어, 우주론적인 생명관을 보여 주는 점이 흥미롭다. 시인은 작은 물방울 하나에서도 우주를 본다는 말이 새삼 실감난다고 하겠다.

## ▰ 중요 내용 정리

### 01 우주론적 생명관

생명의 탄생과 우주의 탄생을 동일하게 인식하고 있다. 이 때 하늘은 정신적인 세계 또 하나의 아름다운 세계를 의미한다고도 볼 수 있다.

1연에서 '한 하늘이 열리고 있네'라는 표현은 꽃이 피는 것을 의미한다고 볼 수도 있지만, 꽃이 피어나는 것은 꽃으로서는 처음으로 하늘을 보는 것이니 꽃의 탄생을 이렇게 해석하는 것도 적절할 것 같고, 우주론적인 생명관을 보여주고 있기도 하다.

2연은 꽃이 모두 피고 마지막 한 잎이 피어나기 위해 떨고 있는 숨막히는 순간의 표현이다. 군더더기 없는 간결한 표현에 긴장감이 돌고 있다.

3연은 남은 한 잎이 마지막으로 피어나기 위해 떨고 있는 순간, 바람도 햇볕도 숨을 죽인다는 내용으로 이 시조의 극치이다. 탄생의 어려움과 신비함, 생명의 엄숙함이 함축된 시조의 핵심에 해당되는 부분이다.

### 02 이호우의 시조관

이호우의 시조관은 『이호우 시조집』 후기(後記)에 잘 나타나 있다. 그는 여기서 한 민족, 한 국가에는 반드시 그 민족의 호흡인 국민시가 있어야 하는데 그것을 시조에서 찾아야 한다고 밝혔다. 또한 국민시는 간결한 형(型)과 서민적이고 주변적이며 평명(平明)한 내용을 갖추어야 한다고 하였다. 이러한 태도는 그의 작품에 잘 반영되어 있다.

추천 작품 「달밤」에는 이러한 점이 잘 나타나고 있는데 "아무 억지도, 꾸밈도, 구김도 없다."는 선자(選者)의 말과도 같이 범상적인 제재를 선택하여 평이하게 쓴 것이 특징이다. 이러한 범상적 제재와 평이성이 초기 시조의 세계라면, 후기 시조 『휴화산』의 시편들은 인간 욕정의 승화와 안주하는 경지를 보인 점이 특색이다.

한마디로 한국의 고전적 시조를 현대 감각이나 생활 정서로 전환시켜 독특한 시적 경지를 개척한 것이 시조 시단에 남긴 공적이라 할 수 있다.

## 작품 2 달밤 (문장, 1940년)

낙동강(洛東江) 빈 나루에 달빛이 푸릅니다.
무엔지 그리운 밤 지향 없이 가고파서
흐르는 금빛 노을에 배를 맡겨 봅니다.

낯익은 풍경(風景)이되 달 아래 고쳐 보니,
돌아올 기약없는 먼 길이나 떠나온 듯,
뒤지는 들과 산(山)들이 돌아돌아 뵙니다.

아득히 그림 속에 정화(淨化)된 초가집들,
할머니 조웅전(趙雄傳)에 잠들던 그 날 밤도
할버진 율(律) 지으시고 달이 밝았더이다.

미움도 더러움도 아름다운 사랑으로
온 세상 쉬는 숨결 한 갈래로 맑습니다.
차라리 외로울망정 이 밤 더디 새소서.

### 핵심정리

- **갈래** 현대시조, 연시조
- **율격** 4음보의 정형률
- **성격** 향토적, 전통적, 낭만적
- **시상 전개(형태)** 선경후정, 회고적 구성
- **특징** 회고적 수법을 사용
- **제재** 낙동강의 달밤
- **주제** ① 평화롭고 아름다운 이상 세계에의 소망
  ② 조국 광복에의 소망

### 이해와 감상

① 짜임 분석

- 1연 – 그리움을 느끼는 달밤의 정경
- 2연 – 배를 타며 느끼는 애틋한 강변의 정경 ⎫ 서경
- 3연 – 평화롭던 어린 시절의 추억 회상 ⎭
- 4연 – 평화롭고 아름다운 세상에 대한 염원 — 서정

## ② 작품감상의 구조

| 구성 요소 | 구성 요소의 파악 | 그것이 지닌 의미·효과 | 주제와의 관련성 |
|---|---|---|---|
| 내용 요소 | ① 시적 화자 및 화자의 상황 | 아름다운 달밤의 정경을 바라보며 현실의 고통이 아름답고 평화로운 달빛처럼 정화되기를 바라고 있다. | 평화롭고 아름다운 이상 세계에의 소망, 조국 광복에의 소망 |
| | ② 소재 | 달밤과 강변의 풍경을 통해 평화롭고 정화된 세상을 염원하고 있다. | |
| 형식 요소 | ① 4음보 | 4음보의 율격으로 운율을 형성하고 있다. | |
| | ② 선경후정의 짜임과 회고적 구성 | 낙동강 달밤의 정경을 제시하고 어린 시절에 대한 추억을 제시한 뒤 평화롭고 아름다운 세상이 오는 것을 기원하고 있다. | |
| 표현 요소 | ① 역설 | '외로울망정 이 밤 더디 새소서.'는 역설적 표현으로 이상 세계(조국 광복)에 대한 소망을 간절하게 드러내고 있다. | |
| | ② 은유 | '금빛 노을'은 달빛에 반짝이는 물결을 비유적으로 표현이다. | |
| | ③ 상징 | '달밤'은 그리움, 이상향에 대한 동경, 평화로움 등을 상징이다. | |

## ③ 감상의 길잡이

작가가 1940년 7월 ≪문장≫지에 발표한 첫 작품으로, 혼탁한 갈등과 억압의 세계를 벗어난 평화로운 고향에 대한 그리움을 보여 준다.

제1연은 달밤에 배를 타고 나가는 상황을 제시했다. 제2연은 배를 저어가면서 보이는 강변의 정경을 표현한 것이다. 종장의 '돌아돌아 뵙니다'라는 구절을 통해 무엇인가 아쉬움이 남는 마음을 드러내고 있다. 제3연은 아득히 보이는 초가집들을 매개로 동심의 세계로 돌아가 평화롭던 어린 시절의 추억을 떠올리고 있다. 제4연에는 시인의 간절한 염원이 나타나 있다. '차라리 외로울망정 이 밤 더디 새소서'라는 종장의 표현에는 달빛으로 온 세상이 정화된 달밤처럼 평화롭고 아름다운 세상을 간절히 소망하는 시인의 심경이 잘 드러나 있다. 이 시의 화자는 '무엔지 그리운' 달밤, 낙동강에 배를 띄우고 평화로웠던 옛날을 회상하며 달빛처럼 맑은 숨결로 가득 찬 세상이 오기를 기원하고 있다.

그가 처한 현실이 '미움'과 '더러움'으로 가득 찬 세상임은 '차라리 외로울망정 이 밤 더디 새소서'라는 구절로 미루어 짐작할 수 있다.

## 중요 내용 정리

### 01 '밤'의 이미지
일제 강점기하에서 쓰여진 시들에서 '밤'은 일반적으로 어두운 시대적 상황을 뜻하는데 이 시에서는 '밤'이 부정적으로 인식되지 않으며 머물고 싶은 밝은 이미지의 밤인 것이 특징적이다.

여기서는 '밤'이 달빛과 조화를 이루면서 할머니, 할아버지와 함께 지냈던 옛날의 소박하고 평화로운 추억의 매체이다. 이것은 '밤'이 '달'과 연결됨으로써 가능한 것인데, 이 시에서 달밤은 평화로웠던 과거를 회상하게 하고, 세상을 정화시키고, 사랑의 숨결로 가득한 세상을 만드는 기능을 하는 것이다.

### 02 시상의 전개
선경후정(先景後情)과 회고적 수법을 도입하여 정화된 달밤의 서정을 노래하였다. 일상 생활어를 사용하여 개성적이면서도 정감어린 표현을 통해 강 마을의 밝고 고요한 달밤의 정경을 한 폭의 수묵화처럼 선명하게 구상화하였다. 시적 화자는 평화로웠던 옛날을 회상하면서, 미움과 더러움, 고통과 억압으로 점철된 현실의 세계가 과거와 같이 달빛처럼 맑고 깨끗한 세계로 정화되기를 소망하고 있다.

### 03 '이 밤 더디 새소서'에 담긴 정서
4연의 마지막 행 부분은 그 형태나 화자의 정서를 드러내는 측면에서 고려 가요인 「만전춘」의 '정 둔 오늘밤 더디 새오시라 더디 새오시라.'를 떠올리게 한다. 얼음 위에서 임과 함께 얼어 죽을망정 밤이 더디 새서 사랑하는 임과 오래 있고자 하는 화자의 강렬한 소망이 표현되고 있다.

이 작품에서도 부정적으로 인식되는 현실 세계가 '달'로 인해 평화롭고 사랑이 충만한 환상적인 세계로 정화된 모습을 보고 이 밤이 오래 지속되기를 바라는 화자의 염원이 담겨 있다.

### 04 윤오영의 수필 「달밤」과의 비교
윤오영의 「달밤」은 한 노인을 만나 주고받은 짧은 대화와 술잔들이 고요한 달빛가 어우러져 큰 감동을 준다. 극단적이라고 할 만큼 말을 줄이면서 한 폭의 정물화처럼 제시한 시골의 풍경에서 독특한 정감을 느낄 수 있는 작품이다. 윤오영의 「달밤」에서 그려 내는 아름다운 인정의 세계와 이호우의 「달밤」에서 그려 내는 할머니, 할아버지와 평화롭게 살던 어린 시절의 추억의 세계에는 '달밤'으로 환기되는 정서 속에 인간적 세계에 대한 동경을 표현하고 있다는 공통점이 있다.

## 작품 3  살구꽃 핀 마을 (이호우 시조집, 1955년)

살구꽃 핀 마을은 어디나 고향 같다.
만나는 사람마다 등이라도 치고지고,
뉘 집을 들어서면은 반겨 아니 맞으리.

바람 없는 밤을 꽃 그늘에 달이 오면,
술 익는 초당(草堂)마다 정이 더욱 익으리니,
나그네 저무는 날에도 마음 아니 바빠라.

### ■ 핵심정리

▷ **갈래** 연시조, 서정시
▷ **율격** 4음보의 정형률
▷ **성격** 향토적, 목가적, 주정적
▷ **시상 전개** 병렬 구성
▷ **표현** 향토적 정서를 드러냄
▷ **제재** 살구꽃 핀 마을
▷ **주제** ① 향토에의 그리움과 사랑
  ② 시골 마을의 따뜻한 정과 분위기

### 이해와 감상

#### ① 짜임 분석

낮과 밤의 병렬 구성
- 1연 – 향토의 인정 (아름다운 고향 마을에 대한 친근함 : 낮)
- 2연 – 초당의 풍경 (고향의 정겨운 분위기와 '봄밤'의 정취 : 저녁 무렵)

#### ② 작품감상의 구조

| 구성 요소 | 구성 요소의 파악 | 그것이 지닌 의미·효과 | 주제와의 관련성 |
|---|---|---|---|
| 내용 요소 | ① 시적 화자 및 화자의 상황 | 고향을 떠나 떠도는 나그네로 살구꽃이 핀 마을에 들어서면서 그 곳이 모르는 사람에게도 친근한 정이 느껴지는 고향같다는 생각을 하며 아늑하고 포근한 고향을 그리워하고 있다. | 향토에의 그리움과 사랑, 시골 마을의 따뜻한 정과 분위기 |
| | ② 소재 | '살구꽃', '술 익은 초당' 등을 통해 향토적 정서를 드러내었다. | |
| 형식 요소 | ① 4음보 | 4음보의 시조 형식을 통해 자연스럽게 운율감을 형성하고 있다. | |
| | ② 병렬 구성 | 낮의 시골의 전체적 모습과 저녁의 구체적 풍경을 통해 따사로운 인정미를 느끼게 한다. | |
| 표현 요소 | ① 후각적 심상 | '술 익는 초당'의 후각적 심상을 통해 주제를 형상화하고 있다. | |
| | ② 설의법 | '반겨 아니 맞으리'의 설의법을 통해 반겨 맞을 것이라는 표현을 강조하고 있다. | |

### ③ 감상의 길잡이

　이 작품의 화자는 나그네다. 길을 떠난 나그네가 되어 들르는 마을에 살구꽃이 피어 있는 그런 정경이라면, 아무리 낯선 마을이라 할지라도 마치 고향처럼 아늑한 느낌이어서 자기를 반겨 줄 것만 같다는 것이다. 그러다가 휘영청 달 밝은 밤이 되면 집집마다 담근 술을 퍼내어 서로 나누어 마시면서 풍류를 즐기며, 그러다 보면 자기의 바쁜 발길도 잊고 이 마을 사람들의 훈훈한 인정에 빠지게 된다는 것이다.

　이 시의 제재로 선택된 살구꽃 핀 마을이란 공간은 예로부터 안식과 평화가 함께 하는 이상향으로 표현되어 왔다. 시인은 이런 공간이 풍기는 아늑한 정서를 향토적 시어를 적절하게 선택하여 형상화하였다. 그런데 시인은 이 고향의 심상을 단순히 그려내는 데 그치지 않고, 거기에 늘 다가서고 싶은 심정을 주제로 삼았다.

　시조의 전통 형식을 이어받으면서도 한문투(漢文套)에 물든 당시의 상투적인 어휘를 피하고 쉬운 일상어를 잘 다듬어 구체적인 심상을 제시하고자 한 면은 현대 시조로서의 특징을 보여 주고 있다.

　이 시조를 읽으면 도연명이 '복사꽃'에서 이상향인 '무릉도원(武陵桃源)'을 착상한 것이 떠오른다.

## ■ 중요 내용 정리

### 01 「살구꽃 핀 마을」의 배경

　시골 마을의 아름답고 넉넉한 정취를 통하여 물질적인 풍요로움은 없지만 서로 포근한 인간미를 찾을 수 있는 세상을 그려 내고 있다. 이 시조에 제시된 풍경은 어느 정도 이상화된 것으로서 실제의 농촌 현실에 대한 사실적 묘사라기보다는 시인의 소중한 추억과 그리움을 바탕으로 엮어 낸 희망의 공간이라 할 수 있다.

### 02 시상의 전개

　이 시조는 시골 마을의 아름답고 넉넉한 정취와 흐뭇한 인정을 보여주는 작품이다.

　1연에서 살구꽃이 핀 마을을 배경으로 낮 동안의 시골 마을의 전체적 모습을 보여주고 2연에서는 저녁 무렵의 구체적 풍경을 부각시키면서 따스한 인정미를 느끼게 한다.

　또한 사용된 시어들도 한결같이 멋에 넘치고 있어 우리 시조 특유의 풍류와 여유를 유감없이 드러내 주고 있다. 그러기에 여기에 등장하는 나그네는 외롭고 쓸쓸하기는커녕 느긋하고 흐뭇하기만 하다.

　이 시조에 제시된 풍경은 어느 정도 이상화된 것으로 실제의 농촌 현실에 대한 사실적 묘사라기보다는 시인 자신의 소중한 추억과 그리움을 바탕으로 엮어낸 희망적 공간이라 할 수 있다.

　곧 이상화된 고향인 것이다.

### 03 현대시조와 이호우

　1920년대 시조 부흥 운동을 전개한 사람들은 이병기, 최남선, 이은상 등이다. 그러나 정작 현대시조를 실험하고 창작하여 문학적으로 부흥시킨 시인은 이병기의 추천으로 ≪문장≫을 통해 등단한 이호우와 김상옥이다. 이 중에서 이호우는 연시조, 양장 시조 등과 같은 새로운 시조 형식을 실험할 뿐만 아니라, 전통적인 서정시로서의 시조를 현대시적인 정서 세계와 접맥시키고 있다. 아울러 다양한 주제와 이를 뒷받침할 시상과 시적 분위기, 어조를 통하여 현대시조의 새로운 영역을 개척하였다.

　이호우의 작품 세계는 현대적 심상을 활용하여 내면세계를 취급하는 데 성공하여 현대시조의 격을 높였다. 초기에는 범상한 제재를 개성 있는 느낌과 시어를 가지고 꾸밈없이 표현하였고 후기에는 현실적인 문제에 관심을 보이면서 현대시에서처럼 모든 소재와 이미지들을 시조 형식에 담아 표현하고자 하였다.

## ▷ 장순하 張諄河

1928 ~
시조 시인. 전북 정읍 출생

▷ **작가의 특징**
1. 1958년 ≪현대문학≫에 「울타리」를 발표하면서 등단했다.
2. 여러 시조를 골고루 시험하면서 모더니즘의 특색인 시각적 효과를 시조에 도입했다.

▷ **주요 작품**
시조집:『백색부(白色賦)』(1968),『묵계』(1974) 등

### 작품 1  고무신 (백색부, 1968년)

눈보라 비껴 나는

──  全 ──  群 ──  街 ──  道 ──

퍼뜩 차창(車窓)으로
스쳐 가는 인정(人情)아!

외딴집 섬돌에 놓인

| 하 나 |
| :---: |
| 둘 |
| 세 켤레 |

### ■ 핵심정리

▷ **갈래** 구별 배행 시조, 평시조
▷ **성격** 시각적, 입체적, 실험적, 형태주의적, 향토적
▷ **율격** 4음보의 정형률

▷ **제재** 외딴 집 섬돌 위 고무신
▷ **주제** ① 소박한 시골 생활의 따스한 인정미
② 가난한 한 가족의 단란한 인정미

### 이해와 감상

1 **짜임 분석**
- 1연 – 눈보라가 날리는 겨울의 삭막한 전경(全景)
- 2연 – 인정미가 느껴지는 시골 마을
- 3연 – 어느 외딴집의 단란한 정경

## ② 작품감상의 구조

| 구성 요소 | 구성 요소의 파악 | 그것이 지닌 의미·효과 | 주제와의 관련성 |
|---|---|---|---|
| 내용 요소 | ① 시적 화자 및 화자의 상황 | 겨울 차창으로 보이는 섬돌 위의 신발을 보며 시골의 따스한 인정미를 느끼고 있다. | 소박한 시골 생활의 따스한 인정미, 가난한 한 가족의 단란한 인정미 |
| | ② 소재 | 섬돌 위의 신발은 가족이 모여 있는 따뜻한 인정을 나타낸다. | |
| 형식 요소 | ① 4음보 | 시조의 4음보를 통해 운율을 형성하고 있다. | |
| | ② 구별 배행 | 구별 배행과 파격적 형식을 통해 입체감을 실험적으로 시도하고 있다. | |
| | ③ 다양한 시각적 효과 | 시각적 요소가 두드러진 실험적 시조로 입체적이고 회화적인 형식을 통해 따스한 시골의 인정미를 그려 내고 있다. | |
| 표현 요소 | ① 이미지의 대비 | '-全-群-街-道'는 진행감, 속도감을 표현하면서 직선으로 뻗은 삭막한 이미지를 나타내고, 섬돌 위의 신발들은 한 울타리에 온 가족이 모여 있는 따뜻한 이미지로 이미지의 대비가 나타난다. | |
| | ② 회화적 이미지 | 언어와 기호를 통해 회화적 이미지와 입체감을 만들어 내고 있다. | |

## ③ 감상의 길잡이

　이 시조는 형식적인 측면에서 대단히 파격을 보이고 있는 시조이다. 줄표(-)의 사용, 그리고 활자의 종류 및 크기, 종장 뒷부분을 세로로 배열하고 이것을 사각형의 틀로 에워싼 점 등 이것은 자유시에서 형식주의를 실험하여 시각적인 효과를 극대화하는 기법과 유사한 것이다.

　초장에 쓰인 '-全-群-街-道-'의 줄표는 마치 전주와 군산 사이의 도로를 연상하게 한다. 또한 그 사이 사이의 한자는 그 도로를 달리는 차들을 연상하게 한다. 눈보라가 날리는 도로 위를 질주하는 자동차의 모습을 사실적이고, 속도감 있게 묘사하고 있다. 중장에서는 달리는 차 안에 있는 화자의 시선이 도로가의 마을을 향하게 된다. 화자는 차창 밖으로 스쳐 지나가는 마을을 바라보면서 고향의 따스한 인정미를 떠올리게 된다.

　그러다 문득 어느 외딴집을 바라보게 되고 섬돌에 놓인 세 켤레의 고무신을 발견하게 된 것이다. 종장의 사각형 안의 글자는 섬돌 위에 올려진 세 켤레의 고무신의 모습을 시각적으로 표현한 것으로, 그 집은 아이 하나와 부모가 살고 있는 집임을 알 수 있게 한다. 화자가 섬돌을 바라보는 순간 어쩌면 그 세 식구는 방안에서 정겹게 식사를 할지도, 어쩌면 부모가 아이의 재롱을 보며 단란하고 즐거운 시간을 보내고 있을지도 모른다.

## 중요 내용 정리

### 01 「고무신」의 시각적 효과

　이 시조는 줄표(-)를 사용, 활자 및 크기, 종장 뒷부분을 세로로 배열하고 이것을 사각형의 틀로 에워싼 점 등 형식적인 측면에서 대단히 파격을 보이고 있다. 이것은 자유시에서 형식주의를 실험하여 시각적인 효과를 극대화하는 기법과 유사한 것이다.
　초장에 쓰인 줄표와 한자(漢字) 한 자 한 자는 마치 전주-군산 간의 도로를 달리는 차를 연상시킨다. 또한 종장에 사용된 활자의 크기와 사각형의 틀은 마치 섬돌 위에 놓인 아버지와 아이, 그리고 어머니의 신발 크기를 떠오르게 하며 입체감을 느끼게 해 주고 있다. 물론 이러한 실험적 기법을 통한 시각화는 화자가 농촌 마을에서 느끼는 정서인 인정미를 형상화하는 데 크게 기여하고 있다.

### 02 현대시조의 특징

① 제목을 반드시 붙인다.
② 시형(詩形)의 배열이 비교적 자유롭다.
③ 연시조를 쓰는 경향이 많다.
④ 율격을 음수율에만 의존하지 않고, 낱말이 지니는 의미나 호흡에서도 율(律)을 나타낸다.
⑤ 허사(虛辭)인 '어즈버, 아마도' 등은 배제한다.
⑥ 감각적 표현을 애용한다.
⑦ 음풍농월의 외면세계를 다루거나 표피적 감정 처리를 하는 데 그치지 않고 내면세계로 파고들어 인성(人性)의 심층 묘사와 사상성을 다루기 위해 메타포(metaphor)를 즐겨 쓴다.

## ▷ 정완영 鄭椀永

1919 ~
시조 시인. 호는 백수(白水)
경북 금릉 출생

▷ **작가의 특징**
1. 1962년 〈조선일보〉에 시조 「조국」이 당선되었고, 《현대문학》에 「강」이 추천되어 등단했다.
2. 자연을 관조하는 마음과 전통적 서정 세계를 잘 조화시킨 작품을 주로 썼다.
3. 현대시조의 중흥기를 여는 데 크게 이바지했다.
4. 시조 「조국」의 특징은 다음과 같다.
   ① 감정이입을 통해 주제를 드러냄
   ② 시각, 청각 등의 감각적 심상이 사용
   ③ 중의적 의미를 지닌 시구

▷ **주요 작품**
시조집 : 『채춘보』(1969), 『묵로도』(1972) 등

### 작품 1 조국 (조선일보, 1962년)

행여나 다칠세라
너를 안고 줄 고르면

떨리는 열 손가락
마디마디 에인 사랑

손 닿자 애절히 우는
서러운 내 가얏고여.

둥기둥 줄이 울면
초가 삼간 달이 뜨고

흐느껴 목메이면
꽃잎도 떨리는데

푸른 물 흐르는 정에
눈물 비친 흰 옷자락.

통곡도 다 못 하여
하늘은 멍들어도

피 맺힌 열두 줄은
굽이굽이 애정인데

청산아, 왜 말이 없이
학처럼만 여위느냐.

## ■ 핵심정리

- ▷ **갈래** 현대시조, 연시조
- ▷ **성격** 애상적, 상징적
- ▷ **율격** 4음보의 정형률
- ▷ **표현** 구별 배행
- ▷ **제재** 가얏고의 애절한 가락
- ▷ **주제** 민족의 정한과 조국에 대한 사랑 (통일에 대한 염원)

## 이해와 감상

### 1 짜임 분석

- 기(起) – 1수(1연~3연) : 가야금의 연주 시작 (조국에 대한 사랑)
- 서(徐) – 2수(4연~6연) : 연주 중인 가야금 선율 (민족의 애환 : 분단)
- 결(結) – 3수(7연~9연) : 겨레의 비원 (조국의 현실에 대한 한과 절규)

### 2 작품감상의 구조

| 구성 요소 | 구성 요소의 파악 | 그것이 지닌 의미·효과 | 주제와의 관련성 |
|---|---|---|---|
| 내용 요소 | ① 시적 화자 및 화자의 상황 | 가야금을 타면서 민족 고유의 정한을 가야금의 유장한 선율에 의탁하여 조국에 대한 사랑을 노래하고 있다. | 민족의 정한과 조국에 대한 사랑 (통일에 대한 염원) |
| | ② 소재 | '가얏고(가야금)'의 유장하고 애절한 선율을 통해 조국에 대한 사랑과 분단의 한을 노래하고 있다. | |
| 형식 요소 | ① 4음보 | 4음보의 운율을 통해 운율을 형성하고 있다. | |
| | ② 구별 배행 | 구별 배행의 연시조의 형태로 시조 형태이면서 현대적 감각을 느끼게 한다. | |
| 표현 요소 | ① 상징 | '눈물 비친 흰 옷자락, 피 맺힌 열두 줄, 청산, 학' 등의 상징적 어휘를 사용하여 조국과 민족이 겪고 있는 현실적 고통을 나타내고 있다. | |
| | ② 대유법 | '푸른 물'은 민족의 유구한 역사를, '흰 옷자락'은 우리 민족을 가리키는 것으로 환유법이 사용되었다. | |
| | ③ 감정이입 | '서러운 가얏고'는 서러운 조국의 현실을 의미하는 것으로 화자의 감정이 이입되었다. | |

### 3 감상의 길잡이

가얏고의 애절한 가락에 의탁하여 조국에 대한 애틋한 사랑을 노래하고 있다. 작가는 가야금 가락이야말로 우리 민족의 한 맺힌 정서를 가장 잘 드러내는 것이라고 생각하여 그에 의탁해서 분단 조국의 슬픔을 노래하고 있는 것이다.

첫째 수는 도입 부분으로 가야금의 줄을 맞추고 가야금 연주가 시작되는 순간에 떠오르는 서러운 조국의 현실, 그렇지만 사랑해야만 하는 조국의 모습이 그려진다. 둘째 수는 가야금 연주가 한창 진행되는 상황으로, 가야금 선율의 애절한 모습을 떠올릴 수 있으며, 우리 겨레의 한스러운 모습을 확인하게 된다. 셋째 수는 작품의 주제 부분으로 가야금 선율의 여운을 통해 분단 현실과 통일에 대한 간절한 비원을 담고 있다.

적절한 시어의 선택과 절제된 시어의 구사를 통해 긴축미를 살리고 있으며, 전편을 관류(貫流)하고 있는 가얏고의 유장한 가락을 통해 민족의 정한을 심화시키고 있다. 한편, 청각적 심상과 시각적 심상의 절묘한 조화를 통해 시적 감흥을 고조시키고 있다.

## 중요 내용 정리

### 01 시구의 중의적 해석
① '마디마디 에인 사랑'은 화자의 손가락 마디마디와 가야금의 마디마디로 생각할 수 있다. 화자의 손가락으로 볼 경우 가야금에 대한 화자의 사랑을 강조하기 위한 표현으로 볼 수 있고, 가야금을 볼 경우에는 가야금은 조국을 상징하므로 조국의 방방곡곡을 나타내기 위한 표현으로 볼 수 있다.
② '굽이굽이 애정인데'는 가야금의 곡조가 꺾이면서 넘어가는 구비를 말하는 것이면서도 가야금이 상징하는 조국의 구석구석을 가리키는 것이다.

### 02 감정이입
이 시는 한국적 정한을 전통 악기인 가야금의 가락에 비기어, 조국에 대한 애끓는 정과 조국의 슬픈 역사적 현실에 대한 안타까움을 읊고 있는 작품이다. 화자는 여기서 애절한 가락을 지닌 가야금과 분단의 한을 지닌 조국을 동일화시킴으로써 가야금은 조국을 상징하게 된다.
즉, 작품 속에서 화자가 무한한 애정을 가지고 안쓰럽게 여기는 대상인 가야금이란 곧 조국인 것이다.

### 03 작가의 말

> 조국, 어머니, 고향, 사랑 그 밖에 천지 만물의 정 주고픈 사물들이 내게 있어서는 다 나의 곡조, 나의 가얏고였습니다. … 우리 어머님의 반짇고리 옆자리에서 듣던 콧노래도, 우리 할아버님의 하늘 높이 바치시던 목숨에의 공경도, 가난하고 못생긴 나라, 이 대한민국을 조국으로 하여 태어난 시인도, 애국지사도 다 따지고 보면 슬픔에 바탕한 목숨의 애정을 타고 나온 것입니다. 하여 나의 생애, 나의 발자취가 반백년 넘어 걸어온 생력에서 가장 곡진한 것, 가장 슬프고 가장 애달픈 것, 잊을래야 잊을 수 없고, 버릴래야 버려지지도 않는 것, 그리고 가장 보배로운 것들을 가얏고의 그 흐느끼는 듯, 호소하는 듯한 가락에서는 늘 무시로 만나보는 것입니다. 가만히 눈을 감고 들어보셔요. 가얏고의 가락에는 우리 조국이 있습니다. 우리 사랑, 우리 눈물, 우리 강산, 우리의 흰 옷자락이 감겨 돌아갑니다.

## ▷ 이영도 李永道

1916 ~ 1976
경북 청도 출생
호 정운(丁芸)

▷ **작가의 특징**
1. 1945년 ≪죽순(竹筍)≫에 시조 「제야(除夜)」를 발표했다.
2. 민족 정서를 바탕으로 잊혀가는 고유의 가락을 시조에서 찾고자 노력하였으며, 간결한 표현으로 자신의 정감을 다스리며 인생을 관조하는 세계를 보여주었다.

▷ **주요 작품**
시조 : 『청저집(靑芧集)』(1954)

### 작품 1   낙화 (언약, 1976년)

— 눈 내리는 군묘지(軍墓地)에서

뜨겁게 목숨을 사르고
사모침은 돌로 섰네

겨레와 더불어 푸르를
이 증언의 언덕 위에

감감히
하늘을 덮어
쌓이는 꽃잎, 꽃잎

## ■ 핵심정리

▷ **갈래** 서정시, 정형시
▷ **성격** 추모적, 찬양적, 상징적
▷ **율격** 4음보의 정형률
▷ **특징** 구별 배행

▷ **표현** 은유법, 상징법, 과장법
▷ **제재** 국군묘지에 내리는 눈
▷ **주제** 호국 영령 추모

## 이해와 감상

① **짜임 분석**
- 초장 – 호국 영령들의 비석
- 종장 – 청사에 길이 빛날 충혼
- 종장 – 호국 영령 추모

## 2 작품감상의 구조

| 구성 요소 | 구성 요소의 파악 | 그것이 지닌 의미·효과 | 주제와의 관련성 |
|---|---|---|---|
| 내용 요소 | ① 시적 화자 및 화자의 상황 | 눈 내리는 날 국군묘지를 찾아 호국 영령들의 비석을 보고 그들의 값진 희생을 생각하면서 호국 영령의 넋을 추모하고 있다. | 호국 영령 추모 |
| | ② 소재 | '꽃잎'은 눈을 나타내는 것으로 온 세상을 덮는 눈의 이미지를 통해 순결하고 고결한 희생을 치른 호국 영령에 대한 추모의 뜻이 나타낸다. | |
| 형식 요소 | ① 4음보 | 현대시조로 4음보의 율격을 통해 운율을 형성하고 있다. | |
| | ② 구별 배행 | 구별 배행을 통해 현대적 감각을 보여준다. | |
| 표현 요소 | ① 상징 | '꽃잎'은 조국을 위해 젊은 목숨을 아낌없이 바친 호국 영령의 넋을 상징한다. | |
| | ② 은유 | '꽃잎'은 내리는 눈송이를 비유적으로 표현한 것이다. | |

## 3 감상의 길잡이

'눈 내리는 군묘지에서'라는 부제를 알 수 있듯이 이 작품은 조국을 위해 산화(散華)한 젊은이들의 넋을 기린 시조이다. 지금은 차가운 비석으로 서 있는 이 '뜨거운 목숨'은 겨레와 더불어 늘 '푸르를' 것이라고 화자는 말하고 있다. 청사(靑史)에 길이 빛날 이들의 영혼을 기리며 눈 들어 바라보는 하늘에는 눈발이 흩날리고 있다.

'꽃잎'은 직접적으로는 이 눈발을 비유한 것이지만, '낙화(洛花)'라는 제목이나 시의 내용과 관련해 볼 때 조국을 위해 산화(散華)한 젊은 넋을 뜻하기도 하여 그들의 넋을 기리고 찬양하는 의미가 담겨 있는 표현으로 시를 읽는 재미를 한층 돋우어 준다고 하겠다. 기교에 매우 신경을 쓴 흔적이 보이는 시조로 배행(排行)에 변화를 주어 초장과 중장은 구별 배행을 하고, 종장에서는 음보별로 배행함으로써 현대적인 감각을 한껏 살린 현대시를 읽는 느낌이다.

## ▣ 중요 내용 정리

### 01 구성상의 특징

초장(1~2행)에서는 조국을 위해 산화한 호국 영령들의 사무친 비원(悲願)을 무정물인 돌, 즉 충혼이 어린 비석(碑石)을 통해서 형상화하고 있다. 화자는 눈 내리는 날 국군 묘지를 찾아 호국 영령들의 비석을 보고 그들의 값진 희생을 생각하며 가슴이 뭉클해진 것이다.

그래서 중장(3~4행)에서 호국 영령들의 죽음이 결코 헛되지 않고 민족사에 영원히 빛날 기념비적인 업적이라고 찬양하고 있다. 거기에는 호국 영령들에 대한 추모의 뜻과 함께 국군 묘지가 후대의 우리 겨레에게 민족적 비극을 증언해 주는 역사의 산 증인으로 남을 것이라는 뜻도 내포되어 있는 것이다.

그리고 마지막으로 종장에서 화자는 온 세상을 가만히 덮는 '눈'의 이미지를 통해 순결하고 고결한 희생을 치른 호국 영령들에 대한 추모의 뜻을 간절히 나타내고 있다. 특히 종장에서는 하늘과 땅을 덮는 눈송이를 통해 천상적인 아름다움과 지상적인 아름다움의 극적 조화를 통해 하늘과 땅 모두 호국 영령들을 추모하는 듯한 숭고함을 드러내고 있다.

### 02 '꽃잎'의 함축적 의미

이 시의 제목인 '떨어지는 꽃'으로 원관념은 눈송이이다. 여기서는 하늘 가득히 휘날려 무덤 위에 쌓이는 눈송이로, 이는 조국을 위해 목숨을 바친 아름다운 충혼을 암시하면서, 동시에 그 충혼에 대한 지극한 추모의 정을 동시에 드러내고 있는 소재이다.

해커스 임용 교육학 논술 **권영성 교수님**

# 이론, 모의고사, 마무리 강의 및 자료에서 모두 적중!

* 2017학년도 중등 임용시험 교육학 제1차 시험 기준

수강생 만족도
**96점**

권영성 교수님 교육학 논술 특강 만족도 조사
(2016.11.13, 23명 참여)

---

**문제** A교장이 강조하고 있는 교육기획의 개념과 그 효용성 2가지 제시

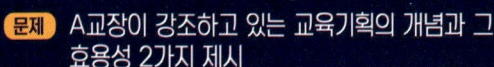

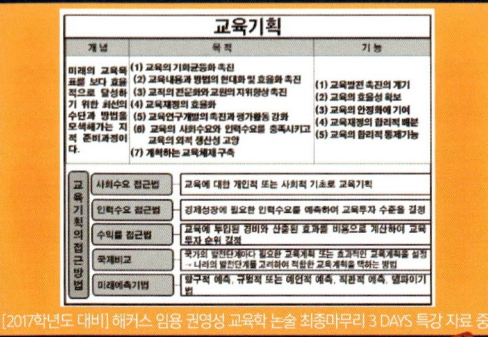

[2017학년도 대비] 해커스 임용 권영성 교육학 논술 최종마무리 3 DAYS 특강 자료 중

강의를 한 번이라도 들었다면 생소하지 않았을 개념!

**문제** B교사가 채택하고자 하는 원리 1가지와 그 외 내용 조직의 원리 2가지 (연계성 제외) 제시

[2017학년도 대비] 해커스 임용 권영성 교육학 논술 최종마무리 3 DAYS 특강 중

"교육과정 개발이 나온다면, Tyler 모형이 나올 것이다!"

**문제** C교사가 실행하려는 구성주의 학습 활동을 위한 학습 지원 도구·자원과 교수 활동 각각 2가지 제시

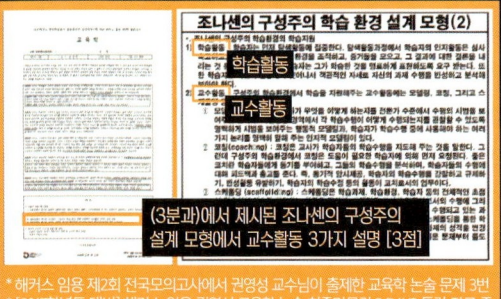

(3분과)에서 제시된 조나센의 구성주의 설계 모형에서 교수활동 3가지 설명 [3점]

* 해커스 임용 제2회 전국모의고사에서 권영성 교수님이 출제한 교육학 논술 문제 3번
* [2017학년도 대비] 해커스 임용 권영성 교육학 논술 최종마무리 3 DAYS 특강 자료 중

제2회 해커스 임용 모의고사에서 "조나센 구성주의 설계모형"과 "교수활동" 출제!

**문제** D교사가 고려하고 있는 타당도의 유형과 개념 제시

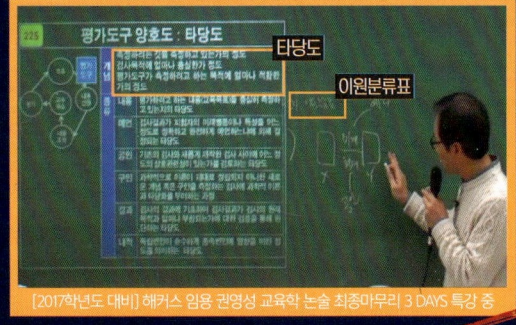

[2017학년도 대비] 해커스 임용 권영성 교육학 논술 최종마무리 3 DAYS 특강 중

내용타당도는 물론, 이원분류표를 엮어 설명!

---

해커스 임용 전문 교수님들의 적.중.신.화는 계속됩니다.
**함께하면 당신도 합격입니다.**

해커스 임용 Pass.com    teacher.PASS.com

※ 자세한 사항은 해커스 임용 홈페이지에서 확인 가능합니다.